DICTIONNAIRE
FRANÇAIS-ANGLAIS
DES AFFAIRES

par

MICHEL PÉRON

agrégé de l'Université, assistant à la faculté des Lettres et des Sciences humaines de Lyon, directeur du département des Langues vivantes à l'École Supérieure de Commerce et d'Administration des Entreprises de Lyon

avec la collaboration de

WILLIAM WITHNELL

B. A. (HONS.) London; F. I. L.; F. R. S. A.; interprète diplômé, professeur à l'Institut Nationaı des Sciences Appliquées de Lyon (I. N. S. A.), membre de la chambre de commerce britannique de Lyon

et de

MONIQUE PÉRON

agrégée de l'Université, assistante de phonétique à la faculté des Lettres et des Sciences humaines de Lyon

LIBRAIRIE LAROUSSE

17, rue du Montparnasse, et boulevard Raspail, 114

PARIS VIe

Le présent volume appartient à la dernière édition (revue et corrigée) de cet ouvrage. La date du copyright mentionnée ci-dessous ne concerne que le dépôt à Washington de la *première* édition.

ISBN 2-03-020 609-1

Préface

Des contacts nombreux avec les praticiens des affaires, la lecture régulière des grands hebdomadaires économiques et financiers français, anglais et américains, et le travail entrepris avec nos étudiants nous ont convaincus de l'utilité du présent ouvrage à l'heure de la coopération internationale. La rédaction de ce livre est donc le fruit d'un travail d'équipe, le résultat d'une enquête passionnante conduite sur le tas. En effet, notre documentation n'a cessé de croître à la suite des recherches entreprises, en commun, avec les futurs cadres intéressés par la langue économique et commerciale, avec l'aide bénévole de correspondants à l'étranger et surtout grâce à l'appui des spécialistes de nombreuses branches des affaires. Nous tenons à remercier tout particulièrement Monsieur Georges Pin, expert-comptable diplômé par l'Etat, commissaire vérificateur de sociétés.

Nous avons rassemblé ici la terminologie des affaires en vigueur (hier comme aujourd'hui) dans les principaux secteurs de l'activité économique, de même que des vocables et des expressions plus simples mais qui reviennent sans cesse dans la presse, dans la correspondance, ou autour des tables rondes.

Pour éviter une simple liste de vocabulaire technique, dangereuse par sa sécheresse même, nous avons souvent essayé de cerner le sens des mots à l'aide d'exemples ou de notes destinés à le mieux situer dans un contexte ainsi qu'à mettre en garde le lecteur contre une interprétation par trop littérale du terme étranger équivalent.

Il nous a paru important de tenir ouvert le registre de la langue des affaires, dont l'évolution constante reflète qu'elle est bien vivante, et nous espérons que cet ouvrage rendra service à ses utilisateurs dont nous accueillerons avec plaisir les remarques et les suggestions.

LES AUTEURS.

Abréviations des rubriques

en anglais

ADM.	administration
B. K.	book-keeping
CUST.	Customs
FAM.	familiar
FIN.	finance
IND.	industry
INS.	insurance
MAR.	marine
MAR. INS.	marine insurance
PRO. EX.	Produce Exchange
ST.-EX.	Stock-Exchange

en français

ADM.	administration
ASS.	assurance
ASS. MAR.	assurance maritime
CH. DE FER	chemin de fer
COMPT.	comptabilité
FAM.	familier
FIN.	finance
IND.	industrie
JUR.	terme juridique
MAR.	marine
TYP.	typographie

Principales unités de mesure

Monnaies (unités britanniques)

Farthing	(1/4 d)		
Penny	(d)		
Shilling	(s)	=	12 pence
Florin		=	2 shillings
Half-crown		=	2 shillings 6 d **(2/6)**
Crown		=	5 shillings
Pound sterling	(£)	=	20 shillings (une livre)
Guinea*		=	21 shillings (une guinée)

Monnaies (unités américaines)

Cent	(1 c)	=	1/100 dollar
« Nickel »		=	5 cents
« Dime »		=	10 cents
« Quarter »		=	25 cents
« Half-dollar »		=	50 cents
Dollar	(1 $)	=	100 cents

* La guinée **(guinea)** est une monnaie de compte (21 shillings) utilisée pour le règlement des factures et des objets de luxe.

Mesures de longueur

Mil	Millième de pouce	0,025 4 mm	
Inch (in ou ″)	Pouce	24,5 mm	
Link		0,201 2 m	
Foot (ft ou ′)	Pied	0,304 8 m	= 12 inches
Yard (yd)	Yard	0,914 4 m	= 3 feet
Fathom (fm)	Brasse	1,828 8 m	= 2 yards
Rod, pole, perch (rod)	Perche	5,029 2 m	= 5,5 yards
Chain (ch)		20,116 8 m	= 4 rods
Furlong (fur)		201,168 m	= 40 rods
Statute mile (m ou mile)	Mille terrestre	1,609 344 km	= 1 760 yards
Nautical mile (m ou mile)	Mille marin brit.	1,853 18 km	= 6 080 feet
U.S. nautical mile (m ou mile)	Mille marin amér.	1,853 248 7 km	

En France, le mille marin vaut 1 852 m.

Tableau de conversion des inches en mètres

Inches	0	1	2	3	4	5	6	7	8	9
0		0,0254	0,0508	0,0762	0,1016	0,1270	0,1524	0,1778	0,2032	0,2286
10	0,2540	0,2794	0,3048	0,3302	0,3556	0,3810	0,4064	0,4318	0,4572	0,4826
20	0,5080	0,5334	0,5588	0,5842	0,6096	0,6350	0,6604	0,6858	0,7112	0,7366
30	0,7620	0,7874	0,8128	0,8382	0,8636	0,8890	0,9144	0,9398	0,9652	0,9906
40	1,0160	1,0414	1,0668	1,0922	1,1176	1,1430	1,1684	1,1938	1,2192	1,2446
50	1,2700	1,2954	1,3208	1,3462	1,3716	1,3970	1,4224	1,4478	1,4732	1,4986
60	1,5240	1,5494	1,5748	1,6002	1,6256	1,6510	1,6764	1,7018	1,7272	1,7526
70	1,7780	1,8034	1,8288	1,8542	1,8796	1,9050	1,9304	1,9558	1,9812	2,0066
80	2,0320	2,0574	2,0828	2,1082	2,1336	2,1590	2,1844	2,2098	2,2352	2,2606
90	2,2860	2,3114	2,3368	2,3622	2,3876	2,4130	2,4384	2,4638	2,4892	2,5146

Tableau de conversion des feet en mètres

Feet	0	1	2	3	4	5	6	7	8	9
0		0,3048	0,6096	0,9144	1,2192	1,5240	1,8288	2,1336	2,4384	2,7432
10	3,0480	3,3528	3,6576	3,9624	4,2672	4,5720	4,8768	5,1816	5,4864	5,7912
20	6,0960	6,4008	6,7056	7,0104	7,3152	7,6200	7,9248	8,2296	8,5344	8,8392
30	9,1440	9,4488	9,7536	10,0584	10,3632	10,6680	10,9728	11,2776	11,5824	11,8872
40	12,1920	12,4968	12,8016	13,1064	13,4112	13,7160	14,0208	14,3256	14,6304	14,9352
50	15,2400	15,5448	15,8496	16,1544	16,4592	16,7640	17,0688	17,3736	17,6784	17,9832
60	18,2880	18,5928	18,8976	19,2024	19,5072	19,8120	20,1168	20,4216	20,7264	21,0312
70	21,3360	21,6408	21,9456	22,2504	22,5552	22,8600	23,1648	23,4696	23,7744	24,0792
80	24,3840	24,6888	24,9936	25,2984	25,6032	25,9080	26,2128	26,5176	26,8224	27,1272
90	27,4320	27,7368	28,0416	28,3464	28,6512	28,9560	29,2608	29,5656	29,8704	30,1752

Tableau de conversion des miles en kilomètres

Miles	0	1	2	3	4	5	6	7	8	9
0		1,6093	3,2187	4,8280	6,4374	8,0467	9,6561	11,2654	12,8747	14,4841
10	16,0934	17,7028	19,3121	20,9215	22,5308	24,1401	25,7495	27,3588	28,9682	30,5775
20	32,1869	33,7962	35,4055	37,0149	38,6242	40,2336	41,8429	43,4523	45,0616	46,6709
30	48,2803	49,8896	51,4990	53,1083	54,7176	56,3270	57,9363	59,5457	61,1550	62,7644
40	64,3737	65,9830	67,5924	69,2017	70,8111	72,4204	74,0298	75,6391	77,2484	78,8578
50	80,4671	82,0765	83,6858	85,2952	86,9045	88,5138	90,1232	91,7325	93,3419	94,9512
60	96,5606	98,1699	99,7792	101,3886	102,9979	104,6073	106,2166	107,8260	109,4353	111,0446
70	112,6540	114,2633	115,8727	117,4820	119,0914	120,7007	122,3100	123,9194	125,5287	127,1381
80	128,7474	130,3568	131,9661	133,5754	135,1848	136,7941	138,4035	140,0128	141,6221	143,2315
90	144,8408	146,4502	148,0595	149,6689	151,2782	152,8875	154,4969	156,1062	157,7156	159,3249

Mesures de surface

Square inch (sq. in)	Pouce carré	6,451 6	cm^2	
Square foot (sq. ft)	Pied carré	9,290 3	dm^2	
Square yard (sq. yd)	Yard carré	0,836 13	m^2	
Square rod, square pole, square perch (sq. rod)	Perche carrée	25,292 9	m^2	
Rood		10,117 1	ares	= 40 square rod
Acre (ac ou acre)	Arpent	40,468 6	ares	= 4 840 sq. yd
Square mile (sq. m ou sq. mile)	Mille carré	2,589 99	km^2	

Tableau de conversion des squares inches en centimètres carrés

Sq. in	0	1	2	3	4	5	6	7	8	9
0		6,45	12,90	19,35	25,80	32,25	38,70	45,16	51,61	58,06
10	64,51	70,96	77,41	83,86	90,31	96,76	103,21	109,67	116,12	122,57
20	129,02	135,47	141,92	148,37	154,83	161,28	167,73	174,18	180,63	187,08
30	193,54	199,99	206,44	212,89	219,34	225,79	232,24	238,70	245,15	251,60
40	258,05	264,50	270,95	277,40	283,85	290,30	296,75	303,21	309,66	316,11
50	322,56	329,01	335,46	341,91	348,36	354,81	361,26	367,72	374,17	380,62
60	387,07	393,52	399,97	406,42	412,87	419,32	425,77	432,23	438,68	445,13
70	451,59	458,04	464,49	470,94	477,39	483,84	490,29	496,75	503,20	509,65
80	516,10	522,55	529,00	535,45	541,90	548,35	554,80	561,26	567,71	574,16
90	580,62	587,07	593,52	599,97	606,42	612,87	619,32	625,78	632,23	638,68

Tableau de conversion des square feet en mètres carrés

Sq. ft	0	1	2	3	4	5	6	7	8	9
0		0,0929	0,1858	0,2787	0,3716	0,4645	0,5574	0,6503	0,7432	0,8361
10	0,9290	1,0219	1,1148	1,2077	1,3006	1,3935	1,4864	1,5793	1,6723	1,7652
20	1,8581	1,9510	2,0439	2,1368	2,2297	2,3226	2,4155	2,5084	2,6013	2,6942
30	2,7871	2,8800	2,9729	3,0658	3,1587	3,2516	3,3445	3,4374	3,5303	3,6232
40	3,7161	3,8090	3,9019	3,9948	4,0877	4,1806	4,2735	4,3664	4,4593	4,5522
50	4,6451	4,7380	4,8309	4,9239	5,0168	5,1097	5,2026	5,2955	5,3884	5,4813
60	5,5742	5,6671	5,7600	5,8529	5,9458	6,0387	6,1316	6,2245	6,3174	6,4103
70	6,5032	6,5961	6,6890	6,7819	6,8748	6,9677	7,0606	7,1535	7,2464	7,3393
80	7,4322	7,5251	7,6180	7,7109	7,8038	7,8967	7,9896	8,0826	8,1755	8,2684
90	8,3613	8,4542	8,5471	8,6400	8,7329	8,8258	8,9187	9,0116	9,1045	9,1974

Tableau de conversion des acres en hectares

Acres	0	1	2	3	4	5	6	7	8	9
0		0,4046	0,8093	1,2140	1,6186	2,0233	2,4280	2,8327	3,2373	3,6420
10	4,0467	4,4513	4,8560	5,2607	5,6653	6,0700	6,4747	6,8794	7,2840	7,6887
20	8,0934	8,4980	8,9027	9,3074	9,7120	10,1167	10,5214	10,9261	11,3307	11,7354
30	12,1401	12,5447	12,9494	13,3541	13,7587	14,1634	14,5681	14,9728	15,3774	15,7821
40	16,1868	16,5914	16,9961	17,4008	17,8054	18,2101	18,6148	19,0195	19,4241	19,8288
50	20,2335	20,6381	21,0428	21,4475	21,8521	22,2568	22,5615	23,0662	23,4708	23,8763
60	24,2802	24,6848	25,0895	25,4942	25,8988	26,3035	26,7082	27,1129	27,5175	27,9222
70	28,3269	28,7315	29,1362	29,5409	29,9455	30,3502	30,7549	31,1596	31,5642	31,9689
80	32,3736	32,7782	33,1829	33,7876	33,9922	34,3969	34,8016	35,2065	35,6109	36,0156
90	36,4203	36,8249	37,2296	37,6343	38,0389	38,4436	38,8483	39,2530	39,6576	40,0623

Mesures de volume

Cubic inch (cu. in)	Pouce cubique	16,387 1 cm^3
Cubic foot (cu. ft)	Pied cubique	28,316 9 dm^3
Cubic yard (cu. yd)	Yard cubique	0,764 55 m^3
Shipping ton		1,132 676 m^3 = 40 cubic feet
Registered ton		2,831 69 m^3 = 100 cubic feet

Tableau de conversion des cubic inches en centimètres cubes

	0	1	2	3	4	5	6	7	8	9
0		16,387	32,774	49,161	65,548	81,935	98,322	114,709	131,096	147,483
10	163,870	180,257	196,644	213,031	229,418	245,805	262,192	278,579	294,966	311,353
20	327,740	344,127	360,514	376,901	393,289	409,676	426,063	442,450	458,837	775,224
30	491,611	507,998	524,385	540,772	557,159	573,546	589,933	606,320	622,707	639,094
40	655,481	671,868	688,255	704,642	721,029	737,416	753,803	770,190	786,577	802,964
50	819,351	835,738	852,125	868,512	884,899	901,286	917,673	934,060	950,447	966,834
60	983,221	999,608	1015,995	1032,382	1048,769	1065,156	1081,543	1097,930	1114,317	1130,704
70	1147,091	1163,478	1179,866	1196,253	1212,640	1229,027	1245,414	1261,801	1278,188	1294,575
80	1310,962	1327,349	1343,736	1360,123	1376,510	1392,897	1409,284	1425,671	1442,058	1458,445
90	1474,832	1491,219	1507,606	1523,993	1540,380	1556,767	1573,154	1589,541	1605,928	1622,315

Tableau de conversion des cubic feet en mètres cubes

	0	1	2	3	4	5	6	7	8	9
0		0,028	0,056	0,085	0,113	0,141	0,170	0,198	0,226	0,255
10	0,283	0,311	0,340	0,368	0,396	0,425	0,453	0,481	0,509	0,538
20	0,566	0,594	0,623	0,651	0,679	0,708	0,736	0,764	0,793	0,821
30	0,849	0,878	0,906	0,934	0,963	0,991	1,019	1,047	1,076	1,104
40	1,132	1,161	1,189	1,217	1,246	1,274	1,302	1,331	1,359	1,387
50	1,416	1,444	1,472	1,500	1,529	1,557	1,585	1,614	1,642	1,670
60	1,699	1,727	1,755	1,784	1,812	1,840	1,869	1,897	1,925	1,954
70	1,982	2,010	2,039	2,067	2,095	2,124	2,152	2,180	2,208	2,237
80	2,265	2,293	2,322	2,350	2,378	2,407	2,435	2,463	2,492	2,520
90	2,548	2,577	2,605	2,633	2,662	2,690	2,718	2,746	2,775	2,803

Mesures de capacité

Mesures britanniques

Minim		0,059 192	ml		
Fluid dram		3,551 5	ml	=	60 minims
Fluid ounce		28,412	ml	=	8 fluid drams
Gill	Gill	142,06	ml	=	5 fluid ounces
Pint (pt)	Pinte	0,568 25	l	=	4 gills
Quart (qt)	Quart	1,136 49	l	=	2 pints
Imperial gallon (Imp. gal)	Gallon	4,545 96	l	=	8 pints
Peck (pck *ou* pk)		9,091 9	l	=	2 gallons
Bushel (bu)	Boisseau	36,368	l	=	8 gallons

Mesures américaines

U. S. minim		0,062	ml		
U. S. fluid ounce		29,6	ml		
U. S. gill		0,118	l		
U. S. liquid pint (U. S. pt)	Pinte	0,473 2	l	=	4 gills
U. S. liquid quart (U. S. qt)	Quart	0,946 3	l	=	2 pints
U. S. dry quart		1,101 2	l		
U. S. gallon (U. S. gal)	Gallon	3,785 42	l	=	231 cu. in
U. S. peck (U. S. pck *ou* pk)		8,809 6	l		
U. S. bushel (U. S. bu)	Boisseau	35,238 3	l		
U. S. barrel [petrol] (U. S. bbl)	Baril	158,98	l		

Mesures de débit

U. S. barrel per day	(U. S. bbl per day)	Baril américain par jour	158,98 litres par jour
U. S. barrel per hour	(U. S. bbl per hour)	Baril américain par heure	158,98 litres par heure
U. S. gallon per minute	(U. S. gpm)	Gallon américain par minute	3,785 4 litres par minute
Imperial gallon per minute	(Imp. gpm)	Gallon britannique par minute	4,545 96 litres par minute
Cubic foot per minute	(cu. ft per min)	Pied cubique par minute	28,316 9 litres par minute
U. S. gallon per second	(U. S. gal per sec)	Gallon américain par seconde	3,785 4 litres par seconde
Cubic foot per second	(cu. ft per sec)	Pied cubique par seconde	28,316 9 litres par seconde

Mesures de masse

1. Avoirdupois (pour l'usage courant)

Grain (gr)		64,799 mg		
Ounce (oz)	Once	28,349 5 g		
Pound (lb)	Livre	0,453 592 kg	=	16 ounces
Stone (st)		6,530 3 kg	=	14 pounds
Quarter (qr)		12,700 6 kg	=	28 pounds
U. S. hundredweight	Quintal amér.	45,359 2 kg	=	100 pounds
Hundredweight (cwt)	Quintal brit.	50,802 kg	=	112 pounds
Kip	Kip américain	453,592 kg	=	1 000 pounds
Short ton (t *ou* ton)	Tonne améric.	0,907 18 t	=	2 000 pounds
Ton [USA : long ton] (t *ou* ton)	Tonne brit.	1,016 05 t	=	2 240 pounds

2. Pharmacie

Dram [ou **drachm**] (dr)	3,887 94 g

3. Troy (mesure des matières précieuses)

Ounce	Once troy	31,103 5 g	=	480 grains
Pound	Livre troy	0,373 242 kg	=	12 ounces troy

4. Linéaires

Pound per yard (lb per yd)	Livre par yard	0,496 055 kgm
Pound per foot (lb per ft)	Livre par pied	1,488 16 kgm

5. Volumiques

Pound per cubic inch (lb per cu. in)	Livre par pouce cub.	27,679 9 g/cm^3
Pound per cubic foot (lb per cu. ft)	Livre par pied cub.	16,018 5 kg/m^3
Pound per cubic yard (lb per cu. yd)	Livre par yard cub.	0,593 kg/m^3

Tableau de conversion des ounces avoirdupois en grammes

oz	g	oz	g	oz	g	oz	g	oz	g
1 =	28,35	4 =	113,40	7 =	198,45	10 =	283,50	13 =	368,55
2 =	56,70	5 =	141,75	8 =	226,80	11 =	311,85	14 =	396,90
3 =	85,05	6 =	170,10	9 =	255,15	12 =	340,20	15 =	425,24

Tableau de conversion des pounds avoirdupois en kilogrammes

Lbs	0	1	2	3	4	5	6	7	8	9
0		0,4535	0,9071	1,3607	1,8143	2,2679	2,7215	3,1751	3,6287	4,0823
10	4,5359	4,9895	5,4431	5,8967	6,3503	6,8039	7,2574	7,7110	8,1646	8,6182
20	9,0718	9,5254	9,9790	10,4326	10,8862	11,3398	11,7934	12,2470	12,7006	13,1542
30	13,6078	14,0614	14,5150	14,9686	15,4222	15,8757	16,3293	16,7829	17,2365	17,6901
40	18,1437	18,5973	19,0509	19,5045	19,9581	20,4117	20,8653	21,3189	21,7725	22,2260
50	22,6796	23,1332	23,5868	24,0404	24,4940	24,9476	25,4012	25,8548	26,3084	26,7620
60	27,2155	27,6691	28,1227	28,5763	29,0299	29,4835	29,9371	30,3907	30,8443	31,2978
70	31,7514	32,2051	32,6587	33,1122	33,5658	34,0194	34,4730	34,9266	35,3802	35,8338
80	36,2874	36,7410	37,1946	37,6482	38,1018	38,5554	39,0090	39,4626	39,9162	40,3697
90	40,8233	41,2769	41,7305	42,1841	42,6377	43,0913	43,5449	43,9985	44,4521	44,9057

Tableau de conversion des tons avoirdupois en tonnes métriques

Tons	0	1	2	3	4	5	6	7	8	9
0		1,0160	2,0321	3,0481	4,0641	5,0802	6,0962	7,1123	8,1283	9,1444
10	10,1604	11,1765	12,1926	13,2086	14,2247	15,2407	16,2568	17,2728	18,2889	19,3049
20	20,3209	21,3370	22,3530	23,3691	24,3851	25,4012	26,4172	27,4333	28,4493	29,4654
30	30,4814	31,4975	32,5135	33,5296	34,5456	35,5617	36,5777	37,5938	38,6098	39,6259
40	40,6419	41,6579	42,6740	43,6900	44,7061	45,7221	46,7382	47,7542	48,7703	49,7863
50	50,8024	51,8184	52,8345	53,8505	54,8666	55,8826	56,8987	57,9147	58,9308	59,9468
60	60,9628	61,9789	62,9499	64,0110	65,0270	66,0431	67,0591	68,0752	69,0912	70,1073
70	71,1233	72,1394	73,1554	74,1715	75,1875	76,2036	77,2196	78,2357	79,2517	80,2678
80	81,2838	82,2998	83,3159	84,3319	85,3480	86,3640	87,3801	88,3961	89,4122	90,4282
90	91,4442	92,4603	93,4764	94,4924	95,5085	96,5245	97,5406	98,5566	99,5727	100,5887

Mesures des pressions

Inch of water	Pouce d'eau	0,249	pz	à 4° C
Foot of water	Pied d'eau	2,989	pz	—
Inch of mercury	Pouce de mercure	3,386 4	pz	
Pound per square inch (lb per sq. in *ou* p. s. i.)	Livre par pouce carré	6,894 76	pz	*pz = pièze*
Ton per square foot (ton per sq. ft)	Tonne anglaise par pied carré	107,251	pz	(*unité MTS*)
Ton per square inch (ton per sq. in)	Tonne anglaise par pouce carré	15,444	pz	

Autres unités de mesure

Puissances

Foot-pound per minute (ft-lb per min)	Pied-livre par minute	0,022 597	W	pour 45° de latitude Nord et au niveau de la mer
Foot-pound per second (ft-lb per sec)	Pied-livre par seconde	1,355 82	W	
British thermal unit per minute (B.T.U. per min)	B.T.U. par minute	0,017 58	kW	
British thermal unit per second (B.T.U. per sec)	B.T.U. par seconde	1,054 8	kW	
Horsepower (HP)	Cheval-vapeur brit.	0,745 70	kW	1,013 8 ch français
Ton of refrigeration	Tonne américaine* de réfrigération	3,516	kW	* N'est utilisée qu'aux Etats-Unis.
British commercial ton of refrigeration	Tonne britannique de réfrigération	3,883	kW	

Forces

Poundal (pdl)		0,138 255	millisthène ou newton
Pound (weight)	livre-poids	4,448	—
British ton (weight)	tonne-poids brit.	9,964	sthènes

Chaleur, énergie et travail

Foot-poundal (ft-pdl)		0,042 140	joule
Foot-pound (ft-lb)	Pied-livre	1,355 82	—
British thermal unit (B.T.U.)	B.T.U.	1 055,06	—
Kilogram calorie (kg. cal.)	Kilocalorie	4 186,8	—

Accélérations

Foot per second per second (ft/sec²)	Pied par seconde par seconde	0,304 8 m/s²

Vitesses de rotation

Revolution per minute (r. p. m.)	Nbre de tours par mn

Vitesses de translation

Foot per second (f. p. s.)	Pied par seconde	0,304 8 m/s	
Mile per hour (m. p. h.)	Mille terrestre par heure	1,609 34 km/h	
Knot (kt)	Nœud		1 mille marin par heure

Températures

Degree Fahrenheit (deg)	Degré fahrenheit	(Une température de t degrés Fahrenheit correspond à $\frac{5}{9}$ [t—32] degrés C. 32 °F correspondent à 0 °C, et 212 °F à 100 °C.)
Degree Kelvin	Température centésimale absolue = — 272,16 °C.	

En Grande-Bretagne, le degré Celsius est aussi adopté officiellement depuis le 15 janvier 1962.

Temps-Electricité

Les unités sont les mêmes qu'en France.

Angles

L'unité est le **degree** (degré), avec des sous-multiples sexagésimaux.

Une liste des abréviations les plus courantes, en anglais, et en français, se trouve en tête de la seconde partie de ce dictionnaire.

FRANÇAIS-ANGLAIS

a

abaissement [abɛ:smɑ̃] *m.* lowering, reduction, dropping, fall.

abaisser [abɛ:se] *vt.* to lower, to reduce, to lessen.

abaisser (s') *v. pr.* to fall, to decrease.

abandon [abɑ̃dɔ̃] *m.* abandonment. FIN. Cession. MAR. INS. *Abandon du navire et du fret,* abandonment of the ship and freight. ST.-EX. *Abandon de la prime,* abandonment of the option. LAW *Abandon d'une revendication,* abandonment of a claim. FIN. *Par abandon d'actif,* by a yielding up of assets.

abandonnataire [abɑ̃dɔnatɛ:r] *m.* 1. LAW release. — 2. MAR. INS. abandonee.

abandonnateur [abɑ̃dɔnatœ:r] *m.* LAW releaser.

abandonner [abɑ̃dɔne] *vt.* FIN., ST.-EX. to abandon, to lose.

abattage [abata:ʒ] *m.* 1. rating down. — 2. quick returns on cheaper articles.

abattement [abatmɑ̃] *m.* abatement, fractional deduction. *Abattement à la base,* basic allowance (on income tax).

abîmé, e [abi:me] *adj.* damaged, spoilt. *Abîmé par l'eau de mer,* sea-damaged. *Marchandises abîmées en magasin,* shop-soiled articles.

abolir [abɔli:r] *vt.* to suppress, to abolish, to do away with.

abondance [abɔ̃dɑ̃:s] *f.* abundance.

abondant, e [-dɑ̃] *adj.* abundant, plentiful. *Moissons exceptionnellement abondantes,* bumper crops.

abonné [abɔne] *m.* 1. subscriber. *Abonné au téléphone,* telephone subscriber. — 2. RAIL season ticket holder; U. S. commuter.

abonnement [-nmɑ̃] *m.* 1. subscription. *Prendre un abonnement,* to subscribe to. *Prix de faveur pour abonnements groupés,* clubbing offer. — 2. MAR. INS. *Police d'abonnement,* floating policy. — 3. RAIL season-ticket; U. S. commutation ticket. — 4. EXCISE composition (for stamp duties).

abonner à (s') *v. pr.* 1. to subscribe to. — 2. RAIL to take a season-ticket; U. S. to commute.

abordage [abɔrda:ʒ] *m.* collision. MAR. INS. *Abordage fautif,* negligent collision. *Les deux navires n'ont pu éviter l'abordage,* the two ships could not avoid running foul of each other.

aborder [-de] *vt.* MAR. to collide with, to run foul of.

abordeur [-dœ:r] *adj.* et *s.* colliding (ship).

aboutir [abutir] *vi.* to result (*à,* in), to materialize. *Les membres du conseil d'administration ont abouti à un accord,* the members of the board have reached an agreement. *Nos projets n'ont pas abouti,* our plans did not come off.

aboutissement [-tismɑ̃] *m.* outcome, issue, result, materialization.

abréger [abreʒe] *vt.* to shorten, to cut short.

abréviation [abrevjasjɔ̃] *f.* abbreviation.

abrogation [abrɔgasjɔ̃] *f.* LAW abrogation, cancellation. *Abrogation d'un décret,* rescission of a decree.

abroger [-ʒe] *vt.* to abrogate, to annul, to rescind.

absolu [absɔly] *adj.* absolute. *Majorité absolue,* absolute majority; U. S. majority. *Démenti absolu,* flat denial.

absorber [absɔrbe] *vt.* FIN. to swallow up; FAM. to mop up. *Absorber une émission,* to take over an issue.

abus [aby] *m.* abuse. *Abus de confiance,* breach of trust.

accablant, e [akablɑ̃] *adj.* overwhelming.

accablé, e [-ble] *adj.* overwhelmed.

accabler [-ble] *vt.* to overburden (with).

accalmie [akalmi] *f.* lull in trade, slack time.

accaparement [akaparmɑ̃] *m.* **1.** FIN. buying up. — **2.** (market) monopolizing. — **3.** LAW coemption.

accaparer [-re] *vt.* FIN. to buy up; U. S. to corner. — **2.** (goods) to corner, to abbroach.

accapareur [-rœːr] *m.* buyer up, monopolizer. U. S., ST.-EX. cornerer. *Trust d'accapareurs,* corner.

accéder [aksede] *vi.* to comply (*à,* with), to agree.

accélérer [akselere] *vt.* to speed up.

accentuer (s') [saksɑ̃tye] *v. pr.* to increase. *Le chômage s'accentue,* unemployment increases.

acceptabilité [aksɛptabilite] *f.* acceptability.

acceptant [aksɛptɑ̃] *m.* acceptor. *Acceptant en faillite,* bankrupt acceptor.

acceptation [aksɛptasjɔ̃] *f.* acceptance. *Acceptation conditionnelle,* qualified acceptance. *Acceptation de cautionnement,* collateral acceptance. *Acceptation de complaisance,* accommodation bill. MAR. INS. *Acceptation de délaissement,* acceptance of abandonment. *Acceptation partielle,* partial acceptance. *Acceptation sans réserves (pure et simple),* clean acceptance, general acceptance. *Acceptation sous protêt,* acceptance supra protest. *Acceptation sous réserve,* qualified acceptance. *Crédit par acceptation,* acceptance credit. *Délai d'acceptation,* term of acceptance. *Envoyer à l'acceptation,* to send out for acceptance. *Présenter une traite à l'acceptation,* to present a draft for acceptance. *Refus d'acceptation,* non acceptance. *Revêtu de l'acceptation,* duly accepted.

accepter [-te] *vt.* **1.** FIN. to accept. *Accepter une traite,* to accept a bill, to honour a bill. *Ne pas accepter une traite,* to dishonour a bill. — **2.** to accept, to agree to. *Nous acceptons vos propositions,* we agree to your proposals. — **3.** MAR. INS. *Accepter un risque,* to accept a risk.

accepteur [-tœːr] *m.* acceptor, drawee.

accessoire [aksɛswaːr] *adj.* subsidiary. *Frais accessoires,* incidental expenses. *Garantie accessoire,* collateral security.

accessoires *m. pl.* **1.** MAR. furniture. — **2.** requisites, outfit.

accident [aksidɑ̃] *m.* accident. *Accident d'avion,* air crash. *Accident du travail,* industrial injury, injury to workmen, occupation accident, occupational injury. *Assurance contre les accidents du travail,* employer's liability insurance.

accommodement [akɔmɔdmɑ̃] *m.* settlement, compromise, composition (with creditors). *En venir à un accommodement avec,* to come to terms with.

accommoder [-de] *vt.* to settle.

accommoder (s') *v. pr.* to compound with, to compromise with (creditors).

accompagnateur [akɔ̃paɲatœːr] *m.* ST.-EX. printer, scalper.

accompli, e [akɔ̃pli] *adj.* accomplished. *L'un des connaissements étant accompli, les autres restent sans valeur,* one of the bills of lading being accomplished, the others to stand void. *Les candidats doivent avoir trente ans accomplis,* applicants should have turned thirty, should be over thirty.

accomplir [-pli:r] *vt.* to accomplish, to fulfil, to perform.

accomplissement [-plismɑ̃] *m.* accomplishment, fulfilment, completion.

acconage [akɔna:ʒ] *m.* lighterage.

acconier [-nje] *m.* lighterage contractor.

accord [akɔ:r] *m.* agreement, settlement. *Accord commercial,* commercial treaty. *Accord de compensation,* clearing agreement. *Accord d'établissement (dans le cadre des conventions collectives),* works regulation (according to labour management agreement). *D'un commun accord,* by common consent. *En accord avec vos directives,* in accordance with your instructions. *Arriver à un accord,* to come to terms, to reach an agreement. *Ce livre auxiliaire et le grand livre ne sont pas d'accord,* this subsidiary book and the ledger are not in agreement. *Nos comptes sont d'accord,* our accounts balance.

accorder [-de] *vt.* **1.** to grant, to allow. *Accorder un délai de paiement,* to grant an extension of payment. *Accorder un délai supplémentaire,* to allow further delay. *Nous accordons une remise de 4 % pour règlement à huitaine,* we grant 4% discount for payment within a week. — **2.** LAW *Accorder des dommages-intérêts,* to award damages. — **3.** B. K. *Faire accorder les livres,* to agree the books.

accorder (s') *v. pr.* **1.** to agree, to come to terms. *Les délégués n'ont pu s'accorder sur le prix des céréales,* the delegates could not come to terms on grain price. — **2.** to tally. *Ces comptes ne s'accordent pas,* these accounts do not tally. B. K. *Veuillez examiner votre relevé de compte et nous faire savoir si vos livres s'accordent avec les nôtres,* please examine your statement and let us know if your books tally with ours. — **3.** to match. *Les échantillons que vous nous avez envoyés ne s'accordent pas avec votre envoi précédent,* the samples you sent us do not match your previous consignment. — **4.** to fit in. *Nos déclarations s'accordent avec les faits,* our statements fit in with the facts.

accoster [akɔste] *vt.* to come, to draw alongside.

accrédité, e [akredite] *adj.* accredited. *Banque accréditée,* accredited bank.

accrédité *m.* the accredited party; FIN. payee, beneficiary (of a draft).

accréditer *vt.* **1.** FIN. to open a credit (to). *Nous avons l'honneur d'accréditer auprès de vous, pour une somme de 500 (cinq cents) livres sterlings, le porteur de la présente, M. Nicolas,* we will thank you for opening a credit to the bearer, Mr. Nicolas, to the amount of £500—say five hundred pounds—against his receipt. — **2.** ADM. to accredit (an ambassador).

accréditeur [-tœ:r] *s.* guarantor, surety.

accréditif [-tif] *m.* FIN. (letter of) credit. *Accréditif documentaire,* documentary credit. *Accréditif rotatif cumulatif,* cumulative revolving credit. *Accréditif simple,* unconfirmed credit, clean letter of credit.

accroissement [akrwasmɑ̃] *s.* increase. *Accroissement de capital,* increase of capital. *Accroissement de la production,* increase in production. *Taux d'accroissement,* rate of growth, of increase.

accroître [akrwa:tr] *vt.* to increase.

accroître *vi.* FIN. to accrue. *Intérêts accrus,* accrued interest.

accroître (s') *v. pr.* to increase.

accueil [akœ:j] *m.* **1.** reception (of new workers), welcome; U. S. induction. — **2.** FIN. honour. *Par suite de circonstances imprévues, nous ne serons pas en mesure de faire bon accueil à votre lettre de change,* owing to unforeseen circumstances, we cannot afford to meet (to honour) your bill.

accueillir [-ji:r] *vt.* **1.** to receive. *Accueillir favorablement une réclamation,* to entertain a claim. — **2.** FIN. to honour, to meet. *Accueillir une traite à l'échéance,* to honour (to meet) a bill at maturity.

acculer [akyle] *vt.* ST.-EX. to squeeze; U. S. to corner (a bear, *un spéculateur à la baisse*).

accumulation [akymylasjɔ̃] *f.* accumulation.

accumuler [-le] *vt.* to accumulate.

accumuler (s') *v. pr.* FIN. to accrue. *Intérêts qui s'accumulent depuis le 1er septembre,* interest which accrues from September 1st.

accusé [akyse] *m.* **1.** LAW accused. — **2.** *Accusé de réception,* acknowledgment of receipt.

accuser *vt.* **1.** to charge (*qqn de qqch.,* s. o. with sth.). — **2.** to show, to bring out. *Veuillez trouver ci-joint le relevé de votre compte arrêté à la date du 31 mars, accusant un solde créditeur de £ 81-12-6,* please find herewith a statement of your account with us up to March 31st, showing a balance in your favour of £ 81-12-6. ST.-EX. *L'action X à 1 1/2 accuse une hausse légère,* X shares at 1 1/2 show a slight upward tendency. — **3.** *Accuser réception de,* to acknowledge receipt of. *Veuillez nous accuser réception par retour,* please acknowledge receipt by return of post.

achat [aʃa] *m.* purchase, buying. ST.-EX. *Achat à découvert,* bull purchase. *Achat à la hausse,* bull buying; U. S. bull purchase. *Achat à tempérament,* hire purchase system. ST.-EX. *Achat à terme,* buying for the account (for the settlement). PRO. EX. *Achat à terme ferme,* purchase for future delivery during specified periods. *Achat au comptant,* buying for cash. ST.-EX. *Achat dont,* giving for the call; *achat d'une prime,* giving for an option; *achat en liquidation,* buying for the account; *achat ou,* taking for the put. *Achat sur échantillon,* purchase by sample. ST.-EX. *Bordereau d'achat,* bought note, purchase contract. *Commissionnaire d'achat,* buyer. *Demande d'achat (à l'intérieur d'une entreprise),* purchase requisition. *Ordre d'achat :* **a)** buying order; **b)** FOREIGN TRADE indent. *Pouvoir d'achat,* purchasing power. *Prix d'achat,* prime cost, cost price. *Rendus sur achats,* returns. *Service des achats,* buying department.

acheminement [aʃminmɑ̃] *m.* routing, dispatching. « *Acheminement* », " Route to be followed ". *Prescription d'acheminement,* direction for routing.

acheminer [-ne] *vt.* to forward, to dispatch. *Marchandises acheminées sur Marseille en G. V.,* goods dispatched by passenger train to Marseilles.

achetable [aʃtabl] *adj.* purchasable.

acheter [-te] *vt.* to buy, to purchase. *Acheter à crédit,* to buy on credit. ST.-EX. *Acheter à découvert,* to buy a bull, to bull; *acheter à la baisse,* to buy on a fall; *acheter à la hausse,* to buy for a rise. *Acheter à tempérament,* to buy on instalment. *Acheter à terme :* **a)** ST.-EX. to buy for the account, for the settlement; **b)** PRO. EX. to buy forward. *Acheter au comptant,* to buy for cash. *Acheter au détail,* to buy retail. ST.-EX. *Acheter dont,* to buy a call option, to give for the call. *Acheter en gros,* to buy wholesale. ST.-EX. *Acheter ou,* to sell a put option, to take for the put. *Acheter sous réserve d'analyse,* to buy subject to assay. *Acheter sur catalogue,* to purchase by description.

acheteur [-tœ:r] *m.* buyer, purchaser. ST.-EX. *Acheteur d'un dont (d'une prime directe),* giver for a call, buyer of a call option; *acheteur d'un ou (d'une prime indirecte),* seller of a put option, taker for a put; *cours acheteurs (demandés),* prices bid; *la place est acheteur,* the market is a buyer.

achèvement [-vmɑ̃] *m.* completion, close.

achever [aʃve] *vt.* to complete, to carry out.

acompte [akɔ̃:t] *m.* **1.** instalment. *Acompte provisionnel,* instalment on account (income tax). *Acompte sur dividende,* interim dividend. *Acompte versé,* amount paid on account. *Verser un acompte de ...,* to pay ... on account. — **2.** ST.-EX., FIN. cover, margin. *Cet agent de change a porté à 30 % en espèces l'acompte qu'il exige,* this stockbroker brought the margin he requires up to 30 % in cash.

acquéreur [akerœ:r] *m.* buyer. LAW vendee.

acquérir [-ri:r] *vt.* to acquire, to buy, to purchase.

acquérir (s') *v. pr.* to accrue (interest).

acquêt [akɛ] *m.* LAW acquest (property acquired). *Communauté réduite aux acquêts,* community of property acquired during marriage, joint estate.

acquis, e [aki] *adj.* **1.** bought, earned. — **2.** not returnable. *En cas d'annulation de la commande, les arrhes versées nous sont acquises,* money paid in earnest is not returnable in the event of cancellation of the order.

acquisition [-sjɔ̃] *f.* acquisition, purchase.

acquit [aki] *m.* **1.** receipt (for payment). *« Pour acquit »,* " Received with thanks ". — **2.** CUST. *Acquit-à-caution,* bond note, transhipment note, permit. *Acquit de douane,* custom house receipt. — **3.** *A l'acquit de,* on behalf of.

acquittement [akitmɑ̃] *m.* **1.** LAW acquittal. — **2.** FIN. payment, settlement, discharge.

acquitter [-te] *vt.* **1.** to pay off. *Acquitter une dette,* to pay off, to clear a debt. — **2.** to receipt. *Acquitter une facture,* to receipt an invoice. — **3.** LAW to acquit, to declare not guilty, to discharge. — **4.** CUST. to pay the duty on. *Marchandises acquittées,* duty-paid goods. *Vendre à l'acquitté,* to sell ex-bond (or duty paid).

acquitter (s') *v. pr. S'acquitter de,* to clear.

acte [akt] *m.* **1.** act, action. LAW *Acte d'intervention,* act of honour. *Acte médical,* medical treatment (in Social Security parlance). *Les dégâts volontairement causés au navire ou à sa cargaison sont des actes d'avaries communes,* intentional damage caused to the ship or her cargo are general average acts. — **2.** LAW deed, instrument, certificate, contract. *Acte constitutif de société,* deed of partnership, memorandum of association. FIN. *Acte de cautionnement,* surety bond, letter of indemnity. LAW *Acte de cession,* deed of transfer, deed of assignment; *acte de décès,* death certificate; *acte de donation,* deed of gift; *acte de nantissement,* hypothecation certificate; *acte de notoriété,* identity certificate; *acte de protêt,* deed of protest. (N.B. In France, an *acte authentique* is a deed drawn up by a notary and authenticated by him.) MAR. *Acte de francisation,* certificate of registry (for French vessels in France). LAW *acte de gage,* bond in security; *acte de vente,* deed of sale, missive of sale; *acte récognitif,* act of acknowledgment; *acte sous seing privé,* deed under private seal; *acte translatif de propriété (acte de mutation),* deed of transfer, deed of conveyance. — **3.** ADM. **actes** *s. pl.* records.

actif, ive [-tif] *adj.* **1.** ST.-EX. lively, active, brisk, buoyant. *Ce compartiment de la Bourse est resté actif,* this section of the Stock-Exchange remains lively. — **2.** FIN. *Dettes actives,* outstanding debts, book debts, debts due to us.

actif *m.* **1.** B. K. credit. *Nous avons porté ce chèque à l'actif de votre compte,* we passed this cheque to the credit of your account. — **2.** FIN. assets. *Actif défectible,* wasting assets; *actif disponible,* available assets, liquid assets, current assets; *actif donné en garantie,* assets pledged as collateral; *actif flottant,* floating assets; *actif immobilisé,* fixed assets; *actif négociable,* quick assets. *En Angleterre, l'actif est porté sur le côté droit du bilan et le passif sur le côté gauche,* in English balancesheets, the assets appear on the right hand side and the liabilities on the left. *L'actif disponible moins le passif exigible à court terme donnent le capital de roulement d'une entreprise,* current liabilities substracted from liquid assets gives the firm's working capital. *Par abandon d'actif,* by a yielding up of assets.

action [aksjɔ̃] *f.* **1.** FIN. share; U. S. stock. *Action à la souche,* vendor's share, founder's share (not immediately negotiable on the Stock-Exchange in France). *Action à l'introduction,* shop-share. *Action au porteur,* bearer share. *Action à vote plural,* shares with plural voting rights. *Action bénéficiaire,* participating share.

Action d'apport, vendor's share (materializing assets in kind brought into business). *Action de capital,* shares belonging to the capital of a company (as opposed to *actions de fondateurs,* for instance). *Action de dividende,* participating share. (N.B. These shares bear a fixed rate of dividend — a practice which does not exist in England.) [*Ce type d'action n'existe pas en Angleterre.*] *Action de fondateur,* founder's share. (N.B. fait partie du capital autorisé en Angleterre. In France, not included in the capital.) *Action de garantie,* qualification share; *action de jouissance,* jouissance share (paid up in full but still entitled to a share in profits). *Action de numéraire,* cash share. *Action de priorité,* preference share. *Action différée,* deferred share; *action estampillée,* stamped share. *Action gratuite,* bonus share. *Action nominative,* registered share. *Action non admise à la cote officielle,* unlisted share. *Action non entièrement libérée,* partly paid share. (N.B. On the French Stock-Exchange, the price given by the List is the nominal value, plus the premium, or minus the discount.) *Action ordinaire,* ordinary share; U.S. equity share. *Action privilégiée,* preference share. *Action privilégiée cumulative,* cumulative preference share. *Action privilégiée non cumulative,* non-cumulative preference share. *Action sans valeur nominale,* no-par stock. *Action statutaire,* qualification share. *Emission d'actions,* issue of shares. *Libération d'actions,* paying-up of shares. *Rachat d'actions,* paying-off of shares. *Répartition d'actions,* allotment of shares. *Société par actions,* joint-stock company. *Souscription à des actions,* application for shares. *Les actionnaires toucheront une action nouvelle à raison de deux anciennes,* the shareholders will receive one new share for two old ones. — **2.** LAW action. *Action en dommages-intérêts,* action for damages. *Action résolutoire,* action for rescission. *Introduire une action en justice,* to take legal action.

actionnaire [-nɛ:r] *f.* ou *m.* shareholder, stockholder.

activité [aktivite] *f.* activity. ST.-EX. briskness, buoyancy. *Activités tertiaires,* tertiary activities. *Marché sans activité,* dull market.

actuaire [aktɥɛ:r] *m.* actuary.

actuel, elle [aktɥɛl] *adj.* present, current. *Circonstances actuelles,* present circumstances. *Cours actuels,* ruling prices. *Exercice financier actuel,* current financial year. (N.B. *Actual* est rarement l'équivalent de *actuel.* Il traduit le français *réel, vrai,* etc.)

addition [addisjɔ̃] *f.* addition, casting.

additionnable [-sjɔnabl] *adj.* addible.

additionnel, elle [-sjɔnɛl] *adj.* additional. *Centimes additionnels,* additional percentage.

additionner [-sjɔne] *vt.* to add (up), to cast (up).

adhérent [aderɑ̃] *m.* member.

adhésion [-zjɔ̃] *f.* membership, adhesion. *Nous espérons que ce projet rencontrera votre adhésion,* we hope this plan will meet with your approval.

adiré [adire] *pp.* LAW lost.

adjoint [adʒwɛ̃] *adj.* et *s.* assistant; U. S. deputy. *Directeur adjoint,* assistant manager, deputy manager.

adjudicataire [adʒydikatɛ:r] *m.* **1.** contractor. *Monsieur X a été déclaré adjudicataire de ces travaux,* Mr. X has secured the contract for this work. — **2.** (auction) highest bidder.

adjudicateur [-tœr:] *m.* adjudicator, awarder.

adjudication [-sjɔ̃] *f.* **1.** (auction) knocking down. *Adjudication judiciaire,* sale by order of court. *Adjudication par le commissaire-priseur,* knocking down by the auctioneer. *Par voie d'adjudication,* by auction. *Mettre en adjudication,* to put up for sale by auction. — **2.** (public works) adjudication, allocation, award. *Adjudication au plus bas soumissionnaire,* allocation to the lowest tender. *Par voie d'adjudication,* by tender, by contract. *Mettre en adjudication,* to invite tenders for.

adjuger [adʒyʒe] *vt.* **1.** (auction) to knock down. *Ce tableau a été adjugé à* *l'enchérisseur le plus élevé,* this picture has been knocked down to the highest bidder. — **2.** (public works) to allocate, to award, to give out the contract for.

admettre [admɛtr] *vt.* to admit, to allow, to accept. *Nous ne pouvons admettre votre réclamation,* we cannot allow your claim.

administrateur [administratœ:r] *m.* **1.** director, administrant, administrator. *Administrateur délégué,* managing director. *Administrateur sortant,* retiring director. — **2.** LAW trustee, receiver. *Administrateur séquestre,* official receiver; U. S. judicial factor.

administratif, ive [-tif] *adj.* administrative. *Poste administratif,* executive position.

administration [-sjɔ̃] *f.* management. *L'Administration,* the public authorities. *Conseil d'administration,* board of directors, directorate; U. S. directory.

administrer [-tre] *vt.* to manage, to conduct.

admissible [admisibl] *adj.* **1.** (claim) allowable. — **2.** (candidate) eligible.

admission [-sjɔ̃] *f.* admission. ST.-EX. *Admission à la cote,* admission to quotation. CUST. *Admission en franchise,* duty-free admission.

adopter [adɔpte] *vt.* to adopt, to carry, to pass. *Adopter un dividende de 4 %,* to pass a dividend of 4 %. *Cette proposition a été adoptée à l'unanimité,* this proposal was carried unanimously.

adoption [-sjɔ̃] *f.* carrying, passing.

adresse [adrɛs] *f.* address.

adresser [-se] *vt.* **1.** to address, to send (sth.). *Lettre mal adressée,* misdirected letter. *Nous vous adressons ce document sous pli séparé,* we are enclosing this document under separate cover. — **2.** to direct (s. o.). *On m'a adressé à vous,* I have been referred to you.

adresser (s') *v. pr.* to apply. *Pour plus de détails s'adresser à,* for further particulars apply to.

adultération [adylterasjɔ̃] *f.* FIN. debasement.

ad valorem [advalɔrɛm] *exp.* CUST. *Droit ad valorem,* ad valorem duty. (N.B. En Angleterre, les droits sont prélevés sur la valeur CAF, plus les frais de débarquement; aux Etats-Unis, les droits sont évalués sur la valeur FOB.)

adverse [advɛrs] *adj.* LAW opposite. *La partie adverse,* the other side, party.

aérien, enne [aerjɛ̃] *adj.* aerial. *Lettre de voiture aérienne,* airway bill. *Poste aérienne,* airmail.

aérogare [aerɔga:r] *f.* air terminal.

aéroport [-pɔ:r] *m.* airport.

affaire [afɛ:r] *f.* **1.** matter, proposition, concern. *Affaires courantes,* current matters. — **2.** business, transaction, deal. ST.-EX. *Affaire d'arbitrage,* hedging transaction; *affaires à prime,* option dealings. *Chiffre d'affaires,* turnover; U. S. sales figure. *Traiter une affaire avec,* to transact business with. — **3.** *Les affaires,* business. *Les affaires sont dans le marasme,* business is slack. *Milieux d'affaires,* business circles. *Entrer dans les affaires,* to set up in business. *Faire de bonnes affaires,* to be thriving. *Voyager pour affaires,* to travel on business. — **4.** LAW lawsuit, case.

affaissement [afɛsmɑ̃] *m.* sinking (of prices).

affectable [afɛktabl] *adj.* chargeable, mortgageable.

affectation [-tasjɔ̃] *f.* **1.** ADM. assignment (of an official), allocation (of a contract). — **2.** LAW charge, charging. *Affectation d'un immeuble à la garantie d'une créance,* charging of a realty as security for a debt. *Affectation hypothécaire,* mortgage charge. — **3.** FIN. appropriation, application, earmarking. *Affectation des bénéfices nets,* appropriation of the net profits. *Affectation d'un versement à une dette,* appropriation (earmarking) of a payment to a debt. — **4.** FIN. *Affectations budgétaires,* allotment of appropriations, budget appropriations.

affecter [-te] *vt.* **1.** ST.-EX. to affect, to concern. *La chute brusque des cours de la semaine dernière n'a pas affecté ce compartiment,* the heavy fall experienced last week did not affect this section. — **2.** LAW to charge. *Affecté d'hypothèque,* mortgaged, burdened. — **3.** FIN. to appropriate, to allocate, to earmark, to apply, to charge. *Affecter une dépense à un compte,* to charge an expense on an account; *affecter des fonds à la réserve,* to earmark funds for the reserve; *affecter un versement à une dette déterminée,* to apply a payment to a specified debt. — **4.** ADM. to assign. *Ce poste lui a été attribué,* this position was assigned to him.

afférent, e [aferɑ̃] *adj.* **1.** attaching to. *Crédits afférents au budget de l'Education nationale,* credits falling into the budget of the Board of Education. *Salaire afférent à cet emploi,* salary attaching to this position. — **2.** LAW assignable to, accruing to. *Portion afférente à qqn,* share accruing to s. o.

affermage [afɛrma:ʒ] *m.* leasing.

affermer [-me] *vt.* to lease.

affermir [afɛrmi:r] *vt.* to strengthen.

affermir (s') *v. pr.* to harden, to firm up. *Le cours de ces actions, maintenant très demandées, s'affermit progressivement,* the price of these shares, now in active request, is hardening.

affermissement [-mismɑ̃] *m.* strengthening, hardening.

affichage [afiʃa:ʒ] *m.* bill-posting, placarding. *Panneau d'affichage,* (poster) hoarding. *Tableau d'affichage,* notice-board; U. S. bulletin-board.

affiche [-ʃ] *f.* poster, bill. *Affiche lumineuse,* neon sign.

afficher [-ʃe] *vt.* to post, to stick up, to placard. *Afficher les prix en chiffres ronds,* to mark up prices in even amounts. « *Défense d'afficher* », " Stick no bills ". *La vente de ce domaine est affichée à la mairie,* the sale of this estate is advertised at the town-hall.

affichiste [-ʃist] *m.* poster-designer.

affilier [afilie] *vt.* to affiliate.

affilier (s') *v. pr.* to become affiliated (*à,* to, with), to join.

affluer [aflye] *vi.* to flow.

afflux [afly] *m.* inflow.

affranchi, e [afrɑ̃ʃi] *adj.* **1.** prepaid (letter, parcel). — **2.** free from, exempted (exempt) from. FIN. *Obligations affranchies de tout impôt,* tax-free debentures. CUST. *Marchandises affranchies de tout droit,* duty-free goods.

affranchir [-ʃi:r] *vt.* **1.** to free, to discharge, to relieve from, to release from. — **2.** to prepay. POST to stamp. *Lettres insuffisamment affranchies,* letters insufficiently stamped. *Objets insuffisamment affranchis,* packets posted underpaid. *Les circulaires sont affranchies au tarif des imprimés,* circulars are prepaid at printed paper rate.

affranchissement [-ʃismɑ̃] *m.* **1.** POST : **a)** prepayment, stamping; **b)** postage. — **2.** FIN. exemption, exoneration. *Affranchissement d'impôt,* exemption from taxation.

affrètement [afrɛtmɑ̃] *m.* affreightment, freighting. *Affrètement à cueillette,* berth freighting. *Affrètement à forfait,* freighting by contract. *Affrètement aller et retour,* round-trip charter. *Affrètement à temps, à terme,* time charter. *Affrètement au poids,* freighting on weight. *Affrètement au volume,* freighting on measurement. *Affrètement au voyage,* voyage charter. *Affrètement en coque nue,* net charter, bare boat charter. *Affrètement en lourd,* dead-weight charter. *Affrètement en travers,* lump sum charter. *Affrètement location,* affreightment by charter, chartering (on a vessel hired out from a shipowner). *Affrètement partiel,* part cargo charter. *Affrètement transport,* affreightment by B/L (on a general cargo vessel). *Contrat d'affrètement aérien,* aircraft charter agreement. *Le contrat d'affrètement doit porter les noms du fréteur et de l'affréteur,* the names of the shipowner and charterer must be stated on the chartering agreement.

affréter [afrete] *vt.* to charter, to freight.

affréteur [-tœ:r] *m.* charterer, freighter.

âge [a:ʒ] *m.* age. *Classe d'âge,* age bracket, age group.

agence [aʒɑ̃:s] *f.* 1. agency. *Agence de placement,* employment agency. *Agence de publicité,* advertising agency. *Agence immobilière,* estate agency. *Agence maritime,* shipping agency. — 2. branch office. *Nous avons ouvert plusieurs agences à l'étranger,* we set up several branches oversea.

agencement [-smɑ̃] *m.* 1. fitting up, lay out. — 2. fixtures and fittings.

agencer [-se] *vt.* to fit up. *Locaux bien agencés,* well-designed premises.

agenda [aʒɛ̃da] *m.* pocket diary. (N.B. En Anglais, *agenda* signifie « ordre du jour ».)

agent [aʒɑ̃] *m.* agent. *Agent d'affaires,* business agent. *Agent d'assurances,* insurance agent. *Agent de change,* stockbroker. *Agent comptable,* accountant. *Agent de transport,* forwarding agent. *Agents du fisc,* revenue authorities; U. S. revenuers. *Agent exclusif,* sole agent, sole representative. *Agent en douane,* custom-house broker. (N.B. *Agent des douanes,* customs officer.) *Agent maritime,* shipping-agent.

agglomération [aglɔmerasjɔ̃] *f.* urban district.

aggravation [agravasjɔ̃] *f.* increase (of difficulties, etc.).

aggraver [-ve] *vt.* to increase.

aggraver (s') *v. pr.* to grow worse.

agio [aʒjo] *m.* 1. FIN. : **a)** exchange premium, agio; **b)** discount charges. *En France, l'agio comprend l'escompte proprement dit, le change de place destiné à couvrir les frais de recouvrement et la commission du banquier,* in France, the *agio* includes the discount itself, the costs of collection and the banker's commission. — 2. ST.-EX. gambling, jobbery.

agiotage [-ta:ʒ] *m.* 1. ST.-EX. gambling, jobbery. — 2. FIN. speculation on exchange, agiotage.

agioteur [-tœ:r] *m.* gambler, stockjobber.

agir [aʒi:r] *vi.* 1. to act. *Le commissionnaire agit pour le compte d'un commettant,* the commission agent acts on behalf of a principal. — 2. LAW *Agir contre qqn,* to take legal proceedings against s. o.

agitation [aʒitasjɔ̃] *f.* agitation. ST.-EX. confusion. *Agitation ouvrière,* labour unrest.

agité, e [-te] *adj.* ST.-EX. excited.

agrafe [agraf] *f.* staple.

agréé [agree] *m.* attorney or solicitor legally entitled to represent the parties before a commercial court. *Agréé en douane,* custom-house broker (v. AGENT *en douane*).

agréer *vt.* to accept, to approve. *Je vous prie d'agréer, Monsieur, mes sentiments les meilleurs,* Yours truly.

agrément [agremɑ̃] *m.* consent, approval.

agricole [agrikɔl] *adj.* agricultural. *Exposition agricole,* agricultural show.

aide [ɛ:d] *f.* aid, assistance. *Aide économique,* economic assistance.

aide *m.* assistant. *Aide-comptable,* assistant accountant.

aisance [ɛzɑ̃:s] *f.* FIN. easiness.

ajournement [aʒurnəmɑ̃] *m.* 1. postponement, putting off. — 2. LAW summons. *Décret d'ajournement,* writ of subpoena.

ajourner [-ne] *vt.* 1. to postpone, to put off, to defer. — 2. LAW to summon s. o. to appear.

ajourner (s') *v. pr.* to adjourn.

ajouté [aʒute] *m.* addition, rider.

ajouter *vt.* to add.

ajouter (s') *v. pr.* to be added.

ajustement [aʒystəmɑ̃] *m.* adjustment, settlement. *Ajustement des salaires,* wage adjustment.

ajuster [-te] *vt.* to adjust.

album-tarif [albɔmtarif] *m.* illustrated price-list.

aléa [alea] *m.* risk.

aléatoire [-twa:r] *adj.* 1. LAW aleatory. — 2. uncertain.

aliénable [aljenabl] *adj.* alienable.

aliéner [aljene] *vt.* LAW to alienate, to transfer (property).

alignement [aliɲmɑ̃] *m.* 1. FIN. adjustment, balancing. *Alignement des comptes,* balancing of accounts. *Alignement des devises,* adjustment of exchange rates. — 2. PUBLIC WORKS building-line. *Frapper d'alignement,* to order to conform to the building-line.

aligner [-ɲe] *vt.* FIN. to balance, to adjust.

aligner (s') *v. pr.* to fall into line. *Nous devons nous aligner sur nos concurrents,* we must fall into line with our competitors.

aliment [alimɑ̃] *m.* 1. INS. interest, risk. — 2. MAR. inducement. — 3. ADM. alimony, maintenance.

alimentaire [-tɛr] *adj.* 1. LAW alimentary. *Obligation alimentaire,* maintenance order. *Pension alimentaire,* alimony. — 2. IND. conserves alimentaires, tinned (canned) goods.

alimentation [-tasjɔ̃] *f.* 1. food. *Rayon de l'alimentation,* food department. — 2. FIN. supplying with funds, provisioning. — 3. (market) supply.

alimenter [-te] *vt.* 1. to supply, to maintain. *Alimenter un compte,* to pay money into an account. *Carnets de commandes bien alimentés,* well-supplied order-books; U. S. heavy backlogs. — 2. LAW to provide alimony. — 3. MAR. INS. to report as attaching interest.

alléchant, e [alleʃɑ̃] *adj.* alluring.

allécher [-ʃe] *vt.* to allure, to attract.

allège [allɛʒ] *f.* lighter. *Frais d'allèges,* lighterage.

allégement [alleʒmɑ̃] *m.* lightening (of taxation).

alléguer [allege] *vt.* to allege.

aller [ale] *m.* outward voyage. MAR. *Aller et retour,* outward and homeward voyage. RAIL *Aller et retour,* return ticket; U. S. round-trip ticket. MAR. *Fret d'aller,* outward freight.

aller *vi.* to go.

allocataire [alɔkatɛ:r] *m.* recipient of an allowance, allocateę.

allocation [-sjɔ̃] *f.* 1. allowance. *Allocation de chômage,* unemployment benefit, dole. *Allocations familiales,* family allowance. *Allocation logement,* housing allowance. *Caisse d'allocations familiales,* family allowance fund. — 2. FIN. allotment (of shares).

allonge [alɔ̃:ʒ] *f.* LAW rider.

allouer [alwe] *vt.* to allow, to grant. *Allouer une indemnité,* to award (to grant) an indemnity.

allure [aly:r] *f.* 1. speed, pace, rating; U. S. level of performance. — 2. aspect, trend, tendency. ST.-EX. *L'allure générale du marché,* the prevailing tone of the market.

alourdir (s') [salurdi:r] *v. pr.* ST.-EX. to grow heavy. *Marché qui s'alourdit,* dull market, glutted market.

alphabétique [alfabetik] *adj.* alphabetical. *Classement alphabétique,* alphabetical filing.

amasser (s') [samase] *v. pr.* to pile up. *Laisser s'amasser les intérêts,* to let the interest accrue.

ambassade [ɑ̃basad] *f.* embassy.

ambassadeur [-dœ:r] *m.* ambassador.

ambiance [ɑ̃bjɑ̃:s] *f.* 1. FIN. tone (of the market). — 2. IND. working conditions.

ambulant, e [ɑ̃bylɑ̃] *adj.* itinerant. *Magasin ambulant,* mobile shop.

amélioration [ameljɔrasjɔ̃] *f.* improvement, betterment.

améliorer [-re] *vt.* to improve, to better.

améliorer (s') *v. pr.* to improve.

aménagement [amenaʒmɑ̃] *m.* 1. fitting up, arrangement of office; U. S. set up. — 2. harnessing (of river, etc.). — 3. accommodation (of plane, ship, etc.). *Ce motel possède des aménagements ultramodernes,* this motel provides an up-to-date accommodation. — 4. FIN. adjustment (of taxes).

aménager [-ʒe] *vt.* 1. to fit up (an office). — 2. to harness (a river). — 3. to accommodate (a ship). — 4. to adjust (taxes).

amende [amɑ̃:d] *f.* fine.

amendement [amɑ̃dmɑ̃] *m.* 1. amendment. *Proposer un amendement,* to move an amendment. — 2. AGR. land improvement.

amiable [amjabl] *adj.* amicable. *A l'amiable,* amicably. LAW out of court. *Vente à l'amiable,* private sale.

amoindrissement [amwɛ̃drismɑ̃] *m.* decrease.

amonceler [amɔ̃sle] *vt.* to pile up.

amorçage [amɔrsa:ʒ] *m.* FIN. pump priming. *Un emprunt d'amorçage a été obtenu de la Banque internationale,* a pump priming loan has been obtained from the International Bank.

amortir [amɔrtir] *vt.* 1. FIN. to sink, to pay off, to amortize. *Amortir des obligations,* to redeem bonds. *Amortir une dette,* to amortize, to pay off a debt. — 2. IND. to allow for depreciation (on plant, etc.).

amortissable [-tisabl] *adj.* amortizable, redeemable. *Amortissable par tirage au sort annuel,* redeemable by annual drawing.

amortissement [-tismɑ̃] *m.* 1. FIN. redemption, amortization. *Caisse d'amortissement,* sinking fund. *Plan d'amortissement,* redemption table. *Taux d'amortissement,* amortization quota. — 2. IND. *Amortissement industriel,* depreciation (on plant, etc.), writing off. *Amortissement sur immeubles,* writing off on premises.

amovibilité [amɔvibilite] *f.* LAW uncertainty of tenure, removability, liability to with drawal.

amovible [-vibl] *adj.* LAW removable (official).

ample [ɑ̃:pl] *adj.* 1. wide, extensive (premises). *D'amples salles d'exposition,* wide show-rooms.—2. plentiful. *D'amples récoltes,* plentiful crops. — 3. *Jusqu'à plus ample informé,* until further information is available. *Dans l'attente de plus amples renseignements,* waiting for further particulars.

ampleur [-œ:r] *f.* (market) easiness, freeness.

ampliatif, ive [ɑ̃pljatif] *adj.* LAW ampliative, duplicate.

ampliation [-sjɔ̃] *f.* LAW certified copy. *Pour ampliation,* certified true copy.

amputer [ɑ̃pyte] *vt.* to curtail, to cut down.

an [ɑ̃] *m.* year. *Un livret de caisse d'épargne rapporte 3 % par an,* a savings-bank depositor's book bears an interest of 3 % per annum.

analyse [anali:z] *f.* analysis.

analyser [-lize] *vt.* to analyse.

anatocisme [anatɔsism] *m.* FIN. capitalization of interest, anatocism.

ancienneté [ɑ̃sjɛnte] *f.* seniority. *Avancer à l'ancienneté,* to be promoted by seniority.

animation [animasjɔ̃] *f.* ST.-EX. liveliness, briskness.

animé, e [-me] *adj.* ST.-EX. brisk.

année [ane] *f.* year. *Année bissextile,* leap year. *Année budgétaire,* financial year. *Année sociale,* company's year.

annexe [anɛks] *f.* 1. enclosure. *Deux annexes jointes,* two enclosures (herewith). *Annexes à la lettre de voiture,* documents attached to the consignment note. — 2. LAW *Annexe à un projet de loi,* rider to a bill. — 3. outbuilding.

annexer [-kse] *vt.* to attach.

annonce [anɔ̃s] *f.* 1. advertisement. *Petites annonces,* small ads. *Demander par voie d'annonces,* to advertise. — 2. sign. *La hausse subite du cours de l'or est l'annonce de la crise,* the sudden rise of the gold rate is a token of crisis.

annoncer [-se] *vt.* to advertise.

annonceur [-sœ:r] *m.* advertiser.

annuaire [anɥɛ:r] *m.* 1. year-book. — 2. directory. *Annuaire du commerce,* trade directory. *Annuaire du téléphone,* telephone directory.

annuel, elle [anɥɛl] *adj.* yearly, annual.

annuitaire [anɥitɛ:r] *adj.* refundable by yearly payments.

annuité [-te] *f.* 1. FIN. yearly annuity,

annual instalment. *Emprunt remboursable par annuités,* loan redeemable by annual instalments. — **2.** annuity (pension). *Annuité à vie,* life annuity. *Annuité contingente,* contingent annuity. *Annuité différée,* deferred annuity. *Annuité réversible,* survivorship annuity. *Annuité terminable,* terminable annuity. *Annuité viagère immédiate,* immediate annuity.

annulable [anylabl] *adj.* cancellable, rescindable.

annulation [-lasjɔ̃] *f.* **1.** cancellation (of an order), rescission (of an agreement). — **2.** B. K. reversal, cancellation. *Annulation d'une écriture par un article inverse,* reversal of an entry by a contra-entry.

annuler [-le] *vt.* **1.** to cancel, to rescind, to nullify. *Annuler un chèque,* to cancel a cheque. *Ce nouveau tarif annule le précédent,* this new price-list supersedes the former one. — **2.** B. K. to contra, to reverse.

anomal, e [anɔmal] *adj.* uncommon (speaking of a product which cannot be purchased at the nearest point of sale).

anonyme [anɔnim] *adj.* anonymous. LAW *Société anonyme,* Limited Company.

antérieur, e [ɑ̃terjœ:r] *adj.* previous, former.

antériorité [-rjɔrite] *f.* anteriority. *Recherche d'antériorité,* search for any prior patent.

antichrèse [ɑ̃tikrɛ:z] *f.* LAW pledging of real estate revenue as security for a debt, antichresis.

anticipatif, ive [ɑ̃tisipatif] *adj.* anticipated. *Payement anticipatif,* prepayment.

anticipation [-sjɔ̃] *f.* **1.** anticipation. *Payer par anticipation,* to pay in advance. — **2.** LAW encroachment.

anticiper [-pe] *vt.* **1.** to anticipate. *Dividende anticipé,* advanced dividend. *Remboursement anticipé,* redemption before due date, accelerated redemption. *Remerciements anticipés,* thanking you in anticipation. — **2.** LAW to encroach. *Anticiper sur les droits de qqn,* to encroach upon s.o.'s rights.

antidater [ɑ̃tidate] *vt.* to antedate.

anti-inflationniste [ɑ̃tiɛ̃flasjɔnist] *adj.* anti-inflationary.

anti-statutaire [ɑ̃tistatytɛ:r] *adj.* ultra vires.

apaisements [apɛzmɑ̃] *m. pl.* satisfactory assurances.

apériteur [aperitœ:r] *m.* MAR. INS. leading underwriter.

aplanir [aplani:r] *vt.* to smooth out, to iron out.

apogée [apɔʒe] *m.* peak, climax.

apostille [apɔsti:j] *f.* side note, foot note.

appareil [aparɛ:j] *m.* apparatus. *Appareils ménagers,* home appliances.

appareiller [-rɛje] *vi.* MAR. to leave harbour, to set sail.

appartenir [apartəni:r] *vi.* to belong. *A tous ceux qu'il appartiendra,* to all whom it may concern.

appel [apɛl] *m.* **1.** calling in (of an expert). — **2.** FIN. call. *Avis d'appel de fonds,* call letter; *appel de marge,* call of margin; *faire un appel de fonds,* to call up capital. — **3.** LAW appeal at law. *Cour d'appel,* Court of Appeal; U. S. Appellate Court. *Interjeter appel,* to lodge an appeal. *Juger en appel,* to hear an appeal. *Sans appel,* non-appealable, final (jugement). — **4.** POST *Appel téléphonique,* call. — **5.** ADM. *Appel d'offre,* tender. *Planning d'appel d'offre et de commande,* engineering purchasing schedule (of public works).

appelant [aplɑ̃] *m.* appellant.

appeler [aple] *vt.* FIN., POST to call. *Capital appelé,* called up capital.

appeler *vi.* LAW to appeal against.

appellation [apɛllasjɔ̃] *f.* trade name.

applicable [aplikabl] *adj.* applicable. *Règlement applicable à dater du 1er juillet,* rule coming into force on July Ist. *Tarif applicable à partir du 1er septembre,* price-list taking effect from the first of September.

application [-kasjɔ̃] *f.* **1.** application. LAW enforcement; U. S. administration (of regulations). *En application de,* in pursuance of. — **2.** FIN. appropriation. *Application du bénéfice net conformément aux prescriptions statutaires,* application of the net profit according to the provisions of the articles. — **3.** ST.-EX. crossing, marrying (of shares). — **4.** MAR. INS. calling upon underwriters to take up shares of a risk.

appliquer [-ke] *vt.* to apply, to charge.

appliquer (s') *v. pr.* to apply (*à,* to).

appoint [apwɛ̃] *m.* small coins, change. *On est tenu de faire l'appoint,* no change given.

appointements [-tmɑ̃] *m. pl.* salary. « *Appointements indifférents* », " Salary no object ". *Prière d'indiquer les appointements demandés,* please state salary required. *Toucher ses appointements,* to draw one's salary.

apport [apɔ:r] *m.* **1.** LAW assignment, transfer. *Apport de capitaux,* assignment of assets. (N.B. En Angleterre, le terme *transfer* s'applique surtout aux apports tangibles, machines, matériel de bureau, par exemple.) — **2.** assets brought into business. *Apports en nature,* assets in kind taken over, assets brought in kind. *Apports en numéraire,* assets brought in money. *Apport en société,* assets transferred to company. *Actions d'apport,* founder's shares, vendor's shares. *Capital apports,* capital issued as fully paid up otherwise than in cash. *Capital d'apport,* initial capital. — **3.** LAW *Biens d'apport,* property brought in by husband or wife upon marriage.

apporter [-te] *vt.* to transfer, to assign, to bring in. *Monsieur X apporte à la société Y les machines-outils dont la désignation suit,* Mr. X transfers to the Y company the machine-tools described hereafter.

apporteur [-tœ:r] *m.* vendor.

apposer [apoze] *vt.* to affix, to put, to append. *Apposer un timbre sur un document,* to affix a stamp to a document. LAW *Apposer les scellés à,* to affix the seals to.

appréciable [apresjabl] *adj.* appreciable, noticeable.

appréciation [-sjasjɔ̃] *f.* valuation, estimate. *Appréciation sous réserve,* conservative estimate. ST.-EX. *Ordre à appréciation,* discretionary order.

apprécier [-sje] *vt.* to value, to estimate.

apprentissage [aprɑ̃tisa:ʒ] *m.* apprenticeship. *Apprentissage sur le tas,* on the job training. *Contrat d'apprentissage,* articles of apprenticeship, indenture. *Prendre en apprentissage,* to indenture.

approbation [aprɔbasjɔ̃] *f.* approval, passing.

appropriation [aprɔpriasjɔ̃] *f.* LAW appropriation. *Appropriation illicite de fonds,* embezzlement.

approuvé (de compte) [apruve] *m.* reconcilement.

approuver *vt.* **1.** to approve. *Lu et approuvé,* read and confirmed (minutes of meeting). *Lu et approuvé,* read and approved (contrat, etc.). — **2.** FIN. to pass. *Approuver une dépense,* to pass an item of expenditure. *Approuver un dividende de 4 %,* to pass a dividend of 4 %.

approvisionnement [aprɔvizjɔnmɑ̃] *m.* **1.** supplying, stocking (action d'approvisionner); U. S. procurement. — **2.** supply, stock (provisions).

approvisionner [-ne] *vt.* to supply, to stock. FIN. *Approvisionné,* in funds. *Bien approvisionné,* well-stocked.

approvisionner (s') *v. pr. S'approvisionner chez,* to get one's supply from. *S'approvisionner en,* to lay in a stock of.

approximatif, ive [aprɔksimatif] *adj.* approximate, rough.

approximativement [-tivmɑ̃] *adv.* approximately, nearly.

appui [apɥi] *m.* support. *A l'appui de,* in support of. *Avec certificats à l'appui,* with testimonials annexed. *Pièces à l'appui,* vouchers.

appuyer [-je] *vt.* to support, to second, to back up. *Appuyer une candidature,* to support an application.

âpre [a:pr] *adj.* keen.

après-bourse [aprεburs] *exp.* ST.-EX. after hours. *Marché après-bourse,* street market; U. S. curbmarket.

apte [apt] *adj.* qualified. LAW capable of.

aptitude [-tityd] *f.* ability.

apurement [apyrmɑ̃] *m.* agreeing, wiping off.

apurer [-re] *vt.* to agree, to audit, to wipe off. CUST. to clear. *Apurer un compte,* to agree an account. *Apurer un permis de transbordement,* to clear a transhipment permit. *Apurer un solde déficitaire,* to wipe off a debit balance.

arbitrage [arbitra:ʒ] *m.* **1.** arbitration. *Arbitrage des conflits du travail,* arbitration of labour disputes. *Conseil d'arbitrage,* conciliation board. *Adjuger par arbitrage,* to award by arbitration. *Si vous n'acceptez pas la remise de 5 % que nous vous proposons, nous devrons mettre l'affaire en arbitrage,* if you do not accept the 5 % allowance we offer, we shall have to refer the matter to arbitration. — **2.** ST.-EX. : **a)** arbitrage (avec une bourse étrangère). *Arbitrage sur des valeurs,* stock arbitrage; **b)** shunting (entre deux places du même pays); **c)** *arbitrage de portefeuille,* hedging. *Faire un arbitrage de portefeuille,* to make a change of investments, to switch; **d)** *arbitrage en reports,* jobbing in contangoes. — **3.** FIN. arbitrage, arbitration. *Arbitrage composé,* compound arbitrage. *Arbitrage de banque,* arbitrage, arbitration. *Arbitrage du change,* arbitration of exchange. *Arbitrage direct (simple),* simple arbitrage. *Arbitrage indirect,* compound arbitrage.

arbitragiste [-ist] *m.* arbitrageur, arbitragist.

arbitre [arbitr] *m.* arbitrator, referee.

arbitrer [-tre] *vt.* to arbitrate, to make an award.

arbitrer (s') *v. pr.* to be settled by arbitration.

archives [arʃi:v] *f. pl.* archives.

argent [arʒɑ̃] *m.* **1.** silver. — **2.** money. *Argent à vue,* call money. *Argent comptant,* ready money. *Argent en caisse,* cash in hand, cash position. *Argent liquide,* available cash. *Argent remboursable au mois,* monthly settlement loan. *Argent remboursable sur demande,* money at call. *Envoi d'argent,* remittance. *Loyer de l'argent,* price of money.

argumentaire [argymɑ̃tε:r] *m.* list of sales points of a product to be used by a commercial traveller to persuade customers.

armateur [armatœ:r] *m.* shipowner. (N. B. **1.** En droit anglais, ce terme couvre souvent le propriétaire, l'armateur-propriétaire ou l'armateur-fréteur; aussi trouve-t-on parfois le terme *manager* pour désigner la personne remplissant la fonction d'armateur proprement dit. — **2.** According to French law, the actual owner of the ship is the *propriétaire;* if he mans the ship as well, he is the *armateur-propriétaire;* if he mans the ship but does not own her, he is the *armateur;* the person who issues out a contract of affreightment is also an *armateur.*) *Armateur-affréteur,* owner-charterer. *Armateur-gérant,* managing owner. *Armateur-propriétaire,* shipowner.

armement [arməmɑ̃] *m.* **1.** manning and supplying. — **2.** shipping business. *Armement national,* national shipping. — **3.** shipowners. *La crise actuelle à laquelle l'armement doit faire face,* the present depression facing shipowners. — **4.** equipment. *Dans l'expression « A1 at Lloyd's », la lettre se rapporte à l'état de la coque, le chiffre à l'armement,* in the phrase "A1 at Lloyd's", the letter refers to the state of the hull, the figure to the equipment.

armer [arme] *vt.* MAR. to man and supply, to fit out.

arraisonner [arεzɔne] *vt.* CUST. to visit.

arrangement [arɑ̃ʒmɑ̃] *m.* **1.** agreement, settlement. *Sauf arrangement contraire,* unless otherwise stipulated. — **2.** composition (with creditors).

arrérager [arera:ʒe] *vi.* to get into arrears, to remain unpaid (dividends).

arrérages [-ra:ʒ] *m. pl.* **1.** (back-) interests. *Laisser courir ses arrérages,* to allow one's interests to accumulate. *Toucher ses arrérages,* to draw one's interests. — **2.** arrears (of rent, of wages).

arrêt [arɛ] *m.* **1.** LAW judgment, decree. — **2.** LAW seizure, attachment. *Saisie-arrêt,* garnishment. *Faire arrêt sur des marchandises,* to attach goods. *Faire arrêt sur un navire,* to order the detention of a ship. *Faire un arrêt sur salaires,* to order a retention on wages.

arrêté [-te] *m.* **1.** B. K. making up, rest, ruling off. *Arrêté de caisse,* making up the cash. *Arrêté de compte,* account settled, rest, settlement. *Arrêté du compte,* settlement of account. *Arrêtés trimestriels,* quarterly rests. — **2.** INS. *Arrêté provisoire d'assurance,* cover note, provisional policy. — **3.** ADM. order. *Arrêté ministériel,* decree, Order in Council.

arrêter [-te] *vt.* **1.** To stop. *Arrêter le payement d'un chèque,* to stop a cheque. — **2.** B. K. to make up, to close, to rule off, to balance. *Arrêter ses comptes tous les mois,* to make up one's accounts monthly. *Lorsque les fiches d'inventaire de chaque service ont été retournées, tous les comptes du grand livre sont arrêtés,* when all departmental stock-sheets have been returned, all ledger accounts are ruled off. — **3.** To conclude, to agree, to close. *Arrêter une vente,* to conclude a sale. — **4.** *Arrêter les services de qqn,* to retain the services of s. o., to engage. — **5.** To fix, to appoint. *Arrêter une date pour la prochaine assemblée générale des actionnaires,* to fix a date for the next general meeting of shareholders. *Le conseil d'administration a arrêté les dispositions suivantes,* the board has planned the following financial arrangements.

arrêteur [-tœ:r] *m.* PRO. EX. last buyer, receiver.

arrher [a:re] *vt.* to pay a deposit on.

arrhes [a:r] *f. pl.* deposit, earnest money.

arriéré, e [arjɛ:re] *adj.* overdue, outstanding, in arrear, owing. *Compte arriéré,* outstanding account. *Loyer arriéré,* rent owing, back rent.

arriéré *m.* arrears. *Faire rentrer des arriérés,* to recover overdue debts. *Solder un arriéré,* to pay off arrears.

arrière-caution [arjɛ:r-kosjɔ̃] *f.* countersurety.

arrimage [arima:ʒ] *m.* stowage, trimming, stowing.

arrimer [-me] *vt.* to stow, to trim.

arrimeur [-mœ:r] *m.* stower, stevedore.

arrivage [ariva:ʒ] *m.* arrival. CUST. " received ".

arrivée [-ve] *f.* arrival. *Courrier à l'arrivée,* incoming mail. *Vendre à l'heureuse arrivée,* to sell to arrive.

arriver [-ve] *vi.* to arrive.

arrondir [arɔ̃di:r] *vt.* to round up, to round off.

article [artikl] *m.* **1.** article, product, commodity. *Articles de grande consommation,* staple products. *Article de réclame,* leading line. *Article de série,* mass-produced article. *Nous ne faisons pas cet article,* we don't deal in that line. — **2.** article, division, clause, section. *Un article du traité interdit formellement les primes à l'exportation,* a clause of the treaty specifically forbids export subsidies. *En vertu de l'article premier,* in pursuance of section 1. — **3.** B. K. entry, item. *Article collectif,* compound entry. *Article de contre-passement,* reverse entry. *Article de dépenses,* item of expenditure. *Article de virement,* transfer entry. *Article d'inventaire,* closing entry. *Article rectificatif,* correcting entry. *Articles divers,* sundries. *Tous les articles inscrits sur les livres auxiliaires doivent être reportés sur le grand livre,* every item entered in the subsidiary books must be transferred to the ledger.

artisan [artizɑ̃] *m.* craftsman.

assainir [asɛni:r] *vt.* to clean up, to reorganize, to purge. *Assainir une monnaie,* to decoke, to re-establish a currency.

assainissement [-nismɑ̃] *m.* reorganization, cleaning up. FIN. purging.

assemblée [asɑ̃ble] *f.* meeting. *Assemblée générale des actionnaires,* general meeting of shareholders. *Convoquer une assemblée,* to call, to convene a meeting. *Tenir une assemblée,* to hold a meeting.

asseoir [aswa:r] *vt.* to fix, to base, to establish, to assess. *Asseoir un impôt sur,* to base a tax on. *Situation bien assise,* well established position.

assermenter [asɛrmɑ̃te] *vt.* to swear in, to administer the oath to. *Juré assermenté,* sworn juror.

assesseur [asɛsœ:r] *m.* assessor.

assiette [asjɛt] *f.* basis. *Assiette de l'impôt,* basis of assessment.

assignation [asiɲasjɔ̃] **1.** FIN. assignment, transfer of funds. — **2.** LAW serving of a writ. *Signifier une assignation à un témoin,* to subpoena a witness.

assigner [-ɲe] *vt.* **1.** FIN. to assign. *Assigner une somme à un fond de réserve,* to assign, to earmark a sum for a reserve fund. *Assigner une dépense sur le Trésor public,* to charge an expense out of Public Funds. — **2.** LAW to serve a writ on s. o. *Assigner un témoin,* to subpoena a witness. *Assigner qqn en contrefaçon,* to sue s. o. for infringement of patent. — **3.** CUST. *Régime assigné aux marchandises,* rules applicable to the goods.

assistance [asistɑ̃:s] *f.* **1.** assistance, aid. — **2.** attendance.

assister [-te] *vt.* to help, to aid.

assister à *vi.* to attend.

association [asɔsjasjɔ̃] *f.* association, society. (N. B. In the legal sense, the French word means « *une association sans but lucratif* ».) *Association en participation,* special partnership (unknown to third parties). *Association patronale,* employers' association. *Association sans but lucratif,* non-profit-making association.

associé [-sje] *m.* partner. *Associé commanditaire,* sleeping partner. *Associé principal,* senior partner.

associer (s') *v. pr.* to enter into partnership.

assortiment [asɔrtimɑ̃] *m.* **1.** assortment. *Assortiment très complet d'échantillons,* comprehensive range of samples. — **2.** matching. *Mauvais assortiment,* mismatchment.

assortir [-ti:r] *vt.* **1.** to match. — **2.** To stock, to assort.

assujetti, e [asyʒeti] *adj.* liable to, subject to. *Document assujetti au droit de timbre,* document liable to stamp duty.

assujettissement [-tismɑ̃] *m.* liability.

assumer [asyme] *vt.* to assume.

assurable [asyrabl] *adj.* insurable.

assurance [-rɑ̃:s] *f.* insurance. *Assurance à capital différé (assurance mixte, en cas de vie),* endowment insurance *ou* assurance. MAR. INS. *Assurance à prime liée,* round voyage insurance; *assurance à temps,* time insurance; *assurance au voyage,* voyage insurance. *Assurance contre la grêle,* hail insurance. *Assurance contre la perte des loyers,* rent insurance. *Assurance contre l'incendie,* fire insurance. *Assurance contre le chômage,* unemployment insurance. *Assurance contre le vol,* burglary insurance. *Assurance contre les accidents du travail,* employers' liability insurance; U. S. workmen's compensation insurance. MAR. INS. *Assurance d'abonnement,* floating insurance policy. *Assurance de cautionnement,* guarantee insurance. *Assurance de crédit,* credit insurance. *Assurance en cas de décès,* whole-life insurance *ou* assurance. *Assurance foire,* fair (exhibition) insurance (for foreign fairs only). *Assurance prospection,* marketing insurance (for foreign markets only). *Assurance provisoire,* provisional policy. *Assurance responsabilité civile,* public liability insurance. MAR. INS. *Assurance sur corps,* hull insurance. *Assurance sur facultés,* cargo insurance. *Assurance sur la fidélité du personnel,* fidelity insurance; U. S. fidelity bond, suretyship insurance. *Courtier d'assurance,* insurance broker. *Prime d'assurance,* insurance premium. *Contracter une assurance sur,* to take out an insurance on, to effect an insurance on. *L'assurance sera effectuée par,* insurance to be effected by.

assuré [-re] *m.* insured, policy holder.

assurer *vt.* to insure.

assurer (s') *v. pr.* to take out an insurance.

assureur [-rœ:r] *m.* **1.** insurer. — **2.** MAR. INS. underwriter. *Assureur sur corps,* hull underwriter. *Assureur sur facultés,* cargo underwriter.

astreint, e [astrɛ̃] *adj.* liable to.

astreinte [-ɛ̃:t] *f.* LAW fine (for delay).

atelier [atəlje] *m.* workshop.

atermoiement [atɛrmwamɑ̃] *m.* LAW deferment of payment, arrangement with creditors.

atermoyer [-je] *vt.* LAW to defer payment.

attaché [ataʃe] *m.* attaché.

attacher *vt.* to attach. ST.-EX. *Coupon attaché,* with (cum) coupon; U. S. coupon on. *Droit attaché,* cum rights.

attaque [atak] *f.* ST.-EX. raid.

attaquer [-ke] *vt.* LAW to impugn (a contract). *Attaquer en justice,* to sue.

atteindre [atɛ̃:dr] *vt.* to reach.

attendre [atɑ̃:dr] *vt.* to wait for, to expect. *En attendant vos directives complémentaires,* awaiting further instructions.

attendu [atɑ̃dy] *prép.* on account of, considering. LAW *s. m.* **1.** item, argument. — **2.** *pl.* reasons adduced, whereas.

attention [atɑ̃sjɔ̃] *f.* attention. *Votre commande a eu notre meilleure attention,* your order had our very best attention.

atténuer [atenɥe] *vt.* to minimize.

atterrir [ateri:r] *vi.* to land.

attestation [atɛstasjɔ̃] *f.* testimonial, certificate.

attester [-te] *vt.* to certify, to attest.

attirance [atirɑ̃:s] *f.* attraction.

attirer [-re] *vt.* to attract.

attitré, e [atitre] *adj.* certified, recognized, appointed. *Fournisseur attitré de,* purveyor by appointment to.

attribuable [atribyabl] *adj.* assignable to, due to.

attribuer [-bye] *vt.* to allot. *Attribuer des actions,* to allot shares.

attributaire [-bytɛ:r] *m.* FIN. allottee. LAW assignee.

attribution [-bysjɔ̃] *f.* **1.** allotment. *Attribution intégrale d'actions,* allotment of shares in full. *Attribution partielle d'actions,* partial allotment of shares. *Avis d'attribution,* letter of allotment. — **2. attributions** *f. pl.* duties, functions, powers.

audience [odjɑ̃:s] *f.* LAW hearing.

auditeur [oditœ:r] *m.* LAW auditor. *Auditeur à la Cour des comptes,* commissioner of audit to the Exchequer and Audit Office. *Auditeur au Conseil d'Etat,* probationary member of the Council of State.

augmentation [ogmɑ̃tasjɔ̃] *f.* increase, rise; U. S. raise. *Augmentation de capital,* increase of capital, recapitalization. *Augmentation de salaire,* rise in wages. *Production en augmentation par rapport au mois dernier,* output showing an increase on last month. *Subir une augmentation,* to undergo a rise.

augmenter [-te] *vt.* to increase, to raise.

augmenter *vi.* to increase, to rise.

austérité [osterite] *f.* austerity. *Mesures d'austérité,* austerity measures.

authenticité [otɑ̃tisite] *f.* authenticity.

autofinancement [otofinɑ̃smɑ̃] *m.* self-financing.

automation [otomasjɔ̃] *f.* automation.

autorisation [otorizasjɔ̃] *f.* authorization, authority. *Autorisation d'absence,* leave of absence. *Autorisation de change,* exchange permit. *Autorisation de remboursement,* withdrawal warrant. *Autorisation de transfert,* authority to transfer. *Autorisation d'exporter,* export permit.

autorisé, e [-ze] *adj.* authorized, accredited.

autorité [-te] *f.* authority.

auxiliaire [oksiljɛ:r] *adj.* **1.** B. K. subsidiary. — **2.** auxiliary. *Bureau auxiliaire,* sub office.

aval [aval] *m.* guarantee, backing. *Bon pour aval,* guaranteed by. *Donneur d'aval,* guarantor, backer.

avaliser [-ize] *vt.* to guarantee, to back.

avalist [-ist] *m.* guarantor.

à-valoir [avalwar] *m.* instalment.

avance [avɑ̃:s] *f.* advance, loan. *Avance à découvert :* **a)** unsecured advance; **b)** BANK overdraft. *Avance en compte courant,* advance on current account. *Avance garantie,* secured advance. *Avance sur marchandises,* advance on goods. *Avance sur nantissement,* advance against security. *Avance sur titres,* advance on securities.

avancer [-se] *vt.* to advance.

avantage [avɑ̃ta:ʒ] *m.* advantage. *Avantages fiscaux,* tax advantages.

avantageux, euse [-ʒø] *adj.* profitable. *Etre très avantageux,* to be very good value; U. S. to be very good buy.

avant-guerre [avɑ̃gɛ:r] *m.* pre-war period.

avant-projet [avɑ̃prɔʒɛ] *m.* rough draft; U. S. tentative draft. *Nos plans sont encore à l'état d'avant-projet,* our plans are still in the drawing-board stage.

avarie [avari] *f.* damage, injury.

avaries *f. pl.* MAR. INS. average. *Avaries communes,* general average. *Avaries en frais,* average expenses. *Avaries particulières,* particular average. *Avaries simples,* particular average. *Des accidents inévitables résultant d'une collision, d'un naufrage ou d'un échouage sont des avaries particulières,* unavoidable accidents resulting from collision, shipwreck or stranding are known as particular average. *Evaluer l'étendue des avaries,* to adjust the amount of the average.

avarié, e [-rje] *adj.* damaged, injured.

avarier *vt.* to damage, to injure.

avenant [avnɑ̃] *m.* LAW endorsement.

aventurer [avɑ̃ty:re] *vt.* to venture.

avertir [avɛrti:r] *vt.* to warn, to notify.

avertissement [-tismɑ̃] *m.* notice, warning.

avilissement [avilismɑ̃] *m.* depreciation.

avis [avi] *m.* advice. **1.** FIN. *Avis d'attribution,* letter of allotment. *Avis de banqueroute,* bankruptcy notice. *Avis de retour de souscription,* letter of regret. — **2.** ST.-EX. *Avis d'exécution,* contract note. — **3.** B. K. *Avis de crédit,* credit advice. *Avis de débit,* debit advice. *Avis d'encaissement,* collection advice. — **4.** *Avis d'embarquement,* advice of shipment. *Avis de réception :* **a)** acknowledgment of receipt; **b)** POST advice of delivery. *Avis d'expédition,* advice of dispatch.

aviser [-ze] *vt.* to notify, to inform, to advise.

avocat [avɔka] *m.* barrister; U. S. attorney, trial lawyer. *Avocat-conseil,* counsel.

avoir [avwar] *m.* **1.** credit side. *Inscrire une somme à l'avoir d'un compte,* to enter a sum to the credit of an account. — **2.** property, possessions. FIN. balance, assets.

avoué [avwe] *m.* attorney, solicitor.

ayant cause [ɛjɑ̃ko:z] *m.* LAW assign, assignee.

ayant droit [ɛjɑ̃drwa] *m.* LAW entitled party, assign. *Mis à la disposition de l'ayant droit,* tendered to the person entitled.

b

bâche [baːʃ] *f.* sheet. *Bâche goudronnée,* tarpaulin.

bâcher [baʃe] *vt.* to sheet.

bagages [bagaːʒ] *m. pl.* luggage; U. S. baggage. *Bagages en franchise,* free luggage. *Bagages enregistrés,* registered luggage. *Excédent de bagages,* excess luggage.

bail [baːj] *m.* lease. *Bail emphytéotique,* ninety-nine year lease. *Prêt-bail,* leasing. *Résilier un bail,* to cancel a lease. *Tenir à bail,* to hold on lease.

bailleur [-jœːr] *m.* lessor. *Bailleur de fonds :* **a)** money lender; **b)** sleeping partner (d'une société). *Bailleur et preneur,* lessor and lessee.

baisse [bɛːs] *f.* fall, drop, decline. ST.-EX. *Baisse très sensible des cours,* sharp drop in prices; U.S. roll-back; *spéculation à la baisse,* bear operations, bear transactions; *tendance à la baisse,* downward trend; *acheter en baisse,* to buy on a fall; *être en baisse,* to be falling, to be down; *spéculer à la baisse,* to go for a fall, to play on a fall. *Les grands magasins sont en baisse,* stores shares are down, show a downward tendency.

baisser [bɛse] **1.** *vt.* to lower. ST.-EX. *Faire baisser les cours,* to bear down the prices. — **2.** *vi.* to fall, to drop.

baissier [-sje] *m.* bear; U. S. the short of stock. *Les baissiers vendent à terme des titres qu'ils espèrent racheter à un cours moins élevé avant le jour de liquidation,* bears sell short securities they hope to buy back cheaper before account day.

balance [balɑ̃ːs] *f.* balance. B. K. *Balance après inventaire,* second trial balance, trial balance after closing. *Balance auxiliaire,* trial balance of a first entry book. *Balance commerciale,* balance of trade. *Balance commerciale active (favorable),* favourable balance of trade (of exchange). *Balance commerciale passive,* adverse balance of trade. B. K. *Balance cumulée,* trial balance of all transactions recorded in the journal (as required by French law); *balance de caisse,* cash balance; *balance de vérification avant inventaire,* first trial balance. *Balance des payements,* balance of payments (between the Franc area and other currency areas). *Balance économique,* balance of payments, of indebtedness. B. K. *Balance par soldes,* trial balance bringing out the differences of the postings. *Difficultés dans la balance des payements,* balance of payments difficulties, strains. *Avoir une balance déficitaire,* to show an adverse balance, to be in the red.

balancer [-se] *vt.* to balance (up). *Balancer un compte,* to balance an account.

balancer (se) *v. pr.* to balance, to show a balance of.

balle [bal] *f.* bale.

banal, e [banal] *adj.* (product) purchaseable at the nearest point of sale.

bancable [bɑ̃kabl] *adj.* bankable. *Effets bancables,* bankable bills. *Place* *bancable,* bank place. (N.B. A *place bancable* is a town where the Banque de France has a branch; in France, bills must be drawn within three months' date in these towns only.)

bancaire [-kɛ:r] *adj.* banking. *Opérations bancaires,* banking transactions.

bande [bɑ̃:d] *f.* wrapper (for newspapers). *Bande publicitaire,* advertising streamer.

banque [bɑ̃:k] *f.* **1.** the banking business. — **2.** bank. *Banque agricole,* rural bank. *Banque commerciale,* trade bank. *Banque de compensation,* clearing-house. *Banque de crédit (à moyen ou long terme),* (medium or long term), credit bank. *Banque d'émission,* bank of issue. *Banque de dépôt,* deposit bank. *Banque foncière (hypothécaire),* land bank. *Carnet de banque,* bank pass-book. *Compte en banque,* banking account. *Consortium des banques,* banking syndicate. *Situation hebdomadaire de la banque,* weekly bank-return. « *Toutes opérations de banque* », " Banking business of every description transacted ". *Déposer de l'argent en banque,* to deposit money with a bank. *Ouvrir un compte en banque,* to open an account with a bank.

banqueroute [bɑ̃krut] *f.* bankruptcy. (N.B. Bankruptcy occasioned by misfortune is a *faillite.*) *Banqueroute frauduleuse,* fraudulent bankruptcy (brought about by embezzlement). *Banqueroute simple,* bankruptcy (brought along by rash transactions and recklessness). *Faire banqueroute,* to go bankrupt.

banqueroutier [-tje] *m.* bankrupt.

banquier [bɑ̃kje] *m.* banker.

baraterie [baratri] *f.* barratry. *Baraterie criminelle,* barratry (in the English sense). *Baraterie simple (civile),* barratry (faults brought about by carelessness).

barème [barɛm] *m.* **1.** scale (tariffs). — **2.** ready reckoner (comptes faits).

baril [bari] *m.* cask, barrel.

barreau [ba:ro] *m.* LAW bar.

barrement [barmɑ̃] *m.* crossing. *Barrement général,* general crossing. *Barrement spécial,* special crossing.

barrer [-re] *vt.* **1.** FIN. to cross. *Un chèque barré doit être encaissé par l'intermédiaire d'une banque,* a crossed cheque must be paid through a bank. — **2.** to strike out. *Barrer les mentions inutiles,* strike out words not applicable. — **3.** to stem. *Barrer la route à l'inflation des salaires,* to stem wage-inflation.

barrières [barjɛ:r] *f. pl.* LAW *Barrières douanières,* tariff walls.

barrique [barik] *f.* cask.

bas, basse [bɑ] *adj.* low. *Les cours les plus bas de cette année,* this year's lows.

bas *m.* bottom.

base [bɑ:z] *f.* base, basis. *Ces opérations boursières ont été faites sur une base solide,* these stock-exchange transactions have been carried out on a sound basis (on solid grounds). *Les délégués ont jeté les bases d'un accord,* the delegates laid the foundations of a treaty.

baser [baze] *vt.* to base.

bassin [basɛ̃] *m.* **1.** MAR. dock. *Bassin à flot,* wet dock. *Bassin de marée,* tidal dock. *Bassin de radoub,* dry dock, graving dock. *Bassin flottant,* floating dock. — **2.** field. *Bassin houiller,* coal field.

bateau [bato] *m.* ship, vessel. *Bateau charbonnier,* collier. *Bateau-citerne,* tanker.

batelage [batla:ʒ] *m.* lighterage.

batelier [batəlje] *m.* lighterman.

batellerie [batɛlri] *f.* **1.** inland navigation. — **2.** river boats.

bâtiment [bɑtimɑ̃] *m.* **1.** building. *Amortissement sur le bâtiment,* writing off on premises. *Le bâtiment,* the building trade. — **2.** MAR. ship, vessel. *Bâtiment de charge,* cargo-boat.

battage [bata:ʒ] *m.* build-up.

battre [batr] *vt.* **1.** *Battre monnaie,* to mint. — **2.** *Battre pavillon,* to fly (a flag). — **3.** *Battre un record,* to break a record.

bénéfice [benefis] *m.* **1.** profit, gain. *Bénéfice brut,* gross profit. *Bénéfices d'exploitation,* working profits operating surplus. *Bénéfices du portefeuille,* gains on investment. *Bénéfice espéré,* anticipated profit. *Bénéfice net,* net profit. *Bénéfices non distribués,* undistributed profits, retained earnings, unappropriated profits. *Marge de bénéfice,* profit margin. *Part de bénéfice,* bonus. *Participation aux bénéfices,* profit-sharing. *Répartition de bénéfices,* appropriation of profits. *Sous bénéfice d'inventaire,* under beneficium of inventory. *Réaliser un bénéfice de...,* to earn a profit of... *Des bénéfices d'exploitation sont versés périodiquement aux sociétaires des coopératives de détail,* an operating surplus is returned periodically to members of retail cooperative societies. — **2.** (forward exchange rate) under spot, premium (V. DÉPORT). — **3.** LAW *Au bénéfice du doute,* under benefit of the doubt.

bénéficiaire [-sjɛ:r] *adj.* profit. *Solde bénéficiaire,* balance showing a profit, profit balance.

bénéficiaire *m.* beneficiary. FIN. payee (*d'une lettre de change,* of a bill of exchange). *Bénéficiaire d'une licence,* licensee.

bénéficier [-sje] *vi.* to make a profit, to benefit by, from. *Bénéficier des dispositions prévues au paragraphe 83,* to benefit from the provisions of section 83. LAW *Bénéficier d'un non-lieu,* to be discharged.

besoin [bəzwɛ̃] *m.* **1.** need. *Les besoins présents du marché en capitaux,* the market's present requirements of money. *Au besoin,* if necessary. — **2.** (lettre de change) case of need. — **3.** (personne nommée sur la lettre de change) referee in case of need, surety.

bétail [beta:j] *m.* cattle.

biais [bjɛ] *m.* indirect way (of approaching a question, etc.).

bien [bjɛ̃] *m.* property, estate. *Biens corporels,* tangible property. *Biens de consommation,* consumers' goods. *Biens de production,* producers' goods; U. S. capital equipment. *Biens d'équipement,* capital goods. *Biens immeubles,* real estate. *Biens incorporels,* intangible property. *Biens instrumentaux,* capital goods. *Biens meubles,* personal property, movables. *Biens meubles d'une entreprise,* fixtures. *Biens personnels,* personal chattels.

bien-fondé [-fɔ̃de] *m.* soundness. *Reconnaître le bien-fondé d'une réclamation,* to allow a claim.

biens-fonds [-fɔ̃] *m. pl.* landed property, realty.

biffer [bife] *vt.* to strike out. *Biffer les mentions inutiles,* to strike out words not applicable, to strike out whichever does not apply.

bilan [bilɑ̃] *m.* balance sheet, statement of condition. *Bilan consolidé,* consolidated balance sheet, statement of condition. *Bilan d'essai* (de vérification, provisionnel), trial balance. *Bilan de liquidation,* statement of affairs. *Bilan flatté,* cooked balance sheet. *Etablissement du bilan,* drawing up of the balance sheet. *Truquage du bilan,* window-dressing of the balance sheet. *Déposer son bilan,* to file one's petition in bankruptcy. *Nous avons constaté que le bilan présenté par le conseil d'administration est l'expression exacte de la situation active et passive de la société,* in our opinion such balance sheet is properly drawn up so as to exhibit a true and correct view of the state of affairs of the company.

billet [bijɛ] *m.* **1.** FIN. note, bill. *Billet à ordre,* promissory note. *Billet au porteur,* bill payable to bearer. *Billet à vue,* sight bill, sight draft. *Billet de banque,* bank-note. *Billet de complaisance,* accommodation bill. *Billet de fonds,* bill of exchange (used by the buyer of a goodwill to pay it off by instalments over a long period). *Billet simple,* bill payable to the specified payee only. — **2.** ticket. *Billet à plein tarif,* full-fare ticket. *Billet collectif,* party ticket. *Billet d'aller et retour,* return ticket; U. S. round-trip ticket. *Billet d'entrée,* entrance ticket, admission ticket. — **3.** MAR. *Billet de bord, d'embarquement,* mate's receipt.

billion [biljɔ̃] *m.* ANG. milliard; U. S. billion.

bimétallisme [bimetalism] *m.* bimetallism.

blanc, blanche [blɑ̃, blɑ̃ʃ] *adj.* blank.

blanc *m.* blank. *Chèque signé en blanc,* cheque signed in blank.

blanc-seing [-sɛ̃] *m.* blank signature.

blocage [blɔka:ʒ] *m.* stoppage, freezing. *Blocage des prix,* price freezing, price stop. *Blocage des salaires,* wage stop, wage freeze, wages standstill, wages restraint.

bloc-notes [blɔknɔt] *m.* memorandum.

bloquer [blɔke] *vt.* **1.** to stop, to tie up, to block, to restrain. *Bloquer un chèque,* to stop a cheque. — **2.** to lump. *Les questions qui ne font pas l'objet d'un article séparé sont bloquées dans une clause fourre-tout,* the problems which are not dealt with in separate articles are lumped in a basket clause. — **3.** to blockade.

boîte [bwa:t] *f.* box. *Boîte postale,* post-office box.

bon, bonne [bɔ̃, bɔn] *adj.* good. « *Bon à tirer* », " good for printing ", " ready for press ". *Bon état de navigabilité,* seaworthiness. *Bonne créance,* good debt. *Bonne fin,* meeting (of commitments, of bills, etc.), protection. *Bon pour acceptation de transfert,* transfer accepted by. *Bon pour aval,* guaranteed by. *Bon pour pouvoir,* procuration given by. *Bon pour transfert,* transferred by. (N.B. Ces expressions n'existent pas en anglais. Une signature en tient généralement lieu.) *A bon compte :* **a)** cheaply; **b)** easily. *A bon port,* safely. *Sauf bonne fin,* under usual reserve. *Valeurs de bonne livraison,* securities which are good delivery.

bon *m.* **1.** order. *Bon à échantillonner,* sampling order. *Bon de commande,* order-form. *Bon de livraison,* delivery order. *Bon de réception,* receiving-order. *Bon de sortie,* issue order. — **2.** note, receipt. *Bon à embarquer,* receiving note. *Bon de caisse :* **a)** note (issued by companies) redeemable at a fixed date; **b)** FIN. deposit receipts. *Les bons de caisse de la banque X offrent des possibilités avantageuses de placement,* the X Bank deposit receipts will be found a profitable investment. *Bon de commission,* commission note. *Bon de quai,* wharfinger's receipt. — **3.** voucher. *Bon de caisse,* cash voucher. — **4.** ST.-EX. scrip. — **5.** FIN. bond. *Bon à prime,* premium bond. *Bon au porteur,* bearer bond. *Bon à vue,* sight draft. *Bon d'épargne,* savings bond. *Bon du trésor,* treasury bond. *Bon nominatif,* registered bond.

boni [bɔni] *m.* **1.** surplus, profit. — **2.** rebate.

bonification [-fikasjɔ̃] *f.* **1.** allowance. *Bonification accordée par le vendeur pour compenser des pertes dues au coulage,* allowance granted by the seller as compensation for losses due to leakage. — **2.** ST.-EX. backwardation. *Un vendeur à découvert qui s'est fourvoyé dans ses spéculations peut reporter ses opérations jusqu'à la liquidation prochaine, en payant une bonification au courtier,* a bear seller who has made a bad spec can carry over his transactions until the next account day by paying a backwardation to the broker. — **3.** improvement.

bonifier [-fje] *vt.* to allow, to credit. *Bonifier des intérêts sur,* to allow an interest on. LAW *Bonifier une perte,* to make good a loss. *Bonifier un manque,* to make good a shortage.

bonus [bɔnys] *m.* bonus.

bord [bɔr] *m.* **1.** ship. *Les besoins du bord,* the necessities of the ship. — **2.** board. *Bord à bord,* free on board to ex ship's sling, free in and out. *Bord à quai,* free on board to unloading on quay. *Franco bord,* free on board (FOB). *Livre de bord,* log-book. *A bord,* on board.

bordereau [bɔrdəro] *m.* list, note, statement. ST.-EX. *Bordereau d'achat,* bought note, purchase contract; *bordereau d'agent de change,* broker's note. *Bordereau de caisse,* cash statement. *Bordereau de chargement,* cargo list. *Bordereau de crédit,* credit note. *Bordereau de débit,* debit note. *Bordereau d'encaissement,* list of bills for collection. *Bordereau d'escompte,* list of bills for discount. *Bordereau d'expédition :* **a)** dispatch note; **b)** FIN. list of securities forwarded. *Bordereau de livraison :* **a)** delivery note; **b)** FIN. issue voucher. *Bordereau de* *salaires,* wages-sheet, wages docket. *Bordereau des espèces,* specification. St.-Ex. *Bordereau de vente,* sold note. *Bordereau de versement,* credit slip, paying-in slip.

Bottin [bɔtɛ̃] *m.* French directory; U. S. Blue Book.

bouder [bude] *vt.* St.-Ex. to stand aloof from, to shy at, to fight shy of. *Les petits épargnants ont boudé les pétroles cette semaine,* small investors shied at oil-shares this week.

bouger [buʒe] *vi.* to move.

bourse [burs] *f.* **1.** exchange, market. *Bourse de marchandises,* produce exchange. (N.B. Cereals, flour, sugar in Paris; cereals and spirits in Montpellier and Nîmes; coffee and colonial products in Bordeaux and Marseilles, wool in Le Havre and Roubaix, etc.) *Bourse des valeurs,* Stock-Exchange, bourse. (N. B. There are eight bourses in France : Paris, Bordeaux, Lille, Marseilles, Lyon, Nancy, Nantes and Toulouse.) *Bourse du travail,* Labour-Exchange. *Bourse maritime,* Shipping-Exchange. *Cote de la bourse,* exchange quotations. *Tenue de la Bourse,* Stock-Exchange tone. *La bourse de ce jour,* to day's market. *La bourse est animée,* the market is brisk. — **2.** business-day (on the Stock-Exchange).

boursicoter [-sikɔte] *vi.* to scalp, to dabble in stocks.

boursicotier [-tje] *m.* scalper, dabbler.

boursier [bursje] *m.* Stock-Exchange operator, speculator.

boycottage [bɔjkɔta:ʒ] *m.* boycotting.

boycotter [-te] *vt.* to boycott.

branche [brɑ̃:ʃ] *f.* branch; U. S. segment. *Branche d'industrie,* branch of industry; U. S. segment of industry. *Branche du commerce,* branch of trade. *Je travaille dans votre branche depuis de nombreuses années,* I have been working in your line of business for many years.

brevet [brəvɛ] *m.* **1.** patent. *Brevet d'addition,* additional patent (applied to an improvement on a device already patented). *Brevet d'expert-comptable agréé par l'Etat,* State registered accountant certificate. *Bureau des brevets,* patent office. *Demande de brevet,* application for a patent. *Prise de brevet,* taking out of a patent. *Titulaire d'un brevet,* patentee. — **2.** certificate, licence.

breveter [-vte] *vt.* to patent. *Breveté,* patented.

bris [bri] *m.* breakage. *Assurance contre le bris de glace,* plate-glass insurance.

broché, e [brɔʃe] *adj.* paper-bound.

brochure [brɔʃy:r] *f.* booklet, brochure. *Brochure publicitaire,* advertising brochure.

brouillard [bruja:r] *m.* waste-book, counter cash book. *Brouillard d'entrée,* received cash book. *Brouillard de sortie,* paid cash book.

brouillon [brujɔ̃] *m.* rough draft.

bruit [brɥi] *m.* rumour. *Des rumeurs sans fondement ont jeté la confusion sur le marché,* groundless rumours threw the market into confusion.

brûlant, e [brylɑ̃] *adj.* hot. *Effets brûlants,* hot bills.

brut, e [bryt] *adj.* **1.** gross. *Bénéfice brut,* gross profit. *Produit brut d'une vente,* gross proceeds of a sale. — **2.** (goods) raw, unmanufactured. *Pétrole brut,* crude oil.

brut *m.* gross.

budget [bydʒɛ] *m.* budget. *Adopter un budget,* to pass a budget. *Budget annexe,* supplementary budget. *Budget d'exploitation,* working budget; U. S. operating budget, capital budget. *Budget d'investissement,* capital budget. *Budget général,* master budget. *Commission du budget,* Budget Commission. (N.B. En Angleterre, le rôle de cette commission est dévolu au Committee of Ways and Means et au Committee of Supply.) *Exposé du budget,* budget speech. *Inscrire au budget,* to budget for.

budgétaire [-ʒetɛ:r] *adj.* budgetary, financial. *Année budgétaire,* financial year. *Commission budgétaire,* budget committee (v. BUDGET). *Compressions budgétaires,* curtailment in budgeted expenditures, budget squeeze. *Prévisions budgétaires,* budget estimates.

bulletin [byltɛ̃] *m.* **1.** report (information). — **2.** gazette (periodical publication of a firm), list (of prices). *Bulletin des cours :* **a)** PRO. EX. price-list; **b)** ST.-EX. stock market report (dans un journal), Stock-Exchange list (cote officielle quotidienne). — **3.** form, ticket, slip. *Bulletin complémentaire de bagages :* excess baggage ticket. *Bulletin de bagages,* luggage-ticket. RAIL *Bulletin de chargement,* consignment note. *Bulletin de commande :* **a)** RAIL consignment note; **b)** POST dispatch note. *Bulletin de paye,* wages-docket. FIN. *Bulletin de souscription,* application form; *bulletin de versement,* paying-in slip; *bulletin d'expédition,* way bill, dispatch note. RAIL *L'expéditeur remplit un bulletin de chargement (d'expédition) qui tient lieu de contrat de transport,* the sender fills in a consignment note which makes up for a carriage contract. — **4.** ADM. certificate. *Bulletin de naissance,* birth certificate. — **5.** INS. notice.

bureau [byro] *m.* **1.** office. *Bureau de la douane,* custom house. *Bureau d'émission,* issuing office. *Bureau d'enregistrement,* registration office. *Bureau d'études,* designing office; U. S. engineering department, drafting department. *Bureau de placement,* employment agency. *Bureau de renseignements,* enquiry office. *Bureau du contentieux,* law department (of an administration). *Bureau payeur,* paying office. *A bureau ouvert,* on demand, on presentation. — **2.** board (committee).

but [by] *m.* objects. *La société a pour but,* the objects of the company are.

C

cabine [kabin] *f.* POST call-box, telephone-booth.

cabinet [kabinɛ] *m.* office. *Cabinet d'affaires,* business agency. *Cabinet d'avocat,* chambers of a barrister.

câble [kɑ:bl] *m.* cable (Post, foreign exchange, etc.).

câbler [-ble] *vt.* to cable.

câblogramme [-blɔgram] *m.* cablegram.

cabotage [kabɔta:ʒ] *m.* coasting, coastwise trade (C. T.). *Grand cabotage,* off-shore C. T. *Petit cabotage,* in-shore C. T. (N.B. **1.** The French term implies also short-sea trading. — **2.** L'équivalent anglais est plus restreint que le terme français et n'implique pas le cabotage international.) *Cabotage international,* short-sea trading.

caboteur [-tœ:r] *m.* (=cabotier) coaster.

cachet [kaʃɛ] *m.* seal. POST *Cachet de la poste,* post-mark.

cacheter [kaʃte] *vt.* to seal (up).

cadastre [kadastr] *m.* cadastre, land register, Ordnance Survey; U. S. real estate register.

cadence [kadɑ̃:s] *f.* pace, tempo; U. S. effort.

cadre [kɑ:dr] *m.* **1.** (on a form) space. *Ne rien inscrire dans ce cadre,* do not fill in this space, please leave blank. — **2.** (limits of an agreement) framework. *Dans le cadre de la convention internationale,* within the framework of the international agreement. *Dans le cadre du plan,* under the plan. — **3.** (staff) high-grade employees. *Cadres et maîtrise,* executives and supervisors. *Cadres intermédiaires,* middle management. *Cadres supérieurs :* **a)** executive; **b)** ADM. officials. *Rayer des cadres,* to strike off the strength.

cadrer [kadre] *vi.* to tally, to agree.

caduc, caduque [kadyk] *adj.* **1.** LAW null and void. — **2.** INS. lapsed. — **3.** FIN. statute barred, barred by limitation.

cahier des charges [kajedɛʃarʒ] *m.* **1.** (building) specifications. — **2.** (agreement) conditions of a contract. — **3.** (auction, etc.) particulars of sale.

caisse [kɛːs] *f.* **1.** case. *Caisse à claire-voie,* crate. *Caisse pleine,* close case. — **2.** FIN. cash. *Caisse et banque,* cash in hand and at bankers. *Caisse noire,* graft. *Excédent de caisse,* cash surplus. *Faire la caisse,* to make up the cash. *Relevé de caisse,* cash statement. *Tenir la caisse,* to keep the cash. — **3.** cash desk, counter, till. *Alimenter une caisse,* to supply a fund. *Caisse enregistreuse,* cash register. *En caisse,* in hand, in the till. — **4.** financial association. *Caisse contre le chômage,* unemployment fund. *Caisse d'allocations familiales,* family allowance fund. *Caisse d'amortissement,* sinking fund. *Caisse d'épargne,* savings-bank. *Caisse de compensation,* clearing-house. *Caisse de retraite,* pension fund. *Caisse de secours,* relief fund. *Caisse hypothécaire,* mortgage loan office. *Caisse nationale des marchés de l'Etat, des collectivités et des établissements publics,* public credit institution granting medium term loans to ease the financing of State markets.

caissier [-sje] *m.* 1. cashier (of a company). — **2.** BANK cashier; U. S. teller.

calcul [kalkyl] *m.* calculation, reckoning.

calculateur [-latœːr] *m.* calculator, reckoner. *Calculateur électronique,* computer.

calculer [-le] *vt.* to calculate, to reckon, to compute. CUST. *Les droits spécifiques sont calculés selon le volume, le poids, etc.,* specific duties are reckoned per unit of volume, weight, etc.

calculer (se) *v. pr.* to be reckoned, to be computed, etc.

cale [kal] *f.* hold. *Cale sèche,* dry dock. *Buée de cale,* ship's sweat.

calendrier [kalɑ̃drje] *m.* calendar.

calier [kalje] *m.* stevedore, holder.

calme [kalm] *adj.* quiet, dull, flat.

calomnie [kalɔmni] *f.* slander, libel.

calorifuge [kalɔrifyːʒ] *adj.* insulating, fire-proof.

calquer [kalke] *vt.* to trace.

cambial [kɑ̃bjal] *adj.* pertaining to exchange. *Droit cambial,* exchange law.

cambisme [kɑ̃bism] *m.* foreign exchange operations.

cambiste [-ist] *m.* foreign exchange broker, cambist.

camelot [kamlo] *m.* cheapjack, hawker.

camelote [kamlɔt] *f.* shoddy articles.

camion [kamjɔ̃] *m.* lorry; U. S. truck. *Camion-citerne,* tank lorry; U. S. tank truck.

camionnage [kamjɔnaːʒ] *m.* **1.** (transport) cartage, haulage; U. S. trucking. — **2.** (price) cartage, carriage.

camionner [-ne] *vt.* to cart, to carry.

camionnette [-nɛt] *f.* delivery van; U. S. delivery truck.

camionneur [-nœːr] *m.* **1.** carter, carrier. — **2.** lorry driver; U. S. truck driver.

camouflage [kamuflaːʒ] *m.* FIN. FAM. faking, disguising, window-dressing (of a balance sheet).

campagne [kɑ̃paɲ] *f.* campaign; U. S. drive. ST.-EX. *Campagne de hausse,* bull campaign. *Campagne de productivité,* productivity campaign; U. S. productivity drive. *Campagne de publicité,* advertising campaign; U. S. drive.

canal [kanal] *m.* canal. *Canal maritime,* ship canal.

canaliser [-lize] *vt.* to canalize, to harness.

candidat [kɑ̃dida] *m.* applicant, candidate.

candidature [-ty:r] *f.* candidature, application; U. S. candidacy. *Appuyer une candidature,* to back up, to support an applicant. *Poser sa candidature à un poste,* to apply for the post. *Si vous acceptez ma candidature...,* if my application is successful; should your choice fall upon me.

caoutchouc [kautʃu] *m.* rubber. ST.-EX. *Les caoutchoucs,* rubber shares.

capable [kapabl] *adj.* **1.** able, efficient, capable. — **2.** LAW legally competent.

capacité [kapasite] *f.* **1.** ability, abilities. *Ce travail ne demande aucune capacité spéciale,* this work does not require any particular ability. — **2.** capacity. *Capacité de charge,* load capacity. MAR. *Capacité de chargement,* tonnage. *Capacité de production,* productive power. *Capacité du navire,* carrying capacity. — **3.** LAW legal competency.

capitaine [kapitɛn] *m.* master, captain.

capital [kapital] *m.* **1.** capital, principal. ST.-EX. *Capital reporteur,* money lent. *Les porteurs d'obligations non remboursables reçoivent une rente perpétuelle annuelle, mais n'ont pas droit au remboursement de leur capital,* holders of irredeemable debentures will receive a perpetual annuity but will have no claim to the restitution of their principal. — **2.** capital, assets. *Afflux de capitaux,* inflow of capital. *Capital de roulement,* working capital. *Capital disponible,* available assets. *Capital engagé,* invested capital. *Capital immobilisé,* fixed assets. *Capitaux improductifs (inactif),* idle capital, dead stock. *Capitaux mobiles (mobiliers, roulants),* floating capital. *Dilution de capital,* watering of stock. — **3.** capital (of a company). *Capital actions,* share capital; U. S. capital stock. *Capital appelé,* called-up capital. *Capital apports,* capital issued as fully paid up otherwise than in cash. *Capital d'apport,* initial capital. *Capital espèces,* cash capital. *Capital non appelé,* uncalled capital. *Capital obligations,* debenture capital. *Capital social :* **a)** capital of a company, joint stock; **b)** (capital nominal) authorized capital, registered capital, share capital; U. S. capital stock. *Capital souscrit,* subscribed capital. *Augmentation de capital,* increase of capital. *Le capital social sera fixé à...,* the company is to be capitalized at... *Réunir les capitaux,* to raise a capital.

capitalisable [-lizabl] *adj.* capitalizable.

capitalisation [-lizasjɔ̃] *f.* capitalization. *Capitalisation boursière,* market capitalization.

capitaliser [-lize] *vt.* to capitalize.

capitalisme [-lism] *m.* capitalism.

caractéristique [karakteristik] *f.* feature, characteristic.

carence [karɑ̃:s] *f.* **1.** inefficiency (of public authorities). — **2.** LAW insolvency.

carène [karɛn] *f.* bottom.

cargaison [kargɛzɔ̃] *f.* cargo, freight; shipload.

cargo [kargo] *m.* cargo-boat, freighter.

carnet [karnɛ] *m.* book. *Carnet à souches,* counterfoil book; U. S. stub book. *Carnet d'échéances,* bill diary; U. S. maturity tickler. *Carnet de banque,* passbook. *Carnet de Caisse d'épargne,* savings-bank book. *Carnet de chèques,* cheque-book; U. S. checkbook. *Carnet de commandes,* order-book; U. S. FAM. backlog.

carrière [karjɛ:r] *f.* career.

cartable [kartabl] *m.* bag. *Cartable du navire,* ship's bag, steamer's bag.

carte [kart] *f.* card. *Carte d'abonnement,* season ticket. *Carte d'échantillons,* sample card, show card. *Carte de circulation,* free pass; U. S. railroad pass. *Carte d'immatriculation,* registration card. *Carte grise,* car licence. *Carte mécanographique,* punched card.

cartel [kartɛl] *m.* cartel, ring, combine.

carton [kartɔ̃] *m.* **1.** cardboard (matière). — **2.** carton (emballage).

cas [ka] *m.* case. LAW *Cas de force majeure :* **a)** case of absolute necessity; **b)** case of unforeseen or uncontrollable circumstances. LAW *Cas d'espèce,* individual case. *Etude de cas,* case study. *En aucun cas,* in no case. *En tout cas,* anyhow, at any rate. *Le cas échéant,* should the occasion arise.

case [ka:z] *f.* space, frame. *Case réservée aux mentions de service,* space for service instructions.

casier [kazje] *m.* **1.** pigeon hole. — **2.** LAW *Casier judiciaire,* police record. *Extrait du casier judiciaire,* copy of police record.

casquer [kaske] *vi.* FAM. to foot the bill, to fork out. *Ce sont les clients qui casquent pour la publicité,* customers foot the advertising bill.

cassation [kasasjɔ̃] *f.* cassation, quashing. *Cour de cassation,* Supreme Court of Appeal. *Introduire un recours en cassation,* to appeal.

casse [ka:s] *f.* INS. breakage.

casser [-se] *vt.* **1.** LAW to discharge, to dismiss. *Casser un fonctionnaire,* to discharge an official. — **2.** LAW to annul, to quash, to rescind (a judgment, a decision, etc.). — **3.** ST.-EX. *Casser les cours,* to bang the market.

casuel, elle [kazɥɛl] *adj.* **1.** fortuitous, accidental. — **2.** LAW contingent (condition).

catalogue [katalɔg] *m.* catalogue, price-list. *Catalogue sur demande,* catalogue on application. *Prix de catalogue,* list price.

cataloguer [-ge] *vt.* **1.** to catalogue. — **2.** to categorize.

catégorie [kategɔri] *f.* category. PRO. EX. type. *Marchandises susceptibles d'être classées par catégorie,* gradable goods. *Les produits agricoles sont vendus par catégorie,* agricultural products are sold by the type.

catégorique [-rik] *adj.* categorical, flat. *Essuyer un refus catégorique,* to meet with a flat denial.

cause [ko:z] *f.* **1.** cause, motive. *A cause de,* owing to. *En connaissance de cause,* knowingly. *Pour cause de,* on account of. — **2.** LAW action, proceeding. *Confier une cause à un avocat,* to brief a barrister. *Mettre en cause,* to question. *Mettre hors de cause,* to clear, to exonerate. — **3.** FIN., INS. consideration. *Cause d'une lettre de change,* consideration given for a bill of exchange.

causer [-ze] *vt.* **1.** to lead to, to bring about. *Ces rumeurs ont causé un peu de désordre à la Bourse,* these rumours brought about some confusion in the House. — **2.** LAW to state the consideration of.

causerie [-zri] *f.* informal lecture.

caution [kosjɔ̃] *f.* **1.** surety, security, guarantor. *Se porter caution pour qqn,* to stand surety for s. o. — **2.** (deposit) surety, security, guarantee. *Caution de banque,* bank guarantee. *Caution solidaire,* joint security. *Donner caution pour qqn,* to be surety for s. o. *Fournir une caution,* to find a surety. *Verser une caution bonne et solvable,* to give sufficient security (good and valid security). — **3.** LAW bail. *Caution « judicatum solvi »,* security for costs. *Mettre en liberté sous caution,* to admit s. o. to bail.

cautionné [-sjɔne] *m.* LAW guarantee.

cautionnement [-nmɑ̃] *m.* **1.** standing security for. — **2.** (deposit) security, caution money, indemnity. *Cautionnement réel,* collateral security. *Actions de cautionnement,* qualification shares. *Déposer un cautionnement en numéraire,* to give security in cash. — **3.** (contract) surety bond. — **4.** LAW *Cautionnement judiciaire,* bail.

cautionner [-ne] *vt.* **1.** to stand surety for. *Paiement par obligation cautionnée,* method of payment of the T. V. A. [*taxe à la valeur ajoutée,* tax paid by manufacturers on the amount of invoices showing the products sold by them] within five months delay by means of surety bonds, which are in fact bills guaranteed by a security approved by the Revenue Authorities. — **2.** LAW to go bail for. — **3.** to answer for.

cautionneur [-nœ:r] *m.* guarantor.

cavalerie [kavalri] *f.* kites.

caviarder [kavjarde] *vt.* FAM. to suppress.

cédant [sedɑ̃] *m.* transferor, assignor, grantor.

céder [sede] *vt.* **1.** to give up, to cede, to dispose of. *Céder son fonds,* to dispose of one's business. *Locaux à céder,* premises for sale. — **2.** to transfer, to hand over. *Les cartes d'abonnement sont personnelles et ne peuvent être cédées,* season tickets are personal and may not be transferred. — **3.** ST.-EX. to yield, to shed, to lose. *Les actions X cèdent quelques fractions,* X shares shed a few fractions. — **4.** PUB. *Nos articles ne le cèdent à aucun autre,* our articles are second to none.

céder *vi.* to yield.

cédulaire [sedylɛ:r] *adj.* LAW scheduled. *Impôts cédulaires,* scheduled taxes.

cédule [sedyl] *f.* schedule.

cégétiste [seʒetist] *m.* trade-unionist (member of the C. G. T., *Confédération générale du travail,* somewhat similar to the Trade-Union Congress, T. U. C., or the American Federation of Labour, A. F. L.).

célibataire [selibatɛ:r] *adj.* single.

censé, e [sɑ̃se] *adj.* deemed.

censeur [sɑ̃sœ:r] *m.* **1.** PRESS censor. — **2.** FIN. auditor.

censure [-sy:r] *f.* **1.** censorship. — **2.** FIN. audit.

censurer [-syre] *vt.* to censor.

cent [sɑ̃] *adj. num.* hundred. *Trois pour-cent,* three per cent.

cent *m.* cent (monnaie).

centime [sɑ̃tim] *m.* centime. *Centimes additionnels,* surtax, additional percentage.

central, e [sɑ̃tral] *adj.* central, principal.

central *m.* ou **central téléphonique,** telephone exchange; U. S. central.

centrale [sɑ̃tra:l] *f.* station. *Centrale électrique,* power station.

centraliser [sɑ̃tralize] *vt.* to centralize.

centre [sɑ̃:tr] *m.* centre. *Centre commercial,* trading centre. *Centre de frais,* department. *Centre industriel,* manufacturing centre.

centupler [sɑ̃typle] *vt.* to centuple, to increase a hundredfold.

cercle [sɛrkl] *m.* circle, set. *Dans notre cercle d'activités,* in our sphere of activities.

cerf-volant [sɛ:rvɔlɑ̃] *m.* FIN. kite, accommodation bill.

certain [sɛrtɛ̃] *m.* ST.-EX. fixed rate of exchange, direct rate of exchange. *Donner le certain,* to quote direct exchange, to quote certain (*i. e.* in home currency).

certificat [sɛrtifika] *m.* **1.** testimonial. *Ci-joint copies des certificats de mes derniers employeurs,* I enclose copies of testimonials from my last employers. — **2.** certificate, warrant. *Certificat d'agréage,* Inspection Certificate to be final; U. S. Certificate of Inspection and acceptance. *Certificat d'aptitude,* certificate of proficiency. CUST. *Certificat d'arrivée,* certificate of clearing inwards. *Certificat d'assurance,* insurance certificate. *Certificat d'avarie,* damage report. *Certificat de chargement,* mate's receipt. *Certificat de déchargement,* landing certificate. *Certificat d'entrepôt,* warehouse warrant. *Certificat d'expertise :* **a)** certificate of quality; **b)** expert's report. *Certificat de fabrication,* certificate of manufacture. *Certificat de navigabilité,* certificate of seaworthiness. *Certificat de sortie,* clearance. *Certificat de tonnage (de jauge),* certificate of measurement. *Certificat de trésorerie,* treasury bond. *Certificat d'inspection,* inspection certificate. *Certificat hypothécaire,* certificate of mortgage. *Certificat provisoire (titres),* scrip, provisional certificate.

certificateur [-tœ:r] *m.* guarantor, certifier. *Certificateur de caution,* counter-surety.

certification [-sjɔ̃] *f.* certification, guaranteeing (caution).

certifier [sɛrtifje] *vt.* to certify, to

guarantee. *Certifier une caution,* to guarantee a surety. *Copie certifiée conforme,* certified true copy.

cessation [sɛsasjɔ̃] *f.* **1.** INS., etc. closure. — **2.** discontinuance (of work in process). *Cessation d'entreprise,* discontinuance of business. LAW *Cessation des poursuites,* discontinuance of action. — **3.** stoppage, suspension. *Cessation de payement,* stoppage of payments. — **4.** breach, termination (of relations).

cesser [sɛse] *vt.* to stop, to cease. *Cesser les payements,* to stop, to suspend payments.

cessibilité [-sibilite] *f.* transferability.

cessible [-sibl] *adj.* transferable.

cession [-sjɔ̃] *f.* **1.** transfer. *Cession d'actions (de parts),* transfer of shares. — **2.** assignment. *Cession (-transport) de biens,* assignment of property. *Cession (-transport) de créances,* assignment of debts. — **3.** LAW *Cession-transport,* transfer of claim.

cessionnaire [-jɔnɛ:r] *m.* **1.** transferee. — **2.** assignee (of debts).

chaîne [ʃɛ:n] *f.* chain. IND. *Chaîne de montage,* assembly line. FIN. *Effet de chaîne,* one of the bills aimed at covering the amount of a sale on credit. IND. *Production à la chaîne,* line production. *Production en chaîne suivie,* straight line production; U. S. unital lay out. *Travail à la chaîne,* chain-work, line-work, work on the belt.

chaland [ʃalɑ̃] *m.* MAR. barge.

chalutier [ʃalytje] *m.* MAR. trawler.

chambre [ʃɑ̃:br] *f.* **1.** chamber. *Chambre de commerce,* Chamber of Commerce; U. S. Board of Trade. *Chambre de compensation,* Clearing-House. *Chambre des métiers,* Chamber of Trade (for craftsmen), guilds. *Chambre syndicale des agents de change,* Stock-Exchange Committee. *Les effets et chèques servant aux règlements des créances sont échangés par les diverses banques sur lesquelles ils sont tirés à la Chambre de compensation des banquiers,* bills and cheques used in settling debts are exchanged by the various banks on which they are drawn at the Bankers' Clearing-House. — **2.** room. *Chambre froide,* cold storage room.

champ [ʃɑ̃] *m.* field. *Champ d'activité,* field of operation.

change [ʃɑ̃:ʒ] *m.* **1.** barter, exchange, truck (of goods for other goods). — **2.** FIN. exchange. *Change extérieur,* foreign change. *Change indirect,* indirect exchange. *Change maritime,* maritime interest. *Compte de change,* foreign currency account. *Marché des changes,* foreign exchange market. *Marché des changes à terme,* forward exchange market. — **3.** FIN. rate of exchange. *Change défavorable,* unfavourable exchange. *Système des changes multiples,* multiple rate system. — **4.** (bureau de change) exchange. — **5.** (lettre de change) [bill of] exchange. *Change à vue,* sight bill. *Payez par cette première de change la seconde ne l'étant,* pay this our first of exchange, second of the same tenor and date being unpaid. *Seule de change,* sole of exchange. — **6.** cost of collection (of bills of exchange).

changement [-ʒmɑ̃] *m.* **1.** change, alteration. *Changement de locaux,* change of premises. « *Changement de propriétaire* », " Under New Ownership ". *Subir un changement,* to undergo a change. — **2.** transfer, mutation. *Demander son changement,* to apply for a transfer.

changer [-ʒe] *vt.* to change, to alter.

changeur [-ʒœ:r] *m.* money changer.

chantier [ʃɑ̃tje] *m.* yard. *Chantier de construction navale,* shipyard. *Chantier (de travaux publics),* building yard; U. S. job site, construction site. *Mettre un navire en chantier,* to lay a ship on the stocks. *Mettre un travail en chantier,* to lay out a piece of work.

chapeau [ʃapo] *m.* (chapeau du capitaine) primage.

charbonner [ʃarbɔne] *vi.* MAR. to coal.

charbonnier [-nje] *m.* collier.

charge [ʃarʒ] *f.* **1.** loading, lading. *Navire en charge,* ship now loading, now on the berth. *Parcours à charge,* journey loaded. *Tirant d'eau en charge,* load charge. — **2.** cargo, freight, load. *Charge complète,* truck load. *Charge en vrac,* bulk cargo. *Charge utile,* live weight, carrying capacity. — **3.** charge, expense. *Alourdissement des charges sociales,* increase of social charges. *Ces risques sont à la charge de l'expéditeur,* these risks are to be borne by the sender. *Charges d'exploitation,* working expenses. *Charges fiscales,* fiscal (tax) charges, tax burden. *Charges indirectes,* indirect costs; U. S. burden. *Etre à la charge de,* to be chargeable to, to be borne by. *Deux enfants à charge,* two dependent children. *Sans charge de famille,* without encumbrances. LAW *Les dépens sont à la charge de,* the costs are chargeable to. — **4.** LAW: **a)** burden, onus. *Charge de la preuve,* burden of proof; **b)** charge. *Témoin à charge,* witness for the prosecution. *Relever des charges contre,* to bring charges against. — **5.** duty, office, membership. *Charge de notaire,* notary's office and goodwill. *Se démettre de sa charge,* to resign. — **6. charges** *s. pl.* charges. *Charges annexes,* incidental charges. *Loyer, 500 F par mois outre charges,* rent F 500 monthly plus incidental charges. — **7.** *Cahier des charges :* **a)** [building] specifications; **b)** conditions of a contract; **c)** particulars of sale.

chargé [-ʒe] *m.* shipment, cargo.

chargement [-ʒəmɑ̃] *m.* **1.** loading, lading, shipment. *Chargement en pontée (sur le pont),* deck shipment. *Délai de chargement,* time for loading. *Frais de chargement,* loading charges. — **2.** cargo, freight, shipment; RAIL load, consignment. *Chargement du pont,* deck cargo, deckload. *Chargement en cueillette,* general cargo. *Chargement en vrac,* bulk cargo. *Chargement sur le pont autorisé,* deck cargo allowed. — **3.** INS. loading (of a premium). — **4.** POST insurance, registration (of letters, parcels, etc.).

charger [-ʒe] *vt.* **1.** to load, to ship. *Charger en pontée,* to ship on deck. *Charger un navire en cueillette,* to load a ship with general goods. — **2.** to instruct, to direct. — **3.** POST to insure, to register. — **4.** ST.-EX. *La place est chargée,* buyers over. — **5.** INS. to load (a premium).

charger de (se) *v. pr.* to take over, to undertake.

chargeur [-œ:r] *m.* shipper, shipping agent.

charte-partie [ʃartparti] *f.* charter (-party). *Charte-partie coque nue,* demise charter. *Le contrat d'affrètement est constaté par la charte-partie,* the contract of affreightment is evidenced by a charter-party.

chasser [ʃase] *vt.* ST.-EX. to squeeze. *Chasser le découvert,* to squeeze the bears, to raid the shorts.

chasseur [-œ:r] *m.* IND. follow-up man, expediter; U. S. job chaser.

chauffage [ʃofa:ʒ] *m.* heating, firing.

chavirer [ʃavire] *vi.* to capsize.

chef [ʃɛf] *m.* **1.** head, chief, manager. *Chef comptable,* chief accountant. *Chef de fabrication,* technical manager; U. S. plant superintendent. *Chef de l'ordonnancement,* production manager. *Chef d'entreprise,* executive, head of business. *Chef d'équipe,* foreman. *Chef de rayon,* buyer. *Chef de service,* head of department. *Chef de vente,* sales manager. *Chef d'exploitation,* works manager. *Chef du personnel,* staff manager. — **2.** LAW *Chef d'accusation,* count of an indictment.

chemin de fer [ʃəmɛ̃dəfɛr] *m.* railway; U. S. railroad. *Réseau de chemin de fer,* railway network. ST.-EX. *Les chemins de fer,* railways.

chemise [ʃəmiz] *f.* folder; U. S. jacket.

cheptel [ʃətɛl ou ʃɛptɛl] *m.* livestock. *Cheptel mort,* implements and buildings.

chèque [ʃɛk] *m.* cheque; U. S. check. *Chèque à barrement général,* cheque crossed generally. *Chèque à ordre,* order cheque. *Chèque au porteur,* bearer cheque. *Chèque barré,* crossed cheque. *Chèque compensé,* cleared cheque. *Chèque direct,* cheque payable at the bank where the drawer keeps his money (as opposed to *chèque indirect*). *Chèque* *dividende,* dividend warrant. *Chèque documentaire,* cheque with documents attached (foreign trade only), documentary cheque. *Chèque ouvert (non barré),* open cheque. *Chèque postal :* **a)** *chèque d'assignation,* cheque drawn for a third party; **b)** *chèque de virement,* cheque for the transfer of money from one c/c postal to another c/c postal). *Chèque refusé,* returned cheque. *Chèque sans provision,* worthless cheque; FAM. dud cheque, stumer, rubber cheque. *Chèque sur place,* town cheque. *Chèque visé,* marked cheque, certified cheque. *Compte chèque,* cheque account. *Tirer un chèque sur,* to draw a cheque on. *Toucher un chèque,* to cash a cheque.

chéquier [ʃekje] *m.* cheque-book.

cher, chère [ʃɛ:r] *adj.* dear, expensive. *Indemnité de vie chère,* cost of living bonus.

chercheur [ʃɛrʃœ:r] *m.* research worker.

cherté [ʃɛrte] *f.* dearness, high cost.

chevauchement [ʃəvoʃmɑ̃] *m.* overlapping.

chevaucher (se) [səʃəvoʃe] *v. pr.* to overlap.

chevillard [ʃəvija:r] *m.* wholesale butcher.

chic [ʃik] *adj.* smart, fashionable; FAM. posh.

chiffrage [ʃifra:ʒ] *m.* **1.** calculating, reckoning. — **2.** (numérotage) numbering. — **3.** coding, ciphering.

chiffre [ʃifr] *m.* **1.** figure, number, amount. *Chiffre d'affaires,* turnover; U. S. sales figure. *Chiffre-indice,* index figure. *Baisse du chiffre d'affaires,* downswing. *En chiffres ronds,* in round figures. — **2.** cipher, code.

chiffre-taxe [-taks] *m.* postage due stamp.

chiffré [-e] *m.* cipher. *En chiffré,* in cipher.

chiffrer *vt.* **1.** to figure out, to compute. — **2.** to cipher, to code. — **3.** to number.

chiffrer (se) *v. pr.* to figure out, to amount to. *Des transactions qui se chiffrent par plusieurs millions de francs,* dealings amounting to several million francs.

chiffrier [-ije] *m.* FIN. cash book.

chimie [ʃimi] *f.* chemistry.

chimique [ʃimik] *adj.* chemical. ST.-EX. *Les produits chimiques,* chemicals.

chirographaire [kirɔgrafɛ:r] *adj.* **1.** unsecured. *Créancier chirographaire,* unsecured creditor. — **2.** simple. *Obligation chirographaire,* simple debenture.

choc [ʃɔk] *m.* collision. *Choc en retour,* boomerang effect.

choix [ʃwa] *m.* choice. *Au choix de l'acheteur,* at buyer's option. *Marchandises de premier choix,* first class goods. *Etre promu au choix,* to be promoted by selection.

chômage [ʃoma:ʒ] *m.* **1.** unemployment. *Chômage saisonnier,* seasonal unemployment. *Allocation de chômage,* unemployment benefit, dole. *Lutte contre le chômage,* prevention of unemployment. — **2.** RAIL demurrage. — **3.** MAR. laying-up. — **4.** MAR. INS. laid up return.

chômer [-me] *vi.* to be out of work, to be unemployed.

chômeur [-mœ:r] *m.* unemployed person.

chute [ʃyt] *f.* fall, drop, collapse.

ci [si] *adv.* here. *Ci-contre,* opposite. *Ci-dessus,* above. *Ci-joint,* herewith. *Nous vous remettons ci-joint,* we enclose herewith.

circonscription [sirkɔ̃skripsjɔ̃] *f.* district, area.

circonstance [sirkɔ̃stɑ̃:s] *f.* circumstance, occasion. LAW *Circonstances atténuantes,* extenuating circumstances; *circonstances et dépendances,* appurtenances. *Circonstances indépendantes de notre volonté,* circumstances beyond our control.

circuit [sirkɥi] *m.* FIN. circuity.

circulaire [sirkylɛ:r] *f.* circular, note.

circulant, e [-lɑ̃] *adj.* circulating, floating.

circulation [-lasjɔ̃] *f.* 1. FIN. circulation, currency. *Circulation fiduciaire,* fiduciary circulation. *Circulation monétaire,* currency circulation. *Retirer de la circulation,* to withdraw from circulation. — 2. RAIL, etc., traffic, running. — 3. movement, sales, dealings, transactions. *Circulation des capitaux,* capital turnover. *Circulation des valeurs,* transactions in securities.

circuler [-le] *vi.* 1. to circulate, to run. *Il circule des rumeurs sans fondement,* groundless rumours are going about. *Ce train ne circule pas en hiver,* this train does not run in Winter. — 2. (faire circuler) to send round, to circulate.

citation [sitasjɔ̃] *f.* LAW summons.

cité [site] *f.* group of dwellings; U. S. housing development.

citer *vt.* LAW to summon, to subpoena (un témoin). *Citer à comparaître,* to accite.

civil [sivil] *m.* layman, civilian.

civilement [-lmɑ̃] *adv.* legally. *Civilement responsable,* legally responsible.

classe [klɑ:s] *f.* class, category. *Classe d'âge,* age bracket. *Classe moyenne,* middle class. *De première classe,* first rate.

classement [-mɑ̃] *m.* 1. B. K. filing. *Classement horizontal,* flat (horizontal) filing. *Classement par fiches,* card-index system. — 2. classification; U. S. grading. *Classification douanière des marchandises,* customs classification of goods. — 3. ST.-EX. placing. — 4. LAW shelving.

classer [-se] *vt.* 1. B. K. to file. *Classer par ordre chronologique,* to file in order of date. — 2. to classify, to class; U. S. to grade. *Dans le registre de la Lloyd, les navires sont classés par ordre alphabétique,* in Lloyd's Register ships are classified in alphabetical order. — 3. ST.-EX. to place. *Valeur bien classée,* well-placed security, sound investment stock. — 4. LAW to shelve.

classeur [-sœ:r] *m.* 1. filing-cabinet. — 2. file.

classification [klasifikasjɔ̃] *f.* classification, grading.

classifier [-fje] *vt.* to classify, to grade.

clause [klo:z] *f.* clause, provision, term. *Clause additionnelle,* additional clause, rider. *Clause arbitrale,* arbitration clause. *Clause au porteur,* bearer clause. *Clause avarie particulière,* particular average clause. *Clause collision,* collision clause. *Clause commissoire,* commissoria lex. *Clause compromissoire,* arbitration clause. *Clause contraire,* provision to the contrary. *Clause conventionnelle,* agreement clause. *Clause d'arbitrage,* arbitration clause. *Clause d'échelle mobile,* sliding scale clause; U. S. escalator clause. *Clause de garantie,* warranty clause. *Clause de la nation la plus favorisée,* most favoured nation clause. *Clause de recours et conservation,* suing and labouring clause. *Clause de tacite reconduction,* non forfeiture clause. *Clause d'indexation,* escalator clause. *Clause échappatoire,* escape clause. *Clause franc d'avarie commune,* free of general average clause. *Clause de magasin à magasin,* warehouse to warehouse clause. *Clause résolutoire,* evidence clause. *Clause suivant avis,* clause " as per advice ". *Les clauses du traité de Rome,* the provisions of the Rome Treaty.

clearing [kli:riɲ] *m.* clearing. *Accord de clearing,* clearing agreement. (N.B. L'accord de clearing est un accord international qui prévoit le règlement [la compensation] d'importations en provenance d'un pays par le produit des exportations vers ce pays; d'où le terme *clearing,* que l'on retrouve dans *Clearing-House,* Chambre de compensation, en général, mais *office du clearing* dans un contexte international.) *Avances en clearing,* clearing advances. *Clearing bilatéral,* bilateral clearing. *Clearing des changes,* foreign currency clearing.

clerc [klɛ:r] *m.* clerk.

client [klijɑ̃] *m.* 1. LAW client. — 2. customer, (hotel) visitor. *Client éventuel,* prospect.

clientèle [-tɛl] *f.* 1. LAW clientèle. — 2. customers, connection, goodwill.

Clientèle étendue, wide connection. *Constituer une clientèle,* to build up, to work up a connection. *Donner sa clientèle à,* to patronize.

clinquant, e [klɛ̃kɑ̃] *adj.* flashy, gaudy.

cloison [klwazɔ̃] *f.* partition.

clos, e [klo] *adj.* closed. LAW *A huis clos,* in camera; U. S. in secret session.

clôture [-ty:r] *f.* closing, close. *Clôture de la souscription,* closing of the application list. *Clôture d'un compte,* closing of an account. ST.-EX. *Cours de clôture,* closing price; *en clôture,* at the close, at the finish; *les produits chimiques sont fermes en clôture,* chemicals closed firm.

clôturer [-re] *vt.* B. K., etc. to close. *Clôturer les livres,* to close the books. *Clôturer la réunion,* to close the meeting.

clôturer *vi.* ST.-EX. to close. *Ces actions clôturent à perte,* these shares closed at a loss.

coacquéreur [koakerœ:r] *m.* joint-purchaser.

coalition [koalisjɔ̃] *f.* combine.

coassocié [koasɔsje] *m.* co-partner.

coassurance [koasyrɑ̃:s] *f.* co-insurance.

cocaution [kokosjɔ̃] *f.* co-surety.

cocher [kɔʃe] *vt.* to check, to tally. *Cocher des marchandises sur une liste,* to keep tally of (to tick off) goods on a list.

cocréancier [kokreɑ̃:sje] *m.* joint-creditor.

code [kɔd] *m.* code. LAW *Code civil,* civil law; *code de commerce,* commercial law.

codébiteur [kodebitœ:r] *m.* joint-debtor.

coder [kɔde] *vt.* to code (telegram).

codétenteur [kodetɑ̃tœ:r] *m.* joint-holder.

codifier [kɔdifje] *vt.* to codify.

codirection [kodirɛksjɔ̃] *f.* joint-management.

coefficient [koefisjɑ̃] *m.* coefficient, ratio. *Coefficient d'exploitation,* working coefficient; U. S. operating ratio. *Coefficient de liquidité,* liquidity ratio, ratio of liquid assets to current liabilities. *Coefficient de sécurité,* safety factor. *Coefficient de trésorerie,* cash ratio.

coéquation [koekwasjɔ̃] *f.* proportional assessment.

coffre (-fort) [kɔfrəfɔr] *m.* safe. *Carte d'admission aux coffres,* admission card (for access to safes). *Compartiment de coffre,* safe deposit box.

cofidéjusseur [kɔfideʒysœ:r] *m.* LAW co-surety.

cogérant [koʒerɑ̃] *m.* joint-manager.

cogestion [koʒɛstjɔ̃] *f.* joint-management.

cohéritier [koeritje] *m.* co-heir.

cojouissance [koʒwisɑ̃:s] *f.* LAW joint-use.

colis [kɔli] *m.* **1.** parcel. *Colis chargé,* insured parcel, registered parcel. *Colis contre remboursement,* cash on delivery parcel. *Colis de valeur déclarée,* insured parcel, registered parcel. CUST. *Colis et lots en vrac,* packages and consignments in bulk. *Colis postal du régime intérieur,* inland parcel. — **2.** luggage. *Colis à la main,* hand luggage.

collaborer [kɔlabɔre] *vi.* to collaborate, to cooperate.

collationnement [kɔllasjɔnmɑ̃] *m.* **1.** collation, comparing, collating (of documents). — **2.** repetition (of a telegram).

collationner [kɔllasjɔne] *vt.* **1.** to compare, to check. *Collationner une copie sur l'original,* to check a copy with the original. — **2.** to repeat (a telegram).

collectif, ive [kɔlɛktif] *adj.* collective. B. K. *Compte collectif,* balance account, adjustment account. *Contrat collectif,* collective contract. *Convention collective,* labour management agreement; U. S. collective bargaining.

collection [-sjɔ̃] *f.* line (of samples).

collègue [kɔllɛg] *m.* colleague.

coller [kɔle] *vt.* to stick.

collision [kɔlizjɔ̃] *f.* collision. *Clause*

llision, collision clause. *Entrer en collision avec,* to come into collision with, to collide with.

collocation [kɔllɔkasjɔ̃] *f.* LAW collocation. (N.B. ranking of creditors according to the order of priority as determined by law.)

collusion [kɔllyzjɔ̃] *f.* collusion.

colocataire [kolɔkatɛ:r] *m.* co-tenant.

colonne [kɔlɔn] *f.* column. *Colonne débitrice,* debit column.

colportage [kɔlpɔrta:ʒ] *m.* hawking.

colporteur [-tœ:r] *m.* hawker.

combiner [kɔ̃bine] *vt.* to unite (two societies), to compound (elements).

combler [kɔ̃ble] *vt.* to fill up, to make up. *Combler un déficit,* to make up a shortage. *Combler une vacance,* to fill (up) a vacancy.

comice agricole [kɔmisagrikɔl] *m.* cattle show.

comité [kɔmite] *m.* committee. *Comité consultatif,* advisory committee. *Comité de conciliation,* conciliation board. *Comité de direction,* managing committee, management committee. *Comité d'entreprise,* works council. (N. B. The *comité d'entreprise* elected by the personnel has to deal mainly with the welfare activities of the firm and labour management relations.) *Comité de grève,* strike committee. ST.-EX. *Comité de liquidation,* settlement department.

command [kɔmɑ̃] *m.* LAW purchaser (the real buyer when a sale is conducted through an agent).

commande [kɔmɑ̃d] *f.* order. *Commande d'essai,* trial order, sample order. *Commandes en carnet,* unfilled orders. *Commande importante,* substantial order. *Commande venant de l'étranger, en double expédition,* indent. *Bon de commande :* **a)** order-form; **b)** purchase order (à l'intérieur d'une usine). *Carnet de commandes,* order-book; U. S. backlog. *Payable à la commande,* cash with order. *Sur commande,* to order.

commander [-de] *vt.* to order (goods).

commanditaire [-ditɛ:r] *m.* sleeping partner; U. S. silent partner.

commandite [-dit] *f.* **1.** *Société en commandite simple,* limited partnership. *Société en commandite par actions,* partnership limited by shares. — **2.** finance.

commandité [-dite] *m.* acting partner.

commanditer *vt.* to finance, to provide funds for; U. S. to stake.

commerçable [kɔmɛrsabl] *adj.* negotiable.

commerçant [-sɑ̃] *m.* trader, merchant.

commerce [komɛrs] *m.* commerce, trade, business. *Cet article se trouve dans le commerce,* this good is on sale. *Bourse de commerce,* Produce Exchange. *Centre national du commerce extérieur* (C. N. C. E.), National Office of Foreign Trade. (N.B. This is a French national institution devoted to foreign trade, the emphasis being put on export.) *Chambre de commerce,* Chamber of Commerce; U. S. Board of Trade. *Code de commerce,* commercial law, code. *Commerce de banque,* banking business. *Commerce de cabotage,* coasting trade. *Commerce de demi-gros,* wholesale trade (in small quantities). *Commerce de détail,* retail trade. *Commerce de gros,* direct trade (also, less properly, wholesale trade). *Commerce d'importation,* import trade. *Commerce extérieur,* foreign trade. *Commerce intérieur,* home trade. *Effets de commerce,* (trade) bills. (N.B. The main bills in France are *lettre de change* [or *traite*], *billet à ordre* [promissory note], *chèque* and *warrant.*) *Faire le commerce de,* to deal in. *Fonds de commerce,* goodwill, business, stock-in-trade. *Ministère du Commerce et de l'Industrie,* Board of Trade. *Ouvrir un commerce,* to set up a business. *Registre du commerce,* trade register. (N.B. Inscriptions are published in the B. O. R. C., *Bulletin officiel du registre du commerce et du registre des métiers.*) *Tribunal de commerce,* commercial court.

commercer [-se] *vi.* to trade, to deal (*avec,* with).

commerciabilité [-sjabilite] *f.* negotiability.

commercial, e [-sjal] *adj.* commercial. *Bottin commercial,* commercial directory. *Directeur commercial,* sales manager; U. S. merchandising manager. *Entreprise commerciale,* trading concern. *Relations commerciales,* business relations.

commercialiser [-sjalize] *vt.* to commercialize.

commettant [kɔmɛtɑ̃] *m.* LAW principal.

commis [kɔmi] *m.* clerk. *Commis d'agent de change,* stockbroker's clerk. ST.-EX. *Commis du comptant,* authorized clerk. *Commis expéditionnaire,* forwarding clerk. *Commis marchand,* salesman. *Commis principal,* head-clerk. ST.-EX. authorized clerk. *Commis voyageur,* commercial traveller; U. S. drummer.

commissaire [-sɛ:r] *m.* **1.** FIN. *Commissaire aux comptes,* auditor. (N.B. The auditors are chartered accountants in most cases.) *Commissaire censeur,* auditor. *Commissaire vérificateur,* auditor. *Rapport des commissaires,* auditors' report. — **2.** MAR. *Commissaire de bord,* purser. *Commissaire des naufrages,* wreck commissioner. — **3.** INS. *Commissaire d'avarie,* average surveyor, adjuster. — **4.** CUST. *Commissaire d'émigration,* emigration officer. — **5.** (auction) *Commissaire-priseur,* auctioneer.

commission [-sjɔ̃] *f.* **1.** committee, commission. *Commission d'arbitrage,* arbitration committee. *Commission d'enquête,* committee of inquiry. *Commission du budget,* committee of Ways and Means and committee of Supply. *Commission paritaire,* wage council. *Commission permanente,* standing committee. — **2.** commission, charge, brokerage, percentage, factorage. *Commission de banque,* banker's commission. *Commission de caisse,* bank charge (for keeping current accounts). *Commission de confirmation,* confirmation charge. *Commission de découvert,* overdraft charge. *Commission de garantie,* underwriting commission. *Commission d'encaissement,* charge for collection. *Commission d'escompte,* discount. *Commission ducroire,* del credere commission. *Commission syndicale,* underwriting commission. *En échange d'une commission plus élevée, le commissaire ducroire garantit la solvabilité de l'acheteur,* in return for an increased commission, the del credere agent guarantees the solvency of the buyer. *Maison de commission,* commission house. *Représentant à la commission,* commission agent. *Taux de commission,* commission rate. *Vente à la commission,* sale on commission.

commissionnaire [-sjɔnɛ:r] *m.* **1.** errand-boy. — **2.** forwarding agent, commission-agent, factor (en gros), agent. *Commissionnaire chargeur,* shipping-agent. *Commissionnaire de roulage,* carriage contractor. *Commissionnaire en banque,* outside broker. *Commissionnaire en douanes,* custom-house broker. (N.B. He is also called *agent en douane* ou *agréé en douane,* and must be approved by the Exchequer.) *Commissionnaire expéditeur,* shipping-agent. *Commissionnaire transitaire,* transit-agent.

commissionner [-sjɔne] *vt.* to commission.

commode [kɔmɔd] *adj.* convenient, suitable.

commun, e [kɔmɛ̃] *adj.* common. *Echéance commune,* average due date. *Marché commun,* Common Market. *Tare commune,* average tare, mean tare.

communauté [kɔmynote] *f.* **1.** community. *Communauté économique européenne,* European Economic Community. *Communauté européenne du charbon et de l'acier,* European Coal and Steel Community. — **2.** LAW *Communauté de biens,* joint estate, co-ownership; *communauté réduite aux acquêts,* community of goods acquired during marriage.

communication [kɔmynikasjɔ̃] *f.* **1.** LAW discovery, production (of documents). *Les actionnaires peuvent exiger à tout moment d'avoir communication des livres de la société,* shareholders may require access to the books of the company at any time. — **2.** POST call.

Communication interurbaine, trunk-call. *Couper la communication,* to cut off connection. *Mettre en communication avec,* to put s. o. through. *Vous avez la communication,* you are through. — **3.** communication, connection. *Les intermédiaires du commerce mettent en communication acheteurs et vendeurs,* middlemen bring together buyers and sellers. — **4.** « *En communication* », sent for perusal, for examination.

communiqué [kɔmynike] *m.* communiqué, bulletin, report. *Communiqué à la presse,* official statement to the press. *Communiqué autorisé,* news release. *Communiqué publié conjointement,* joint communiqué.

communiquer *vt.* to communicate, to produce.

compagnie [kɔ̃paɲi] *f.* company. (N.B. In France, from a legal point of view, there is no difference between *compagnie* and *société.*) *Compagnie d'armement,* shipping-company. *Compagnie d'assurance,* insurance company, office. *Compagnie de navigation,* shipping-company. *Compagnie privée,* private company.

comparable [kɔ̃parabl] *adj.* comparable (*à,* with, to).

comparaison [kɔ̃parɛzɔ̃] *f.* comparison. *En comparaison,* compared to. *Sans comparaison,* beyond comparison. *Nos articles soutiennent la comparaison avec ceux de nos concurrents,* our articles stand comparison with those of our competitors.

comparaître [kɔ̃parɛ:tr] *vi.* LAW to appear (before a court). *Citation à comparaître :* **a)** summons; **b)** subpoena (témoin). *Etre appelé à comparaître,* to be summoned to appear.

comparant [-rɑ̃] *m.* LAW party (before a notary).

comparatif, ive [kɔ̃paratif] *adj.* comparative.

comparer [-re] *vt.* to compare (*à,* with).

compartiment [kɔ̃partimɑ̃] *m.* **1.** compartment. *Compartiment de chemin de fer,* railway compartment. *Compartiment de coffre-fort,* safe deposit box. — **2.** ST.-EX. section. *Le compartiment des constructions mécaniques,* the engineering section; *le compartiment minier,* the mining section.

comparution [kɔ̃parysjɔ̃] *f.* LAW appearance.

compensable [kɔ̃pɑ̃sabl] *adj.* FIN. clearable.

compensation [kɔ̃pɑ̃sasjɔ̃] *f.* **1.** ST.-EX. making-up. *Accord de compensation,* clearing agreement. *Cours de compensation,* making-up price; *jour de compensation,* contango day. — **2.** PRO. EX. cutting out. — **3.** FIN. clearing. *Chambre de compensation,* Clearing-House. *Compensation de chèque,* cheque clearing. — **4.** ADM. equalization. *Caisse de compensation,* equalization fund (for family allowances). — **5.** compensation, set-off. — **6.** LAW settlement per contra *(de dette).*

compenser [-se] *vt.* **1.** to compensate, to offset, to make up for. LAW *Compenser les dépens,* to order each party to pay its own costs. FIN. *Compenser une dette,* to set off a debt. INS. *Compenser une perte,* to make good a loss. *Une hausse sensible des exportations de produits semi-finis a plus que compensé une baisse des exportations de matières premières,* a sharp increase in exports of semi-manufactured goods has more than offset a decline in exports of raw materials. — **2.** FIN. to clear. *Compenser un chèque,* to clear a cheque. *Les chèques tirés sur les banques sont compensés quotidiennement par les chambres de compensation,* cheques drawn on banks are cleared daily through clearing-houses. — **3.** ST.-EX. to make up. *Vos titres ne seront pas livrés en liquidation, car nous avons compensé la transaction,* your securities will not be delivered at the account, since the transaction has been made up by us. — **4.** PRO. EX. to cut out.

compétence [kɔ̃petɑ̃:s] *f.* competence, ability. *Cela ne rentre pas dans mes compétences,* that does not come within my province.

compétent, e [-tɑ̃] *adj.* competent. LAW *La juridiction compétente,* the court of competent jurisdiction. *Notre directeur des ventes est très compétent en matière de publicité,* our sales manager is well conversant with advertising media.

complaisance [kɔ̃plɛzɑ̃:s] *f.* kindness. FIN. *Effet de complaisance,* accommodation bill, kite.

complément [kɔ̃plemɑ̃] *m.* addition. *Rectifications ou compléments éventuels de la déclaration de l'expéditeur,* corrections or additions (if any) to the consigner's declaration.

complémentaire [kɔ̃plemɑ̃tɛ:r] *adj.* complementary. B. K. *Ecriture complémentaire,* supplementary, subsequent entry. *Indemnité complémentaire,* compensation. *Pour renseignements complémentaires, s'adresser à,* for further information (particulars), apply to.

complet, ète [kɔ̃plɛ] *adj.* full, comprehensive.

compléter [kɔ̃plete] *vt.* to complete. FIN. *Compléter une couverture,* to margin up; *compléter une somme,* to make up a sum.

complice [kɔ̃plis] *m.* accomplice, accessory (*de,* to).

complicité [-site] *f.* LAW abetment. *De complicité avec,* in collusion with.

comporter [kɔ̃pɔrte] *vt.* to involve, to entail, to imply. *Cette opération comporte de gros risques,* this transaction involves some heavy risks.

composant, e [kɔ̃pozɑ̃] *adj.* component.

composé, e [-ze] *adj.* compound. *Intérêts composés,* compound interest.

composer *vt.* to constitute, to type-set (a book), to dial (a telephone number).

composer *vi.* LAW to make a composition with, to come to terms. *Pour éviter d'être déclaré en faillite, le débiteur essaye de composer avec ses créanciers,* to avoid being adjudicated bankrupt, the debtor tries to make a composition with his creditors.

compositeur [kɔ̃pozitœ:r] *m.* typesetter; LAW arbitrator.

composition [-sjɔ̃] *f.* arrangement, adjustment, settlement. *Amener, venir à composition,* to bring, to come to terms. *Composition de tant pour-cent,* a composition of so much in the pound.

composter [kɔ̃pɔste] *vt.* to date, to obliterate.

comprendre [kɔ̃prɑ̃:dr] *vt.* to include.

compression [kɔ̃prɛsjɔ̃] *f.* FIN. retrenchment, curtailment, squeezing. *Compression des crédits,* credit squeeze. *Compression des dépenses,* curtailment of expenses.

comprimer [kɔ̃prime] *vt.* FIN. to squeeze, to cut down.

compromettre [kɔ̃prɔmɛtr] *vt.* to compromise, to endanger, to jeopardize, to involve.

compromis [-mi] *m.* **1.** bond (contract). *Compromis d'arbitrage,* arbitration bond, compromise. *Compromis d'avarie,* general average, average bond. — **2.** compromise. *Mettre une affaire en compromis,* to submit a matter to arbitration.

compromissoire [-swa:r] *adj.* LAW *Clause compromissoire,* arbitration clause.

comptabilisation [kɔ̃tabilizasjɔ̃] *f.* bookkeeping.

comptabiliser [-ze] *vt.* to enter into, to record (in the books).

comptabilité [-te] *f.* **1.** bookkeeping; U. S. accountability, accounting. *Comptabilité analytique d'exploitation (comptabilité de prix de revient),* cost-accounting. *Comptabilité des inventaires,* store-keeping account. *Comptabilité en partie double,* double-entry bookkeeping. *Comptabilité en partie simple,* single-entry bookkeeping. *Comptabilité espèces,* cash-accounting. *Comptabilité industrielle,* industrial bookkeeping, cost-accounting. *Comptabilité matières,* stock (store) accounting, bookkeeping for property; U. S. materials accounting. *Comptabilité mécanographique,* punched-card accounting. *Comptabilité normalisée,* uniform accounting.

Comptabilité par fabrication, process costing. *Comptabilité sectionnelle,* burden-centre accounting. *Service de la comptabilité,* account department; U. S. counting-house, counting-room. *Tenir la comptabilité de,* to keep the books of. — **2.** (profession) accountancy; U. S. accountantship.

comptable [kɔ̃tabl] *adj.* **1.** accountable for, responsible for. — **2.** B. K. accounting. *Période comptable,* accounting period. *Pièce comptable,* bookkeeping voucher. *Valeur comptable,* book-value. *Le rapport moyen de nos investissements estimé d'après leur cours est de 5 % et, d'après leur valeur comptable, de 7 %,* the average yield of our investments at their market value is 5 % and, on their book-value, 7 %.

comptable *m.* accountant, bookkeeper. *Expert-comptable,* chartered accountant.

comptant, e [kɔ̃tɑ̃] *adj.* ready, spot. *Argent comptant,* ready money, prompt cash.

comptant *adv.* in cash, for cash. *Acheter comptant,* to buy for cash. *Marché au comptant,* spot market. *Valeurs au comptant,* securities quoted on the spot market.

comptant *m.* cash. *Comptant avec 3 % d'escompte,* cash less 3 % discount. *Comptant compté,* cash. *Comptant contre remboursement,* cash on delivery. *Comptant sans escompte,* net cash.

compte [kɔ̃t] *m.* **1.** FIN. account. *Arrêté de compte,* settlement of account. *Arrêter un compte :* **a)** to close an account (définitivement); **b)** to strike a balance. *Compte à découvert,* overdrawn account. *De compte à demi, à compte à demi,* on joint account, joint venture account. *Compte à échéance fixe,* fixed deposit account. *Compte à vue,* demand deposit account. *Compte capital,* capital account. *Compte collectif,* balance account, adjustment account, summary account. *Compte courant,* current account; U. S. checking account, charge account (dans un magasin). *Compte créditeur,* creditor account. *Compte d'achat,* account of goods purchased. *Compte d'attente,* credit carriage account. *Compte d'avances,* loan account. *Compte débiteur,* debtor account. *Compte de choses,* impersonal account, nominal account. *Compte de consignation,* consignment account. *Compte de contrôle,* controlling account; U. S. control account. *Compte de dépôts après avis,* deposit account at notice. *Compte de dépôts à terme,* fixed deposit account. *Compte de divers,* sundries account. *Compte d'effets à payer,* bills payable account. *Compte d'effets à recevoir,* bills receivable account. *Compte de frais,* disbursement account, expense account. *Compte de fret,* freight account. *Compte de liquidation,* realization account, settlement account. *Compte de marchandises,* goods account. *Compte de méthode,* suspense account. *Compte de personnes,* personal account. *Compte de profits et pertes (compte des résultats),* profit and loss account, revenue account; U. S. financial statement. *Compte désapprovisionné,* overdrawn account. *Compte de valeurs,* property account. *Compte de vente,* account sales. *Compte d'exploitation,* working-account. *Compte d'ordre,* suspense account. *Compte EFAC (Exportation, Frais, Accessoires),* special account for exporters enabling them to keep in foreign currencies part of their repatriated capital. *Compte espèces,* cash account. *Compte ouvert,* unsettled account. *Comptes faits,* ready reckoner. *Compte inactif,* dead account. *Comptes matières,* property accounts. *Compte sans mouvement,* dormant account. *Extrait de compte (relevé de compte),* abstract of account, statement of account. *Feuille de compte,* account sheet. *Nous porterons les frais à votre compte,* we shall charge you for the expenses. *Ouvrir un compte en banque,* to open an account with a bank. *Passer en compte,* to charge to the account. *Régler un compte,* to settle an account. *Solder un compte,* to balance an account. *Tenue de compte,* conduct of an account. *Titulaire d'un compte,* account-holder. — **2.** account, benefit. *Pour le compte de,* on behalf of. *Pour le compte de qui il appartiendra,* for account of whom it may concern. *Un mandataire ne peut agir pour son propre compte, mais* *pour celui d'un ou de plusieurs commettants,* an agent is not allowed to act for his own account, but on behalf of one or several principals. — **3.** counting, reckoning. *Faire un compte rond,* to make a round sum.

compter [kɔ̃te] *vt.* **1.** to reckon, to count, to compute. *Tout compté,* all told. — **2.** to charge. *Compter en trop,* to overcharge. *Nous vous compterons 50 F pour les frais d'emballage,* we shall charge you 50 F for packing. — **3.** to anticipate. *Nos services n'avaient pas compté sur cette raréfaction de la main-d'œuvre,* this shortage of labour was not anticipated by our services.

compter *vi.* **1.** to count, to reckon. *A compter de demain,* counting from tomorrow. — **2.** to rely on, to depend on.

compte rendu [-rɑ̃dy] *m.* report, statement.

compteur [kɔ̃tœ:r] *m.* meter.

comptoir [kɔ̃twa:r] *m.* **1.** FIN. branch of a bank. *Comptoir d'escompte,* discount bank. — **2.** ST.-EX. *Comptoir de liquidation,* clearing-house. — **3.** counter, department (in stores). — **4.** *Comptoir de vente,* selling office (common to several manufacturers).

compulser [kɔ̃pylse] *vt.* to examine, to go through.

concéder [kɔ̃sede] *vt.* to concede, to cede; U. S. to franchise.

concentration [kɔ̃sɑ̃trasjɔ̃] *f.* concentration.

conception [kɔ̃sɛpsjɔ̃] *f.* styling (d'un produit).

concernant [kɔ̃sɛrnɑ̃] *prép.* regarding, about, dealing with.

concession [kɔ̃sɛsjɔ̃] *f.* **1.** concession. *Accorder une concession,* to grant a concession; U. S. to grant a franchise. *Prolonger la durée d'une concession,* to extend a concession; U. S. a franchise. — **2.** concession. *Faire des concessions de principe,* to make a surrender of principle.

concessionnaire [-sjɔnɛ:r] *adj.* concessionary.

concessionnaire *m.* LAW grantee, licence-holder, patentee; U. S. concessionary. *Concessionnaire exclusif,* sole agent, sole distributor.

concevoir [kɔ̃səvwa:r] *vt.* to conceive. *Ainsi conçu,* running as follows, worded as follows.

conciliation [kɔ̃siljasjɔ̃] *f.* LAW conciliation. *Comité de conciliation,* conciliation board.

concilier [-lje] *vt.* to reconcile. *Concilier un différend,* to adjust (to settle) a difference.

conclure [kɔ̃kly:r] *vt.* **1.** to conclude; U. S. to finalize. *Conclure un engagement,* to enter into a contract. *Conclure un marché,* to strike a bargain. — **2.** to deduce, to infer.

conclusion [-zjɔ̃] *f.* **1.** conclusion. — **2.** LAW findings (du jury) : opinion (du ministère public). *Déposer des conclusions,* to deliver a statement.

concordat [kɔ̃kɔrda] *m.* **1.** bankrupt's certificate. — **2.** composition (concordat préventif). *Accorder un concordat,* to certificate. *Concordat d'atermoiement,* contract drawn up when the debtor promises to pay all his debts within stipulated times; scheme of composition for deferment of payment. *Concordat de remise,* scheme of composition which exonerates the debtor from part of his debts provided the balance is paid at dates fixed beforehand. *Concordat par abandon d'actif,* sheme of composition by which the debtor leaves all his assets to his creditors, who, in return, grant him remission of part of his debts. *Proposition de concordat,* proposal for a composition.

concordataire [-datɛ:r] *adj.* composition. *Débiteur concordataire,* bankrupt who has made a composition with his creditors. *Procédure concordataire,* composition proceedings.

concordataire *m.* certificated bankrupt.

concorder [-de] *vi.* **1.** LAW to compound. *Concorder avec ses créanciers,* to compound with one's creditors. — **2.** to agree, to tally with (documents).

concours [kɔ̃ku:r] *m.* **1.** competition, competitive exam. — **2.** show.

Concours agricole, agricultural show. — **3.** co-operation, assistance. *Prêter son concours,* to give assistance. — **4.** LAW equality of rank (between creditors).

concurrence [kɔ̃kyrɑ̃:s] *f.* **1.** competition. *Concurrence déloyale,* unfair competition. *A concurrence de,* amounting to, to the amount of. *Faire concurrence à,* to compete with. *Jusqu'à concurrence de,* to the extent of, up to. *Prix défiant toute concurrence,* competitive, unbeatable prices, prices which defy competition. — **2.** LAW equality of rights between creditors.

concurrencer [-rɑ̃se] *vt.* to compete with.

concurrent, e [-rɑ̃] *adj.* competing, competitive.

concurrent *m.* competitor.

condamné [kɔ̃dane] *adj.* condemned, sentenced. *Condamné aux dépens,* ordered to pay the costs.

condition [kɔ̃disjɔ̃] *f.* **1.** condition, terms. *A condition que,* provided that. *Conditions d'adhésion,* conditions of membership. *Conditions de livraison,* terms of delivery. *Conditions de payement,* terms of payment. *Conditions requises,* requirements, qualifications. *Conditions résolutoires,* avoidance clause. *Conditions spéciales,* special terms; U. S. cut rate. *Candidat répondant aux conditions requises,* eligible applicant. *Marchandises expédiées sous condition (à condition),* goods forwarded on sale or return, on approval (on appro.). — **2.** state, condition. *Votre envoi nous est parvenu en excellente condition, en mauvaise condition,* your consignment reached us in perfect condition, in damaged condition.

conditionné, e [-sjɔne] *adj.* conditioned.

conditionnel, elle [-nɛl] *adj.* conditional; U. S. tie-in.

conditionnement [-nmɑ̃] *m.* making up. (N.B. *Conditionnement* is different from *emballage* — wrapping. The term points to the initial doing up of an article or a product.)

conditionner [-ne] *vt.* **1.** to make up (N.B. not " to wrap up "). — **2.** to condition (atmosphère, etc.).

conducteur [kɔ̃dyktœ:r] *m.* driver. *Conducteur de travaux,* works foreman; U. S. field superintendent.

conduire [kɔ̃dɥi:r] *vt.* to conduct, to manage (entreprise).

conduite [kɔ̃dɥit] *f.* **1.** conduct, management (d'une firme), superintendence (de travaux). — **2.** pipe. *Conduite d'eau,* water-main.

confection [kɔ̃fɛksjɔ̃] *f.* **1.** making up, drawing up (of commercial papers). *Confection d'un bilan,* making up (drawing up) of a balance sheet. — **2.** ready-made clothing.

confectionner [-sjɔne] *vt.* to make up, to draw up.

conférence [kɔ̃ferɑ̃:s] *f.* **1.** conference, meeting. *Les membres du conseil d'administration sont en conférence,* the members of the board hold a meeting. — **2.** lecture, discussion. *Conférence d'instructions,* briefing conference. *Conférence dirigée,* controlled discussion. *Conférences-réunions,* panel discussions. *Faire une conférence,* to deliver a lecture.

conférer [kɔ̃fere] *vt.* **1.** to compare (documents). — **2.** to bestow (distinction) [*à,* on].

confiance [kɔ̃fjɑ̃:s] *f.* confidence, trust, reliance. *Abus de confiance,* breach of confidence, of trust. *Digne de confiance,* reliable. *De confiance,* reliable, trustworthy. *Poste de confiance,* position of trust. *Nous vous remercions de la confiance que vous avez bien voulu nous témoigner jusqu'à ce jour,* we thank you for your past favours (support).

confidentiel, elle [kɔ̃fidɑ̃sjɛl] *adj.* confidential. *Soyez assurés que tous les détails que vous voudrez bien nous communiquer seront considérés comme strictement confidentiels,* rest assure any information with which you may favour us will be treated in absolute confidence.

confier [-fje] *vt.* to entrust (*à,* to), to vest (*à,* in). *A la Bourse de Londres, la conduite des affaires est confiée à un* *conseil comprenant trente-six membres,* the conduct of business on the London Stock-Exchange is vested in a council consisting of thirty-six members. *Vous pouvez confier vos intérêts à cet agent de change,* you can entrust this stock-broker with your interest.

configuration [kɔ̃figyrasjɔ̃] *f.* lie, lay-out (of premises).

confirmation [kɔ̃firmasjɔ̃] *f.* confirmation. LAW *Confirmation par des documents,* verification, documentary evidence.

confirmer [kɔ̃firme] *vt.* to confirm, to support, to ratify. *Crédit confirmé,* confirmed credit. *Crédit non confirmé,* simple credit, unconfirmed credit.

confiscation [kɔ̃fiskasjɔ̃] *f.* confiscation, forfeiture. LAW seizure. CUST. *Les articles dissimulés dans une voiture sont passibles de confiscation,* articles concealed in a car are liable to forfeiture.

confisquer [kɔ̃fiske] *vt.* to confiscate; LAW to seize.

conflit [kɔ̃fli] *m.* conflict, dispute. *Conflits du travail,* labour disputes, trade disputes; U. S. grievance arbitration.

conforme [kɔ̃fɔrm] *adj.* **1.** LAW certified. *Pour copie conforme,* certified true copy. — **2.** in accordance with. B. K. *Ecriture conforme,* corresponding entry. *Marchandises conformes à l'échantillon,* goods up to sample. *Passer écriture conforme,* to reciprocate an entry, to enter accordingly.

conformément [-memɑ̃] *adv. Conformément à,* in accordance with, in conformity with. *Conformément à vos instructions,* in accordance with your directions, in compliance with your instructions. *Conformément aux statuts,* in application of the articles, according to the articles, in pursuance of the articles.

conformer [-me] *vt.* to conform. B. K. *Conformer les écritures,* to make the books agree.

conformer (se) *v. pr.* to comply with, to fall in with.

conformité [-mite] *f.* conformity. *En conformité avec,* in compliance with, in accordance with, as per.

confronter [kɔ̃frɔ̃te] *vt.* to collate, to compare (textes). LAW to confront.

confusion [kɔ̃fyzjɔ̃] *f.* LAW merger (droits), concurrency (de peines).

congé [kɔ̃ʒe] *m.* **1.** leave. *Congé de maladie,* sick-leave. *Congés payés,* holidays with pay. — **2.** dismissal *(donné par l'employeur),* notice *(donné par l'employé ou l'employeur). Délai-congé (=préavis),* notice. — **3.** notice to leave *(donné par le locataire),* notice to quit *(donné par le propriétaire).* — **4.** LAW permit, cart note (for the release of wine from bond, for instance). — **5.** CUST. clearance (for French ships leaving a French harbour).

congédiement [-dimɑ̃] *m.* dismissal. MAR. paying off.

congédier [-dje] *vt.* to dismiss, to discharge, to lay off; MAR. to pay off.

congestion [kɔ̃ʒɛstjɔ̃] *f.* ST.-EX. glutting.

congestionné, e [-tjɔne] *adj.* ST.-EX. glutted.

congrès [kɔ̃grɛ] *m.* congress.

conjecture [kɔ̃ʒɛktyr] *f.* surmise, conjecture.

conjecturer [-re] *vt.* to surmise, to conjecture, to indulge in speculation.

conjoint, e [kɔ̃ʒwɛ̃] *adj.* LAW joint. *Conjoint et solidaire,* joint and several.

conjointement [-tmɑ̃] *adv.* jointly. *Conjointement et solidairement,* jointly and severally.

conjoncture [kɔ̃ʒɔ̃kty:r] *f.* conjuncture, circumstance, situation, economic conditions. *Conjoncture favorable,* favourable circumstances. *Haute conjoncture,* boom. *Redressement de la conjoncture,* recovery in the economic situation, improvements on the market.

conjoncturel, elle [-tyrɛl] *adj.* cyclical.

connaissement [kɔnɛsmɑ̃] *m.* bill of lading (B/L). *Connaissement à bord,* on board B/L, shipped B/L. *Connaissement accompli,* discharged B/L. *Connaissement à l'ordre de,* B/L to order. *Connaissement* *à personne désignée,* B/L to a named person; U. S. straight B/L, bill of lading consigned to. *Connaissement au porteur,* B/L to bearer. *Connaissement avec réserves,* foul B/L, claused B/L, dirty B/L, unclean B/L. *Connaissement chef,* the captain's copy of the B/L. *Connaissement de sortie,* outward B/L. *Connaissement de transbordement,* transhipment B/L. *Connaissement direct,* through (U. S. thru) B/L. (N.B. Not "direct B/L" which means *connaissement sans transbordement.*) *Connaissement fluvial,* inland waterway B/L; U. S. barge bill of lading. *Connaissement net, non clausé,* clean B/L. *Connaissement reçu pour embarquement,* shipped B/L, received for shipment B/L. *Connaissement reçu à quai,* alongside B/L. *Connaissement sans réserve,* clean B/L. *Connaissement sans transbordement,* direct B/L. *Connaissement « voyage de retour »,* homeward B/L.

conseil [kɔ̃sɛːj] *m.* **1.** advice. *Sur le conseil de,* on the advice of. — **2.** meeting. *Assister à un conseil,* to attend a meeting. — **3.** board, council. *Avocat-conseil,* counsel. *Conseil d'administration,* board of directors. *Conseil d'arbitrage,* arbitration board. *Conseil de direction,* managing committee; U. S. executive committee. *Conseil d'entreprise,* works council, joint consultation council (dealing mainly with the welfare activities of the firm and labour management relations). *Conseil des prud'hommes,* conciliatory board, labour court. (N.B. The *conseil des prud'hommes* are courts consisting of elected employers and employees who have to settle labour disputes by arbitration, if possible, or by order.) *Conseil économique,* economic council. — **4.** counsel, expert. *Conseil en publicité,* advertising consultant. *Conseil en relations publiques,* public relations consultant. *Conseil fiscal,* tax consultant. *Conseil judiciaire,* administrator, guardian. *Conseil juridique,* legal adviser. *Ingénieur-conseil,* consulting engineer; U. S. engineering consultant. *Ingénieur-conseil en organisation,* management consultant; U. S. management engineer.

conseiller [kɔ̃sɛje] *m.* counsellor, adviser. *Conseiller général,* county-councillor. *Conseiller municipal,* town-councillor; U. S. selectman. (V. CONSEIL **4.**)

conseiller *vt.* to advise. *Nous vous conseillons de ne pas exécuter cette commande à moins que le montant n'en soit réglé d'avance,* we should advise you not to fulfil this order unless for cash with order.

consentement [kɔ̃sɑ̃tmɑ̃] *m.* consent. LAW *Divorce par consentement mutuel,* divorce by mutual consent.

consentir [-tiːr] *vt.* to grant, to allow. LAW *Consentir la vente des effets,* to authorize the sale of effects. *Consentir une remise,* to allow a discount. *Consentir une vente,* to agree to a sale. *Consentir un prêt,* to grant a loan. *Consentir un rabais,* to make a reduction, an allowance, a rebate.

conséquemment [kɔ̃sekamɑ̃] *adv.* consequently, accordingly.

conséquence [-kɑ̃ːs] *f.* consequence, outcome, result. *En conséquence,* accordingly. *En conséquence de,* in pursuance of, in consequence of. *Sans conséquence,* of no importance. *Ne pas tirer à conséquence,* to be of no importance. *Tirer les conséquences de,* to draw inferences from.

conservateur [kɔ̃sɛrvatœːr] *m.* **1.** IND. canner. — **2.** ADM. *Conservateur des hypothèques,* registrar of mortgages.

conservation [-sjɔ̃] *f.* **1.** preservation. — **2.** preserving, canning (produits alimentaires). — **3.** ADM. registry (des hypothèques).

conservatoire [-twaːr] *adj.* protective. *Mesures conservatoires,* protective measures. LAW *Saisie conservatoire,* seizure for security.

conserve [kɔ̃sɛrv] *f.* preserve, tinned foods; U. S. canned foods.

conserver [-ve] *vt.* **1.** to preserve, to keep, to maintain. — **2.** to can, to tin (produits alimentaires).

conserver (se) *v. pr.* to keep.

conserverie [-vri] *f.* cannery.

considérable [kɔ̃siderabl] *adj.* substantial, large. *Commande considérable,* substantial order. *Perte considérable,* heavy loss. *Somme considérable,* large, considerable sum.

considérant [kɔ̃siderɑ̃] *m.* LAW grounds for a judgment.

considération [-rasjɔ̃] *f.* consideration. *Veuillez agréer l'expression de ma considération distinguée,* Yours truly, Yours faithfully. *En considération de,* on account of. *Mériter considération,* to be worth considering. *Ne pas entrer en considération,* to be out of the question. *Prendre en considération,* to take into consideration.

considérer [-re] *vt.* to consider, to take into account. *Tout bien considéré,* all things considered, on further consideration.

consignataire [kɔ̃siɲatɛ:r] *m.* **1.** LAW trustee, depositary. — **2.** MAR., LAW consignee. *Dépositaire de la cargaison,* consignee of the cargo.

consignateur [-tœ:r] *m.* consignor, consigner, shipper.

consignation [-sjɔ̃] *f.* **1.** consignation, deposit (d'argent). *Consignation de droits de douane,* deposit of customs duties. *Consignation d'une caution,* deposit of a surety. *Caisse de dépôts et consignations,* Deposit and Consignment Office. — **2.** consignment (de marchandises). *Marchandises en consignation,* goods on consignment. — **3.** deposit, refundable charge on returnable packing.

consigne [kɔ̃siɲ] *f.* **1.** RAIL cloakroom, left luggage office; U. S. baggage-room. — **2.** CUST. *Marchandises en consigne à la douane,* goods stopped, held up, at the custom-house. — **3.** V. CONSIGNATION **3.**

consigner [-ɲe] *vt.* **1.** to deposit (argent). — **2.** to consign (marchandises, etc.). *Consigner un navire aux agents de l'affréteur,* to address a ship to the charterer's agents. — **3.** RAIL to deposit in the cloak-room; U. S. to check. — **4.** *Consigner par écrit,* to record, to write down.

consistance [kɔ̃sistɑ̃:s] *f.* LAW area (domaine), amount (succession). *En consistance de,* consisting of.

consister [-te] *vi.* to consist in, to be composed of.

consolidation [kɔ̃sɔlidasjɔ̃] *f.* consolidation. LAW merger (de l'usufruit). ST.-EX. *Consolidation d'un marché à prime,* taking up an option, exercise of an option.

consolidé, e [-de] *adj.* consolidated. *Dette consolidée,* consolidated debt, funded debt. *Dette non consolidée,* floating debt. *Rentes consolidées,* consols.

consolider *vt.* **1.** FIN. to consolidate, to fund. ST.-EX. *Consolider un marché à prime,* to take up, to exercise an option. — **2.** to strengthen (a position). — **3.** LAW to merge.

consommable [kɔ̃sɔmabl] *adj.* consumable.

consommateur, trice [-tœ:r] *s.* consumer, user. *Consommateur potentiel,* prospective customer, prospect.

consommation [-asjɔ̃] *f.* consumption. *Consommation intérieure,* home consumption. *Consommation mondiale,* world consumption. *Consommation par tête d'habitant,* consumption per capita. *Biens de consommation,* consumer goods. *Crédit à la consommation,* consumer's credit. *Marchandises mises en consommation,* goods for home consumption. *Marchandises non destinées à la consommation,* capital goods. *Taxe à la consommation,* purchase tax.

consommer [kɔ̃sɔme] *vt.* to consume, to use.

consortium [kɔ̃sɔrsjɔm] *m.* consortium, syndicate, horizontal combine.

constat [kɔ̃sta] *m.* LAW certified report, constat. *Constat d'huissier,* affidavit made by a process-server.

constatation [-tasjɔ̃] *f.* ascertainment, verification, attestation; LAW findings (d'une enquête). *Constatation des dommages,* ascertainment of the damage.

constater [kɔ̃state] *vt.* **1.** to ascertain, to attest, to evidence. *Opérations* *constatées par contrat,* transactions evidenced by a contract. *Poids constaté,* weight ascertained. — **2.** ST.-EX. to fix. *A la Bourse de Paris, les agents de change sont seuls habilités à constater les cours des titres admis à la cote,* on the Paris Exchange, the brokers are solely entitled to fix the prices of quoted securities. — **3.** LAW to note. *Il ne suffit pas de faire constater au recto le refus de payement d'une traite sur l'étranger, un protêt doit être dressé,* in the case of the dishonour of a foreign bill, it is not sufficient to have it noted on the face, a protest must be drawn up. — **4.** MAR. INS. to fix. *En France, les courtiers d'assurances maritimes sont des officiers ministériels qui dressent les polices d'assurance et constatent le cours des primes,* in France, marine insurance brokers are legal officers who draw up the insurance policies and fix the rate of premium. — **5.** FIN. to register.

constituant, e [kɔ̃stityɑ̃] *adj.* constituent, component.

constitué, e [-e] *adj.* constituted. LAW *Avocat constitué,* briefed counsel. *Corps constitués,* public authorities, corporate bodies.

constituer *vt.* **1.** to constitute, to form (a company); U. S. to incorporate. — **2.** LAW to settle, to create. *Constituer une hypothèque,* to create a mortgage. *Constituer une rente à,* to settle an annuity on. — **3.** to appoint, to brief, to instruct. *Constituer avocat,* to instruct, to brief counsel.

constituer (se) *v. pr.* to form (*en,* in). LAW *Se constituer partie civile,* to bring in a civil action.

constitutif, ive [kɔ̃stitytif] *adj.* **1.** LAW constitutive. *Acte constitutif,* deed of partnership (de société). — **2.** LAW entitling to a right. *Acte constitutif, titres constitutifs de propriété,* title deeds.

constitution [-sjɔ̃] *f.* constitution. *Constitution d'avocat,* briefing counsel. *Constitution d'avoué,* instructing solicitor. *Constitution d'hypothèques,* creation of mortgage. *Constitution de rente,* settlement. *Constitution de société,* formation of a company; U. S. incorporation. *Frais de constitution (d'une société),* preliminary formation expenses; U. S. initial investment cost.

constructeur [kɔ̃stryktœ:r] *m.* manufacturer, builder, constructor.

construction [-sjɔ̃] *f.* building. *Construction navale,* shipbuilding. *Chantier de construction,* building site. *Chantier de construction navale,* shipyard. *Matériaux de construction,* building materials. *Projet de construction de logements,* housing scheme.

consul [kɔ̃syl] *m.* consul.

consulaire [-lɛ:r] *adj.* **1.** consular. *Facture consulaire,* consular invoice. — **2.** commercial (court). *Juges consulaires,* judges at the commercial court.

consulat [-la] *m.* consulate (bureaux), consulship (fonction).

consultatif, ive [kɔ̃syltatif] *adj.* advisory. *A titre consultatif,* in an advisory capacity. *Comité consultatif,* advisory committee.

consultation [-tasjɔ̃] *f.* **1.** LAW opinion. — **2.** consultation, conference.

consulter [-te] *vt.* to consult. *Consulter un avocat,* to take legal opinion.

contact [kɔ̃takt] *m.* contact. *Mettre en contact,* to bring together. *Prendre contact avec,* to come, to get into touch with. *Prise de contact,* preliminary contacts.

contacter [-te] *vt.* to contact.

container [kɔ̃tɛnɛ:r] *m.* container.

contenance [kɔ̃tnɑ̃:s] *f.* content, burden (navire), capacity (tonneau).

contenant [-nɑ̃] *m.* container.

contenir [kɔ̃tni:r] *vt.* to contain, to hold, to keep down, to curb, to restrain. *Contenir la hausse des salaires,* to restrain wages. *Contenir les prix,* to keep prices down.

contentieux, euse [kɔ̃tɑ̃sjø] *adj.* LAW contentious. *Affaires contentieuses,* contentious matters, contested cases.

contentieux *m.* ADM. legal department, claims department, solicitor's department.

contenu [kɔ̃tny] *m.* contents.

contestation [kɔ̃tɛstasjɔ̃] *f.* dispute. *En contestation avec,* at variance, at issue with. *Sans contestation,* beyond all question.

contester [-te] *vt.* to contest; LAW to impeach, to challenge.

contingent [kɔ̃tɛ̃ʒɑ̃] *m.* contingent, quota, allowance. *Contingent d'importation,* import quota.

contingentement [-ʒɑ̃tmɑ̃] *m.* quota system, application of the quota system.

contingenter [-ʒɑ̃te] *vt.* to fix quotas for, to curtail, to apportion.

continu, e [kɔ̃tiny] *adj.* continued, continuous.

contourner [kɔ̃turne] *vt.* LAW to evade, to dodge (regulations).

contractant, e [kɔ̃traktɑ̃] *adj.* contracting. *Parties contractantes,* contracting parties.

contracter [kɔ̃trakte] *vt.* to contract, to enter into. *Contracter des obligations,* to enter into engagements. FIN. *Contracter une dette,* to contract a debt; *contracter un emprunt,* to raise a loan. *Contracter un bail,* to take a lease. LAW *Contracter une assurance,* to take out an insurance policy.

contraction [-sjɔ̃] *f.* contraction, restraint, tightening up, squeezing.

contractuel, elle [-tɥɛl] *adj.* contractual. *Main-d'œuvre contractuelle,* contract labour.

contractuel *m.* person on contract, contract employee.

contradictoire [kɔ̃tradiktwa:r] *adj.* contradictory. *Conférence contradictoire,* debate. LAW *Examen contradictoire,* cross examination.

contradictoirement [-twarmɑ̃] *adv.* contradictorily. LAW *Arrêt rendu contradictoirement,* judgment given after hearing both sides. INS. *Constater contradictoirement,* to ascertain jointly.

contrainte [kɔ̃trɛ̃:t] *f.* LAW distraint, seizure. *Contrainte par corps,* constraint.

contraire [kɔ̃trɛ:r] *adj.* **1.** contrary (*à,* to). *Sauf stipulation contraire,* unless otherwise agreed. — **2.** FIN. unfavourable (change).

contraire *m.* contrary. LAW *Défense au contraire,* counter-claim. *Jusqu'à preuve du contraire,* until the contrary is proved, until further notice.

contrat [kɔ̃tra] *m.* contract, agreement, deed. *Application d'un contrat,* fulfilment of a contract. *Contrat à clauses limitatives,* tying contract. *Contrat à la grosse sur corps,* bottomry bond. *Contrat à la grosse sur facultés,* respondentia bond. *Contrat à titre onéreux,* onerous contract. *Contrat collectif,* labour agreement. *Contrat d'adhésion,* consumer's contract with Public Utility Services. *Contrat d'affrètement,* contract of affreightment. *Contrat d'apprentissage,* articles of apprenticeship. *Contrat de dépôt,* bailment. *Contrat de mariage,* marriage settlement, contract. *Contrat de société,* deed of partnership, partnership agreement. *Contrat de transport,* carriage contract. *Contrat de travail,* labour contract; U. S. agreement of service. *Contrat de vente,* sale contract. *Contrat résoluble,* avoidable contract. *Contrat synallagmatique,* synallagmatic contract, bilateral contract. *Contrat translatif de propriété,* conveyance. *Contrat type,* skeleton contract, standard agreement. *Projet de contrat,* draft contract. *Prolongation d'un contrat,* renewal of a contract. *Rupture de contrat,* breach of contract. *Passer un contrat,* to enter into a contract. *Résilier un contrat,* to cancel a contract.

contravention [kɔ̃travɑ̃sjɔ̃] *f.* breach of the regulations. *Etre en contravention avec,* to act in contravention of.

contre-accusation [kɔ̃:trakyzasjɔ̃] *f.* LAW counter-charge.

contre-analyse [-anali:z] *f.* check-analysis.

contre-assurance [-asyrɑ̃:s] *f.* reinsurance.

contrebande [kɔ̃trebɑ̃:d] *f.* contraband, smuggling. *Faire de la contrebande,* to smuggle. *Produits de contrebande,* smuggled goods.

contrebandier [-bɑ̃dje] *m.* smuggler.

contre-caution [kɔ̃:trəkosjɔ̃] *f.* countersecurity.

contrecoup [kɔ̃trəku] *m.* after-effect, brunt; U. S. backwash. *Les exportations des pays industriels subiront à leur tour le contrecoup,* the industrial countries in their turn will feel the backwash on their exports.

contre-épreuve [kɔ̃:treprœ:v] *f.* second test.

contre-expertise [kɔ̃:trɛkspɛrti:z] *f.* countervaluation.

contrefaçon [kɔ̃trəfasɔ̃] *f.* imitation; LAW infringement. *Méfiez-vous des contrefaçons,* beware of imitations.

contrefaire [-fɛ:r] *vt.* to imitate, to forge, to counterfeit. *Contrefaire un objet breveté,* to infringe a patent.

contremaître [-mɛ:tr] *m.* foreman, overseer, ganger.

contremarque [-mark] *f.* countermark.

contre-ordre [kɔ̃:trɔrdr] *m.* counter-order.

contrepartie [kɔ̃trəparti] *f.* **1.** B. K. contra. *Compte de contrepartie,* contra account. *Dans la comptabilité en partie double, chaque opération inscrite dans la colonne « crédit » doit avoir sa contrepartie dans la colonne « débit »,* in the double-entry bookkeeping system, each transaction entered on the credit side must have its contra on the debit side. — **2.** ST.-EX. running stock against one's client. *Maison de contrepartie,* bucket shop. — **3.** counterpart, duplicate, set off (of document). *En contrepartie,* per contra, as against this. — **4.** other side, other party; ST.-EX. another dealer. (N.B. Il n'y a pas d'équivalent du terme de bourse *contrepartie* en anglais, car, à la Bourse de Londres, l'agent de change traite avec le *jobber* et non avec un autre agent de change.)

contrepartiste [-partist] *m.* ST.-EX. market maker, runner.

contrepassation [-pasasjɔ̃] *f.* **1.** B. K. writing back, reversal, contraing. — **2.** FIN. re-endorsement (of a bill of exchange).

contrepassement [-pasmɑ̃] *m.* **1.** B. K. writing back, reversal, contraing. — **2.** FIN. re-endorsement (of a bill of exchange).

contrepasser [-pase] *vt.* **1.** B. K. to write back, to reverse, to contra. *Contrepasser une écriture,* to write back an entry. — **2.** FIN. *Contrepasser une lettre de change,* to endorse back a bill of exchange.

contrepoids [-pwa] *m.* counterbalance, counterweight. *Faire contrepoids à,* to counterbalance.

contreposer [-poze] *vt.* B. K. to misenter.

contreposition [-pozisjɔ̃] *f.* B. K. misentry.

contreproposition [-prɔpɔzisjɔ̃] *f.* counter proposal, alternative proposal.

contresigner [-siɲe] *vt.* to countersign.

contrestaries [kɔ̃trɛstari] *f. pl.* MAR. INS. damage for detention.

contretemps [-tɑ̃] *m.* inconvenience. *A contretemps,* unseasonably, inopportunely.

contre-valeur [-valœ:r] *f.* FIN. counter value, value in exchange.

contrevenant [-vənɑ̃] *m.* infringer of police regulations, contravener.

contribuable [kɔ̃tribɥabl] *m.* taxpayer, ratepayer.

contribuant [-bɥɑ̃] *m.* contributor.

contribuer [-bɥe] *vi.* to contribute (*à,* to).

contributif, ive [-bytif] *adj.* contributive.

contribution [-bysjɔ̃] *f.* **1.** contribution, participation. *Contribution aux frais d'une entreprise,* contribution to the expenses of an undertaking. *Mettre les réserves à contribution,* to draw upon the reserves, to tap the reserves. — **2.** tax, rate. *Contributions directes,* direct taxation. *Contribution foncière sur les propriétés non bâties,* land-tax. *Contributions indirectes,* indirect taxation, excise revenue. *Inspecteur des contributions,* surveyor of taxes. *Receveur des contributions,* tax-collector. *Rôle des contribu-*

tions, register of taxes. — **3.** (créanciers) distribution. *Contribution judiciaire,* distribution to creditors under the supervision of the court.

contrôle [kõtro:l] *m.* control, inspection, check, supervision. *Contrôle budgétaire,* budgetary control. *Contrôle de la production,* progress control. *Contrôle des changes,* exchange control. *Contrôle de production,* production control, scheduling. *Contrôle des inventaires,* inventory control. *Contrôle du bilan,* balance sheet auditing. *Contrôle par sondage,* sampling inspection. *Contrôle par tout ou rien,* attributes testing. *Contrôle statistique de qualité,* statistical quality control. LAW *Comité de contrôle des créanciers,* committee of inspection.

contrôler [kõtrole] *vt.* to control, to inspect, to check, to verify, to audit (des comptes).

contrôleur [-lœ:r] *m.* **1.** controller, comptroller, supervisor, auditor. *Contrôleur des contributions,* inspector of taxes. *Contrôleur général,* general comptroller. — **2. contrôleurs** *m. pl.* committee of inspection. *Les créanciers nomment un syndic de faillite et des contrôleurs pour surveiller le travail de ce dernier,* the creditors appoint a trustee and a committee of inspection to control the latter's work.

convaincre [kõvɛ̃:kr] *vt.* to convince. LAW to convict, to prove guilty (*de,* of).

convenance [kɔ̃vənɑ̃:s] *f.* convenience, appropriateness. *Etre en congé de convenance personnelle,* to be on leave on personal grounds. *Pour raisons de convenance,* on grounds of expediency. *Règlement à votre convenance,* payment at your convenience.

convenir [-ni:r] *vi.* to agree, to suit. *Comme convenu,* as agreed upon. *Prix convenu,* price agreed upon. *Votre gamme d'échantillons nous convient,* your range of samples suits us.

convention [kɔ̃vɑ̃sjɔ̃] *f.* **1.** agreement, contract. *Convention collective,* collective contract; U. S. labour agreement, collective bargaining. *Convention expresse,* express agreement. LAW *Convention générale,* general covenant. FIN. *Convention syndicale,* underwriting contract. *Sauf convention contraire,* unless otherwise stipulated. — **2.** stipulation, clause, covenant. — **3.** convention. *Les avaries communes ont fait l'objet d'une convention internationale imposée en 1887 et révisée en 1950, connue sous le nom de « Règles d'York et d'Anvers »,* general average has been dealt with in an international Convention laid down in 1887 and revised in 1950, known as the " York and Antwerp Rules ".

conventionnel, elle [-sjɔnɛl] *adj.* LAW conventionary, by agreement. *Augmentation de salaire extra conventionnelle,* extra contractual wages increase. *Obligations conventionnelles,* contractual obligations.

conversion [kɔ̃vɛrsjɔ̃] *f.* conversion. FIN. *Conversion de crédits à court terme,* funding of short term credit. *Conversion de l'emprunt,* conversion of a loan. LAW *Conversion de saisie,* sale of attached estate by auction. ST.-EX. *Vu l'état du marché, sa conversion n'est pas étonnante,* considering the state of the market, his going on the other tack is not surprising.

convertibilité [-tibilite] *f.* convertibility.

convertible [-tibl] *adj.* convertible.

convertir [-ti:r] *vt.* to convert.

convertir en (se) *v. pr.* to turn into, to be converted into.

convocation [kɔ̃vɔkasjɔ̃] *f.* calling (together), convening; LAW summons, notice. *Convocation des actionnaires,* calling the shareholders together. *Avis de convocation,* notice for a meeting.

convoquer [kɔ̃vɔke] *vi.* to call (together), to convene, to notify (candidat). *Convoquer les actionnaires,* to call shareholders together. *L'administrateur séquestre convoque les créanciers,* the official receiver summons the creditors.

coopératif, ive [koɔperatif] *adj.* co-operative.

coopérative [-tiv] *f.* co-operative society, co-op. *Coopérative de consommation,* consumers' co-operative. *Coopérative de crédit agricole,* agricultural co-operative credit society. *Coopérative de détaillants,* retailers' co-operative. *Coopérative d'entreprise,* company store. *Coopérative de placement,* investment trust. *Coopérative de production,* producers' co-operative.

coopérer [koɔpere] *vi.* to co-operate.

cooptation [koɔptasjɔ̃] *f.* co-optation. *Elus par cooptation,* elected by co-optation, elected from among themselves.

coopter [koɔpte] *vt.* to co-opt.

copartageant [kopartaʒɑ̃] *m.* joint sharer; LAW coparcener.

copie [kɔpi] *f.* **1.** copy. *Copie authentique d'un acte,* certified copy of a deed. *Copie certifiée conforme,* certified true copy. *Copie du capitaine,* captain's copy. (N. B. En Angleterre, la copie du capitaine n'est pas négociable, alors qu'en France elle constitue le connaissement chef.) — **2.** book. *Copie d'effets,* bills received book. *Copie de factures,* invoice-book.

copier [-pje] *vt.* to copy, to imitate, to reproduce.

copossesseur [kopɔsɛsœ:r] *m.* co-tenant, joint owner.

copreneur [koprənœ:r] *m.* LAW co-lessee.

copropriétaire [koprɔprjetɛ:r] *m.* joint proprietor, joint owner.

copropriété [-te] *f.* joint ownership.

coque [kɔk] *f.* hull.

coquille [kɔki:j] *f.* misprint, printer's error.

corbeille [kɔrbɛ:j] *f.* **1.** basket. *Corbeille des affaires à examiner, des affaires expédiées,* in-, out-tray. — **2.** ST.-EX. corbeille (brokers' central enclosure in the Paris Bourse).

corporation [kɔrpɔrasjɔ̃] *f.* corporation.

corporel, elle [kɔrpɔrɛl] *adj.* corporeal.

corps [kɔ:r] *m.* body.

corps *m.* MAR. hull (of a ship). *Corps et biens,* crew and cargo. *Assurance sur corps,* hull insurance. *Assureur sur corps,* hull underwriter.

correction [kɔrɛksjɔ̃] *f.* correcting. *Correction des variations saisonnières,* equalization of seasonal demand.

correspondance [kɔrɛspɔ̃dɑ̃:s] *f.* correspondence. *Dépouiller sa correspondance,* to go through one's mail (correspondence).

correspondancier [-dɑ̃sje] *m.* correspondence-clerk.

correspondant, e [-dɑ̃] *adj.* equivalent, analogous.

correspondant *m.* correspondent.

correspondre [kɔrɛspɔ̃:dr] *vi.* to correspond (*avec,* with). *Correspondre à,* to correspond to, to agree to.

corriger [kɔriʒe] *m.* to correct.

corroborer [kɔrɔbɔre] *vt.* to corroborate.

corrompre [kɔrɔ̃:pr] *vt.* to suborn (fonctionnaire), to bribe, to corrupt.

corruption [kɔrypsjɔ̃] *f.* bribery, corruption.

co-signataire [kosiɲatɛ:r] *m.* co-signatory.

cotation [kɔtasjɔ̃] *f.* FIN. quotation. *Cotation à terme,* forward quotation. *Cotation certaine,* direct exchange. *Cotation par titre,* quotation per unit. *Cotation télégraphique,* tape quotation.

cote [kɔt] *f.* **1.** ST.-EX. quotation. *Cote de clôture,* closing quotation. *Cote en banque,* unquoted list. (N.B. On the Paris Bourse, the *cote en banque* is the daily list of the *marché en coulisse* — the unofficial market.) *Cote officielle,* Stock-Exchange daily official list. (N.B. A la Bourse de Londres, il existe aussi une liste supplémentaire des valeurs non admises à la cote officielle, appelée *Stock-Exchange record of bargains in securities which have not received a quotation in the Stock-Exchange official list* ou, en bref, *supplementary list.* Aux Etats-Unis, les transactions du marché en coulisse [*over the counter market,* ou *unlisted security market*] ne se font pas en public.) *Demande d'admission à la cote officielle,* application for admission to the official list. *Marché hors cote,* curb market, street market. (N.B. Securities which have not been dealt with in the *parquet* [official market] or *en coulisse* receive a quotation in the curb market.) *Opposition à la cote,* objection to marks. — **2.** LAW assessment. *Cote foncière,* assessment on land. *Cote mobilière,* assessment on income. FAM. *Cote mal taillée,* rough compromise.—**3.** B. K. reference number, mark. — **4.** MAR. classification of a ship.

coté, e [kɔte] *adj.* **1.** ST.-EX. quoted. *Valeurs cotées,* listed securities. *Valeurs non cotées,* unlisted securities. — **2.** FIG. esteemed.

coter [kɔte] *vt.* **1.** ST.-EX. to quote. *Coter le certain,* to quote certain (in home currency). *Coter un cours,* to quote a price. *Coter par titre,* to quote per unit. — **2.** B. K. to number. *Coter un effet,* to due-date a bill. — **3.** LAW to assess. — **4.** MAR. to class.

coteur [-tœ:r] *m.* marking clerk.

côtier, ère [kotje] *adj.* coasting (navigation).

cotisant [kɔtizɑ̃] *m.* subscriber.

cotisation [-zasjɔ̃] *f.* contribution (assurance), subscription (société). *Cotisation aux assurances sociales,* social insurance contribution. *Cotisation ouvrière,* employee's contribution. *Cotisation patronale,* employer's contribution.

cotiser [-ze] *vi.* **1.** to subscribe. *Cotiser à la S. S.,* to pay one's contribution to the Social Security Service (National Health Service). — **2.** to assess.

cotuteur [kɔtytœ:r] *m.* LAW joint guardian.

coulage [kula:ʒ] *m.* leakage, waste. *Une remise est consentie par le vendeur à l'acheteur pour compenser des pertes possibles dues au coulage,* an allowance is granted by the seller to the buyer as compensation for possible losses due to leakage.

coulant, e [kulɑ̃] *adj.* accommodating, easy (person).

couler [kule] *vt.* FAM. to do for s. o., to ruin s.o.

coulisse [kulis] *f.* ST.-EX. coulisse. (N.B. In the French Bourse, an outside market beside the official one, i. e. *le parquet, le marché en bourse.*) U. S. over the counter market, unlisted security market. FAM. *Travailler dans les coulisses,* to pull the strings; U. S. to use one's drag.

coulissier [-sje] *m.* ST.-EX. outside broker.

coupon [kupɔ̃] *m.* FIN. coupon. *Coupon attaché,* cum (with) coupon; U. S. dividend on. *Coupon détaché,* ex-coupon, ex-dividend; U. S. dividend off. *Coupon échu,* due coupon. *Coupon périmé,* lapsed coupon. *Coupon reçu à l'encaissement,* coupon accepted for collection. *Coupon remis à l'encaissement,* coupon sent for collection. *Feuille de coupons,* coupon-sheet. *Encaisser des coupons,* to cash coupons. *Lorsqu'une feuille de coupons est épuisée, on y joint un autre certificat appelé « talon », qui peut être échangé contre une nouvelle feuille,* when a coupon-sheet is exhausted, another certificate called a " talon " is attached to it and can be exchanged for a fresh sheet.

couponnier [-pɔnje] *m.* coupon-clerk.

coupure [kupy:r] *f.* **1.** FIN. denomination. — **2.** *Coupure d'action,* subshare. — **3.** *Coupure de journal,* press cutting.

cour [ku:r] *f.* LAW court. *Cour des comptes,* Audit Office. (N.B. A French national department which controls and audits the accounts of public revenue and expenditure.)

couramment [kuramɑ̃] *adv.* **1.** fluently, easily. *Les candidats doivent parler couramment une langue étrangère,* applicants should speak a foreign language fluently, should be proficient in a foreign language. — **2.** generally, usually. *Couramment employé,* in general use.

courant, e [kurɑ̃] *adj.* **1.** current. *Affaires courantes,* current affairs. *Compte courant,* current-account; U. S. checking account. *Dépenses courantes,* running expenditures. *Dette courante,* floating debt. *Taille courante,* standard size. *Travail courant,* routine work. *Vente courante,* ready sale. — **2.** instant. *Daté du 15 courant,* dated 15th instant.

courant *m.* **1.** current (commercial,

électrique, etc.). *Courant d'affaires,* turnover. — **2.** course. *Dans le courant de l'année,* in the course of the year. — **3.** current month. *Fin courant,* at the end of the present month. — **4.** PRO. EX. *Courant du marché,* market price. — **5.** *Etre au courant de :* **a)** to be well versed in, thoroughly acquainted with, conversant with; **b)** to be up-to-date (avec ses comptes). *Ces livres sont au courant,* these books are posted up. — **6.** *Se remettre au courant :* **a)** to make up arrears (arriéré); **b)** to catch with. *Se tenir au courant de,* to keep abreast with.

courbe [kurb] *f.* curve, graph. *Courbe de débit,* hydrograph. *Courbe de fréquence,* probability curve. *Courbe de rentabilité,* profit graph; U. S. break-even chart. *Courbe des salaires,* earning curve. *Courbe du chômage,* unemployment curve.

courir [kuri:r] *vt.* to run. *Courir un risque,* to run a risk.

courir *vi.* to run; FIN. to accrue. *Cet effet a encore trois jours à courir,* this bill has still three days to run.. *Vos intérêts courent depuis le 1er septembre,* your interest accrues from September 1st. *Votre assurance court à partir du 1er janvier,* your policy runs from January 1st.

courrier [kurje] *m.* correspondence, mail, post. *Courrier à l'arrivée,* incoming mail. *Courrier au départ,* outgoing mail. *Courrier des auditeurs,* applause mail. *Par retour du courrier,* by return of post; U. S. by return mail.

cours [ku:r] *m.* **1.** course (progression), process. *En cours d'exécution,* in course of execution, in progress. *Marchandises abîmées en cours de route,* goods damaged in transit (on the way). *Mois en cours,* current month. *Travail en cours,* work in hand. — **2.** currency, circulation. *Avoir cours légal,* to be legal tender. *Cours forcé,* forced currency. — **3.** ST.-EX. price, rate, quotation. *Cours acheteurs,* " buyers' ", prices bid. *Cours à terme* (change), forward rate. *Cours à terme* (Bourse), settlement price, price for the account. *Cours au comptant,* cash price. *Cours au comptant* (change), spot rate. *Cours à vue* (change), demand rate. *Cours d'après bourse,* street price, curb price. *Cours de clôture,* closing price, quotations. *Cours de compensation,* make-up price. *Cours de déport,* backwardation rate. *Cours de l'option,* put and call price. *Cours de l'ou,* put price. *Cours de prime,* option price. *Cours de report,* contango rate. *Cours d'introduction,* opening price (price at which shares are first listed). *Cours d'ouverture,* opening price; U. S. first price (the price at which the first sale was made). *Cours du change,* rate of exchange. *Cours du disponible* (bourses des marchandises), spot price. *Cours du dont,* call price. *Cours du livrable* (bourses des marchandises), forward price. *Cours du stellage,* put and call price. *Cours extrêmes,* highest and lowest prices. *Cours faits* (pratiqués), bargains done. *Cours fictifs,* nominal rate. *Cours offerts,* sellers, price offered, selling rate. *Les cours baissent,* prices drop, fall off, look down. *Les cours fléchissent,* prices give way, sag. *Les cours montent en flèche,* prices are skyrocketing. *Les cours reculent,* prices recede. *Les cours restent élevés,* prices rule high. *Les cours s'améliorent,* prices improve. *Les cours se détendent,* prices ease off. *Les cours s'effondrent,* prices collapse. *Les cours s'effritent,* prices crumble, fall off. *Les cours se raffermissent,* prices harden, rally. *Les cours oscillent autour de ceux qui étaient pratiqués dernièrement,* prices hover round about the previous quotations. — **4.** MAR. *Navigation au long cours,* foreign navigation. *Navire au long cours,* sea-going ship.

court, e [ku:r] *adj.* short. *Court métrage,* short (film); U. S. minute movie. *Crédit à court terme,* short-term credit. *Dépôt à court terme,* short-term deposit. *Etre à court de,* to run short of, to run out of. *Nous sommes à court de cet article en ce moment,* we are short of this particular line at the moment. *Papier court,* short bill. *Prendre qqn de court,* to leave s. o. little time.

courtage [kurta:ʒ] *m.* brokerage, commission. *Courtage de change,* exchange brokerage. *Faire le courtage de,* to be a broker in. *Le courtage est, en théorie, la commission prise par un courtier pour l'achat ou la vente de titres, de marchandises, de placement de polices d'assurance, etc., mais le terme s'applique parfois au pourcentage versé à n'importe quel agent de commerce,* the brokerage theoretically implies the commission charged by a broker for buying or selling securities, commodities, or placing insurance policies with the public, etc., but it sometimes denotes the commission paid to any kind of mercantile agent.

courter [-te] *vt.* et *vi.* to offer for sale, to broke.

courtier [-tje] *m.* broker. *Courtier assermenté,* sworn broker. *Courtier d'assurances maritimes,* marine insurance broker. (N.B. En Angleterre, il n'est pas obligatoire d'avoir recours à eux, car ce ne sont pas des hommes de loi choisis sous l'autorité du ministère de la Justice.) *Courtier de change,* exchange broker. *Courtier de marchandises,* produce broker. *Courtier d'escompte,* bill broker. *Courtier en publicité,* advertising agent; U. S. advertising salesman. *Courtier maritime* (courtier-interprète et conducteur de navires), ship-broker. (N.B. En Angleterre, le courtier maritime est souvent l'agent exclusif d'une compagnie de navigation et joue le rôle d'agréé en douanes et de commissionnaire-chargeur.) *Courtier marron,* stag, outside broker. *Courtier officiel,* inside broker. *En France, les courtiers d'assurance maritime sont des officiers ministériels qui dressent les polices d'assurance et constatent le cours des primes,* in France, marine insurance brokers are legal officers who draw up the insurance policies and fix the rate of premium. *Les courtiers maritimes sont des officiers ministériels qui font le courtage des affrètements et remplissent les formalités douanières,* ship-brokers are legal officers dealing with contracts of affreightment and fulfilling customs formalities.

couru, e [kury] *adj.* popular. FIN. *Intérêts courus,* accrued interest. *Il y a beaucoup de candidats, car le poste est très couru,* applicants are numerous for the position is much competed for.

coût [ku] *m.* cost, expense. *Coût, assurance, fret* (C. A. F.), cost, insurance, freight (C. I. F.). [N. B. " C. I. F. " is also used in French.] *Coût de la vie,* cost of living. *Coût moyen,* average costs. *Coût primaire,* direct cost, prime cost.

coûtant, e [kutɑ̃] *adj. A prix coûtant,* at cost price.

coûter [kute] *vt.* et *vi.* to cost.

coûteux, euse [-tø] *adj.* dear, expensive, costly.

coutume [kutym] *f.* custom, use; LAW usage.

coutumier, ère [-mje] *adj.* customary, common.

couvert, e [kuvɛ:r] *adj.* covered (*de,* with). INS. *Risques couverts par la police,* risks guaranteed, covered by the policy. ST.-EX. *Vendre à couvert,* to sell for delivery. FIN. *L'emprunt a été couvert plusieurs fois,* the loan was covered several times over, was oversubscribed. ST.-EX. *Les haussiers et les baissiers se tiennent couverts,* bulls and bears are hedging.

couverture [-ty:r] *f.* **1.** deposit, cover, security. *Versement en couverture de,* remittance in cover of, as cover for. — **2.** FIN., ST.-EX. margin, cover. *Couverture minimale requise,* minimum margin requirements. *Les conditions rigoureuses de couverture étaient censées empêcher l'usage abusif du crédit,* the stiff margin requirements were supposed to prevent the excessive use of credit. *Notre agent de change a porté la couverture à 30 % en espèces,* our broker brought the margin up to 30 % in cash. — **3.** ST.-EX. hedging, covering (de portefeuille). — **4.** INS. covering. *Lettre de couverture, note de couverture,* cover note, provisional policy. — **5.** coverage (d'un support publicitaire). — **6.** cover, wrapper (de livre).

couvrir [kuvri:r] *vt.* to cover. *Couvrir les dépenses de qqn,* to defray s. o.'s expenses. *Couvrir les frais d'envoi,* to refund the postage, the carriage. ST.-EX. *Couvrir un découvert,* to cover a bear account. *Couvrir une enchère,* to make a higher bid. *L'emprunt n'a pas été couvert,* the loan was undersubscribed. Pro. Ex. *Si vous achetez au comptant, vous devriez couvrir votre transaction en vendant à terme,* if you buy spot goods, you had better hedge your bargain by a sale of futures. Ins. *Une police avec avarie particulière est une police tous risques qui couvre les deux types d'avaries,* a with particular average policy is an all-in policy covering both types of average. Fin. *Veuillez nous couvrir dès que possible du montant de cette transaction,* please cover us for the· amount of this operation at your earliest convenience.

couvrir (se) *v. pr.* **1.** Fin. to cover oneself. — **2.** St.-Ex., Pro. Ex. to cover, to hedge.

cran [krɑ̃] *m.* notch, peg. *Baisser d'un cran (degré),* to come down a peg. *Monter d'un cran,* to go up a peg.

créance [kreɑ̃:s] *f.* **1.** Law debt, claim. *Créance à recouvrer,* outstanding debt. *Créance certaine,* good debt. *Créance douteuse,* bad debt. *Créance garantie,* secured debt. *Créance hypothécaire,* mortgage debt. *Créance litigieuse,* contested claim, litigious claim. *Créance privilégiée,* preferential debt. *Créances comptables,* accounts receivable, book claims. *Lettre de créance,* letter of credit. *Recouvrement des créances,* collection of debt. *Règlement des créances,* settlement of debts. *Titre de créance,* evidence of indebtedness. *Valeurs mobilières et créances,* choses in action. *En cas de faillite, le salaire des employés et la paye des ouvriers sont considérés comme des créances privilégiées,* in case of bankruptcy, clerks' salaries and workmen's wages are treated as preferential debts. — **2.** trust, confidence. *Lettres de créance,* credentials (of diplomatic agents). *Donner créance,* to give credit.

créancier [-sje] *m.* creditor. *Créancier autorisé,* judgment creditor. *Créancier chirographaire,* unsecured creditor. *Créancier gagiste,* lienor, pledgee. *Créancier hypothécaire,* mortgager. *Créancier nanti,* secured creditor. *Créancier obligataire,* bond creditor. *Créancier ordinaire,* ordinary creditor. *Créancier privilégié,* preferential creditor. *Désintéresser les créanciers,* to pay off the creditors.

création [kreasjɔ̃] *f.* creation, foundation, making out; U.S. generation. *Création de stages dans l'industrie,* generation of industrial traineeships. *Création d'un chèque,* making out, writing out of a cheque. *Création d'un fonds de réserve,* creation of a reserve fund. *Création d'une maison de commerce,* establishing of a house of business.

crédit [kredi] *m.* **1.** B. K. credit, creditor side. *Acheter à crédit,* to buy on credit. *Amputer un crédit,* to curtail a credit. *Avis de crédit,* credit advice. *Bordereau de crédit,* credit note. *Nous portons au crédit de votre compte,* we pass, enter, to the credit of your account, to your credit. — **2.** Fin. credit, loan. *Crédit à court terme,* short-term credit. *Crédit à l'achat,* buying credit; U. S. open to buy. *Crédit à la consommation,* consumer(s') credit, consumptive credit, retail credit. (N. B. Aux Etats-Unis, par exemple, sous la forme du *charge account,* compte courant d'un client dans un grand magasin.) *Crédit à la production,* productive credit. *Crédit à moyen terme,* medium (intermediate) term credit. *Crédit à découvert,* open credit, blank credit. *Crédit-bail,* leasing. *Crédit bancaire,* bank credit. *Crédit confirmé,* confirmed credit. *Crédit de confirmation,* stand-by credit. *Crédit documentaire,* documentary credit. *Crédit documentaire révocable* (*irrévocable*), revocable (irrevocable) documentary credit. *Crédit en banque,* credit with the bank. *Crédit en blanc,* blank credit, open credit. *Crédit foncier,* credit (loan) on landed property. *Crédit immobilier,* credit on real property. *Crédit intérimaire,* interim credit, stand-by credit. *Crédit libre,* open credit, blank credit. *Crédit mobilier,* credit on personal property. *Crédit* (*réalisable*) *par acceptation,* acceptance credit. *Crédit revolving, crédit rotatif,* revolving credit. *Crédit sur notoriété,* unsecured credit, personal credit. *Demande de crédit,* application for a loan. *Facilité de crédit,* line of credit. *Instruments de crédit,* credit instruments. *Lettre de crédit,* letter of credit. *Proroger un crédit,* to extend a credit. *Restriction du crédit,* credit restriction, credit squeeze. *Volume de crédit,* volume of credit. *Le volume de crédit est le montant total des prêts et avances consentis par les banques,* the volume of credit is the total amount of loans and advances made by banks. — **3.** credit institution, bank. *Crédit foncier,* land-bank. (N. B. In France, a semi-public credit institution granting loans on any real property which can be mortgaged. It plays an essential part by running the National Housing Improvement Funds, *Fonds national d'amélioration de l'habitat.*) *Crédit mobilier,* financial institution granting loans on personal property. *Crédit municipal,* municipal pawn-office; U. S. hock. *Etablissement de crédit,* credit institution, loan society. *Union de crédit,* credit union.

créditer [-te] *vt.* to credit. *Créditer qqn de,* to give s. o. credit for. *Personne créditée,* credited party. *Nous créditons votre compte de ce chèque de £ 25,* we pass this cheque for £ 25 to the credit of your account.

créditeur, trice [-tœ:r] *adj.* creditor. *Compte créditeur,* creditor account. *Solde créditeur,* credit balance. *Redevenir créditeur,* to return to the black.

créditeur *m.* creditor. « *Créditeurs divers* », " accounts payable ". *Créditeur secondaire,* junior creditor.

créer [kree] *vt.* to create, to establish, to set up, to make (out), to write out. *Créer un connaissement,* to draw up a bill of lading. *Créer un emploi,* to open a new position. *Créer une hypothèque,* to create a mortgage. *Créer une maison de commerce,* to establish a house of business.

creux, euse [krø] *adj. Heures creuses,* slack hours. *Marché creux,* sagging market. *Mois creux,* lean months. *Papier creux,* pig on pork, house bill.

creux *m.* trough. *Le creux de la courbe des revenus est visible sur ce graphique,* the trough of returns is apparent on this graph.

criée [krije] *f.* auction. *A la criée,* by auction.

crieur [krijœ:r] *m.* crier, auctioneer.

crise [kri:z] *f.* crisis. *Crise de la main-d'œuvre,* labour shortage. *Crise des affaires,* slump in business. *Crise économique,* economic crisis, trade depression.

croquis [krɔki] *m.* sketch, rough drawing.

cubage [kyba:ʒ] *m.* cubic measurement, cubic content.

cuber [kybe] *vt.* to cube, to gauge.

cueillette [kœjɛt] *f.* MAR. *Affrètement en cueillette,* berth freighting; *chargement en cueillette,* general cargo; *navire en cueillette,* tramp.

cumul [kymyl] *m.* cumulation. LAW lumping.

cumulatif, ive [kymylatif] *adj.* cumulative. *Action de priorité cumulative,* cumulative preference share. *Dividende cumulatif,* cumulative dividend.

cumuler [-le] *vt.* to pluralize. LAW to cumulate.

cuprifères [kyprifɛ:r] *f. pl.* ST.-EX. coppers.

curatelle [kyratɛl] *f.* LAW guardianship.

curateur [-tœ:r] *m.* LAW curator, administrator, trustee, guardian. *Curateur tutélaire,* custodian trustee.

d

dactylo [daktilo] *f.* typist, typing. *Dactylo de premier ordre,* touch-typist. *Dactylo-facturière,* typist invoice-clerk.

dans [dɑ̃] *prép.* in. *Dans ces conditions,* under these conditions. *Dans les huit jours après réception,* within eight days of receipt.

darse [da:rs] *f.* darsena, open basin.

date [dat] *f.* date. *Date de l'échéance,* due date, date of maturity. *Date de l'envoi,* date of dispatch. *Date d'entrée en valeur,* value date. *Date limite,* deadline; U. S. target date. *Date limite de remise,* closing date. *Erreur de date,* misdating. *A trois mois de date,* three months after date. *En date de ce jour,* dated this day. *Sans date,* undated.

dater [date] *vt.* et *vi.* to date. *A dater d'aujourd'hui,* from today on. *Votre lettre datée du 7 juillet,* your letter dated 7th July.

débâcle [deba:kl] *f.* crash, slump, collapse. *Débâcle des pétroles,* heavy drop in oils.

déballage [debala:ʒ] *m.* unpacking, clearance sale, jumble sale.

déballer [-le] *vt.* to unpack.

débarcadère [debarkadɛ:r] *m.* MAR. landing-stage, wharf; RAIL arrival platform.

débardeur [debardœ:r] *m.* docker, stevedore.

débarquement [debarkəmɑ̃] *m.* unloading, unshipment, discharge, landing. *Bordereau de débarquement,* outturn report. *Frais de débarquement,* landing charges. *Vente au débarquement,* sale on ex-ship terms, sale on landed terms. *En débarquement,* unloading.

débarquer [-ke] *vt.* to unload, to unship, to discharge, to land.

débattre [debatr] *vt.* to discuss. *Débattre le prix,* to haggle over the price. *Prix à débattre,* price a matter for arrangement, for negotiation.

débaucher [deboʃe] *vt.* to discharge, to turn off, to lay off.

débit [debi] *m.* **1.** B. K. debit, debit side, debtor. *Avis de débit,* debit advice. *Porter au débit,* to enter, to carry to the debit. — **2.** sale, demand. *Avoir un gros, un petit débit,* to be in great, in little demand. *Ces marchandises ont un bon débit,* these goods find a ready sale. — **3.** shop. *Débit de tabac,* tobacconist's shop; U. S. cigar store.

débiter [-te] *vt.* **1.** to retail, to sell. — **2.** to debit. *Débiter un compte de,* to debit an account with, to enter to the debit of an account.

débiteur, trice [-tœ:r] *adj.* debit, debtor. *Compte débiteur,* debtor account. *Solde débiteur :* **a)** B. K. debit balance; **b)** FIN. overdraft.

débiteur *m.* debtor. *Débiteur délégué,* delegated debtor. « *Débiteurs divers* », " accounts receivable ". *Débiteur gagiste,* pledger. *Débiteur hypothécaire,* mortgagor. *Débiteur insolvable,* insolvent. *Débiteur principal,* principal debtor. *Débiteur saisi,* distrainee. *Débiteur solidaire,* joint debtor. *Provision pour débiteur douteux,* provision against doubtful debts.

déblayer [deblɛje] *vt.* to clear away.

déblocage [deblɔka:ʒ] *m.* releasing.

débloquer [-ke] *vt.* to release, to free.

débordé, e [debɔrde] *adj.* overwhelmed.

débouché [debuʃe] *m.* outlet, market, opening. *Créer, ouvrir de nouveaux débouchés,* to open up new markets.

débours [debu:r] *m. pl.* **1.** disbursement, outlay. — **2.** RAIL paid-on charges.

déboursement [debursmɑ̃] *m.* disbursement, paying out.

débourser [-se] *vt.* to disburse, to lay out, to spend.

déboursés [-se] *m. pl.* **1.** disbursement, outlay. — **2.** RAIL paid-on charges.

débouter [debute] *vt.* to nonsuit. *Débouter qqn de sa demande,* to dismiss a claim, to nonsuit s. o. *Etre débouté de sa demande,* to bc ruled out of court.

débrayage [debrɛja:ʒ] *m.* sit-down strike.

débrayer [-je] *vt.* to go on strike.

débris [debri] *m. pl.* INS. wreck, wreckage.

débrouiller [debruje] *vt.* to clear up.

début [deby] *m.* beginning, commencement. *Dès le début,* from the outset. *Salaire de début,* commencing, initial, starting salary.

débutant [-tɑ̃] *m.* beginner.

décaissement [dekɛsmɑ̃] *m.* paying out, disbursement.

décaisser [-se] *vt.* **1.** to unpack, to uncase. — **2.** FIN. to pay out, to disburse.

décalquer [dekalke] *vt.* to trace off, to transfer.

déceler [desle] *vt.* to reveal, to disclose.

décélération [deselerasjɔ̃] *f.* slowing down.

décentralisation [desɑ̃tralizasjɔ̃] *f.* decentralization. *Décentralisation administrative,* devolution.

décentraliser [-ze] *vt.* to decentralize.

décerner [desɛrne] *vt.* **1.** to grant, to bestow. — **2.** LAW to issue (a writ of arrest).

décès [desɛ] *m.* decease, death.

décharge [deʃarʒ] *f.* **1.** FIN. release (of debt), discharge (of taxes). — **2.** LAW, ADM. discharge. *Avis de décharge,* discharge voucher. *A la décharge de,* to the discharge of. *Décharge au conseil d'administration,* exoneration of the board of directors. *Témoin à décharge,* witness for the defence. — **3.** unloading, unlading. — **4.** receipt (quittance). *La facture dont veuillez nous donner décharge,* the invoice which please receipt.

déchargement [-ʒəmɑ̃] *m.* unloading, discharge.

décharger [-ʒe] *vt.* **1.** to discharge, to release. *Décharger d'une dette,* to release from a debt. *Décharger d'une obligation,* to release from an obligation. *Décharger d'un impôt,* to exempt from a tax. — **2.** to unload, to discharge. — **3.** LAW to exonerate. *Ce témoignage vous décharge,* you are exonerated by this evidence. — **4.** to receipt (une facture).

déchargeur [-ʒœ:r] *m.* docker.

déchéance [deʃeɑ̃:s] *f.* LAW forfeiture, loss. *Déchéance d'une police d'assurance,* expiration of a policy.

déchiffrer [deʃifre] *vt.* to decipher, to decode.

déchu, e [deʃy] *adj.* LAW forfeited. *Etre déchu de ses droits,* to lose, to forfeit one's rights.

décider [deside] *vt.* to decide, to settle.

décimal, e [desimal] *adj.* decimal.

décime [desim] *m.* LAW *Décime additionnel,* additional tenth.

décision [desizjɔ̃] *f.* decision, resolution. LAW *Décision arbitrale,* award, ruling; *décision du jury,* verdict. *Réserver sa décision,* to delay one's conclusion. *S'en tenir à sa décision,* to abide by one's decision.

déclarant [deklarɑ̃] *m.* declarant, informant.

déclaration [-rasjɔ̃] *f.* **1.** statement, declaration. *Déclaration commune d'intentions,* joint statement of intent. INS.

Déclaration d'accident, notice of injury; *déclaration d'aliment,* declaration of interest, of value; *déclaration d'avaries,* protest, statement of damage. *Déclaration de faillite,* filing of one's petition, adjudication in bankruptcy. *Déclaration de sinistre,* notice of loss or damage. *Déclaration de valeur,* declaration of value. *Déclaration sous serment,* affidavit, sworn statement. — **2.** ADM. : **a)** notification, registration (of death, marriage, etc.); **b)** return. *Déclaration des revenus,* declaration of income; income-tax return. *Déclaration patronale,* employer's return. — **3.** CUST. customs declaration, entry. *Déclaration d'acquittement de droits,* duty-paid entry. *Déclaration d'embarquement,* export specification. *Déclaration d'entrée,* entry inwards, clearance inwards. *Déclaration d'entrepôt,* warehousing entry. *Déclaration d'expédition,* invoice, forwarding declaration. *Déclaration de détail,* bill of entry. *Déclaration de gros,* report. *Déclaration de libre sortie,* declaration for free exportation. *Déclaration de (mise en) consommation,* entry for home use. *Déclaration de sortie,* entry outwards, clearance outwards. *Déclaration de transit,* transit entry. *Déclaration pour produits exempts de droits,* free entry. *Déclaration préalable,* preliminary entry. *Déclaration provisoire,* bill of sight. *Déclaration-soumission,* customs declaration.

déclaré, e [-re] *adj.* **1.** declared. *Valeur déclarée :* **a)** declared value; **b)** POST insured value, insured for. — **2.** CUST. declared, entered. — **3.** FIN. certified.

déclarer *vt.* **1.** to declare, to state, to report. CUST. *Déclarer à la douane,* to declare, to enter at the custom-house. *Déclarer un dividende,* to declare a dividend. *Déclarer au-dessus, au-dessous de la valeur,* to overvalue, to undervalue. *Le capitaine doit déclarer son navire aux autorités douanières dans les 24 heures,* the master must report his vessel to the Customs Authorities within 24 hours. — **2.** ADM. to return (tax), to notify, to register (death, etc.). *Somme à déclarer,* figure to return, amount to return.

déclarer (se) *v. pr.* ST.-EX. *Se déclarer acheteur,* to call (the shares); *se déclarer vendeur,* to put (the shares). [N.B. On se déclare vendeur dans les opérations à prime.]

déclassé, e [deklase] *adj.* **1.** FIN. unbankable. — **2.** ST.-EX. displaced (securities). — **3.** MAR. obsolete.

déclasser *vt.* MAR. to strike off the list.

déclencher [deklɑ̃:ʃe] *vt.* FIN. to start.

déclin [deklɛ̃] *m.* falling off.

décliner [dekline] *vi.* to decline, to fall off. ST.-EX. *Les textiles déclinent,* textiles fall off.

décommander [dekɔmɑ̃de] *vt.* **1.** to cancel, to call off (a meeting). — **2.** to countermand (an order).

décomposer [dekɔ̃poze] *vt.* FIN. to analyze.

décomposition [dekɔ̃pozisjɔ̃] *f.* analysis. *Décomposition du prix de revient,* cost analysis.

décompte [dekɔ̃:t] *m.* **1.** deduction, abatement. *Faire le décompte,* to deduct (v. 2). — **2.** working out, calculation, settlement. *Décompte des intérêts dus,* calculation of the interest due. *Faire le décompte,* to calculate, to work out. — **3.** detailed account (compte détaillé).

décompter [-te] *vt.* **1.** to deduct. — **2.** to work out, to calculate. *La banque se charge de décompter les intérêts,* the interest is worked out by the bank.

déconfiture [dekɔ̃fity:r] *f.* collapse, insolvency (of non-traders). *Tomber en déconfiture :* **a)** to go bankrupt; **b)** ST.-EX. to default, to be hammered.

décongestionner [dekɔ̃ʒɛstjɔne] *vt.* to clear.

déconseiller [dekɔ̃sɛje] *vt.* to advise against. *Déconseiller qqch. à qqn,* to advise s. o. against sth. *Nous vous déconseillons vivement d'exécuter cette commande,* we strongly advise you not to fulfil this order.

décourager [dekuraʒe] *vt.* to depress, to dissuade; U. S. to dampen. *Des doutes quant aux perspectives économiques dé-*

couragent les épargnants, doubts about the economic outlook are dampening the investors.

décousu, e [dekuzy] *adj.* unmethodical, loose.

découvert [dekuvɛ:r] *m.* **1.** deficit, shortage; INS. uncovered margin. *Combler un découvert,* to make up a deficit, a shortage. — **2.** overdraft (en banque). *Découvert en blanc,* unsecured overdraft, blank credit. *Découvert technique,* technical overdraft. — **3.** ST.-EX. bear account, short account. *Faire la chasse au découvert,* to squeeze, to raid the bears. *Rachat de découvert,* bear covering. — **4.** *A découvert :* **a)** uncovered, unsecured (sans garantie). *Acceptation à découvert,* uncovered acceptance. *Avances à découvert,* unsecured loans, advances. *Crédit à découvert,* open credit, blank credit; **b)** overdrawn. *Compte à découvert,* overdrawn account. (N.B. Ne pas confondre avec **overdue,** *échu, à expiration.*) *Tirer à découvert,* to overdraw one's account; **c)** ST.-EX. *Achat à découvert,* bull purchase. *Baissier à découvert,* uncovered bear. *Opérations à découvert,* bear transactions. *Vendeur à découvert,* bear seller, short seller. *Vendre à découvert,* to sell a bear, to sell short; U. S. to hammer. *Vente à découvert,* bear sale, short sale; **d)** unsealed. *Dépôt à découvert,* open deposit, unsealed deposit. (N.B. Le *droit de garde* n'existant pas en Angleterre, les expressions *dépôt à découvert* et *dépôt cacheté* n'ont pas vraiment d'équivalents.)

décret [dekrɛ] *m.* **1.** ADM. *Décret* (général), enactment, *décret* (spécial), decree; U. S. executive order. *Décret-loi,* order in council. *Décret ministériel,* ordinance. *Il a été nommé à ce poste par décret,* he has been appointed to this post by decree. — **2.** LAW writ, warrant.

décroître [dekrwa:tr] *vi.* to decrease, to recede, to fall, to go down.

dédire (se) [sədedi:r] *v. pr.* to retract, to take back.

dédit [dedi] *m.* forfeit, penalty. *Dédit en cas d'inexécution du contrat,* penalties for non performance of the contract.

dédommagement [dedɔmaʒmɑ̃] *m.* damages, indemnification, compensation, indemnity.

dédommager [-ʒe] *vt.* to compensate, to indemnify. *Dédommager d'une perte,* to indemnify for a loss.

dédommager (se) *v. pr.* to compensate, to recoup oneself.

dédouanement [dedwanmɑ̃] *m.* clearance through the customs. *Le commissionnaire transitaire s'occupe des formalités de dédouanement,* the forwarding agent fulfils the formalities of clearing the goods through the customs.

dédouaner [-ne] *vt.* to clear (through the customs).

déduction [dedyksjɔ̃] *f.* deduction, allowance, abatement. *Déduction faite de,* after allowing for, after deduction of. *Déduction faite de notre commission,* after deducting (allowing for) our commission. U. S. *Déduction pour cotisations syndicales,* check off. MAR. INS. *Déduction pour différence du vieux au neuf,* deduction new for old. *Déduction pour frais,* deduction, allowance for expenses. *Sous déduction de,* less, minus. *Sous déduction d'impôts,* less tax. *Ces frais peuvent être portés en déduction dans le calcul de l'impôt sur le revenu,* these expenses are eligible for relief on income tax. *Les prêts peuvent venir en déduction de l'impôt sur les sociétés,* loans can be offset against corporation tax.

déduire [dedɥi:r] *vt.* to deduct, to abate, to take off. *A déduire,* to be deducted, deduct, less. *Déduisez les sommes déjà versées,* deduct the sums already paid. *Vos intérêts, impôts déduits, s'élèvent à,* your interest, less tax, amounts to.

défaillance [defajɑ̃:s] *f.* failure; FIN. sagging; LAW default, non-appearance.

défaire [defɛ:r] *vt.* to undo, to cancel.

défaire de (se) *v. pr.* **a)** to get rid of, to sell off; **b)** ST.-EX. to unload.

défalcation [defalkasjɔ̃] *f.* deduction. *Avec défalcation de tous frais,* all expenses deducted.

défalquer [-ke] *vt.* to deduct, to write off.

défaut [defo] *m.* **1.** defect, default. *Défaut de construction,* constructional defect. *Défaut de fabrication,* defect of manufacturing. — **2.** failure, lack, default, absence. *A défaut de,* in default of. *A défaut de réponse,* failing your answer. LAW *Défaut d'entretien d'un immeuble,* permissive waste. *Défaut de paiement d'une traite (défaut d'acceptation),* failure to accept a bill, dishonour. MAR. INS. *Défaut de nouvelles,* absence of news. FIN. *Défaut de provision,* no effects, no funds, absence of consideration; *défaut de versement,* failure to pay. *Faire défaut,* to be lacking. *Je donne par les présentes procuration à M. Smith et, à son défaut, à M. David,* I hereby appoint with power of proxy Mr. Smith and, failing him, Mr. David. — **3.** LAW default, non-appearance. *Faire défaut,* to default, to fail to appear.

défavorable [defavɔrabl] *adj.* unfavourable, adverse. *Balance commerciale défavorable,* adverse trade balance.

défectible [defɛktibl] *adj.* B.K. wasting.

défection [-sjɔ̃] *f.* **1.** defection. *Faire défection,* to fall away. — **2. défections** *f. pl.* absentees.

défectueux, euse [-tɥø] *adj.* defective, faulty. *Emballage défectueux,* faulty packing. *Les articles défectueux sont remboursés,* faulty articles are refunded.

défendeur [defɑ̃dœ:r] *m.* LAW defendant.

défendre [defɑ̃:dr] *vt.* **1.** to protect, to defend (une position), to advocate, to support (un projet). — **2.** to prohibit, to forbid. — **3.** LAW to defend (un accusé), to maintain (des droits).

défendre (se) *v. pr.* ST.-EX. to hold up, to be maintained. *Les grands magasins se défendent,* stores shares hold up, are maintained.

défenseur [defɑ̃sœ:r] *m.* LAW counsel for the defence.

déférer [defere] *vt.* LAW to refer, to submit.

déficit [defisit] *m.* deficit, shortage, shortfall. *Accuser un déficit,* to show a deficit. *Combler un déficit,* to make up a deficit. *Déficit de caisse,* shortage in the cash, cash short. *Déficits et excédents de caisse,* cash shorts and overs. *Se solder par un déficit,* to close up with a debit balance.

déficitaire [-tɛ:r] *adj.* adverse, debit, showing a deficit. *Année déficitaire,* lean year. *Avoir une balance déficitaire,* to show an adverse balance, to be in the red. *Balance commerciale déficitaire,* adverse trade balance. *Rétablir un budget déficitaire,* to balance an adverse budget. *Solde déficitaire,* debit balance.

défini, e [defini] *adj.* definite, determined.

définitif, ive [-nitif] *adj.* conclusive, final. *A titre définitif,* permanently. *Réponse définitive,* final, conclusive answer.

déflation [deflasjɔ̃] *f.* deflation.

déflationniste [-sjɔnist] *adj.* deflationary.

défraîchi, e [defrɛʃi] *adj.* shop-soiled, faded; U. S. hurt.

défrayer [defrɛje] *vt.* to defray, to pay the expenses of (s. o.).

dégagement [degaʒmɑ̃] *m.* release; LAW redemption.

dégager [-ʒe] *vt.* to relieve, to release. *Dégagé de ses obligations,* relieved from one's obligations. ST.-EX. *La place est dégagée,* sellers over, the market is all bears.

dégarni, e [degarni] *adj.* short of, out of stock.

dégât [dega] *m.* damage; LAW waste. *Dégâts à votre charge,* damage chargeable to you.

dégeler [deʒle] *vt.* to unfreeze, to thaw.

dégonflement [degɔ̃fləmɑ̃] *m.* reduction.

dégradation [degradasjɔ̃] *f.* dilapidation, wear. *Les dégradations sont à votre charge,* you are liable for all dilapidations.

degré [dəgre] *m.* degree, ratio. B. K. *Degré de liquidité,* liquidity ratio (ratio of liquid assets to current liabilities). *Degré de saturation,* degree of loading.

dégressif, ive [degrɛsif] *adj.* regressive; U. S. degressive. *Tarif dégressif,* tapering charges; sliding scale tariff.

dégressif *m.* PUB. *Dégressif d'agence,* agency discount. *Dégressif pour commande globale,* block discount.

dégrèvement [degrɛvmɑ̃] *m.* **1.** reduction, abatement, relief. *Dégrèvement d'impôts,* tax cut. *Dégrèvement pour réparations locatives,* allowance for repairs. — **2.** LAW disencumbering (d'une propriété).

dégrever [degrəve] *vt.* **1.** to relieve, to diminish (taxes), to derate. — **2.** LAW to disencumber (une propriété).

dégringolade [degrɛ̃gɔlad] *f.* downfall, slump.

délai [delɛ] *m.* **1.** time, extension of time, term. *Délai de chargement,* time of loading. *Délai de livraison,* time of delivery. *Délai d'embarquement,* time for shipment. *Délai de paiement,* term of payment. *Délai de planche,* lay time. *Délai de préavis,* notice. *Délai de rigueur,* latest time. *Délai de starie,* lay time, lay days. *Délai de surestarie,* days of demurrage. *Délai de validité,* term of validity. *Délai de vue,* time after sight. *Dans le délai de trois jours,* within three days. *Dans les délais prescrits,* within the required time. *Dans le plus bref délai,* as soon as possible. *Dépasser un délai,* to exceed a term. *Observer un délai,* to keep a term. *Proroger un délai,* to extend a term. — **2.** delay *(retardement). Notre commande ne souffre aucun délai,* our order cannot be delayed.

délai-congé [-kɔ̃ʒe] *m.* term of notice.

délaissé, e [delɛse] *adj.* ST.-EX. neglected.

délaissement [-smɑ̃] *m.* **1.** LAW renunciation (d'un droit). — **2.** MAR. INS. abandonment. *Délaissement du navire et des facultés assurées,* abandonment of the ship and the insured cargo.

délaisser [-se] *vt.* **1.** LAW to relinquish, to renounce. — **2.** ST.-EX. to neglect. — **3.** MAR. INS. to abandon.

délégation [delegasjɔ̃] *f.* delegation. *Agir par délégation,* to act on authority of.

délégué [delege] *m.* **1.** delegate, deputy (d'un fonctionnaire). *Délégué spécial,* special representative. *Délégué syndical,* shop steward, delegate of the workers. — **2.** FIN. delegated debtor.

déléguer *vt.* to delegate; LAW to allot, to transfer. *Etre délégué par intérim à la place de,* to deputize for.

délester [delɛste] *vt.* MAR. to unballast.

délester (se) *v. pr.* MAR. to throw out ballast, to jettison (the cargo).

délibération [deliberasjɔ̃] *f.* **1.** deliberation, consideration, proceedings. *Les délibérations de l'assemblée,* the proceedings of the meeting. *Procès-verbal des délibérations du conseil d'administration,* board minutes. *En délibération,* under consideration. *Mettre en délibération,* to submit for discussion. — **2.** resolutions.

délibérer [-re] *vi.* to deliberate (*avec,* with; *sur,* on), to consider; LAW to confer, to consult together.

delivery-order [di'livri'ɔ:də*] *m.* delivery-order (bon de livraison à valoir sur connaissement).

délivrance [delivrɑ̃:s] *f.* handing over, delivery.

délivrer [-vre] *vt.* to deliver, to hand over, to issue (passport, etc.).

déloyal, e [delwajal] *adj.* dishonest, unfair.

demande [demɑ̃:d] *f.* **1.** demand. *Demande interne,* domestic demand. *Elasticité de la demande,* elasticity of demand. *L'offre et la demande,* supply and demand. — **2.** application, inquiry, request, claim. *Conformément à votre demande,* in accordance with your request. *Demande de crédit,* application for credit. « *Demandes d'emplois* », " Situations wanted " (petites annonces), applications for a situation. *Demande de renseignements,* inquiry. *Demande en dommages-intérêts,* claim for damages. *Demande reconventionnelle,* counterclaim. *Demande saisonnière,* seasonal demand. *Sur* *demande :* **a)** on application. *Echantillons sur demande,* samples on application; **b)** FIN. on demand, at sight, at call. *Demandes manuscrites à adresser à,* applications in own handwriting to. *Remboursable sur demande,* repayable at call. — **3.** order. *Demande d'achat* (à l'intérieur d'une usine), purchase order; U. S. purchase requisition. — **4.** ST.-EX. bid. *Demandes réduites,* quotation price given by reducing of buying orders to be transacted.

demandé, e [dəmɑ̃de] *adj.* ST.-EX. *Cours demandés,* prices bid. *Pas demandé,* no bid. *Peu demandé,* in limited request. *Très demandé,* in active request.

demandé *m.* POST distant subscriber.

demander *vt.* **1.** to ask (for), to request, to inquire, to apply for. — **2.** to claim. *Demander une indemnisation,* to claim damages. — **3.** to want. *On demande tout de suite dactylo expérimentée,* wanted immediately an experienced typist.

demandeur [-dœːr] *m.* **1.** applicant (d'un brevet, etc.). — **2.** POST calling subscriber. — **3.** LAW plaintiff, claimer.

démarchage [demarʃaːʒ] *m.* canvassing.

démarche [demarʃ] *f.* step, representation. *Démarche collective,* joint representation. *Faire une démarche,* to take a step, to make a representation.

démarcheur [-ʃœːr] *m.* canvasser; U. S. solicitor. INS. runner, pusher.

démarque [demark] *m.* marking down.

démarquer [-ke] *vt.* to mark down.

démarrage [demaraːʒ] *m.* start up.

déménagement [demenaʒmɑ̃] *m.* removal. *Entreprise de déménagement,* furniture removers, furniture contractor.

déménager [-ʒe] *vt.* to remove, to move out.

démenti [demɑ̃ti] *m.* denial. *Opposer un démenti à,* to deny, to contradict, to give the lie to.

démentir [-tiːr] *vt.* to give the lie to, to deny; U. S. to belie.

démettre (se) [sədemɛtr] *v. pr.* to resign, to retire.

demeure [dəmœːr] *f.* LAW *Mise en demeure,* formal notice, summons.

demi-gros [dəmigro] *m.* retail-wholesale, wholesale (in small quantities).

démission [demisjɔ̃] *f.* resignation. *Offrir sa démission,* to tender one's resignation.

démissionner [-sjɔne] *vi.* to resign.

demi-terme [dəmitɛrm] *m.* half-quarter.

démodé, e [demɔde] *adj.* old-fashioned, out of date, out-dated.

démoder (se) [sədemɔde] *v. pr.* to become old-fashioned. *Ces modèles ne se démoderont jamais,* these patterns will never go out of fashion.

démographique [demɔgrafik] *adj.* demographic. *Accroissement démographique,* increase in population. *Politique démographique,* population policy. *Poussée démographique,* demographic pressure. *Statistique démographique,* return of population, population statistics; U. S. vital statistics.

démonétisation [demɔnetizasjɔ̃] *f.* demonetization.

démonétiser [-ze] *vt.* to demonetize, to withdraw from circulation.

démonstrateur [demɔ̃stratœːr] *m.* demonstrator.

démonstration [-sjɔ̃] *f.* demonstration. *Appareil de démonstration,* demonstration model. *Film de démonstration,* demonstrational film.

démunir [demyniːr] *vt.* to clear out of stock.

démunir (se) *v. pr.* to run short (*de,* of).

dénationaliser [denasjɔnalize] *vt.* to denationalize.

dénigrer [denigre] *vt.* to run down (a competitor's goods).

dénomination [denɔminasjɔ̃] *f.* denomination, name.

dénommer [denɔme] *vt.* to name.

dénoncer [denɔ̃se] *vt.* 1. to denounce, to terminate. *Dénoncer une police d'assurance,* to denounce an insurance policy. — 2. to give notice of (a document, etc.).

dénonciation [-sjasjɔ̃] *f.* 1. official notice (d'une démarche). — 2. notice of termination (d'une police d'assurance). — 3. denunciation. *Dénonciation calomnieuse,* false accusation.

dénoter [denɔte] *vt.* to show, to denote.

denrée [dɑ̃re] *f.* commodity, produce. *Denrées alimentaires,* foodstuffs. *Denrées coloniales,* colonial produce.

dépareillé, e [deparɛje] *adj.* odd. *Articles dépareillés,* oddments.

départ [depar] *m.* 1. departure. RAIL *Voie de départ,* departure platform. — 2. MAR. sailing. *Liste des départs,* sailing schedule, list of sailings. — 3. FIN. starting date (of a current account, of an insurance policy, etc.). — 4. *Au départ,* outgoing. *Courrier au départ,* outgoing (outward) mail. — 5. *Départ usine,* ex-works. *Prix départ usine,* ex works price. *Prix de départ,* upset price.

dépassement [depasmɑ̃] *m.* excess.

dépasser [-se] *vt.* to exceed. *Dépasser en nombre,* to outnumber. *Dépasser en poids,* to overweigh. *Montants ne dépassant pas,* amounts not exceeding.

dépêche [depɛ:ʃ] *f.* telegram, letter.

dépêcher [-ʃe] *vt.* to expedite, to dispatch.

dépendance [depɑ̃dɑ̃:s] *f.* outbuilding.

dépendre [depɑ̃:dr] *vt.* to be dependent (*de,* on), to be conditioned (*de,* by). *Ces circonstances ne dépendent pas de nous,* these circumstances are beyond our control. *Notre ligne de conduite future dépend de cette étude du marché,* our policy for the future hinges on this market research.

dépens [depɑ̃] *m. pl.* cost, expense. LAW costs (of a lawsuit). *Etre condamné aux dépens,* to be ordered to pay the costs.

dépense [depɑ̃:s] *f.* expense, expenditure, charge, outgoings. *Dépenses de fonctionnement,* operational expenses. *Dépenses d'établissement,* capital expenditure, capital outlay. *Dépenses d'exploitation,* working expenses; U. S. operating expenditure. *Dépenses d'investissement,* capital expenditure, investment spending. *Dépenses directes,* direct expenses; U. S. prime cost. *Dépenses diverses,* sundry expenses. *Dépenses fixes,* fixed charges. *Dépenses indirectes,* indirect expenses, oncost charges; U. S. burden. *Dépenses publiques,* government spending. *Dépenses supplémentaires,* additional expenses.

dépenser [depɑ̃se] *vt.* to spend.

déperdition [depɛrdisjɔ̃] *f.* loss, waste.

déphasage [defɑza:ʒ] *m.* time-lag.

déplacé, e [deplase] *adj.* FIN. drawn on another place than that of issue, out of town.

déplacement [-smɑ̃] *m.* 1. MAR. displacement. *Déplacement en charge,* load displacement. — 2. ADM. transfer. *Déplacement d'un fonctionnaire,* transfer of an official. — 3. FIN. ST.-EX. shifting, switching. — 4. travelling. *Frais de déplacement,* travelling expenses.

déplacer (se) *vt.* to remove, to shift, to transfer, to displace.

dépliant [deplijɑ̃] *m.* folder.

déport [depɔr] *m.* 1. ST.-EX. backwardation (deferment of delivery). — 2. ST.-EX. backwardation (payment). *Lorsque le déport de la livre sterling est maintenu à un niveau assez bas, le volume des opérations de couverture à terme tend à s'accroître,* when the discount on forward sterling is kept down, more forward covering will be built up. *Taux du déport,* backwardation rate. *Un spéculateur à la baisse paye un déport pour reporter la livraison à la liquidation suivante,* a bear seller pays a backwardation to defer delivery until the following settling day.

déposant [depɔzɑ̃] *m.* depositor. LAW bailor (de biens), witness (témoin).

déposé, e [depɔze] *adj.* **1.** deposited. — **2.** registered (trade-mark).

déposer *vt.* to deposit, to place, to lodge, to register. *Déposer de l'argent en banque,* to deposit money with a bank. *Déposer des titres en garde,* to deposit securities in safe custody. *Déposer en nantissement,* to pledge, to lodge as collateral, to hypothecate. *Déposer son bilan,* to file one's petition in bankruptcy, to submit a statement of one's affairs. *Les candidatures en cinq exemplaires devront être déposées au secrétariat,* five copies of application should be lodged with the secretary.

dépositaire [-zitɛːr] *m.* **1.** trustee, depositary; LAW bailee. *Un banquier est le dépositaire des objets de valeur de ses clients,* a banker acts as bailee for the custody of valuables deposited by his customers. — **2.** *Dépositaire exclusif,* sole agent.

déposition [-zisjɔ̃] *f.* LAW evidence, testimony. *Faire une déposition,* to give evidence.

dépôt [depo] *m.* **1.** deposit, lodgment. *Caisse des dépôts et consignations,* Deposit and Consignment Office. *Dépôt à court terme,* deposit at short notice. *Dépôt à découvert,* unsealed deposit (of securities). *Dépôt à échéance fixe,* fixed deposit. *Dépôt à préavis,* deposit at notice. *Dépôt à vue,* demand deposit, deposit at call. *Dépôt cacheté,* sealed deposit (of securities). *Dépôt de garantie,* deposit. *Dépôt de titres,* stock deposit. *Dépôt en banque,* bank deposit. *Dépôt en garde,* safe custody. *Dépôt en numéraire,* cash deposit. *Dépôt libre,* safe custody. *Récépissé de dépôt,* safe-custody receipt. *En dépôt,* in trust, in safe custody, on deposit. *Mettre en dépôt à la banque,* to deposit with the bank. — **2.** depot, warehouse. CUST. *Marchandises en dépôt,* goods in bond. — **3.** LAW filing. *Dépôt d'un acte à l'Enregistrement,* filing a deed at the Registry Office. *Dépôt d'un bilan,* filing one's petition, statement of one's affairs. — **4.** POST *Heures limites de dépôt,* latest time for posting, last collection.

dépouillement [depujmɑ̃] *m.* opening (du courrier), analysis, counting.

dépouiller [-je] *vt.* to examine, to go through, to read, to open and sort (le courrier).

dépréciation [depresjasjɔ̃] *f.* depreciation, fall in price, fall in value. *Dépréciation frauduleuse de la monnaie,* defacing.

déprécier [depresje] *vt.* to depreciate.

déprécier (se) *v. pr.* to depreciate.

dépression [deprɛsjɔ̃] *f.* depression, slump.

déprimer [deprime] *vt.* to depress.

députation [depytasjɔ̃] *f.* deputation, delegation.

dérailler [derɑje] *vi.* RAIL to be derailed, to run off the metals.

dérangement [derɑ̃ʒmɑ̃] *m. En dérangement,* out of order.

déranger [-ʒe] *vt.* to disturb, to upset.

dérivé, e [derive] *adj. Produit dérivé,* by-product.

dernier, ère [dɛrnje] *adj.* last, final. *Dernier cours,* closing price, going-to-press price. *Dernier délai,* final date. *Dernier enchérisseur,* highest bidder. *Dernière minute,* stop press news. *Dernier prix,* lowest price. *Dernière répartition,* final distribution, final dividend. *Dernier versement,* final instalment.

dérobade [derɔbad] *f.* ST.-EX. break.

dérober (se) [sədərɔbe] *v. pr.* to shirk.

dérogation [derɔgasjɔ̃] *f.* derogation (*à,* from). *Par dérogation à ce règlement,* this regulation notwithstanding.

dérogatoire [-twaːr] *adj.* LAW derogatory.

déroger [derɔʒe] *vi.* to derogate, to depart (*à,* from). *Déroger à un principe,* to waive a principle.

déroutement [derutmɑ̃] *m.* MAR. change of route.

dérouter [-te] *vt.* to upset, to baffle; MAR. to divert.

désabonner (se) [sədezabɔne] *v.pr.* to withdraw one's subscription, to discontinue one's subscription.

désaccord [dezakɔ:r] *m.* disagreement, clash.

désaffecter [dezafɛkte] *vt.* to put to another purpose.

désapprouver [dezapruve] *vt.* to disapprove. *Nous désapprouvons fortement l'ajournement de cette décision,* we strongly object to postponing this decision.

désapprovisionner [dezaprɔvizjɔne] *vt.* to unstock. FIN. *Compte désapprovisionné,* overdrawn account.

désarmement [dezarməmɑ̃] *m.* MAR. laying up, putting out of commission; U. S. decommissioning.

désarmer [-me] *vt.* MAR. to lay up, to put out of commission; U. S. to decommission.

désarrimer [dezarime] *vt.* MAR. 1. to break the stowage. — 2. to shift (accidentellement).

désavantage [dezavɑ̃ta:ʒ] *m.* disadvantage, drawback, snag.

désavantageux, euse [-taʒø] *adj.* unfavourable, prejudicial. FIN. *Change désavantageux,* unfavourable exchange.

désavouer [dezavue] *vt.* to disown (an agent).

description [dɛskripsjɔ̃] *f.* description, specification. *Description de brevet,* patent specification.

déséquilibre [dezekilibr] *m.* disequilibrium, lack of balance, maladjustment; U. S. imbalance. *On a remédié au déséquilibre en baissant les prix pratiqués à l'intérieur par rapport aux cours mondiaux,* the imbalance was adjusted through a downward revision of domestic prices in relation to world prices.

déshypothéquer [dezipɔteke] *vt.* LAW to disencumber, to free from mortgage.

désignation [deziɲasjɔ̃] *f.* 1. description. *Désignation des marchandises,* goods description. *Désignation du contenu,* description of contents, statement of contents. — 2. MAR. naming (of a ship). — 3. *Désignation au poste de,* nomination as.

désigné, e [-ɲe] *adj.* specified.

désigner *vt.* 1. MAR. to name (a ship). — 2. LAW to appoint. *Désigner un arbitre,* to appoint an arbitrator. — 3. to describe. *Les marchandises désignées au connaissement,* the goods described on the bill of lading.

désinflation [dezɛ̃flasjɔ̃] *f.* disinflation.

désinflationniste [-sjɔnist] *adj.* disinflationary.

désintéressement [dezɛ̃terɛsmɑ̃] *m.* buying out (partner), paying off (creditor).

désintéresser [-se] *vt.* to satisfy, to pay off, to buy out. *Nous n'avons pu désintéresser tous les créanciers,* we could not satisfy all the creditors.

désister (se) [sədeziste] *v. pr.* to withdraw. LAW *Se désister d'une réclamation,* to waive a claim.

desservir [desɛrvi:r] *vt.* 1. to serve. *Cette voie dessert l'usine,* this line connects up with the works. — 2. to be detrimental to. *Tout retard supplémentaire desservirait nos intérêts,* any further delay would be detrimental to our interest.

dessin [dɛsɛ̃] *m.* 1. design, pattern. *Tissu à dessins,* patterned material. — 2. draft, drawing (of building, etc.). *Bureau de dessin,* drafting department; U. S. designing office. *Dessin industriel,* drafting.

dessinateur [-sinatœ:r] *m.* draughtsman; U. S. draftsman. *Dessinateur concepteur,* visualizer. *Dessinateur industriel,* industrial designer. *Dessinateur projeteur,* designer.

dessiner [-sine] *vt.* to design.

dessiner (se) *v. pr.* to take shape.

destinataire [dɛstinatɛ:r] *m.* 1. consignee, recipient. — 2. POST addressee. *A la charge du destinataire,* chargeable to, payable by the addressee.

destinateur [-tœ:r] *m.* sender, consigner.

destination [-sjɔ̃] *f.* destination; FIN. appropriation. *Lieu de destination,* place of destination. *A destination de :* **a)** MAR. bound for; **b)** RAIL addressed to. *Destination donnée aux marchandises,* disposal of goods.

désuétude [desɥetyd] *f.* disuse. LAW *Tomber en désuétude,* to fall into abeyance.

détachement [detaʃmɑ̃] *m.* cutting off (coupon).

détacher [-ʃe] *vt.* to detach, to cut off, to tear out. *Valeur qui détache un coupon,* stock which goes ex-coupon. *Détachez suivant le pointillé,* detach along dotted line.

détail [deta:j] *m.* **1.** detail, particular. CUST. *Déclarer des marchandises en détail,* to enter goods for home use. *Détails du bilan,* balance sheet items. *Pour plus amples détails, s'adresser à,* for further particulars apply to. *Le rapport en douane mentionne tous les détails sur la nature et la valeur des marchandises à débarquer,* the bill of entry mentions all details on the nature and value of goods to be landed. — **2.** retail trade. *Prix de détail,* retail price. *Vendre au détail,* to retail. *Vente au détail (en détail),* retail sale.

détaillant [detajɑ̃] *m.* retailer, retail dealer.

détaillé, e [-je] *adj.* circumstantial (rapport); U. S. itemized.

détailler *vt.* **1.** to detail; U. S. to itemize. *Facture détaillée,* specified invoice; U. S. itemized invoice. *La banque publie tous les ans une liste détaillée des valeurs mobilières qu'elle détient en portefeuille,* the bank publishes every year a detailed list of the stocks and shares it holds in its portfolio. — **2.** to retail (vendre au détail).

détaxe [detaks] *f.* **1.** remission, return (of charges). — **2.** reduction (of charges).

détaxer [-kse] *vt.* to remit, to return, to untax; U. S. to decontrol. *Détaxer des marchandises à l'exportation,* to untax goods intended for export.

détendre (se) [sədetɑ̃:dr] *v. pr.* ST.-EX. to ease off. *Lorsque l'offre suit la demande, les cours se détendent,* when supply keeps pace with demand prices ease off.

détenir [detəni:r] *vt.* to hold, to detain. *Détenir des actions en garantie,* to hold shares as security.

détente [detɑ̃:t] *f.* easing off, slackening of tension.

détenteur [detɑ̃tœ:r] *m.* holder. *A l'opposé du courtier, le commissionnaire est le véritable détenteur des marchandises,* unlike the broker, the factor is the actual owner of the goods. *Détenteur de bonne foi,* bona fide holder. *Détenteur de titres,* shareholder. *Détenteur d'obligations,* debenture holder.

détention [-sjɔ̃] *f.* **1.** FIN. holding. — **2.** MAR. detention, detainment (of a ship).

détérioration [deterjɔrasjɔ̃] *f.* deterioration, damage. *Détérioration marquée de la balance des payements,* sharp deterioration in the payments position.

déterminer [detɛrmine] *vt.* **1.** to fix, to settle. *Déterminer l'emplacement de,* to fix the location of. — **2.** to ascertain. *Les causes de l'accident n'ont pu être déterminées,* the causes of the accident could not be ascertained.

détitrer [detitre] *vt.* FIN. to lower the title of a coinage.

détourné, e [deturne] *adj.* **1.** circuitous (moyen). — **2.** FIN. drawn on another place, out of town (effet).

détournement [-nəmɑ̃] *m.* embezzlement, misappropriation.

détourner [-ne] *vt.* to misappropriate, to embezzle. *Détourner des fonds,* to alienate a sum.

détresse [detrɛs] *f.* distress.

détriment [detrimɑ̃] *m.* detriment. *A notre détriment,* to our disadvantage.

dette [dɛt] *f.* debt, indebtedness. *Amortissement de dettes,* redemption (amortization) of debts. *Les banquiers peuvent* *régler le montant de leurs dettes réciproques grâce à la Chambre de compensation,* bankers may settle their mutual indebtedness through the Clearing-House. *Contracter des dettes,* to run into debts. *Dette active,* book debt, active debt. *Dettes actives,* debts due to us. *Dette caduque,* prescribed debt. *Dette chirographaire,* unsecured debt. *Dette consolidée,* consolidated debt. *Dette exigible,* due debt. *Dette flottante,* floating debt. *Dette foncière,* land charge. *Dette fondée,* funded debt. *Dette hypothécaire,* mortgage debt. *Dette inexigible,* debt not due. *Dette obligatoire,* bonded debt, debenture debt. *Dette passive,* passive debt. *Dettes passives,* debts due by us. *Dette privilégiée,* preferential debt. *Dette quérable,* debt payable at the debtor's address. *Dette solidaire,* joint and several debt. *Dette unifiée,* consolidated debt. *Reconnaissance de dette,* I. O. U. (I owe you); U. S. due bill. *Recouvrer une dette,* to recover a debt. *Rembourser une dette,* to liquidate, to redeem a debt. *Remise de dette,* remission of a debt. *Se libérer d'une dette,* to pay off a debt.

deuxième [døzjɛm] *adj.* second. *Hypothèque de deuxième rang,* second mortgage.

deuxième *m. Deuxième de change,* second of exchange.

dévalorisation [devalɔrizasjɔ̃] *f.* devalorization, loss in value.

dévaloriser [-ze] *vt.* to devalorize.

dévaluation [devalɥasjɔ̃] *f.* devaluation.

dévaluer [devalɥe] *vt.* to devaluate.

devanture [dəvɑ̃ty:r] *f.* shop-window, shop-front.

développer (se) [sədevlɔpe] *v. pr.* to expand, to develop, to grow.

dévier [devje] *vi.* MAR. to deviate.

devis [dəvi] *m.* **1.** estimate; PUBLIC WORKS tender; U. S. bid. *Devis descriptif,* specification. *Devis estimatif,* preliminary estimate. *Calcul d'un devis,* drawing up of an estimate; U. S. job pricing. *Etablir un devis,* to draw up an estimate. (N. B. Pour l'étranger, *devis* correspond à *facture fictive,* pro forma invoice.) — **2.** MAR. *Devis de chargement,* stowage manifest.

devise [dəvi:z] *f.* currency, exchange. *Devise à terme,* forward exchange. *Devise au comptant,* spot exchange. *Devise dure,* hard currency. *Devise en report,* exchange on continuation account. *Devise (étrangère),* [foreign] exchange, [foreign] currency. *Effet en devise,* bill in foreign currency. *Pénurie de devises,* shortage in foreign exchange. *Rentrée de devises,* inflow of foreign exchange. *Réserve en devises,* cushion of foreign exchange, foreign exchange reserve. (N. B. Sur les cours officiels des devises publiés au bulletin officiel de la Bourse de Londres, l'en-tête « Devises » a pour équivalent « Centre » ou « Place ».)

dévoiler [devwale] *vt.* to disclose.

devoir [dəvwa:r] *vt.* to owe (v. DÛ). *Nous devons votre adresse à,* we owe your address to, we are indebted for your address to. *La somme qui vous est due,* the sum owing, due to you. « *Reste à devoir* », " amount owing ".

diagramme [djagram] *m.* diagram, chart. *Diagramme à ficelles,* string diagram. *Diagramme de dispersion,* scatter diagram. *Diagramme de points,* dot chart. *Diagramme isométrique,* isometric diagram.

Dictaphone [diktafɔ:n] *m.* Dictaphone.

dicter [dikte] *vt.* to dictate, to lay down (conditions).

différé, e [difere] *adj.* deferred. *Action différée,* deferred share. *Les actions ordinaires et les actions de préférence ont priorité sur les actions différées pour le payement du dividende,* ordinary and preference shares have a prior claim over differred shares to the payment of dividend.

différence [diferɑ̃:s] *f.* difference, margin; U. S. spread (entre deux prix, etc.). MAR. INS. *Différence du vieux au neuf,* new for old. *Différence en plus,* surplus.

différend [-rɑ̃] *m.* dispute, difference. *Régler un différend,* to settle a dispute.

différenciation [-rɑ̃sjasjɔ̃] *f.* differentiation.

différentiel, elle [-rɑ̃sjɛl] *adj.* differential. *Droits différentiels,* differential duties. *Tarif différentiel,* differential tariff, discriminating duty.

différer [-re] *vt.* to defer, to postpone, to delay, to put off. *Différer une opération,* to postpone a transaction.

différer *vi.* to differ (*de,* from), to disagree. *Votre facture diffère beaucoup de votre devis,* your invoice differs largely from your estimate.

difficulté [difikylte] *f.* difficulty. *Aplanir des difficultés,* to iron out difficulties.

diffusion [difyzjɔ̃] *f.* broadcasting (radio, télévision, etc.), circulation. *Chef du service de la diffusion,* circulation manager. *Diffusion minimale garantie,* guaranteed minimum circulation. *Zone de diffusion,* circulation area.

dilapider [dilapide] *vt.* to squander, to peculate (deniers publics).

dilatoire [dilatwa:r] *adj.* LAW dilatory.

diligence [diliʒɑ̃:s] *f.* **1.** care. — **2.** diligence, application. — **3.** dispatch, haste. *En toute diligence,* with all possible dispatch. — **4.** LAW proceedings. *A la diligence de,* at the suit of. — **5.** MAR. *A la diligence du capitaine,* at Master's discretion.

dilution [dilysjɔ̃] *f.* FIN. watering down.

dimension [dimɑ̃sjɔ̃] *f.* size.

diminuer [diminɥe] *vt.* to lessen, to reduce, to cut down, to curtail. *Diminuer les dépenses,* to curtail the expenses.

diminuer *vi.* to fall off, to decline, to decrease, to lessen.

diminution [diminysjɔ̃] *f.* **1.** decrease, lessening, lowering, diminution. *Diminution de la production,* decrease in production. *Diminution des bénéfices,* dropping off in profits, dwindling of profits. *Diminution des charges,* cutting off of costs. *Diminution des dépenses,* curtailment of expenses. — **2.** reduction, rebate, allowance. *Diminution de 5 %,* 5 % allowance.

diplomatique [diplɔmatik] *adj.* diplomatic. CUST. *Autorisations diplomatiques,* diplomatic clearances. *Valise diplomatique,* dispatch-box, diplomatic bag; U. S. diplomatic pouch.

direct, e [dirɛkt] *adj.* direct. *Connaissement direct,* through B/L. (N. B. Ne pas confondre avec le terme anglais *direct B/L,* qui équivaut à un « connaissement sans transbordement ».) LAW *Héritier direct,* lineal heir. *Impôts directs,* direct taxes. *Main-d'œuvre directe,* direct labour; U. S. productive labour. RAIL *Train direct,* through train.

directeur [-tœ:r] *m.* manager, head. *Directeur commercial,* commercial manager; U. S. merchandising manager. *Directeur des débats,* moderator. *Directeur des ventes,* sales manager; U. S. marketing manager. *Directeur du personnel,* staff manager. *Directeur du service des achats :* **a)** IND. purchasing agent; **b)** buyer (dans un grand magasin). *Directeur financier,* treasurer. *Directeur général,* general manager; U. S. president. *Directeur gérant,* managing director. *Directeur régional,* district manager. *Directeur technique,* works manager; U. S. technical manager (U. S. *directeur d'usine,* works manager).

direction [-sjɔ̃] *f.* **1.** management, offices, department. *Comité de direction,* managing committee; U. S. executive committee. *Direction commerciale,* sales management. *Direction du contentieux,* legal department. *Direction générale,* general management, head office. — **2.** LAW *Direction des créanciers,* committee of creditors.

directorat [-tɔra] *m.* managership.

directrice [-tris] *f.* manageress.

dirigé, e [diriʒe] *adj.* planned, controlled.

diriger *vt.* to manage, to direct; U. S. to run.

dirigisme [-ʒism] *f.* planned economy, controlled finance.

dirimer [dirime] *vt.* LAW to nullify, to invalidate.

disagio [dizaʒjo] *m.* discount.

discale [diskal] *f.* leakage occurring to goods shipped in bulk.

discrédit [diskredi] *m.* discredit. *Tomber en discrédit,* to fall into discredit.

discréditer [-te] *vt.* to discredit.

discussion [diskysjɔ̃] *f.* **1.** discussion, debate. *En discussion,* in debate, at issue. *La question doit venir en discussion,* the question must be brought up for discussion. — **2.** LAW *Discussion de biens,* enquiry into the assets of a debtor.

discutable [-tabl] *adj.* debatable.

discuter [-te] *vt.* to discuss.

discuter (se) *v. pr.* ST.-EX. to be enquired for. *Les pétrolifères sont peu discutées cette semaine,* oil-shares were moderately enquired for this week.

disette [dizɛt] *f.* dearth, scarcity.

disjonction [disʒɔ̃ksjɔ̃] *f.* LAW severance (of causes).

dispache [dispaʃ] *f.* MAR. INS. average adjustment, average statement. *Réglable selon dispache étrangère,* payable according to foreign adjustment.

dispacheur [-ʃœ:r] *m.* MAR. INS. average adjuster. *Le dispacheur évalue l'avarie dans son rapport,* the damage is assessed by the adjuster in the average statement.

disparate [disparat] *adj.* dissimilar.

dispatch [dispatʃ] *m.* dispatch. *Dispatch money,* dispatch money (prime de rapidité pour le chargement d'un navire).

dispendieux, euse [dispɑ̃djø] *adj.* expensive.

dispense [dispɑ̃:s] *f.* exemption. *Dispense de formalités,* exemption from formalities. *Vous êtes autorisé à demander la dispense de ces taxes,* you are entitled to claim immunity from these duties.

disponibilité [dispɔnibilite] *f.* **1.** availability. *Disponibilité des capitaux,* availability of capital. — **2. disponibilités** *f. pl.* available stocks; FIN. available funds, available assets, liquid assets. *Disponibilités en caisse et banque,* cash in (on) hand and at bankers. *Disponibilités en quête d'emploi,* available funds in quest of employment.

disponible [-nibl] *adj.* available. *Actif disponible,* available assets; U. S. quick assets. *Capital disponible,* available funds, circulating capital. *Fonds disponibles,* liquid assets. *Solde disponible,* available balance.

disponible *m.* FIN. disposable funds, cash in hand. PRO. EX. spot, ex store. *Cours, prix du disponible,* spot price, price ex store. *Marchandises en disponible,* spot goods. *Marché du disponible,* spot market. *Vendre en disponible,* to sell for spot delivery.

disposé, e [dispɔze] *adj.* **1.** prepared to, ready to. — **2.** ST.-EX. *Mieux disposé,* better in tone. *L'action X a été mieux disposée cette semaine,* X shares were better in tone (more cheerful) this week.

disposer *vt.* FIN. to draw. *Disposer un chèque sur une banque,* to draw a cheque on a bank.

disposer *vi.* **1.** to dispose (*de,* of). *Disposer d'argent,* to have money at one's disposal. — **2.** To provide for. *Cet accord ne dispose que pour les cinq années à venir,* this agreement provides but for the five years to come. — **3.** FIN. to draw. *Disposer par remboursement,* to take an amount forward. *Disposer sur un compte par chèque,* to draw on an account by cheque.

dispositif [-zitif] *m.* device, apparatus, contraption.

disposition [-zisjɔ̃] *f.* **1.** disposal. *Mettre à la disposition,* to place at the disposal of. *Nous restons à votre entière disposition,* we remain entirely at your disposal. *Le poste est à la disposition du directeur,* the post is in the gift of the manager. *Tenir à la disposition de,* to hold at the disposal of. — **2.** draft (traite). *Avis de disposition,* advice of draft. *Disposition à vue,* sight draft. *Dispositions sur un compte,* drawings, withdrawals on an account. — **3.** provision, clause (of a treaty). *Sauf disposition contraire,* except as otherwise provided. *Le traité prévoit des dispositions spéciales au cas où un* *pays membre rencontrerait des difficultés dans la balance des payements,* the treaty makes provision for special treatment if a member country encounters balance of payment difficulties. — **4.** ST.-EX. tone. *Disposition générale du marché,* general tone of the market. — **5. dispositions** *f. pl. Dispositions légales,* statutory provisions. *Dispositions testamentaires,* dispositions of a will.

disséquer [diseke] *vt.* to analyze.

dissident [disidɑ̃] *m.* dissentient.

dissimilarité [dissimilarite] *f.* dissimilarity.

dissimulation [disimylasjɔ̃] *f.* LAW concealment. *Dissimulation d'actif,* concealment of assets.

dissimuler [-le] *vt.* to conceal.

dissiper [disipe] *vt.* **1.** to clear up. *Dissiper un malentendu,* to clear up a misunderstanding. — **2.** to waste, to dissipate, to squander (money).

dissocier [disɔsje] *vt.* to dissociate.

dissoluble [disɔlybl] *adj.* LAW dissolvable.

dissolution [-sjɔ̃] *f.* winding-up. *Dissolution d'une société,* winding-up of a company.

dissoudre [disudr] *vt.* to dissolve, to bring to an end, to break up. *Une société en nom collectif peut être automatiquement dissoute par la mort, la démission ou la faillite de l'un de ses membres,* a partnership can be automatically brought to an end by the death, retirement or bankruptcy of one of its members.

distancer [distɑ̃se] *vt.* to outrun. *Notre entreprise ne doit pas se laisser distancer,* our firm must not fall behind.

distinct, e [distɛ̃] *adj.* distinct, separate.

distinction [-ksjɔ̃] *f.* reward, distinction.

distinguer [distɛ̃ge] *vt.* to differentiate (*de,* from).

distraction [distraksjɔ̃] *f.* **1.** appropriation, setting aside. *Faire une distraction devant être attribuée à un fonds de réserve,* to appropriate a sum to a reserve fund. — **2.** LAW embezzlement, abstraction.

distraire [distrɛ:r] *vt.* **1.** to appropriate, to set aside. — **2.** LAW to embezzle, to abstract. *Une partie du contenu des caisses a été distraite,* a portion of the contents of the cases has been abstracted.

distribuable [distribɥabl] *adj.* distributable.

distribuer [-bɥe] *vt.* to distribute; POST to deliver. *Distribuer des actions,* to allot shares. *Distribuer un dividende,* to pay a dividend.

distributeur [-bytœ:r] *m.* distributor, dealer. *Distributeur automatique,* slot-machine, automatic vending machine.

distribution [-bysjɔ̃] *f.* **1.** FIN. distribution, allocation, allotment. *Distribution des bénéfices,* profit allocation; U. S. melon cutting. *Distribution du dividende,* distribution of the dividend. *Une distribution plus efficace des ressources,* a more efficient allocation of resources. — **2.** handling, distribution. *Circuits de distribution,* channels of distribution. *Commerce de distribution,* distributive trade. *Distribution restrictive,* selective selling. *Prix de revient de distribution,* cost of sales. — **3.** POST delivery.

divergence [divɛrʒɑ̃:s] *f.* difference.

divers, e [divɛ:r] *adj.* sundry, miscellaneous. *Articles divers,* sundries. *Faits divers,* news items. *Frais divers,* sundry expenses.

divers *m. pl.* sundries.

diversifier [-sifje] *vt.* to diversify.

diversité [-site] *f.* variety.

divertissement [-tismɑ̃] *m.* embezzlement, misappropriation of funds.

dividende [dividɑ̃:d] *m.* **1.** FIN. dividend. *Action de dividende,* junior share. *Avec dividende,* cum div(idend); U. S. dividend on. *Sans dividende,* ex div (idend); U. S. dividend off. *Dividende brut,* gross dividend. *Dividende cumulatif,* cumulative dividend. *Dividende de liquidation,* liquidating dividend. *Dividende extraordinaire,* bonus. *Dividende fictif,* sham dividend. *Dividende intercalaire,* statutory dividend. *Dividende intérimaire,* interim dividend. *Dividende non réclamé,* unclaimed dividend. *Dividende privilégié,* preferential dividend, preference dividend, preferred dividend. *Dividende provisoire,* interim dividend. *Dividende statutaire,* statutory dividend. *Dividende supplémentaire,* extra dividend. *Déclaration de dividende,* dividend announcement. *Fonds de dividende,* undistributed profits. *Répartition de dividende,* distribution of the dividend. *Solde de dividende,* final dividend. *Toucher un dividende,* to collect a dividend. — **2.** MAR. INS. *Dividende d'avarie,* average payment. — **3.** dividend (part des disponibilités du failli). *Premier et unique dividende,* first and final dividend.

diviser [divize] *vt.* to divide (into).

diviseur [-zœ:r] *m.* divisor.

division [-zjɔ̃] *f.* division, branch, department.

divisionnaire [-zjɔnɛ:r] *adj.* FIN. divisional.

dock [dɔk] *m.* MAR. dock, warehouse. *Dock frigorifique,* cold storage plant.

docker [dɔkɛr] *m.* docker.

doctrine [dɔktrin] *f.* LAW doctrine.

document [dɔkymɑ̃] *m.* document. *Comptant contre documents,* cash against documents. *Documents contre acceptation,* documents against acceptance. *Documents contre payement,* documents against payment. MAR. *Documents d'expédition,* shipping documents. *Documents périmés,* dead matters.

documentaire [-tɛ:r] *adj.* documentary. *Crédit documentaire,* documentary credit. *Traite documentaire,* documentary bill, draft with documents attached.

documentation [-tasjɔ̃] *f.* reference, material, literature.

documenté, e [-te] *adj.* proved by documents. *Bien documenté sur,* well-informed on.

documenter *vt.* to document, to brief (*qqn sur,* s. o. on).

doit [dwa] *m.* B. K. debit, debit side, debtor side, Dr. *Doit et avoir,* debtor and creditor, Dr and Cr. *Doit,* (Dr) to (formule sur une facture de débit).

dollar [dɔla:r] *m.* dollar. *Dollar titre,* security dollar.

domaine [dɔmɛn] *f.* field. *Administration des Domaines,* Crown Land Commissioners. *Domaine public,* public property. *Les Domaines,* public property, property of the State.

domicile [dɔmisil] *m.* domicile, residence, premises. *Domicile légal,* permanent residence. *Changement de domicile,* change of residence. « *Livrable à domicile* », " To be delivered ". *Livraison franco à domicile :* **a)** delivery free domicile (lieu d'habitation) ; **b)** delivery free customer's premises (bureau). *Prendre à domicile,* to collect at residence, from home.

domiciliataire [-ljatɛ:r] *m.* paying agent.

domiciliation [-ljasjɔ̃] *f.* domiciliation.

domicilié, e [-lje] *adj.* domiciled. *Traite domiciliée,* domiciled bill. *Lorsque le tiré indique la banque où il est titulaire d'un compte comme lieu de payement, la traite est dite « domiciliée à la banque »,* when the acceptor indicates as the place of payment the bank where he keeps his account, the bill is said " to be domiciled at that bank ".

domicilier *vt.* to domicile, to make payable.

dommage [dɔma:ʒ] *m.* **1.** damage, loss. *Compenser un dommage,* to make good a damage, to make up the losses. *Dommage causé à un tiers,* third party damage. *Dommage corporel,* damage to persons. *Dommage indirect,* consequential damage, losses. *Dommage matériel,* damaged property. *Etre responsable du dommage,* to be liable for the damage. *Evaluation du dommage,* assessment of the damage. *Subir un dommage,* to suffer a damage. — **2. dommages-intérêts** *m. pl.* LAW damages. *Attaquer qqn en dommages-intérêts pour 2 000 livres,* to come upon s. o. for £ 2 000, to bring an action for £ 2 000. *Etre tenu à des dommages-intérêts,* to be ordered to pay damages; U. S. to respond in damages. *Intenter une action en dommages-intérêts,* to sue for damages. *Obtenir des dommages-intérêts,* to recover damages. *On lui a accordé des dommages-intérêts considérables,* he was adjuged considerable damages. *Réclamer des dommages-intérêts,* to claim damages.

donataire [dɔnatɛ:r] *m.* LAW donee, grantee.

donateur [-tœ:r] *m.* LAW donor, grantor.

donation [-sjɔ̃] *f.* LAW donation. *Acte de donation,* deed of gift. *Donation entre vifs,* donation inter vivos.

donatrice [-tris] *f.* LAW donatrix.

données [dɔne] *f. pl.* instructions, data. *Données d'exécution,* work specification; U. S. job specification. *Données qualitatives,* qualitative data.

donneur [dɔnœ:r] *m.* **1.** *Donneur d'ordre,* principal. — **2.** FIN. *Donneur d'aval,* guarantor, surety. *Donneur de caution,* guarantor, surety. — **3.** MAR. INS. *Donneur à la grosse,* lender on bottomry. — **4.** ST.-EX. *Donneur de faculté de lever double,* taker for a call of more. *Donneur de faculté de livrer double,* taker for a put of more. *Donneur d'option,* taker for a put and call. *Donneur de stellage,* taker for a put and call.

dont [dɔ̃] *m.* ST.-EX. call, call option, buyer's option. *Acheter* (*un*) *dont,* to give for the call, to buy a call option. *Vendre* (*un*) *dont,* to take for the call, to sell a call option. *Le 5/7, A 25 péruviennes d/300 F au 31/7 mx* (*le 5 juillet, achetez 25 péruviennes dont 300 F, au 31 courant, au mieux*), 5th July, give 300 F (per share) for the call of 25 Peruvians, for end July settlement, at best.

dos [do] *m.* back. *Voir au dos,* see overleaf. LAW *Renvoyer dos à dos,* to nonsuit both parties.

dossier [dɔsje] *m.* **1.** dossier, report. *Dossier d'exécution,* written standard practice. — **2.** LAW brief, dossier. *Dossier de procédure,* counsel's brief. *Etablir le dossier d'une affaire,* to brief a case. — **3.** FIN. deposit, holding, investment, portfolio. *Veuillez trouver ci-joint une liste des titres que nous avons placés sous votre dossier,* please find enclosed a list of the securities placed into your deposit.

dotation [dɔtasjɔ̃] *f.* **1.** FIN. appropriation. — **2.** endowment, equipment. *Dotation des enfants,* education insurance.

doter [dɔte] *vt.* **1.** FIN. to appropriate. — **2.** to endow, to equip. *Port doté de tout équipement nécessaire à la manipulation des marchandises,* harbour equipped with all necessary appliances to handle the goods.

douane [dwan] *f.* customs, custom-house. *Agent de douane,* customs officer. *Agent en douane,* custom-house broker. *Bureau des douanes,* Customs Office. *Déclaration en douane, rapport en douane,* customs declaration, bill of entry. *Déposer en douane,* to lodge with the customs. *Direction générale des douanes,* Customs Authorities, Board of Customs; U. S. Bureau of Customs. *Droits de douane,* customs duties. *Entrée en douane,* clearance inwards. *Exempt de douane,* duty-free. *Expédition en douane,* clearance outwards. *Marchandises en douane,* bonded goods. *Passer en douane,* to clear, to pass through. *Passible de droits de douane,* dutiable. *Procéder aux formalités de douane,* to effect customs clearance. *Le rapport en douane peut être établi pour des marchandises exemptes de douane, passibles de douane ou destinées à l'entreposage,* the bill of entry may be drawn up for free goods, dutiable goods, or for warehousing. *Remboursement des droits de douane,* drawback. *Soumis à la douane,* dutiable, customable. *Visite de la douane,* customs inspection.

douaner [-ne] *vt.* to put the customs seals.

douanier, ère [dwanje] *adj.* customs. *Barrières douanières,* tariff walls. *Union douanière,* customs union.

douanier *m.* customs officer, custom-house officer.

double [dubl] *adj.* double, duplicate. *Double emploi,* duplication, overlapping.

ST.-EX. *Double prime,* double option, put and call option. *En double exemplaire,* in duplicate.

doublé [-ble] *m.* ST.-EX. option to double. *Doublé à la baisse,* put of more, seller's option to double. *Doublé à la hausse,* call of more, buyer's option to double.

doublure [dubly:r] *f.* ST.-EX. option to double (v. DOUBLÉ).

douteux, euse [dutø] *adj.* doubtful.

douzaine [duzɛn] *f.* dozen.

draconien, enne [drakɔnjɛ̃] *adj.* drastic. *Prendre des mesures draconiennes,* to take drastic measures.

drainage [drɛna:ʒ] *m.* drain.

drainer [drɛne] *vt.* to drain, to tap (des capitaux).

drawback [drobak] *m.* CUST. drawback. *Certificat de drawback,* debenture.

dresser [drɛse] *vt.* to draw up, to make out. *Dresser un bilan,* to draw up a balance sheet. *Le bilan est dressé à la fin de chaque exercice budgétaire,* the balance sheet is drawn up at the end of each financial year.

droit [drwa] *m.* **1.** LAW *Droit cambial,* exchange law. *Droit commercial,* commercial law. *Droit des sociétés,* company law. *Droit fiscal,* fiscal law. *Droit international public,* public international law. *Droit jurisprudentiel,* case law. *Droit légal,* statutory law. *Droit positif,* substantive law. *Par voies de droit,* by legal process, by legal means. — **2.** right. *Avec droit (droit attaché),* with rights, cum new. *Droits civils,* civil rights. *Droit corporel,* corporeal right. *Droits d'auteur,* copyright. *Droit de gage,* lien. *Droit de garde,* safe custody charges. *Droit de préemption,* right of pre-emption. *Droit de rachat,* power of redemption. *Droit de recours,* right of recourse. *Droit de rétention,* lien. *Droit de souscription,* application right. *Droit de suite (par hypothèque),* right on a property even after it has passed into the hands of third parties. *Droit d'opposition,* right of appeal. *Ex-droits (droit détaché),* ex-rights. *Faire valoir ses droits,* to assert one's rights, to vindicate (U. S. to prove up) one's rights. *Nous avons fait droit à votre réclamation,* your claim has been allowed, we entertain your claim. *Pour avoir droit au tarif exceptionnel, les marchandises doivent répondre à certaines exigences,* to qualify for the exception-rates goods must comply with certain requirements. *Sans droit aux actions,* ex-new. *Sans droit au dernier dividende,* ex-coupon. *Sans droit au tirage,* ex-drawing. — **3. droits** *m. pl.* duties, dues, taxes. *Droits acquis,* vested interests. CUST. *Droits ad valorem,* ad valorem duties. MAR. *Droits de bassin,* dock dues. FIN. *Droits de constitution,* incorporation duties. CUST. *Droits de douane,* customs duties. MAR. *Droits de gabarage,* lighterage. FIN. *Droits de garde,* charge for safe custody. (N.B. En Angleterre, les banques ne perçoivent pas ce droit pour la garde des titres.) CUST. *Droits de magasinage,* storage rent, warehouse charge. LAW *Droits de mutation :* **a)** transfer duty (entre vifs); **b)** succession duty. FIN. *Droits d'enregistrement,* registration fees. CUST. *Droits d'entrée,* import duty. MAR. *Droits de phare (de feux),* light dues; *droits de port,* harbour dues; *droits de quai,* wharfage, quayage. POST *Droits de recommandation,* registration fees. *Droits de régie,* excise duties. CUST. *Droits de sortie,* export duty. RAIL *Droits de stationnement,* demurrage charge. LAW *Droits de succession,* estate duties. FIN. *Droits de timbre,* stamp duty. *Droits proportionnels,* ad valorem duties. *Droits spécifiques,* specific duties. *Exempt de droits,* duty-free. *Passible de droits,* dutiable. *Le droit de gabarage est le droit perçu pour le transbordement de la cargaison sur des gabares,* lighterage is a duty levied for the transhipment of cargoes on lighters. *Les droits de succession forment un impôt par palier perçu sur la valeur nette de l'héritage,* estate duties form a graduated tax imposed on the net value of the inherited property.

dû, due [dy] *adj.* **1.** due, owing (échu). *En port dû,* carriage forward. *Primes dues par l'assuré,* premiums due by the insured.

Somme qui nous est due, sum due to us. — **2.** proper, due, regular. *En bonne et due forme,* in due form. — **3.** ascribable to, due to. *L'accident est dû à,* the accident is ascribable to.

dû *m.* due. *Réclamer son dû,* to claim one's due.

ducroire [dykrwa:r] *m.* del credere. *Commission ducroire,* del credere commission. *Commissionnaire ducroire,* del credere agent. *Le commissionnaire ducroire garantit la solvabilité de l'acheteur et s'engage à indemniser son commettant si les marchandises vendues par son entremise ne sont pas payées,* the del credere agent guarantees the solvency of the buyer and binds himself to indemnify his principal if the goods sold through his agency are not paid for.

dûment [dymɑ̃] *adv.* duly.

dumping [dəmpiɲ] *m.* dumping. *Faire du dumping,* to dump.

duplicata [dyplikata] *m.* duplicate. *Duplicata de lettre de voiture,* counterfoil waybill.

duplicateur [-tœ:r] *m.* duplicating machine, duplicator.

durcir [dyrsi:r] *vt.* et *vi.* to harden. *Selon le bulletin de la Bourse, les cours durcissent,* according to the Stock-Exchange list, prices are hardening.

durée [dyre] *f.* duration, term. *Durée de validité,* term of validity. *Durée d'un bail,* duration, term of a lease. *Durée d'un contrat,* term of a contract. *Durée d'une police,* availability of a policy. *Durée d'une société,* duration of a company. *Essai de durée,* endurance test.

dynamique [dinamik] *adj.* energetic, full of push.

e

ébaucher [eboʃe] *vt.* to rough out, to sketch out, to outline.

ébranler [ebrɑ̃le] *vt.* to shake.

ébruiter [ebrɥite] *vt.* to noise abroad, to divulge.

ébruiter (s') *v. pr.* to spread, to get noised abroad.

écart [eka:r] *m.* difference, divergence; U. S. spread, variance (*entre,* between); FIN. margin; ST.-EX. écart. *Ecart de prime,* écart (difference between prices for firm stock and option stock). *Ecart inflationniste,* inflationary gap. *Ecart type* (dans la qualité d'un produit), standard deviation.

échafauder [eʃafode] *vt.* to build up, to draw up.

échange [eʃɑ̃:ʒ] *m.* exchange. *Association européenne de libre-échange,* European Free-trade Area. *Comme suite à notre échange de lettres,* following our correspondence. *Echanges commerciaux,* trade, commercial traffic. *Echange direct,* barter, exchange. *Echanges triangulaires,* three-cornered trade. *En échange de,* in exchange for. *Libre-échange,* free-trade. *Valeur d'échange,* exchange value.

échangeable [eʃɑ̃ʒabl] *adj.* exchangeable.

échanger [-ʒe] *vt.* to exchange; FAM. to swap. *Echanger des actions à raison* *d'une nouvelle pour trois anciennes,* to exchange shares in the proportion of one new share for three old ones. *Les marchandises ne sont pas échangées,* no goods exchanged, " no replacement ".

échanger (s') *v. pr.* FIN. to be exchanged, to exchange. *Ce titre s'échange à,* this security exchanged at.

échangiste [-ʒist] *m.* FIN. exchanger. *Libre-échangiste,* free-trader.

échantillon [eʃɑ̃tijɔ̃] *m.* sample, specimen, standard. *Carnet d'échantillons,* pattern-book. *Carte d'échantillons,* sample-card. *Collection d'échantillons,* line, range of samples. *Echantillon au hasard,* random sample. *Echantillon au jugé,* purposive sample. *Echantillon gratuit,* free sample. *Echantillon moyen,* average sample. *Etre conforme à l'échantillon,* to be up to sample. *Foire d'échantillons,* sample fair. *Prélever des échantillons,* to sample; U. S. to spotchek. *Sur échantillon,* by sample.

échantillonnage [-jɔna:ʒ] *m.* sampling. *Echantillonnage à deux degrés,* double sampling. *Echantillonnage au hasard,* random sampling. *Echantillonnage d'épreuve,* acceptance sampling. *Echantillonnage dirigé,* intentional sampling; U. S. purposive sampling. *Echantillonnage par stratification,* stratified sampling. *Echantillonnage par zone,* area sampling. *Echantillonnage statistique,* control sampling, statistical sampling; U. S. lot-plot method. *Echantillonnage successif (multiple),* sequential sampling. *Procédé d'échantillonnage,* sampling method; U. S. sampling design, sampling plan.

échantillonner [-jɔne] *vt.* to sample; U. S. to spotchek, to gauge.

échantillonneur [-jɔnœ:r] *m.* sampler.

échappatoire [eʃapatwa:r] *f.* loophole. *Clause échappatoire,* escape clause. *Une clause échappatoire inclue dans ce traité permet aux pays rencontrant des difficultés dans leurs balances de payement d'ajourner ou de suspendre les mesures de libéralisation,* an escape clause included in this treaty permits countries facing balance of payment difficulties to postpone or suspend measures of liberalization.

échéable [eʃeabl] *adj.* FIN. falling due, payable.

échéance [eʃeɑ̃:s] *f.* **1.** (maturity-) date, term, due date. *A l'échéance,* at maturity, when due. *Avant l'échéance,* before maturity, prior to maturity. *Echéance à trois mois de date,* maturity at three month's date (ou) three months after date. *Echéance d'un coupon,* coupon due date. *Effet à courte échéance,* short(-dated) bill. *Effet à échéance,* time draft, usance draft. *Effet à longue échéance,* long (-dated) bill. *Effet payable à échéance fixe,* bill payable at a fixed date. *Jour de l'échéance,* maturity date, pay-day. *Venir à échéance,* to fall due, to come to maturity, to mature. — **2.** (délai avant l'exigibilité) tenor, currency, term. *L'échéance de cet effet est deux mois de vue,* the tenor, currency of this bill is two months after sight. *Terme d'échéance,* currency, tenor. — **3.** (effet) bill, draft. *Carnet d'échéances,* bill-book; U. S. maturity tickler. *Echéance à vue,* bill at sight. *Faire face à une échéance,* to meet a bill, to honour a bill at maturity. — **4.** expiration, expiry. *Votre police est annulée pour défaut de paiement de la prime à expiration,* your policy has been cancelled for failure to pay the premium on expiry. — **5.** (valeur, date d'entrée en valeur d'intérêts) value date. *L'échéance d'une somme est la date à laquelle les intérêts commencent à courir,* the value date of a sum is the date on which the interests start accruing. — **6.** (dettes) *Echéances de fin de mois,* end of month requirements.

échéancier [-ɑ̃sje] *m.* bill-book, bill-diary; U. S. maturity tickler.

échéant, e [eʃeɑ̃] *adj.* falling due, payable. *Le cas échéant,* should the occasion arise, in case of need.

échec [eʃɛk] *m.* failure, miscarriage.

échelle [eʃɛl] *f.* **1.** scale. *Clause d'échelle mobile,* sliding scale clause; U. S. escalator clause. *Echelle de notation du personnel,* scale of points value. *Echelle mobile,* sliding scale. *Echelle* *mobile des salaires,* sliding wage scale. *Sur une grande échelle,* on a large scale. — **2.** MAR. = *escale,* call.

échelon [eʃlɔ̃] *m.* step, stage, grade. *A l'échelon le plus élevé :* **a)** ADM. at the highest grade; **b)** at the highest level. *A l'échelon ministériel,* at ministerial level. ST.-EX. *Méthode de cotation par échelons,* steps method.

échelonnement [eʃlɔnmɑ̃] *m.* FIN. spreading out. *Echelonnement des congés,* staggering of holidays.

échelonner [-ne] *vt.* to spread (out); U. S. to stagger, to shade. *Congés échelonnés,* staggered holidays. *Echelonner les versements sur plusieurs mois,* to spread one's instalments over several months. *Intérêts échelonnés,* graduated interests. *Prix échelonnés,* shaded prices. *Tarif échelonné pour achats en gros,* prices shaded for bulk buying.

échelonner (s') *v. pr.* to be spread (*sur,* over). *Les congés s'échelonnent sur trois mois,* the holidays are staggered over three months.

échoir [eʃwa:r] *vi.* FIN. to fall due, to mature, to become payable. *Intérêts à échoir,* accruing interest. *Cet effet échoit d'aujourd'hui en huit,* this bill matures this day week.

échouage [eʃua:ʒ] *m.* MAR. INS. stranding.

échouement [eʃumɑ̃] *m.* MAR. INS. stranding. *Echouement avec bris,* stranding with break. *Echouement avec bris absolu,* total loss of a ship through stranding. *Echouement avec bris partiel,* stranding with break but without abandonment of the ship.

échouer [eʃue] *vt.* MAR. to strand (accident), to beach, to ground.

échouer *vi.* **1.** MAR. to be stranded, to run aground. — **2.** to fail; U. S. to fall down. *Echouer dans ses tentatives,* to fail in one's endeavours.

échu, e [eʃy] *adj.* FIN. due, outstanding, matured. *Billet échu,* outstanding bill, bill due. *Intérêts échus,* outstanding interest. *Termes échus,* instalments due.

éclairage [eklɛra:ʒ] *m.* lighting, illumination.

éclatement [eklatmɑ̃] *m.* **1.** bursting. *Eclatement du marché,* market disruption. *Assurance contre l'éclatement des conduites d'eau,* burst water-pipe insurance. — **2.** breaking out. *Eclatement d'un incendie,* breaking out of a fire.

écluse [ekly:z] *f.* lock.

école [ekɔl] *f.* school. *Ecole professionnelle,* vocational school.

économat [ekɔnɔma] *m.* **1.** stationery department (in a bank, etc.). — **2.** truck-shop (*d'une administration ou d'une grande entreprise,* of an administration, or of a large concern selling goods to their employees).

économe [-nɔm] *adj.* economical, thrifty, saving.

économe *m.* **1.** stationery-clerk (in a bank, etc.). — **2.** bursar (of an institution).

économétrie [-metri] *f.* econometrics.

économie [-mi] *f.* **1.** economy; LAW economics. *Economie d'entreprise,* business economics. *Economie dirigée,* planned economy. *Economie politique,* economics, political economy. — **2.** saving. *Economie de main-d'œuvre,* labour-saving. *De nos jours, les affaires sont conduites selon des principes d'économie de main-d'œuvre,* nowadays business is conducted on labour-saving lines. — **3. économies** *f. pl.* savings. *Politique d'économies,* policy of retrenchment. *Faire des économies :* **a)** to save (money); **b)** to curtail expenses.

économique [-mik] *adj.* **1.** economic. *Crise économique,* trade depression. *Ministère des Affaires économiques,* Department of Economic Affairs. *Mission économique,* economic survey mission. *Reprise économique,* economic recovery. *Sciences économiques,* economics. — **2.** economical, cheap; U. S. cost-cutting.

économiquement [-mikmɑ̃] *adv.* economically. *Les économiquement faibles,* lower-income bracket, lower-income group.

économiser [-mise] *vt.* to economize, to save, to conserve.

économiseur [-mizœ:r] *m.* economizer, economizing device.

économiste [-mist] *m.* economist.

écoulé, e [ekule] *adj.* ultimo, ult, of last month. *Exercice écoulé,* period under review, past trading year. *Le dix du mois écoulé,* on the tenth ultimo.

écoulement [-lmɑ̃] *m.* placing, sale, disposal. *Articles d'écoulement facile,* articles which find a ready sale, quick-selling articles, merchantable articles, quick-sellers; U. S. fast-moving articles.

écouler [-le] *vt.* **1.** Fin. to put into circulation, to pass (forged banknotes). — **2.** to place, to sell, to dispose of (goods).

écouler (s') *v. pr.* **1.** to sell, to be disposed of. *Ce modèle s'écoule lentement,* this model goes off slowly, sells slowly; U. S. this model is slow-moving. — **2.** to run low. *Nos stocks sont presque écoulés,* our stocks are running low.

écourter [ekurte] *vt.* to shorten, to curtail.

écouteur [ekutœ:r] *m.* Post receiver.

écrire [ekri:r] *vt.* et *vi.* to write.

écrit, e [ekri] *adj.* written. *Ecrit à la main,* hand-written. *Déclaration écrite,* written statement. Law *Droit écrit,* statute law.

écrit *m.* **1.** writing. *Par écrit,* in writing. *Consigner par écrit,* to put down in writing. — **2.** written agreement.

écriteau [-to] *m.* placard, bill, notice-board; U. S. bulletin-board.

écriture [-ty:r] *f.* **1.** writing. *Les candidats doivent être capables d'écrire lisiblement,* applicants should write a good hand. — **2.** B. K. entry. *Contre-passer une écriture,* to contra, to transfer, to reverse an entry. *Ces deux écritures s'annulent,* these two entries cancel each other. *Ecriture comptable,* book-entry. *Ecriture de clôture,* closing entry. *Ecriture de contrepassement,* transfer entry. *Ecriture de redressement,* correcting entry. *Ecriture de virement,* transfer entry. *Ecriture d'inventaire,* closing entry. *Ecriture d'ordre,* suspense entry. *Ecriture inverse,* reverse entry. *Ecriture portée au débit,* entry to the debit side. *Ecriture rectificative,* correcting entry. *Ecriture transitaire,* suspense entry. *Passer écriture conforme,* to reciprocate an entry, to enter accordingly. *Passer une écriture,* to make an entry, to post an item. *Redresser une écriture,* to correct, to adjust an entry. — **3. écritures** *f. pl. Ecritures (comptables),* accounts, books, entries. *Arrêter les écritures,* to close, to balance the books. *Bénéfices d'écritures,* book profits. *Commis aux écritures,* book-keeper. *Ecritures en partie double,* double entry. *Tenir les écritures,* to keep the accounts, the books. — **4.** Law *Faux en écritures,* forging of documents.

écroulement [ekrulmɑ̃] *m.* St.-Ex. slump, collapse, breakdown, downfall.

écrouler (s') [sekrule] *v. pr.* to slump, to collapse, to crumble. *Les cours se sont écroulés sous l'assaut des spéculateurs à la baisse,* prices collapsed under the attack of bears.

écueil [ekœ:j] *m.* stumbling-block, danger.

édicter [edikte] *vt.* to decree, to promulgate.

éditer [edite] *vt.* to publish.

éditeur [-tœ:r] *m.* publisher.

édition [-sjɔ̃] *f.* **1.** edition, issue. *Edition spéciale d'un journal,* special issue of a newspaper. — **2.** publishing. *Maison d'édition,* publishing house.

effaroucher [ɛfaruʃe] *vt.* to alarm.

effaroucher (s') *v. pr.* St.-Ex. to shy at.

effectif, ive [ɛfɛktif] *adj.* actual, real, effective, active.

effectif *m.* strength of staff, manpower, complement. *Effectif au grand complet,* full complement.

effectivement [-tivmɑ̃] *adv.* actually, effectively.

effectuer [ɛfɛktɥe] *vt.* **1.** Fin. to effect. *Effectuer un payement,* to effect a payment. — **2.** to work out, to carry out. *L'analyse a été effectuée avec succès,* the analysis has been successfully carried out. *Travaux effectués,* services rendered.

— **3.** INS. *Effectuer une réassurance,* to lay off a risk.

effectuer (s') *v. pr.* **1.** FIN. to be effected, to be made. *Le payement peut s'effectuer par versements échelonnés,* payment can be made (effected) by instalments. — **2.** to be worked out, to be carried out.

effervescence [ɛfɛrvɛsɑ̃:s] *f.* over-excitement.

effet [ɛfɛ] *m.* **1.** effect, consequence, result. *A cet effet,* for this purpose. *Avoir pour effet de,* to lead to. *Effet cumulatif,* accumulation, cumulative effect. *Effet de choc,* impact. *Effets secondaires,* incidental effects. *Effets ultérieurs,* after effect, ultimate effect. — **2.** operation, execution. *Décret à effet rétroactif,* retrospective decree. LAW *Prendre effet,* to become operative, to come into effect. *Le nouveau règlement prendra effet le 1er mars,* new regulations to become operative on March 1st. — **3.** INS. attachment. *Prendre effet,* to attach. *Cette police est sans effet,* this policy has ceased to attach. — **4.** FIN. *Effet de commerce,* bill of exchange. *Bénéficiaire d'un effet,* payee. *Délai d'un effet,* currency of a bill. *Domicilier un effet,* to domicile a bill. *Effet à courte échéance,* short(-dated) bill. *Effet à délai de vue,* bill after sight. *Effet à échéance,* time draft, usance draft. *Effet à l'encaissement,* bill for collection. *Effet à l'escompte,* bill for discount. *Effet à longue échéance,* long(-dated) bill. *Effet à payer,* bill payable. *Effet à recevoir,* bill receivable. *Effet à renouvellement,* kite. *Effet à vue,* sight bill, draft at sight; sight draft. *Effet au porteur,* bill payable to bearer. *Effet avalisé,* guaranteed bill. *Effet creux,* pig-on-pork, house bill. *Effet de complaisance,* accommodation bill. *Effet déplacé,* out-of-town bill. *Effet documentaire,* documentary bill. *Effet domicilié,* domiciled bill. *Effet échu,* due bill. *Effet en souffrance,* bill in suspense, in abeyance. *Effet escompté,* bill discounted. *Effet impayé,* dishonoured bill. *Effet libre,* clean bill. *Effet nominatif,* unnegotiable bill. *Effet retourné,* dishonoured bill. *Effet sur l'étranger,* foreign bill. *Effet sur l'intérieur,* inland bill. *Encaisser un effet,* to collect a bill. *Escompter un effet,* to discount a bill. *Faire protester un effet,* to have a bill noted, protested. *Présenter un effet à l'acceptation,* to present a bill for acceptance. *Un connaissement ou une police d'assurance peuvent être joints comme garanties à un effet documentaire,* a bill of lading or an insurance policy can be attached to a documentary bill as a safeguard. *Remise d'effets,* remittance of bills. — **5.** effects, belongings (biens). *Effets mobiliers,* movables. — **6.** FIN. stocks and shares, securities. *Effets au porteur,* bearer securities. *Effets nominatifs,* registered securities. *Effets publics,* government securities, public bonds.

efficace [ɛfikas] *adj.* effective, efficient, adequate.

efficacité [-site] *f.* efficiency. *Efficacité de vente,* sales effectiveness; U. S. pull.

effondrement [ɛfɔ̃drəmɑ̃] *m.* ST.-EX. slump, collapse.

effondrer (s') [sɛfɔ̃dre] *v. pr.* to slump down, to collapse.

effritement [ɛfritmɑ̃] *m.* crumbling.

effriter (s') [sɛfrite] *v. pr.* to crumble.

égal, e [egal] *adj.* equal. *A armes égales,* on equal terms, on an even footing.

égal *m.* equal. *Nos prix sont sans égal,* our prices defy competition, are matchless.

égaler [-le] *vt.* to equal. *Rien ne peut égaler,* nothing can compare with.

égalisation [-lizasjɔ̃] *f.* equalization, levelling. *Fonds d'égalisation des changes,* exchange equalization fund.

égaliser [-lize] *vt.* to equalize.

égalité [-lite] *f.* equality. *A égalité de prix,* at even prices. *Egalité de salaires,* equal pay.

égard [ega:r] *m.* respect. *A tous égards,* in every respect. *Eu égard à,* having regard to, considering.

égaré, e [egare] *adj.* mislaid, lost, miscarried.

élaborer [elabɔre] *vt.* to work out, to draft.

élargissement [elarʒismɑ̃] *m.* widening, enlarging.

élasticité [elastisite] *f.* elasticity. *Elasticité de la demande,* elasticity of demand. *Elasticité du marché,* market resilience.

élastique [-tik] *adj.* elastic.

élection [elɛksjɔ̃] *f.* election.

électrification [elɛktrifikasjɔ̃] *f.* electrification.

électrifier [-fje] *vt.* to electrify.

électrique [elɛktrik] *adj.* electric. *Centrale électrique,* power station.

électronique [elɛktrɔnik] *adj.* electronic.

élément [elemɑ̃] *m.* element, datum, component, unit.

élémentaire [-mɑ̃tɛ:r] *adj.* easy. *Budget élémentaire,* component budget.

élévation [elevasjɔ̃] *f.* rise, increase, raising.

élevé, e [elve] *adj.* high.

élever *vt.* to raise, to increase, to put up.

élever (s') *v. pr.* **1.** to rise, to increase. *Le niveau de vie s'est encore élevé,* the standard of living is still rising. — **2.** to reach, to amount to, to run up to. *Nos frais généraux s'élèvent à,* our overhead expenses amount to.

éligibilité [eliʒibilite] *f.* eligibility.

éligible [-ʒibl] *adj.* eligible.

élimination [eliminasjɔ̃] *f.* elimination.

éliminer [-ne] *vt.* to eliminate.

élire [eli:r] *vt.* to elect.

éloigné, e [elwaɲe] *adj.* remote, distant, outlying. *Dans un avenir peu éloigné,* in the near future. PRO. EX. *Les éloignés,* distant positions.

émancipation [emɑ̃sipasjɔ̃] *f.* emancipation.

émargement [emarʒəmɑ̃] *m.* **1.** signing, initialling, receipting. *Feuille d'émargement,* pay-sheet. — **2.** marginal note, annotation.

émarger [-ʒe] *vt.* **1.** to write a marginal note in. — **2.** to sign (on the pay-sheet), to initial (in the margin).

émarger *vi.* to draw one's salary.

emballage [ɑ̃bala:ʒ] *m.* **1.** packing, wrapping, packaging. *Frais d'emballage,* packing charges. — **2.** package, packing. *Emballage à retourner,* packing to be returned. *Emballage compris,* packing included, ready packed, no charges for packing. *Emballage défectueux,* faulty packing. *Emballage d'origine,* original packing. *Emballage en sus,* packing extra. *Emballage factice,* dummy pack. *Emballage familial,* family size. *Emballage maritime,* seaworthy packing, export packing. *Emballage non compris,* packing extra. *Emballage perdu,* packing free, non returnable packing. *Emballages vides,* empties. *Franco d'emballage,* packing free. *On ne reprend pas les emballages vides,* empties not returnable, not taken back. *Spécification d'emballage (liste de colisage),* packing list.

emballement [-lmɑ̃] *m.* boom. *Emballement des cours,* boom in prices.

emballer [-le] *vt.* to pack up, to wrap up.

emballeur [-lœ:r] *m.* packer.

embarcadère [ɑ̃barkadɛ:r] *m.* MAR. landing-stage, wharf; RAIL platform.

embargo [ɑ̃bargo] *m.* embargo. *Lever l'embargo,* to raise the embargo. *Mettre l'embargo sur :* **a)** to lay an embargo on; **b)** to forbid the sale of.

embarquement [ɑ̃barkəmɑ̃] *m.* shipment (marchandises), embarking (passagers). *Billet d'embarquement,* mate's receipt. *Documents d'embarquement,* shipping documents. *Permis d'embarquement,* shipping note. *Port d'embarquement,* loading port. *Une charte-partie indique le nombre de jours de planches accordés pour l'embarquement des marchandises,* a C/P specifies the number of lay-days allowed for shipment.

embarquer [-ke] *vt.* to ship; RAIL to entrain. *Embarqué en moins,* short shipped. *Poids net embarqué,* loaded net weight.

embarquer (s') *v. pr.* to be shipped, to go aboard.

embarras [ɑ̃bara] *m.* difficulty. *Vos retards précédents nous ont déjà causé beaucoup d'embarras,* we have already been put to considerable inconvenience through your former delays.

embauchage [ɑ̃boʃa:ʒ] *m.* engaging, taking on.

embaucher [-ʃe] *vt.* to engage, to take on; U. S. to hire.

embourber (s') [sɑ̃burbe] *v. pr.* to stall. *Le gouvernement semble s'orienter vers des mesures inflationnistes pour stimuler une économie embourbée,* the government seems to be moving towards inflationary measures to stimulate the stalled economy.

embouteillage [ɑ̃butɛja:ʒ] *m.* bottleneck.

embouteiller [-je] *vt.* to bottleneck.

embranchement [ɑ̃brɑ̃ʃmɑ̃] *m.* siding. *Embranchement particulier,* private siding. *Embranchement de lignes de chemins de fer,* junction.

embrouillé, e [ɑ̃bruje] *adj.* intricate, knotty.

émetteur, trice [emɛtœ:r] *adj.* FIN. issuing. *Banque émettrice,* issuing bank.

émetteur *m.* FIN. issuer. PRO. EX. *Emetteur de la filière,* first seller.

émettre [emɛtr] *vt.* **1.** FIN. to issue (cheque, etc.), to put into circulation (money). *Emettre des actions au pair,* to issue shares at par. *Emettre un emprunt,* to float a loan. — **2.** PRO. EX. to start. *Emettre une filière,* to start a string.

émigration [emigrasjɔ̃] *f.* emigration.

émigrer [-gre] *vi.* to emigrate.

émission [emisjɔ̃] *f.* FIN. issue, issuing; U. S. issuance. *Emission au-dessous du pair,* issue below par. *Emission d'obligations,* bond issue. *Emission en cours,* current issue. *Emission limitée,* restricted, limited issue. *Banque d'émission,* issuing bank. *Prime d'émission,* share premium. *Prix d'émission,* rate of issue, issue price. *Syndicat d'émission,* issuing syndicate. ST.-EX. *Acheter des actions au prix d'émission,* to get in on the ground-floor.

emmagasinage [ɑ̃magazina:ʒ] *m.* storing, warehousing. *Droits d'emmagasinage,* storage charges.

emmagasiner [-ne] *vt.* to store, to warehouse, to lay in.

émoluments [emɔlymɑ̃] *m. pl.* emoluments.

empaqueter [ɑ̃pakte] *vt.* to pack up.

empaqueteur [-ktœ:r] *m.* packer.

emparer (s') [sɑ̃pare] *v. pr.* to lay hold (*de,* on). *S'emparer du marché,* to monopolize the market.

empêchement [ɑ̃pɛʃmɑ̃] *m.* impediment, hindrance. *En cas d'empêchement,* in case of prevention.

empêcher [-ʃe] *vt.* to prevent, to hinder. *Empêcher qqn de faire qqch.,* to prevent s. o. from doing sth. « *Empêché* », prevented from attending the meeting, from going to.

empiéter [ɑ̃pjete] *vt.* to encroach, to infringe (*sur,* upon).

empirer [ɑ̃pire] *vt.* et *vi.* to worsen.

emplacement [ɑ̃plasmɑ̃] *m.* **1.** space. *Emplacement des annonces,* position of advertisements. *Emplacement isolé,* solus position, full position, island position. *Emplacement réservé,* reserved position. *Emplacement réservé aux mentions de service,* space for service instructions. — **2.** MAR. berth. *Emplacement d'embarquement,* loading berth.

emploi [ɑ̃plwa] *m.* **1.** FIN. use, employment, appropriation (des crédits). *Double emploi,* duplication, overlapping. *Faire double emploi avec,* to duplicate with. — **2.** employment, situation, position. *Emploi vacant,* vacancy. *Demandes d'emploi,* situations wanted. *Mode d'emploi,* instructions for use, instruction book. *Offres d'emploi,* situations vacant (petites annonces). *Plein emploi,* full employment. *Sécurité de l'emploi,* job security, fixity of tenure. *Sans emploi,* out of work. *Solliciter un emploi,* to apply for a situation.

employé [-je] *m.* employee. *Employé (employée) de bureau,* clerk (lady-clerk). *Employé (employée) de magasin,* salesman (saleswoman). *Les employés,* employees, white-collar workers.

employer *vt.* **1.** to use, to employ. — **2.** B. K. to enter, to put. *Employer une somme en recette,* to put a sum to the credit side.

employeur [-jœ:r] *m.* employer.

emporter [ɑ̃pɔrte] *vt.* to carry away. « *A emporter* », for off-consumption; U. S. to take home. *Vente à emporter,* cash and carry.

empresser (s') [sɑ̃prɛse] *v. pr.* to hasten (*de,* to), to be prompt (*de,* in). *Les entreprises privées se sont empressées de rapatrier leurs liquidités de l'étranger,* businessmen have been quick to pull back their liquid funds from abroad.

emprunt [ɑ̃prɛ̃] *m.* **1.** FIN. loan. *Accorder un emprunt,* to grant a loan. *Amortir un emprunt,* to redeem, to repay a loan. *Amortissement d'un emprunt,* redemption of a loan. *Conditions d'emprunt,* terms of the loan, loan terms. *Contracter un emprunt,* to take up, to contract, to raise a loan. *Emettre un emprunt,* to issue a loan. *Emission d'un emprunt,* issue of a loan. *Emprunt à court terme,* short (-dated) loan, short-term loan. *Emprunt à la grosse,* bottomry loan. *Emprunt à long terme,* long (-dated) loan, long-term loan. *Emprunt à prime,* premium loan, loan at option. *Emprunt communal (de villes),* municipal loan. *Emprunt consolidé,* consolidated loan. *Emprunt d'amortissement,* redemption loan. *Emprunt de consolidation,* consolidation loan. *Emprunt des services publics,* utility loan, public loan. *Emprunt extérieur,* foreign, external loan. *Emprunt forcé,* forced loan. *Emprunt garanti (gagé),* secured loan, hypothecary loan. *Emprunt hypothécaire,* mortgage loan. *Emprunt obligataire,* debenture loan. *Emprunt remboursable sur demande,* call money, loan repayable on demand. *Emprunt sur titres,* loan on stock. *Des emprunts non gagés ne sont consentis qu'aux entreprises jouissant d'une solide réputation de crédit,* unsecured loans are granted only to concerns with very high credit ratings. *L'emprunt a été couvert plusieurs fois,* the loan was oversubscribed. *Lancer un emprunt,* to float, to launch a loan. *Produit d'un emprunt,* proceeds of a loan. *Rembourser un emprunt,* to redeem, to repay a loan. *Souscrire à un emprunt,* to subscribe to a loan. — **2.** borrowing. *Faire un emprunt à qqn,* to borrow from s. o. — **3.** making use of. MAR. *Emprunt d'un canal par un navire,* making use of a canal.

emprunter [-te] *vt.* **1.** to borrow. *Emettre des obligations est une façon d'emprunter de l'argent,* issuing bonds is a method of borrowing money. *Emprunter sur titres,* to borrow on securities. — **2.** to make use of, to take.

emprunteur [-tœ:r] *m.* borrower. *Emprunteur à la grosse,* borrower on bottomry. *Emprunteur sur gages,* mortgagor; pawner.

encadrement [ɑ̃kadrəmɑ̃] *m.* framing. *Encadrement du crédit,* selective credit regulations.

encaissable [ɑ̃kɛsabl] *adj.* FIN. encashable, cashable (chèque), collectable (effet).

encaisse [ɑ̃kɛs] *f.* cash in hand, cash balance. *Déficit dans l'encaisse,* short in the cash. *Encaisse métallique,* cash and bullion in hand, gold and silver reserve. *Excédent dans l'encaisse,* over in the cash. *Pas d'encaisse,* no funds.

encaissement [-smɑ̃] *m.* **1.** collection, encashment. *Avis d'encaissement,* advice of collection. *Bordereau d'encaissement,* list of bills for collection. *Conditions d'encaissement,* terms of collection. *Effectuer l'encaissement,* to undertake the collection. *Effet à l'encaissement,* bill for collection. *Envoyer à l'encaissement,* to hand in for collection, to remit, to send for collection. *Frais d'encaissement,* collection charges. *Monnaie d'encaissement,* currency of the country of payment. *Remise d'effets à l'encaissement,* remittance of bills for collection. *Valeur à l'encaissement,* value for collection. *Sauf* *encaissement,* under usual reserve. — **2.** (chèque) paying-in. *Présenter un chèque à l'encaissement,* to pay in a cheque, to present a cheque for payment. — **3.** (emballage) encasing, boxing (of goods).

encaisser [-se] *vt.* **1.** FIN. to cash, to encash (chèque), to collect (effet). *Encaisser des coupons,* to cash coupons. *Encaisser des effets,* to collect bills. — **2.** (emballage) to encase, to box.

encaisseur [-sœ:r] *m.* collector (d'un effet), receiver, receiving-cashier (au guichet d'une banque).

encart [ɑ̃kar] *m.* tip-in, insert, inset. *Encart dans un emballage,* package insert.

encarter [-te] *vt.* to insert, to card-index.

enchère [ɑ̃ʃɛ:r] *f.* **1.** bid. *Dernière enchère,* highest bid. *Mettre une enchère sur,* to offer a bid for, to make a bid on, to bid for. — **2.** auction sale. *Enchères au rabais,* Dutch auction. *Enchères forcées,* compulsory auction sale. *Enchères publiques,* public auction; U. S. vendue. *Enchères volontaires,* voluntary auction sale. *L'équipement sera mis aux enchères,* the plant will come under the hammer. *Mettre aux enchères,* to put up for (to) auction. *Vendre un immeuble aux enchères,* to sell a property by (U. S. at) auction.

enchérir [ɑ̃ʃeri:r] *vt.* **1.** to bid for (à une vente). — **2.** to raise, to increase the price of (marchandises).

enchérir *vi.* **1.** to rise in price, to increase in price, to become dearer; U. S. to hike. — **2.** to bid. *Enchérir sur qqn,* to outbid s.o.

enchérissement [-rismɑ̃] *m.* increase in price. *Enchérissement du coût de la vie,* rise in living cost.

enchérisseur [-risœ:r] *m.* bidder. *Dernier enchérisseur,* highest bidder.

enclenchement [ɑ̃klɑ̃ʃmɑ̃] *m.* interdependence of industrial processing operations.

encombrant, e [ɑ̃kɔ̃brɑ̃] *adj.* cumbersome, bulky.

encombrement [-brəmɑ̃] *m.* **1.** congestion, glutting (of a market). *Encombrement au guichet,* crowding round the window. — **2.** (espace) measurement, space occupied. *Marchandises d'encombrement,* bulky goods. MAR. *Fret selon poids ou encombrement,* weight or measurement freight. *Tonneau d'encombrement,* measurement ton.

encombrer [-bre] *vt.* to glut, to overstock. *Le marché est encombré,* the market is glutted, overstocked, congested.

encontre [ɑ̃kɔ̃tr] *loc. adv. A l'encontre de,* against, in opposition to. *Aller à l'encontre de,* to run counter to, to go against.

encourageant, e [ɑ̃kuraʒɑ̃] *adj.* hopeful. *Des signes encourageants d'une reprise économique,* hopeful tokens of an economic recovery.

encouragement [-ʒmɑ̃] *m.* support. *Primes d'encouragement,* incentive bonuses; U. S. incentives.

encourager [-ʒe] *vt.* to promote, to foster. *Le gouvernement veut encourager l'épargne,* the government wishes to foster saving.

encourir [ɑ̃kuri:r] *vt.* to incur, to run. *Encourir des frais,* to incur expenses. *Encourir des risques,* to run risks; FIG. to take a chance.

encours [ɑ̃ku:r] *m.* liabilities in bills of exchange.

endetter (s') [sɑ̃dɛte] *v. pr.* to run into debt, to get into debt.

endiguer [ɑ̃dige] *vt.* to stem.

endommagement [ɑ̃dɔmaʒmɑ̃] *m.* damage, injury (*de,* to).

endommager [-ʒe] *vt.* to damage. *Ces colis nous sont parvenus endommagés,* these parcels reached us in damaged condition.

endos [ɑ̃do] *m.* endorsement, indorsement. *Munir de son endos,* to endorse.

endossable [-sabl] *adj.* endorsable, indorsable.

endossataire [-satɛ:r] *m.* endorsee.

endossement [ɑ̃dosmɑ̃] *m.* endorsement, indorsement. *Endossement à forfait (sans garantie),* endorsement without recourse, qualified endorsement. *Endossement complet,* full endorsement, special endorsement. *Endossement conditionnel,* conditional endorsement. *Endossement en blanc,* blank endorsement. *Endossement partiel,* partial endorsement. *Endossement pignoratif,* endorsement for pledge, endorsement " value as security ". *Endossement postérieur à l'échéance,* endorsement after maturity. *Endossement restrictif,* restrictive endorsement. *Endossement spécial,* special endorsement. *Les formules les plus usuelles d'endossement restrictif sont « valeur en dépôt », « valeur en garantie », « valeur à l'encaissement »,* the most usual forms of restrictive endorsement are " for deposit only ", " value as security ", " for collection only ". *Transmissible, transférable par endossement,* transferable by endorsement. *Transport par endossement,* transfer by endorsement.

endosser [-se] *vt.* to endorse, to indorse. *Endossé en blanc,* blank endorsed. *Une personne qui endosse un instrument négociable sans porter la mention « sans garantie » est responsable à l'égard du tiers porteur en cas de non-payement par le tireur,* a person who endorses a negotiable instrument without the mention " qualified endorsement " becomes liable to the subsequent holder should the maker fail to pay it.

endosseur [-sœ:r] *m.* endorser, indorser, transferee. *Endosseur suivant,* subsequent endorser.

endurance [ɑ̃dyrɑ̃:s] *f.* endurance. *Epreuve d'endurance,* reliability test, trial.

enfler [ɑ̃fle] *vt.* FIN. to inflate.

enfler (s') *v. pr.* FIN. to swell.

enfreindre [ɑ̃frɛ̃:dr] *vt.* to infringe, to transgress. *Enfreindre les règlements,* to infringe regulations.

engagement [ɑ̃gaʒmɑ̃] *m.* **1.** (mise en gage) pawning, pledging. — **2.** obligation, engagement. *Contracter, prendre un engagement,* to enter into an obligation, a contract. *Démonstration sans engagement,* ask for free demonstration. *Engagement à court terme,* short-term obligation. MAR. *Engagement de fret,* freight engagement, freight booking. *Engagements en cours,* running engagements. *Offre sans engagement,* offer without any obligation. *Sans engagement de notre part,* without responsibility on our part, without committing ourselves. — **3.** FIN. **engagements** *m. pl.* liabilities, commitments. *Comporter des engagements,* to involve liabilities. *Engagements à la hausse,* bull commitments. *Engagements éventuels,* contingent liabilities. *Faire face, faire honneur à ses engagements,* to meet, to fulfil one's commitments, liabilities. — **4.** appointment, engagement (of employees).

engager [-ʒe] *vt.* **1.** (mettre en gage) to pawn, to pledge; U. S. to hock; to mortgage. — **2.** to engage, to take on; U. S. to hire (employees). — **3.** FIN. to invest, to tie up (capital). *Capital engagé,* trading capital, vested interests. — **4.** to start upon, to enter into (negotiations). — **5.** to bind, to be binding upon. *Les agents commerciaux sont habilités à signer des contrats qui engagent leurs commettants,* commercial agents are entitled to sign contracts which are binding upon their principals. — **6.** INS. to involve. *Votre responsabilité est engagée,* your responsibility is involved. — **7.** MAR. to book. — **8.** LAW to institute (poursuites). *Engager une procédure judiciaire,* to take legal action, proceedings.

engager (s') *v. pr.* **1.** to take service with. — **2.** to undertake, to engage oneself to, to bind oneself. *S'engager par-devant notaire,* to sign a legal agreement. *Ne s'engager à rien,* to be non-committal. *S'engager par contrat,* to enter into a contract, to contract. *Un assureur ne s'engage que dans la limite du montant qu'il a souscrit,* an insurer binds himself only within the limit of the amount he has agreed to subscribe.

engendrer [ɑ̃ʒɑ̃dre] *vt.* to create, to generate.

englober [ɑ̃glɔbe] *vt.* **1.** to include. — **2.** to absorb, to merge.

engorgement [ɑ̃gɔrʒəmɑ̃] *m.* ST.-EX. glutting.

engouement [ɑ̃gumɑ̃] *m.* infatuation (*pour,* with).

enlèvement [ɑ̃lɛvmɑ̃] *m.* removal, collection, snapping up. *Enlèvement par avion, par camion, par train,* enplaning, entrucking, entraining.

enlever [ɑ̃lve] **1.** to remove, to collect. *Enlever des marchandises à la gare,* to collect goods at the station. — **2.** FIN. to take up (des titres). — **3.** to secure, to pull off, to snap off. *Enlever une commande,* to secure an order.

enlever (s') *v. pr.* **1.** to sell readily, to be snapped up. *Ce nouveau modèle s'est enlevé rapidement,* this new model found a ready sale. — **2.** FIN. to be taken up. *Ces obligations se sont enlevées rapidement,* these bonds were soon taken up.

enlisement [ɑ̃lizmɑ̃] *m.* floundering.

énoncer [enɔ̃se] *vt.* to state, to stipulate, to set forth, to specify. *Conditions énoncées en contrat,* conditions set forth in the agreement. *Somme énoncée en nouveaux francs,* sum expressed in new francs.

énonciation [-sjasjɔ̃] *f.* **1.** wording (d'un acte). — **2.** statement (des faits).

enquête [ɑ̃kɛ:t] *f.* inquiry, enquiry, investigation. *Enquête à l'extérieur,* field investigation, field survey. *Enquête auprès des consommateurs,* consumer survey. *Enquête auprès des détaillants,* retailer, dealer survey. *Enquête par sondage de l'opinion,* opinion survey; U. S. opinion poll. *Enquête pilote,* pilot survey. LAW *Commission d'enquête,* court of inquiry. *Faire une enquête,* to make inquiries into. *L'enquête piétine,* the inquest is making no headway. *Lettre d'enquête,* tracer.

enquêter [-te] *vi.* to inquire (*sur,* into), to make investigations.

enquêteur [-tœ:r] *m.* field investigator, interviewer, field worker.

enrayer [ɑ̃rɛje] *vt.* to stem, to check, to stop. *Le gouvernement essaye d'enrayer la hausse des prix,* the government tries to keep the prices down (to peg prices down).

enregistrement [ɑ̃rəʒistrəmɑ̃] *m.* **1.** registration, registry, recording. *Droits d'enregistrement,* registration fees. *Enregistrement d'une commande,* entering up of an order. *Enregistrement d'une société,* incorporation of a company. — **2.** RAIL registering; U. S. checking. — **3.** recording (radio, etc.). ADM. *(Bureau de l') enregistrement,* registry (office). RAIL booking office (for luggage); U. S. checking-office.

enregistrer [-tre] *vt.* **1.** B. K., LAW to register, to file, to enter up, to record. *Enregistrer un acte,* to register a deed. — **2.** RAIL to register; U. S. to check. — **3.** to record (*sur un magnétophone,* on a tape-recorder). — **4.** FIN. *Nos actions ont enregistré une plus-value,* our shares show an appreciation. — **5.** to chalk up. *Ce pays a enregistré sa première balance des payements véritablement favorable,* this country chalked up its first real balance of payments surplus.

enregistreur, euse [-trœ:r] *adj.* recording. *Caisse enregistreuse,* cash register.

enregistreur *m.* **1.** recorder, register. — **2.** registrar.

enseigne [ɑ̃sɛɲ] *f.* sign. *Enseigne au néon,* neon sign. *Enseignes lumineuses,* electric signs; U. S. spectaculars.

enseignement [ɑ̃sɛɲmɑ̃] *m.* teaching. *Enseignement professionnel,* vocational training.

ensemble [ɑ̃sɑ̃:bl] *m.* whole. *Dans son ensemble,* as a whole. *Nous travaillons à un plan d'ensemble pour accroître le rendement,* we are working on an overall plan to improve the output.

entacher [ɑ̃taʃe] *vt.* LAW to vitiate. *Entaché de nullité,* null and void.

entamer [ɑ̃tame] *vt.* **1.** LAW to institute (*des poursuites,* proceedings). — **2.** FIN. to encroach on (capital). — **3.** to open, to start, to enter into (negociations), to initiate. *Nous espérons entamer des relations profitables avec votre entreprise,* we hope to initiate profitable relations with your firm. — **4.** to draw on, to tap (des réserves).

entendre (s') [sɑ̃tɑ̃:dr] *v. pr.* **1.** to agree upon (un prix, etc.). — **2.** to be understood. *Ces prix s'entendent départ usine,* prices are quoted ex-works.

entente [ɑ̃tɑ̃:t] *f.* agreement, understanding.

entériner [ɑ̃terine] *vt.* to confirm, to ratify.

en-tête [ɑ̃tɛ:t] *m.* heading.

entier [ɑ̃tje] *m.* whole. *En entier,* in full.

entôler [ɑ̃tole] *vt.* FAM. to take in.

entorse [ɑ̃tɔrs] *f.* infringement (au règlement).

entrain [ɑ̃trɛ̃] *m.* ST.-EX. buoyancy.

entraîner [ɑ̃trɛne] *vt.* to incite, to involve, to entail.

entrave [ɑ̃tra:v] *f.* obstacle, hindrance. *Mettre une entrave à,* to hamper, to hinder.

entraver [ɑ̃trave] *vt.* to hamper, to hinder, to clog.

entrée [ɑ̃tre] *f.* **1.** admission, admittance, entrance. *Entrée de faveur,* free pass. *Entrée interdite,* no admittance. *Entrée libre,* admission free. *Droits d'entrée,* entrance fees. — **2.** CUST. *Droits d'entrée,* import duties. *Entrée en douane d'un navire,* clearance inwards. *Faire l'entrée en douane,* to clear inwards. *Tarif d'entrée,* import list. — **3.** FIN. (recettes) receipt; B. K. entry. *Entrées et sorties de caisse,* cash receipts and payments. — **4.** FIN. *Entrée en valeur (des intérêts),* value date. — **5.** LAW *Entrée en fonction,* taking over one's duties. *Entrée en jouissance,* taking possession. *Entrée en jouissance immédiate,* with immediate possession. *Entrée en vigueur,* coming into force.

entregent [ɑ̃trəʒɑ̃] *m.* social sense.

entremettre (s') [sɑ̃trəmɛtr] *v. pr.* to intercede (*pour,* for).

entremise [ɑ̃trəmi:z] *f.* medium, agency. *Les transactions en Bourse se font par l'entremise des courtiers,* Stock-Exchange operations are done through the agency of brokers.

entreposage [ɑ̃trəpoza:ʒ] *m.* warehousing, storage; LAW bonding (en douane).

entreposer [-ze] *vt.* to warehouse, to store; LAW to bond (en douane). *Les marchandises entreposées en douane ne peuvent être retirées pour la consommation que contre payement des droits,* goods in bond cannot be removed for home consumption without duties being paid.

entreposeur [-zœ:r] *m.* warehouseman, warehousekeeper.

entrepositaire [-zitɛ:r] *m.* **1.** keeper of stored goods. — **2.** LAW bonder (des douanes).

entrepôt [ɑ̃trəpo] *m.* **1.** warehouse, store. *A prendre en entrepôt,* ex-warehouse. — **2.** CUST. bonded warehouse. (N. B. In France, there are three types of bonded warehouses: *entrepôts fictifs,* private bonded warehouses [generally the trader's own warehouse where the operations are checked by a customs official]; *entrepôts réels,* public bonded warehouses [where goods can be kept up to five years without paying duties and which are run by port authorities or by chambers of commerce]; *entrepôts spéciaux,* special bonded warehouses [for perishable goods, for instance].—Ces distinctions n'existent pas en Angleterre. Aux Etats-Unis, la mise en entrepôt fictif s'appelle "field warehousing".) *Certificat d'entrepôt,* warrant. *En entrepôt,* in bond. *Entrepôt frigorifique,* cold storage plant. *Marchandises en entrepôt,* bonded goods. *La mise en entrepôts fictifs évite les frais d'emmagasinage et de transport supplémentaires,* field (private) warehousing avoids extra storage expenses and freight costs. *Mutation d'entrepôt,* removal of goods under bond. *Retirer de l'entrepôt,* to release from bond. *Vendre en entrepôt,* to sell in bond.

entreprendre [ɑ̃trəprɑ̃:dr] *vt.* to undertake.

entrepreneur [-prənœ:r] *m.* contractor. *Entrepreneur de bâtiments,* building contractor. *Entrepreneur de roulage, de transport,* cartage, haulage contractor. *Entrepreneur de roulages publics,* common carrier.

entreprise [-pri:z] *f.* enterprise, undertaking, concern, venture, firm. *Entreprise à succursales,* multiple store.

Entreprise commerciale, commercial undertaking, business concern. *Entreprise de déménagement,* removal contractors. *Entreprise de distribution,* distributive enterprise. *Entreprise de roulage, de transport,* cartage contractor, carrying company, forwarding agency. *Entreprise de service public,* utility concern; U. S. utility. *Entreprise de vente par correspondance,* mail order business. *Entreprise douteuse,* unsound venture, wildcat scheme. *Entreprise témoin,* demonstration plant. *Chef d'entreprise,* head of business, executive. *Comité d'entreprise,* joint production committee (v. CONSEIL). *Conseil d'entreprise,* works council, joint consultation council. *Moyenne entreprise,* medium-sized concern. *Règlement d'entreprise,* works regulations.

entrer [ɑ̃tre] *vt.* **1.** B. K. to enter. *Entrer un article au grand livre,* to enter, to post an item in the ledger. — **2.** to bring in. CUST. *Entrer des marchandises en fraude,* to smuggle in goods.

entrer *vi.* **1.** LAW to enter, to go into, to come into. *Entrer en fonction,* to enter upon one's duties. *Entrer en jouissance,* to enter into possession. *Entrer en liquidation,* to go into liquidation, to be wound up. *Entrer en vigueur,* to come into force, to become effective, operative. — **2.** FIN. *Entrer en valeur,* to come into value. *Les sommes déposées sur votre compte spécial entrent immédiatement en valeur,* the amount deposited in your special account will immediately come into value, will start bringing interest immediately. — **3.** *Entrer dans une carrière,* to take up a career. *Entrer dans les affaires,* to take up business. *Entrer dans une affaire,* to join in a business. — **4.** MAR. to enter, to go into. *Entrer en cale sèche,* to go into dry dock.

entretenir [ɑ̃trətəni:r] *vt.* **1.** to maintain; U. S. to service. *Entretenir en bon état,* to keep in good repair. — **2.** to keep up. *Entretenir des relations d'affaires avec,* to keep up a business connection with, to have dealings with. *Entretenir une correspondance avec,* to keep up a correspondence with. *Les droits du port sont perçus pour entretenir les installations portuaires,* port dues are levied to keep up the port equipment. — **3.** *Entretenir qqn de qqch.,* to talk to s. o. about sth., to report sth. to s. o. *Le directeur a entretenu le conseil des contacts préliminaires qu'il a eus au Japon,* the director reported his preliminary contacts in Japan to the board.

entretenir (s') *v. pr.* to be kept in repair. *Ces machines-outils s'entretiennent facilement,* these machine-tools do not require considerable upkeep. — **2.** to talk with.

entretien [ɑ̃trətjɛ̃] *m.* **1.** conversation, talk. *Accorder un entretien,* to grant an interview. *Entretiens préliminaires,* preliminary talks. — **2.** maintenance, upkeep. *Entretien systématique, préventif,* preventive maintenance. *Fiche d'entretien,* maintenance card. *Frais d'entretien,* maintenance charges, costs.

entrevoir [ɑ̃trəvwa:r] *vt.* to foresee. *Laisser entrevoir,* to foretell, to foreshadow. *La mollesse des cours laisse entrevoir une crise économique prochaine,* the dullness of the market foreshadows an economic crisis in the near future.

entrevue [-vy] *f.* interview.

énumérer [enymere] *vt.* to enumerate.

enveloppe [ɑ̃vlɔp] *f.* envelope. *Enveloppe à fenêtre,* panel envelope. *Enveloppe affranchie pour la réponse,* stamped envelope. *Enveloppe réponse,* return envelope, reply envelope.

envergure [ɑ̃vɛrgy:r] *f.* scale, scope. *Entreprise d'envergure,* large-scale concern.

environ [ɑ̃virɔ̃] *adv.* about. ST.-EX. *Ordre d'achat à un cours environ,* order at an about price.

envisager [ɑ̃vizaʒe] *vt.* to intend, to plan, to contemplate; U. S. to envision. *Nous envisageons des échanges plus vastes,* we envision a greater interchange.

envoi [ɑ̃vwa] *m.* **1.** sending, forwarding, dispatch; FIN. remittance. *Envoi collectif,* collective shipment, joint consignment. *Envoi contre remboursement,* cash on delivery. *Envoi de fonds,* remittance of funds. *Envoi de justificatifs,* sending of vouchers. *Envoi en groupage,* shipment in groupage, collective shipment. *Envoi gratuit sur demande,* post on application. *Envoi par bateau,* shipment. *Envoi par chemin de fer,* dispatch by rail. — **2.** consignment, parcel, packet, goods sent. *Envoi à couvert,* packed shipment, consignment. *Envoi à découvert,* unpacked consignment, shipment. *Envoi à titre d'essai,* goods sent on trial. *Envoi à vue,* goods sent on appro. POST *Envoi chargé (avec valeur déclarée),* insured packet; *envoi en franchise, franco,* post free parcel; *envoi recommandé,* registered packet. *Lettre d'envoi,* letter of advice.

envoyé [ɑ̃vwaje] *m.* messenger. *Envoyé spécial,* special correspondent.

envoyer *vt.* to send, to forward, to dispatch; FIN. to remit.

envoyeur [-jœ:r] *m.* sender. « *Retour à l'envoyeur* », " Return to sender ".

épargnant [eparɲɑ̃] *m.* investor, saver.

épargne [eparɲ] *f.* **1.** saving, economy. *Epargne forcée,* forced savings. *Epargne institutionnelle,* institutional investors. *Epargne privée,* personal savings, private investors. *Caisse d'épargne,* savings-bank. *Livret de caisse d'épargne,* savings-bank book. — **2.** U. S. layaway (service de l'épargne dans un grand magasin).

épargner [-ɲe] *vt.* to save, to economize, to lay away.

épauler [epole] *vt.* to back up.

épave [epa:v] *f.* wreck. MAR. INS. *Épaves flottantes,* flotsam; *épaves (avec bouée d'identification),* ligam; *épaves (sur le rivage),* jetsam.

épineux, euse [epinø] *adj.* knotty.

épingler [epɛ̃gle] *vt.* to pin.

éponger [epɔ̃ʒe] *vt.* to mop up, to skim off.

épreuve [eprœ:v] *f.* **1.** test, trial. *Epreuve à outrance,* resistance test. *A toute épreuve,* foolproof. — **2.** proof (d'imprimerie).

éprouver [epruve] *vt.* **1.** to test, to try. *Les marchandises vendues sujettes à analyse doivent être éprouvées sérieusement,* goods sold subject to assay must undergo severe trials. — **2.** to meet with, to experience (difficulties). *Eprouver une perte,* to suffer losses.

épuisé, e [epɥize] *adj.* exhausted, depleted (stock), out of print (édition), out of stock.

épuisement [-zmɑ̃] *m.* FIN. drain, exhaustion, running out, consumption (d'un stock).

épuiser [-ze] *vt.* to consume, to exhaust (stock); FIN. to drain. *Cet article est épuisé,* we are out of stock with this line.

épuiser (s') *v. pr.* to get exhausted, to run low. *Nos réserves s'épuisent,* our stocks are giving out, running low.

équilibre [ekilibr] *m.* equilibrium, balance. *Rétablir l'équilibre budgétaire,* to restore the budget balance.

équilibrer [-bre] *vt.* to balance.

équipage [ekipa:ʒ] *m.* crew.

équipe [ekip] *f.* shift, gang, team. *Chef d'équipe,* foreman; U. S. overseer. *Equipe de nuit,* night shift, night gang. *Equipe de dépannage,* repair party; U. S. repair crew. *Prime d'équipe,* group bonus; U. S. crew incentive.

équipement [-pmɑ̃] *m.* equipment. *Equipement industriel,* plant. *Equipement portuaire,* harbour facilities.

équiper [-pe] *vt.* to equip, to outfit, to fit out, to tool up; U. S. to fix out.

équivalent, e [ekivalɑ̃] *adj.* equivalent.

équivalent *m.* équivalent.

équivaloir [-lwa:r] *vi.* to be equivalent (*à,* to).

ergonomie [ɛrgɔnɔmi] *f.* human engineering.

erreur [ɛrœ:r] *f.* error, mistake. *Erreur d'adresse,* misdirection, misrouting. *Erreur de copiste, de transcription,* clerical error. *Erreur de date,* misdating. *Erreur type,* standard error. *Erreur typographique,* misprint, printer's error. *Induire en erreur,* to mislead. *Sauf erreur* *ou omission,* errors and omissions excepted, E. & O. E.

erroné, e [ɛrɔne] *adj.* erroneous, wrong.

ersatz [ɛrzats] *m.* substitute, ersatz.

escale [ɛskal] *f.* call, port of call. *Faire escale,* to call at. *Vol sans escale,* non-stop flight.

escomptable [ɛskɔ̃tabl] *adj.* discountable.

escompte [ɛskɔ̃:t] *m.* **1.** FIN. discount. *Escompte commercial,* bank discount. *Escompte en dedans,* true discount. *Escompte en dehors,* bank discount. *Escompte hors banque,* private rate of discount, market rate. *Escompte irrationnel,* bank discount. *Escompte officiel,* bank rate of discount, official rate. *Escompte privé,* private rate of discount, market rate. *Escompte rationnel,* true discount. *Taux d'escompte,* discount rate; U. S. prime rate. *Taux d'escompte de la Banque d'Angleterre,* Bank Rate. — **2.** FIN. (action d'escompter) discounting, discount. *Bordereau d'escompte,* list of bills for discount. *Escompte à forfait,* discounting without recourse. *Remettre à l'escompte,* to tender for discount. — **3.** (remise) discount. *Escompte de caisse,* cash discount. *Escompte pour payement d'avance,* discount for prepayment. *Escomptes sur achats en gros,* discounts on bulk buying. *Escompte sur marchandises (d'usage),* trade discount. *Nous accordons 3 % d'escompte pour tous règlements au comptant d'usage,* we grant 3 % discount for prompt cash payment. *Accorder 3 % d'escompte,* to allow, to grant 3 % discount. — **4.** ST.-EX. calling for delivery before the settlement. (N. B. Cette pratique n'existe pas à la Bourse de Londres.)

escompter [-te] *vt.* **1.** to discount. *Escompter un effet,* to discount a bill. — **2.** ST.-EX. *Escompter à terme,* to call for delivery before the settlement. — **3.** to bank on, to reckon upon, to anticipate (un résultat, etc.). *Bénéfices escomptés,* anticipated profits.

escompteur [-tœ:r] *m.* discounter.

escroc [ɛskro] *m.* swindler; U. S. racketeer.

escroquerie [ɛskrɔkri] *f.* swindle; U. S. racket.

espace [ɛspɑ:s] *m.* space. *Espace pour publicité commerciale,* display space.

espacement [-smɑ̃] *m.* spacing.

espèce [ɛspɛs] *f.* **1.** LAW case in question, case in point. *Cas d'espèce faisant précédent,* leading case. — **2. espèces** *f. pl.* specie, cash. *Avoir en espèces,* cash assets. *Bordereau d'espèces,* specifications. *Espèces en caisse et en banque,* cash in hand and at bankers. *Espèces pour solde,* cash to balance, cash in full settlement. *Payement en espèces,* payment in cash.

espérer [ɛspere] *vt.* to hope, to expect. *Profit espéré,* anticipated profit.

esquisser [ɛskise] *vt.* to sketch, to outline.

esquiver [ɛskive] *vt.* to dodge, to shirk, to elude.

essai [ɛsɛ] *m.* trial, test. *A l'essai,* on trial, on probation (personne, voiture), on approval (marchandises). *A titre d'essai,* by way of trial, tentatively. *Ballon d'essai,* feeler. *Bilan d'essai,* trial balance. *Commande à titre d'essai,* trial (sample) order. *Produits à l'essai,* merchandise on appro; U. S. ride merchandise. *Essai contradictoire,* control assay, test. *Essai de charge,* load test. *Essai gratuit,* free trial. *Essai de rupture,* breaking test. *Mettre à l'essai,* to put to trial. *« Avec la faculté d'effectuer des essais à n'importe quel point du voyage »,* " With liberty to run trials at any stage of the voyage ".

essayage [-ja:ʒ] *m.* testing, trying.

essayer [-je] *vt.* to try, to test.

essayeur [-jœ:r] *m.* trier, tester (machine), assayer (métaux).

essentiel, elle [ɛsɑ̃sjɛl] *adj.* essential, staple. *Les renseignements demandés nous sont essentiels,* the required information are essential to us.

essentiel *m.* essential thing. *Nous faisons l'essentiel de nos affaires avec l'Espagne,* the bulk of our business is done with Spain.

essor [ɛsɔ:r] *m.* progress, development. *Prendre un grand essor,* to progress by leaps and bounds, to make great strides, to go racing ahead.

essuyer [ɛsɥije] *vt.* FIG. to suffer, to meet with.

estampillage [ɛstɑ̃pija:ʒ] *m.* stamping.

estampille [-pi:j] *f.* stamp.

estampiller [-pije] *vt.* to stamp.

estaries [ɛstari] *f. pl.* MAR. lay-days.

ester [ɛste] *vi.* LAW to bring an action, to go to law, to sue in a civil action.

estimatif, ive [ɛstimatif] *adj.* estimated. *Valeur estimative,* appraised value.

estimation [-masjɔ̃] *f.* valuation, estimation, estimate. *Estimation approximative,* rough estimate. *Estimation des frais,* estimation of charges. INS. *Estimation du dommage,* assessment of damage, adjustment of claims. *Faire une estimation au jugé,* to guesstimate.

estime [ɛstim] *f.* estimate; MAR. dead reckoning. *A l'estime :* **a)** at a rough estimate; **b)** by reckoning.

estimer [-me] *vt.* to estimate, to value, to appraise, to assess. *Nous estimons à propos d'agir ainsi,* we deem it advisable to act that way.

établir [etabli:r] *vt.* to set up, to establish, to found; FIN. to fix, to quote, to make out, to draw up. *Etablir la moyenne de,* to average. *Etablir le prix de revient,* to ascertain the cost. *Etablir un budget,* to draw up a budget. *Etablir un chèque,* to make out, to draw up a cheque. *Etablir un devis,* to estimate. *Etablir une maison de commerce,* to set up a business. *Etablir une succursale,* to set up a branch. *Etablir un prix,* to make out, to work out, to fix a price. *Le conseil d'administration établira les grandes lignes de notre campagne publicitaire,* the board will map out our advertising campaign.

établir (s') *v. pr.* to set up. FIN. to be worked out.

établissement [-blismɑ̃] *m.* **1.** FIN. fixing. — **2.** B. K. **a)** capital expenditure. *Dépenses d'établissement,* capital outlay. *Frais de premier établissement,* initial expenses; U. S. initial investment cost; **b)** *établissement du prix de revient,* costing. — **3.** establishment, institution. *Etablissement bancaire,* banking institution. *Etablissement de crédit,* credit institution. *Etablissement de crédit foncier,* real estate bank. *Etablissement de détail,* retail business. *Etablissement de gros,* wholesale business. *Etablissement principal,* main office, registered office. — **4.** (création) establishment, foundation. — **5.** (d'un document) drawing up, making out. *Etablissement d'un bilan,* drawing up of a balance sheet. *Etablissement d'un programme,* laying down of a plan.

étalage [etala:ʒ] *m.* show, display, shop-window. *Art de l'étalage,* window-dressing.

étalagiste [-laʒist] *m.* window-dresser.

étalement [etalmɑ̃] *m.* displaying; FAM. staggering (des congés).

étaler [-le] *vt.* to display.

étalon [etalɔ̃] *m.* standard. *Etalon de change or,* gold exchange standard. *Etalon or,* gold standard.

étanche [etɑ̃:ʃ] *adj.* tight.

étape [etap] *f.* stage, step.

état [eta] *m.* **1.** state, condition, position. *Etat des commandes,* order position. *Etat de compte,* state of account, position of account. *Etat de navigabilité,* seaworthiness. *Etat de situation d'une caisse,* cash position. *Etat des finances,* financial status, financial position. *Etat d'exploitation,* working condition. *Etat du marché,* state of the market. *En bon état et conditionnement apparents,* in apparent good order and condition. *Etre en état de,* to be in a position to, to be able to. *Remettre en état,* to recondition. — **2.** statement, list. *Etat civil :* **a)** registry office, register-office; **b)** LAW Family-status, vital statistics. *Etat de caisse,* cash statement. *Etat de compte,* statement, abstract of account. *Etat de frais,* statement of expenses, bill of costs. *Etat de payement,* pay schedule, pay roll. *Etat des dettes actives et passives,* account of liabilities. *Etat des lieux,* inventory of fixtures, of premises. *Etat détaillé,* detailed account; U. S. breakdown. *Etat* *mensuel,* monthly return. *Etat « néant »,* " nil " return. *Etat nominatif,* nominal roll list of names. *Etat récapitulatif,* balance account. *Officier de l'état civil,* registrar. *Rayer des états,* to strike off the rolls. — **3.** *L'Etat,* State, Government. *Banque d'Etat,* State bank, national bank. (N. B. Aux Etats-Unis, *State Bank* désigne la banque de chaque Etat, la banque fédérale ayant pour équivalent le " Federal Reserve System ".) *Obligation d'Etat,* Government bond.

étatisation [-tizasjɔ̃] *f.* nationalization.

étatisé, e [-tize] *adj* State-controlled.

étayer [etɛje] *vt.* to support, to back up.

éteindre [etɛ̃:dr] *vt.* LAW to extinguish; FIN. to pay off.

étendre [etɑ̃dr] *vt.* to extend.

étendre (s') *v. pr.* to expand, to stretch, to expatiate.

étendue [etɑ̃dy] *f.* extent, scale, scope. INS. *Etendue du dommage,* extent of the damage.

étiquetage [etiktaːʒ] *m.* labelling.

étiqueter [-kte] *vt.* to label, to ticket (prix).

étiquette [-kɛt] *f.* label; U. S. sticker. *Etiquette de qualité,* quality label.

étranger, ère [etrɑ̃ʒe] *adj.* foreign. *De marque étrangère,* foreign built. *Devises étrangères,* foreign currency.

étranger *m.* **1.** foreigner. — **2.** foreign country. *A l'étranger,* abroad. *Avoirs à l'étranger,* assets held abroad. *Dettes envers l'étranger,* external debts. *Effet sur l'étranger,* foreign bill. *Représentant à l'étranger,* representative abroad.

étranglement [etrɑ̃gləmɑ̃] *m.* ST.-Ex. squeeze.

étroit, e [etrwa] *adj.* (market) limited.

étroitesse [-tɛ:s] *f.* (market) limitedness, narrowness.

étude [ety:d] *f.* **1.** office, chambers (cabinet). — **2.** practice (clientèle). — **3.** study, survey. *Atelier d'études,* designing department. *Bureau d'études,* research department. *Ces questions sont à l'étude,* these questions are under study, in the drawing-board stage, under consideration. *Commission d'études,* committee of inquiry. *Etude des habitudes de consommation,* habit survey. *Etude de marché,* market study. *Etude d'emballage,* packaging survey. *Etude de motivation,* motivational research. *Etude des temps morts,* interruption study. *Etude des temps et des méthodes,* time and method engineering. *Etude d'un produit,* product analysis. *Etude préalable,* feasibility survey. *Service d'études,* planning, designing department; FAM. brain-room.

évaluable [evalɥabl] *adj.* appraisable, quantifiable.

évaluation [-lɥasjɔ̃] *f.* valuation, estimate, appraisement, assessment; U. S. size up. *D'après une évaluation approximative,* at a rough estimate.

évaluer [-lɥe] *vt.* to assess, to estimate, to appraise, to value. *Evaluer globalement,* to reckon in the aggregate. *Evaluer la quantité,* to quantify. *Evaluer le dommage,* to assess the damage. MAR. INS. *Police évaluée,* valued policy; *police non évaluée,* open policy.

évasion [evazjɔ̃] *f.* escape. *Evasion de capitaux,* flight of capital, drain of bullion. *Evasion d'impôt, fiscale,* evasion of tax, tax evasion.

éventail [evɑ̃ta:j] *m.* range. *Eventail des salaires,* salary range.

éventaire [evɑ̃tɛ:r] *m.* stall, stand.

éventualité [evɑ̃tɥalite] *f.* eventuality, contingency.

éventuel, elle [-tɥɛl] *adj.* eventual, possible, prospective. *Client éventuel,* prospective customer, prospect. *Passif éventuel,* contingent liabilities. *Rectifications éventuelles,* corrections (if any).

éventuellement [-tɥɛlmɑ̃] *adv.* on occasion, should the case be.

éviction [eviksjɔ̃] *f.* LAW eviction.

évidence [evidɑ̃:s] *f.* obviousness. *Mettre en évidence,* to put forward.

évincer [evɛ̃se] *vt.* LAW to evict, to dispossess.

éviter [evite] *vt.* to avoid, to shun.

évolution [evɔlysjɔ̃] *f.* development.

ex [ɛks] *préf.* ex. *Ex-coupon,* ex-coupon; U. S. coupon off. *Ex-dividende,* ex-dividend; U. S. dividend off. *Ex-droit,* ex-rights, ex-new. *Ex-exercice,* ex-dividend. *Ex-répartition* (d'actions nouvelles), ex-allotment. *Ex-répartition* (ex-bonus), ex-bonus.

exact, e [ɛgzakt] *adj.* **1.** exact, accurate, correct. — **2.** punctual.

exactitude [ɛgzaktity:d] *f.* exactitude, accuracy, punctuality.

examen [ɛgzamɛ̃] *m.* examination, inspection. *Examen contradictoire,* cross examination. *Examen sélectif,* screening test. *Après plus ample examen,* on closer inspection, after further consideration. *La question est à l'examen,* the matter is under consideration.

examiner [-mine] *vt.* to examine, to go into, to inspect, to investigate. *J'examinerai personnellement la question,* the matter will have my personal attention.

excédent [ɛksedɑ̃] *m.* excess, surplus. *Excédent budgétaire,* budget surplus. *Excédent dans la balance des payements,* balance of payments surplus. *Excédents de caisse,* surplus in the cash, cash overs. *Excédent de poids,* excess weight, overweight. *Excédent de production,* surplus capacity. *Excédent de recettes,* surplus of receipts. *Excédent de trésorerie,* cash surplus. *Excédent net,* net profit.

excédentaire [-dɑ̃tɛ:r] *adj.* excess. *Balance commerciale excédentaire,* favorable trade balance.

excéder [-de] *vt.* to exceed.

exception [ɛksɛpsjɔ̃] *f.* **1.** exception. *A moins d'exception formelle,* unless expressly provided otherwise. — **2.** LAW *Soulever une exception contre,* to raise a protest against, to put in a plea.

exceptionnel, elle [-sjɔnɛl] *adj.* exceptional, oustanding. *Année exceptionnelle,* banner year. U. S. *Récoltes exceptionnelles,* bumper crops. *Pour bénéficier du tarif exceptionnel, les marchandises doivent répondre à certaines exigences,* to qualify for the exception rates, the goods must comply with certain requirements.

excès [ɛksɛ] *m.* excess. *A l'excès,* overmuch, excessively; U. S. overly.

excessif, ive [-sif] *adj.* excessive, exaggerated.

exclure [ɛkskly:r] *vt.* to exclude, to shut out. INS. *Sont exclus tous recours provenant de,* excluding all claims arising from.

exclusif, ive [ɛksklyzif] *adj.* sole, exclusive. *Concessionnaire exclusif,* sole agent.

exclusion [-zjɔ̃] *f.* exclusion. *A l'exclusion de,* to the exclusion of, exclusive of, excluding.

exclusivité [-zivite] *f.* exclusive right; U. S. franchise. *Clause d'exclusivité,* exclusivity stipulation; U. S. competition clause.

excuse [ɛksky:z] *f.* excuse. *Veuillez accepter nos excuses,* kindly accept our apologies.

excuser (s') *v. pr.* to apologize (*de,* for).

exécutant [ɛgzekytɑ̃] *m.* captive employee.

exécuter [-te] *vt.* **1.** to execute, to carry out, to fulfil. *Exécuter une commande,* to carry out an order. *Vos commandes seront exécutées avec le plus grand soin,* your orders shall have our best attention. — **2.** ST.-EX. to buy in, to sell out against. *Exécuter un acheteur,* to sell out against a buyer. *Exécuter un vendeur,* to buy in against a seller.

exécuter (s') *v. pr.* ST.-EX., FIN. to pay up.

exécuteur [-tœ:r] *m.* executor. LAW *Exécuteur testamentaire,* executor.

exécution [-sjɔ̃] *f.* **1.** execution, carrying out, fulfilment. *Donnée d'exécution,* job specification. *En exécution de l'article 7,* in pursuance of section 7. *Mise à exécution de,* enforcement of. *Travaux en cours d'exécution,* work in progress, in hand. *Ces projets seront bientôt mis à exécution,* these plans will soon be carried out; U. S. will soon eventuate. — **2.** ST.-EX. buying in, selling out. — **3.** LAW distraint of property (d'un débiteur).

exécutoire [-twa:r] *adj.* LAW enforceable, executory. *Jugement exécutoire,* enforceable judgment.

exemplaire [ɛgzɑ̃plɛ:r] *m.* copy. *Rédigé en triple exemplaire,* drawn up in triplicate.

exemple [ɛgzɑ̃:pl] *m.* example.

exempt, e [ɛgzɑ̃] *adj.* exempt (*de,* from). *Exempt de tous droits,* duty free. *Exempt d'impôt,* tax free.

exempter [-te] *vt.* to exempt, to free (*de,* from).

exemption [-psjɔ̃] *f.* exemption. *Exemption d'impôt,* exemption from tax, from taxation.

exercer [ɛgzɛrse] *vt.* to exercise; LAW to institute (des poursuites). *Exercer un droit,* to exercise a right. *Exercer un recours contre qqn,* to make a claim against s. o.

exercice [-sis] *m.* **1.** FIN. business year, financial year, tax year, trading year. *Exercice budgétaire,* financial year; U. S. fiscal year. *Exercice clôturé le,* financial year ended on. *Exercice écoulé,* year under review, last year. *Exercice 1967 attaché,* cum dividend 1967. *Exercice social,* company's financial year, accounting period. *Solde reporté à nouveau sur l'exercice suivant,* balance carried forward to next account. *Solde reporté de l'exercice précédent,* balance brought forward from last account. — **2.** exercise. *Dans l'exercice de ses fonctions,* in the discharge of his duties.

exigences [ɛgziʒɑ̃:s] *f. pl.* requirements. *Se conformer aux exigences de qqn,* to comply with s. o.'s requirements. *Nos articles satisfont toutes les exigences,* our products are up to standard, meet the customers' requirements.

exiger [-ʒe] *vt.* to demand, to claim, to require.

exigibilité [-ʒibilite] *f.* exigibility, repayability (d'une dette), current liabilities, claim. *Faire face aux exigibilités,* to meet the current liabilities.

exigible [-ʒibl] *adj.* payable, repayable, claimable, current, due. *Dépôt exigible sur demande,* deposit payable on demand. *Passif exigible à court terme,* current liabilities.

existence [ɛgzistɑ̃:s] *f.* **1.** stock. *Existences en caisse,* stock in the till. *Existence en magasin,* stock on hand, in trade. — **2.** subsistence.

exode [ɛgzɔd] *m.* flight (de capital).

exonération [ɛgzɔnerasjɔ̃] *f.* exemption, exoneration. *Exonération des droits,* exemption from duties. *Demande d'exonération d'impôts,* income tax exemption claim.

exonérer [-re] *vt.* **1.** to exonerate, to exempt, to relieve from. *Les entrepreneurs de roulages publics sont exonérés de leur responsabilité lorsque les pertes ou dégâts sont dus à la nature périssable des denrées ou à la négligence de l'expéditeur,* common carriers are relieved from their liability when loss or damage is due to the perishable nature of the goods or the negligence of the consigner. — **2.** CUST. to take the duty off, to exempt from duties.

exorbitant, e [ɛgzɔrbitɑ̃] *adj.* prohibitive. *Cette entreprise pose des conditions exorbitantes,* this firm drives a hard bargain.

expansion [ɛkspɑ̃sjɔ̃] *f.* expansion. *Expansion du crédit,* credit expansion.

expédient [ɛkspedjɑ̃] *m.* expedient, shift.

expédier [-dje] *vt.* **1.** to dispatch, to send. *Expédier contre remboursement,* to send goods all charges forward, cash on delivery. *Nos marchandises sont expédiées franco de port et d'emballage,* our goods are dispatched carriage paid and packing free. — **2.** LAW to draw up. *Expédier un acte,* to draw up a copy of a deed. — **3.** CUST. to clear. *Expédier des marchandises en douane,* to clear goods. *Expédier un navire,* to clear a ship outwards.

expéditeur, trice [-ditœ:r] *adj.* forwarding.

expéditeur *m.* **1.** POST sender. — **2.** RAIL, etc. shipper, consignor. — **3.** forwarding agent. *L'expéditeur se charge* *d'envoyer les marchandises à l'étranger,* the forwarding agent deals with the consignment of goods overseas. — **4.** IND. follow-up man; U. S. job-chaser, trouble-shooter.

expédition [-disjɔ̃] *f.* **1.** dispatching, forwarding. *Bulletin d'expédition,* way bill, dispatch note. *Expédition par bateau,* shipment. *Expédition partielle,* part shipment, part load. *Expéditions partielles autorisées,* part shipments authorized. *Expéditions partielles interdites,* part shipments prohibited. *Feuille d'expédition,* consignment note. *Maison d'expédition,* forwarding agency, shipping agency. *Note d'expédition,* dispatch note. *Service de l'expédition,* dispatch service, delivery department. — **2.** CUST. clearance, clearing out. *Expédition du navire en douane,* clearance of ship outwards. *Port d'expédition,* port of clearance. — **3.** LAW copy. *Délivrer une expédition,* to supply a copy. *En double expédition,* in duplicate. *Pour expédition conforme,* certified true copy. — **4.** MAR. **expéditions** *f. pl.* customs papers.

expéditionnaire [-disjɔnɛ:r] *m.* **1.** shipping clerk, forwarding agent. — **2.** sender. — **3.** LAW copying clerk.

expérience [ɛksperjɑ̃:s] *f.* experience, skill; IND. experiment (essai).

expérimenté, e [-te] *adj.* experienced, skilled.

expérimenter *vt.* to test, to try.

expert [ɛkspɛr] *m.* expert, surveyor, valuer, claims inspector; INS. assessor, valuator; MAR. INS. adjuster. *A dire d'expert,* at a valuation. *Avis de l'expert,* expert's report, opinion. *Expert comptable,* chartered accountant; U. S. certified public accountant. *Expert en organisation,* efficiency expert. *Expert juré,* official referee. *Nommer un expert,* to assign, to appoint an expert. *Soumettre à un expert,* to submit to an expert.

expertise [-ti:z] *f.* survey, valuation, appraisal. *Expertise contradictoire,* cross survey, joint survey; U. S. check survey. *Certificat d'expertise :* **a)** expert's (surveyor's) report, expert's appraisement, expert's valuation; MAR. expert's survey; **b)** certificate of quality. *Faire une expertise,* to value, to make a valuation; MAR. to survey.

expertiser [-tize] *vt.* to value, to appraise, to estimate; MAR. to survey.

expiration [ɛkspirasjɔ̃] *f.* expiry, expiration, falling in. *Expiration d'un bail,* falling in of a lease. *Date d'expiration,* expiry date. *Venir à expiration,* to expire. *Notre bail venant à expiration, nous transférons nos locaux au 3, Walter Street,* we are removing to 3, Walter Street owing to the expiration of our lease.

expirer [-re] *vi.* to expire.

explication [ɛksplikasjɔ̃] *f.* explanation.

expliciter [ɛksplisite] *vt.* to make clearer.

exploit [ɛksplwa] *m.* LAW writ. *Dresser un exploit,* to draw up a writ. *Exploit de saisie-arrêt,* garnishment. *Exploit d'opposition,* garnishment. *Signifier un exploit,* to serve a writ (*à,* upon).

exploitant [-tɑ̃] *m.* owner, operator. LAW writ-server.

exploitation [-tasjɔ̃] *f.* **1.** running, working, exploitation; U. S. operation; FIN., ST.-EX. putting into the tap. *Bénéfices d'exploitation,* trading profit; U. S. operating surplus. *Budget d'exploitation,* capital budget; U. S. operating budget. *Capital d'exploitation,* working capital. *Coefficient d'exploitation,* ratio of working expenditure; U. S. operating ratio. *Frais d'exploitation,* working cost; U. S. operating cost. *Matériel d'exploitation,* working plant, equipment. *Mettre en exploitation,* to put into operation. — **2.** B. K. *Compte d'exploitation,* trading account; U. S. operating statement. — **3.** (firm) concern, undertaking. — **4.** exploitation, abuse.

exploiter [-te] *vt.* **1.** to work, to run, to operate. *Exploiter un commerce,* to carry on a business. — **2.** FIN. to tap.

exportateur, trice [ɛkspɔrtatœ:r] *adj.* exporting.

exportateur *m.* exporter.

exportation [-tasjɔ̃] *f.* export, exportation. *Article d'exportation,* export item. *Excédent d'exportation,* export surplus. *Garanties à l'exportation,* export guarantees. *Licence d'exportation,* export licence. *Prime à l'exportation,* export bonus; U. S. export incentive, export bounty.

exporter [-te] *vt.* to export. *Autorisation d'exporter,* export permit.

exposant [ɛkspozɑ̃] *m.* exhibitor.

exposé, e [-ze] *adj.* 1. exhibited. *Ne pas toucher aux objets exposés,* do not touch the exhibits. — 2. LAW liable (*à,* to).

exposé *m.* statement, account; LAW recital (d'un contrat). *Exposé raisonné,* rationale. *Faire un exposé de,* to give an account of.

exposer *vt.* 1. to display, to exhibit, to show. — 2. to state, to expose (des idées, etc.). — 3. to expose, to endanger, to jeopardize. MAR. INS. *Les avaries auxquelles peuvent être exposés un bateau et sa cargaison sont classées en deux catégories : avaries particulières et avaries communes,* the damage to which a ship and her cargo are liable at sea are classed into particular average and general average.

exposer (s') *v. pr.* to render oneself liable (*à,* to), to risk.

exposition [-zisjɔ̃] *f.* 1. exhibition; U. S. exposition. *Exposition agricole,* agricultural show. — 2. exposition, statement.

exprès, esse [ɛksprɛ] *adj.* express, absolute. LAW *Convention expresse,* stated agreement. *Par exprès,* special delivery.

express [ɛksprɛs] *adj.* RAIL, etc. express.

expropriation [ɛksproprijasjɔ̃] *f.* expropriation, compulsory surrender. *Droit d'expropriation,* power of eminent domain. *Expropriation pour cause d'utilité publique,* expropriation for public purposes.

exproprier [-je] *vt.* to expropriate.

extension [ɛkstɑ̃sjɔ̃] *f.* extension, growth, development. *Notre concessionnaire exclusif a contribué à l'extension de notre clientèle,* our sole agent has been instrumental in widening our connection. *Prendre de l'extension,* to extend.

extérieur, e [ɛksterjœ:r] *adj.* external, foreign. *Commerce extérieur,* foreign trade. *Personnel extérieur,* field staff; U. S. field force.

extinction [ɛkstɛ̃ksjɔ̃] *f.* extinction, termination.

extourne [ɛksturn] *f.* B. K. contraing, reversal, contra-entry, cancellation of an entry.

extourner [-ne] *vt.* B. K. to contra, to reverse.

extra [ɛkstra] *adj. inv.* first-rate. *Qualité extra,* top-grade quality.

extraire [ɛkstrɛ:r] *vt.* to extract, to abstract.

extrait [ɛkstrɛ] *m.* abstract, extract; LAW certificate. *Extrait de compte,* abstract of account, statement of account. *Extrait du bilan,* summarized balance sheet. *Extrait du casier judiciaire,* extract from police-records.

extraordinaire [ɛkstraɔrdinɛ:r] *adj.* extraordinary, special.

f

fabricant [fabrikɑ̃] *m.* manufacturer, maker.

fabrication [-kasjɔ̃] *f.* **1.** manufacture, manufacturing. *Fabrication en série,* mass production. *Fabrication française,* made in France, of French make. *Frais de fabrication,* manufacturing expenditure; U. S. manufacturing overhead, factory overhead. *Numéro de fabrication,* serial number. *Prix de revient à la fabrication,* manufacturing cost. *Vice de fabrication,* defect of manufacturing. — **2.** LAW forging (de documents), coining (de fausse monnaie).

fabrique [fabrik] *f.* factory, manufactory, works, mill. *Marque de fabrique,* trade mark. *Prix de fabrique,* cost price.

fabriquer [-ke] *vt.* **1.** to manufacture, to produce. — **2.** LAW to forge (documents), to coin (fausse monnaie).

façade [fasad] *f.* front, frontage.

facile [fasil] *adj.* FIN. easy.

facilité [-lite] *f.* easiness. *Facilités de logement,* abundant accommodation. *Facilités de payement,* easy terms, instalment system; U. S. instalment plan, budget plan, deferred payment plan, time sales. *Consentir des facilités de caisse,* to grant overdraft facilities.

faciliter *vt.* to facilitate.

façon [fasɔ̃] *f.* **1.** making, workmanship. — **2.** Pattern. *Façon chinoise,* chinese pattern. — **3.** Labour. *Matière et façon,* material and labour.

factage [fakta:ʒ] *m.* **1.** cartage, forwarding. *Entreprise de factage,* parcels-delivery company. *Frais de factage,* porterage, cartage. — **2.** cartage, delivery charge.

facteur [-tœ:r] *m.* **1.** factor, agent. — **2.** carrier; POST postman; U. S. mailman. — **3.** LAW customs agent, customs broker. — **4.** element, factor. *Facteur coûts,* cost factor. *Facteur de conversion,* conversion factor. *Facteur nouveau,* new development. *Revenu national au coût des facteurs,* national income at factor cost.

factice [faktis] *adj.* false, sham. *Emballage factice,* dummy pack, dummy.

facturation [fakty:rasjɔ̃] *f.* invoicing.

facture [fakty:r] *f.* **1.** make, workmanship (d'un article). — **2.** B. K. invoice, bill. *Compte de factures,* statement of accounts. *Facture consulaire,* consular invoice. *Facture d'achat,* purchase invoice. *Facture d'avoir,* credit note. *Facture de débit,* debit note. *Facture d'ordre,* department invoice. *Facture fictive « pro forma »,* pro forma invoice. *Facture provisoire,* provisional invoice. *Facture rectifiée,* amended invoice. *Facture simulée,* pro forma invoice. *Faire une facture,* to make out an invoice. *Montant de la facture,* invoice amount. *Suivant facture,* as per invoice. *Les factures « pro forma » utilisées en commerce international permettent aux commerçants de commencer les formalités nécessaires,* the pro forma invoices used in international trade enable traders to start the necessary formalities.

facturer [-tyre] *vt.* to invoice.

facturier [-tyrje] *m.* 1. (employé) invoice-clerk. — 2. invoice-book. *Facturier d'entrée,* purchase(s)-book. *Facturier de sortie,* sales-book.

facultatif, ive [fakyltatif] *adj.* optional; U. S. elective.

faculté [fakylte] *f.* 1. option, right, liberty. ST.-EX. *Faculté de lever double (à la hausse),* call of more, buyer's option to double; *faculté de livrer double (à la baisse),* put of more, seller's option to double; *faculté de rachat (de réméré),* option of repurchase; *donneur de faculté de lever double,* taker for a call of more; *preneur de faculté de livrer double,* giver for a put of more. INS. *Avec toutes les facultés spécifiées sur les connaissements,* with all liberties as per bill of lading. — 2. **facultés** *f. pl.* INS. cargo. *Assurance sur corps et facultés,* hull and cargo insurance. *Assureur sur facultés,* cargo underwriter.

faible [fɛbl] *adj.* weak, low, slack, dull. *En faible demande,* in limited request.

faible *m.* weak. *Les économiquement faibles,* the lowest income groups, the lowest income brackets; U. S. the underprivileged.

faiblir [-bli:r] *vi.* to weaken, to slacken, to flag.

failli [faji] *m.* bankrupt. *Failli concordataire,* certificated bankrupt. *Failli qui n'a pas obtenu son concordat,* uncertificated bankrupt. *Failli réhabilité,* discharged bankrupt.

faillir [faji:r] *vi.* to go bankrupt, to fail, to become insolvent.

faillite [fajit] *f.* failure, bankruptcy. *Administration de la faillite,* trustees, bankruptcy committee. *Déclarer en faillite,* to adjudicate, to adjuge bankrupt. *Etre déclaré en faillite,* to be adjudicated bankrupt. *Faire une faillite de,* to fail for, to go bankrupt for. *Jugement déclaratif de faillite,* adjudication of bankruptcy. *Masse de la faillite,* bankrupt's estate. *Mettre en faillite,* to declare bankrupt. *Procédure de faillite,* bankruptcy proceedings. *Requête en déclaration de faillite,* bankruptcy petition. *Se déclarer en faillite,* to file one's petition in bankruptcy. *Syndic de faillite,* official assignee, official receiver; U. S. judicial factor. (N. B. Theoretically, *faillite* is bankruptcy occasioned by misfortune and not by rash transactions.)

faire [fɛ:r] *vt.* ST.-EX. to call, to be called.

fait, e [fɛ] *adj.* 1. ST.-EX. done. *Cours faits,* bargains done. — 2. FIN. guaranteed, backed (effets).

falsification [falsifikasjɔ̃] *f.* falsification. *Falsification de chèques,* forgery of cheques. *Falsification d'un bilan,* window-dressing of a balance sheet. *Falsification d'un produit,* adulteration of a product. *Falsification d'un registre,* tampering with a book.

falsifier [-fje] *vt.* to adulterate (denrées), to forge, to counterfeit (documents), to tamper with (registre). *Falsifier un bilan,* to cook, to fake a balance sheet.

familial, e [familjal] *adj.* family. *Allocations familiales,* family allowance. *Emballage familial,* family size.

fantaisie [fɑ̃tɛzi] *f.* fancy. *Articles de fantaisie,* fancy goods.

fardage [farda:ʒ] *m.* dunnage.

fascicule [fasikyl] *m.* instalment, part, section.

faussaire [fosɛ:r] *m.* forger.

fausser [fose] *vt.* to falsify.

faute [fo:t] *f.* fault, mistake. *Faute d'acceptation,* for non acceptance. *Faute d'avis,* for want of advice. *Faute de payement,* in default of payment, failing payment.

faux, fausse [fo] *adj.* false, wrong. *Faux frais,* incidental expenses. *Faux fret,* the dead freight.

faux *m.* 1. forgery. LAW *Usage de faux,* use of a forged instrument. *Faire un faux,* to commit a forgery. — 2. sham article, imitation.

faveur [favœ:r] *f.* favour. *Faveur du public,* consumers' acceptance. *Solde en votre faveur,* balance in your favour.

favorable [favɔrabl] *adj.* favourable. *Balance commerciale favorable,* favourable, active balance of trade, trade surplus.

favoriser [-rize] *vt.* to favour, to promote, to foster. *Clause de la nation la plus favorisée,* most favoured nation clause.

fédération [federasjɔ̃] *f.* federation. *Fédération agricole,* agricultural federation; U. S. grange. *Fédération syndicale ouvrière,* trade-union.

férié, e [ferje] *adj. Jour férié,* official holiday, Bank Holiday; U. S. statutory holiday. (N. B. In France, January 1st, Easter Monday, May 1st, Ascension day, Whit Monday, July 14th, August 15th, November 1st, November 11th and December 25th are *jours fériés.*)

fermage [fɛrma:ʒ] *m.* rent.

ferme [fɛrm] *adj.* firm. *Cours fermes,* firm rates. *Etre ferme en clôture,* to close firm. *Prise ferme,* firm underwriting. *Vente ferme,* firm sale.

ferme *f.* lease.

fermer [-me] *vt.* et *vi.* to close, to shut.

fermeté [-məte] *f.* firmness, steadiness.

fermeture [-məty:r] *f.* closing; U. S. shut-down. *Fermeture annuelle,* annual closing, " opening on ", " closed for holidays ". *Fermeture d'une usine,* factory close-down; U. S. factory shut-down. *Période de fermeture,* down period.

ferré, e [fɛre] *adj.* rail, railway. *Par voie ferrée,* by rail, by railway.

ferroviaire [fɛrovjɛ:r] *adj.* railway. *Transport ferroviaire,* railway transport.

ferroviaires *f. pl.* railway stocks.

fête [fɛ:t] *f.* feast. *Fête légale,* bank-holiday, public holiday; U. S. statutory holiday, legal holiday. (V. FÉRIÉ.)

feuille [fœ:j] *f.* sheet. *Feuille d'activité,* activity chart. *Feuille de chargement,* loading bill. *Feuille de compte,* account-sheet. *Feuille de contributions,* precept. *Feuille de coupons,* coupon-sheet. *Feuille de déclaration d'impôts,* return form, notice of assessment. CUST. *Feuille de gros,* report. *Feuille de liquidation,* clearing-sheet. *Feuille d'émargement,* pay-sheet. *Feuille de paye,* wage-sheet, payroll. *Feuille de présence :* **a)** attendance-list; U. S. attendance-record; **b)** time-sheet (du personnel). *Feuille de route,* way-bill; U. S. routing order. *Feuille de transfert,* transfer-deed. *Feuille de versement,* paying-in slip; U. S. deposit slip.

fiasco [fjasko] *m.* wash-out.

fiche [fiʃ] *f.* index-card. *Fiche de travail,* job-ticket. *Fiche d'instructions,* work specification; U. S. operation card. *Fiche du personnel,* staff-card.

fichier [fiʃje] *m.* card-index, card-file.

fictif, ive [fiktif] *adj.* fictitious, sham, nominal. *Associé fictif,* nominal partner. *Compte fictif :* **a)** impersonal account; **b)** dead account. *Dividende fictif,* fictitious dividend. *Entrepôts fictifs,* private bonded warehouses (v. ENTREPÔT). *Facture fictive,* pro forma invoice. *Prix fictif,* nominal price. *Vente fictive,* fictitious sale; U. S. wash sale.

fidéicommis [fideikɔmi] *m.* LAW deposit, trust.

fidéicommissaire [-sɛ:r] *m.* LAW beneficiary of a trust, trustee.

fidéjusseur [fideʒysœ:r] *m.* LAW guarantor, surety.

fidélité [fidelite] *f.* honesty. INS. *Assurance sur la fidélité du personnel,* fidelity insurance; U. S. fidelity bond.

fiduciaire [fidysjɛ:r] *adj.* fiduciary. *Acte fiduciaire,* writ, trust deed. *Circulation fiduciaire,* fiduciary circulation, paper currency. *Contrat fiduciaire,* trust deed. *Héritier fiduciaire,* heir on trust. *Société fiduciaire,* trust company. *Valeur fiduciaire,* paper securities.

fier (se) [səfje] *v. pr.* to rely (*à,* upon), to trust. *Nous nous fions davantage à l'honnêteté qu'au bilan,* we place more reliance upon integrity than on balance sheet.

figurer [figyre] *vi.* to appear, to figure. B. K. *Cette écriture ne figure pas dans nos livres,* this item does not appear in our books. B. K. *En Angleterre, l'actif d'une société figure à droite du bilan,* the assets of a company appear on the right of the balance sheet in England.

filial, e [filjal] *adj.* subsidiary.

filiale *f.* subsidiary (company), branch, sub-company; U. S. field organization, " affiliate ".

filière [filjɛ:r] *f.* **1.** ST.-EX. trace. — **2.** PRO. EX. string. *Filière tournante,* ring. *Arrêter une filière,* to end a string. *Emettre une filière,* to start a string.

filigrane [filigran] *m.* watermark.

film [film] *m.* film. *Film publicitaire,* advertising film.

fin [fɛ̃] *f.* end. *Fin courant :* **a)** at the end of the present month; **b)** ST.-EX. end current account. *Fin de mois,* monthly statement. *Fin de non-recevoir :* **a)** LAW exception, demurrer; **b)** mere put-off. ST.-EX. *En fin de séance,* at the close. *Mener à bonne fin,* to bring to a successful conclusion. *Mettre fin à,* to put an end to. *Prendre fin,* to come to an end. *Tirer à sa fin,* to draw to an end.

final, e [final] *adj.* final, last.

finance [finɑ̃:s] *f.* **1.** finance, money, cash. *La finance,* financial circles. *Moyennant finance,* for money, for a consideration. — **2. finances** *f. pl.* finances, resources. *Finances publiques,* government finance. *Loi de finances,* appropriation bill. *Ministère des Finances,* the Exchequer; U. S. the Treasury Department. *Ministre des Finances,* the Chancellor of the Exchequer; U. S. the Secretary of the Treasury.

financement [-smɑ̃] *m.* financing, budgeting. *Financement de société,* company financing; U. S. corporate financing. *Autofinancement,* self-financing.

financer [-se] *vt.* to finance; U. S. FAM. to bankroll.

financier, ère [-sje] *adj.* financial. *Bulletin financier,* city article. *Politique financière,* financial policy. *Situation financière,* financial position.

financier *m.* financier.

fini [fini] *m.* finish.

finir [fini:r] *vt.* et *vi.* to end. *Produit fini,* end product.

finition [finisjɔ̃] *f.* finishing.

firme [firm] *f.* firm, concern.

fisc [fisk] *m.* **1.** Inland Revenue; U. S. Internal Revenue. *Agent du fisc,* Inland Revenue official; U. S. collector of Internal Revenue, Revenuer. — **2.** (trésor de l'Etat) treasury department.

fiscal, e [fiskal] *adj.* fiscal. *Allégements fiscaux,* alleviations in taxes. *Année fiscale,* taxable year; U. S. fiscal year. *Avantages fiscaux,* tax advantages. *Bague fiscale,* revenue band. *Conseiller fiscal,* tax consultant. *Fraude fiscale,* tax-evasion. *Recettes fiscales,* tax revenue. *Ressources fiscales,* financial resources. *Timbre fiscal,* revenue stamp. *Valeur fiscale,* rateable value.

fiscalité [-lite] *f.* fiscal policy, fiscality, financial system, mode of taxation. *Le fardeau de la fiscalité,* tax burden.

fixation [fiksasjɔ̃] *f.* fixing; FIN. assessment. *Fixation de prix,* price determination. *Fixation des impôts,* assessment of taxes. *Fixation d'indemnité :* **a)** determination of a compensation; **b)** MAR. INS. adjustment.

fixe [fiks] *adj.* fixed, regular, permanent. *Assurance à terme fixe,* endowment insurance. *Dépôt à terme fixe,* fixed deposit. *Revenu fixe,* fixed income.

fixe *m.* fixed salary.

fixer [fikse] *vt.* to fix; FIN., INS. to assess; MAR. INS. to adjust.

fléchir [fleʃi:r] *vi.* to sag, to fall off, to give way. *Les cours fléchissent,* prices are sagging.

fléchissement [-ʃismɑ̃] *m.* decline, sagging, falling off, giving way. *Fléchissement du chiffre d'affaires,* decrease in turnover; U. S. downswing.

flot [flo] *m. A flot,* afloat. *Mise à flot,* floating. *Remettre à flot,* to refloat.

flottant, e [-tɑ̃] *adj.* floating. *Dette flottante,* floating debt. *Police flottante,* floating policy. *Titres flottants,* shares on the market. *Vente en cargaison flottante,* sale of goods afloat. *Une police flottante couvre une série d'expéditions sur différents navires,* a floating policy covers a series of shipments on different ships.

flotte [flɔt] *f.* fleet.

flottement [flɔtmɑ̃] *m.* hesitation.

fluctuant, e [flyktɥɑ̃] *adj.* fluctuating.

fluctuation [-asjɔ̃] *f.* fluctuation, savings. *Fluctuations conjoncturelles,* cyclical fluctuations.

fluctuer [-e] *vi.* to fluctuate.

fluvial, e [flyvjal] *adj.* fluvial. *Connaissement fluvial,* inland waterway B/L. *Navigation fluviale,* inland navigation, river navigation.

flux [fly] *m.* flow.

foi [fwa] *f.* faith. *Acheteur de bonne foi,* purchaser in good faith. *Détenteur de bonne foi,* holder in good faith, bona fide holder. *Digne de foi,* reliable. *De bonne foi,* in good faith, bona fide. *En foi de quoi,* in witness whereof. *Faire foi,* to be authentic, conclusive, to have probatory force.

foire [fwa:r] *f.* fair. *Foire d'échantillons,* sample fair.

fois [fwa] *f.* time. *Payement en une fois,* payment in full, in one amount. « *Une fois, deux fois, adjugé* », " Going, going, gone ".

folio [fɔljo] *m.* folio.

foliotage [fɔljɔta:ʒ] *m.* pagination.

folioter [-te] *vt.* to folio, to foliate, to paginate.

foncier, ère [fɔ̃sje] *adj.* landed. *Crédit foncier,* land bank, loan bank. *Dette foncière,* land charge. *Impôt foncier,* land tax. *Propriété foncière,* landed property. *Registre foncier,* land register. *Rente foncière,* ground rent.

foncièrement [fɔ̃sjɛrmɑ̃] *adv.* fundamentally.

fonction [fɔ̃ksjɔ̃] *f.* function, duties. *Entrer en fonctions,* to enter upon, to take up one's office, duties. *Etre en fonctions,* to hold office. *Etre fonction de,* to depend on. *Rester en fonctions,* to remain in office.

fonctionnaire [-sjɔnɛ:r] *m.* official, civil servant; U. S. office holder, government worker, " the classified service ". *Haut fonctionnaire,* Administrative Civil Servant.

fonctionnel, elle [-sjɔnɛl] *adj.* functional.

fondateur [fɔ̃datœ:r] *m.* founder, promoter. *Part de fondateur,* founder's share. (N. B. *En Angleterre, les parts de fondateur font partie du capital de la société.* — In France founder's shares are not considered as an integral part of the company capital.)

fondation [-sjɔ̃] *f.* foundation, founding.

fondé, e [fɔ̃de] *adj.* well-grounded, sound. *Mal fondé,* unsound, ill-founded.

fondé de pouvoir [-dəpuvwa:r] *m.* attorney, proxy, signing-clerk. *Il est fondé de pouvoir de,* he holds power of proxy, of attorney for.

fondement [-dəmɑ̃] *m.* ground, basis. *Dénué de tout fondement,* groundless, unfounded.

fonder [-de] *vt.* **1.** to found, to establish, to base, to start. — **2.** FIN. to fund, to float. *Fonder une dette,* to fund a debt.

fonds [fɔ̃] *m.* **1.** fund. *Appel de fonds,* call for funds. *Apport de fonds,* putting up of money. *Fonds d'amortissement,* sinking fund. *Fonds de chômage,* unemployment fund. *Fonds de commerce,* business house. *Fonds de dividende,* undistributed, retained profits. *Fonds d'égalisation des changes,* exchange equalization fund. *Fonds de garantie,* guarantee fund, reserve fund. *Fonds de placement,* investment trust. *Fonds de stabilisation des changes,* exchange stabilization fund. *Fonds de placement à capital fixe,* closed end investment trust. *Fonds de placement à capital variable,* open end investment trust. *Fonds de prévision,* reserve fund. *Fonds de prévoyance,* contingency fund. *Fonds de prévoyance du personnel,* staff provident fund. *Fonds de rachat,* redemption fund. *Fonds de renouvellement,* renewal fund. *Fonds de réserve,* reserve fund; U. S. surplus. *Fonds de roulement,* working capital; U. S. operating capital. *Fonds disponible,* available fund, circulating capital. *Fonds monétaire international,* International Monetary Fund. *Fonds social,* company's capital, joint stock.

Mise de fonds, outlay of capital, capital invested. *Roulement des fonds,* circulation of capital. *Affecter des fonds,* to earmark, to obligate funds. *Placer son argent à fonds perdu,* to invest in life annuity. *Rentrer dans ses fonds,* to recover one's outlay. — **2.** funds, stocks. *Fonds consolidés,* consols. *Fonds d'Etat,* Government stocks. — **3.** *Fonds de commerce,* goodwill, stock in trade; business. *Exploiter un fonds de commerce,* to carry on a business.

forcé, e [fɔrse] *adj.* forced, compulsory. *Vente forcée,* forced sale.

forclore [fɔrklɔ:r] *vt.* LAW to foreclose, to preclude, to bar, to estop.

forclusion [-klyzjɔ̃] *f.* LAW foreclosure, estoppage.

forfait [fɔrfɛ] *m.* contract. *Acheter à forfait,* to buy by the lump. *Affréter à forfait,* to charter for a lump sum. *Endossement à forfait,* endorsement without recourse. *Salaire à forfait,* job wage. *Travail à forfait,* work by contract, by the job. *Traiter à forfait,* to contract at an agreed price. *Vente à forfait,* outright sale; PRO. EX. sale of futures, contract sale.

forfaitaire [-tɛ:r] *adj.* contractual, outright; U. S. blanket. *Frais tarifaires forfaitaires en cours de route,* fixed tariff transit charges. *Prix forfaitaire,* contract price, agreed price, flat rate. *Le réclamant reçut une somme forfaitaire en réparation des dommages subis,* the claimant received a lump sum for the damage sustained.

forfaiture [-ty:r] *f.* prevarication, maladministration.

forger [fɔrʒe] *vt.* to forge (document).

formalité [fɔrmalite] *f.* formality, formal procedure. *Accomplir les formalités,* to comply with formalities, to fulfil formalities. *Formalités requises,* necessary formalities. CUST. *Déclaration de l'expéditeur en vue de l'accomplissement des formalités en douane,* consignor's declaration for customs purposes.

format [fɔrma] *m.* size.

formation [-sjɔ̃] *f.* formation, training. *Formation dans l'entreprise,* industrial training; U. S. in-plant training. *Formation de cadres de réserve,* cold-storage training. *Formation professionnelle,* vocational training. *Formation sur le tas,* on the job training. *Stage de formation en usine,* in-plant training. *En voie de formation,* in the making.

forme [fɔrm] *f.* forme. *En bonne et due forme,* in due form. *Pour la forme,* for form's sake, as a matter of form. *Ce jugement a été cassé pour vice de forme,* this decision has been quashed on a technical point.

formel, elle [fɔrmɛl] *adj.* formal, express, categorical. *Démenti formel,* flat denial. *Ce texte est formel,* this text is explicit.

formellement [-mɑ̃] *adv.* emphatically, absolutely. *Ces bruits ont été formellement démentis,* these rumours were most emphatically denied.

former [fɔrme] *vt.* to form, to build up (société), to train (employé).

formule [fɔrmyl] *f.* **1.** form; U. S. blank. *Formule de chèque,* cheque form. *Formule de mandat,* money order. *Remplir une formule,* to fill up a form; U. S. to fill in a form. — **2.** formula.

formuler [-le] *vt.* **1.** to formulate, to put forward, to set forth. *Formuler une demande,* to make an application. — **2.** LAW to lodge, to draw up. *Formuler un acte,* to draw up a deed. *Formuler une plainte,* to lodge a claim.

fort, e [fɔr] *adj.* strong, large, considerable. *Forte baisse,* heavy fall. *Forte commande,* considerable order. *Forte somme,* large amount. *Devises fortes,* hard currencies. *Prix fort,* full price.

fortifier [-tifje] *vt.* to strengthen.

fortuit, e [fɔrtɥi] *adj.* fortuitous, casual. LAW *Cas fortuit,* fortuitous event, act of God.

fortuitement [-tmɑ̃] *adv.* fortuitously.

fortune [fɔrtyn] *f.* fortune. MAR. *Fortune de mer :* **a)** shipowner's property involved in operating his ship; **b)** MAR. INS. perils of the sea, sea-going risks. *Fortune mobilière,* personal property.

Impôt sur la fortune, general property tax. *Moyens de fortune,* makeshifts.

foule [ful] *f.* crowd. *Psychologie des foules,* mass psychology.

fourchette [furʃɛt] *f.* bracketing. *Tarification à fourchette,* published rate brackets.

fourgon [furgɔ̃] *m.* RAIL luggage, goods-van; U. S. baggage car. *Fourgon à bestiaux,* cattle-truck; U. S. cattle-car. *Fourgon de déménagement,* removal furniture van.

fourgonnette [-gɔnɛt] *f.* delivery van; U. S. delivery truck.

fourni, e [furni] *adj.* supplied. *Bien fourni en,* well-stocked in, with.

fournir [-ni:r] *vt.* **1.** to supply, to provide. *Fournir les fonds nécessaires à une entreprise,* to finance a venture; FAM. to grubstake. *Fournir un chèque sur,* to draw a cheque upon. *Fournir une couverture,* to margin. — **2.** LAW to give, to produce. *Fournir caution,* to give security. *Fournir en nantissement,* to lodge as collateral.

fournir *vi.* to provide (*à,* for). *Fournir à la dépense,* to contribute to the expense. *Fournir aux besoins de qqn,* to supply s.o.'s needs, to provide for s.o.'s needs.

fournir (se) *v. pr.* to get one's supplies (*chez,* from), to be a customer of.

fournissement [-nismɑ̃] *m.* contribution; FIN. repartition account.

fournisseur [-nisœ:r] *m.* supplier, provider, dealer, purveyor. *Entrée des fournisseurs,* tradesmen's entrance. *Fournisseur de la reine,* by special appointment to the Queen. *Fournisseur du gouvernement,* contractor to the government. *Fournisseurs habituels,* usual suppliers.

fourniture [-nity:r] *f.* **1.** supplying, providing, purveying. — **2.** materials, requisites; U. S. findings. *Fournitures de bureau,* office stationery, office requisites.

fraction [fraksjɔ̃] *f.* fraction. *Fraction d'action,* fraction of share. *Par 1 000 F ou fraction de 1 000 F,* for each 1 000 F or fractional part thereof.

fractionnaire [-sjɔnɛ:r] *adj.* fractional. B. K. *Grand livre fractionnaire,* departmental ledger.

fractionnement [-sjɔnmɑ̃] *m.* splitting up.

fractionner [-sjɔne] *vt.* to split up. *Actions fractionnées,* split-ups of stocks.

fragile [fraʒil] *adj.* fragile. « *Fragile* », " With care ".

frais [frɛ] *m. pl.* expenses, charges, cost. *A peu de frais,* at a moderate charge. *Compte de frais,* account of charges. *Condamner aux frais,* to condamn to the costs. *Couvrir les frais :* **a)** to defray the expenses; **b)** to pay one's way. *Déduction faite de tous les frais,* all charges deducted. *Entraîner des frais,* to involve expenses. *Faux frais,* incidental expenses, contingencies. *Frais accessoires,* additional charges. *Frais additionnels de transport,* additional freight. *Frais annexes,* fringe expenses. *Frais d'allèges,* lighterage. *Frais de constitution,* preliminary expenses. *Frais de contrôle,* superintending charges. *Frais de déplacement,* travelling expenses. *Frais de déchargement,* landing charges. *Frais de distribution,* distribution costs. *Frais de fabrication,* manufacturing costs; U. S. factory overhead. *Frais de fonctionnement,* running costs. *Frais de gérance,* management expenses. *Frais de manutention,* handling charges, handling costs; RAIL terminals. *Frais d'emballage,* packing charges. *Frais d'emmagasinage,* warehousing, storage charges. *Frais d'encaissement,* collecting charges, collection fees. *Frais d'entretien,* cost of repair, upkeep expenses. *Frais de place,* local charges. *Frais de premier établissement,* initial expenses; U. S. initial investment cost. *Frais de procédure,* law costs, legal expenses. *Frais de représentation,* expenses of entertainment. *Frais de sauvetage,* salvage charges. *Frais d'escompte,* discount charges. MAR. *Frais de remorquage,* towage. RAIL *Frais de stationnement,* demurrage. *Frais de transfert,* transfer fee. *Frais de transport,* carrying charges, freight costs, shipping charges. *Frais d'expédition,* forwarding, shipping charges. *Frais généraux d'exploitation,* working expenses; U. S. operating costs.

Frais de fabrication, manufacturing overhead. *Frais d'immobilisation,* first cost, prime cost. *Frais divers,* sundry expenses. *Frais fixes,* standing charges, on-cost charges, non-variable expenses. *Frais généraux,* overhead expenses, indirect expenses; U. S. nut. *Frais généraux proportionnels,* general proratable expenses; U. S. general prorated expenses. *Frais inclus,* including all charges, charges included. *Frais indirects,* indirect charges; U. S. burden. *Frais non compris,* charges not included; U. S. exclusive expenses. *Frais spéciaux,* direct expenses; U. S. prime cost. *Frais tarifaires forfaitaires en cours de route,* fixed tariff transit charges. *Rentrer dans ses frais,* to recover one's expenses, one's outlay. *Répartition des frais,* apportionment of the expenses. *Retour sans frais,* " no expenses ", " incur no expenses ", " incur no charges ". *Supporter les frais,* to bear the expenses; FAM. to foot the bill. *Ces taxes sont nécessaires pour assurer les frais de gestion de votre compte,* these charges are necessary to help defray expenses incurred in maintaining your account.

franc, franche [frɑ̃] *adj.* free. *Franc-bord,* free on board (FOB). *Franc d'avaries,* free from (of) average. *Franc de casse,* free from breakage. *Franc de douane,* duty free. *Franc de port :* **a)** carriage paid; **b)** post free. *Zone franche,* free zone.

franc *m.* franc.

franchise [frɑ̃ʃi:z] *f.* **1.** exemption, freedom. *Entrer en franchise,* to enter free of duty, duty free. *Franchise de bagages,* free luggage allowance. *Franchise douanière,* exemption from duty. *Franchise d'impôts,* tax exemption. — **2.** INS. franchise, percentage. *Franc d'avaries au-dessous de la franchise,* free of average under the franchise. *La franchise est atteinte,* the average reaches, touches the margin. — **3.** POST *En franchise,* O. H. M. S. (On Her Majesty's Service); U. S. franking privilege.

francisation [frɑ̃sizasjɔ̃] *f.* registration (of French ships in France).

franco [frɑ̃ko] *adv.* free. *Echantillons franco sur demande,* samples sent free on request; FAM. free samples yours for the asking. *Franco à bord,* free on board (FOB). *Franco bord bord,* free in and out. *Franco courtage,* free of commission. *Franco de douane,* free of customs duties. *Franco d'emballage,* packing free. *Franco de port :* **a)** carriage paid; **b)** post free, post paid. *Franco domicile,* carriage paid, free house. *Franco domicile dédouané,* free house duty paid. *Franco le long du navire,* free alongside ship. *Franco quai,* free at wharf, free on quay. *Franco sur camion,* free on truck. *Franco wagon,* free on rail, free on truck. *Livré franco,* free delivery. *Prix franco,* in-the-mail price.

franco *m.* ST.-EX. single commission.

frappe [frap] *f.* coinage, minting (monnaie). *Faute de frappe,* typing error.

frapper [-pe] *vt.* **1.** to coin, to mint. — **2.** to lay on, to fall upon. *Frapper de nullité,* to render void. *Frapper d'une amende,* to fine. *Frapper d'un impôt,* to lay a tax on, to tax.

fraude [fro:d] *f.* fraud. *Entaché de fraude,* tainted by fraud. *Fraude fiscale,* tax dodging, tax evasion.

frauduleux, euse [-dylø] *adj.* fraudulent.

freiner [frɛne] *vt.* to check, to stem, to restrain (hausse), to slow down (exportation, production). *Freiner la hausse des prix et des salaires pour empêcher l'inflation,* to restrain wages and prices to prevent inflation.

fréquence [frekɑ̃:s] *f.* frequency. *Fréquence d'achat,* frequency of purchase.

fret [frɛ] *m.* **1.** (cargaison) freight, cargo. *Fret à l'aller,* outward freight. *Fret de retour,* homeward freight. — **2.** (prix) freight. *Fret à forfait,* through freight. *Fret à temps (à terme),* time freight. *Fret au long cours,* ocean freight. *Fret au voyage,* voyage freight. *Fret brut,* gross freight. *Fret entier,* full freight. *Fret fluvial,* river freight. *Fret payable à l'arrivée,* freight collect. *Fret suivant encombrement,* measurement freight. *Fret supplémentaire,* extra freight. *Fret sur le vide,* dead freight. *Le payement du fret est* *garanti par un recours sur la cargaison,* the payment of the freight is secured by a lien on the cargo. *Prendre à fret,* to charter a ship. *Taux du fret,* freight rate.

frètement [frɛtmɑ̃] *m.* freighting, affreightment, chartering.

fréter [frete] *vt.* to freight, to charter.

fréteur [-tœ:r] *m.* shipowner. *Fréteur et affréteur,* owner and charterer.

frigorifique [frigɔrifik] *adj.* frigorific. *Entrepôts frigorifiques,* cold storage plant.

froid, e [frwa] *adj.* cold. *Conservation par le froid,* cold-storage. *Industrie du froid,* refrigeration industry.

frontière [frɔ̃tjɛ:r] *f.* frontier.

fructifier [fryktifje] *vi.* FIN. to bear interest.

fructueux, euse [fryktyø] *adj.* profitable, lucrative.

fuite [fɥit] *f.* flight (de capitaux), leak (de liquide).

fusion [fyzjɔ̃] *f.* merging, amalgamation, fusion, consolidation. *Cette fusion est une entrave à la liberté du commerce,* this merging (merger) is a combination in restraint of trade.

fusionnement [fyzjɔnmɑ̃] *m.* merger, merging, amalgamation, fusion, consolidation.

fusionner [-ne] *vt.* et *vi.* to merge, to amalgamate.

futur, e [fyty:r] *adj.* future. *Futur client,* intending customer, would-be customer, prospective customer.

g

gabarage [gabara:ʒ] *m.* lighterage. *Droits de gabarage,* lighterage dues.

gabare [gabar] *f.* lighter.

gabarit [gabari] *m.* gauge ; U. S. gage. *Gabarit de chargement,* loading gauge.

gâchage [gɑʃa:ʒ] *m.* spoiling, wasting. *Gâchage de prix,* price cutting, underselling, dumping.

gâcher [gɑʃe] *vt.* to spoil, to undersell, to underprice.

gage [gɑ:ʒ] *m.* pledge, security, pawn. *Affectation en gage,* setting aside as pledge, pledging. *Conserver en gage,* to keep a pledge. *Détenir en gage,* to hold in pledge. *Détenteur de gage,* pledgee. *Donner en gage,* to pledge. *Donneur du gage,* pledger. *Emprunter sur gage,* to borrow on pledge. *Emprunt garanti par gage,* hypothecary loan. *Gage immobilier,* pledge of real property, real security on land. *Gage mobilier,* pledge of movables. *Gage non retiré,* unredeemed pledge. *Lettre de gage,* mortgage bond. *Prêter sur gages,* to lend upon pledge, to lend on pawn. *Prêteur sur gage,* pledgee, pawnbroker. *Valeur en gage,* value as pledge.

gager [gaʒe] *vt.* to pledge. *Emprunt gagé,* secured loan. *Valeurs gagées en garantie, en nantissement,* securities pledged as collateral.

gages [gɑ:ʒ] *m. pl.* wages.

gageur [gaʒœ:r] *m.* pledger, pawner.

gagiste [-ʒist] *m.* pledgee, pawnee.

gagner [gɑɲe] *vt.* to gain, to put on, to win, to earn. *Gagner de l'argent,* to earn money. *Gagner du temps,* to save time. *Gagner un procès,* to win a case, a lawsuit. ST.-EX. *L'action X gagne 6 points,* X shares gained, put on 6 points.

gain [gɛ̃] *m.* gain, profit, earning. *Avoir gain de cause,* to carry one's point. *Donner gain de cause,* to decide in favour.

gallup [galœp] *m.* gallup poll.

gamme [gam] *f.* range, series. *Gamme de fabrication,* operation sheet; U. S. route sheet. *Une gamme très étendue de produits,* a wide range of products.

garage [gara:ʒ] *m.* garage. RAIL *Voie de garage,* siding.

garant [garɑ̃] *m.* **1.** (garantie) security, warrant, voucher. — **2.** (personne) guarantor, surety, bail. *Garant solidaire,* joint surety. *Se porter garant de,* to answer for, to vouch for, to guarantee, to stand security, surety for.

garantie [garɑ̃ti] *f.* **1.** guarantee, guaranty, security. FIN. *Avance contre garantie,* secured advance, loan against security. PRO. EX. *Caisse de garantie,* guarantee association. INS. *Clause de non-garantie,* non-warranty clause. *Déposer en garantie,* to lodge as security; U. S. to collateralize. *Fonds de garantie,* contingency fund, guarantee fund. *Garantie additionnelle,* collateral security. *Garanties à l'exportation,* export guarantees. *Garantie de banque,* bank guarantee. *Garantie de bonne fin,* guarantee of the meeting of a bill. *Garantie de remboursement,* " money back ". *Garantie d'indemnité,* indemnity bond. *Garanties reçues de tiers,* guarantees received. *Lettre de garantie,* letter of indemnity, indemnity bond. *Obligation de garantie,* surety bond. *Les obligations de garantie sont utilisées pour assurer l'exécution des contrats passés avec des entrepreneurs,* surety bonds are used to insure the completion of contracts made with building contractors. FIN. *Syndicat de garantie,* underwriting syndicate; U. S. purchase group. — **2.** (qualité) warranty, guarantee. *Contrat de garantie,* underwriting contract. — **3.** FIG. safeguard, insurance.

garantir [-ti:r] *vt.* to guarantee, to secure. *Garantir une émission,* to underwrite an issue. *Garantir un emprunt,* to secure a debt, a loan. *Avances garanties,* advances against security. *Salaire minimal garanti,* minimum guaranteed wage; U. S. guaranteed wage plan.

garçon [garsɔ̃] *m.* boy. *Garçon de bureau,* office-boy. *Garçon de magasin,* errand-boy. *Garçon de recettes,* collecting clerk, walk-clerk, bank-messenger.

garde [gard] *f.* keeping, safe custody; U. S. custodianship. *Déposer des titres en garde,* to place securities in safe custody. *Droits de garde,* custodian fees. *Prendre en garde,* to receive, accept in custody.

garde *m.* watchman. *Garde-magasin,* warehouseman. *Garde-meuble,* furniture storehouse (repository). *Garde-port,* harbour-master.

garder [-de] *vt.* to keep. POST *Gardez la ligne,* hold the line, hold on.

gare [gar] *f.* station. « *En gare* », to be called for. *Franco gare départ,* free at sending station. *Gare d'arrivée,* arrival station. *Gare de départ,* departure station. *Gare de formation (de triage),* marshalling yard; U. S. classification yard. *Gare de marchandises,* goods station. *Gare d'embranchement,* junction. *Gare de tête de ligne,* terminal. *Gare expéditrice,* forwarding station. *Gare maritime,* harbour station. *Gare réceptrice,* receiving station.

garnir [garni:r] *vt.* to fill. *Carnet de commandes bien garni,* well-filled order-book; U. S. heavy backlog.

gaspiller [gaspije] *vt.* to waste, to squander.

gaspilleur [-jœ:r] *m.* waster, spend-thrift, waste-maker.

gâter [gɑte] *vt.* to spoil.

gâter (se) *v. pr.* to spoil, to deteriorate.

geler [ʒəle] *vt.* FIN. to freeze.

gêne [ʒɛn] *f.* financial embarrassment. *Gêne de trésorerie,* financial difficulties, shortness of cash.

général, e [ʒeneral] *adj.* general, overall. *Budget général,* master budget. *Conditions générales de vente,* general sales terms. *Direction générale,* head office. *Frais généraux,* overhead expenses.

B. K. *Grand livre général,* impersonal ledger. LAW *Hypothèque générale,* blanket mortgage. *Procuration générale,* general power.

généraliser [-lize] *vt.* to generalize.

généraliser (se) *v. pr.* to come into general use, to become widespread.

générateur, trice [ʒeneratœ:r] *adj.* generating, productive (*de,* of).

genre [ʒɑ̃:r] *m.* kind, sort. *Genre d'affaires,* business line. *Ce genre d'articles,* that line of articles. *En tout genre,* of all kinds, of every description.

gens [ʒɑ̃] *m.* et *f. pl.* people. *Gens d'affaires,* businessmen. *Gens de maison,* domestic staff. *Gens de robe,* lawyers.

gérance [ʒerɑ̃s] *f.* management. *En gérance,* run by a manager.

gérant [ʒerɑ̃] *m.* manager, director, administrator. *Associé-gérant,* active partner. *Directeur-gérant,* managing director. *Rédacteur-gérant,* managing editor.

gérante [-rɑ̃:t] *f.* manageress.

gerbage [ʒɛrba:ʒ] *m.* palletization.

gérer [ʒere] *vt.* to conduct, to manage, to run. *Mal gérer,* to mismanage.

gestion [ʒɛstjɔ̃] *f.* management, administration, conduct. *Comité de gestion,* prudential committee. *Frais de gestion,* administrative expenses. *Gestion de portefeuille,* management of securities. *Gestion des stocks,* stock management; U. S. inventory management. *Gestion financière,* financial administration. *Mauvaise gestion,* mismanagement, maladministration. *Rapport de gestion,* annual report.

gestionnaire [-tjɔnɛ:r] *adj.* managing. *Administration gestionnaire,* administration by agent. *Compte gestionnaire,* management account.

gestionnaire *m.* manager, administrator.

gisement [ʒizmɑ̃] *m.* deposit, bed, layer, seam.

global, e [glɔbal] *adj.* total, lump. *Estimation globale,* estimated total. *Masse totale des rémunérations,* pay packet. *Montant global,* aggregate amount. *Prix global,* aggregate price, total price, overall price. *Somme globale,* lump sum. *Total global,* grand total, sum total.

gold point [gouldpɔint] *m.* gold point, specie point. *Gold point d'entrée,* import, incoming gold point. *Gold point de sortie,* export, outgoing gold point.

gonflement [gɔ̃fləmɑ̃] *m.* inflation, swelling, increase.

gonfler [gɔ̃fle] *vt.* to inflate, to swell, to increase. *Gonfler un budget,* to inflate a budget; U. S. to pad a budget.

goupiller (se) [səgupije] *v. pr.* FAM. to work out.

gouverne [guvɛrn] *f.* guidance.

gouvernement [guvɛrnəmɑ̃] *m.* government; U. S. administration.

gouverner [-ne] *vt.* to direct, to manage, to run, to govern.

gouverneur [-nœ:r] *m.* governor.

grâce [grɑ:s] *f.* grace. *Grâce à,* thanks to. *Jours de grâce,* days of grace. *A 3 jours de grâce,* at 3 days' grace.

gracieux, euse [grasjø] *adj.* gratuitous, complimentary, free. *A titre gracieux,* as a gift, gratis, as a favour.

graduer [gradɥe] *vt.* to graduate.

grand, e [grɑ̃] *adj.* large, big. *Grand livre,* ledger. *Grand livre de la Dette publique,* register of National Debt. *Grand magasin,* department store. *En grand,* on a large scale. *En grande vitesse,* by passenger train, by fast train.

grandeur [-dœ:r] *f.* size, importance, magnitude. *Grandeur nature,* real size.

grandir [-di:r] *vt.* to increase.

grandir *vi.* to increase, to magnify, to exaggerate.

graphique [grafik] *m.* graph, chart. *Graphique d'acheminement,* flow process chart. *Graphique de rentabilité,* break even chart; U. S. profit graph. *Graphique sous forme de courbe,* curve chart, line chart.

gratification [gratifikasjɔ̃] *f.* gratuity, bonus; U. S. incentive. *Gratification collective,* group bonus; U. S. group incentive.

gratis [gratis] *adv.* gratis, free of charge.

gratuit, e [gratɥi] *adj.* gratuitous, free of charge. FIN. *Action gratuite,* bonus share. *A titre gratuit,* gratis, free of charge, as a favour. *Entrée gratuite,* admission free. *Envoi gratuit sur demande,* post on application. *Essai gratuit,* free trial.

gratuité [-te] *f.* gratuitousness.

gratuitement [-tmɑ̃] *adv.* gratuitously, free of charge, gratis.

gré [gre] *m.* discretion. *A votre gré,* at your discretion. *Au gré de l'acheteur,* at buyer's option. *De gré à gré,* by mutual agreement, by private contract. *Règlement de gré à gré,* amicable settlement; INS. settlement by negotiation.

greffe [grɛf] *m.* LAW clerk's office, registry (d'une société).

greffier [-fje] *m.* **1.** LAW clerk of the court. — **2.** registrar.

grève [grɛv] *f.* strike, walk-out. *Grève des bras croisés,* sit-down strike. *Grève de solidarité,* sympathetic strike. *Grève du zèle,* working to rule. *Grève perlée,* ca'canny strike, go-slow strike; U. S. slow-down strike. *Grève sur le tas,* sit-down strike, stay-in strike. *Grève surprise,* lightning strike. *Faire grève,* to be on strike. *Se mettre en grève,* to strike, to go on strike.

grever [grəve] *vt.* **1.** FIN. to burden, to encumber, to saddle. — **2.** LAW to mortgage, to lay a rate on. *Grevé d'hypothèque,* encumbered, burdened with mortgage.

gréviste [grevist] *m.* striker.

griffe [grif] *f.* signature stamp.

grille [gri:j] *f.* scale. *Grille de cotation,* scale of point values.

grimper [grɛ̃pe] *vi.* to rise. ST.-EX. *Faire grimper les prix,* to balloon the prices.

gripper [gripe] *vi.* to seize up, to jam.

gros, grosse [gro] *adj.* large, big. *Gros bénéfices,* substantial profits; U. S. melon. *Grosse commande,* large order.

gros *m.* wholesale trade. *Maison de gros,* wholesale house. *Négociant en gros,* wholesale dealer, wholesaler. *Prix de gros,* wholesale prices. *En gros :* **a)** wholesale, in bulk; **b)** roughly, approximately *(grosso modo). Evaluation en gros,* rough estimate. *Acheter en gros,* to buy in bulk.

grosse [gro:s] *f.* **1.** gross, twelve dozen. — **2.** LAW engrossed copy, engrossment. — **3.** MAR. bottomry. *Contrat à la grosse,* bottomry bond. *Emprunter à la grosse,* to borrow money on bottomry. *Grosse sur corps,* bottomry. *Grosse sur facultés,* respondentia. *Prêter à la grosse,* to lend money on bottomry.

grossier, ère [-sje] *adj.* rough.

grossir [grosi:r] *vt.* to increase, to magnify, to exaggerate.

grossiste [-sist] *m.* wholesaler.

groupage [grupa:ʒ] *m.* grouping, bulking. *Connaissement de groupage,* collective bill of lading. *Envoi en groupage,* collective shipment. *Service de groupage,* joint cargo service, groupage service.

groupe [grup] *m.* group, batch. *Groupe à grands revenus,* higher income bracket. *Groupe à revenus faibles,* lower income bracket. *Groupe à revenus moyens,* middle income bracket. *Groupe d'âge,* age group, age bracket. *Groupe socio-économique,* socio-economic group. *Production en groupe,* batch production.

groupement [-pmɑ̃] *m.* group. *Groupement d'achat,* purchasing group, buying combine; U. S. voluntary. *Groupement de personnes,* association. *Groupement de sociétés industrielles,* trust, pool.

grouper [-pe] *vt.* to group, to batch. *Production groupée,* colony grouping, process equipment lay-out.

grue [gry] *f.* crane.

guichet [giʃɛ] *m.* counter, window. POST « *Guichet fermé* », " Position closed ". *Payer au guichet,* to pay over the counter. *Présenter au guichet,* to hand in over the counter. « *S'adresser au guichet* », " Apply to the counter, the window ".

guichetier [giʃtje] *m.* counter-clerk.

guide [gid] *m.* guide. *Carte-guide,* tab card.

h

habilité [abilite] *f.* LAW legal competency. *Etre habilité à,* to be entitled to.

habiliter *vt.* LAW to qualify, to entitle, to empower.

habillage [abija:ʒ] *m.* packaging, get-up.

habiller [-je] *vt.* to package, to get up.

habitat [abita] *m.* habitat. *Amélioration de l'habitat,* improvement of living conditions.

habitation [-tasjɔ̃] *f.* dwelling, house. *Habitation à loyer modéré,* rent-controlled dwelling.

habitude [abityd] *f.* custom. *Habitudes de consommation,* consuming habits. *Comme d'habitude,* as usual.

habituel, elle [-tɥɛl] *adj.* usual, regular. *Aux conditions habituelles,* on usual terms.

halage [*ala:ʒ] *m.* haulage, towing.

haleine [alɛ:n] *f. Une affaire de longue haleine,* a long-term job.

haler [*a:le] *vt.* MAR. to haul, to tow.

handicaper [*ɑ̃dikape] *vt.* to handicap.

hangar [*ɑ̃ga:r] *m.* shed.

harceler [*arsəle] *vt.* to worry. *Etre harcelé par ses créanciers,* to be dunned by one's creditors.

hasard [*aza:r] *m.* chance. *Echantillon au hasard,* random sample.

hasarder [-de] *vt.* to hazard, to venture.

hasardeux, euse [-dø] *adj.* risky.

hausse [*os] *f.* rise, advance in price, increase; U. S. hike. *Accuser une hausse,* to show a rise. *Etre en hausse,* to be rising, to be on the rise, to be up. *Hausse des salaires,* wage increase; U. S. wage hike. *Hausse du taux officiel d'escompte,* rise in the bank rate. *Hausse marquée,* upsurge. *Hausse rapide,* boom. ST.-EX. *Hausse technique,* technical rise. *Opérations à la hausse,* bull transactions; *prime à la hausse,* call option. *Spéculer à la hausse,* to go for a rise, to bull the market. *Tendance à la hausse,* upward tendency.

hausser [*ose] *vt.* to raise, to increase, to force up.

hausser *vi.* to rise, to advance in price, to appreciate; U. S. to hike. *Hausser d'un cran,* to step up.

haussier [-sje] *m.* bull; U. S. the long in stock. *Les haussiers achètent à terme des valeurs dans l'espoir de les revendre à un cours plus élevé avant le jour de liquidation,* bull operators buy securities for the account hoping to sell them again at a higher price before settling day.

haut, haute [*o] *adj.* high. *Haut fonctionnaire,* high-ranking official.

haut *adv.* high. « *Haut* », this side up, " Top ". *Voir plus haut,* see above.

haut *m.* height. *Les hauts et les bas,* the ups and downs.

hauteur [-tœ:r] *f.* height. *Etre à la hauteur,* to be up to the mark, thoroughly efficient.

hebdomadaire [ɛbdɔmadɛ:r] *adj.* weekly. *Bulletin hebdomadaire de la banque,* bank's weekly return.

hectogramme [ɛktogram] *m.* hectogram.

hectolitre [-litr] *m.* hectolitre.

hectomètre [-mɛtr] *m.* hectometre.

héritage [erita:ʒ] *m.* inheritance, legacy. *Faire un héritage,* to come into an inheritance.

hériter [-te] *vt.* et *vi.* to inherit.

héritier [-tje] *m.* heir. *Héritier légitime,* rightful heir.

hermétique [ɛrmetik] *adj.* tight, air-tight, water-tight.

hésitant, e [ezitɑ̃] *adj.* undecided, hesitating.

hésitation [-tasjɔ̃] *f.* hesitation.

heure [œ:r] *f.* time, hour. *Heure d'affluence, de pointe,* rush hour, peak hour. *Heure d'arrivée,* time of arrival. *Heures de bureau,* business hours. *Heure de fermeture,* closing time. *Heure d'homme,* man hour. POST *Heure limite de dépôt,* latest time for posting. *Heures supplémentaires,* overtime.

heureux, euse [œrø] *adj.* lucky, fortunate. *Heureuse arrivée,* safe arrival.

hiérarchique [*jerarʃik] *adj.* hierarchical. *Par la voie hiérarchique,* through the official channels.

holding [*ɔldiŋ] *m.* FIN. holding company.

homme [ɔm] *m.* man. *Homme d'affaires,* businessman. *Homme de confiance,* reliable man. *Homme de paille,* man of straw.

homogène [ɔmɔʒɛn] *adj.* homogeneous. B. K. *Comptabilité par sections homogènes,* burden centre accounting.

homogénéité [-ʒeneite] *f.* homogeneity.

homologation [ɔmɔlɔgasjɔ̃] *f.* LAW confirmation.

homologuer [-lɔge] *vt.* LAW to confirm, to ratify, to homologate, to authenticate; U. S. to probate.

honnête [ɔnɛ:t] *adj.* honest, decent, moderate.

honnêteté [ɔnɛtte] *f.* honesty.

honneur [ɔnœ:r] *m.* honour. *Faire honneur à,* to honour. *Ne pas faire honneur à,* to dishonour. *Membre d'honneur,* honorary member. *Président d'honneur,* honorary president.

honoraires [ɔnɔrɛ:r] *m. pl.* fees.

honorer [-re] *vt.* to honour, to take up; U. S. to lift (une traite).

horaire [ɔrɛ:r] *m.* time-table. *Réduction d'horaires,* short-time.

hors [*ɔ:r] *adv.* out. *Hors d'état,* out of order, beyond repair. *Hors ligne,* matchless. *Hors saison,* off season. *Escompte hors banque,* private rate of discount. PRO. EX. *Marché hors caisse de liquidation,* contract not registered with the clearing-house. ST.-EX. *Marché hors cote,* unofficial market; U. S. over the counter market. *Papier hors banque,* prime trade bill.

hôtel [otɛl] *m.* public building. *Hôtel des ventes,* general auction-room. *Hôtel de ville,* town hall.

houillère [*ujɛ:r] *f.* coal-mine.

huissier [ɥisje] *m.* LAW process-server, notary public. *Signifier un exploit d'huissier à,* to serve a writ of execution upon.

hypothécable [ipɔtekabl] *adj.* mortgageable.

hypothécaire [-tekɛ:r] *adj.* LAW hypothecary, mortgage. *Contrat hypothécaire,* mortgage deed. *Créancier hypothécaire,* mortgage creditor, mortgagee. *Débiteur hypothécaire,* mortgager. *Etat d'inscription hypothécaire négatif,* certificate of the non existence of mortgages. *Etat d'inscription hypothécaire positif,* certificate of the existence of mortgages. *Inscription hypothécaire,* registration of mortgage. *Obligation hypothécaire,* mortgage bond. *Prêt hypothécaire,* mortgage loan.

hypothécairement [-kɛrmɑ̃] *adv.* by mortgage, on mortgage.

hypothèque [ipɔtɛk] *f.* mortgage. *Amortir une hypothèque,* to redeem a mortgage. *Bureau des hypothèques,* mortgage registry. *Conservateur des hypothèques,* recorder, registrar of mortgages. *Constituer une hypothèque,* to create a mortgage. *Hypothèque de premier rang,* first mortgage. *Hypothèque de priorité,* senior mortgage, underlying mortgage. *Hypothèque générale,* general mortgage, blanket mortgage. *Hypothèque purgée,* closed mortgage. *Lettre d'hypothèque,* mortgage deed. *Lever une hypothèque,* to raise a mortgage. *Libre d'hypothèque,* unencumbered. *Main-levée d'hypothèque,* release of mortgage. *Payer, purger une hypothèque,* to pay off a mortgage; U. S. to lift a mortgage. *Purge d'hypothèque,* redemption of mortgage.

hypothéquer [-teke] *vt.* to mortgage, to secure by mortgage.

i

identification [idɑ̃tifikasjɔ̃] *f.* identification, recognition. *Identification d'une marque,* brand recognition. *Moyen d'identification,* differential. *L'emballage est un moyen d'identification,* package is a differential.

identifier [-fje] *vt.* to identify.

identique [idɑ̃tik] *adj.* identical (*à,* with).

identité [idɑ̃tite] *f.* identity. *Vous devez justifier de votre identité,* you must identify yourself.

illégal, e [illegal] *adj.* illegal, unlawful.

illégalité [-lite] *f.* illegality.

illicite [illisit] *adj.* illicit, unlawful.

illimité, e [illimite] *adj.* unlimited. *En congé illimité,* on indefinite leave. *Responsabilité illimitée,* unlimited liability.

illisible [illizibl] *adj.* illegible.

imaginaire [imaʒinɛ:r] *adj.* imaginary. *Bénéfice imaginaire,* imaginary profit, anticipated profit.

imitation [imitasjɔ̃] *f.* **1.** imitation, copying. — **2.** Fin. forgery, counterfeiting.

imiter [imite] *vt.* to imitate, to copy, to forge (signature), to counterfeit (monnaie).

immatériel, elle [immaterjɛl] *adj.* intangible.

immatriculation [immatrikylasjɔ̃] *f.* registration, registry. Mar. *Certificat d'immatriculation,* certificate of registry.

immatriculer [-kyle] *vt.* to register, to enter.

immeuble [immœbl] *adj.* Law real, fixed, immovable. *Biens immeubles,* real assets, real estate, realty, fixed property.

immeuble *m.* **1.** Law real estate, realty, fixed property. — **2.** premises. *Immeuble commercial,* business premises.

immigrant, e [immigrɑ̃] *adj.* immigrant.

immigrant *m.* immigrant.

immigration [-grasjɔ̃] *f.* immigration.

immigrer [-gre] *vt.* to immigrate.

immiscer (s') [simmise] *v. pr.* to interfere, to intrude.

immixtion [immiksjɔ̃] *f.* interference.

immobilier, ère [immɔbilje] *adj.* LAW real. *Agence immobilière,* estate agency; U. S. real estate agency. *Agent immobilier,* estate agent; U. S. estate broker, realtor. *Biens immobiliers,* real estate, fixed property, landed property. *Crédit immobilier,* credit on landed property. *Gage immobilier,* real security on land. *Saisie immobilière,* attachment, seizure of real property. *Vente immobilière,* sale of property.

immobilisation [-lizasjɔ̃] *f.* **1.** FIN. lock-up, locking up, tying up, immobilization. (*Dépenses en*) *immobilisations,* capital expenditure, fixed assets, fixed investments. *Montant brut des immobilisations,* gross fixed investment, gross fixed capital formation. — **2.** LAW conversion into real estate. — **3.** IND. shut down (d'une chaîne de montage).

immobiliser [-lize] *vt.* **1.** FIN. to lock up, to tie up, to immobilize. *Actif immobilisé, capital immobilisé,* fixed assets. *Locaux, installations et agencements font partie du capital immobilisé,* premises, fittings and fixtures are fixed assets. — **2.** LAW to convert into real estate.

immotivé, e [immɔtive] *adj.* groundless.

immunité [immynite] *f.* LAW privilege; FIN. exemption from taxation.

immutabilité [immytabilite] *f.* fixity, immutability.

impair, e [ɛ̃pɛ:r] *adj.* uneven, odd.

impartial, e [ɛ̃parsjal] *adj.* impartial, unbiassed, unprejudiced.

impartir [ɛ̃parti:r] *vt.* LAW to grant, to allow.

impasse [ɛ̃pɑ:s] *f.* deadlock, dead-end. *Impasse budgétaire,* deficit spending, non budgeted public expenditures, budgetary deficit. *Impasse économique,* economic impasse. *Aboutir à une impasse,* to come to a deadlock.

impayé, e [ɛ̃pɛje] *adj.* unpaid, dishonoured. *Comptes impayés,* outstanding accounts. *Traite impayée,* dishonoured bill.

impayé *m.* dishonoured bill. *Impayé retourné, rendu, renvoyé,* bill returned unpaid, dishonoured.

impeccable [ɛ̃pɛkabl] *adj.* perfect, flawless.

impératif, ive [ɛ̃peratif] *adj.* imperative.

imperfection [ɛ̃pɛrfɛksjɔ̃] *f.* defect, fault, flaw.

impermutable [ɛ̃pɛrmytabl] *adj.* inexchangeable.

implantation [ɛ̃plɑ̃tasjɔ̃] *f.* implanting, lay-out. *Implantation à la chaîne,* unital lay-out. *Implantation des ateliers,* plant lay-out. *Implantation fonctionnelle,* functional lay-out; IND. process equipment lay-out.

implanter [-te] *vt.* to implant; FIN. to saddle on.

implicite [ɛ̃plisit] *adj.* implied.

impliquer [ɛ̃plike] *vt.* to imply, to involve. *Impliquer dans une accusation,* to include in an accusation.

importance [ɛ̃pɔrtɑ̃:s] *f.* importance, size, magnitude. *Importance des dégâts,* extent of damage.

important, e [-tɑ̃] *adj.* important, considerable.

importateur, trice [ɛ̃pɔrtatœ:r] *adj.* importing, import. *Pays importateur,* importing country.

importateur *m.* importer.

importation [-tasjɔ̃] *f.* importation, import. *Commerce d'importation,* import trade. *Excédent d'importation,* import surplus. *Gold point d'importation,* import gold point. *Licence d'importation,* import permit, licence. *Maison d'importation,* import firm. *Prime à l'importation,* bounty on importation.

importer [-te] *vt.* to import (*de,* from; *en,* into).

imposable [ɛ̃pozabl] *adj.* taxable, assessable, rateable, leviable, dutiable. *Marchandises imposables,* dutiable goods. *Revenu imposable,* taxable, assessable income. *Etre imposable,* to be taxable, to be liable to duties, to be dutiable.

imposé, e [-ze] *adj.* **1.** fixed. *Baisse des prix, des salaires, etc., imposée,* roll back. *Prix imposé,* fixed price. — **2.** FIN. taxed. *Marchandises imposées à la valeur,* goods charged with duty on value.

imposé *m.* tax-payer.

imposer *vt.* **1.** to tax, to charge with duty. — **2.** to fix, to impose, to lay down (prix, règlement, etc.).

imposer (s') *v. pr.* to be necessary. *Veuillez prendre les mesures qui s'imposent,* please take such measures as seemed called for.

imposition [-zisjɔ̃] *f.* imposition, assessment, impost. *Taux d'imposition,* tax rate.

impossible [ɛ̃pɔsibl] *m.* impossibility. *Faire l'impossible,* to do one's utmost.

impôt [ɛ̃po] *m.* tax. *Assiette de l'impôt,* basis of assessment. *Assujetti à l'impôt,* liable to tax. *Déclaration d'impôt,* return of income. *Dégrèvement d'impôts,* tax cut. *Exempt d'impôt,* tax free, tax exempted; U. S. tax sheltered. *Exonération d'impôt,* exemption from tax. *Feuille de déclaration d'impôts,* tax form. *Frapper d'un impôt,* to tax (to levy, to put, to lay a tax on). *Impôt additionnel,* surtax. *Impôt cédulaire,* schedule tax, income tax. *Impôt de consommation,* consumption tax, excise. *Impôts directs,* direct taxes. *Impôt foncier,* land tax, property tax. *Impôt progressif,* graduated, progressive tax. *Impôts retenus à la base,* " pay as you earn "; U. S. " pay as you go ". *Impôt successoral,* death duty. *Impôt sur le chiffre d'affaires,* turnover tax. *Impôt sur les bénéfices,* profit tax. *Impôt sur les bénéfices industriels et commerciaux,* tax on income derived from trade and manufacture. *Impôt sur les opérations boursières,* Stock-Exchange tax. *Impôt sur les patentes,* licence tax, trade tax. *Impôt sur les plus-values,* tax on increment value. *Impôt sur les propriétés bâties,* general property tax. *Impôt sur le revenu,* income tax. *Impôt sur le revenu des valeurs mobilières,* shareholder's tax. *Impôt sur les sociétés,* corporation tax. *Impôt sur les super-bénéfices,* excess profits tax. *Inspecteur des impôts,* surveyor of taxes. *Montant de l'impôt,* tax load. *Passible d'impôt,* taxable. *Perception des impôts,* tax collection. *Péréquation des impôts,* tax equalization. *Receveur des impôts,* tax collector. *Rôle des impôts,* register of taxes. *Somme déductible de la déclaration d'impôts,* tax write off.

imprécis, e [ɛ̃presi] *adj.* vague, indefinite.

imprécision [-zjɔ̃] *f.* vagueness, inaccuracy.

imprescriptible [ɛ̃prɛskriptibl] *adj.* LAW indefeasible.

imprévisible [ɛ̃previzibl] *adj.* unforeseeable.

imprévu, e [-vy] *adj.* unforeseen, unexpected.

imprévu *m.* unforeseen events, acts of God, contingencies. *A moins d'imprévu,* unless some unforeseen events happen, unless prevented by unforeseen circumstances. *En cas d'imprévu,* in case of emergency, should a contingency arise. *Sauf imprévu,* barring incidents. *Tenir compte de l'imprévu,* to allow for contingencies.

imprimé [ɛ̃prime] *m.* printed paper, printed form. « *Imprimés* », " Printed matter ". *Tarif des imprimés,* printed matter rate. *Remplir un imprimé,* to fill in a form.

imprimer *vt.* to print.

imprimeur [-mœ:r] *m.* printer. *Imprimeur-éditeur,* printer and publisher.

improbable [ɛ̃prɔbabl] *adj.* unlikely, improbable.

improductif, ive [ɛ̃prɔdyktif] *adj.* unproductive, idle, dead. *Capitaux improductifs,* capital lying idle, barren money.

impropre [ɛ̃prɔpr] *adj.* unfit, unsuitable (*à,* for). *Impropre à la consommation,* unfit for consumption.

imprudence [ɛ̃prydɑ̃:s] *f.* lack of caution, imprudence. INS. *Imprudence de la part du sinistré,* contributory negligence.

impulsion [ɛ̃pylsjɔ̃] *f.* impulse.

imputable [ɛ̃pytabl] *adj.* due, attributable; LAW chargeable (*à*, to). *Frais imputables à un compte,* expenses chargeable to an account. *Taxes imputables à,* rates assignable to.

imputation [-tasjɔ̃] *f.* **1.** B. K. charging. *Imputation des frais à un compte,* charging of the expenses to an account. — **2.** LAW appropriation (of a debtor's property to a debt). *Déterminer l'imputation de ses payements,* to stipulate the application of one's payments.

imputer [-te] *vt.* **1.** B. K. to charge. *Imputer une dépense à l'exercice précédent,* to charge an expense to the previous trading year. — **2.** LAW to apply, to assign, to appropriate, to attribute. *Imputer une somme à des fins spéciales,* to make an appropriation for a special purpose. *Imputer un payement à,* to apply a payment to. — **3.** to attribute, to ascribe. *La faute doit être imputée à,* the blame falls on.

inabordable [inabɔrdabl] *adj.* prohibitive (prix).

inabrogeable [inabrɔʒabl] *adj.* LAW unrepealable.

inacceptable [inaksɛptabl] *adj.* unacceptable.

inacceptation [-tasjɔ̃] *f.* non-acceptance.

inacquitté, e [inakite] *adj.* undischarged, unpaid.

inactif, ive [inaktif] *adj.* idle, dull. *Capitaux inactifs,* idle, unproductive capital, frozen assets. ST.-EX. *Marché inactif,* dull market. *Solde inactif,* dormant balance.

inactivité [-tivite] *f.* **1.** dullness (marché). — **2.** *Etre en inactivité,* to be unemployed.

inadmissible [inadmisibl] *adj.* inadmissible. *Votre réclamation est inadmissible,* we cannot allow your claim.

inaliénabilité [inaljenabilite] *f.* LAW inalienability.

inaliénable [-nabl] *adj.* inalienable, unassignable, untransferable. *Rendre inaliénable,* to tie up. *Rente inaliénable,* inalienable pension, alimentary pension.

inaltérable [inalterabl] *adj.* which does not deteriorate, not subject to deterioration.

inamovibilité [inamɔvibilite] *f.* LAW irremovability.

inamovible [-vibl] *adj.* LAW irremovable, permanent. *Agencements inamovibles,* fixtures.

inanimé, e [inanime] *adj.* ST.-EX. dull.

inapparent, e [inaparɑ̃] *adj.* unapparent, hidden.

inapplicable [inaplikabl] *adj.* inapplicable.

inappliqué, e [inaplike] *adj.* unapplied (procédé); LAW in abeyance.

inapte [inapt] *adj.* unfit (*à*, for).

inaptitude [-tityd] *f.* inaptitude, unfitness.

inattendu, e [inatɑ̃dy] *adj.* unexpected, unforeseen.

inauguration [inogyrasjɔ̃] *f.* inauguration; U. S. dedication.

inaugurer [-re] *vt.* to inaugurate; U. S. to dedicate.

inautorisé, e [inotɔrize] *adj.* unauthorized.

incalculable [ɛ̃kalkylabl] *adj.* incalculable.

incapacité [ɛ̃kapasite] *f.* incapacity, disability, unfitness; INS. disablement. *Incapacité permanente de travail,* permanent disablement. *Incapacité temporaire de travail,* temporary disablement.

incertain, e [ɛ̃sɛrtɛ̃] *adj.* uncertain, unreliable, dubious. ST.-EX. *Cotation incertaine,* movable exchange, price quoted in foreign currency.

incertain *m.* movable, variable exchange. *Donner l'incertain,* to quote in foreign currency.

incessible [ɛ̃sɛsibl] *adj.* LAW inalienable, untransferable.

inchangé, e [ɛ̃ʃɑ̃ʒe] *adj.* unaltered, unchanged. ST.-EX. *Cours inchangés,* prices unaltered.

incidence [ɛ̃sidɑ̃:s] *f.* incidence (*sur*, on).

inciter [ɛ̃site] *vt.* to induce (*à*, to). *Pour vous inciter à acheter, nous sommes prêts à vous consentir des conditions spéciales,* in order to induce you to buy, we are ready to grant you special terms.

inclure [ɛ̃kly:r] *vt.* to enclose, to include; LAW to insert (clause).

inclus, e [ɛ̃kly] *adj.* included, enclosed. *Le certificat ci-inclus,* the enclosed testimonial. *Les pièces incluses,* the enclosures. *De samedi à mercredi inclus,* from Saturday to Wednesday inclusive.

inclusivement [-zivmɑ̃] *adv.* inclusively. *Rabais applicable jusqu'à samedi inclusivement,* discount allowed till Saturday inclusive, up to and including Saturday.

incomber [ɛ̃kɔ̃be] *vi.* to rest with, to fall on, to be incumbent on, to lie with. *La responsabilité incombe à,* the responsibility lies with.

incommode [ɛ̃kɔmɔd] *adj.* inconvenient. LAW *Etablissements incommodes,* buildings for carrying on noisy or noxious trades.

incompétent, e [ɛ̃kɔ̃petɑ̃] *adj.* incompetent, inefficient.

incomplet, ète [ɛ̃kɔ̃plɛ] *adj.* incomplete, unfinished. *Commande incomplète,* short order.

inconnu, e [ɛ̃kɔny] *adj.* unknown.

incontestable [ɛ̃kɔ̃tɛstabl] *adj.* unquestionable, indisputable, beyond question.

incontrôlable [ɛ̃kɔ̃trolabl] *adj.* uncheckable, unverifiable.

inconvénient [ɛ̃kɔ̃venjɑ̃] *m.* drawback, disadvantage, inconvenience. *Voir un inconvénient à,* to have an objection to.

inconvertible [ɛ̃kɔ̃vɛrtibl] *adj.* inconvertible.

incorporel, elle [ɛ̃kɔrpɔrɛl] *adj.* incorporeal. LAW *Biens incorporels,* intangible property.

incorporer [-re] *vt.* to incorporate.

incoté, e [ɛ̃kɔte] *adj.* unquoted.

incriminer [ɛ̃krimine] *vt.* to complain of; LAW to charge, to impeach.

inculpation [ɛ̃kylpasjɔ̃] *f.* LAW charge, inculpation, indictment.

inculper [-pe] *vt.* LAW to charge, to indict.

indéfectible [ɛ̃defɛktibl] *adj.* non wasting. *Actif indéfectible,* non wasting assets.

indemnisable [ɛ̃dɛmnizabl] *adj.* LAW entitled to compensation.

indemnisation [-zasjɔ̃] *f.* indemnification, compensation.

indemniser [-ze] *vt.* to indemnify, to compensate. *Votre assureur vous indemnisera de vos pertes,* your insurer will make up for your losses, will make good your losses to you.

indemnité [-te] *f.* indemnity, compensation, allowance. *Indemnité d'annulation,* cancellation fees. *Avoir droit à une indemnité,* to be entitled to indemnity. *Bénéficier de l'indemnité de chômage,* to be on the dole, to draw unemployment benefit. *Indemnité de chômage,* unemployment benefit. *Indemnité de fonctions,* acting allowance. *Indemnité de logement,* lodging allowance; U. S. housing allowance. *Indemnité de représentation,* entertainment allowance. *Indemnité de rupture de contrat,* severance-pay. *Indemnité de sauvetage,* salvage. *Indemnité de surestaries,* demurrage. *Indemnité de vie chère,* cost of living bonus. *Indemnité forfaitaire,* agreed consideration. *Indemnité supplémentaire,* fringe benefit. *Réclamer une indemnité,* to claim damages, compensation, to put in a claim for damages. *Règlement d'une indemnité,* settlement of a claim.

indépendant, e [ɛ̃depɑ̃dɑ̃] *adj.* independent. *Circonstances indépendantes de notre volonté,* circumstances beyond our control.

indéterminé, e [ɛ̃detɛrmine] *adj.* undetermined, indeterminate.

index [ɛ̃dɛks] *m.* index. *Nombre index,* index-number. *Salaire rattaché à l'index,* index-tied wages.

indexation [-sasjɔ̃] *f.* indexing, pegging (*sur,* to). *Clause d'indexation,* escalator clause.

indexé, e [ɛ̃dɛkse] *adj.* indexed, index-linked, index-tied. *Emprunt indexé,* indexed loan.

indicateur [ɛ̃dikatœ:r] *m.* guide; RAIL time-table.

indicatif, ive [-tif] *adj.* indicative (*de,* of). *A titre indicatif,* for your guidance. *A titre purement indicatif,* for guidance only.

indication [-sjɔ̃] *f.* indication, instruction, information, particulars. *Indications de service,* service instructions. *Indication de service du pays de destination,* for use of the Foreign Administration. LAW *Indication d'origine,* caption. *A titre d'indication,* for your guidance. *Sauf indication contraire,* unless otherwise stated.

indice [ɛ̃dis] *m.* **1.** index. *Indice de la production,* production index. *Indice des prix à la consommation,* consumer's price index. *Indice des prix de détail,* retail price index. *Indice des prix de gros,* wholesale price index. *Indice Dow Jones,* Dow Jones average. (N. B. L'*indice Dow Jones* est l'indice des cours moyens des valeurs cotées en Bourse divisé en valeurs industrielles, *industrials,* en valeurs de chemins de fer, *rail,* et en valeurs des services publics, *utilities.*) *Indice du coût de la vie,* cost of living index. *Indice général,* overall index. *Indice général des cours,* all-items indicator. *Indice non pondéré,* unweighted index. *Indice pondéré,* weighted index. *L'indice est à,* the index stands at. — **2.** indication, sign, mark.

indifférent, e [ɛ̃diferɑ̃] *adj.* indifferent. *Salaire indifférent,* salary no object.

indiquer [ɛ̃dike] *vt.* **1.** to specify, to fix, to name, to show, to stipulate. *Comme indiqué au verso,* as stated on the back. *Le contrat indique le nombre de jours accordés pour l'enlèvement des marchandises,* the contract specifies the number of days allowed for the removal of the cargo. — **2.** to denote. *Les cours de fermeture indiquent aujourd'hui une légère tendance à la reprise,* to-day's closing quotations denoted a slight recovery.

indirect, e [ɛ̃dirɛkt] *adj.* indirect. *Conséquences indirectes,* consequential effects. *Impôts indirects,* indirect taxes. *Matières indirectes,* factory supplies; U. S. indirect material.

indisponibilité [ɛ̃dispɔnibilite] *f.* unavailability; LAW inalienability.

indisponible [-nibl] *adj.* unavailable; LAW inalienable.

individualiser [ɛ̃dividyalize] *vt.* to individualize, to customize. *Emballage individualisé,* customized packing.

indivis, e [ɛ̃divi] *adj.* LAW joint, held indivisum. *Actions indivises,* joint shares. *Par indivis,* jointly. *Propriétaire indivis,* joint owner.

indivision [-zjɔ̃] *f.* LAW joint possession, joint ownership.

indu, e [ɛ̃dy] *adj.* **1.** undue, unseasonable. — **2.** FIN. not due.

indûment [-mɑ̃] *adv.* unduly.

industrialisation [ɛ̃dystrializasjɔ̃] *f.* industrialization.

industrialiser [-lize] *vt.* to industrialize.

industrie [-tri] *f.* industry, manufacture. *Branche d'industrie,* branch, sector; U. S. segment of industry. *Industrie chimique,* chemical industry. *Industrie clef, de base,* key industry, basic industry. *Industrie de consommation,* consumer goods industry. *Industrie d'équipement,* equipment industry. *Industrie de transformation,* processing industry. *Industrie métallurgique,* metallurgy.

industriel, elle [-triɛl] *adj.* industrial. *Bénéfices industriels,* business profits. *Logistique industrielle,* engineering. *Propriété industrielle,* patent rights. ST.-EX. *Valeurs industrielles,* industrials.

industriel *m.* manufacturer, industrialist.

inéchangeable [ineʃɑ̃ʒabl] *adj.* unexchangeable.

inefficace [inɛfikas] *adj.* ineffective.

inégal, e [inegal] *adj.* unequal.

inégalité [-lite] *f.* unequality.

inemployé, e [inɑ̃plwaje] *adj.* unemployed, idle (capital).

inescomptable [inɛskɔ̃tabl] *adj.* undiscountable, not subject to discount.

inévitable [inevitabl] *adj.* unavoidable.

inexact, e [inɛgzakt] *adj.* incorrect, inaccurate, (employé) unpunctual.

inexactitude [-tityd] *f.* inexactitude, inaccuracy, unpunctuality.

inexécution [inɛgzekysjɔ̃] *f.* non-performance, non-execution.

inexigible [inɛgziʒibl] *adj.* not due, not demandable.

inexpérimenté, e [inɛksperimɑ̃te] *adj.* unexperienced, unskilled.

inexplicable [inɛksplikabl] *adj.* unaccountable, inexplicable.

inexploitable [inɛksplwatabl] *adj.* unworkable, useless.

inexploité [-plwate] *adj.* untapped. *Potentiel inexploité,* untapped potential.

inférer [ɛ̃fere] *vt.* to gather (*de,* from), to conclude.

infirmable [ɛ̃firmabl] *adj.* LAW able to be quashed.

infirmatif, ive [-matif] *adj.* LAW invalidating.

infirmation [-masjɔ̃] *f.* LAW invalidation, quashing.

infirmer [-me] *vt.* LAW to quash, to invalidate.

inflation [ɛ̃flasjɔ̃] *f.* inflation. *Inflation par la demande,* demand-induced inflation. *Inflation par les coûts de revient,* cost-induced inflation. *Recourir à l'inflation,* to inflate the currency.

inflationniste [-sjɔnist] *adj.* inflationary. *Poussées inflationnistes,* inflationary pressure.

inflationniste *m.* inflationist.

infléchir (s') [sɛ̃fleʃi:r] *v. pr.* to bend, to curve.

infléchissement [ɛ̃fleʃismɑ̃] *m.* downward trend, downward curve.

influencer [ɛ̃flɥɑ̃:se] *vt.* to influence, to carry weight with.

influent, e [ɛ̃flɥɑ̃] *adj.* influential.

influer [ɛ̃flɥe] *vt.* to influence, to affect, to exert, to have an influence on.

information [ɛ̃fɔrmasjɔ̃] *f.* **1.** information. *Les informations,* news items; U. S. news coverage. *Agence d'informations,* news agency. *A titre d'information,* by way of information, " for your guidance ". *Demande d'informations,* inquiry. *Prendre des informations sur,* to make inquiries about. — **2.** LAW investigation.

informé [ɛ̃fɔrme] *m.* LAW information, inquiry. *Jusqu'à plus ample informé,* until closer inquiry, until further inquiries have been made, until further information is available, obtained.

informer *vt.* to inform.

informer (s') *v. pr.* to make inquiries.

infraction [ɛ̃fraksjɔ̃] *f.* infraction, offence, breach (*à,* to).

infrastructure [ɛ̃frastrykty:r] *f.* infrastructure, ground organization (terrain d'aviation).

ingénieur [ɛ̃ʒenjœ:r] *m.* engineer. *Ingénieur-conseil,* consulting engineer; U. S. engineering consultant, efficiency expert. *Ingénieur-conseil en organisation,* management engineer; U. S. management consultant.

ingérence [ɛ̃ʒerɑ̃:s] *f.* interference.

ingérer (s') [sɛ̃ʒere] *v. pr.* to interfere, to intrude, to meddle with.

initial, e [inisjal] *adj.* initial. *Versement initial,* first instalment; U. S. down payment.

initiale [-sja:l] *f.* initial.

initialement [-sjalmɑ̃] *adv.* initially, in the first place.

initiateur [inisjatœ:r] *m.* originator, initiator, promotor.

initiative [-ti:v] *f.* initiative. *De sa propre initiative,* on one's own initiative. *Initiative privée,* private initiative, private enterprise. *Syndicat d'initiative,* information bureau, tourist office.

initier [inisje] *vt.* to acquaint (*à,* with).

injustifié, e [ɛ̃ʒystifje] *adj.* groundless, unjustified.

innavigabilité [innavigabilite] *f.* MAR. unseaworthiness.

innovation [innɔvasjɔ̃] *f.* innovation.

inobservation [inɔbsɛrvasjɔ̃] *f.* non compliance (*de,* with), disregard (*de,* of).

inopérant, e [inɔperɑ̃] *adj.* LAW inoperative.

inopportun, e [inɔpɔrtɛ̃] *adj.* inconvenient, ill-timed.

inquiétant, e [ɛ̃kjetɑ̃] *adj.* alarming, disturbing.

inquiéter [-te] *vt.* to worry; LAW to challenge.

inquiétude [-tyd] *f.* uneasiness, anxiety, qualms.

insalubrité [ɛ̃salybrite] *f.* unhealthiness.

inscription [ɛ̃skripsjɔ̃] *f.* inscription, entry. *Droits d'inscription,* registration fees. LAW *Etat d'inscription hypothécaire négatif,* certificate of the non-existence of mortgages; *état d'inscription hypothécaire positif,* certificate of the existence of mortgages. *Inscription au registre du commerce,* registration, entry, registry in the Trade Register. *Inscription comptable,* entry, posting. LAW *Inscription de faux,* plea of forgery; *inscription hypothécaire,* registration of mortgage, recording of mortgage. *Inscription maritime,* seaboard conscription. *Inscriptions sur le grand livre de la Dette publique,* inscribed government stock.

inscrire [ɛ̃skri:r] *vt.* to register, to enter, to write down, to book. *Inscrire un article,* to post, to enter an item. *Inscrire une commande,* to book an order. *Inscrire (un employé) à l'arrivée, à la sortie,* to book in, to book out (an employee). *Inscrire une hypothèque sur,* to register, to record a mortgage on. *Inscrire sur une liste,* to enlist. *Etre inscrit au bilan pour,* to appear in the balance sheet at. *Ces valeurs ne sont pas inscrites à la cote officielle,* these securities are not admitted to official quotation, do not enjoy official quotation.

inscrire (s') *v. pr.* **1.** LAW *S'inscrire en faux contre,* to dispute the validity of. — **2.** to register. — **3.** ST.-EX. to be marked (*à,* at). *S'inscrire en baisse,* to be marked, quoted, down. *S'inscrire en hausse,* to be marked, quoted, up. *L'action X s'inscrit à 53s. 3d. avoisinant son cours maximal pour l'année,* X shares are standing at 53s. 3d. near their high for the year.

insérer [ɛ̃sere] *vt.* to insert. *Prière d'insérer,* for favour of publication in your columns, please publish.

insertion [ɛ̃sɛrsjɔ̃] *f.* insertion. *Insertion gratuite,* free insertion.

insignifiant, e [ɛ̃siɲifjɑ̃] *adj.* insignificant. *Le loyer de ces locaux est insignifiant,* the rent of these premises is nominal.

insolvabilité [ɛ̃sɔlvabilite] *f.* insolvency.

insolvable [ɛ̃sɔlvabl] *adj.* insolvent; U. S. insolvable.

inspecter [ɛ̃spɛkte] *vt.* to examine, to inspect.

inspecteur [-tœ:r] *m.* inspector. *Inspecteur des contributions,* surveyor of taxes. *Inspecteur dans un magasin,* shopwalker; U. S. floorwalker. *Inspecteur du travail,* factory inspector.

inspection [-sjɔ̃] *f.* inspection, examination. *Inspection à l'improviste,* unannounced examination. *Inspection par sondage,* spotcheck.

instabilité [ɛ̃stabilite] *f.* instability, unsteadiness. *L'instabilité du change,* the floating currency-rate, the fluctuations in exchange rates.

instable [ɛ̃stabl] *adj.* unsteady, unstable.

installateur [ɛ̃stalatœ:r] *m.* fitter.

installation [-lasjɔ̃] *f.* plant, equipment, fittings, fixtures. POST *Installation d'abonné avec postes supplémentaires,* private branch exchange. *Installations fixes,* fixtures; U. S. facilities. *Installations portuaires,* harbour facilities.

installer [-le] *vt.* to equip, to fit out, to set up (une succursale).

instamment [ɛ̃stamɑ̃] *adv.* urgently.

instance [-tɑ̃:s] *f.* **1.** solicitation. *En instance de départ,* about to leave, on the point of departure. *Prier avec instance,* to request urgently. — **2.** LAW instance, suit. *Affaire en instance,* pending matter. *En seconde instance,* on appeal. *Introduire une instance,* to start proceedings, to bring a lawsuit. *Tribunal de première instance,* court of first instance.

instauration [ɛ̃stɔrasjɔ̃] *f.* founding, setting up.

instaurer [-re] *vt.* to establish.

instigation [ɛ̃stigasjɔ̃] *f.* instigation. *A l'instigation de,* prompted by.

instituer [ɛ̃stitɥe] *vt.* **1.** to found, to set up. — **2.** LAW to appoint (héritier), to institute (poursuites).

institution [-tysjɔ̃] *f.* **1.** institution, establishment. *Institution de crédit,* credit institution. — **2.** LAW appointing (héritier).

instruction [ɛ̃stryksjɔ̃] *f.* **1.** instruction, guidance; LAW preliminary examination. — **2. instructions** *f. pl.* directions, instructions, brief. *Instructions de service,* working instructions. *Selon les instructions,* as directed.

instrument [ɛ̃strymɑ̃] *m.* LAW instrument, deed. *Instrument de crédit,* credit instrument.

instrumentaire [-tɛ:r] *adj.* LAW *Témoin instrumentaire,* witness to a deed, attestor.

instrumenter [-te] *vt.* LAW to implement, to draw up a deed.

insu [ɛ̃sy] *m.* ignorance. *A l'insu de,* unknown to.

insuccès [ɛ̃syksɛ] *m.* failure, breakdown.

insuffisamment [ɛ̃syfizamɑ̃] *adv.* insufficiently. *Lettre insuffisamment affranchie,* insufficiently stamped letter.

insuffisance [-zɑ̃:s] *f.* shortage, inadequacy, insufficiency. *Insuffisance de main-d'œuvre,* labour shortage.

insuffisant, e [-zɑ̃] *adj.* insufficient, inadequate. *Emballage insuffisant,* inadequate packing.

insurmontable [ɛ̃syrmɔ̃tabl] *adj.* insuperable, insurmountable.

intact, e [ɛ̃takt] *adj.* complete, intact.

intangible [ɛ̃tɑ̃ʒibl] *adj.* intangible. *Valeurs intangibles,* intangible assets.

intégral, e [ɛ̃tegral] *adj.* full, complete. *Payement intégral,* payment in full. *Versement intégral à la répartition,* payment in full on allotment.

intégralement [ɛ̃tegralmɑ̃] *adv.* fully, in full. *Intégralement libéré,* fully paid. *Capital intégralement versé,* fully paid capital, paid up capital.

intégralité [-gralite] *f.* whole.

intégration [-grasjɔ̃] *f.* fusion, integration.

intégrer [ɛ̃tegre] *vt.* to integrate.

intégrer (s') *v. pr.* to join, to combine.

intégrité [-grite] *f.* honesty, integrity.

intendance [ɛ̃tɑ̃dɑ̃:s] *f.* administration, management.

intendant [-dɑ̃] *m.* intendant, manager.

intensifier [ɛ̃tɑ̃sifje] *vt.* to intensify.

intenter [ɛ̃tɑ̃te] *vt.* LAW to bring, to enter. *Intenter une action à qqn, contre qqn,* to bring an action against s. o., to start legal proceedings against s. o.

intention [ɛ̃tɑ̃sjɔ̃] *f.* intention. *A l'intention de,* for, for the benefit of. *Nous n'avons pas l'intention de,* we do not intend to.

intentionnel, elle [-sjɔnɛl] *adj.* intentional, deliberate.

inter [ɛ̃tɛ:r] *m.* POST trunk; U. S. long-distance.

intercalaire [ɛ̃tɛrkalɛ:r] *adj.* inserted. *Dividende, intérêt intercalaire,* interim dividend, interim interest (dividend, interest on capital during construction).

intercalaire *m.* guide-card, division-card.

intercaler [-kale] *vt.* to slip in, to intercalate.

intercéder [-sede] *vi.* to intersede (*auprès de,* with; *pour,* on behalf of).

interchangeable [-ʃɑ̃ʒabl] *adj.* interchangeable.

interdiction [-diksjɔ̃] *f.* interdiction; LAW prohibition. *Interdiction d'exportation,* prohibition of export, export ban. *Interdiction légale,* loss of civil rights.

interdire [ɛ̃tɛrdi:r] *vt.* to forbid; LAW to interdict. *Les accords tendant à limiter la production, de même que les tarifs préférentiels ou ventes conditionnées, sont formellement interdits par le règlement,* specifically ruled out are agreements to limit production as well as price discrimination and tie-in sales.

interdit, e [-di] *adj.* 1. forbidden, prohibited. *Passage interdit,* no thoroughfare. — 2. LAW under restraint, deprived of certain civil rights.

intéressant, e [ɛ̃terɛsɑ̃] *adj.* attractive. *A des conditions intéressantes,* on advantageous terms. *Occasion intéressante,* bargain; U. S. ground-floor.

intéressé, e [-se] *adj.* interested (*par,* in). *Le personnel intéressé,* the members of the staff involved, concerned. LAW *Les parties intéressées,* the interested parties.

intéressé *m.* party concerned, involved.

intéresser *vt.* 1. to concern, to affect, to interest. *La nouvelle réglementation en vigueur n'intéresse pas cette branche des affaires,* the new regulation in force does not affect this sector of business. — 2. FIN. to give a share, an interest, to s.o. *Le personnel est intéressé aux affaires,* the staff benefits by a profit-sharing scheme.

intéresser (s') *v. pr.* to have an interest in, to concern oneself with.

intérêt [ɛ̃terɛ] *m.* 1. FIN. interest. *Accroissement d'un capital placé à intérêts composés,* accumulation of money. *A intérêt fixe,* fixed-interest bearing. *Capitaliser les intérêts,* to capitalize the interest, to convert interest into capital. *Emprunter à intérêt,* to borrow at interest. *Intérêts accumulés,* accrued interest. *Intérêts à échoir,* accruing interest. *Intérêts anticipés,* anticipatory, anticipated interest. *Intérêts arriérés,* interest in arrears, arrears of interest. *Intérêt composé,* compound interest. *Intérêt créditeur,* credit, creditor interest. *Intérêt débiteur,* debit interest. *Intérêt de retard,* default interest, deferred payment interest. *Intérêt différé,* deferred interest. *Intérêts dus,* payable interest, interest due. *Intérêts échus,* outstanding interest. *Intérêts exigibles,* interest due. *Intérêt fixe,* fixed interest. *Intérêts intérimaires, intercalaires,* interim interest. *Intérêts moratoires,* default interest, interest on arrears. *Intérêt simple,* simple interest. *Placer à intérêt,* to put out at interest. *Porter intérêts,* to yield interest. *Prêter à intérêt,* to lend out at interest. *Productif d'intérêt,* interest bearing. *Productif d'un intérêt de 5 %,* yielding 5 % interest. *Sans intérêt,* without interest; U. S. flat. *Taux d'intérêt,* rate of interest. — 2. MAR. INS. interest, value, risk. *Intérêts assurables,* insurable interest. — 3. advantage, profit, interest, appeal. *Au mieux de vos intérêts,* to your best advantage. *Sauvegarder les intérêts,* to attend to the interest (*de,* of).

intérieur, e [ɛ̃terjœ:r] *adj.* 1. domestic, home. *Commerce intérieur,* home trade. *Consommation intérieure,* domestic, home consumption. *Demande intérieure,* home, internal, domestic demand. *Effet sur l'intérieur,* home bill, inland bill. *Marché intérieur,* home market. *Navigation intérieure,* inland navigation. *Tarif intérieur,* inland rate. — 2. LAW interior. *Ministre de l'Intérieur,* Home Office; U. S. Department of the Interior.

intérim [ɛ̃terim] *m.* interim. *Dans l'intérim,* in the meantime, in the interim. *Par intérim,* acting. *Assurer l'intérim,* to take over duties during vacancy; U. S. to deputize.

intérimaire [-mɛ:r] *adj.* temporary, interim. *Bilan intérimaire,* provisional balance. *Crédit intérimaire,* stand-by credit. *Directeur intérimaire,* acting manager.

intérimaire *m.* deputy, substitute.

intérimat [-ma] *m.* duties ad interim.

interjeter [ɛ̃tɛrʒəte] *vt.* LAW to lodge. *Interjeter appel,* to lodge an appeal; U. S. to appeal a case.

intermédiaire [ɛ̃tɛrmedjɛ:r] *adj.* intermediate, intermediary. *Cadres intermédiaires,* middle management executives.

intermédiaire *m.* 1. intermediary, medium. *Par l'intermédiaire de,* through the medium of, through the agency of. — 2. middleman, commission-agent.

Intermédiaire en gros, functional wholesaler; U. S. desk-jobber, drop-shipper. « *Intermédiaires, s'abstenir* », " No agents need apply ". *Les courtiers sont de véritables intermédiaires qui mettent en présence acheteurs et vendeurs,* brokers are true middlemen who bring together buyers and sellers.

intermittent, e [ɛ̃tɛrmitɑ̃] *adj.* occasional. *Main-d'œuvre intermittente,* occasional labour.

international, e [ɛ̃tɛrnasjɔnal] *adj.* international.

interposé, e [ɛ̃tɛrpoze] *adj.* LAW *Personne interposée,* intermediary. *Par personne interposée,* through a medium.

interprétation [ɛ̃tɛrpretasjɔ̃] *f.* interpretation.

interprète [ɛ̃tɛrprɛt] *m.* interpreter.

interpréter [-prete] *vt.* to interpret, to explain, to understand.

interrompre [ɛ̃tɛrɔ̃:pr] *vt.* to interrupt, to break off, to disconnect (a call).

interruption [-rypsjɔ̃] *f.* interruption, suspension.

interurbain, e [ɛ̃tɛryrbɛ̃] *adj.* trunk; U. S. long-distance. POST *Bureau central interurbain,* trunk-exchange; U. S. toll central office.

intervenant [ɛ̃tɛrvənɑ̃] *m.* LAW acceptor for honour, acceptor supra protest.

intervenir [ɛ̃tɛrvəni:r] *vt.* to intervene. *On a fait intervenir un expert,* an expert was called in. *Un accord est intervenu,* an arrangement has been made.

intervention [-vɑ̃sjɔ̃] *f.* intervention, intervening. *Acceptation par intervention,* acceptance for honour. *Intervention de l'Etat,* Government interference.

intervertir [ɛ̃tɛrvɛrti:r] *vt.* to transpose, to invert.

interview [ɛ̃tɛrvju] *f.* interview.

interviewer [-vjuve] *vt.* to interview.

intervieweur [-vjuvœ:r] *m.* interviewer.

intitulé [ɛ̃tityle] *m.* heading; LAW premises. *Intitulé de compte,* name of an account.

intrinsèque [ɛ̃trɛ̃sɛk] *adj.* intrinsic. *Valeur intrinsèque,* composite value.

introducteur [ɛ̃trɔdyktœ:r] *m.* ST.-EX. introducer; FAM. the shop.

introduction [ɛ̃trɔdyksjɔ̃] *f.* introduction. LAW *Introduction d'instance,* writ of summons, institution of formal proceedings. *Lettre d'introduction,* letter of introduction. ST.-EX. *Syndicat d'introduction,* introducing syndicate.

introduire [-dɥi:r] *vt.* to introduce, to bring in; LAW to institute. *Introduire en Bourse,* to list on the Exchange. *Introduire en contrebande,* to smuggle in. *Introduire sur le marché,* to launch on the market. *Introduire une action en dommages-intérêts,* to bring an action for damages, to sue s. o. for damages.

inusable [inyzabl] *adj.* wear-proof, long-wearing.

inutile [inytil] *adj.* useless, unnecessary. « *Rayer les mentions inutiles* », "Delete as required".

invalide [ɛ̃valid] *adj.* LAW invalid.

invalider [-de] *vt.* LAW to invalidate, to declare null and void.

invalidité [-dite] *f.* LAW nullity, invalidity.

invendable [ɛ̃vɑ̃dabl] *adj.* unmarketable, unsaleable.

invendu, e [-dy] *adj.* unsold, left over. *Sauf invendu,* subject to prior sale.

invendu *m.* unsold article, left over, remainder. *Les invendus,* the dead stocks.

inventaire [ɛ̃vɑ̃tɛ:r] *m.* inventory; FIN. valuation. *Balance d'inventaire,* trial balance after closing, second trial balance. *Balance préparatoire d'inventaire,* trial balance before closing, first trial balance. *Dresser l'inventaire,* to take stock. *Fiche d'inventaire par service,* departmental stock sheet. *Inventaire comptable,* detailed account, accounts. *Inventaire des marchandises,* stock-taking; U. S. physical inventory. *Inventaire du portefeuille « titres »,* valuation of securities. *Inventaire effectif,* actual balance. *Inventaire existant,* stock on hand. *Inventaire permanent,* perpetual inventory. *Inventaire* *théorique,* balance as shown by books. *Inventaire tournant,* continuous inventory. *Sous bénéfice d'inventaire,* with reservation. *Valeur d'inventaire,* stock-taking value. *Vente pour cause d'inventaire,* stock-taking sale.

inventeur [-tœ:r] *m.* inventor.

invention [-sjɔ̃] *f.* invention. *Brevet d'invention,* patent.

inventorier [ɛ̃vɑ̃tɔrje] *vt.* to take stock, to enter on an inventory; FIN. to value.

investir [ɛ̃vɛsti:r] *vt.* to invest. *Investir des capitaux dans,* to invest capital in. *Un conseil est investi de l'autorité,* the power is vested in a council.

investissement [-tismɑ̃] *m.* investment. *Amortissement d'un investissement,* depreciation of an investment. *Biens d'investissement,* capital goods. *Budget d'investissement,* capital budget. *Dépense d'investissement,* investment expenditure. *Financement des investissements,* investment financing. *Investissement à court terme,* short term investment. *Investissement à moyen terme,* medium term investment.

investisseur [-tisœ:r] *m.* investor.

invisible [ɛ̃vizibl] *adj.* invisible. *Exportations invisibles,* invisible exports. *Importations invisibles,* invisible imports. *Les importations invisibles comprennent les dépenses des touristes à l'étranger,* invisible imports include tourists' expenditures in foreign countries.

inviter [ɛ̃vite] *vt.* to invite. *Inviter des soumissions,* to invite tenders.

invoquer [ɛ̃vɔke] *vt.* to refer to, to put forward. *Les raisons invoquées,* the motives put forward.

irrachetable [irraʃtabl] *adj.* unredeemable, irredeemable.

irrationnel, elle [irrasjɔnɛl] *adj.* irrational. *Escompte irrationnel,* banker's discount.

irrécouvrable [irrekuvrabl] *adj.* irrecoverable, unrecoverable. *Créances irrécouvrables,* bad debts.

irréductible [irredyktibl] *adj.* irreducible. *Souscription à titre irréductible,* application as of right for new shares.

irrégularité [irregylarite] *f.* irregularity.

irrégulier, ère [-lje] *adj.* irregular. MAR. *Navire irrégulier,* tramp steamer.

irrégulièrement [-ljɛrmɑ̃] *adv.* irregularly.

irremboursable [irrɑ̃bursabl] *adj.* unredeemable, irredeemable.

irresponsabilité [irrɛspɔ̃sabilite] *f.* irresponsibility.

irresponsable [-pɔ̃sabl] *adj.* irresponsible, not liable.

issue [isy] *f.* outcome, upshot, result. *Situation sans issue,* deadlock, dead end.

itinéraire [itinerɛ:r] *m.* route, itinerary. *Changement d'itinéraire,* diversion in transit. *Erreur d'itinéraire,* misrouting.

j

jalon [ʒalɔ̃] *m.* plan. *Poser des jalons,* to broach, to prepare the ground, to pave the way.

jauge [ʒo:ʒ] *f.* **1.** gauge, standard of capacity. — **2.** MAR. tonnage, register of tonnage. *Jauge brute,* gross register tonnage. *Jauge nette,* net register tonnage.

jaugeage [ʒoʒa:ʒ] *m.* gauging, measurement.

jauger [-ʒe] *vt.* to gauge, to measure. *Jauger un navire,* to measure the tonnage of a ship.

jauger *vi.* MAR. to be of ... burden. *Jauger 5 000 tonneaux,* to be of 5 000 tons burden.

jaune [ʒo:n] *m.* non-union workman, scab, blackleg, strike-breaker.

jet [ʒɛ] *m.* MAR. jettison, throwing over board, casting away.

jetée [ʒəte] *f.* pier, jetty. *Droits de jetée,* pierage, pier dues.

jeter *vt.* to throw, to cast. *Jeter des marchandises à la mer,* to jettison cargo. *Jeter par-dessus bord,* to throw overboard. *Jeter sur le marché,* to throw, to launch on the market.

jeton [-tɔ̃] *m.* token. *Jeton de présence,* director's fees.

jeu [ʒø] *m.* **1.** ST.-EX. game, speculation, stock-gambling. *Entrer en jeu,* to come into play. *Mettre en jeu,* to bring into play, to set in action. *Les intérêts en jeu,* the interests at stake, at issue. — **2.** (série) set. *Jeu complet de connaissements,* full set of bills of lading. *Jeu d'écriture,* trick of accounting. *Pour des effets sur l'étranger, on établit un jeu de trois exemplaires par souci de sécurité,* foreign bills are usually drawn in sets of three copies for security's sake.

joindre [ʒwɛ̃:dr] *vt.* to add (*à,* to). *Echantillon joint,* sample attached. *Pièces jointes,* enclosures. *Veuillez trouver ci-joint,* we enclose herewith, enclosed please find.

jouer [ʒwe] *vt.* **1.** FIN. to gamble, to speculate, to operate; U. S. to play the market. *Jouer à la baisse,* to speculate on a fall, to go a bear, to bear the market. *Jouer à la hausse,* to speculate on a rise, to play for a rise, to bull the market, to go a bull. — **2.** (entrer en vigueur) to become operative. *Le nouveau règlement joue depuis octobre,* this new regulation has been operative since October.

joueur [ʒwœ:r] *m.* gambler, speculator, operator. *Joueur à la baisse,* bear operator, bear. *Joueur à la hausse,* bull operator, bull.

jouir [ʒwi:r] *vi.* to enjoy. *Cette maison jouit d'une excellente réputation sur notre place,* this firm enjoys an excellent reputation at our place.

jouissance [ʒwisɑ̃:s] *f.* enjoyment. FIN. *Jouissance coupon 7,* cum, with coupon n° 7; *jouissance du 15 janvier prochain,* bearing interest from 15th January next; *date de jouissance,* due date of interest, due date of coupon. LAW *Jouissance 1er janvier,* possession on January Ist; *droit de jouissance,* right of usufruct; *privation de jouissance,* prevention of possession; *avec jouissance immédiate,* with immediate possession, with vacant possession.

jour [ʒu:r] *m.* day. *A ce jour,* to date. *De ce jour,* to day's. *Cours du jour,* ruling prices, current market rate. *Equipe de jour,* day-shift. *Jour de fête,* non-business day, bank holiday. ST.-EX. *Jour de la déclaration des noms,* ticket day; *jour de la réponse des primes,* option declaration day; *jour de la liquidation,* settling day, account day, pay-day. FIN. *Jour de l'échéance,* maturity date, due date. MAR. *Jours de planches,* lay-days; *jour de starie,* lay day; *jour de surestarie,* day of demurrage. FIN. *Jours de vue,* days after sight. *Jour franc,* clear day. *Jour ouvrable,* working day. *Jour plein,* clear day. *Ordre du jour,* agenda. *Par jour,* a day. *Mettre à jour,* to bring up to date. *Tenir à jour,* to keep up to date. *Tenir les livres à jour,* to keep the books posted up.

journal [ʒurnal] *m.* **1.** newspaper. *Journal d'entreprise,* house organ. *Journal financier,* financial newspaper. *Journal officiel,* the London Gazette; U. S. the Federal Register. — **2.** B.K. journal. *Inscrire au journal,* to enter in the journal, to journalize. *Journal analytique,* subsidiary journal. *Journal auxiliaire,* subsidiary journal. *Journal des achats,* purchases book. *Journal des débits,* sales book. *Journal des effets à payer,* bills payable book. *Journal des effets à recevoir,* bills receivable book. *Journal des rendus,* returns book. *Journal des retours,* returns book. *Journal des ventes,* sales book. *Journal grand livre,* combined journal and ledger. — **3.** MAR. *Journal de bord, de navigation,* logbook.

journalier, ère [-lje] *adj.* daily, everyday.

journalier *m.* day-labourer.

journaliser [-lize] *vt.* B. K. to journalize.

journaliste [-list] *m.* **1.** journalist. — **2.** B. K. journalizer.

journée [ʒurne] *f.* day.

journellement [-nɛlmɑ̃] *adv.* daily.

judiciaire [ʒydisjɛ:r] *adj.* judicial, legal. *Administrateur judiciaire,* official receiver. *L'administrateur judiciaire préside la première réunion des créanciers,* the official receiver presides at the first meeting of creditors. *Affiche judiciaire,* announcement. *Avoir recours aux voies judiciaires,* to take legal action. *Enquête judiciaire,* judicial enquiry. *Liquidation judiciaire,* liquidation subject to supervision of court. *Vente judiciaire,* sale by order of the court.

judiciairement [-sjɛrmɑ̃] *adv.* judicially. *Une société est liquidée judiciairement si elle cesse son activité plus d'un an,* a company must be wound up by order of court if it stops trading for more than a year.

judicieux, euse [-sjø] *adj.* discerning, judicious.

juge [ʒy:ʒ] *m.* judge. *Juge consulaire,* judge in commercial court. *Juge d'instruction,* examining magistrate.

jugement [-ʒmɑ̃] *m.* **1.** LAW judgment. *Jugement arbitral,* award. *Jugement contradictoire,* judgment after trial. *Jugement déclaratif de faillite,* adjudication in bankruptcy. *Jugement exécutoire,* enforceable judgment. *Jugement hypothécaire,* forclosure. *Jugement par défaut,* judgment by default. *Passer en jugement,* to be brought up for trial. *Prononcer un jugement,* to deliver, to pass judgment. — **2.** opinion, judgment.

juger [-ʒe] *vt.* **1.** LAW to judge, to try. *La chose jugée,* res judicata, closed case. *Juger un différend,* to decide a dispute. — **2.** to think, to deem. *Nous jugeons utile de,* we think it advisable to.

jumelage [ʒymla:ʒ] *m.* coupling; PRO. Ex. contra account.

juré, e [ʒyre] *adj.* sworn. *Expert juré,* sworn expert.

juré *m.* **1.** juror, juryman. — **2.** **jurés** *m. pl.* jury.

juridiction [ʒyridiksjɔ̃] *f.* jurisdiction; FAM. province. LAW *Clause attributive de juridiction,* clause to assign the jurisdiction.

juridique [-dik] *adj.* juridical, legal. *Conseiller juridique,* legal adviser. *Texte juridique,* legal instrument.

juridiquement [-dikmɑ̃] *adv.* juridically, legally.

jurisprudence [ʒyrisprydɑ̃:s] *f.* jurisprudence. *Cas faisant jurisprudence,* test case. *Recueil de jurisprudence,* law reports.

jusque [ʒysk] *prép.* (temps) till, until. *Jusqu'à nouvel avis,* till further advice. *Jusqu'à preuve du contraire,* until the contrary is proved. *Jusques et y compris,* up to and including.

juste [ʒyst] *adj.* right. *Juste milieu,* happy medium, middle course. *Au plus juste prix,* at the lowest price.

justice [-tis] *f.* justice. *Aller en justice,* to take legal proceedings, to go to law. *Poursuivre en justice,* to bring an action against s. o. *Se soustraire à la justice,* to abscond.

justiciable [-tisjabl] *adj.* amenable, subject (*de,* to).

justificatif, ive [-tifikatif] *adj.* justificative. *Numéro justificatif,* reference number. *Pièce justificative,* voucher, documentary evidence.

justificatif *m.* checking-copy. FIN. voucher.

justification [-tifikasjɔ̃] *f.* justification, warrant, proof. *Demander une justification,* to ask for proof.

justifier [-tifje] *vt.* **1.** to justify, to vindicate (conduite). *Votre réclamation ne semble pas justifiée,* your claim does not seem justified. — **2.** to prove.

justifier *vi.* to account (*de,* for), to prove. *Pourriez-vous justifier le retard apporté à l'exécution de notre commande?,* could you account for the delay in the completion of our order?

justifier (se) *v. pr.* to justify, to vindicate oneself.

k-l

krach [krak] *m.* crash, smash, collapse, banking failure.

l

label [labɛl] *m.* **1.** trade-union mark. — **2.** label. *Label de qualité,* quality label.

laboratoire [laboratwa:r] *m.* laboratory, "lab". *Laboratoire d'essai,* testing plant.

lacune [lakyn] *f.* gap, blank.

laissé-pour-compte [lɛsepu:rkɔ̃t] *m.* returned, refused, rejected goods (goods left on the dealer's hand).

laisser [lɛse] *vt.* to leave, to allow. *Laisser un bénéfice,* to yield a profit. *Laisser pour compte,* to leave on hand.

laisser-aller [-ale] *m.* carelessness.

laisser-faire [-fɛ:r] *m.* non-interference.

laissez-passer [-pɑse] *m.* pass; CUST. transire.

laminoir [laminwa:r] *m.* rolling-mill.

lancement [lɑ̃smɑ̃] *m.* launching (d'un produit), floating (d'un emprunt). *Campagne de lancement,* introductory, initial campaign.

lancer [-se] *vt.* to launch, to start; FIN. to float; LAW to issue. *Lancer un emprunt,* to float a loan. *Lancer une nouvelle mode,* to initiate a new fashion. *Lancer un mandat d'amener,* to issue a warrant. *Lancer un produit,* to launch a product. *Ce détergent a été lancé à grand renfort de publicité,* they boosted, they boomed this detergent.

lancer (se) *v. pr.* to embark (*dans,* on).

lanceur [-sœ:r] *m. Lanceur d'affaires,* business promoter, floater.

langue [lɑ̃:g] *f.* language. *Les candidats doivent posséder au moins deux langues étrangères,* applicants should be proficient in at least two languages.

langueur [lɑ̃gœ:r] *f.* ST.-EX. dullness.

languir [-gi:r] *vi.* to flag, to drag.

languissant, e [-gisɑ̃] *adj.* slack, dull, lagging, languishing, flat.

lapsus [lapsys] *m.* slip.

large [larʒ] *adj.* broad, wide. *Une large clientèle,* a wide connection.

largement [-ʒəmɑ̃] *adv.* widely, broadly.

latitude [latityd] *f.* scope, range, freedom. *Avoir toute latitude,* to have full discretion. *Ne pas laisser trop de latitude,* not to give too much scope.

leasing [li:siɲ] *m.* leasing. *Affaires de leasing,* leasing business.

légal, e [legal] *adj.* legal, statutory. *Affectation à la réserve légale,* allocation to legal reserve. *Par voies légales,* by legal process. *Avoir recours aux voies légales,* to institute, to start legal proceedings.

légalement [-lmɑ̃] *adv.* legally, lawfully.

légalisation [-lizasjɔ̃] *f.* legalization, authentication, certification.

légaliser [-lize] *vt.* to legalize, to certify, to authenticate. *Papiers légalisés,* duly attested, certified documents; U. S. credentials.

légataire [legatɛ:r] *m.* LAW legatee. *Légataire universel,* sole legatee.

légende [leʒɑ̃:d] *f.* caption (de photos), inscription, legend (de monnaie), key (de carte).

léger, ère [leʒe] *adj.* slight. *Légère amélioration,* slight improvement.

légiférer [leʒifere] *vt.* to legislate.

législateur [-slatœ:r] *m.* legislator.

législatif, ive [-slatif] *adj.* legislative. *Election législative,* Parliamentary election; U. S. Congressional election.

législation [-slasjɔ̃] *f.* **1.** legislation, law-making. — **2.** laws. *Législation du travail,* labour legislation. *Législation en matière fiscale,* fiscal legislation. *Législation en vigueur,* laws in force. *Législation industrielle,* the Factory Acts.

légitime [leʒitim] *adj.* lawful. *Propriétaire légitime,* rightful owner.

légitimité [-timite] *f.* lawfulness, justness.

legs [lɛg] *m.* legacy.

léguer [lege] *vt.* to bequeath, to leave.

lenteur [lɑ̃tœ:r] *f.* dullness, sluggishness, dilatoriness. *Les lenteurs administratives,* the delays of the government departments; U. S. the delays of the Administration.

léonin, e [leɔnɛ̃] *adj.* leonine. LAW *Contrat léonin,* leonine convention.

léser [leze] *vt.* to injure, to wrong. LAW *La partie lésée,* the injured party. *Léser les droits de qqn,* to encroach upon s. o.'s rights. *Léser les intérêts de qqn,* to endanger s. o.'s interest.

lésiner [lezine] *vi.* to haggle; U. S. to dicker (*sur,* on).

lésion [lezjɔ̃] *f.* LAW damage.

lessivage [lɛsiva:ʒ] *m.* FAM. selling off.

lessiver [-sive] *vt.* FAM. to sell off.

lest [lɛst] *m.* ballast. *Sur lest,* on ballast. *Jeter du lest :* **a)** MAR. to throw out ballast; **b)** to cut one's losses. *L'échec des spéculations boursières est souvent dû à une certaine répugnance à jeter du lest,* failures to make money on the Stock-Exchange are often due to reluctance to cut losses.

lester [-te] *vt.* MAR. to ballast.

lettre [lɛtr] *f.* **1.** letter. *Lettre chargée,* registered letter. *Lettre collective,* official circular. *Lettre commerciale,* business letter. *Lettre d'aval,* letter of guaranty. *Lettre d'avis,* advice note. *Lettre de change,* bill of exchange. *Lettre de congédiement, de licenciement,* notice of dismissal. *Lettre de convocation,* notice of meeting. *Lettre de crédit,* letter of credit. *Lettre de garantie,* letter of indemnity. *Lettre de mer,* sea-letter, sea-brief. *Lettre de non-attribution,* letter of regret. *Lettre de rappel :* **a)** follow-up letter (maison de vente par correspondance, etc.) ; **b)** FIN. letter of reminder, dunning letter. *Lettre de rebut,* dead letter. *Lettre de réclamation,* letter of claim, letter of complaint ; U. S. demand letter. *Lettre de recommandation,* letter of introduction. LAW *Lettre d'introduction,* credentials. *Lettre de répartition,* letter of allotment. *Lettre de signatures autorisées,* mandate forms. *Lettre de valeur déclarée,* insured letter. *Lettre de vente (de propagande),* sales letter. *Lettre de voiture,* way-bill, consignment note. *Lettre de voiture aérienne,* airway-bill ; U. S. air bill of lading. *Lettre de voiture ferroviaire,* railway bill ; U. S. railroad bill of lading. *Lettre de voiture de transport routier,* trucking bill of lading. *Lettre recommandée,* registered letter. *Lettre taxée,* surcharged letter. *Lorsqu'un compte reste trop longtemps en souffrance, on envoie une lettre de réclamation,* when an account has been outstanding (U. S. has remained delinquent) for too long a time, a claim (demand) letter is sent. *Votre lettre en date du 7 courant,* your letter dated 7th inst. — **2.** letter, character. *Somme en toutes lettres,* amount in words at length, in full. — **3.** FIN. *Lettre de change,* bill of exchange. *Lettre à date fixe,* day bill. *Lettre à délai de date,* bill after sight. *Lettre de change payable à vue,* sight bill, bill on demand. *Lettre de change sur l'étranger,* foreign bill. *Echéance d'une lettre de change,* maturity of a bill of exchange. *Avaliser une lettre de change,* to back a bill. *Protester une lettre de change,* to have a bill protested, to note a bill. — **4.** FIN. *Lettre de crédit,* letter of credit. *Lettre de crédit complémentaire,* ancillary letter of credit. *Lettre de crédit circulaire,* circular note. *Emettre une lettre de crédit sur,* to issue a letter of credit on.

levée [ləve] *f.* **1.** POST collection. *Dernière levée,* last collection. — **2.** FIN. taking up. *Levée des actions,* taking up of stocks. *Levée d'une prime,* exercise of an option. *Levées personnelles de compte,* drawings.

lever *vt.* **1.** POST to clear. — **2.** FIN. to take up. *Lever des titres,* to take up stocks. *Lever une prime,* to take up an option. — **3.** ADM. to levy, to collect. *Lever des impôts,* to levy taxes. — **4.** LAW to take off. *Lever l'embargo,* to raise, to take off the embargo. *Lever les scellés,* to take off, to break the seals. — **5.** *Lever une séance,* to adjourn, to close a meeting.

liasse [ljas] *f.* bundle, file ; FIN. sheaf, roll.

libellé [libɛlle] *m.* **1.** wording (rédaction). — **2.** B. K. particulars, description. *Libellé d'un article,* particulars of an entry. *Colonne du libellé,* particulars column.

libeller *vt.* to draw up, to word, to make out, to fill in. *Libellé comme suit,* running as follows.

libéralisation [liberalizasjɔ̃] *f.* freeing, liberalization.

libéraliser [-ralize] *vt.* to liberalize.

libération [-rasjɔ̃] *f.* **1.** FIN. payment in full, discharge. *Libération à la répartition,* payment in full on allotment. — **2.** LAW release. *Libération de marchandises,* release of goods. *Libération des changes,* decontrol of foreign exchange.

libératoire [-ratwa:r] *adj.* liberating. *Versement libératoire,* final instalment. *Avoir force libératoire,* to be legal tender.

libérer [-re] *vt.* **1.** FIN. to pay up. *Actions entièrement libérées,* fully paid-up shares. *Actions non entièrement libérées,* partly paid-up shares. *Montants à libérer sur titres et participations,* amount callable on shares and participations. — **2.** LAW to discharge (*de,* from), to relieve of. *Libérer qqn d'un engagement,* to discharge s. o. from an obligation.

libérer (se) *v. pr.* 1. FIN. to pay up in full. *Se libérer par anticipation,* to pay up in advance. — 2. to free, to clear. *Se libérer d'une dette,* to clear oneself from a debt, to redeem a debt.

liberté [libɛrte] *f.* liberty, freedom. LAW *Liberté provisoire, sous caution,* release on bail.

libre [libr] *adj.* 1. free. *Entrée libre,* admission free. *Marchandises libres à l'entrée,* duty-free goods. *Marchandises libres des droits de douane,* duty-paid goods. *Papier libre,* unstamped paper. *Etudiant diplômé, libre, cherche situation,* unattached graduated student seeks position. — 2. unlicensed (courtier). — 3. POST « *Pas libre* », "engaged"; U. S. "busy".

libre-échange [-eʃɑ̃:ʒ] *m.* free-trade.

libre-échangiste [-ʒist] *m.* free-trader.

libre-service [librəsɛrvis] *m.* self-service.

librement [librəmɑ̃] *adv.* freely.

licence [lisɑ̃:s] *f.* licence. *Détenteur d'une licence,* licensee. *Licence de vente,* selling licence. *Licence d'exportation,* export licence, licence permit. *Licence d'importation,* import licence, import permit. *Sous licence,* under a licence.

licenciement [-simɑ̃] *m.* dismissal. *Licenciement de personnel,* laying off; U. S. lay off.

licencier [-sje] *vt.* to dismiss, to lay off.

licitation [lisitasjɔ̃] *f.* sale by auction; U. S. sale at auction (of property held indivisum).

lier [lje] *vt.* to bind. ST.-EX. *Ordre lié,* contingent order. *Un concessionnaire exclusif est habilité à signer des contrats qui lient son commettant,* a sole agent is entitled to sign contracts which are binding upon his principal.

lier (se) *v. pr.* to bind oneself (par contrat, etc.).

lieu [ljø] *m.* place. *Au lieu de,* instead of. *Etat des lieux,* inventory of premises. *Lieu de payement,* place of payment. *S'il y a lieu,* if need be.

ligne [liɲ] *f.* line. MAR. *Ligne de charge,* load line. POST *Ligne principale,* direct exchange line; *ligne supplémentaire,* extension.

limitatif, ive [limitatif] *adj.* limiting. *Clause limitative,* tying clause.

limitation [-tasjɔ̃] *f.* limitation.

limite [limit] *f.* limit. *Charge limite,* limit load. *Date limite,* latest date; U. S. deadline. *Limite de rupture,* breaking point. POST *Date limite de dépôt,* latest time for posting.

limité, e [-te] *adj.* limited.

limiter *vt.* to limit, to narrow. *Etant donné les restrictions de crédit, nos marges bénéficiaires sont limitées,* owing to credit restrictions, our profit margins are narrowed.

limoger [limɔʒe] *vt.* to sack; U. S. to shelve.

lingot [lɛ̃go] *m.* ingot.

liquidateur [likidatœ:r] *m.* 1. LAW liquidator. *Liquidateur de faillite,* official receiver; U. S. judicial factor. *Le liquidateur nommé à la dernière assemblée générale a été chargé de vendre aux enchères publiques les biens meubles et immeubles de la Société,* the liquidator appointed at the last general meeting has been instructed to sell the real and personal property of the Company by public auction. — 2. PRO. EX. clearing-house clerk. — 3. ST.-EX. settling-room clerk. *Liquidateur officiel,* official assignee.

liquidation [-dasjɔ̃] *f.* 1. LAW winding-up, liquidation. *Bilan de liquidation,* statement of affairs. *Entrer en liquidation,* to go into liquidation. *Etre mis en liquidation judiciaire,* to be wound up by legal action. *Liquidation de l'actif d'un failli,* creditors' sale. *Liquidation forcée,* compulsory liquidation. *Liquidation judiciaire,* winding-up by court order. *Liquidation volontaire,* voluntary liquidation, winding-up. *Vente liquidation,* winding-up sale; U. S. close out. *Quand son bilan de liquidation a été examiné, le débiteur fait une proposition de concordat,* when his statement of affairs has been examined, the debtor makes a proposal for a composition. — 2. clearance-sale, selling off. — 3.

St.-Ex., Fin. settlement, account. *Achat en liquidation,* buying for the account. *Caisse de liquidation,* clearing-house. *Feuille de liquidation,* clearing-sheet. *Jour de liquidation,* settling day, account day. *Liquidation d'actif,* administration of assets. *Liquidation de fin de mois,* end month account, end month settlement. *Liquidation de quinzaine,* mid month account, settlement. *Liquidation prochaine,* next account. *Liquidation suivante,* ensuing account, following settlement. *Vente en liquidation,* sale for the account. *Les spéculateurs qui opèrent à terme n'ont pas à régler leurs achats ou leurs ventes avant la liquidation suivante,* speculators dealing for the account need not settle their sales or purchases until the ensuing settlement.

liquide [likid] *adj.* liquid. *Argent liquide,* available cash, ready money.

liquider [-de] *vt.* **1.** to clear, to sell off (marchandises). *Liquider des articles démodés,* to have a clearance sale of out-of-date articles. — **2.** to wind up, to liquidate (société). *Une société incapable de faire face à ses obligations doit être liquidée judiciairement,* when a company is unable to meet its liabilities, it must be wound up by court order. — **3.** Fin. to settle, to pay up, to pay off (dettes). *Liquider un compte,* to balance, to liquidate, to settle an account. — **4.** St.-Ex. to close. *Liquider une position,* to close a position.

liquidité [-dite] *f.* liquidity. *Liquidités,* liquid assets. *A court de liquidité,* illiquid. *Coefficient de liquidité,* liquidity ratio.

lire [li:r] *vt.* to read. *Lu et approuvé,* perused and approved of, read and confirmed, approved.

lisiblement [liziblәmɑ̃] *adv.* legibly.

liste [list] *f.* list, register, roll; U. S. roster. *Liste d'adresses,* mailing list, roll of prospects for solicitation. *Liste de présence,* list of those present, attendance list. *Liste des départs,* sailing list. *Liste nominative,* nominal list. *Dresser une liste,* to make out, to draw up a list.

litige [liti:ʒ] *m.* litigation, contest, dispute. *Cas en litige,* case under (in) dispute. *Régler un litige,* to settle a dispute.

litigieux, euse [-tiʒjø] *adj.* litigious. *Créance litigieuse,* contested claim, litigious claim. *Point litigieux,* point of contest.

livrable [livrabl] *adj.* deliverable, ready for delivery.

livrable *m.* futures, forward, terminal. *Cours du livrable,* forward price, terminal price. *Pour un grand nombre de produits, il existe des marchés du livrable qui permettent aux producteurs, aux négociants et aux fabricants de se couvrir contre des pertes sur leurs transactions dues à des fluctuations de prix,* there are for a number of commodities terminal or futures markets which enable growers, merchants and manufacturers to hedge themselves against loss on their trading operations through changes in price.

livraison [livrɛzɔ̃] *f.* delivery. *Bon de livraison à valoir sur connaissement,* delivery order. *Conditions de livraison,* terms of delivery. *Je vous prie de bien vouloir me faire connaître vos prix les plus justes et vos conditions de livraison,* please let us know your lowest prices and your terms of delivery. *Effectuer la livraison,* to effect delivery. *Etre de bonne, de mauvaise livraison,* to be good, bad delivery. *Etre payable à la livraison,* to be payable on delivery. St.-Ex. *Faire livraison,* to deliver stocks. *Livraison à terme,* forward delivery. *Prendre livraison :* **a)** St.-Ex. to take up stock; **b)** to take delivery of. *Registre de livraison,* delivery book. *Sauf livraison,* against delivery. *Vendre à livraison,* to sell for future delivery. *Voiture de livraison,* delivery van.

livre [livr] *f.* pound (sterling). *Vendu à la livre,* sold by the pound.

livre *m.* book. *Apurement des livres,* audit of books. *Clôture des livres,* balancing of the books. *Grand livre,* ledger. *Livre auxiliaire,* subsidiary book. *Livre blanc,* white paper. *Livre d'achats,* purchase book. *Livre de bord,* log book. *Livre de caisse,* cash book. *Livre de commerce,* business book. *Livre de comptabilité,* account book. *Livre d'échéances,* bill diary. *Livre de la Dette publique,* Register of the National Debt (R. N. D.). *Livre de magasin,* warehouse book. *Livre des acceptations,* acceptance book. *Livre des effets à payer,* bills-payable book. *Livre des effets à recevoir,* bills-receivable book. *Livre des entrées,* purchase book. *Livre des inventaires (livre de stock, livre de magasin),* stock book. *Livre des réclamations,* claims book. *Livre des rendus,* returns book. *Livre des rendus aux fournisseurs (sur achats),* returns outwards book. *Livre des rendus par les clients (sur ventes),* returns inwards book. *Livre des sorties,* sales book. *Livre fractionnaire,* subsidiary book. *Livre journal,* journal, day-book. *Porter sur les livres,* to enter in the books. *Tenir les livres,* to keep the books. *Tenue des livres,* bookkeeping.

livrer [livre] *vt.* to deliver. *Livrer à domicile,* to deliver at residence. *Livrer des marchandises,* to deliver goods. *Livré en entrepôt,* "bonded terms". *Livré franco,* free delivered. *Livré franco domicile,* delivery free domicile, free to customer's residence, free to customer's premises. *Livré sur warrant,* "stored terms". ST.-EX., PRO. EX. *Marché à livrer,* transaction for forward delivery (on the stock-exchange or futures or terminal markets). *Nous vous prions de bien vouloir nous faire connaître vos prix pour 1 tonne de thé de Chine, première qualité, livrée Marseille, franco wagon,* kindly quote us for 1 ton high grade China tea delivered f.o.r. Marseilles. ST.-EX. *Prime pour livrer,* put option, seller's option; *vente à livrer,* sale for delivery.

livret [-vrɛ] *m.* book, booklet. *Livret de caisse d'épargne,* savings-bank book. *Livret de compte (en banque),* pass-book, bank-book. *Livret de dépôts,* deposit book. *Livret de famille,* booklet given to married couples for registration of births and deaths. *Livret d'identité,* letter of indication (appended to a letter of credit, etc.).

livreur [livrœ:r] *m.* carman, deliverer, delivery man; PRO. EX. first seller.

local, e [lɔkal] *adj.* local.

local *m.* premises. *Locaux commerciaux,* business premises. *Valeur locative des locaux,* rental value; U. S. letting value of the premises.

localisation [-lizasjɔ̃] *f.* localization (N.B. *implantation,* lay-out).

localité [-lite] *f.* place, locality.

locataire [-tɛ:r] *m.* tenant (d'un immeuble), renter, hirer (d'une voiture, etc.). *Locataire à bail,* lessee. *Locataire d'un coffre-fort,* renter, hirer of a safe.

locatif, ive [lɔkatif] *adj.* concerning the letting (or renting) of premises. *Réparations locatives,* repairs incumbent upon the tenant, tenantable repairs. *Risques locatifs,* tenant's risks. *Valeur locative,* rental value, letting value.

location [-sjɔ̃] *f.* **1.** Letting (propriétaire), renting (locataire; U. S. propriétaire). *Agent de location,* house-agent; U. S. renting agent. *Bureau de location,* booking-office. *Conditions de location,* terms of tenancy. *Contrat de location,* hire contract. *En location,* on hire, rented, for rent. *Indemnité de location,* allowance for rent. *Location-vente,* hire-purchase. *Prix de location,* rent, rental. — **2.** booking, hiring. *Location de places,* reservation, booking of seats. « *Location de voitures* », "cars for hire"; U. S. "rent a car".

lock-out [lɔkaut] *m.* lock-out.

loi [lwa] *f.* law (*règle*), act (*du Parlement*). *Consulter un homme de loi,* to take legal advice. *Homme de loi,* lawyer. *Infraction à la loi,* breach of the law, transgression of the law. *Loi-cadre,* skeleton law, outline law. *Loi de finances,* Finance Act. *Loi de l'offre et de la demande,* law of supply and demand. *Loi des rendements décroissants,* law of diminishing returns; U. S. law of attrition. *Loi sur les sociétés,* companies act. *Projet de loi,* bill. *Tomber sous le coup de la loi,* to come under the law.

loisir [lwazi:r] *m.* leisure. *Organisation des loisirs,* use of leisure, organizing of spare time activities.

long, longue [lɔ̃] *adj.* long. *A la longue,* in the long run. *Crédit à long terme,* long term credit. *Effet à longue échéance,* long (-dated) bill. MAR. *Long cours,* deep-sea navigation. *Placement à long terme,* long-term investment. *Prêt (emprunt) à long terme,* long-term loan.

lot [lo] *m.* **1.** parcel, lot (marchandises). *Diviser en plusieurs lots,* to lot, to parcel out. *Lot de marchandises variées,* job lot. — **2.** prize at a lottery. *Gagner un lot,* to draw a prize. FIN. *Emprunt à lots,* lottery loan; *obligation, valeur à lots,* prize bond.

loterie [lɔtri] *f.* lottery.

lotir [lɔti:r] *vt.* **1.** to parcel out, to divide into lots; FIN. to apportion. — **2.** to sort out (différentes qualités d'un même produit).

lotissement [-tismɑ̃] *m.* **1.** parcelling out, dividing into lots. — **2.** allotment (of building plot). — **3.** development (of building land).

louage [lwa:ʒ] *m.* hiring (out), letting (out). *Donner à louage,* to let. *Prendre à louage,* to hire, to take on hire, to rent, to take on lease. MAR. *Prendre un navire à louage,* to charter a ship.

louche [luʃ] *adj.* FAM. shady (transaction).

louer [lwe] *vt.* **1.** to let; U. S. to rent (propriétaire). *A louer,* to let; U. S. for rent. *Louer à bail,* to lease. — **2.** to rent, to hire (locataire). *Voitures à louer,* "cars for hire"; U. S. "rent a car". — **3.** to book (place).

louper [lupe] *vt.* to botch, to bungle. IND. *Pièce loupée,* defective piece, reject.

lourd, lourde [lu:r] *adj.* heavy, weighty. *Poids lourd,* heavy lorry; U. S. heavy truck.

lourdeur [-dœ:r] *f.* heaviness.

loyal, e [lwajal] *adj.* fair. LAW *Compte rendu loyal et exact,* true and faithful report. *Qualité loyale et marchande,* fair average quality.

loyer [lwaje] *m.* rent, rental; FIN. price. *Blocage des loyers,* rent restriction. *Donner à loyer,* to let. *Loyer arriéré,* arrears of rent. FIN. *Loyer de l'argent,* rate of money, price of money. *Prendre à loyer,* to rent, to take on hire.

lucratif, ive [lykratif] *adj.* lucrative, profitable. *Association sans but lucratif,* non-profit making association.

luxe [lyks] *m.* luxury. *Brochure de luxe,* de luxe booklet. *Taxe de luxe,* luxury tax.

machine [maʃin] *f.* **1.** machine. *Machine à additionner,* adding machine. *Machine à adresser,* addressing machine. *Machine à affranchir,* franking machine. *Machine à calculer,* calculating machine, computer, adding machine, comptometer. *Machine à composer,* typesetting, composing machine. *Machine à écrire,* typewriter. *Machine à écrire comptable,* typewriter accounting machine. *Machine à écrire et à calculer,* typewriter calculating machine. *Machine à facturer,* invoicing, billing machine. *Machine à oblitérer,* franking machine. *Machine à polycopier,* duplicating machine. *Machine à timbrer,* postage meter. *Machine comptable,* accounting machine. *Machine comptable automatique pour comptes courants et relevés,* automatic bookkeeping machine for posting ledgers and statements. *Machine mécanographique,* punched card machine. *Machine-outil,* machine-tool. *Machine ouvre-lettres,* letter opener. *Machine poinçonneuse,* punching machine. *Machine trieuse,* sorting machine. *A la machine :* **a)** typewritten; **b)** machine-made. — **2.** machinery. *La machine administrative,* the Government machinery.

machiner [-ʃine] *vt.* to scheme, to plot. *Machiné à l'avance,* put-up.

magasin [magazɛ̃] *m.* shop; U. S. store. *Avoir en magasin,* to have in stock. *Déposer en magasin,* to lay in stock. *Magasin à prix unique,* one-price store, limited price store, variety store; U. S. nickel store, dollar store. *Magasin à succursales multiples,* multiple shop, chain store. *Magasin à uniprix,* one price store. *Magasin libre-service,* self-service store. *Magasin spécialisé,* single line store, speciality shop, store. *Grand magasin,* department store. *Livre de magasin,* stock book. *Marchandises en magasin,* goods in stock, goods on hand, stock in hand. *Pris en magasin,* ex-store. *Tenir un magasin,* to keep a shop. — **2.** B. K. stock (sur le grand livre). — **3.** warehouse, store-room, stock-room (dépôt). MAR. INS. *Clause d'assurance « magasin à magasin »,* warehouse to warehouse clause, transit clause. *Magasins généraux,* public bonded warehouses. (N. B. V. ENTREPÔT.) *Mettre en magasin,* to put in store. *Les magasins généraux sont des entrepôts où les commerçants peuvent déposer leurs marchandises pour en faciliter l'écoulement et pour obtenir des avances sur gages,* public bonded warehouses are store-rooms where traders may deposit their goods with a view to facilitate their sales or to obtain loans on security.

magasinage [-zinaːʒ] *m.* **1.** warehousing, storing (des marchandises). — **2.** warehouse dues, storage charges; RAIL demurrage (charges); U. S. railroad rent.

magasiner [-zine] *vt.* to store, to warehouse.

magasinier [-zinje] *m.* storekeeper, warehouse man, store man.

magazine [-zin] *m.* magazine. *Magazine mensuel,* monthly (magazine). *Magazine trimestriel,* quarterly magazine.

magistrat [maʒistra] *m.* LAW magistrate.

magistrature [-tratyːr] *f.* magistracy. *La magistrature assise,* the judges, the Bench. *La magistrature debout,* the body of public prosecutors.

magnat [maɲa] *m.* magnate.

maigre [mɛːgr] *adj.* poor. *Maigre récolte,* poor crop.

main [mɛ̃] *f.* hand. *Avoir la haute main sur,* to have control over. « *A remettre à M. X en mains propres* », "Please to deliver to Mr. X personally". *Fait (à la) main,* hand made. B. K. *Main courante,* waste-book, rough-book, day-book; *main courante de caisse,* counter cash-book; *main courante de sortie,* paid-cash book. *Main de papier,* quire. *Renseignement de première main,* first hand information. *Payer de la main à la main,* to pay cash without receipt, to pay from hand to hand. *Prendre une affaire en main,* to take a matter in hand.

main-d'œuvre [-dœːvr] *m.* **1.** labour, manpower. *Embaucher de la main-d'œuvre,* to take on hands. *Main-d'œuvre directe,* direct labour, productive labour. *Main-d'œuvre indirecte,* indirect labour. *Main-d'œuvre qualifiée,* skilled labour. *Main-d'œuvre non spécialisée,* unskilled labour. *Main-d'œuvre spécialisée,* semi-skilled labour. *Mobilité de la main-d'œuvre,* labour mobility; U. S. turnover. *Pénurie de main-d'œuvre,* shortage of labour. — **2.** *(Prix de) main-d'œuvre,* cost of labour, making. *Sans compter la main-d'œuvre,* plus labour cost.

mainlevée [-ləve] *f.* LAW restoration of goods, withdrawal of opposition. *Mainlevée de saisie,* cancellation of garnishee order, replevin.

mainmise [-miːz] *f.* seizure (*sur,* on).

maintenir [mɛ̃tniːr] *vt.* to maintain, to keep, to peg. *Maintenir qqn dans ses fonctions,* to maintain s. o. in office. *Maintenir une décision,* to abide by a decision. *Le taux du fret est maintenu à* *un niveau très bas pour les marchandises entrant dans le pays,* freight rates are pegged at lower levels for goods shipped into the country.

maintenir (se) *v. pr.* to hold on, to be maintained, sustained. *L'action X à 345 se maintient bien,* X shares at 345 were well maintained.

maintien [mɛ̃tjɛ̃] *m.* maintenance, keeping. *Maintien des prix,* pegging of market prices; U. S. valorization.

maison [mɛzɔ̃] *f.* business, enterprise, firm, establishment. *Maison affiliée,* subsidiary company; U. S. subsidiary. *Maison à succursales multiples,* chain store, multiple firm. *Maison d'armement,* shipping firm. *Maison de commerce,* business, firm. *Maison de confiance,* reliable, trustworthy firm. *Maison de courtage,* bokerage firm. *Maison de détail,* retail business. *Maison de gros,* wholesale firm. *Maison de rapport,* revenue-earning house. *Maison de vente par correspondance,* mail-order business. *Maison d'expédition,* shipping agency, forwarding agency. *Maison d'exportation,* export firm. *Maison mère,* head office, parent house.

maîtrise [mɛtri:z] *f.* middle management. *Cadres et maîtrise,* executives and supervisors.

majeur, e [maʒœ:r] *adj.* **1.** major, greater. *En majeure partie,* for the most part. LAW *Cas de force majeure,* case of absolute necessity. *Raison majeure,* chief reason, imperative reason. — **2.** of age. *Devenir majeur,* to come of age.

majoration [maʒɔrasjɔ̃] *f.* increase, overvaluation, overcharge, mark-up. FIN. *Majoration d'actif,* overvaluation of assets. *Majoration des impôts,* increase in taxation. *Majoration officielle des prix,* roll-forward. ADM. *Majoration pour enfants à charge,* child bounty, increased allowance for dependent children. *Majoration pour retard,* delay allowance. *Majoration pour retard de paiement (des impôts),* delinquent taxes. *Sans majoration de prix,* without extra charge. *Subir une majoration,* to experience, to undergo a rise.

majorer [maʒɔre] *vt.* **1.** to increase, to raise (prix). — **2.** FIN. to overvalue, to overestimate (actif). — **3.** to make an additional charge on, to overcharge. *Majorer une facture de 5 %,* to put 5 % on an invoice. *Facture majorée des frais de timbre,* invoice plus stamp duty, invoice to which the stamp duty has been added.

majoritaire [-ritɛ:r] *adj.* of a majority.

majoritaire *m.* person holding a majority of shares.

majorité [-rite] *f.* **1.** majority. *A la grande majorité des votants,* by a large majority of votes. *Décision prise à la majorité,* resolution taken by a majority. *Emporter la majorité,* to carry a vote, to secure a majority. *Majorité des deux tiers,* two-third majority. — **2.** LAW coming of age, majority. *Atteindre sa majorité,* to come of age, to reach one's majority.

majuscule [maʒyskyl] *f.* capital (letter).

maladie [maladi] *f.* illness. *Maladie professionnelle,* occupational disease.

malaise [malɛ:z] *m.* slackness (of trade).

malencontreux, euse [malɑ̃kɔ̃trø] *adj.* unfortunate.

malentendu [-tɑ̃dy] *m.* misunderstanding, misapprehension. *Nous vous prions de bien vouloir excuser ce malentendu,* we wish to apologize for this misunderstanding.

malfaçon [malfasɔ̃] *f.* defect, bad workmanship.

malhonnête [malɔnɛ:t] *adj.* dishonest.

mali [mali] *m.* shortage (dans l'encaisse).

malversation [malvɛrsasjɔ̃] *f.* embezzlement, malversation.

mandant [mɑ̃dɑ̃] *m.* agent; LAW mandator, principal, employer.

mandat [mɑ̃da] *m.* **1.** LAW power of attorney, proxy. *Mandat impératif,* mandatory instructions. *Le mandat des membres du conseil d'administration est renouvelable,* the members of the board may be reappointed, the term of office of the board is renewable. — **2.** warrant, writ. *Lancer un mandat,* to issue a warrant. *Mandat de dépôt,* warrant of commitment. *Mandat de perquisition,* search-warrant. — **3.** POST money-order. *Mandat-carte,* postcard money-order. *Mandat de virement postal,* postal transfer form. *Mandat international,* international money-order. *Mandat-lettre,* letter money-order. *Mandat télégraphique,* telegraphic money-order. — **4.** FIN. *Mandat de banque,* bank-order, draft. *Mandat du trésor,* treasury warrant.

mandataire [-tɛ:r] *m.* **1.** proxy, mandatary, attorney, representative, agent, assignee. *Le syndic de faillite est le mandataire des créanciers,* the trustee is the mandatary of the creditors. — **2.** inside broker (in the Paris Halles, etc.).

mandater [-te] *vt.* **1.** to commission, to give a mandate to. — **2.** to issue an order for the payment of.

maniement [manimɑ̃] *m.* management, conduct, handling. *Les candidats doivent être rompus au maniement des affaires,* applicants should have an extensive business experience, should be thoroughly trained in business.

manier [manje] *vt.* to manage, to conduct.

manifeste [manifɛst] *adj.* obvious, manifest, evident.

manifeste *m.* MAR. manifest. *Inscrire des marchandises sur le manifeste,* to manifest goods. *Manifeste de douane,* customs manifest. *Le manifeste est un état détaillé des marchandises constituant la cargaison,* the manifest is a descriptive list of the goods forming a ship's cargo.

manifester [-fɛste] *vt.* to show, to evince.

manipulation [manipylasjɔ̃] *f.* handling; ST.-EX. manipulation.

manipuler [-pyle] *vt.* to manipulate; FAM. to wangle.

manœuvre [manœ:vr] *f.* manœuvring, handling, managing. *Fausse manœuvre,* wrong move. *Manœuvres de Bourse,* manipulations on the Stock-Exchange. *Manœuvres frauduleuses,* swindling.

manœuvre *m.* labourer. *Manœuvre non spécialisé,* unskilled worker, labourer.

manœuvrer [-vre] *vt.* to drive; MAR. to steer, to sail; RAIL to shunt.

manœuvrer *vi.* FIG. to scheme.

manquant, e [mɑ̃kɑ̃] *adj.* missing, out of stock. *Prière faire parvenir articles manquants en G. V.,* please forward missing articles by passenger train.

manquant *m.* shortage, loss, deficiency.

manque [mɑ̃:k] *m.* want, lack, shortage, scarcity. *Manque à gagner,* loss of profit, lost opportunity. *Manque d'affaires,* slack market, no dealings. *Manque de liquidité,* illiquidity. *Manque de poids,* short weight. *Par manque de,* for lack of.

manqué, e [-ke] *adj.* missed, unsuccessful. *Ouvrage manqué,* botched work.

manquement [-kmɑ̃] *m.* lapse, failure. *Manquement au devoir,* lapse from duty.

manquer [-ke] *vt.* to miss, to lose, to let slip (une vente, etc.).

manquer *vi.* **1.** to be missing, to run short. *Nous manquons de cet article,* we are short of this article. *Il manque deux caisses,* two cases are missing, there are two cases missing. — **2.** *Manquer à,* to fail, to default. *Manquer à la règle,* to fail to observe the rule. *Manquer à ses engagements,* to fail one's commitments, to default on one's obligations. *Nous ne manquerons pas de vous rendre le même service le cas échéant,* we shall not fail to reciprocate your kindness if the occasion arises. — **3.** *Manquer de,* to lack, to be out of, to want, to need. *Il nous manque la mise de fonds nécessaire,* we need the necessary outlay of capital. — **4.** to miscarry, to fail (plan, tentative).

manuel, elle [manɥɛl] *adj.* manual. *Travailleurs manuels,* manual workers, blue-collar labour (par opposition aux *white-collar workers,* employés de bureau).

manuel *m.* handbook, manual.

manufacture [manyfakty:r] *f.* factory, mill, works, plant.

manufacturer [-tyre] *vt.* to manufacture.

manufacturier, ère [-tyrje] *adj.* manufacturing.

manufacturier *m.* manufacturer, mill-owner.

manuscrit, e [manyskri] *adj.* handwritten, in writing.

manutention [manytɑ̃sjɔ̃] *f.* handling. *Frais de manutention,* handling charges, handling costs; RAIL terminals. *Le transport par camions, qui permet un service « porte à porte », diminue les frais de manutention,* lorry-transport (U. S. motor-truck transportation) which affords a door-to-door service lessens handling charges.

manutentionner [-sjɔne] *vt.* to handle.

maquette [makɛt] *f.* dummy; U. S. mock-up, visual, lay-out (magasin). *Maquette détaillée,* comprehensive.

maquettiste [-tist] *m.* lay-out man.

maquignonnage [makiɲɔna:ʒ] *m.* tricky dealing, jobbery.

maquignonner [-ɲɔne] *vt.* to arrange fraudulently.

maquillage [makija:ʒ] *m.* making-up. *Maquillage du bilan,* window-dressing of the balance sheet.

maquiller [-kije] *vt.* to fake, to temper with. *Maquiller les faits,* to distort the facts.

maraîcher [marɛʃe] *m.* market-gardener; U. S. truck-gardener.

marasme [marasm] *m.* slackness, slump, stagnation, dullness. *Les affaires sont dans le marasme,* business is slack, stagnates.

marc [ma:r] *m.* LAW *Au marc le franc,* pro rata, in proportion.

marchand, e [marʃɑ̃] *adj.* merchantable, marketable, saleable, commercial, merchant. *Marine marchande,* mercantile marine. *Navire marchand,* merchant man, trading vessel. *Qualité loyale et marchande,* fair average quality. *Valeur marchande,* market value, commercial value.

marchand *m.* dealer, trader, merchant, tradesman. *Marchand en gros,* wholesaler.

marchandage [-ʃɑ̃da:ʒ] *m.* bargaining, haggling; U. S. dickering.

marchander [-ʃɑ̃de] *vt.* et *vi.* to haggle (over), to bargain (for); U. S. to dicker (over).

marchandise [-ʃɑ̃di:z] *f.* goods, commodities, freight. B. K. *Compte de marchandises,* goods account. *Désignation des marchandises,* description of goods, specification. *Gare de marchandises,* goods station. *Marchandises à circulation lente,* slow-moving goods. *Marchandises à circulation rapide,* fast-moving goods. *Marchandises acquittées,* duty-paid goods. *Marchandises à l'essai,* goods on trial; U. S. ride merchandise. *Marchandises avariées,* spoiled, damaged goods. *Marchandises courantes,* convenience goods. *Marchandises d'appel,* leader (to attract customers). *Marchandises de cabotage,* coasting cargo. *Marchandises de contrebande,* smuggled goods. *Marchandises de cubage,* measurement goods. *Marchandises défectueuses,* defective goods. *Marchandises de grande vitesse,* speed goods, express goods. *Marchandises d'encombrement,* bulky goods, measurement goods. *Marchandises de petite vitesse,* slow goods. CUST. *Marchandises de retour,* returned goods. *Marchandises en cueillette,* general goods. *Marchandises en magasin,* stock in hand. *Marchandises en pontée,* deck cargo. *Marchandises en souffrance,* unclaimed goods; RAIL goods in demurrage. *Marchandises en transit,* transit goods. *Marchandises en vrac,* goods in bulk, bulk freight. B. K. *Marchandises générales,* goods account. *Marchandises invendables,* unsal(e)able articles, drug in the market. *Marchandises mises en consommation,* goods for home consumption, for home use. *Marchandises non acquittées,* uncustomed goods. *Marchandises passibles de droits,* dutiable goods. *Marchandises périssables,* perishable goods. *Marchandises plombées,* leaded goods. *Marchandises sèches,* dry goods. *La marchandise voyage aux frais, risques et périls du destinataire,* goods are forwarded at the cost and risk of the consignee. *Prendre des marchandises en compte,* to accept goods. *Train de marchandises,* goods train.

marche [marʃ] *f.* running, going, progress, development. *Charge de marche,* working load, carrying load, useful load. *En état de marche,* in working order. *Marche à suivre,* procedure. *Une affaire en marche,* a going concern.

marché [marʃe] *m.* market. *Bulletin du marché,* market report. *Cours du marché,* market price. *Elasticité du marché,* market resilience. *Encombrement du marché,* glutting of the market. *Etroitesse du marché,* limitedness of the market. *Etude du marché,* market research. *Fluctuations du marché,* market fluctuations. *Instabilité du marché,* unsteadiness of the market. *Lourdeur du marché,* market depression, heaviness of the market. *Marché animé,* brisk, lively market. ST.-EX. *Marché après Bourse,* street market, kerbstone market; U. S. curb market. *Marché à terme :* **a)** ST.-EX. settlement market, dealing for the account; **b)** PRO. EX. futures market, terminal market, contract market. *Marché à terme des devises,* forward exchange market. *Marché au comptant,* spot market, cash market. *Marché commercial,* produce market. (N. B. Ce terme général est rarement employé; on désigne le marché selon sa spécialité : Corn-Exchange, Wool-Exchange, Metal-Exchange, etc.) *Marché commun,* Common Market. *Marché des acheteurs* (favorable aux acheteurs), buyer's market. *Marché des changes, des devises, marché cambiste,* foreign exchange market. *Marché des changes à terme,* forward exchange market. *Marché des valeurs,* stock market. *Marché des vendeurs* (favorable aux vendeurs), seller's market. *Marché du travail,* labour market. *Marché en Bourse (le parquet),* official market. *Marché en coulisse, en banque,* outside market; U. S. curb market. (N. B. La deuxième Bourse des valeurs de New York, l'American Stock-Exchange, joue un peu le rôle de marché en coulisse; elle s'appelait autrefois le N. Y. Curb Exchange.) *Marché hésitant,* unsteady market. *Marché hors cote,* market in unlisted securities; U. S. over-the-counter market. *Marché immobilier,* real estate market. *Marché intérieur,* home market. *Marché languissant,* dull, languishing market. *Marché libre,* free market, open market. *Marché monétaire,* money market. *Marché mou,* dull, flat market. *Marché national,* domestic market, home market. *Marché ouvert,* open market. *Marché potentiel,* potential market. *Marché réglementé,* market under the control of a committee (*le Syndicat de la B. C. de Paris,* for instance). *Orientation du marché,* market trend, tendency. *Résistance du marché,* firmness of the market. *Situation du marché,* state of the market. *Tenue du marché,* tone of the market, market trend. *Accaparer le marché,* to corner the market. *Encombrer le marché,* to glut, to overstock the market. *Jeter sur le marché,* to launch, to throw, on the market, to tap. — **2.** transaction, bargain. *Articles bon marché,* low-priced goods, bargains. *Article qui n'a pas de marché,* article which does not find a ready sale. *Annuler un marché,* to cancel a transaction. *Conclure un marché,* to strike a bargain. *Marché à découvert,* sale in blank. ST.-EX. *Marché à facultés,* option to double. *Marché à prime,* option bargain. *Marché à prime pour lever,* buyer's option, call option. *Marché à prime pour livrer,* seller's option, put option. *Marché à terme :* **a)** credit transactions; **b)** PRO. EX. forward transactions, " futures dealings ", contract bargain. *Par-dessus le marché,* into the bargain. ST.-EX. settlement bargain, dealings for the account, time bargain. *Marché à terme ferme,* transaction for futures delivery during specified periods. *Marché au comptant,* dealings for cash transaction, cash bargain. PRO. EX. *Marché hors caisse,* bargain not registered with the clearing house.

marcher *vi.* to work, to go, to run. *Marcher à vide,* to run idle. *Les affaires marchent,* business is brisk. *Les affaires ne marchent pas,* business is slack.

marge [marʒ] *f.* **1.** FIN. cover, margin. *Appel de marge,* margin call, call for extra cover. *Déposer une marge en espèces,* to deposit a margin in cash. *Faire un appel de marge,* to call for extra cover, to make a margin call. *Les conditions rigoureuses de marge étaient supposées empêcher l'usage abusif du crédit,* the stiff margin requirements were supposed to prevent the excessive use of credit. *La hausse des prix de revient ne peut que réduire la marge bénéficiaire,* rising costs cannot but reduce the margin of profits. ST.-EX. *Marge complémentaire,* extra cover, additional margin. *Marge de crédit,* credit margin. *Marge supplémentaire,* further cover. *Notre agent de change a porté la marge à 30 % en espèces,* our broker brought the margin up to 30 % in cash. — **2.** margin, surplus. *Marge bénéficiaire,* margin of profit, profit margin. *Marge d'intérêts,* interest margin. — **3.** margin, edge. *Comme en marge,* as per margin, as in the margin hereof. *En marge,* in the margin. *Note en marge,* marginal note. *Renvoi en marge,* marginal alteration. — **4.** latitude, allowance. *Accorder de la marge à qqn,* to allow s. o. some latitude.

margeur [-ʒœːr] *m.* marginal stop.

marginal, e [marʒinal] *adj.* marginal ; U. S. fringe. *Avantages pécuniaires marginaux,* fringe benefit. *Entreprise marginale,* marginal enterprise. *Frais marginaux,* fringe expenses.

marginer [-ne] *vt.* to write in the margin.

marine [marin] *f.* marine. *Marine marchande,* mercantile marine, merchant, shipping. *Ministère de la Marine,* the Admiralty. *Ministre de la Marine,* First Lord of the Admiralty ; U. S. Secretary for the Navy.

maritime [maritim] *adj.* marine, maritime. *Agence maritime,* shipping agency. *Assurance maritime,* marine insurance. *Commerce maritime,* sea-borne trade, maritime commerce, sea-trade. *Courtier maritime,* maritime broker, marine broker. *Droit maritime,* maritime law. *Gare maritime,* harbour station. *Inscription maritime,* marine registry. *Privilège maritime,* maritime lien. *Profit maritime,* maritime interest. *Risque maritime,* maritime risk, marine risk.

marquage [markaːʒ] *m.* marking, stencilling. *Frais de marquage,* marking charges. *Marquage des prix,* price marking.

marquant, e [-kɑ̃] *adj.* prominent, outstanding.

marque [mark] *f.* mark, make, sort, grade. *Articles de marque,* branded products, proprietary articles. *Marque de commerce,* trade-mark, brand. *Marque de fabrique,* trade-mark. *Marque de garantie,* certification mark. *Marque déposée,* registered trade-mark. LAW *Marque distinctive,* earmark. *Marques principales,* leading marks. MAR. *Navire ne répondant pas des marques,* ship not responsible for marks.

marqué, e [-ke] *adj.* **1.** marked. LAW stamped. *Ces caisses devraient être marquées « fragile »,* these cases should be marked " breakable ". — **2.** marked, decided. *Amélioration marquée,* marked improvement. *Reprise marquée,* marked recovery.

marquer *vt.* **1.** to mark ; ADM. to stamp, to earmark. *Marquer un chèque,* to earmark a cheque. *Marquer une caisse,* to mark, to stencil a case. *Marquer des articles en chiffres ronds,* to price items in even amounts. — **2.** to record, to note, to write down, to chalk up. — **3.** to indicate, to show. *Marquer de l'empressement à,* to hasten to.

marron [marɔ̃] *adj.* unqualified. *Courtier marron,* outside broker. *Bureau d'un courtier marron,* bucket shop.

marronnage [-rɔnaːʒ] *m.* FIN. outside broking, jobbing.

marronner [-rɔne] *vi.* to exercise some functions without legal qualification ; ST.-Ex. to job.

masquer [maske] *vt.* to hide, to conceal.

massacrer [masakre] *vt.* to slaughter. *Prix massacrés,* slaughtered prices, slash-prices.

masse [mas] *f.* mass. *Dette de la masse,* debt of the estate. *Masse active,* assets; MAR. INS. mass to be made good. MAR. INS. *Masse créancière,* mass to be made good. *Masse débitrice,* contributory mass, contributory values. *Masse des biens,* bankrupt's estate. *Masse des créanciers,* body of creditors. *Masse de la faillite, masse en faillite,* bankrupt's estate. *Masse globale des rémunérations,* pay packet. *Masse monétaire,* money supply. *Masse passive,* liabilities; MAR. INS. contributory mass. *Masse salariale,* pay packet. *Production en masse,* mass production.

massif, ive [masif] *adj.* heavy, substantial, bulky. *Commandes massives,* substantial orders.

matérialiser [materjalize] *vt.* to materialize.

matérialiser (se) *v. pr.* to materialize.

matériaux [materjo] *m. pl.* materials. *Laboratoire d'essais des matériaux,* material testing plant.

matériel, elle [materjɛl] *adj.* material, tangible.

matériel *m.* stock, plant. *Dépôt de matériel,* goods yard. *Matériel de bureau,* office equipment. *Matériel de magasin,* store fittings. *Matériel de présentation,* introductory material. *Matériel de promotion des ventes,* promotion matter. *Matériel d'étalage,* window display material. *Matériel d'exploitation,* working plant equipment. RAIL *Matériel fixe,* permanent way; *matériel roulant,* rolling stock.

matière [matjɛ:r] *f.* material. LAW *Matière à procès,* grounds for litigation. FIN. *Matières d'or et d'argent,* bullion, gold and silver bullion. *Matières indirectes,* indirect material; U. S. factory supplies. *Matières premières,* raw materials; PRO. EX. commodities. *Matières stratégiques,* critical materials. B. K. *Comptabilité matières,* store accounting; U. S. materials accounting.

matricule [matrikyl] *f.* roll, registration, inscription.

matricule *m.* ADM. *Numéro matricule,* number.

matriculer [-kyle] *vt.* to enter s. o.'s name on a register, to register.

maturité [matyrite] *f.* maturity. *Arriver à maturité,* to come to maturity.

maussade [mosad] *adj.* ST.-EX. dull.

mauvais, e [movɛ] *adj.* bad. MAR. INS. *Mauvais état de navigabilité,* unseaworthiness. ST.-EX. *Valeurs de mauvaise livraison,* shares which are bad delivery.

maximal, e [maksimal] *adj.* maximum. *Charge maximale,* maximum load. *Cours maximal,* maximum price. *Montant maximal des dépôts,* maximum amount of deposits.

maximum [-mɔm] *m.* maximum. INS. *Maximum,* maximum limit, maximum line. MAR. *Maximum de charge,* burden. *Au maximum,* at most, not exceeding.

mécanique [mekanik] *adj.* mechanical.

mécanisation [-nizasjɔ̃] *f.* mechanization.

mécaniser [-nize] *vt.* to mechanize.

mécanographie [mekanografi] *f.* multicopying, multicopying business. *Mécanographie comptable,* machine posting.

mécanographique [-fik] *adj.* *Cases n°s 34 à 42 réservées au procédé mécanographique,* spaces n° 34-42 reserved for mechanized accounting. *Etat mécanographique,* tab run.

mécompte [mekɔ̃:t] *m.* miscalculation, error.

mécontentement [mekɔ̃tɑ̃tmɑ̃] *m.* dissatisfaction. *Motif de mécontentement,* cause for complaint.

media [medja] *m.* advertising media.

médiateur [medjatœ:r] *m.* mediator.

médiation [-sjɔ̃] *f,* mediation.

méfiance [mefjɑ̃:s] *f.* distrust.

méfier (se) [səmefje] *v. pr.* to distrust (*de qqn,* s. o.). *Méfiez-vous des contrefaçons,* beware of imitations.

mégarde [megard] *f.* *Par mégarde,* through carelessness, accidentally.

meilleur, e [mejœ:r] *adj.* better. *(A) meilleur marché,* cheaper. *Devenir meilleur,* to improve, to grow better.

mélange [melɑ̃:ʒ] *m.* mixture, blend. *Sans mélange,* unalloyed, pure.

membre [mɑ̃:br] *m.* member.

mémoire [memwa:r] *m.* **1.** bill, account; LAW abstract, statement. — **2.** *Pour mémoire,* not valued, as a memorandum, as a record.

mémorandum [memɔrɑ̃dɔm] *m.* **1.** memorandum. — **2.** MAR. INS. memorandum (*équivalent du tableau des franchises en France*).

mémorial [memɔrjal] *m.* B. K. waste-book, rough-book, day-book.

mener [məne] *vt.* to manage, to conduct. *Mener à bonne fin,* to carry through, to carry out.

mensualité [mɑ̃sɥalite] *f.* monthly payment, remittance. *Payer par mensualités,* to pay by monthly instalments.

mensuel, elle [-sɥɛl] *adj.* monthly. *Versement mensuel,* monthly payment.

mensuellement [-sɥɛlmɑ̃] *adv.* monthly, every month.

mention [mɑ̃sjɔ̃] *f.* mention, notice, particular; POST endorsement. *Faire mention de,* to make mention of, to refer to. *Mentions de service,* service instructions. POST *Mention « inconnu »,* endorsed " not known ". *Portant la mention « fragile »,* marked " breakable ". *Rayer les mentions inutiles,* " strike out words not applicable ".

mentionner [-sjɔne] *vt.* to mention, to specify. *Mentionné ci-dessous,* under-mentioned, below mentioned. *Mentionné ci-dessus,* above mentioned, aforesaid. *Comme mentionné plus haut,* as mentioned above. *En mentionnant,* stating. *Pour la date mentionnée,* by the date named.

menu, e [məny] *adj.* small. *Menus frais,* petty expenses. *Livre des menus frais,* petty-cash book.

mer [mɛr] *f.* sea. MAR. INS. *Choses de flot et de mer,* flotsam and jetsam. *Emballage capable de prendre la mer,* sea-worthy packing. *Marchandises jetées à la mer,* goods jettisoned.

mercantile [mɛrkɑ̃til] *adj.* mercantile, commercial.

mercantilisme [-tilism] *m.* mercantilism.

mériter [merite] *vt.* to deserve, to merit.

mésestimation [mezɛstimasjɔ̃] *f.* undervaluation, underrating.

mésestimer [-me] *vt.* to underestimate, to undervalue; to underrate.

mésinterprétation [mezɛ̃tɛrpretasjɔ̃] *f.* misinterpretation, misconstruction.

mésinterpréter [-prete] *vt.* to misconstrue, to misinterpret.

message [mɛsa:ʒ] *m.* message. *Message chiffré,* code message. *Message publicitaire,* advertising message. *Message téléphoné,* telephoned message.

messagerie *f.* ou **messageries** *f. pl.* [mɛsaʒri] parcels service. *Messageries aériennes,* air-mail service. *Messageries maritimes :* **a)** sea-carrying of goods; **b)** shipping company. *Bureau des messageries :* **a)** parcels office; U. S. express agency; **b)** shipping office. *Entrepreneur de messagerie,* goods agent.

mesurable [məzyrabl] *adj.* measurable.

mesurage [-ra:ʒ] *m.* measuring, measurement.

mesure [məzy:r] *f.* **1.** measure, step. *Etre en mesure de,* to be able to, to be in a position to. *Mesures d'assainissement,* reorganization measures. *Mesures sévères,* drastic, stringent measures. *Par mesure de prudence,* as a precautionary measure. *Prendre les mesures qui s'imposent,* to take the necessary steps. *Nous sommes maintenant en mesure de vous fournir l'article que vous avez commandé,* we are now in a position to supply you with the article you ordered. — **2.** measure, size, dimension. *Dans une certaine mesure,* to a certain extent. *Fait sur mesure,* made to measure, tailored. *Mesure de capacité,* cubic measure. *Unité de mesure,* unit of measure. — **3.** measurement.

mesurer [məzyre] *vt.* to measure.

mesureur [-rœ:r] *m.* measurer.

métal [metal] *m.* metal. *Métaux non ferreux,* non-ferrous metals. *Métaux précieux,* precious metals.

métallique [-lik] *adj.* metallic. *Encaisse métallique,* gold reserve.

métallurgie [-lyrʒi] *f.* metallurgy.

méthode [metɔd] *f.* method. *Avec méthode,* systematically, methodically. B.K. *Compte de méthode,* suspense account. *Etude des méthodes,* methods engineering. *Méthodes d'amortissement,* method of depreciation; *méthode d'amortissement à taux dégressifs,* reduced balance method of depreciation; *méthode d'amortissement à taux variables,* service output method of depreciation, production-basis method of depreciation. *Méthode des cas concrets,* case method. *Méthode des nombres,* product method. *Méthode directe,* forward method. *Méthode expérimentale,* experimental method. *Méthode hambourgeoise,* steps method. *Méthode par soldes,* steps method, balance method. *Méthode progressive,* forward method. *Méthode rétrograde* (dans les comptes courants), backward method.

méthodiquement [-dikmɑ̃] *adv.* systematically, methodically.

métier [metje] *m.* trade, profession. *Chambre des métiers,* Chamber of Trade. *Exercer un métier,* to follow a trade, to carry on a trade. *Manquer de métier,* to lack experience.

métropole [metrɔpɔl] *f.* **1.** metropolis, capital. — **2.** homecountry, mother-country.

métropolitain, e [-litɛ̃] *adj.* **1.** metropolitan. — **2.** home, domestic. *Activités métropolitaines,* home-based activities. *Commerce métropolitain,* domestic trade.

meuble [mœbl] *adj.* LAW movable, personal. *Biens meubles,* personal estate, movable property, movables, chattels, choses in possession. *Hypothèque sur biens meubles,* chattel mortgage.

meuble *m.* **1.** piece of furniture. — **2.** LAW **meubles** *m. pl.* personal estate, movable property, movables, chattels.

mévendre [mevɑ̃dr] *vt.* to sell at a loss, to sacrifice.

mévente [mevɑ̃:t] *f.* sale at a sacrifice, at a loss, stagnation, slump.

mieux [mjø] *adj.* better. *Au mieux,* at best. *Au mieux de vos intérêts,* to your best advantage. ST.-EX. *Sauf mieux,* or better; *acheter au mieux,* to buy at best; *exécuter un ordre au mieux,* to execute an order at best. *Faire de son mieux,* to do one's best.

mieux *m.* betterment, improvement.

milieu [miljø] *m.* sphere, circle. *Milieux boursiers,* exchange circles. *Milieux d'affaires,* business circles. *Milieux financiers,* financial circles.

mille [mil] *adj.* et *s.* thousand.

millésime [milezim] *m.* date, year.

milliard [milja:r] *m.* milliard; U. S. billion.

million [miljɔ̃] *m.* million.

minerai [minrɛ] *m.* ore.

minéralier [mineralje] *m.* MAR. ore-carrier.

mineur [minœ:r] *m.* LAW infant, minor.

minier, ère [minje] *adj.* mining. *Valeurs minières,* mines, mining shares.

minimal, e [minimal] *adj.* minimum, minimal. *Montant minimal,* minimum amount. *Prix minimal (enchères),* reserve price (at an auction). *Salaire minimal garanti,* minimum guaranteed wage; U. S. minimum rate. *Valeur minimale,* minimum value, minimal value.

minime [minim] *adj.* trifling, trivial.

minimum [-mɔm] *m.* minimum. *Minimum vital,* subsistence level.

ministère [ministɛ:r] *m.* **1.** ministry. *Ministère de l'Agriculture,* Department, Board of Agriculture. *Ministère de l'Intérieur,* Home Office. *Ministère des Affaires économiques,* Department of Economic Affairs. *Ministères des Affaires étrangères,* Foreign Office; U. S. State Department. *Ministère des Finances,* the

Exchequer; U. S. Treasury Department. *Ministère des Travaux publics,* Board of Works; U. S. Public Works Administration. *Ministère du Commerce et de l'Industrie,* Board of Trade. *Ministère du Travail,* Ministry of Labour; U. S. Department of Labor. LAW *Le ministère public,* the Public Prosecutor. — **2.** office.

ministériel, elle [-terjɛl] *adj.* ministerial, departmental. *Commission ministérielle,* departmental committee. LAW *Officier ministériel,* law official.

ministre [ministr] *m.* minister, Secretary of State; U. S. Government Secretary. *Ministre des Affaires économiques,* Minister for Economic Affairs. *Ministre des Affaires étrangères,* Foreign Secretary; U. S. Secretary of State. *Ministre des Finances,* Chancellor of the Exchequer; U. S. Secretary of the Treasury. *Ministre de l'Intérieur,* Home Secretary; U. S. Secretary of the Interior. *Ministre du Commerce,* President of the Board of Trade, of Commerce. *Ministre du Travail,* Minister of Labour. *Ministre des Travaux publics,* Minister of Public Works. *Premier ministre,* Prime Minister.

minoration [minɔrasjɔ̃] *f.* undervaluation.

minorité [minɔrite] *f.* **1.** minority. *La minorité a proposé un amendement,* the minority moved an amendment. — **2.** LAW infancy. *Invoquer la minorité,* to plead infancy.

minute [minyt] *f.* **1.** LAW original draft (of a contract). *Faire la minute d'un acte,* to draft a deed. — **2.** record (of judgment, of deed).

minuter [-te] *vt.* **1.** to draw, to draft. — **2.** to record, to enter. — **3.** to time.

minutieusement [minysjøzmɑ̃] *adv.* thoroughly, closely.

mise [miz] *f.* putting, setting, stake (enjeu), bid (*aux enchères,* at an auction). *Doubler sa mise,* to double one's stake. *Etre de mise,* to be suitable. *Mise à (la) charge,* charging. *Mise à contribution,* drawing on. *Mise à exécution,* implementing. *Mise à jour :* **a)** keeping up to date, bringing up to date (catalogue, etc.); **b)** B.K. posting up of the books. *Mise à la retraite,* pensioning off. POST *Mise à la poste,* posting, mailing. MAR. *Mise à l'eau,* launching. *Mise à pied,* dismissal; U. S. cut back. *Mise à prix (aux enchères),* upset price, reserve price (at an auction). *Mise à profit,* turning to account, to advantage. *Mise à terre,* landing. *Mise au net :* **a)** FIN. clearing-up; **b)** B.K. copying. FIN. *Mise au nominatif,* conversion into registered shares. *Mise au point,* rectification, restatement. *Mise aux voix,* putting a question to the meeting, moving of a resolution, vote. *Mise-bas,* downing of tools, strike. FIN. *Mise de fonds,* outlay of capital, putting up of money, capital invested. MAR. *Mise(s) dehors,* ship's disbursement. *Mise en chantier :* **a)** MAR. laying-in the stocks, laying down (d'un navire); **b)** putting in hand. FIN. *Mise en circulation,* putting into circulation, issue. INS. *Mise en commun des risques,* pooling of risks. LAW *Mise en demeure,* formal demand, summons. *Mise en dépôt (en entrepôt),* warehousing. *Mise en exécution,* putting into action, carrying out. PRO. EX. *Mise en filière,* connecting up. *Mise en gage,* pledging, pawning, hypothecation. LAW *Mise en liquidation d'une société,* putting into liquidation of a company, winding-up. *Mise en œuvre,* implementing, carrying into effect, working-up. *Mise en pages,* make-up, lay-out. *Mise en payement,* payment. *Mise en place,* placing, putting, setting. LAW *Mise en possession,* putting in possession. *Mise en pratique,* putting into action, carrying out. INS. *Mise en risques,* attachment of risks. *Mise en route,* dispatch, starting. MAR. *Mise en service,* putting a ship into commission. FIN. *Mise en syndicat de titres,* pooling of shares. *Mise en valeur,* turning to account, to advantage. *Mise en vente,* putting up for sale. *Mise en vigueur,* putting into force. *Mise hors,* disbursement. *Etre de mise,* to be current. *Sauver sa mise,* to get back one's outlay.

miser [mize] *vt.* et *vi.* to bid, to stake (*sur,* on). *Les haussiers misent sur une montée des cours,* bulls play on a rise, speculate for a rise.

mission [misjɔ̃] *f.* mission. *Mission économique,* trade mission. *Avoir mission de faire,* to be commissioned to do.

mitoyen, enne [mitwajɛ̃] *adj.* intermediate. *Mur mitoyen,* party wall.

mitoyenneté [-jɛnte] *f.* joint ownership, joint use.

mixte [mikst] *adj.* **1.** mixed. INS. *Assurance mixte,* endowment insurance. MAR. *Cargaison mixte,* mixed cargo. *Commission mixte :* **a)** joint commission, joint committee (à l'échelon d'une usine); **b)** joint industrial council (à l'échelon national). — **2.** serving a double purpose. *Billet mixte,* combined rail and road ticket, etc. *Paquebot mixte,* cargo-liner. *Train mixte,* composite train.

mobile [mɔbil] *adj.* mobile, changeable. *Echelle mobile,* sliding scale.

mobile *m.* prime mover.

mobilier, ère [mobilje] *adj.* LAW personal, movable. *Biens mobiliers,* personal estate, movable property, chattels personal, movables, personalty. *Gage mobilier,* pledge of movables. *Héritier mobilier,* heir to personal estate. *Impôt mobilier,* tax on movables. *Saisie mobilière,* seizure of movables. *Vente mobilière,* sale of personal property, furniture sale. — **2.** FIN. transferable. *Valeurs mobilières,* stocks and shares, transferable securities; U. S. stocks and bonds.

mobilier *m.* furniture. *Mobilier et agencement,* fixtures and fittings.

mobilisable [mɔbilizabl] *adj.* FIN. mobilizable, readily available. *Capital mobilisable,* available funds; U. S. quick assets. *Une traite est mobilisable lorsqu'elle est à moins de trois mois de la date d'échéance,* a bill may be discounted within three months' date.

mobilisation [-zasjɔ̃] *f.* **1.** FIN. liquidation, mobilization, setting free. *Mobilisation de capital,* mobilization, raising of capital. — **2.** LAW conversion (into movable property). *Mobilisation d'immeubles,* mobilization of realty.

mobiliser [-ze] *vt.* **1.** FIN. to mobilize, to set free, to make available. *Mobiliser des capitaux,* to raise funds. — **2.** LAW to convert (en valeurs négociables).

mobilité [mɔbilite] *f.* mobility.

modalités [mɔdalite] *f. pl.* terms, conditions. *Modalités de payement,* terms, methods of payment, easy payment plan; U. S. instalment plan. *Modalités d'un accord,* terms of an agreement, ways and means of an agreement. *Modalités d'une émission,* terms and conditions of an issue.

mode [mɔd] *f.* fashion. *Etre à la mode,* to be in fashion. *Mettre qqch. à la mode,* to bring sth. into fashion. *Passer de mode,* to go out of fashion, to become out of date, to be outmoded.

mode *m.* method, mode. *Mode de fabrication,* manufacturing process. *Mode d'emploi,* directions for use, instruction book. *Mode de payement,* method, mode of payment. *Mode d'expédition,* mode of conveyance.

modèle [mɔdɛl] *adj.* model. *Appartement modèle,* show flat; U. S. model apartment.

modèle *m.* **1.** pattern. *Article grand modèle,* large-size article. *Modèle déposé,* registered pattern, registered design. *Modèle réduit,* small-scale model. *Sur le même modèle,* on the same pattern. — **2.** specimen, form. *Modèle de chèque,* cheque form, specimen of cheque.

modéliste [modelist] *m.* dress-designer, pattern-maker.

modéré, e [modere] *adj.* moderate, fair, reasonable. *Estimation modérée,* conservative estimate. *Prix modéré,* reasonable price.

moderne [mɔdɛrn] *adj.* modern, up-to-date.

modernisation [-nizasjɔ̃] *f.* modernization; U. S. revamping (magasin).

moderniser [-nize] *vt.* to modernize, to bring up-to-date; U. S. to revamp.

modeste [mɔdɛst] *adj.* moderate.

modicité [mɔdisite] *f.* moderateness, lowness.

modifiable [mɔdifjabl] *adj.* modifiable.

modification [-fikasjɔ̃] *f.* alteration, modification. *Modification aux statuts,* alteration in the articles of association. *Apporter des modifications à,* to effect alterations in, to alter. *Prévoir des modifications,* to allow for readjustments. *Subir des modifications,* to undergo alterations. *Sujet à modification,* liable to alteration, subject to alteration.

modifier [-fje] *vt.* to alter, to change, to modify, to adjust; B.K. to rectify.

modique [mɔdik] *adj.* moderate, limited, reasonable.

moins [mwɛ̃] *adv.* less. *Moins-value,* depreciation, decrease in value, deficit.

moins *m.* minus, minus-sign.

moins *prép.* less, minus. *Moins votre commission,* less your commission.

mois [mwa] *m.* **1.** month. *Mois courant,* present month, current month. *Mois écoulé,* last month. *Mois prochain,* next month. *Le 5 du mois (courant),* the 5th instant. *Le 5 du mois écoulé, du mois dernier,* the 5th ultimo. *Le 5 du mois prochain,* the 5th proximo. *Papier à trois mois,* bill at three months, three months' bill. *Relevé de fin de mois,* monthly statement. *Sous un mois, dans le délai d'un mois,* within a month. — **2.** month's salary.

moitié [mwatje] *f.* half. *A moitié prix,* at half price. *Réduit de moitié,* reduced by half.

mollesse [mɔlɛs] *f.* ST.-EX. slackness, easiness, sluggishness.

mollir [mɔli:r] *vi.* ST.-EX. to ease off, to slacken, to sag, to flag. *Les cours mollissent,* prices flag, are sagging.

momentané, e [mɔmɑ̃tane] *adj.* momentary, temporary.

monde [mɔ̃:d] *m.* world. *Le monde des affaires,* the business world. *Succursales dans le monde entier,* branches all over the world.

mondial, e [-djal] *adj.* world. *Consommation mondiale,* world consumption. *Cours mondiaux,* world market prices. *Crise mondiale,* world crisis.

monétaire [mɔnetɛ:r] *adj.* monetary. *Circulation monétaire,* flow of money, monetary circulation. *Convention monétaire,* monetary convention. *Fonds monétaire international,* International Monetary Fund. *Marché monétaire,* money market. *Réserve monétaire,* supply of currency. *Stabilisation monétaire,* currency stabilization. *Système monétaire,* monetary system. *Unité monétaire,* currency, monetary unit.

monétisation [-tizasjɔ̃] *f.* monetization.

monétiser [-tize] *vt.* FIN. to monetize.

monnaie [mɔnɛ] *f.* **1.** money. *Convertibilité des monnaies,* convertibility of currencies. *Monnaie de compte,* money of account. *Monnaie divisionnaire,* fractional coin, divisional coin. *Monnaie droite,* standard money. *Monnaie fiduciaire,* common money, token money. *Monnaie forte,* hard currency. *Monnaie intrinsèque,* standard money. *Monnaie légale,* tender. *Monnaie scripturale,* deposit money. — **2.** change. *Donner la monnaie de,* to give change for. — **3.** *Hôtel des Monnaies,* the Mint.

monnayable [-jabl] *adj.* coinable.

monnayage [-ja:ʒ] *m.* coinage, minting.

monnayer [-je] *vt.* to coin, to mint.

monnayeur [-jœ:r] *m.* coiner, minter. *Faux-monnayeur,* counterfeiter.

monométallisme [mɔnɔmetallism] *m.* monometallism.

monométalliste [-tallist] *adj.* monometallic.

monométalliste *m.* monometallist.

monopole [mɔnɔpɔl] *m.* monopoly. *Monopole de l'Etat,* State, Government monopoly. *Monopole de la vente,* exclusive sale.

monopolisateur, trice [-lizatœ:r] *adj.* monopolistic.

monopolisateur *m.* monopolist.

monopolisation [-lizasjɔ̃] *f.* monopolization.

monopoliser [-lize] *vt.* to monopolize.

monoprix [mɔnɔpri] *m.* one-price store.

montage [mɔ̃ta:ʒ] *m.* assembling. *Atelier de montage,* assembly shop.

montant [mɔ̃tɑ̃] *m.* total amount, proceeds. *Facture d'un montant de,* invoice amounting to. *Jusqu'à un montant de,* to the amount of, up to. « *Montant à reporter* », " Amount carried forward ". *Montant brut,* gross amount. *Montant dépassant,* sum exceeding. FIN. *Montant d'une retraite,* re-exchange. *Montant exonéré d'impôts,* tax free amount, tax exempted amount, tax sheltered amount. *Montant net,* net proceeds. *Un assureur ne s'engage que dans la limite du montant qu'il a accepté de souscrire,* an insurer binds himself only within the limits of the amount he has agreed to subscribe.

montée [mɔ̃te] *f.* rise. *La montée rapide des importations reflétait la prospérité économique à l'intérieur du pays,* the upsurge in imports reflected the domestic business boom.

monter *vi.* to rise, to go up, to advance; U. S. to hike. *Nos actions montent en flèche,* our shares are skyrocketting. *Empêcher les prix de monter,* to keep the prices down. *Faire monter les cours,* to force up prices; U. S. to balloon the prices, to hike up the prices.

monter (se) *v. pr.* to amount (*à,* to). *Nos frais généraux se montent à,* our overhead expenses amount to.

montre [mɔ̃tr] *f.* shop-window. *Mettre un article en montre,* to put an article in the window, on show.

montrer [-tre] *vt.* to show.

moratoire [mɔratwa:r] *adj.* LAW moratory. FIN. *Accord moratoire,* standstill agreement. *Intérêts moratoires,* interest on overdue payments, interest on arrears.

moratoire *m.* moratorium.

morceler [mɔrsəle] *vt.* to cut up, to parcel out.

morcellement [-sɛlmɑ̃] *m.* breaking up, parcelling out.

mortalité [mɔrtalite] *f.* mortality. *Table de mortalité,* mortality table.

morte-saison [mɔ:rtəsɛzɔ̃] *f.* dead season, off season, slack-time.

mot [mo] *m.* word. *Mot de code,* codeword. *Mot-souche,* head-word, catchword. *Mot taxé,* word charged for.

motif [mɔtif] *m.* **1.** motive, reason, cause, ground. — **2.** design, pattern.

motion [mɔsjɔ̃] *f.* proposal, motion. *Faire adopter une motion,* to carry a motion. *Proposer une motion,* to bring forward a motion, to move a proposal.

motiver [mɔtive] *vt.* to justify, to state the reason for. *Décision motivée,* well-founded decision. *Rumeurs non motivées,* groundless, unjustified rumours.

mou [mu], **molle** [mɔl] *adj.* ST.-EX. easy, flat.

mouillage [muja:ʒ] *m.* **1.** MAR. anchorage, moorings. — **2.** FIN. watering (of capital).

mouiller [-je] *vt.* et *vi.* MAR. to anchor.

mouvant, e [muvɑ̃] *adj.* unstable, fluctuating.

mouvement [muvmɑ̃] *m.* movement. *Compte sans mouvement,* account without turnover. *Mouvement boursier :* **a)** operations on the Stock-Exchange; **b)** Stock-Exchange fluctuation. *Mouvement conjoncturel,* cyclical movement. *Mouvement de baisse,* downward movement, trend. *Mouvement de hausse,* upward movement, trend. *Mouvement des capitaux,* capital movement. *Mouvement des devises,* currency operations. « *Mouvement des navires* », Shipping Intelligence, Shipping News. *Mouvement d'espèces,* cash transactions. *Mouvement du marché,* market fluctuations. *Mouvement d'un compte,* turnover of an account. *Mouvement du personnel,* transfer of workers, staff changes; U. S. turnover. *Mouvement du port,* harbour traffic. *Mouvement monétaire,* turnover, returns. *Mouvement syndical,* trade-union movement; U. S. organized labour. RAIL *Service du mouvement,* traffic department.

moyen, enne [mwajɛ̃] *adj.* middle, medium, average, mean. *Classe moyenne,* middle class. *Cours moyen,* average price. *Crédit à moyen terme,* medium (intermediate) term credit. *Echéance moyenne,* average due date, mean due date. *Payement à moyen terme,* medium term payment. *Tare moyenne,* average tare, mean tare. ST.-EX. *Au cours moyen,* at middle.

moyen *m.* means, agent, medium. *Moyen d'échange,* medium of exchange. *Moyen de paiement,* means of payment. *Moyen de production,* capital goods. *Moyen légal de paiement,* legal tender. *Moyens mis en œuvre,* input. *Les biens de consommation sont lancés auprès du public par l'intermédiaire de moyens publicitaires de masse,* consumers' goods are advertised to the public through mass media.

moyennant [mwajɛnɑ̃] *prép.* by means of, in return for, for. *Moyennant finance,* for a consideration.

moyenne [mwajɛn] *f.* average. ST.-EX. *En moyenne,* on an average. *Etablir une moyenne,* to average (up). *Faiseur de moyenne,* averager. *Moyenne arithmétique,* arithmetic(al) mean. *Moyenne non pondérée,* unweighted mean. *Moyenne pondérée,* weighted mean. *Moyenne proportionnelle,* geometrical mean.

multiple [myltipl] *adj.* multiple, manifold, numerous.

multiple *m.* multiple.

multiplication [-tiplikasjɔ̃] *f.* multiplication.

multiplier [-tiplije] *vt.* to multiply.

municipal [mynisipal] *adj.* municipal. *Recette municipale,* rate-office. *Taxes municipales,* rates.

municipalité [mynisipalite] *f.* municipality, municipal corporation, town council.

munir [myni:r] *vt.* to provide, to supply (*qqn de qqch.,* s. o. with sth.).

mutation [mytasjɔ̃] *f.* LAW transfer, conveyance. *Acte de mutation,* deed of transfer. *Mutations dans le personnel,* staff transfers; U. S. staff turnover. *Mutation de propriété,* conveyance, transfer of property. *Mutation d'entrepôt,* removal of goods under bond. *Mutation entre vifs,* transfer inter vivos. *Des titres nominatifs ne peuvent être cédés qu'après établissement d'un acte de mutation,* registered securities can be disposed of only by the execution of a deed of transfer.

muter [-te] *vt.* to transfer.

mutualiste [mytɥalist] *m.* member of a mutual insurance company, mutualist.

mutualité [-tɥalite] *f.* LAW mutual insurance.

mutuel, elle [-tɥɛl] *adj.* mutual.

mutuelle *f.* mutual insurance company.

nantir [nɑ̃ti:r] *vt.* 1. LAW to secure, to give security to, to pledge. *Créancier nanti,* secured creditor. *Prêteur nanti par hypothèque,* lender secured by a mortgage. *Valeurs nanties en garantie de fonds avancés,* securities pledged as collateral for a loan. — 2. to provide. *Nantir qqn de qqch.,* to provide s. o. with sth.

nantir (se) *v. pr.* to secure oneself.

nantissement [nɑ̃tismɑ̃] *m.* 1. LAW hypothecation, pledging; U. S. bailment.

Nantissement en garantie de fonds avancés, pledging as security for money advanced, as collateral for a loan. — **2.** security, collateral, pledge. *Déposer des titres en nantissement,* to hypothecate securities, to lodge stocks as security, as cover. *Droit de nantissement,* lien on goods. *Nantissement subsidiaire,* collateral. *Prêt sur nantissement,* loan on securities. *Prêter sur nantissement,* to lend on collateral; U. S. to loan on collateral. *Titres fournis (remis, déposés) en nantissement,* securities lodged as collateral (pledged securities). *Tenir en nantissement,* to hold in pledge. — **3.** letter of hypothecation, hypothecation certificate.

nation [nasjɔ̃] *f.* nation. *Nations unies,* United Nations. *Clause de la nation la plus favorisée,* most favoured nation clause.

nationalisation [nasjɔnalizasjɔ̃] *f.* nationalization.

nationaliser [-lize] *vt.* to nationalize.

nationalité [-lite] *f.* nationality.

nature [naty:r] *f.* nature, kind, type. *Avantages en nature,* benefits in kind. *Payement en nature,* payment in kind. *Prestation en nature,* allowance in kind.

naufrage [nofra:ʒ] *m.* shipwreck.

navigable [navigabl] *adj.* **1.** navigable (river). — **2.** seaworthy.

navigation [-gasjɔ̃] *f.* navigation. *Compagnie de navigation,* shipping company. *Compagnie de navigation aérienne,* aerial navigation company. *Navigation au long cours,* ocean navigation, foreign navigation. *Navigation au tramping,* tramp navigation. *Navigation de cabotage,* coasting navigation. *Navigation fluviale,* inland navigation.

navire [navi:r] *m.* ship, vessel. *Affréter un navire,* to charter a ship. *Armer un navire,* to fit out a ship. *Franco le long du navire,* free alongside ship. *Fréter un navire,* to freight a ship. *Navire de commerce,* merchantman, cargo-boat, trader. *Navire de tramping (en cueillette),* tramp. *Navire en partance,* outward bound vessel. *Navire en retour,* homeward bound vessel. *Navire marchant à vide,* ship going light. *Navire régulier,* liner.

néant [neɑ̃] *m.* B. K. none, nil. *Etat « néant »,* " nil " return.

nécessaire [nesɛsɛ:r] *adj.* necessary. *Juger nécessaire,* to deem necessary.

nécessaire *m.* the needful, the indispensable, the necessary. *Faire le nécessaire,* to do what is required.

nécessité [nesɛsite] *f.* necessity. *Nécessité absolue,* absolute necessity; U. S. must. *Nécessités de service,* service requirements. *Se trouver dans la nécessité de,* to be under the necessity of, to be under the obligation of.

nécessiter *vt.* to necessitate, to entail, to require. *La transformation de ces locaux nécessitera de grosses dépenses,* heavy expenses will be entailed by the remodelling of these premises.

négatif, ive [negatif] *adj.* negative.

négativement [-tivmɑ̃] *adj.* negatively. *Répondre négativement,* to answer in the negative, to return a negative answer.

négligeable [negliʒabl] *adj.* negligible, insignificant.

négligence [-ʒɑ̃:s] *f.* negligence, carelessness. *Erreur due à une négligence,* error due to an oversight.

négligent, e [-ʒɑ̃] *adj.* careless, negligent.

négliger [-ʒe] *vt.* **1.** to neglect. *Négliger de faire qqch.,* to omit to do sth. — **2.** to ignore, to disregard.

négoce [negɔs] *m.* trade, trading; U. S. merchandising. *Faire le négoce,* to trade.

négociabilité [-sjabilite] *f.* negotiability.

négociable [-sjabl] *adj.* negotiable, transferable, realizable, marketable. *Titres négociables en Bourse,* securities negotiable on the Stock-Exchange. *Si le connaissement ne spécifie pas le destinataire, on l'appelle « connaissement à ordre » et il est négociable,* if the B/L does not specify the consignee, it is called an " order bill " and is negotiable. *Les marchandises livrées n'étaient pas négociables,* the goods delivered were not of a marketable quality.

négociant [-sjɑ̃] *m.* trader, merchant, wholesale dealer. *Négociant exportateur,* export merchant. *Négociant importateur,* import merchant.

négociateur [-sjatœ:r] *m.* negotiator, transactor.

négociation [-sjasjɔ̃] *f.* **1.** negotiation. *Engager des négociations,* to enter into negotiations. *Rompre les négociations,* to break off negotiations. *Des négociations se déroulent actuellement,* negotiations are now in progress. — **2.** ST.-EX., PRO. EX. transaction. *Négociations à prime,* option bargains, option deals. *Négociations à terme :* **a)** ST.-EX. dealings for the settlement, for the account; **b)** PRO. EX. forward transaction, "futures" transaction. *Négociation d'un effet,* negotiation of a bill. *Négociations au comptant,* cash transactions, dealings for cash.

négocier[-sje] *vt.* **1.** FIN. to negotiate. *Négocier un effet,* to negotiate a bill. *Négocier un emprunt :* **a)** to negotiate a loan; **b)** to place a loan. — **2.** to negotiate, to deal.

négocier (se) *v. pr.* **1.** FIN. to be negotiated. — **2.** ST.-EX. to be dealt in, to be transacted.

net, nette [nɛt] *adj.* **1.** net. *Net d'impôt,* tax free, exempt from duty, clear of tax. *Bénéfice net,* net profit, clear profit. *Bénéfice net après paiement des impôts,* after taxes profit. *Montant net,* net amount. *Perte nette,* net loss. *Poids net,* net weight. *Poids net embarqué,* loaded net weight. *Produit net,* net proceeds. *Rendement net,* net yield. *Revenu national net,* net national income. — **2.** fair (copy).

net *m.* **1.** net, net amount, net result. *Net d'un effet,* net proceeds, net avails of a bill. *Net légal,* net proceeds. — **2.** fair copy. *Net d'une vente,* net proceeds of a sale. *Mettre qqch. au net,* to write a fair copy of sth.

neuf, neuve [nœf] *adj.* new. *Flambant neuf,* bran(d)-new.

neuf *m.* new. *A neuf,* anew, like new. *Refaire à neuf,* to renovate, to recondition, to remodel; U. S. to revamp. INS. *Sans déduction pour différence du vieux au neuf,* without deduction new for old.

névralgique [nevralʒik] *adj. Point névralgique,* nerve-centre.

nier [nje] *vt.* to deny.

niveau [nivo] *m.* level, standard. *Au niveau le plus élevé,* at the highest level. *Elever au niveau de,* to level up to. *Etre au niveau de sa tâche,* to be up to one's task. *Mettre à niveau,* to level. *Niveau d'ensemble,* general level. *Niveau de qualité,* quality level. *Niveau des salaires,* wage level. *Niveau de vie,* standard of living. *Niveau record de production,* peak output. *Les prêts de banque sont restés au même niveau ces trois derniers mois, en dépit de la hausse constatée en avril,* bank lending has been levelling off over the past three months, despite the apparent increase shown in April. *Le taux du fret est maintenu à un niveau moins élevé pour les marchandises entrant dans le pays,* freight rates are pegged at lower levels for goods shipped into the country.

niveler [nivle] *vt.* to level, to even up. *Niveler les cours :* **a)** to level prices; **b)** to bring the rates to level time, to the same level (en cas d'arbitrage sur des lettres de change).

nivellement [nivɛlmɑ̃] *m.* levelling.

nolage (ou **nolis**) [nɔla:ʒ] *m.* freight, freighting.

nolisement [nɔlizmɑ̃] *m.* freighting, chartering (this obsolete word was mostly employed in Mediterranean ports). *Contrat de nolisement,* charter-party.

noliser [-ze] *vt.* to freight.

nom [nɔ̃] *m.* name. *Nom de famille,* surname. *Nom de jeune fille,* maiden name. *Nom déposé,* registered trade name. *Nom social,* style, trade name. *Compte ouvert en votre nom,* account opened in your name. *Agir au nom de,* to act on behalf of.

nombre [nɔ̃br] *m.* **1.** number. *Nombre entier,* whole number. *Nombre fractionnaire,* fractional number. *Nombre impair,* odd number. *Nombre indice,* index number. *Nombre pair,* even number. LAW *Nombre requis,* quorum. *Au nombre de 600,* to the number of 600. LAW *Le nombre requis n'est pas atteint,* the quorum is not complete. — **2.** FIN., B. K. **nombres** *m. pl.* products. *Méthode des nombres,* product method. *Nombres créditeurs,* credit products. *Nombres débiteurs,* debit products. *Nombres rouges,* red products.

nomenclature [nɔmɑ̃klaty:r] *f.* nomenclature, schedule, list. *Nomenclature douanière,* customs list.

nominal, e [nɔminal] *adj.* nominal. *Actions avec valeur nominale,* shares with face value; U. S. par value stock. *Actions sans valeur nominale,* shares without nominal value, without face value; U. S. no-par value stock. *Appel nominal,* call-over, roll-call. *Capital nominal,* authorized capital, registered capital. *Change nominal,* nominal exchange. *Valeur nominale,* face value.

nominalement [-lmɑ̃] *adv.* FIN. on the face of things.

nominatif, ive [-tif] *adj.* nominal. *Action nominative,* registered share, registered stock. *Connaissement nominatif,* B/L to a named person; U. S. straight B/L. *Etat nominatif,* list of names, nominal roll. *Liste nominative,* list of names, nominal roll. *Mise au nominatif,* conversion into registered shares. *Obligation nominative,* registered debenture; U. S. registered bond. *Porteur d'actions nominatives,* registered shareholder; U. S. registered stockholder. *La cession de titres nominatifs n'est possible qu'après établissement d'un acte de mutation,* registered securities can be disposed of only by the execution of a deed of transfer. *Un connaissement spécifiant que les marchandises sont expédiées à une personne déterminée est dit « nominatif »,* a B/L stating that the goods are being shipped to a specific person is called a "straight bill ".

nomination [-sjɔ̃] *f.* appointment, nomination. *Obtenu par nomination,* appointive. *Recevoir sa nomination,* to be appointed (*à*, to). *Ce poste est à la nomination du ministre,* the minister has the choice of a nominee for this post. *Sa nomination est parue au « Journal officiel » le mois dernier,* he was gazetted last month.

nominativement [-tivmɑ̃] *adv.* by name.

nommé, e [nɔme] *adj.* named. *Nommé ci-après,* hereinafter named. *Nommé ci-dessus,* above-named. LAW *Le nommé X,* the man named X.

nommément [-mɑ̃] *adv.* **1.** by name. *L'assuré mentionné nommément dans la police,* the insured mentioned by name in the policy. — **2.** namely (à savoir). — **3.** expressly, especially.

nommer [nɔme] *vt.* **1.** no name, to give a name to, to call. — **2.** to appoint. *Nommer à vie,* to appoint for life. LAW *Nommer qqn son exécuteur testamentaire,* to appoint s. o. one's executor. *Etre nommé à la présidence,* to be elected chairman.

non [nɔ̃] *adv.* no. **non-acceptation** *f.* non-acceptance, dishonour. **non accepté** *adj.* unaccepted. **non-accomplissement** *m.* non-fulfilment. **non acquitté** *adj. :* **a)** unsettled; **b)** CUST. uncustomed. **non-activité** *f.* non-activity. *Mise en non-activité,* suspension. **non affranchi** *adj.* unpaid. **non affrété** *adj.* unchartered. FIN. **non amortissable** *adj.* unredeemable, irredeemable. **non assuré** *adj.* uninsured. **non avenu** *adj.* void. FIN. **non bancable** *adj.* unbankable. POST **non chargé** *adj.* uninsured. **non coté** *adj. :* **a)** ST.-EX. unquoted; **b)** MAR. not classed. **non cumulatif** *adj.* non cumulative. **non daté** *adj.* undated. **non déclaré** *adj.* undeclared; CUST. unentered. **non distribué** *adj. :* **a)** POST undelivered; **b)** FIN. undistributed, retained (dividende). **non emballé** *adj.* unpacked. FIN. **non entièrement libéré** *adj.* partly paid (up). **non-exécution** *f.* non-fulfilment, non-completion, non-performance. FIN. **non garanti** *adj.* unsecured. **non-garantie** *f.* non-warranty. **non imposable** *adj.* non taxable. LAW **non-lieu** *m.* no true bill. *Ordonnance* *de non-lieu,* non-suit. *Obtenir un non-lieu,* to be discharged. **non-livraison** *f.* non-delivery. **non négociable** *adj.* : **a)** FIN. not negotiable, non negotiable; **b)** PRO. EX. unmarketable. **non-payement** *m.* non-payment. **non parvenu** *adj.* miscarried. **non périmé** *adj.* unexpired. LAW **non-recevoir** *m.* plea in bar. **non réclamé** *adj.* unclaimed. POST **non recommandé** *adj.* unregistered. **non remboursable** *adj.* : **a)** FIN. unredeemable; **b)** not returnable (marchandises). **non rentable** *adj.* unprofitable. **non-responsabilité** *f.* non-liability. **non syndiqué** *adj.* non union; U. S. unorganized. **non-syndiqué** *m.* non-unionist; U. S. unorganized labour. **non tarifé** *adj.* duty-free. **non-valeur** *f.* : **a)** FIN. bad debt; **b)** ST.-EX. worthless securities; **c)** worthless stock, unsaleable goods, unmarketable articles. **non-vente** *f.* no sale. FIN. **non versé** *adj.* unpaid. **non-versement** *m.* non-payment.

nonobstant [nɔnɔbstɑ̃] *prép.* notwithstanding.

normal, e [nɔrmal] *adj.* normal, standard, ordinary.

normale *f.* normal. *Inférieur, supérieur à la normale,* below, above normal.

normalisation [-lizasjɔ̃] *f.* normalization, standardization.

normaliser [-lize] *vt.* to standardize, to normalize. *Plan comptable normalisé,* uniform cost-accounting system.

norme [nɔrm] *f.* norm, standard.

notable [nɔtabl] *adj.* noticeable, considerable.

notaire [nɔtɛ:r] *m.* LAW notary, notary public. (N. B. *Certaines fonctions du notaire français, la rédaction des actes de cession par exemple, sont assumées par le « solicitor »,* some functions of the French *notaire,* such as conveyancing for instance, are assumed by the solicitor.) *En France, le non-payement d'une traite doit être constaté par le notaire au recto de celle-ci,* in France, when a bill is dishonoured the notary public notes the fact on the face of the bill.

notarial [nɔtarjal] *adj.* LAW notarial.

notarié, e [-rje] *adj.* LAW drawn up and certified by a notary. *Acte notarié,* notary's deed.

note [nɔt] *f.* **1.** note. *Note en bas de page,* foot-note. *Note marginale,* marginal note. *Prendre note de,* to make note of, to note, to keep record of. *Prendre bonne note de,* to take due note of. — **2.** note, instruction. *Note diplomatique,* diplomatic note. — **3.** bill, invoice, account, note. *Note de chargement,* shipping note. INS. *Note de couverture,* covering note, provisional policy. *Note de crédit,* credit note. *Note de débit,* debit note; U. S. debit memo. *Note de détail,* consignment note. *Note de frais,* note of expenses. *Note de poids,* weighing note, weight note. *Note d'expédition,* dispatch note, consignment note. *Le vendeur envoie une note de crédit quand des marchandises ont été comptées en trop,* the seller sends a credit note when goods have been overcharged.

noter [nɔte] *vt.* to note, to make note of. *Veuillez noter notre nouvelle adresse pour vos prochaines commandes,* please note our new address for your future orders.

notice [nɔtis] *f.* notice, account, report.

notification [nɔtifikasjɔ̃] *f.* notification, notice. *Recevoir notification de qqch.,* to be notified of sth.

notifier [nɔtifje] *vt.* to notify. *Notifier qqch. à qqn,* to notify s. o. of something. LAW *Notifier une citation,* to serve a summons. *Tous renseignements concernant l'accident doivent être notifiés à notre compagnie,* all information concerning the crash should be notified to our company.

notoire [nɔtwa:r] *adj.* well-known, manifest.

notoriété [nɔtɔrjete] *f.* notoriety. LAW *Acte de notoriété,* identity certificate statutory declaration. FIN. *Crédit sur notoriété,* unsecured credit. *Sur notoriété,* unsecured, without security.

nouveau [nuvo], **nouvel, elle** [nuvɛl] *adj.* new. *Facteur nouveau,* new development. *Nouvelle émission,* new issue. *Nouvelle feuille de coupons,* new sheet of coupons. B. K. *Report à nouveau,* balance brought forward (to next account); *solde à nouveau,* balance carried forward (to next account). *Jusqu'à nouvel avis, jusqu'à nouvel ordre,* until further notice.

nouveauté [nuvote] *f.* **1.** change, innovation. — **2. nouveautés** *f. pl.* fancy articles, fancy goods.

nouvelle [nuvɛ:l] *f.* news. MAR. INS. *Assurance sur bonnes ou mauvaises nouvelles,* insurance " ship lost or not lost "; *perdu sans nouvelles,* missing.

novation [nɔvasjɔ̃] *f.* LAW substitution. *Novation de créance,* substitution of debt.

novice [nɔvis] *m.* probationer, tyro.

nu, e [ny] *adj.* naked, unprotected. MAR. *Affrètement en coque nue,* bare boat charter, net charter. LAW *Nue-propriété,* bare ownership, reversion. *Le prix s'entend les 100 kilos nus,* our price is to be understood per 100 kilos naked.

nuance [nɥɑ̃:s] *f.* shade.

nuire [nɥi:r] *vi.* to be prejudicial to, to prejudice. LAW *Dans l'intention de nuire,* maliciously. *Tout retard supplémentaire nuirait à nos intérêts,* any further delay would be prejudicial to our interests.

nul, nulle [nyl] *adj.* null, nil, void, invalid. LAW *Nul et non avenu,* null and void. ST.-EX. *Marché nul,* market nil. *Déclarer nul et non avenu,* to cancel. *Les affaires sont presque nulles,* business is almost nil. *Nous considérons cette facture comme nulle et non avenue,* we consider this invoice as cancelled. *La non-exécution de cette clause rend cette transaction nulle,* the non-completion of this clause vitiates this transaction.

nullité [nyllite] *f.* nullity, invalidity. LAW *Action en nullité,* action for avoidance of contract. *Demande en nullité,* plea in abatement, plea in nullity.

numéraire [nymerɛ:r] *m.* specie, cash. *Actions de numéraire,* cash shares, shares issued for cash.

numérique [-rik] *adj.* numerical.

numéro [-ro] *m.* number. POST *Numéro d'appel,* call number. *Numéro de code,* key number. POST *Faux numéro,* wrong number. *Numéro de commande,* order number. *Numéro de référence,* reference number, file number. *Numéro d'immatriculation,* registration number. *Numéro d'immatriculation à la Sécurité sociale,* Social Security number. *Numéro d'ordre,* rotation number, serial number. *Numéro justificatif,* voucher number.

numérotage [-rɔta:ʒ] *m.* numbering.

numéroter [-rɔte] *vt.* to number.

obérer [ɔbere] *vt.* to involve s. o. in debt, to burden s. o. with debt. *Obérer les finances,* to weigh heavily on the finances.

objecter [ɔbʒɛkte] *vt.* to raise sth. as an objection. *Objecter qqch. à qqn,* to bring sth. up against s. o., to allege sth. against s. o.

objectif, ive [-tif] *adj.* unbiassed, fair.

objectif *m.* target.

objection [-sjɔ̃] *f.* objection (*à,* to). *Ecarter une objection,* to dispose of an objection. *Faire, formuler, soulever une objection,* to object (*à,* to), to raise an objection.

objet [ɔbʒɛ] *m.* object, article, items. *Dans cet objet,* with this aim in view. POST *Objet de correspondance,* postal packet. *Objet de luxe,* article of luxury; U. S. luxury article. *Objets de valeur,* valuables. *Objet d'un contrat,* subject of a contract. LAW *Objets immobiliers,* realty. *Sans objet,* aimless. *La société a pour objet,* the object of the company is.

obligataire [ɔbligatɛ:r] *adj.* FIN. debenture. *Créancier obligataire,* bond creditor. *Emprunt obligataire,* debenture loan. *Intérêt obligataire,* bond interest.

obligataire *m.* FIN. debenture holder, bondholder.

obligation [-sjɔ̃] *f.* **1.** obligation, duty, liability. *Avoir des obligations envers,* to be under an obligation to. *Contracter des obligations,* to enter into engagements. *Faire face à ses obligations, honorer ses obligations,* to meet one's liabilities, to fulfil one's commitments. *Libérer d'une obligation,* to release from an obligation. *Manquer à ses obligations,* to fail to meet one's obligations. — **2.** LAW bond. *Obligation contractuelle,* privity in deed. *Obligation de garantie,* (surety-) bond. — **3.** FIN. debenture, bond; U. S. bond. *Obligation à la souche,* unissued debenture. *Obligation à lots,* lottery bond, premium bond, prize bond. *Obligation amortissable,* redeemable debenture. *Obligation à primes,* premium bond. *Obligation à revenu fixe,* active bond. *Obligation à revenu variable,* variable yield debenture. *Obligation au porteur,* bearer debenture; U. S. coupon bond. *Obligation chirographaire,* simple debenture, naked debenture. *Obligation convertible,* convertible bond. *Obligation de conversion,* redemption bond, refunding bond. *Obligation d'Etat,* Government bond. *Obligation de rente,* annuity bond. *Obligation garantie,* guaranteed bond, secured bond. *Obligation hypothécaire,* mortgage bond. *Obligation nominative,* registered debenture. *Obligation non remboursable,* unredeemable, irredeemable bond. *Obligation participante,* profit-sharing debenture. *Obligation sortie au tirage,* drawn bond. *Porteur d'obligations,* debenture holder, bondholder. *Remboursement d'obligations,* redemption of bonds. *Les obligations remboursables sont rachetées à date fixe ou par tirage au sort annuel,* redeemable bonds are paid off at fixed date or by annual drawing.

obligatoire [-twa:r] *adj.* compulsory, binding.

obligé, e [ɔbliʒe] *adj.* compelled (*de,* to), obliged. *Je vous serais très obligé,* I should be greatly indebted to you.

obliger *vt.* to oblige, to bind, to compel.

oblitération [ɔbliterasjɔ̃] *f.* POST cancelling.

oblitérer [-re] *vt.* to obliterate; POST to cancel.

observation [ɔbsɛrvasjɔ̃] *f.* **1.** observation, remark. — **2.** observance (of regulations).

observer [-ve] *vt.* **1.** to observe, to watch. *Faire observer qqch. à qqn,* to call sth. to s. o.'s notice. — **2.** to observe, to comply with, to adhere to. *Faire observer un règlement,* to enforce a regulation. *Nous avons simplement observé vos instructions,* we strictly adhered to your directions.

obvier [ɔbvje] *vi.* **(à)** to provide against, to prevent, to forestall.

occasion [ɔkazjɔ̃] *f.* **1.** occasion, opportunity. *En cette occasion,* at this juncture. *Profiter de l'occasion,* to avail oneself of the opportunity. *Si l'occasion s'en présente,* should the opportunity arise. — **2.** bargain. *Occasion unique,* special bargain; U. S. groundfloor offer, groundfloor. *D'occasion,* second-hand.

occasionnel, elle [ɔkazjɔnɛl] *adj.* occasional.

occasionner [-ne] *vt.* to cause, to give rise to.

occupation [ɔkypasjɔ̃] *f.* business, work, employment.

occuper [-pe] *vt.* to occupy, to give employment to. POST « *Occupé* », " Engaged " ; U. S. " busy ". *Occuper 1 000 ouvriers,* to have a force of 1 000 workmen.

occuper (s') *v. pr.* **(de)** to attend to, to deal with. *S'occuper de la vente de,* to handle, to deal in. *Notre expéditeur s'occupe du chargement,* our forwarding agent attends to the loading.

occurrence [ɔkyrɑ̃:s] *f.* juncture. *En l'occurrence,* in, under the circumstances, in the present case, at this juncture.

octroi [ɔktrwa] *m.* granting, concession ; U. S. franchise. *Les droits d'octroi ont été relevés,* the excise duties have been raised.

octroyer [-je] *vt.* to grant.

œuvre [œ:vr] *f.* work. *Mise en œuvre,* carrying into effect, implementing, working up. *Mettre en œuvre,* to bring into play, to put in hand. *Mettre un contrat en œuvre,* to carry a contract into effect, to implement a contract.

office [ɔfis] *m.* **1.** office, function, duty. *Faire office de,* to act as. — **2.** membership, seat (*charge*). — **3.** office, bureau, agency. *Office de compensation,* clearing office. *Office de la main-d'œuvre,* Labour-Exchange ; U. S. Labor Relations Board. *Office de la propriété industrielle,* patent office. *Office de publicité,* advertising agency, publicity bureau. — **4. d'office : a)** automatically, as a matter of course. *Renouvelé d'office,* automatically renewed. *Entraîner le renvoi d'office,* to imply dismissal as a matter of course ; **b)** according to regulations, officially, ex officio. *Etre mis à la retraite d'office,* to be compulsorily retired. LAW *Expert nommé d'office,* expert appointed by the court. ST.-EX. *Liquidation d'office,* official closing ; *rachat d'office,* official buying in. *Surtaxe appliquée d'office,* surcharge applied officially.

officiel, elle [ɔfisjɛl] *adj.* official. *A titre officiel,* officially. *Etre à l'Officiel,* to be gazetted. *Journal officiel,* London Gazette ; U. S. Federal Register. FIN. *Taux officiel d'escompte,* bank rate ; U. S. prime rate.

officiellement [-sjɛlmɑ̃] *adv.* officially.

officier [ɔfisje] *m.* officer. LAW *Officier de l'état civil,* registrar, municipal magistrate. *Officier ministériel,* legal officer. (N. B. In France, the following are numbered among the legal officers : *agréés, avoués, huissiers, notaires, greffiers* and *commissaires-priseurs.*)

officieux, euse [-sjø] *adj.* semi-official, unofficial. *Déclaration officieuse,* off-the-record statement.

offre [ɔfr] *f.* offer, proposal. *Offres de compromis,* overtures for a compromise. « *Offres d'emploi* » (petites annonces), " situations vacant ". *Offres de services,* services tendered. LAW *Offre de souscription (offre réelle),* tender. *Offre en cargaison,* cargo offered. *Offre sans engagement,* offer subject to prior sale. *L'offre et la demande,* supply and demand. *Profiter d'une offre,* to take advantage of an offer. *Cette offre est faite sous toutes réserves,* this offer is made circumstances permitting. *Cette offre est toujours valable,* this offer is still firm.

offrir [ɔfri:r] *vt.* to offer, to tender, to bid. FIN. *Offrir des garanties,* to furnish security. *Offrir sa démission,* to tender one's resignation. ST.-EX. *Cours offerts (vendeurs),* prices offered (sellers). *L'action X est offerte à 500 contre 600,* X shares came, were on offer at 500 against 600.

oisif, ive [wazif] *adj.* idle.

omettre [ɔmɛtr] *vt.* to omit, to miss out, to leave out.

omission [ɔmisjɔ̃] *f.* omission.

omnium [ɔmniɔm] *m.* general trading company, general store. INS. *Contrat* « *omnium* », " all-in " (policy), comprehensive policy.

onéreux, euse [ɔnerø] *adj.* onerous. *A titre onéreux,* subject to payment ; LAW for a valuable consideration.

onglet [ɔ̃glɛ] *m.* tab.

opérateur [ɔperatœ:r] *m.* operator. FIN. *Opérateur à la baisse, à la hausse,* bear, bull.

opération [-rasjɔ̃] *f.* transaction, operation, dealing. ST.-EX. *Opération à cheval,* straddle. *Opération à court terme,* short-term transaction. *Opération à la baisse,* bear transaction, dealing for a fall. *Opération à la hausse,* bull transaction, dealing for a rise. *Opérations à prime,* option dealings. *Opérations à terme :* **a)** ST.-EX. dealings for the account; **b)** FIN. credit operations; **c)** PRO. EX. " futures " transactions, " terminal " transactions; U. S. contract transactions. *Opération au comptant,* dealing for cash, cash transaction. *Opérations d'arbitrage,* arbitration transactions. *Opérations de bourse,* stock-exchange (market) transactions. *Opérations de change à terme,* forward exchange transactions. *Opérations de change au comptant,* exchange for spot delivery, spot exchange transactions. *Opérations de compensation,* compensation transactions. *Opérations de couverture à terme,* forward covering. *Opérations de réciprocité,* reciprocity transactions. *Lorsque le déport de la livre sterling est maintenu à un niveau assez bas, le volume des opérations de couverture à terme tend à s'accroître,* when the discount on forward sterling is kept down, more forward covering will be built up.

opérationnel, elle [-sjɔnɛl] *adj.* field. *Recherche opérationnelle,* operations research.

opéré [ɔpere] *m.* ST.-EX. deal, execution. *Avis d'opéré,* advice of purchase or sale.

opérer *vt.* to operate, to effect. *Opérer un virement,* to effect a transfer.

opérer *vi.* to operate, to deal. *Opérer pour son propre compte,* to operate for one's own (personal) account.

opérer (s') *v. pr.* to be done, to be effected. *Le payement s'opère comme suit,* payment is effected as follows.

opinion [ɔpinjɔ̃] *f.* opinion. *Sondage d'opinion,* opinion survey, opinion test; U. S. opinion poll. *Des sondages d'opinion effectués dans les milieux d'affaires laissent prévoir une baisse probable des investissements vers la fin de l'année,* business opinion tests indicate a probable downturn in investments towards the end of the year.

opposer [ɔpɔze] *vt.* to oppose. LAW *Opposer une exception,* to raise an objection in law.

opposer (s') *v. pr.* to stand in opposition (*à,* to). *S'opposer à une motion,* to bar a motion.

opposition [-zisjɔ̃] *f.* opposition. ST.-EX. *Opposition à la cote,* objection to mark. LAW *Opposition sur titres,* attachment against securities; *faire opposition à,* to appeal against. FIN. *Frapper d'opposition,* to stop; *mettre une opposition sur,* to stop. ST.-EX. *Mettre une opposition à la cote,* to lodge objections to marks. LAW *Mettre opposition sur des biens,* to issue a writ of attachment against a property.

optant [ɔptɑ̃] *m.* FIN. taker of an option.

opter [ɔpte] *vt.* to choose, to decide. *Opter entre,* to choose between. *Opter pour,* to opt for.

optimisme [ɔptimism] *m.* optimism.

option [ɔpsjɔ̃] *f.* option, put and call (double prime). *A option,* optional; U. S. elective. *En option,* on option. ST.-EX. *Lever une option,* to exercise one's right of. *Option d'achat,* call; *option de vente,* put; *option du double,* call of more, buyer's option to double; *prendre à option,* to take in option. *Prendre une option sur,* to take an option on.

optionnaire [-sjɔnɛ:r] *m.* giver of an option.

opuscule [ɔpysky:l] *m.* booklet.

or [ɔr] *m.* gold. *Etalon-or,* gold-standard. *Or en lingots,* ingot gold. *Titre de l'or,* fineness of gold.

ordinaire [ɔrdinɛ:r] *adj.* ordinary, usual, common. *Action ordinaire,* ordinary share, common stock.

ordinateur [ɔrdinatœ:r] *m.* computer.

ordonnancement [ɔrdɔnɑ̃smɑ̃] *m.* scheduling; ADM. order to pay.

ordonnancer [-nɑ̃se] *vt.* to order, to pass for (payment).

ordonnateur [-natœ:r] *m.* FIN. person entitled to make a payment.

ordre [ɔrdr] *m.* **1.** order. *En ordre,* in order. *Numéro d'ordre,* rotation number, serial number. *De premier ordre,* first-class. *Par ordre alphabétique,* in alphabetical order. — **2.** order (pour payement, livraison, etc.). *A l'ordre de moi-même,* to our own order. *Billet à ordre,* promissory note. *Chèque à ordre,* cheque to order. *Connaissement à ordre,* B/L to order. *Ordre de livraison,* delivery order. *Payez à l'ordre de,* pay to the order of. — **3.** order (commande). *D'ordre et pour compte de,* by order and in the account of. *Exécuter un ordre,* to fulfil, to execute an order. ST.-EX. *Ordre à appréciation,* discretionary order. *Ordre à terme :* **a)** ST.-EX. order for the account, for the settlement; **b)** PRO. EX. " futures " order, terminal order. *Ordre au comptant,* cash order. *Ordre au mieux,* order at best. *Ordre au premier cours,* order at the opening price. *Ordre d'achat,* buying order. *Ordre de vente,* selling order. *Ordre de virement,* transfer order. *Ordre donné à un cours environ,* order given at an about price. *Ordre lié,* contingent order. — **4.** *Ordre du jour,* agenda, order of the day; U. S. calendar. *Délibérer sur l'ordre du jour,* to consider the agenda. *Mettre, inscrire à l'ordre du jour,* to put down on the agenda. *L'ordre du jour étant épuisé,* there being no other business. — **5.** LAW *Ordre des avocats,* the Bar. *Le conseil de l'Ordre,* the Bar Council. — **6.** *De l'ordre de,* about. *De l'ordre de 1 milliard,* in the region of 1 milliard; U. S. billion.

organe [ɔrgan] *m.* organ. *Organe bimensuel,* bi-monthly paper. *Organe officiel,* official organ. *Par l'organe de,* through the agency of.

organigramme [ɔrganigram] *m.* organization chart.

organisateur [-zatœ:r] *m.* organizer.

organisation [-zasjɔ̃] *f.* organization. *Organisation fonctionnelle,* functional organization; U. S. staff organization. *Organisation hiérarchique,* line organization. *Organisation horizontale,* functional organization; U. S. staff organization. *Organisation mixte,* staff and line organization. *Organisation scientifique du travail,* scientific management. *Organisation verticale,* line organization.

organiser [-ze] *vt.* to organize.

organisme [-nism] *m.* incorporation, body. *Organisme financier,* fiscal agency. *Organisme public,* public corporation; U. S. agency.

orientation [ɔrjɑ̃tasjɔ̃] *f.* trend, tendency. *Orientation professionnelle,* vocational guidance.

orienter [-te] *vt.* to guide, to direct, to lead.

orienter (s') *v. pr.* to show a trend towards. *Le marché s'oriente à la hausse,* the market shows an upward tendency.

orienteur [-tœ:r] *m.* orientator. *Orienteur professionnel,* vocational guide.

original, e [ɔriʒinal] *adj.* original.

origine [ɔriʒin] *f.* origin. POST *Bureau (postal) d'origine,* postal office of dispatch; U. S. post office of origin. CUST. *Certificat d'origine,* certificate of origin. *Emballage d'origine,* original packing. « *D'origine* », " Certified ". *Le certificat d'origine permet à l'acheteur de bénéficier de tarifs préférentiels en cas d'accord douanier,* the certificate of origin allows the buyer to benefit by preferential rates when a customs agreement has been passed.

oscillation [ɔsillasjɔ̃] *f.* fluctuation, swings.

osciller [-le] *vi.* to fluctuate, to seesaw.

ou [u] *m.* ST.-EX. put, put option.

oublier [ublje] *vt.* to forget, to omit.

outillage [utija:ʒ] *m.* plant, equipment, fixtures.

outiller [-je] *vt.* to equip, to fit out.

outre-mer [u:trəmɛr] *adv.* overseas.

ouvert, e [uvɛ:r] *adj.* open. FIN. *La souscription sera ouverte le,* applications will be received on. LAW *La succession est ouverte,* the estate is being settled.

ouverture [-ty:r] *f.* opening. *Ouverture*

de la faillite, starting of bankruptcy proceedings. *Ouverture d'un compte,* opening of an account. *Cours d'ouverture,* opening rate. *Heures d'ouverture,* business hours. *Séance d'ouverture,* inaugural meeting. *Faire une ouverture,* to make a tentative offer.

ouvrable [uvrabl] *adj. Jour ouvrable,* working day, work-day.

ouvrier, ère [uvrije] *adj.* working. *Assurance ouvrière,* industrial insurance. *Classe ouvrière,* working class. *Conflits ouvriers,* labour unrest. *Logements ouvriers,* working-class dwellings, tenements. *Mouvement ouvrier,* labour movement.

ouvrier *m.* workman, worker; U. S. operator, operative. *Ouvrier à la journée,* day-labourer. *Ouvrier aux pièces,* piece-worker. *Ouvrier d'usine,* factory-hand. *Ouvrier non qualifié,* unskilled worker; U. S. laborer. *Ouvrier professionnel* (*O. P.*), skilled worker. *Ouvrier qualifié,* skilled worker. *Ouvrier spécialisé* (*O. S.*), semi-skilled worker. *Ouvrier sur machine automatique,* machine tender.

ouvrière [-jɛ:r] *f.* workwoman. *Ouvrière en usine,* female factory-hand, factory-girl.

ouvrir [uvri:r] *vt.* to open. *Ouvrir la faillite,* to start bankruptcy proceedings. *Ouvrir un compte en banque,* to open an account with a bank. *Ouvrir une enquête,* to open an inquiry. *Ouvrir un magasin, une succursale,* etc., to set up a shop, a branch, etc.

ouvrir *vi.* to open. *Ce grand magasin ouvre jusqu'à 22 heures,* this department store is open till 10 at night.

pacotille [pakɔti:j] *f.* FAM. shoddy articles; U. S. crummy goods.

pacte [pakt] *m.* agreement, compact. *Conclure un pacte avec qqn,* to enter into an agreement with s. o.

pactiser [-tize] *vi.* to come to terms.

pagaille [paga:j] *f.* disorder.

page [pa:ʒ] *f.* page. *Mise en pages,* page setting, making-up. *Page de droite, de gauche,* right hand, left hand page. *Page des annonces,* advertising page.

pagination [paʒinasjɔ̃] *f.* pagination, paging.

paginer [-ne] *vt.* to paginate, to page. B. K. *Paginer à livre ouvert,* to folio.

paie [pɛ] *f.* wages, pay. *Bulletin de paie,* pay-slip. *Feuille de paie,* wage-sheet, pay-roll. *Jour de paie,* pay-day.

paiement [pɛmɑ̃] *m.* payment. *Accepter en paiement,* to accept in payment. *Accorder un délai de paiement,* to grant a respite, an extension of the term of payment, a delay of payment. *Ajourner un paiement,* to defer payment. *Anticiper le paiement,* to pay in advance. *Balance des paiements,* balance of payments, payments position. *Cessation des paiements,* suspension of payments. *Cesser les paiements,* to stop payments. *Conditions de paiement,* terms of payment. *Contre paiement de,* on payment of. *Défaut de paiement,* non-payment, failure to pay, dishonour. *Délai de paiement,* term of payment, respite. *Différer le paiement,* to put off, to postpone payment. *Echelonner les paiements,* to spread payments over. *Effectuer un paiement,* to effect a payment. *Etat de paiement,* pay schedule. *Excédent de la balance des paiements,* balance of payments surplus. *Facilités de paiement,* easy terms. *Faire remise d'un paiement,* to remit a payment. Post *Mandat de paiement,* money-order. *Nos conditions de paiement sont les suivantes : 4 % d'escompte pour paiement à la livraison, ou net à trois mois,* our terms of payment run as follows : 4 % cash discount for C. O. D. or three months net. *Nos prix s'entendent départ usine, paiement à trente jours de fin de mois, net sans escompte de caisse,* our prices are quoted ex-works, payment within a month, net without cash discount. *Nous accordons 3 % d'escompte pour tout paiement au comptant d'usage,* we grant 3 % discount for prompt cash payment. *Paiement anticipé,* anticipated payment, payment before due date, advance payment, prepayment. *Paiement arriéré,* payment in arrear, outstanding account, post-payment. *Paiement à tempérament,* instalment plan, easy payment plan, budget plan, deferred payment plan, time sales. *Paiement à terme,* instalment. *Paiement (au) comptant,* cash payment, spot cash payment. *Paiement contre documents,* cash against documents. *Paiement contre livraison,* cash on delivery (C. O. D.). *Paiement d'acompte,* payment on account, instalment. *Paiement différé,* deferred payment; U. S. time sales. *Paiement du solde,* payment of balance. *Paiement échelonné,* payment by instalments. *Paiement en espèces,* payment in cash. *Paiement en nature,* payment in kind. *Paiement en numéraire,* payment in cash. *Paiement en trop,* overpayment. *Paiement fractionné,* payment in driblets. *Paiement intégral,* payment in full. *Paiement libératoire,* payment in full discharge, in full settlement. *Paiement par acomptes,* payment by instalments. *Paiement par anticipation,* anticipated payment. *Paiement par intervention,* payment for honour. *Paiement partiel,* part payment. *Paiement préalable,* prepayment, advance payment. *Paiement télégraphique,* telegraphic transfer. *Présenter au paiement,* to present for payment. *Prolongation du délai de paiement,* extension of the term of payment. *Reprendre les paiements,* to resume payments. *Suspension des paiements,* stoppage of payments, suspension of payments.

pair, e [pɛ:r] *adj.* even. *Nombre pair,* even number.

pair *m.* Fin. par. *Change au pair,* exchange at par. *Emettre au pair,* to issue at par. *Emission au pair,* issue at par. *Ces actions ont ouvert en dessous du pair,* these shares opened below par. *Etre au-dessous du pair,* to be at a discount, to stand at a discount, to be below par. *Etre au-dessus du pair,* to be at a premium, to be above par. *Etre au pair,* to be at par. *Pair commercial,* commercial par. *Pair du change,* mint par, par of exchange. *Pair intrinsèque,* mint par, par of exchange. *Pair métallique,* mint par, par of exchange. *Remboursable au pair,* repayable at par. *Valeur au pair,* par value (Fonds monétaire international). *Des valeurs sont remboursables au pair lorsqu'elles sont reprises à leur valeur nominale,* securities are repayable at par when they are bought back at their nominal value.

palan [palɑ̃] *m.* Mar. tackle. *Sous palan,* under ship's tackle, at ship's rail.

palier [palje] *m.* stage, degree. *Imposition par palier,* graduated taxation.

pallier [palje] *vt.* to palliate, to extenuate.

pancarte [pɑ̃kart] *f.* placard, bill.

panel [panɛl] *m.* panel. *Panel des consommateurs,* consumers' panel.

panique [panik] *f.* panic.

paniqué, e [-ke] *adj.* St.-Ex., Fam. jittery.

panne [pan] *f.* breakdown. Mar. *Mettre en panne,* to heave to.

panneau [pano] *m.* board, hoarding. *Panneau-réclame,* advertisement hoarding.

panonceau [panɔ̃so] *m.* sign.

paperasserie [papərasri] *f.* red-tape.

papeterie [paptri] *f.* stationery (pour bureau).

papier [papje] *m.* **1.** paper. *Papier calque,* tracing paper. *Papier carbone,* carbon paper. *Papier d'emballage,* packing paper. *Papier glacé,* glazed paper. LAW *Papier libre,* unstamped paper. *Papier ministre,* official foolscap; *papier timbré,* stamped paper. — **2.** document, paper. POST *Papiers d'affaires,* P. P. R. (printed paper rate). MAR. *Papiers de bord,* ship's papers; *papiers d'expédition,* clearance papers. *Papier libre,* unstamped paper. *Papier mort,* unstamped paper. *Les papiers de bord comprennent le certificat d'immatriculation et le rôle d'équipage,* the ship's papers include the certificate of registry and the crew-list. — **3.** FIN. paper, bill. *Papier à courte échéance,* short (-dated) bill. *Papier à échéance,* bill to mature. *Papier à longue échéance,* long (-dated) bill. *Papier à ordre,* bill to order. *Papier au porteur,* bill to bearer. *Papier bancable,* bankable bill. *Papier brûlant,* hot bill, bill about to mature. *Papier commerciable,* negotiable paper. *Papier commercial,* trade bill. *Papier court,* short bill. *Papier creux,* pig on pork. *Papier de complaisance,* accommodation paper. *Papier de haut commerce,* prime trade bill, first-class paper. *Papier déplacé,* bill payable on another place than that of issue. *Papier détourné,* bill payable on another place than that of issue. *Papier fait,* guaranteed paper. *Papier long,* long paper. *Papier-monnaie,* paper-money. *Papier négociable,* negotiable paper. *Papier non bancable,* unbankable paper. *Papier sur l'étranger,* foreign bill. *Papier sur l'intérieur,* inland bill. *Papier sur place,* local bill. *Papiers d'industrie,* industrial securities. *Papiers valeurs,* paper securities. — **4.** price offered (sellers).

papillon [papijɔ̃] *m.* **1.** slip, attachment, rider. — **2.** fly-bill (affichette). — **3.** label (étiquette).

paquebot [pakbo] *m.* liner.

paquet [pakɛ] *m.* parcel, packet, bundle, block. POST *Paquet chargé,* insured packet. FIN. *Paquet d'actions,* block of shares. POST *Paquet postal,* parcel post.

paqueteur [paktœ:r] *m.* packer.

parachever [paraʃve] *vt.* to complete, to carry through, to perfect.

parafe (ou **paraphe**) [paraf] *m.* initials. *Mettre son parafe au bas d'un acte,* to initial a deed.

parafer (ou **parapher**) [-fe] *vt.* to initial.

parafiscalité [parafiskalite] *f.* parafiscality. (N. B. Compulsory contribution under Social Security, for instance.)

paraître [parɛ:tr] *vi.* to appear, to come out. « *Sur le point de paraître* », " just ready ". *Ce livre vient de paraître,* this book is just out.

parallèle [parallɛl] *adj.* parallel. *Marché parallèle,* unofficial market.

paralyser [paralize] *vt.* to nonplus, to incapacitate, to cripple. *Capitaux paralysés,* frozen assets.

paralysie [-zi] *f.* ST.-EX. *Paralysie du marché,* market seize-up.

parc [park] *m.* **1.** yard, depot. — **2.** truck-fleet (of a firm).

parcellaire [parsɛllɛ:r] *m.* detailed survey (of a *commune*).

parcelle [parsɛl] *f.* PRO. EX. parcel.

parcellement [-lmɑ̃] *m.* parcelling.

parceller [-le] *vt.* to parcel out.

parcours [parku:r] *m.* journey. *Parcours à vide,* journey empty; AVIATION, empty leg.

pareil, eille [parɛ:j] *adj.* similar, identical, alike.

parer [pare] *vi.* to provide (*à,* for). *Parer aux commandes urgentes,* to provide for immediate orders.

parfaire [parfɛ:r] *vt.* to finish off, to perfect, to complete, to make up.

parfait, e [parfɛ] *adj.* perfect. *Parfait paiement,* payment in full. *En parfait état,* in excellent condition.

paritaire [paritɛ:r] *adj.* one for one, at par, composed of equal numbers. *Réunion paritaire,* round-table conference.

parité [parite] *f.* 1. FIN. parity, par value. *Change à parité,* exchange at par. *Parité des prix,* price parity. (N. B. La *parité des prix* existe dans le domaine agricole, pour le soutien des prix à la production.) *Parité du change,* exchange parity, par rate of exchange. *Parité du pouvoir d'achat,* purchasing power parity. *Parité or,* gold parity. — 2. PRO. Ex. equivalent. *Vendre des marchandises rendues gare de Marseille ou parité,* to sell goods delivered Marseilles station (carriage paid to Marseilles station) or equivalent.

parlementaire [parləmɑ̃tɛ:r] *m.* member of Parliament; U. S. congressman.

parquage [parka:ʒ] *m.* parking.

parquer [-ke] *vt.* to park.

parquet [parkɛ] *m.* 1. ST.-EX. the official market, the " Ring "; U. S. the "Pitt". — 2. LAW Public Prosecutor's Office. *Déposer une plainte au parquet,* to lodge a plaint with the Public Prosecutor. — 3. MAR. *Parquet de chargement,* dunnage.

parrain [parɛ̃] *m.* sponsor.

parrainage [parɛna:ʒ] *m.* sponsorship.

part [pa:r] *f.* 1. FIN. share. *Part bénéficiaire,* founder's share. *Part d'apport,* vendor's share. *Part de fondateur,* founder's share. (N. B. In France, founder's shares are not immediately negotiable on the Stock-Exchange. — En Angleterre, les parts de fondateur font partie du capital autorisé.) *Part de syndicat,* share of underwriting. *Part résiduaire,* equity. *Part syndicataire,* share of underwriting. *Avoir une part dans les bénéfices,* to have a share, an interest in the profits, to share in the profits. *Avoir (se réserver) la part du lion,* to have a lion's share. — 2. MAR. INS. share. *Prendre une part d'un risque,* to write a line. — 3. LAW portion (héritage). *Entre M. X d'une part et M. Y d'autre part, il est convenu ce qui suit,* it is mutually agreed between Mr. X and Mr. Y, Mr. X and Mr. Y have agreed as follows. — 4. *De la part de,* on the part of, from. — 5. *Faire part de qqch. à qqn,* to inform, to advise s.o. of sth.

partage [-ta:ʒ] *m.* division, share, distribution, apportionment. FIN. *Partage des bénéfices,* distribution of profits, profit-sharing. LAW *Partage de succession,* division in a succession. INS. *Réassurance de partage,* share reinsurance. *Faire le partage de,* to share out, to divide. *En cas de partage des voix,* should the voting be equal, in case of equality of votes, in case of a tie.

partageable [-taʒabl] *adj.* dividable, divisible.

partageant [-taʒɑ̃] *m.* LAW sharer.

partager [-taʒe] *vt.* to divide, to share, to distribute. *Partager les bénéfices,* to distribute the profits. *Partager le différend,* to compromise, to split the difference. *Les avis sont partagés,* opinions are divided.

partance [partɑ̃:s] *f.* MAR. departure. *Bâtiments en partance,* list of sailings. *En partance :* **a)** MAR. about to sail, outward bound, outbound; **b)** RAIL, etc. outgoing, starting for. *Navire en partance pour Cardiff,* ship bound for Cardiff.

parti [parti] *m.* 1. advantage, profit. *Tirer parti de qqch.,* to turn sth. to account, to take advantage of sth. — 2. decision, course, choice. *Prendre le parti de faire qqch.,* to decide, to make up one's mind to do sth. — 3. side, party. *Prendre parti contre qqn,* to side against s. o. *Se ranger du parti de qqn,* to side with s. o.

partial, e [parsjal] *adj.* biassed, unfair, one-sided.

participant [partisipɑ̃] *m.* sharer, participant.

participation [-pasjɔ̃] *f.* participation, sharing, share (*à,* in). *Association en participation,* particular partnership. (N. B. Unknown to third parties.) *Compte de participation,* joint account, joint venture account. *En participation,* on joint account. *Opération en participation,* deal, transaction on joint account. *Participation aux bénéfices,* profit-sharing, participation in profits, share in profit. *Participation* *majoritaire,* majority holding. *Participation minoritaire,* minority holding.

participer [-pe] *vi.* to participate, to share (*à,* in). *Participer à une réunion,* to attend a meeting. *Participer aux bénéfices,* to share in the profit.

particularité [partikylarite] *f.* characteristic, peculiarity, particularity.

particulier, ère [partikylje] *adj.* **1.** personal, private. B. K. *Compte des particuliers,* personal account. *Compte particulier,* private account. *Secrétaire particulier,* confidential clerk. *A titre particulier,* in a private capacity. — **2.** particular, special, characteristic. MAR. INS. *Les sinistres inévitables résultant des risques de mer sont appelés « avaries particulières »,* unavoidable damage resulting from sea risks are known as "particular average". — **3.** *En particulier :* **a)** in particular, particularly; **b)** privately.

particulier *m.* private individual, private person.

partie [parti] *f.* **1.** B.K. entry. *Comptabilité en partie double,* double entry bookkeeping. *Comptabilité en partie simple,* single entry bookkeeping. — **2.** part, parcel, lot. *Contribuer pour partie aux frais,* to contribute in part to the expenses. *En grande partie,* to a great extent. *Faire partie du conseil d'administration,* to be on the board, to have a seat on the board. RAIL *Partie de chargement de wagon,* part truck load; U. S. less than car-load lot. — **3.** LAW party. *Les parties,* parties, litigants. *Partie adverse,* the opposing party, the other side. *Partie civile,* plaintiff claiming damages. *Partie comparante,* appearer. *Parties contractantes,* contracting parties. *Parties intéressées,* the parties concerned. *Partie lésée,* the injured party. *Partie prenante,* payee, receiver. *Se constituer partie civile,* to bring a civil action against s. o. — **4.** line of business, trade, particular branch. *Partie vente et négoce,* trading and merchanting branch.

partiel, elle [parsjɛl] *adj.* partial, incomplete. *Acceptation partielle,* partial acceptance, qualified acceptance. *L'acceptation d'une traite peut être pure et simple ou partielle,* the acceptance of a bill may be general or partial. *Expéditions partielles,* part shipments. *Paiement partiel,* part payment. *Perte partielle,* partial loss.

partiellement [-sjɛlmɑ̃] *adv.* partly. FIN. *Action partiellement libérée,* partly paid (up) share.

partir [parti:r] *vi.* to leave, to start; MAR. to sail. *A partir de,* from. *A partir d'aujourd'hui,* from today onwards, from this day forward. *A partir du 1er,* on and after the Ist, as from the Ist.

partisan [partizɑ̃] *m.* supporter, advocate. *Etre partisan d'une réforme,* to approve of a reform.

parution [parysjɔ̃] *f.* publication, issue.

parvenir [parvəni:r] *vi.* **1.** to arrive, to reach. *Parvenir à destination,* to reach destination, to arrive at destination. *Faire parvenir qqch. à qqn,* to send, to forward sth. to s. o. *Votre envoi nous est bien parvenu,* your consignment came duly to hand. *Votre facture nous est parvenue,* we are in receipt of your invoice. — **2.** to succeed in, to reach. *Parvenir à un accord,* to reach an agreement, to come to terms.

pas [pa] *m.* step. *Pas de porte,* goodwill, key money.

passager, ère [pasaʒe] *adj.* transient, transitory, momentary.

passager *m.* passenger.

passation [pɑsasjɔ̃] *f.* **1.** LAW drawing up and signing (d'un acte). — **2.** FIN. passing (du dividende). — **3.** B. K. entering, posting. *Passation d'articles en compte,* making entries. *Passation d'écriture,* making an entry. — **4.** placing. *Passation d'une commande,* placing of an order.

passavant [pɑsavɑ̃] *m.* CUST. transire.

passe [pɑ:s] *f.* FIN. odd money. *Passe de caisse,* allowance to cashier for errors.

passe-droit [-drwa] *m.* injustice, unfair promotion.

passeport [paspɔr] *m.* passport.

passer [pɑse] *vt.* **1.** to make, to conclude, to enter into. *Passer un contrat, un* *marché,* to enter into a contract, a bargain. — **2.** LAW to draw up. *Passer un acte,* to draw up a deed. — **3.** B.K. to enter, to post, to pass. *Passer au compte de profits et pertes,* to post to the profit and loss account. *Passer écriture de,* to enter (up), to record. *Passer écriture conforme,* to enter accordingly, to reciprocate an entry. *Passer une écriture en compte,* to make an entry, to post an entry. *Nous passons ce chèque de 25 livres au crédit de votre compte,* we pass this cheque for £ 25 to the credit of your account. — **4.** FIN. to endorse over (une lettre de change). — **5.** POST *Pouvez-vous me passer le poste 315?,* can you put me through to extension 315?

passer *vi.* **1.** to be accepted. *Notre plan a passé,* our plan has been accepted. — **2.** to pass. *Passer à l'ordre du jour,* to proceed with the business of the day. — **3.** *Passer après, avant,* to rank after, before. FIN. *Les actions privilégiées passent avant les actions ordinaires en matière de dividende,* preference shares rank before ordinary ones in dividend rights.

passible [pasi:bl] *adj.* liable, subject (*de,* to, for). *Marchandises passibles de droits,* dutiable goods. *Passible d'amende,* liable to a fine. *Passible de dommages-intérêts,* liable for damages. *Passible de droits,* liable to duty, dutiable. *Passible d'impôts,* liable for tax. *Ces dividendes sont passibles de l'impôt sur le revenu,* these dividends are liable to income-tax. LAW *Passible des peines prévues par la loi,* under the penalties provided for by law. *Passible du droit de timbre,* liable to stamp duty (lettre de change).

passif, ive [pasif] *adj.* passive. *Balance commerciale passive,* adverse balance of trade, unfavourable balance of trade. FIN. *Dettes passives,* liabilities, debts due by us.

passif *m.* FIN. liabilities. *Actif et passif,* assets and liabilities. *Inscrire au passif,* to enter on the liabilities side. *Passif comptable,* book liabilities. *Passif éventuel,* contingent liabilities. *Passif exigible,* current liabilities. *Passif non exigible,* non current liabilities. *Les principaux articles portés au côté du passif sont le capital versé et le passif exigible à court terme,* the chief items on the liabilities side are the paid-up capital and the current liabilities. *Solde passif,* adverse balance, debit balance.

patente [patɑ̃:t] *f.* **1.** licence. — **2.** tax paid to obtain a trader's licence, licence tax. *Payer patente,* to be duly licensed. — **3.** MAR. *Patente brute,* foul, touched, suspected bill of health. *Patente de santé,* bill of health. *Patente nette,* clean bill of health. *Patente suspecte,* foul, touched, suspected bill of health.

patenté, e [patɑ̃te] *adj.* licensed.

patenté *m.* licensee.

patron [patrɔ̃] *m.* **1.** employer, principal, master, head, boss. — **2.** pattern, model, size.

patronal, e [patrɔnal] *adj.* of employers. *Association patronale,* employers' association. *Cotisation patronale,* employers' contribution. *Déclaration patronale,* employers' return. *Responsabilité patronale,* employers' liability. *Syndicat patronal,* employers' association, federation, union.

patronat [-na] *m.* employers, body of employers. *Le patronat et le salariat,* employers and employed.

patronner [-ne] *vt.* to patronize, to support.

pavillon [pavijɔ̃] *m.* MAR. flag. *Naviguer sous pavillon étranger,* to sail under foreign flag. *Le pavillon couvre la marchandise,* the flag covers the goods.

payable [pɛjabl] *adj.* payable. *Payable à la livraison,* cash on delivery, payable on arrival. *Payable à l'échéance,* payable at maturity, at due date, when due. *Payable à nos guichets,* payable at our counters. *Payable à ordre,* payable to order. *Payable à trois jours de vue,* payable three days after sight. *Payable à terme échu,* payable when due. *Payable au comptant compté,* payable spot cash, cash down. *Payable (au) comptant sans escompte,* payable net cash. *Payable au porteur,* payable to bearer. *Payable à vue,* payable at sight, on demand, on presentation. *Payable d'avance,* payable in advance. *Payable intégralement,* payable in full. *Payable par versements échelonnés,* payable by instalments. *Payable sur demande,* due on demand.

paye [pɛ:j] *f.* V. PAIE.

payement [pɛmɑ̃] *m.* V. PAIEMENT.

payer [pɛje] *vt.* to pay. *Payer à la livraison,* to pay on delivery. *Payer à l'échéance,* to pay at maturity, at due date, when due. *Payer au comptant,* to pay cash. *Payer au comptant compté,* to pay spot cash, cash down. *Payer d'avance,* to pay in anticipation, to prepay, to pay in advance. *Payer en supplément,* to pay an extra charge. *Payer en trop,* to overpay. *Payer intégralement,* to pay in full. *Payer par intervention,* to pay for honour. *Payer une lettre,* to take up a bill. *Publicité « qui paye »,* puller. *Réponse payée,* prepaid answer. *Payez à l'ordre de moi-même,* pay self. *Payez à l'ordre de M. X,* pay to the order of Mr. X. *En cas de faillite, les salaires des ouvriers doivent être considérés comme des créances privilégiées et payés intégralement,* in case of bankruptcy workmen's wages must be treated as preferential debts and be paid in full.

payeur, euse [-jœ:r] *adj.* paying.

payeur *m.* payer, drawee.

pays [pei] *m.* country, nation. *Pays à devises faibles,* soft currency countries. *Pays créditeur,* creditor nation. *Pays de l'Union postale universelle,* country in the Universal Postal Union. *Pays de mandat,* mandated territory. *Pays de provenance,* last country of exportation (as opposed to the *pays d'origine* where the imported product has been manufactured, for instance). *Pays donateur* (Fonds monétaire international), donor country. *Pays d'origine,* country of origin. *Pays exportateur,* exporting country. *Pays importateur,* importing country. *Pays producteur,* producing country. *Pays sous-développé,* underdeveloped country. *Pays tiers,* third countries.

péage [pea:ʒ] *m.* toll.

pécuniaire [pekynjɛ:r] *adj.* pecuniary. *Avantages pécuniaires,* pecuniary advantages, financial fringe benefits.

peine [pɛn] *f.* penalty. *Peine conventionnelle,* penalty for non performance. *Homme de peine,* day-labourer. *Sous peine de,* under penalty of.

pénaliser [penalize] *vt.* to penalize.

pénalité [-lite] *f.* penalty.

pendant, e [pɑ̃dɑ̃] *adj.* pending, outstanding, undecided.

pénétration [penetrasjɔ̃] *f.* penetration, impact (d'un support publicitaire).

péniche [peniʃ] *f.* lighter, barge.

pension [pɑ̃sjɔ̃] *f.* **1.** pension. *Attribuer une pension,* to pension. *Caisse de pension,* pension fund. *Demande de pension,* pension claim. *Pension alimentaire,* alimony, maintenance allowance. *Pension de retraite,* retiring pension; U. S. retirement pension. *Pension de vieillesse,* old-age pension. *Pension d'invalidité,* invalidity pension. *Versements pour la pension,* superannuation contribution. — **2.** FIN. pawning, pawn. *Valeurs en pension,* stocks in pawn.

pensionner [-sjɔne] *vt.* to pension, to pension off.

pénurie [penyri] *f.* scarcity, dearth, lack, shortage. *Pénurie de devises,* shortage of foreign currency. *Pénurie de main-d'œuvre,* labour shortage.

percepteur [pɛrsɛptœ:r] *m.* tax-collector. H. M. (Her Majesty) Inspector of taxes.

perception [-sjɔ̃] *f.* **1.** collection, receipt. *Perception des impôts,* collection of taxes. — **2.** (*Bureau de*) *perception,* collector's office.

percevable [pɛrsəvabl] *adj.* collectable, leviable.

percevoir [-vwa:r] *vt.* to collect, to gather, to levy, to charge. *Cette taxe est perçue pour couvrir les frais entraînés par la tenue de votre compte,* the commission we charge is necessary to defray the expenses incurred in maintaining your account.

perdre [pɛrdr] *vt.* to lose. MAR. *Perdu,* missing; *perdu corps et biens,* lost crew and cargo. *Emballage perdu,* packing not returnable, packing included, one-way package.

péremption [perɑ̃psjɔ̃] *f.* LAW time limitation.

péréquation [perekwasjɔ̃] *f.* equalization. *Effectuer une péréquation,* to equalize. *Taxe de péréquation des intérêts,* interest equalization tax.

perfectionnement [pɛrfɛksjɔnmɑ̃] *m.* improvement. *Perfectionnement des cadres supérieurs,* executive development.

perfectionner [-sjɔne] *vt.* to improve.

perforateur [pɛrfɔratœ:r] *m.* perforator, punch.

perforer [-re] *vt.* to perforate, to punch. *Cartes perforées,* IBM cards, punched cards, punch cards.

péricliter [periklite] *vi.* to run to seed, to be in jeopardy, to recede.

péril [peril] *m.* peril. MAR. INS. *Péril de mer,* risk and peril of the seas, sea-risk.

périmé, e [perime] *adj.* LAW 1. barred by limitation. — 2. out of date, expired, lapsed, no longer available. *Connaissement périmé,* stale B/L. *Votre assurance est périmée,* your insurance has lapsed.

périmer *vi.* LAW to lapse, to become out of date.

périmètre [perimɛtr] *m.* area.

période [perjɔd] *f.* period. *Période comptable,* accounting period. *Période considérée,* period under review. *Période d'inflation,* inflationary period.

périodique [-dik] *adj.* periodical, recurrent. *Faire un état périodique,* to make a progress report.

périodique *m.* periodical (publication).

périodiquement [-dikmɑ̃] *adv.* at regular intervals, periodically.

périssable [perisabl] *adj.* perishable.

permanence [pɛrmanɑ̃:s] *f.* permanent, all-day service, on-duty hours.

permanent, e [-nɑ̃] *adj.* permanent, standing. *Commission permanente,* standing committee. *Dépenses permanentes,* standing expenses. B. K. *Dossier permanent,* continuing audit file (C. A. F.).

permis [pɛrmi] *m.* permit, licence. *Permis de construire,* building licence. *Permis de débarquement,* landing permit. *Permis de douane,* customs permit. *Permis d'embarquement,* shipping note. *Permis d'entrée :* **a)** [marchandises] import licence; **b)** [navire] clearance inwards. *Permis de sortie :* **a)** [marchandises] export permit; **b)** [navire] clearance outwards. *Permis de transbordement,* transhipment permit. *Permis d'exportation,* export permit. *Permis d'importation,* import licence.

permuter [pɛrmyte] *vt.* to exchange (poste).

perpétuel, elle [pɛrpetɥɛl] *adj.* perpetual. FIN. *Rente perpétuelle,* perpetual annuity.

perpétuité [-tɥite] *f.* LAW *A perpétuité,* for life.

personnaliser [pɛrsɔnalize] *vt.* to customize. *Voiture personnalisée,* car designed to the customer's taste; U. S. custom-built car.

personnalité [-nalite] *f.* personality. LAW *Personnalité civile (juridique, morale),* incorporation, legal status. *Acquérir la personnalité civile,* to acquire legal status.

personne [pɛrsɔn] *f.* person. LAW *Personne civile (morale),* corporate body, legal entity, corporation, a separate legal person in law; *personne interposée,* intermediary; *personne physique,* natural person; *personne redevable de l'impôt,* person liable (to taxes). B. K. *Comptes de personnes,* personal accounts. *Les opérations avec d'autres commerçants sont reportées dans les comptes de personnes,* transactions with other traders are recorded in personal accounts.

personnel, elle [pɛrsɔnɛl] *adj.* personal. B. K. *Compte personnel,* personal account. LAW *Contribution personnelle,* poll tax. FIN. *Garantie personnelle,* personal security.

personnel *m.* staff, employees, personnel. (N. B. *Personnel* désigne le personnel de toutes catégories.) *Personnel administratif,* clerical staff, white-collar workers. *Personnel chargé de l'entretien,* maintenance staff. *Personnel de bureau,* office staff. *Personnel sédentaire,* indoor staff. *Chef du personnel,* staff manager, personnel officer. *Effectif du personnel,* personnel strength. *Licenciement de personnel,* dismissal, laying off. *Mouvement du personnel,* staff changes; U. S. turnover. *Notation du personnel,* merit-rating. *Pénurie de personnel,* shortage of staff. *Service du personnel,* staff department. *Etre à court de personnel,* to be understaffed, to need hands. *M. Smith fait partie du personnel depuis vingt-cinq ans,* Mr. Smith has been on our staff for twenty-five years.

personnellement [-nɛlmɑ̃] *adv.* personally. *Je veillerai personnellement à l'exécution de vos commandes,* your orders shall have my personal attention.

perspective [pɛrspɛktiv] *f.* prospect. *Perspectives économiques,* economic outlook. *Les perspectives d'accroissement sont bonnes,* prospects are good for further expansion.

perte [pɛrt] *f.* **1.** loss. *A perte,* at a loss. *Compenser une perte,* to make good a loss. B. K. *Compte de profits et pertes,* profit and loss account, income and expense statement, revenue and expenditure account. *Nous nous réservons le droit de demander réparation des pertes subies,* we reserve our right to make a claim for the amount of the loss sustained. *Perte brute,* gross loss. FIN., LAW *Perte de droits,* forfeit. *Perte d'exploitation,* trading loss. *Perte nette,* net loss. *Perte partielle,* partial loss. *Perte sèche,* dead loss. *Perte totale,* total loss; U. S. perfect loss. *Ces pertes sont contrebalancées par des profits plus élevés que prévu,* these losses are offset by profits higher than we expected. *Subir une perte,* to suffer a loss. — **2.** ST.-EX. discount. *Etre en perte,* to stand at a discount. *Se négocier à perte,* to be dealt in at a discount. *Vendre à perte,* to sell at a loss.

perturbation [pɛrtyrbasjɔ̃] *f.* disturbance.

perturber [-be] *vt.* to disturb.

pesage [pəza:ʒ] *m.* weighing. *Bureau de pesage,* weigh-house.

pesée [pəze] *f.* weighing.

peser *vt.* et *vi.* to weigh.

peseur [-zœ:r] *m.* weigher.

pessimisme [pɛsimism] *m.* pessimism.

pessimiste [-mist] *adj.* pessimistic.

petit, e [pəti] *adj.* small. *Petites annonces,* small advertisements, small ads. *Petit commerce,* retail trade, small business. *Petit épargnant,* small investor. *Petites coupures,* small denominations. *Petite industrie,* smaller industries. *Petite vitesse* (P. V.), slow train, goods train, freight train.

pétrole [petrɔl] *m.* oil. *Trouver du pétrole,* to strike oil.

pétrolier [-lje] *m.* MAR. oiler, tanker.

pétrolières [-ljɛ:r] *f. pl.* ST.-EX. oil-shares.

pétrolifères [-lifɛ:r] *f. pl.* ST.-EX. oil-shares.

phase [fa:z] *f.* stage. *Phase de fabrication,* processing stage.

physionomie [fizjɔnɔmi] *f.* aspect. *La physionomie générale du marché,* the general tone of the market.

pièce [pjɛs] *f.* **1.** FIN. coin. *Pièce droite,* standard coin. — **2.** piece. *Pièces détachées, de rechange,* spare parts. *Pièce d'étoffe,* roll of material. *Travail à la pièce,* piece work; U. S. job work. *50 F pièce,* F 50 apiece, each. — **3.** document, voucher. LAW *Pièce à conviction,* evidence. B. K. *Pièce comptable,* bookkeeping voucher. MAR. *Pièces de bord,* ship's papers. *Pièces jointes,* enclosures. *Pièce justificative,* voucher, document proof. JUR. relevant document. *Numéros des pièces justificatives,* voucher numbers.

pied [pje] *m.* foot, footing. ST.-EX. *Pied de la prime,* limit price at which option is abandoned. *Bétail sur pied,* livestock. PRO. EX. *Récolte sur pied,* (standing) crop.

piston [pistɔ̃] *m.* backstairs influence.

pistonner [-tɔne] *vt.* to back, to recommend.

pivoter [pivote] *vi.* to hinge. *Notre ligne de conduite future pivote autour de cette étude de marché,* our policy for the future hinges on this market research.

placarder [plakarde] *vt.* to post (affiche). *Placarder une affiche,* to post up a bill, to stick a bill on a wall.

place [plas] *f.* **1.** place, market. *Place bancable,* bank place, banking place. *Place cambiste,* foreign exchange market. FIN. *Chèque sur place,* town cheque. *Frais de place,* local charges. *Prix sur place,* loco-price. *Sur place,* on the spot. *Faire la place,* to work the town, to canvass for orders. ST.-EX. *La place est acheteur,* the market is a buyer. — **2.** situation, position, employment, office.

placement [plasmɑ̃] *m.* **1.** FIN. investment. *Faire un bon placement,* to make a sound investment. *Faire un placement d'argent,* to invest money. *Placement à court terme,* short term investment. *Placement à échéance,* fixed deposit. *Placement à long terme,* long term investment. *Placement à revenu fixe,* fixed yield investment, fixed interest investment. *Placement à revenu variable,* variable yield investment. *Placement de fonds,* investment of funds, of money, of capital. *Placement de père de famille, de tout repos,* gilt-edged investment, safe investment; U. S. investment in trustee stocks, in blue chips. *Placement de titres auprès du public,* placing securities with the public. *Placement en valeurs de portefeuille,* portfolio investment. *Placement profitable,* productive investment. — **2.** placing, sale, disposal. *Bureau de placement,* employment agency, employment bureau. *Ces marchandises trouveront un placement rapide,* these goods will find a ready sale, will sell readily. *Placement de commandes,* placing orders (*chez,* with).

placer [plase] *vt.* **1.** to place. *Placer des titres en garde,* to deposit securities in safe custody. *Locaux bien placés,* well-situated premises. — **2.** to find employment for (ouvrier). — **3.** FIN. to invest, to put out. *Placer à court terme,* to invest on short terms. *Placer à fonds perdu,* to invest in a life annuity. *Placer à intérêts,* to put out at interest. *Placer des valeurs,* to negotiate securities.

placer (se) *v. pr.* to sell, to dispose of (marchandises). *Difficile à placer,* hard to dispose of. *Se placer facilement,* to sell readily, to be easily disposed of.

placier [plasje] *m.* town traveller, canvasser; U. S. solicitor.

plafond [plafɔ̃] *m.* limit, maximum permissible, ceiling. *Dépassement du plafond maximal autorisé,* overspill of the maximum allowable. *Fixer un prix plafond,* to fix a maximum price. *Certaines banques dépassent encore le plafond fixé à l'octroi des prêts,* some banks remain over-lent.

plafonner [-fɔne] *vi.* to reach the ceiling (*à,* of).

plaidant, e [plɛdɑ̃] *adj.* LAW pleading (avocat), litigating (partie).

plaider [-de] *vt.* to plead.

plaider (se) *v. pr.* LAW to come before the court (affaire).

plaignant [plɛɲɑ̃] *m.* LAW plaintiff.

plaindre (se) [səplɛ̃:dr] *v. pr.* to complain (*de,* about).

plainte [plɛ̃:t] *f.* complaint, charge. *Déposer une plainte, porter plainte contre qqn,* to lodge a complaint against s. o., to bring an action against s. o., to sue s. o. *Retirer sa plainte,* to withdraw one's complaint, charge.

plan [plɑ̃] *m.* **1.** (projet) plan. *Le conseil d'administration établira le plan de notre prochaine campagne de productivité,* the board will map out our next productivity drive. *Dresser un plan de campagne,* to draw up a plan of action. *Etablissement d'un plan de travail,* scheduling, planning. *Exécuter un plan,* to carry out a plan. *Plan à longue échéance,* forward planning. *Plan cadastral,* cadastral survey. B.K. *Plan comptable,* accounting plan; *plan comptable normalisé,* uniform cost accounting system; *plan d'amortissement,* redemption table, terms of redemption, sinking fund table. *Plan d'arrimage,* cargo plan, stowage plan. *Plan d'ensemble,* general plan. *Plan de* *marchandises,* merchandising scheme. *Plan de transport,* shipping schedule. *Plan de vente,* selling plan. *Plan d'investissement,* investment plan. *Plan quinquennal,* five-year plan. — **2.** (niveau) plane, level. *Au premier plan,* in the foreground, in the limelight. *Sur le plan de la production,* from the production point of view.

planche [plɑ̃:ʃ] *f.* board. MAR. *Jour de planches,* lay-day. *Les jours de planches sont les jours accordés pour le chargement ou le déchargement d'un navire,* the lay-days are the days allowed for loading or unloading a ship.

plancher [plɑ̃ʃe] *m.* floor. *Prix plancher,* lowest price.

planificateur [planifikatœ:r] *m.* planner.

planification [-kasjɔ̃] *f.* planning, scheduling.

planifier [-fje] *vt.* to plan; U. S. to blueprint. *Economie planifiée,* planned economy.

planning [planiɲ] *m.* planning. *Planning multifonctionnel,* expediting.

plastique [plastik] *m.* plastic goods. *Manufacture de plastique,* plastic factory.

plat, e [pla] *adj.* ST.-EX. dull.

plein, e [plɛ̃] *adj.* full (*de,* of). *En pleine saison,* at the height of the season, when the season is in full swing. *Plein emploi,* full employment. LAW *Plein pouvoir,* full power, power of attorney. *Plein tarif,* full rates.

plein *m.* **1.** INS. maximum line, maximum limit, office limit. *Tableau des pleins,* table of limits. *Etablir les pleins,* to fix a limit. — **2.** MAR. full load. *Avoir son plein,* to be fully laden. *Faire le plein de,* to fill up with. — **3.** *Battre son plein,* to be at its height, to be in full swing.

plénier, ère [plenje] *adj.* plenary. *Séance plénière,* plenary assembly.

pléthore [pletɔ:r] *f.* overabundance, glut.

pléthorique [-tɔrik] *adj.* overabundant, superabundant.

pli [pli] *m.* **1.** cover, envelope. *Sous pli cacheté,* in a sealed envelope. *Sous pli recommandé,* under registered cover. *Sous pli séparé,* under separate cover. *Nous vous envoyons sous ce pli,* pleased find enclosed. — **2.** MAR. *Plis cachetés,* sealed orders; *plis consulaires,* consular packages.

plier [plije] *vt.* to fold. *Prière de ne pas plier,* " Keep flat ".

plier (se) *v. pr.* to submit (*à,* to), to yield (*à,* to), to comply (*à,* with). *Lorsque des marchandises sont vendues emballage en sus, l'expéditeur doit se plier aux exigences du client,* when goods are sold packing extra, the sender must comply with the customer's requirements.

plomber [plɔ̃be] *vt.* to seal; CUST. tc plomb.

pluralité [plyralite] *f.* plurality.

plus [ply, ply:s, ply:z] *adv.* plus. *En plus ou en moins,* over or under. *Plus les frais,* plus costs. *Tout au plus,* at the utmost.

plus-value [plyvaly] *f.* appreciation, gain in value, increase in (of) value, increase in yield, surplus, increment value. *Plus-value sur la réalisation de biens capitaux,* capital profits. ST.-EX. *Etre en plus-value,* to be up, to appreciate. *Nos pétrolières ont enregistré une plus-value,* our oil-shares showed an appreciation.

poids [pwa] *m.* weight. *A poids égal,* weight for weight. *Excédent de poids,* overweight. *Fret au poids,* weight rate. *Manque de poids,* short weight. *Note de poids,* weighing note. *Poids à vide,* weight when empty, tare weight. *Poids brut,* gross weight. *Poids constaté,* weight ascertained. *Poids embarqué,* loaded weight, shipping weight. *Poids lourd,* heavy lorry; U. S. heavy truck. *Poids maximal,* maximum weight. *Poids mort,* dead weight. *Poids net,* net weight. *Poids net embarqué,* loaded net weight. MAR. *Poids ou cube,* weight or measurement. *Poids taxé,* chargeable weight. *Poids utile,* useful load; AIR payload. *Vendre au poids,* to sell by the weight.

poinçonnage [pwɛ̃sɔna:ʒ] *m.* punching, stamping, hallmarking (garantie).

poinçonner [-sɔne] *vt.* to stamp (marchandises), to punch (billets), to hallmark (bijoux).

point [pwɛ̃] *m.* **1.** St.-Ex. point. *Point d'entrée de l'or,* import gold point. *Point de sortie de l'or,* export gold point. *Point d'intervention* (*d'une banque centrale sur le marché des changes*), intervention point, support point. *Baisser d'un point,* to lose one point, to decline one point. *Hausser d'un point,* to gain one point, to rise one point. *L'emprunt de la Défense nationale, coté 57 1/2 net, accuse une hausse de plus de cinq points,* War Loan, at a net price of 57 1/2, shows a rise of over five points. — **2.** point. *Point de rentabilité,* limit of profitability, break-even point. *Point de rupture,* breaking point. *Point de saturation,* saturation point. *Point de vente,* point of sale, outlet store. *Points d'un contrat,* terms of an agreement. *Point litigieux,* contentious point.

pointage [-taːʒ] *m.* checking, ticking (off), tallying, timekeeping, clocking-in, clocking-out (ouvriers dans une usine). *Feuille de pointage,* tally-sheet.

pointe [pwɛ̃ːt] *f.* peak. *Pointe de vente,* peak sale. *Heures de pointe,* rush hours, peak hours.

pointer [pwɛ̃te] *vt.* to check, to tick (off), to tally. *Pointer à l'arrivée au travail,* to clock in. *Pointer au départ du travail,* to clock out, to clock off. *Pointer des marchandises,* to keep tally of articles.

pointeur [-tœːr] *m.* checker, tally-clerk, time-keeper.

pointillé [-tije] *m.* dotted line. *Détachez suivant le pointillé,* tear off along the dotted line.

pointure [pwɛ̃tyːr] *f.* size.

police [pɔlis] *f.* **1.** Ins. policy. *Avenant de police,* endorsement. *Détenteur de police,* policy-holder. *Etablir une police,* to draw up a policy, to make out a policy. *Police à bénéficiaire désigné,* policy to a named person. *Police à capital différé,* endowment policy. *Police à forfait,* open policy, policy for a specific amount. *Police à terme,* time policy. *Police à terme fixe,* endowment policy. *Police au voyage,* voyage policy. *Une police au voyage couvre les risques sur un trajet déterminé,* a voyage policy covers the risks of a stipulated voyage. *Police avec participation au bénéfice,* composite policy. *Police conjointe,* joint policy. *Police d'abonnement,* floating policy. *Police d'assurance en cas de décès,* whole life policy, straight life policy, ordinary life policy. *Police d'assurance incendie,* fire-insurance policy. Mar. Ins. *Police d'assurance maritime,* marine insurance policy. *Police d'assurance sur la vie,* life-insurance (*ou* assurance) policy. *Police évaluée,* valued policy; *police flottante,* floating policy; *police mixte,* endowment policy. *Police non évaluée,* open, unvalued policy; *police ouverte,* open policy, open cover. *Dans le cas d'une police ouverte, la somme à verser est déterminée lorsque survient l'avarie,* an open policy leaves the sum payable to be adjusted when damage occurs. *Police provisoire,* provisional policy, covering note. *Police sur corps,* hull policy; *police sur facultés,* cargo policy. *Police terrestre,* non marine policy. *Police tous risques,* all-risks policy, "all-in", comprehensive policy. *Police type,* standard policy. — **2.** Mar. *Police de chargement,* bill of lading (en usage dans les ports méditerranéens).

politique [pɔlitik] *f.* policy. *Politique de concessions mutuelles,* give-and-take policy. *Politique de crédit,* credit policy. *Politique de lancement d'un produit,* product policy. *Politique des prix,* price policy. *Politique de vente,* selling policy, selling scheme. *Politique financière,* financial policy. *Politique intérieure,* home policy.

polycopier [pɔlikɔpje] *vt.* to manifold, to stencil.

ponction [pɔ̃ksjɔ̃] *f.* draining, tapping.

ponctualité [pɔ̃ktɥalite] *f.* punctuality.

ponctuel, elle [-tɥɛl] *adj.* punctual.

ponctuellement [-tɥɛlmɑ̃] *adv.* punctually.

pondérateur, trice [pɔ̃deratœ:r] *adj.* preserving the balance, stabilizing.

pondération [-rasjɔ̃] *f.* balance, equilibrium, weighting. *Coefficient de pondération,* weighting coefficient. *Facteurs de pondération,* stabilizing factors.

pondéré, e [-re] *adj.* weighted. *Moyenne pondérée,* weighted average.

pont [pɔ̃] *m.* MAR. deck. AIR *Pont aérien,* air-lift. *Pont-bascule,* weigh-bridge. *Cargaison sous le pont,* underdeck cargo. MAR. *Cargaison sur le pont,* deck cargo; « *sur pont* », free on board (F. O. B.).

pontée [pɔ̃te] *f.* deck cargo, deck load.

pool [pu:l] *m.* pool.

population [pɔpylasjɔ̃] *f.* population. *Population active,* working population.

port [pɔ:r] *m.* **1.** MAR. port, harbour. *Droits de port,* port dues. *Faire relâche dans un port,* to call at a port. *Port à marée,* tidal harbour. *Port d'arrivée,* port of arrival. *Port d'attache,* port of registry, home port. *Port de chargement,* port of loading. *Port de déchargement,* port of discharge. *Port de départ,* port of departure. *Port d'embarquement,* shipping port. *Port d'escale,* port of call. *Port d'expédition,* shipping port; CUST. port of clearance. *Port franc,* free port (no customs duties). *Port libre,* free port (for shipping of all nations). *Port de relâche,* port of call. *Port de relâche (par nécessité),* port of refuge, port of necessity. *Port de relèvement,* nearest safe port. *Port de transbordement,* port of transhipment. *Port de transit,* port of transit. — **2.** MAR. burden, burthen, maximum load of a ship. *Port en lourd (portée en lourd),* dead weight capacity. — **3.** (frais de transport) carriage, postage. *Port antérieur,* prior carriage charges. *Port dû,* carriage forward. *Port payé,* carriage paid, post paid. *Port payé au départ,* amount prepaid, carriage prepaid.

porte [pɔrt] *f.* door. *Politique de la porte ouverte,* open door policy. *Service porte-à-porte (m.),* door-to-door service, house-to-house canvassing.

portée [-te] *f.* **1.** range, scope, compass. *Politique à longue portée,* far-sighted policy. — **2.** MAR. *Portée en lourd,* dead weight capacity.

portefeuille [pɔrtəfœ:j] *m.* FIN. portfolio, holding. *Clientèle de portefeuille,* investing public. *Commandes en portefeuille,* unfilled orders; U. S. backlog. *Gestion de portefeuille,* management of securities. *Portefeuille « effets »,* bills. *Portefeuille « titres »,* investments, securities, stocks and shares.

portefeuilliste [-fœ:jist] *m.* investor.

porte-parole [-parɔl] *m.* spokesman, mouthpiece.

porter [pɔrte] *vt.* **1.** B.K. to pass, to enter, to post. *Porter à la réserve,* to transfer to reserve fund. *Porter au crédit,* to pass to the credit, to enter on the credit side, to credit. *Porter au débit,* to enter to the debit, to debit. *Porter en décharge,* to deduct. FAM. *Porter sur l'ardoise,* to chalk up. *Porter un article au grand livre,* to enter an item in the ledger. *Le détail des marchandises vendues à crédit est porté au livre des ventes,* all particulars of goods sold on credit are posted in the sales-book. — **2.** FIN. to bring in, to produce. *Porter à,* to increase, to raise. *Porter intérêt,* to bear interest. *Le conseil d'administration a proposé de porter le dividende à 5,25 F au lieu de 5 F par action en 1966,* the board recommended to raise the dividend to F 5,25 per share as compared with F 5 per share in 1966. *Les actions de priorité portent un dividende fixe,* preference shares receive a fixed dividend. — **3.** (transporter) to carry. — **4.** to deliver. *Porter les marchandises à domicile,* to deliver goods at customers' residence, at customers' premises. — **5.** to state. *Le connaissement porte que...,* the B/L states that... *Connaissement portant la mention « fret payé »,* B/L bearing the words " freight prepaid ". — **6.** to mark, to put (mention sur un document). *La mention « par avion » devra être portée sur les lettres à expédier par voie aérienne,* letters sent by air-mail should be marked " by air-mail ". — **7. être porté** to appear, to be shown. *Valeurs portées à la cote officielle,* securities appearing on the official list.

porter (se) *v. pr.* to stand. *Se porter candidat,* to stand, to run as candidate. *Se porter caution,* to become surety. *Se porter garant de,* to answer for, to sponsor.

porteur [-tœ:r] *m.* Fin. holder, bearer. *Au porteur,* to bearer. *Chèque au porteur,* cheque to bearer. *Obligation au porteur,* bearer debenture. *Porteur d'actions,* shareholder; U. S. stockholder. *Porteur d'obligations,* bondholder. *Tiers porteur,* second endorser, holder in due course. *Titre au porteur,* bearer certificate.

portuaire [pɔrtɥɛ:r] *adj.* Mar. *Engins portuaires,* port equipment. *Installations portuaires,* harbour facilities, harbour works.

poser [poze] *vt.* to put. *Poser une candidature à,* to stand for, to run for. *Poser la question de confiance,* to lay down a motion of confidence.

position [pɔzisjɔ̃] *f.* 1. position. St.-Ex. *Position acheteur,* bull position, bull account; *position à la baisse,* bear position; *position à la hausse,* bull position. B. K. *Position créditrice,* creditor position; *position débitrice,* debtor position. St.-Ex. *Position de place,* market position. *Position financière,* financial status. St.-Ex. *Position vendeur,* bear position, bear account. *Liquider une position,* to close a position. *Reporter une position,* to continue a position. — 2. post, situation, position. *Position clef,* key-position.

positionnement [pɔzisjɔnmɑ̃] *m.* locating.

posséder [pɔsede] *vt.* to possess, to own.

possesseur [pɔsɛsœ:r] *m.* owner, possessor; Fin. holder.

possession [-sjɔ̃] *f.* 1. possession. *Entrer en possession,* to enter into possession. *Prendre possession de,* to take over, to assume. Law « *Possession vaut titre* », possession is title. " Possession is nine points of the law ". — 2. **possessions** *f. pl.* belongings, properties.

possibilité [pɔsibilite] *f.* possibility, opportunity.

possible [pɔsi:bl] *adj.* et *m.* possible. *Dans la mesure du possible,* as far as possible. *Dès que possible,* as soon as possible. *Faire son possible,* to do one's best, to do one's utmost. *Nous espérons qu'il vous sera possible de nous consentir un rabais de 5 % sur les articles défectueux,* we hope you will see your way to letting us have a 5 % discount on the defective goods.

postal, e [pɔstal] *adj.* postal. *Caisse d'épargne postale,* post-office savings-bank. *Récépissé postal,* postal receipt. *Tarif postal,* postal rates.

postdater [pɔstdate] *vt.* to postdate.

poste [pɔst] *f.* 1. post. *Pòste restante,* to be left till called for, poste restante; U. S. care of General Delivery. *Date de la poste,* date as postmark. *Mandat-poste,* postal money-order. — 2. B. K. item, heading. *Poste créditeur,* credit entry. *Poste débiteur,* debit entry. *Poste de mémoire,* reminder entry. *Gonflement du poste « portefeuille effets »,* increase of the item " bills of exchange ". — 3. exchange (téléphone). *Poste principal,* exchange line. *Poste supplémentaire,* extension line. — 4. employment, situation, position. *Poste administratif,* administrative post; U. S. executive position. *Poste de confiance,* position of trust. *Rejoindre son poste,* to take up one's duties. — 5. Ind. *Poste de travail,* work area.

poster [pɔste] *vt.* to post; U. S. to mail.

postérieur, e [pɔsterjœ:r] *adj.* subsequent, later.

postérieurement [-rjœrmɑ̃] *adv.* subsequently, at a later date.

post-scriptum [pɔstskriptɔm] *m.* postscript.

postulant [pɔstylɑ̃] *m.* applicant, candidate.

postuler [-le] *vt.* to apply for.

potentiel [pɔtɑ̃sjɛl] *m.* capacity. *Potentiel inexploité,* untapped potential. *Potentiel non utilisé,* idle capacity. *Potentiel prévu,* designed capacity.

pour [pu:r] *prép.* for. « *Pour acquit* », " Received with thanks ", " payment received ". *Pour aval,* guaranteed by. *Pourcent,* per cent. *Pour copie conforme,* certified true copy. *Nous accordons une remise de 3 % pour achat en gros,* we allow a discount of 3 % for bulk buying.

pour-cent [pursɑ̃] *m.* percentage, rate per cent.

pourcentage [pursɑ̃ta:ʒ] *m.* percentage.

pourparlers [purparle] *m. pl.* negotiations.

poursuite [pursɥit] *f.* LAW proceedings, action, prosecution.

poursuivre [-sɥ:ivr] *vt.* LAW to sue, to prosecute s. o., to bring an action against s. o.

pourvoi [purvwa] *m.* LAW appeal. *Pourvoi en nullité,* action for nullity.

pourvoir [-vwa:r] *vt.* et *vi.* to provide. *Pourvoir à une vacance,* to fill a vacancy.

pourvoir (se) *v. pr.* LAW to appeal, to take action.

pousser [puse] *vt.* (enchères) to run up.

pouvoir [puvwa:r] *m.* power. *Avoir pouvoir de,* to have power to. *Bon pour pouvoir,* procuration given by. (N.B. Cette expression n'existe pas en anglais; une signature en tient généralement lieu.) *Fondé de pouvoir,* authorized agent. *Pouvoir d'achat,* purchasing power. *Pouvoir pour assemblée générale,* proxy for general meeting.

pratique [pratik] *adj.* practical, convenient.

pratique *f.* practice, customer (client), custom (clientèle); MAR. pratique, release from quarantine. *Avoir la pratique des affaires,* to have business experience. *Pratiques malhonnêtes,* dishonest proceedings.

pratiqué, e [-tike] *adj.* ST.-EX. made, done, ruling. *Les cours pratiqués,* the ruling prices.

pratiquer *vt.* to make, to do.

préalable [prealabl] *adj.* previous. *Au préalable,* previously. *Etude préalable,* feasibility survey.

préalable *m.* preliminary. *Préalable budgétaire,* preliminary budget.

préalablement [-bləmɑ̃] *adv.* previously.

préavis [preavi] *m.* notice. *Donner un préavis de sept jours,* to give seven days' notice. *Préavis dans les formes,* formal notice. *Les titulaires des comptes de dépôts à terme sont tenus de donner un préavis avant de retirer leur solde,* holders of deposit accounts are obliged to give notice before withdrawing their balance. *Sans préavis,* without notice.

précédent [presedɑ̃] *m.* LAW precedent. *Cas faisant précédent,* leading case. *Créer un précédent,* to set a precedent.

précieux, euse [presjø] *adj.* precious, valuable.

préciser [presize] *vt.* to specify, to define more accurately, to formalize, to clarify.

préciser (se) *v. pr.* to take shape.

précisions [-zjɔ̃] *f. pl.* particulars. *Pour plus de précisions, s'adresser à,* for further particulars please apply to.

précité, e [presite] *adj.* above mentioned.

précompte [prekɔ̃:t] *m.* deduction beforehand, previous deduction, deduction at source (N. B. such as the sums deducted by employers to be paid into the Social Security Fund).

précompter [-kɔ̃te] *vt.* to deduct beforehand.

préconiser [prekɔnize] *vt.* to advocate (sth.), to commend (s. o.).

précontraint, e [prekɔ̃trɛ̃] *adj.* precast.

précurseur [prekyrsœ:r] *adj.* precursory, premonitory. *Signes précurseurs d'une reprise économique,* premonitory tokens of an economic recovery.

précurseur *m.* forerunner.

prédominant, e [predɔminɑ̃] *adj.* prevailing, prevalent.

prédominer [-dɔmine] *vi.* to prevail.

préemption [preɑ̃psjɔ̃] *f.* pre-emption. *Droit de préemption,* right of preemption, pre-emptive right.

préfabriquer [prefabrike] *vt.* to prefabricate.

préférence [preferɑ̃:s] *f.* preference. *Accorder la préférence à qqn,* to give s. o. preference (*sur,* over). *Avoir la préférence sur,* to rank prior to. FIN. *Actions de préférence,* preference, preferred shares. LAW *Préférence d'un créancier,* priority of a creditor. CUST. *Tarif de préférence,* preferential duties.

préférentiel, elle [-rɑ̃sjɛl] *adj.* preferential. *Tarif préférentiel,* preferential duties, tariff.

préférer [-re] *vt.* to prefer (*à,* to).

préfigurer [prefigyre] *vt.* to prefigure, to foreshadow.

préfinancement [prefinɑ̃smɑ̃] *m.* prefinancing.

préjudice [preʒydis] *m.* damage, prejudice, detriment. *Au préjudice de qqn,* to the detriment of s. o. *Causer, porter préjudice à,* to be prejudicial to, to inflict a loss on, to be detrimental to. *Tout retard supplémentaire nous porterait préjudice,* any further delay would be detrimental to us, prejudicial to us. *Sans préjudice de,* without prejudice to. *Sans préjudice de nos droits,* without prejudicing our rights.

préjudiciable [-disjabl] *adj.* prejudicial, detrimental.

préjudicier [-disje] *vi.* to be detrimental, prejudicial (*à,* to).

préjugé [preʒyʒe] *m.* prejudice, preconceived notion. *Préjugé favorable,* favorable assumption. *Entretenir des préjugés contre,* to entertain prejudices toward.

préjuger *vt.* et *vi.* to prejudge. *Sans préjuger de,* without prejudice to, without prejudicing.

prélèvement [prelɛvmɑ̃] *m.* deduction in advance; FIN. drawing, levy, withdrawal. *Prélèvement d'échantillons,* sampling. *Prélèvement de dividende sur le capital,* payment of dividend out of capital. *Prélèvement sur la fortune,* tax on capital, capital levy. *Prélèvement sur les salaires,* deduction from wages. *Il se produit toujours un prélèvement sur les réserves lorsque les autorités achètent de la livre au comptant sur le marché,* there is always a drain on the reserves when the authorities buy spot sterling.

prélever [prelve] *vt.* to draw, to set aside, to appropriate; FIN. to levy, to charge (commission), to withdraw. *Prélever des échantillons,* to take samples. *Prélever une commission,* to charge a commission. *Prélever une somme sur un compte courant,* to withdraw a sum from a current account. *Prélever une taxe,* to levy a tax. *Dividende à prélever sur les bénéfices,* dividend to be appropriated out of profits.

préliminaire [prelimine:r] *adj.* preliminary, initiatory. *Renseignements préliminaires communiqués cette semaine,* preliminary data released this week.

préliminaires *m. pl.* preliminaries.

premier, ère [prəmje] *adj.* first. *Frais de premier établissement,* formation expenses, initial expenses, first outlay; U. S. initial investment cost. *Hypothèque en premier rang,* first mortgage. *Matières premières,* raw materials. ST.-EX. *Premier cours,* opening prices. FIN. *Premier intéressé,* preferential creditor. PRO. EX. *Premier vendeur,* deliverer.

première de change [-mjɛ:rdəʃɑ̃:ʒ] *f.* FIN. first of exchange. *A trente jours de vue, payez par cette première de change (la seconde et la troisième ne l'étant pas) à l'ordre de M. Smith la somme de,* thirty days after sight of this our first of exchange (second and third of the same tenor and date not paid), pay to the order of Mr. Smith the sum of.

prémontage [premɔ̃ta:ʒ] *m.* subassembly.

prenant, e [prənɑ̃] *adj.* LAW *Partie prenante,* creditor, payee.

prendre [prɑ̃:dr] *vt.* to take. LAW *Prendre à bail,* to take on lease. *Prendre à compte,* to take on account. FIN. *Prendre à l'escompte,* to discount;

prendre à option, to take on option. INS. *Prendre cours,* to attach, to run. *Prendre en charge,* to take charge of, to take over. *Prendre en ligne de compte,* to take into account. ST.-EX. *Prendre en report (des titres),* to take in, to borrow, to carry (stocks). FIN. *Prendre ferme,* to take firm. *Prendre l'engagement de,* to undertake to. *Prendre rang,* to rank. *Prendre rendez-vous,* to make an appointment. *Prendre un engagement,* to enter into an engagement. FIN. *Prendre une option,* to take, to acquire an option. *Prendre un prix à qqn pour,* to charge s. o. a price for.

prendre *vi.* to catch on, to succeed, to charge. *Ce modèle jeune a pris,* this youth-styled model has caught on, has been a hit. *Combien prenez-vous pour un emballage spécial?* how much do you charge for special packing?

preneur [prənœ:r] *m.* **1.** LAW. lessee, payee, tenant. *Preneur d'un effet,* payee of a bill. — **2.** FIN. taker, purchaser, buyer. *Preneur à la grosse,* borrower on bottomry. ST.-EX. *Preneur de faculté de lever double,* giver for a call of more; *preneur de faculté de livrer double,* giver for a put of more; *preneur d'option,* giver for a put and call.

prépondérant, e [prepɔ̃derɑ̃] *adj.* preponderant. LAW *Voix prépondérante,* casting vote.

préposé [prepoze] *m.* official, servant, officer, clerk. *Préposé des douanes,* customs officer.

prescription [prɛskripsjɔ̃] *f.* **1.** LAW prescription, barring by limitation, statute of limitations. *Prescription acquisitive,* positive prescription. *Prescription extinctive,* negative prescription. — **2.** regulations, instructions, provision. *Contraire aux prescriptions,* contrary to regulations.

prescrire [prɛskri:r] *vt.* **1.** to prescribe, to ordain. — **2.** to stipulate, to specify. *Charge prescrite,* stipulated, specified load. *Dans les délais prescrits,* within due limits, within the stipulated time. *Quantité prescrite,* stipulated quantity. — **3.** LAW to bar by the statute of limitations, to render invalid by prescription. *Arrérages prescrits,* statute-barred interest. *Chèque prescrit,* stale cheque; U.S. lapsed check. *Dette prescrite,* statute-barred debt.

prescrire (se) *v. pr.* LAW to be barred by limitation, to be statute-barred, to be prescribed.

présence [prezɑ̃:s] *f.* presence. *En présence de,* in front of. *Faire acte de présence,* to enter an appearance. *Feuille de présence,* attendance sheet; U.S. time sheet. *Liste de présence,* attendance list, list of those present. LAW *Mettre les parties en présence,* to bring the parties together. *Registre de présence,* attendance register, time-book; U. S. time card.

présent, e [prezɑ̃] *adj.* present. *Le présent contrat,* this contract. *Les personnes présentes,* those present. *Jusqu'à présent,* so far, up to now, until now.

présentable [prezɑ̃tabl] *adj.* presentable. *Présentable à l'encaissement,* encashable.

présentateur [-tatœ:r] *m.* **1.** introducer; RADIO jockey. — **2.** FIN. presentei (d'un effet).

présentation [-tasjɔ̃] *f.* **1.** FIN. presentation, production, showing. *Présentation à l'acceptation,* presentation for acceptance. *Présentation à l'encaissement,* presentation for collection, clearance. *Présentation au paiement,* presentation for payment. *Payable sur présentation,* payable on demand, at call, at sight. *Sur présentation de la facture,* on production of the invoice. — **2.** (façon de présenter) get-up. *La présentation fait vendre la marchandise,* it's the get-up that sells the goods. *Présentation en vrac,* bulk display.

présente [prezɑ̃:t] *f.* present (letter). *Au reçu de la présente,* on receipt of the present. *Par la présente,* hereby. « *A tous ceux qui ces présentes verront* », " To all to whom these present shall come ".

présenter [-zɑ̃te] *vt.* to present, to show, to produce. *Présenter à l'acceptation,* to present for acceptance. *Présenter* *à l'encaissement,* to present for collection. *Présenter à l'escompte,* to present for discount. *Présenter au paiement,* to present for payment. *Présenter des conclusions,* to bring up conclusions. *Présenter des difficultés,* to present, to involve difficulties. *Présenter des documents,* to produce, to exhibit documents. *Présenter un candidat,* to propose, to nominate a candidate. *Présenter un compte,* to submit an account. *Présenter une motion à l'assemblée générale,* to put a motion to the general meeting. *Présenter un projet de loi,* to introduce a bill. *Présenter un solde,* to show a balance of. *Ces articles sont présentés d'une façon attrayante,* the get-up of these articles is attractive. *Le bilan de notre société présente un solde créditeur de...,* the balance sheet of our company shows a credit balance of...

présenter (se) *v. pr.* **1.** to present oneself, to call (*chez,* on). « *Jeune homme présentant bien* », " Young man of good appearance ". *Notre représentant se présentera chez vous le 14 courant,* our agent will call on you the 14th instant. — **2.** to introduce oneself (se faire connaître). — **3.** to present oneself, to arise, to occur, to come up. *L'avenir se présente bien,* the future looks promising. *Cette question se présente à nouveau,* this question is in the pipe-line again. *Si l'occasion s'en présente,* should the opportunity arise. — **4.** LAW *Se présenter contre qqn,* to appear against s. o.

présentoir [-zɑ̃twa:r] *m.* show-case.

pré-série [preseri] *f.* pilot run.

préservation [prezɛrvasjɔ̃] *f.* protection, safe-guarding.

préserver [-ve] *vt.* to protect (*de,* from). « *A préserver de l'humidité* », " To be kept dry ".

présidence [prezidɑ̃:s] *f.* chairmanship. *Sous la présidence de M. X,* Mr. X in the chair. *Etre appelé à la présidence,* to be called to the chairmanship, to be elected chairman.

président [-dɑ̃] *m.* chairman.

présider [-de] *vt.* et *vi.* to preside over, to be in the chair at. *Présider une réunion,* to preside over (at) a meeting, to be chairman of a meeting. *Un agent des Douanes préside aux opérations effectuées en entrepôts fictifs,* a customs official superintends field warehousing transactions.

présomption [prezɔ̃psjɔ̃] *f.* presumption. MAR. INS. *Il y a présomption de perte,* the ship is a presumptive loss.

pressant, e [prɛsɑ̃] *adj.* urgent, imperative. *Commande pressante,* urgent order; U. S. rush order.

presse [prɛ:s] *f.* **1.** press, newspapers. *Presse professionnelle,* business press. *Communiqué à la presse,* press release. — **2.** press. *Sous presse,* in the press. — **3.** pressure, congestion. — **4.** FAM. *Usine presse-bouton,* automated plant, push-button industry.

pressé, e [prɛse] *adj.* urgent, pressing.

pressentir [prɛsɑ̃ti:r] *vt.* to sound out. *Le directeur nous a pressenti pour la modernisation de son usine,* the manager has sounded us out about the redeployment of his plant.

pression [prɛsjɔ̃] *f.* pressure. *Agir sous la pression de,* to act under the pressure of. *Pression inflationniste,* inflationary pressure.

pressurer [-syre] *vt.* to squeeze, to grind down, to overtax.

prestation [prɛstasjɔ̃] *f.* **1.** provision, furnishing, contribution, lending. *Prestation de capitaux,* provision of capital. — **2.** allowance, benefit, tax-money. *Prestation en espèces, en nature,* allowance in money, in kind. — **3.** LAW *Prestation de serment,* taking of an oath, administration of an oath.

présumer [prezyme] *vt.* to presume, to assume.

présupposer [presypoze] *vt.* to imply.

prêt [prɛ] *m.* **1.** loan. *Caisse de prêts,* loan-bank. *Contrat de prêt,* contract-loan. *Demande de prêt,* application for a loan. *Consentir un prêt,* to grant, to allow a loan. *Prêt à court terme,* short loan, short-term loan. *Prêt à découvert :* **a)** loan on overdraft ; **b)** unsecured loan, loan without security. *Prêt à intérêt,* loan on interest. *Prêt à la grosse,* bottomry loan. *Prêt à la grosse sur facultés,* respondentia loan. *Prêt à long terme,* long-term loan, long-dated loan. *Prêt à terme,* loan at notice. *Prêt à terme fixe,* time loan, term loan. *Prêt au jour le jour,* money at call, day to day loan. *Prêt-bail,* leasing. *Prêt conditionnel,* tied loan. *Prêt garanti,* secured loan. *Prêt gratuit,* advance free of interest. *Prêt hypothécaire,* loan on mortgage. *Prêt remboursable sur demande,* loan at call. *Prêt sur nantissement,* loan on collateral. *Prêt sur titres,* loan on securities. *Rembourser un prêt,* to repay a loan. — **2.** (action de prêter) loan, lending ; U. S. loaning.

prétendre [pretɑ̃:dr] *vi.* to claim. *Prétendre à des dommages-intérêts,* to claim damages.

prête-nom [prɛtnɔ̃] *m.* man of straw, dummy.

prétention [pretɑ̃sjɔ̃] *f.* **1.** claim. — **2. prétentions** *f. pl. Indiquer les prétentions,* state salary required.

prêter [prɛte] *vt.* to lend (*à,* to); U. S. to loan. *Prêter à intérêt,* to lend at interest. LAW *Prêter serment,* to take an oath, to be sworn. *Prêter sur gage,* to lend on security, on collateral. *Prêter sur titres,* to lend on securities, on stock.

prêteur, euse [prɛtœ:r] *adj.* lending.

prêteur *m.* lender. *Prêteur sur gages :* **a)** LAW pledgee ; **b)** pawnbroker.

prétexte [pretɛkst] *m.* excuse, plea. *Sous aucun prétexte,* on no account.

preuve [prœ:v] *f.* proof, evidence. *Faire preuve de,* to show, to display. *Faire ses preuves,* to show one's ability (personne). *Jusqu'à preuve du contraire,* until the contrary is proved. LAW *La charge de la preuve incombe au demandeur,* the onus of proof is upon the claimant.

prévaloir [prevalwa:r] *vi.* to prevail (*sur,* over ; *contre,* against).

prévaloir (se) *v. pr.* to avail oneself (*de,* of).

prévarication [prevarikasjɔ̃] *f.* breach of trust, embezzlement.

prévenir [prevni:r] *vt.* **1.** to forestall, to anticipate. — **2.** to inform, to advise.

préventif, ive [prevɑ̃tif] *adj.* preventive. LAW *Concordat préventif de faillite,* scheme of composition deed of arrangement. *Mesures préventives,* preventive measures.

prévenu, e [prevny] *adj.* **1.** prejudiced, biassed. — **2.** LAW accused (*de,* of).

prévenu *m.* LAW the accused.

prévision [previzjɔ̃] *f.* prevision, prognostication, anticipation. *Dépasser les prévisions,* to exceed all expectations. *En prévision de qqch.,* in anticipation of sth. FIN. *Prévisions budgétaires,* budget estimates. *Prévisions pour créances douteuses,* reserve for bad debts. *Prévisions pour fluctuations du change,* allowance for exchange fluctuations. *Prévisions pour moins-value,* provision for depreciation. *Nos prévisions ont été dépassées par les événements,* our forecast has been overtaken by events.

prévoir [prevwa:r] *vt.* **1.** to foresee, to expect, to forecast. *Rien ne laisse prévoir un changement d'orientation du marché,* there appears to be no prospect of a change in the market trend. — **2.** to provide for, to make provision for. *Délai prévu,* specified delay. *Dépenses prévues au budget,* budgeted expenses, budgeted expenditures, expenses provided for in the budget. *Indemnités prévues par le contrat,* damages laid down in the contract. *Potentiel prévu,* design capacity. *L'assureur s'engage à rembourser jusqu'à concurrence de la somme prévue tous les dommages et pertes subis par l'assuré,* the insurer undertakes to make good up to the limit of the sum specified any loss or damage the insured might suffer.

prévoyance [prevwajɑ̃:s] *f.* precaution. *Fonds de prévoyance,* contingency fund, reserve fund. *Fonds de prévoyance du personnel,* staff provident fund, personal indemnity and provident fund, staff provident scheme.

prier [prije] *vt.* to ask, to request. *Nous vous prions d'accepter nos excuses,* please accept our apologies.

prière [-jɛ:r] *f.* request. « *Prière de faire suivre* », " Please forward ". « *Prière de nous répondre par retour du courrier* », " Please let us have your answer by return of post ".

primage [prima:ʒ] *m.* primage, hat-money. *Le primage est un supplément de fret calculé à raison de tant pour cent sur le montant du contrat,* primage is an additional freight of so much per cent on the freight contract amount.

primauté [primote] *f.* priority, primacy.

prime [prim] *f.* **1.** bounty, bonus, premium (encouragement). *Prime à l'exportation,* export bounty, export bonus. *Prime collective,* group bonus. *Prime d'émission,* share premium. *Prime d'équipe,* crew incentive. MAR. *Prime de rapidité,* dispatch money. *Prime de réexportation,* drawback. FIN. *Prime de remboursement,* redemption premium. *Prime de rendement,* merit bonus, output premium; U. S. incentive. *Prime des cadres,* executive bonus. *Prime spéciale d'équipement,* equipment allowance. (N. B. This special incentive is provided by the Government to industrialists to establish undertakings in critical areas. — Cette prime existe en Angleterre depuis 1960 pour les régions menacées par le chômage.) ADM. *Logements à prime,* premium-system dwellings. IND. *Seuil de prime,* average incentive performance. *Cet article est donné en prime,* this article is given in. — **2.** INS. premium. *Prime annuelle,* annual premium. *Prime au bon conducteur,* no-claim bonus. *Prime brute,* gross insurance premium. *Prime d'assurance,* insurance premium. *Prime entière,* full premium. *Prime nette,* net premium, mathematical premium. *Des dépenses imprévues nous ont contraints à majorer la prime,* unforeseen expenses have compelled us to load the premium. — **3.** ST.-EX. option. *Acheter à prime,* to give for the call. *Cours de la prime,* option price. *Double prime,* put and call option. *Emprunt à prime,* premium loan. *Faire prime,* to stand at a premium. *Levée de la prime,* call for the option. *Lever la prime,* to take up the option. *Prime directe,* call option. *Prime dont,* call option, buyer's option. *Prime indirecte,* put option, seller's option. *Prime ou,* put option, seller's option. *Prime pour lever,* call option, buyer's option. *Prime pour livrer,* put option, seller's option. *Marché à prime,* option market. *Réponse des primes,* option declaration. *Heure de la réponse des primes,* time for declaration of options. *Jour de la réponse des primes,* option day. *Des valeurs font prime lorsqu'elles s'achètent au-dessus du pair,* securities stand at a premium when they are purchased above par.

primer [-me] *vt.* **1.** LAW to rank before, to have priority over. *Les actions privilégiées priment en matière de dividende,* preference shares rank first in dividend rights. *Etre primé,* to rank after. *Primer qqn en hypothèque,* to rank before s. o. in claim on mortgaged property. — **2.** to award a prize. — **3.** to award a bonus, to subsidize, to premium.

primitif, ive [primitif] *adj.* original.

principal, e [prɛ̃sipal] *adj.* principal. *Principal créancier,* chief creditor. *Principal locataire,* head lessee. *Principal secteur,* key sector. *Associé principal,* senior partner. ST.-EX. *Commis principal,* authorized clerk. *Produits principaux,* staple commodities. *Siège principal,* head office.

principal *m.* FIN. principal; capital sum. *Les porteurs d'obligations non remboursables n'ont pas droit à la restitution de leur principal, mais bénéficient d'une rente perpétuelle,* holders of irredeemable bonds have no claim to the restitution of their principal, but benefit by a perpetual annuity.

principe [prɛ̃sip] *m.* principle. *Aboutir à un accord de principe,* to reach an agreement on fundamentals.

prioritaire [priɔritɛ:r] *adj.* prior, preemptive. FIN. *Action prioritaire,* preference share, preferred share. *Commande* *prioritaire,* rush order. *Programme prioritaire,* crash project.

priorité [-rite] *f.* priority, preference. FIN. *Action de priorité,* preference share, preferred share. LAW *Hypothèque de priorité,* underlying mortgage. *Priorité d'hypothèque,* priority of mortgage. *Puisque vous avez souscrit à des actions privilégiées, vous toucherez les bénéfices de la société par priorité,* since you subscribed for preferred shares, you will have a prior claim to the profits of the company.

prise [pri:z] *f.* taking. CUST. *Certificat de prise en charge,* taking-over certificate. RAIL *Prise à domicile,* collection at residence. ST.-EX., FIN. *Prise de bénéfices,* profit taking. LAW *Prise de possession,* entering upon possession, appropriation. *Prise de position,* view-taking. *Prise en charge,* taking over.

prisée [prize] *f.* LAW valuation, estimate, appraisement.

priser *vt.* LAW to value, to estimate.

privé, e [prive] *adj.* private. LAW *Acte sous seing privé,* deed under private seal. *L'épargne privée,* personal savings, private investors. *Les entreprises privées,* private enterprises (businessmen). *Le secteur privé,* the personal sector. *Société privée,* private company.

privilège [privilɛ:ʒ] *m.* **1.** privilege, lien, preferential claim. *Avoir un privilège sur,* to have a lien, a charge on. *Le commissaire-priseur a un privilège sur les biens qu'il vend,* the auctioneer has a lien upon the property he sells. LAW *Privilège de créancier,* creditor's preferential claim; *privilège d'hypothèque,* mortgage charge. *Privilège exclusif,* exclusive right. FIN. *Action sans privilège,* ex-all share. — **2.** licence, grant; U. S. franchise. *Accorder un privilège à qqn,* to license s. o.; U. S. to franchise s. o.

privilégié, e [-leʒje] *adj.* preferential, preferred. *Action privilégiée,* preference share, preferred share. *Créance privilégiée,* preferential debt. *Créancier privilégié,* preferential creditor.

prix [pri] *m.* price, rate, quotation, cost. *Blocage des prix,* price-freezing, price-stop, price-pegging. *Décomposition du prix de revient,* cost analysis. *Dernier prix,* rock-bottom price. *Différence de prix,* difference in price; U. S. price-spread. *Gâcher les prix,* to cut prices. *Indice des prix,* price-index. *Magasin à prix unique,* one-price store. LAW *Mise à prix :* **a)** upset price; **b)** reserve price (enchères). *Prix actuel,* prevailing price, ruling price. *Prix à forfait,* contract price, fixed price, agreed price. *Prix avantageux,* bargain price; U. S. groundfloor price. *Prix compétitif,* competitive price, knock out price. *Prix courant,* market price, current price. *Prix coûtant,* cost price, prime cost. *Prix d'achat,* purchase price, cost. *Prix de catalogue,* list price. ST.-EX. *Prix de clôture,* closing price. *Prix de demi-gros,* trade price, wholesale price. *Prix de détail,* retail price. *Prix de fabrique,* manufacturer's price. *Prix de faveur,* preferential price. *Prix de gros,* wholesale price, direct price. ST.-EX. *Prix de la prime,* option price. *Prix d'émission,* issue price. *Ces titres au prix d'émission de 98 rapportent en gros un peu moins de 6 1/4 % à leur remboursement,* these stocks at the issue price of 98 bring a gross redemption yield of just under 6 1/4 %. INS. *Prix de rachat,* surrender value. *Prix de revient,* cost. *Décomposition du prix de revient,* cost analysis. *Déterminer le prix de revient d'un travail,* to quote for a job, to cost a job. *Etablissement du prix de revient,* costing. *Prix de revient total,* total cost. *Prix de revient unitaire,* unit cost. *Prix de soutien,* stand-by price, supported price. *Prix de transport,* carriage charge. *Prix de transport en wagon complet,* truck-load rate; U. S. car-load rate. *Prix de vente,* selling price. *Prix de vente imposé,* fixed selling price. *Prix d'inventaire,* stock-taking price. ST.-EX. *Prix d'ouverture,* opening price. FIN. *Prix du change,* exchange premium. *Prix du marché,* current price, ruling price. ST.-EX. *Prix du report,* contango rate. *Prix en magasin,* ex-store price. *Prix fort,* full price. *Prix franco,* in-the-mail price. *Prix imposé,* agreed fair price, administered price.

Prix modéré, discount price. *Prix net,* net price, trade price. *Prix net plus commission,* cost plus. *Prix plancher,* lowest price; U. S. floor. *Prix prohibitif,* prohibitive, extravagant price. *Prix sacrifiés,* slaughtered prices, slashed prices. *Prix tous frais compris,* inclusive price. *Prix unitaire,* unit price. *Nos prix s'entendent pour livraison départ usine,* our prices are quoted ex-works. *Nous sommes heureux de vous indiquer nos prix ci-dessous,* we have pleasure in giving our quotations below. *Rajustement des prix,* price adjustment. *Réglementations des prix,* price regulations.

prix courant [-kurɑ̃] *m.* price-list.

probabilité [prɔbabilite] *f.* probability. *Calcul des probabilités,* theory of probability. Ins. *Probabilités de vie,* expectation of life.

probable [prɔbabl] *adj.* probable, likely.

probant, e [prɔbɑ̃] *adj.* conclusive, cogent. *Force probante,* probatory force.

probatoire [prɔbatwa:r] *adj.* probative.

problématique [prɔblematik] *adj.* problematical.

problème [prɔblɛm] *m.* problem.

procédé [prɔsede] *m.* 1. Ind. process, method. *Procédé de fabrication,* manufacturing process. — 2. proceeding, conduct, line of action.

procéder *vi.* 1. to proceed. *Procéder à une enquête,* to conduct an inquiry. — 2. Law *Procéder contre qqn,* to take legal proceedings against s.o.

procédure [-dy:r] *f.* Law procedure, proceedings. *Frais de procédure,* legal expenses, cost of proceedings. *Procédure civile,* civil proceedings. *Procédure de faillite,* bankruptcy proceedings. *Procédure judiciaire,* legal settlement.

procès [prɔsɛ] *m.* action at law, case. *Etre en procès avec qqn,* to be at law with s.o. *Intenter un procès à qqn,* to institute legal proceedings against s.o., to bring an action against s.o., to sue s.o. *Perdre un procès,* to lose, to fail in a suit. *Procès civil,* lawsuit. *Procès criminel,* trial.

processus [-sys] *m.* method, process.

procès-verbal [-vɛrbal] *m.* 1. proceedings, minutes, report (*d'une assemblée,* of a meeting). *Dresser procès-verbal,* to draw up the report, the minutes. *Le procès-verbal de la dernière séance est lu et adopté,* the minutes of the last meeting were read and confirmed. (N.B. Les Anglais emploient toujours le temps passé dans les comptes rendus d'assemblée.) Law *Procès-verbal de carence,* report of insolvency, memorandum of nulla bona. Mar. *Procès-verbal de visite,* certificate of survey. *Registre des procès-verbaux,* minute-book. — 2. policeman's report. *Dresser procès-verbal à qqn,* to take down the particulars of an offence, to make a report.

prochain, e [prɔʃɛ̃] *adj.* next, forthcoming. *Le 7 prochain,* on the 7th prox. *Fin prochain,* at the end of next month; St.-Ex. end month settlement, end month account. *La saison prochaine,* the forthcoming season.

procuration [prɔkyrasjɔ̃] *f.* proxy, procuration, power of attorney. *Agir par procuration,* to act by proxy. *Avoir la procuration,* to have power of proxy. *Donner procuration à,* to confer power of attorney on, to empower, to authorize. *Nous avons donné notre procuration à M. Smith,* we have appointed Mr. Smith with power of proxy. Fin. *Endossement de procuration,* endorsement "only for collection". *Par procuration,* by proxy, per procuration. *Procuration collective,* joint power of proxy, joint procuration. *Procuration générale,* full power of attorney. *Procuration spéciale,* particular power, special power.

procurer [-re] *vt.* to procure, to obtain; Fin. to raise (des capitaux).

procureur [-rœ:r] *m.* Law attorney at law. *Procureur de la République,* public prosecutor; U. S. district attorney. *Procureur général,* Attorney general.

producteur, trice [prɔdyktœ:r] *adj.* producing. FIN. *Investissement producteur d'intérêts,* interest-bearing investment. *Pays producteur,* producing country.

producteur *m.* producer; AGR. grower.

productif, ive [-tif] *adj.* productive. *Bons du Trésor productifs d'un intérêt de 5 % l'an,* Treasury bills yielding interest at 5 % per annum, bearing 5 % interest per annum.

production [-sjɔ̃] *f.* 1. production (fabrication et quantité produite), output (quantité produite), yield. *Augmenter la production,* to increase the output. *Biens de production :* **a)** producers' goods; **b)** capital equipment. *Capacité de production,* output capacity, productive capacity. *Contrôle de production,* production control. *Diminution de la production,* falling off in output, decline in production. *Equipe de production,* production unit. *Excédent de production,* surplus output, surplus of production. *Frais de production,* cost of production. *Indice de la production,* production index. *Moyens de production,* capital goods, capital equipment. *Moyens nécessaires à la production,* input. *Objectifs de production,* production targets. *Production à la chaîne,* line-flow production. *Production dirigée,* planned production. *Production en chaîne suivie,* straight line equipment lay-out, unital lay-out. *Production en masse, en grande série,* mass-production. *Production groupée,* colony grouping, process equipment layout, functional lay-out. *Production journalière,* daily output. *« Production toujours élevée. Aucun signe de ralentissement à la consommation »,* " Output continuing high. No signs of consumption downturn ". *Ralentissement de la production,* downturn, production slowdown. *Ralentir la production,* to reduce the output, to slow down production. *Réduire la production,* to curtail the output. *Taux de production,* rate of production. *Unité de production,* production unit. — 2. product. — 3. production, exhibition (documents). LAW *Production des pièces,* exhibition, production of documents. *Sur production de,* on production of.

productivité [-tivite] *f.* productivity, yield capacity. *Accroissement de la productivité,* growth in output, stepping up of productivity. *Campagne de productivité,* productivity drive. *Productivité marginale,* marginal productivity.

produire [prɔdɥi:r] *vt.* 1. IND. to produce, to yield, to manufacture. — 2. LAW to produce, to bring forward (documents). *Produire des titres à une faillite,* to prove claims in bankruptcy. — 3. FIN. to yield, to bear. *Ce placement produit du 4 %,* this investment yields 4 %.

produire (se) *v. pr.* to occur, to happen, to take place, to come about. *Des changements se sont produits dans notre politique,* changes came about in our policy.

produit [prɔdɥi] *m.* 1. product, goods (marchandises produites). *Produit à circulation lente,* slow-moving product. *Produit à circulation rapide,* fast-moving product. *Produit agricole,* agricultural product. *Produits à l'essai,* goods on trial; U. S. ride merchandise. *Produits chimiques,* chemicals. *Produit de base (d'un pays),* staple commodity. *Produits de consommation,* consumers' goods. *Produit de marque,* branded good, proprietary article. *Produit de première nécessité,* household article, essential product. *Produit de qualité,* quality product. *Produit dérivé,* by-product. *Produit du pays,* home product. *Produit fini,* end product, finished article. *Produit industriel,* industrial product. *Produit intermédiaire,* intermediate product. *Produit manufacturé,* manufactured article, manufacture. *Produit secondaire,* by-product. *Produit semi-fini,* semi-finished article, half-finished product. *Produit semi-ouvré,* semi-manufactured product; U. S. work in progress. *Sous-produit,* by-product. — 2. FIN. yield, proceeds, product, profit. *Produit brut,* gross proceeds. *Produit courant,* current yield. *Produit national brut,* gross national product, gross domestic product. *Produit national net,* net national product, net domestic product. *Produit net,* net proceeds, net earnings. *Le commissionnaire verse le produit de la vente moins sa commission,* the factor remits payment less his commission. — **3.** B.K. receipts, takings. *Produit de la prime,* day's takings. — **4.** POL. EC. *Produits immatériels,* services rendered.

profession [prɔfɛsjɔ̃] *f.* profession, occupation. *Annuaire par profession,* the red book. *Appartenant à une profession libérale,* professional. « *Sans profession* », " No occupation ".

professionnel, elle [-sjɔnɛl] *adj.* professional. *Certificat d'aptitude professionnelle,* competency card. *Ecole professionnelle,* technical school, vocational school. *Formation professionnelle,* vocational training. *Maladie professionnelle,* occupational disease. *Orientation professionnelle,* vocational guidance. *Syndicat professionnel,* trade-union. *Test professionnel,* vocational test.

profilé, e [prɔfile] *adj.* stream-lined.

profit [prɔfi] *m.* profit. *Au profit de,* on behalf of, in favour of. *Compte de profits et pertes,* profit and loss account, income and expense statement. *Faire son profit de,* to profit by, to take advantage of. *Profit espéré,* anticipated profit. *Profit illicite,* illicit profit. *Profits non distribués,* retained earnings, undistributed profits. *Sans profit,* without returns, unprofitable. *Vendre à profit,* to sell at a profit.

profitable [-tabl] *adj.* profitable, advantageous. *Nous espérons que ces transactions se révéleront profitables de part et d'autre,* we hope these transactions will prove beneficial to both of us.

profiter [-te] *vi.* to profit by, to benefit by, to take advantage of. *Profiter de conditions spéciales,* to benefit by special terms. FIN. *Profiter de la plus-value du change,* to profit by the appreciation of the exchange. *Profiter d'une remise,* to benefit by a discount.

profusion [prɔfyzjɔ̃] *f.* abundance.

programme [prɔgram] *m.* programme; U. S. program. *Programme à longue échéance,* forward planning. *Programme de formation,* training programme. *Programme de restrictions volontaires,* voluntary restraints programme. *Programme d'investissements,* investment programme. *Etablissement d'un programme de travail,* scheduling.

progrès [prɔgrɛ] *m.* progress, improvement.

progresser [-se] *vi.* to progress, to make headway. *L'action X progresse de 340 à 345 F,* X shares advanced from F 340 to 345.

progressif, ive [-sif] *adj.* progressive. *Avec numérotage progressif,* numbered in succession. *Barème progressif,* progressive scale. *Impôt progressif,* graduated tax. *Surtaxe progressive,* graduated surtax.

progression [-sjɔ̃] *f.* progression, progress. *En progression,* on the increase.

prohiber [prɔibe] *vt.* to prohibit, to forbid. *Articles prohibés,* prohibited articles.

prohibitif, ive [-bitif] *adj.* prohibitive.

prohibition [-bisjɔ̃] *f.* prohibition. *Prohibition à l'importation,* import prohibition, import ban. *Prohibition de sortie,* prohibition of export.

prohibitionniste [-bisjɔnist] *adj.* et *m.* prohibitionist.

projet [prɔʒɛ] *m.* **1.** plan, project, scheme, planning. *Mettre un projet à exécution,* to carry out a project. *Projet à longue échéance,* forward planning. — **2.** draft, first sketch (première ébauche). *Etablir un projet de loi,* to draft a bill. *Etre à l'état de projet,* to be in the drawing-board stage, to be in contemplation. *Projet de contrat,* draft agreement, draft contract. *Projet de réponse,* draft reply.

projeter [prɔʒte] *vt.* to plan, to contemplate, to intend. *Nous projetons d'ouvrir une succursale dans votre ville,* we contemplate setting up a branch in your town. *Projeter un plan,* to form a project.

prolongation [prɔlɔ̃gasjɔ̃] *f.* prolongation. *Accorder une prolongation du délai,* to grant an extension of time. *Clause de prolongation,* continuation clause; INS. non-forfeiture clause. *Prolongation d'une lettre de change,* renewal of a bill.

prolongé, e [-lɔ̃ʒe] *adj.* long.

prolonger *vt.* to prolong, to extend. FIN. *Prolonger une lettre de change,* to prolong the time of payment of a bill, to renew a bill.

promesse [prɔmɛs] *f.* **1.** promise. *Tenir sa promesse,* to keep one's promise. — **2.** FIN. promissory note.

prometteur, euse [-mɛtœ:r] *adj.* promising, attractive. *L'avenir paraît prometteur,* the future looks promising.

promettre [-mɛ:tr] *vt.* to promise.

promoteur, trice [prɔmɔtœ:r] *adj.* promotive (*de,* of).

promoteur *m.* promoter, originator.

promotion [-sjɔ̃] *f.* **1.** promotion, preferment; U. S. up-grading. *Promotion à l'ancienneté,* promotion by seniority. *Promotion au choix,* promotion by selection. *Promotion de vente,* sales promotion. — **2.** list of promoted persons, list of preferments.

promouvoir [prɔmuvwa:r] *vt.* to promote. *Etre promu à,* to be promoted to.

prompt, e [prɔ̃] *adj.* prompt, quick.

promptitude [-tity:d] *f.* dispatch, promptitude.

promulgation [prɔmylgasjɔ̃] *f.* LAW promulgation, enactment.

promulguer [-ge] *vt.* LAW to issue (décret), to enact (loi).

prononcer [prɔnɔ̃se] *vt.* LAW to pass, to deliver (sentence).

prononcer (se) *v. pr.* to come to a decision, to express one's opinion.

propagande [prɔpagɑ̃:d] *f.* propaganda, publicity, advertising. *Faire de la propagande,* to advertise, to boost, to boom, to whoop. *Lettre de propagande,* sales letter.

propager [prɔpaʒe] *vt.* to spread about (information).

propager (se) *v. pr.* to spread.

propice [prɔpis] *adj.* favourable.

proportion [prɔpɔrsjɔ̃] *f.* proportion. *Dans de grandes proportions,* on a large scale. *En proportion de,* proportionally. *Hors de proportion avec,* out of proportion with. *Toute proportion gardée,* due allowance being made.

proportionnel, elle [-sjɔnɛl] *adj.* proportional, proratable. *Directement proportionnel à,* in direct ratio to. *Inversement proportionnel à,* in inverse ratio to. FIN. *Droit proportionnel,* ad valorem duty. *Frais généraux proportionnels,* general prorateable expenses, general prorated expenses. *Indemnité proportionnelle,* proportional compensation, rateable compensation. *Moyenne proportionnelle,* geometrical mean.

proportionnellement [-sjɔnɛlmɑ̃] *adv.* proportionally, pro rata, proportionately.

proportionner [-sjɔne] *vt.* to adapt, to adjust, to proportion (*à,* to).

propos [prɔpo] *m.* purpose. *A ce propos,* in this connection. *A propos :* **a)** at the right time, just in time; **b)** advisable, seasonable, opportune. *A propos de,* about, with regard to, in connection with. *De propos délibéré,* on purpose, deliberately. *Si vous le jugez à propos,* if you think (deem) it advisable, if you think fit.

proposer [-ze] *vt.* to propose, to suggest. LAW *Proposer un amendement,* to move an amendment. FIN. *Proposer un dividende,* to recommend a dividend.

proposer (se) *v. pr.* **1.** to offer oneself, to put oneself forward (pour un travail). — **2.** to contemplate, to intend (*de faire qqch.,* doing sth.).

proposition [-zisjɔ̃] *f.* proposal, proposition, offer; LAW motion. *Mettre une proposition aux voix,* to put a motion to the vote. *Notre proposition a été* *approuvée par le conseil d'administration,* our proposal went through the board of directors. INS. *Proposition d'assurance,* proposal of insurance. FIN. *Proposition de dividende,* recommendation of dividend.

propre [prɔpr] *adj.* 1. own. *Pour son propre compte,* for one's own account. — 2. particular, peculiar, proper, characteristic. — 3. appropriate, fit. *Propre à la vente,* marketable. — 4. personal. *A remettre en mains propres,* to be delivered to the addressee in person.

propriétaire [prɔprietɛːr] *m.* owner, proprietor. *Changement de propriétaire,* change of ownership, " under new management ". *Propriétaire foncier,* landowner. *Propriétaire indivis,* joint-owner. *Propriétaire légitime,* rightful owner.

propriété [-te] *f.* 1. ownership, proprietorship. LAW *Acte translatif de propriété,* deed of conveyance. *Nue-propriété,* bare ownership. *Pleine propriété,* unrestricted ownership, freehold. LAW *Propriété individuelle,* severalty; *propriété indivise,* parcenary. *Propriété industrielle,* patent rights. *Titre de propriété,* title deed. — 2. estate, property. *Mutation de propriété,* transfer of property. *Propriétés bâties,* buildings. *Propriété foncière,* landed property. *Propriété immobilière,* real estate. *Propriété mobilière,* personal estate. *Propriété viagère,* life estate.

prorata [prɔrata] *m. inv.* proportion, share. *Au prorata,* pro rata, in proportion (*de,* to).

prorogation [prɔrɔgasjɔ̃] *f.* LAW extension of time, prorogation, prolongation. *Prorogation de l'échéance,* extension of the term of payment. *Prorogation d'un prêt,* renewal of a loan.

proroger [-ʒe] *vt.* to prolong, to extend.

proscrire [prɔskriːr] *vt.* to proscribe, to forbid.

prospecter [prɔspɛkte] *vt.* to canvass (les clients), to circularize (à l'aide de prospectus).

prospecteur [-tœːr] *m.* canvasser; U. S. missionary salesman.

prospection [-sjɔ̃] *f.* 1. prospecting (mine). — 2. canvassing (clients).

prospective [-tiːv] *f.* prospective.

prospectus [-tyːs] *m.* prospectus, handbill, leaflet. *Prospectus sur demande,* prospectus on application. *Distribuer des prospectus,* to give out hand-bills.

prospérer [prɔspere] *vi.* to thrive, to do well.

prospérité [-perite] *f.* prosperity. *Période de prospérité,* boom.

protecteur, trice [prɔtɛktœːr] *adj.* protective. *Tarif protecteur,* protective tariff.

protection [-sjɔ̃] *f.* protection. IND. *Dispositif de protection,* safety device.

protectionnisme [-sjɔnism] *m.* protectionism.

protectionniste [-sjɔnist] *adj.* et *m.* protectionist.

protéger [prɔteʒe] *vt.* to shelter (*contre,* against, from). *Protéger par un brevet,* to patent.

protestable [prɔtɛstabl] *adj.* FIN. protestable.

protester [-te] *vt.* LAW to protest. *Protester un effet,* to protest a bill. « *Ce que vu, j'ai protesté ledit effet* », " Wherefore I now do protest the said bill ". *Faire protester un effet,* to have a bill protested. *Lorsqu'un effet sur l'étranger n'est pas honoré à l'échéance, il doit être protesté,* when a foreign bill is not met at maturity, it must be protested. *Traite protestée,* noted bill.

protester *vi.* to protest (*contre,* against).

protêt [prɔtɛ] *m.* LAW protest. *Acte de protêt,* deed of protest. *Faire dresser un protêt,* to have a bill noted. *Faire un protêt,* to draw up a protest. *Lever un protêt,* to make a protest. *Protêt faute d'acceptation,* protest for non-acceptance. *Protêt faute de paiement,* protest for non-payment. *Signifier un protêt,* to give notice of a protest. *En France, le refus de paiement d'une traite doit être constaté le* *lendemain du jour de l'échéance par un acte que l'on nomme « protêt »,* in France, dishonour by non-payment of a bill of exchange should be noted the day after the day of maturity by a deed called " protest ".

prototype [prɔtɔtip] *m.* prototype, first model.

prouver [pruve] *vt.* to prove. LAW *Prouver le bien-fondé de,* to substantiate.

provenance [prɔvnɑ̃s] *f.* origin.

provenant, e [-nɑ̃] *adj.* coming *(de,* from). *Provenant d'Espagne,* imported from Spain, manufactured in Spain.

provision [prɔvizjɔ̃] *f.* **1.** FIN. deposit, provision, fund. *Chèque sans provision,* dud cheque, worthless cheque, cheque without funds; U. S. rubber check, kite check. *Défaut de provision,* no funds (chèque), absence of consideration (lettre de change). *Provision insuffisante,* not sufficient funds (N. S. F.). *Verser une provision,* to pay a deposit. — **2.** ST.-EX., FIN. cover, margin. *Conditions rigoureuses de provision,* stiff margin requirements. *Compléter la provision d'une commande,* to margin up. *Fournir une provision pour une commande,* to margin. *Notre agent de change a porté la provision à 30 % en espèces,* our broker brought the margin up to 30 % in cash. *Provision suffisante,* ample cover. — **3.** B. K. provision, reserve. *Provision pour créances douteuses (pour débiteurs douteux),* bad-debts reserve. *Provision pour moins-value de portefeuille,* provision for depreciation of investments.

provisionnel, elle [-zjɔnɛl] *adj.* provisional. *Acompte provisionnel,* instalment on account (income tax). *Clause provisionnelle,* saving-clause.

provisionnellement [-zjɔnɛlmɑ̃] *adv.* provisionally.

provisionner [-zjɔne] *vt.* FIN. to give consideration for (lettre de change).

provisoire [prɔvizwa:r] *adj.* provisional. INS. *Arrêté provisoire d'assurance,* memorandum of insurance; *assurance provisoire,* provisional policy; MAR. INS. slip. FIN. *Bilan provisoire,* interim financial statement. *Dividende provisoire,* interim dividend. B. K. *Facture provisoire,* provisional invoice. *Gérant provisoire,* acting manager.

provisoirement [-zwarmɑ̃] *adv.* provisionally.

prudent, e [prydɑ̃] *adj.* careful. *Estimation prudente,* conservative estimate.

prud'hommes [prydɔm] *m. pl.* LAW *Conseil des prud'hommes,* conciliation board in labour disputes, conciliatory board, labour court. (N. B. Court consisting of elected employers and employees who have to settle labour disputes by arbitration if possible, or by order.)

psychanalyse [psikanali:z] *f.* psycho-analysis. *Psychanalyse de masse des consommateurs,* motivational research.

public, ique [pyblik] *adj.* public, national. *Dépenses publiques,* government spending. *Dette publique,* national debt. *Fonds publics,* public funds. LAW *Le ministère public,* the Public Prosecutor. *Service public,* public utility service.

public *m.* public. *Le grand public,* the general public, the public at large. *Public touché par un support publicitaire,* circulation.

publication [pyblikasjɔ̃] *f.* publication. *En cours de publication,* printing.

publiciste [-sist] *m.* publicist.

publicitaire [-sitɛ:r] *adj.* advertising. *Campagne publicitaire,* advertising campaign; U. S. advertising drive. *Concours publicitaire,* advertising competition. *Documentation publicitaire,* literature. *Spot publicitaire,* straight commercial. *Supports publicitaires,* advertising media.

publicité [-site] *f.* advertising. *Agence de publicité,* advertising agency. *Agent de publicité,* advertising agent; U. S. adman. *Budget de publicité,* advertising budget; U. S. advertising account. *Conseil en publicité,* advertising consultant. *Démarcheur de la publicité,* advertising canvasser. *Dessinateur en publicité,* commercial designer. *Directeur de la publicité,* advertising manager. *Directeur d'une* *agence publicitaire ;* U. S. account executive. *Faire de la publicité,* to advertise. *Lancer un article à grand renfort de publicité,* to boost a product. *Publicité aérienne,* sky advertising. *Publicité à primes,* gift advertising. *Publicité de rappel,* reminder advertising. *Publicité lumineuse,* neon signs; U. S. spectaculars. *Publicité par articles primés,* novelty advertising. *Publicité par voie d'affiches,* advertising by poster. *Publicité « qui paye »,* puller, advertising pulling the best results. *Publicité radiophonique,* commercials. *Publicité sur l'écran,* screen advertising. *Tarif des annonces publicitaires,* adrate. *Voiture publicitaire,* admobile.

publier [pyblje] *vt.* to publish, to advertise. *J'ai l'honneur de solliciter l'emploi offert par votre annonce publiée dans « la Tribune »,* I wish to apply for the post advertised in *la Tribune.*

purge [pyrʒ] *f.* redemption, paying off (d'une hypothèque).

purger [-ʒe] *vt.* to redeem, to free, to pay off, to clear. LAW *Purger une hypothèque,* to redeem, to pay off a mortgage ; U. S. to lift a mortgage.

q

quai [kɛ] *m.* 1. MAR. quay, wharf. *Connaissement « reçu à quai »,* alongside B/L. *Droits de quai,* wharfage, quayage. *Rendu à quai,* free on quay. *A quai :* **a)** alongside the quay ; **b)** ex-quay, ex-wharf. *A prendre sur quai,* ex-wharf, ex-quay. — 2. RAIL platform. *Quai de débarquement,* arrival platform. *Quai de déchargement,* unloading platform. *Quai d'embarquement,* departure platform.

qualification [kalifikasjɔ̃] *f.* 1. FIN. qualifying. — 2. IND. *Qualification du travail,* job evaluation, skilled worker ; U. S. laborer.

qualitatif, ive [kalitatif] *adj.* qualitative. *Toutes les restrictions qualitatives entre les pays membres doivent être abolies à la fin de la période transitoire,* all qualitative restrictions between members have to be abolished by the end of the transitional period.

qualité [-te] *f.* 1. quality. *De première qualité,* first-class quality, choice quality, high-grade. *Qualité conforme à l'échantillon,* quality as per sample. *Qualité courante,* fair average quality, standard quality. *Qualité inférieure,* low-grade quality. *Qualité loyale et marchande,* fair average quality. *Qualité médiocre,* poor quality. *Qualité moyenne du produit fini,* average outgoing quality. *Selon la qualité,* according to the quality. *Vendre sur qualité vue,* to sell on approval. — 2. capacity, profession, qualification. *Avoir qualité pour agir,* to be entitled to act, to be empowered to act. *Décliner ses titres et qualités,* to enumerate one's titles and qualifications. *En sa qualité de,* in his capacity of, as a. *Je n'ai pas qualité pour régler cette question,* I am thoroughly incompetent in this matter.

quantième [kɑ̃tjɛm] *m.* day.

quantitatif, ive [kɑ̃titatif] *adj.* quantitative.

quantité [-te] *f.* quantity. *Indice des quantités pondérées par les valeurs,* quantity index weighted by prices. *En grande quantité,* in large quantities. *En quantité,* in quantity, in bulk. *Par petites quantités,* in small amounts.

quantum [kwɑ̃tɔm] *m.* quorum (d'une société), amount, proportion, ratio. *Déterminer le quantum des dommages-intérêts,* to assess the damages; MAR. INS. to adjust the damages.

quarantaine [karɑ̃tɛn] *f.* MAR. quarantine. *Pavillon de quarantaine,* quarantine flag. *Mettre en quarantaine,* to quarantine.

qualifié, e [-fje] *adj.* qualified, competent. *Ouvrier qualifié,* skilled worker. *Ouvrier non qualifié,* unskilled worker; U. S. laborer.

quasi-contrat [kasikɔ̃tra] *m.* quasi-contrat.

quayage [kɛja:ʒ] *m.* quayage, wharfage.

quérable [kerabl] *adj.* INS. collected by the company's agent.

question [kɛstjɔ̃] *f.* question, matter, point, issue. *Question en suspens,* outstanding question. *Mettre en question,* to challenge.

questionnaire [-tjɔnɛ:r] *m.* set of questions, questionnaire.

quirat [kira] *m.* LAW, MAR. joint ownership (of a ship).

quirataire [kiratɛ:r] *m.* LAW, MAR. joint owner of a ship.

quittance [kitɑ̃:s] *f.* receipt. *Dont quittance,* receipt whereof is hereby acknowledged. *Etablir une quittance,* to issue a receipt. *Quittance à valoir,* receipt on account. *Quittance comptable,* accountable receipt. *Quittance de loyer,* rent receipt. *Quittance postale,* postal receipt. *Quittance pour solde,* receipt for the balance, receipt in full. *Suivant quittance,* as per receipt. *Timbre de quittance,* receipt stamp.

quitus [kitys] *m. inv.* LAW final discharge, quitus. *Donner quitus à,* to give quittance to.

quorum [kɔrɔm] *m.* quorum. *Le quorum n'est pas atteint,* a quorum is not present.

quota [kɔta] *m.* quota.

quote-part [kɔtpa:r] *f.* share, quota, portion.

quotidien, enne [kɔtidjɛ̃] *adj.* daily.

quotidien *m.* daily (newspaper).

quotient [kɔsjɑ̃] *m.* quotient.

quotité [kɔtite] *f.* quota, share, amount. LAW *Quotité disponible,* portion of an estate which can be freely disposed of by the testator.

r

rabais [rabɛ] *m.* discount, allowance, rebate. *Accorder un rabais,* to allow a discount, to grant a rebate. *Rabais pour paiement comptant,* cash discount. *Rabais sur facture,* trade discount. *Vendre au rabais,* to sell at a discount.

rabaissement [rabɛsmɑ̃] *m.* lowering, depreciation.

rabaisser [-se] *vt.* to lower, to reduce.

rabattage [rabata:ʒ] *m.* lowering.

rabattre [rabatr] *vt.* to deduct, to knock off.

rabescompteur [rabɛskɔ̃:tœ:r] *m.* discount-house.

raccrocher [racrɔʃe] *vt.* POST to ring off, to hang up the receiver.

rachat [raʃa] *m.* 1. FIN., etc. buying back, buying in, redemption. *Avec faculté de rachat,* with option of repurchase, of redemption. ST.-EX. *Rachat des baissiers,* buying back of bear sellers. FIN. *Rachat d'une obligation,* redemption of a bond. ST.-EX. *Rachat d'un vendeur,* buying in against a seller. — 2. INS. surrender. *Valeur de rachat,* surrender value.

rachetable [raʃtabl] *adj.* redeemable. *Obligations rachetables au pair,* debentures redeemable at par.

racheter [-te] *vt.* 1. FIN. to redeem. *Les obligations remboursables sont rachetées soit à date fixe, soit par tirages au sort annuels,* redeemable debentures are paid off either at a fixed date or by annual drawings. — 2. ST.-EX. to buy back. *Racheter des titres,* to buy back stocks. — 3. ST.-EX. to buy in, to buy in against. *Racheter un vendeur,* to buy in against a seller. — 4. PRO. EX. to repurchase. *Racheter un défaillant,* to purchase against a defaulter.

racheteur [-tœ:r] *m.* repurchaser.

radiation [radjasjɔ̃] *f.* striking out, crossing out, dismissal (fonctionnaires). LAW *Radiation d'une inscription hypothécaire,* entry of satisfaction of mortgage. *Radiation d'une liste,* striking off the roll.

radier [radje] *vt.* to strike out, to cross out. *Radier des cadres,* to strike off the strength. LAW *Radier une inscription hypothécaire par une mention sur le registre,* to enter a memorandum of satisfaction of mortgage on the register.

radiodiffuser [radjodifyze] *vt.* to broadcast.

radiodiffusion [-zjɔ̃] *f.* broadcasting.

radoub [radu] *m.* MAR. repair, graving. *Bassin de radoub,* dry dock, graving dock. *Navire en radoub,* ship under repair.

raffermir (se) [səraferm i:r] *v. pr.* to harden, to stiffen, to firm up. *Les cours se sont raffermis, reflétant la reprise sur Wall Street,* prices steadied, reflecting the recovery on Wall Street.

raffermissement [rafɛrmismɑ̃] *m.* hardening, improvement.

raffiner [rafine] *vt.* IND. to refine.

raffinerie [-nri] *f.* refinery, distillery.

rafler [rɑ:fle] *vt.* to sweep off, to buy up.

raidir (se) [sərɛdi:r] *v. pr.* to harden, to stiffen, to tighten.

raidissement [rɛdismɑ̃] *m.* stiffening.

raison [rɛzɔ̃] *f.* reason. *Raison commerciale,* trade-name. *Raison sociale,* style, firm-name. *A raison de :* **a)** at the price of, at the rate of; **b)** in the proportion of. *A raison d'une nouvelle action pour deux anciennes,* in the proportion of one new share for two old ones. LAW *À telle fin que de raison,* as occasion may require. *En raison de,* owing to, on account of. *En raison inverse de,* in inverse ratio to. *Pour des raisons de convenance personnelle,* on personal grounds.

raisonnable [rɛzɔnabl] *adj.* reasonable, moderate, adequate. *Prix raisonnable,* moderate charge.

rajeunir [raʒœni:r] *vt.* to rejuvenate, to renovate, to revamp.

rajeunissement [-nismɑ̃] *m.* rejuvenation. *Rajeunissement de la flotte marchande,* rejuvenation of the merchant fleet.

rajustement [raʒystəmɑ̃] *m.* adjustment, readjustment. *Rajustement du taux officiel d'escompte,* bank-rate adjustment.

rajuster [-te] *vt.* to adjust.

ralentir [ralɑ̃ti:r] *vt.* et *vi.* to slow down, to slacken; U. S. to decelerate.

ralentissement [-tismɑ̃] *m.* slackening, slowing down; U. S. slow-down, downturn. *Ralentissement de l'expansion économique,* slow-down in economic expansion. *Ralentissement des affaires,* falling off, decline of business. « *Production toujours élevée. Aucun signe de ralentissement à la consommation* », " Output continuing high. No signs of consumption downturn ". *Les importations sont freinées par le ralentissement de l'économie,* imports are being held back by the economy slow-down.

ramassage [ramasa:ʒ] *m.* collecting; U. S. pick-up.

ramener [ramne] *vt.* FIN. to lower, to bring down, to reduce, to peg down. *Ramener le prix d'un article à,* to bring down the price of an item to. *Le taux du fret devrait être ramené à un niveau raisonnable,* freight rate should be lowered, pegged down to a moderate level.

ramification [ramifikasjɔ̃] *f.* branch.

rang [rɑ̃] *m.* rank. *Hypothèque de premier rang,* first mortgage. *Prendre rang après,* to rank after. *Prendre rang avant,* to rank before. *Prendre le même rang :* **a)** LAW to rank equally with; **b)** FIN. to rank pari passu with. *Rang d'une créance,* rank of a debt. *Rang d'une hypothèque,* rank of a mortgage. *Se mettre sur les rangs,* to come forward as a candidate.

ranger (se) [sərɑ̃ʒe] *v. pr.* to draw up, to side. *Se ranger à l'opinion de la majorité,* to fall into line with the majority. *Se ranger du côté de qqn,* to side with s.o.

ranimer (se) [səranime] *v. pr.* ST.-EX. to recover, to look up. *Le marché se ranime,* business recovers, the market rallies.

rapatriement [rapatrimɑ̃] *m.* FIN. repatriation, sending home, pulling back.

rapatrier [-trije] *vt.* to repatriate, to pull back, to claw back. *Les entreprises privées ont rapatrié leurs fonds de l'étranger,* businessmen have pulled back their funds from abroad.

rapide [rapid] *m.* RAIL express train, fast train.

rappel [rapɛl] *m.* FIN. reminder. *Lettre de rappel,* letter of reminder; U. S. dunning letter, collection letter. *Rappel de compte,* reminder (of amount due). *Rappel de fonds,* calling-in. *Rappel de traitement,* back pay.

rappeler [raple] *vt.* to recall (*qqch. à qqn,* sth. to s.o.), to remind (s.o. of sth.). *Référence à rappeler,* reference; for reference please quote.

rapport [rapɔ:r] *m.* **1.** FIN., ADM. return, yield, revenue, income. *Capital en rapport,* productive capital, interest bearing capital. *D'un bon rapport,* profitable. *Maison de rapport,* block of flats for letting out, tenement, revenue-earning house. *Ces obligations sont d'un bon rapport,* these bonds bring in a fair return. *Rapport d'un capital,* return on capital. — **2.** (compte rendu) report, return. INS. *Rapport d'avaries,* damage report. *Rapport de gestion,* annual report, business report. MAR. *Rapport de mer,* captain's report, ship's protest. FIN. *Rapport des commissaires,* auditors' report, audit report. INS., LAW *Rapport d'expertise,* expert's report, expert's appraisement, expert's valuations; MAR. expert survey. MAR. *Rapport de surveillance (sur des marchandises en mouvement),* superintendence report. MAR. *Rapport du capitaine,* captain's report, ship's protest. FIN. *Rapport financier,* treasurer's report; *rapport mensuel,* monthly return. *Rapport sur la situation générale,* background report. *A l'assemblée générale annuelle, le président du conseil d'administration présente son rapport sur les activités de la société,* at the annual general meeting, the chairman of the board renders an account of the company's activities. — **3.** proportion, ratio. *Rapport du poids mort au poids utile,* ratio of the gross load to the net load. — **4.** connection, relation. *En rapport avec,* in keeping with. *Par rapport à,* with regard to. *Salaire en rapport avec qualification et expérience,* salary will be commensurate with qualification and experience. — **5.** relation. *Cesser tout rapport avec qqn,* to break off all relations with s.o. *Les intermédiaires mettent en rapport acheteurs et vendeurs,* middlemen bring together buyers and sellers. *Rapports patrons-ouvriers,* labour-management relations.

rapporter [-pɔrte] *vt.* **1.** FIN. to yield, to produce. *Rapporter des intérêts,* to bear, to yield interest. *Rapporter en recette brute,* to gross. *Rapporter gros,* to bring in a fair return. *Ces titres au prix d'émission de 98 rapportent en gros un peu moins de 6 1/4 % à leur remboursement,* these stocks at the issue price of 98 bring a gross redemption yield of just under

6 1/4 %. — **2.** (faire un compte rendu) to report. — **3.** B.K. to post. *Rapporter un article,* to post an item. — **4.** LAW to revoke, to rescind (décret), to call off (un ordre de grève).

rapporteur [-pɔrtœ:r] *m.* reporter. *Rapporteur d'une commission,* committee reporter.

rapprochement [raprɔʃmɑ̃] *m.* comparison, parallel, re-establishment of good relations (between two countries). B. K. *État de rapprochement,* reconciliation account.

rare [ra:r] *adj.* rare, scarce, tight. *La demande se fait rare,* demand dries up.

raréfaction [rarefaksjɔ̃] *f.* decrease, depletion. *Raréfaction du crédit,* credit depletion.

raréfier (se) [sərarefje] *v. pr.* to deplete, to become scarce.

rareté [rarte] *f.* scarcity, tightness. *Rareté du crédit,* credit scarcity.

rassortiment [rasɔrtimɑ̃] *m.* **1.** restocking. — **2.** matching (de couleurs). — **3.** new stock.

rassortir [-ti:r] *vt.* **1.** to match. — **2.** to restock.

ratification [ratifikasjɔ̃] *f.* confirmation, ratification, approval.

ratifier [-fje] *vt.* to ratify, to confirm.

rationalisation [rasjɔnalizasjɔ̃] *f.* rationalization.

rationaliser [-lize] *vt.* to rationalize.

rationnel, elle [rasjɔnɛl] *adj.* rational.

rattraper [ratrape] *vt.* to catch up with. FIN. *Rattraper l'arriéré,* to clear off an outstanding account. *Rattraper le temps perdu,* to make up for lost time.

rattraper (se) *v. pr.* to recoup oneself. *Se rattraper de ses pertes,* to make up for one's losses.

rature [raty:r] *f.* erasure.

raturer [-tyre] *vt.* to erase, to scratch out.

ravitaillement [ravitɑjmɑ̃] *m.* supplying.

rayer [rɛje] *vt.* to strike out, to cross out.

rayon [rɛjɔ̃] *m.* **1.** department, counter (magasin). *Ce n'est pas mon rayon,* that's not in my line. *Chef de rayon,* " buyer ", departmental chief. *Rayon des soldes,* bargain counter; U. S. bargain basement. *Rayon vente en gros,* contract department. — **2.** range (rayon d'action). *Rayon d'action d'une campagne publicitaire,* coverage of an advertising drive. *Rayon de livraison,* cartage limit.

réabonner (se) [səreabɔne] *v. pr.* to renew one's subscription.

réaction [reaksjɔ̃] *f.* reaction.

réadaptation [readaptasjɔ̃] *f.* adjustment.

réadapter [-te] *vt.* to re-adapt, to adjust; U. S. to recalipher. *Les valeurs de crédit ont été réadaptées aux circonstances présentes,* credit values have been recaliphered to a new set of circumstances.

réadmission [readmisjɔ̃] *f.* readmission.

réagir [reaʒi:r] *vi.* to react.

réalisable [realizabl] *adj.* realizable. *Actif réalisable,* liquid assets.

réalisateur [-zatœ:r] *m.* realizer; ST.-EX. seller.

réalisation [-zasjɔ̃] *f.* **1.** carrying out, realization. *Réalisation d'un bénéfice,* making of profit. *Réalisation du stock,* clearance sale. — **2.** FIN. *Réalisation d'actions,* selling out of shares.

réaliser [-ze] *vt.* **1.** to carry out, to work out. — **2.** FIN. to realize. *Réaliser des titres,* to sell out securities. *Réaliser une position,* to realize one's account. *Réaliser un gage,* to realize a pledge.

réaliser (se) *v. pr.* to materialize. *Notre projet ne s'est pas réalisé,* our plan did not materialize.

réapprécier [reapresje] *vt.* to revalue.

réapprovisionner [reaprɔvizjɔne] *vt.* to restock with; FIN. to replenish. *Les sociétés cherchent à réapprovisionner* *leurs réserves en liquidités qui s'épuisent,* companies seek to replenish their depleted cash resources.

réarmer [rearme] *vt.* MAR. to refit, to recommission (un navire).

réassigner [reasiɲe] *vt.* LAW to resummon.

réassurance [reasyrɑ̃:s] *f.* INS. reinsurance. *Effectuer une réassurance,* to lay off a risk.

réassurer [reasyre] *vt.* to reinsure.

réassureur [reasyrœ:r] *m.* reinsurer.

rebondissement [rəbɔ̃dismɑ̃] *m.* renewal, coming back into the pipe-line.

rebut [rəby] *m.* 1. POST dead letter. *Bureau des rebuts,* dead-letter office. — 2. IND., etc. rejects. *Marchandises au rebut,* trash; U. S. junk. *Mettre au rebut,* to throw away, to scrap.

recalculer [rəkalkyle] *vt.* 1. to calculate again. — 2. to work out (anew); U. S. to recalipher.

récapitulatif, ive [rekapitylatif] *adj.* recapitulative.

récapituler [-le] *vt.* to recapitulate, to sum up.

recensement [rəsɑ̃smɑ̃] *m.* 1. ADM. census. *Recensement de la distribution,* census of distribution. *Faire un recensement,* to take a census. *Feuille de recensement,* census-paper. *Recensement de la population,* (population-) return. *En se fondant sur les statistiques fournies par le recensement de,* on the basis of returns provided for by the census of. — 2. checking off, inventory (de marchandises), stock-taking.

recenser [-se] *vt.* 1. to take the census. — 2. to check off, to inventory.

récépissé [resepise] *m.* receipt. *Récépissé de bord,* mate's receipt. *Récépissé de dépôt,* deposit receipt. *Récépissé de douane,* custom-house receipt. *Récépissé des chemins de fer,* railway consignment-note. *Récépissé d'entrepôt,* warehouse receipt. *Récépissé de transit,* transit-bond. *Récépissé de versement,* deposit receipt. *Récépissé postal,* postal-receipt. *Récépissé warrant,* warrant.

réception [resɛpsjɔ̃] *f.* receipt. *Accusé de réception,* acknowledgment of receipt, advice of delivery. *A la réception de,* on receipt of. *Dans les 5 jours après la réception,* within 5 days of receipt. IND. *Essai de réception,* acceptance test. *Signer à la réception de,* to check in. FIN. *Valeur jour de réception,* value day of reception. *Veuillez nous accuser réception par retour,* please acknowledge receipt by return of post.

réceptionnaire [-sjɔnɛ:r] *m.* 1. consignee, receiver, recipient. — 2. PRO. EX. last buyer, receiver.

réceptionner [-sjɔne] *vt.* to check and sign for goods when taking delivery.

récession [resɛsjɔ̃] *f.* recession. *Lutte contre la récession,* " operation upturn ".

recette [rəsɛt] *f.* 1. receipts, returns. *Dépenses et recettes,* expenses and receipts, outgoings and incomings. *Recette brute,* gross receipts. *Recettes effectives,* monies received. *Recettes fiscales,* inland revenue, tax revenue, internal revenue. *Recette nette,* net receipts. *Rapporter en recette brute,* to gross. — 2. collection (recouvrement). *Garçon de recette,* collecting-clerk, walk-clerk. — 3. collector's office (bureau de recouvrement). *Recette des douanes,* receiver's office for the customs.

recevabilité [rəsəvabilite] *f.* LAW admissibility.

recevable [-vabl] *adj.* 1. LAW admissible, receivable, allowable. *Votre demande n'est pas recevable,* we cannot allow your claim. — 2. of an acceptable quality, fit for acceptance.

receveur [-vœ:r] *m.* collector, receiver. *Receveur de l'enregistrement,* registrar, receiver of registry fees. *Receveur des contributions directes,* tax-collector. *Receveur des contributions indirectes,* collector of excise. *Receveur des Finances,* district collector of taxes. — 2. ST.-EX. *Receveur de la prime,* taker of the rate.

recevoir [-vwa:r] *vt.* to receive, to collect (impôts). B. K. *Comptes à recevoir,* accounts receivable; U. S. age receivables. LAW *Fin de non-recevoir,* demurrer, plea in bar, dismissal of a case. *Nous avons bien reçu,* we have duly received. *Recevez nos salutations distinguées,* yours faithfully, yours truly. *Reçu 1 000 F à valoir sur,* received F 1 000 on account of.

rechange [rəʃɑ̃:ʒ] *m.* FIN. re-exchange, redraft (d'une traite). IND. *Pièces de rechange,* spares.

recharger [rəʃarʒe] *vt.* MAR. to reload.

recherche [rəʃɛrʃ] *f.* research. *Recherche de débouché,* marketing. *Recherche économique,* economic research. *Service de recherches,* research department.

recherché, e [rəʃɛrʃe] *adj.* ST.-EX. in request. *Etre peu recherché,* to be in limited demand. *Etre très recherché,* to be in active request. ST.-EX. *Les cuprifères sont très recherchées cette semaine,* coppers were in active request this week.

rechute [rəʃy:t] *f.* relapse, set-back.

récipient [resipjɑ̃] *m.* container, vessel.

réciprocité [resiprɔsite] *f.* reciprocity. *Accord de réciprocité,* reciprocity agreement. *A des conditions de réciprocité,* on mutual terms.

réciproque [-prɔk] *adj.* reciprocal, mutual. *La Chambre des compensations permet aux banquiers de régler leurs dettes et créances réciproques,* the Bankers' Clearing-House helps bankers to settle their mutual indebtedness. *Nous vous rendrons volontiers la réciproque si l'occasion s'en présente,* we should be glad to reciprocate your kindness should the occasion arise.

réciproquement [-prɔkmɑ̃] *adv.* reciprocally.

réclamant [reklamɑ̃] *m.* LAW claimant, complainant.

réclamation [-masjɔ̃] *f.* claim, complaint. *Adresser une réclamation,* to send in a claim. *Donner lieu à une réclamation,* to give cause for complaint. *Faire droit à une réclamation,* to entertain a claim, to allow a claim. *Formuler une réclamation,* to complain. *Lettre de réclamation,* letter of claim, letter of complaint. *Prouver le bien-fondé d'une réclamation,* to substantiate a claim. *Réclamation bien fondée,* well grounded claim. *Réclamation en dommages-intérêts,* claim for damages. *Registre des réclamations,* request-book, suggestion-book. *Rejeter une réclamation,* to refuse a claim, to disallow a claim. *Nous ne pouvons donner une suite favorable à votre réclamation,* we cannot entertain, allow your claim.

réclame [rekla:m] *f.* advertising; U.S. promotion. *Article de réclame,* leading line, leading article; U. S. leader. *Article de réclame sacrifié,* lost-leader. *Faire de la réclame,* to advertise; U. S. to boost. *Panneau-réclame,* hoarding; U. S. billboard. *Réclame lumineuse,* neon sign, spectaculars. *Vente réclame,* bargain sale.

réclamer [reklame] to claim. *Dividende non réclamé,* unclaimed dividend. LAW *Réclamer des dommages-intérêts,* to claim damages. INS. *Réclamer la prime d'assurance,* to put in a claim. *Réclamer la restitution de,* to claim back. *Réclamer le paiement,* to demand payment.

réclamer de (se) *v. pr.* to quote s.o. as one's authority. *Vous pouvez vous réclamer de moi,* you may use my name as a reference.

reclassement [rəklɑsmɑ̃] *m.* regrouping; ADM. regrading, redeployment.

reclasser [-se] *vt.* to classify, to redistribute; ADM. to regrade.

récognitif, ive [rekɔgnitif] *adj.* LAW recognitive. *Acte récognitif,* act of acknowledgment.

récolement [rekɔlmɑ̃] *m.* LAW checking, verification.

récoler [rekɔle] *vt.* LAW to check, to verify.

récolte [rekɔlt] *f.* crop, harvest. *Récolte exceptionnelle,* bumper crop. *Récolte sur pied,* standing crop. *Maigre récolte,* poor crop.

recommandable [rəkɔmɑ̃dabl] *adj.* recommendable, advisable.

recommandation [-dasjɔ̃] *f.* **1.** recommendation. *Lettre de recommandation,* letter of recommendation, testimonial. — **2.** injunction, advice. *Notre agent n'a pas suivi nos recommandations,* our agent did not follow our instructions. — **3.** POST registration; U. S. registry. *Frais de recommandation,* registration charge.

recommander [-de] *vt.* **1.** to recommend. *Nous vous recommandons de ne pas exécuter cette commande à moins que le montant n'en soit réglé d'avance,* we should advise you not to fulfil this order unless for cash with order. — **2.** POST to register. *Sous pli recommandé,* under registered cover. *Faire recommander une lettre,* to have a letter registered.

recommander de (se) *v. pr.* to give s.o.'s name as a reference.

reconduction [rəkɔ̃dyksjɔ̃] *f.* LAW renewal. *Reconduction tacite,* renewal by tacit agreement.

reconduire [-dɥi:r] *vt.* LAW to renew.

reconnaissance [rəkɔnɛsɑ̃:s] *f.* acknowledgment, recognition. *Reconnaissance de dette,* acknowledgment of debt, I. O. U. (I owe you); U. S. debenture.

reconstituer [rəkɔ̃stitɥe] *vt.* to build up again, to reconstruct.

reconstitution [-tysjɔ̃] *f.* reconstruction. *Reconstitution du crédit,* credit reconstruction.

reconstruction [rəkɔ̃stryksjɔ̃] *f.* reconstruction. *Ministère de la Reconstruction et de l'Urbanisme,* Ministry of Town and Country Planning.

reconvention [rəkɔ̃vɑ̃sjɔ̃] *f.* LAW counter-claim.

reconversion [rəkɔ̃vɛrsjɔ̃] *f.* reconversion. *Stage de reconversion de la main-d'œuvre,* on-the-job retraining.

reconvoquer [rəkɔ̃vɔke] *vt.* to call together again (assemblée).

recopier [rəkɔpje] *vt.* to recopy, to copy again.

record [rəkɔ:r] *m.* record. *Chiffre record,* record figure. *Niveau record de production,* peak output.

recoupement [rəkupmɑ̃] *m.* cross-checking.

recouponnement [rəkupɔnmɑ̃] *m.* FIN. renewal of coupons.

recouponner [-pɔne] *vt.* FIN. to renew the coupons.

recourir [rəkuri:r] *vi.* to have recourse (*à,* to), to resort (*à,* to). *Recourir à la justice,* to take legal proceedings, to sue in legal action.

recours [-ku:r] *m.* LAW recourse, resort. *En dernier recours,* as last resort. *N'avoir aucun recours contre qqn,* to have no legal claim whatever on s.o. *Recours à l'arbitrage,* appeal to arbitration. *Recours contre des tiers,* recourse against third parties. *Recours en cassation,* appeal. *Recours faute de paiement,* recourse in default of payment. MAR. *Recours sur la cargaison,* lien on the cargo. *S'assurer contre le recours des tiers,* to insure against a third party claim. *Se réserver un droit de recours,* to reserve the right of recourse.

recouvrable [rəkuvrabl] *adj.* FIN. recoverable, collectible.

recouvrement [-vrəmɑ̃] *m.* **1.** FIN., ADM. recovery, collection. *Effet en recouvrement,* draft for collection. *En recouvrement de,* for the collection of. *Frais de recouvrement,* collecting charges. *Recouvrement de créances,* collection of debts. *Remettre en recouvrement,* to remit for collection. « *Valeur en recouvrement* », " value for collection ". — **2. recouvrements** *m. pl.* book debts.

recouvrer [rəkuvre] *vt.* to collect, to recover. *Recouvrer un impôt,* to collect a tax. *Créances à recouvrer,* oustanding debts.

recruter [rəkryte] *vt.* to enlist. *Recruter sur titres,* to appoint according to qualifications.

recta [rɛkta] *adv.* on the nail.

rectificatif, ive [rɛktifikatif] *adj.* rectifying, correcting. B. K. *Ecriture rectificative,* correcting entry. *Facture rectificative,* amended invoice.

rectificatif *m.* ADM. corrigendum (d'une circulaire).

rectification [-fikasjɔ̃] *f.* correction, rectification, adjustment.

rectifier [-fje] *vt.* to rectify, to correct, to adjust, to amend. *Rectifier un compte,* to correct, to adjust an account.

recto [rɛkto] *m.* right-hand side, recto. *Au recto d'un chèque,* on the face of a cheque.

reçu [rəsy] *m.* receipt. *Au reçu de,* on receipt of. *Reçu à valoir,* receipt on account. *Reçu certifié,* accountable receipt. *Reçu de bord,* mate's receipt. *Reçu de versement,* deposit receipt. *Reçu en double valant pour simple,* receipt in duplicate valid for one.

recul [rəkyl] *m.* setback, recession, retrogression.

reculer [-le] *vi.* St.-Ex. to recede, to fall back, to drop, to relapse. *Les pétrolifères reculent d'un point,* oil-shares relapsed a point.

récupérable [rekyperabl] *adj.* recoverable.

récupération [-rasjɔ̃] *f.* recovery (dette), recoupment (pertes).

récupérer [-re] *vt.* to recover (dettes), to recoup (pertes).

récusable [rekyzabl] *adj.* Law challengeable, exceptionable.

récusation [-zasjɔ̃] *f.* Law challenge (*de,* of), exception (*de,* to). *Récusation d'arbitre,* objection to an arbitrator.

récuser [-ze] *vt.* Law to take exception to, to object to.

récuser (se) *v. pr.* to declare oneself incompetent to judge.

rédaction [redaksjɔ̃] *f.* **1.** drafting, drawing up (d'un acte). — **2.** editorial staff. *Faire partie de la rédaction d'un journal,* to be on the staff of a newspaper.

reddition [rɛdisjɔ̃] *f.* rendering. *Reddition de comptes,* rendering of accounts.

redevable [rədəvabl] *adj.* indebted, liable. *Nous sommes redevables de votre adresse à M. Smith,* we are indebted to Mr. Smith for your address.

redevable *m.* debtor.

redevance [-vɑ̃:s] *f.* **1.** rent, rental. *Redevance annuelle,* yearly rental. — **2.** (concessions) royalty. — **3.** tax. *Redevance radiophonique,* wireless tax.

rédhibition [redibisjɔ̃] *f.* Law redhibition.

rédhibitoire [-twa:r] *adj.* Law redhibitory. *Vice rédhibitoire,* latent defect that makes a sale void.

rédiger [rediʒe] *vt.* to draft, to draw up, to write out, to make out. *Chèque rédigé à l'ordre de,* cheque made out to the order of. *Rédiger un contrat,* to draw up a contract.

redistribution [rədistribysjɔ̃] *f.* redistribution, redeployment. *Redistribution des ressources,* redeployment of resources. *Redistribution d'un bureau,* redeployment of an office.

redressement [rədrɛsmɑ̃] *m.* **1.** B. K. rectification, amendment, redressing. *Ecriture de redressement,* correcting entry. *Redressement d'un compte,* adjustment of an account. — **2.** Fin. recovery, hardening up. *Redressement de la conjoncture,* cyclical recovery. *Redressement économique,* economic recovery.

redresser [-se] *vt.* to rectify. *Redresser un compte,* to adjust an account. *Redresser une écriture,* to correct an entry.

redresser (se) *v. pr.* to recover, to look up, to harden.

réduction [redyksjɔ̃] *f.* reduction, cutting down, cut, cutback. *Réduction considérable,* substantial reduction. *Réduction de personnel,* staff reduction, staff retrenchment; U. S. cutback. *Réduction de prix,* mark down. *Réduction des dépenses* curtailment of expenses. *Réduction des horaires de travail,* cut in working time short-time. *Réduction des salaires,* wage cut, cutting of wages. *Réduction d'impôts* tax cut. *Réduction du dividende,* dividend cut. *Réduction du taux de l'escompte officiel,* lowering of the bank-rate. *Réduction pour achat en gros,* discount for bulk buying. *Sans réduction pour différence du vieux au neuf,* without deduction new for old. *Les compagnies de navigation traversant une période d'activité restreinte, de* *réductions et des compressions doivent avoir lieu,* as shipping companies go through a " thin " period, shortening down and tightening up must take place.

réduire [redɥi:r] *vt.* to reduce, to curtail, to lop off. *Réduire le personnel,* to cut down staff. *Réduire les frais généraux,* to curtail, to cut down the overhead expenses. *Réduire le taux de l'escompte,* to lower the bank-rate. *Le prix de cet article est réduit de moitié,* this article is marked down 50 %.

rééditer [reedite] *vt.* to republish, to re-issue.

rééducation [reedykasjɔ̃] *f.* IND. *Rééducation professionnelle,* occupational retraining.

réel, elle [reɛl] *adj.* real. FIN. *Change réel,* money exchange. LAW *Crédit réel,* credit on real estate. *Entrepôt réel,* bonded warehouse. *Offre réelle,* cash offer.

réélection [reelɛksjɔ̃] *f.* re-election.

rééligibilité [reeliʒibilite] *f.* re-eligibility.

rééligible [-liʒibl] *adj.* re-eligible.

réélire [-li:r] *vt.* to re-elect.

rééquilibrer [reekilibre] *vt.* to restore the balance.

réescomptable [reɛskɔ̃tabl] *adj.* rediscountable.

réescompte [reɛskɔ̃:t] *m.* rediscount.

réescompter [-kɔ̃te] *vt.* to rediscount.

réestimer [reɛstime] *vt.* to revalue, to reappraise, reappraisal.

réévaluation [reevalɥasjɔ̃] *f.* revaluation.

réévaluer [-lɥe] *vt.* to revalue; U. S. to recalipher.

réexpédier [reɛkspedje] *vt.* to reforward, to redirect, to reship. *Réexpédier une lettre,* to redirect a letter. *Les lettres peuvent être réexpédiées au même destinataire sans surtaxe,* letters may be redirected without extra charge to the same addressee.

réexpédition [-disjɔ̃] *f.* reforwarding, redirection, reshipment. *Une taxe supplémentaire est exigée pour la réexpédition des colis,* an additional charge is required for the redirection of parcels.

réexportateur [reɛkspɔrtatœ:r] *m.* re-exporter.

réexportation [-tasjɔ̃] *f.* re-export. *Lorsque les marchandises importées sont destinées à la réexportation, les droits déjà perçus sont remboursés,* when imported goods are to be re-exported, duties already levied are refunded.

réexporter [-te] *vt.* to re-export.

réfaction [refaksjɔ̃] *f.* allowance (on goods not up to sample), rebate.

référé [refere] *m.* LAW summary procedure. *Juger en référé,* to try a case in chambers.

référence [-rɑ̃:s] *f.* **1.** reference, testimonial. *Références commerciales,* trade references. *Sans sérieuses références, s'abstenir,* applications without references will not be considered. — **2.** (dans une correspondance) reference. *Références à rappeler,* for reference please quote; in replying please quote. *Numéro de référence,* reference number.

référencé, e [-rɑ̃se] *adj.* entered under a reference number.

référer [-re] *vt.* et *vi.* to refer. *En référer au conseil d'administration,* to submit the matter to the Board.

référer (se) *v. pr.* to refer (*à*, to). *En nous référant à votre lettre datée du 15 courant,* with reference to, referring to your letter dated 15th inst.

refluer [rəflɥe] *vi.* FIN. to flow back (capital).

reflux [-fly] *m.* reflux, flowing back.

refondre [rəfɔ̃:dr] *vt.* **1.** (monnaie) to recoin, to remint. — **2.** (traite) to recast. — **3.** (organisation) to remodel, to redeploy, to reshape.

refonte [-fɔ̃:t] *f.* (monnaie) recoinage, (traite) recasting, (organisation) remodelling; U. S. redeployment.

réformable [refɔrmabl] *adj.* LAW liable to be reversed on appeal.

réformateur [refɔrmatœ:r] *m.* reformer.

réforme [refɔrm] *f.* reform, reorganization. *Réforme fiscale,* tax revision.

réformer [-me] *vt.* to reform; LAW to reverse (jugement).

refrapper [rəfrape] *vt.* FIN. to recoin, to remint.

refus [rəfy] *m.* refusal. FIN. *Refus d'acceptation,* dishonour by non-acceptance; *refus de paiement,* dishonour by non-payment.

refuser [-ze] *vt.* to refuse. *Refuser d'accepter un effet,* to dishonour a bill by non-acceptance.

regain [rəgɛ̃] *m.* revival. *Regain d'activité du marché,* market recovery.

régie [reʒi] *f.* **1.** ADM. excise office, excise administration. *Employé de la régie,* exciseman. *En régie,* under government management, under State management. *Mettre en régie,* to bring under State control. — **2.** LAW administration, stewardship (d'immeubles).

régime [reʒim] *m.* system. CUST. *Régime de faveur,* preference duty, preferential duty. *Régime douanier sous lequel doit être déclaré l'envoi,* how consignment is to be entered for customs purposes. LAW *Régime de la communauté des biens,* joint estate; *régime de la communauté réduite aux acquêts,* community of goods acquired during marriage; *régime de la séparation des biens,* separate maintenance. POST *Régime intérieur,* inland system.

régional , e [reʒjɔnal] *adj.* regional. *Représentant régional,* district representative.

régional *m.* POST toll.

régionale [-ʒjɔna:l] *f.* provincial branch.

régir [reʒi:r] *vt.* to rule, to manage; FIN. to conduct (compte).

régisseur [-ʒisœ:r] *m.* manager, agent (d'une propriété).

registre [rəʒistr] *m.* register, record; U. S. roster; B. K. account-book. *Porter au registre,* to enter in the register. *Registre de l'état civil,* register of births, deaths and marriages. *Registre de présence,* time-book; U. S. time-card. *Registre des actionnaires,* register of stockholders. *Registre des délibérations,* minute-book. *Registre des hypothèques,* register of mortgages. *Registre du cadastre,* land register; U. S. real estate register. *Registre du commerce,* trade register.

réglable [reglabl] *adj.* FIN. payable. *Réglable en devises,* payable in foreign currencies.

règle [rɛgl] *f.* rule. *En règle générale,* as a general rule. *Pour la bonne règle,* for regularity's sake. INS. *Règle proportionnelle,* average. *Reçu en règle,* formal receipt.

règlement [rɛgləmɑ̃] *m.* **1.** LAW, etc. regulation. *Agir conformément aux règlements,* to act in accordance with the regulations. *Règlements boursiers,* Stock-Exchange regulations. *Règlements douaniers,* customs regulations. *Règlements internes,* internal regulations. — **2.** FIN., INS. settlement, adjustment. *En règlement de,* in settlement of. *Jour du règlement,* account-day. *Pour règlement de tout compte,* in full settlement. *Règlement à l'amiable,* amicable settlement. *Règlement au comptant,* cash settlement. MAR. INS. *Règlement d'avaries,* average adjustment INS. *Règlement de l'indemnité,* settlement of the claim. *Règlement d'une facture,* settlement of an invoice. *Règlement financier,* financial settlement. FIN., ST.-EX *Règlement d'une opération,* settlement of a transaction. *Règlement mensuel,* monthly settlement.

réglementaire [regləmɑ̃tɛ:r] *adj.* regular, statutory. *Réserve réglementaire* statutory reserve.

réglementation [-tasjɔ̃] *f.* regulation, control. *Réglementation du change* exchange regulation, exchange control (N. B. More loosely : exchange restriction.) *Réglementation du marché du travail,* labour-market regulation. *Les exportateurs étrangers ne sont pas tenus d'observer la réglementation des change* *en vigueur,* exporters are not subject to any exchange control restriction.

réglementer [-te] *vt.* to regulate, to bring under regulation. *Les statuts réglementent les rapports des actionnaires avec la société,* the articles of association regulate the relations of the firm with its members.

régler [regle] *vt.* to settle. *Régler à l'amiable,* to settle amicably, by mutual agreement. MAR. INS. *Régler l'avarie,* to adjust the average. B. K. *Régler les comptes,* to close the accounts, to rule off the accounts; *régler les livres,* to close, to balance the books. *Régler le solde,* to pay the balance. *Régler une dette,* to pay off a debt. B. K. *Non réglé,* outstanding (compte). MAR. INS. *Les avaries communes n'ont pas été réglées conformément au contrat,* the general average has not been adjusted according to our contract. *Notre facture n° 324, échue le mois dernier, n'est toujours pas réglée,* remittance of our invoice n° 324, due last month, has not yet been received.

regorger [rəgɔrʒe] *vi.* to abound (*de,* in), to be glutted (*de,* with). *Nous regorgeons de marchandises,* we are overstocked.

régressif, ive [regrɛsif] *adj.* regressive, on a descending scale.

régression [-sjɔ̃] *f.* drop, throw-back.

regret [rəgrɛ] *m.* regret. *A notre grand regret,* much to our regret. *Nous sommes au regret de vous informer que,* we are exceedingly sorry (we deeply regret) to inform you that, it is with the greatest reluctance that we have to inform you that.

egrettable [-tabl] *adj.* regrettable, unfortunate.

egretter [-te] *vt.* to regret, to be sorry.

égularisation [regylarizasjɔ̃] *f.* FIN. equalization. *Compte de régularisation des revenus,* revenue reserve account. *Compte de régularisation monétaire,* currency equalization fund.

égulariser [-ze] *vt.* to regularize; FIN. to equalize.

régularité [-te] *f.* regularity. *Pour la régularité de nos écritures,* to straighten our accounts.

régulateur, trice [regylatœ:r] *adj.* regulating. FIN. *Stocks régulateurs,* buffer-stocks.

régulier, ère [regylje] *adj.* regular, proper; LAW valid (passeport), normal (procédure).

régulièrement [-ljɛrmɑ̃] *adv.* regularly, duly.

réhabilitation [reabilitasjɔ̃] *f.* LAW discharge (d'un failli).

réhabiliter [-te] *vt.* LAW to discharge.

réimportation [reɛ̃pɔrtasjɔ̃] *f.* reimport.

réimporter [-te] *vt.* to reimport.

réinscrire [reɛ̃skri:r] *vt.* B. K. to re-enter.

réintégrer [reɛ̃tegre] *vt.* LAW to reinstate (fonctionnaire).

réinvestir [reɛ̃vɛsti:r] *vt.* to reinvest, to plough back; U. S. to plow back.

réinvestissement [-tismɑ̃] *m.* reinvestment, ploughing back; U. S. plowing back.

rejet [rəʒɛ] *m.* rejection, disallowance, setting aside. *Rejet d'une réclamation,* disallowance of a claim.

rejeter [rəʒte] *vt.* to reject, to disallow (réclamation), to decline (offre). LAW *Rejeter un pourvoi,* to dismiss an appeal. *Rejeter toute responsabilité,* to disclaim responsibility. *La motion a été rejetée,* the motion was lost.

relâche [rəlɑ:ʃ] *f.* MAR. call, putting in. *Faire relâche dans un port,* to call at a port.

relâchement [-lɑʃmɑ̃] *m.* ST.-EX. slackening; U. S. let-up. *Un relâchement général de la politique d'austérité ne sera possible qu'après un véritable assainissement de l'économie,* there can be no general let-up until the economy is really sound.

relâcher [-lɑʃe] *vi.* MAR. to call, to put in.

relance [rəlɑ̃:s] *f.* restarting (of business), following up (of customers). *Lettre de relance :* **a)** follow-up letter; **b)** letter of reminder; U. S. dunning letter, collection letter. *Mesures de relance économique,* economic pump priming.

relatif, ive [rəlatif] *adj.* **1.** relative. — **2.** relating to, with regard to.

relation [-sjɔ̃] *f.* relation. *Entrer en relations d'affaires avec,* to open up a business connection with. *Relations d'affaires,* business connection. *Relations publiques,* public relations.

relevant, e [rəlvɑ̃] *adj.* LAW dependent (*de,* on).

relevé [rəlve] *m.* **1.** FIN., etc. statement, return, abstract. *Relevé de caisse,* cash statement. *Relevé de compte,* abstract of account, statement of account. *Faire un relevé de compte,* to make out an abstract of account, to draw up a statement of account. *Relevé de votre compte arrêté au 31 mars,* statement of your account made up to 31st March. *Relevé de consommation du gaz,* gas-meter reading. *Relevé de fin de mois,* monthly statement. *Relevé des stocks,* stocktaking; U. S. physical inventory. — **2.** survey (d'un terrain).

relèvement [rəlɛvmɑ̃] *m.* **1.** B. K. making out of a statement (action), statement. — **2.** raising, increase. *Relèvement de l'impôt,* tax increase. *Relèvement des droits de douane,* raising of tariffs. *Relèvement des salaires,* wage increase. *Relèvement du taux d'escompte,* raising of the bank-rate. — **3.** recovery, revival (des affaires).

relever [rəlve] *vt.* **1.** to raise, to increase. *Relever les salaires,* to increase wages. *Des poussées inflationnistes internes ont conduit la banque centrale à relever à nouveau le taux d'escompte de 1/2 point,* domestic inflationary pressures prompted the Central Bank to nudge the bank-rate up another 1/2 point. — **2.** B. K. to make out. *Relever un compte,* to make out a statement of account. — **3.** to discover, to note, to notice (erreur, etc.). — **4.** to survey (terrain). — **5.** LAW to relieve. *Relever qqn de ses fonctions,* to relieve s. o. of his office.

relever *vi.* to be dependent (*de,* on), to be answerable (*de,* to), to be responsible (*de,* to).

reliquat [rəlika] *m.* FIN. remainder, unexpended balance. *Reliquat d'un compte,* balance of an account.

relogement [rəlɔʒmɑ̃] *m.* rehousing.

remaniement [rəmanimɑ̃] *m.* reshuffle, shake-up.

remarque [rəmark] *f.* observation.

remboursable [rɑ̃bursabl] *adj.* repayable, redeemable; U. S. callable. *Remboursable au pair,* repayable at par. *Obligation remboursable,* redeemable bond. *Obligation non remboursable,* irredeemable bond.

remboursement [rɑ̃bursəmɑ̃] *m.* FIN. repayment, refunding, refundment, reimbursement, (effet) retiral. *Appeler des obligations au remboursement,* to give notice of withdrawal of bonds. *Ces titres au prix d'émission de 98 rapportent en gros un peu moins de 6 1/4 % à leur remboursement,* these stocks at the issue price of 98 bring a gross redemption yield of just under 6 1/4 %. *Envoi contre remboursement,* cash on delivery. *Remboursement anticipé,* accelerated redemption. FIN. *Remboursement après attribution,* return on allotment. INS. *Remboursement de prime,* return of premium. CUST. *Remboursement des droits de douane (d'importation),* drawback. FIN. *Remboursement d'une obligation,* redemption of a bond; *remboursement au-dessus du pair,* repayment above par; *remboursement en totalité,* reimbursement in full

rembourser [rɑ̃burse] *vt.* FIN. to repay, to reimburse, to pay off, to refund *Rembourser intégralement,* to pay off in full. *Rembourser un effet,* to retire a bill *Rembourser un emprunt,* to pay off a loan. *Rembourser une obligation,* to redeem a bond.

remédier [rəmedje] *vi.* to cope with

réméré [remere] *m.* repurchase. *Faculté de réméré,* option of repurchase *Vente à réméré,* sale with option of repurchase.

remetteur, euse [rəmɛtœ:r] *adj.* remitting.

remetteur *m.* remitter.

remettre [rəmɛtr] *vt.* **1.** (ajourner) to postpone, to put off. *Vous pouvez remettre la prise en charge de ces actions en payant le report,* you can postpone accepting shares by paying a contango. — **2.** (livrer) to remit, to send in, to deliver, to hand over. *Remettre à l'escompte,* to remit for discount. *Remettre en nantissement,* to lodge as collateral. *Remettre en recouvrement,* to remit for collection. — **3.** (faire grâce de) to allow (discount).

remise [rəmi:z] *f.* **1.** (ajournement) postponement, putting off. — **2.** (rabais) allowance, discount. *Accorder une remise de 5 %,* to make an allowance of 5 %, to grant a 5 % allowance. *Remise sur marchandises,* trade discount; ST.-EX. commission. — **3.** (livraison) delivery, handing over. *Remise à domicile,* delivery at residence. *Contre remise des documents,* against delivery of the documents. — **4.** (effet) remittance. *Envoyer une remise,* to send a remittance. — **5.** *Remise en état,* reconditioning. — **6.** remission. *Remise de dette,* remission of a debt.

remisier [rəmizje] *m.* ST.-EX. remisier, half-commission man.

remonter [rəmɔ̃te] *vi.* to go up again, to be on the increase, on the rise.

remorquage [rəmɔrka:ʒ] *m.* towage. *Droits de remorquage,* towage dues, towage.

remorquer [-ke] *vt.* to tow.

remorqueur [-kœ:r] *m.* tug-boat.

remous [rəmu] *m.* ST.-EX. unrest.

remplacement [rɑ̃plasmɑ̃] *m.* replacement. INS. *Valeur de remplacement,* replacement value.

remplacer [-se] *vt.* to replace, to fill the place of (qqn). *Se faire remplacer,* to find a substitute.

remplir [rɑ̃pli:r] *vt.* **1.** to fill up, to fill in. *Remplir un imprimé,* to fill up a form. — **2.** to fulfil, to comply with. *Remplir les fonctions de,* to serve in the capacity of. *Remplir les formalités requises,* to comply with the required formalities. *Nous pouvons remplir votre commande dans la semaine,* we are in a position to fulfil your order within the week.

rémunérateur, trice [remynera-tœ:r] *adj.* remunerative, profitable; U. S. gainful. *Placement rémunérateur,* profitable investment.

rémunération [-rasjɔ̃] *f.* payment, consideration, compensation. FIN. *Rémunération du capital,* return on capital, yield of capital.

rémunérer [-re] *vt.* to remunerate.

rencaisser [rɑ̃kɛse] *vt.* to recash, to receive back.

renchérir [rɑ̃ʃeri:r] *vt.* to raise, to increase the price of, to make dearer.

renchérir *vi.* to rise in price, to increase in price, to advance in price, to go up.

renchérissement [-rismɑ̃] *m.* increase in price, advance in price, rise in price.

renchérisseur [-risœ:r] *m.* outbidder, runner up of prices.

rendement [rɑ̃dmɑ̃] *m.* yield, output, return; U. S. pull; B. K. cash flow. *Diminution du rendement,* fall in output. *Loi des rendements décroissants,* law of diminishing returns. *Ce placement est d'un rendement peu intéressant,* this investment yields a bad return. *Rendement d'un capital,* return on a capital. *Rendement horaire,* output per hour. *Rendement individuel,* output per man. *Rendement maximal,* peak output. *Rendement moyen d'une action,* average yield of a share. *Rendement net,* net yield, net return.

rendez-vous [rɑ̃devu] *m.* appointment. *Sur rendez-vous,* by appointment.

rendre [rɑ̃:dr] *vt.* **1.** FIN. to yield, to bring in, to return. *Placement qui rend 5 % par an,* investment that brings in 5 % per annum. — **2.** LAW to issue, to deliver. *Rendre un arrêt,* to issue a decree. *Rendre un jugement,* to deliver a judgment.

rendu, e [rɑ̃dy] *adj. Rendu à quai,* free on quay. *Rendu à l'usine,* free factory.

rendu *m.* return, returned article. *Faire un rendu,* to return an article. *Rendus sur achats,* returns outwards. *Rendus sur ventes,* returns inwards.

renfermer [rɑ̃fɛrme] *vt.* to include, to contain.

renflouer [rɑ̃flue] *vt.* to refloat.

renforcement [rɑ̃fɔrsəmɑ̃] *m.* strengthening.

rengager [rɑ̃gaʒe] *vt.* **1.** to repledge, to repawn (mettre à nouveau en gage). — **2.** to re-engage (employé).

renoncer [rənɔ̃se] *vi.* **(à)** to renounce, to waive. *Renoncer à une réclamation,* to waive a claim.

renonciation [-sjasjɔ̃] *f.* LAW renunciation, waiver, disclaimer. *Renonciation à un droit,* waiver of a right.

renouvelable [rənuvlabl] *adj.* renewable.

renouveler [-vle] *vt.* to renew, to roll over. *Renouveler un bail,* to renew a lease. *Renouveler une commande,* to repeat an order. *Renouveler une traite,* to prolong a bill. *Les contrats d'achats de sterling à terme passés par la Banque d'Angleterre ont été simplement renouvelés,* the Bank's purchase contracts for forward sterling have merely been rolled over.

renouveler (se) *v. pr.* FIN. to turn over (capital).

renouvellement [-vɛlmɑ̃] *m.* renewal. *Conditions de renouvellement,* terms of renewal. INS. *Prime de renouvellement,* renewal premium. *Renouvellement d'un contrat,* renewal of a contract.

renseignement [rɑ̃sɛɲmɑ̃] *m.* information. *A titre de renseignement,* by way of information. *Bureau de renseignements,* inquiry office. *Demande de renseignements,* request for information. *Pour renseignements complémentaires, s'adresser à,* for further particulars apply to. *Prendre des renseignements sur,* to make inquiries about. *Renseignements strictement confidentiels,* strictly confidential information. *Renseignements sûrs,* reliable information; U. S. hard data. *Tous renseignements pris,* after full inquiry.

renseigner (se) [sərɑ̃sɛɲe] *v. pr.* to inquire about.

rentabilité [rɑ̃tabilite] *f.* profitableness, profitability, productivity, return on investment; U. S. pay-off. *Limite de rentabilité,* limit of profitability; U. S. profitless point.

rentable [rɑ̃tabl] *adj.* profitable, profit-earning.

rente [rɑ̃:t] *f.* **1.** rente. *La rente française,* French rentes. — **2.** income, annuity, rent. *Biens en rente,* funded property. *Rente amortissable,* redeemable annuity. *Rente annuelle,* yearly income. *Rente à paiement différé,* deferred annuity. *Rente consolidée,* consols. *Rente foncière,* ground rent. *Rente inaliénable,* inalienable pension, alimentary pension. *Rente sur l'Etat,* government annuity. *Rente viagère,* life annuity. *Vivre de ses rentes,* to live on a private income.

rentier [rɑ̃tje] *m.* **1.** investor (détenteur de fonds publics), fundholder. *Petit rentier,* small investor. — **2.** annuitant. — **3.** person of independent means.

rentrée [rɑ̃tre] *f.* **1.** inflow, influx. — **2.** (recouvrement) collection, return, receipt. *Rentrées et sorties de caisse,* cash receipts and payments. *Rentrées fiscales,* inland revenue receipts. *Rentrées journalières,* daily returns, daily receipts. *Les rentrées (effets),* paid bills.

rentrer *vi.* to come in (argent). *Rentrer dans ses frais,* to get back one's outlay. *Rentrer dans une catégorie,* to fall into a category.

renversement [rɑ̃vɛrsəmɑ̃] *m.* turn-round. *Renversement rapide des excédents et déficits,* rapid turn-rounds in surplus and deficit positions.

renvoi [rɑ̃vwa] *m.* **1.** (ajournement) postponement, putting off. — **2.** dismissal, discharge (d'un employé). — **3.** (référence) reference. *Numéro de renvoi,* reference number. — **4.** marginal alteration to a document. — **5.** sending back, return. *Renvoi des emballages vides,* return of empties.

renvoyer [-je] *vt.* **1.** to dismiss, to fire (employé). — **2.** (ajourner) to postpone, to put off. — **3.** to return, to send back, to refer (*à*, to). *Renvoyer un projet à une commission,* to return a bill to a committee. *Veuillez nous retourner le formulaire de demande dûment rempli,* please return the application form duly filled in.

réorganisation [reɔrganizasjɔ̃] *f.* reorganization; U. S. redeployment; FIN. reconstruction.

réorganiser [-ze] *vt.* to reorganize.

réouverture [reuvɛrty:r] *f.* reopening.

réparation [reparasjɔ̃] *f.* **1.** (remise en état) repair, repairing. *Réparations d'entretien,* keeping in repair. *Réparations locatives,* tenant's repairs. *Atelier de réparation,* repairing shop. — **2.** LAW atonement, redress. *Réparation civile,* compensation. *Réparation du dommage,* damages, indemnification. *Réparation du préjudice,* atonement. *Réparation légale,* legal redress.

réparer [-re] *vt.* **1.** to repair. — **2.** to rectify, to make good, to redress. *Réparer les dommages subis,* to make good the damage.

répartir [reparti:r] *vt.* to divide, to apportion, to distribute, to allot. FIN. *Répartir des actions,* to allot shares; *répartir un dividende,* to distribute a dividend. INS. *Répartir une avarie,* to adjust an average. *Répartir une somme entre,* to apportion a sum among. ADM. *Répartir un impôt,* to assess a tax. INS. *Répartir un risque,* to spread a risk. *Toutes les actions ont été réparties,* all the shares have been alloted.

répartiteur [-titœ:r] *m.* **1.** assessor. — **2.** MAR. INS. average adjuster, stater.

répartition [-tisjɔ̃] *f.* **1.** distribution, appropriation, apportionment. *Répartition de l'avarie,* average adjustment. *Répartition des frais,* assignment of expenditures, allocation; U. S. departmentalization. *Répartition du bénéfice,* distribution of profits, appropriation of the profit; U. S. melon-cutting. *Répartition du dividende,* distribution of dividend; U. S. disbursement of dividends. — **2.** FIN. allotment. *Avis de répartition d'actions,* letter of allotment. *Versement intégral à la répartition,* payment in full on allotment. *Versement de répartition,* allotment money. — **3.** FIN. (liquidation) dividend. *Dernière répartition,* final dividend. *Nouvelle répartition,* second distribution. *Première et unique répartition,* first and final distribution. *Répartition entre créanciers,* distribution among creditors.

repasser [rəpɑse] *vt.* to re-examine. *Repasser un compte,* to go into an account again.

répercussion [repɛrkysjɔ̃] *f.* consequential effects; U. S. backwash.

répercuter (se) [sərepɛrkyte] *v. pr.* to have repercussions.

répertoire [repɛrtwa:r] *m.* index list. *Appartenant à un répertoire,* repertorial. *Répertoire d'adresses,* directory.

répertorier [-tɔrje] *vt.* to index.

répéter [repete] *vt.* **1.** to repeat. — **2.** LAW to claim back.

répétition [-tisjɔ̃] *f.* repetition; LAW claiming back.

répit [repi] *m.* respite. *Jours de répit,* days of grace.

répondant [repɔ̃dɑ̃] *m.* LAW surety, security. *Etre le répondant de,* to go bail for.

répondre [repɔ̃:dr] *vi.* **1.** to reply, to answer (*à*, to). *Répondre affirmativement,* to answer in the affirmative. *Veuillez nous répondre par retour du courrier,* a reply by (per) return will oblige. — **2.** *Répondre pour qqn,* to stand surety for s. o. — **3.** *Répondre de qqch.,* to be liable for sth. *La direction ne répond pas de,* the management is not answerable for. *Dans une société en nom collectif, chaque associé répond solidairement avec ses co-associés des dettes et obligations de la société,* in a partnership, every partner becomes jointly liable with his co-partners for the whole of the debts and obligations of the firm. — **4.** to come up to. *Votre dernier envoi ne répond pas à notre attente,* your last consignment does not come up to our expectation. — **5.** St.-Ex. to declare. *Répondre à une prime,* to declare an option.

réponse [repɔ̃:s] *f.* **1.** answer, reply. *Dans l'attente de votre réponse,* awaiting your reply. *En réponse à votre lettre,* in reply to your letter. *Prière d'adresser la réponse à,* all communications to be addressed to. *Référence à rappeler dans votre réponse,* in your reply, please quote. *Réponse payée,* reply paid. — **2.** St.-Ex. *Réponse des primes,* declaration of option, option declaration. *Jour de la réponse des primes,* option declaration day.

report [rəpɔ:r] *m.* **1.** B. K. amount carried forward. *Report à l'exercice suivant,* balance carried forward to next account. *Report à nouveau,* balance to next account. *Report de l'exercice précédent,* balance brought forward from last account. — **2.** B. K. carrying forward, bringing forward. — **3.** B. K. posting. *Reports du journal aux comptes du grand livre,* postings from the journal to the ledger accounts. *Les livres auxiliaires facilitent les reports au grand livre,* subsidiary books facilitate ledger postings. — **4.** St.-Ex. contango, continuation, carrying over. *Devises en report,* foreign exchange on continuation account. *Donner en report,* to give on stock. *Placer des capitaux en report,* to invest money on contango. *Prendre en report,* to continue, to take in stock. *Taux du report,* contango rate, continuation charge. *Un haussier peut demander à un agent de change de reporter une opération à la liquidation suivante contre paiement du report,* a bull may ask a broker to continue the transaction till next settling day on payment of the contango.

reporté [rəpɔrte] *m.* St.-Ex. giver.

reporter *vt.* **1.** B. K. to carry forward, to carry over, to bring forward. *Solde des bénéfices reporté à nouveau sur l'exercice suivant,* balance of profits carried forward to next account. *« A reporter », « reporté »,* " carried forward ". — **2.** B. K. to post. *Reporter un article au grand livre,* to post an item in the ledger. *Le détail des marchandises vendues à crédit est reporté au livre des ventes,* all particulars of goods sold on credit are posted in the sales book. — **3.** St.-Ex. to carry over, to continue. *Reporter une position à la prochaine liquidation,* to carry over a position to next settling day. — **4.** St.-Ex. to take in, to take the rate. *Reporter des titres,* to take in stock, to take the rate on stock. *Titres reportés,* stock taken in.

reporter (se) *v. pr.* to refer (*à,* to).

reporteur [-tœ:r] *m.* St.-Ex. taker.

repos [rəpo] *m.* rest. *De tout repos,* safe, reliable. *Valeur de tout repos,* gilt-edged security; U. S. trustee stock, blue-chips.

repousser [rəpuse] *vt.* to reject.

reprendre [rəprɑ̃:dr] *vt.* **1.** to take over (société). — **2.** to take back (invendus), to trade in (voitures). — **3.** to take up again, to resume (le travail). *Reprendre la question depuis le début,* to investigate the matter from the start.

reprendre *vi.* St.-Ex. to recover, to look up, to improve, to rally, to pick up. *Les cours reprennent,* prices rally, prices are on the look-up. *Le marché reprend,* the market shows an upward tendency.

reprendre (se) *v. pr.* to recover, to look up, to improve.

représentant [rəprezɑ̃tɑ̃] *m.* representative, agent. *Représentant à carte multiple,* general salesman. *Représentant de commerce,* agent, commercial traveller; U. S. traveling salesman. *Représentant exclusif,* sole agent. *Représentant régional,* district representative.

représentation [-tasjɔ̃] *f.* representation, agency. *Frais de représentation,* entertainment expenses.

représenter [-te] *vt.* **1.** to represent. *Représenter une traite à l'acceptation,* to represent a bill for acceptance. *Avant de constater le refus d'acceptation, le notaire représente la traite au paiement,* before noting a bill, the notary public represents it for settlement. — **2.** to represent, to act as an agent for; U. S. to deputize; Law to appear for. *Se faire représenter,* to appoint a representative, a proxy; U. S. a deputy. *Nous représentons la Maison Downson et Cie,* we are agents for Messrs. Downson & Co.

reprise [rəpri:z] *f.* **1.** recovery; U. S. upturn. *Reprise de l'activité économique,* economic recovery, economic resumption, upturn in business, trade revival, business uplift. *Reprise du travail,* resumption of work. ST.-EX. *Reprise marquée des cours,* sharp increase of prices; *amorcer une reprise,* to stage a recovery; *être en reprise,* to rally, to improve, to show an upward tendency. — **2.** *Reprise en compte,* trading in (voitures, etc.), buying in (effets), taking back, return (invendus). [*Indemnité de*] *reprise,* trade-in allowance. LAW *Droit de reprise,* right to recover possession.

reproduction [rəprɔdyksjɔ̃] *f.* copy, duplicating, reproduction. « *Reproduction interdite* », " Copyright reserved ". *Droits de reproduction,* copyright.

répudiation [repydjasjɔ̃] *f.* LAW renunciation, relinquishment.

répudier [-dje] *vt.* LAW to renounce, to relinquish.

réputation [repytasjɔ̃] *f.* fame, reputation. *De mauvaise réputation,* in ill repute, disreputable. *Jouir d'une bonne réputation,* to have a good reputation.

requérant [rəkerɑ̃] *m.* LAW claimant, plaintiff.

requête [rəkɛ:t] *f.* LAW petition, address. *Requête civile,* appeal against a judgment.

requis, e [rəki] *adj.* required, requested.

réquisitionner [rekizisjɔne] *vt.* to requisition.

rescinder [rəssɛ̃de] *vt.* LAW to rescind, to annul, to cancel.

rescision [rɛssizjɔ̃] *f.* LAW rescission, annulment.

réseau [rezo] *m.* network. RAIL *Réseau ferré,* railway network.

réservataire [rezɛrvatɛ:r] *adj.* LAW *Héritier réservataire,* heir who has a right to part of an inheritance.

réservation [-sjɔ̃] *f.* reservation, booking. « *La réservation* », the booking-office.

réserve [rezɛrv] *f.* **1.** (condition) reserve. *Acceptation sans réserves,* clean acceptance, general acceptance. *Acceptation sous réserve,* qualified acceptance. *Accepter sous réserve,* to qualify one's acceptance. *Apporter une réserve,* to enter a reservation. MAR. *Connaissement avec réserve (ou clausé),* uncleaned, foul, claused B/L; *connaissement sans réserve (ou non clausé),* clean B/L, fair B/L. *Sans réserve,* unreservedly, clean (signature). *Sous réserve d'approbation,* subject to approval. *Sous réserve de nos droits,* without prejudice to our rights. *Sous réserve des prescriptions statutaires,* subject to the provisions of the articles. *Sous réserve que,* provided that. *Sous toutes réserves,* without committing oneself. *Se tenir sur la réserve,* to be non-committal. — **2.** FIN. reserve, retentions. *Affectation à la réserve légale,* allocation to legal reserve. *Affecter une somme aux fonds de réserve,* to appropriate, to allocate a sum to the reserve fund. *Compte de réserve,* reserve account. *Le conseil d'administration propose de maintenir le dividende au prix d'une réduction des réserves,* the board recommended to maintain dividends at the cost of reduced retentions. *Puiser dans les réserves (recourir aux réserves),* to draw on the reserves. *Réserve de prévoyance,* contingency reserve. *Réserve disponible,* available reserve, liquid assets. *Réserve fiscale,* reserve for taxation. *Réserve générale,* surplus. *Réserve latente,* hidden reserve. *Réserve légale :* **a)** FIN. legal reserve, minimum reserve requirements; **b)** LAW the legal portion to which heirs are entitled. *Réserve métallique,* bullion reserve, metallic reserve. *Réserve obligatoire,* required reserve. *Réserve pour créances douteuses,* bad debts reserve. *Réserve pour éventualités diverses,* special contingency fund. *Réserve prime d'émission,* premium reserve. *Réserves réduites,* reduced retentions, curtailed reserve. *Réserve statutaire,* statutory reserve, reserve provided by the articles. — **3.** stock in hand; U. S.

stockpile. *Mettre en réserve,* to stock; U. S. to stockpile. — **4.** storehouse (de magasin).

réservé, e [-ve] *adj.* reserved. *Tous droits réservés,* all rights reserved.

réserver *vt.* to reserve, to set aside, to book (place). *Réserver sa décision,* to postpone one's decision.

réserver (se) *v. pr.* to reserve; ST.-EX. to hold back. *Se réserver le droit de,* to reserve the right to. *Le marché est calme, les spéculateurs se réservent,* the market is quiet, bulls and bears hold back.

résidence [rezidɑ̃:s] *f.* residence.

résident [-dɑ̃] *m.* resident.

résidu [rezidy] *m.* FIN. fraction (of stock).

résiliable [reziljabl] *adj.* LAW able to be cancelled.

résiliation [-ljasjɔ̃] *f.* LAW cancelling, termination, full disclosure, denonciation (contrat). *Cours de résiliation,* invoicing back price.

résilier [-lje] *vt.* to annul, to cancel, to terminate.

résistance [rezistɑ̃:s] *f.* ST.-EX. strength.

résistant, e [-tɑ̃] *adj.* strong. *Couleur résistante,* fast colour. ST.-EX. *Marché résistant,* strong market.

résister [-te] *vi.* FIN. to hold up, to hold firm.

résoluble [rezɔlybl] *adj.* LAW cancellable, terminable.

résolution [-lysjɔ̃] *f.* **1.** LAW cancellation, termination, rescission. *Action en résolution de contrat,* action for rescission of contract. — **2.** decision, resolution. *Adopter une résolution,* to pass, to carry a resolution.

résolutoire [-lytwa:r] *adj.* LAW resolutory, of avoidance.

résorber [rezɔrbe] *vt.* to solve (crise économique), to absorb, to mop up (déficit).

résoudre [rezu:dr] *vt.* **1.** LAW to cancel, to terminate, to rescind. — **2.** (décider) to solve, to clear up, to settle.

respect [rɛspɛ] *m.* observance. *Non-respect des conditions,* non-observance of conditions.

respecter [rɛspɛkte] *vt.* to observe, to respect.

responsabilité [rɛspɔ̃sabilite] *f.* responsibility, liability. *Responsabilité civile,* public liability. *Responsabilité limitée,* limited liability. *Responsabilité patronale,* employer's liability. *Assumer la responsabilité,* to assume the responsibility. *Décharger d'une responsabilité,* to release from the responsibility. *Déterminer la responsabilité,* to establish the responsibility. *La responsabilité incombe à l'expéditeur,* the responsibility lies with the consignor, rests with the consignor. *Votre responsabilité nous paraît engagée,* your responsibility seems involved.

responsable [-sabl] *adj.* responsible, accountable, liable (*envers,* to; *devant,* before). *Civilement responsable,* liable for damages. *Tenir responsable de,* to hold responsible for.

ressaisir (se) [sərəsɛzi:r] *v. pr.* ST.-EX. to rally, to pick up.

resserrement [rəsɛrmɑ̃] *m.* FIN. tightness, scarcity. *Resserrement du crédit,* squeeze on credit, credit squeeze, credit tightening.

resserrer [-sɛre] *vt.* FIN. to tighten, to squeeze.

ressort [rəsɔ:r] *m.* province, scope, competence. *Ce n'est pas de notre ressort,* that does not fall within our province, is not in our line; U. S. is off our beat.

ressortir [rəsɔrti:r] *vt.* B.K. to bring out, to show. *Faire ressortir,* to bring out. *Le bilan de notre société fait ressortir un bénéfice de,* the balance sheet of our company shows a profit of. *Comme il ressort des documents ci-joints,* as appears from the appended documents.

ressortir *vi.* LAW to be amenable (*à,* to), to come under the jurisdiction of.

ressortissant [-tisɑ̃] *m.* national, subject.

ressource [rəsu:rs] *f.* resource, funds.

restant [rɛstɑ̃] *m.* remainder, surplus. *Restant de compte,* balance of account.

restauration [rɛstɔrasjɔ̃] *f.* restoration (finances).

restaurer [-re] *vt.* to restore.

reste [rɛst] *m.* remainder; FIN. balance. *Le reste par mensualités,* the balance in monthly instalments.

rester [rɛste] *vi.* to remain. *Ces règlements restent en vigueur,* these regulations remain in force. *Les pétroles restent ferme,* oil-shares continued strong.

restituable [rɛstitɥabl] *adj.* returnable, repayable.

restituer [-tɥe] *vt.* to return, to restore.

restitution [-tysjɔ̃] *f.* return, restitution. CUST. *Restitution des droits d'entrée,* drawback.

restreindre [rɛstrɛ̃:dr] *vt.* to restrict, to squeeze, to curtail, to retrench. *Restreindre les dépenses,* to curtail the expenses. *Le resserrement du crédit a restreint nos marges bénéficiaires,* owing to credit restrictions, our profit margins are narrowed.

restreint, e [-trɛ̃] *adj.* restricted. FIN. *Acceptation restreinte,* partial acceptance. ST.-EX. *Activité restreinte,* restricted dealings.

restrictif, ive [rɛstriktif] *adj.* restrictive. LAW *Clause restrictive,* saving clause, proviso.

restriction [-sjɔ̃] *f.* restriction, limitation. *Imposer des restrictions à la sortie des capitaux,* to curb the capital outflow. *Restriction à la liberté du commerce,* restraint of trade. *Restriction de crédit,* credit squeeze, restraint on credit. *Restrictions qualitatives,* qualitative restrictions. *Restrictions quantitatives,* quantitative restrictions.

restructuration [rəstryktyrasjɔ̃] *f.* restructuration.

restructurer [-tɥre] *vt.* to re-structure.

résultat [rezylta] *m.* result. *Avoir pour résultat,* to lead to, to result in. *Résultats de l'exercice,* trading results.

résulter [-te] *vi.* to result, to follow, to arise. LAW *Résulter d'une enquête,* to be established by an inquiry.

résumé [rezyme] *m.* summary, summing up.

résumer *vt.* to summarize, to sum up.

rétablir [retabli:r] *vt.* to restore.

rétablir (se) *v. pr.* to recover, to be looking up.

rétablissement [-blismɑ̃] *m.* recovery; U. S. pick-up.

retard [rəta:r] *m.* delay. *Compte en retard,* outstanding account, overdue account; U.S. delinquent account. *Contribuable en retard,* tax-payer in arrears; U. S. delinquent tax-payer. *Etre en retard,* to be behind with, to be in arrear with. *Majoration pour retard de paiement* (des impôts), delinquent taxes. *Paiement en retard,* payment in arrear. *Sans retard,* without delay. *Subir un retard,* to be delayed. *Notre commande ne souffre aucun retard,* our order cannot be delayed.

retardataire [rətardatɛ:r] *adj.* in arrear(s), late.

retarder [-de] *vt.* to delay, to put off, to defer.

retenir [rətəni:r] *vt.* **1.** to deduct, to keep back, to stop, to retain. *Après la grève, la direction a retenu 10 livres sur nos salaires,* after the strike, the management stopped £ 10 out of our wages. — **2.** to book, to reserve (place). — **3.** to carry. *3 fois 8, 24, je pose 4 et je retiens 2,* 3 times 8, 24, I put down 4 and carry 2.

rétention [retɑ̃sjɔ̃] *f.* LAW retaining. *Droit de rétention,* lien. *Le paiement du fret est garanti par le droit de rétention sur la cargaison,* the payment of the freight is secured by a lien on the cargo.

retentissement [rətɑ̃tismɑ̃] *m.* repercussion. *La haute conjoncture actuelle a un profond retentissement sur le marché,* the present business boom causes considerable stir on the market.

retenue [rətəny] *f.* deduction, stoppage, retention, withholding. *Faire une retenue de 10 % sur les salaires,* to stop, to deduct 10 % on wages. *Retenue de marchandises en douane,* holding up of goods at the customs. *Retenues sur les salaires pour l'alimentation de la caisse de prévoyance du personnel,* retention on wages for the maintenance of the staff provident fund.

retirer [rətire] *vt.* **1.** to withdraw. *Retirer de l'argent,* to withdraw money. CUST. *Retirer des marchandises de la douane,* to take goods out of bond, to clear goods. FIN. *Retirer un dépôt,* to withdraw a deposit; *retirer un effet,* to retire, to take up a bill. LAW *Retirer une plainte,* to withdraw an action. *Les marchandises en douane destinées à la consommation intérieure ne peuvent être retirées avant paiement des droits,* goods in bond cannot be removed for home consumption before payment of duties. — **2.** to draw, to derive (profit).

retirer (se) *v. pr.* to retire.

retour [rətu:r] *m.* **1.** return. *Chargement de retour,* return cargo. *Prière d'accuser réception par retour,* please acknowledge receipt by return of post. POST *Retour à l'envoyeur,* return to sender. FIN. *Retour sans frais,* protest waived in case of dishonour, " incur no expenses ". *Retours sur ventes,* sales returns. — **2.** FIN. dishonoured bill. — **3.** MAR. homeward voyage. *Marché des affrètements en retour,* homeward charter market.

retournement [-nəmɑ̃] m. switch back, turn round.

retourner [-ne] *vt.* to return. *Le chèque a été retourné par la banque avec la mention « compte bloqué »,* the cheque was returned stamped " payment stopped by the bank ". *Marchandises retournées,* returns.

retrait [rətrɛ] *m.* withdrawal, retirement, calling in. LAW *Cette procuration restera valide jusqu'à ce que notification expresse de son retrait soit faite à,* this procuration will remain valid until such time as express notification of its withdrawal is received by. FIN. *Retrait de fonds,* withdrawal of funds. CUST. *Retrait de l'entrepôt,* removal from bond. FIN. *Retrait d'un dépôt,* withdrawal of a deposit.

retraite [rətrɛt] *f.* **1.** FIN. redraft, re-exchange (d'une traite). — **2.** pension. *Avec droits à la retraite,* superannuable. *Caisse de retraite,* superannuation fund, pension fund. *Demander sa mise à la retraite,* to apply to be retired on pension. *Mis à la retraite,* superannuated, pensioned off. *Prendre sa retraite,* to retire on a pension. *Service comptant pour la retraite,* service that counts towards pension.

retraité [-te] *m.* pensioner; U. S. retiree.

retranchement [rətrɑ̃ʃmɑ̃] *m.* cutting off.

retrancher [-ʃe] *vt.* to cut off, to lop off. *Retrancher sur (de),* to deduct from.

rétribuer [retribɥe] *vt.* to pay, to remunerate.

rétribution [-bysjɔ̃] *f.* remuneration. *Sans rétribution,* unpaid, honorary.

rétroactif, ive [retroaktif] *adj.* LAW retrospective, retroactive.

rétroactivité [-aktivite] *f.* retrospective effect. *Traitement avec rétroactivité à compter du 1er octobre,* salary with arrears as from Ist October.

rétrocéder [-sede] *vt.* LAW to retrocede, to reconvey, to reassign.

rétrocession [-sɛsjɔ̃] *f.* LAW retrocession, reconveyance. *Rétrocession d'une créance,* assignment of a claim.

rétrograde [-grad] *adj.* backward.

rétrograder [-grade] *vi.* to fall back, to retrogress, to relapse.

rétrospective [-spɛktiv] *f.* retrospect.

réunion [reynjɔ̃] *f.* **1.** meeting. *Réunion d'actionnaires,* meeting of shareholders. *Réunion du conseil d'administration,* board meeting. *Salle de réunion,* assembly room. *Tenir une réunion générale,* to hold a general meeting. — **2.** merger, fusion, amalgamation.

réunir [-ni:r] *vt.* to convene, to call together (assemblée).

réunir (se) *v. pr.* to meet.

réussir [reysi:r] *vi.* to succeed (*à*, in).

revalorisation [rəvalɔrizasjɔ̃] *f.* revalorization.

revaloriser [-ze] *vt.* to revalue, to revalorize.

révéler [revele] *vt.* to disclose.

revendable [rəvɑ̃dabl] *adj.* resaleable.

revendeur [-dœ:r] *m.* reseller, retailer.

revendication [rəvɑ̃dikasjɔ̃] *f.* claim. *Emettre une revendication,* to set up a claim. *Revendication de salaires,* wage-claims.

revendiquer [-ke] *vt.* to claim.

revendre [rəvɑ̃:dr] *vt.* **1.** to resell. FIN. *Revendre des titres,* to sell out stocks. — **2.** ST.-EX. to sell out. *Revendre (exécuter) un acheteur,* to sell out against a buyer.

revenir [rəvni:r] *vi.* **1.** to come to, to cost, to amount to. *Cela vous reviendra à 500 F,* that will cost you F 500. — **2.** to come back to, to return to. *La somme qui nous revient,* the amount due to us.

revente [rəvɑ̃:t] *f.* **1.** resale. — **2.** ST.-EX. selling out.

revenu [rəvəny] *m.* **1.** income (personne, etc.), revenue (Etat). *Déclaration de revenus,* income-tax return. *Groupes à grands revenus,* higher income brackets. *Groupes à faibles revenus,* lower income brackets. *Revenu de portefeuille-titres,* income from holdings. *Revenu de société commerciale,* corporate income. *Revenu disponible,* disposable income. *Revenu imposable,* taxable income. *Revenu national,* public revenue, national income. *Revenu national au coût des facteurs,* national income at factor cost. *Revenu national brut,* gross national income. *Revenu net,* net income, net worth; U. S. proprietorship. *Revenu personnel disponible,* personal disposable income. *Valeur à revenu fixe,* fixed-interest security. — **2.** yield (d'investissement). *Revenus fixes,* income from fixed yield investments. *Revenus variables,* income from variable yield investments.

revers [rəvɛ:r] *m.* **1.** reverse, setback (de fortune). — **2.** reverse side (d'une pièce).

reverser [rəvɛrse] *vt.* to transfer.

réversibilité [revɛrsibilite] *f.* LAW reversibility.

réversible [-sibl] *adj.* LAW reversible, reversionary. *Rente réversible,* two-life annuity.

réversion [-sjɔ̃] *f.* LAW reversion.

revient [rəvjɛ̃] *m. Etablir le prix de revient,* to cost. *Etablissement des prix de revient,* costing. *Prix de revient,* cost price, manufacturing cost, prime cost.

revirement [rəvirmɑ̃] *m.* **1.** sudden change. *Revirement en hausse,* upturn. — **2.** FIN. transfer, making over.

reviser [rəvize], **réviser** [revize] *vt.* **1.** to revise; U. S. to recalipher (tarif). — **2.** B.K. to audit. — **3.** LAW to reconsider. — **4.** IND. to overhaul (avion, etc.).

révision [revizjɔ̃] *f.* **1.** B.K. auditing. — **2.** LAW reconsideration. — **3.** IND. overhauling.

révocable [revɔkabl] *adj.* **1.** FIN., LAW revocable. *Crédit documentaire révocable,* revocable documentary credit. — **2.** ADM. removable (fonctionnaire).

révocation [-kasjɔ̃] *f.* **1.** FIN., LAW revocation, cancellation. — **2.** ADM. removal, dismissal (d'un fonctionnaire).

révoquer [-ke] *vt.* **1.** to revoke, to cancel. — **2.** ADM. to dismiss, to remove from office.

revue [rəvy] *f.* magazine, review. *Revue privée d'une entreprise,* house-organ. *Revues professionnelles,* trade papers.

rigoureux, euse [rigurø] *adj.* exacting, drastic, cogent (mesures).

risque [risk] *m.* **1.** risk. *Aux risques de l'expéditeur,* at sender's risks. *Aux risques et périls du destinataire,* at consignee's risks. — **2.** INS. *L'assurance est une mise en commun des risques,* insurance is a pooling of risks. *Assurance tous risques,* all-in policy, all-risks policy, comprehensive policy. *Comporter des risques,* to involve risks. *Courir un risque,* to incur a risk. *Couvrir le risque,* to cover the risk. *Risque assuré,* risk taken up, risk subscribed. *Risque d'allèges,* craft risk. *Risque de port sur corps,* hull port risk. *Risque de transbordement,* transhipment risk. *Risque d'incendie,* fire risk. *Risque locatif,* tenant's third party risk. *Risque maritime,* sea risk. *Souscrire un risque,* to underwrite a risk. — **3.** (personne ou chose assurée) risk. *Un bon risque,* a good risk. *Un mauvais risque,* a bad risk.

risquer [-ke] *vt.* to risk, to venture.

ristourne [risturn] *f.* **1.** B.K. transfer, writing back. — **2.** FIN. refund, return (d'excédent). — **3.** rebate (rabais). — **4.** INS. : **a)** repayment of premium; **b)** cancelling.

ristourner [-ne] *vt.* **1.** B.K. to write back, to transfer. — **2.** FIN. to return, to refund. — **3.** INS. to cancel, to annul (police).

rodage [rɔda:ʒ] *m.* running in; U. S. breaking in. *Période de rodage,* running in period; U. S. breaking in period.

rogner [rɔɲe] *vt.* to cut down, to whittle down.

rôle [ro:l] *m.* list; LAW rôle, cause-list; U. S. calendar, docket. *A tour de rôle,* in rotation, by rotation. MAR. *Rôle d'équipage,* crew list. *Rôle des impôts,* assessment book.

rompre [rɔ̃:pr] *vt.* to break. *Rompre un contrat,* to break off a contract. *Rompre un marché,* to call off a bargain.

rompu, e [rɔ̃py] *adj.* experienced (*à,* in).

rompu *m.* FIN. fraction.

rond, e [rɔ̃] *adj.* round. *En chiffres ronds,* in round figures.

rotation [rɔtasjɔ̃] *f.* rotation, circulation. *Rotation des capitaux,* capital turnover. *Rotation des stocks,* stock turnover.

rouage [rua:ʒ] *m.* machinery.

roulage [rula:ʒ] *m.* haulage, cartage. *Entrepreneur de roulage,* haulage contractor, carrier, cartage contractor.

roulant, e [-lɑ̃] *adj.* FIN. floating, circulating. RAIL *Matériel roulant,* rolling stock.

roulement [-lmɑ̃] *m.* **1.** FIN. turnover (capital). *Fonds de roulement,* working capital. *Roulement de fonds,* turnover, circulation of capital. — **2.** rotation.

rouler [-le] *vi.* FIN. to circulate, to fluctuate.

routage [ruta:ʒ] *m.* dispatching.

route [ryt] *f.* **1.** route, itinerary. — **2.** transit, voyage, journey, route.

routine [rutin] *f.* routine.

rubrique [rybrik] *f.* heading, section. *Rubrique annonces,* advertisement column. ST.-EX. *Rubrique de la cote,* section of the Stock-Exchange list. *Sous la rubrique de,* under the heading of.

ruée [rɥe] *f.* rush, run. *Ruée sur les banques,* run on banks.

ruine [rɥin] *f.* collapse, downfall.

ruiner [-ne] *vt.* to ruin.

rupture [rypty:r] *f.* breaking, breakage, breaking off. *Rupture de contrat,* breach of contract. CUST. *Rupture de scellement,* breakage of seals. *Charge de rupture,* breaking-load.

rythme [ritm] *m.* rate, tempo. *Le rythme des commandes s'est considérablement ralenti,* the rate of ordering has noticeably sobered down.

S

sabotage [sabɔta:ʒ] *m.* sabotage, rattening.

saboter [-te] *vt.* **1.** to sabotage, to ratten. — **2.** FAM. to botch, to bungle (travail).

sac [sak] *m.* sack, bag.

saccageur [sakaʒœ:r] *m.* slaughterer. *Saccageur de prix,* price-slaughterer.

sacrifice [sakrifis] *m.* sacrifice.

sacrifier [-fje] *vt.* to sacrifice. *Article sacrifié,* article sold at a sacrifice; U. S. loss leader. *Marchandises sacrifiées,* sacrificed goods; U. S. distress goods.

sain, e [sɛ̃] *adj.* sound. *Monnaie saine,* hard currency.

saisi [sɛzi] *m.* LAW distrainee.

saisie *f.* LAW seizure, distraint; MAR. embargo. *Lever la saisie,* to withdraw the seizure. *Opérer une saisie,* to levy a distress. *Saisie-arrêt,* attachment, garnishment. *Saisie conservatoire,* seizure for security. *Saisie-exécution,* execution, distress. *Saisie-gagerie,* writ of execution. *Saisie immobilière,* attachment of real estate. *Saisie mobilière,* seizure of movable property. *Saisie-revendication,* seizure under a prior claim.

saisir [-zi:r] *vt.* **1.** LAW to seize, to attach (biens meubles), to distrain upon (marchandises), to lay an embargo (sur un navire). *Saisir une hypothèque,* to foreclose a mortgage. *Faire saisir qqn,* to sell s.o.up. *Débiteur saisi,* debtor attached. — **2.** to catch, to take, to grasp. *Saisir une occasion,* to avail oneself of an opportunity. LAW *Saisir un tribunal d'un différend,* to refer a matter to a court.

saisissable [sɛzisabl] *adj.* distrainable (marchandises), attachable (revenus).

saison [sɛzɔ̃] *f.* season. *Haute saison,* peak season. *Morte saison,* slack time, dull period. *La saison bat son plein,* the season is in full swing. *Saison prochaine,* forthcoming season.

saisonnier, ère [-zɔnje] *adj.* seasonal. *Baisse saisonnière,* seasonal drop. *Chômage saisonnier,* seasonal unemployment. *Facteurs saisonniers,* seasonal factors.

salaire [salɛ:r] *m.* wage, pay, (mensuel) salary. *Augmentation de salaire,* wage increase, rise in wage; U. S. raise in wages. *Bloquage des salaires,* wage freeze. *Echelle mobile des salaires,* sliding wage scale; U. S. wage escalation. *Hausse des salaires,* wage increase; U. S. wage hike. *Prière d'indiquer le salaire demandé,* " stating salary required ". *Réduction des salaires,* reduction of wages. *Retenue sur les salaires,* wage stop, retention on wages. *Revendications de salaire,* wage-claims. *Salaire à forfait,* job wage. *Salaire à la pièce,* piece wage, piece rate earnings. *Salaire au rendement,* efficiency wage; U. S. incentive wages. *Salaire de base,* base rate. *Salaire extra-conventionnel,* extra contractual wage. *Salaire indexé,* index-linked wage. *Salaire indifférent,* salary no object. *Salaire mensuel,* earnings per month. *Salaire minimal garanti,* minimum guaranteed wage, guaranteed hourly rate. *Salaire net;* U. S. take home. *Salaires nominaux,* money wages. *Salaire stimulant,* efficiency wage; U. S. incentive wages. *Spirale des prix et salaires,* wage-price spiral. *Toucher son salaire,* to draw one's salary.

salarial, e [-larjal] *adj.* expenditure. *Masse salariale,* pay packet. *Revenus salariaux,* earned income.

salariat [-larja] *m.* wage earning class, employees.

salarié [-larje] *m.* wage earner, salaried employee.

salle [sal] *f.* room. LAW *Salle d'audience,* court-room. *Salle des dactylographes,* typists' pool. *Salle des ventes,* sale-room. *Salle d'exposition,* show-room.

salon [salɔ̃] *m.* show. *Salon de l'automobile,* car-show.

salutaire [salytɛ:r] *adj.* beneficial.

sanctionner [sɑ̃ksjɔne] *vt.* to sanction, to approve.

sans [sɑ̃] *prép.* without. ST.-EX. *Sans affaires,* idle. FIN. *Sans avis,* without advice; *sans compte de retour,* no expenses. ST.-EX. *Sans cotation,* unquoted, no quotation. FIN. *Sans frais,* " incur no expenses ". MAR. *Sans nouvelles,* missing. *Sans préjudice de,* without prejudice to. ST.-EX. *Sans transaction,* no dealings.

sans-travail [sɑ̃trava:j] *m. pl.* the unemployed.

satisfaction [satisfaksjɔ̃] *f.* satisfaction. *Donner satisfaction,* to prove satisfactory, to satisfy. ADM. *Témoignage de satisfaction,* expression of commendation.

satisfaire [satisfɛ:r] *vt.* to satisfy. *Satisfaire ses créanciers,* to satisfy one's creditors. *Nos stocks sont insuffisants pour satisfaire la demande,* our stocks are inadequate to meet the demand.

satisfaire *vi.* to meet, to comply with (conditions, etc.). *Satisfaire à ses engagements,* to meet one's commitments, to meet one's liabilities.

satisfaisant, e [-fəzɑ̃] *adj.* satisfying, satisfactory. *Peu satisfaisant,* unsatisfactory.

satisfait, e [-fɛ] *adj.* satisfied, contented (*de,* with).

saturation [satyrasjɔ̃] *f.* saturation. *Point de saturation,* saturation point.

saturé, e [-re] *adj.* saturated, seized up. *Le marché est saturé,* the market is glutted, overstocked, seized up.

sauf, sauve [sof, so:v] *adj.* safe. *Sauf-conduit,* safe-conduct.

sauf *prép.* save, except. *Sauf accidents,* barring accidents. *Sauf avis contraire de votre part,* failing your advice to the contrary, unless I hear to the contrary. FIN. *Sauf bonne fin,* under usual reserve. *Sauf convention contraire,* unless otherwise agreed. *Sauf dispositions contraires de la police,* save as otherwise provided in the policy. *Sauf erreur ou omission,* errors and omissions excepted (E. & O. E.). *Sauf imprévu,* circumstances permitting, barring unforeseen circumstances. ST.-EX. *Sauf mieux,* or better. *Sauf stipulations expresses,* unless expressly stipulated. *Sauf vendu,* subject to prior sale.

sauvegarde [sovgard] *f.* safeguard. *Clause de sauvegarde,* saving clause; U. S. hedge clause.

sauvegarder [-de] *vt.* to protect, to watch over.

sauvetage [sovta:ʒ] *m.* MAR. salvage. *Frais de sauvetage,* salvage expenses, salvage dues.

savoir-faire [savwa:rfɛ:r] *m.* ability.

sceau [so] *m.* seal. *Garde des Sceaux,* Keeper of the Seals.

scellé [sɛle] *m.* seal. *Apposer les scellés,* to affix the seals. *Briser les scellés,* to break the seals. *Lever les scellés,* to remove the seals.

scellement [sɛlmɑ̃] *m.* seal. CUST. *Rupture de scellement,* breakage of seals. *Nous certifions par la présente que les marchandises nous ont été représentées sous scellement intact,* we hereby certify that the goods were re-submitted to us with their seals intact.

sceller [sɛle] *vt.* to seal; LAW to affix an official seal.

schéma [ʃema] *m.* diagram.

schématique [-tik] *adj.* schematic.

schématiser [-tize] *vt.* to schematize.

scinder [sɛ̃de] *vt.* to divide, to split up.

script [skript] *m.* scrip-certificate.

scriptural, e [-tyral] *adj.* scriptural.

scrutin [skrytɛ̃] *m.* ballot, poll.

séance [seɑ̃:s] *f.* meeting, session. *Déclarer la séance ouverte,* to open the meeting. *Séance de clôture,* closing session.

seconder [səgɔ̃de] *vt.* to back up, to promote.

secours [səku:r] *m.* help, aid, rescue. *Secours maladie,* sick-benefit. *Caisse de secours,* relief fund. *Société de secours mutuels,* mutual benefit society.

secret, ète [səkrɛ] *adj.* secret.

secret *m.* secret. *Secret professionnel,* professional secrecy. *Tenu au secret,* bound to secrecy.

secrétaire [səkretɛ:r] *m.* secretary. *Secrétaire de direction,* executive secretary, assistant principal. *Secrétaire de la rédaction,* sub-editor. *Secrétaire général,* secretary-general. *Secrétaire particulier,* private secretary, confidential clerk.

secrétariat [-tarja] *m.* **1.** secretaryship (fonction). — **2.** secretary's office.

secteur [sɛktœ:r] *m.* sector, area. *Secteur de vente,* sales area, trading area. *Secteur privé,* private sector, the personal sector. *Secteur public,* public sector. *Secteur tertiaire,* tertiary activities.

section [sɛksjɔ̃] *f.* section, branch. B. K. *Section auxiliaire,* service department; U. S. burden center.

sectionnel, elle [-sjɔnɛl] *adj.* sectional. *Comptabilité sectionnelle,* burden center accounting.

sécurité [sekyrite] *f.* safety. *Coefficient de sécurité,* safety factor. *Marge de sécurité,* safety margin. *Sécurité sociale,* social security. *Numéro d'immatriculation à la sécurité sociale,* social security number.

seing [sɛ̃] *m.* LAW *Acte sous seing privé,* simple contract, deed under private seal.

séjour [seʒu:r] *m.* stay. *Taxe de séjour,* visitor's tax.

séjourner [seʒurne] *vi.* to stay.

sélectionner [selɛksjɔne] *vt.* to choose, to select; U. S. to screen.

selon [səlɔ̃] *prép.* according to.

semestre [səmɛstr] *m.* half-year; FIN. six months' income (rente), six months' salary.

semestriel, elle [-trjɛl] *adj.* half-yearly; U. S. semi-annual.

séminaire [seminɛ:r] *m.* seminar.

semi-officiel, elle [səmiɔfisjɛl] *adj.* semi-official.

semi-ouvré, e [səmiuvre] *adj.* semi-manufactured; U. S. work in progress.

sensible [sɑ̃sibl] *adj.* appreciable, tangible.

sentence [sɑ̃tɑ̃:s] *f.* LAW decision, award, sentence.

séparation [separasjɔ̃] *f.* separation. LAW *Séparation de biens,* separate maintenance.

séparer (se) [səsepare] *v. pr.* to break up (assemblée).

séquestration [sekɛstrasjɔ̃] *f.* LAW sequestration.

séquestre [-kɛstr] *m.* **1.** LAW sequestration; MAR. embargo. *Mise sous séquestre,* receivership. *Ordonnance de mise sous séquestre,* receiving order. *Sous séquestre,* sequestered. *Mettre sous séquestre,* to sequester. — **2.** LAW receiver, trustee, depositary. *Administrateur-séquestre,* official receiver; U. S. judicial factor.

séquestrer [-kɛstre] *vt.* LAW to sequester; MAR. to lay an embargo upon.

série [seri] *f.* **1.** set (documents). — **2.** range, line (échantillons). — **3.** IND. series, lot, run, batch. *En série,* in series. *Fabrication en série,* mass-production, standardized production. *Fin de série,* remnant. *Hors série,* specially manufactured. *Présérie,* pilot run. *Voiture de série,* car of standard model. *De série,* standardized; U. S. run-of-the-mill.

sérier [-rje] *vt.* to seriate.

serment [sɛrmɑ̃] *m.* oath. LAW *Faire prêter serment,* to administer the oath. *Prêter serment,* to take an oath, to be sworn. *Pour obtenir une facture consulaire, un exportateur doit prêter serment,* an exporter must take an oath to obtain a consular invoice.

service [sɛrvis] *m.* 1. service, department. *Années de service,* years of service. *Indications de service,* service instructions. *Nécessités du service,* service requirements. *Services administratifs,* administrative department. *Service après vente,* after-sale service, finished goods and service departments. *Service commercial,* commercial department; U. S. merchandising department. *Service de groupage,* joint cargo service. *Service de la comptabilité,* accounts department; U. S. counting-house, counting-room. *Service de la facturation,* billing department. *Service de la publicité,* advertising department. *Service de l'expédition,* forwarding department, dispatch service. *Service de livraison,* delivery service. *Service des achats,* purchasing department. *Service des réclamations,* claims department. *Service du contentieux,* solicitor's department, law department. *Service du portefeuille,* bills department. *Services publics,* public utilities; U. S. utilities. *Service social,* welfare department. — 2. FIN. payment, service. *Service d'intérêts,* payment of interest. *Service d'un emprunt,* service of a loan.

servir [-vi:r] *vt.* to serve.

servitude [-vityd] *f.* LAW easement, charge.

sidérurgie [sideryrʒi] *f.* iron, metallurgy, siderurgy.

sidérurgique [-ʒik] *adj.* iron working.

siège [sjɛ:ʒ] *m.* registered office, head office. *Siège social,* head office.

sigle [sigl] *m.* acronym.

signaler [siɲale] *vt.* to report.

signalétique [-letik] *adj.* LAW descriptive. *Etat signalétique,* descriptive report.

signataire [siɲatɛ:r] *m.* signer, signatory.

signature [-ty:r] *f.* signature (nom), signing (action). *Apposer sa signature,* to sign, to set one's hand to, to append one's signature. *Avoir la signature,* to be authorized to sign for a firm, to have signatory power. *Légalisation d'une signature,* authentication of a signature. *Présenter à la signature,* to submit for signature. *Vérifier une signature,* to verify a signature; U. S. to signature-check.

signer [siɲe] *vt.* to sign. *Signer par procuration,* to sign by proxy. *A nous retourner dûment signé,* please sign and return.

signification [siɲifikasjɔ̃] *f.* LAW notification, serving.

signifier [-fje] *vt.* LAW to serve. *Signifier une décision,* to notify a decision. *Signifier un exploit,* to serve a writ.

simple [sɛ̃:pl] *adj.* FIN. open (chèque); B.K. ordinary (facture).

simulé, e [simyle] *adj.* bogus, counterfeit, sham. *Facture simulée,* pro forma invoice.

sinistre [sinistr] *m.* casualty, accident; INS. loss, damage. *Déclaration de sinistre,* notice of loss or damage. *Evaluer le sinistre,* to assess the damage, the loss; MAR. INS. to adjust the damage. *Sinistre total,* total loss.

sinistré, e [-tre] *adj.* damaged, wrecked.

sinistré *m.* victim of a disaster; INS. claimant.

situation [sitɥasjɔ̃] *f.* 1. situation; FIN. position. *Dans une bonne situation,* in a strong position. *La situation désastreuse de la construction navale s'est encore aggravée,* the plight of the shipbuilding industry has become worse still. *Situation de la caisse,* cash position. *Situation de trésorerie,* financial statement. *Situation économique,* economic situation. *Situation en banque,* position at the bank. *Situation financière,* financial position, financial standing. — 2. report, statement, return. *Situation de la banque,* bank statement. *Situation hebdomadaire,* weekly return. — 3. position, office, situation. *Chercher une situation,* to look for a job. *Situation stable,* steady job.

situé, e [-tɥe] *adj.* situated, located. *Locaux bien situés,* well-situated premises.

slogan [slɔgɑ̃] *m.* slogan, tag.

social, e [sɔsjal] *adj.* social. *Année sociale,* company's trading year. *Capital social,* registered capital, capital stock, "joint-stock". *Nom social,* trade-name, style. *Raison sociale,* trade-name, style. *Sécurité sociale,* social security. *Service social,* welfare department, social welfare; U. S. social service. *Siège social,* head office.

sociétaire [sɔsjetɛ:r] *m.* full member.

société [-te] *f.* company, firm. *Acte de société,* deed of partnership. *Liquider une société,* to wind up a company. *Les sociétés,* the business community. *Société anonyme,* limited company. *Société anonyme par actions,* joint-stock company; U. S. incorporated company. *Société à portefeuille,* holding. *Société à responsabilité limitée,* limited liability company. (N.B. The capital of a *Société à responsabilité limitée* is divided into *parts sociales* not negotiable on the Stock-Exchange. — L'équivalent anglais de ce genre de société est la "private company".) *Société à succursales multiples,* chain store. *Société civile,* non trading company. *Société concessionnaire,* statutory company. *Société de financement,* financing company, finance company. *Société de navigation,* shipping company. *Société de participation globale à un portefeuille discrétionnaire,* open end investment trust. *Société de participation indirecte à un portefeuille de composition discrétionnaire,* investment trust, closed end investment trust. *Société de placement (de portefeuille),* investment trust. *Société d'utilité publique,* public utility company; U. S. utility. *Société en commandite simple,* limited partnership. *Société en nom collectif,* partnership. *Société en participation,* joint enterprise. *Société immobilière,* real estate company. *Société mère,* parent company. *Société par actions,* joint-stock company.

soigné, e [swaɲe] *adj.* carefully done, soigné.

soin [swɛ̃] *m.* care. *Soins médicaux,* medical attention. « *Aux bons soins de* », "Care of, C/O".

solde [sɔld] *m.* **1.** B.K. balance. *Solde à nouveau,* balance carried forward to next account. *Solde créditeur,* credit balance, amount standing to s.o.'s credit. *Solde débiteur,* debit balance. *Solde de dividende,* final dividend. *Solde déficitaire,* debit balance. *Solde en caisse,* balance in hand. *Solde en votre faveur,* balance to your credit. *Solde non réclamé,* unclaimed balance. *Solde reporté à l'exercice suivant,* balance carried forward to next account. *Solde reporté de l'exercice précédent,* balance brought forward from last account. *Balance par antériorité de solde;* U. S. aged trial balance. *Pour solde de tout compte,* in full settlement, to close the account. — **2.** surplus, stock, remnant. « *En solde* », "To clear". *Prix de soldes,* bargain prices; U. S. basement prices, ground-floor prices. *Rayon des soldes,* bargain counter; U. S. bargain basement. « *Soldes* », clearance sale. *Soldes après inventaire,* stock-taking sale.

solder [-de] *vt.* **1.** B.K. to balance, to settle, to pay off. *Solder un compte,* to balance an account. — **2.** to sell off, to clear, to remainder (marchandises).

solder (se) *v. pr.* to show a balance, to close with a balance of. *Se solder par un déficit,* to show a debit balance of.

solidaire [sɔlidɛ:r] *adj.* LAW joint and several. *Obligation solidaire,* obligation binding all parties. *Responsabilité solidaire,* joint and several liability.

solidairement [-dɛrmɑ̃] *adv.* LAW jointly and severally. *Dans une société en nom collectif, les associés sont conjointement et solidairement responsables des dettes et obligations de la société,* in a partnership, all the partners are jointly and severally liable for the whole of the debts and obligations of the firm.

solliciter [sɔllisite] *vt.* to solicit. *Solliciter un emploi,* to apply for a job.

solution [sɔlysjɔ̃] *f.* solution, settlement.

solutionner [-sjɔne] *vt.* to solve.

solvabilité [sɔlvabilite] *f.* solvency, financial status.

solvable [-vabl] *adj.* solvent. LAW *Caution solvable,* good surety.

sommaire [sɔmɛ:r] *adj.* et *m.* summary.

sommation [sɔmasjɔ̃] *f.* LAW summons.

somme [sɔm] *f.* sum, amount. *Somme affectée,* allotment. *Somme déductible des impôts sur le revenu,* tax write-off. *Somme disponible,* available amount. *Somme forfaitaire,* agreed sum. *Somme globale,* lump sum.

sommer [-me] *vt.* to summon. *Sommer qqn de faire qqch.,* to call on s.o. to do sth.

sondage [sɔ̃da:ʒ] *m.* **1.** B.K. challenge; U. S. spotcheck, test. *Sondages détaillés des méthodes comptables d'une société,* detailed tests of a company's accounting procedures. — **2.** probe, sounding, poll. *Sondage d'opinion,* opinion survey, opinion test; U. S. opinion poll.

sort [sɔ:r] *m.* lot. *Tirage au sort,* drawing of lots. *Les obligations remboursables sont rachetées soit à date fixe, soit par tirages au sort annuels,* redeemable bonds are paid off either at a fixed date or by annual drawings.

sortant, e [sɔrtɑ̃] *adj.* retiring (administrateur).

sorte [sɔrt] *f.* kind, sort.

sortie [sɔrti] *f.* going out. IND. *Bon de sortie,* issue order. CUST. *Déclaration de libre sortie,* declaration for free exportation; *déclaration de sortie,* entry outwards; *droits de sortie,* export duties. B. K. *Entrées et sorties,* receipts and payments. FIN. *Point de sortie de l'or,* gold export point. *Le gouvernement essaye de freiner la sortie des dollars,* the government tries to curb the dollar outflow. FIN. *Sortie de fonds :* **a)** outgoings; **b)** flight of capital, capital exodus, capital outflow. CUST. *Sortie d'entrepôt,* taking out of bond, clearing from bond.

sortir [-ti:r] *vi.* to leave.

souche [suʃ] *f.* counterfoil, stub, stump. *Action à la souche,* unissued share. *Carnet à souches,* counterfoil book, stub book.

soudure [sudy:r] *f.* LAW, FIN. *Faire la soudure,* to bridge the gap.

souffrance [sufrɑ̃:s] *f.* suspense, abeyance. *En souffrance,* in suspense. POST *Colis en souffrance,* parcels awaiting delivery. FIN. *Compte en souffrance,* overdue account, outstanding account. *Effet en souffrance,* bill in suspense; dishonoured bill. RAIL *Marchandises en souffrance,* goods on demurrage.

soulager [sulaʒe] *vt.* to relieve.

soulever [sulve] *vt.* to raise, to bring up (question).

souligner [suliɲe] *vt.* to underline.

soulte [sult] *f.* LAW balance; FIN. cash distribution.

soumettre [sumɛtr] *vt.* to submit. *Soumettre à un arbitrage,* to submit to arbitration, to refer to arbitration. *Soumettre à une épreuve,* to test.

soumis, e [sumi] *adj.* subject (*à,* to), liable (*à,* to). INS. *Soumis à la casse,* subject to breakage. *Soumis à l'impôt sur le revenu,* liable to income-tax. *Soumis aux droits de douane,* liable to custom duties, dutiable.

soumission [-sjɔ̃] *f.* tender; U. S. bid. *Faire une soumission,* to send in a tender. *Ouvrir la soumission,* to put out for public tender, to invite tenders for. *Soumission cachetée,* sealed tender. CUST. *Soumission cautionnée,* bond.

soumissionnaire [-sjɔnɛ:r] *m.* tenderer; FIN. underwriter. *Adjudication au plus bas soumissionnaire,* allocation to the lowest tenderer.

soumissionner [-sjɔne] *vt.* to tender for; FIN. to underwrite.

source [surs] *f.* source. *Source sûre d'information,* reliable source of information. ADM. *Retenue à la source,* " pay as you earn "; U. S. " pay as you go ".

sous [su] *prép.* under. MAR. **sous-affréter** *vt.* to subcharter. **sous-agent** *m.* sub-agent. **sous-bail** *m.* sub-lease. **sous-bailleur** *m.* sub-lessor. **sous-chef** (de service) *m.* deputy chief clerk. **sous-comité**

m. sub-committee. **sous-commission** *f.* sub-committee. **sous-consommation** *f.* under-consumption. **sous-développé** *adj.* under-developed. **sous-directeur** *m.* sub-manager. **sous-emploi** *m.* under-employment. **sous-estimation** *f.* underestimation, undervaluation. *Sous huitaine,* within a week. **sous-locataire** *m.* sub-lessee. **sous-louer** *vt.* to sub-let. **sous-production** *f.* under-production. **sous-produit** *m.* by-product. **sous-traitant** *m.* sub-contractant, sub-contractor. **sous-traiter** *vt.* to sub-contract.

souscripteur [suskriptœ:r] *m.* **1.** FIN. : **a)** subscriber, applicant; **b)** drawer (chèque). — **2.** INS. underwriter.

souscription [-kripsjɔ̃] *f.* **1.** FIN. subscription, application. *Droit de souscription,* application right. *Droit préférentiel de souscription,* right to preferential allotment. *Ex-droit de souscription,* ex-claim, ex new. *Clôturer la souscription,* to close the subscription list. *Mettre en souscription,* to offer for application, to invite subscriptions for. *La souscription est ouverte,* applications are being received. *Souscription à des actions,* application for shares. — **2.** INS. underwriting. — **3.** ADM. tender.

souscrire [-kri:r] *vt.* **1.** to subscribe, to apply for. *Capital souscrit,* subscribed capital. *Emission sursouscrite,* oversubscribed issue. FIN. *Souscrire des actions,* to apply for shares. *Souscrire un abonnement,* to take out a subscription. — **2.** INS. to underwrite. — **3.** to draw up (chèque).

souscrire *vi.* to subscribe, to apply for. FIN. *Souscrire à titre réductible,* to apply for excess shares. *Souscrire à une émission,* to subscribe to an issue. *Souscrire à un emprunt,* to subscribe to a loan.

soussigné [susiɲe] *m.* the undersigned. *Je soussigné déclare que,* I the undersigned declare that.

soussigner *vt.* to undersign.

soustraction [sustraksjɔ̃] *f.* **1.** substraction. — **2.** LAW abstraction (documents).

soustraire [-trɛ:r] *vt.* **1.** to substract (*de,* from). — **2.** LAW to abstract.

soustraire (se) *v. pr.* to avoid, to escape, to evade. *Se soustraire à ses obligations,* to shirk one's obligations.

soutenir [sutni:r] *vt.* to support, to back up, to stand by; FIN. to bolster. *Soutenir une monnaie,* to bolster a currency.

soutenu, e [-ny] *adj.* ST.-EX. steady.

soutien [sutjɛ̃] *m.* support. *Crédit de soutien,* stand-by credit. *Prix de soutien,* pegged price. *Soutien des prix,* price-support, pegging of prices.

speaker [spikɛ:r] *m.* announcer.

spécial, e [spesjal] *adj.* special. ADM. *Avoir une affectation spéciale,* to be in a reserved occupation. *Condition spéciale,* cut-rate.

spécialiser [-lize] *vt.* to specialize.

spécialiste [-list] *m.* specialist, expert.

spécification [spesifikasjɔ̃] *f.* specification.

spécifier [-fje] *vt.* to specify, to set forth. B. K. *Compte spécifié,* detailed account; U. S. itemized account. INS. *Conditions spécifiées dans la police,* stipulations set forth in the policy.

spécifique [-fik] *adj.* specific. CUST. *Les droits spécifiques et les droits sur la valeur sont perçus en même temps sur les champignons en conserve,* both ad valorem duties and specific duties are charged on canned mushrooms.

spécimen [spesimɛn] *m.* specimen.

spéculateur [spekylatœ:r] *m.* speculator. ST.-EX. *Spéculateur à la baisse,* bear; *spéculateur à la hausse,* bull. *Spéculateur insolvable,* lame-duck.

spéculatif, ive [-latif] *adj.* speculative.

spéculation [-lasjɔ̃] *f.* speculation. ST.-EX. *Spéculation à la baisse,* bear operation; *spéculation à la hausse,* bull operation.

spéculer [-le] *vt.* to speculate (*sur,* in). ST.-EX. *Spéculer à la baisse,* to go a bear; *spéculer à la hausse,* to go a bull.

sphère [sfɛ:r] *f.* quarter, sphere.

stabilisation [stabilizasjɔ̃] *f.* stabilization.

stabiliser [-ze] *vt.* to stabilize, to peg. *Stabiliser le marché,* to peg the market.

stabiliser (se) *v. pr.* to level off. *Les prêts bancaires se sont stabilisés en dépit de la hausse constatée en avril,* bank lending has been levelling off despite the apparent increase shown in April.

stabilité [-te] *f.* stability. *Stabilité de l'emploi,* job security, security of tenure. *Stabilité des prix,* price stability.

stable [stabl] *adj.* stable, steady. *Monnaie stable,* hard currency.

stage [sta:ʒ] *m.* period of probation, traineeship. *Faire un stage,* to do a probationary period. *Stage en usine,* industrial traineeship.

stagiaire [staʒjɛ:r] *m.* probationer, trainee.

stagnation [stagnasjɔ̃] *f.* slackness, stagnation. *Stagnation du marché,* market standstill.

stand [stɑ̃:d] *m.* stand, stall.

standard [stɑ̃da:r] *adj.* standard. B.K. *Système des coûts standards,* estimating costs system.

standard *m.* switchboard, standard. POST *Le standard,* the Exchange. B. K. *Standards de vérification,* auditing standards.

standardisation [stɑ̃dardizasjɔ̃] *f.* standardization.

standardiser [-dize] *vt.* to standardize.

starie [stari] *f.* MAR. lay-day.

stationnaire [stasjɔnɛ:r] *adj.* stationary.

statisticien [statistisjɛ̃] *m.* statistician.

statistique [-tik] *adj.* statistical. *Echantillonnage statistique,* lot-plot method.

statistique *f.* statistics. *Institut des statistiques,* statistical office. *Statistiques démographiques,* population statistics. *Statistiques du mois de janvier,* figures for January. *Statistiques officielles,* returns. *Statistiques sous forme de tableau,* statistics in tabular form.

statuer [statɥe] *vt.* to decide, to resolve, to decree, to enact.

statuer *vi.* LAW to pronounce judgment (*sur,* on). *Statuer sur une affaire,* to settle a matter, to render a decision on a matter.

statut [staty] *m.* article, rule, status. *Les statuts de la société,* memorandum and articles of association of a company. (N. B. En Angleterre, les statuts se composent du *memorandum of association* — acte constitutif de société — et des *articles of association* — règlements internes de la société. — In France, the *statuts* set forth the relationship of the company to the outside world and the internal management of the company.)

statutaire [-tɛ:r] *adj.* statutory, provided by the articles. *Prescriptions statutaires,* provisions of the articles. *Réserve statutaire,* statutory reserve. *Réunion statutaire,* statutory meeting.

statutairement [-tɛrmɑ̃] *adv.* in accordance with the articles.

stellage [stɛla:ʒ] *m.* ST.-EX. put and call, double option.

stencil [stɛ̃sil] *m.* stencil.

sténodactylo [stenɔdaktilo] *f.* shorthand typist.

sténographe [-graf] *m.* stenographer.

sténographier [-grafje] *vt.* to take down in shorthand.

sterling [stərliɲ] *m.* sterling.

stimulant, e [stimylɑ̃] *adj.* incentive. *Salaire stimulant,* incentive wage.

stimulant *m.* incentive.

stimuler [-le] *vt.* to stimulate, to spur. *Mesures pour stimuler l'économie,* economic pump priming.

stipulation [stipylasjɔ̃] *f.* stipulation. *Stipulations d'un contrat,* specifications of a contract.

stipuler [-pyle] *vt.* to stipulate, to set forth, to specify, to lay down. *L'assureur s'engage à indemniser l'assuré pour toutes pertes ou dommages subis par les biens stipulés dans la police,* the insurer undertakes to make good to the insured any loss or damage to the property specified in the policy.

stock [stɔk] *m.* stock; U. S. inventory. *Avoir en stock,* to keep in stock. *Constitution de stocks,* stock building. *Entamer les stocks,* to tap the stocks, to draw on the stocks. *Epuisement des stocks,* stock depletion. *Liquidation du stock,* stock clearance. *Renouvellement des stocks,* restocking. *Réserve de stocks,* stock pile. *Rotation des stocks,* stock turnover. *Rupture de stock,* understocking. *Stock de dépannage (volant),* safety bank. *Stock en magasin,* stock in hand. *Stock final en clôture d'exercice,* clearing inventory. *Stock initial,* beginning inventory. *Stock minimal,* basic stock.

stockage [-ka:ʒ] *m.* stocking, building up of stocks.

stocker [-ke] *vt.* to stock; U.S. to stockpile.

stratégie [strateʒi] *f.* strategy.

strict, e [strikt] *adj.* strict. *Mesures strictes,* drastic, cogent measures.

structure [strykty:r] *f.* structure, set-up. *Structure des prix,* price set-up.

subalterne [sybaltɛrn] *adj.* subordinate.

subdiviser [sybdivize] *vt.* to subdivide (*en,* into).

subdivision [-vizjɔ̃] *f.* subdivision.

subir [sybi:r] *vt.* to suffer. *Ce modèle pourra subir des modifications,* this model is liable to alterations. *Subir de lourdes pertes,* to sustain heavy losses. *La Banque d'Angleterre a récupéré une partie des pertes subies sur le marché des devises,* the Bank of England has recouped some of the losses sustained in the foreign exchange market. *Subir une hausse,* to experience a rise.

submerger [sybmɛrʒe] *vt.* to swamp.

subordonné, e [sybɔrdɔne] *adj.* dependent (*à,* on).

subordonné *m.* subordinate.

subordonner *vt.* to subordinate (*à,* to).

subrécargue [sybrekarg] *m.* MAR. supercargo.

subrogation [sybrɔgasjɔ̃] *f.* LAW subrogation. INS. *Subrogation des droits de l'assuré à la Compagnie,* subrogation of the rights of the insured to the Company.

subroger [-ʒe] *vt.* to subrogate. *Demeurer subrogé aux droits d'un créancier,* to enter into the rights of a creditor. *Etre subrogé aux droits de l'assuré,* to be subrogated in the rights of the insured.

subside [sybsid] *m.* subsidy.

subsidiaire [-djɛ:r] *adj.* subsidiary. *Crédit subsidiaire,* back to back credit.

substituer [sybstitɥe] *vt.* to substitute (*à,* for).

substitut [-ty] *m.* LAW deputy public prosecutor.

substitution [-tysjɔ̃] *f.* substitution. LAW *Clause de substitution,* tail.

subvenir [sybvəni:r] *vi.* to provide (*à,* for).

subvention [sybvɑ̃sjɔ̃] *f.* subsidy, grant-in-aid. *Recevoir une subvention de l'Etat,* to be subsidized by the State. *Remplir les conditions requises pour une subvention de l'Etat,* to be eligible for government subsidies. *Subvention à l'exportation,* export subsidy.

subventionner [-sjɔne] *vt.* to subsidize. *Subventionné par l'Etat,* State-aided. *Subventionné par la commune,* rate-aided. *Non subventionné,* non-subsidized.

succédané [syksedane] *m.* substitute.

succéder [syksede] *vi.* to succeed, to follow. LAW *Succéder à un héritage,* to come into an inheritance.

succès [syksɛ] *m.* success.

successeur [syksɛsœ:r] *m.* successor.

successif, ive [-sif] *adj.* successive. LAW *Droit successif,* right to inherit.

succession [-sjɔ̃] *f.* succession; LAW inheritance. *Droits de succession,* estate duties, death-duties; U. S. inheritance tax. *Les droits de succession forment un impôt par palier perçu sur la valeur nette de l'héritage,* estate duties form a graduated tax imposed on the net value of the inherited property.

successivement [-sivmɑ̃] *adv.* successively.

succursale [sykyrsal] *f.* branch, sub-office, subsidiary. *Magasin à succursales multiples,* multiple-store; U. S. chain-store.

suffir [syfi:r] *vi.* to satisfy, to meet (dépenses).

suffisamment [syfizamɑ̃] *adv.* sufficiently, adequately.

suffisant, e [-zɑ̃] *adj.* sufficient, adequate. *Provision suffisante,* sufficient funds.

suffrage [syfra:ʒ] *m.* vote. *Les suffrages du public,* public approbation.

suggérer [sygʒere] *vt.* to suggest.

suggestion [-ʒɛstjɔ̃] *f.* suggestion.

suite [sɥit] *f.* Continuation, issue. *A la suite de,* following, on account of, owing to. *Article sans suite,* closed stock. *Donner suite à une commande,* to carry out an order. *Faisant suite à notre lettre du,* further to our letter of. *Huit jours de suite,* eight days running. *Prendre la suite d'une affaire,* to take over a business. « *Sans suite* », " Cannot be repeated ". *Suite d'une lettre,* continuation sheet.

suivant, e [sɥivɑ̃] *adj.* following.

suivant *prép.* according to, as per. *Suivant inventaire,* according to stock-list. *Suivant vos directives,* according to your instructions.

suivi, e [-vi] *adj.* close (relations), steady (demande).

suivre [-vr] *vt.* to follow. *Comme suit,* as follows. *Nous ne suivons plus cet article,* we do not keep this line any longer. POST « *Faire suivre* », " Please forward ". *Suivre les instructions,* to comply with the instructions.

sujet, ette [syʒɛ] *adj.* subject (*à,* to), amenable (*à,* to), liable (*à,* to). *Sujet au droit de timbre,* liable to stamp duty. *Prix sujets à modifications,* prices liable to fluctuations, to alterations. *Ces dividendes sont sujets à l'impôt sur le revenu,* these dividends are liable to income-tax.

superbénéfice [sypɛrbenefis] *m.* surplus profit.

superdividende [-dividɑ̃:d] *m.* surplus dividend.

supplanter [syplɑ̃te] *vt.* to supersede.

suppléance [sypleɑ̃:s] *f.* post ad interim.

suppléant [-ɑ̃] *m.* substitute, deputy (*de,* for); U. S. alternate.

suppléer [-e] *vt.* **1.** to make up. — **2.** to act as deputy for, to deputize for.

supplément [-mɑ̃] *m.* supplement, extra payment. *Pour supplément d'examen,* for further consideration. *Percevoir un supplément,* to make an extra charge. *Supplément de prix,* extra charge, additional charge. *Supplément d'imposition,* additional tax.

supplémentaire [-mɑ̃tɛ:r] *adj.* supplementary, extra, additional. *Crédit supplémentaire,* extension of credit. *Faire des heures supplémentaires,* to work overtime. RAIL *Train supplémentaire,* relief train.

support [sypɔ:r] *m.* support. *Supports publicitaires,* advertising media.

supporter [sypɔrte] *vt.* to bear, to support. *Supporter les frais,* to foot the bills.

suppression [syprɛsjɔ̃] *f.* suppression, doing away with, cutting out.

supprimer [-prime] *vt.* to suppress, to abolish, to cancel, to stop (subvention).

supputation [sypytasjɔ̃] *f.* calculation, reckoning.

supputer [-te] *vt.* to compute, to reckon.

sûr, sûre [syr] *adj.* safe. *Placement sûr,* safe investment.

surabondance [syrabɔ̃dɑ̃:s] *f.* ST.-EX. glut.

surarbitre [syrarbi:tr] *m.* deciding umpire.

surassurance [syrasyrɑ̃:s] *f.* over-insurance.

surcapitalisation [syrkapitalizasjɔ̃] *f.* overcapitalization.

surcapitaliser [-ze] *vt.* to overcapitalize.

surcharge [syrʃarʒ] *f.* **1.** overloading, excess weight. — **2.** overtax, overcharge, additional charge. — **3.** alteration, correction.

surcharger [-ʒe] *vt.* **1.** to overload. *Surcharger de travail,* to overwork. *Surcharger le marché,* to glut the market. — **2.** to overtax, to overcharge. — **3.** to surcharge (timbre), to alter (texte).

surcroît [syrkrwa] *m.* addition. *Surcroît de travail,* great deal of extra work.

surdon [syrdɔ̃] *m.* allowance for leakage.

surélever [syreləve] *vt.* to force up, to lever up (prix).

suremploi [syrɑ̃plwa] *m.* over-employment.

surenchère [syrɑ̃ʃɛ:r] *f.* higher bid. *Faire une surenchère,* to outbid.

surenchérir [-ʃeri:r] *vi.* **1.** to bid higher, to outbid. — **2.** to rise in price.

surenchérissement [-ʃerismɑ̃] *m.* higher bidding, further rise in price.

surenchérisseur [-ʃerisœ:r] *m.* outbidder.

surestaries [syrɛstari] *f. pl.* MAR. demurrage. *(Indemnité de) surestaries,* demurrage. *Les surestaries seront à la charge de l'affréteur,* demurrage shall run against the charterer.

surestimation [syrɛstimasjɔ̃] *f.* overvaluation, overestimate.

surestimer [-me] *vt.* to overestimate.

sûreté [syrte] *f.* safety, surety.

surévaluation [syrevalɥasjɔ̃] *f.* overestimate, overvaluation.

surévalué, e [-lɥe] *adj.* overvalued.

surfaire [syrfɛ:r] *vt.* to overcharge, to ask too much for. *Prix surfait,* excess price.

surhausser [syrose] *vt.* to force up (prix).

surimposer [syrɛ̃poze] *vt.* to overtax.

surmenage [syrməna:ʒ] *m.* overworking.

surmonter [syrmɔ̃te] *vt.* to overcome (difficultés).

surnombre [syrnɔ̃:br] *m. En surnombre,* supernumerary.

suroffre [syrɔfr] *f.* higher bid.

surpassé, e [syrpɑse] *adj.* FIN. oversubscribed.

surpaye [syrpɛ:j] *f.* extra pay, bonus.

surpayer [-pɛje] *vt.* to overpay (qqn), to overpay for (qqch.).

surplus [syrply] *m.* surplus, balance; U. S. overage. *Surplus non distribué,* unappropriated surplus.

surpoids [syrpwa] *m.* overweight.

surprime [syrprim] *f.* extra premium.

surproduction [syrprɔdyksjɔ̃] *f.* overproduction.

sursalaire [syrsalɛ:r] *m.* extra pay, bonus.

sursaturer [syrsatyre] *vt.* to supersaturate.

surseoir [syrswa:r] *vi.* to delay, to put off, to postpone. LAW *Ordonnance de surseoir à l'exécution d'un arrêt,* stay of execution.

sursis [-si] *m.* LAW delay, respite.

sursouscrit, e [syrsuskri] *adj.* FIN. oversubscribed.

surtare [syrta:r] *f.* super tare, extra tare.

surtaxe [syrtaks] *f.* extra charge, supertax, surcharge, excess. *Nous avons dû payer une surtaxe sur ce paquet,* we had to pay excess on this parcel.

surtension [syrtɑ̃sjɔ̃] *f.* over-pressure.

surveillance [syrvejɑ̃:s] *f.* supervision. *Surveillance de la production,* progress control. MAR. *Rapport de surveillance* (sur des marchandises en mouvement), superintendent report.

surveillant [-jɑ̃] *m.* supervisor, superintendent. *Surveillant de la production,* traffic manager; U. S. accelerator.

surveiller [-je] *vt.* to supervize, to superintend.

survendre [syrvɑ̃:dr] *vt.* to overcharge for.

survente [-vɑ̃:t] *f.* overcharge.

survivant [syrvivɑ̃] *m.* survivor.

susceptible [sysɛptibl] *adj.* liable (*de,* to). *Susceptible de droits de timbre,* liable to stamp duty. *Susceptible de vous intéresser,* likely to be of interest to you.

susnommé, e [synɔme] *adj.* LAW above-named.

suspendre [syspɑ̃:dr] *vt.* to suspend. *Suspendre les paiements,* to stop payments. *Suspendre une séance,* to recess. *Les paiements sont suspendus jusqu'à plus ample informé,* payments are held up until further information is available.

suspens [-pɑ̃]. **En suspens** *loc. adv.* in suspense, in abeyance. *Compte en suspens,* outstanding account. *Ce problème est encore en suspens,* this problem is still held over, is still in abeyance.

suspension [-pɑ̃sjɔ̃] *f.* suspension, stoppage.

symptôme [sɛ̃pto:m] *m.* sign, indication.

synchroniser [sɛ̃krɔnize] *vt.* to synchronize.

syndic [sɛ̃dik] *m.* syndic. *Syndic de faillite,* assignee, official receiver; U. S. judicial factor. MAR. *Syndic des naufrages,* receiver of wreck; U. S. wreck master.

syndical, e [-kal] *adj.* syndicate, trade union. *Chambre syndicale des agents de change,* Stock-Exchange Committee. *Délégué syndical,* shop steward. *Droits syndicaux,* union rights. *Mouvement syndical,* trade-union movement.

syndicalisme [-kalism] *m.* trade-unionism.

syndicat [-ka] *m.* trade-union, syndicate. FIN. *Mettre en syndicat,* to pool. *Syndicat de banques,* group banking. *Syndicat de banquiers,* banking syndicate. *Syndicat de faillite,* trusteeship, receivers, bankruptcy committee; receivership. *Syndicat de garantie,* underwriting syndicate; U. S. purchase group. *Syndicat d'introduction,* introducing syndicate. *Syndicat ouvrier,* trade-union; U. S. organized labor. *Syndicat patronal,* employers' association, union. *Syndicat professionnel,* trade association.

syndicataire [-katɛ:r] *m.* underwriter.

syndiqué [-ke] *m.* trade-unionist. *Non-syndiqué,* non-union; U. S. unorganized.

syndiquer (se) [səsɛ̃dike] *v. pr.* **1.** to form a trade-union. — **2.** FIN. to syndicate.

systématique [sistematik] *adj.* systematic. *Entretien systématique,* preventive maintenance.

systématiser [-tize] *vt.* to systematize.

système [sistɛm] *m.* system.

t

table [tabl] *f.* table. *Table de contingence,* contingence table. *Table de corrélation,* correlation table. INS. *Table de mortalité,* mortality table.

tableau [tablo] *m.* **1.** board. *Tableau d'affichage,* notice-board. *Statistiques sous forme de tableau,* statistics in tabular form. — **2.** list, table, chart. *Tableau d'amortissement,* sinking fund table, redemption table. *Tableau d'avancement,* promotion list, promotion roster. RAIL *Tableau de marche,* time table. *Tableau* *de planning,* planning chart. *Tableau synoptique,* conspectus.

tabulateur [tabulatœ:r] *m.* tabulator.

tabulatrice [-tris] *f.* tabulator.

tâche [tɑ:ʃ] *f.* task, piecework. *Ouvrier à la tâche,* jobbing workman, pieceworker. *Travail à la tâche,* job work, piecework.

tacite [tasit] *adj.* tacit. *Consentement tacite,* tacit consent. *Tacite reconduction,* renewal by tacit agreement.

taille [tɑ:j] *f.* size. *Grandes tailles,* outsizes; U. S. oversizes.

talon [talɔ̃] *m.* counterfoil; U. S. stub, stump; FIN. talon.

tampon [tɑ̃pɔ̃] *m.* pad; RAIL buffer. *Stock tampon,* buffer stock.

tamponner [-pɔne] *vt.* to stamp.

tangible [tɑ̃ʒibl] *adj.* tangible. FIN. *Valeurs tangibles,* tangible assets.

tant [tɑ̃] *adv.* so much. *Tant pour-cent,* so much per cent. *Le tant pour-cent,* the percentage.

tantième [-tjɛm] *m.* percentage, quota, share. *Impôt sur les tantièmes,* tax on allocated portions of profit. *Tantième des administrateurs,* directors' percentage of profits.

taper [tape] *vt.* to type, to typewrite.

tard [ta:r] *adv.* late. *Au plus tard,* at the latest. *Les connaissements doivent être datés au plus tard du...,* bills of lading must be dated on or before...

tarder [tarde] *vi.* to delay. *Sans plus tarder,* without any further delay. *Sans tarder,* without delay.

tardif, ive [-dif] *adj.* late.

tare [ta:r] *f.* **1.** loss in value, depreciation. B. K. *Tare de caisse,* shortage in the cash. — **2.** tare (poids). *Tare commune,* average tare. *Tare d'usage,* customary tare. *Tare par épreuve,* average tare. *Tare réelle,* actual tare.

tarer [tare] *vt.* to tare, to allow for the weight of.

tarif [tarif] *m.* tariff, rate, price-list, scale of charges. POST *Au tarif des lettres,* by letter post; U. S. as first-class matter. RAIL *Demi-tarif,* half fare; *plein-tarif,* full fare (voyageurs), full tariff (marchandises). *Relèvement des tarifs,* levering up of tariffs, raising of tariffs. CUST. *Tarif ad valorem,* ad valorem tariff. *Tarif à forfait,* fixed rate, tariff as by contract. POST inclusive charge. *Tarif d'annonces,* advertisement rates; U. S. adrate. *Tarif de base,* open rate; U. S. transient rate (d'annonce publicitaire par exemple). CUST. *Tarif de faveur,* preferential rate. *Tarif dégressif,* tapering charges, earned rate. CUST. *Tarif d'entrée,* import list. POST *Tarif des imprimés,* printed paper rate; U. S. third-class matter. CUST. *Tarif de sortie,* export list; *tarif différentiel,* discriminating duty; *tarif douanier,* customs tariff. *Tarif en vigueur,* rates in force. POST *Tarif intérieur,* inland rate; U. S. domestic postage. CUST. *Tarif préférentiel,* preferential tariff. *Tarif réduit,* reduced rate. *Tarif uniforme,* standard rate. *Le tarif est dégressif : plus la distance est longue, meilleur marché est le kilomètre,* the charge is tapering : the longer the distance, the cheaper the fare per mile.

tarifaire [-fɛ:r] *adj.* relating to tariffs, tariff. *Frais tarifaires forfaitaires en cours de route,* fixed tariff transit charges.

tarifer [-fe] *vt.* to tariff, to rate. *Prix tarifé,* list price.

tarification [-fikasjɔ̃] *f.* rating, tariffing. *Tarification à fourchette,* bracket rates.

tassement [tɑsmɑ̃] *m.* FIN. setback.

tasser (se) [sətɑse] *v. pr.* FIN. to have a setback, to weaken.

taux [to] *m.* rate. *Au taux de,* at the rate of. *Obligation à taux progressif,* graduated interest bond. *Taux à vue,* demand rate. *Taux d'accroissement,* growth-rate, increment per cent. *Taux d'amortissement,* amortization quota. *Taux d'attribution,* price of allotment. *Taux de capitalisation,* capitalization rate, capitalization yield. *Taux de commission,* rate of commission. *Taux de couverture,* cover ratio, covering rate. *Taux de la prime,* rate of premium. *Taux de marque,* trade discount. *Taux d'émission,* issue price. *Taux de pension,* scale of pension. *Taux de rendement,* rate of return. *Taux de salaire de base professionnel,* standard rate. *Taux d'escompte,* discount rate. *Taux d'escompte hors banque,* private rate of discount. *Taux d'escompte officiel,* bank-rate; U. S. prime-rate. *Taux d'impôt,* tax rate. *Taux d'intérêt,* rate of interest. *Taux du blé,* standard price of wheat. FIN. *Taux du change,* rate of exchange. ST.-EX. *Taux du déport,* backwardation rate; *taux du report,* contango rate. *Taux moyen,* average rate. *Taux uniforme,* flat rate.

taxable [taksabl] *adj.* taxable.

taxateur [taksatœ:r] *m.* assessor, taxer, appraiser. LAW *(Juge-) taxateur,* taxing official.

taxation [-sjɔ̃] *f.* assessment, rating, taxation. *Double taxation,* double taxation. *Taxation d'office,* arbitrary assessment. *Taxation du dommage,* assessment of damage, appraisal of damage.

taxe [taks] *f.* **1.** tax, duty (impôt). *Demander une dispense de taxes,* to claim immunity from duties. *Exempt de toute taxe,* duty free. *Soumis à la taxe,* dutiable, taxable. *Taxe à la consommation,* consumption-tax. *Taxe d'apprentissage,* tax of apprenticeship. *Taxe de luxe,* luxury tax. *Taxes de régie,* excise duties. *Taxe de séjour,* visitor's tax. *Taxe locale,* local tax. *Taxe professionnelle,* trade income-tax. *Taxe successorale,* death duty. *Les taxes de régie sont perçues sur les denrées produites et consommées à l'intérieur du pays,* excise duties are levied on commodities produced and consumed within the country. — **2.** charge, fee. POST *Taxe d'abonnement au timbre,* composition for stamp-duty; *taxe d'affranchissement,* prepaid rate of postage. *Taxes d'atterrissage,* landing fees. RAIL *Taxe de chômage,* demurrage. POST *Taxe de communication,* call charge. *Taxes de décollage,* take-off fees. MAR. *Taxe de rapprochement,* quay handling charges. *Taxe de transit,* transit charge. *Taxe supplémentaire,* supplementary charge; POST surcharge. *Taxe unitaire,* unit charge. — **3.** LAW taxation. *Taxe des dépens,* taxation of costs.

taxer [-kse] *vt.* **1.** to charge for, to fix the price of. — **2.** to tax, to rate, to control. *Marchandises taxées à la valeur,* goods charged with an ad valorem duty. LAW *Mémoire taxé,* taxed bill of costs. *Prix taxé,* controlled price. *Poids taxé,* chargeable weight.

technicien [tɛknisjɛ̃] *m.* technician, engineer.

technicité [-site] *f.* technicality.

technique [tɛknik] *adj.* technical. *Assistance technique,* technical aid. *Commission technique,* functional commission.

techniquement [-kmɑ̃] *adv.* technically.

technocratie [tɛknɔkrasi] *f.* technocracy.

technologie [-lɔʒi] *f.* technology.

télécommande [telekɔmɑ̃:d] *f.* remote control.

télégramme [-gram] *m.* telegram, wire. *Expédier un télégramme,* to send a wire, to wire. *Télégramme avec accusé de réception postal (P. C. P.),* telegram with notice of delivery by post. *Télégramme avec collationnement,* repetition-paid telegram. *Télégramme avec réponse payée,* reply-paid telegram. *Télégramme différé,* differed telegram. *Télégramme téléphoné,* telephoned telegram.

télégraphe [-graf] *m.* telegraph. *Télégraphe imprimeur,* ticker.

télégraphie [-grafi] *f.* telegraphy.

télégraphier [-grafje] *vt.* et *vi.* to telegraph, to wire.

télégraphique [-grafik] *adj.* telegraphic. *Adresse télégraphique,* telegraphic address. *Cours télégraphique,* tape price. *Mandat-poste télégraphique,* telegraphic money-order. *Ordre télégraphique,* cable order. *Réponse télégraphique,* reply by wire. *Virement télégraphique,* telegraphic transfer.

télégraphiquement [-grafikmɑ̃] *adv.* telegraphically, by wire.

télégraphiste [-grafist] *m.* telegraphist, telegraph operator; U. S. keyman.

téléguider [-gide] *vt.* to radio-control.

téléphone [-fɔn] *m.* telephone. *Abonné au téléphone,* telephone subscriber. *Annuaire officiel des abonnés au téléphone,* telephone directory. *Appeler au téléphone,* to call up, to ring up. *Avez-vous le téléphone?* are you on the phone? *Coup de téléphone,* telephone call.

téléphoner [-fɔne] *vt.* et *vi.* to telephone, to call up, to ring up.

téléphonique [-fɔnik] *adj.* telephonic. *Cabine téléphonique,* telephone-booth, call-box. *Central téléphonique,* telephone exchange. *Communication téléphonique,* call. *Réseau téléphonique,* telephone network.

téléphoniste [-fɔnist] *f.* telephone operator.

téléscripteur [-skriptœ:r] *m.* teleprinter.

télévision [-vizjɔ̃] *f.* television.

télex [telɛks] *m.* telex. *Relié au réseau télex,* on the teleprinter.

témoignage [temwaɲa:ʒ] *m.* testimony, evidence. LAW *Porter témoignage,* to give evidence, to testify.

témoigner [-ɲe] *vi.* to testify, to give evidence.

témoin [temwɛ̃] *m.* witness. *Echantillon témoin,* check sample. LAW *Témoin à charge,* witness for the prosecution; *témoin à décharge,* witness for the defence; *témoin instrumentaire,* attestor. *Usine témoin,* demonstration plant.

tempérament [tɑ̃peramɑ̃] *m. Acheter à tempérament,* to buy on the hire-purchase system. *A tempérament,* by instalment, on the differed payment system; U. S. by easy payments. *Crédit à tempérament,* instalment credit. *Vente à tempérament,* instalment sale, hire-purchase system, easy payment plan, budget plan, differed payment plan, time sales.

temporaire [tɑ̃pɔrɛ:r] *adj.* temporary, provisional.

temporiser [-rize] *vi.* to put off action, to temporize.

temps [tɑ̃] *m.* time. MAR. *Affrètement à temps,* time charter. *Economie de temps,* saving of time. *Etude des temps et ordonnancement,* time and motion study. *Etude des temps morts,* interruption study. *Etude des temps et des méthodes,* time and method engineering. *Temps machine,* running time. *Temps mort,* idle time. *Temps prévisionnel,* normal time; U. S. planned incentive time. *Temps théorique,* standard time.

tenant [tənɑ̃] *m.* **1.** supporter. — **2.** *D'un seul tenant,* continuous. *Tenants et aboutissants :* **a)** adjacent parts (of an estate); **b)** full details, ins and outs.

tendance [tɑ̃dɑ̃:s] *f.* tendency, trend. *Avoir une tendance à la baisse,* to be on the look down, to show a downward tendency. ST.-EX. *Meilleure tendance sur les grands magasins en clôture,* brighter tendency in store-shares at the close. *Tendance à la baisse,* downward tendency; ST.-EX. bearish trend. *Tendance à la hausse,* upward tendency; ST.-EX. bullish trend. *Tendance du marché,* market trend. *Tendance saisonnière,* seasonal trend. ST.-EX. *Tendance soutenue,* steady tone.

tendre (se) [sətɑ̃:dr] *v. pr.* to harden, to stiffen, to firm up. ST.-EX. *Les cours se sont tendus en clôture,* prices closed firm.

tendu, e [tɑ̃dy] *adj.* stiff, hard. *Rapports tendus,* strained relations.

teneur [tənœ:r] *f.* **1.** tenor, terms, contents (documents). *Teneur d'un contrat,* terms of an agreement. — **2.** IND. percentage, grade.

teneur *m. Teneur de livres,* bookkeeper.

tenir [təni:r] *vt.* to keep, to hold, to stock. *Tenir à bail,* to hold on lease. *Navire qui tient la mer,* seaworthy ship. *Tenir à jour,* to keep up-to-date. *Tenir à la disposition de,* to hold at the disposal of. *Tenir compte de,* to take into account, to make allowance for. *Tenir les prix,* to keep prices down; U. S. to hold the line. *Tenir ses engagements,* to meet one's engagements. *Tenir un article,* to keep a line. *Tenir un compte chez,* to keep an account with. *Tenir une réunion,* to hold a meeting. B. K. *Tenir un livre en partie double,* to keep a book by double entry. « *Tenir à l'abri de l'humidité* », " To be kept dry ". « *Tenir au frais* », " To be kept cool ".

tenir (se) *v. pr.* to be held (meeting). ST.-EX. *Les cours se tiennent,* prices hover round previous quotations. *Se tenir à, s'en tenir à,* to keep to. *Nous nous en tenons à notre décision antérieure,* we hold by our previous decision.

tension [tɑ̃sjɔ̃] *f.* pressure, tension; ST.-EX. hardness, stiffness, firmness. *La tension s'aggravera sur le marché du travail,* the labour market will tighten.

tenu, e [təny] *adj.* **1.** LAW bound (*à,* to), liable (*à,* for). *Etre tenu à des dommages-intérêts,* to be liable for damages; U. S. to respond for damages. — **2.** ST.-EX. firm, hard. *Cours tenus,* hard rates. *Valeurs tenues,* firm stocks.

tenue *f.* **1.** FIN., ST.-EX. firmness. *Le compartiment qui a fait preuve de la meilleure tenue ces dernières semaines à la Bourse de Londres,* the steadiest section at the London Stock-Exchange over the past few weeks. — **2.** ST.-EX. tone. *La tenue générale du marché,* the general tone of the market. — **3.** B. K. *Pour la bonne tenue de nos écritures,* to straighten our accounts. *Tenue des livres,* bookkeeping; *tenue d'un compte,* conduct of an account; *tenue en partie double,* double entry bookkeeping; *tenue en partie simple,* single entry bookkeeping.

terme [tɛrm] *m.* **1.** term, appointed time. *A court terme,* short-dated, short-term, short. *A long terme,* long-dated, long-term, long. *A moyen terme,* medium-term, intermediate term. *Acheter à long terme :* **a)** to buy on credit; ST.-EX. to buy for the account, to buy for the settlement. INS. *Assurance à terme fixe,* endowment insurance. *Demander un terme de grâce,* to ask for an extension of time. *Echéance à terme,* time draft. ST.-EX. *Livre à terme,* forward sterling. *Marché à terme :* **A-a)** ST.-EX. settlement market; **b)** PRO. EX. " futures " market, terminal market; **B** (transaction) **-a)** transactions on credit; **b)** PRO. EX. forward transaction, terminal transaction; **c)** ST.-EX. settlement bargain. *Les marchés à terme permettent aux commerçants et aux industriels de se couvrir contre les pertes qu'ils pourraient subir au cours de leurs opérations par suite de variations des prix,* terminal markets enable merchants and manufacturers to hedge against loss on their transactions through changes in price. *Marché à terme ferme,* transaction for future delivery during specified periods. *Marché à terme des devises,* forward exchange market. ST.-EX. *Opérations à terme,* forward transactions. *Paiement à terme,* payment by instalments. *Terme d'échéance,* time of payment. *Terme de livraison,* term of delivery. *Terme de rigueur,* latest date; U. S. dead-line. *Vendre à terme :* **a)** to sell on credit; **b)** ST.-EX. to sell for the account, to sell for the settlement; **c)** PRO. EX. to sell forward. — **2.** term. *Termes d'un télégramme,* wording of a telegram. — **3.** terms, conditions. *Aux termes d'un accord,* under an agreement. *Aux termes de l'article 3,* in pursuance of article 3, pursuant to article 3. — **4.** LAW : **a)** quarter; **b)** quarter's rent (somme); **c)** quarter's day.

terminer [tɛrmine] *vt.* to end, to finish, to bring to an end, to settle, to complete (sale).

terminer *vi.* ST.-EX. to close. *L'action X termine à perte,* X shares closed at a loss.

terminus [-ny:s] *m.* terminus, terminal point, terminal; U. S. end of the line.

terne [tɛrn] *adj.* ST.-EX. dull.

terrain [tɛrɛ̃] *m.* ground. *Terrain à bâtir,* building site, building plot. *Terrain d'essai,* test-ground. *Gagner du terrain,* to gain ground.

terrestre [tɛrɛstr] *adj.* land. INS. *Assurance terrestre,* land insurance.

tertiaire [tɛrsjɛ:r] *adj.* tertiary. *Secteur tertiaire,* tertiary activities.

test [tɛst] *m.* test. *Test d'intelligence pratique,* aptitude test.

testament [tɛstamɑ̃] *m.* will. *Invalider un testament,* to invalidate a will. *Valider un testament,* to probate.

testamentaire [-mɑ̃tɛ:r] *adj.* testamentary. *Disposition testamentaire,* clause of a will. *Exécuteur testamentaire,* executor of a will.

testateur [-tœ:r] *m.* testator.

testatrice [-tris] *f.* testatrix.

tête [tɛ:t] *f.* head. *Consommation par tête d'habitant,* per capita consumption. *Par tête d'habitant,* per capita.

texte [tɛkst] *m.* text, wording.

textile [tɛkstil] *m.* textile. *Le textile,* Textile trades, Textile industries.

textuel, elle [tɛkstɥɛl] *adj.* textual.

textuellement [-ɛlmɑ̃] *adv.* word-for-word.

thème [tɛm] *m.* theme, subject, topic. *Thème publicitaire,* advertising theme.

théorie [teɔri] *f.* theory.

théorique [-rik] *adj.* theoretical.

théoriquement [-rikmɑ̃] *adv.* theoretically.

thésauriser [tezorize] *vt.* to hoard.

thésauriseur [-rizœ:r] *m.* hoarder, accumulator.

thèse [tɛ:z] *f.* thesis, argument.

tiers [tjɛ:r], **tierce** [tjɛrs] *adj.* third. LAW *Tiers arbitre,* umpire; *tierce caution,* contingent liability; *tiers détenteur,* third-holder (de terrains hypothéqués, etc.); *tierce opposition,* opposition by a third party. FIN. *Tiers porteur,* second endorser, holder in due course. LAW *Tiers saisi,* garnishee.

tiers *m.* **1.** third. *Rabais d'un tiers,* discount of a third, a third off. — **2.** third person, third party. FIN. *Garanties reçues de tiers,* guarantees received. *Pour compte d'un tiers,* for account of a third party. INS. *Risque du recours de tiers,* third party risk.

timbrage [tɛ̃bra:ʒ] *m.* stamping.

timbre [tɛ̃:br] *m.* stamp. *Droit de timbre,* stamp duty. *Timbre à date,* dater. *Timbre à date de la gare expéditrice,* forwarding station date stamp. *Timbre de la poste,* post-mark. *Timbre (de) quittance,* receipt-stamp. *Timbre de pesage,* weighing stamp. *Timbre fiscal,* revenue stamp. *Timbre-prime,* trading-stamp. *Timbre proportionnel,* ad valorem stamp. *Timbre-taxe,* postage-due stamp.

timbré, e [tɛ̃bre] *adj.* stamped.

timbrer *vt.* to stamp. *Timbrer à l'extraordinaire,* to stamp at the Revenue Office.

tirage [tira:ʒ] *m.* **1.** drawing, lot. *Obligations amortissables par tirages annuels,* bonds redeemable by annual drawings. *Par voie de tirage,* by lot. *Sorti au tirage,* drawn. — **2.** drawing, draft, making out. *Les tirages présentés en vertu de cette lettre de crédit doivent porter au recto...,* drafts drawn under this letter of credit must bear on their face the clause... *Avis de tirage sur,* advice of a drawing upon. *Tirage d'un chèque,* making out of a cheque. *Tirage en l'air,* kite-flying. — **3.** number printed, circulation (journal). *A gros tirage,* with a large circulation (journal). *Tirage limité,* limited edition.

tirant [tirɑ̃] *m.* MAR. *Tirant d'eau,* draught. *Tirant d'eau en charge,* load draught.

tiré [tire] *m.* drawee. *En cours tiré,* liability as drawee. *Il y a non-acceptation lorsque le tiré refuse l'ordre de payer au tireur,* there is non-acceptance when the acceptor does not assent to the drawer's order.

tirer *vt.* **1.** FIN. to draw (effets de commerce, chèques), to make out (chèques). *Tirer une traite en l'air,* to kite. *Tirer sur sa banque,* to draw on one's bank. — **2.** to derive, to draw (bénéfice). — **3.** (tirer au sort) to draw, to draw lots. — **4.** MAR. to draw, to have a draught of.

tirer *vi.* FIN. to draw (*sur,* on). *Tirer à découvert,* to overdraw one's account.

tireur [-rœ:r] *m.* FIN. drawer.

tiroir-caisse [tirwarkɛ:s] *m.* till.

titrable [titrabl] *adj.* assayable (métal).

titre [ti:tr] *m.* **1.** LAW title-deed; FIN. warrant, bond certificate. *Titre à lots,* lottery-loan bond, prize bond. *Titre au porteur,* bearer certificate, bearer bond, share warrant. *Titre de créance,* proof of debt, evidence of indebtedness. *Titre de prêt,* loan certificate. *Titre de propriété,* title to property. *Titre d'obligation,* debenture bond. *Titre de rente,* government bond. *Titre mixte,* registered certificate with coupons attached. *Titre nominatif,* registered certificate. *Titre provisoire,* scrip, provisional certificate. — **2.** Fin. **titres** *m. pl.* stocks, shares, securities. *Avances sur titres,* advances on securities. *Compte titres,* stock account. *Garde de titres,* safe custody of securities. *Levée des titres,* taking-up of stock. *Portefeuille de titres,* security holding. *Titres adirés,* lost certificates. *Titres admis à la cote officielle,* shares admitted to official quotation. *Titres à revenu fixe,* fixed-yield securities. *Titres à revenu variable,* variable-yield securities, determinable interest securities. *Titres à terme,* forward securities. *Titres au porteur,* bearer securities. St.-Ex. *Titre de bonne livraison,* good delivery shares. *Titres de père de famille,* gilt-edged securities; U. S. blue chips. *Titres de première catégorie,* leaders; U.S. floaters. *Titres de tout repos,* safe investments; U.S. trustee stocks. *Titres entièrement libérés,* fully paid stock. *Titres frappés d'opposition,* stopped bonds. *Titres nominatifs,* registered shares. *Titres non cotés,* unquoted shares. *Titres non entièrement libérés,* partly paid stock. *Titres placés sous votre dossier,* securities lodged into your deposit. *Titres remis en nantissement,* securities pledged as collateral. — **3.** *A titre de,* as. *A titre d'acompte sur,* in part payment of. *A titre de paiement,* in payment, for payment. *A titre de prêt,* as a loan. *A titre d'essai :* **a)** on trial, on approval; **b)** experimentally. *A titre d'indication,* for your guidance. *A titre gracieux,* free of charge. *A titre provisoire,* provisionally. *A titre onéreux,* for a consideration. *Au titre du ministère de,* at the instance of the ministry of. *Contrat à titre gratuit,* deed-poll. *Envoi à titre d'essai,* trial lot, goods sent on trial. *Souscription à titre réductible,* application for excess shares. — **4.** Fin. fineness (monnaie). — **5.** qualification (*à,* for). *Recruter sur titres,* to appoint according to qualifications.

titrer [titre] *vt.* to assay (minerai, etc.), to determine the strength, the blend, etc.

titulaire [titylɛ:r] *adj.* regular, titular. *Membre titulaire,* regular member.

titulaire *m.* holder, bearer. *Titulaire d'un compte,* account holder. *Titulaire d'une patente,* licensee. *Titulaire d'une police,* policy holder.

titulariser [-larize] *vt.* to confirm (s.o.) in one's appointment.

tolérance [tɔlerɑ̃:s] *f.* tolerance, allowance; Cust. concession. *Tolérance de poids,* remedy for weight. *Avec une tolérance d'une livre par caisse de thé,* with an allowance of 1 lb per chest for tea. *Le douanier fera en sorte que vous puissiez bénéficier de toutes les tolérances accordées,* the customs officer will make sure that you get the full benefit of any concession available to you. *Il y a une tolérance de deux bouteilles de champagne,* up to two bottles of Champaign may be imported duty-free.

tolérer [-re] *vt.* to allow.

tomber [tɔ̃be] *vi.* to fall, to collapse. *La récolte pléthorique de 1964 a fait tomber les cours,* the inflated harvest of 1964 depressed prices.

ton [tɔ̃] *m.* tone.

tonnage [tɔna:ʒ] *m.* Mar. tonnage, displacement, burthen, burden. *Tonnage brut,* gross tonnage. *Tonnage (de jauge),* register tonnage. *Tonnage de jauge brute,* gross register tonnage. *Tonnage marchand,* shipping. *Droit de tonnage,* tonnage duty.

tonne [tɔn] *f.* Mar. ton. *Tonne d'arrimage,* measurement ton. *Tonne de cubage,* measurement ton. *Tonne d'encombrement,* measurement ton. *Tonne de jauge,* register ton. *Tonne de jauge nette,* net register ton.

tonneau [tɔno] *m.* Mar. ton. *Tonneau d'affrètement,* freight ton. *Tonneau de déplacement,* displacement ton. *Tonneau de jauge,* register ton. *Tonneau de portée en lourd,* freight ton. *Tonneau de registre,* register ton. *Vaisseau de 2 000 tonneaux, 2 000 tonnes,* ship of 2 000 tons burden.

topographie [tɔpɔgrafi] *f.* topographic plan.

tort [tɔ:r] *m.* wrong. *Faire du tort,* to wrong (s.o.), to damage (s.o.'s reputation, etc.), to be prejudicial to.

total, e [tɔtal] *adj.* total. *Montant total,* aggregate amount. *Rendement total,* aggregate output. INS. *Sinistre total,* complete loss.

total *m.* total. *Au total,* in the aggregate. *Faire le total de,* to add up. *Jusqu'à un montant total de,* up to the aggregate amount of. *Total général,* grand total.

totalement [-lmɑ̃] *adv.* totally.

totaliser [-lize] *vt.* to totalize, to tot up.

totalité [tɔtalite] *f.* totality, whole. *En totalité,* as a whole, in the aggregate. *Action libérée en totalité,* fully paid-up share. *Réclamation admise en totalité,* claim fully allowed. *Les affaires traitées aujourd'hui s'élèvent à 90 000 livres en totalité,* to-day's transactions amount to £ 90 000 in the aggregate.

touchable [tuʃabl] *adj.* cashable, collectable, payable.

toucher [tuʃe] *vt.* **1.** to draw, to receive. *Toucher ses appointements,* to draw one's salary. *Toucher un chèque,* to cash a cheque. *Toucher un effet,* to collect a bill. — **2.** to touch, to reach. *Les cours ont touché leur niveau le plus bas,* prices are at rock-bottom.

tourisme [turism] *m.* tourism, touring. *Bureau de tourisme,* travel agency.

touriste [-rist] *m.* tourist.

tournant, e [turnɑ̃] *adj.* turning. *Inventaire tournant,* continuous inventory.

tournant *m.* turning point.

tournure [turny:r] *f.* turn, course, direction. *Les affaires prennent meilleure tournure,* business is looking up, is improving.

tracé [trase] *m.* tracing. *Faire le tracé de,* to lay out, to mark out.

tractation [traktasjɔ̃] *f.* bargaining, dealing.

tradition [tradisjɔ̃] *f.* LAW tradition, delivery.

traditionnel, elle [-sjɔnɛl] *adj.* traditional.

traducteur [tradyktœ:r] *m.* translator.

traduction [-sjɔ̃] *f.* translation (*en,* into).

traduire [tradɥi:r] *vt.* to translate (*de,* from; *en,* into). LAW *Traduire en justice,* to prosecute, to sue, to indict.

traduisible [-zibl] *adj.* translatable. LAW *Traduisible en justice,* liable to prosecution.

trafic [trafik] *m.* **1.** trade (N. B. sometimes with a derogatory shade of meaning). — **2.** traffic. *Perturbation du trafic,* traffic disturbance. *Trafic de perfectionnement,* free import and export of goods to be finished. RAIL *Trafic des marchandises,* goods traffic; *trafic des voyageurs,* passenger traffic. *Trafic par envoi isolé,* part-load traffic.

trafiquant [-kɑ̃] *m.* **1.** trader. — **2.** trafficker.

trafiquer [-ke] *vi.* **1.** to trade, to deal. — **2.** to traffic.

train [trɛ̃] *m.* train. *Ce train ne circule pas le dimanche,* this train does not run on Sunday. *Par le train,* by train. IND. *Train de laminoir,* rolls, mill-train. RAIL *Train de marchandises,* goods train; U. S. freight train; *train de voyageurs,* passenger train; *train direct,* through train; *train-poste,* mail-train; *train spécial avec supplément,* limited express; *train supplémentaire,* relief train.

traite [trɛt] *f.* draft, bill. *Accepter une traite,* to accept a bill. *Bénéficiaire d'une traite,* payee. *Délai d'une traite,* currency of a bill. *Envoyer une traite à l'encaissement,* to send a bill for collection. *Escompter une traite avant l'échéance,* to discount a bill before it falls due. *Faire protester une traite,* to have a bill noted, to have a bill protested. *Inscription au dos d'une traite,* enfacement. *Lorsqu'une traite sur l'étranger n'est pas honorée à l'échéance, il faut faire dresser un protêt,* when a foreign bill is not met at maturity, it must be protested. *Présenter une traite* *à l'acceptation,* to present a bill for acceptance. *Proroger l'échéance d'une traite,* to prolong a bill. *Tirer une traite,* to draw a bill. *Traite à courte échéance,* short (-dated) bill, short bill. *Traite à date fixe,* day bill. *Traite à délai de date,* bill after date, time bill. *Traite à longue échéance,* long (-dated) bill, long bill. *Traite avalisée,* guaranteed bill. *Traite à vue,* draft at sight; U. S. sight draft. *Traite documentaire,* documentary bill. *Traite domiciliée,* addressed draft, domiciled bill. *Traite échue,* due bill. *Traite en l'air,* kite, fictitious bill. *Traite en souffrance,* bill in abeyance, bill in suspense. *Traite escomptable,* discountable bill. *Traite libre,* general bill, clean bill. *Traite par contre,* redraft. *Traite renvoyée,* dishonoured bill. *Traite sur l'étranger (sur l'extérieur),* foreign bill. *Traite sur l'intérieur,* inland bill. *Veuillez remettre cette traite à la Westminster Bank pour encaissement,* please hand over this bill to the Westminster Bank for collection.

traité [trɛte] *m.* treaty, agreement, contract. *Passer un traité avec,* to conclude an agreement with.

traitement [trɛtmɑ̃] *m.* **1.** treatment. *Traitement de la nation la plus favorisée,* most favoured nation treatment. — **2.** salary. *Rappel de traitement,* back pay. *Traitement de base,* basic salary. *Traitement de début,* commencing, starting, initial salary. *Toucher un traitement,* to draw a salary.

traiter [trɛte] *vt.* to transact. *Action X pas traitée,* no dealings in X shares. *Chaque aliment sera traité dans des articles distincts,* each interest to be dealt with in different sections. *Nous traitons toutes les opérations bancaires,* banking business of every description transacted. *Traiter des affaires,* to transact a business.

traiter *vi.* to negotiate, to deal. *Traiter avec ses créanciers,* to negotiate with one's creditors.

traiter (se) *v. pr.* St.-Ex., Pro. Ex. to be dealt in, to sell. *L'action X se traite au-dessous du pair,* X shares were being dealt in below par value. *Il se traite toujours beaucoup d'affaires,* trading has continued heavy.

trajet [traʒɛ] *m.* journey. *Trajet à charge,* loaded journey, cargo passage.

tramp [trɑ̃:p] *m.* Mar. tramp.

tramping [-piɲ] *m.* Mar. tramping.

tranche [trɑ̃:ʃ] *f.* Fin. Portion, block, tranche (*d'une émission d'actions,* of an issue of shares), instalment (*d'un emprunt,* of a loan). *Emettre un emprunt en tranches,* to issue a loan in instalments. *Une nouvelle tranche de ce titre a été mise sur le marché,* a new tranche of this stock has been put into the tap. Adm. *Tranche d'imposition,* income bracket.

trancher [trɑ̃ʃe] *vt.* to settle (question).

transaction [trɑ̃zaksjɔ̃] *f.* **1.** transaction, business, dealings. *Transactions à terme :* **a)** credit operations; **b)** Pro. Ex. forward transactions, terminal transactions, contract transactions, " futures " transactions; **c)** St.-Ex. settlement bargains, dealings for the account. *Sans transaction,* no dealings. *Toutes transactions bancaires,* banking business of every description transacted. *Transactions au comptant,* cash transactions. *Transactions compensatoires,* offsetting transactions. *Transactions en Bourse,* transactions on 'Change. St.-Ex. *Transactions réduites,* few dealings; *nombreuses transactions en,* heavy dealings in. — **2.** Law arrangement, compromise, composition. *Accepter une transaction,* to agree to a compromise. *La réclamation fut réglée par une transaction entre les deux parties,* the claim was settled by a compromise between both parties.

transbordement [trɑ̃sbɔrdəmɑ̃] *m.* Mar. transhipment; Rail transfer. Cust. *Certificat de transbordement,* transhipment shipping bill. *Connaissement de transbordement,* transhipment B/L; *déclaration de transbordement,* transhipment entry. *Frais de transbordement :* **a)** Mar. transhipment charges; **b)** Rail reloading charges. *En transbordement pour,* transhipping for. *Opérer un transbordement,* to tranship; RAIL to transfer. CUST. *Permis de transbordement,* transhipment delivery order. INS. *Risque de transbordement,* transhipment risk. *Transbordement direct,* immediate transhipment.

transborder [-de] *vt.* to tranship; RAIL to transfer.

transcription [trɑ̃skripsjɔ̃] *f.* B. K. posting; LAW recording, registration.

transcrire [trɑ̃skri:r] *vt.* to transcribe; B.K. to post; LAW to record, to register.

transférabilité [trɑ̃sferabilite] *f.* transferability.

transférable [-rabl] *adj.* transferable; LAW demisable. *Actions nominatives transférables par voie d'endos,* registered shares transferable by endorsement. *Crédit transférable,* transferable; U. S. assignable credit.

transférer [-fere] *vt.* **1.** to transfer, to remove. LAW to make over, to assign, to convey. *Locaux transférés à,* premises removed to.

transfert [-fɛ:r] *m.* **1.** FIN. transfer. *Agent comptable des transferts,* registrar of transfers. *Droit de transfert,* transfer duty. *Feuille de transfert,* transfer-deed. (N. B. En Angleterre, une seule feuille est rédigée pour l'acheteur et le vendeur d'une action nominative.) *Journal des transferts,* transfer register. *Transfert d'actions,* transfer of shares. *Transfert de devises,* foreign exchange transfer. *Transfert de fonds (de capitaux),* capital transfer. *Transfert de valeurs,* transfer of stocks and shares. *Transferts invisibles,* invisible transfers. — **2.** LAW transfer, demise, conveyance (propriété), assignment (droits, etc.). *Acte de transfert,* transfer deed, deed of assignation. *Droit de transfert,* transfer tax. *Transfert d'ordre,* nominal transfer. *Transfert gratuit,* nominal transfer. — **3.** B. K. transfer. *Transfert télégraphique,* cable transfer.

transformation [trɑ̃sfɔrmasjɔ̃] *f.* transformation, alteration. *Industries de transformation,* processing industries.

transformer [-me] *vt.* to transform, to convert (*en,* into). *Transformer des locaux,* to remodel; U. S. to redeploy premises.

transgresser [trɑ̃sgrɛse] *vt.* LAW to contravene, to break, to infringe.

transiger [trɑ̃ziʒe] *vi.* to compound, to compromise. *Transiger avec ses créanciers,* to compound, to come to terms with one's creditors.

transit [trɑ̃zit] *m.* CUST. transit. *Acquit de transit,* transit bond. *Entrepôt de transit,* bonded warehouse. *En transit,* in transit. *Expédier en transit,* to forward in through freight. *Fret de transit,* through freight. *Port de transit,* transit port.

transitaire [-tɛ:r] *m.* transit agent, freight agent, forwarding agent, freight forwarder. *Récépissé de transitaire,* forwarder's receipt.

transiter [-te] *vt.* to pass in transit, to forward in transit.

transiter *vi.* to be in transit, to pass in transit.

transition [-sjɔ̃] *f.* transition, intermediate stage.

transitoire [-twa:r] *adj.* transitory, transient.

translatif, ive [trɑ̃slatif] *adj.* LAW translative. *Acte translatif de propriété,* deed of conveyance, deed of transfer. *Procédure translative,* conveyancing. (N. B. La rédaction des actes translatifs de propriété est, en Angleterre, assurée par le *solicitor.*)

translation [-sjɔ̃] *f.* LAW transfer, conveyance of property.

transmettre [trɑ̃smɛtr] *vt.* to transmit; LAW to transfer, to make over, to convey. *Transmettre par endossement,* to transfer by endorsement.

transmissible [trɑ̃smisibl] *adj.* LAW transferable.

transmission [-sjɔ̃] *f.* transfer. *Transmission des pouvoirs,* handing over.

transpirer [trɑ̃spire] *vi.* to get abroad, to spread abroad, to leak out.

transport [trɑ̃spɔ:r] *m.* **1.** transport, conveyance, carriage; U.S. transportation.

Contrat de transport, carriage contract. *Entrepreneur de transport,* cartage contractor, haulage contractor. *Planning de transport,* shipping schedule. *Transport en charge,* transport loaded. *Transport par roulage,* haul, haulage, cartage. *Transport par voie ferrée,* railway carriage. *Transport routier,* road transport. — **2.** LAW cession, transfer, making over. — **3.** B. K. transfer (*d'argent d'un compte à un autre,* of money from one account to another), balance brought forward.

transporter [-te] *vt.* **1.** to transport, to convey. — **2.** LAW to transfer, to make over, to convey. — **3.** B. K. to transfer, to carry over.

transporteur [-tœ:r] *m.* **1.** carrier. *Transporteur public,* common carrier. *Responsabilité du transporteur,* carrier's liability. — **2.** IND. conveyor.

transposition [trɑ̃spozisjɔ̃] *f.* transposition.

travail [trava:j] *m.* work, labour. *Accident du travail,* injuries to workmen. *Analyse du travail,* operation analysis. *Arrêt de travail,* work interruption; U. S. tie-in. *Assurance contre les accidents du travail,* employers' liability insurance; U.S. workmen's compensation insurance. *Bon de travail,* work ticket, time ticket. *Bourse du travail,* Labour Exchange. *Cesser le travail,* to stop work (grève), to down tools. *Conflits du travail,* labour disputes. *Contrat de travail,* labour contract. *Etre sans travail,* to be out of work. *Fiche de travail,* work-sheet. *Incapacité de travail,* disablement. *Inspecteur du travail,* factory inspector. *Législation du travail,* labour legislation. *Mettre un travail à l'entreprise,* to put work out to contract. *Ministre du Travail,* Ministry of Labour. *Ministère des Travaux publics,* Board of Works; U. S. Public Works Administration. *Organisation scientifique du travail,* industrial engineering. *Poste de travail,* work place, work area, bench, work station. *Réduction des heures de travail,* cut in working time. *Régulation du travail,* decasualization. *Séance de travail,* business meeting. *Travail administratif,* administrative work, clerical work. *Travail à forfait,* contract work. *Travail à la chaîne,* flow production, line production, moving-band production. *Travail à la pièce,* piecework, jobwork. *Travail à l'entreprise,* contract work. *Travail à mi-temps,* part-time job. *Travail à plein temps,* full-time job, whole-time job. *Travail de bureau,* clerical work, office work. *Travail d'équipe,* team-work. *Travail d'investigation,* field work. *Travail en cours,* work in progress, in process. *Travail en série,* mass-production; U. S. repetitive work. *Travail en retard,* work in arrear; U. S. backlog. *Travail payé à la pièce,* work at piece-rates. *Travail payé au temps, à l'heure,* work at time-rates. *Travail supplémentaire,* extra work, overtime work. *Travaux publics,* public works.

travailler [travaje] *vt.* to work. *Travailler la clientèle,* to work the town, to canvass.

travailler *vi.* ST.-EX. to deal in; FIN. to produce interest. *Cuprifères très travaillées,* coppers heavily dealt in. *Faire travailler son argent,* to put one's money out at interest; U. S. to put one's money to work.

travailleur [-jœ:r] *m.* worker, labourer.

trésor [trezɔr] *m.* treasury; ADM. Treasury, Exchequer. *Bon du Trésor,* Exchequer bill, Treasury bill, Treasury bond.

trésorerie [-rri] *f.* **1.** ADM. Treasury, Exchequer; U. S. Treasury Department. — **2.** finances, funds. *Coefficient de trésorerie,* cash ratio. *Situation de trésorerie,* financial statement.

trésorier [-rje] *m.* treasurer, paymaster. *Trésorier payeur général,* chief treasurer and paymaster (of a French department).

trêve [trɛ:v] *f.* respite, intervention.

tri [tri] *m.* sorting out, classifying, screening.

triage [trija:ʒ] *m.* sorting, grading. RAIL *Gare de triage,* marshalling yard. *Voie de triage,* siding.

tribunal [tribynal] *m.* tribunal, lawcourt. *Agréé à un tribunal de commerce;*

U. S. attorney. *Tribunal arbitral,* court of arbitration. *Tribunal civil,* civil court. *Tribunal de commerce,* commercial court. *Tribunal de simple police,* police court.

tributaire [tribytɛ:r] *adj.* tributary, dependent (*de,* upon). *Etre tributaire de,* to be dependent upon, to depend on.

trier [trije] *vt.* to sort, to sort out, to choose; RAIL to marshal (wagons).

trieuse [-jœ:z] *f.* sorter.

trilingue [trilɛ̃:g] *adj.* trilingual.

trillion [triljɔ̃] *m.* trillion; U. S. quintillion.

trimestre [trimɛstr] *m.* quarter, quarter's rent (loyer), quarter's salary (salaire). *Par trimestre,* quarterly.

trimestriel, elle [-trjɛl] *adj.* quarterly.

trimestriellement [-trjɛlmɑ̃] *adv.* quarterly.

triple [tripl] *adj.* treble, triple. *En triple exemplaire,* in triplicate. *En triple expédition,* in triplicate.

triplé [-ple] *m.* ST.-EX. option to treble.

tripler *vt.* et *vi.* to treble.

triplicata [-plikata] *m.* triplicate.

tripotage [tripɔta:ʒ] *m.* underhand work. *Tripotage de bourse,* jobbery, market rigging. *Tripotage des comptes,* tampering with accounts, cooking of accounts.

triptyque [triptik] *m.* pass sheet, triptyque, triptych.

troc [trɔk] *m.* truck, barter; FAM. swop, swap.

tromper [trɔ̃pe] *vt.* to deceive, to take in (public).

tromper (se) *v. pr.* to be wrong, to be mistaken. *Se tromper dans ses calculs,* to be out in one's reckonings.

trop-plein [troplɛ̃] *m.* overflow.

troquer [trɔke] *vt.* to barter, to exchange, to truck; FAM. to swop, to swap.

trou [tru] *m.* gap (budget).

trouble [trubl] *m.* confusion, uneasiness. LAW *Trouble de jouissance,* disturbance of possession.

truc [tryk] *m.* trick, gadget, gimmick.

trucage [-ka:ʒ] *m.* **1.** cooking, window-dressing (d'un bilan). — **2.** trick picture.

truchement [tryʃmɑ̃] *m.* go-between, spokesman. *Par le truchement de M. X,* Mr. X acting as a spokesman.

truquer [tryke] *vt.* to cook (comptes).

trust [trəst] *m.* trust. *Trust de placement,* investment trust. *Trust de valeurs,* holding company.

turbulence [tyrbylɑ̃:s] *f.* ST.-EX. restlessness.

tutelle [tytɛl] *f.* LAW guardianship. *En tutelle,* under guardianship.

tuteur [-tœ:r] *m.* LAW guardian.

tuyau [tɥijo] *m.* ST.-EX. tip; U. S. " hunch ".

tuyauter [-te] *vt.* ST.-EX. to give a tip. *Tuyauter qqn,* to let s. o. in a good bargain.

type [tip] *adj.* standard. *Ecart type,* standard deviation. *Erreur type,* standard error.

u

ultérieurement [ylterjœ:rmɑ̃] *adv.* later on, at a subsequent date. *Marchandises livrables ultérieurement,* goods for future delivery.

unanime [ynanim] *adj.* unanimous.

unanimement [-nimmɑ̃] *adv.* unanimously.

unanimité [-nimite] *f.* unanimity. *A l'unanimité,* unanimously.

unification [ynifikasjɔ̃] *f.* unification, standardization ; Fin. consolidation. *Unification industrielle,* industrial merger.

unifié, e [-fje] *adj.* Fin. unified, consolidated.

unifier *vt.* Fin. to unify, to consolidate ; Adm. to standardize.

uniforme [-fɔrm] *adj.* uniform. *Tarif uniforme,* flat rate.

uniformiser [-fɔrmize] *vt.* to standardize.

unilatéral, e [-lateral] *adj.* unilateral, one-sided.

union [ynjɔ̃] *f.* union. Law *Contrat d'union,* creditors' agreement. *Union de crédit,* credit society. *Union douanière,* customs union. *Union européenne des paiements,* European Payment Union.

unique [ynik] *adj.* sole, unique. Ins. *Prime unique,* single premium. *(Magasin à) prix unique,* one-price store.

unir [yni:r] *vt.* to merge, to amalgamate (sociétés).

unitaire [ynitɛ:r] *adj.* unit. *Charge unitaire,* basic load. *Prix unitaire,* unit-price.

unité [-te] *f.* **1.** unit. *Unité de compte,* unit of account, accounting unit. *Unité de consommation,* unit of consumption. *Unité de production,* production unit. Cust. *Unité payante,* freight unit. — **2.** one. *Actions émises en unités et en coupures,* shares issued in ones and in denominations. *Prix de l'unité,* price of one, unit-price.

urbain, e [yrbɛ̃] *adj.* urban.

urbanification [yrbanifikasjɔ̃] *f.* town-planning.

urbaniste [-nist] *m.* town-planner ; U. S. city planner.

urgence [yrʒɑ̃:s] *f.* urgency, emergency, pressure. *Programme d'urgence,* crash project. *Prière de répondre d'urgence,* kindly answer at your earliest convenience.

urgent, e [-ʒɑ̃] *adj.* urgent. *Commande urgente,* rush order ; U. S. crash order.

usage [yza:ʒ] *m.* use, custom, usage. *Contraire à l'usage,* contrary to custom. Law *Droit d'usage,* right of user. *Sous les réserves d'usage,* with the usual reserve. *Usages locaux,* local custom.

usager [yzaʒe] *m.* user (*de,* of).

usance [yzɑ̃:s] *f.* usance. *Lettre de change à usance,* bill at usance.

usine [yzi:n] *f.* works, factory, mill. *Formation à l'usine,* in-plant training. *Gardiennage de l'usine,* plant protection. *Usine pilote,* pilot-factory.

usiner [-ne] *vt.* to machine, to tool.

usuel, elle [yzɥɛl] *adj.* usual, common, ordinary.

usufruit [-frɥi] *m.* LAW usufruct.

usufruitier [-frɥitje] *m.* LAW usufructuary.

usuraire [yzyrɛ:r] *adj.* usurious.

usure [yzy:r] *f.* 1. LAW usury. — 2. wear and tear.

usurier [yzyrje] *m.* usurer.

utile [ytil] *adj.* useful. MAR. *Charge utile,* carrying capacity. *En temps utile,* in due course. LAW *Jour utile,* lawful day.

utilisable [-lizabl] *adj.* utilizable, available.

utilitaire [-litɛ:r] *adj.* commercial. *Articles utilitaires,* utility goods. *Conception utilitaire,* functional design.

utilité [-lite] *f.* use, utility. LAW *Expropriation pour cause d'utilité publique,* expropriation for public purposes. *Vous avez droit à une indemnisation, même en cas d'expropriation pour cause d'utilité publique,* even if you are expropriated for public purposes, you are entitled to an indemnification.

V

vacance [vakɑ̃:s] *f.* 1. vacancy. *Combler une vacance, suppléer à une vacance,* to fill a vacancy. — 2. **vacances** *f. pl.* holidays.

vacant, e [-kɑ̃] *adj.* vacant, unfilled. LAW *Succession vacante,* estate in abeyance.

vacations [vakasjɔ̃] *f. pl.* ADM. fees.

vague [vag] *f.* wave. *Vague de baisse,* depression.

valable [valabl] *adj.* valid, available. *Ce billet est valable cinq jours,* this ticket is available for five days. *Motif valable,* good reason.

valeur [valœ:r] *f.* 1. value. FIN. *Augmenter de valeur,* to appreciate in value, to show an appreciation. *Clause de valeur fournie,* value given clause, valuation clause. MAR. INS. *Clause valeur agréée,* agreed valuation clause. *Déclaration au-dessous de la valeur,* declaration under value. *Déclaration au-dessus de la valeur,* declaration above value. POST *En valeur déclarée,* insured. FIN. *Valeur à l'échéance,* cash at maturity; *valeur à l'encaissement,* value for collection. INS. *Valeur à l'état avarié,* damaged value; *valeur à l'état sain,* sound value. FIN., B. K. *Valeur après amortissement,* book-value. INS. *Valeur assurable,* insurable value, insurable interest; *valeur assurée,* insured value. FIN. *Valeur au pair,* value at par; *valeur boursière,* market value. *Valeur brute,* gross value. FIN., B. K. *Valeur capitalisée,* capitalized value; *valeur comptable,* book-value. INS. *Valeur contributive,* contributory mass. FIN. *Valeur d'achat,* cost; *valeur d'actif,* asset value; *valeur déclarée,* declared value; *valeur de facture,* invoice value; *valeur de liquidation,* liquidation value. INS. *Valeur de rachat,* surrender value; U. S. cash surrender value. FIN. *Valeur de remboursement,* redemption value. B. K. *Valeur d'inventaire,* stocktaking value. FIN. *Valeur d'inventaire,* break up value. B. K. *Valeur en compte,* value in account, " open account ". CUST. *Valeur en douane,* customs value. *Valeur en espèces,* cash. *Valeur locative,* rental value; U. S. letting value.

Valeur marchande, sale value. *Valeur nette,* net value, clear value. *Valeur nominale,* face value, nominal value. *Valeur réalisée,* realized value. B. K. *Valeur reçue,* value received. *Valeur résiduelle,* net worth. *Valeur unitaire,* unit value. — **2.** value date. *Valeur à l'échéance,* value date of maturity. *Valeur le 10 courant,* payable on the 10th inst. — **3. valeurs** *f. pl.* securities, shares, stocks. *Valeurs à revenu fixe,* fixed-yield securities. *Valeurs à revenu variable,* variable yield securities, determinable interest securities. *Valeurs à terme,* forward securities. *Valeurs au comptant,* securities dealt in for cash. *Valeurs bancaires,* bank paper. *Valeurs d'alimentation,* food shares. *Valeurs de bonne livraison,* good delivery shares. *Valeurs de père de famille,* safe investment, gilt-edged securities; U. S. blue chips. *Valeurs de portefeuille,* investment securities. *Valeurs de premier ordre,* leaders, giants; U. S. floaters, trustee-stocks. *Valeurs entièrement libérées,* fully paid-up stock. *Valeurs métallurgiques,* iron and steel shares. *Valeurs mobilières,* stocks and shares; U. S. bonds. *Valeurs nominatives,* registered shares. *Valeurs vedettes,* glamour stocks, high flyers, giants.

validation [validasjɔ̃] *f.* authentication; LAW execution. *Les obligations doivent être déclarées à l'Enregistrement dans les vingt et un jours suivant leur validation,* debentures have to be registered at the Companies Registration Office within twenty one days of being executed.

valide [valid] *adj.* valid.

valider [-de] *vt.* to make valid, to authenticate. *Valider un testament,* to probate.

validité [-dite] *f.* validity, availability. *Admettre la validité d'une réclamation,* to sustain s.o. in a claim, to allow a claim.

valoir [valwa:r] *vi.* to be worth. *A valoir sur,* on account of, in part payment. *Un à valoir,* a sum on account. *Faire valoir ses droits à,* to assert one's claims to.

valorisation [valɔrizasjɔ̃] *f.* FIN. valorization, stabilization, valuing.

valoriser [-rize] *vt.* to valorize, to stabilize, to value (chèque).

variation [varjasjɔ̃] *f.* variation, fluctuation. *Correction des variations saisonnières,* equalization of seasonal demand.

varier [varje] *vi.* FIN. to fluctuate.

variété [-rjete] *f.* variety, range. *Grande variété de,* wide range of.

vedette [vədɛ:t] *f. Article vedette,* hot seller. *Etre en vedette,* to be in the limelight. ST.-EX. *Valeurs vedettes,* leaders; U. S. floaters.

vénal, e [venal] *adj.* marketable, saleable. *Poids vénal,* usual selling weight. *Valeur vénale,* market value.

vendable [vɑ̃dabl] *adj.* saleable, marketable.

vendeur [-dœ:r] *m.* seller. U. S. salesman; LAW vendor. ST.-EX. *Vendeur à découvert,* bear seller, short seller; *vendeur d'une prime directe,* taker for a call, seller of a call option; *vendeur d'une prime indirecte,* giver for a put, buyer of a put option. *Vendeur porte à porte,* home service salesman. *Vendeur spécialisé,* specialty salesman. *Le vendeur à découvert doit acheter au comptant pour faire face à ses engagements à terme,* the bear (short) seller has to buy in the spot market so that he can meet his forward commitment.

vendre [vɑ̃:dr] *vt.* to sell. *L'art de vendre,* salesmanship. *A vendre,* to be sold, for sale. ST.-EX. *Vendre à découvert,* to sell short; U. S. to hammer. *Vendre à l'heureuse arrivée,* to sell to arrive. *Vendre à perte,* to sell at a loss, to sell under cost price. *Vendre à terme :* **a)** to sell on credit; **b)** ST.-EX. to sell for the account; **c)** PRO. EX. to sell forward, to sell for future delivery. *Vendre au comptant,* to sell for cash. *Vendre au détail,* to retail.

vendre (se) *v. pr.* to sell. *Cet article se vend bien,* this article sells readily, finds a ready sale, is a quick seller. *Cet article se vend mal,* this article is a slow sale, is a drug on the market.

vente [vɑ̃:t] *f.* sale. *Acte de vente,* sale contract. *Argument de vente,* selling point, sales argument. *Bureau de vente,* selling agency. *Campagne de vente,* selling campaign; U. S. selling drive. *Campagne de vente sélective,* selective cream plan. *Chef de vente,* sales manager; U. S. merchandising manager. *Chiffres de vente,* sales figures, turnover. *Compte de vente,* account sales. *Contrat de vente,* contract of sale. *Contrat de vente à tempérament,* hire-purchase agreement. *Facture de vente,* sales invoice. *Mettre en vente,* to put up for sale, to offer for sale. *Prix de vente,* selling price. *Promotion de vente,* sales promotion. *Rendus sur vente,* sales returns. *Salle de vente,* sale-room, auction room. *Sauf vente,* subject unsold. *Service des ventes,* sales department. *Territoire de vente,* trading area. *Vente à découvert :* **a)** ST.-EX. bear sale, short sale; **b)** PRO. EX. selling of futures. *Vente à l'amiable,* sale by private treaty. *Vente à réméré,* sale with option of repurchase. *Vente à tempérament,* sale on instalments, hire-purchase system, time sales, differed payment plan. *Vente à terme :* **a)** ST.-EX. sale for the account; **b)** PRO. EX. forward sale, contract sale, terminal sale. *Vente à tout prix,* " must be cleared ". *Vente au comptant :* **a)** cash sale; **b)** ST.-EX. spot selling. *Vente au détail,* retail trade. *Vente aux enchères,* sale by auction; U. S. sale at auction. *Vente contre remboursement,* cash on delivery sale. ST.-EX. *Vente de consolidation,* funding sale. *Vente de liquidation,* clearing sale; U. S. close out. *Vente de fin de saison,* clearance sale. *Vente directe aux consommateurs,* personal selling. *Vente en demi-gros,* wholesale sale. *Vente en entrepôt,* sale in bonded warehouse. *Vente en gros,* direct sale. (N. B. Par extension, *wholesale.*) *Vente forcée,* forced sale. *Vente judiciaire,* sale by order of court, judicial sale. *Vente liquidation,* winding-up sale; U. S. close out. *Vente par correspondance,* mail-order selling, mail-order business. *Vente par distributeurs automatiques,* automatic selling. *Vente réclame,* bargain sale; U. S. ground-floor sale. *Vente sur description,* sale by description. *Vente par échantillon,* sale by sample. *Vente sur qualité vue,* sale on approval. *Vente sur type,* sale by the type. *Vente totale,* clearance sale; U. S. close out.

ventilation [vɑ̃tilasjɔ̃] *f.* **1.** LAW separate valuation. — **2.** B. K. accounting analysis, apportionment; U. S. breakdown. *Ventilation des prix de revient,* cost distribution.

ventiler [-tile] *vt.* **1.** LAW to value separately. — **2.** B. K. to apportion, to analyse.

verbal, e [vɛrbal] *adj.* verbal, by word of mouth. LAW *Convention verbale,* simple contract, verbal agreement.

verdict [verdikt] *m.* verdict. *Prononcer un verdict,* to return a verdict, to bring in a verdict.

véreux, euse [verø] *adj.* shady. *Affaire véreuse,* bubble scheme, wild-cat scheme, bogus firm.

vérificateur [verifikatœ:r] *m.* examiner, inspector. *Vérificateur comptable,* auditor. *Vérificateur comptable interne,* U. S. internal auditor. *Vérificateur de comptes,* comptroller. *Rapport des vérificateurs comptables,* auditors' report.

vérification [-fikasjɔ̃] *f.* examination, auditing, checking. B. K. *Balance de vérification,* trial balance; *programme de vérification,* audit program. *Vérification comptable,* auditing. *Vérification des comptes,* auditing of accounts. *Vérification des stocks,* stock check. *Vérification en douane,* customs examination.

vérifier [-fje] *vt.* to verify, to examine, to check. B. K. *Vérifier les livres,* to audit the books. *Vérifier par épreuves,* to make random tests. *En vérifiant nos comptes,* on checking our accounts.

véritable [veritabl] *adj.* genuine, real, actual, true.

versé, e [vɛrse] *adj.* experienced, well versed (*dans,* in).

versement [vɛrsəmɑ̃] *m.* FIN. payment, paying in, deposit, remittance. *Avis de versement,* notice of paying in. *Bulletin de versement,* paying in slip, voucher; U. S. deposit slip. *Carnet de versement,* pay-in book; U. S. bank-book. *Contre versement de,* against payment of. *Faire un versement,* to make a remittance, to effect a payment. *Faire un versement à un compte,* to pay in money to an account. *Versement à la Caisse d'épargne,* deposit in the Savings-Bank. *Versement anticipé,* advance payment, anticipated payment, payment in anticipation. *Versement de libération,* final instalment. *Versement de souscription,* application money. *Versements échelonnés,* payments by instalments. *Versement partiel,* instalment.

verser [vɛrse] *vt.* to pay, to pay in, to deposit. *Capitaux versés,* paid-up capital. *Verser au crédit de,* to pay into the credit of. *Verser des fonds à la banque,* to pay money into the bank. *Verser des fonds à la Caisse d'épargne,* to deposit money with the Savings-Bank. *Verser des fonds dans une affaire,* to invest capital in an undertaking. *Verser un acompte,* to pay an instalment. *Verser un chèque à son compte,* to pay in a cheque to one's account; U. S. to deposit a check to one's account.

verso [vɛrso] *m.* **1.** back. *Voir au verso :* **a)** turn over; **b)** FIN. as per back. — **2.** left-hand page (d'un livre).

vertu [vɛrty] *f. En vertu de,* in pursuance of, pursuant to. *En vertu de l'article 7,* pursuant to section 7.

vétusté [vetyste] *f.* decay, dilapidated aspect.

viabilité [vjabilite] *f.* traffic condition, practicability.

viable [vjabl] *adj.* feasible, manageable.

viager, ère [vjaʒe] *adj.* for life. *Bien viager,* life estate. *Rente viagère,* life annuity.

viager *m.* life annuity, life interest. *Placer son argent en viager,* to invest one's money in life annuities.

vice [vis] *m.* defect. *Vice caché,* latent defect. *Vice de forme,* faulty drafting. *Vice propre,* inherent defect.

vice-gérant [visʒerɑ̃] *m.* vice-manager, acting manager; U. S. deputy-manager.

vice-président [-prezidɑ̃] *m.* vice-president, deputy-chairman.

vicier [visje] *vt.* LAW to vitiate, to invalidate.

vide [vi:d] *adj.* empty. *Les emballages vides sont repris,* empties are returnable.

vide *m.* MAR. *Fret sur le vide,* dead freight; *navire marchant à vide,* ship going light.

vie [vi] *f.* life. INS. *Assurance sur la vie,* life-assurance; *assurance vie entière,* whole life policy. *Coût de la vie,* cost of living. INS. *Espérance de vie,* expectation of life. *Niveau de vie,* standard of living. *Nommé à vie,* appointed for life. *Pension à vie,* life-pension. *Train de vie,* rate of living. INS. *Vie moyenne,* average life.

vif, ive [vif] *adj.* keen. *La concurrence est particulièrement vive dans ce secteur de l'industrie,* competition is especially keen in that segment of industry.

vif *m.* LAW *Entre vifs,* inter vivos.

vignette [viɲɛt] *f.* label, inland revenue band; U. S. internal revenue stamp.

vigueur [vigœ:r] *f.* force. *Cesser d'être en vigueur,* to lapse. *En vigueur,* in force. *Entrer en vigueur,* to take effect, to come into force, to become imperative, operative; INS. to attach. *La police entre en vigueur dès le moment où le navire a pris la mer,* the policy attaches as soon as the ship has put to sea. *Le nouveau règlement entrera en vigueur le 1er mars,* new regulations to become operative on March Ist. *Mettre en vigueur,* to put into force, to enforce. *Prix en vigueur,* rates in force. *Rester en vigueur,* to remain in force.

vil, e [vil] *adj.* cheap, low-priced. *Vendre qqch. à vil prix,* to sell sth. at a low price, at a knock out price.

violation [vjɔlasjɔ̃] *f.* breach, infringement, violation. *Agir en violation des règlements,* to act against the regulations. *Violation de secret professionnel,* violation of professional secrecy.

virement [virmɑ̃] *m.* FIN. transfer. B. K. *Article de virement,* transfer entry. *Comptoir général de virement,* banker's clearing-house. *Mandat de virement,* order to transfer. B. K. *Virement au débit du premier compte,* transfer to debit of former account. POST *Virement postal,* postal transfer.

virer [-re] *vt.* to transfer.

visa [viza] *m.* visa, visé. *Apposer un visa,* to visé, to affix a visa.

viser [vize] *vt.* **1.** to visé, to visa, to stamp (passeport), to initial, to countersign (documents), to certify (chèque). *Viser un bordereau,* to initial a slip. — **2.** to allude to, to relate to. *Les banques sont visées par cette mesure,* banks are affected by this measure. *Visé au paragraphe précédent,* contemplated in the preceding paragraph.

visible [vizibl] *adj.* visible.

visite [vizit] *f.* **1.** visit, call. *Notre représentant vous rendra visite,* our agent will call on you. — **2.** CUST. inspection, view; MAR. survey.

visiter [-te] *vt.* CUST. to inspect, to examine; MAR. to survey.

visiteur [-tœ:r] *m.* **1.** visitor (d'une exposition). — **2.** CUST. examiner, inspector; MAR. surveyor.

vitalité [vitalite] *f.* ST.-EX. buoyancy, briskness.

vitesse [vitɛs] *f.* speed. *En grande vitesse (G. V.),* by fast goods train, by passenger train. *En petite vitesse (P. V.),* by goods train; U. S. by freight train. *Etre en perte de vitesse,* to stall. *Le gouvernement semble s'orienter vers des mesures inflationnistes pour stimuler une économie en perte de vitesse,* the government seems to be moving toward inflationary measures to stimulate the stalled economy. *Vitesse de rotation (des stocks),* rate, speed of turnover.

vitrine [vitrin] *f.* shop-window, (à l'intérieur) display-case.

vogue [vɔg] *f.* fashion. *Etre très en vogue,* to be all the rage.

voie [vwa] *f.* way, road, route. *En voie de développement,* in process of extension, of development. *Industrie en voie de développement,* growth industry. *Par voie d'affiche,* by poster. *Par la voie hiérarchique,* through the official channels. LAW *Voies de droit,* recourse to legal proceedings. IND. *Voie de raccordement,* siding. *Voie fluviale,* inland waterway. *Voie navigable,* waterway.

voir [vwa:r] *vt.* FIN. to sight (traite).

voiture [vwaty:r] *f.* carriage, carrying. *Lettre de voiture,* waybill. *Lettre de voiture aérienne,* air waybill. *Lettre de voiture ferroviaire;* U. S. rail-road B/L. *Lettre de voiture de transport routier;* U. S. trucking B/L.

voiturier [-tyrje] *m.* carrier, carter. *Voiturier public,* common carrier.

voix [vwa] *f.* voice, vote. *A l'unanimité des voix,* unanimously. *Mettre une résolution aux voix,* to move a resolution, to put a resolution to the meeting. *Voix prépondérante,* casting vote.

vol [vɔl] *m.* **1.** theft. INS. *Assurance contre le vol,* theft and burglary insurance. — **2.** flight. *Vol sans escale,* non-stop flight.

volant, e [vɔlɑ̃] *adj.* flying. *Contrôle volant,* patrol inspection.

volant *m.* **1.** leaf (d'un chèque, etc.). — **2.** reserves; U. S. safety bank. *Volant de sécurité,* reserve fund, reserves, margin.

volet [vɔlɛ] *m.* part (d'un document). *Volet d'entrée d'un triptyque,* importation voucher of a pass-sheet.

volontaire [vɔlɔ̃tɛ:r] *adj.* voluntary.

volontairement [-tɛrmɑ̃] *adv.* voluntarily. *Les dommages volontairement causés à un navire ou à sa cargaison s'appellent « avaries communes »,* intentional damage caused to the ship or her cargo are known as " general average ".

volonté [-te] *f.* *A volonté,* ad lib., at will. *Payable à volonté,* payable on demand.

volume [vɔly:m] *m.* volume. *Volume des importations,* imports volume. *Volume des ventes,* sales volume. *Volume du crédit,* credit volume. MAR. *Charger en volume,* to load in bulk; *portée en volume,* measurement capacity. *Le volume des ventes au comptant augmente,* spot selling increases.

volumineux, euse [-minø] *adj.* voluminous. *Marchandises volumineuses,* bulky goods.

votant [vɔtɑ̃] *m.* voter.

vote [vɔt] *m.* vote. *Vote par procuration,* vote by proxy.

voter [-te] *vt.* to vote. *Voter des remerciements à,* to pass a vote of thanks to. *Voter une motion à mains levées,* to pass a resolution by a show of hands.

voyage [vwaja:ʒ] *m.* travel, journey (terre), voyage (mer). *Agence de voyage,* tourist agency; U. S. travel bureau. *Frais de voyage,* travelling expenses. *Voyage de retour,* homeward voyage.

voyager [-jaʒe] *vi.* to travel.

voyageur [-ʒœ:r] *m.* traveller. *Voyageur de commerce,* commercial traveller; U. S. traveling salesman.

vrac [vrak] *m. En vrac,* in bulk, loose. *Charger en vrac,* to load in bulk. *Marchandises en vrac,* loose goods, unpacked goods.

vu [vy] *m.* sight. *Au vu de,* on sight of.

vue *f.* sight. *A trois jours de vue,* three days after sight. *A vue,* at sight, on demand, at call. *Dépôts à vue,* deposits at call. *Traite à vue,* draft at sight; U. S. sight draft.

vulgarisation [vylgarizasjɔ̃] *f.* popularization. *Services de vulgarisation,* advisory services; U. S. extension services.

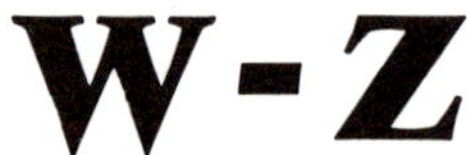

wagon [vagɔ̃] *m.* waggon; U. S. car (marchandises), coach (voyageurs). *Franco wagon,* free on rail. *Wagon à bagages,* luggage van. *Wagon à bestiaux,* cattle truck. *Wagon-citerne,* tank-waggon, tank-car, tanker. *Wagon complet,* full truck load; U. S. full carload. *Wagon découvert,* open truck; U. S. gondola. *Wagon de groupage,* through waggon. *Wagon de marchandises,* goods van; U. S. freight car. *Wagon de particulier,* private owner's waggon. *Wagon frigorifique,* refrigerated van; U. S. ice-car. *Wagon incomplet,* part truck load; U. S. less than carload. *Wagon isotherme,* insulated van. *Wagon plate-forme,* flat car.

warrant [varɑ̃:t] *m.* warrant, warehouse receipt, dock-warrant; U. S. bond indenture. *Accorder une avance sur warrant,* to advance money on a dock-warrant.

warranter [-te] *vt.* to secure by warrant, to cover by a warehouse warrant.

Z

zone [zo:n] *f.* zone, area. *Zone de libre échange,* free trade area. *Zone dollar,* dollar area. *Zone franche,* free zone. *Zone sterling,* sterling area.

DICTIONNAIRE
ANGLAIS-FRANÇAIS
DES AFFAIRES

par
MICHEL PÉRON

agrégé de l'Université, assistant à la faculté des Lettres et des Sciences humaines de Lyon, directeur du département des Langues vivantes à l'École Supérieure de Commerce et d'Administration des Entreprises de Lyon

avec la collaboration de
WILLIAM WITHNELL

B. A. (HONS.) London; F. I. L.; F. R. S. A.; interprète diplômé, professeur à l'Institut National des Sciences Appliquées de Lyon (I. N. S. A.), membre de la chambre de commerce britannique de Lyon

et de
MONIQUE PÉRON

agrégée de l'Université, assistante de phonétique à la faculté des Lettres et des Sciences humaines de Lyon

LIBRAIRIE LAROUSSE

17, rue du Montparnasse, et boulevard Raspail, 114
PARIS VIe

Abréviations anglaises et américaines usuelles

A

a. a.	always afloat
A A A A.	American Association of Advertising Agencies
a. a. r.	against all risks
A. B. C. C.	Association of British Chambers of Commerce
A/C (ou **A/c.**)	account
acc.	acceptance, accepted
acct.	account
A/cs.	accounts
A. I.	first class
ad.	advertisement
a/d.	after date
advt.	advertisement
a/f.	also for
a. f. b.	air freight bill
afft.	affidavit
A. F. L.	American Federation of Labor
aflt.	afloat
Agt.	agent
agt.	against
A. M. T.	Air Mail Transfer
amt.	amount
A. N. A. M.	American National Association of Manufacturers
a/o.	account of
A/or.	and/or
A. P.	*a*) accounts payable; *b*) additional premium
A/P.	authority to pay, authority to purchase
a. p. l.	as per list
appro.	approval
A. R.	accounts receivable
a/r.	all risks
arrd.	arrived
A. S.	account sales
a/s.	*a*) at sight; *b*) alongside
A. S. A.	American Standard Association
Assn.	association
A/v.	ad valorem
av.	average
avdp.	avoirdupois
a/w.	actual weight
a. w. b.	air waybill

B

b.	buyers
bal.	balance
bar.	barrel
B. B.	Bill Book
B. C.	Bills for collection
B. D.	Bills discounted
B/D.	bank draft
b. d.	bond
b/d.	brought down
b. d. i.	both dates included
bdth.	breadth

B/E, b/e.	bill of exchange
B/E.	Bill of entry
b/f.	brought forward
B. H.	bill of health
B. I. S.	Bank for International Settlements
Bk.	bank
Bkge.	brokerage
bkpt.	bankrupt
B/L.	bill of lading
blce	balance
B. O.	*a*) branch office; *b*) buyer's option
b/o.	brought over
B. of E.	Bank of England
B. O. T.	Board of Trade
B. P.	bills payable
b. p.	by procuration
B. r.	bills receivable
Bros.	Brothers
B/S.	*a*) balance sheet; *b*) bill of sale
b. t.	berth terms
bt.	bought
B. T. U.	British Thermal Unit
bu.	bushel
B/V.	book value

C

c.	*a*) cent; *b*) called
c/.	coupon
C. A.	Chartered Accountant
C/A.	Capital account
C. A. D.	cash against documents
c. a. f.	continuing audit file
C & D.	collected and delivered
c & f.	cost and freight
C. B.	cash book
c. b. d.	cash before delivery
C. C.	Customs code
C. D.	Certificate of Deposit
c. d.	cum dividend
cd. fwd.	carried forward
C. E. T.	Central European Time
c. f.	cubic foot
c/f.	carried forward
c. fr.	cost and freight
C. H.	Custom-House
C/H.	Clearing-House
ch. fwd.	charges forward
chge.	charge
ch. pd.	charges paid
ch. ppd.	charges prepaid
chq.	cheque
C/i.	certificate of insurance
c. i.	cost, insurance
c. i. f.	cost, insurance, freight
c. i. f. & c.	cost, insurance, freight and commission
c. i. f. & e.	cost, insurance, freight and exchange
c. l.	car load
c. l. c.	circular letter of credit
cld	*a*) cleared; *b*) called
C/m.	call of more
cm.	cumulative
cm. pf.	cumulative preference shares
C/N.	*a*) credit note; *b*) consignment note
Co.	company
C/o.	certificate of origin

c/o.	care of
C. O. D.	cash on delivery
col.	column
com.	*a*) common stock; *b*) commission; *c*) commerce
Comr.	commissioner
Con., cons., consd., consol.	consolidated
contd.	continued
conv.	conversion
C. O. O. C.	Contact with oil or other cargo
corp.	corporation
c. o. s.	cash on shipment
C. P. A.	Certified Public Accountant
C. P.	carriage paid
C/P.	charter-party
c. p. d.	charters pay duties
c. p. f.	cumulative preference shares
cpn.	corporation
C. R.	Company's risk
Cr.	*a*) Credit; *b*) creditor
Cstms.	customs
ct.	cent
C/T.	cable transfer
c. t. l.	constructive total loss
cu. ft	cubic foot
cu. in	cubic inch
cu. yard	cubic yard
cum.	cumulative
cum d., cum div.	cum dividend
cum. pref.	cumulative preference shares
c/w.	commercial weight
c. w. o.	cash with order
cwt.	hundredweight
cy.	currency

D

d.	*a*) pence; penny; *b*) discount; *c*) dividend
D/A	*a*) documents against acceptance; *b*) deposit account; *c*) delivery against acceptance
d. b.	day book
dbk.	drawback
dbs.	debentures
D/C.	deviation clause
d/d.	days after date
dd.	delivered
D/D.	demand draft
def., defd.	deferred
del., deld.	delivered
dept.	department
d. f.	dead freight
dft.	draft
dft/a.	draft attached
dft/c.	clean draft
dis., disc.	discount
div., divd.	dividend
D L O.	Dead-letter office
D/N.	debit note
D/O	delivery order
do.	*ditto*
dols.	dollars
doz.	dozen
Dr.	debtor, debit
drm.	drum
d. s.	days after sight
D/W.	*a*) delivered works; *b*) dock warrant

d. w. dead-weight
d. w. c. dead-weight capacity
dwt. pennyweight
d/y. delivery

E

E. & O. E. errors and omissions excepted
E. C. G. D. Export Credits Guarantee Department
E. C. S. C. European Coal and Steel Community
E. E. errors excepted
E. E. C. European Economic Community
E. I. endorsement irregular
E. I. East Indies
E. I. B. Export-Import Bank
encl. enclosure
end. endorsement
e. o. d. every other day
e. o. h. p. except otherwise herein provided
e. o. m. end of month
E. P. T. A. Expanded Programme of Technical Assistance
E. S. A. Economic Stabilization Agency
esp. especially
Ex. Exchange
ex cp. ex coupon
ex div. ex dividend
ex int. ex interest
ex n. ex new
ex ss. ex steamer
ex stre. ex store
ex whf. ex wharf
ex whse. ex warehouse
exd. examined
expre. expenditure

F

F. A. A. free of all average
F. A. O. Food and Agriculture Organization
f. a. q. fair average quality
f. a. q. free alongside quay
f. a. s. free alongside ship
F. B. I. Federation of British Industries
F. C. A. Fellow of the Institute of Chartered Accountants
F. C. I. Finance Corporation for Industry Limited
f. c. & s. free of capture and seizure
F. D. free delivery to dock
f. d. free discharge
fd. forward
F. D. I. C. Federal Deposit Insurance Corporation
ff. following
f. g. a. **(F. G. A.)** free of general average
F H A. Federal Housing Administration
F H A. Farmers Home Administration
f. i. a. full interest admitted
f. i. b. *a*) free into barge; *b*) free in bunker
f. i. o. free in and out
f. i. t. free in truck

F. O.	Foreign Office
fo.	folio
f. o. b.	free on board
f. o. c.	free of charge
f. o. d.	free of damage
f. o. q.	free on quay
f. o. r.	free on rail
f. o. t.	free on truck
f. o. w.	*a*) free on wagon; *b*) free on wharf
F. P.	floating policy
f. p.	fully paid
f. p. a.	free of particular average
f. pd.	fully paid
frt.	freight
frt fwd.	freight forward
frt pd.	freight paid
ft	foot
F. T. C.	Federal Trade Commission
f. v.	face value
fwd.	forward
f. x.	foreign exchange
fy pd.	fully paid
F Y I.	for your information

G

g. a.	general average
G. A.	general average
gal.	gallon
G A O.	General Accounting Office
G. A. T. T.	General Agreement on Tariffs and Trade
G. A. W.	Guaranteed annual wage
g. b. o.	goods in bad order
g. m. q.	good merchantable quality
g. o. b.	good ordinary brand
G. P. O.	General Post Office
gr. wt.	gross weight
gtd., guar.	guaranteed

H

h. c.	*a*) home consumption; *b*) held covered
H. H. F. A.	Housing and Home Finance Agency
H. M. C.	Her (His) Majesty's Customs
H. M. S. O.	Her Majesty's Stationery Office
H. O.	Head Office
H O L C.	Home Owners' Loan Corporation
H.P	*a*) hire purchase; *b*) horse-power

I

i.	interest
I. A. T. A.	International Air Transport Association
I. B.	in bond
I. B. R. D.	International Bank for Reconstruction and Development
I. C. A. O.	International Civil Aviation Organization
I. C. C.	International Chamber of Commerce
I/F.	Insufficient funds
I. F. C.	International Finance Corporation

I/I.	Indorsement irregular
I. L. O.	International Labour Organization
I. M. F.	Inter-governmental Monetary Fund
in	inch
Inc.	incorporated
incl.	inclusive
ins.	*a*) inscribed; *b*) insurance
insce.	insurance
inst.	instant
int.	interest
inv.	invoice
I. O. U.	I owe you
I. R.	Inland Revenue
I. R. O.	Inland Revenue Office
I. T. O.	International Trade Organization

J

J.	journal
J/A. (j/a)	joint account
Jr.	Junior

L

L.	pound
Lb.	pound
£ E.	Egyptian pound
£ NZ.	New Zealand pound
£ SA.	South African pound
£ T.	Turkish pound
L/C (l. c.)	letter of credit
l. c. l.	less than car load
Ld.	Limited
ldg.	*a*) lading; *b*) landing
lds.	loads
liq., lqn.	liquidation
ln.	loan
l. t.	long ton
Ltd.	Limited
Lt V.	lightvessel

M

m.	*a*) month; *b*) mile; *c*) million
M. C.	marginal credit
M. C. F.	thousand cubic feet
M/D (m. d.)	*a*) months after date; *b*) memorandum of deposit
memo.	memorandum
M. E. T.	Mid European Time
mfd.	manufactured
mfg.	manufacturing
mge.	mortgage
mgr.	manager
M. O.	money-order
mortg.	mortgage
M/R.	mate's receipt
M/S.	months' sight
M T.	mail transfer
mt.	mortgage
M/U.	making-up price; make-up price

N

n.	nominal
N/A.	no advice
N. a.	non-acceptance
n/a.	no account
N. A. M.	National Association of Manufacturers
N. C. F.	net capital formation

n. d.	not dated
N. D. P.	net domestic product
N/E.	no effects
n. e. s.	not elsewhere specified
N/F.	no funds
nkd.	naked
N/N.	no noting
N/O.	no orders
No.	number
nom.	nominal
non cum.	non cumulative
N. P.	notary public
n. p.	net proceeds
N. P. V.	no per value
n. r. t.	net register ton
N. S. F.	not sufficient funds
N. Y. S. E.	New York Stock-Exchange

O

o/a.	on account
o/c.	overcharge
o/d.	overdraft
O. P.	open policy
O. R.	owner's risk
ord. (ordy)	ordinary
o/s.	out of stock
O/T.	on truck
oz.	ounce

P

p.	*a*) paid; *b*) premium, under spot; *c*) passed
P. A.	*a*) particular average; *b*) power of attorney; *c*) private account
p. a.	*a*) particular average; *b*) per annum
part.	participating
PAYE	" Pay as you earn "
paymt.	payment
P. C.	*a*) price current; *b*) petty cash
p. c.	per cent
pcl.	parcel
pd.	paid
per an.	per annum
perp.	perpetual
per pro.	*per procurationem*
pf., pfd.	preferred shares
p & i.	protection and indemnity
pkg.	package
P & L.	Profit and Loss
p. l.	partial loss
P. L. A.	Port of London Authority
pm.	premium
P. M. G.	Post Master General
P. N. (p. n.)	promissory note
P. O.	*a*) post-office; *b*) postal order
P. O. B.	post-office box
P. O. O.	post-office order
p. p.	*per procurationem*
ppd.	prepaid
p. p. i.	policy proof of interest
P. P. R.	printed paper rate
pref.	preferred shares
prefce.	preference shares
prev. close.	previous close
prf.	preferred shares
pr. ln.	prior lien
prm.	premium
prox.	proximo

psd.	passed
pt.	payment
ptg.	participating
ptly pd.	partly paid
p. t. o.	please turn over
Pty.	proprietary
P. W. L. B.	Public Works Loan Board

Q

qlty.	quality
qnty.	quantity

R

R.	registered
r & cc.	riots and civil commotions
R/D.	refer to drawer
r. d.	running days
R. D. C.	running down clause
re.	regarding
rec.	*a*) receipt; *b*) received
recd.	received
red.	redeemable
ref., refce.	reference
reg., regd.	registered
retd.	returned
rev.	revenue
Rly.	railway
R. P.	reply paid
R. T. A. A.	Reciprocal Trade Agreements Act

S

s.	*a*) shilling; *b*) sellers; *c*) sailed; *d*) steamer
S. A. V.	stock at valuation
S/D.	*a*) sea-damaged; *b*) sight-draft
S. E.	Stock-Exchange
S. E. C.	Securities and Exchange Commission
Ser.	series
sh.	shilling
shipt.	shipment
shr.	share
S/L C.	Sue and Labour Clause
S/N.	shipping note
Soc.	society
Solr.	solicitor
s. o.	seller's option
S. P.	supra protest
sp., spt.	spot
sq.	square
sq. ft.	square foot
sq. in.	square inch
sq. mi.	square mile
sq. yd.	square yard
S R & C C.	Strike, Riots and Civil Commotions
S. S.	steamship
s. t.	short ton
st.	stone
std.	standard
stdy.	steady
St.-Ex.	Stock-Exchange
stg.	sterling
stk.	stock

T

t.	ton
T. A.	telegraphic address
T A B.	technical assistance board
T. B.	trial balance
tfr.	transfer
T. L. (t. l.)	total loss
T. L. O. (t. l. o.)	total loss only
T. M.	ton mile
T. M. O.	telegraphic money-order
tn.	ton
to arr.	to arrive
T/R.	trust receipt
t. r.	tons register
Treas. Bds.	Treasury Bonds
T. T.	telegraphic transfer
T. U. C.	Trades-Union Congress

U

U. K.	United Kingdom
Ult.	ultimo
UNCTAD.	The United Nations Conference on Trade and Development
U N R W A.	UN Relief and Works Agency
U P U.	Universal Postal Union
U. S. T. C.	United States Tariff Commission
U/wr.	underwriter

V

viz.	videlicet (namely)
vs.	versus

W

W. A.	with average
W. B.	waybill
W. E. T.	West European Time
whf.	wharf
whse.	warehouse
whsg.	warehousing
w. o. g.	with other goods
W. O. R.	without our responsibility
w. p.	weather permitting
W. P. A.	with particular average
w/r.	warehouse receipt
wt.	weight
W. W. D.	weather working day

X

x. c.	ex coupon
x. d.	ex dividend
x. i.	ex interest
x. n.	ex new
x. stre.	ex store
x. whf.	ex wharf
x. whse.	ex warehouse
x. wks.	ex works

Y

Y. A. R.	York Antwerp Rules

Abréviations françaises les plus usuelles

A

A. *a*) [St.-Ex.] argent; *b*) acheteurs; acheter
a/. (Cust.) à l'acquitté
a are
ab. abandonné
a. c. *a*) avaries communes; *b*) argent comptant
ac. acompte
acc. acceptation
A C E Administration de Coopération Economique
act. action
Adr. tél. adresse télégraphique
A. E. L. E. Association Européenne de Libre-Echange
A I D Association Internationale de Développement
A I T A Association Internationale des Transports Aériens
A. M. assurance mutuelle
am. amortissable
A. M. E. accord monétaire européen
anc. ancien
A. P. à protester
a. p. avaries particulières
A/R. avis de réception
art. article
A. S. P. accepté sans protêt
ass. extr. assemblée extraordinaire
asse assurance
A. T. *a*) autorisation de transferts; *b*) admission temporaire
at., att. (coupon) attaché
A. T. P. autorisation de transferts préalables
a/v. (St.-Ex.) reporter
Av. avoir
avdp. avoirdupois
av. dt. avec droit

B

b. *a*) billet; *b*) bénéfice; *c*) bonification
B/ billet à ordre
Banq. banque
b. a. p. billet à payer
b. a. r. billet à recevoir
barr. barrique
B I R D Banque Internationale pour la Reconstruction et le Développement
B I T Bureau International du Travail
bl baril
b/n. brut pour net
B. P. F. bon pour francs
Bque banque

bque	barrique
bt	brut
bté	breveté

C

c.	*a*) cours; *b*) coupon; *c*) centime
c/	(B. K.) contre
c.-à-d.	c'est-à-dire
C. A. F.	coût, assurance, fret
c. att.	coupon attaché
c/c.	compte courant
c. c.	(St.-Ex.) cours de compensation
C C E E	Commission de Coopération Economique Européenne
C C I	Chambre de Commerce Internationale
C. C. P.	Centre de Chèques Postaux, Compte Chèques Postaux
C E C A	Communauté Européenne du Charbon et de l'Acier
C E E	Commission Economique pour l'Europe, Communauté Economique Européenne
cent.	centime
C. F.	coût-fret
cg	centigramme
cgr	centigrade
C. G. S.	Confédération Générale des Syndicats
C. G. T.	*a*) Confédération Générale du Travail; *b*) Compagnie Générale Transatlantique
ch. f.	change fixe
C. I. C. A.	Confédération Internationale du Crédit Agricole
Cie	compagnie
C. I. M.	Convention Internationale des Marchandises
cion	commission
C. I. S. C.	Confédération Internationale des Syndicats Chrétiens
c/j.	courts jours
cl	centilitre
cm	centimètre
c/m.	cours moyen
c/n.	*a*) compte nouveau; *b*) cours nul
C N C E	Centre National du Commerce Extérieur
C N P F	Conseil National du Patronat Français
c/o.	compte ouvert
compt.	comptabilité
conv.	converti
coup.	coupon
coup. arr.	coupon arriéré
cour.	courant
c. p.	charte-partie
cpt	comptant
cpte	compte
cpte ct	compte courant

cr. crédit, créditeur
cs cours
ct courant
ctg. courtage
cum. cumulatif

D

D. *a*) doit; *b*) débit; *c*) déport
d. demande
D. A. documents contre acceptation
dal décalitre
dam décamètre
déb. débit
débit. débiteur
dem. réd. demandes réduites
dép. département
dét. détaché
dg décigramme
dgr décigrade
diff. différé
disp. disponible
div. dividende
dl décilitre
dm décimètre
dne douane
doll. dollar
D. P. documents contre paiement
dr. *a*) débiteur; *b*) droit de souscription
dr. c. dernier cours
D. R. E. E. Direction des Relations Economiques Extérieures
Dt. débit, débiteur, doit

E

e. a. p. effet à payer
e. a. r. effet à recevoir
E C S échantillons commerciaux
éd. édition
E. F. Ac. Exportation. Frais accessoires
env. environ
esc., escte escompte
E. V. en ville
ex. exercice
ex. c. ex-coupon
ex. d. ex-dividende
ex. dr. ex-droits
expn expédition
ex. rép. ex-répartition

F

F franc
f. à b. franco à bord
f. a. c. franc d'avarie commune
f. a. p. franc d'avarie particulière
F. A. S. franco le long du navire (free alongside ship)
f. c., F. ct fin courant
F. E. D. Fonds Européen de Développement
F F franc français
F. G. frais généraux
F M I Fonds Monétaire International
f° folio

fond.	part de fondateur
F.O.R.M.A.	Fonds d'Orientation et de Régulation des Marchés Agricoles
F. R. A.	faculté de résiliation annuelle
fre	facture
F S	faire suivre

G

g	gramme
G I C E X	Groupement Interbancaire pour les Opérations de Crédits à l'Exportation
gr. coup.	grosses coupures
G. V.	grande vitesse

H

h.	hier
ha	hectare
h. cn.	hier, cours nul
h. d. c.	hier dernier cours
hg	hectogramme
hl	hectolitre
hyp.	hypothécaire, hypothèque

I

imp.	impayé
int.	intérêt

J

jce	jouissance
j/d.	jours de date
jr	jour
j/v.	jour de vue

K

kg	kilogramme
km	kilomètre
kW	kilowatt
kWh	kilowatt-heure

L

l	litre
l/c.	leur compte
l/cr.	lettre de crédit
lib.	libéré
liq.	liquidation
liq. pr.	liquidation prochaine
l/o.	leur ordre
L. T. A.	lettre de transport aérien

M

M.	Monsieur
m.	mois
m	mètre
m/c.	mon compte
m/d.	mois de date
M^{e}	Maître
mg	milligramme
mise	marchandise
MM.	Messieurs
mm	millimètre
m/m.	moi-même
M/o.	mon ordre
M^{on}	Maison

ms	moins
m/v.	mois de vue
mx	(St.-Ex.) au mieux

N

N.	(Pro. Ex.) nominal
n. c.	non coté
n/c.	notre compte
nég.	négociable
N°	numéro
nom.	nominatif

O

o/.	à l'ordre de
O A C I	Organisation de l'Aviation Civile Internationale
oblig.	obligation
O C D E	Organisation de Coopération et de Développement Economiques
O E C E	Organisation Européenne de Coopération Economique
off.	offert
off. réd.	offres réduites
O I C	Organisation Internationale du Commerce
O I T	Organisation Internationale du Travail
o/ m/m.	à l'ordre de moi-même
ord.	ordinaire
ouv.	ouverture

P

p.	*a*) page; *b*) pair; *c*) par; *d*) pour; *e*) prime
P.	protesté
P. & P.	Pertes et Profits
P. A.	pour ampliation
pable	payable
pain	prochain
p. b.	(St.-Ex.) plus bas
p. c.	*a*) pour cent; *b*) [St.-Ex.] pas coté
p/c.	pour compte
P. C. C.	pour copie conforme
p. cp.	petites coupures
p. d.	port dû
p. h.	(St.-Ex.) plus haut
p. p.	*a*) port payé; *b*) par procuration
p. pon	par procuration
pr.	*a*) prochain; *b*) prime
P. R.	poste restante
préf.	préférence
priv.	privilégié
P. T. T.	Postes et Télécommunications (Postes, Télégraphes, Téléphones)
P. V.	petite vitesse

R

R.	report, taux du report
r.	*a*) recommandé; *b*) reçu

R. C.	Registre du Commerce
réf.	référence
règlt	règlement
remb.	remboursable
rep.	report
rép.	répartition
rev. var.	revenu variable
r. f.	revenu fixe
r. p.	réponse payée
rse	remise
R. S. V. P.	réponse, s'il vous plaît

S

s.	*a*) signé; *b*) second
S/A.	société anonyme
S. A. R. L.	société à responsabilité limitée
s. b. f.	sauf bonne fin
s/c.	son compte
s. c.	seul cours
s. d.	sans date
s. e. & o.	sauf erreur et omission
s. e. d. d.	sans engagement de dates
S. F.	sans frais
s. l.	sauf livraison
sle	succursale
s. l. n. d.	sans lieu ni date
s. o.	sauf omission
s/o.	son ordre
sr	successeur
S. S. P.	sous seing privé
S^{té}	société
suiv.	suivant
s. v.	sans valeur

T

T.	*a*) tare; *b*) taxe à percevoir
T/	traite
t br.	tonne brut
t. c.	toutes coupures
T C	télégramme avec collationnement
Tél.	téléphone
t. j. b.	tx de jauge brute
T M	télégramme multiple
t. p.	tout payé
T. P. S.	taxe sur les prestations de service
tr.	traite
T. S.	tarif spécial
T. V. A.	taxe à la valeur ajoutée
tx	tonneaux

U

U E P	Union Européenne des Paiements
U I T	Union Internationale des Télécommunications
U P U	Union Postale Universelle

V

v.	*a*) voir; *b*) vendeurs, vendez
V/.	valeur
V/a.	faire reporter
val.	valeur
v/c.	votre compte
virt	virement
vol.	volume

ANGLAIS-FRANÇAIS

a

A-I [eiwʌn] *exp.* navire de première classe dans le classement de la Lloyd. *In the phrase " A-I at Lloyd's ", the letter refers to the state of the hull, the figure to the condition of the equipment,* dans l'expression « A-I at Lloyd's », la lettre se rapporte à l'état de la coque, le chiffre à celui de l'équipement. FAM. *A-I at Lloyd's,* excellent.

abandon [ə'bændən] *vt.* **1.** Ass. faire délaissement aux assureurs (de ce qui a été épargné au cours d'un sinistre, navire et facultés). — **2.** JUR., FIN. renoncer à, abandonner. *To abandon a claim,* renoncer à une réclamation.

abandonee [-ni:] *s.* Ass. MAR. abandonnataire.

abandonment [-mənt] *s.* **1.** Ass. MAR. délaissement, désistement. — **2.** JUR. retrait (d'une plainte, etc.).

abate [ə'beit] *vt.* **1.** diminuer. *We can't abate anything of the price,* nous ne pouvons rien rabattre sur le prix. — **2.** JUR. annuler, abolir, rendre nul et non avenu.

abate *vi.* **1.** baisser. — **2.** JUR. s'annuler, devenir caduc.

abatement [-mənt] *s.* **1.** rabais, remise, réduction. *Income tax abatement,* abattement d'impôt. — **2.** JUR. annulation. *Action in abatement,* action en réduction de la part des héritiers.

abbreviate [ə'bri:vieit] *vt.* abréger.

abbreviation [ə,bri:vi'eiʃən] *s.* abréviation.

A. B. C. [eibi:si:] *s.* indicateur des chemins de fer (en Angleterre), guide.

abeyance [ə'beiəns] *s.* suspension. *In abeyance,* en suspens, en souffrance. *To fall into abeyance,* tomber en désuétude.

abide [ə'baid] *vi.* se conformer *(by,* à). *We shall abide by our previous decision,* nous nous conformerons à notre décision antérieure.

ability [ə'biliti] *s.* **1.** capacité, aptitude. *To the best of our ability,* de notre mieux. — **2.** **abilities** *s. pl.,* fonds disponibles, ressources, disponibilités.

able ['eibl] *adj.* capable, compétent.

aboard [ə'bɔ:d] *adv.* à bord. *Shipped aboard,* embarqué sur le navire. U. S. *To load goods aboard a train,* charger des marchandises dans un train. *To take goods aboard,* embarquer des marchandises.

abolish [ə'bɔliʃ] *vt.* abolir, abroger.

about [ə'baut] *adv.* et *prép.* **1.** environ. *This typewriter costs about a hundred dollars,* cette machine à écrire coûte dans les cent dollars. — **2.** au sujet de. *We shall make inquiries about the matter,* nous ferons une enquête à ce sujet. — **3.** BOURSE *Order given at an about price,* ordre donné à un cours environ. (En Angleterre, le cours « grand environ » n'existe pas.)

above [ə'bʌv] *adv.* ci-dessus, au-dessus de. *Above-mentioned,* susmentionné. *Above-named,* susnommé. *To be above par,* dépasser le pair.

above-board [-'bɔ:d] *adj.* loyal, franc.

above-board *adv.* cartes sur table.

abridgement [ə'bridʒmənt] *s.* résumé, abrégé.

abroad [ə'brɔ:d] *adv.* à l'étranger. *Assets held abroad,* avoirs à l'étranger. *Representative abroad,* représentant à l'étranger.

abrogate ['æbrogeit] *vt.* abroger, annuler.

abrogation ['æbro'geiʃən] *s.* abrogation.

absence ['æbsns] *s.* absence. *On leave of absence,* en congé. JUR. *Sentenced in his absence,* condamné par contumace. FIN. *Absence of consideration,* défaut de provision.

absenteeism [æbsn'tizm] *s.* absentéisme.

absorb [əb'sɔ:b] *vt.* absorber. *We cannot absorb these surplus expenses,* nous ne pouvons résorber ces dépenses excédentaires.

abstract ['æbstrækt] *s.* **1.** abstraction. *In the abstract,* en théorie. — **2.** abrégé, résumé. *Abstract of account,* relevé de compte. JUR. *Abstract of title,* intitulé d'un acte.

abstract [æb'strækt] *vt.* **1.** résumer. — **2.** soustraire, dérober. *A portion of the contents has been abstracted,* une partie du contenu a été dérobée.

abstraction [æbs'trækʃən] *s.* **1.** abstraction. — **2.** détournement, vol.

abundance [ə'bʌndəns] *s.* abondance.

abundant [-ənt] *adj.* abondant.

abuse [ə'bju:s] *s.* abus. *Abuse of confidence,* abus de confiance. *Abuse of trust,* prévarication.

abuse [ə'bju:z] *vt.* abuser.

accelerate [æk'seləreit] *vt.* accélérer, précipiter. *To accelerate proceedings,* hâter une procédure.

accelerated [-tid] *adj.* accéléré, hâté. *Accelerated redemption,* remboursement anticipé.

acceleration [æk,selə'reiʃən] *s.* réduction de délai d'exécution. U. S. *Acceleration clause,* clause « remboursement anticipé ». (En cas de vente à tempérament, le solde devient exigible si le débiteur ne peut faire face à une échéance, etc.)

accept [ək'sept] *vt.* accepter, agréer. *To accept a bill,* accepter une traite. *To accept goods,* prendre des marchandises en compte, prendre livraison.

acceptable [-əbl] *adj.* **1.** acceptable. — **2.** agréable. *Your money transfer was most acceptable,* votre virement est venu fort à propos.

acceptance [-əns] *s.* **1.** acceptation. *Acceptance account,* compte d'acceptation. *Acceptance credit,* crédit par acceptation. *Acceptance house,* banque d'escompte d'effets étrangers. *Acceptance ledger,* livre d'acceptation. *Collateral acceptance,* acceptation de cautionnement. *General (clean) acceptance,* acceptation sans réserve. *Qualified acceptance,* acceptation conditionnelle, sous réserve. *To present a draft for acceptance,* présenter une traite à l'acceptation. — **2.** réception (de marchandises). *Acceptance test,* essai de réception. — **3.** acceptation (sur les bilans).

acceptor [ək'septə*] *s.* accepteur, tiré (d'une lettre de change). *Acceptor supra protest,* intervenant.

accessory [æk'sesəri] *adj.* accessoire.

accessory *s.* accessoire ; U. S. promoteur ; JUR. complice.

accident ['æksidənt] *s.* accident, sinistre. *Accident insurance,* assurance contre les accidents, assurance-accidents. *Accident to third parties,* accident causé aux tiers. ASS. MAR. *Accidents at sea,* fortunes de mer.

accidental [,æksi'dentl] *adj.* accidentel, occasionnel.

accommodate [ə'kɔmədeit] *vt.* **1.** régler (un différend). — **2.** obliger qqn, rendre service à. *That would accommodate our customers,* cela rendrait service à nos clients. — **3.** loger, recevoir. *This plane can accommodate 50 passengers,* cet avion peut recevoir 50 passagers. — **4.** *To accommodate with,* fournir, procurer.

accommodating [-iŋ] *adj.* obligeant, serviable.

accommodation [ə,kɔmə'deiʃən] *s.* **1.** arrangement, compromis. *Accommodation acceptance,* acceptation de complaisance. *Through the friendly accommodation of Mr. Smith,* grâce à la complaisance de M. Smith. — **2.** logement, installation. *Accommodation provided,* facilités de logement (offre d'emploi). *Abundant accommodation,* facilités de logement (dans un hôtel). *This office provides the best accommodation,* ce bureau est très bien aménagé. — **3.** U. S. *Accommodation train,* train omnibus. — **4.** ADM. secours, prêt d'argent. — **5.** FIN. *Accommodation bill,* billet de complaisance.

accompany [ə'kʌmpəni] *vt.* compléter, faire suivre (*with,* par, de).

accordance [ə'kɔ:dəns] *s.* accord, conformité. *In accordance with your instructions,* selon vos instructions.

according [-iŋ] *adv.* selon, d'après, conformément à. *According to the articles,* conformément aux statuts.

account [ə'kaunt] *s.* compte.

• BOURSE *Account day,* jour de liquidation. *Buying for the account,* achat en liquidation. *Dealings for the account,* négociations à terme. *End month account,* liquidation de fin de mois. *Sale account,* vente en liquidation.

• COMPT. *Accounts department,* service de la comptabilité; *account of charges,* compte des frais; *account of goods purchased,* compte d'achat; *account rendered,* solde à nouveau; *account sales,* compte de vente; *account settled, stated,* arrêté de comptes; *bills payable account,* compte d'effets à payer; *bills receivable account,* compte d'effets à recevoir; *capital account,* compte capital; *cash account,* compte d'espèces, compte de caisse; *impersonal account,* compte de choses; *personal account,* compte de personne; *property account,* compte de valeurs; *revenue account,* compte de résultats; *sundries account,* compte de divers; *suspense account,* compte d'attente, de méthode; *working account,* compte d'exploitation. *In settlement of your account,* en règlement de votre compte. *To audit an account,* apurer un compte. *To balance an account,* solder, régler un compte. *To keep the account,* tenir la comptabilité, les comptes. *To open an account with a bank,* ouvrir un compte en banque.

• FIN. *Account holder,* titulaire d'un compte; U. S. *Checking account,* compte courant; *accounts payable,* dettes passives; *current account,* compte courant; *demand deposit account,* compte de dépôt(s) à vue; *deposit account,* compte de dépôts à terme ou à préavis; *fixed deposit account,* compte de dépôts à terme; *overdrawn account,* compte à découvert; U. S. *Savings account,* compte de dépôts à terme ou à préavis; *summary account,* compte collectif. *Stock-record account,* état des marchandises en magasin. • POSTE *Postal cheque account,* compte de chèques postaux. • U. S. *Account executive,* directeur d'une agence publicitaire ou d'une entreprise de courtage.

accountability [ə,kauntə'biliti] *s.* U. S. comptabilité.

accountable [-təbl] *adj.* **1.** responsable. — **2.** explicable. — **3.** *Accountable receipt,* reçu certifié, quittance comptable.

accountancy [-ənsi] *s.* comptabilité, tenue de livres.

accountant [-ənt] *s.* **1.** teneur de livres, comptable. *Accountant general,* chef de la comptabilité (dans un ministère), trésorier-payeur général. *Chartered accountant,* expert comptable. U. S. *Certified public accountant (C.P.A.),* expert comptable. *Chief accountant,* chef comptable. — **2.** JUR. défendeur (dans une action en reddition de comptes).

accountantship [-ʃip] *s.* U. S. la comptabilité.

accounting [-iŋ] *s.* comptabilité. *Accounting label,* étiquette comptable. *Accounting period,* exercice comptable. *Burden center accounting,* comptabilité sectionnelle. *Cost-accounting,* comptabilité analytique d'exploitation. *Materials accounting,* comptabilité matières. *Spaces* *n° 34-42 reserved for mechanised accounting,* cases n°s 34-42 réservées au procédé mécanographique. *Uniform accounting,* comptabilité normalisée.

accredited [ə'kreditid] *adj.* accrédité.

accretion [ə'kri:ʃən] *s.* JUR. accroissement, majoration d'héritage.

accrual [ə'kruəl] *s.* accumulation (des intérêts).

accrue [ə'kru:] *vi.* **1.** échoir (*to,* à), revenir (*to,* à). — **2.** FIN. courir, s'accumuler. *The accrued interest,* les intérêts accumulés.

accruing [-iŋ] *adj.* **1.** afférent (*to,* à). — **2.** FIN. à échoir.

accumulate [ə'kju:mjuleit] **1.** *vt.* accumuler. — **2.** *vi.* s'accumuler. *To allow one's dividends to accumulate,* laisser courir ses dividendes.

accumulation [ə,kju:mju'leiʃən] *s.* accumulation. *Accumulation of money,* accroissement d'un capital placé à intérêts composés.

accumulative [ə'kju:mjuleitiv] *adj.* accumulé. JUR. *Accumulative sentence,* cumul de peine.

accuracy ['ækjurəsi] *s.* exactitude, précision.

accurate [-it] *adj.* exact, juste. *Accurate account,* compte exact. *Accurate draft,* plan fidèle.

accusation [,ækju'zeiʃən] *s.* accusation.

accuse [ə'kju:z] *vt.* accuser.

accused [-d] *s.* JUR. accusé, inculpé.

achievement [ə'tʃi:vmənt] *s.* réalisation, accomplissement.

acknowledge [ək'nɔlidʒ] *vt.* **1.** reconnaître, convenir que. — **2.** accuser réception de.

acknowledgment [-mənt] *s.* **1.** acceptation, ratification. *Acknowledgment of a debt, of indebtedness,* reconnaissance de dette. JUR. *Act of acknowledgment,* acte récognitif. — **2.** récépissé, reçu, quittance, accusé de réception. *Please send acknowledgment by return of post,* veuillez nous accuser réception par retour du courrier.

acquaint [ə'kweint] *vt.* informer, avertir, mettre au courant (*with,* de). *I must acquaint you with the duties of a works manager,* je dois vous initier aux obligations d'un directeur technique. *To be acquainted with,* connaître personnellement. *To become acquainted,* être informé.

acquest [ə'kwest] *s.* JUR. acquêt.

acquit [ə'kwit] *vt.* acquitter, payer.

acquittal [-əl] *s.* **1.** acquittement (d'une dette). — **2.** JUR. acquittement. — **3.** quitus.

acquittance [-əns] *s.* acquittement, décharge.

acronym ['ækrənim] *s.* U. S. sigle.

across-the-board [ə'krɔ:sðə'bɔ:d] *adj.* U. S. d'un bout à l'autre du tableau. *Across-the-board raise,* augmentation uniforme (des tarifs du personnel).

act [ækt] *s.* **1.** action, fait. *Act of bankruptcy,* cessation de paiements. *Act of honour,* acte d'intervention. *Acts of war,* faits de guerre. — **2.** loi, acte. ASS. MAR. *Act of God,* cas de force majeure. *Companies Act,* loi sur les sociétés.

acting [-iŋ] *adj.* provisoire, intérimaire. *Acting manager,* administrateur gérant. *Acting order,* délégation de pouvoir.

action ['ækʃən] *s.* JUR. action, procès, poursuite. *We shall bring an action for damages against him,* nous lui intenterons une action en dommages-intérêts.

active [-tiv] *adj.* actif. FIN. *Active bond,* obligation à revenu fixe. *Active debt,* dette active. *In active employment,* en exercice, en activité.

actual ['æktjuəl] *adj.* réel, véritable. *Actual value,* valeur réelle.

actuary ['æktjuəri] *s.* **1.** ASS. actuaire. — **2.** JUR. actuaire. *Actuary of a court,* greffier d'un tribunal.

add (up) [ædʌp] *vt.* additionner, totaliser. *To add up,* se monter à.

addendum [ə'dendəm] *s.* additif. *An addendum to the policy,* un additif à la police.

addition [ə'diʃən] *s.* addition. DOUANES *Additions or corrections (if any) to the consignor's declaration,* compléments ou rectifications éventuels de la déclaration de l'expéditeur.

additional [-əl] *adj.* supplémentaire. *Additional percentage,* centimes additionnels. *Without additional charges,* sans frais supplémentaires.

address [ə'dres] *s.* adresse. *Address-label,* étiquette d'adresse. *Business address,* adresse commerciale. *Change of address,* changement d'adresse.

address *vt.* adresser. *Addressing machine,* machine à adresser.

addressee [,ædre'si:] *s.* destinataire.

addresser [ə'dresə*] *s.* expéditeur.

ad interim [ad'intərim] *loc. lat.* JUR. par intérim. *Duties ad interim,* intérimat.

adjacent [ə'dʒeisənt] *adj.* adjacent, attenant. JUR. *Adjacent owner,* riverain; *adjacent parts (of an estate),* tenants et aboutissants.

adjective ['ædʒiktiv] *adj.* JUR. *Law adjective,* code de procédure.

adjourn [ə'dʒə:n] *vt.* ajourner, différer. *We adjourn our answer for a week,* nous renvoyons notre réponse à huitaine.

adjourn *vi.* s'ajourner. *The board of directors adjourned,* la séance du conseil d'administration a été suspendue.

adjudge [ə'dʒʌdʒ] *vt.* **1.** attribuer. — **2.** JUR. accorder, prononcer un jugement. *He was adjudged bankrupt,* il a été déclaré en faillite. *He was adjudged considerable damages,* on lui a accordé des dommages-intérêts considérables.

adjudicate [ə'dʒu:dikeit] *vt.* et *vi.* juger, décider, se prononcer. *Adjudicated bankrupt,* failli qui n'a pas obtenu son concordat. *To adjudicate s.o. bankrupt,* déclarer qqn en faillite.

adjudication [ə,dʒu:di'keiʃən] *s.* décision du tribunal, jugement. *Adjudication order,* jugement déclaratif de faillite.

adjust [ə'dʒʌst] **1.** ajuster, adapter. — **2.** ASS. MAR. répartir (avarie). *Our claim has not been adjusted,* notre réclamation n'a pas encore été examinée.

adjuster [-ə*] *s.* ASS. MAR. dispacheur, répartiteur d'avaries.

adjustment [-mənt] *s.* règlement. ASS. MAR. *Adjustment of claims for average (average adjustment),* règlement d'avarie, dispache.

adman ['æd'mæn] *s.* U. S. agent de publicité.

administer [əd'ministə*] U. S. **administrate** [-treit] *vt.* administrer, gérer. *Administered prices,* prix imposés.

administration ['əd,minis'treiʃən] *s.* **1.** administration, direction, gestion; U. S. le gouvernement, le ministère. — **2.** FIN. *Administration of assets,* liquidation d'actif. — **3.** JUR. : **a)** curatelle. *Letters of administration,* nomination d'un curateur (des biens d'un mineur); **b)** *administration of the oath,* prestation de serment.

administrative [əd'ministrətiv] *adj.* administratif. *Administrative civil servant,* haut fonctionnaire. *Administrative costs,* frais de gestion.

administrator [-treitə*] *s.* **1.** administrateur, gérant, gestionnaire. — **2.** JUR. curateur.

admission [əd'miʃən] *s.* **1.** admission. FIN. *Admission card,* carte d'accès aux coffres. *Admission free,* entrée libre. *Admission ticket,* billet d'entrée. BOURSE *Application for admission to quotation,* demande d'admission à la cote. — **2.** aveu. *By your own admission,* de votre propre aveu.

admit [əd'mit] *vt.* admettre, faire droit à.

admit *vi.* comporter, laisser place (*of,* à). *Our order admits of no delay,* notre commande ne peut souffrir aucun retard. *The prices quoted admit of a return,* les prix cités comportent une ristourne.

admittance [-əns] *s.* accès à, admission, entrée. *No admittance,* entrée interdite.

admobile ['ædmə'bail] *s.* U. S. voiture publicitaire.

adopt [ə'dɔpt] *vt.* adopter, choisir. *The course to adopt,* la marche à suivre.

adrate ['æd'reit] *s.* U. S. tarif des annonces.

advance [əd'vɑ:ns] *s.* **1.** FIN. avance d'argent, prêt. *Cash advance,* avances de caisse. *Unsecured advance,* avances à découvert. *Advance against security,* avances sur nantissement. *Advance against securities,* avances sur titres. — **2.** augmentation, renchérissement. *There is an advance on steel,* il y a une hausse sur l'acier. VENTE AUX ENCHÈRES *Any further advance?,* qui dit mieux? — **3.** *Advance payment,* paiements anticipés. *Payable in advance,* payable d'avance. *All my thanks in advance,* avec mes remerciements anticipés.

advance *vt.* émettre (une opinion), avancer (de l'argent).

advance *vi.* augmenter, monter. *Our shares are advancing,* nos actions montent.

advancement [-mənt] *s.* **1.** avance. — **2.** avancement, promotion. — **3.** progrès.

advantage [əd'vɑ:ntidʒ] *s.* avantage. *To take advantage of an opportunity,* profiter d'une occasion. *To the best advantage,* au mieux.

advantageous [,ædvən'teidʒəs] *adj.* avantageux. *On advantageous terms,* à des conditions avantageuses.

adverse ['ædvə:s] *adj.* défavorable, contraire. *Adverse balance of trade,* balance commerciale déficitaire, passive.

advertise ['ædvətaiz] *vt.* et *vi.* faire de la publicité, faire connaître. *I wish to apply for the post advertised in " The Tribune ",* j'ai l'honneur de solliciter l'emploi offert par votre annonce parue dans *la Tribune.*

advertisement [əd've:tismənt] *s.* annonce, réclame, publicité. *Advertisement rate,* tarif des annonces. *For advertisement purposes,* aux fins de réclame. *Small ads,* petites annonces.

advertiser ['ædvətaizə*] *s.* annonceur.

advertising [-iŋ] *s.* publicité. *Advertising appropriation budget,* budget de publicité. *Advertising by poster,* publicité par voie d'affiches. *Advertising competition,* concours publicitaire. *Advertising consultant,* conseil en publicité. *Advertising department,* service de la publicité. *Advertising lights,* enseignes lumineuses. *Advertising manager,* chef de la publicité. *Advertising page,* page publicitaire.

advice [əd'vais] *s.* avis. *Credit advice,* avis de crédit. *Advice note,* avis d'expédition. *Advice of arrival,* avis d'arrivée. *Advice of collection,* avis d'encaissement. BOURSE *Advice of deal,* avis d'opération. *Advice of dispatch,* avis d'expédition.

advisable [əd'vaizəbl] *adj.* judicieux, recommandable, opportun. *If you think it advisable,* si vous le jugez bon.

advise [əd'vaiz] *vt.* conseiller, aviser, mettre au courant. FIN. *To advise a draft,* aviser d'une traite. *To advise s. o. against sth.,* déconseiller qqch. à qqn. *We beg to advise you that,* nous avons l'honneur de vous informer que.

advise *vi. To advise with s. o.,* consulter qqn. *Ill-advised,* malavisé, impolitique. *Well-advised,* bien avisé, judicieux.

advisedly [-idli] *adv.* en connaissance de cause.

adviser [-ə*] *s.* conseiller. *Legal adviser,* conseiller juridique.

advisory [-əri] *adj.* consultatif (conseil, etc.).

advisory *s.* U. S. conseiller, informateur.

advocacy ['ædvəkəsi] *s.* fonction d'avocat, plaidoyer (*of,* pour). *Barristers have a monopoly of advocacy before the higher courts,* les barristers ont seuls le droit de plaider devant les instances supérieures.

advocate ['ædvəkit] *s.* défenseur.

advocate [-keit] *vt.* défendre, préconiser. *We strongly advocate this method,* nous préconisons fortement cette méthode.

aedile ['i:dail] *s.* édile (magistrat municipal).

aerial ['ɛəriəl] *adj.* aérien. *Aerial ferry,* pont transbordeur.

aerial *s.* antenne.

affair [ə'fɛə*] *s.* affaire. *In the present state of affairs,* vu l'état des choses.

affect [ə'fekt] *vt.* **1.** atteindre, toucher, altérer. *The winding-up of this firm will affect business,* la liquidation de cette maison influera sur les affaires. — **2.** JUR. affecter. *Affected estate,* domaine affecté d'hypothèques.

affidavit [,æfi'deivit] *s.* JUR. déclaration par écrit et sous serment, affidavit. *Affidavit by process server,* constat d'huissier.

affiliate [ə'filieit] *vt.* affilier. *Affiliated firm,* filiale. *To affiliate with,* s'affilier avec.

affiliation [ə,fili'eiʃən] *s.* **1.** JUR. légitimation. — **2.** U. S. relations, attaches.

affirm [ə'fə:m] *vt.* affirmer, confirmer, homologuer.

affirmant [-mənt] *s.* JUR. personne qui fait une déclaration solennelle.

affirmation [,æfə:'meiʃən] *s.* affirmation. JUR. affirmation solennelle, homologation d'un jugement.

affirmative [ə'fə:mətiv] *adj.* affirmatif. *He replied in the affirmative,* sa réponse fut affirmative.

affix [ə'fiks] *vt.* attacher. *The affixed testimonial,* le certificat ci-joint. *To affix a stamp to a document,* apposer un timbre sur un document. *To affix the seals to,* apposer les scellés à.

affluence ['æfluəns] *s.* affluence, abondance.

affluent [-ənt] *adj.* abondant, riche (*in,* en), opulent.

afford [ə'fɔ:d] *vt.* **1.** avoir les moyens de. *Can you afford the time?* disposez-vous du temps nécessaire? — **2.** fournir, procurer.

affreightment [ə'freitmənt] *s.* affrètement, nolis.

afloat [ə'flout] *adv.* à flot, sur l'eau. FIN. *To keep bills afloat,* faire circuler des effets. *To set rumours afloat,* faire circuler des bruits.

afore [ə'fɔ:*] *adv.* et *prép.* avant. *Aforementioned,* susmentionné. *Aforesaid,* susdit. *As aforesaid,* comme ci-dessus.

after [ɑ:'ftə*] *adv.* et *prép.* après. *After-account,* compte nouveau. *After-cost,* frais additionnels. *After effects,* répercussion. *After hours exchange,* après bourse. *After-mentioned,* mentionné ci-après. *After taxes profit,* bénéfice net après paiement d'impôts. *On and after the 15th,* à partir du 15.

afterwards ['ɑ:ftəwədz] (U. S. **afterward**) *adv.* par la suite.

against [ə'geinst] *prép.* contre. *Against the rules,* contrairement aux règlements. BOURSE *Against delivery,* sauf livraison.

age [eidʒ] *s.* âge. *To be under age,* être mineur. *To be promoted in order of age,* être promu à l'ancienneté. *To come of age,* atteindre sa majorité.

agency ['eidʒənsi] *s.* **1.** action, opération. *Free agency,* libre action. *Through s. o.'s agency,* par l'entremise de qqn. — **2.** agence, bureau. *Advertising agency,* agence de publicité. *Customs agency,* agence en douanes. *Employment agency,* bureau de placement. *Estate agency,* agence immobilière. *Sole agency,* représentation exclusive. *Agency office,* bureau d'affaires. — **3.** FIN. succursale. — **4.** comptoir (à l'étranger).

agenda [ə'dʒendə] *s.* ordre du jour. *To place a question on the agenda,* mettre une question à l'ordre du jour.

agent ['eidʒənt] *s.* agent, mandataire, commissionnaire, représentant. *Authorized agent,* agent agréé, fondé de pouvoir. *Bank agent,* directeur d'une succursale de banque. *Forwarding agent,* transitaire. *Goods agent,* expéditeur, transitaire. *Insurance agent,* courtier d'assurances. *Mercantile agent,* commissionnaire. *Shipping agent,* agent maritime. *Shipping agent for goods,* expéditeur, chargeur. *To be sole agent for a brand,* être concessionnaire exclusif d'une marque.

aggravate ['ægrəveit] *vt.* aggraver. JUR. *Aggravated larceny,* vol qualifié.

aggravation [,ægrə'veiʃən] *s.* **1.** circonstance aggravante. — **2.** majoration.

aggregate ['ægrigit] *adj.* collectif, global, total. *Aggregate amount,* montant global. *Aggregate output,* rendement total.

aggregate *s.* masse, total. *Reckoned in the aggregate,* évalué globalement.

aggregate ['ægrigeit] *vi.* s'élever (*to,* à), totaliser.

agio ['ædʒiou] *s.* agio, commerce du change. *Agio account,* compte d'agio.

agrarian [ə'grɛəriən] *adj.* agraire.

agree [ə'gri:] *vt.* et *vi.* consentir (*to,* à), être d'accord, convenir (*that,* que). *Agreed fair price,* prix convenu, forfaitaire, imposé. Ass. MAR. *Agreed valuation clause,* clause valeur agréée. *Unless otherwise agreed,* sauf stipulation contraire. COMPT. *To agree the books,* conformer les écritures. JUR. *Mr. Smith and Mr. Brown have mutually agreed as follows,* entre M. Smith et M. Brown, il est convenu ce qui suit.

agreeably [-əbli] *adv. (to, with)* conformément à.

agreement [-mənt] *s.* convention, contrat, police, accord. *Agreement clause,* clause conventionnelle. *Agreement of clearing,* accord de clearing. U. S. *Agreement of service,* contrat de travail. *Aircraft charter agreement,* contrat d'affrètement aérien. *Collective agreement,* accord collectif. *Labour agreement,* convention collective. *Monetary agreement,* accord monétaire. *Standard agreement,* contrat type. JUR. *Real agreement,* bail. *Verbal agreement,* convention verbale. *Working agreement,* modus vivendi. *Written agreement,* convention écrite. *To abide by an agreement,* s'en tenir aux conventions. *To bring about an agreement,* obtenir une conciliation. *To make an agreement,* passer un accord. JUR. *To sign a legal agreement,* s'engager par-devant notaire.

agricultural [,ægri'kʌltʃərəl] *adj.* agricole. *Agricultural district,* région agricole.

air [ɛə*] *s.* air. *Air consignment note,* lettre de transport aérien, récépissé aérien. *To carry by air,* transporter par avion.

aircraft [-krɑ:ft] *s.* avion. *Aircraft charter agreement,* contrat d'affrètement aérien.

airfee [-fi:] *s.* surtaxe aérienne.

airline [-lain] *s.* ligne aérienne.

airmail [-meil] *s.* poste aérienne.

airmail *vt.* U. S. envoyer par avion.

air-tight [-tait] *adj.* hermétique, étanche.

alien ['eiliən] *adj.* étranger (*from,* à).

alien *s.* étranger.

alienable [-əbl] *adj.* JUR. aliénable.

alienate ['eiljəneit] *vt.* aliéner. JUR. *To alienate a sum,* détourner des fonds.

alienation [,eiljə'neiʃən] *s.* JUR. aliénation.

alienee [,eiliə'ni:] *s.* aliénataire.

alimony ['æliməni] *s.* pension alimentaire.

aliquot ['ælikwɔt] *adj.* aliquote. *Aliquote parts,* parties aliquotes.

all [ɔ:l] *adj., pr.* et *adv.* tout, tous. Ass. *An all-in* (all-inclusive) *policy,* une police d'assurances tous risques.

allocate ['æləkeit] *vt.* allouer, assigner, attribuer.

allocation [,ælə'keiʃən] *s.* attribution, adjudication (d'un contrat).

allot [ə'lɔt] *vt.* attribuer, répartir. *All the shares have been alloted,* toutes les actions ont été réparties.

allotment [-mənt] *s.* répartition, attribution, affectation. FIN. *Allotment letter,* avis d'attribution, de répartition (d'actions); *allotment money,* versement de répartition. *Payment in full on allotment,* versement intégral, libération à la répartition.

allottee [-i:] *s.* JUR. attributaire.

allow [ə'lau] *vt.* **1.** admettre, convenir. *Your claim has been allowed,* nous avons fait droit à votre réclamation. — **2.** autoriser, concéder. — **3.** allouer. *I can allow you 15 % discount,* je puis vous accorder une remise de 15 %. — **4.** tenir compte (*for,* de), déduire ou ajouter pour. *After allowing for,* en tenant compte de, déduction faite de. *We must allow 5 % for leakage,* nous devons ajouter 5 % pour le coulage.

allowance [-əns] *s.* **1.** allocation, pension. *Allowance in kind,* prestation en nature. *Allowance in money,* prestation en argent. *Family allowance,* allocation familiale. *We grant no allowance for travelling expenses,* nous n'accordons pas d'indemnité pour les frais de déplacement. — **2.** part (faire la part de). *We beg you to make allowance for the delay caused by the storm,* je vous prie de tenir compte du retard causé par l'orage. — **3.** remise, tolérance. FIN. *Allowance for depreciation,* provision pour amortissement. JUR. *Allowance for loss,* réfaction. *Allowance to cashiers for errors,* passe de caisse. *Free allowance of luggage,* bagages en franchise. *To make an allowance of,* faire une remise de. *With an allowance of 1 lb. per chest of tea,* avec une tolérance d'une livre par caisse de thé. — **4.** U. S. majoration. *Delay allowance,* majoration pour retard.

alongside [ə'lɔŋ'said] *adv.* et *prép.* bord à bord. *Alongside B/L,* connaissement libellé « reçu à quai ». *Alongside vessel,* le long du navire. *F. A. S. (Free Alongside Ship),* franco le long du navire, sous palan.

alphabetical [,ælfə'betikəl] *adj.* alphabétique. *Alphabetical filing,* classement alphabétique.

alter ['ɔ:ltə*] *vt.* **1.** changer, modifier. — **2.** surcharger.

alteration [,ɔ:ltə'reiʃən] *s.* changement, modification, renvoi en marge. *Alteration in the articles of association,* modification aux statuts. *Closed for alterations,* fermé pour transformations. *Marginal alteration,* renvoi en marge. *To effect alterations in,* apporter des modifications à.

alternate [ɔ:l'tə:nit] *s.* U. S. suppléant.

amalgamate [ə'mælgəmeit] *vt.* et *vi.* fusionner. *These two companies have amalgamated,* ces deux compagnies ont fusionné.

amalgamation [ə,mælgə'meiʃən] *s.* fusion.

ambassador [æm'bæsədə*] *s.* ambassadeur.

amenable [ə'mi:nəbl] *adj.* justiciable, relevant (*to,* de). *Amenable to a fine,* passible d'une amende.

amend [ə'mend] *vt.* rectifier (un compte). *Amended invoice,* facture rectifiée.

amendment [-mənt] *s.* amendement, rectification.

amicable ['æmikəbl] *adj.* amical, amiable. *Amicable settlement,* arrangement à l'amiable.

amortization [ə,mɔ:ti'zeiʃən] *s.* **1.** amortissement. *Amortization loan,* emprunt d'amortissement. *Amortization quota,* taux d'amortissement. — **2.** JUR. aliénation en main morte.

amortize [ə'mɔ:taiz] *vt.* amortir.

amount [ə'maunt] *s.* quantité, montant. COMPT. *Amount brought forward,* somme reportée ; *amount carried forward,* somme à reporter ; *amount due,* somme due ; *amount entered twice,* double emploi. ASS. MAR. *Amounts to be made good,* masse créancière. JUR. *Amount in controversy,* somme en litige. FIN. *Amount owing,* reste à devoir. *Amount utilised,* partie du port payé (lettre de voiture). *Amount written off,* amortissement. *Available amount,* somme disponible. *Exempted amount,* montant exonéré. *Gross amount,* montant brut. *Net amount,* montant net. *Tax sheltered amount,* montant exonéré d'impôts. *To the amount of,* d'un montant de, jusqu'à concurrence de.

amount *vi.* s'élever (*to,* à). *Those transactions amount to £100,* ces opérations s'élèvent à 100 livres.

analysis [ə'næləsis] *s.* analyse, dépouillement (d'un compte). U. S. *Account analysis,* analyse des comptes. *Cost analysis,* décomposition du prix de revient. U. S. *Operation analysis,* analyse du travail.

anchor ['æŋkə*] *s.* ancre. *To ride at anchor,* être à l'ancre. *To weigh anchor,* lever l'ancre.

anchor *vi.* mouiller.

ancillary [æn'siləri] *adj.* auxiliaire, subordonné, complémentaire. *Ancillary industries,* industries auxiliaires, annexes.

animation [,æni'meiʃən] *s.* activité.

annex [ə'neks] *vt.* annexer. *The annexed document,* le document ci-joint.

announcement [ə'naunsmənt] *s.* avis, faire-part. JUR. affiche judiciaire.

announcer [-sə*] *s.* speaker.

annual ['ænjuəl] *adj.* annuel. *Annual return,* revenu annuel.

annuitant [-tənt] *s.* rentier, pensionné.

annuity [ə'njuiti] *s.* annuité. *Annuity insurance,* assurance de rentes. *Deferred annuity,* rente différée. *Government annuity,* rente sur l'Etat. *Life annuity,* rente viagère. *Redeemable annuity,* rente remboursable. *Two-life annuity,* rente réversible. *To invest money in an annuity,* placer de l'argent à fonds perdus.

annul [ə'nʌl] *vt.* annuler, résilier, abroger, casser.

annulment [-mənt] *s.* annulation, résiliation, abrogation.

answer ['ɑ:nsə*] *s.* réponse. *Conclusive answer,* réponse définitive. *Favourable answer,* réponse affirmative. *An answer will oblige,* je vous serais obligé de me fournir une réponse.

answerable [-rəbl] *adj.* garant, responsable. *The management is not answerable for,* la direction ne répond pas de.

antedate ['ænti'deit] *vt.* antidater.

anticipate [æn'tisipeit] *vt.* prévoir, pressentir, s'attendre à. *Anticipated profit,* bénéfice escompté. *Anticipated redemption,* rachat anticipé. *Anticipating your acceptance,* comptant sur votre acceptation.

anticipation [æn,tisi'peiʃən] *s.* anticipation. *Thanking you in anticipation,* avec mes remerciements anticipés.

anti-inflationary ['æntiin'fleiʃnəri] *adj.* anti-inflationniste.

apiece [ə'pi:s] *adj.* chacun, par tête. *F 5 apiece,* 5 F pièce.

apologize [ə'pɔlədʒaiz] *vi.* s'excuser (*for,* de). *We apologize for the delay,* nous nous excusons du retard.

apology [ə'pɔlədʒi] *s.* excuse. *Letter of apology,* lettre d'excuse. *Kindly accept our apology,* veuillez agréer nos excuses.

apparatus [,æpə'reitəs] *s.* appareil.

appeal [ə'pi:l] *s.* **1.** appel. *To lodge an appeal,* interjeter appel. — **2.** intérêt, attrait.

appeal *vi.* JUR. faire appel (*against,* de). U. S. *To appeal a case,* interjeter appel.

appear [ə'piə*] *vi.* apparaître. *To appear in the balance sheet,* être inscrit au bilan. *To appear in the books,* figurer dans les livres. *As appears from,* comme il ressort de.

appearer [-rə*] *s.* JUR. partie comparante.

append [ə'pend] *vt.* apposer. *To append one's signature,* apposer sa signature.

applicable ['æplikəbl] *adj.* applicable. *Rules applicable to the goods,* régime assigné aux marchandises.

applicant ['æplikənt] *s.* demandeur, postulant, candidat; JUR. requérant. FIN. *Applicant for shares,* souscripteur à des actions. *I commend him as a suitable applicant,* je recommande sa candidature.

application [,æpli'keiʃən] *s.* démarche, demande, candidature. FIN. souscription. *Application for excess shares,* souscription à titre réductible. *Application for shares,* souscription à des actions. *Application money,* versement de souscription.*Application right,* droit de souscription. *You must fill in this application form,* vous devez remplir ce formulaire de demande.

apply [ə'plai] *vt.* et *vi.* appliquer, s'appliquer à. FIN. *Applied several times over,* souscrit plusieurs fois. *To apply a payment to,* affecter un paiement à. *To apply for a post,* solliciter un emploi. *To apply for excess shares,* souscrire à titre réductible. *To apply for shares,* souscrire à des actions. *To apply to,* s'adresser à.

appoint [ə'pɔint] *vt.* fixer, nommer, équiper; JUR. léguer. *To appoint a committee,* constituer un comité. *To appoint* *s.o. to an office,* préposer qqn à une fonction. *Appointed chairman,* président attitré. *Well-appointed house,* maison bien équipée.

appointee [əpɔin'ti:] *s.* délégué.

appointive [ə'pɔintiv] *adj.* U. S. obtenu par nomination.

appointment [-mənt] *s. :* **a)** rendez-vous, convocation; **b)** nomination. *Appointment as,* nomination de. *To ask for an appointment with,* solliciter une entrevue avec. *To make an appointment,* fixer un rendez-vous.

apportion [ə'pɔ:ʃən] *vt.* répartir, ventiler, lotir. *To apportion a sum among,* répartir une somme entre. *To apportion the average according,* répartir les avaries d'après.

apportionment [-mənt] *s.* partage, répartition, ventilation. *Apportionment of the expenses,* répartition des frais.

appraisal [ə'preizəl] *s.* estimation, évaluation. *Official appraisal,* expertise (pour une vente).

appraise [ə'preiz] *vt.* priser, estimer, évaluer. *Appraised value,* valeur estimative.

appraisement [-mənt] *s.* estimation, évaluation.

appraiser [-ə*] *s.* estimateur. *Official appraiser,* commissaire-priseur, expert.

appreciable [ə'pri:ʃjəbl] *adj.* sensible.

appreciate [-ʃieit] *vt.* évaluer, estimer; FIN. hausser la valeur de. *To appreciate the currency,* rehausser le cours d'une devise.

appreciate *vi.* augmenter de valeur. *Appreciated surplus,* plus-value.

appreciation [ə,pri:ʃi'eiʃən] *s.* appréciation, estimation, accroissement; BOURSE plus-value. *Our coppers show an appreciation,* nos cuivres ont enregistré une plus-value.

appreciator [əpri:ʃieitə*] *s.* estimateur, évaluateur.

apprentice [ə'prentis] *s.* apprenti.

apprentice *vt.* placer, mettre en apprentissage. *To be apprenticed,* être en apprentissage.

apprenticeship [-ʃip] *s.* apprentissage. *Articles of apprenticeship,* contrat d'apprentissage.

appro [ə'pro] *s.* approbation. *Goods on appro(-bation),* marchandises à condition.

appropriate [ə'prouprieit] *vt.* **1.** s'approprier. — **2.** FIN. consacrer, affecter. *To appropriate funds for the reserve,* affecter des fonds à la réserve.

appropriation [ə,proupri'eiʃən] *s.* appropriation, affectation, répartition, imputation. *Appropriation bill,* loi de finance. *Appropriation of a payment to a debt,* imputation d'un versement à une dette. *Appropriation of the profits,* répartition des bénéfices. *Appropriation to the reserve,* affectation, dotation à la réserve. *To make an appropriation for a special purpose,* imputer une somme à des fins spéciales.

approval [ə'pru:vəl] *s.* approbation, ratification. *Approval of the accounts,* approbation des comptes. *On approval* (abr. *on appro*), [envoi] à condition, à l'essai.

approve [ə'pru:v] *vt.* approuver, agréer. ASS. *Approved society,* compagnie d'assurance agréée par l'Etat.

approve *vi.* approuver, être partisan (*of,* de).

approximate [ə'prɔksimit] *adj.* approximatif.

approximate [ə'prɔksimeit] *vt.* s'approcher de. *Our shares approximate yesterday's quotations,* nos actions approchent de leur cours d'hier.

approximately [ə'prɔksimitli] *adv.* approximativement.

apron ['eiprən] *s.* talon de vérification.

arbitrage ['ɑ:bi'tridʒ] *s.* **1.** FIN. arbitrage. *Arbitrage transactions,* opérations d'arbitrage. — **2.** BOURSE [,ɑ:bi'trɑ:ʒ] arbitrage. *Stock arbitrage,* arbitrage sur des valeurs.

arbitral ['ɑ:bitrəl] *adj.* arbitral.

arbitrary [-trəri] *adj.* arbitraire. *Arbitrary deduction of 25 %,* un prélèvement forfaitaire de 25 %.

arbitrate [-treit] *vt.* et *vi.* arbitrer, trancher.

arbitration [,ɑ:bi'treiʃən] *s.* arbitrage. FIN. *Arbitration award,* sentence arbitrale. *Arbitration clause,* clause d'arbitrage, compromissoire. *Arbitration committee,* commission d'arbitrage, conseil de prud'hommes. *Arbitration of exchange,* arbitrage du change. *Arbitration of labour disputes,* arbitrage des conflits du travail. *To refer to arbitration,* soumettre à arbitrage. *To settle by arbitration,* trancher par arbitrage. *To submit an affair for arbitration,* mettre une affaire en compromis.

arbitrator ['ɑ:bitreitə*] *s.* JUR. arbitre, amiable compositeur. *Arbitrator's award,* décision arbitrale.

area ['ɛəriə] *s.* périmètre, zone. *Area of supply,* zone de consommation, rayon desservi. *Currency area,* zone monétaire. *Judicial area,* ressort judiciaire.

arraignment [ə'reinmənt] *s.* JUR. mise en accusation.

arranged [ə'reindʒd] *adj.* arrangé. *At an arranged price,* au prix fixé.

arrangement [ə'reindʒmənt] *s.* **1.** arrangement, disposition. — **2.** JUR. *Scheme of arrangement,* concordat préventif de faillite. *Testamentary arrangement,* disposition testamentaire. — **3.** accord, entente, accommodement. *The price is still a matter of arrangement,* le prix reste à débattre.

arrear [ə'riə*] *s.* **1.** arriéré. *In arrear with calls,* en retard de versement (actions). *With arrears as from June 1st,* effet rétroactif à compter du 1er juin. *To be in arrear with,* être en retard (paiement, etc.). *To pay off arrear,* payer un arriéré. — **2. arrears** [-z] *s. pl.* arrérages (U. S. **arrearage**).

arrival [ə'raivəl] *s.* **1.** arrivée. *To await arrival,* ne pas faire suivre. — **2.** arrivage. *Daily arrivals,* arrivages quotidiens. *Heavy arrivals,* gros arrivages.

article ['ɑ:tikl] *s.* **1.** article. *Leading article,* article de fond (dans un journal). *Mass-produced articles,* articles de série. — **2.** clause. *Articles and conditions (of sale),* cahier des charges. *Articles of apprenticeship,* contrat d'apprentissage. *Articles of association,* statuts. *Articles of incorporation,* statuts d'une société commerciale. *According to the articles,* selon les statuts. *To draw up articles,* rédiger les statuts. (*In a private Company, the first Articles of Association are usually founded on what are known as the Regulations contained in Parts I and II of table A of the Companies Act, 1948.*)

articled [-d] *adj.* lié par contrat d'apprentissage. *Articled clerk,* stagiaire.

ascertain [,æsə'tein] *vt.* se rendre compte de, constater, vérifier. *To ascertain damage,* constater des dégâts.

ashore [ə'ʃɔ:*] *adv.* à terre.

aspersion [əs'pə:ʃən] *s.* U. S. calomnie.

assent [ə'sent] *s.* accord.

assert [ə'sə:t] *vt.* revendiquer. *To assert one's claims to,* faire valoir ses droits à.

assess [ə'ses] *vt.* répartir, établir, estimer. *Assessed taxes,* impôts directs. ASS. *To assess the damage,* évaluer les dégâts. ADM. *The tax-collector assessed him at £ 10 000,* le percepteur l'a imposé sur 10 000 livres.

assessable [-əbl] *adj.* répartissable, évaluable, imposable.

assessment [-mənt] *s.* répartition, évaluation, taxation. ASS. *Assessment of damages,* fixation des dommages et intérêts. ADM. *Assessment on landed property,* cote foncière. *Over-assessment,* surimposition. *To reduce the assessment,* dégrever.

assessor [-ə*] *s.* assesseur, répartiteur. ADM. *Assessor of taxes,* contrôleur des contributions directes.

assessorship [-ʃip] *s.* assessorat, charge de contrôleur.

asset ['æset] *s.* **1.** avantage, avoir, possession. — **2. assets** [-s] *s. pl.* **1.** masse d'une succession. *Personal assets,* biens meubles. *Real assets,* biens immobiliers. — **2.** FIN. *Assets in foreign currency,* avoir en devises. *Assets on current account,* avoir en compte courant. *Blocked assets,* avoir bloqué. *Liquid assets,* liquidités, actif disponible, disponibilités. — **3.** COMPT. actif. *Assets and liabilities,* actif et passif. *Assets in kind brought into business,* apport en nature. *Assets pledged as collateral,* actif donné en garantie. *Assets transferred to company,* apport en société. *Available assets,* actif disponible, disponibilités. *Current assets,* actif disponible. *Fixed assets,* actif immobilisé. U. S. *Quick assets,* actif disponible. *Wasting assets,* actif défectible. *You must put your stock on hand on the assets side,* vous devez passer vos réserves à l'actif.

assign [ə'sain] *s.* ayant cause, mandataire. *Assigns,* ayants droit.

assign *vt.* **1.** assigner. *Assigned account,* compte en garantie. *Assigned claim,* créance cédée. *To assign a property to,* céder une propriété à. *To assign shares,* transmettre des actions. — **2.** apporter.

assignable [-əbl] *adj.* **1.** assignable. *Rates assignable to a landed property,* impôts afférents à une propriété foncière. — **2.** cessible, transférable. *Assignable credit,* crédit transférable.

assignation [,æsig'neiʃən] *s.* distribution, cession, transfert. FIN. *Deed of assignation,* acte de transfert. JUR. *Assignation of shares,* transfert d'actions.

assignee [,æsai'ni:] *s.* **1.** cessionnaire (d'une créance). — **2.** syndic (de faillite).

assignment [ə'sainmənt] *s.* **1.** cession (d'une créance). — **2.** V. ASSIGNATION.

assignor [-ə*] *s.* cédant. BOURSE *Official assignor,* liquidateur officiel.

assist [ə'sist] *vt.* et *vi.* assister, aider.

assistant [-ənt] *s.* aide, adjoint. *Assistant accountant,* aide-comptable. *Assistant manager,* sous-directeur. *Assistant secretary,* secrétaire adjoint.

associate [ə'souʃieit] *s.* associé.

associate *vt.* associer. *My brother wishes to associate himself with our firm,* mon frère désire s'associer à notre société.

association [ə,sousi'eiʃən] *s.* association, société. *Articles of association,* statuts. *Employers' association,* association patronale. *Labour association,* association ouvrière. *Memorandum of association,* acte constitutif de société. *Non-profit association,* association sans but lucratif.

assort [ə'sɔ:t] *vt.* et *vi.* assortir.

assortment [-mənt] *s.* **1.** assortiment. — **2.** classement.

assume [ə'sju:m] *vt.* **1.** s'attribuer, assumer. *I am ready to assume my responsibility,* je suis prêt à assumer mes responsabilités. — **2.** présumer. *It may be assumed,* il est permis de supposer.

assurance [ə'ʃuərəns] *s.* **1.** assurance, promesse, affirmation. *Assurance to the contrary,* affirmation contraire. *You have my distinct assurance,* vous avez ma promesse formelle. — **2.** JUR. constitution de droits. — **3.** Ass. V. INSURANCE.

assure [ə'ʃuə] *vt.* assurer, s'assurer. *He assured with our company,* il s'est assuré à notre compagnie. *You may rest assured that,* vous pouvez être assuré que.

assured [-d] *s.* assuré.

assuror [-ə*] *s.* assureur.

astray [əs'trei] *adv.* de travers. *This parcel has gone astray,* ce colis s'est égaré.

attach [ə'tætʃ] *vt.* **1.** attacher, fixer, joindre. *The documents attached to our letter,* les documents joints à notre lettre. — **2.** JUR. arrêter, saisir. U. S. *Attached account,* compte saisi. *Debtor attached,* débiteur saisi. — **3.** ADM. *Attached to a department,* détaché dans un service.

attach *vi.* **1.** s'attacher. *You must not overlook the advantages attached to this job,* vous ne devez pas oublier les avantages que comporte ce service. — **2.** prendre cours, effet.

attaché [ə'tæʃei] *s.* attaché.

attachment [ə'tætʃmənt] *s.* **1.** JUR. saisie-arrêt. U. S. *Attachment ledger,* livre des comptes bloqués. — **2.** Ass. effet (d'une assurance). — **3.** papillon (attaché à une police d'assurance, etc.).

attain [ə'tein] *vt.* atteindre, parvenir à.

attainable [-əbl] *adj.* auquel on peut parvenir. *Let me know the prices attainable by these articles,* faites-moi savoir quel prix peuvent atteindre ces articles.

attend [ə'tend] *vt.* assister à, participer à. *Well-attended shop,* boutique bien achalandée. *To attend a congress,* participer à un congrès.

attend *vi.* s'occuper de, se charger de, veiller (*to,* à). *To attend to an order,* exécuter une commande. *Our agents attend to the loading,* nos représentants s'occupent du chargement. *Are you being attended to?,* est-ce que l'on s'occupe de vous?

attendance [-əns] *s.* **1.** service. *Attendance included,* service compris. — **2.** présence à une réunion. *Attendance fee,* vacations. *Attendance fees,* jetons de présence. *Attendance sheet,* feuille de présence.

attendant [-ənt] *s.* personne de service, personne présente.

attention [ə'tenʃən] *s.* attention. *Your orders will have our best attention,* vos commandes seront exécutées avec le plus grand soin.

attest [ə'test] *vt.* certifier, attester sous serment. *Attested copy,* copie certifiée conforme. *Attested signature,* signature légalisée.

attestant [-ənt] *s.* déposant, témoin.

attestor [-ə*] *s.* JUR. certificateur, témoin instrumentaire.

attorney [ə'tə:ni] *s.* **1.** U. S. avoué, agréé (à un tribunal de commerce), fondé de pouvoir. U. S. *Attorney and counselor at law,* avocat. — **2.** *Attorney general :* **a)** ministre de la Justice; **b)** avocat général. — **3.** fondé de pouvoir, mandataire, représentant. *Attorney-in-fact,* mandataire de fait. *He has a full power of attorney,* il a une procuration générale.

attornment [-mənt] *s.* JUR. reconnaissance des droits du nouveau propriétaire par un locataire.

attract [ə'trækt] *vt.* attirer, séduire.

attractive [-tiv] *adj.* attrayant, attirant. *Attractive prices,* prix intéressants.

attribute [ə'tribjut] *vt.* attribuer, imputer à.

attrition [ə'triʃən] *s.* usure, dégradation (d'une clientèle).

auction ['ɔ:kʃən] *s.* (vente aux) enchères. *Auction-room,* salle des ventes. *Dutch auction,* enchère au rabais. MARCHÉ AUX POISSONS. *At auction,* à la criée. *To be sold by auction* (U. S. *at auction*), être vendu aux enchères, par adjudication.

auctioneer [,ɔ:kʃə'niə*] *s.* commissaire-priseur.

audit ['ɔ:dit] *s.* vérification, apurement (de comptes). *Audit Office,* Cour des comptes. *The chairman of the Audit Office is the comptroller and auditor general,* le président de la Cour des comptes (du Royaume-Uni) est le vérificateur général des Comptes. *Audit store,* magasin dont les ventes sont contrôlées.

audit *vt.* vérifier, apurer. *To audit the books of a company,* vérifier la comptabilité d'une société.

auditor [-ə*] *s.* commissaire aux comptes; Ass. commissaire-censeur.

austerity [ɔ:s'teriti] *s.* austérité. *Austerity measures,* mesures d'austérité.

authenticate [ɔ:'θentikeit] *vt.* certifier, homologuer, légaliser, valider.

authentication [ɔ:,θenti'keiʃən] *s.* validation, légalisation.

authority [ɔ:'θɔriti] *s.* **1.** autorité. — **2.** ADM. *Public authority,* corps constitué. — **3.** autorisation, mandat. *Form of authority,* pouvoir.

authorize ['ɔ:θəraiz] *vt.* autoriser. *Authorized agent,* fondé de pouvoir. FIN. *Authorized capital,* capital social, nominal. BOURSE DE LONDRES *Authorized clerk,* commis principal. *To authorize s.o. to do sth.,* donner mandat à qqn de faire qqch.

automobile ['ɔ:təməbi:l] *s.* automobile. U. S. Ass. *Automobile liability insurance policy,* assurance automobile.

automotive [ɔ:to'motiv] *adj.* U. S. automobile. *Automotive industry,* industrie automobile.

auxiliaries [ɔ:g'ziljəriz] *s. pl.* JUR. matières adjuvantes.

avail [ə'veil] *vt.* se servir de, profiter de. *I avail myself of the opportunity,* je profite de l'occasion. *This service is shortly to be available,* on pourra utiliser sous peu ce service.

availability [ə,veilə'biliti] *s.* disponibilité, validité. *Unfortunately we have no availability on the dates requested,* nous n'avons malheureusement plus rien de disponible aux dates demandées.

available [ə'veiləbl] *adj.* **1.** disponible. *Available assets,* actif disponible. *Available balance,* solde disponible. *Available funds,* capital mobilisable. BOURSE *Sum available for dividend,* affectation aux actions. — **2.** valable. *This ticket is available for five days,* ce billet est valable cinq jours.

availment [-mənt] *s.* FIN. réalisation.

avails [ə'veilz] *s. pl.* U. S. produits (d'une vente, d'une terre), revenus.

avania [,ævə'niə] *s.* FIN. imposition forcée.

average ['ævəridʒ] *adj.* moyen. *Average due date,* échéance moyenne. *Average incentive performance,* seuil de prime. *Average quality,* qualité moyenne. *Average rate,* taux moyen. *Weighted average,* moyenne pondérée.

average *s.* **1.** moyenne. *On an average,* en moyenne. — **2.** ASS. MAR. avarie. *Average adjuster,* dispacheur, répartiteur d'avaries. *Average adjustment,* dispache, règlement d'avaries. *Average bond,* compromis d'avaries. *Average clause,* clause avarie. *Average deposit,* dépôt d'avarie, cautionnement d'avarie. *Average stater,* dispacheur. *Average surveyor,* commissaire d'avarie. *General average,* avarie commune, grosse. *General average deposit,* cautionnement d'avarie grosse. *Particular average,* avarie particulière, simple. *To adjust the average,* établir la dispache. — **3.** ASS. règle proportionnelle.

average *vt.* **1.** BOURSE établir une moyenne. — **2.** atteindre en moyenne. *The price will average (up to)...,* le prix atteindra en moyenne...

averager [-ə*] *s.* BOURSE faiseur de moyenne.

averment [ə'və:mənt] *s.* **1.** affirmation. — **2.** JUR. allégation, preuve.

avert [ə'və:t] *vt.* éviter.

avocation [,ævo'keiʃən] *s.* **1.** occupation, besogne. — **2.** vocation, métier.

avoid [ə'vɔid] *vt.* JUR. résoudre, résilier, annuler.

avoidable [-əbl] *adj.* évitable; JUR. annulable, résoluble.

avoidance [-əns] *s.* JUR. résolution, annulation, résiliation. *Avoidance clause,* clause résolutoire. *Action for avoidance of contract,* action en résiliation de contrat.

avowant [ə'vauənt] *s.* JUR. déclarant.

avowry [ə'vauri] *s.* JUR. déclaration (pour justifier une saisie).

await [ə'weit] *vt.* attendre. *Awaiting your orders,* dans l'attente de votre commande. *Goods awaiting delivery,* marchandises en souffrance.

award [ə'wɔ:d] *s.* JUR. **1.** arbitrage, sentence arbitrale. — **2.** dommages-intérêts. U. S. bourse.

award *vt.* adjuger, accorder, attribuer. *The court awarded him £ 100 as damages,* la cour lui alloua 100 livres de dommages-intérêts.

awarder [-ə*] *s.* JUR. adjudicateur.

away [ə'wei] *adv.* loin, au loin. *Away on journey,* parti en voyage. *Gone away, no address,* parti sans laisser d'adresse.

axe [æks] *s.* U. S. *To get the axe,* être renvoyé.

b

back [bæk] *adj.* arrière. *Back interest,* arrérages. *Back pay,* rappel de traitement. *Back rent,* arriéré de loyer.

back *adv.* en arrière.

back *s.* dos, verso. *As stated on the back,* comme indiqué au verso. *Back to back credit,* crédit subsidiaire, crédit dos à dos (ouvert généralement par un intermédiaire).

back *vt.* donner appui à, soutenir, renforcer. FIN. *To back a bill,* avaliser un effet. *We are ready to back you up,* nous sommes prêts à vous appuyer.

backer [-ə*] *s.* donneur d'aval, commanditaire.

backing [-iŋ] *s.* **1.** appui. *You need an important financial backing,* vous avez besoin d'un soutien financier important. — **2.** aval.

backlog [-lɔg] *s.* U. S. carnet de commandes. *Heavy backlog,* carnet de commandes bien rempli. *Backlog of unfilled orders,* commandes non exécutées.

backstop ['bækstɔp] *s.* U. S. protection. *Insured deposits, backstop against bank failures,* dépôts assurés, protection contre les faillites bancaires.

backwardation [,bækwə'deiʃən] *s.* BOURSE déport. (N. B. Le *déport* est une taxe que paye un spéculateur à la baisse pour renvoyer ses transactions à la liquidation suivante, lorsque la chute des cours qu'il espère ne se produit pas, ou qu'un vendeur à terme verse lorsqu'il n'est pas en mesure de lever ses titres le jour prévu.) *Backwardation business,* opérations de déport. *Backwardation rates,* taux du déport.

backwash [-wɔʃ] *s.* BOURSE contrecoup, remous.

bad [bæd] *adj.* mauvais. FIN. *Bad debts,* créances douteuses, irrécouvrables. BOURSE *To be bad delivery,* être de mauvaise livraison.

badly [-li] *adv.* mauvais. *We are badly off this brand,* nous manquons de cette marque.

bag [bæg] *s.* sac.

bag *vt.* mettre en sac, ensacher.

baggage ['bægidʒ] *s.* U. S. bagages. *Baggage check,* coupon de bagages. *Free baggage allowance,* franchise de bagage.

bagman [-mən] commis-voyageur.

bail [beil] *s.* JUR. cautionnement, caution, garant.

bail *vt.* se porter caution pour.

bailiff ['beilif] *s.* huissier, régisseur.

bailment ['beilmənt] *s.* caution, consignation ; FIN. contrat de dépôt.

bailor [-ə*] *s.* déposant, commettant, bailleur.

balance ['bæləns] *s.* **1.** FIN. balance, équilibre, solde, reliquat. *Available balance,* solde disponible. U. S. *Aged trial balance,* balance par antériorité de soldes. *Balance or recharge,* reliquat ou reprise. *Balance account,* compte collectif, état récapitulatif. *Balance book,* livre de balance. *Balance due,* solde débiteur. *Balance in account,* solde créditeur en compte. *Balance in hand,* solde créditeur en caisse. *Balance in one's favour,* solde bénéficiaire. *Balance of payments,* balance des paiements. *Balance of payments surplus,* excédent de la balance des paiements. *Balance to next account :* a) report à l'exercice suivant; b) report à nouveau. *Bank balance,* solde en banque. *Cash balance,* balance de caisse. *Cooked balance,* balance flattée. *Credit balance,* solde actif. *Debit balance,* solde débiteur, passif. *Favourable balance of trade,* balance commerciale active. *Loss balance,* solde déficitaire. *Old balance,* solde ancien. *Profit balance,* solde bénéficiaire. *Trial balance,* balance de vérification, bilan d'essai. — 2. BOURSE *Balance in cash,* soulte. — 3. COMPT. *Balance brought forward,* report. *Balance of an account,* clôture d'un compte. *Balance carried forward,* solde à reporter. *Receipt for the balance,* quittance pour solde de compte. *The balance amounts to,* le solde arrêté est de.

balance *vt.* balancer, équilibrer, solder. *To balance an account,* solder, liquider, régler un compte. FIN. *To balance an adverse budget,* rétablir un budget déficitaire.

balance *vi.* s'équilibrer, se balancer.

balance sheet [-ʃi:t] *s.* bilan. *Balance sheet showing a loss, a profit,* bilan déficitaire, bilan bénéficiaire. *Consolidated balance sheet,* bilan consolidé, bilan synthétique. *Provisional balance sheet,* bilan intérimaire. *Summarized balance sheet,* extrait du bilan. *Veiled, window-dressed, balance sheet,* bilan flatté. *The balance sheet is drawn up at the end of each financial year,* le bilan est dressé à la fin de chaque exercice budgétaire.

bale [beil] *s.* balle, ballot. *Bale goods,* marchandises en balles.

ballast ['bæləst] *s.* 1. lest. *Cargo ballast,* cargaison à fond de cale. *To throw out ballast,* jeter du lest. *The vessel sailed in ballast,* le navire est parti sur lest. — 2. CH. DE FER ballast.

ballast *vt.* lester.

balloon [bə'lu:n] *vt.* U. S. BOURSE faire grimper les prix.

ballot ['bælət] *s.* scrutin, vote.

band [bænd] *s.* FIN. *Fiscal band,* bague fiscale. *Revenue band,* bague fiscale.

bang [bæŋ] *vt.* BOURSE *To bang the market,* faire baisser les cours.

bank [bæŋk] *s.* 1. FIN. banque. *Deposit bank,* banque de dépôts. *Discount bank,* banque d'escompte. *Savings-bank,* Caisse d'épargne. *Bank account,* compte en banque. *Bank balance,* avoir en banque. *Bank bill :* a) effet; b) U. S. billet de banque. *Bank-book,* carnet de banque. U. S. *Bank call,* demande de bilan (pour les banques). *Bank charges,* frais de banque. *Bank-clerk,* employé de banque. *Bank-counter,* guichet de banque. *Bank credit,* crédit bancaire. *Bank deposit,* dépôt en banque. *Bank discount,* escompte en dehors. U. S. *Bank examiner,* inspecteur de banque. *Bank-holiday,* jour de fermeture des banques, jour férié (jour de l'an, vendredi saint, premier lundi d'août, etc.). *Bank lien,* droit de rétention bancaire. *Bank-money,* monnaie scripturale. *Bank-note,* billet de banque. *Bank of issue,* banque d'émission. *Bank-paper,* papier de banque. *Bank-passbook,* carnet de banque. *Bank-postbill,* mandat de banque. *Bank-rate* (U. S. *prime rate*), taux officiel d'escompte. *Bank reserve,* réserve de banque. *Bank-return,* situation de la banque. *Bankrunner,* encaisseur. *Bank shares,* valeurs bancaires. *Bank statement,* situation de la banque. *Bank transfer,* virement bancaire. — 2. IND. *Safety bank,* stock de dépannage.

bankable [-əbl] *adj.* escomptable, bancable.

banker [-ə*] *s.* banquier. *Banker's acceptance,* acceptation de banque. *Banker's discount,* escompte en dehors. *Banker's draft,* traite bancaire.

banking [-iŋ] *s.* opérations de banque. *Banking failure,* krach. *Banking institution,* établissement bancaire. *Banking law,* droit bancaire. *Banking place,* place bancable. *Banking syndicate,* consortium bancaire.

bankroll [-'rɔl] *vt.* U. S. FAM. financer.

bankrupt [-rʌpt] *s.* failli, banqueroutier. *Bankrupt drawee,* accepteur (tiré). *Bankrupt's estate,* masse de faillite. *Bankrupt surety,* garant en faillite. *Certificated bankrupt,* concordataire. *Discharged bankrupt,* failli réhabilité. *Fraudulent bankrupt,* faillite frauduleuse. *Uncertificated bankrupt,* failli qui n'a pas obtenu son concordat. *To be adjudicated bankrupt,* être déclaré en faillite. *To become bankrupt,* faire faillite.

bankruptcy [-si] *s.* banqueroute, faillite. *Bankruptcy committee,* administration de la faillite. *Bankruptcy estate,* masse de la faillite. *Bankruptcy notice,* avis de banqueroute. *Bankruptcy petition,* requête en déclaration de faillite. *Bankruptcy proceedings,* procédure de la faillite. *To file one's petition in bankruptcy,* se déclarer en faillite.

banner ['bænə*] *adj.* exceptionnel. *Banner year,* année exceptionnelle.

bar [bɑ:] *s.* empêchement, obstacle ; JUR. fin de non-recevoir.

bar *vt.* JUR. opposer une fin de non-recevoir. *These debts are barred (by limitation),* il y a prescription pour ces dettes.

bare [bɛə*] *adj.* nu. ASS. MAR. *Bare boat charter,* affrètement en coque nue. *Bare owner,* nu-propriétaire. *Bare ownership,* nue-propriété.

bargain ['bɑ:gin] *s.* marché, transaction, affaire. • BOURSE *Bargain book,* carnet d'agent de change. *Bargains done,* cours pratiqués. *Bargain counter* (U. S. *bargain basement*), rayon des soldes. *Bargain sales,* soldes, vente réclame. *Cash bargain,* marché au comptant. *Option bargain,* marché à prime. *Settlement bargain,* marché à terme. *To strike a bargain,* passer un marché. *This firm drives a hard bargain,* cette société pose des conditions exorbitantes.

bargain *vt.* marchander.

bargainee [-i:] *s.* JUR. acheteur, preneur.

barge ['bɑ:dʒ] *s.* péniche, allège, chaland.

barratry ['bærətri] *s.* ASS. MAR. baraterie. (N. B. Le terme anglais n'englobe pas les fautes dues à la négligence, etc., mais uniquement les dégâts volontairement causés.)

barrel ['bærəl] *s.* tonneau, fût. *Goods in barrel,* marchandises de tonnelage, en fût.

barrier ['bæriə*] *s.* barrière. *Ticket barrier,* portillon d'accès.

barrister ['bæristə*] *s.* avocat. (N. B. Les *barristers at law* sont les avocats qui ont reçu leurs titres de l'un des collèges de légistes [*Inns of Court*], institutions privées qui échappent à la surveillance de l'Etat. Ils sont seuls habilités à plaider devant les instances supérieures, tandis que, devant les autres tribunaux, les *solicitors* — qui jouent le rôle d'avoués — peuvent aussi tenir lieu d'avocats.) *Barrister-at-law,* avocat à la cour. *Consulting barrister,* avocat-conseil.

barter ['bɑ:tə*] *s.* **1.** commerce d'échange, troc. — **2.** *Barter agreement,* accord de compensation entre deux pays.

barter *vt.* troquer (*for,* contre). *To barter away,* liquider.

base [beis] *adj.* vil, bas. *Base coin,* fausse monnaie.

base *s.* base. *Base rate,* salaire de base.

base *vt.* baser, fonder. *Taxation must be based on income,* il faut asseoir l'impôt sur le revenu.

basic [-ik] *adj.* fondamental. ADM. *Basic abatement,* abattement à la base.

basin ['beisn] *s.* bassin. *Coal basin,* bassin houiller. MAR. *Docking basin,* bassin de réserve ; *outer basin,* avant-port.

basis ['beisis] *s.* (*pl.* **bases**) base, fondement. ADM. *Basis of assessment,* assiette de l'impôt. *Basis of a contract,* bases d'un contrat.

basket ['bɑ:skit] *s.* U. S. ADM. *Basket clause,* article qui traite tous les cas non exposés par ailleurs.

batch [bætʃ] *s.* lot (de marchandises), série (de fabrication), grosse quantité ; U. S. FIN. groupe de dépôts à l'inspection.

bazaar [bə'zɑ:*] *s.* BOURSE *Bazaar shares,* valeurs fantaisistes.

beaconage ['bi:kənidʒ] *s.* droits de balisage.

bear [bɛə*] *s.* baissier, spéculateur à la baisse. *Bear account,* découvert. *Bear covering,* rachat de découvert. *Bear engagement,* engagement à la baisse. *Bear market,* marché à la baisse. *Bear operation,* spéculation à la baisse. *Bear rumours,* bruits alarmants. *Bear sale,* vente à la baisse, à découvert. *Bear seller,* vendeur à découvert. *To go a bear,* spéculer à la baisse. *To raid the bears, to squeeze the bears,* faire la chasse au découvert. *The market is all bears,* la place est dégagée.

bear *vt.* **1.** porter, supporter, rapporter. *To bear interest,* porter intérêt (compte). — **2.** BOURSE vendre à découvert, spéculer à la baisse. *To bear down,* faire baisser (les cours).

bearer ['bɛərə*] *s.* FIN. porteur. *Bearer bond,* obligation au porteur. *Bearer certificate,* titre au porteur. *Bearer cheque,* chèque au porteur. *Bearer clause,* clause au porteur. *Bearer debenture,* obligation au porteur. *Bearer securities,* titres au porteur. *Bearer share,* action au porteur. *Bearer warrant,* titre au porteur. *Bill payable to bearer,* effet payable au porteur.

bearish [-iʃ] *adj.* orienté à la baisse.

beef up [bi:fʌp] *vt.* U. S. renforcer.

beforehand [bi'fɔ:hænd] *adv.* au préalable. *Payable beforehand,* payable d'avance.

beg [beg] *vt.* avoir l'honneur de. *I beg to offer you my services,* j'ai l'honneur de vous proposer mes services.

beginner [bi'ginə*] *s.* débutant.

behalf [bi'hɑ:f] *s.* *On behalf of,* au nom de, de la part de. *An agent acts on behalf of his principal,* un représentant agit pour le compte de son commettant.

behind [bi'haind] *adv.* derrière. *Two weeks behind,* deux semaines en retard.

behindhand [-hænd] *adv.* en arrière, en retard. *You are behindhand with your payments,* vous êtes en retard dans vos paiements.

belie [bi'lai] *vt.* démentir (promesses).

belong [bi'lɔŋ] *vi.* appartenir (*to,* à), relever de.

below [bi'lou] *adv.* ci-dessous. BOURSE *Below par,* au-dessous du pair.

bench [benʃ] *s.* U. S. poste de travail.

beneficial [,beni'fiʃəl] *adj.* profitable, utile (*to,* à). *Beneficial interest,* droit d'usufruit.

beneficiary [,beni'fiʃəri] *s.* bénéficiaire.

benefit ['benifit] *s.* **1.** avantage, profit. *Benefit of the doubt,* bénéfice du doute. — **2.** allocation, pension, indemnité. *Benefit society,* société de secours mutuel. *Unemployment benefit,* allocation de chômage.

benefit *vi.* profiter (*by,* de), tirer avantage de. *You will benefit by a discount,* vous bénéficierez d'une remise. *You will benefit by our terms,* vous profiterez de nos conditions.

berth [bə:θ] *s.* **1.** poste de mouillage. *Loading berth,* emplacement de chargement. — **2.** position, emploi.

best [best] *adj.* meilleur. *To your best advantage,* au mieux de vos intérêts.

better ['betə*] *adj.* mieux. BOURSE *Or better,* sauf mieux.

betterment [-mənt] *s.* plus-value. *Betterment-tax,* impôt sur les plus-values.

beware [bi'wɛə*] *vi.* se méfier de. *Beware of imitations,* méfiez-vous des contrefaçons.

bi-annual [bai'ænjuəl] *adj.* semestriel.

bid [bid] *s.* **1.** enchère, mise. *Further bid,* surenchère. *Higher bid,* surenchère. *Take-over bid,* offre de rachat. *To make a bid for,* mettre une enchère sur. — **2.** U. S. soumission (dans une adjudication). *Bid-bond,* caution de participation à une adjudication.

bid *vt.* et *vi.* enchérir, faire une offre. U. S. BOURSE *Bid,* offert. *To bid a price for,* offrir un prix pour. *He has bid over me,* il a enchéri sur moi.

bidder [-ə*] *s.* enchérisseur, offrant. *To knock down to the highest bidder,* adjuger au plus offrant.

bidding [-iŋ] *s.* enchères, mises.

bill [bil] *s.* **1.** affiche. " *Stick no bills* ", « Défense d'afficher ». — **2.** facture, note, addition. JUR. *Bill of costs,* état de frais. *Bill of sale,* contrat de vente. — **3.** projet de loi. — **4.** U. S. billet de banque. — **5.** traite, effet, lettre de change, papier. *Bill after date (time bill),* traite à délai de date. *Bill case,* portefeuille d'effets. *Bill department,* service du portefeuille. *Bill diary,* échéancier, carnet d'échéances. *Bill for collection,* effet à l'encaissement. *Bill for discount,* effet à l'escompte. *Bill of debt,* billet à ordre. *Bill of exchange,* lettre de change. *Bills payable book,* livre des effets à payer. *Bills receivable book,* livre des effets à recevoir. *Accommodation bill,* effet de complaisance. *Advised bill,* traite avisée. *A three month's bill,* effet à trois mois. *Clean bill,* traite libre. *Currency of a bill,* délai d'un effet. *Discountable bill,* traite escomptable. *Dishonoured bill,* effet renvoyé. *Documentary bill,* traite documentaire. *Domiciled bill,* traite domiciliée. *Due bill,* traite échue. *Fictitious bill,* effet fictif. *Foreign bill,* traite sur l'extérieur. *Guaranteed bill,* effet avalisé. *House bill,* papier creux. *Inland bill,* effet sur l'intérieur. *Long bill,* traite à longue échéance. *Outside bill,* effet déplacé (payable dans d'autres localités). *Short bill,* traite à courte échéance. *Sight bill,* effet à vue. *Trade bill,* papier de commerce (*prime trade bill,* papier hors banque). *To discount a bill before it falls due,* escompter une traite avant échéance. *To endorse a bill,* endosser une traite. *To have a bill protested (noted),* faire protester un effet. *To send a bill for collection,* envoyer une traite à l'encaissement. — **6.** DOUANES *Bill of entry,* déclaration de détails, rapport en douane. *Bill of freight,* lettre de voiture. *Bill of sight,* déclaration provisoire. *Clean bill of health,* patente de santé nette. *Suspected bill of health (foul bill of health),* patente de santé brute, suspecte. — **7.** *Bill of lading (B/L),* connaissement. *B/L to bearer,* connaissement au porteur. *A bill of lading stating that the goods are being shipped to a specific person is called a " straight bill ",* un connaissement spécifiant que des marchandises sont expédiées à une personne déterminée s'appelle un « connaissement direct ». *Air B/L,* lettre de voiture aérienne. *Alongside B/L,* connaissement reçu à quai. *As per B/L,* suivant connaissement. *Claused B/L,* connaissement brut, avec réserves. *Clean B/L,* connaissement sans réserves. *Custody B/L,* connaissement dit « custody ». *Dirty B/L,* connaissement brut, avec réserves. *Discharged B/L,* connaissement accompli. *Foul B/L,* connaissement avec réserves. *If the B/L does not specify the consignee, it is called an " order-bill " and is negotiable,* si le connaissement ne spécifie pas le destinataire, on l'appelle « connaissement à ordre » et il est négociable. *Inland waterway B/L,* connaissement fluvial. *Ocean B/L,* connaissement maritime. *On board B/L,* connaissement embarqué. *Order B/L,* connaissement à ordre. *Railroad B/L,* lettre ferroviaire. *Shipped B/L,* connaissement reçu à bord. *Stale B/L,* connaissement périmé. U. S. *straight B/L,* connaissement nominatif. *Through (transit) B/L,* connaissement direct. *Transhipment B/L,* connaissement de transbordement. *Trucking B/L,* lettre de voiture (route). — **8.** FIN. bon. *Exchequer bill,* bon du Trésor.

bill *vt.* **1.** annoncer par voie d'affiche. — **2.** facturer.

bill broker [-broukə*] *s.* courtier d'escompte, courtier de change.

billing machine [-iŋmə'ʃi:n] *s.* machine à facturer.

billion ['biljən] *s.* billion ; U. S. milliard.

bimetallism ['bai'metəlizm] *s.* bimétallisme.

bimonthly ['bai'mʌnθli] *adj.* et *s.* bimensuel.

bind [baind] *vt.* engager. *Binding clause,* clause qui engage. *To bind oneself by contract,* se lier par contrat. *To be bound to,* être tenu de.

birth [bə:θ] *s.* naissance. *Birth rate,* taux de natalité.

black [blæk] *adj.* noir. Ass. *Black list,* liste des sinistres maritimes. *In black and* *white,* noir sur blanc. *To return to the black,* redevenir créditeur.

blackleg ['blækleg] *s.* jaune, briseur de grève.

blackmail ['blækmeil] *vt.* faire chanter.

blad [blæd] *s.* spécimen de cartonnage pour commis voyageur.

blank [blæŋk] *adj.* et *s.* blanc. *Blank credit,* crédit à découvert, sur notoriété. *Blank form* (U. S. *blank*), formule en blanc. *Blank signature,* blanc-seing. *To leave blank,* laisser en blanc.

blanket ['blæŋkit] *adj.* U. S. applicable à tous les cas. Ass. *Blanket bond,* police d'assurance couvrant tous les cas d'indélicatesse de la part d'employés. *Blanket clause,* condition générale. JUR. *Blanket mortgage,* hypothèque générale.

blight [blait] *s.* FAM. fléau, malaise grave.

blind [blaind] *adj.* POSTE *Blind letter,* lettre refusée.

block [blɔk] *s.* FIN. paquet (d'actions).

block *vt.* bloquer, obstruer. *Blocked account,* compte bloqué. *To block out,* caviarder (un article de journal).

blockade [blɔ'keid] *s.* blocus. *Paper blockade,* blocus fictif. *To run the blockade,* forcer le blocus.

blockade *vt.* bloquer.

blooming ['blu:miŋ] *s.* IND. dégrossissage du fer, blooming. *Blooming mill,* train à blooms.

blotter ['blɔtə*] *s.* registre, brouillard, main courante.

blue [blu:] *adj.* bleu. U. S. *Blue-book,* Bottin ; *blue chips,* valeurs de tout premier ordre. (N. B. *The* blue chips *are very high value counters used in the card game of poker,* les *blue chips* sont des jetons d'un montant très élevé utilisés au poker.) *Blue point,* bleu de dessinateur. U. S. *Blue collar labour,* travailleurs manuels.

board [bɔ:d] *s.* **1.** planche, écriteau. *Notice board,* tableau d'affichage. — **2.** MAR. bord. *On board (aboard),* à bord. — **3.** comité, bureau. *Board meeting,* réunion du Conseil. *Board minutes,* procès-verbal. *Board of directors,* conseil d'administration. *Board of enquiry* (U. S. *board of investigation*), commission d'enquête. *Board of management,* conseil de gérance. *The Board of Trade,* ministère du Commerce ; U. S. chambre de commerce. *The Board of Works,* ministère des Travaux publics. *Conciliation Board,* conseil des prud'hommes. — **4.** (Reliure) *in boards,* cartonné.

board *vt.* **1.** monter à bord d'un navire. U. S. *To board a train,* monter dans un train. — **2.** MAR. arraisonner. — **3.** cartonner (un livre).

boat [bout] *s.* bateau, barque. *Boat-train,* train-bateau.

boat *vt.* transporter par eau.

body ['bɔdi] *s.* corps. *Body-builder,* carrossier. *Body of a ship,* coque et quille. JUR. *Corporate body,* personne civile, morale. *In a body,* en corps, collectivement. JUR. *There was a strong body of evidence against him,* les preuves s'accumulaient contre lui.

bogus ['bougəs] *adj.* faux, feint. *Bogus company,* société fantôme. *Bogus signature,* signature de complaisance. BOURSE, FAM. *Bogus transactions,* transactions à la gomme, véreuses.

boil down ['bɔil'daun] *vt.* FAM. réduire, condenser (un article, etc.).

bolster ['boulstə*] *vt.* FIN. soutenir. *Measures to bolster a currency,* mesures en vue de soutenir une monnaie.

bona fide ['bounə'faidi] *exp.* de bonne foi. *Bona fide holder,* porteur de bonne foi.

bonanza [bo'nænzə] *s.* U. S. bonanza, riche filon de minerai. *Bonanza year,* année prospère.

bond [bɔnd] *s.* **1.** FIN. obligation, bon. U. S. *Baby bond,* obligation inférieure à 1 000 dollars. *Bond agio,* prime sur émission d'obligations. *Bond creditor,* créancier obligataire. *Bond holder,* porteur d'obligations, obligataire. U. S. *Bond washing,* vente d'obligations de l'Etat coupon attaché, pour les racheter ex-coupon, dans un dessein de fraude fiscale. *Drawn bond,* obligation sortie au tirage. *Government bond,* rente sur l'Etat. *Guaranteed bond,* obligation garantie. *(A guaranteed bond is one for which the payment of interest and principal is guaranteed by some company other than the issuing corporation,* le paiement des intérêts et le remboursement d'une obligation garantie sont cautionnés par une autre compagnie que la société émettrice.) *Irredeemable bond,* obligation non remboursable. JUR. *Mortgage bond,* obligation hypothécaire (lettre de gage). *Premium bond,* bon à primes. *Priority bond,* obligation privilégiée. *Prize bond (lottery bond),* bon à lots. *Profit sharing bond,* obligation participante. *Redeemable bond,* obligation remboursable. *Redeemed bond,* obligation remboursée. *Redemption of bonds,* remboursement d'obligations. *Registered bond,* obligation nominative. *Unissued bonds,* obligations en portefeuille. *These 3 % bonds are called for repayment,* ces obligations à 3 % sont appelées au remboursement. — **2.** engagement, contrat, caution. DOUANES *Bond note,* acquit-à-caution. *Admiralty bond,* caution en garantie de dommages-intérêts (devant un tribunal maritime). *General term bond,* caution générale pour une période limitée. *Performance bond,* garantie de bonne exécution. *Surety bond,* acte de cautionnement. *Transit bond,* acquit de transit. — **3.** U. S. police d'assurance contre les détournements dont peuvent se rendre coupables les employés. (N. B. Les appellations les plus courantes sont *excess dishonesty blanket bond* [contre tous les risques de ce genre], *fidelity bond, surety bond.*) — **4.** dépôt, entreposage, entrepôt. *Sale in bond,* vente en entrepôt. *To release goods from bond,* sortir des marchandises de l'entrepôt. *To sell in bond,* vendre en entrepôt. *To take goods out of bond,* dédouaner des marchandises.

bond *vt.* **1.** entreposer (en douanes). *Bonded goods,* marchandises entreposées en douanes. *Bonded terms,* livré en entrepôt. *Bonded warehouse,* entrepôt réel, magasins généraux. *To enter goods for bonding,* déclarer des marchandises pour l'entrepôt. — **2.** U. S. s'assurer contre d'éventuels détournements opérés par les membres du personnel. — **3.** *Bonded debt,* dette d'obligation, dette fondée.

bonder ['bɔndə*] *s.* entrepositaire.

bonding ['bɔndiŋ] *s.* entreposage.

bonus ['bounəs] *s.* bonus, gratification, sursalaire. *Bonus share,* action gratuite. *Cost of living bonus,* indemnité de vie chère. *Executive bonus,* prime des cadres. *Export bonus,* prime d'exportation. *Group bonus,* prime collective. Ass. *No-claim bonus,* prime au bon conducteur.

book [buk] *s.* **1.** COMPT. livre, registre. *Book claims,* créances comptables. *Book credit,* crédit compte. *Book debit,* dette compte. *Book debt,* dette active, créances. *Book-entry,* écriture comptable. *Book liabilities,* passif comptable. *Book-value,* valeur comptable, valeur après amortissement. *Cash-book,* registre de caisse. *Claims book,* registre des réclamations. *Counterfoil book,* carnet à souche. *Order book,* registre des commandes. *Purchase (bought) book,* registre d'achats, des entrées. *Returns book,* registre des rendus. *Sales book,* registre des ventes, des sorties. *Stock-book,* registre des inventaires. *Subsidiary book,* livre auxiliaire. — **2.** BOURSE position. *To close one's position,* liquider sa position.

book *vt.* **1.** retenir, louer une place. — **2.** enregistrer, inscrire. *To book an order,* inscrire une commande. ADM. *To book in,* inscrire un employé à l'arrivée. *To book out,* inscrire un employé à la sortie.

book-concern [bukkən'sə:n] *s.* U. S. maison d'édition.

booking ['bukiŋ] *s.* enregistrement, inscription. *Parcel booking-office,* bureau de messagerie.

bookkeeper ['buk,ki:pə*] *s.* teneur de livres, comptable.

bookkeeping [-,ki:piŋ] *s.* tenue des livres, comptabilité. *Bookkeeping voucher,* pièce comptable. *Double entry bookkeeping,* comptabilité en partie double. *Single entry bookkeeping,* comptabilité en partie simple.

booklet ['buklit] *s.* livret, opuscule, notice descriptive.

book-post (by) ['bukpoust] *exp.* sous-bande. *Send your circulars " by book-post ",* envoyez vos circulaires en imprimés.

boom [bu:m] *s.* **1.** emballement, hausse soudaine et rapide. — **2.** période de prospérité, haute conjoncture.

boom *vt.* faire du battage publicitaire. *This toothpaste has been boomed,* une grosse publicité a été faite pour cette pâte dentifrice. BOURSE faire de la hausse.

boom *vi.* être en hausse. *This firm is booming,* cette entreprise monte en flèche.

boost [bu:st] *vt.* U. S. faire du battage, de la réclame.

booster [-ə*] *s.* faiseur de réclame tapageuse.

booth [bu:ð] *s.* POSTE cabine.

bootleg ['bu:tleg] *vi.* U. S. FAM. faire de la contrebande.

borrow ['bɔrou] *vt.* emprunter (*from, of,* à). *To borrow on mortgage,* emprunter sur hypothèque. *To borrow on securities,* emprunter sur titres. BOURSE *To borrow stock,* reporter des titres.

borrower [-ə*] *s.* emprunteur. *Borrower on bottomry,* emprunteur à la grosse.

boss [bɔs] *s.* FAM. patron.

bottle-neck ['bɔtlnek] *s.* goulot d'étranglement.

bottling ['bɔtliŋ] *s.* mise en bouteilles.

bottom ['bɔtəm] *s.* bas. BOURSE *Bottom price,* cours le plus bas.

bottomry [-ri] *s.* hypothèque consentie sur un navire, bomerie. *Bottomry bond,* contrat à la grosse aventure. *Bottomry interest,* profit maritime. *Bottomry loan,* prêt à la grosse aventure, à la grosse sur corps. *To borrow money on bottomry,* emprunter à la grosse.

bought [bɔ:t] (*pp.* de **to buy**) acheté. *Bought contract,* bordereau d'achat. *Bought note,* bordereau d'achat. *Mr. Smith (buyer) bought of Mr. Johns (seller),* doit M. Smith à M. Johns.

bound [baund] *adj.* à destination (*for,* de), faisant route vers. *Homeward bound,* à destination de son port d'attache. *Outward bound,* en partance.

bounty ['baunti] *s.* indemnité, prime, subvention. *Bounty on exportation,* prime à l'exportation. *Bounty on importation,* prime à l'importation.

bowery ['bauəri] *s.* U. S. hangar.

box [bɔks] *s.* boîte. *Box office,* bureau de location. *Box n°.,* écrire au journal. *Post-office box,* boîte postale.

box *vt.* encarter, encaisser; JUR. déposer, porter (plainte). *To box goods for sale,* habiller des marchandises pour la vente.

boycot ['bɔikət] *s.* boycottage.

brackets ['brækits] *s. pl.* **1.** crochets. *Between brackets,* entre parenthèses. — **2.** tranches d'imposition. *Age brackets,* classes d'âge. *Published brackets,* tarification à fourchette.

Bradshaw ['brædʃɔ:] *s.* indicateur des Chemins de fer britanniques.

brain-room ['breinrum] *s.* FAM. service d'études (dans une usine).

branch [brɑ:ntʃ] *s.* succursale, filiale; section, partie d'un métier. *Branch manager,* directeur de succursale. *Branch network,* réseau de succursales. *We intend to open a new branch in your town,* nous avons l'intention d'ouvrir une succursale dans votre ville. *I have been working for five years in that branch,* je travaille depuis cinq ans dans ce service.

brand [brænd] *s.* **1.** brandon, marque au fer rouge. — **2.** marque de fabrique. *All these articles bear our brand,* tous ces articles portent notre marque.

brand *vt.* marquer au fer rouge. *Branded-good,* produit de marque. *Our initials are branded on our cases,* nos caisses sont marquées de nos initiales.

brand-new ['bræn'nju:] *adj.* flambant neuf. *This supermarket is brand new,* ce supermarché est tout neuf.

breach [bri:tʃ] *s.* infraction. *Breach of rules,* infraction au règlement. *Breach of trust :* **a)** abus de confiance ; **b)** prévarication de fonctionnaire.

break [breik] *s.* interruption. U. S. *Break even point,* seuil de rentabilité. BOURSE baisse des cours. *A break in prices is to be feared,* on craint un effondrement des cours.

break *vt.* rompre, briser. *This firm broke our agreement,* cette firme a rompu notre accord. *The manager dismissed the clerk who broke the regulations,* le directeur renvoya l'employé qui avait enfreint les règlements.

break away [-əwei] *vi.* BOURSE s'effondrer (cours).

break even [-i:vən] *vi.* rentrer dans ses frais.

break off [-ɔf] *vt. To break off the negotiations,* rompre les négociations.

breakable ['breikəbl] *adj.* fragile, cassant.

breakage ['breikidʒ] *s.* ASS. casse, bris. *Breakage of seals,* rupture de scellement. *Insurance against breakage,* assurance contre la casse.

breakdown ['breik'daun] *s.* **1.** panne. *Breakdown service,* service de dépannage. *Breakdown gang,* équipe de dépannage. *Breakdown lorry,* dépanneuse. — **2.** COMPT. ventilation, état détaillé.

breaking ['breikiŋ] *s.* rupture. JUR. faillite d'une maison de commerce. *Breaking up of an estate,* morcellement d'une propriété. U. S. *Breaking in period,* période de rodage.

breakline ['breik'lain] *s.* dernière ligne d'un alinéa.

bridge-over ['bridʒ,ouvə*] *s.* FIN. crédit provisoire.

brief [bri:f] *adj.* bref, court.

brief *s.* abrégé, résumé ; JUR. dossier (d'une procédure) ; U.S. conclusions avant l'audience. *To hold a brief,* être chargé d'une cause. *All the documents are in the brief,* toutes les pièces sont au dossier.

brief *vt.* établir un dossier, mettre au courant. *To brief a barrister,* confier une cause à un avocat.

briefing [-iŋ] *s.* constitution de dossier ; briefing.

bring [briŋ] *vt.* apporter. JUR. *To bring an action against,* intenter un procès à. COMPT. *To bring forward a sum,* reporter une somme.

bring about [-əbaut] *vt.* amener, occasionner.

bring down [-daun] *vt.* abattre, abaisser. *Balance brought down,* solde à nouveau. *To bring down a figure,* abaisser un chiffre.

bring in [-in] *vt.* rapporter, produire. *Estate brought in,* biens d'apport au moment du mariage. *To bring in a verdict,* rendre un verdict. *This investment brings in a fair return,* ce placement est très profitable.

bring out [-aut] *vt.* introduire. *New shares were brought out on the market,* des actions nouvelles furent introduites sur le marché.

bring together [-tu'gəðə*] *vt.* mettre en contact. JUR. *To bring the parties together,* mettre les parties en présence. *Middlemen bring together buyers and sellers,* les intermédiaires mettent en contact acheteurs et vendeurs.

bring up [-ʌp] *vt.* mettre en avant. *To bring up one's conclusions,* présenter ses conclusions.

brisk [brisk] *adj.* vif, animé, actif. *Business is brisk,* les affaires marchent.

briskness [-nis] *s.* activité (des cours).

brittle [britl] *adj.* fragile, cassant.

broadsheet ['brɔ:dʃi:t] *s.* placard publicitaire.

broker ['broukə*] *s.* **1.** courtier. *Bill-broker,* courtier de change. *Chartering-broker,* courtier d'affrètements. *Insurance-broker,* courtier d'assurance. *Produce-broker,* courtier de marchandises. *Ship-broker,* courtier maritime. — **2.** BOURSE *Inside-broker,* courtier officiel ; *intermediate broker,* remisier ; *stockbroker,* agent de change, courtier.

brokerage [-ridʒ] *s.* courtage. *Brokerage house,* maison de courtage.

brotherhood ['brʌðəhud] *s.* syndicat ouvrier.

bubble ['bʌbl] *s.* bulle d'air. *Bubble scheme,* projet frauduleux.

buck [bʌk] *s.* U. S. FAM. dollar.

bucket-shop ['bʌkitʃɔp] *s.* U. S. FAM. bureau d'un courtier marron.

budget ['bʌdʒit] *s.* **1.** tas, paquet, sac. — **2.** budget. *Budget appropriations,* affectations budgétaires. *Budget estimate,* position du budget, prévisions budgétaires. *Budget expenditure,* dépenses budgétaires. U.S. *Budget plan,* vente à tempérament. *Budget speech,* exposé du budget. *Budget statement for 1964,* situation budgétaire de 1964. *Budget surplus,* excédent budgétaire. U. S. *Capital budget,* budget d'investissement; *component budget,* budget élémentaire; *master budget,* budget général. *Operational budget,* budget de fonctionnement. *Preliminary budget,* préalable budgétaire. *Supplementary budget,* budget annexe.

budget *vi. (for)* porter, inscrire au budget. *Retrenchment in budgeted expenditure,* compressions budgétaires.

budgetary [-əri] *adj.* budgétaire. *Budgetary deficit,* impasse budgétaire. *Budgetary receipts,* recettes budgétaires.

buffer ['bʌfə*] *s.* amortisseur. *Buffer pool,* fonds régulateurs. *Buffer stocks,* stocks régulateurs.

build [bild] *vt.* bâtir. *To build plans,* échafauder des plans, établir un projet.

building [-iŋ] *s.* construction. *Building contractor,* entrepreneur de bâtiment. *Building ground,* terrain à bâtir. *Building licence,* permis de construire. *Building line,* alignement (rue). *Building owner,* maître d'œuvre. *Building-site,* terrain à bâtir. *Building specifications,* cahier des charges. MAR. *Ship-building,* constructions navales. *The building trade,* le bâtiment.

build-up [bildʌp] *s.* U. S. **a)** publicité tapageuse; **b)** boniments.

building-up ['bildiŋʌp] *s.* élaboration. *Building-up of reserves,* construction de réserves.

bulk [bʌlk] *s.* **1.** MAR. charge, chargement arrimé. *Bulk cargo,* cargaison en vrac. *Bulk sample,* échantillon moyen. *In bulk,* en gros, en vrac. *Packages and consignments in bulk,* colis et lots en vrac. *To break bulk,* commencer le déchargement, désarrimer. *To load in bulk,* charger en volume, en grenier. *These goods were sold without breaking bulk,* ces marchandises ont été vendues sous corde. — **2.** grosseur, volume, masse, encombrement. FIN. *Bulk of profit,* bénéfice total. *The bulk of our business is done with Spain,* nous faisons la plus grosse partie de nos affaires avec l'Espagne.

bulk *vt.* et *vi.* **1.** s'élever au total (*up to,* de). — **2.** DOUANES estimer. *To bulk a chest of tea,* estimer le contenu d'une caisse de thé.

bulky ['bʌlki] *adj.* encombrant, volumineux.

bull [bul] *s.* BOURSE haussier, spéculateur à la hausse *(bull operator). Bull operation,* spéculation à la hausse. *Bull position (bull account),* position acheteur à la hausse. *Bull purchase,* achat à découvert, à la hausse. *Bull purchaser,* acheteur à découvert. *To buy a bull,* acheter à découvert. *The market is all bulls,* le marché est à la hausse.

bull *vt.* BOURSE acheter à découvert.

bulletin ['bulitin] *s.* communiqué. *News bulletin,* journal parlé.

bullion ['buljən] *s.* or en barres. *The stock of bullions,* l'encaisse métallique.

bullish ['buliʃ] *adj.* à la hausse.

bullishness [-ʃnis] *s.* BOURSE tendance à la hausse.

bummaree [bʌmə'ri:] *s.* courtier en poissons (au marché de Billingsgate).

bunker ['bʌŋkə*] *vt.* charbonner.

buoy [bɔi] *vt.* (*up*) soutenir (les prix).

buoyancy [-ənsi] *s.* fermeté.

buoyant [-ənt] *adj.* optimiste. *Buoyant frame of mind,* attitude optimiste. *Buoyant market,* marché soutenu.

burden ['bə:dn] *s.* **1.** fardeau, charge. *The burden of proof rests with him,* c'est à lui qu'il incombe de faire la preuve. — **2.** U. S. charges indirectes. *Burden center accounting,* comptabilité par sections homogènes. — **3.** MAR. port, portée, charge, contenance. *A ship of 3 000 tons burden,* un navire de 3 000 tonneaux de charge.

burden *vt.* charger, alourdir, grever. *Burdened estate,* domaine grevé d'hypothèques.

bureau [bjuə'rou] *s.* U. S. bureau.

burglar ['bə:glə*] *s.* voleur. *Burglar-proof,* incrochetable.

burglary [-ri] *s.* cambriolage. *Burglary insurance,* assurance contre le vol.

burst [bʌ:st] *vi.* FAM. faire faillite, sauter.

burthen ['bə:ðən] *s.* V. BURDEN.

business ['biznis] *s.* affaire(s). *Business address,* adresse commerciale. *Business agent :* **a)** agent d'affaires ; **b)** délégué syndical. *Business circles,* milieux économiques, d'affaires. *Business day,* jour ouvrable. BOURSE *Business done,* cours faits. *Business economics,* économie d'entreprise. *Business expansion,* extension des affaires. *Business goods,* biens de production. *Business hours,* heures de bureau. *Business house,* maison de commerce. *Business management,* gestion d'entreprise. *Business manager,* gérant d'affaires. *Business meeting,* séance de travail. *Business premises,* locaux commerciaux. *Business tour,* voyage d'affaires. *Business transaction,* opération commerciale. *Experienced in business,* rompu aux affaires. *To extend a business,* donner de l'extension à une affaire. *To start a business,* lancer une affaire.

businesslike [-laik] *adj.* rond en affaires, régulier, sérieux.

bust [bʌst] *vt.* U. S. *To bust up a partnership,* terminer une association.

busy ['bizi] *adj.* affairé, occupé. U. S. POSTE *Line busy,* pas libre.

butt ['bʌt] *s.* **1.** barrique, futaille. — **2.** souche, talon.

buy ['bai] *s.* U. S. achat, affaire. *It's a good buy,* c'est un bon placement.

buy *vt.* acheter. *To buy back,* racheter. *To buy for a rise,* acheter à la hausse. *To buy for the account (settlement),* acheter (des valeurs) à terme. *To buy goods forward,* acheter des marchandises à terme. *To buy in against a seller,* racheter un vendeur. *To buy off a claim,* racheter une créance. *To buy on a fall,* acheter à la baisse. *To buy on credit,* acheter à crédit. *To buy out,* désintéresser. *To buy up,* accaparer, rafler. *We bought him out for £ 8 000,* nous lui avons racheté sa part pour 8 000 livres. *He bought up all the available consols,* il a raflé tous les consolidés disponibles.

buyer [-ə*] *s.* **1.** acheteur, preneur. *Buyer of a call option* acheteur d'une prime directe. *Buyer's market,* marché favorable aux acheteurs, où l'offre excède la demande. *Buyer's option,* dont, prime pour lever. *Buyer's option to double,* faculté de lever double. *Buyers over,* cours acheteur réduit. *At buyer's option,* au gré de l'acheteur. — **2.** chef de rayon. — **3.** *Buyer up,* accapareur.

buying [-iŋ] *s.* achat. *Buying commission,* commission d'achat. *Buying department,* service des achats. *Buying for the account,* achat en liquidation. *Buying order,* ordre d'achat. *Buying power,* pouvoir d'achat. *Buying price, rate,* cours acheteur.

buying in [-in] *s.* rachat. BOURSE exécution (d'un client).

buying out [-aut] *s.* désintéressement (d'un associé), exclusion d'un actionnaire par voie d'achat.

by [bai] *prép.* par, à. *By onerous title,* à titre onéreux. *By order of,* par ordre de. *By the dozen,* à la douzaine. *By the good office of,* grâce aux bons offices de. *By the job,* à forfait. *By the lump,* à forfait. *By virtue of,* en vertu de. *By way of information,* à titre d'information.

by-product [-'prɔdəkt] *s.* sous-produit.

C

cable ['keibl] *s.* câble, câblogramme. *Cable-order,* ordre télégraphique. CH. DE FER *Cable-railway,* funiculaire. *Cable-transfer,* transfert télégraphique.

cable *vt.* câbler.

ca'canny ['ka:'kəni] *vt.* faire la grève perlée.

cadastral [kə'dæstrəl] *adj.* cadastral. *Cadastral register,* registre du cadastre. *Cadastral survey,* cadastre.

cadge [kædʒ] *vi.* faire le colporteur.

calculable ['kælkjuləbl] *adj.* chiffrable.

calculate ['kælkjuleit] *vt.* et *vi.* calculer.

calculating [-iŋ] *s.* calcul, estimation. *Calculating machine,* machine à calculer.

calculation [,kælkju'leiʃən] *s.* calcul.

calculator ['kælkjuleitə*] *s.* **1.** calculateur. — **2.** (machine) calculatrice.

calendar ['kælində*] *s.* calendrier; U. S. ordre du jour du Congrès. *Calendar year,* année civile.

calendar *vt.* classer, mettre en fiche des documents.

call [kɔ:l] *s.* **1.** FIN. appel de fonds. *Call loan,* prêt au jour le jour. *Call rate,* taux d'intérêt sur les prêts à court terme. *Deposits on call,* dépôts à vue. *Money at call (call-money),* prêts au jour le jour, à court terme, emprunt remboursable sur demande. *To make a call for money,* faire un appel de fonds. *To pay a call,* verser un appel de fonds. — **2.** BOURSE dont. *Call for the premium,* levée de la prime. *Call of more,* doublé à la hausse, faculté de lever double. *To give for the call,* acheter un dont. *To take for the call,* vendre un dont. — **3.** POSTE coup de téléphone, communication téléphonique. *Local call,* communication locale. *Trunk call,* communication interurbaine. *To book a call,* demander une communication. *To take the call,* prendre la communication. — **4.** MAR. relâche. *Call risks,* risques d'escale. *Compulsory call,* relâche forcée. — **5.** BOURSE DE MARCHANDISES cote.

call *vt.* appeler. FIN. *Called up capital,* capital appelé. BOURSE *To call the shares,* se déclarer acheteur. *To call together a meeting,* réunir une assemblée.

callable ['kɔ:ləbl] *adj.* FIN. remboursable. *Callable bond,* obligation remboursable. *Callable capital,* capital exigible.

call at [-æt] *vi.* MAR. faire escale. *This harbour is not called at by our shipping line,* notre compagnie ne dessert pas ce port. *This train calls at every station,* ce train dessert toutes les gares.

call for [-fɔ:] *vt.* **1.** faire apporter, faire venir. BOURSE *To call for the premium,* lever la prime. CH. DE FER *To be left till called for,* en gare. POSTE *To be left till called for,* poste restante. — **2.** demander, réclamer. *Please take such measures as seemed called for,* veuillez prendre les mesures qui s'imposent.

call in [-in] *vt.* retirer de la circulation.

call off [-ɔf] *vt.* rapporter, révoquer, annuler. *He called off our deal,* il a annulé notre marché.

call on [-ɔn] *vi.* rendre visite. *Our agent will call on you,* notre représentant vous rendra visite.

call up [-ʌp] *vt.* appeler au téléphone.

called subscriber [kɔ:ldsʌb'skraibə*] *s.* POSTE le demandé.

caller [-ə*] *s.* **1.** visiteur. — **2.** POSTE le demandeur.

calling ['kɔ:liŋ] *s.* convocation.

calling-in [-in] *s.* FIN. retrait de monnaies.

calling subscriber [-iŋsʌb'skraibə*] *s.* POSTE le demandeur.

call-money [-'mʌni] *s.* V. CALL *s.*

calm [kɑ:m] *adj.* calme. *The market is calm,* le marché est calme.

cambist ['kæmbist] *s.* BOURSE cambiste.

campaign [kæm'pein] *s.* campagne. *Advertising campaign,* campagne publicitaire. *Sales campaign,* campagne de vente. *To launch a campaign,* lancer une campagne.

can [kæn] *s.* **1.** bidon. *Milk can,* boîte à lait. — **2.** conserve.

can *vt.* mettre en conserves. *Canned goods,* conserves.

canal [kə'næl] *s.* canal.

cancel ['kænsəl] *s.* annulation. V. CANCELLATION.

cancel *vt.* annuler. *To cancel a lease,* résilier un bail. *To cancel a cheque, an order, a stamp,* annuler un chèque, une commande, un timbre. *We consider your order as cancelled,* nous considérons votre commande comme nulle et non avenue. COMPT. *These two entries cancel each other,* ces deux écritures s'annulent.

cancellable [-əbl] *adj.* JUR. résoluble.

cancellation [,kænsə'leiʃən] *s.* annulation, résiliation, radiation, contrordre. *Cancellation charge,* indemnité d'annulation. *Cancellation of a credit,* annulation d'un crédit. *Cancellation of a licence,* retrait d'une patente. *Cancellation of an order,* annulation d'une commande. *Cancellation of garnishee order,* mainlevée de saisie.

cancelling ['kænsəliŋ] *s.* annulation.

candidacy ['kændidəsi] *s.* U. S. candidature.

candidate ['kændidit] *s.* candidat.

candidature ['kændiditʃə*] *s.* candidature. *To offer one's candidature,* poser sa candidature. *To withdraw one's candidature,* retirer sa candidature.

candle ['kændl] *s.* bougie. *Auction by inch of candle,* adjudication à l'éteinte de chandelle.

canister ['kænistə*] *s.* boîte en fer blanc. *Tea canister,* boîte à thé.

canner ['kænə*] *s.* IND. conserveur.

cannery [-ri] *s.* conserverie.

canon ['kænən] *s.* JUR. règle. *Canons of inheritance,* ordre de succession.

canvas ['kænvəs] *s.* grosse toile. *Waterproof canvas,* toile imperméable.

canvass *vt.* solliciter des commandes, prospecter la clientèle.

canvasser [-ə*] *s.* solliciteur, placier, démarcheur.

canvassing [-iŋ] *s.* sollicitation, prospection.

capacity [kə'pæsiti] *s.* **1.** capacité, potentiel. *Absorptive capacity of the market,* capacité d'absorption du marché. *Design capacity,* potentiel prévu. *Excess capacity,* capacité excédentaire. — **2.** MAR. capacité, portée. *Carrying capacity,* capacité de charge, charge utile. *Dead-weight capacity,* portée en lourd. *Measurement capacity,* portée en volume. — **3.** qualité. *In his capacity of,* en sa qualité de.

capital ['kæpitl] *adj.* capital. *Capital goods,* biens instrumentaux, biens capitaux. *Capital result,* résultat excellent.

capital *s.* **1.** FIN. capital. *Capital account,* compte capital, compte de capitaux, compte d'apport. *Capital assets,* capitaux fixes, immobilisés. *Capital bonus,* actions données en prime. *Capital budget,* budget d'investissement, d'équipement. *Capital endowment,* dotation en capital. *Capital expenditures,* immobilisations, dépenses d'investissement. *Capital gains,* gains en capital. *Capital goods,* biens d'investissement, moyens de production. *Capital income,* revenu du capital. *Capital inflow,* afflux de capitaux. *Capital levy,* impôt sur le capital. *Capital market,* marché des capitaux. *Capital movements,* échange de biens, mouvement de capitaux. *Capital needs,* besoins en capital. *Capital of which 20 % are paid-up,* capital libéré de 20 %. *Capital produced,* apport de capitaux. *Capital profits,* plus-value sur la réalisation de biens capitaux. (N. B. Generally, a distribution of capital profits can only be made from realised capital gains made by the company on its fixed assets.) *Capital required,* besoins en capitaux. *Capital spending,* dépenses d'investissement, immobilisations. *Capital stock,* capital social. *Capital transfert,* transfert de capitaux. *Capital turnover,* circulation, rotation des capitaux. *Authorized capital,* capital social. *Called up capital,* capital appelé. *Cash capital,* capital espèces. *Circulation of capital,* roulement des fonds. *Debenture capital,* capital obligations. *Floating capital,* capital circulant, mobile, roulant. *Idle capital,* capitaux improductifs. *Increase of capital,* augmentation de capitaux. *Invested capital,* capital engagé. *Nominal capital,* capital nominal. *Operating capital,* fonds de roulement. *Outlay of capital,* mise de fonds. *Paid-up capital,* capital versé. *Registered capital,* capital social. *Risk capital,* capital à risques. *Scarcity of capital,* pénurie de capitaux. *Semi capital goods,* semi-immobilisations. *Share capital (capital-stock),* capital social, capital actions. *Working capital,* fonds de roulement. *To invest capital in,* investir des capitaux dans. *To raise a capital,* réunir des capitaux. *The Memorandum of Association sets forth the amount of authorized capital,* l'acte constitutif de la société stipule le montant du capital social. *To set up a new business you need a considerable outlay of capital,* monter une affaire nécessite une importante mise de fonds. — **2.** majuscule (lettre).

capitalism [-lizm] *s.* capitalisme.

capitalist [-ist] *s.* capitaliste.

capitalistic [kæpitə'listik] *adj.* capitaliste.

capitalization [kæ,pitəlai'zeiʃən] *s.* capitalisation. *Rate of capitalization,* taux de capitalisation.

capitalize ['kæpitəlaiz] *vt.* **1.** capitaliser. — **2.** écrire en majuscules.

capitation [kæpi'teiʃən] *s.* JUR. capitation. ADM. cote personnelle. *Capitation tax,* impôt de capitation.

capsize [kæp'saiz] *vt.* et *vi.* chavirer, faire chavirer.

captain ['kæptin] *s.* chef, capitaine. *Captain's copy,* copie du capitaine. *Captain's report,* rapport du capitaine, rapport de mer.

captation ['kæpteiʃən] *s.* JUR. captation.

caption ['kæpʃən] *s.* **1.** U. S. en-tête, sous-titre. — **2.** JUR. arrestation, prise de corps. — **3.** JUR. indication d'origine.

car [kɑ:*] *s.* automobile, voiture ; U. S. wagon. *Car-load,* wagon complet. *Car-output,* production automobile. *Less than car-load,* wagon incomplet. *Per unit transportation, costs are considerably greater when goods are shipped in less than car-loads lots, than when shipment is made in car-load lots,* le prix de revient unitaire de transport est considérablement plus élevé lorsque les marchandises sont expédiées en wagons incomplets que lorsque les expéditions sont faites en wagons complets.

carbon ['kɑ:bən] *s.* carbone. *Carbon paper,* papier carbone.

carcass ['kɑ:kəs] *s.* cadavre. *Carcass weight,* poids abattu.

card [kɑ:d] *s.* carte, faire-part. *Card-file, card-index,* cartothèque, fichier. *Card system,* classement par fiches. *Identity card,* carte d'identité. " *No cards* ", « Le présent avis tient lieu de faire-part ». *Punched card,* carte mécanographique. *Sample card,* carte d'échantillons. *Visiting card,* carte de visite.

card *vt.* mettre sur fiches.

cardboard [-bɔ:d] *s.* carton.

care [kɛə*] *s.* souci, soin, diligence. *Care of,* aux bons soins de. U. S. *Care of general delivery,* poste restante. JUR. *At the suit of care of,* à la diligence de. "*With care*", « Fragile ». *To bestow the utmost care on,* apporter le plus grand soin à. *To take care to,* prendre soin que.

career [kə'riə*] *s.* carrière.

careful ['kɛəful] *adj.* soigneux, soigné. *Careful attention,* service soigné. *Be careful,* prenez garde.

careless [-lis] *adj.* négligent, sans soin.

cargo ['kɑːgou] *s.* (*pl.* **cargoes**) cargaison. *Cargo-boat,* cargo. *Cargo homeward,* chargement de retour. *Cargo insurance,* assurance sur facultés. *Cargo list,* bordereau de chargement. *Cargo outward,* chargement d'aller. *Cargo underwriter,* assureur sur facultés. *Bulk cargo,* cargaison en vrac. *Deck-cargo,* cargaison sur le pont. *Dry cargo,* marchandise (cargaison) sèche. *Full cargo,* plein chargement. *General cargo,* charge à cueillette. *Mixed cargo,* cargaison mixte. *To book a cargo,* recevoir une cargaison.

carman ['kɑːmən] *s.* camionneur, livreur. *Carman and contractor,* entrepreneur de camionnage.

carriage ['kæridʒ] *s.* **1.** port, transport, factage. *Carriage by air,* transport aérien. *Carriage by water,* transport par eau. *Carriage charge,* prix du transport. *Carriage expenses,* frais de port. *Carriage-forward,* en port dû. *Carriage-free,* franco de port. *Carriage-paid,* en port payé. *Carriage-paid consignment,* envoi port payé. *Land carriage,* transport par terre. *Prior carriage charges,* port antérieur. *Railway carriage,* transport par chemin de fer. — **2.** voiture, wagon.

carrier ['kæriə*] *s.* transporteur, voiturier. *The liability of the carrier is not involved when damage is due to the perishable nature of the goods or the negligence of the consigner,* la responsabilité du transporteur n'est pas engagée lorsque les dégâts sont dus au caractère périssable des marchandises ou à la négligence de l'expéditeur.

carry ['kæri] *vt.* **1.** porter, transporter, rapporter. *Carrying capacity,* capacité de charge, charge utile. *Carrying out,* mise en exécution, transport d'une écriture. *Carrying trade,* messageries. *To carry an interest of,* rapporter un intérêt de. — **2.** adopter (un projet, etc.). — **3.** retenir. *I carry 2,* je retiens 2, je reporte 2.

carry forward [-fɔːwəd] *vt.* reporter. *Amount carried forward,* report. *Balance carried down,* solde à reporter. *Stock carried forward,* titres reportés. "*Carried forward*", « A reporter ». *Carrying forward,* report (transport d'une somme). *To carry forward to next account,* reporter à nouveau.

carry over [-ouvə*] *vt.* BOURSE, COMPT. reporter. *Carry over rate,* cours de report. *Carrying over,* report (prorogation du marché). *To carry over a balance,* transporter un solde. *To carry over stocks,* reporter des titres. *Please carry over this sum to our debit,* veuillez reporter cette somme à notre débit.

carryback [-bæk] *s.* U. S. compte spécial d'un contribuable auprès du fisc.

carry-over *s.* FIN. report.

cart [kɑːt] *s.* charrette, fourgon. *Mail cart,* voiture de la poste.

cartage [-idʒ] *s.* camionnage. *Cartage contractor,* entrepreneur de transports.

cartel [kɑː'təl] *s.* cartel, union de producteurs.

cartellization [-aizeiʃən] *s.* cartellisation.

carter ['kɑːtə*] *s.* camionneur, voiturier.

carton ['kɑːtən] *s.* boîte en carton.

case [keis] *s.* **1.** cas. *Case in point,* cas d'espèce. JUR. *Case-law,* loi jurisprudentielle, précédent; *case of need,* besoin (lettre de change). *Case study,* étude de cas. *Case work,* assistance sociale. *Referee in case of need,* recommandataire. *In case of need,* en cas de besoin. *There is no case against you,* vous êtes hors de cause. — **2.** caisse (emballage). *Case-maker,* fabricant de caisses d'emballage. *Show-case,* présentoir. *Skeleton case,* caisse à claire-voie. *Tin-lined case,* caisse doublée de fer-blanc.

case *vt.* **1.** emballer, encaisser (des marchandises). — **2.** cartonner (un livre).

cash [kæʃ] *s.* **1.** FIN. espèces numéraires, argent comptant. *Cash account,* compte de caisse. *Cash advances,* débours. *Cash at maturity,* valeur aux échéances. *Cash certificate,* bon de caisse. *Cash difficulties,* difficultés de trésorerie. *Cash disbursements,* paiements effectués par la caisse. *Cash discount,* escompte de caisse. BOURSE *Cash distribution,* soulte. *Cash down,* comptant compté. *Cash less discount,* comptant avec escompte. *Cash offer,* offre réelle. *Cash on delivery (C. O. D.),* paiement à la livraison, contre remboursement. *Cash ratio,* coefficient de trésorerie. *Cash requirements,* difficultés de trésorerie. *Cash sale,* vente au comptant. *Cash share,* action de numéraire. *Cash with order (C. W. O.),* paiement à la commande. *Securities dealt in for cash,* valeurs au comptant. — **2.** COMPT. *Cash assets,* avoir en caisse. *Cash-balance,* solde de caisse. *Cash-book,* livre de caisse. *Cash-clerk,* caissier. *Cash position,* situation de la caisse. *Cash-register,* caisse enregistreuse. *Cash revision,* inspection de la caisse. *Cash shorts and overs,* déficits et excédents de caisse. *Cash statement,* relevé de caisse. *Cash surplus,* excédent de caisse. ASS. *Cash surrender value,* valeur de rachat. *Cash voucher,* pièce de caisse. *Counter cash book,* main courante de caisse, chiffrier. *Paid cash-book,* main courante de sorties de caisse. — **3.** U. S. *Cash flow,* cash flow, capacité de financement (réserves et provisions pour dépréciation). *This loan can be repaid out of your normal business cash flow,* ce prêt peut être remboursé sur vos rentrées d'argent.

cash *vt.* toucher (un chèque), encaisser, escompter (un effet).

cash-and-carry [-ənd,kæri] *adj.* au comptant et à emporter, cash-and-carry.

cashier [kæ,ʃiə*] *s.* caissier ; U. S. important cadre de banque.

cast [kɑ:st] *vt.* jeter ; JUR. débouter (un défendeur). *To cast up figures,* additionner des chiffres. *Error in cast,* erreur de calcul. *He was cast in damages,* il a été condamné à des dommages-intérêts.

casting-vote ['kɑ:stiŋvout] *s.* voix prépondérante, décisive (pour départager).

casual ['kæʒjuəl] *adj.* fortuit, accidentel. *Casual labour,* main-d'œuvre intermittente.

casualty [-ti] *s.* accident (de personne), sinistre.

catch up [kætʃʌp] *vt.* rattraper. *To catch up arrears,* se remettre au courant.

catchy ['kætʃi] *adj.* facile à retenir. *A good slogan must be catchy,* un bon slogan doit être frappant.

category ['kætigəri] *s.* catégorie. *To classify into categories,* classer en catégories.

caterer ['keitərə*] *s.* approvisionneur, traiteur.

catering ['keitəriŋ] *s.* approvisionnement. *Catering department,* rayon d'alimentation (d'un grand magasin).

cattle ['kætl] *s.* bétail. *Cattle-breeding,* élevage du bétail. *Cattle-show,* comice agricole. *Cattle-truck,* wagon à bestiaux.

cattleman [-mən] *s.* U. S. éleveur de bétail.

cause [kɔ:z] *s.* cause. JUR. *Cause-list,* rôle d'audience.

caution ['kɔ:ʃən] *s.* prudence ; JUR. caution. *Caution money,* cautionnement, dépôt de garantie.

cautionary [-əri] *adj.* JUR. donné en garantie. *Cautionary judgment,* ordonnance de saisie conservatoire.

cautioner [-ə*] *s.* garant, répondant.

caveat ['keiviæt] *s.* **1.** JUR. notification d'opposition. — **2.** U. S. demande de brevet provisoire. — **3.** *Caveat emptor,* mise en garde de l'acheteur contre tous les risques éventuels.

cease [si:s] *vt.* cesser. *We have ceased our connection with this firm,* nous avons rompu nos relations d'affaires avec cette firme.

ceasing [-iŋ] *s.* cessation, arrêt.

cede [si:d] *vt.* céder.

cedent [-ənt] *s.* cédant.

ceiling ['si:liŋ] *s.* plafond. *Ceiling price,* prix plafond.

censor ['sensə*] *s.* censeur. *The censor's office,* la censure.

censor *vt.* censurer.

census ['sensəs] *s.* JUR. recensement. *Census paper,* feuille de recensement.

cent [sent] *s.* **1.** cent. *Per cent,* pour cent. — **2.** U. S. cent (pièce de monnaie).

cental ['sentl] *s.* quintal (100 livres anglaises).

central ['sentrəl] *adj.* central. *Central buying,* centralisation de l'achat.

central ['sentrəl] *s.* U. S. central téléphonique.

centre ['sentə*] *s.* centre. COMPT. *Burden centre,* section auxiliaire.

certificate [sə'tifikeit] *s.* **1.** certificat, attestation. DOUANES. *Certificate of Inspection and acceptance,* certificat d'agréage. *Certificate of origin,* certificat d'origine. MAR. *Certificate of pratique,* certificat de pratique. *Certificate of receipt,* certificat de chargement. *Certificate of registry,* acte de nationalité, d'immatriculation (en France, de francisation). *Mill's certificate,* certificat d'usine. — **2.** JUR. *Bankrupt's certificate,* concordat (entre failli et créanciers). V. BANKRUPT. — **3.** ADM. acte. *Birth certificate,* acte de naissance. *Marriage certificate,* acte de mariage. — **4.** FIN. titre. *Lost certificate,* titre adiré. *Provisional certificate,* titre provisoire. *Registered certificate,* titre nominatif. *Share certificate,* titre d'action. *Taking-over certificate,* certificat de prise de charge.

certificate *vt.* JUR. accorder le concordat.

certificated [-tid] *adj.* concordataire.

certification [,sə:tifi'keiʃən] *s.* certification.

certified ['sə:tifaid] *adj.* diplômé. FIN. visé (chèque); JUR. certifié conforme. *Certified true copy,* pour copie conforme.

certify [-fai] *vt.* certifier, attester, homologuer. *Certified broker,* courtier attitré. *Certified cheque,* chèque visé. *Certified public accountant,* expert comptable diplômé. *Certified transfer,* transfert déclaré.

cession ['seʃən] *s.* cession, abandon.

cessionary [-əri] *s.* cessionnaire; JUR. ayant cause.

chain [tʃein] *s.* chaîne. *Chain-store,* magasin à succursales multiples.

chair [tʃɛə*] *s.* chaise, siège. *To leave the chair,* lever la séance. *Mr. Smith was in the chair,* M. Smith présidait les débats.

chair *vt.* élire au fauteuil présidentiel.

chairman [-mən] *s.* président.

chairmanship [-mənʃip] *s.* présidence.

chalk up ['tʃɔ:kʌp] *vt.* FAM. enregistrer, « porter sur l'ardoise ». *This country chalked up its first real balance of payments surplus,* ce pays a enregistré sa première balance des paiements véritablement favorable.

challenge ['tʃælindʒ] *s.* JUR. récusation (d'un jury).

challenge *vt.* faire des sondages.

challenger [-ə*] *s.* JUR. récusant.

chamber ['tʃeimbə*] *s.* chambre. JUR. *Chamber-counsel,* avocat-conseil; *chambers (s. pl.)* étude, cabinet (d'avocat, etc.); *to bear a case in chambers,* juger en référé.

chancellor ['tʃɑ:nsələ*] *s.* ministre, chancelier. *Chancellor of the Exchequer,* ministre des Finances. *Lord Chancellor,* ministre de la Justice.

change [tʃeindʒ] *s.* **1.** changement. JUR. *Change of ownership,* mutation. *Change of route,* détournement (d'un navire), déviation. — **2.** FIN. change. — **3.** monnaie. "*No change given*", « On est tenu de faire l'appoint ». BOURSE *On 'Change,* en Bourse, à la Bourse. *To get change for,* faire la monnaie de.

changeable [-əbl] *adj.* variable.

channel ['tʃænl] *s.* voie intermédiaire, canal. *Channels of distribution,* circuits de distribution. *Through the official channels,* par la voie hiérarchique. *To open up a new channel,* créer un nouveau débouché.

charge [tʃɑ:dʒ] *s.* **1.** frais, prix, droits, redevances. *All charges deducted,* toutes taxes déduites. *Cancellation charge,* indemnité d'annulation. *Charges forward,* contre remboursement. *Charges included,* frais inclus. *Collecting charges,* frais d'encaissement. *Extra charges,* frais supplémentaires. *Fixed tariff transit charges,* frais tarifaires forfaitaires en cours de route. *Handling charges,* frais de manutention. *Handgarage charges,* taxes d'abri. *Note of charges (charge note),* note de frais. *Prior carriage charges,* port antérieur. *Standing charges,* charges fixes. *Superintending charges,* frais de contrôle. *To make a charge for,* facturer. *At a moderate charge,* à peu de frais. *In charge of the addressee,* à la charge du destinataire. *No charge for admission,* entrée gratuite. — **2.** JUR. chef d'accusation, inculpation. — **3.** JUR. affectation, privilège. *Mortgage charge,* affectation hypothécaire. *Safe custody charge,* droit de garde. — **4.** COMPT. imputation, affectation.

charge *vt.* **1.** FIN. charger, imputer. *To charge an interest on,* prélever un intérêt sur. *Do you charge the packing?* facturez-vous l'emballage? *We charge this sum to your debit,* nous passons cette somme à votre débit. — **2.** JUR. accuser (*with,* de).

chargeable ['tʃɑ:dʒəbl] *adj.* à la charge de, taxable, imposable, imputable. *Chargeable weight,* poids taxe. ASS. *Damage chargeable to you,* dégâts à votre charge. COMPT. *Expenses chargeable to an account,* sommes imputables à un compte.

charge-account [-ə'kaunt] *s.* U. S. compte courant (d'un client dans un magasin).

chargee [-i:] *s.* JUR. créancier privilégié.

charging [-iŋ] *s.* imputation.

chart [tʃɑ:t] *s.* diagramme, courbe. U. S. *Break even chart,* courbe de rentabilité. *Organization chart,* organigramme. U. S. *Chart of accounts,* cadre comptable.

charter [-ə*] *s.* **1.** charte, privilège. *Chartered company,* compagnie privilégiée. (N. B. De telles compagnies n'existent pas en France. Rares de nos jours en Angleterre, ce sont généralement des sociétés sans but lucratif. La B. B. C. jouit de ce statut.) — **2.** MAR. affrètement. *Aircraft charter agreement,* contrat d'affrètement aérien. *Charter-party,* charte-partie, contrat de nolisement. *Demise charter,* affrètement en coque nue. *Lump-sum charter,* affrètement en travers. *Time charter,* affrètement à temps. *Voyage charter,* affrètement au voyage. — **3.** JUR. statuts. — **4.** U. S. *Charter-member,* membre fondateur.

charter *vt.* **1.** JUR. accorder un contrat à. *Chartered accountant,* expert comptable. — **2.** MAR. affréter, fréter. *To charter a ship by the bulk,* affréter un navire en travers.

charterer [-rə*] *s.* MAR. affréteur.

chartering [-riŋ] *s.* affrètement. *Chartering-broker,* courtier d'affrètements.

chassis ['ʃæsi:] *s.* châssis, matériel roulant (d'une société de transport).

chattels ['tʃætlz] *s. pl.* JUR. biens meubles, mobilier. *Chattels mortgage,* hypothèque mobilière, sur biens meubles. *Chattels personal,* biens personnels. *Chattels real,* biens réels.

cheap [tʃi:p] *adj.* bon marché. *Cheap rate,* tarif réduit. *On the cheap,* au rabais.

cheaply [-li] *adv.* à bon marché.

check [tʃek] *s.* **1.** U. S. chèque. *Check-stub,* souche de chèque. — **2.** contrôle, vérification. *Check-clock,* horloge contrôleuse. *Check-counting,* récolement. *Check-list,* liste de contrôle. *Check-number,* numéro de contrôle. *Check-sample,* échantillon témoin. *Check survey,* expertise contradictoire. *Check-test,* contre-essai. *Check-till,* caisse enregistreuse. *Customs check,* vérification douanière. — **3.** billet, bulletin (de consigne), ticket. V. CHEQUE.

check *vt.* **1.** faire échec à, contenir, enrayer. — **2.** vérifier, apurer, recenser, pointer; JUR. récoler (un inventaire).

check in [-in] *vt.* signer à la réception de.

check off [-ɔf] *s.* U. S. déduction pour cotisations syndicales.

check up [-ʌp] *vt.* faire la vérification, le contrôle de. *You had better check (up) the invoice,* vous feriez mieux de vérifier la facture.

checking [-iŋ] *s.* pointage. U. S. *Checking account,* compte en banque, compte courant. *Checking copy,* numéro justificatif (d'un journal).

chemical ['kemikəl] *adj.* chimique. *Chemical works,* usine de produits chimiques.

chemicals [-z] *s.pl.* produits chimiques.

chemist ['kemist] *s.* pharmacien, chimiste.

chemistry [-ri] *s.* chimie.

cheque [tʃek] *s.* chèque. *Cheque-book,* chéquier, carnet de chèques. *Cheque clearing,* compensation de chèques. *Cheque crossed generally,* chèque à barrement général. *Cheque crossed specially,* chèque à barrement spécial. *Cheque to bearer,* chèque au porteur. *Cheque to order,* chèque à ordre. *Cheque without funds,* chèque sans provision. *Cleared cheque,* chèque compensé. *Open cheque,* chèque non barré. *Stale cheque,* chèque périmé. *Stopped cheque,* chèque bloqué.

chest [tʃest] *s.* caisse, boîte, coffre.

chief [tʃi:f] *adj.* principal, premier. *Chief accountant,* chef comptable. *Chief business,* occupation principale. *Chief clerk,* chef de bureau. *Chief creditor,* créancier principal.

chief *s.* chef. *In chief,* en chef.

chill [tʃil] *vt.* refroidir, réfrigérer. *Chilled meat,* viande congelée.

choice [tʃɔis] *adj.* bien choisi, de choix. *Choice brand,* marque de choix. *Choicest brand,* marque de tout premier choix.

choice *s.* choix, assortiment. *At choice,* au choix. *To make a choice,* choisir.

chop [tʃɔp] *s.* licence, marque. DOUANES *Grand chop,* acquit de douane.

chose [ʃouz] *s.* JUR. chose. *Choses in action,* droit incorporel, valeurs mobilières et créances. *Choses in possession,* biens meubles. *Chose transitory,* objet mobilier. *Assignation of chose in action,* cession-transport.

cipher ou **cypher** ['saifə*] *s.* zéro, chiffre. *Cipher-code,* code chiffré. *Cipher-language,* langage chiffré.

cipher *vt.* chiffrer.

circa ['sə:kə] *adv.* U. S. en chiffres ronds, environ.

circiter [sə:ksaitə*] *adj.* U. S. circa.

circle ['sə:kl] *s.* **1.** cercle, milieu. *Exchange circles,* milieux boursiers. — **2.** CH. DE FER. *Inner circle,* chemin de fer de petite ceinture.

circular [-kjulə*] *adj.* circulaire. *Circular note,* billet de crédit circulaire.

circular *s.* circulaire, prospectus.

circularize [-raiz] *vt.* envoyer des prospectus; prospecter.

circulate ['sə:kjuleit] *vi.* **1.** circuler. — **2.** *vt.* mettre en circulation, répandre. *To be circulated,* être diffusé. — **3.** diffusion. *Circulation manager,* chef du service de la diffusion.

circulating [-tiŋ] *adj.* circulant. *Circulating capital,* capitaux roulants, capital disponible, fonds de roulement. *Circulating contract,* filière.

circulating *s.* circulation.

circulation [-'leiʃən] *s.* **1.** circulation. *Circulation of capital,* roulement de fonds. — **2.** tirage (d'un journal).

circumscription [,sə:kəm'skripʃən] *s.* région, circonscription administrative.

circumstance ['sə:kəmstəns] *s.* **1.** circonstance. *Circumstances beyond our control,* circonstances indépendantes de notre volonté. JUR. *Extenuating circumstances,* circonstances atténuantes. — **2.** conditions, moyens. *A man in easy circumstances,* un homme financièrement à l'aise. — **3.** détail, fait particulier.

circumstancial [,sə:kəm'stænʃəl] *adj.* détaillé.

city ['siti] *s.* **1.** grande ville. *City council,* conseil municipal. *City-hall,* hôtel de ville. — **2.** cité ouvrière. — **3.** *The City,* la Cité de Londres, centre des affaires. *City article,* bulletin financier, compte rendu de la Bourse.

civic ['sivik] *adj.* civique. *The civic authorities,* les autorités municipales.

civil ['sivil] *adj.* civil. JUR. *Civil law,* droit civil. *Civil servant,* fonctionnaire. *Civil service,* fonction publique. *Civil status,* état civil.

claim [kleim] *s.* **1.** réclamation, revendication, droit. *Claim for damages,* réclamation en dommages-intérêts. *Income tax exemption claim,* demande d'exonération d'impôts. *In the event of claim,* en cas de réclamation. *Refusal to allow a claim,* fin de non-recevoir. *To disallow a claim,* rejeter une réclamation. *To entertain a claim,* faire droit à une réclamation. *Wages claim,* revendication de salaires. *Any claim must be made within eight days,* toute réclamation doit être faite dans les huit jours. — **2.** JUR. créance. *To collect a claim,* toucher une créance. — **3.** Ass. sinistre. *Claim adjuster,* répartiteur d'avaries. *To put in a claim,* faire une déclaration de sinistre, faire valoir ses droits. *To set up a claim,* faire une réclamation.

claimant [-ənt] *s.* réclamant; Ass. sinistré. *Residual claimants,* ayants droit résiduels.

claimer [-ə*] *s.* JUR. réclamant, demandeur, ayant droit.

claiming back [-iŋbæk] *s.* JUR. action en répétition, répétition.

clamp [klæmp] *vt.* serrer. *Britain and the rest of the Commonwealth have been clamping down on imports from the U.S.,* la Grande-Bretagne et les autres pays du Commonwealth restreignent leurs importations en provenance des Etats-Unis.

class [klɑ:s] *s.* classe. Ass. *Class of ship :* **a)** type de vaisseau; **b)** cote d'un navire (au Lloyd).

class *vt.* classifier. Ass. coter (un navire).

classification [,klæsifi'keiʃən] *s.* classement (de papiers), cote (d'un navire). U. S. CH. DE FER *Classification-yard,* gare de triage.

classify ['klæsifai] *vt.* classifier, classer, distribuer. U. S. *The classified service,* les fonctionnaires et employés de l'Etat.

clause [klɔ:z] *s.* **1.** clause, article, disposition. *Clause as per advice,* clause suivant avis. *Clause without advice,* clause sans avis. JUR. *Clauses of a will,* dispositions testamentaires. *Avoidance clause,* clause résolutoire. *Cancelling clause,* clause d'annulation. *Customary clause,* clause d'usage. *Escape clause,* clause échappatoire. *Restrictive clause,* modalité. *Suing and labouring clause,* clause de recours et conservation. *Valuation clause,* clause de valuation. *Value given clause,* clause de valeur fournie. — **2.** Ass. avenant (d'une police).

claused [-zd] *adj.* avec réserves. *Claused B/L,* connaissement brut, avec réserves.

clean [kli:n] *adj.* propre, pur, net. *Clean bill,* effet libre. *Clean bill of lading,* connaissement sans réserves. *Clean draft,* remise (effet de commerce) simple. *Clean proof,* épreuve pour bon à tirer. *Clean receipt,* reçu sans réserve.

clear [kliə*] *adj.* clair, net, évident, dégagé, libre. JUR. *Clear days,* jours francs. *Clear loss,* perte sèche. *Clear majority,* majorité absolue. *Clear profit,* bénéfice net.

clear *vt.* **1.** JUR. innocenter, justifier. *To clear s.o. of a charge,* disculper qqn. — **2.** déblayer, vider. " *Must be cleared* ", « Vente à tout prix ». " *To clear* ", « En solde ». *To clear goods,* solder, liquider. — **3.** DOUANES acquitter, affranchir, dédouaner. MAR. *To be cleared through customs at,* à dédouaner à. *To clear a ship inwards,* faire la déclaration d'entrée d'un navire ; *to clear a ship outwards,* faire la déclaration de sortie d'un navire. *To clear a transhipment permit,* apurer un permis de transbordement. *To clear goods* *(from the customs),* dédouaner des marchandises. — **4.** FIN. *To clear a cheque,* compenser, virer un chèque. *To clear an account,* solder, arrêter un compte. *To clear 10 %,* faire un bénéfice net de 10 %.

clear off [-ɔf] *vt.* *To clear off a mortgage,* purger une hypothèque. *To clear off a property from debt,* purger un bien de dettes. *To clear off goods,* solder des marchandises.

clearance [-rəns] *s.* **1.** soldes. *Clearance sale,* liquidation du stock. — **2.** MAR. expédition en douane, déclaration en douane. *Clearance inwards,* permis (manifeste) d'entrée. *Clearance label,* congé (pour navires français), passeport (pour navires étrangers). *Clearance outwards,* permis (manifeste) de sortie. *Diplomatic clearance,* autorisation diplomatique. *To effect customs clearance,* procéder aux formalités de douane. — **3.** FIN. compensation (de chèque). — **4.** IND. tolérance, jeu prévu. — **5.** JUR. affranchissement (d'un domaine grevé).

clearing [-iŋ] *s.* **1.** liquidation, soldes. — **2.** DOUANES expédition d'un navire. *Inward clearing certificate,* permis de débarquer. — **3.** JUR. acquittement (de dettes), affranchissement, justification (*of,* de). — **4.** FIN. *Clearing,* compensation. *Clearing account,* compte clearing. *Clearing advances,* avances en clearing. *Clearing agreement,* accord de clearing. *Clearing-house :* **a)** FIN. chambre de compensation; **b)** BOURSE comptoir de liquidation; **c)** BOURSE DE MARCHANDISES caisse de liquidation. *Clearing office,* bureau de liquidation. *Clearing payment,* versement au clearing. *Clearing sheet,* feuille de liquidation.

clerical ['klerikəl] *adj.* de bureau. *Clerical error,* erreur de copiste, d'écritures. *Clerical staff,* personnel de bureau. *Clerical worker,* employé de bureau.

clerk [klɑ:k] *s.* **1.** employé. *Head-clerk,* chef de bureau. JUR. *Clerk's office,* greffe; *clerk of the court,* greffier. — **2.** U. S. vendeur de grand magasin.

clerkship [-ʃip] *s.* **1.** place d'employé. — **2.** JUR. *Clerkship to the court,* fonctions de greffier.

client ['klaiənt] *s.* client (de notaire, d'avocat).

clinch [klinʃ] *vt.* conclure, clore (un marché).

clinic ['klinik] *s.* avis d'expert.

clip [klip] *vt.* poinçonner, contrôler (des billets de chemins de fer).

clipping [-iŋ] *s.* **1.** contrôle de billets. — **2.** U. S. coupure (de journaux).

cloak-room ['kloukrum] *s.* CH. DE FER consigne. *Cloak-room check,* bulletin de consigne.

clock [klɔk] *s.* horloge. *Master clock,* horloge centrale.

close [klous] *adj.* fermé. *Close price,* prix qui ne laisse pas de marge. *Close season,* la morte-saison.

close [klouz] *s.* fin, clôture, levée (d'une séance). U. S. *Close out,* vente-liquidation.

close [klouz] *vt.* **1.** fermer, arrêter. COMPT. *To close an account,* fermer un compte; *the account closes with,* le solde est de. *Our shop will be closed at 6 o'clock,* notre magasin sera fermé à 6 heures. — **2.** BOURSE clôturer. *To close at a loss,* clôturer à perte. *To close firm,* être ferme en clôture.

close down [-daun] *vi.* fermer boutique.

closed ['klouzd] *adj.* fermé. U.S. *Closed corporation,* société de type familial dont les actions ne sont pas admises en Bourse; *closed end investment trust,* société d'investissement dont les certificats (négociables en Bourse) correspondent au montant du capital et ne sont pas remboursables; fonds de placement à capital fixe. *Closed mortgage,* hypothèque purgée.

closing [-iŋ] *s.* fermeture, clôture. *Closing of the application list,* clôture de la souscription. *Closing prices,* prix de clôture, cotes de clôture. *Closing quotations,* prix de clôture, cotes de clôture. *Closing rates,* prix de clôture, cotes de clôture. *Closing session,* séance de clôture. *Closing time,* heure de fermeture.

closure [-ʒə*] *vt.* clôturer (un débat).

cloth [klɔθ] *s.* étoffe.

clothes [klouðz] *s. pl.* vêtements.

clothing [klouðiŋ] *s.* habillement, vêtements.

coal [koul] *s.* charbon. *Coal basin,* bassin houiller. *Coal mining,* charbonnage.

coal *vt.* charbonner (navire).

coaler [-ə*] *s.* charbonnier.

coarse [kɔːs] *adj.* gros, grossier, rude.

coastal ['koustəl] *adj.* côtier. *Coastal navigation,* navigation côtière, cabotage.

coaster [-ə*] *s.* caboteur.

coasting [-iŋ] *s.* cabotage. *Coasting trade,* commerce de cabotage.

coating ['koutiŋ] *s.* **1.** enduit, revêtement. — **2.** étoffe pour habits. *Winter coatings,* étoffes d'hiver.

code [koud] *s.* code.

code *vt.* codifier (une dépêche).

co-defendant [koudi'fendənt] *s.* JUR. coaccusé.

codify ['kɔdifai] *vt.* codifier (les lois).

coefficient [koi'fiʃənt] *s.* coefficient.

coercive [ko'əːsiv] *adj.* coercitif. JUR. *Coercive weapon,* sanction pénale.

cogency ['koudʒənsi] *s.* **1.** JUR. bien-fondé (d'une cause). — **2.** urgence d'un cas.

cognisance ['kɔgnizəns] *s.* JUR. compétence. *Within the cognisance of a court,* du ressort, de la compétence d'une cour.

cognizable [-nizəbl] *adj.* du ressort, de la compétence d'un tribunal.

coheir ['kou'ɛə*] *s.* cohéritier.

coin [kɔin] *s.* monnaie. *In coin,* en espèces.

coin *vt.* monnayer. *To coin an ingot,* monnayer un lingot.

coinable [-əbl] *adj.* monnayable.

coinage [-idʒ] *s.* monnayage.

coiner [-ə*] *s.* monnayeur.

coinsurance [kouin'ʃuərəns] *s.* coassurance.

collaborate [kə'læbəreit] *vt.* collaborer.

collapse [kə'læps] *s.* effondrement. *Collapse in prices,* effondrement des prix.

collate [kɔ'leit] *vt.* collationner, rassembler les données d'une question.

collateral [kɔ'lætərəl] *adj.* accessoire, subsidiaire, indirect. *Collateral acceptance,* acceptation de cautionnement. *Collateral security,* garantie additionnelle, nantissement subsidiaire. *Securities lodged as collateral,* titres déposés en nantissement.

colleague ['kɔliːg] *s.* collègue.

collect [kə'lekt] *vt.* ramasser, percevoir, lever, recouvrer. *To collect taxes,* lever des impôts. *To collect a debt,* recouvrer une créance, opérer une rentrée.

collectable [-əbl] *adj.* encaissable, recouvrable.

collecting [-iŋ] *s.* recouvrement. *Collecting agency,* banque de recouvrement. *Collecting banker,* banquier, encaisseur. *Collecting charges,* frais de recouvrement (à domicile).

collection [-ʃən] *s.* rassemblement, recouvrement, levée, encaissement; POSTE levée, ramassage à domicile. *Advice of collection,* avis d'encaissement. *Collection of taxes,* recouvrement d'impôts. *Collection rates,* tarif de recouvrement. *Collection teller,* receveur. *Draft for collection,* effet en recouvrement. *Remittance for collection,* remise en recouvrement. *For the collection of,* en recouvrement de.

collective [-iv] *adj.* collectif. *Collective bargaining,* convention collective. MAR. *Collective B/L,* connaissement de groupage.

collector [-ə*] *s.* contrôleur, receveur, encaisseur. *Collector's office,* perception (bureau). DOUANES. *Customs-collector,* receveur des douanes.

collectorship [-ʃip] *s.* fonctions de percepteur, perception.

collide [kə'laid] *vi.* entrer en collision. *Collided,* tamponné, abordé. *To collide with,* aborder.

collier ['kɔliə*] *s.* mineur, (navire) charbonnier.

collision [kə'liʒən] *s.* collision, abordage. Ass. *Collision clause,* clause de collision. *To come into collision with,* entrer en collision avec.

colloquium [kə'loukwiəm] *s.* colloque.

collusion [kə'lu:ʒən] *s.* collusion, connivence. *To act in collusion with,* être de connivence avec.

colonial [kə'lounjəl] *adj.* colonial. *Colonial office,* ministère des Colonies. *Colonial produce,* denrée coloniale.

colony ['kɔləni] *s.* colonie. U. S. *Colony grouping,* production groupée.

colour ['kʌlə*] *s.* couleur, coloris. IND. *Best colour,* couleur de finition. *Fast colour,* « grand teint ».

colourable [-əbl] *adj.* spécieux. JUR. *Colourable imitation,* contrefaçon.

column ['kɔləm] *s.* colonne. *Credit column,* colonne créditrice. *Debit column,* colonne débitrice. *Description column,* colonne du libellé. *Per single column inch,* prix de base d'une annonce publicitaire dans un journal anglais.

columnar [kə'lʌmnə*] *adj.* en colonnes. *Columnar book,* livre à colonnes.

combination [,kɔmbi'neiʃən] *s.* **1.** combinaison. — **2.** JUR. syndicat ouvrier. — **3.** association. *This merger is a combination in restraint of trade,* cette fusion est une association en vue d'entraver la libre concurrence.

combine ['kɔmbain] *s.* U. S. cartel.

combine [kəm'bain] *vt.* combiner, unir. *Combined deal,* opération liée.

come [kʌm] *vi.* venir, arriver.

come in [-in] *vi.* entrer. *Money is coming in,* il rentre de l'argent.

come into [-intu] *vi.* entrer. *This regulation has not yet come into force,* ce règlement n'est pas encore entré en vigueur. *Our revised list-prices will come into effect on February 1st,* nos nouveaux tarifs prendront effet le 1er février.

come out [-aut] *vi.* sortir. *This book is soon to come out,* cet ouvrage est sur le point de paraître. *The price comes out at,* le prix se monte à.

come to [-tu] *vi.* venir. *They did not come to terms,* ils n'ont pu en venir à un accord. *The total comes to £100,* la somme s'élève à 100 livres.

come under [-ʌndə*] *vi.* être soumis à. *To come under a heading,* être compris sous un article.

come upon [-ʌpɔn] *vi.* s'en prendre à. *To come upon s.o. for a sum,* réclamer une somme à qqn. JUR. *To come upon s.o. for £ 2 000 damages,* attaquer qqn en dommages-intérêts pour 2 000 livres.

comma ['kɔmə] *s.* virgule. *To begin, to close the inverted commas,* ouvrir, fermer les guillemets.

commerce ['kɔmə:s] *s.* commerce (en gros). *Chamber of commerce,* Chambre de commerce.

commercial [kə'mə:ʃəl] *adj.* commercial. *Commercial agent,* agent commercial. *Commercial attaché,* attaché commercial. *Commercial designer,* dessinateur en publicité. *Commercial directory,* Bottin commercial. *Commercial information department,* service de renseignements commerciaux. *Commercial papers,* papiers d'affaires. *Commercial traffic,* mouvement commercial.

commercial *s.* publicité radiophonique.

commercialize [-laiz] *vi.* commercialiser.

commissary ['kɔmisəri] *s.* **1.** commissaire, délégué. — **2.** U. S. magasin coopératif.

commission [kə'miʃən] *s.* **1.** commission, pourcentage. *Commission account,* compte de commission, note de commission. *Commission-agent* (U. S. *commission-merchant*), commissionnaire. *Commission for acceptance,* commission d'acceptation. *Commission for collection,* commission d'encaissement. *Commission on sales,* commission de ventes. *Commission-house,* maison de commission. *Banking commission,* commission bancaire. *Buying commission,* commission d'achat. *Del credere commission,* commission ducroire. *Free of commission,* libre de commission. *Payment commission,* commission de paiement. *Overdraft commission,* commission de découvert. *Sale on commission,* vente à la commission. *Subject to a commission,* passible d'une commission. *Turnover commission,* commission de compte. *Underwriting commission,* commission de garantie. *To charge a commission,* prélever une commission. *To charge 5 % commission,* prendre une commission de 5 %. *To do commission business,* faire la commission. — **2.** ordre, commande, mission. *On commission,* sur commande. — **3.** armement (d'un navire). *This ship has been put out of commission,* ce navire a été désarmé. — **4.** commission, comité. *Functional commission,* commission technique.

commission *vt.* **1.** commissionner, charger qqn de. — **2.** MAR. armer (un navire).

commissioner [-ə*] *s.* **1.** commissaire. *Commissioners of Customs,* direction générale des Douanes. *Commissioner of Inland Revenue,* fisc. *Commissioner of police,* commissaire de police. — **2.** membre d'une commission.

commit [kə'mit] *vt.* commettre. FIN. engager. *Committed assets,* actifs engagés.

commitment [-mənt] *s.* engagement. *Bull commitments,* engagements à la hausse. *Owing to previous commitments,* par suite d'engagements antérieurs.

committal [kə'mitl] *s.* JUR. emprisonnement. *Committal for trial,* détention préventive. *Committal order,* mandat de dépôt.

committee [kə'miti] *s.* commission. *Arbitration committee,* commission d'arbitrage. *Central committee,* commission centrale. U. S. *Executive committee,* conseil de direction. *Joint production committee,* comité d'entreprise. *Judicial committee of employers and workmen,* commission paritaire. *Managing committee,* comité de direction. *Standing committee,* commission permanente. *The Stock-Exchange committee,* la Chambre syndicale des agents de change. *Committee of inquiry,* commission d'enquête. JUR. *Committee of inspection,* comité de contrôle des créanciers. *Committee of management,* conseil d'administration. *To be on a committee,* être membre d'une commission.

commodious [kə'moudiəs] *adj.* spacieux. *Commodious premises,* locaux spacieux.

commodity [kə'mɔditi] *s.* marchandise, denrée, produit. *Commodity credit,* crédits commerciaux. U. S. *Commodity credit corporation,* agence gouvernementale chargée de veiller à la stabilité des prix des produits agricoles. *Staple commodity,* produit de base.

common ['kɔmən] *adj.* commun, ordinaire. *Common carrier,* transporteur public, " common carrier ". *Common money,* monnaie fiduciaire. U. S. *Common stocks,* actions ordinaires.

common *s.* lande, friche, pré communal. JUR. *Common law,* droit coutumier. *Common right,* droit de servitude, droit d'usage.

communication [kə,mju:ni'keiʃən] *s.* communication. *Means of communication,* moyens de transport. *You must get into communication with our staff-manager,* vous devez vous mettre en rapport avec notre directeur du personnel.

communiqué [kə'mju:nikei] *s.* communiqué.

community [kə'mju:niti] *s.* **1.** communauté (de biens, d'intérêts, etc.). JUR. *Community of goods acquired during marriage,* communauté réduite aux acquêts. — **2.** société, collectivité, le public.

communize [-aiz] *vt.* répartir en commun.

commutability [kə,mju:tə'biliti] *s.* permutabilité ; JUR. commuabilité d'une peine.

commutable [kə'mju:təbl] *adj.* permutable ; JUR. commuable.

commutation [,kɔmju'teiʃən] *s.* commutation. U. S. CH. DE FER *Commutation passenger,* abonné. *Commutation ticket,* carte d'abonnement.

commutative [kə'mju:tativ] *adj.* commutatif.

commute [kə'mju:t] *vt.* **1.** permuter, interchanger (des emplois). — **2.** JUR. commuer. — **3.** *To commute for,* échanger.

commute *vi.* U. S. CH. DE FER s'abonner.

commuter [-ə*] *s.* U. S. CH. DE FER abonné.

compact [kəm'pækt] *adj.* compact, serré, tassé, ramassé.

compact [kɔmpækt] *s.* convention, accord, pacte. *By general compact,* d'un commun accord.

company ['kʌmpəni] s. **1.** compagnie, société. *Limited liability company,* société à responsabilité limitée (en Angleterre, sorte de société anonyme). *Parent company,* société mère. *Private company,* société en nom collectif. *Public utility company,* société d'utilité publique. *Real estate company,* société immobilière. *Shipping company,* compagnie de navigation, compagnie d'armement. *Statutory company,* société concessionnaire. *Trade company,* corps de métier. *Companies act,* loi sur les sociétés. *Companies articles,* statuts. — **2.** corporation de marchands. — **3.** MAR. équipage (y compris les officiers).

compare [kəm'pɛə*] *vt.* comparer, collationner. *To compare the books,* collationner les registres.

compare *vi.* être comparable (*with,* à). *Our goods compare favourably with those of our competitors,* nos marchandises soutiennent la comparaison avec celles de nos concurrents.

comparing [-iŋ] *s.* confrontation, collationnement (de documents, etc.).

comparison [kəm'pærisn] *s.* comparaison. U. S. *Man-to-man comparison,* une des méthodes du « Merit rating », consistant à classer des ouvriers en les comparant à des employés « modèles ». *In comparison with,* en comparaison de. *To stand comparison with,* résister à la comparaison avec.

compartment [kəm'pɑ:tmənt] *s.* CH. DE FER compartiment. *Sleeping compartment,* compartiment couchette.

compel [kəm'pel] *vt.* contraindre, obliger.

compendious [kəm'pendiəs] *adj.* abrégé, succinct, concis.

compendiousness [-nis] *s.* concision, forme succincte.

compendium [kəm'pendiəm] *s.* abrégé, condensé. JUR. *Compendium of laws,* recueil de lois.

compensate ['kɔmpenseit] *vt.* dédommager, indemniser. *Compensating duties,* taxe compensatrice (prélevée sur des marchandises bénéficiant d'une aide excessive à l'exportation). *We shall compensate you for this leakage,* nous vous indemniserons pour cette perte.

compensation [,kɔmpen'seiʃən] *s.* compensation, dédommagement, indemnité. *Workmen's Compensation Act,* loi sur les accidents du travail.

compensatory [kəm'pensətəri] *adj.* compensatoire, compensateur.

compete [kəm'pi:t] *vi.* faire concurrence (*with,* à). *Our firm competes successfully with others,* notre entreprise soutient la concurrence.

competence ['kɔmpitəns] *s.* **1.** aisance, moyens d'existence raisonnables. — **2.** compétence, aptitude. — **3.** attribution. *To disclaim competence,* se récuser. *This is beyond my competence,* cela ne rentre pas dans mes attributions, cela dépasse ma compétence.

competency [-i] *s.* V. COMPETENCE. U. S. *Competency card,* certificat d'aptitude professionnelle.

competent [-nt] *adj.* capable, compétent.

competition [,kɔmpi'tiʃən] *s.* **1.** rivalité, concurrence. *Severe competition,* concurrence acharnée. — **2.** concours.

competitive [kəm'petitiv] *adj.* compétitif, concurrentiel. *Competitive prices,* prix défiant toute concurrence.

competitor [-ə*] *s.* concurrent.

compilation [,kɔmpi'leiʃən] *s.* compilation, confection (d'un inventaire).

compile [kəm'pail] *vt.* compiler, composer. *Catalogue compiled from,* catalogue établi d'après.

complain [kəm'plein] *vt.* et *vi.* **1.** se plaindre (*of, about,* de). — **2.** formuler une réclamation, porter plainte (*to,* à).

complainant [-ənt] *s.* JUR. plaignant.

complainer [-ə*] *s.* JUR. réclamant.

complaint [-t] *s.* plainte, réclamation; U. S. plainte en justice. *Groundless complaint,* plainte injustifiée. *To give cause for complaint,* donner lieu à une réclamation. *To lodge a complaint with s.o.,* porter plainte auprès de qqn.

complement ['kɔmplimənt] *s.* **1.** effectif, personnel. — **2.** plein (de combustible).

complement *vt.* compléter.

complete [kəm'pli:t] *adj.* **1.** complet. *The staff is complete,* le personnel est au complet. — **2.** achevé, terminé.

complete *vt.* compléter, achever. *To complete a form,* remplir un formulaire. *To complete payment,* solder.

completion [-ʃən] *s.* achèvement. *Completion of an order,* exécution d'une commande. *Date of completion,* terme (d'un mandat, etc.). *Occupation completion,* prise de possession d'un bien à la signature du contrat.

compliance [kəm'plaiəns] *s.* action de se conformer. *In compliance with your order,* conformément à votre commande.

complicate ['kɔmplikeit] *vt.* compliquer.

complication [,kɔmpli'keiʃən] *s.* complication.

compliment ['kɔmplimənt] *s.* compliment. *Give my respectful compliments to,* présentez mes respects à. *With the publisher's compliments,* hommages de l'éditeur.

complimentary [,kɔmpli'mentri] *adj.* flatteur. *Complimentary close,* formule de politesse (à la fin d'une lettre).

comply [kəm'plai] *vi.* se conformer (*with,* à), accomplir, faire droit à, obéir à. *We will comply with your instructions on that matter,* nous nous conformerons à vos instructions sur ce point.

component [kəm'pounənt] *adj.* composant, constituant. COMPT. U. S. *Component budget,* budget élémentaire.

compose [kəm'pouz] *vt.* **1.** composer, constituer. — **2.** arranger, régler (un différend).

composing [-iŋ] *s.* composition. TYP. *Composing-machine,* composeuse.

composite ['kɔmpəzit] *adj.* mixte. CH. DE FER *Composite coach,* voiture mixte. ASS. *Composite policy,* police avec participation aux bénéfices. FIN. *Composite value,* valeur intrinsèque.

composition [,kɔmpə'ziʃən] *s.* **1.** composition, constitution. — **2.** accommodement, entente, composition, atermoiement (avec des créanciers). *To come to a composition,* venir à composition. — **3.** JUR. concordat préventif de faillite. *A composition of 10s. in the £,* un concordat de 50 %. *To sanction the composition,* homologuer le concordat. — **4.** transaction. *Composition for stamp duty,* abonnement au timbre. FIN. *Composition tax,* impôt forfaitaire.

compositive [kəm'pɔzitiv] *adj.* synthétique.

compositor [-ə*] *s.* typographe.

compound ['kɔmpaund] *adj.* **1.** composé. COMPT. *Compound entry,* article collectif, récapitulatif. *Compound interest,* intérêts composés. — **2.** complexe.

compound [kəm'paund] *vt.* **1.** composer, combiner (des éléments, etc.). — **2.** arranger, régler (un différend). *To compound a debt,* régler une dette à l'amiable.

compound *vi.* s'arranger, composer, transiger. *He could not compound with his creditors,* il n'a pu concorder avec ses créanciers.

compounder [-ə*] *s.* JUR. compositeur à l'amiable.

comprehend [,kɔmpri'hend] *vt.* 1. comprendre. — 2. embrasser, englober.

comprehensive [-siv] *adj.* d'une grande portée. *Comprehensive policy,* assurance tous risques. *Comprehensive study,* étude d'ensemble, complète.

comprise [kəm'praiz] *vt.* comprendre, contenir.

compromise ['kɔmprəmaiz] *s.* compromis, transaction, accommodement. *To agree, to compromise,* composer, transiger. *To effect a compromise,* transiger. *The claim was settled by a compromise,* la réclamation fut réglée par un compromis.

compromise *vt.* et *vi.* arranger, transiger (*with,* avec).

compromising [-iŋ] *s.* composition d'un différend.

comptometer [kɔmp'tɔmitə*] *s.* machine à calculer.

comptroller [kən'troulə*] *s.* contrôleur financier; U. S. : **a)** auditeur à la Cour des comptes; **b)** directeur-inspecteur d'une banque.

compulsion [kəm'pʌlʃən] *s.* contrainte.

compulsorily [-li] *adv.* obligatoirement. *To be compulsorily retired,* être mis à la retraite d'office.

compulsory [-səri] *adj.* obligatoire, forcé. *Compulsory sale,* vente contrainte.

compurgation ['kɔmpə:'geiʃən] *s.* JUR. témoignage justificatif.

computable [kəm'pju:təbl] *adj.* calculable.

computation [,kɔmpju'teiʃən] *s.* compte, calcul, estimation. *At the lowest computation,* en comptant au plus juste.

compute [kəm'pju:t] *vt.* compter, calculer, évaluer.

computer [-ə*] *s.* ordinateur.

computerize [-raiz] *vt.* calculer électroniquement, passer à l'ordinateur.

computing [-iŋ] *s.* évaluation, estimation.

conceive [kən'si:v] *vt.* concevoir. *Conceived as follows,* ainsi conçu, rédigé.

concentration [,kɔnsen'treiʃən] *s.* concentration.

concern [kən'sə:n] *s.* 1. intérêt (*in,* dans). *It is no concern of mine,* cela ne me regarde pas. — 2. entreprise, affaire, exploitation, firme. *Going concern,* entreprise prospère. *Medium-size concern,* moyenne entreprise.

concern *vt.* concerner, se rapporter à. *As concerns,* pour ce qui est de. *The persons concerned,* les intéressés.

concerning [-iŋ] *prép.* concernant, touchant, en ce qui concerne.

concession [kən'seʃən] *s.* concession; réduction. DOUANES. *The customs officer will make sure that you get the full benefit of any concession available to you,* le douanier fera en sorte que vous puissiez bénéficier de toutes les franchises qui vous sont accordées.

concessionary [-nəri] *adj.* et *s.* concessionnaire.

conciliation [kən,sili'eiʃən] *s.* conciliation. *Conciliation-board,* conseil d'arbitrage.

conclude [kən'klu:d] *vt.* et *vi.* conclure.

conclusion [-ʒən] *s.* 1. conclusion (accord). — 2. conclusion (fin).

conclusive [-siv] *adj.* concluant, décisif, probant. *The assay of this steel will be conclusive,* l'analyse de cet acier sera probante.

concourse ['kɔŋkɔ:s] *s.* 1. affluence, concours. — 2. U. S. hall (de gare).

concrete ['kɔnkri:t] *adj.* concret. JUR. *Concrete case,* cas d'espèce.

concrete *s.* béton.

concur [kən'kə:*] *vi.* 1. être d'accord. *Do you concur with me?* êtes-vous d'accord avec moi? — 2. JUR. se heurter, s'opposer (droits).

concurrence [kən'kʌrəns] *s.* 1. concours (de circonstances). — 2. accord. — 3. conflit, concurrence (de droits).

concurrent [-ənt] *adj.* 1. concourant. ASS. *Concurrent fire-insurance,* assurance incendie répartie également entre plusieurs assureurs. JUR. *Concurrent powers,* pouvoirs communs. *The views of the three experts are concurrent,* les opinions des trois experts concordent. — **2.** JUR. opposés (droits).

condemn [kən'dem] *vt.* **1.** condamner. — **2.** exproprier, saisir.

condemnation [,kɔndem'neiʃən] *s.* **1.** condamnation. — **2.** saisie.

condense [kən'dens] *vt.* condenser.

condition [kən'diʃən] *s.* **1.** condition. *Conditions laid down in our contract,* stipulations de notre contrat. *Conditions of the contract,* cahier des charges. *Implied condition,* condition tacite. JUR. *Terms and conditions,* modalités. — **2.** état, situation. U. S. *Consolidated statement of condition,* bilan consolidé. *Goods in fair conditions,* marchandises en bon état. — **3.** état civil.

condition *vt.* **1.** imposer des conditions à. — **2.** conditionner (la soie, l'air, etc.).

conditional [-əl] *adj.* conditionnel. *Conditional on sth.,* dépendant de qqch.

conditioned [-d] *adj.* conditionné. *Air-conditioned,* climatisé. *Well-conditioned,* (bien) conditionné.

conditioner [-ə*] *s.* régulateur.

conduct ['kɔndəkt] *s.* conduite, gestion. *Conduct of affairs,* gestion des affaires. *Terms for the conduct of your account,* conditions régissant votre compte.

conduct [kən'dʌkt] *vt.* **1.** conduire, amener. *To conduct an enquiry,* mener une enquête. — **2.** mener, gérer. *We conduct business with this firm,* nous sommes en relations d'affaires avec cette entreprise.

conducting [-iŋ] *s.* conduite (d'une entreprise).

conductor [-ə*] *s.* **1.** guide. — **2.** receveur (d'un autobus).

confection [kən'fekʃən] *s.* confection.

conference ['kɔnfərəns] *s.* entretien, conférence. MAR. *Conference Line,* association d'armateurs. *Industrial conference,* comice industriel. U. S. *He is in conference,* il est occupé.

confidence ['kɔnfidəns] *s.* **1.** confiance. *We place our confidence in your agent,* nous avons toute confiance en votre représentant. — **2.** confidençe. *In confidence,* à titre confidentiel.

confident [-ənt] *adj.* assuré, confiant. *We are confident that,* nous sommes persuadés que, convaincus que.

confidential [,kɔnfi'denʃəl] *adj.* **1.** confidentiel. — **2.** de confiance. — **3.** particulier. *Confidential clerk,* secrétaire particulier.

confidentially [-əli] *adv.* à titre confidentiel.

confirm [kən'fə:m] *vt.* confirmer, approuver. JUR. homologuer un arrêt. *Confirmed credit,* crédit confirmé. *Confirming my letter,* en confirmation de ma lettre.

confirmation [,kɔnfə'meiʃən] *s.* confirmation; JUR. homologation (d'un contrat).

conflicting [kən'fliktiŋ] *adj.* opposé, incompatible. *Conflicting interests,* intérêts personnels opposés.

conform [kən'fɔ:m] *vt.* et *vi.* conformer, se conformer. *You did not conform with our instructions,* vous ne vous êtes pas conformés à nos instructions.

conformity [-iti] *s.* conformité (*to, with,* à). *In conformity with the articles,* conformément aux statuts.

confront [kən'frʌnt] *vt.* confronter, comparer (des documents, etc.).

confutable [kən'fju:təbl] *adj.* réfutable.

confutation [,kɔnfju:'teiʃən] *s.* réfutation.

congealment [kən'dʒi:lmənt] *s.* congélation.

congested [kən'dʒestid] *adj.* encombré, embarrassé, embouteillé. *The congested state of the market,* l'encombrement du marché.

congestion [-ʃən] *s.* encombrement.

congratulate [kən'grætjuleit] *vt.* féliciter (*upon,* de).

congruous ['kɔŋgruəs] *adj.* conforme (*to,* à).

conjectural [kən'dʒektʃərəl] *adj.* conjectural.

conjecture [-tʃə*] *vt.* conjecturer.

conjunction [kən'dʒʌŋkʃən] *s.* conjonction. *Conjunction of circumstances,* concours de circonstances. *Conjunction tickets,* billets complémentaires (billets de passage émis conjointement et constituant ensemble un seul contrat de transport). *In conjunction with,* conjointement avec.

conjuncture [kən'dʒʌŋktʃə*] *s.* conjoncture.

connect [kə'nekt] *vt.* relier, rattacher, joindre, associer. *Connected by telephone,* relié par téléphone. *To be connected with,* être en relations avec. *I have long been connected with this firm,* je suis depuis longtemps en relations avec cette société.

connect *vi.* se lier, se joindre à. *This train connects with the boat,* ce train assure la correspondance avec le bateau.

connect up [-ʌp] *vt.* BOURSE DES MARCHANDISES mettre en filière.

connected [-id] *adj.* connexe, proche. BOURSE *Connected contract,* filière. *Well connected:* **a)** [magasin] bien achalandé; **b)** [placier] ayant une bonne clientèle.

connection [-ʃən] *s.* **1.** rapport, liaison (des choses). *In this connection,* à ce propos. — **2.** relations, rapports (de personnes entre elles). *To break off all connections with,* cesser toutes relations d'affaires avec. *To open up a business connection with,* entrer en relations d'affaires avec. *The factor brought us into connection,* le commissionnaire nous a mis en relations. — **3.** clientèle. *This commercial traveller has a wide connection,* ce commis-voyageur a une belle clientèle. — **4.** CH. DE FER correspondance. — **5.** POSTE communication. *I have been given a wrong connection,* on m'a donné un faux numéro.

conscientious [,kɔnʃi'enʃəs] *adj.* consciencieux.

consensual [kən'sensjuəl] *adj.* JUR. consensuel. *Consensual contract,* contrat consensuel (formé par le seul consentement des parties).

consensus [kən'sensəs] *s.* accord unanime.

consent [kən'sent] *s.* consentement. *By mutual consent,* de gré à gré. *With one consent, by common consent,* d'un commun accord.

consent *vt.* consentir. *We cannot consent any discount,* nous ne pouvons consentir aucun rabais.

consequence ['kɔnsikwəns] *s.* **1.** conséquence. — **2.** importance. *It is of no consequence,* cela n'a pas d'importance.

consequential [,kɔnsi'kwenʃəl] *adj.* consécutif (*to,* à). JUR. *Consequential effect of an action,* conséquences indirectes d'une action.

conservative [kən'sə:vətiv] *adj.* conservateur, prudent, modéré. *Conservative estimate,* évaluation prudente. *At a conservative estimate,* au minimum, au bas mot.

conservator [-ə*] *s.* curateur.

consider [kən'sidə*] *vt.* considérer, examiner.

considerable [-rəbl] *adj.* considérable.

consideration [kən,sidə'reiʃən] *s.* **1.** considération, délibération. *After consideration,* après délibération. *On further consideration,* après plus ample examen. *All things taken into consideration,* tout bien considéré. — **2.** rémunération, prix. *For a consideration,* moyennant paiement, contre espèces. *For a good consideration,* à titre gracieux. — **3.** FIN. provision, couverture. *Absence of consideration,* défaut de provision. *To give consideration for a bill,* provisionner une lettre de change. — **4.** importance. *Of no consideration,* sans importance.

considering [-riŋ] *prép.* eu égard à.

consign [kən'sain] *vt.* **1.** consigner, envoyer (des marchandises). — **2.** déposer de l'argent dans une banque.

consignation [,kɔnsai'neiʃən] *s.* 1. consignation. — 2. dépôt en banque.

consignee [,kɔnsai'ni:] *s.* consignataire, destinataire, réceptionnaire. *The consignment note shows the name and address of the consignee,* la feuille d'expédition porte le nom et l'adresse du destinataire.

consignment [kən'sainmənt] *s.* 1. envoi, expédition. *Consignment note,* bordereau de consignation, lettre de voiture. CH. DE FER *Consignment note,* récépissé, feuille d'expédition, lettre de voiture. *Deposit and Consignment Office,* Caisse des dépôts et consignations. *On consignment,* en consignation, en dépôt. *Packages and consignments in bulk,* colis et lots en vrac. — 2. envoi, arrivage.

consignor [-ə*] *s.* consignateur, expéditeur.

consolidate [kən'sɔlideit] *vt.* 1. consolider, raffermir. — 2. réunir deux entreprises. — 3. FIN. consolider (une dette). *Consolidated annuities,* fonds consolidés. *Consolidated balance sheet,* bilan consolidé.

consolidation [kən,sɔli'deiʃən] *s.* consolidation, fusion.

consols [kən'sɔlz] *s. pl.* fonds consolidés, rentes consolidées.

consortium [kən'sɔ:tiəm] *s.* consortium.

conspectus [kən'spektəs] *s.* 1. vue d'ensemble. — 2. tableau synoptique.

constituent [kən'stitjuənt] *s.* JUR. constituant (d'un fondé de pouvoirs), commettant.

constitute ['kɔnstitju:t] *vt.* constituer.

construe [kənstru:] *vt.* interpréter. *This agreement shall be construed according to the law of England,* ce contrat sera interprété selon les lois en vigueur en Angleterre.

consul ['kɔnsəl] *s.* consul.

consulage ['kɔnsjuleiʒ] *s.* droits consulaires, frais consulaires.

consular ['kɔnsjulə*] *adj.* consulaire. DOUANES *Consular invoice,* facture consulaire. *The consular invoice is issued by the consul of the importing country in the exporting country,* la facture consulaire est délivrée par le consul du pays importateur dans le pays expéditeur.

consulate ['kɔnsjulit] *s.* consulat.

consult [kən'sʌlt] *vt.* consulter.

consultant [-ənt] *s.* expert conseil. *Advertising consultant,* conseil en publicité. *Engineering consultant,* ingénieur-conseil. U. S. *Management consultant,* organisateur conseil. *Tax consultant,* conseiller fiscal.

consultation [,kɔnsəl'teiʃən] *s.* consultation, délibération.

consultative [kən'sʌltətiv] *adj.* consultatif.

consulting [-iŋ] *adj.* consultant. *Consulting engineer,* ingénieur-conseil.

consumable [kən'sju:məbl] *adj.* consommable.

consume [kən'sju:m] *vt.* consommer.

consumer [-ə*] *s.* consommateur. *Consumer credit,* crédit à la consommation. *Consumer durables,* biens de consommation durables. *Consumer goods,* biens de consommation. *Consumer jury, consumer panel,* panel du consommateur. (N.B. Cette expression est utilisée à propos des méthodes de sondage pour étudier l'évolution des achats d'un groupe permanent de consommateurs témoins.) *Consumer price index,* indice des prix à la consommation.

consumption [kən'sʌmpʃən] *s.* consommation. *Consumption goods,* biens de consommation. *Consumption tax,* impôt sur la consommation. *Home consumption,* consommation intérieure.

consumptive [-tiv] *adj.* de consommation. *Consumptive credit,* crédit à la consommation.

contact ['kɔntækt] *s.* contact. *To bring into contact with,* mettre en contact. U. S. *Contact-man,* chef de publicité dans une agence.

contact [kən'tækt] *vt.* contacter.

contain [kən'tein] *vt.* contenir, renfermer.

container [-ə*] *s.* récipient, réservoir, container.

contango [kən'tæŋgou] *s.* BOURSE report. *Contango-day,* jour des reports. *Contango rate,* taux, cours de report. *A bull may ask a broker to continue a transaction till next settling day on payment of a contango,* un haussier peut demander à un agent de change de reporter une opération à la liquidation suivante contre paiement du report.

contango *vt.* et *vi.* reporter.

contangoable [-əbl] *adj.* reportable.

contemplate ['kɔntempleit] *vt.* projeter, se proposer de faire. *Contemplated in the preceding paragraph,* visé au paragraphe précédent.

contemplation [,kɔntem'pleiʃən] *s.* projet, prévision. *In contemplation,* en vue, à l'état de projet.

contempt [kən'tempt] *s.* mépris. JUR. *Contempt of court,* outrage à magistrat.

content ['kɔntent] *s.* volume, contenance.

contentious [kən'tenʃəs] *adj.* litigieux, contentieux. *Contentious matters,* le contentieux.

contents [-s] *s. pl.* contenu, teneur. "*Contents duly noted*", « Nous (en) avons soigneusement noté le contenu. »

conterminous [kɔn'tə:minəs] *adj.* attenant, contigu (*with, to,* à).

contest [kən'test] *vt.* JUR. attaquer (une dette).

contestant [-ənt] *s.* litige, contestation.

contiguous [kən'tigjuəs] *adj.* contigu, attenant (*to,* à).

contingency [kən'tindʒənsi] *s.* contingence, éventualité, imprévu. *Contingency fund,* fonds de prévoyance. FIN. *Contingency reserve,* fonds de prévoyance. *Contingencies,* faux frais. *In case of a contingency,* en cas d'imprévu.

contingent [-ənt] *adj.* éventuel. *Contingent claim,* créance éventuelle. *Contingent expenses,* dépenses imprévues. *Contingent order,* ordre lié. *Contingent on,* sous réserve de.

continuable [kən'tinjuəbl] *adj.* BOURSE reportable.

continuance [-əns] *s.* continuation, durée.

continuation [kən,tinju'eiʃən] *s.* **1.** BOURSE report (v. CONTANGO). *Continuation day,* jour de report. *Continuation rate,* taux du report. — **2.** suite. *Continuation sheet,* suite d'une lettre.

continue [kən'tinju] *vt.* BOURSE reporter (des titres).

continuous [-əs] *adj.* continu. Ass. *Continuous voyage,* continuité du voyage.

contra ['kɔntrə] *adv.* et *s.* contre. *Contra-account,* compte de contrepartie. *Contra-entry,* écriture inverse, article de contre-passement. COMPT. *As per contra,* en contrepartie, porté ci-contre, en compensation. *Per contra,* par contre. *To settle debt per contra,* compenser une dette avec une autre.

contra *vt.* extourner, contre-passer (des écritures).

contract ['kɔntrækt] *s.* **1.** contrat, convention; U. S. convention collective. *Contract labour,* main-d'œuvre contractuelle. *Collective labour contract,* contrat collectif de travail. *Avoidable contract,* contrat résoluble. *By private contract,* à l'amiable. JUR. *Conditions of contract,* cahier des charges. *Skeleton contract,* contrat type. *Tying contract,* contrat à clauses limitatives. *To cancel a contract,* résilier un contrat. *To comply with the contract,* se conformer au contrat. *To enter into a contract,* passer un contrat. — **2.** acte de vente, marché. BOURSE *Contract note,* bordereau de vente, avis d'exécution, bordereau d'achat. BOURSE DE MARCHANDISES *Contract not registered with the clearing-house,* marché hors caisse de liquidation. *Contract transaction,* opération à terme. — **3.** entreprise, soumission, adjudication, convention forfaitaire. *Contract price,* prix à forfait. *Contract work,* travail à forfait. *To put work out to contract,* mettre un travail à l'entreprise. — **4.** U. S. CH. DE FER carte d'abonnement. — **5.** JUR. *Action for breach of contract,* action en rescision pour inexécution d'un contrat.

contract [kən'trækt] *vi.* contracter, s'engager à. *Contracting party,* partie contractante, contractant.

contractor [-ə*] *s.* **1.** adjudicataire (travaux publics). — **2.** entrepreneur. *Building contractor,* entrepreneur en bâtiments.

contractual [-tjuəl] *adj.* contractuel.

contraing [kən'trein] *s.* extourne, contre-passement.

contraption [kən'træpʃən] *s.* machin, chose, dispositif.

contrary ['kɔntrəri] *adj.* contraire.

contrary *adv.* contrairement (*to,* à). *Contrary to my expectation,* contre mon attente, contrairement à mon attente.

contrary *s.* contraire. *Unless you advise to the contrary,* sauf avis contraire de votre part. *Unless you hear to the contrary,* sauf contrordre. *Until the contrary is proved,* jusqu'à preuve du contraire.

contravene [,kɔntrə'vi:n] *vt.* **1.** transgresser, enfreindre (les règlements). — **2.** aller à l'encontre de. JUR. contrevenir à.

contravener [-ə*] *s.* JUR. contrevenant.

contribute [kən'tribju:t] *vt.* contribuer (*to,* à).

contribution [,kɔntri'bju:ʃən] *s.* cotisation, contribution. *Contribution pro-rata,* quote-part. FIN. *Contribution of capital,* apport de capital.

contributor [kən'tribjutə*] *s.* **1.** collaborateur (d'un journal). — **2.** souscripteur. *Contributor of capital,* apporteur de capital.

contributory [-təri] *adj.* contribuant, contributif. JUR., ASS. *Contributory insurance scheme,* assurance « cadres » avec retenue, assurances sociales ; *contributory negligence,* imprudence de la part du sinistré.

contributory *s.* actionnaire responsable des dettes en cas de liquidation d'une société.

control [kən'troul] *s.* **1.** autorité, maîtrise. — **2.** contrôle. *Control assay,* essai contradictoire. *Control stamp,* marque (timbre) de contrôle. *Exchange control,* contrôle des changes. *Remote control,* télécommande. — **3.** JUR. réglementation.

control *vt.* diriger, régir. *Controlled economy,* économie dirigée, dirigisme économique.

controller [-ə*] *s.* contrôleur.

convenable [kən'vi:nəbl] *adj.* sujet à convocation.

convene [kən'vi:n] *vt.* convoquer, réunir (une assemblée) ; JUR. citer (devant un tribunal). *The board of directors convened the shareholders,* le conseil d'administration a réuni les actionnaires.

convene *vi.* s'assembler, se réunir.

convenience [kən'vi:njəns] *s.* commodité, convenance. *At your earliest convenience,* le plus tôt possible. *Conveniences,* facilités, commodités, confort moderne.

conveniently [-jəntli] *adv.* sans inconvénient, commodément.

convening [kən'vi:niŋ] *s.* convocation. *Convening notice (for a meeting),* avis de convocation (d'une assemblée).

convention [kən'venʃən] *s.* convention, accord, contrat.

conversant ['kɔnvəsnt] *adj.* versé (*with,* dans), compétent.

conversion [kən'və:ʃən] *s.* conversion, transformation. *Conversion loan,* emprunt de conversion. *Conversion of ... into,* conversion de ... en. JUR. *Conversion of realty into personality,* ameublissement de biens immeubles. FIN. *Fraudulent conversion of stocks,* lavage des titres. *Improper conversion of funds,* détournement de fonds.

convert [kən'və:t] *vt.* convertir.

convertibility [kən,və:tə'biliti] *s.* convertibilité.

convertible [-ibl] *adj.* convertible.

convey [kən'vei] *vt.* **1.** transporter. — **2.** transmettre, communiquer. *Kindly* *convey our answer to him,* veuillez lui transmettre notre réponse. — **3.** Jur. **a)** transmettre, céder (un bien); **b)** rédiger l'acte de cession.

conveyable [-əbl] *adj.* transportable. Jur. transférable, cessible.

conveyance [-əns] *s.* **1.** transport. — **2.** transfert, cession. *Conveyance of property,* transfert de propriété. — **3.** véhicule de transport.

conveyancing [-ənsiŋ] *s.* rédaction des actes de cession, procédure translative.

conveyor [-ə*] *s.* **1.** porteur (personne). — **2.** appareil transporteur, convoyeur. *Conveyor belt work,* travail à la chaîne.

convince [kən'vins] *vt.* convaincre, persuader.

cook [kuk] *vt.* Fin., fam. falsifier, truquer. *Cooked balance sheet,* bilan truqué.

co-op [kou'ɔp] *s.* Fam. coopérative.

co-operation [kou,ɔpə'reiʃən] *s.* coopération.

co-operative [kou'ɔprətiv] *adj.* coopératif. *Co-operative society,* société coopérative. *Agricultural co-operative credit society,* coopérative de crédit agricole.

co-opt [kou'ɔpt] *vt.* coopter.

co-optation [,kouɔp'teiʃən] *s.* cooptation.

co-ordinate [kou'ɔ:dineit] *vt.* coordonner.

co-owner [kou'ounə*] *s.* copropriétaire.

co-ownership [-ʃip] *s.* copropriété.

coparcenary ['kou'pɑ:sinəri] *s.* Jur. **1.** copartage (d'une succession), indivision. — **2.** copropriété.

coparcener [-ə*] *s.* propriétaire indivis.

copartner ['kou'pɑ:tnə*] *s.* coassocié.

cope [koup] *vi.* être à la hauteur (*with,* de). *To cope with difficulties,* être à la hauteur des difficultés.

co-plaintiff ['kou'pleintif] *s.* Jur. codemandeur.

copper ['kɔpə*] *s.* cuivre. *Copper works,* fonderie de cuivre. Bourse *Coppers,* (valeurs) cuprifères.

co-property ['kou'prɔpəti] *s.* copropriété.

coproprietor [kouprə'praiətə*] *s.* copropriétaire.

copy ['kɔpi] *s.* **1.** copie, transcription. *Copy of birth certificate,* extrait d'acte de naissance. *As per enclosed copy,* suivant copie ci-jointe. *Fair copy,* copie au net. *Rough copy,* brouillon. — **2.** Jur. expédition (d'un acte). *"Certified true copy",* « Pour copie conforme ». *First authentic copy,* grosse exécutoire, première expédition. *"True copy",* « Pour ampliation ». — **3.** exemplaire. *A few copies are still available,* quelques exemplaires sont encore disponibles.

copy *vt.* copier, reproduire. *Copying machine,* duplicateur. *Copying machine press,* presse à copier.

copyright [-rait] *s.* **1.** droit d'auteur. *"Copyright reserved",* « Tous droits réservés ». — **2.** livre protégé.

copyright *vt.* déposer (un livre).

corn ['kɔ:n] *s.* **1.** blé, grains, céréales. — **2.** *Indian corn,* maïs (U. S. *corn*).

corner ['kɔ:ne*] *s.* **1.** monopole, trust d'accapareurs. — **2.** Bourse U. S. situation désastreuse d'un spéculateur à la baisse.

corner *vt.* **1.** accaparer (une denrée, le marché). — **2.** Bourse acculer un spéculateur à la baisse.

cornerer [-rə*] *s.* Bourse accapareur.

corporate ['kɔ:pərit] *adj.* constitué. *Corporate assets,* actif social. *Corporate body,* corps constitué, personne morale. *Corporate debt,* dette des sociétés. *Corporate financing,* financement des entreprises. *Corporate profits,* bénéfice des sociétés. *Corporate tax,* impôt sur les sociétés. Jur. *Corporate name,* raison sociale.

corporation [,kɔ:pə'reiʃən] *s.* 1. corporation. *Corporation stocks,* emprunts de la ville. *Municipal corporation,* conseil municipal, municipalité. *Public corporations,* organismes publics. — 2. personne morale ; U. S. société. *Corporation lawyer,* avocat de société.

corporeal [kɔ:'pɔ:riəl] *adj.* corporel, matériel.

correct [kə'rekt] *vt.* rectifier, redresser. *Corrected invoice,* facture rectificative. *Correcting entry,* écriture de redressement, rectificative.

correction [-ʃən] *s.* correction, rectification. *Subject to corrections,* sous réserves.

corrector [-ə*] *s.* correcteur.

correspond [,kɔris'pɔnd] *vi.* 1. être conforme (*to,* à). *This material does not correspond to sample,* ce tissu n'est pas conforme à l'échantillon. — 2. correspondre (*with,* avec).

correspondence [-əns] *s.* correspondance. *Correspondence-clerk,* correspondancier.

correspondent [-ənt] *s.* correspondant.

corresponding [-iŋ] *adj.* correspondant. COMPT. *Corresponding entry,* écriture conforme.

corrigendum [,kɔri'dʒendəm] *s.* erratum. ADM. *Corrigendum to a circular,* rectificatif d'un bulletin.

corrupt [kə'rʌpt] *adj.* corrompu. *Corrupt practices,* trafic d'influence.

corruption [-ʃən] *s.* corruption.

co-signatory ['kou'signətəri] *s.* cosignataire.

cost [kɔst] *s.* 1. coût, frais, prix de revient. *Prime cost,* prix de revient, prix coûtant. *Cost accounting,* comptabilité industrielle. *Cost analysis,* analyse des coûts de revient. *Cost-book,* livre des charges. *Cost induced inflation,* inflation des prix de revient. *Cost insurance and freight* (*C. I. F.*), coût, assurance, fret (C. A. F.). *Cost keeping,* comptabilité de prix coûtants. *Cost of living bonus,* indemnité de vie chère. *Cost of living escalator,* échelle mobile des salaires. *Cost of living index,* indice du coût de la vie. *Cost-plus,* prix net, plus courtage (ou commission). *At any cost,* à tout prix. *At cost price,* au prix coûtant. *At little cost,* à peu de frais. — 2. JUR. **costs** *s. pl.* dépens. *To allow costs,* accorder les frais et dépens. *To be ordered to pay costs,* être condamné aux dépens.

cost *vi.* coûter, évaluer (le prix de revient).

cost-cutting [-kʌtiŋ] *adj.* U. S. économique (du point de vue du prix de revient).

costing [-iŋ] *s.* COMPT. établissement du prix de revient. *Job-costing,* comptabilité par lot. *Process costing,* comptabilité par fabrication.

costly [-li] *adj.* précieux.

co-surety ['kou'ʃuəti] *s.* cocaution.

co-tenant ['kou'tenənt] *s.* colocataire.

co-trustee ['koutrʌs'ti:] *s.* JUR. coadministrateur.

cotton ['kɔtn] *s.* coton.

council ['kaunsil] *s.* conseil. *Town council,* conseil municipal.

councillor [-ə*] *s.* conseiller.

counsel ['kaunsəl] *s.* 1. délibération. — 2. conseil, avis. — 3. JUR. avocat-conseil. *Chamber-counsel,* avocat consultant. *To be counsel for,* plaider pour.

count [kaunt] *vt.* compter. *To count in,* comprendre (dans un total), faire entrer en ligne de compte, englober. *To count up,* totaliser, additionner. *Counting from to-morrow,* à compter de demain. *Counting on,* comptant sur.

counter ['kauntə*] *adv.* en sens inverse. *To run counter to the law,* aller à l'encontre de la loi.

counter *s.* guichet, caisse. *Counter business hours,* heures d'ouverture des guichets. *Payable over our counters,* payable à nos guichets. *Over the counter,* au comptant ; U. S. au marché officieux. *To hand in over counter,* présenter au guichet.

Apply at counter N° 3, s'adresser au guichet n° 3.

counterbalance [-,bælǝns] *vt.* et *vi.* contrebalancer.

counterclaim [-kleim] *s.* reconvention, demande reconventionnelle.

counterclaim *vt.* opposer une demande reconventionnelle.

counterdeflationary ['kauntǝdi'fleiʃǝnǝri] *adj.* antidéflationniste.

counterfeit ['kauntǝfit] *adj.* faux.

counterfeit *s.* contrefaçon, faux.

counterfeit *vt.* contrefaire (monnaie).

counterfeiter [-ǝ*] *s.* faux-monnayeur.

counterfeiting ['kauntǝfitiŋ] *s.* contrefaçon.

counterfoil [-fɔil] *s.* souche, talon (de chèque). *Counterfoil-book,* carnet à souche. *Counterfoil-way-bill,* duplicata de lettre de voiture.

countermand [-'mɑ:nd] *s.* contrordre.

countermand *vt.* décommander. *Unless countermanded,* sauf contrordre.

countermark [-mɑ:k] *s.* contremarque.

countermark *vt.* contremarquer.

counterpart [-pɑ:t] *s.* **1.** contrepartie. *Counterpart account,* compte de contrepartie. *Counterpart funds,* fonds de contrepartie. — **2.** double, duplicata. *Tally counterpart,* souche d'un reçu.

counterproposal [-prǝ'pouzǝl] *s.* contreproposition.

countersample [-sɑ:mpl] *s.* contretype.

countersecurity [-si'kjuǝriti] *s.* JUR. contrecaution.

countersign [-sain] *vt.* contresigner.

countersurety [-ʃuǝti] *s.* certificateur de caution.

countervail [-veil] *vt.* compenser, contrebalancer. *Countervailing duties,* taxe compensatrice (prélevée à l'importation sur des produits bénéficiant d'une aide excessive à l'exportation).

countervaluation [-vælju'eiʃǝn] *s.* contre-expertise.

counting-house [kauntiŋhaus] *s.* bureau de la comptabilité.

counting-room [-iŋrum] *s.* U. S. service, bureau de la comptabilité.

country ['kʌntri] *s.* pays, campagne. *Last country of exportation,* pays de provenance. *Underdeveloped countries,* pays sous-développés.

coupon ['ku:pɔn] *s.* **1.** POSTE coupon. *International reply coupon,* couponréponse international. — **2.** BOURSE coupon. *Coupon accepted for collection,* coupon pris à l'encaissement. *Coupon bonds,* valeurs à revenu fixe. *Couponbook,* carte (textile). *Coupon clerk,* couponnier. *Coupon-sheet,* feuille de coupons. *Cum-coupon,* coupon attaché. *Due coupon,* coupon échu. *Ex-coupon,* coupon détaché. *To cut off coupons,* détacher des coupons. — **3.** (U. N. E. S. C. O.) bon (pour les fournisseurs de matériel scientifique aux pays à devises faibles).

course [kɔ:s] *s.* **1.** cours, marche (des événements). *There is only one course to take,* il n'y a qu'une ligne de conduite possible. — **2.** FIN. cote. *Course of exchange,* cote des changes.

court [kɔ:t] *s.* JUR. cour, tribunal. *Court-day,* jour d'audience. *Court-house,* palais de justice. *Court of arbitration,* tribunal arbitral. *Court-record,* procès-verbal d'audience. *To appear in court,* comparaître devant le tribunal. *To be ruled out of court,* être débouté de sa demande.

covenant ['kʌvinǝnt] *s.* convention, contrat.

covenantee [-i:] *s.* JUR. créancier.

covenantor [-ǝ*] *s.* JUR. débiteur.

co-vendor [kou'vendǝ*] *s.* JUR. covendeur.

cover ['kʌvǝ*] *s.* couverture. *Ample cover,* couverture suffisante. *As cover,* en couverture de. *Cover ratio,* coefficient de couverture. *Under separate cover,* sous pli séparé.

cover *vt.* **1.** couvrir ; JUR. viser (un cas). *Covering funds,* moyens de couverture.

Covering letter, lettre avec pièce jointe. BOURSE *To cover a short account,* couvrir un découvert; *to cover oneself,* se couvrir; *to cover short sales,* se racheter. *To cover s.o. for the amount,* couvrir qqn du montant. — **2.** régir.

coverage [-ridʒ] *s.* U. S. champ d'application, montant couvert.

covering-note [-riŋnout] *s.* garantie; Ass. note de couverture, police provisoire.

craft [krɑ:ft] *s.* **1.** métier manuel, profession. *Craft union* U. S., association professionnelle. — **2.** artisanat. — **3.** embarcation. Ass. *Craft risk,* risques d'allèges.

craftsman [-smən] *s.* artisan.

cranage ['kreinidʒ] *s.* droit de grue.

crane [krein] *s.* grue.

crane *vt.* lever, hisser.

crankiness [kræŋ'kinis] *s.* **1.** mauvais fonctionnement (d'une machine). — **2.** instabilité (d'un navire).

crash [kræʃ] *adj.* U. S. urgent. *Crash project,* programme prioritaire.

crash *s.* catastrophe, débâcle, chute, krach.

crate [kreit] *s.* caisse à claire-voie, cageot.

crate *vt.* emballer dans une caisse à claire-voie.

create [kri'eit] *vt.* créer.

creation [-'eiʃən] *s.* création.

credence ['kri:dəns] *s.* créance. *Letter of credence,* lettre de créance.

credentials [kri'denʃəlz] *s. pl.* **1.** lettres de créance. — **2.** pièces d'identité. — **3.** U. S. papiers légalisés.

credit ['kredit] *s.* **1.** COMPT. accréditif, crédit. *Credit advice,* avis de crédit. *Credit entry,* poste créditeur. *Credit note,* note de crédit. *Credit slip,* bordereau de versement. *To enter to the credit of,* porter au crédit de. — **2.** avance. *Credit abated,* crédit épuisé. *Credit balance,* solde créditeur. *Credit granted on real property,* crédit foncier. *Credit granted by supplier,* crédit consenti par le fournisseur. *Credit inflation,* gonflement du crédit. *Credit on real property,* crédit immobilier. *Credit product,* nombre créditeur. *Credit squeeze,* resserrement du crédit. *Credit stringency,* restriction de crédit. *Blank credit,* crédit à découvert. *Consumer credit (consumptive credit),* crédit à la consommation. *Drawing credit,* crédit réalisable par acceptation. *Frozen credit,* crédit bloqué. *Intermediate term credit,* crédit à moyen terme. *Line of credit,* facilités de crédit. *Medium term credit,* crédit à moyen terme. *On credit,* à crédit. *Short term credit,* crédit à court terme. *Stand-by credit,* crédit intérimaire, crédit de soutien, crédit stand-by. *Standing credit,* crédit de transaction. *Unsecured credit,* crédit sur notoriété. — **2.** réputation de solvabilité. *Credit-worthiness* (U. S. *credit rating*), solvabilité.

credit *vt.* créditer (*with,* de).

creditor [-ə*] *s.* **1.** créancier. *Creditor's sale,* liquidation de l'actif d'un failli. *Attaching creditor,* créancier saisissant. *Bond creditor,* créancier obligataire. *Judgment creditor,* créancier autorisé. *On mortgage creditor,* créancier hypothécaire. *Secured creditor,* créancier nanti. *Unsecured creditor,* créancier chirographaire. *We could not satisfy the creditors,* nous n'avons pu désintéresser les créanciers. — **2.** créditeur. *Creditor account,* compte créditeur. *Creditor nation,* pays créditeur. *Creditor on current account,* créditeur en compte courant.

crew [kru:] *s.* équipage. *Crew-list,* rôle de l'équipage.

criminate ['krimineit] *vt.* incriminer, accuser.

cripple ['kripl] *vt.* estropier, disloquer (une machine), paralyser (une industrie), désemparer (un navire). *The tax tendency is to cripple the financial expansion of partnerships,* le régime des impôts tend à paralyser toute expansion financière des associations.

crisis ['kraisis] *s.* crise. *To end a crisis,* résoudre une crise.

critical ['kritikəl] *adj.* critique, dangereux, plein de risques.

crook [kruk] *s.* escroc.

crop [krɔp] *s.* récolte. *Standing crop,* récolte sur pied. *Crop estimate,* évaluation de la récolte. *Crop outlook,* prévision de récolte.

cross [krɔs] *adj.* en travers, opposé. JUR. *Cross-action,* action reconventionnelle. COMPT. *Cross-entry,* contre-passation. JUR. *Cross-examination,* contre-interrogatoire. *Cross-head,* sous-titre. *Cross-purposes,* malentendu. JUR. *Cross-question,* contre-interrogatoire. *Cross rates,* cross-rates. (N. B. Ce terme est utilisé dans le cadre du Marché commun pour désigner la parité de deux devises dans un pays tiers.) *Cross-reference,* renvoi. *Cross-section,* coupe transversale. JUR. *Cross-summon,* contre-citation.

cross *vt.* et *vi.* **1.** croiser, se croiser. *Our letters crossed,* nos lettres se sont croisées. — **2.** barrer. *Crossed cheque,* chèque barré. " *Cross out words not applicable* ", « Rayer les mentions inutiles ».

crossing [-iŋ] *s.* **1.** barrement. *General crossing,* barrement général. *Special crossing,* barrement spécial. — **2.** traversée, passage.

crowd [kraud] *vt.* **1.** remplir, bourrer, encombrer.—**2.** U. S. presser (les affaires). — **3.** BOURSE *To crowd up,* faire monter les prix.

crude [kru:d] *adj.* à l'état brut. *Crude oil,* mazout.

crumble ['krʌmbl] *vi.* s'effriter. BOURSE *Prices are crumbling,* les cours s'effritent.

cubic ['kju:bik] *adj.* cubique. *Cubic capacity,* volume.

culprit ['kʌlprit] *s.* JUR. accusé, prévenu.

cultivate ['kʌltiveit] *vt.* cultiver.

cultivation [,kʌlti'veiʃən] *s.* culture.

cum [kʌm] *exp.* avec. *Cum-coupon,* coupon attaché. *Cum-rights,* droits attachés.

cumbersome ['kʌmbəsəm] *adj.* encombrant, lourd.

cumulation [,kju:mju'leiʃən] *s.* cumul.

cumulative ['kju:mjulətiv] *adj.* cumulatif. *Cumulative preferred shares,* actions privilégiées cumulatives.

curb [kə:b] *vt.* freiner, contrôler.

curb-market [kə:b'mɑ:kit] *s.* U. S. BOURSE marché après bourse, en coulisse.

curbstone broker ['kə:bstoun 'broukə*] *s.* coulissier.

currency ['kʌrənsi] *s.* **1.** circulation, cours (de l'argent). — **2.** échéance d'une lettre de change. — **3.** unité monétaire, devise. *Currency account,* compte en devises étrangères. *Currency assets,* avoir en devises. *Currency bill,* traite en devises étrangères. *Currency certificate,* U. S. bon du Trésor. *Currency dealings,* circulation de devises. *Currency of the country of payment,* monnaie d'encaissement. *Currency rate,* cours des devises. *Foreign currency,* devises étrangères. *Hard currency,* devises fortes. *Legal (tender) currency,* monnaie légale, libératoire. *Paper currency,* papier-monnaie. *Soft currency,* devises faibles. *Supply of currency,* réserve monétaire. *Transfer of currency,* transfert de devises. — **4.** *Currency of the charter,* durée, validité du contrat.

current ['kʌrənt] *adj.* courant, admis. *Current account budget,* budget ordinaire. *Current affairs,* affaires courantes. *Current assets,* actif réalisable, actif courant. *Current issues,* émissions en cours. *Current liabilities,* passif exigible à court terme. *Current market prices,* courant du marché. *Current price list,* prix courant. *Current ratio,* coefficient de liquidité. *To be no longer current,* n'avoir plus cours.

current *s.* **1.** courant. *Consumption of current,* consommation de courant. *Trade current,* courant commercial. — **2.** courant (du mois). *Current month,* mois en cours.

curtail [kə:'teil] *vt.* comprimer, amputer (un crédit), réduire. *You must curtail your overhead expenses,* vous devez réduire vos frais généraux.

curtailment [-mənt] *s.* réduction, compression, diminution, contingentement.

curve [kə:v] *s.* courbe. *Consumption curve,* courbe de consommation. *Cost* *curve,* courbe des prix. *Supply curve,* courbe d'offre.

cushion ['kuʃən] *s.* FIN. marge. *Cushion of foreign exchange,* réserve en devises.

cushion *vt.* amortir.

custodianship [kʌs'toudjənʃip] *s.* U. S. garde.

custody ['kʌstədi] *s.* **1.** garde. *In custody of,* à la garde de. *Safe custody charges,* droit de garde. *You should have placed your securities in safe custody,* vous auriez dû mettre vos titres en dépôt. — **2.** JUR. détention, emprisonnement. — **3.** MAR. *Custody B/L,* connaissement dit " *custody B/L* ".

custom ['kʌstəm] *s.* **1.** usage, habitude. *Contrary to custom,* contraire à l'usage. *Trade custom,* usage du commerce. — **2.** JUR. droit coutumier. — **3.** clientèle. *Custom is dropping off,* la clientèle diminue. *We beg to solicit your custom,* nous vous prions de nous honorer de votre confiance. — **4. customs** *s. pl.* douane. *Customs agency,* agence en douane. *Customs charges,* frais de douane. *Customs check,* vérification douanière. *Customs clearance,* expédition en douane, dédouanement. *Customs collections,* recettes douanières. *Customs declaration n° ...,* déclaration-soumission n° ... *Having been checked the goods described in the above-mentioned customs declaration are recognized....,* la vérification des marchandises décrites dans la décaration-soumission mentionnée ci-dessus a permis de reconnaître... *Customs duties,* droits de douane. *Customs examination,* visite douanière. *Customs manifest,* manifeste de douane. *Customs pass-book,* carnet de passage en douane. *Customs seal,* timbre de la douane. *Customs tariff,* tarif douanier. *Customs warehouse,* entrepôt de douane.

customary [-əri] *adj.* habituel, ordinaire.

custom-house [-haus] *s.* douane. *Custom-house broker,* agent en douane. *Custom-house officer,* douanier. *Custom-house receipt,* acquit de douane. *Customs-union,* Union douanière.

custom (-made) [-meid] *adj.* fait sur commande, hors série. *Custom body,* carrosserie spéciale.

customer [-ə*] *s.* client.

customize [-aiz] *vt.* U. S. personnaliser.

cut [kʌt] *adj.* taillé. *Cut prices,* prix réduits.

cut *s.* **a)** réduction, restriction. *Import cuts,* restriction aux importations. *Tax cut,* dégrèvement d'impôts ; **b)** U. S. FAM. part du bénéfice ; **c)** U. S. montant d'une liasse de chèques.

cut *vt.* couper. *To cut prices,* réduire les prix à l'extrême. BOURSE *To cut one's loss,* faire la part du feu.

cut down [-daun] *vt.* réduire, restreindre.

cut off [-ɔf] *vt.* **1.** POSTE couper (une communication téléphonique). — **2.** BOURSE détacher un coupon.

cut out [-aut] *vt.* BOURSE DE MARCHANDISES compenser.

cut-back [-bæk] *s.* **1.** U. S. mise à pied d'ouvriers (en période de marasme), réduction. — **2.** économie, réduction.

cut-off *s.* bilan périodique de chèques (pour vérification).

cutting [-iŋ] *s.* réduction. BOURSE *Cutting limit order,* ordre stop. *Cutting of wages,* réduction de salaire.

cycle ['saikl] *s.* cycle. *Economic cycle,* conjoncture économique.

cyclical ['siklikəl] *adj.* conjoncturel. *Cyclical recovery,* redressement de la conjoncture. *Cyclical unemployment,* chômage dû à la conjoncture.

d

dabble ['dæbl] *vi.* BOURSE boursicoter.

dabbler [-ə*] *s.* BOURSE boursicotier.

daily ['deili] *adj.* journalier, quotidien.

dairy ['dɛəri] *s.* laiterie. *Dairy-farming,* industrie laitière.

dam [dæm] *vt.* contenir, endiguer.

damage ['dæmidʒ] *s.* **1.** dommages, dégâts, avaries. *Damage by frost, by water,* dégâts causés par le gel, par l'eau. *Damage for detention,* contrestaries. *Damage in transit,* avaries en cours de transit. *Damage survey,* expertise des dégâts. *Damage to property,* dégâts matériels. *To make good damage,* verser une indemnité pour les dommages occasionnés, garantir les dommages occasionnés. *The damage has not yet been assessed (estimated),* le sinistre n'a pas encore été évalué. *We are not liable for the damage,* nous ne sommes pas responsables des dégâts. — **2.** préjudice, tort. *This important delay caused us great damage,* ce retard important nous a porté grand préjudice. — **3.** JUR. **damages** *s. pl.* dommages-intérêts, indemnités. *Claim for damages,* demande de dommages et intérêts. *We shall bring an action for damages against this firm,* nous intenterons un procès en dommages-intérêts à cette société.

damage *vt.* et *vi.* **1.** endommager, avarier, détériorer. *These tea-chests have been damaged by sea-water,* ces boîtes de thé ont été détériorées par l'eau de mer. — **2.** faire tort à, nuire à.

damageable ['dæmidʒəbl] *adj.* dommageable, avariable.

damaged [-əd] *adj.* avarié, endommagé, abîmé. *Your goods have reached us in damaged conditions,* vos marchandises nous sont arrivées détériorées.

damaging [-iŋ] *adj.* préjudiciable, nuisible.

damp [dæmp] *vt.* (U. S. **dampen**), affaiblir, décourager. *Doubts about the economic outlook are dampening demand,* des doutes quant aux perspectives économiques affaiblissent la demande.

darken [dɑ:kən] *vi.* s'obscurcir, s'assombrir.

dash [dæʃ] *s.* trait, tiret, moins. *A dash* (A'), *a* prime. *A double dash* (A"), *a* seconde.

date [deit] *s.* **1.** date. *Date as postmark,* date de la poste. *Letter under the date (of) September 2nd,* lettre à dater du 2 septembre. — **2.** terme, échéance. *Due date,* date de l'échéance. *Three months after date,* à trois mois de date. *To date,* à ce jour. *To pay at fixed date,* payer à échéances fixes. *Value date,* date d'entrée en valeur.

date *vt.* composer (un billet), dater (une lettre).

date-back [-bæk] *vt.* antidater.

date-back *vi.* remonter à.

datum ['deitəm] *s.* (*pl.* **data**) données, faits (pour aider à l'information). *Data processing,* exploitation des éléments d'information.

day [dei] *s.* jour. *Day bill,* lettre de change, traite à date fixe. *Day off,* jour de congé. *Day service,* service de jour.

Exchange day, jour de Bourse. *Pay day :* **a)** jour de paiement; **b)** BOURSE jour de la liquidation. *Working day,* jour ouvrable. FIN. *At eight days sight,* à huit jours de vue. *Every other day,* tous les deux jours. *From to day,* à partir de ce jour. *This day week,* aujourd'hui en huit.

day-book [-buk] *s.* journal, main courante, brouillard.

day-shift [-ʃift] *s.* équipe de jour.

dead [ded] *adj.* mort. *Dead account,* compte inactif. *Dead capital,* capital mort, capital improductif. MAR. *Dead freight,* faux fret, fret sur le vide. *Dead-letter :* **a)** en désuétude; **b)** POSTE lettre au rebut, en souffrance. *Dead load,* poids mort, charge constante. *Dead loss,* perte sèche. *Dead matters,* documents périmés. *Dead money,* argent improductif. *Dead stock,* capital improductif.

dead-end [-end] *s.* cul-de-sac, impasse.

dead-hand [-hænd] *s.* JUR. mainmorte.

deadline [-lain] *s.* U. S. date limite, délai de rigueur.

dead-lock [-lɔk] *s.* impasse, situation insoluble.

dead-weight [-weit] *s.* poids mort. MAR. chargement en lourd; *dead weight capacity,* port en lourd; *dead weight charter,* affrètement en lourd.

deal [di:l] *s.* **1.** quantité. *A great deal of,* une grande quantité de. — **2.** affaire, marché; U. S. politique économique de l'Administration américaine.

deal *vt.* distribuer, répartir, partager.

deal *vi.* faire le commerce (*in,* de). BOURSE *Coppers are dealt in at...,* les cuprifères se traitent à...

deal with [-wið] *vi.* traiter, négocier, commercer avec. *We have been dealing with this firm for ten years,* nous sommes en relations d'affaires avec cette société depuis dix ans.

dealer ['di:lə*] *s.* **1.** marchand, distributeur, négociant. — **2.** BOURSE jobber. (N. B. Le « jobber » est un banquier de placement et de spéculation particulier à la Bourse de Londres.)

dealing [-iŋ] *s.* opération, transaction. *Dealings for cash,* opérations au comptant. BOURSE *Dealings for the account,* opérations à terme. *Expecting further dealings with you,* dans l'attente d'autres opérations avec vous.

dear [diə*] *adj.* **1.** cher. *Dear Sir,* Monsieur. — **2.** cher, coûteux. — **3.** *adv. He sells dear,* il vend cher.

dearness [-nis] *s.* cherté.

death ['deθ] *s.* décès. *Death benefit,* indemnité en cas de décès. *Death certificate,* acte de décès. *Death duty,* impôt successoral, droit de succession. *Death rate,* taux de la mortalité.

debar [di'bɑ:*] *vt.* exclure, priver qqn de qqch.

debark [di'bɑ:k] *vt.* et *vi.* débarquer.

debase [di'beis] *vt.* **1.** altérer (la monnaie). — **2.** déprécier (la monnaie).

debasement [-mənt] *s.* altération (de la monnaie).

debenture [di'benʃə*] *s.* **1.** DOUANES certificat de drawback. — **2.** FIN. obligation. *Debenture bond,* titre d'obligation. *Debenture debt,* dette obligataire. *Debenture holder,* obligataire. *Debenture loan,* emprunt obligataire. *Debenture register,* registre des obligataires. *Debenture stock,* obligation sans garantie. *Bearer debenture,* obligation au porteur. *Graduate interest debenture,* obligation à taux progressif. *Mortgage debenture,* obligation hypothécaire. *Redeemable debenture,* obligation amortissable, remboursable. *Redeemed debenture,* obligation amortie. *Simple debenture,* obligation chirographaire. *Unissued debenture,* obligation à la souche. *Variable interest bearing debenture,* obligation à revenu variable. — **3.** U. S. reconnaissance de dette. (N. B. Dans le sens d' « obligation », *debenture* est, aux Etats-Unis, moins employé que *bond.*)

debit ['debit] *s.* débit. *Debit account,* compte débiteur. *Debit balance,* solde débiteur. *Debit column,* colonne débitrice. *Debit entry,* article, inscription au débit. *Debit note,* bordereau de débit. *Debit products,* nombres débiteurs. *Debit side,* débit, doit. *To the debit of our account* *with you,* par le débit de notre compte chez vous. *To pass (enter) to the debit of,* porter au débit de.

debit *vt.* débiter. *To debit an account with a sum,* débiter un compte d'une somme.

debt [det] *s.* créance, dette. *Bad debt,* créance douteuse. *Bonded debt,* dette obligataire. *Book debt,* dette active. *Debts due to us,* dettes actives. *Debt financing,* financement de la dette publique. *Debt redemption,* amortissement d'une dette. *Discharge of debt,* amortissement de dettes, extinction de dettes. *Due debt,* dette exigible. *Floating debt,* dette publique non consolidée. *Joint and several debt,* dette solidaire. *Irrecoverable debt,* créance irrécouvrable. *Irrevocable debt,* créance irrévocable. *Outstanding debt,* dette active, à recouvrer. *Privileged debt,* dette privilégiée. *Remission of a debt,* remise d'une dette. *Secured debt,* dette garantie. *Unsecured debt,* dette chirographaire.

debt-collector [-kə'lektə*] *s.* agent de recouvrement.

debtor [-ə*] *s.* débiteur. *Debtor account,* compte débiteur. *Debtor country,* pays débiteur. *Insolvent debtor,* débiteur insolvable.

decarbonize [di:'kɑ:bənaiz] *vt.* FIN. purifier, assainir.

decartelization [di'kɑ:telaizeiʃən] *s.* décartellisation.

decasualization [di'kæʒjuəlaizeiʃən] *s.* régularisation du travail.

decasualize [di'kæʒjuəlaiz] *vt.* changer le caractère aléatoire de.

decay [di'kei] *vi.* péricliter.

deceased [di'si:st] *adj.* décédé. *Deceased estate,* succession.

deceit [di'si:t] *s.* JUR. fraude.

decelerate [di:'seləreit] *vi.* U. S. ralentir.

decentralization [di:,sentrəlai'zeiʃən] *s.* décentralisation.

decipher [di'saifə*] *vt.* déchiffrer.

decision [di'siʒən] *s.* décision. *We abide by our decision,* nous nous en tenons à notre décision. *To come to a decision,* prendre une décision. *To delay (postpone) a decision,* réserver une décision.

decisive [di'saisiv] *adj.* décisif, concluant.

deck [dek] *s.* pont. *Deck cargo,* pontée, cargaison sur le pont. *Deck load,* pontée, cargaison sur le pont.

declarant ['diklεərənt] *s.* JUR. déclarant.

declaration [,deklə'reiʃən] *s.* **1.** déclaration (de valeur). *Declaration above value,* déclaration au-dessus de la valeur. *Declaration under value,* déclaration au-dessous de la valeur. — **2.** DOUANES *Customs declaration,* déclaration en douane. *Declaration for free exportation,* déclaration de libre sortie; *declaration for free importation,* déclaration de libre entrée. — **3.** BOURSE *Declaration of options,* réponse des primes.

declare [di'klεə*] *vt.* **1.** déclarer. *To declare a dividend,* déclarer un dividende. — **2.** BOURSE *To declare an option,* répondre à une prime.

decline [di'klain] *s.* déclin, ralentissement, baisse. BOURSE *Sharp decline in prices,* forte baisse des cours.

decline *vt.* décliner, refuser.

decline *vi.* fléchir, baisser, décliner. COMPT. *Declining balance method,* méthode du solde décroissant.

decode ['di:'koud] *vt.* déchiffrer.

decoke [di:'kouk] *vt.* FIN., FAM. purifier, assainir.

deconcentration [di:kɔnsen'treiʃən] *s.* décartellisation.

decontrol ['di:'kɔntroul] *s.* FIN. libération.

decontrol ['di:kən'troul] *vt.* détaxer.

decrease [di:'kri:s] *s.* diminution, décroissement. *Decrease in unemployment,* régression du chômage. *To be on the decrease,* être en baisse.

decrease *vt.* diminuer.

decrease *vi.* diminuer, décroître.

decree [di'kri:] *s.* décret, arrêté. JUR. *Decree in bankruptcy,* jugement déclaratif de faillite.

dedicate ['dedikeit] *vt.* U. S. inaugurer.

deduct [di'dʌkt] *vt.* déduire, défalquer, retrancher. *After deducting the expenses,* déduction faite des frais. *To be deducted,* à déduire. *To deduct beforehand,* précompter. *We can deduct 3 % from the quoted prices,* nous pouvons rabattre 3 % sur le prix indiqué.

deductible [di'dʌktibl] *adj.* déductible.

deduction [di'dʌkʃən] *s.* déduction. *Arbitrary deduction of 25 %,* prélèvement forfaitaire de 25 %. *Previous deduction,* prélèvement.

deed [di:d] *s.* acte (document). *Deed of assignment,* acte de transfert. *Deed of conveyance,* acte de cession. *Deed of gift,* acte de donation. *Deed of partnership,* acte de société. *Deed of property,* titre de propriété. *Deed of protest,* acte de protêt. *Deed of transfer,* acte translatif de propriété. *Deed-poll,* acte unilatéral, contrat à titre gratuit.

deed *vt.* U. S. transférer par acte.

deface [di'feis] *vt.* effacer, oblitérer.

defalcate [di:'fælkeit] *vi.* détourner des fonds.

defalcation [,di:fæl'keiʃən] *s.* **1.** détournement de fonds. — **2.** fonds manquants, déficit (de caisse). *To make up for defalcation,* combler un déficit de caisse.

defalcator ['di:fælkeitə*] *s.* détourneur de fonds.

default [di'fɔ:lt] *s.* **1.** manquement (à une promesse, etc.). — **2.** BOURSE déconfiture. *Default price,* cours de résiliation. — **3.** JUR. *Judgment by default,* jugement par défaut, par contumace. *Default of heirs,* déshérence. — **4.** carence. *Default in paying,* défaut de paiement.

default *vi.* **1.** JUR. faire défaut. — **2.** BOURSE faillir à ses engagements.

default *vt.* condamner par défaut.

defaulter [di'fɔ:ltə*] *s.* **1.** délinquant. — **2.** contumace. — **3.** auteur de détournement de fonds. — **4.** BOURSE défaillant, failli.

defaulting [di'fɔ:ltiŋ] *adj.* BOURSE défaillant; JUR. qui n'a pas comparu (témoin).

defeasance [di'fi:zəns] *s.* **1.** JUR. : **a)** annulation, abrogation; **b)** contre-lettre. — **2.** *Defeasance clause,* clause résolutoire de contrat.

defeasible [di'fi:zəbl] *adj.* annulable.

defect ['di:fekt] *s.* **1.** défaut, insuffisance. — **2.** défectuosité, vice de construction. *Defect of manufacturing,* défaut de fabrication. *Patent defects,* défauts apparents.

defective [di'fektiv] *adj.* défectueux.

defendent [di'fendənt] *s.* JUR. défendeur.

defensibility [di,fensi'biliti] *s.* bien-fondé.

defer [di'fə:*] *vt.* différer, ajourner, renvoyer. *To defer the payment to a later date,* remettre le paiement à une date ultérieure.

defer *vi.* **1.** être différent de. — **2.** déférer, se soumettre à.

deference ['defərəns] *s.* déférence. *Out of deference to,* par déférence pour.

deferment [di'fə:mənt] *s.* ajournement, remise.

deferred [di'fə:d] *adj.* différé. *Deferred annuity,* annuité (rente) différée. *Deferred calls on shares,* appels différés sur actions. *Deferred interest certificate,* script. *Deferred payment,* facilités de paiement. ADM. *Deferred payment,* rappel (de traitement). *Deferred sale,* vente à tempérament. *Deferred share,* action différée. POSTE *Deferred telegram,* télégramme différé.

defiance [di'faiəns] *s.* défi. *In defiance of,* au mépris de.

deficiency [di'fiʃənsi] *s.* **1.** insuffisance, défaut, imperfection. — **2.** déficit, découvert, manquant.

deficient [-nt] *adj.* défectueux. *Deficient packing,* emballage défectueux.

deficit ['defisit] *s.* moins-value, déficit, découvert. *Deficit spending,* impasse budgétaire. *To close up with a deficit,* se solder par un déficit. *To meet (make up, make good) a deficit,* combler un déficit. *To show a deficit,* accuser un déficit.

definite ['definit] *adj.* bien déterminé, précis. *Definite order,* commande ferme.

deflate [di'fleit] *vt.* diminuer (la circulation monétaire).

deflation [-ʃən] *s.* déflation.

deflationary [-ri] *adj.* de déflation. *Deflationary policy,* politique de déflation.

deflationist [-ist] *s.* partisan de la déflation.

defraud [di'frɔ:d] *vt.* **1.** JUR. frauder (le fisc). — **2.** léser qqn.

defray [di'frei] *vt.* rembourser les frais, prendre à sa charge.

defrayable [-əbl] *adj.* à la charge (*by,* de).

defrayal [-əl] *s.* remboursement des frais.

defy [di'fai] *vt.* défier. *Our prices defy competition,* nos prix sont compétitifs, sans concurrence.

degree [di'gri:] *s.* degré. *In a lesser degree,* dans une moindre mesure. *To some degree,* jusqu'à un certain point.

delay [di'lei] *s.* délai, retard. *Our order cannot be delayed,* notre commande ne peut souffrir aucun délai. *To grant a delay,* accorder un délai. *Without delay,* sans retard.

delay *vt.* retarder, ajourner, réserver. *To delay a decision,* réserver une décision.

del credere [del'kredəri] *adj.* ducroire. *Del credere agent,* commissionnaire ducroire. *Del credere commission,* commission ducroire.

delegate ['deligeit] *s.* délégué.

delegate *vt.* déléguer.

delegation [,deli'geiʃən] *s.* délégation; JUR. subrogation.

delete [di'li:t] *vt.* effacer, raturer. *Delete as required,* rayer les mentions inutiles.

deletion [-ʃən] *s.* rature, annulation, suppression.

deliberate [di'librit] *adj.* délibéré, intentionnel.

deliberate [di'libəreit] *vt.* et *vi.* délibérer.

deliberation [di,libə'reiʃən] *s.* délibération.

delineate [di'linieit] *vt.* esquisser (un projet).

delinquent [di'liŋkwənt] *adj.* coupable. U. S. *Delinquent taxes,* impôts non payés à l'échéance, majoration pour retard.

deliver [di'livə*] *vt.* **1.** délivrer (des billets). — **2.** livrer. *To deliver goods,* livrer des marchandises.

deliverable [-rəbl] *adj.* livrable.

deliveree [-ri:] *s.* U. S. destinataire.

deliverer [-rə*] *s.* livreur; BOURSE DE MARCHANDISES créateur de la filière.

delivery [-ri] *s.* remise, livraison. *Delivery free domicile,* livraison franco domicile. *Delivery note,* bulletin de livraison. FIN. *Delivery of stocks,* délivrance, cession de titres. *Delivery order,* bon de livraison à valoir sur connaissement, déclaration de transfert. *Delivery-van,* voiture de livraison. *For delivery,* au comptant. *Forward delivery,* livraison à terme. *Interest in delivery,* intérêt à la livraison. *Overside delivery,* livraison sous palan. *Terms of delivery,* conditions de livraison. U. S. POSTE *The General Delivery,* la poste restante. *Special delivery,* par exprès. *Times of delivery,* heures de distribution. *To be bad delivery,* être de mauvaise livraison (titres). *To be good delivery,* être de bonne livraison (titres).

demand [di'mɑ:nd] *s.* demande. *Demand bill,* traite à vue. *Demand curve,* courbe de demande. *Demand deposit,* dépôt à vue. *Demand deposit-account,* compte de dépôt à vue. *Demand draft,* traite à vue. *Demand note,* engagement de payer à la première demande, bon à vue. *Demand price,* prix demandé. *Demand pull inflation,* inflation par la demande. *Demand rate,* taux à vue, cours à vue.

Consumer demand, demande des consommateurs. *Excess demand,* demande excédentaire. *In limited demand,* en faible demande. *On demand,* sur demande, à vue. *Seasonal demand,* demande saisonnière. *Your demand can be satisfied,* nous pouvons faire face à votre commande.

demand *vt.* réclamer, exiger. *This consignment demands great care,* cet envoi exige beaucoup de soins.

demandant [di'mα:ndənt] *s.* JUR. demandeur, plaignant.

demisable [di'maizəbl] *adj.* JUR. transférable, cessible.

demise [di'maiz] *vt.* JUR. céder à bail (un terrain), transmettre.

demit [di'mit] *vt.* se démettre. *To demit office,* se démettre de ses fonctions.

demographic [di:'mɔgrəfik] *adj.* démographique.

demonetization [di:,mɔnitai'zeiʃən] *s.* démonétisation.

demonstrate ['deməstreit] *vt.* démontrer.

demonstrator ['deməstreitə*] *s.* démonstrateur.

demote [di'mout] *vt.* U. S. rétrograder.

demotion [di'mouʃən] *s.* U. S. rétrogradation.

demurrage [di'mʌridʒ] *s.* **1.** MAR. surestaries, indemnité de surestaries. *The demurrage is payable to a shipowner by the charterer for failure to load or discharge a ship within the stipulated time,* l'indemnité de surestaries est due au propriétaire du navire par l'affréteur au cas où le chargement ou le déchargement ne s'effectuent pas dans les délais convenus. *Demurrage shall run against the charterer,* les surestaries seront à la charge de l'affréteur. — **2.** CH. DE FER magasinage, droit de magasinage.

denationalization ['di:,næʃnəlai'zeiʃən] *s.* dénationalisation.

denial [di'naiəl] *s.* dénégation, démenti (*to,* à). JUR. *Denial of justice,* déni de justice.

denomination [di,nɔmi'neiʃən] *s.* **1.** dénomination. — **2.** coupure. *In small denomination,* en petites coupures.

deny [di'nai] *vt.* **1.** nier (un fait). — **2.** désavouer (un contrat).

department [di'pα:tmənt] *s.* rayon, service. COMPT. *Accounts department,* service de la comptabilité. *Department invoice,* facture d'ordre. *Department store,* grand magasin. *Commercial department* (U. S. *merchandising department*), service commercial. *Engineering department,* bureau d'études. *Forwarding department,* service de l'expédition. *Joint cargo-department,* service de groupage. *Service department,* section auxiliaire. *Solicitor's department,* service du contentieux. U. S. *Traffic department,* service du mouvement (dans une usine).

departmental [,di:pα:t'məntl] *adj.* qui se rapporte à un service. *Departmental chief,* chef de rayon. COMPT. *Departmental ledger,* grand livre fractionnaire. *Departmental stock sheet,* fiche d'inventaire par service, par rayon.

departmentalization [-aizeiʃən] *s.* U. S. COMPT. répartition en centres de frais.

departure [di'pα:tʃə*] *s.* **1.** départ. — **2.** orientation, tendance.

depend [di'pend] *vi.* compter sur. *You may depend upon us,* vous pouvez compter sur nous.

dependable [di'pendəbl] *adj.* digne de confiance.

dependent [-ənt] *adj.* dépendant, tributaire (*on,* de). *Two dependent children,* deux enfants à charge.

deplete [di'pli:t] *vt.* épuiser.

depletion [-ʃən] *s.* épuisement ; U. S. amortissement par épuisement (d'une mine, etc.).

deposit [di'pɔzit] *s.* **1.** dépôt. *Deposit account,* compte de dépôts à terme, ou à préavis. *Deposit at long notice,* dépôt à long terme. *Deposit at short notice,* dépôt à court terme. *Deposit interest,* intérêt de dépôt. *Deposit money,* monnaie scripturale. *Deposit on giro account,* dépôt de virement. *Deposit slip,* bordereau de versement. *Fixed deposit,* dépôt à échéance fixe. *Savings-bank deposit,* dépôt à la caisse d'épargne. *Unsealed deposit,* dépôt à découvert. — **2.** caution, cautionnement, provision. Ass. MAR. *General average deposit,* cautionnement pour avarie grave.

deposit *vt.* déposer. FIN. *To deposit a security with,* déposer une garantie chez. DOUANES *To deposit the duty,* cautionner les droits.

depositary [-təri] *s.* dépositaire.

deposited [-təd] *adj.* déposé.

depositor [-ə*] *s.* déposant.

depot ['di:pou] *s.* dépôt, entrepôt. U. S. CH. DE FER *Freight depot,* gare de marchandises.

deprecate ['deprikeit] *vt.* désapprouver, désavouer.

depreciable [di'pri:ʃiəbl] *adj.* amortissable.

depreciate [di'pri:ʃieit] *vt.* **1.** déprécier, rabaisser. — **2.** amortir (l'outillage).

depreciate *vi.* se déprécier.

depreciation [di,pri:ʃi'eiʃən] *s.* **1.** dépréciation (de l'argent), moins-value, avilissement. *Our shares show a depreciation,* nos actions enregistrent une baisse. — **2.** COMPT. amortissement. *Depreciation allowance,* provision pour amortissement. *Depreciation rate,* taux d'amortissement.

depress [di'pres] *vt.* déprimer, faire baisser. *Depressed market,* marché déprimé.

depression [-ʃən] *s.* dépression, crise, affaissement, marasme ; FIN. baisse. *Trade depression,* crise économique.

deputize ['depjutaiz] *vt.* U. S. désigner comme suppléant.

deputize *vi.* U. S. assurer l'interim.

deputy ['depjuti] *s.* délégué. *Deputy chairman,* vice-président. *Deputy chief,* sous-chef. *Deputy clerk,* sous-chef. JUR. *Deputy guardian,* subrogé tuteur. *Deputy manager,* sous-directeur.

derate [di:'reit] *vt.* dégrever (une industrie).

derelict ['derilikt] *s.* navire abandonné, épave.

derogation [,derə'geiʃən] *s.* dérogation (*from,* à).

derogatory [di'rɔgətəri] *adj.* dérogatoire (*from,* à).

describe [dis'kraib] *vt.* JUR. désigner (des marchandises, etc.).

description [dis'kripʃən] *s.* **1.** désignation, description. *Description column,* colonne du libellé. *Description of contents,* désignation du contenu. — **2.** DOUANES description. *Description of goods in normal trade terminology,* désignation de la marchandise d'après ses appellations usuelles et commerciales. *Name, address and description,* nom, adresse et qualité. *To answer to the description,* répondre au signalement, être conforme à la désignation.

deservedly [di'zə:vidli] *adj.* à juste titre, à bon droit.

deserving [di'zə:viŋ] *adj.* méritant, méritoire.

design [di'zain] *s.* **1.** dessein, projet, but. *Design capacity,* potentiel prévu, production prévue. — **2.** dessin, modèle, représentation. *Our latest designs,* nos derniers modèles. *This machine is of well-worked out design,* cette machine est bien étudiée.

design *vt.* **1.** destiner (*for,* à). — **2.** se proposer (de faire). — **3.** dessiner, créer, inventer.

designate ['dezigneit] *vt.* désigner, nommer.

designation [,dezig'neiʃən] *s.* désignation.

designedly [di'zainidli] *adv.* à dessein, de propos délibéré.

designer [-ə*] *s.* dessinateur. *Dress-designer,* modéliste.

designing [-iŋ] *s.* dessin, création, étude. *Designing department,* atelier d'études, bureau d'études.

desire [di'zaiə*] *vt.* désirer, avoir envie de. *It leaves much to be desired,* cela laisse beaucoup à désirer.

desk [desk] *s.* bureau. U. S. *The desk,* le secrétariat de la rédaction. *Front desk,* directeur commercial, chef de groupe.

despatch. V. DISPATCH.

destination [,desti'neiʃən] *s.* destination. *Immovable by destination,* immeuble par destination. *Place of destination,* lieu de destination. *To arrive at destination,* arriver à destination.

desultory ['desəltəri] *adj.* décousu, sans suite, sans méthode.

detach [di'tætʃ] *vt.* détacher, séparer. *To detach along the dotted line,* détacher suivant le pointillé.

detachable [-əbl] *adj.* détachable, amovible.

detached [-t] *adj.* détaché, séparé.

detail ['di:teil] *s.* détail, particularité. *In the fullest details,* dans les plus grands détails. *To enter into all details,* donner tous les détails.

detail *vt.* détailler.

detailed [-d] *adj.* détaillé, circonstancié. *Detailed list,* liste détaillée.

detain [di'tein] *vt.* retenir, retarder, arrêter, détenir.

detect [di'tekt] *vt.* découvrir, localiser.

detention [di'tenʃən] *s.* détention. ASS. MAR. *Damage for detention,* contrestaries.

deteriorate [di'tiəriəreit] *vt.* détériorer, déprécier.

deteriorate *vi.* se détériorer, s'altérer. *Our articles do not deteriorate,* nos articles sont inaltérables.

determinable [di'tə:minəbl] *adj.* dosable, déterminable; JUR. résoluble (contrat).

determination [di,tə:mi'neiʃən] *s.* **1.** détermination, fixation, délimitation. — **2.** JUR. résolution, expiration.

determine [di'tə:min] *vt.* et *vi.* JUR. résoudre, se résoudre, expirer.

detinue ['detinju:] *s.* JUR. détention illégale. *Action of detinue,* action de restitution.

detour ['deituər*] *vt.* U. S. dévier (la circulation).

detriment ['detrimənt] *s.* détriment, préjudice. *To the detriment of,* aux dépens de. *Without detriment,* sans préjudice de.

detrimental [,detri'mentl] *adj.* préjudiciable (*to,* à). *Your intervention would be detrimental to us,* votre intervention nous desservirait.

devalorization [,di:vælərai'zeiʃən] *s.* dévalorisation.

devalorize [di:'væləraiz] *vt.* dévaloriser.

devaluation [,di:vælju'eiʃən] *s.* dévaluation.

devalue [di:'vælju:] *vt.* dévaluer.

develop [di'veləp] *vt.* développer; U. S. révéler, faire apparaître. *To develop a district,* mettre en valeur une région.

develop *vi.* se développer.

development [-mənt] *s.* **1.** développement. U. S. *Executive development,* perfectionnement des cadres supérieurs. — **2.** évolution. *Expecting further development,* dans l'attente de faits nouveaux.

deviate ['di:vieit] *vi.* dévier, s'écarter de.

deviation [,di:vi'eiʃən] *s.* **1.** déviation, écart (en statistique). — **2.** ASS. MAR. déroutement.

device [di'vais] *s.* expédient, moyen, dispositif.

devise [di'vaiz] *s.* JUR. legs (de biens immobiliers).

devise *vt.* **1.** inventer, imaginer, combiner. — **2.** JUR. léguer (des biens immobiliers).

devisee [,devi'zi:] *s.* JUR. légataire, héritier.

devolution [,di:və'lu:ʃən] *s.* décentralisation administrative.

devolve [di'vɔlv] *vt.* et *vi.* déléguer, transmettre (des pouvoirs); revenir, incomber, échoir (*on, upon, to,* à).

devote [di'vout] *vt.* consacrer, affecter à.

diagram ['daiəgræm] *s.* diagramme. *Isometric diagram,* diagramme isométrique. *String diagram,* diagramme à ficelle.

diagram *vt.* représenter de façon schématique.

dial ['daiəl] *s.* cadran. POSTE *Dial-telephone,* l'automatique.

dial *vt.* POSTE faire, composer un numéro au téléphone.

diamond ['daiəmənd] *s.* diamant. *Diamond shares,* diamantifères (valeurs).

diary ['daiəri] *s.* agenda. *Bill diary,* carnet d'échéances.

dicker ['dikə*] *vt.* U. S. marchander.

dictation [dik'teiʃən] *s.* dictée. *To write under dictation,* écrire sous la dictée.

dictionary ['dikʃənəri] *s.* dictionnaire. *To look up in the dictionary,* chercher dans le dictionnaire.

differ ['difə*] *vi.* différer (*from,* de). *We differ on the delivery date,* nous sommes en désaccord sur la date de livraison.

difference ['difrəns] *s.* **1.** différence, écart. BOURSE *Difference between cash and settling,* report. *Difference in prices,* différence de prix. *Difference of exchange,* différence de cours. *It makes no difference,* cela ne fait rien. — **2.** dispute, désaccord, différend. *To settle a difference,* régler un différend.

different [-nt] *adj.* différent (*from,* de).

differential [,difə'renʃəl] *adj.* différentiel. *Differential freight rate,* fret de transport différentiel.

differential *s.* moyen d'identification. *The package is a differential,* l'emballage est un moyen d'identification.

differentiation [,difərenʃi'eiʃən] *s.* différentiation.

difficult ['difikəlt] *adj.* difficile. *You will find it difficult to,* vous aurez de la peine à.

difficulty [-i] *s.* difficulté, obstacle, embarras. *To face difficulty,* faire face à la difficulté. *It would give rise to difficulties,* cela entraînerait des difficultés.

diffuse [di'fju:z] *vt.* diffuser, répandre.

digest [di'dʒest] *vt.* résumer.

dilapidation [di,læpi'deiʃən] *s.* dilapidation, détérioration.

dilution [dai'lu:ʃən] *s.* JUR. *Dilution of labour,* adjonction de main-d'œuvre non qualifiée.

dime ['daim] *s.* U. S. dime (1/10 de dollar). *Dime store,* magasin à prix unique.

dimension [di'menʃən] *s.* échantillon, dimension.

diminish [di'miniʃ] *vt.* diminuer, réduire.

diminish *vi.* s'amoindrir, aller en diminuant.

diminishing [-iŋ] *adj.* qui diminue. *Law of diminishing returns,* loi du rendement non proportionnel, loi des rendements décroissants.

diminution [,dimi'nju:ʃən] *s.* réduction, abaissement. *To experience a diminution,* subir une baisse.

dip [dip] *vi.* BOURSE fléchir.

direct [di'rekt] *adj.* direct. BOURSE *Direct exchange,* change direct, le certain.

direct *vt.* **1.** s'adresser (*to,* à). — **2.** gérer, diriger (une entreprise). — **3.** ordonner. *As directed,* selon les instructions.

direction [di'rekʃən] *s.* **1.** direction, administration. — **2.** direction, sens. — **3. directions** *s. pl.* instructions. *Directions for use,* mode d'emploi. *According to your directions,* selon vos instructions.

directly [-tli] *adv.* directement, absolument, immédiatement.

director [-ə*] *s.* administrateur, directeur. *Board of directors,* conseil d'administration. *Managing director,* administrateur délégué. *Director's report,* rapport de gestion.

directorate [-rit] *s.* conseil d'administration, direction.

directorateship [-ʃip] *s.* fonctions d'administrateur.

directory [di'rektəri] *s.* annuaire, livre d'adresses, Bottin; U. S. conseil d'administration (d'une compagnie). POSTE

Directory enquiry, service de renseignements.

disability [,disə'biliti] *s.* incapacité, invalidité; JUR. servitude. *Disability pension,* pension d'invalidité.

disablement [dis'eiblmənt] *s.* incapacité de travail. *Degree of disablement,* coefficient d'invalidité. *Permanent disablement,* incapacité permanente de travail.

disaffirm [,disə'fə:m] *vt.* JUR. défaire (une convention), dénoncer (un contrat).

disaffirmation [,disæfə:'meiʃən] *s.* JUR. annulation.

disagreement [,disə'gri:mənt] *s.* différence, désaccord.

disallow ['disə'lau] *vt.* ne pas admettre, rejeter.

disallowance [,disə'lauəns] *s.* refus de reconnaître la validité.

disarrange ['disə'reindʒ] *vt.* déranger, dérégler.

disaster [di'zɑ:stə*] *s.* désastre, sinistre. *Victim of a disaster,* sinistré.

disburse [dis'bə:s] *vt.* débourser. ADM. *Disbursing official,* payeur.

disbursement [-mənt] *s.* **1.** déboursement. — **2. disbursements** *s. pl.* débours, frais. *Disbursements account,* note de débours. *To recover one's disbursements,* rentrer dans ses débours.

discharge [dis'tʃɑ:dʒ] *s.* **1.** déchargement. *Under discharge,* en déchargement. — **2.** renvoi, congédiement. — **3.** JUR. mise en liberté. *Discharge in bankruptcy,* réhabilitation (d'un failli). — **4.** paiement, décharge, quittance. *Discharge voucher,* avis de décharge. *Final discharge,* quitus. *In full discharge,* pour acquit. *To grant discharge to the board of directors,* donner décharge aux administrateurs.

discharge *vt.* **1.** décharger. — **2.** congédier, renvoyer. — **3.** JUR. libérer, renvoyer. *Discharged bankrupt,* failli réhabilité. — **4.** acquitter, liquider, solder. *To discharge an account,* décharger un compte.

dischargeable [-əbl] *adj.* **1.** JUR. réhabilitable (failli). — **2.** acquittable, payable (dette).

disclaim [dis'kleim] *vt.* **1.** JUR. se désister de. *To disclaim responsibility,* rejeter toute responsabilité. — **2.** désavouer.

disclaimer [-ə*] *s.* **1.** JUR. désistement. — **2.** démenti.

disclosure [dis'klouʒə*] *s.* révélation. *Full disclosure,* résiliation.

discount ['diskaunt] s. **1.** remise, rabais. U. S. *Discount house,* rabescompteur (magasin de détail vendant au-dessous des prix légaux une gamme réduite d'articles grâce à la rotation accélérée des stocks). *Discount price,* prix modéré. *Cash discount,* escompte de caisse. *Trade discount,* remise sur les marchandises, sur facture, d'usage. *To allow a discount of,* accorder un escompte de. — **2.** FIN. escompte. *Discount bank,* banque d'escompte. *Discount broker,* courtier d'escompte. *Discount house,* maison d'escompte. *Discount terms,* conditions d'escompte. *Bank discount,* escompte en dehors, irrationnel. *True discount,* escompte en dedans, rationnel. *To tender for discount,* présenter à l'escompte. — **3.** BOURSE disagio. *Our shares are at a discount,* nos actions sont en perte, au-dessous du pair. *Our shares sell at a discount,* nos actions se vendent à perte.

discount *vt.* escompter, faire l'escompte de. *Discounted bills,* effets escomptés.

discountable [-əbl] *adj.* escomptable, bancable.

discounter [-ə*] *s.* escompteur.

discovery [dis'kʌvəri] *s.* JUR. communication (de documents).

discredit ['dis'kredit] *s.* discrédit. *To bring discredit on,* discréditer.

discreet [dis'kri:t] *adj.* discret, avisé.

discretion [dis'kreʃən] *s.* discrétion, réserve, latitude. MAR. *At master's 'discretion,* à la diligence du capitaine. *At your discretion,* à votre gré.

discretionary [-əri] *adj.* discrétionnaire. BOURSE *Discretionary order,* ordre à appréciation.

discriminate [dis'krimineit] *vt.* distinguer.

discriminating [-iŋ] *adj.* distinctif. *Discriminating duty,* tarif différentiel.

discrimination [dis,krimi'neiʃən] *s.* discrimination.

discriminatory [-təri] *adj.* discriminatoire, distinctif.

discuss ['diskʌs] *vt.* discuter, débattre.

discussion [dis'kʌʃən] *s.* discussion. *The question must be brought up for discussion,* la question doit être débattue.

disease [di'zi:z] *s.* maladie. *Occupational disease,* maladie professionnelle.

disembark [,disim'bɑ:k] *vt.* et *vi.* débarquer.

disencumber ['disin'kʌmbə*] *vt.* JUR. dégrever, payer (une hypothèque), déshypothéquer.

disequilibrium ['disi:kwi'libriəm] *s.* déséquilibre.

dishonest [dis'ɔnist] *adj.* malhonnête.

dishonour [dis'ɔnə*] *s.* non-paiement, non-acceptation (d'un effet, etc.).

dishonour *vt.* ne pas honorer. *To dishonour a draft,* laisser protester un effet.

disincentive [,disin'sentiv] *s.* élément dissuasif.

disinflation [,disin'fleiʃən] *s.* désinflation.

disinvestment [,disin'vestmənt] *s.* rapatriement (de capitaux), désinvestissement.

dismiss [dis'mis] *vt.* 1. congédier, révoquer, destituer, licencier. — 2. rejeter, écarter (une proposition).

dismissal [-əl] *s.* renvoi, licenciement, révocation, rejet.

disparity [dis'pæriti] *s.* disparité, inégalité.

dispatch [dis'pætʃ] *s.* 1. expédition, envoi. *Dispatch note,* bordereau d'expédition, bulletin d'expédition. *Dispatch service,* service des expéditions. *The value must be stated in the currency of the country of dispatch,* la valeur doit être indiquée dans la monnaie du pays de départ. — 2. expédition (d'une affaire). — 3. célérité, diligence ; MAR. dispatch. *Dispatch money,* prime de rapidité, dispatch money. *With all possible dispatch,* en toute diligence. — 4. bureau de messagerie.

dispatch *vt.* expédier.

dispatcher [-ə*] *s.* expéditeur.

displace [dis'pleis] *vt.* 1. déplacer. — 2. BOURSE déclasser. *Displaced shares,* actions déclassées.

displacement [-mənt] *s.* 1. déplacement, destitution. — 2. BOURSE déclassement (d'actions). — 3. MAR. déplacement. *Light displacement,* déplacement à vide. *Load displacement,* déplacement en charge.

display [dis'plei] *s.* exposition, étalage.

display *vt.* étaler, exposer.

disposable [dis'pouzəbl] *adj.* disponible. *The personal disposable income is the income an individual receives after tax and other deductions have been made,* le revenu personnel disponible est le revenu perçu par un particulier après déduction de l'impôt et autres retenues. U. S. *Disposable wrapping,* emballage perdu.

disposal [dis'pouzəl] *s.* 1. disposition. *We hold at your entire disposal,* nous tenons à votre entière disposition. — 2. délivrance (de marchandises). *Disposal of goods,* destination donnée aux marchandises. — 3. JUR. *Disposal of property,* dispositions testamentaires.

dispose [dis'pouz] *vi.* disposer de. *To dispose of goods,* vendre des marchandises. *These goods can be easily disposed of,* ces marchandises sont d'un écoulement facile.

dispossession [,dispə'zeʃən] *s.* éviction, expropriation.

dispute [dis'pju:t] *s.* contestation, controverse. *Beyond dispute,* incontestable. *Labour dispute,* conflit du travail.

dispute *vt.* débattre, discuter. *Disputed claims office,* contentieux. *Under dispute,* en litige.

disruption [dis'rʌpʃən] *s.* éclatement (d'un marché).

dissaving [dis'seiviŋ] *s.* désépargne, épargne négative.

disseize [dis'si:z] *vt.* JUR. déposséder.

dissolution [,disə'lu:ʃən] *s.* dissolution.

dissolvable [di'zɔlvəbl] *adj.* JUR. dissoluble.

dissolve [di'zɔlv] *vt.* dissoudre, résilier.

dissolve *vi.* se dissoudre.

distant ['distənt] *adj.* éloigné, lointain. POSTE *Distant subscriber,* le demandé (au téléphone).

distinctive [dis'tiŋktiv] *adj.* distinctif. *Distinctive number,* numéro d'identification.

distort [dis'tɔ:t] *vt.* altérer, fausser, déformer.

distrain [dis'trein] *vi.* saisir.

distrainable [-əbl] *adj.* saisissable.

distrainee [,distrei'ni:] *s.* saisi (débiteur).

distrainer [dis'treinə*] *s.* saisissant.

distraint [dis'treint] *s.* saisie.

distress [dis'tres] *s.* **1.** détresse. MAR. *Ship in distress,* navire en perdition. — **2.** JUR. saisie-gagerie. *Distress-sale,* vente de biens saisis. *Distress-warrant,* mandat de saisie. — **3.** U. S. *Distress-goods,* marchandises sacrifiées à très bas prix.

distribute [dis'tribju:t] *vt.* distribuer, répartir, partager.

distribution [,distri'bju:ʃən] *s.* distribution, répartition. *Distribution of the dividend,* répartition de dividende.

distributive [dis'tribjutiv] *adj.* distributif. *Distributive trade,* commerce de distribution.

distributor [-ə*] *s.* distributeur, concessionnaire.

district ['distrikt] *s.* **1.** région, secteur, quartier. *District manager,* directeur régional. *Postal district,* secteur postal. — **2.** JUR. U. S. *District attorney,* procureur du gouvernement; *district court,* cour fédérale.

distrust [dis'trʌst] *s.* méfiance.

distrust *vt.* se méfier de.

disturb [dis'tə:b] *vt.* déranger; JUR. troubler (la jouissance de). BOURSE *Disturbed market,* marché agité.

disturbance [-əns] *s.* dérangement, trouble, perturbation; JUR. trouble de jouissance.

disuse [dis'ju:s] *s.* abandon, désuétude. *To fall into disuse,* tomber en désuétude.

divergence [dai'və:dʒəns] *s.* divergence.

divergent [-ənt] *adj.* divergent.

divert [dai'və:t] *vt.* détourner, dévier (*from,* de).

divestiture [dai'vəstitʃə*] *s.* JUR. dépossession.

divide [di'vaid] *vt.* et *vi.* diviser, répartir, se diviser (*into, in,* en). *To divide the profits,* répartir les bénéfices.

dividend ['dividend] *s.* dividende, répartition. *Cum-dividend* (U. S. *dividend on*), coupon attaché. *Cumulative dividend,* dividende récupérable. *Dividend announcement,* déclaration de dividende. *Dividend counterfoil,* talon de dividende. *Dividend limitation,* blocage des dividendes. *Dividend mandate,* coupon d'arrérages, ordonnance de paiement de dividendes. *Dividend share,* action de jouissance. *Dividend-warrant,* coupon d'arrérages, dividend-warrant. *Ex-dividend* (U. S. *dividend off*), coupon détaché. *Extra dividend,* dividende supplémentaire. *Final dividend,* dernière répartition, solde de dividende. *Gross dividend,* dividende brut. *Half-yearly dividend,* dividende semestriel. *Notice of dividend,* état de dividende. *Over the year 1965 dividend,* dividende de l'année 1965. *Preferential dividend,* dividende privilégié.

divisible [di'vizəbl] *adj.* divisible.

division [di'viʒən] *s.* partage. *Division in a succession,* partage de succession.

divisional [-ənl] *adj.* divisionnaire. *Divisional coin,* monnaie divisionnaire, d'appoint.

divisor [-aisə*] *s.* diviseur.

do up [duʌp] *vt.* emballer, envelopper. *The doing up sells the good,* c'est l'emballage qui fait vendre la marchandise.

dock [dɔk] *s.* MAR. dock, bassin. *Dock-dues,* droits de bassin. *Dock-receipt,* reçu des docks. *Dock-warrant,* dock-warrant. *Dry dock,* cale sèche, bassin de carénage; *floating dock,* dock flottant; *graving dock,* cale sèche, bassin de radoub; *tidal dock,* bassin d'échouage; *wet dock,* bassin à flot.

dock *vt.* **1.** MAR. passer au bassin, faire entrer en cale sèche. — **2.** Rogner, retrancher, diminuer (les salaires). — **3.** JUR. *To dock an entail,* annuler une substitution.

dockage [-idʒ] *s.* droits de bassin.

docker ['dɔkə*] *s.* docker, débardeur.

docket ['dɔkit] *s.* **1.** bordereau des pièces d'un dossier. — **2.** étiquette, fiche. — **3.** DOUANES récépissé. — **4.** JUR. registre des jugements; U. S. rôle.

dockyard [-jɑ:d] *s.* chantier de construction navale.

doctrine ['dɔktrin] *s.* doctrine.

document ['dɔkjumənt] *s.* document, pièce. *Accompanying document for loading tackle and containers,* bulletin pour agrès et containers. *Cash against document,* comptant contre documents. *Documents attached to the consignment note,* annexes à la lettre de voiture. *Draft with documents attached,* traite documentaire. *Shipping documents :* **a)** documents d'embarquement; **b)** documents d'expédition. *Taking up of documents,* levée de documents.

document *vt.* MAR. munir un navire des papiers nécessaires.

documentary [,dɔkju'mentəri] *adj.* documentaire. *Documentary credit,* crédit documentaire. *Documentary draft,* traite documentaire. *Documentary proof,* pièce justificative.

documentation [,dɔkjumen'teiʃən] *s.* documentation.

dodge [dɔdʒ] *vt.* éluder, éviter. *To dodge the law,* tourner la loi.

dodger [-ə*] *s.* prospectus.

doldrums ['dɔldrəmz] *s. pl.* marasme.

dole [doul] *s.* indemnité de chômage, allocation. *To be on the dole,* toucher une indemnité.

dollar ['dɔlə*] *s.* dollar. *Dollar area,* zone dollar. *Dollar exchange,* cours du dollar. *Dollar store,* magasin à prix unique. *Security dollar,* dollar titre.

domain [do'mein] *s.* domaine.

domestic [də'mestik] *adj.* domestique. *Domestic agency,* bureau de placement. *Domestic staff,* gens de maison. *Domestic trade,* commerce intérieur.

domicile ['dɔmisail] *s.* domicile. *Domicile commission,* commission de domiciliation.

domicile *vt.* domicilier. FIN. *To domicile a bill with a bank,* domicilier un effet à une banque.

domicile *vi.* se domicilier, s'établir.

dominant ['dɔminənt] *adj.* dominant. JUR. *Dominant tenement,* fonds dominant.

donation [do'neiʃən] *s.* donation. *Deed of donation,* acte de donation. *Donation inter vivos,* donation entre vifs.

donee [dou'ni:] *s.* JUR. donataire.

donor ['dounə*] *s.* JUR. donateur.

door [dɔ:*] *s.* porte. *Our firm affords a door-to-door service,* notre maison assure un service à domicile.

dormant ['dɔ:mənt] *adj.* en désuétude. COMPT. *Dormant account,* compte sans mouvement. *Dormant balance,* solde inactif. *Dormant partner,* associé, commanditaire. JUR. *Dormant warrant,* mandat en blanc.

dot [dɔt] *s.* point.

double [dʌbl] *adj.* double. BOURSE *Double option,* double prime. U. S. *Double page spread,* publicité sur deux pages. FIN. *Double standard,* double étalon. *Double taxation,* double imposition.

doubleback [-bæk] *vt.* replier, rabattre.

double-eagle [-i:gl] *s.* U. S. pièce de 20 dollars.

doubt [daut] *s.* doute. *Beyond doubt,* hors de doute.

doubt *vt.* douter.

doubtful [-ful] *adj.* douteux. U. S. *Doubtful notes and accounts,* créances douteuses.

dough [dou] *s.* U. S. FAM. argent, galette.

dovetail ['dʌvteil] *vt.* raccorder, joindre, assembler. *Technical assistance was dovetailed with loans,* une aide technique est venue s'ajouter aux prêts.

down [daun] *adj.* comptant. *Down payment,* versement initial, acompte. *Down period,* période de fermeture.

downfall [-fɔ:l] *s.* chute, écroulement (d'un cours).

downgrade ['daungreid] *vt.* U. S. réduire en importance.

downgrade *s.* baisse, descente.

downswing [-swiŋ] *s.* U. S. fléchissement du chiffre d'affaires.

downturn [-tə:n] *s.* ralentissement. *"Output continuing high. No signs of consumption downturn"* : « Production toujours élevée. Aucun signe de ralentissement à la consommation. »

downward [-wəd] *adj.* descendant. *Downward tendency,* tendance à la baisse.

dowry ['dauəri] *s.* dot. Ass. *Dowry insurance,* assurance dotale.

dozen ['dʌzn] *s.* douzaine. *By the dozen,* à la douzaine. *In baker's dozen,* treize à la douzaine.

draft ['drɑ:ft] *s.* **1.** tirage (d'un effet). — **2.** traite, effet, lettre de change. *Advice of draft,* avis de traite. *Collection draft,* lettre à l'encaissement. *Foreign draft,* traite sur l'extérieur. *Inland draft,* traite sur l'intérieur. *Sight draft,* traite à vue. — **3.** projet, brouillon, minute. *Draft articles,* projet de statuts. *Draft bill,* projet de loi. *Draft budget,* projet de budget. *Draft reply,* projet de réponse. *Draft with documents attached,* traite documentaire. — **4.** sur-poids.

draft *vt.* rédiger (une lettre, etc.).

drafting-department [-iŋdi'pɑ:tmənt] *s.* U. S. bureau d'études.

drag [dræg] *vi.* traîner, languir. BOURSE *Coppers dragged,* les cuprifères languissent.

drain [drein] *s.* FIN. perte, fuite, drainage. *Drain of money,* drainage, évasion de capitaux.

drastic ['dræstik] *adj.* énergique. *The manager took drastic measures to stem the overhead expenses,* le directeur a pris des mesures énergiques pour enrayer la hausse des frais généraux.

draught [drɑ:ft] *s.* **1.** MAR. tirant d'eau. — **2.** V. DRAFT.

draughtsman ['drɑ:ftsmən] *s.* dessinateur.

draw [drɔ:] *s.* réclame.

draw *vt.* **1.** attirer. *This exhibition draws the crowd,* cette exposition attire la foule. — **2.** FIN. tirer. *To draw a cheque,* tirer un chèque. *To draw at short sight,* tirer à courte échéance. *To draw on s.o.,* tirer (une traite) sur qqn. *Please draw two months' bill on Florence,* veuillez fournir à deux mois sur Florence. *You may draw on us to the extent of,* vous pouvez disposer sur nos caisses jusqu'à concurrence de. — **3.** toucher. *To draw a salary,* toucher un salaire. FIN. *To draw interest,* être productif d'intérêts. — **4.** prélever. *To draw a commission on,* prélever une commission sur. *To draw on the reserves,* recourir aux réserves.

draw out [-aut] *vt.* retirer. *To draw out money from the bank,* retirer de l'argent de la banque.

draw up [-ʌp] *vt.* rédiger, minuter, libeller, établir. *To draw up a balance sheet,* dresser un bilan. *To draw up a budget,* établir un budget. *To draw up a deed,* passer un acte.

drawback [-bæk] *s.* **1.** inconvénient, désavantage. — **2.** FIN. remise, réduction.

— 3. DOUANES remboursement des droits d'importation à la sortie, détaxe, drawback. *The drawback is mostly paid on imported materials which are made up into finished goods for export,* le drawback est le plus souvent payé pour des matières premières importées qui servent à la fabrication de produits finis pour l'exportation.

drawee [drɔː'iː] *s.* tiré, payeur.

drawer [drɔːə*] *s.* tireur, souscripteur. *Refer to drawer,* retour au tireur.

drawing [-iŋ] *s.* 1. prélèvement *Drawing of cash advances,* prélèvement d'avances de caisse. — 2. tirage (au sort). *Redeemable by annual drawing,* amortissable (remboursable) par tirage au sort. — 3. tirage (d'une traite). *Drawing credit,* crédit réalisable par acceptation. *Drawing rights,* droits de tirage. — 4. dessin. *Working drawing,* dessin d'exécution. *Drawing office,* bureau d'études. — 5. *Drawing-account :* a) FIN. compte de dépôt, compte chèque, compte personnel; b) compte prélèvement; c) acompte sur commission.

drawing up [-iŋʌp] *s.* rédaction.

drawn [drɔːn] *p.p.* tiré. *Drawn bond,* obligation sortie au tirage.

dredge [dredʒ] *s.* draguer, dévaser.

dress [dres] *s.* habits, vêtements. *Dress designer,* dessinateur de mode. *Dress stand,* mannequin (de vitrine).

dress *vt.* 1. habiller. — 2. orner. *To dress the window,* faire la vitrine.

drill [dril] *vt.* U. S. trier, classer (des wagons).

dripping ['dripiŋ] *s.* FAM. article qui se vend lentement, mais sûrement.

drive [draiv] *s.* campagne publicitaire.

drive *vt.* conduire, traiter (un marché). *"Drive yourself service",* service de location sans chauffeur. *To drive a hard bargain,* poser des conditions exorbitantes.

driver [-ə*] *s.* 1. CH. DE FER mécanicien. — 2. conducteur.

driving [-iŋ] *s.* conduite (d'une voiture). *Driving licence,* permis de conduire.

droop [druːp] *vt.* BOURSE languir, s'affaisser.

drooping [-iŋ] *s.* fléchissement.

drop [drɔp] *s.* chute, baisse, abaissement, régression. *Drop in prices,* baisse des prix. *Drop in value,* moins-value. *Heavy drop in oils,* débâcle des pétroles. U. S. *Drop shipment,* envoi direct de l'usine au détaillant; *drop shipper,* intermédiaire en gros.

dropping off [-iŋɔf] *s.* diminution.

drop-tag [-tæg] *vt.* U. S. démarquer.

dross ['drɔs] *s.* impuretés, déchet.

drudgery ['drʌdʒəri] *s.* travail pénible, ingrat.

drug ['drʌg] *s.* FAM. un invendable, un rossignol.

drum ['drʌm] *s.* tonneau, tonnelet, bidon.

drum *vi.* U. S. racoler. *To drum for customers,* voyager pour racoler des clients.

drummer [-ə*] *s.* U. S. commis voyageur.

drumming [-iŋ] *s.* racolage de clients, travail de commis voyageur.

dry [drai] *adj.* sec. *Dry cargo,* marchandise (cargaison) sèche. U. S. *Dry goods,* articles de nouveauté, mercerie. *Dry money,* argent liquide. *" To be kept dry ",* « tenir au sec ».

dual ['djuəl] *adj.* double. U. S. *Dual system,* système de double comptabilité.

duck [dʌk] *s.* BOURSE spéculateur insolvable, failli.

dud [dʌd] *adj.* mauvais. *Dud cheque,* chèque sans provision. *Dud goods,* marchandises de mauvaise qualité. *Dud note,* faux billet. *Dud stock,* rossignols.

due [djuː] *adj.* 1. exigible, échu. U. S. *Due bill,* reconnaissance de dette. *Due date,* échéance. *Bill due on,* effet venant à échéance le. *Debts due by us,* dettes passives. *Debts due to us,* dettes actives. *Sum due to us,* somme qui nous est due, qui nous revient. *Sum to become due to us,* somme à nous revenir. *This bill will shortly fall due,* cette traite arrive sous peu à échéance. — **2.** dû, mérité, qui s'impose. *Invoice drawn up in due form,* facture rédigée en bonne et due forme. — **3.** dû à, attribuable à, imputable à. *This omission was due to a clerical error,* cette omission est due à une erreur de secrétariat. — **4.** attendu, prévu pour. *The consignment is due to-day,* l'envoi est attendu aujourd'hui.

due *s.* **1.** dû. *To claim one's due,* réclamer son dû. — **2. dues** *s. pl.* droits, taxes. *Airport dues,* taxes d'aéroport, droits. *Dock dues,* droits de bassin. *Light dues,* droits de phare. *Market dues,* droits d'emplacement. *Port dues,* droit de port. *Taxes and dues,* impôts et taxes. — **3.** *s. pl.* U. S. abonnement, souscription.

due-date [-deit] *vt.* coter. *To due-date a bill,* coter un effet.

dues-shop [-z'ʃɔp] *s.* U. S. atelier dont la main-d'œuvre est uniquement composée de syndiqués.

duffer ['dʌfə*] *s.* **1.** colporteur. — **2.** article de mauvaise qualité.

dull [dʌl] *adj.* languissant, terne, inactif. *The market is dull,* le marché est alourdi.

dullness [-nis] *s.* stagnation, langueur, marasme.

duly ['dju:li] *adv.* dûment, régulièrement, en temps voulu. *We duly received your letter,* nous avons bien reçu votre lettre.

dummy ['dʌmi] *adj.* faux, factice.

dummy *s.* homme de paille, prête-nom.

dump [dʌmp] *vt.* faire du dumping, écouler des marchandises (à perte) à l'étranger.

dun [dʌn] *s.* FIN. demande de remboursement. — **2.** créancier impatient.

dun *vt.* relancer (un débiteur). *Dunning letter,* lettre d'avertissement, de relance.

dunnage ['dʌnidʒ] *s.* MAR. fardage, calage, grenier.

duplicate ['dju:plikit] *adj.* double. JUR. *Duplicate document,* document ampliatif. *Duplicate invoice,* double d'une facture, duplicata.

duplicate *s.* **1.** double, duplicata, contrepartie. *Done in duplicate,* fait en double exemplaire. — **2.** FIN. seconde de change. — **3.** JUR. ampliation.

duplicate ['dju:plikeit] *vt.* faire en double.

duplicate *vi.* COMPT. faire double emploi. *This entry duplicates with the former,* cette écriture fait double emploi avec la précédente.

duplicating [-iŋ] *s.* duplication. *Duplicating book,* carnet multicopiste. *Duplicating machine,* duplicateur.

duplication [,dju:pli'keiʃən] *s.* **1.** duplication. — **2.** COMPT. double emploi.

duplicator ['dju:plikeitə*] *s.* duplicateur.

durable ['djuərəbl] *adj.* durable, résistant. *Consumer durable goods,* biens de consommation durables.

durables [-z] *s. pl.* denrées non périssables.

duration [djuə'reiʃən] *s.* durée. *Duration of validity,* durée de validité. *Of short duration,* de courte durée.

duress [djuə'res] *s.* JUR. contrainte, violence.

dutiable ['dju:tiəbl] *adj.* DOUANES passible de droits, imposable.

duties ['dju:tiz] *s. pl.* **1.** fonctions, attributions. — **2.** droits. DOUANES *Ad valorem duties,* droits ad valorem. FIN. *Incorporation duties,* droits de constitution. JUR. *Legacy (death) duties,* droits de succession. DOUANES *Specific duties,* droits spécifiques. *Stamp duties,* droits de timbre. *To lay on duties,* imposer. *To levy duties,* percevoir des impôts.

duty ['dju:ti] *s.* taxe, droit. *Duty free,* exempt de droits de douane, en franchise. *Duty free entry,* entrée en franchise. *Duty paid,* droits acquittés. *Duty paid entry,* déclaration d'acquittement des droits de douane. *Duty paid sale,* vente à l'acquitté. *Estate duty,* impôt successoral.

dwelling-place ['dweliŋ'pleis] *s.* résidence.

dwindling ['dwindliŋ] *s.* diminution (de bénéfices, etc.).

e

early ['ə:li] *adj.* prompt. *Early delivery,* livraison rapide. *An early reply will oblige,* une prompte réponse nous obligera.

earmark ['iəmɑ:k] *s.* marque distinctive.

earmark *vt.* **1.** faire une marque. *To earmark a cheque,* faire une marque au coin d'un chèque. — **2.** affecter (une somme). *To earmark funds for,* affecter des fonds à.

earmarking [-iŋ] *s.* affectation, assignation, mise sous dossier.

earn [ə:n] *vt.* gagner. *Earned income,* revenus salariaux. *Earning capacity,* rapport (d'une usine).

earnest ['ə:nist] *s.* arrhes. *To pay earnest money,* verser des arrhes, un cautionnement.

earnings ['ə:niŋz] *s. pl.* gain, salaire, bénéfices. *Retained earnings,* bénéfices non distribués, réserve générale.

ease [i:z] *vi.* BOURSE se détendre, mollir.

easement [-mənt] *s.* servitude, droit d'usage.

easing [-iŋ] *s.* détente.

easy ['i:zi] *adj.* facile. BOURSE mou. *Easy terms,* facilités de paiement. *Prices are easier,* les prix accusent une détente.

eat off [i:tɔf] *vi.* tourner à vide (usine).

econometric [i:kɔnə'metrik] *adj.* économétrique.

econometrics [-s] *s. pl.* économétrie.

economic [,i:kə'nɔmik] *adj.* économique. *Economic cycle,* conjoncture. *Economic recovery,* reprise économique. *Economic survey mission,* mission économique. *Economic trend,* conjoncture.

economical [-əl] *adj.* économique (appareil, magasin, etc.).

economics [-s] *s. pl.* **1.** économie politique. — **2.** situation économique.

economist [i'kɔnəmist] *s.* économiste.

economy [-mi] *s.* économie. *Sector of economy,* branche de l'économie.

edibles ['ediblz] *s. pl.* comestibles.

editor ['editə*] *s.* éditeur, rédacteur en chef; U. S. titulaire d'une rubrique (dans un journal).

effect [i'fekt] *s.* effet. *Movable effects,* effets immobiliers. FIN. *No effects,* pas de provision. *Rule to take effect from,* règlement applicable à partir de. JUR. *To take effect,* prendre effet.

effect *vt.* effectuer. COMPT. *To effect a corresponding entry,* passer une écriture conforme. ASS. *To effect an insurance,* prendre une assurance. *Payment is effected as follows,* le paiement s'effectue comme suit.

effective [-iv] *adj.* **1.** efficace. — **2.** réel.

efficiency [i'fiʃənsi] *s.* efficacité. U. S. *Efficiency expert,* ingénieur-conseil.

efficient [-ənt] *adj.* efficace.

efflux ['eflʌks] *s.* FIN. sortie.

eject ['i:dʒekt] *s.* article de rebut.

ejection [i'dʒekʃən] *s.* JUR. expulsion (d'un locataire).

elasticity [,elæs'tisiti] *s.* élasticité.

elect [i'lekt] *vt.* élire. *To elect one's residence,* élire domicile.

elective [-iv] *adj.* **1.** électif. — **2.** U. S. facultatif, à option.

elevator ['eliveitə*] *s.* élévateur, monte-charge ; U. S. ascenseur. *Grain elevator,* silo pneumatique.

eligible ['elidʒibl] *adj.* acceptable, remplissant les conditions requises. *Eligible for government subsidies,* remplissant les conditions requises pour une aide du gouvernement, susceptible de recevoir une aide du gouvernement. *Eligible papers,* effets bancables.

emancipated [i'mænsipeitid] *adj.* JUR. émancipé.

emancipation [i,mænsi'peiʃən] *s.* émancipation. *Restricted emancipation,* émancipation restreinte.

embargo [im'bɑ:gou] *s.* embargo. *To lay an embargo on,* mettre l'embargo sur. *To raise the embargo,* lever l'embargo.

embargo *vt.* saisir.

embassy ['embəsi] *s.* ambassade.

embezzle [im'bezl] *vt.* détourner, distraire (des fonds).

embezzlement [-mənt] *s.* détournement (de fonds), malversation.

emblements ['emblmənts] *s.* récoltes sur pied.

emergency [i'mə:dʒənsi] *s.* cas urgent. *Emergency fund,* masse de secours. *To meet an emergency,* faire face à une situation critique.

emission [i'miʃən] *s.* FIN. émission.

emolument [i'mɔljumənt] *s.* émoluments.

emphatically [im'fætikəli] *adv.* en termes pressants.

employ [im'plɔi] *vt.* employer.

employee [,emplɔi'i:] *s.* employé. *Employee's contribution,* cotisation ouvrière. *Employee hand-book,* brochure d'accueil.

employer [im'plɔiə*] *s.* employeur, patron. *Employer's contribution,* cotisation patronale. *Employer's liability,* responsabilité patronale. *Employer's return,* déclaration patronale. *Employer's union* syndicat patronal.

employment [-mənt] *s.* emploi. *Employment bureau,* bureau de placement. *Out of employment,* sans travail. *Selective employment tax (S. E. T.),* taxe sur la main-d'œuvre non productive.

emporium [em'pɔ:riəm] *s.* centre commercial, marché, grand magasin.

empower [im'pauə*] *vt.* donner pleins pouvoirs à.

empties ['emptiz] *s. pl.* emballages vides. *Empties are returnable,* les emballages sont repris. *Empty leg,* vol à vide, empty leg.

enable [i'neibl] *vt.* mettre en mesure de, habiliter.

enact [i'nækt] *vt.* décréter.

enactment [-mənt] *s.* promulgation, décret, ordonnance.

encash [in'kæʃ] *vt.* encaisser (un chèque).

encashable [-əbl] *adj.* encaissable.

encashment [-mənt] *s.* **1.** encaissement. — **2.** recette.

enclose [in'klouz] *vt.* inclure, joindre. *Enclosed herewith,* sous ce pli. *Enclosed please find,* veuillez trouver ci-joint.

enclosure [-ʒə*] *s.* annexe. *Three enclosures,* trois pièces jointes.

encroach [in'kroutʃ] *vi.* empiéter (*upon,* sur), entamer. *I would not encroach upon your time,* je ne voudrais pas abuser de votre temps.

encumber [in'kʌmbə*] *vt.* **1.** encombrer, surcharger (le marché). — **2.** grever. *To encumber with mortgage,* grever d'hypothèque.

encumbrance [-brəns] *s.* charge, charge hypothécaire. *Without encumbrances,* sans charges de famille.

end [end] *s.* fin. BOURSE *End month settlement,* liquidation de fin de mois. *End of month maturity,* échéance de fin de mois. *End of month requirements,* besoins de l'échéance. *To bring to an end,* mener à bien. *To come to an end,* venir à expiration, se terminer. *To make both ends meet,* joindre les deux bouts. *To put an end to,* mettre fin à.

end *vt.* 1. arrêter. — 2. *vi.* finir.

endeavour [in'devə*] *s.* effort, tentative. *It'll be my endeavour to satisfy you,* je m'efforcerai de vous donner satisfaction.

endorsable [in'dɔ:səbl] *adj.* endossable.

endorse [in'dɔ:s] *vt.* endosser, avaliser. POSTE *Endorsed "not known",* mention « inconnu ». *To endorse back,* contrepasser (lettre de change). *To endorse over,* transmettre par endossement.

endorsee [,endɔ:'si:] *s.* endossataire.

endorsement [in'dɔ:smənt] *s.* endossement, endos; Ass. avenant (de police). *Conditional endorsement,* endossement conditionnel. *Qualified endorsement,* endossement à forfait. *Endorsement "only for collection",* endossement de procuration (valeur à l'encaissement). JUR. *Endorsement "value as security",* endossement pignoratif.

endorser [-ə*] *s.* endosseur. *Second endorser,* tiers porteur.

endow [in'dau] *vt.* doter.

endowment [-mənt] *s.* dotation. *Endowment insurance,* assurance en cas de vie, à capital différé, assurance dotale.

enface [in'feis] *vt.* inscrire qqch. au recto d'une traite.

enfacement [-mənt] *s.* formule inscrite au recto d'une traite.

enforce [in'fɔ:s] *vt.* mettre en vigueur, faire observer (une loi). *To enforce this argument,* à l'appui de cette thèse. FIN. *To enforce payment,* exiger le paiement.

enforceable [-əbl] *adj.* exécutoire. *To be enforceable,* avoir force exécutoire.

enforcement [-mənt] *s.* mise en vigueur, application (*of a law*).

engage [in'geidʒ] *vt.* engager, employer, embaucher. *To engage a clerk,* engager un employé.

engaged [-d] *adj.* occupé. POSTE *(Line) engaged,* « pas libre ». *Mr. John is engaged,* M. John est occupé.

engagement [-mənt] *s.* 1. engagement. *To enter into an engagement,* contracter un engagement. *To meet one's engagement,* faire face à ses engagements. — 2. rendez-vous.

engaging [-iŋ] *s.* embauchage.

engined ['endʒind] *adj.* équipé d'un moteur. *Twin-engined,* bimoteur.

engineer [,endʒi'niə*] *s.* ingénieur. *Consulting engineer,* ingénieur-conseil. *Maintenance engineer,* chef d'entretien. *Managing engineer,* directeur technique.

engineering [-iŋ] *s.* génie civil, technogénie. *Engineering department,* bureau d'études. *Engineering purchasing schedule,* planning d'appel d'offres et de commandes. BOURSE *Engineering shares,* les constructions mécaniques. *Time and method engineering,* études des temps et des méthodes.

engrossement [in'grousmənt] *s.* JUR. grosse.

enjoin [in'dʒɔin] *vt.* 1. ordonner. — 2. U. S. JUR. interdire.

enjoy [in'dʒɔi] *vt.* jouir de. *To enjoy an excellent reputation,* jouir d'une bonne réputation.

enjoyment [-mənt] *s.* jouissance. *Prevention of enjoyment,* trouble de jouissance.

enquire [in'kwaiə*] *vi.* demander, se renseigner (v. INQUIRE).

enquiry [-ri] *s.* enquête. *Enquiry office,* bureau de renseignements.

ensuing [in'sju:iŋ] *adj.* suivant. BOURSE *Ensuing account,* liquidation suivante.

ensure [in'ʃuə*] *vt.* assurer.

enter ['entə*] *vt.* inscrire, enregistrer. COMPT. *To enter (up) an item in the ledger,* porter au grand livre, passer une écriture au grand livre. DOUANES *To enter goods,* déclarer des marchandises en douane. *To enter goods for home use,* déclarer des marchandises en détail. *To enter to the debit,* porter au débit. *May I enter your name?* puis-je vous inscrire? JUR. intenter (un procès).

enter into [-intu] *vi.* entrer dans, entamer. *To enter into contract with,* passer un contrat avec.

entered [-d] *adj.* déposé. *Entered trade-mark,* marque déposée.

entering (up) [-iŋʌp] *s.* enregistrement. *Entering clerk,* commis aux écritures.

entertain [,entə'tein] *vt.* prendre en considération (une demande). *We cannot entertain your claims,* nous ne pouvons donner une suite favorable à vos réclamations.

entertainment [-mənt] *s.* amusement. *Entertainment allowance,* indemnité de représentation.

entitle [in'taitl] *vt.* **1.** intituler. — **2.** donner droit. *We are entitled to it,* nous y avons droit.

entrance ['entrəns] *s.* entrée.

entrust [in'trʌst] *vt.* confier (*to,* à). *We have entrusted this enquiry to our correspondent,* nous avons chargé notre correspondant de cette enquête.

entry ['entri] *s.* **1.** COMPT. article, écriture, poste. *Closing entry,* article d'inventaire. *Compound entry,* article collectif. *Correcting entry,* article rectificatif. *Credit entry,* poste créditeur. *Double entry,* partie double. *Opening entry,* article d'ouverture. *Reverse entry,* article de contre-passement. *Single entry,* partie simple. *Suspense entry,* article d'ordre. *Transfer entry,* article de virement. *To make an entry against s. o.,* débiter le compte de qqn. — **2.** inscription (sur une liste). — **3.** DOUANES : **a)** déclaration; **b)** arrivages, entrées. *Entry for home use,* déclaration de consommation. *Entry inwards,* déclaration d'entrée. *Entry outwards,* déclaration de sortie. *Duty paid entry,* déclaration d'acquittement de droits. *Warehousing entry,* déclaration de mise en entrepôt. — **4.** JUR. *Entry of satisfaction of mortgage,* radiation d'hypothèque.

envelope ['enviloup] *s.* pli. *In a sealed envelope,* sous pli cacheté.

envision [in'viʒən] *vt.* U. S. envisager. *Our arrangements envision a greater interchange,* nos projets envisagent des échanges plus vastes.

E. & O. E. *(Errors and Omissions Excepted),* sauf erreur ou omission.

equalization [,i:kwəlai'zeiʃən] *s.* égalisation, péréquation, régularisation. *Dividend equalization reserve,* fonds d'égalisation de dividende. *Exchange equalization funds,* fonds d'égalisation des changes. *Equalization fund,* caisse de compensation (allocations familiales). *Equalization levy,* taxe de péréquation. *Equalization of dividend,* régularisation de dividende.

equate ['ikweit] *vt.* égaler. *To equate the expenses with the income,* égaliser les dépenses et le revenu.

equation [i'kweiʃən] *s.* équation. FIN. *Equation of payments,* échéance commune.

equilibrium [,i:kwi'libriəm] *s.* équilibre.

equip [i'kwip] *vt.* **1.** outiller (une usine). — **2.** armer (un navire).

equipment [-mənt] *s.* équipement, outillage. *Capital equipment,* biens de production, capitaux fixes, capitaux d'investissement. *Process equipment lay-out,* production groupée. *Straight line equipment lay-out,* production en chaîne suivie.

equity ['ekwiti] *s.* masse des profits à répartir entre les actionnaires après paiement des obligations; valeur nette d'une participation. JUR. *Equity of redemption,* droit hypothécaire de rachat. U. S. *Equity securities (equities),* actions ordinaires, titres (de spéculation). *Industrial equities,* valeurs industrielles.

equivalence [i'kwivələns] *s.* équivalence, parité.

equivalent [i'kwivələnt] *adj.* équivalent.

erase [i'reiz] *vt.* gratter, effacer.

errand ['erənd] *s.* course, commission. *Errand-boy,* garçon de courses, coursier.

erratic [i'rætik] *adj.* désordonné.

erroneously [i'rounjəsli] *adv.* par erreur.

error ['erə*] *s.* erreur. *Errors and omissions excepted (E. & O.E.),* sauf erreur ou omission. *Printers' error,* coquille.

Escalator ['eskəleitə*] *s.* escalier mécanique, élévateur. *Escalator clause,* clause d'échelle mobile des salaires.

escape [is'keip] *s.* JUR. *Escape clause,* clause échappatoire.

escrow [esk'rou] *s.* U. S. JUR. engagement sous seing privé envers un tiers auprès d'une banque, document déposé en garantie. *Escrow funds,* fonds placés en dépôt légal. *In escrow,* en dépôt fiduciaire.

established [is'tæbliʃd] *adj.* fondé. " *Established 1932* ", « Maison fondée en 1932 ».

establishment [-mənt] *s.* établissement.

estate [is'teit] *s.* biens, propriété. *Estate agency,* agence immobilière. *Estate agent,* agent immobilier. *Estate duty,* impôt successoral, droit de succession. *Bankrupt's estate,* actif d'une faillite. *Landed estate,* propriété foncière. *Life estate,* biens en viager. *Personal estate,* biens mobiliers. *Real estate,* biens immobiliers.

esteemed letter [is'ti:md'letə*] *s.* votre honorée, estimée.

estimate ['estimit] *s.* **1.** prisée, évaluation. — **2.** devis. *Preliminary (rough) estimate,* devis estimatif. *Estimate on demand,* devis sur demande. *To draw up an estimate,* établir un devis. — **3. estimates** *s. pl.* prévisions budgétaires.

estimate ['estimeit] *vt.* estimer, évaluer (*at,* à). *Estimating costs system,* système des coûts standard.

estop [es'tɔp] *vt.* JUR. forclore.

estoppage [-idʒ] *s.* forclusion.

evasion [i'veiʒən] *s.* évasion. *Tax evasion,* évasion fiscale.

even ['i:vən] *adj.* égal. BOURSE au pair. *Even number,* nombre pair. *Your letter of even date,* votre lettre de ce jour.

eventuality [i,ventju'æliti] *s.* éventualité.

evidence ['evidəns] *s.* preuve, témoignage.

ex [eks] *prép.* sans, hors de. *Ex allotment,* ex-répartition (actions, etc.). *Ex bond,* à l'acquitté. *Ex claim,* ex-droit. *Ex coupon,* ex-coupon. *Ex dividend,* ex-dividende. *Ex new,* ex-droit. *Ex rights,* ex-droit. *Ex ship,* transbordé. *Ex-store,* disponible. *Price ex works,* prix ex-magasin, départ usine.

examination [ig,zæmi'neiʃən] *s.* vérification ; DOUANES visite. *On examination of your account,* après vérification de votre compte.

examine [ig'zæmin] *vt.* examiner, vérifier. " *Examined and endorsed* ", « Vu et approuvé ».

examiner [-ə*] *s.* U. S. inspecteur. *Bank examiner,* contrôleur des banques (fonctionnaire fédéral).

exceed [ik'si:d] *vt.* dépasser. *Amounts not exceeding,* montants ne dépassant pas.

exception [ik'sepʃən] *s.* réserve, objection. *Exception rate,* tarif préférentiel. *To take exceptions to,* faire des réserves à.

excess [ik'ses] *s.* excès, excédent. *Excess application,* souscription à titre réductible. *Excess baggage ticket,* bulletin complémentaire de bagages. *Excess capacity,* capacité excédentaire. *Excess freight,* excédent de charge. *Excess luggage,* excédent de bagages. *Excess profit tax,* impôt sur les super-bénéfices. *Excess weight,* surpoids.

exchange [iks'tʃeindʒ] *s.* **1.** échange. *Medium of exchange,* moyen d'échange. — **2.** change. *Exchange broker,* courtier de change. *Exchange control,* contrôle des changes. *Exchange cover,* réserves en devises. *Exchange department,* service du change. *Exchange market,* marché du change, des changes. *Exchange position,* situation monétaire. *Exchange rate,* cours du change. *Exchange value,* contre-valeur. *Forward exchange dealings,* opérations de change à terme. *Spot exchange dealings,* opérations de change au comptant. — **3.** bourse. *Labour Exchange,* Bourse du travail. *Produce exchange,* bourse de marchandises, de commerce. (N. B. Aux Etats-Unis, les principales bourses de commerce sont : the Chicago Board of Trade, the Chicago Mercantile Exchange, the New York Cotton Exchange, the New York Copper and Sugar Exchange, the New Orleans Cotton Exchange, the Kansas City Board of Trade, the Minneapolis Grain Exchange, the Memphis Board of Trade.) *Royal Exchange,* bourse de commerce (à Londres). *Stock Exchange,* bourse des valeurs. *Exchange circles,* milieux boursiers. *Exchange day,* jour de bourse. *Exchange quotations,* cours de la Bourse. — **4.** POSTE « central téléphonique ». *Exchange line,* ligne principale. — **5.** FIN. **exchanges** *s. pl.* règlement entre banques par liquidation de différences.

exchangeable [-əbl] *adj.* échangeable.

exchequer [iks'tʃekə*] *s.* ministère des Finances, Trésor public. *Exchequer bill,* bon du Trésor. *Exchequer bond,* obligation du Trésor.

excise [ek'saiz] *s.* excise, régie, impôt indirect.

exciseman [-mən] *s.* employé de la Régie.

exclusive [iks'klu:siv] *adj.* exclusif.

execute ['eksikju:t] *vt.* exécuter, valider. JUR. *To execute a contract,* valider un contrat. *Debentures have to be registered at the Companies Registration Office within twenty-one days of being executed,* les obligations doivent être déclarées à l'Enregistrement dans les vingt et un jours suivant leur validation.

execution [,eksi'kju:ʃən] *s.* JUR. validation (d'un contrat), exécution (d'un jugement), saisie-exécution.

executive [ig'zekjutiv] *adj.* U. S. de direction. *Executive bonus,* prime des cadres. *Executive committee,* conseil de direction, comité de direction. *Executive order,* décret-loi. *Executive position,* poste administratif. *Executive secretary,* secrétaire de direction.

executive *s.* directeur, cadres supérieurs. *Executives and supervisors,* cadres et maîtrise. *Sales executive,* directeur commercial.

executor [-ə*] *s.* exécuteur testamentaire.

executory [-əri] *adj.* exécutoire. *Executory deed,* titre paré.

exemplification [eg,zemplifi'keiʃən] *s.* JUR. ampliation.

exempt [ig'zempt] *adj.* exempt. *Exempt private company,* société de type familial dispensée de fournir ses bilans.

exemption [ig'zempʃən] *s.* franchise. *Exemption from postal duties,* franchise postale. *Income tax exemption claim,* demande d'exonération d'impôts. *Personal exemptions, allowances,* déductions pour charges de famille.

exercise ['eksəsaiz] *s.* exercice (de fonctions, etc.). BOURSE *Exercise of an option,* levée d'une prime.

exercise *vt.* exercer. *To exercise an option,* exercer un droit d'option, lever une prime.

exhaust [ig'zɔ:st] *vt.* épuiser. *The stock is exhausted,* le stock est épuisé.

exhibit [ig'zibit] *s.* objet exposé. *Do not touch the exhibits,* ne pas toucher aux objets exposés.

exhibit *vt.* exposer.

exhibition [,eksi'biʃən] *s.* exposition. *Exhibition-room,* salon d'exposition. *Ideal Home Exhibition,* Salon des arts ménagers.

exhibitor [ig'zibitə*] *s.* exposant.

exit ['eksit] *s.* sortie. *Emergency exit,* sortie de secours.

exonerate [ig'zɔnəreit] *vt.* exonérer, exempter de.

expansion [iks'pænʃən] *s.* expansion. *Currency expansion,* expansion monétaire.

expansionism [-ism] *s.* expansionnisme.

expectation [,ekspek'teiʃən] *s.* attente, espérance. Ass. *Expectation of life,* probabilité de vie, vie moyenne.

expedite ['ekspidait] *vt.* **1.** presser, activer. *Kindly expedite matters,* veuillez activer l'affaire. — **2.** U. S. expédier.

expediter [-ə*] *s.* U. S. suiveur de pièces, expéditeur.

expediting [-iŋ] *s.* COMPT. planning multifonctionnel.

expedition [,ekspi'diʃən] *s.* promptitude, diligence.

expenditure [iks'penditʃə*] *s.* dépense, frais, débours. *Capital expenditure,* frais d'investissement. *Contemplated expenditures,* dépenses prévues. *Non variable expenditures,* frais fixes. *Operating expenditures,* dépenses d'exploitation. *The national expenditures,* les dépenses de l'Etat.

expense [iks'pens] *s.* dépenses, frais. *Incidental expenses,* dépenses accessoires. *Legal expenses,* frais de justice. *Operating expenses,* frais d'exploitation. *Operational expenses,* dépenses de fonctionnement. *Out-of-pocket expenses,* débours. *Overhead expenses,* frais généraux. *Petty expenses,* menus frais. *Running expenses,* dépenses courantes. *Sundry expenses,* dépenses diverses. *Travelling expenses,* frais de déplacement. *Working expenses,* frais d'exploitation.

expensive [-iv] *adj.* cher, coûteux.

experienced [iks'piəriənsd] *adj.* expérimenté. *Experienced in business,* rompu aux affaires.

expert ['ekspə:t] *s.* expert. *Expert's report,* expertise. *Sworn expert,* expert assermenté. *To assign an expert,* nommer un expert.

expiration [,ekspaiə'reiʃən] *s.* expiration, échéance.

expire [iks'paiə*] *vi.* expirer, prendre fin. *My lease has expired,* mon bail est expiré.

expired [-d] *adj.* périmé.

expiry [-ri] *s.* expiration. *Expiry date,* date d'expiration, d'échéance.

exploit [iks'plɔit] *vt.* exploiter.

export ['ekspɔ:t] *s.* exportation. U. S. *Export bounty,* prime à l'exportation. *Export licence,* licence d'exportation. *Export packing,* emballage maritime. *Export permit,* autorisation d'exporter. DOUANES *Export specification,* déclaration d'embarquement. *Export surplus,* excédent d'exportation. *Gold export point,* point de sortie de l'or.

export [eks'pɔ:t] *vt.* exporter.

exportation [,ekspɔ:'teiʃən] *s.* exportation. *Exportation voucher,* volet de sortie.

exporter [eks'pɔ:tə*] *s.* exportateur.

exposure [iks'pouʒə*] *s.* exposition, révélation.

express [iks'pres] *adj.* exprès. U. S. *Express agency,* agence de messageries.

expropriation [eks,proupri'eiʃən] *s.* JUR. expropriation.

expunge [eks'pʌndʒ] *vt.* rayer.

extend [iks'tend] *vt.* prolonger, proroger (une échéance). *To extend an invoice,* donner les totaux partiels d'une facture.

extension [iks'tenʃən] *s.* **1.** POSTE poste. *Extension line,* ligne supplémentaire. *Extension 122,* poste 122. — **2.** U. S. *Extension services,* services de vulgarisation.

extent [iks'tent] *s.* étendue. *To the extent of,* jusqu'à concurrence de.

external [eks'tə:nl] *adj.* extérieur. *External assets,* avoirs à l'étranger. *External trade,* commerce extérieur.

extra ['ekstrə] *adj.* supplémentaire. *Extra charge,* supplément. *Extra freight,* surfret. *Extra interest,* intérêts moratoires, de retard. *Extra postage,* surtaxe.

extraneous [eks'treinjəs] *adj.* étranger.

extravagant [eks'trævigənt] *adj.* exorbitant, prohibitif (prix).

f

fabric ['fæbrik] *s.* tissu, étoffe. *Silk and woollen fabrics,* soieries et lainages.

face [feis] *s.* face, recto, endroit. *Face side,* avers (monnaie). *Face value,* valeur nominale.

facilitate [fə'siliteit] *vt.* faciliter.

facilities [fə'silitiz] *s. pl.* installations fixes.

facsimile [fæk'simili] *s.* fac-similé.

factor ['fæktə*] *s.* **1.** élément, facteur. *Cost factor,* facteur coût. *Weighted factors,* facteurs pondérés. *Factor in costs,* facteur coût. — **2.** consignataire, commissionnaire, agent de vente. *Corn factor,* commissionnaire en grains. *Unlike the broker, the factor is the actual owner of the goods,* à l'opposé du courtier, le commissionnaire est le véritable détenteur des marchandises. — **3.** U. S. JUR. *Judicial factor,* syndic de faillite.

factorage [-təridʒ] *s.* courtage, commission.

factory ['fæktəri] *s.* **1.** fabrique, usine, manufacture. *Factory Act,* loi sur les accidents du travail. *Factory hand,* ouvrier. — **2.** U. S. dépôt de vente.

faculty ['fækəlti] *s.* faculté. U. S. *Faculty tax,* impôt proportionnel aux signes extérieurs de richesse.

faded ['feidid] *adj.* défraîchi, passé (article).

fadeless ['feidlis] *adj.* bon teint (étoffe).

fail [feil] *s.* faute. *Without fail,* sans faute.

fail *vi.* **1.** manquer, faillir. *To fail in one's engagements,* manquer à ses engagements. *We shall not fail to call on you,* nous ne manquerons pas de vous rendre visite. — **2.** échouer, ne pas réussir. *He failed in his venture,* il a échoué dans son entreprise. — **3.** faire faillite. U. S. *Failed firm,* société en faillite. *To fail for 5 000 dollars,* faire une faillite de 5 000 dollars.

failing [-iŋ] *prép.* à défaut de. *Failing payment within a week,* à défaut de paiement dans les huit jours. *Failing your answer,* à défaut de votre réponse. *Failing which,* à défaut de quoi.

failure ['feiljə*] *s.* faillite, déconfiture, insuccès.

fair [fɛə*] *adj.* **1.** juste, loyal. *Fair wages,* salaire équitable. *Good-fair quality,* bon courant. — **2.** net, sans tache. *Fair copy,* document au propre.

fair *s.* foire. *Fair bill,* traite en foire. *Sample fair,* foire d'échantillons. *World fair,* exposition universelle.

faith [feiθ] *s.* foi. *In good faith,* de bonne foi. *Holder in good faith,* porteur de bonne foi.

faithfully ['feiθfuli] *adv. Yours faithfully,* Nous vous prions d'agréer nos sentiments distingués.

fake [feik] *s.* article truqué. FAM. *It's a fake,* c'est du toc.

fake *vt.* truquer, camoufler (un bilan), maquiller, frelater (du vin).

faker [-ə*] *s.* maquilleur, faussaire.

fall [fɔ:l] *s.* chute, diminution, baisse. BOURSE *Fall in prices,* chute des cours. *To buy on a fall,* acheter en baisse. *To go for a fall,* spéculer à la baisse.

fall *vi.* **1.** baisser, diminuer, tomber. *The prices of our shares are falling,* les cours de nos actions accusent un recul. — **2.** échoir (*to s.o., on s.o.,* à qqn). *It falls to the staff manager to engage employees,* il incombe au directeur du personnel d'engager des employés. *This case falls within our last regulations,* ce cas relève de nos derniers règlements. *This picture fell to him,* ce tableau lui est revenu. — **3.** *To fall + adj,* devenir + adj. *This draft falls due on 1st March,* cette traite vient à échéance le 1er mars. *This post fell vacant,* ce poste est devenu vacant.

fall back [-bæk] *vi.* reculer.

fall behind [-bihaind] *vi.* se laisser distancer. *Our firm must not fall behind,* notre entreprise ne doit pas se laisser distancer.

fall down [-daun] *vi.* U. S. échouer. *He fell down in his new venture,* il a échoué dans sa nouvelle entreprise.

fall in with [-inwið] *vi.* se conformer, se ranger à. *The manager fell in with my opinion,* le directeur s'est rangé à mes vues.

fall off [fɔ:l'ɔf] *vi.* diminuer, décliner, rétrograder. BOURSE *The textiles fall off,* les textiles déclinent.

fall through [-θru:] *vi.* échouer. *Our plans fell through,* nos plans n'ont pas abouti.

falling ['fɔ:liŋ] *adj.* tombant. BOURSE *Falling market,* marché en baisse.

falling *s.* baisse (des prix).

falling away [-ə'wei] *s.* BOURSE glissement.

falling in [-in] *s.* expiration, échéance. *The falling in of a lease,* l'expiration d'un bail.

falling off [-ŋɔf] *s.* diminution, dépérissement, ralentissement, fléchissement.

false [fɔ:ls] *adj.* faux, fausse. *False coiner,* faux-monnayeur. *False signature,* fausse signature. *False weight,* poids inexact.

falsification ['fɔ:lsifi'keiʃən] *s.* falsification.

falsifier ['fɔ:lsifaiə*] *s.* falsificateur.

falsify ['fɔ:lsifai] *vt.* fausser, falsifier.

family ['fæmili] *s.* famille. *Family allowance,* allocations familiales.

fan [fæn] *s.* ventilateur.

fancy ['fænsi] *adj.* de fantaisie. *Fancy goods,* articles de luxe (de Paris), de fantaisie, nouveautés. *Fancyshop,* magasin de luxe.

fare [fɛə*] *s.* **1.** prix du passage, tarif du transport. *Adult fare,* plein tarif. *Full fare,* place entière. *Half fare ticket,* billet à demi-tarif. *Return fare,* aller et retour. — **2.** chère, nourriture. *Bill of fare,* menu.

farm [fɑ:m] *s.* ferme. *Farm credit,* crédit agricole.

farmer [-ə*] *s.* fermier. *Stock-farmer,* éleveur. U. S. *Farmer working on shares,* métayer.

farming ['fɑ:miŋ] *s.* **1.** affermage. — **2.** exploitation agricole. *Farming lease,* bail à ferme. *Stock farming,* élevage.

farthing ['fɑ:ðiŋ] *s.* quart d'un penny.

fashion ['fæʃən] *s.* mode. *Fashion journal,* journal de mode. *In the latest fashion,* à la dernière mode. *Out of fashion,* démodé. *To bring into fashion,* lancer une mode. *To come into fashion,* devenir à la mode. *To go out of fashion,* passer de mode.

fashionable ['fæʃnəbl] *adj.* à la mode, élégant.

fast [fɑ:st] *adj.* **1.** rapide. *Fast moving articles,* articles de grande circulation. CH. DE FER *Fast train goods,* marchandises de grande vitesse. *By fast goods train,* par grande vitesse, en G. V. — **2.** U. S. *These scales are fast,* cette balance marque trop. — **3.** solide, résistant. *These colours are fast,* ces couleurs sont grand teint.

fasten ['fɑ:sn] *vt.* attacher (*on,* à). *Don't fasten the responsibility on me,* ne rejetez pas la responsabilité sur moi.

fathom ['fæðəm] *s.* 1. MAR. brasse. *Depth in fathoms,* brassiage. — 2. voir tableau des poids et mesures.

fault [fɔ:lt] *s.* 1. faute, défaut, imperfection. *To find fault with,* trouver à redire à. — 2. métal, paille. — 3. JUR. *The party at fault,* l'auteur de l'accident.

faulty ['fɔ:lti] *adj.* défectueux, imparfait. *Faulty articles are refunded,* les articles défectueux sont remboursés. *Faulty drafting,* vice de forme (dans la rédaction d'un document). *This leakage is due to faulty packing,* ce coulage est dû à un emballage défectueux.

favour ['feivə*] *s.* 1. faveur. *Balance in your favour,* solde en votre faveur. *To be in favour with s.o.,* jouir de la faveur de qqn. *To be out of favour,* être mal en cour. *To do s.o. a favour,* faire une faveur à qqn. " *The favour of an answer is requested* ", « Je vous serais obligé de me fournir une réponse ». *We thank you for your past favours,* nous vous remercions des marques de confiance que vous nous avez témoignées par le passé. — 2. *Your favour of the 10th inst.,* votre honorée du 10 courant, votre lettre du 10 courant.

favour *vt.* favoriser. *Hoping to be favoured with your orders,* espérant avoir la faveur de vos commandes. *Hoping to be favoured with a prompt reply,* espérant avoir la faveur d'une réponse rapide.

favourable [-rəbl] *adj.* favorable, avantageux. *Favourable balance,* solde créditeur. *Favourable balance of trade,* balance commerciale excédentaire. *Favourable exchange,* cours favorable. *On favourable terms,* à des conditions avantageuses. *Our claim did not meet with a favourable reception,* notre réclamation n'a pas été favorablement accueillie.

favourably [-rəbli] *adv.* favorablement. *Our goods compare favourably with those of competitive firms,* nos marchandises se comparent très avantageusement à celles de nos concurrents.

favoured ['feivəd] *adj.* favorisé. *The most favoured nation clause,* la clause de la nation la plus favorisée.

feasibility [,fi:zi'biliti] *s.* possibilité, praticabilité. *Feasibility survey,* étude préalable.

featherbedding ['feðəbediŋ] *s.* U.S. 1. limitation des heures de travail pour éviter le chômage. — 2. obligation d'employer des ouvriers inutiles dans les usines automatisées.

feature ['fi:tʃə*] *s.* trait, caractéristique.

feature *vt.* 1. caractériser, distinguer. — 2. mettre en manchette.

federal ['fedərəl] *adj.* fédéral. U. S. *Federal register,* journal officiel. U. S. *Federal Reserve Bank,* banque centrale des Etats-Unis. (N. B. Une loi de 1913 divise les Etats-Unis en douze régions avec chacune sa « Federal Reserve Bank ». Les activités de ces banques sont contrôlées par le Federal Reserve Board. Ces banques se trouvent à Atlanta, Boston, Chicago, Cleveland, Dallas, Kansas City, Minneapolis, New York, Philadelphie, Richmond, San Francisco, Saint Louis.)

fee [fi:] *s.* 1. redevance, droit. *Entrance fee,* droit d'entrée. *Registration fee :* **a)** droit d'enregistrement ; **b)** POSTE droit de recommandation. *Airport handling, loading and discharging fees,* frais d'assistance aéroportuaire, chargement et déchargement. *Cancellation fees,* indemnité d'annulation. *Landing fees,* taxes d'atterrissage. *Take-off fees,* taxes de décollage. — 2. **fees** *s. pl.* honoraires, cachet.

feel [fi:l] *vt.* et *vi.* sentir. *The effect of the crisis is already felt in the Stock-Exchange,* les effets de la crise se font déjà sentir en Bourse.

feeling [-iŋ] *s.* impression, sentiment. *A feeling of uneasiness,* un sentiment de malaise.

fee-simple [fi:'simpl] *s.* JUR. *In fee-simple,* en toute propriété.

felonious [fi'lounjəs] *adj.* JUR. criminel.

felony ['feləni] *s.* crime.

feoffee [fe'fi:] *s.* JUR. *Feoffee in trust,* héritier fidéicommissaire.

ferreous ['feriəs] *adj.* ferreux.

ferro-alloy ['ferou'æləi] *s.* ferro-alliage.

ferro-concrete [-'kɔnkri:t] *s.* béton armé.

fertilizer ['fə:tilaizə*] *s.* engrais.

fetch [fetʃ] *vt.* rapporter, atteindre un prix. *Silk is fetching a high price,* la soie se vend cher.

fiat ['faiæt] *adj.* FIN. fiduciaire.

fictitious [fik'tiʃəs] *adj.* fictif.

fidei-commissary ['faidiai'kɔmisəri] *s.* JUR. fidéicommissaire.

fidelity [fi'deliti] *s.* fidélité. *Fidelity insurance* (U. S. *bond*), police d'assurance contre les malversations possibles du personnel.

fiduciary [fi'dju:ʃiəri] *adj.* fiduciaire.

fiduciary *s.* JUR. héritier fiduciaire.

field [fi:ld] *s.* 1. domaine. *Financial field,* domaine financier. — 2. région, district. U. S. *Field man,* représentant. *Field organization,* filiale, succursale. *Field staff,* état-major régional. *Field study,* enquête sur les lieux. *Field warehousing,* mise en entrepôt fictif. *Field warehousing avoids the disavantages of extra storage expense and freight cost to and from the public warehouse,* la mise en entrepôt fictif évite les inconvénients d'une dépense supplémentaire d'entreposage et de transport en direction et au départ de l'entrepôt des douanes. *Oil-field,* gisement pétrolifère. — 3. marché.

fieri facias ['faiərai'feiʃiəs] *s.* JUR. ordre de saisie.

fifo ['faifɔ] *s.* U. S. *First in first out,* méthode d'inventaire « premier entré premier sorti ».

figure ['figə*] *s.* chiffre. *Expressed in figures,* énoncé en chiffres. U. S. *Sales figure,* chiffre d'affaires. *At a low figure,* à bas prix. *In round figures,* en chiffres ronds.

figure *vi.* 1. chiffrer, calculer. — 2. figurer.

figure out [-aut] *vt.* calculer.

figure out *vi.* se chiffrer, se monter à.

figure up [-ʌp] *vt.* additionner, calculer.

file [fail] *s.* 1. classeur, casier. *File-card,* fiche de classeur. — 2. JUR. dossier.

file *vt.* 1. enfiler, classer, ranger. *To file in numerical order,* classer par ordre numérique. *To file in order of date,* classer par ordre chronologique. — 2. JUR. *To file a petition :* a) enregistrer une requête; b) déposer une requête. *To file one's petition in bankruptcy,* déposer son bilan. — 3. U. S. ADM. déposer (un document).

filing [-iŋ] *s.* enfilement, classement. *Filing-cabinet,* classeur. *Filing-clerk,* classier, archiviste. *Filing in alphabetical order,* classement par ordre alphabétique. *Flat filing,* classement horizontal.

fill [fil] *vt.* remplir, combler. *To fill a vacancy,* combler une vacance. *To fill an order,* exécuter une commande. *Three seats remain to be filled,* trois sièges restent à pourvoir.

fill in [-in] *vt.* FIN. libeller un chèque. U. S. remplir. *Fill in the blanks,* remplissez les blancs.

fill up [-ʌp] *vt.* remplir. *You must fill up this application form,* vous devez remplir ce formulaire de demande.

finable ['fainəbl] *adj.* passible d'amende.

final ['fainl] *adj.* 1. dernier, final. *Final balance,* solde final. *Final date,* terme de rigueur (pour un paiement). *Final dividend,* dernière répartition (lors d'une liquidation). *Final instalment,* versement libératoire. *Final settlement,* règlement final. — 2. définitif. JUR. *Final judgment,* jugement sans appel.

finally ['fainəli] *adv.* finalement.

finance [fi'næns *ou* fæi'næns] *s.* 1. finance. *Finance act,* loi de finances. *Finance bills,* effets de finances. *Finance company,* société de financement. *High finance,* la haute finance. *The world of finance,* le monde de la finance. — 2. **finances** [fai'nænsiz] *s. pl.* les finances.

finance *vt.* financer, commanditer.

financial [fi'næn∫əl *ou* fai'næn∫əl] *adj.* financier. *Financial circles,* milieux financiers. *Financial position,* état de fortune. *Financial reconstruction (re-organization),* assainissement monétaire. *Financial statement,* état des finances, compte de résultats, situation de trésorerie, bilan. *Financial year,* l'exercice, l'année budgétaire. *We can provide you with any information you might require on the financial standing of our firm,* nous pouvons fournir tous les renseignements que vous jugeriez nécessaires sur la solvabilité de notre maison.

financier [fi'nænsiə] *vt.* U. S. agioter (péj.).

financing [fi'nænsiŋ *ou* fai'nænsiŋ] *s.* financement. *Financing with outside capitals,* financement à l'aide de capitaux étrangers.

find [faind] *vt.* **1.** trouver. *Hoping you will find these samples to your taste,* dans l'espoir que vous trouverez ces échantillons à votre goût. *These out-of-date articles find no sale,* ces articles démodés ne se vendent pas. — **2.** Jur. rendre (un verdict). *To find a bill against s.o.,* mettre qqn en accusation. *To find s.o. guilty,* déclarer qqn coupable. *To find for s.o.,* rendre un verdict en faveur de qqn. — **3.** *To find s.o. in,* fournir qqch à qqn. *To find oneself,* subvenir à ses propres besoins. *Wages £40, all found,* gages £40, nourri, logé, chauffé et blanchi. *Wages £25 and find yourself,* gages £25 par semaine, sans nourriture ni logement.

find out [faindaut] *vt.* découvrir, se renseigner sur. *Please, find out the cause of the delay,* veuillez établir la cause de ce retard.

finding ['faindiŋ] *s.* **1.** découverte, invention. — **2. findings** *s. pl.* U. S. fournitures, accessoires. — **3.** Jur. conclusions. *Findings of a report,* conclusions d'un procès-verbal.

fine [fain] *s.* amende.

fine *vt.* condamner à une amende, frapper d'une amende.

fine *adj.* fin, pur, excellent. *Fine trade paper,* papier de haut commerce. Fam. *Our prices are cut very fine,* nos prix sont au plus juste.

fine *vi.* se clarifier. *Our profits are fining down,* nos bénéfices fondent à vue d'œil.

fineness [fainnis] *s.* **1.** titre, aloi (d'une monnaie, de l'or). — **2.** qualité supérieure (d'un article).

fines [fainz] *s. pl.* Ind. minerai riche.

finger-print ['fiŋgəprint] *s.* empreinte digitale.

finish ['fini∫] *vt.* **1.** finir, achever, compléter. — **2.** perfectionner, parachever. *To finish off a window display,* mettre la dernière main à une vitrine.

finish *vi.* cesser, se terminer, prendre fin. *Our partnership finishes this year,* notre association vient à son terme cette année.

finished ['fini∫t] *adj.* fini, apprêté, soigné. *Finished goods,* produits finis. *Our articles are highly finished,* nos articles sont d'une finition parfaite.

finisher ['fini∫ə*] *s.* finisseur, apprêteur ; retoucheuse (couture).

finishing ['fini∫iŋ] *s.* finissage, apprêt.

fire ['faiə*] *s.* **1.** feu. *Our plates stand the fire,* nos assiettes vont au feu. — **2.** incendie. Ass. *Fire-department,* branche assurance incendie. *Fire-insurance,* assurance contre l'incendie. *Fire-insurance policy,* police d'assurance contre l'incendie. *Fire-office,* bureau d'assurance contre l'incendie. *Fire-risk,* risque d'incendie.

fire *vt.* **1.** mettre feu à. — **2.** Fam. renvoyer, congédier, mettre à la porte.

fire-proof [-pru:f] *adj.* ininflammable, ignifuge.

fire-raising [-reiziŋ] *s.* incendie par malveillance.

firkin ['fə:kin] *s.* tonnelet, barillet, caque (pour beurre, poisson, etc.).

firm [fə:m] *s.* **1.** raison sociale. *To change the firm,* changer de raison sociale. — **2.** société, firme, maison de commerce. *Bankrupt firm* (U. S. *failed firm*), société en faillite. *The firm's capital,* le capital social.

firm *adj.* ferme. *Firm bargain,* marché ferme (à prime). *Firm offer,* offre ferme. *Firm rates,* cours fermes. BOURSE *Firm stock,* valeur ferme. *Firm underwriting,* prise ferme (d'actions). *To buy firm,* acheter ferme (actions). *To sell firm,* vendre ferme (actions). *The market remains firm,* le marché reste ferme. *Our shares closed firm,* nos actions étaient fermes en clôture.

firm up [ʌp] *vi.* se raffermir (prix).

firming up [ʌp] *s.* raffermissement (des prix, des cours).

firmness ['fə:mnis] *s.* BOURSE fermeté, raffermissement, tenue (des valeurs, etc.).

first [fə:st] *adj.* premier. Ass. *First loss,* premier risque. *First loss insurance,* assurance au premier risque. *First mover,* la partie la plus diligente. FIN. *First right,* droit de priorité. *At first sight,* à première vue.

first *s.* **1.** *First of exchange,* première de change. — **2. firsts** *s. pl.* produits de première qualité.

first-class ['-klɑ:s] *adj.* **1.** de premier choix. — **2.** U.S. POSTE *First-class matter,* paquet clos, lettre close.

first-hand ['-hænd] *adj.* de première main.

first-rate ['-reit] *adj.* de premier rang, de premier ordre. *First-rate shares,* actions de premier ordre.

fiscal ['fiskəl] *adj.* fiscal. *Fiscal authorities,* le fisc. *Fiscal band,* bague fiscale. *Fiscal law :* **a)** droit fiscal; **b)** loi fiscale. *Fiscal year,* année budgétaire.

fiscality [fis'kæliti] *s.* fiscalité.

fish-market ['fiʃ,mɑ:kit] *s.* marché au poisson.

fishmonger ['fiʃ,mʌŋgə*] *s.* marchand de poisson.

fish-train ['fiʃ,trein] *s.* train de marée.

fishy ['fiʃi] *adj.* FAM. véreux, louche. *A fishy business,* une affaire louche.

fit [fit] *adj.* bon, propre, convenable, capable. *To think fit,* juger à propos, convenable. JUR. *As shall seem fit,* ainsi qu'il appartiendra. *These goods are not fit for acceptance,* ces marchandises ne sont pas recevables. *This clerk is not fit for the job,* cet employé ne peut faire l'affaire, n'est pas à sa place.

fit *s.* adaptation. *These shoes are an easy fit,* ces souliers chaussent grand.

fit *vt.* **1.** aller à, être à la taille de. *These folders do not fit our filing-cabinet,* ces chemises ne vont pas dans notre classeur. — **2.** adapter, ajuster. *We could exactly fit the spare-parts you sent us,* nous avons pu ajuster exactement les pièces détachées que vous nous avez envoyées.

fit *vi.* s'ajuster, s'adapter. *Our bolts fit these nuts,* nos boulons s'adaptent sur ces écrous.

fit in (with) [-in] *vi.* être en harmonie avec. *Your invoice does not fit in at all with your estimate,* votre facture ne correspond nullement à votre devis.

fit out [-aut] *vt.* équiper (*sth. with sth.,* qqch. de qqch.). *We could help you fitting out your office,* nous pourrions vous aider à équiper votre bureau.

fit up [-ʌp] *vt.* aménager.

fitting out ['fitiŋaut] *s.* aménagement, équipement.

fitting up [-ʌp] *s.* aménagement, ameublement (d'un bureau, etc.).

fittings [fitiŋz] *s. pl.* **1.** agencements, installations. *Fittings and fixtures,* installations et agencements. — **2.** accessoires, outillage.

fix ['fiks] *vt.* fixer, établir. *To fix the budget,* établir le budget. *The date of the next meeting has not yet been fixed,* la date de la prochaine réunion n'a pas encore été fixée.

fixed ['fikst] *adj.* fixe. *Fixed assets,* actif immobilisé, immobilisations. *Fixed capital,* capital fixe. *Fixed charges,* frais généraux, frais fixes. *Fixed deposit,* dépôt à terme fixe. *Fixed duty,* droit fixe. FIN. *Fixed exchange,* le certain. *Fixed income,* revenu fixe. *Fixed interest securities,* valeurs à intérêt fixe. *Fixed prices,* prix fixes, prix forfaitaires. *Fixed property,* biens immeubles. *Fixed salary,* le fixe.

Fixed tariff transit charges, frais tarifaires forfaitaires en cours de route. *Fixed trust,* société de placement à forfait. *Fixed yield securities,* valeurs à revenu fixe. *Small investors may purchase units of capital representing a portion of each investment of the fixed trust,* les petits épargnants peuvent acheter des parts de chaque placement de la société.

fixing ['fiksiŋ] *s.* **1.** fixation. — **2.** **fixings** *s. pl.* équipement, outillage.

fix-out [-aut] *vt.* U. S. équiper.

fixture [-tʃə*] *s.* **1.** appareil fixé. — **2.** **fixtures** *s. pl.* meubles à demeure, aménagements, agencements. *Fixtures and fittings,* installation et agencement. JUR. *Inventory of fixtures,* état des lieux. IND. *Small fixtures,* petits équipements.

fix-up [-ʌp] *vt.* FAM. arranger, régler, conclure.

fizzle [fizl] *vi.* rater, avorter, faire long feu. *A market rally on tuesday fizzled,* une reprise des cours mardi dernier a avorté.

flag [flæg] *s.* drapeau, pavillon. *To fly a flag,* battre pavillon.

flag *vi.* BOURSE languir, mollir, se relâcher. *Prices flag,* les cours mollissent.

flat [flæt] *adj.* **1.** plat. *Flat market,* marché calme, terne. — **2.** FAM. net, absolu. *Flat refusal,* refus catégorique. — **3.** invariable, uniforme. *Flat rate,* taux uniforme. — **4.** U. S. *These shares are sold flat,* ces actions sont vendues sans intérêt.

flat *s.* appartement.

flaw [flɔ:] *s.* **1.** défaut, imperfection. — **2.** JUR. vice de forme.

flawless [-lis] *adj.* sans défaut, parfait.

flax [flæks] *s.* lin.

fleet [fli:t] *s.* flotte. *Merchant fleet,* flotte commerciale.

flight [flait] *s.* vol. *Non-stop flight,* vol sans escale. *The regular flight for Bombay is cancelled,* le vol régulier pour Bombay est annulé.

float [flout] *vt.* lancer, créer. *To float a loan,* lancer un emprunt.

float off [-ɔf] *vt.* mettre à flot, renflouer.

floatation [flou'teiʃən] *s.* **1.** flottage du bois. — **2.** lancement d'un emprunt.

floater ['floutə*] *s.* **1.** promoteur d'une affaire. — **2.** BOURSE titre de première catégorie. — **3.** ASS. FAM. police flottante.

floating [-iŋ] *adj.* flottant. *Floating assets,* capitaux mobiles. *Floating capital,* capital disponible, fonds de roulement. *Floating cargo,* cargaison sous voile. *Floating debt,* dette flottante. *Floating dock,* dock flottant. *Floating policy,* police ajustable, police flottante. FIN. *Floating rate,* change flottant.

floating *s.* mise à flot, lancement (emprunt, bateau).

floor [flɔ:*] *s.* **1.** parquet (de la Bourse). — **2.** étage. — **3.** U. S. prix plancher. *Floor-walker,* inspecteur dans un grand magasin.

florin ['flɔrin] *s.* florin.

flotation. V. FLOATATION.

flotsam ['flɔtsəm] *s.* JUR. épave flottante.

flourish ['flʌriʃ] *vi.* prospérer, se développer.

flow [flou] *s.* **1.** courant, flux. U. S. *Flow (process) chart, flow-sheet,* graphique d'acheminement. *Flow of goods,* flux réel. *Flow of money,* circulation monétaire. *Flow production,* travail à la chaîne. — **2.** débit (d'une rivière).

flow *vi.* couler, circuler, affluer.

fluctuate ['flʌktjueit] *vi.* fluctuer, varier, osciller. *The prices of these securities fluctuate between... and...,* les cours de ces valeurs oscillent entre... et...

fluctuation [,flʌktju'eiʃən] *s.* fluctuation. *Fluctuations of currency,* fluctuations monétaires. *Cyclical fluctuations,* variations de conjoncture, cycliques. *Exchange fluctuations,* fluctuations du change. *Seasonal fluctuations,* fluctuations saisonnières. BOURSE *Oil-shares underwent violent fluctuations,* les pétroles ont subi de fortes variations de prix.

flurry ['flʌri] *s.* U. S. agitation, bouleversement.

fluvial ['flu:viəl] *adj.* fluvial.

fly [flai] *vt.* MAR. battre pavillon. *The cargo flew the French flag,* le cargo battait pavillon français.

fly *vi.* voler, aller en avion. *To go quicker we had to fly part of the way,* pour aller plus vite, nous avons dû faire une partie du trajet en avion.

fly-bill ['flai-'bil] *s.* **1.** feuille volante, prospectus. — **2.** papillon sur les murs.

flying [-iŋ] *adj.* et *s.* (de) vol. *Flying speed under load,* vitesse de croisière.

fly-post [-poust] *vt.* coller des papillons.

fold ['fould] *vt.* plier. *Please, don't fold,* prière de ne pas plier.

fold up [-ʌp] *vi.* U. S. liquider, fermer boutique.

folder ['fouldə*] *s.* **1.** dépliant, prospectus. — **2.** chemise (pour documents).

folding ['fouldiŋ] *adj.* pliant, repliable, rabattable.

foliate ['foulieit] *vt.* folioter (les feuilles d'un livre).

foliation [,fouli'eiʃən] *s.* **1.** foliotage. — **2.** COMPT. pagination à livre ouvert.

folio ['fouliou] *s.* folio. COMPT. *Posting folio,* rencontre.

follow ['fɔlou] *vt.* suivre. *Following our correspondence,* comme suite à notre échange de lettres. *Following your instructions,* suivant vos directives. *Following your request,* conformément à votre demande. *Following your visit,* suite à votre visite.

follow *vi.* suivre, s'ensuivre. *As follows,* comme suit. POSTE *Letter to follow,* lettre suit.

follow up [-'ʌp] *vt.* suivre, ne pas laisser de côté, ne pas négliger, relancer (un client, une affaire). *Follow up letter,* lettre de rappel, de relance. *If you want this first letter to be effective, you'll have to follow it up with a set of others,* si vous voulez que cette première lettre serve à qqch., il faudra la faire suivre de plusieurs autres.

follower ['fɔlouə*] *s.* suite (d'une lettre).

following ['fɔlouiŋ] *adj.* qui suit, suivant. BOURSE *Following account,* liquidation suivante. *The following is the full list,* voici la liste complète. *We can send you these items on the following terms,* nous pouvons vous expédier ces articles aux conditions suivantes.

food [fu:d] *s.* nourriture, aliments. *Food allowance,* allocation nourriture. *Food products,* denrées alimentaires. *Food shares,* les valeurs de l'alimentation. *Food stuff,* article d'alimentation. *Food value,* valeur nutritive.

fool-proof ['fu:l-pru:f] *adj.* indéréglable, à toute épreuve.

foolscap ['fu:lzkæp] *s.* papier ministre.

foot [fut] *s.* **1.** pied. *Cattle on foot,* bétail sur pied. *To set the budget on its foot,* rééquilibrer le budget. — **2.** MESURE 30,48 cm.

foot *vt.* FAM. *To foot the bill,* payer la note.

footing ['futiŋ] *s.* **1.** situation, position, condition. *On a bad footing,* en mauvais termes. *On an equal footing,* sur un pied d'égalité. — **2.** entrée, admission (dans une société).

force ['fɔ:s] *s.* force, vigueur. *By the force of circumstances,* par la force des choses. *In force,* en vigueur. *Sales force,* équipe de vendeurs. *To come into force,* entrer en vigueur. *To obtain legal force,* acquérir force de loi. *To put into force,* mettre en vigueur.

force *vt.* surélever les prix *(up).*

forced ['fɔ:st] *adj.* forcé. *Forced loan,* emprunt forcé. *Forced sale,* vente forcée. *Forced savings,* épargne forcée.

forecast ['fɔ:kɑ:st] *s.* prévision, pronostic.

foreclose [fɔ:'klouz] *vt.* JUR. forclore qqn. *To foreclose the mortgage,* saisir l'immeuble hypothéqué.

foreclosure [fɔ:'klouʒə*] *s.* JUR. forclusion, saisie (d'une hypothèque).

foreign ['fɔrin] *adj.* étranger. *Foreign currency,* devises. *Foreign department,* service des relations avec l'étranger. *Foreign exchange,* devises. *Foreign exchange market,* marché du change, des devises. *Foreign exchange reserve,* réserve en devises. *Foreign money-order,* mandat international. *Foreign Office,* ministère des Affaires étrangères. *Foreign secretary,* ministre des Affaires étrangères. *Foreign trade :* **a)** commerce extérieur; **b)** MAR. long cours. *Foreign-going ship,* navire long-courrier. *Foreign trade agency,* office du commerce extérieur. *Claims on foreign countries,* créances à l'étranger. *For use of the foreign administration,* indication de service du pays de destination.

foreigner ['fɔrinə*] *s.* étranger.

foreman ['fɔ:mən] *s.* chef d'équipe, contremaître. TYP. *Printer's foreman,* prote.

foremanship ['fɔ:mənʃip] *s.* fonctions de chef d'équipe.

foresee [fɔ:'si:] *vt.* prévoir.

forest ['fɔrist] *vt.* boiser (une région).

foretype ['fɔ:taip] *s.* prototype.

forewoman ['fɔ:,wumən] *s.* première ouvrière.

foreword ['fɔ:wə:d] *s.* avant-propos, préface.

forfeit ['fɔ:fit] *s.* dédit. *Forfeit-clause,* clause de dédit (contrat). *To pay the forfeit,* payer un dédit. BOURSE *To relinquish the forfeit,* abandonner la prime.

forfeit *vt.* se voir confisquer qqch. JUR. *To forfeit a patent,* se voir retirer un brevet.

forfeitable ['fɔ:fitəbl] *adj.* confiscable.

forfeiter ['fɔ:fitə*] *s.* personne déchue.

forfeiture ['fɔ:fitʃə*] *s.* JUR. déchéance; DOUANES confiscation. *Forfeiture of one's driving licence,* retrait du permis de conduire. ASS. *Non-forfeiture clause,* clause de prolongation automatique.

forge ['fɔ:dʒ] *vt.* forger, contrefaire, fabriquer; JUR. supposer (un testament). *To forge a signature,* contrefaire une signature.

forged ['fɔ:dʒd] *adj.* faux, contrefait, falsifié. JUR. *Production of forged documents,* supposition.

forger ['fɔ:dʒə*] *s.* contrefacteur, faux-monnayeur, faussaire.

forgery ['fɔ:dʒəri] *s.* faux en écritures. *Forgery of a cheque,* falsification de chèque. JUR. *Plea of forgery,* inscription de faux.

forging ['fɔ:dʒiŋ] *s.* falsification, contrefaçon.

form [fɔ:m] *s.* **1.** forme, formalité. *For form's sake,* pour la forme. *In due form,* en bonne et due forme. *Vice of form,* vice de forme. — **2.** formule, tournure. *Forms of address,* titres de politesse. — **3.** formule (imprimé). *Application form,* bulletin de demande, de souscription. *Order form,* bulletin de commande. *Printed form,* imprimé. *To fill in (up) a form,* remplir un bulletin, etc.

form *vt.* former, constituer. *The creditors formed a committee of inspection,* les créanciers ont constitué un comité de contrôle.

formal ['fɔ:məl] *adj.* **1.** formel, en due forme. *Formal contract,* contrat en règle. *Formal notice,* préavis dans les formes, mise en demeure. *Formal order,* bon de commande. — **2.** cérémonieux, solennel.

formality [fɔ:'mæliti] *s.* formalité. *Exemption from formalities,* dispense de formalités. *Necessary formalities,* formalités requises. *To comply with the formalities,* accomplir les formalités. *To fulfil the formalities,* accomplir, remplir les formalités. *To waive formalities,* supprimer les formalités.

formalize ['fɔ:məlaiz] *vt.* préciser (un programme).

formally ['fɔ:məli] *adv.* **1.** formellement. — **2.** cérémonieusement.

formation [fɔ:'meiʃən] *s.* formation, constitution. *Formation expenses,* frais de constitution, frais de premier établissement. *Formation of a company,* constitution d'une société.

forming ['fɔ:miŋ] *s.* constitution (d'une société).

formula ['fɔ:mjulə] *s.* formule (phrase).

formulary ['fɔ:mjuləri] *s.* formulaire.

formulate ['fɔ:mjuleit] *vt.* formuler, élaborer (un projet, etc.).

formulation [,fɔ:mju'leiʃən] *s.* formulation, élaboration.

forthcoming [fɔ:θ'kʌmiŋ] *adj.* qui arrive, prochain, à venir. *The forthcoming season,* la saison prochaine.

forthwith ['fɔ:θ'wið] *adv.* sur-le-champ, tout de suite, sans délai.

fortnight ['fɔ:tnait] *s.* quinzaine, quinze jours. *A fortnight from to-day,* d'aujourd'hui en quinze.

fortnightly ['fɔ:t,naitli] *adj.* bimensuel. *Fortnightly pay-roll,* feuille de quinzaine.

fortnightly *adv.* bimensuellement.

fortuitous [fɔ:'tjuitəs] *adj.* fortuit, imprévu. JUR. *Fortuitous event,* cas fortuit.

fortune ['fɔ:tʃən] *s.* **1.** fortune. — **2.** hasard, chance.

forward ['fɔ:wəd] *adj.* à terme. *Forward deals,* opérations à terme. *Forward delivery,* livraison à terme. *Forward exchange,* devise à terme. *Forward exchange market,* marché des changes à terme, des devises à terme. *Forward method,* méthode directe. *Forward price,* cours du livrable. *Forward quotation,* cotation à terme. *Forward rates,* taux pour les opérations à terme. *Forward sale,* vente à terme. *Forward securities,* valeurs à terme. *Forward transactions,* opérations à terme (sur des marchandises).

forward *adv.* en avant. *All charges forward,* sous suite de tous frais. " *Carriage forward* ", « En port dû ». *From now forward,* dorénavant, désormais. *To carry the balance forward,* reporter le solde à nouveau. *To date forward,* postdater. *To look forward to doing sth,* attendre avec impatience de faire qqch. *Looking forward to seeing you soon,* attendant avec impatience de vous revoir bientôt.

forward *s.* COMPT. report.

forward *vt.* **1.** avancer, favoriser, seconder (un projet). — **2.** expédier, envoyer, acheminer (des marchandises). — **3.** POSTE faire suivre (une lettre). *"Please, forward",* « Prière de faire suivre ».

forwarder ['fɔ:wədə*] *s.* **1.** promoteur. — **2.** expéditeur, transitaire. *Forwarder's B/L,* connaissement de transitaire. *Forwarder's receipt,* récépissé de transitaire.

forwarding ['fɔ:wədiŋ] *s.* **1.** expédition, envoi. *Forwarding agent,* transitaire, expéditionnaire ; MAR. chargeur. *Forwarding agency,* maison d'expédition, de transit. *Forwarding charges,* frais d'expédition. *Forwarding clerk,* commis de maison d'expédition. *Forwarding station,* gare de départ, d'expédition. *Forwarding station date stamp,* timbre à date de la gare expéditrice. — **2.** transmission (d'une lettre).

foster ['fɔstə*] *vt.* encourager, favoriser, patronner.

foul [faul] *adj.* brut. *Foul B/L, foul bill of health,* connaissement brut, patente avec réserves.

foul [faul] *s.* MAR. collision.

foul *vt.* entrer en collision.

found [faund] *vt.* fonder, créer, établir; MÉTALL. fondre (les métaux), mouler (la fonte).

foundation [faun'deiʃən] *s.* **1.** fondation, création. — **2.** fondation, base.

founder ['faundə*] *s.* fondateur. *Founder's share,* part de fondateur.

founding ['faundiŋ] *s.* fonderie, moulage.

foundry ['faundri] *s.* fonderie.

fraction ['frækʃən] *s.* **1.** fraction. *Fraction in its lowest terms,* fraction irréductible. *Decimal fraction,* fraction décimale. *Vulgar fraction,* fraction ordinaire. — **2.** BOURSE rompu (d'une action).

fractional ['frækʃənl] *adj.* fractionnaire. FIN. *Fractional certificate,* titre rompu. *Fractional coins,* monnaie divisionnaire. *Fractional deduction,* abattement. *For each £ 100 or fractional part thereof,* par 100 livres ou fraction de 100 livres.

fragile ['frædʒail] *adj.* fragile.

frame [freim] *s.* cadre. *It falls within the frame of our activities,* cela fait partie de nos activités.

framework ['freimwə:k] *s.* cadre. *It comes within our framework,* cela rentre dans le cadre de nos activités.

franc [fræŋk] *s.* franc. *Franc account,* compte tenu en francs.

franchise ['fræntʃaiz] *s.* **1.** ASS. MAR. minimum d'avarie au-dessous duquel l'assureur n'est plus tenu de couvrir les dommages, franchise. *Franchise-clause,* clause de franchise. — **2.** U. S. concession exclusive accordée à une compagnie d'utilité publique, licence exclusive de vente ou de fabrication.

franchise *vt.* U. S. accorder une exclusivité.

frank [fræŋk] *vt.* affranchir (une lettre).

franker ['fræŋkə*] *s.* machine à affranchir.

franking machine ['fræŋkiŋ-mə'ʃi:n] *s.* machine à affranchir.

fraud ['frɔ:d] *s.* fraude, manœuvres frauduleuses.

fraudulent ['frɔ:djulənt] *adj.* frauduleux. *Fraudulent balance sheet,* faux bilan. *Fraudulent bankruptcy,* banqueroute frauduleuse.

free [fri:] *adj.* libre, franc, exempt (*of,* de), franco. *Free admission,* admission en franchise. *Free allowance of luggage,* franchise de bagages. *Free alongside ship,* franco le long du navire. JUR. *Free and clear,* quitte et libre (d'hypothèque, etc.). *Free at station,* franco gare. *Free customer's warehouse,* franco domicile. *Free domicile,* franco domicile. FIN. *Free exchange market,* marché libre des devises. *Free factory,* rendu à l'usine. ASS. *Free from breakage,* franc de casse. FIN. *Free gold market,* marché libre de l'or. *Free goods,* marchandises exemptes de droits d'entrée, libres. *Free imports,* importations en franchise. *Free in and out (FIO),* franco bord-bord. (N. B. La marchandise doit être mise à bord et reprise à bord aux frais des chargeurs. Sur les lignes régulières, la notation FIO indique que tous les frais de manutention sont à régler en sus.) *Free of all charges,* tous frais payés, gratuit. ASS. MAR. *Free of average,* franc d'avarie. *Free of general average,* franc d'avaries communes. *Free of particular average,* franc d'avaries particulières sauf. *Free on board,* franco bord. (N.B. Aux Etats-Unis, la mention *FOB vessel,* suivie du nom du port d'embarquement, est l'équivalent de la mention anglaise *FOB.* Sans la mention *vessel,* les frais de transport jusqu'au quai ne sont pas nécessairement inclus. Une cotation portant le mode de transport et le nom de la ville de départ, du type *FOB railway Detroit,* signifie que tous les frais sont à la charge du vendeur [frais de chargement inclus] jusqu'à la gare de départ, mais que tous les frais de transport ultérieurs sont exclus.) *Free on quay,* franco quai, rendu à quai. *Free on rail,* franco wagon. *Free sample,* échantillon gratuit. *Free share (bonus or scrip share),* attribution d'actions gratuites. *Free-trade,* libre-échange. *Free-trade area,* zone de libre-échange. *Free-trader,* libre-échangiste. *Free zone,* zone franche. *Admission free,* entrée libre. *Duty free,* libre à l'entrée, franc de tout droit de douane. *Packing free,* franco d'emballage. POSTE *Post free,* franco de port. *Tax free,* exempt d'impôts. *We shall be pleased to send you our vacuum-cleaner for free trial,* nous serons heureux de vous faire parvenir notre aspirateur gratuitement, à l'essai.

free *adv.* gratuitement. *Catalogue sent free on application (on request),* catalogue franco sur demande.

free *vt.* libérer, affranchir. *To free an estate from mortgage,* déshypothéquer, dégrever un domaine.

freedom [-dəm] *s.* **1.** liberté. — **2.** exemption, immunité. *Freedom from taxes,* exemption d'impôts.

freehold [-hould] *s.* JUR. pleine propriété.

freelance ['fri:'lɑns] *s.* franc-tireur du journalisme.

freely ['fri:li] *adv.* librement.

freeze ['fri:z] *vt.* congeler; FIN. bloquer (les prix, les salaires).

freezer [-ə*] *s.* glacière.

freezing [-iŋ] *s.* FIN. blocage (des prix, des salaires).

freight [freit] *s.* **1.** fret, nolis. — **2.** transport de marchandises par voie d'eau (U. S. par voie de terre). — **3.** fret, cargaison, chargement. *Freight insurance,* assurance sur le fret. *Freight release,* livraison contre paiement du fret. *Freight ton,* tonneau d'affrètement. *Freight unit,* unité payante. *Homeward freight,* fret de retour. *Ocean freight,* fret au long cours. *Return freight,* fret de retour. *To take in freight,* prendre du fret. — **4.** fret, prix de l'affrètement. *Freight collect,* fret payable à destination. U. S. *Freight agent,* transitaire. *Freight bill,* note de frais. CH. DE FER *Freight forwarder,* expéditeur, transitaire. *Freight to be prepaid,* fret payable d'avance. *The freight forwarder assembles enough l. c. l. (less than carload) shipments to fill an entire car and thus obtains a car-load rate,* l'expéditeur rassemble assez d'envois en wagon incomplet pour remplir un wagon entier et bénéficier ainsi d'un tarif « wagon complet ». *Dead freight,* fret sur le vide. *Measurement freight,* fret suivant encombrement. *Pro rata freight,* fret proportionnel. *Through freight,* fret à forfait. *Time freight,* fret au temps. *Voyage freight,* fret au voyage. — **5.** U. S. marchandises transportées (par mer, terre, air). *Freight car,* wagon de marchandises. *Freight-station,* gare de marchandises.

freight *vt.* **1.** fréter, affréter. — **2.** transporter par voie d'eau (U. S. aussi par voie de terre).

freight out [-aut] *vt.* (a ship) donner à fret (un navire).

freightage ['freitidʒ] *s.* **1.** affrètement, nolisement. — **2.** cargaison, fret. — **3.** transport par voie d'eau (U. S. par voie de terre, etc.).

freighter ['freitə*] *s.* **1.** affréteur, exportateur. — **2.** U. S. consignateur. — **3.** entrepreneur de transports. — **4.** cargo (navire).

freighting ['freitiŋ] *s.* affrètement. *Freighting on weight,* affrètement au poids. *Berth freighting,* affrètement en cueillette.

friendly ['frendli] *adj.* amical. *Friendly society,* association de bienfaisance, amicale, mutuelle.

fringe [frindʒ] *s.* bord. *Fringe benefit,* avantages pécuniaires supplémentaires. U. S. *Fringe expenses,* frais annexes.

frontage ['frʌntidʒ] *s.* **1.** terrain en bordure. — **2.** façade, devanture. *Our new premises benefit by a good frontage on the square,* notre nouveau local bénéficie d'une belle façade sur la place. — **3.** JUR. droit de façade.

frontier ['frʌntjə*] *s.* frontière. *Frontier district,* région frontalière. *Frontier-station,* gare frontalière. *Frontier-worker,* travailleur frontalier. *Seen to have crossed the frontier,* vu passer à l'étranger.

fronting ['frʌntiŋ] *s.* **1.** exposition, orientation (d'un immeuble). — **2.** confrontation (de personnes).

front-matter ['frʌnt'mætə'] *s.* U. S. feuilles liminaires.

front-name ['frʌnt'neim] *s.* U. S. prénom.

front-page ['frʌnt'peidʒ] *s.* première page.

frontsman ['frʌntsmən] *s.* vendeur à l'étalage.

frosted ['frɔstid] *adj.* dépoli.

frozen ['frouzən] *pp.* de **to freeze.** *Frozen assets,* actif immobilisé. *Frozen glass,* verre dépoli.

fructify ['frʌktifai] *vt.* fructifier.

fruiter ['fru:tə*] *s.* MAR. navire pour le transport des fruits.

fruitful ['fru:tful] *adj.* fructueux, profitable.

fruition [fru(:)'iʃən] *s.* **1.** jouissance (d'une propriété). — **2.** réalisation (d'un projet).

fudge [fʌdʒ] *s.* JOURN. dernières nouvelles.

fuel ['fjuəl] *s.* combustible, carburant.

fulfil [ful'fil] *vt.* accomplir, remplir. *We are in a position to fulfil your orders within the week,* nous pouvons exécuter vos commandes dans la semaine.

fulfilment [ful'filmənt] *s.* accomplissement, exécution.

full [ful] *adj.* plein, ample, abondant. *Full discharge,* congé définitif. *Full employment,* plein emploi. *Full fare,* place entière, plein tarif. *Full particulars,* tous les détails. *Full powers,* pleins pouvoirs. *Full session,* assemblée pleinière. *Full-time work,* travail à plein temps. COMPT. *Full trial balance,* balance préparatoire d'inventaire. *Full weight,* poids juste. *For fuller information,* pour plus ample informé. *Until fuller information is available,* jusqu'à plus ample informé.

full *s. In full,* intégralement, in extenso. *In full of all demands,* pour solde de tout compte.

full-sized [-saizd] *adj.* **1.** grandeur nature. — **2.** à la cote, à la dimension exacte.

fully ['fuli] *adv.* pleinement, entièrement, complètement. *Fully paid,* payé intégralement. *Fully paid shares,* actions libérées. *Fully paid up capital,* capital entièrement versé. *Fully suscribed capital,* capital entièrement souscrit.

function ['fʌŋkʃən] *s.* **1.** fonction. — **2.** réception, cérémonie.

function *vt.* fonctionner.

fund [fʌnd] *s.* **1.** fonds, caisse. *Contingency fund,* fonds de prévoyance. *Exchange equalization fund,* fonds d'égalisation des changes. *Guarantee fund,* fonds de garantie. *International monetary fund,* Fonds monétaire international. *Old age pension fund,* caisse de retraite pour les vieux travailleurs. *Relief fund,* fonds de secours. *Renewal fund,* fonds de renouvellement. *Sinking fund,* fonds d'amortissement. *Staff provident fund,* fonds de prévoyance du personnel. *Unemployment fund,* fonds de chômage. — **2. funds** *s. pl.* fonds, ressources, provision (d'une lettre de change, etc.). *Funds on which an annuity is secured,* assiette d'une rente. *Company's funds,* fonds social. BANQUE *Insufficient funds,* provision insuffisante. *"No funds",* « Défaut de provision », « Sans provision ». *To make a call for funds,* faire un appel de capital. — **3. funds** *s. pl.* les fonds publics, la Dette publique. *Consolidate funds,* fonds consolidés. *Government funds,* rentes sur l'État.

fund *vt.* **1.** consolider (une dette publique). — **2.** BOURSE acheter de la rente.

funded ['fʌndid] *adj.* fondé. *Funded capital,* capitaux investis. *Funded debt,* fonds consolidés, dette fondée.

fundholder ['fʌnd,houldə*] *s.* rentier, détenteur de fonds publics.

funding ['fʌndiŋ] *s.* consolidation, assiette (d'une rente), funding. *Funding loan,* emprunt de consolidation.

fungible ['fʌndʒibl] *adj.* JUR. fongible.

furlong ['fə:lɔŋ] *s.* furlong (voir tableau des mesures).

furlough ['fə:lou] *vt.* U. S. accorder un congé.

furnish ['fə:niʃ] *vt.* **1.** fournir, procurer, pourvoir. *Could you furnish us with further particulars?* pourriez-vous nous fournir de plus amples détails ? — **2.** meubler, garnir (un bureau, etc.).

furnished ['fə:niʃt] *adj.* **1.** pourvu, équipé de. — **2.** meublé. *Our office is well-furnished,* notre bureau est bien monté.

furnisher ['fə:niʃə*] *s.* **1.** fournisseur. — **2.** marchand d'ameublement.

furnishing ['fə:niʃiŋ] *s.* **1.** fourniture, provision. — **2.** *House-furnishing firm,* maison d'ameublement. — **3. furnishings** *s. pl.* ameublement.

furniture ['fə:nitʃə*] *s.* meuble, mobilier, ameublement. *Household furniture,* meubles meublants. *A piece of furniture,* un meuble. *Furniture-remover,* déménageur. *Furniture-repository,* garde-meuble. *Furniture-van,* camion de déménagement. *Furniture-warehouse :* **a)** garde-meuble; **b)** magasin d'ameublement en gros.

further ['fə:ðə*] *adj.* nouveau, supplémentaire. *Further to your letter,* comme suite à votre lettre. *For further action,* pour suite à donner. *Upon further consideration,* après un examen plus approfondi. *With further reference to your letter,* faisant suite à votre lettre. *Without further delay,* sans plus de retard. *We postpone our order until further information is available,* nous suspendons notre commande jusqu'à plus ample informé.

further *vt.* favoriser, servir (les intérêts d'une société).

fur-trader [fə:-'treidə*] *s.* pelletier, fourreur.

fuse [fju:z] *vt.* et *vi.* fusionner, s'amalgamer.

fusion ['fju:ʒən] *s.* fusionnement.

future ['fju:tʃə*] *adj.* futur. *Future delivery,* livraison à terme. *Please, note our new business address for your future orders,* veuillez noter notre nouvelle adresse commerciale pour vos prochaines commandes. *To buy for future delivery,* acheter à terme.

future *s.* avenir, futur. *In the near future,* dans le proche avenir.

futures [fju:tʃəz] *s. pl.* BOURSE livrable. *Futures (market),* marché à terme (pour les grains, etc.). *Selling of futures,* vente à découvert.

g

gadget ['gædʒit] *s.* FAM. **1.** accessoire, dispositif. — **2.** truc, machin, chose.

gage [geidʒ] *s.* gage, garantie; JUR. nantissement.

gain [gein] *s.* **1.** gain, profit. — **2.** augmentation, accroissement.

gain [gein] *vt.* gagner, acquérir. *To gain over,* gagner à sa cause (qqn). BOURSE *Our shares gain ten points,* nos actions ont gagné dix points.

gainer ['geinə*] *s.* gagneur, gagnant.

gainful ['geinful] *adj.* profitable, avantageux.

gale [geil] *s.* JUR. loyer. *Hanging gale,* loyer arriéré.

gall [gɔ:l] *s.* défaut, imperfection (d'un tissu).

galley-proof ['gæli'pru:f] *s.* TYP. épreuve en placard.

gallon ['gælən] *s.* gallon (voir tableau des mesures).

galvanize ['gælvənaiz] *vt.* galvaniser.

gamble ['gæmbl] *s.* **1.** jeu. — **2.** spéculation.

gamble *vt.* jouer. *Bulls gamble on a rise in prices,* les spéculateurs à la hausse jouent sur une montée des cours.

gambler ['gæmblə*] *s.* joueur, agioteur. *Gambler on the Stock-Exchange,* spéculateur, agioteur en Bourse.

gambling ['gæmbliŋ] *s.* jeu, agiotage. *Gambling debts,* dettes de jeu. *Gambling-house,* maison de jeu. *Stock gambling,* jeu de Bourse.

game [geim] *s.* jeu.

gaming ['geimiŋ] *s.* jeu. JUR. *Gaming and wagering,* jeu-pari.

gamut ['gæmət] *s.* gamme (de couleurs).

gang [gæŋ] *s.* **1.** équipe. — **2.** série (d'articles adaptables les uns aux autres).

gangway ['gæŋwei] *s.* **1.** couloir central. — **2.** MAR. passerelle.

gap [gæp] *s.* lacune, vide. *To bridge the gap,* faire la soudure. *To close the gap,* combler un écart (dans une balance des paiements). *To fill in a gap,* combler une lacune.

garage ['gæra:ʒ] *s.* garage. *Garage-holder,* garagiste. *Lock-up garage,* box.

garble ['gɑ:bl] *vt.* tronquer, altérer (un texte, etc.).

garden-produce ['ga:dn'prɔdju:s] *s.* produits maraîchers.

garnishee [,gɑ:ni'ʃi:] *s.* JUR. **1.** tiers appelé en justice. — **2.** tiers saisi. *Garnishee-order,* ordonnance de saisie-arrêt.

garnisher ['gɑ:ni'ʃə*] *s.* JUR. **1.** partie qui cite un tiers devant le tribunal. — **2.** saisissant (d'une saisie-arrêt).

garnishment ['gɑ:niʃmənt] *s.* JUR. **1.** assignation d'un tiers. — **2.** saisie-arrêt, exploit d'opposition.

gas [gæs] *s.* **1.** gaz. *Gas-producer,* gazogène. *Gas-works,* usine à gaz. *Coal-gas,* gaz de houille. *Town-gas,* gaz de ville. — **2.** U. S. FAM. gasoline (essence).

gasify ['gæsifai] *vt.* et *vi.* gazéifier, se gazéifier.

gasoline ['gæsəli:n] *s.* essence.

gasometer [gæ'sɔmitə*] *s.* gazomètre.

gather ['gæðə*] *vt.* rassembler, recueillir. *To gather from,* conclure. *I gather from your last letter that...,* je déduis de votre dernière lettre que...

gather *vi.* se réunir, se rassembler, s'accumuler, s'amasser.

gaudy ['gɔ:di] *adj.* voyant, criard, de mauvais goût.

gauge [geidʒ] *s.* **1.** calibre. — **2.** indicateur. *Petrol-gauge,* niveau d'essence.

gavel ['gævəl] *s.* U. S. marteau (de commissaire-priseur).

gazette [gə'zet] *s.* gazette. *London gazette,* Journal officiel.

gazette *vt.* annoncer, publier (au Journal officiel).

general ['dʒenərəl] *adj.* général. *General acceptance,* acceptation sans réserve. ASS. MAR. *General average,* avarie grosse ou commune. *General average bond,* compromis d'avarie grosse. *General average deposit,* cautionnement pour avarie grosse. *General B/L,* connaissement collectif. *General creditor,* créditeur non privilégié. *General expenses,* frais généraux. *General holiday,* jour férié. FIN. *General letter of credit,* lettre de crédit collectif. *General manager,* directeur général. *General meeting,* assemblée générale. *General mortgage,* hypothèque générale. *General public,* le grand public. *General store,* bazar. *This method is in general use,* cette méthode est couramment employée.

generality [,dʒenə'ræliti] *s.* généralité.

generalize ['dʒenərəlaiz] *vt.* répandre, généraliser.

generate ['dʒenəreit] *vt.* engendrer.

generating station ['dʒenəreitiŋ' steiʃən] *s.* centrale électrique.

generation [dʒenə'reiʃən] *s.* U. S. création. *The generation of industrial traineeships,* la création de stages dans l'industrie.

gentlefolk ['dʒentlfouk] *s. pl.* personnes de la bonne société. *Distressed gentlefolk,* économiquement faibles.

genuine ['dʒenjuin] *adj.* authentique, véritable. *Genuine article,* article garanti d'origine.

geography [dʒi'ɔgrəfi] *s.* géographie. *Economic geography, statistical geography,* géographie économique.

geometrical [dʒiə'metrikəl] *adj.* géométrique. *Geometrical progression,* progression géométrique.

get about [getə'baut] *vi.* se répandre, circuler. *Pretentious rumours are getting about,* des bruits sans fondement circulent.

get off ['getɔf] *vt.* **1.** expédier. *To get off a letter,* envoyer une lettre. — **2.** faire acquitter.

get out ['getaut] *vt.* **1.** publier (un livre). — **2.** préparer, rédiger, dresser. *We shall get out an estimate for you,* nous vous établirons un devis.

get out *vi.* se sortir de. *He succeeded in getting out of his debts,* il a réussi à se débarrasser de ses dettes.

get round ['getraund] *vi.* tourner, éviter (une difficulté).

get through ['get θru:] *vi.* **1.** accomplir, achever. — **2.** POSTE *It took quite a long time to get through to him,* j'ai attendu longtemps avant d'obtenir la communication avec lui.

get together ['get tə,geðə*] *vt.* rassembler, ramasser. *Before making up your mind, you had better get together all the information you can,* avant de vous décider vous feriez mieux de rassembler tous les renseignements possibles.

get together *vi.* se rassembler, se réunir. *The shareholders got together,* les actionnaires se sont réunis.

get up [getʌp] *vt.* apprêter, habiller (un article). *This article is well got up,* cet article est bien présenté.

get-there ['getðεə*] *adj. Get-there policy,* ligne de conduite arriviste.

gettable ['getəbl] *adj.* procurable.

getter-up ['getərʌp] *s.* promoteur.

getting off ['getiŋɔf] *s.* **1.** acquittement (d'un accusé). — **2.** renflouage (d'un navire).

get-up [getʌp] *s.* présentation, habillage. *It's the get-up that sells the goods,* c'est la présentation qui fait vendre la marchandise.

gift [gift] *s.* don, cadeau, prime. *"Gifts",* « Pour offrir ». *Gift-book,* livre d'étrennes. U. S. *Gift-shop,* boutique de nouveautés. JUR. *Deed of gift,* donation entre vifs. *The post is in the gift of the manager,* le poste est à la disposition du directeur.

gifted ['giftid] *adj.* bien doué, apte.

gilt [gilt] *adj.* doré.

gilt-edged ['gilt-edʒd] *adj.* **1.** doré sur tranche (livre). — **2.** BOURSE *Gilt-edged securities,* valeurs de père de famille, de tout repos.

gist [dʒist] *s.* **1.** JUR. principal motif (d'une action). — **2.** point essentiel (d'un problème).

give [giv] *vt. donner.* **1.** BOURSE *To give for the call,* acheter dont, acheter la prime à livrer. *To give for the put,* acheter ou, acheter la prime à recevoir. *To give on stock,* se faire reporter, faire reporter (des titres). *To give the rate (on stock),* se faire reporter, faire reporter (des titres). *You had better give on your position for next settling day,* vous feriez mieux de faire reporter votre position à la liquidation. — **2.** ADM. *To give an account of,* rendre compte de, faire un exposé sur. *To give notice,* dénoncer. *To give orders,* passer commande. *To give quittance to,* donner quitus à. *The matter will be given my personal attention,* je m'occuperai personnellement de la question. *Please, give further particulars,* veuillez nous fournir de plus amples détails. — **3.** JUR. *To give a decision,* rendre un arrêt (*for s.o.,* en faveur de qqn, *against s.o.,* contre qqn). *To give damages,* accorder des dommages-intérêts. *To give evidence,* témoigner. — **4.** FIN. rendre, rapporter. *This investment should give 15 %,* ce placement devrait rapporter 15 %.

give forth [giv'fɔ:θ] *vt.* publier.

give in [-in] *vt.* **1.** remettre. *You must give in your name at the reception-desk,* vous devez vous faire annoncer à la réception. — **2.** donner. *This glass is given in,* ce verre est donné en prime.

give in *vi.* céder, se soumettre.

give out [givaut] *vt.* : **a)** distribuer; **b)** U. S. *To give out an interview,* accorder un rendez-vous.

give out *vi.* manquer, s'épuiser. *Our stocks are giving out,* nos réserves s'épuisent.

give up [giv ʌp] *vt.* 1. abandonner, renoncer à. *Our manager had to give up on account of ill-health,* notre directeur a dû abandonner l'affaire pour raisons de santé. — 2. *To give up oneself to,* se consacrer à, se vouer à. *Our draughtsmen are giving themselves up to this problem,* nos dessinateurs se consacrent à ce problème.

give-and-take [-ən'teik] *adj.* de concessions mutuelles. *Give-and-take policy,* politique de concessions mutuelles.

give-and-take *s.* échange de bons procédés.

give-away price ['givə'wei'prais] *s.* vil prix.

given ['givn] *adj.* donné. *In a given time,* dans un délai convenu.

giver ['givə*] *s.* donneur, donateur (-trice). BOURSE *Giver for a call,* acheteur d'un dont. *Giver for a call of more,* preneur de faculté de lever double. *Giver for a put,* vendeur d'un ou, d'une prime indirecte. *Giver for a put and call,* preneur de stellage, d'option. *Giver for a put of more,* preneur de faculté de livrer double. *Giver of option money,* acheteur de primes. *Giver of the rate,* payeur de la prime. *Giver on stock,* reporté. *Giver to the option,* optionnaire. *There are no givers on these securities,* personne ne veut se reporter sur ces titres.

giving ['giviŋ] *s.* JUR. adjudication (de dommages-intérêts).

glass-case ['glɑ:skeis] *s.* vitrine, montre.

glue [glu:] *vt.* coller.

glut [glʌt] *s.* encombrement (du marché). *Glut of money,* surabondance de capitaux.

glut *vt.* encombrer, inonder (le marché). *The market is glutted,* le marché est surchargé.

go [gou] *vi.* 1. aller, marcher. *Promotion goes by seniority,* l'avancement se fait à l'ancienneté. *The new manager will keep up our branch going,* le nouveau directeur saura maintenir la bonne marche de la succursale. *Things are going well,* les affaires marchent. *Five into ten goes twice,* dix divisé par cinq fait deux. — 2. BOURSE *To go a bear,* jouer à la baisse. *To go a bull,* jouer à la hausse. — 3. JUR. *To go to law,* ester en justice, aller en justice. *Without going to law,* à l'amiable.

go-ahead [-ə'hed] *s.* feu vert. *The government gave its go-ahead,* le gouvernement a donné le feu vert.

go down [-daun] *vi.* baisser. *Our shares go down,* nos actions sont en baisse.

go in for [-in fɔ:*] *vi.* s'occuper, se mêler de. *To go in for an appointment,* poser sa candidature à un emploi. *You should go in for advertising,* vous devriez vous occuper de publicité.

go into [-'intə] *vi.* examiner, étudier. *Our assayer will go into the matter,* notre essayeur examinera la question.

go off [-ɔ:f] *vi.* 1. se détériorer, se perdre, se gâter. *The flavour of this tea went off,* ce thé a perdu sa saveur. — 2. se vendre. *These articles go off readily,* ces articles ont un bon débit, s'écoulent facilement. *These articles go off slowly,* ces articles se vendent difficilement.

go on [-ɔn] *vi.* continuer. *Let's go on with our agenda,* continuons à examiner l'ordre du jour.

go out [-aut] *vi.* sortir. *These patterns will never go out of fashion,* ces modèles ne se démoderont jamais.

go over [-ouvə*] *vi.* examiner, vérifier. *The chief accountant went over the ledger,* le chef comptable a vérifié le grand livre.

go through [-θru:] *vt.* 1. examiner, dépouiller (des documents). *We went through our previous correspondence but could not trace this letter,* nous avons compulsé notre correspondance antérieure, mais nous n'avons pu retrouver cette lettre. — 2. passer par, suivre. *This order-form must go through our different services,* ce bulletin de commande doit passer par nos différents services. — 3. passer, être approuvé. *Our proposal went through the board of directors,* notre proposition a été approuvée par le conseil d'administration.

go up [-ʌp] *vi.* monter. *Prices are going up,* les prix montent.

go with [-wiδ] *vi.* s'accorder, s'assortir.

going ['gouiŋ] *adj.* qui marche. *Going concern,* entreprise prospère. FIN. *Going rate,* le taux en vigueur.

going *s.* marche. TYP. *Going-to-press,* mise sous presse. *Going-to-press prices,* dernières cotes.

gold [gould] *s.* or. *Gold and silver reserve,* encaisse métallique. *Gold bar,* lingot d'or. *Gold block countries,* pays du bloc d'or. *Gold bond,* obligation or. *Gold bullion standard,* étalon de lingots-or. *Gold clause,* clause or. *Gold cover,* couverture or. *Gold currency,* monnaie d'or. *Gold exchange standard,* étalon de change or. *Gold holdings,* avoirs en or. *Gold loan,* emprunt or. *Gold market,* marché de l'or. *Gold parity,* parité or. *Gold premium,* prime sur l'or. *Gold reserve,* réserve or. *Gold shares,* valeurs aurifères. *Gold specie standard,* étalon de numéraire or. *Gold standard,* étalon or. *Free gold market,* marché libre de l'or.

gold point [-pɔint] *s.* point de l'or, gold point. *Export gold point,* point de sortie de l'or. *Import gold point,* point d'entrée de l'or. *Incoming gold point,* point d'entrée de l'or. *Outgoing gold point,* point de sortie de l'or. *To reach the gold point,* atteindre le gold point.

gondola ['gɔndələ] *s.* CH. DE FER wagon découvert.

gone [gɔn] *pp.* de **to go.** **1.** (vente aux enchères) adjugé. *Going, going, gone,* une fois, deux fois, trois fois : vendu. — **2.** POSTE *Gone away, no address,* parti sans laisser d'adresse.

good [gud] *adj.* bon. *Good average quality,* bonne qualité moyenne. *Good delivery stock,* valeur de bonne livraison. TYP. *Good for printing with corrections,* bon à tirer après corrections. *You will receive these articles in good time,* vous recevrez ces articles à temps.

goods [-z] *s. pl.* biens, marchandises. ASS. MAR. facultés. *Goods account,* compte de marchandises. *Goods afloat,* marchandises flottantes. *Goods agent,* entrepreneur de messageries, transitaire. *Goods and services,* biens et services. *Goods department :* **a)** FIN. service des marchandises; **b)** CH. DE FER service des messageries. *Goods description,* désignation des marchandises. *Goods in stocks,* marchandises en magasin. *Goods on hand,* marchandises en magasin. *Goods platform,* quai de chargement. *Goods station,* gare de marchandises. *Goods traffic,* trafic des marchandises. *Goods train,* train de marchandises. *Goods wagon,* wagon de marchandises. *Capital goods,* biens d'investissement. *Consumer goods,* biens de consommation. MAR. *General goods,* marchandises en cueillette. *Manufactured goods,* produits fabriqués. *Producer goods,* biens de production. *Season goods,* articles de saison. *Send these cotton bales by goods train,* expédiez ces balles de coton en P. V. *Slow goods,* marchandises en petite vitesse. *Speed goods,* marchandises en grande vitesse. *Uncustomed goods,* marchandises non acquittées. *Wet goods,* marchandises liquides.

goodwill [-'wil] *s.* **1.** fonds de commerce. — **2.** clientèle, pas-de-porte, achalandage. *"Shop to be sold, large goodwill",* « Magasin à vendre, grosse clientèle ».

go-off [-ɔ:f] *s.* FIN. montant des bons du Trésor venant à échéance à date fixe.

go-slow [-slou] *adj.* ralenti. *Go-slow strike,* grève perlée.

government ['gʌvnmənt] *s.* gouvernement. *Government annuity,* rente sur l'Etat. *(Under) government guarantee,* (sous) garantie de l'Etat. *Government finance,* finances publiques. *Government interference,* ingérence de l'Etat. *Government loan,* emprunt d'Etat. *Government revenue,* revenus publics. *Government securities,* fonds d'Etat. *Government spending,* dépenses publiques. U. S. *Government worker,* fonctionnaire.

governor ['gʌvənə*] *s.* gouverneur. *Deputy governor,* sous-gouverneur.

grace [greis] *s.* grâce, faveur; JUR. amnistie. *Days of grace :* **a)** délai de trois jours (accordé pour le paiement d'une traite); **b)** délai de trente jours (accordé pour le paiement des primes d'assurance).

gradable ['greidəbl] *adj.* susceptible d'être classé par catégories.

grade [greid] *s.* **1.** classe, qualité, degré. *Choice-grade, top-grade quality,* qualité extra. *We have different grades of tea,* nous avons différentes qualités de thé. — **2.** U. S. CH. DE FER pente, rampe. — **3.** U. S. niveau. *Grade-crossing,* passage à niveau.

grade *vt.* classer, trier. *Graded rates,* tarif dégressif.

gradient ['greidjənt] *s.* rampe, inclinaison, dénivellation, pente.

gradual ['grædjuəl] *adj.* graduel, progressif.

graduate ['grædjueit] *vt.* graduer. *Graduated income tax,* impôt progressif, par paliers. *Graduated interest,* intérêts échelonnés.

graft [grɑ:ft] *s.* U. S. corruption, grivèlerie.

grain [grein] *s.* grain. *Grain-carrier,* navire transporteur de blé.

granary ['grænəri] *s.* entrepôt de grain.

grange [greindʒ] *s.* U. S. syndicat d'agriculteurs.

grant [grɑ:nt] *s.* **1.** concession, octroi, délivrance. — **2.** JUR. don, cession. — **3.** JUR. acte de donation. — **4.** subvention, allocation. *To receive a State Grant,* être subventionné par l'Etat. *Grant-aided,* subventionné.

grant *vt.* **1.** accorder, concéder, octroyer. *To grant a loan,* consentir un prêt. *To grant a respite for payment,* accorder un délai de paiement. *We grant 3 % discount to large families,* nous accordons 3 % aux familles nombreuses. — **2.** JUR. faire cession (de qqch.). — **3.** admettre. *I take for granted...,* je considère comme allant de soi.

grantee [grɑ:n'ti:] *s.* **1.** JUR. cessionnaire, donataire. — **2.** impétrant (d'un brevet).

granting ['grɑ:ntiŋ] *s.* **1.** concession, octroi. — **2.** JUR. cession. — **3.** don, accord (d'une subvention).

grantor [grɑ:n'tɔ:*] *s.* JUR. **1.** donateur, cédant. — **2.** constituant (d'une annuité).

granulated ['grænjuleitid] *adj.* **1.** (sucre) cristallisé. — **2.** (métaux) en grenaille.

graph [græf] *s.* graphique, diagramme, courbe. *Graph-paper,* papier quadrillé. *Profit-graph,* courbe de rentabilité.

graph *vt.* tracer une courbe.

grateful ['greitful] *adj.* reconnaissant.

gratification [,grætifi'keiʃən] *s.* plaisir.

gratis ['greitis] *adj.* gratis, gratuit.

gratis *adv.* gratuitement, à titre gratuit.

gratuitous [grə'tjuitəs] *adj.* gratuit, bénévole. *Gratuitous loan,* prêt à titre gratuit.

gratuitously [-li] *adv.* gratuitement, gracieusement, bénévolement.

gratuity [grə'tjuiti] *s.* gratification.

gravamen [grə'veimən] *s.* (*pl.* **gravamina**) JUR. fondement (d'une accusation).

grave [greiv] *vt.* MAR. radouber (un navire).

graving dock [-iŋdɔk] *s.* bassin de radoub.

greasing ['gri:ziŋ] *s.* graissage, lubrification.

green [gri:n] *adj.* **1.** vert. *Green goods,* légumes et fruits. — **2.** jeune, inexpérimenté.

greenback ['-bæk] *s.* U. S. FAM. fafiot, paperasse, billet de banque.

greeting ['gri:tiŋ] *s.* salutation, salut, accueil.

grid [grid] *s.* FAM. réseau électrique national.

grind [graind] *vt.* moudre, meuler.

groceries ['grousəriz] *s. pl.* produits d'épicerie.

groove [gru:v] *s.* 1. rainure, gorge. — 2. FAM. routine. *To get out of the groove,* échapper à la routine.

gross [grous] *adj.* brut. *Gross amount,* montant brut. MAR. *Gross displacement,* déplacement global. *Gross margin,* marge de bénéfice brut. *Gross national income,* revenu national brut. *Gross proceeds,* produits bruts. *Gross profit,* bénéfice brut. *Gross register ton,* tonneau de jauge brut. *Gross revenue,* recettes brutes, revenu brut. *Gross tonage,* jauge brute. *Gross weight,* poids brut.

gross *s.* 1. douze douzaines, grosse. *To sell by the gross,* vendre à la grosse. — 2. U. S. revenu brut.

gross *vt.* U. S. rapporter en recette brute.

ground [graund] *adj.* moulu, broyé, pilé.

ground *s.* 1. fond, champ (d'un tissu). *Ground colour,* première couche (de peinture). — 2. **grounds** *s. pl.* raison, cause, sujet, motif. *Grounds for complaint,* matière à réclamation. JUR. *Grounds for a judgment,* considérants d'un jugement. *On good grounds,* en connaissance de cause. *On personal grounds,* pour raisons personnelles. — 3. terrain. *Ground landlord,* propriétaire foncier. *Ground rent,* redevance foncière. *To find a common ground,* trouver un terrain d'entente. *To hold one's ground,* tenir bon, résister. *Our firm holds its ground in spite of an intense competition,* notre firme tient tête aux concurrents. — 4. **grounds** *s. pl.* terrains, parc (d'une propriété).

ground *vt.* fonder, baser, appuyer. *Ill-grounded rumour,* bruit dénué de fondement. *Well-grounded rumour,* bruit bien fondé. *We ground our claims on the following facts,* nous appuyons nos réclamations sur les faits suivants.

groundage [-idʒ] *s.* MAR. droits de mouillage.

ground-floor [-flɔ:] *s.* 1. rez-de-chaussée. BOURSE *To get in on the ground-floor,* acheter des actions au prix d'émission. — 2. U. S. occasion intéressante. *Ground-floor offer,* occasion à saisir.

groundless [-lis] *adj.* mal fondé, sans motif.

ground-light [-'lait] *s.* balise (d'aéroport).

groundwork [-wə:k] *s.* fondement, fond, base, canevas.

group [gru:p] *s.* groupe, groupement, société. *Group banking,* syndicat de banques.

group *vt.* grouper, disposer.

grouping [-iŋ] *s.* groupement, répartition, agencement.

grow [grou] *vt.* cultiver, faire venir (du blé, etc.).

grow *vi.* croître, augmenter, grandir.

grower [-ə*] *s.* 1. cultivateur, producteur. *Direct from the grower,* du producteur au consommateur. — 2. exploitant forestier.

growing [-iŋ] *adj.* croissant, qui pousse. *Growing crops,* récoltes sur pied. *Corn-growing district,* région à blé.

growth [-θ] *s.* 1. croissance. *Of foreign growth,* d'origine étrangère. — 2. accroissement, augmentation, développement, extension. *Growth industry,* industrie en voie d'expansion.

grubstake [grʌb'steik] *vt.* U. S. fournir les fonds nécessaires au démarrage d'une entreprise.

guarantee [,gærən'ti:] *s.* 1. garant, caution (personne). *To go guarantee for s.o.,* se porter garant de qqn. — 2. garantie. JUR. *Guarantee given for an individual in lieu of bail,* acte de soumission. *Under two years guarantee,* avec garantie de deux ans. *Without guarantee on our part,* sans garantie de notre part. — 3. aval d'une lettre de change. *Guarantee of the meeting of a bill,* garantie de bonne fin. — 4. garantie, caution, gage. *As a guarantee,* pour caution, en gage. *Guarantee association,* caisse de garantie. *Guarantee commission,* ducroire. *Guarantee fund,* fonds de garantie. *Guarantees granted,* garanties données. Ass. *Guarantee insurance,* assurance de cautionnement. *Guarantee of solvency,* garantie de solvabilité. *Guarantees received,* garanties reçues de tiers (bilan). *Under State guarantee,* sous la garantie de l'Etat.

guarantee *vt.* **1.** avaliser (un effet). — **2.** garantir, répondre pour qqn, se porter garant.

guaranteed [,gærən'ti:d] *adj.* **1.** avec garantie. *Guaranteed stock,* actions garanties. *Guaranteed wage plan,* salaire minimal garanti. *State guaranteed,* sous la garantie de l'Etat. — **2.** (*bills,* effets). *Guaranteed,* signé pour aval. *Guaranteed by,* bon pour aval.

guaranteeing [,gærən'ti:iŋ] *s.* cautionnement, garantie.

guarantor [,gæ'rəntɔ:*] *s.* **1.** garant, caution, répondant. — **2.** accréditeur, donneur d'aval, avaliste. *To stand as a guarantor for s.o.,* se porter garant de qqn.

guaranty ['gærənti] *s.* **1.** aval. *Bank guaranty,* aval de banque, garantie de banque. *Commission on guaranty,* commission pour aval (de banque). — **2.** garantie (v. GUARANTEE **2** et **4**).

guard [gɑ:d] *s.* chef de train. *Guard's van,* fourgon.

guardian ['gɑ:djən] *s.* tuteur, curateur. *Deputy guardian,* subrogé tuteur.

guardianship ['gɑ:djənʃip] *s.* tutelle, curatelle. *To be under guardianship,* être en tutelle, en curatelle. *To place under guardianship,* mettre sous tutelle, sous curatelle.

guesstimate ['gestimeit] *vt.* estimer au jugé.

guess-work ['geswə:k] *s.* conjecture, estimation.

guest [gest] *s.* **1.** invité. — **2.** client (d'un hôtel).

guidance ['gaidəns] *s.* direction, conduite, gouverne. *We send you our catalogue for your guidance,* nous vous envoyons notre catalogue à titre d'indication.

guide [gaid] *s.* **1.** guide (personne). — **2.** guide (livre). *Guide to insurance,* introduction à l'assurance. *Railway guide,* indicateur des chemins de fer. — **3.** *Guide-cards,* intercalaires. *Paper-guide,* guide-papier (de machine à écrire).

guild [gild] *s.* guilde, corporation.

guilder ['gildə*] *s.* MONNAIE florin.

guilty ['gilti] *adj.* coupable. *They were found guilty,* ils furent reconnus coupables.

guinea ['gini] *s.* MONNAIE guinée (= 21 shillings).

gummed ['gʌmd] *adj.* gommé. *Gummed label,* étiquette gommée.

gutter-snipe ['gʌtə-snaip] *s.* U. S. BOURSE courtier marron.

h

haberdasher ['hæbədæʃə*] *s.* mercier; U. S. chemisier.

haberdashery [-ʃəri] *s.* mercerie; U. S. chemiserie.

habilitate [hə'biliteit] *vt.* U. S. avancer les fonds pour l'exploitation (d'une usine).

habilitator [-teitə*] *s.* U. S. bailleur de fonds.

habitable ['hæbitəbl] *adj.* habitable. *The owner must keep his tenant's flat in* *habitable repair,* le propriétaire doit tenir son locataire clos et couvert.

habitation [,hæbi'teiʃən] *s.* **1.** habitation, maison. — **2.** habitation. *"Farmhouse fit for habitation to be sold",* « A vendre ferme en état d'être habitée ».

hackneyed ['hæknid] *adj.* banal, rebattu, stéréotypé. *Your slogan is a hackneyed one,* votre slogan est un cliché.

haggle ['hægl] *vi.* marchander. *He always haggles about (over) the price,* il chicane toujours sur le prix.

haggling ['hægliŋ] *s.* marchandage.

hail [heil] *s.* grêle. *Hail (-storm) insurance,* assurance contre la grêle.

hail *vt.* **1.** MAR. arraisonner (un bateau). — **2.** *vi.* MAR. *To hail from a port,* dépendre d'un port.

half [hɑ:f] *adj.* demi. *Half a dozen,* demi-douzaine. BOURSE *Half commission,* remise. *Half commission man,* remisier. *Half-yearly,* semestriel. *Two and a half metres,* deux mètres et demi. *At half price,* à moitié prix.

half *s.* (*pl.* **halves** [hɑ:vz]) moitié. CH. DE FER *Outwardhalf,* coupon d'aller. *Reduced by half,* réduit de moitié.

half-fare [-fɛə*] *s.* CH. DE FER demi-place. *Half-fare ticket,* billet à demi-tarif.

half-monthly [-mʌnθli] *adj.* semi-mensuel.

half-price [-'prais] *s.* moitié prix.

half-time [-'taim] *s.* *To work half-time,* travailler à la demi-journée.

half-year [-'jə:*] *s.* semestre.

half-yearly [-'jə:li] *adj.* semestriel. *Half-yearly dividend,* dividende semestriel.

hall [hɔ:l] *s.* hall d'un hôtel. *Hall porter,* concierge. *Waiting-hall,* salle d'attente. CH. DE FER salle des pas perdus.

hall-mark [-'mɑ:k] *s.* contrôle (sur les objets d'orfèvrerie). *Hall-mark stamp,* poinçon.

hall-mark *vt.* poinçonner. *These forks are not hall-marked,* ces fourchettes ne sont pas poinçonnées.

halve [hɑ:v] *vt.* **1.** diviser en deux. — **2.** réduire de moitié.

hammer ['hæmə*] *s.* marteau. *Pneumatic hammer,* marteau pneumatique. VENTE AUX ENCHÈRES *These paintings came under the hammer,* ces toiles ont été vendues aux enchères.

hammer *vt.* **1.** exécuter. BOURSE *The defaulter has been hammered by the Council for having broken the regulations,* l'agent en défaut a été expulsé par le conseil pour avoir enfreint les règlements. — **2.** BOURSE U. S. vendre à découvert. — **3.** FIN. faire baisser les prix.

hamper ['hæmpə*] *vt.* entraver, gêner. *Our manager never hampers our agents in any way,* notre directeur laisse les coudées franches à nos agents.

hand [hænd] *s.* **1.** main. *Goods left on our hands,* marchandises laissées pour compte. *Made by hand,* fait à la main. *The strong hand,* la manière forte. *This shop has changed hands,* cette boutique a changé de propriétaire. *At hand,* sous la main. *Cash in hand,* encaisse. *In hand,* en magasin. *Stock in hand,* marchandises en magasin. *The business in hand,* affaire à l'étude, en préparation. *To put in hand,* mettre en fabrication. *On hand,* en magasin. *Work on hand,* travail en cours. *Out of hand,* hors de contrôle. *The balance of payment did not get out of hand,* la balance des paiements n'a pas échappé au contrôle. *To hand,* à destination. *Your consignment has come to hand,* votre envoi m'est parvenu. *Your letter of the 5th inst. to hand,* nous avons bien reçu votre lettre du 5 courant. — **2.** ouvrier, manœuvre, main-d'œuvre. MAR. *To be lost with all hands,* périr corps et biens. — **3.** écriture, signature. *To write a good hand,* avoir une bonne, belle écriture.

hand *vt.* mettre, donner. *Enclosed we are handing you the documents required,* nous avons l'avantage de vous remettre ci-joint les documents demandés.

hand in [-in] *vt.* déposer, remettre (un paquet). *Telegrams should be handed in at counter number 2,* les télégrammes doivent être déposés au guichet n° 2.

hand out [-'aut] *s.* U. S. prospectus.

hand over [-ouvə*] *vt.* remettre. *Our order-forms had been handed over to your sales manager,* nos bulletins de commande avaient été remis à votre directeur des ventes. *Please, hand over this bill to the Westminster Bank for collection,* veuillez confier cette traite à la Westminster Bank pour encaissement.

handbill ['hændbil] *s.* prospectus.

handbook ['hændbuk] *s.* guide.

handicraft ['hændikrɑ:ft] *s.* artisanat.

handing over ['hændiŋ ouvə*] *s.* remise, cession, transmission (de pouvoirs).

handle ['hændl] *vt.* manier, manipuler, manutentionner. *Handle with care,* manier avec précaution, attention à l'emballage. *Your shipping cartons are easy to handle,* vos cartons d'expédition sont faciles à manier.

handling ['hændliŋ] *s.* manipulation, manutention. *Handling charges,* frais de manutention.

hand-made *adj.* fait à la main.

handsel ['hænsəl] *s.* FIN. arrhes.

handwriting ['hænd,raitiŋ] *s.* écriture. *Handwriting expert,* expert en écritures. *Application in own handwriting to...,* demandes manuscrites à adresser à...

handy ['hændi] *adj.* **1.** adroit. *Handy girl,* petite main. — **2.** maniable, commode.

hang up ['hæŋʌp] *vt.* **1.** accrocher. POSTE *Hang up the receiver,* raccrochez l'appareil. — **2.** ajourner. CH. DE FER *The consignments hung up in transit,* les colis en souffrance.

happen ['hæpən] *vi.* arriver. *Should it so happen,* le cas échéant.

happening ['hæpəniŋ] *s.* événement.

harbour ['hɑ:bə*] *s.* port. *Harbour authorities,* autorités du port. *Harbour dues,* droits de port, de mouillage. *Harbour facilities,* installations portuaires. *Harbour master,* capitaine de port, officier de port. *Harbour station,* gare maritime. *Outer harbour,* avant-port. *Tidal harbour,* port de marée.

hard [hɑ:d] *adj.* dur, difficile. FIN. *Hard currency,* devises fortes. *Hard rates,* cours tendus, tenus, soutenus, raffermis.

harden ['hɑ:dn] **1.** *vt.* durcir. — **2.** *vi.* se durcir, s'affermir. FIN. *According to the Stock-Exchange list, prices are hardening,* selon le Bulletin de la Bourse, les cours se raffermissent, se redressent.

hardening ['hɑ:dniŋ] *s.* durcissement, raffermissement.

hardness ['hɑ:dnis] *s.* raffermissement, tension.

hardware ['hɑ:dwεə*] *s.* quincaillerie.

hard-wearing ['hɑ:d-'wεəriŋ] *adj.* de bon usage, de bon service.

harmless ['hɑ:mlis] *adj.* inoffensif, anodin.

harmonize ['hɑ:mənaiz] **1.** *vt.* harmoniser, allier. — **2.** *vi.* s'harmoniser, s'allier.

harmony ['hɑ:məni] *s.* harmonie, accord.

harness ['hɑ:nis] *vt.* **1.** aménager (une rivière). — **2.** adapter. *Advertisers found T. V. possesses an immediate impact, which can be harnessed for the sale of their products,* les annonciers ont découvert que la T. V. possède une puissance de choc instantanée, qui peut être adaptée à la vente des produits.

harvest ['hɑ:vist] *s.* moisson, récolte.

hasten ['heisn] **1.** *vt.* accélérer, presser. — **2.** *vi.* se hâter, se presser. *We hasten to let you know that we are to open a new branch in your town,* nous nous empressons de vous faire savoir que nous sommes sur le point d'ouvrir une succursale dans votre ville.

hat [hæt] *s.* chapeau. MAR. *Hat-money,* primage, chapeau (du capitaine).

haul [hɔ:l] *s.* U. S. transport par roulage (haulage). *Local rate is used for a short haul,* le tarif local est utilisé pour un transport sur courte distance.

haul *vt.* **1.** tirer, traîner, remorquer. *This engine can haul 100 car freight train,* cette locomotive peut traîner un train de marchandises de 100 wagons. — **2.** transporter par camions.

haulage ['hɔ:lidʒ] *s.* **1.** roulage, camionnage. *Haulage contractor,* entrepreneur de roulage, de transports. — **2.** traction, remorquage. — **3.** frais de roulage.

haulier ['hɔ:ljə*] *s.* entrepreneur de transports.

hauling ['hɔ:liŋ] *s.* **1.** traction, remorquage. CH. DE FER *Hauling stock,* matériel de remorquage. — **2.** MAR. halage.

have [hæv] *vt.* avoir. *Let me have the address of your new premises as soon as possible,* faites-moi connaître l'adresse de vos nouveaux locaux dès que possible.

hawk [hɔ:k] *vt.* colporter.

hawker ['hɔ:kə*] *s.* marchand ambulant, colporteur, camelot.

hazard ['hæzəd] *vt.* hasarder, risquer, aventurer.

hazardous ['hæzədəs] *adj.* hasardeux, chanceux, aléatoire.

head [hed] *s.* **1.** tête. POSTE *Head-phone,* casque. TYP. *Head-piece,* tête de page, en-tête. *Head-side,* face (d'une monnaie). *Head-tax,* impôt de capitation. — **2.** chef, directeur. *Head-accountant,* chef de la comptabilité. *Head-agent,* agent principal. *Head-cashier,* caissier principal. *Head-clerk,* chef de bureau, commis principal. *Head of department :* **a)** chef de service ; **b)** chef de rayon. *Head-office,* siège social, bureau central, siège principal. *Headquarters,* siège social, bureau principal. *Head-worker,* premier ouvrier. *You can obtain this currency at our head-office only,* vous ne pourrez vous procurer ces devises qu'à notre siège principal.

headed ['hedid] *adj.* muni d'un en-tête. *Headed note-paper,* papier à en-tête.

heading ['hediŋ] *s.* **1.** en-tête, intitulé. — **2.** rubrique. *Collective heading,* rubrique collective. *Under this heading,* sous cette rubrique.

headline ['hedlain] *s.* en-tête de colonne.

headway ['hedwei] *s.* **1.** progrès. *Though our executive took the matter in hand, the inquest is making no headway,* bien que notre agent exécutif ait pris les choses en main, l'enquête piétine. — **2.** intervalle (entre des autobus, etc.).

health [helθ] *s.* santé. *Health certificate,* certificat médical. *Health insurance,* assurance maladie. *The board of Health,* le ministère de la Santé publique. MAR. *Bill of health,* patente de santé. (V. BILL.)

hear [hiə*] *vt.* **1.** entendre. *Hoping to hear from you soon,* dans l'espoir de vous lire. — **2.** JUR. *To hear a case :* **a)** entendre une cause ; **b)** connaître d'un différend.

hearing ['hiəriŋ] *s.* audition. *Our case will come up for hearing to-morrow,* notre affaire viendra demain en audience.

hearsay ['hiəsei] *s.* ouï-dire. *From hearsay,* par ouï-dire.

heat [hi:t] *s.* **1.** chaleur. *Heat-resisting,* calorifuge. — **2.** épreuve. *Dead heat,* tour nul, coup pour rien.

heating ['hi:tiŋ] *s.* chauffage. *Heating-apparatus,* appareil de chauffage. *Heating-expenses,* frais de chauffage. *Heating-pipe,* conduit de chaleur. *Heating-surface,* surface de chauffage (d'une chaudière).

heave [hi:v] *vt.* lever, soulever (une caisse, etc.). *"Heave here",* « Soulever ici ».

heave off [-ɔ:f] *vt.* MAR. renflouer (un navire).

heave to [-tu] *vt.* et *vi.* MAR. (se) mettre en panne.

heavily ['hevili] *adv.* lourdement, fortement. CH. DE FER *Heavily travelled line,* ligne à fort trafic.

heaviness ['hevinis] *s.* lourdeur, langueur, alourdissement. *We cannot but notice some heaviness in oils this week,* nous ne pouvons que remarquer une certaine lourdeur sur les pétrolifères cette semaine.

heavy ['hevi] *adj.* lourd, gros. *Heavy expenditure,* grosses dépenses. *Heavy losses,* lourdes pertes. *Heavy sales,* ventes massives.

heavy-faced [-feist] *adj.* TYP. *Heavy-faced type,* caractère gras.

hectogram ['hektogræm] *s.* hectogramme.

hectolitre ['hekto,li:tə*] *s.* hectolitre.

hectometre ['hekto,mi:tə*] *s.* hectomètre.

hectowatt ['hektowɔt] *s.* hectowatt. *Hectowatt-hour,* hectowatt-heure.

hedge [hedʒ] *s.* FIN. couverture, arbitrage de portefeuille.

hedge *vt.* couvrir. *If you buy spot goods you had better hedge your bargain by a sale of futures,* si vous achetez au comptant, vous feriez mieux de vous couvrir en vendant à terme.

hedge *vi.* se couvrir, faire un arbitrage.

hedge-clause [-klɔ:z] *s.* U. S. clause de sauvegarde (dans un contrat).

hedging ['hedʒiŋ] *s.* couverture, contrepartie.

height [hait] *s.* hauteur. *Hotels are charging more in the height of the season,* les hôtels pratiquent des prix plus élevés en pleine saison.

heighten ['haitn] *vt.* et *vi.* augmenter.

heir [ɛə*] *s.* héritier. *Heir apparent,* héritier présomptif (sans restriction). *Heir at law,* héritier légal, légitime. *Heir on trust,* grevé de fidéicommis. *Heir presumptive,* héritier présomptif (sauf naissance d'un héritier en ligne directe). *Fideicommissary heir,* héritier fidéicommissaire.

heiress ['ɛəris] *s.* héritière.

heirless ['ɛəlis] *s.* sans héritier.

held [held] *pp.* de **to hold.**

hello-girl ['he'lou-gə:l] *s.* U. S. FAM. téléphoniste.

help [help] *s.* secours, aide.

help *vt.* aider, secourir.

hemp [hemp] *s.* chanvre.

hence [hens] *adv.* d'où. *A week hence,* sous huitaine. *Henceforth,* dorénavant.

hereafter [hiər'ɑ:ftə*] *adv.* ci-après.

here-and-there ['hiərənðɛə*] *s.* valeur compensée (devises).

hereby ['hiə'bai] *adv.* par la présente. *I hereby appoint Mr. Smith as my proxy,* je donne pouvoir de procuration à M. Smith par la présente.

hereditament [,heri'ditəmənt] *s.* **1.** JUR. bien transférable par héritage. — **2. hereditaments** *s. pl.* biens composant la succession.

hereinafter ['hiərin'ɑ:ftə*] *adv.* ci-après. *Hereinafter referred to,* dénommé ci-après.

hereof [hiər'ɔv] *adv.* de la présente. *The goods described on page two hereof,* les marchandises désignées à la page deux de la présente.

heretofore ['hiətu'fɔ:*] *adv.* jusqu'ici.

hereunder [hiər'ʌndə*] *adv.* ci-dessous.

hereupon ['hiərə'pɔn] *adv.* là-dessus.

herewith ['hiə'wið] *adv.* ci-inclus, ci-joint, en annexe.

hidden ['hidn] *adj.* caché. *Hidden defects,* vices cachés. FIN. *The hidden reserves,* la réserve latente.

hide [haid] *vt.* cacher.

hide *s.* cuir.

high [hai] *adj.* haut, élevé. BOURSE *High contangoes,* reports chers. *The high authority,* la haute autorité. *The high finance,* la haute finance. BOURSE *Highest and lowest prices,* cours extrêmes. VENTE AUX ENCHÈRES *The highest bidder,* le soumissionnaire au plus haut prix, le plus offrant. BOURSE *Our shares reached their highest price on March 1st,* nos actions ont atteint leur cours le plus haut le 1er mars.

high *adv.* haut. BOURSE *Prices rule high,* les cours demeurent élevés.

high *s.* BOURSE cours le plus haut.

high-grade [-greid] *adj.* **1.** à haute teneur (minerai, etc.). — **2.** de qualité supérieure (marchandises, etc.).

highness ['hainis] *s.* BOURSE *Highness of contangoes,* cherté des reports.

highway ['haiwei] *s.* grande route. *The Highways Department,* le service de la Voirie.

hike [haik] *vi.* U. S. monter, hausser.

hinder ['hində*] *vt.* entraver, gêner, embarrasser.

hindrance ['hindrəns] *s.* entrave, obstacle, empêchement.

hinge ['hindʒ] *s.* charnière, pivot.

hinge *vt.* pivoter (*on,* autour de). *Our policy for the future hinges on this market research,* notre ligne de conduite future dépend de cette étude de marché.

hint [hint] *s.* insinuation, allusion indirecte. *Maintenance hints,* conseils pour l'entretien. *Hints on how to drive your new car,* recommandations pour la conduite de votre nouvelle voiture.

hint *vt.* insinuer, suggérer.

hinterland ['hintəlænd] *s.* hinterland, arrière-pays.

hire ['haiə*] *vt.* louer (une voiture, etc.) ; U. S. embaucher. *To hire by the month,* louer au mois.

hire *s.* **1.** louage. *Hire-contract,* contrat de location. *Hire of safe,* loyer d'un coffre-fort. *Hire of services,* louage de service. *Cars on (for) hire,* voitures en location. *" For hire " (taxi),* « libre ». — **2.** FIN. loyer. *Hire of money,* loyer de l'argent.

hire-purchase [-'pə:tʃəs] *s.* vente (achat) à tempérament. *Hire-purchase agreement,* contrat de vente à tempérament. *Hire-purchase control,* contrôle sur les ventes à tempérament. *Hire-purchase credit,* crédit à tempérament. *Hire-purchase financing,* financement des achats à tempérament. *Hire-purchase restrictions,* restrictions des ventes à tempérament. *To buy on the hire-purchase system,* acheter à tempérament.

hirer ['hairə*] *s.* locataire. *Hirer of a safe,* locataire d'un coffre.

hiring ['hairiŋ] *s.* louage.

hit [hit] *s.* coup. *To make a hit,* réussir, faire sensation. *This new tooth-paste made a hit,* ce nouveau dentifrice a eu un gros succès.

hit *vt.* frapper, atteindre. *Our slogan hit the mark,* notre slogan a touché le but, a frappé juste.

hitch ['hitʃ] *s.* empêchement, contretemps, anicroche. *This scheme worked out without a hitch,* ce plan a marché sans anicroche.

hitherto ['hiðə'tu:] *adv.* jusqu'à présent, jusqu'ici.

hoard [hɔ:d] *s.* magot, bas de laine, accumulation d'argent.

hoard *vt.* **1.** amasser, accumuler (des provisions, etc.). — **2.** thésauriser.

hoarder ['hɔ:də*] *s.* thésauriseur.

hoarding ['hɔ:diŋ] *s.* thésaurisation.

hoarding *s.* **1.** panneau publicitaire, panneau-réclame, panneau d'affichage. — **2.** palissade.

hobo ['houbou] *s.* U. S. ouvrier ambulant.

hock [hɔk] *s.* U. S. gages. FAM. *Hock-shop,* boutique de préteur sur gages.

hogshead ['hɔgzhed] *s.* **1.** tonneau, barrique. — **2.** fût de 52 gallons 1/2 (240 litres).

hoist [hɔist] *s.* **1.** treuil, palan. — **2.** monte-charge.

hoist *vt.* hisser, remonter.

hoisting ['hɔistiŋ] *s.* levage, remontée. *Hoisting shaft,* puits d'extraction.

hokum ['houkəm] *s.* U. S. FAM. boniments.

hold [hould] *s.* MAR. cale. *Hold luggage,* bagages de cale. *These goods have been loaded in the hold,* ces marchandises ont été chargées à fond de cale.

hold *s.* prise. *To keep hold,* retenir. *To lose hold,* lâcher prise. *A mail-order business must maintain its hold over its customers by follow-up letters,* une entreprise de vente par correspondance doit retenir sa clientèle par des lettres de relance.

hold *vt.* **1.** tenir. *To hold at the disposal of,* tenir à la disposition de. *To hold its ground (its own),* résister (*against,* à). *To hold on lease,* tenir à bail. *This car* *holds the road well,* cette voiture tient bien la route. *Our firm must take part in this fair to hold its ground against these powerful competitors,* notre firme doit participer à cette foire pour maintenir sa position contre ces importants concurrents. *The articles of association set forth the regulations to follow when shareholders' meetings are to be held,* les statuts précisent les règles à suivre lorsque des assemblées d'actionnaires doivent être tenues. — **2.** contenir. *These casks will hold 50 litres,* ces tonneaux ont une contenance de 50 litres. — **3.** retenir, immobiliser, détenir. JUR. *Property held indivisum,* biens indivis. FIN. *To hold a payment,* différer un paiement. *To hold a security,* détenir un gage. *To hold as security,* détenir en garantie. U. S. *Don't hold our line of samples too long,* ne gardez pas notre carnet d'échantillons trop longtemps. — **4.** tenir pour, considérer. *We hold him as a suitable applicant,* nous le tenons pour un candidat valable. — **5.** ASS. *To be held covered,* être tenu couvert. *You may be held covered against hail storm at an additional premium,* vous pouvez être couvert contre les risques de grêle moyennant surprime. — **6.** U. S. *To hold the line,* tenir les prix (par des mesures anti-hausse).

hold *vi.* **1.** tenir bon. — **2.** durer. *These stocks won't hold through the season,* ces réserves ne suffiront pas pour toute la saison. — **3.** être valable. *Our order still holds (good),* notre commande reste valable.

hold by [-bai] *vi.* s'en tenir à. *We hold by our previous decision,* nous nous en tenons à notre décision antérieure.

hold on [-ɔn] *vi.* s'accrocher, se maintenir. POSTE *"Hold on",* « Ne quittez pas ».

hold out [-aut] *vi.* **1.** durer. — **2.** résister.

hold over [-ouvə*] *vt.* **1.** remettre, ajourner, différer. *The regular Friday meeting will be held over till next week,* la réunion habituelle du vendredi sera reportée à la semaine prochaine. — **2.** détenir trop longtemps. *Our report has been unduly held over by your services,* notre rapport a été indûment retenu par vos services.

hold together [-tə'geðə*] *vi.* faire bloc. *In the Common Market, nations must hold together,* dans le Marché commun, les nations doivent faire bloc.

hold up [-ʌp] *vt.* arrêter, immobiliser. *Our consignment has been held up at the customs,* notre envoi est immobilisé en douane. *Payments are held up until further information is available,* les paiements sont suspendus jusqu'à plus ample informé.

hold up *vi.* résister, tenir. *Our firm holds up well,* notre entreprise se défend bien.

holder ['houldə*] *s.* **1.** détenteur, porteur, titulaire. *Bona fide holder,* détenteur de bonne foi. *Debenture holder,* détenteur d'obligations. *Mala fide holder,* détenteur de mauvaise foi. *Stock-holder,* porteur de titres. JUR. *Third holder,* tiers détenteur (de terrains hypothéqués). *Holder for value,* détenteur de bonne foi. *Holder in due course,* tiers porteur. *Holder of an account,* titulaire d'un compte. JUR. *Holder on trust,* dépositaire. *The holder of our letter of credit,* notre accrédité. — **2.** support, monture.

holder *s.* MAR. calier.

holding ['houldiŋ] *s.* **1.** tenue (d'une séance). *The articles deal with the holding of directors' meetings,* les statuts traitent de la tenue des réunions du conseil d'administration. — **2.** ferme (exploitation agricole). *Small holdings system,* régime de la petite propriété. — **3.** FIN. avoir, effets en portefeuille. *Gold holding,* encaisse or. *Paper holdings,* valeurs papier, valeurs fiduciaires, portefeuille. *He has a large holding in our concern,* c'est un des gros actionnaires de notre société. — **4.** *Holding-company,* holding, société à portefeuille.

holdover ['hould,ouvə*] *s.* U. S. **1.** bénéficiaire d'une reconduction de poste. — **2.** travail par équipe en dehors des heures normales.

holiday ['hɔlədi] *s.* **1.** fête, jour férié. *Bank-holiday,* jour férié (où les banques ferment) [v. BANK]. *Legal holiday,* jour férié légal. *Statutory holiday,* jour férié légal. — **2. holidays** *s. pl.* vacances. *Easter holidays,* vacances de Pâques. *On my return from holidays,* à mon retour de vacances.

home [houm] *adj. Home bill,* effet sur l'intérieur. *Home consumption,* consommation intérieure. *Home country,* métropole. *Home currency,* monnaie émise dans le pays, monnaie nationale. *Home demand,* demande intérieure. POSTE *Home exchange,* poste central de rattachement. *Home goods,* produits nationaux. *Home industry :* **a)** industrie à domicile; **b)** industrie métropolitaine. *Home market,* marché intérieur. *The Home Office,* ministère de l'Intérieur. *Home port,* port d'attache, port métropolitain. *Home produce,* produit du pays, indigène. *Home Secretary,* ministre de l'Intérieur. *Home station,* gare d'attache. *Home trade,* commerce intérieur. DOUANES *Home use entry,* déclaration de mise en consommation. *Home work,* travail à domicile. *Home worker,* ouvrier en chambre. DOUANES *Goods for home,* marchandises mises en consommation. DOUANES *To enter goods for home use,* déclarer des marchandises en détail.

home *adv.* chez soi, au pays. *Your report struck home,* votre rapport a frappé juste.

home *s.* **1.** chez soi, foyer, intérieur. *The Ideal Home Exhibition,* le Salon des « joies de l'Intérieur », des arts ménagers. — **2.** pays natal, patrie.

home-grown [-'groun] *adj.* du pays.

home-made [-meid] *adj.* du pays.

homestead ['houmsted] *s.* **1.** exploitation rurale. — **2.** U. S. bien de famille.

home-thrust [-'θrʌst] *s.* coup au but.

homeward ['houmwəd] *adj.* vers son port d'attache, vers son pays. *Homeward bill of lading,* connaissement d'entrée. *Homeward charter market,* marché des affrètements en retour. *Homeward freight,* fret de retour. *Homeward voyage,* voyage de retour. *This ship is homeward-bound,* ce vaisseau est à destination de son port d'attache.

homewards ['houmwədz] *adv.* à destination de son port d'attache, vers son pays.

homogeneity [,hɔmodʒe'ni:iti] *s.* homogénéité.

homogeneous [,hɔmə'dʒi:niəs] *adj.* homogène.

honest ['ɔnist] *adj.* **1.** honnête, loyal. — **2.** juste, légitime.

honesty ['ɔnisti] *s.* honnêteté.

honorary ['ɔnərəri] *adj.* **1.** honoraire, bénévole, non rétribué. *Honorary duties,* fonctions non rétribuées. — **2.** d'honneur. *Honorary member,* membre d'honneur.

honour ['ɔnə*] *s.* (U. S. **honor**), honneur. Ass. *Honour policy,* police d'honneur. *Acceptance for honour,* acceptation par intervention, sous protêt. *Acceptor for honour,* avaliste. *Word of honour,* parole d'honneur. *To pay due honour to a bill,* faire honneur à une traite.

honour *vt.* honorer. *To honour a bill,* faire honneur à une traite, accepter un effet, réserver bon accueil à une traite. *To honour a bill at maturity,* honorer une traite à échéance. *To honour one's signature,* faire honneur à sa signature.

hoof [hu:f] *s.* sabot (de cheval, etc.). *On the hoof,* sur pied.

hook-up ['hukʌp] *s.* U. S. POSTE postes conjugués.

hoop [hu:p] *vt.* cercler. *Hooped cotton bales,* balles de coton cerclées.

hop [hɔp] *s.* houblon.

hope [houp] *s.* espoir, espérance. *In the hope of,* dans l'attente de, dans l'espoir de.

hope *vi.* espérer. *We hope for the best,* nous avons bon espoir. *We venture to hope that,* nous osons espérer que.

hopeful ['houpful] *adj.* prometteur.

hopeless ['houplis] *adj.* sans espoir, désespéré. *The situation is hopeless,* la situation est sans espoir.

horizontal [,hɔri'zɔntl] *adj.* horizontal. *Horizontal filing,* classement horizontal. U. S. *Horizontal increase,* augmentation uniforme.

horse [hɔ:s] *s.* cheval. *Horse-power,* cheval-vapeur. U. S. CH. DE FER *Horse-box,* wagon à bestiaux.

hosiery ['houʒəri] *s.* bonneterie.

hot [hɔt] *adj.* brûlant. *Hot bills,* effets brûlants (venant à échéance dans peu de jours). FAM. *Hot money,* fonds mobiles. U. S. *Hot seller,* article vedette.

hotel [hou'tel] *s.* hôtel. *Hotel expenses,* frais de séjour. *Hotel industry, hotel trade,* industrie hôtelière.

hour ['auə*] *s.* heure. BOURSE *Before-hours,* avant Bourse. *Business hours,* heures de bureau, heures d'ouverture. *Office hours,* heures d'ouverture. *Output per hour,* rendement horaire. *Over time hours,* heures supplémentaires. *Peak hours,* heures de pointe. *Rush hour,* heure de pointe. *Stock-Exchange hours,* heures de Bourse.

hourly ['auəli] *adj.* à l'heure, horaire (débit, rendement, etc.).

house [hauz] *s.* **1.** maison. *House agency,* agence immobilière. *House agent,* agent immobilier. *House bill,* papier creux, effet creux. *House builder,* entrepreneur en bâtiments. *House duty,* impôt sur les propriétés bâties. JUR. *House letting,* baux à loyer. *House of good standing,* maison sérieuse. *House property,* biens-fonds. *Branch house,* succursale. *Business house,* maison de commerce. *Commission house,* maison de commission. *Dwelling house,* maison d'habitation. *Parent house,* maison mère. *Private house,* maison bourgeoise. *Publishing house,* maison d'édition. *Revenue-earning house* (U. S. *apartment house*), maison de rapport. *Trustworthy house,* maison de confiance. — **2.** FIN. *The House,* la Bourse. *Members of the House,* agents de change.

housebreaking ['haus,breikiŋ] *s.* cambriolage, effraction.

housecraft ['haus,krɑ:ft] *s.* les arts ménagers.

household ['haushould] *s.* la maison, le ménage. *Household expenses,* budget domestique. *Household furniture,* meubles meublants. *Household goods :* **a)** mobilier; **b)** produits d'usage courant.

householder ['haushouldə*] *s.* chef de famille.

housekeeping ['haus,ki:piŋ] *s.* économie domestique. *Housekeeping book,* livre de comptes.

house-to-house ['haus-tə'haus] *adj.* à domicile. *House-to-house distribution,* distribution de porte à porte.

housing ['hauziŋ] *s.* **1.** construction de logements. — **2.** logement. *Housing allowance,* indemnité de logement, allocation logement. *Housing problem,* problème du logement. *Housing shortage,* crise du logement. — **3.** U. S. *Housing expediter,* administrateur du Service du contrôle des loyers.

hover ['hɔvə*] *vi.* planer, se balancer. *Our shares hovered around the same quotations as yesterday,* nos actions sont restées près de leur cours d'hier.

however [hau'evə*] *adv.* **1.** toutefois, cependant. — **2.** si... que. *However profitable it may be,* si avantageux que ce soit. — **3.** de quelque manière que. *However that may be,* quoi qu'il en soit.

hub [hʌb] *s.* FAM. centre, pivot.

huckster ['hʌkstə*] *s.* U. S. FAM. agent de publicité.

hug [hʌg] *vt.* MAR. serrer. *To hug the coast,* longer la côte.

huge [hju:dʒ] *adj.* énorme, vaste. *These shares fetch huge prices,* ces actions se vendent à prix d'or.

hulk [hʌlk] *s.* ponton.

hull [hʌl] *s.* coque (de navire), corps (de navire). ASS. MAR. *Hull insurance,* assurance sur corps, sur navire. *Hull port risk,* risque de port sur corps. *Hull underwriter,* assureur sur corps.

humidity [hju'miditi] *s.* humidité.

humidor [hju'midə*] *s.* humidificateur.

hundredweight ['hʌndrədweit] *s.* poids de 112 livres, environ un quintal. (N.B. Angl. 50,802 kg; U. S. 45,359 kg.)

hurry ['hʌri] *vi.* se hâter, se presser.

hurt [hə:t] *adj.* U. S. défraîchi.

hurtful [hə:tful] *adj.* préjudiciable.

husband ['hʌzbənd] *s.* mari, époux. *Husband's authorization,* autorisation maritale.

husband *vt.* **1.** économiser, bien gérer (ses ressources, etc.). — **2.** cultiver (la terre).

hush-money ['hʌʃ,mʌni] *s.* pot-de-vin.

hypothecate [hai'pɔθikeit] *vt.* Jur. fournir en nantissement, nantir, gager. *Stocks hypothecated as security,* actions fournies en nantissement, en garantie, actions nanties.

hypothecation [hai,pɔθi'keiʃən] *s.* inscription hypothécaire. *Hypothecation certificate,* acte de nantissement.

hypothecator [hai,pɔθi'keitə*] *s.* gageur.

hypothesis [hai'pɔθisis] *s.* hypothèse.

i

ice-car ['ais'kɑ:*] *s.* U. S. wagon frigorifique.

idea [ai'diə] *s.* idée. *Idea-box,* boîte à suggestions. *With the idea of,* avec l'idée de.

ideal [ai'diəl] *adj.* idéal. *Ideal efficiency,* rendement optimal.

identic [ai'dentik] *adj.* identique, de la même teneur.

identical [ai'dentikəl] *adj.* identique (*with,* à).

identification [ai,dentifi'keiʃən] *s.* identification. *Identification card,* carte d'identité. *Identification plate,* plaque minéralogique. Poste *Identification words,* mots guides.

identify [ai'dentifai] *vt.* identifier. *Can you identify yourself?,* pouvez-vous justifier de votre identité ?

identity [ai'dentiti] *s.* identité. *Identity card,* carte d'identité. Jur. *Identity certificate,* acte de notoriété (héritier). *Mistaken identity,* erreur sur la personne. *Payable upon production of proof of identity,* payable sur présentation de pièces d'identité. *To prove one's identity,* établir son identité.

idle ['aidl] *adj.* **1.** oisif, désœuvré. — **2.** au repos, arrêté. *Idle time,* temps mort. Fin. *Capital lying idle,* fonds dormants, capital oisif, improductif. *These machines run idle,* ces machines tournent à vide. *This factory is standing idle,* cette usine est inactive, chôme. — **3.** inutile, vain. *The government soon gave the lie to these idle rumours,* le gouvernement démentit bientôt ces bruits sans fondement.

if [if] *conj.* si. *If cashed,* sauf rentrée. "*If undelivered, please return to sender*", « Si inconnu à l'adresse, prière de renvoyer à l'expéditeur ». *If unsold,* sauf vendu.

ignitable [ig'naitəbl] *adj.* inflammable.

ignore [ig'nɔ:*] *vt.* ne pas tenir compte de. JUR. *To ignore a claim,* rejeter une réclamation. *You cannot ignore these facts,* vous ne pouvez pas passer ces faits sous silence.

ill-assorted ['ilə'sɔ:təd] *adj.* disparate.

ill-balanced ['il'bælənst] *adj.* mal équilibré.

ill-conditioned ['ilkən'diʃənd] *adj.* en mauvais état, mal établi.

ill-considered ['ilkən'sidəd] *adj.* hâtif.

illegal [i'li:gəl] *adj.* illégal.

illegality [,ili'gæliti] *s.* illégalité.

illegible [i'ledʒəbl] *adj.* illisible.

ill-grounded ['il-'graundid] *adj.* sans fondement.

illicite [i'lisit] *adj.* illicite.

illiquid ['ilikwid] *adj.* FIN. à court de liquidités.

illiquidity [ili'kwiditi] *s.* manque de liquidités.

illness ['ilnis] *s.* maladie. *Absent through illness,* absent pour cause de maladie.

ill-repute ['il-ri'pju:t] *s.* mauvaise réputation.

ill-timed ['il'taimd] *adj.* déplacé, mal à propos.

illumination [i,lju:mi'neiʃən] *s.* éclairage.

illustration [,iləs'treiʃən] *s.* illustration, exemple, explication. *By way of illustration,* à titre d'exemple.

imbalance [im'bæləns] *s.* déséquilibre. *The imbalance was adjusted through a downward revision of domestic prices in relation to world prices,* on a remédié au déséquilibre en baissant les prix nationaux par rapport aux cours mondiaux.

imitate ['imiteit] *vt.* imiter, contrefaire.

imitation [,imi'teiʃən] *s.* **1.** imitation. *Imitation leather,* imitation cuir, similicuir. — **2.** contrefaçon. *"Beware of imitation",* « Méfiez-vous des contrefaçons ».

imitator ['imiteitə*] *s.* contrefacteur.

immediate [i'mi:djət] *adj.* immédiat, instantané. *"For immediate delivery",* « Urgent ».

immediately [i'mi:djətli] *adv.* **1.** sans intermédiaire. — **2.** immédiatement, sans délai.

immigrate ['imigreit] *vt.* et *vi.* immigrer, faire immigrer. *To immigrate foreign labour,* importer de la main-d'œuvre étrangère.

immigration [,imi'greiʃən] *s.* immigration.

immobilization [i,moubilai'zeiʃən] *s.* immobilisation. *Immobilization of capital,* immobilisation de capitaux.

immobilize [i'moubilaiz] *vt.* immobiliser. *To immobilize capital,* immobiliser des capitaux, rendre des capitaux indisponibles.

immovable [i'mu:vəbl] *adj.* **1.** fixe. — **2.** JUR. immeuble, immobilier. *Seizure of immovable property,* saisie immobilière.

immovables [i'mu:vəblz] *s. pl.* JUR. biens immobiliers.

immunity [i'mju:niti] *s.* exemption (*from,* de). *You may be entitled to claim immunity from these duties,* vous pouvez être autorisé à demander la dispense de ces taxes.

impact ['impækt] *s.* choc, répercussion. *These new regulations cannot but make an impact on the management of our firm,* ces nouveaux règlements ne peuvent manquer d'avoir des répercussions sur la gestion de notre entreprise.

impair [im'pɛə*] *vt.* affaiblir, diminuer.

impairment [im'pɛəmənt] *s.* affaiblissement, dégradation. JUR. *Impairment of the law,* dérogation à la loi.

impart [im'pɑ:t] *vt.* faire connaître, annoncer, faire part de. *We shall impart your proposal to our manager,* nous soumettrons votre proposition à notre directeur.

impartial [im'pɑ:ʃəl] *adj.* impartial, équitable.

impartible [im'pɑ:tibəl] *adj.* JUR. indivisible.

impeach [im'pi:tʃ] *vt.* JUR. récuser (un témoin).

impede [im'pi:d] *vt.* empêcher, entraver. *Nothing must impede the liberty to work in this factory,* rien ne doit entraver la liberté de travail dans cette usine.

impediment [im'pedimənt] *s.* obstacle, entrave, empêchement (*to,* à).

impel [im'pel] *vt.* pousser, forcer.

imperative [im'perətiv] *adj.* urgent, de toute nécessité.

impersonal [im'pə:snl] *adj.* impersonnel. *Impersonal account,* compte de choses, compte impersonnel. *Impersonal ledger,* grand livre général.

impersonation [im,pə:sə'neiʃən] *s.* JUR. supposition de personne.

impertinent [im'pə:tinənt] *adj.* hors de propos.

impervious [im'pə:viəs] *adj.* imperméable, étanche.

impetus ['impitəs] *s.* impulsion, élan.

impingement [im'pindʒmənt] *s.* empiétement (*on,* sur).

implement ['implimənt] *s.* outil, instrument, ustensile.

implement ['implimen't] *vt.* exécuter, accomplir.

implementation [,implimen'teiʃən] *s.* mise en œuvre.

implicit [im'plisit] *adj.* implicite. *This is implicit in your policy,* ceci est contenu implicitement dans votre police.

implied [im'plaid] *adj.* implicite, tacite. *Implied conditions,* conditions tacites. JUR. *Implied contract,* contrat tacite.

imply [im'plai] *vt.* impliquer, comporter.

imponderable [im'pɔndərəbl] *adj.* impondérable.

import ['impɔ:t] *s.* (souvent pluriel) imports, articles d'importation, importations. *Import articles,* articles d'importation. *Import ban,* prohibition d'entrée, interdiction d'importation. *Import credit,* crédit d'importation. *Import duties,* droits d'entrée, d'importation. *Import firm,* maison d'importation. *Import gold point,* point d'entrée de l'or. *Import licence,* licence d'importation, permis d'entrée. *Import list :* **a)** liste des importations; **b)** tarif d'entrée. *Import merchant,* négociant importateur. *Import permit,* autorisation d'importation, licence d'importation. *Import quota,* contingent d'importation. *Import surplus,* excédent d'importation. *Import trade,* commerce d'importation. *Import value,* valeur d'importation.

import [im'pɔ:t] *vt.* importer (*from,* de; *into,* en).

importance [im'pɔ:təns] *s.* importance.

importation [,impɔ:'teiʃən] *s.* importation. *Importation voucher,* volet d'entrée.

importer [im'pɔ:tə*] *s.* importateur.

importing [im'pɔ:tiŋ] *adj.* importateur. *Importing country,* pays importateur.

impose [im'pouz] *vt.* imposer. *To impose a duty on sth,* taxer qqch.

imposition [,impə'ziʃən] *s.* **1.** impôt, taxe, imposition. — **2.** TYP. mise en pages.

impossibility [im,pɔsə'biliti] *s.* impossibilité.

impossible [im'pɔsəbl] *adj.* impossible.

impost ['impoust] *s.* U. S. **1.** droit d'octroi. — **2.** impôt.

impound [im'paund] *vt.* JUR. confisquer (des marchandises).

imprest ['imprest] *adj.* avancé, prêté. ADM. *Imprest account,* compte d'avances (à un fournisseur de l'Etat). COMPT. *Imprest system,* comptabilité de prévision.

imprest *vt.* avancer, prêter.

improper [im'prɔpə*] *adj.* malhonnête, incorrect.

improve [im'pru:v] *vt.* améliorer, perfectionner, étendre.

improve *vi.* s'améliorer, devenir meilleur. *Business is improving,* les affaires reprennent. BOURSE *Prices are improving,* les cours montent.

improve on [im'pru:vɔn] *vi.* faire mieux que.

improvement [im'pru:vmənt] *s.* amélioration, mieux, progrès.

impugn [im'pju:n] *vt.* JUR. attaquer.

impulse ['impʌls] *s.* impulsion.

inability [,inə'biliti] *s.* incapacité.

inaccuracy [in'ækjurəsi] *s.* inexactitude, imprécision.

inadequate [in'ædikwit] *adj.* insuffisant.

inadmissible [,inəd'misəbl] *adj.* JUR. non recevable.

inadvisable [,inəd'vaizəbl] *adj.* à déconseiller.

inalienability [in,eiliənə'biliti] *s.* inaliénabilité.

inaugurate [i'nɔ:gjureit] *vt.* **1.** inaugurer. — **2.** mettre en vigueur (de nouvelles méthodes, etc.).

incalculable [in'kælkjuləbl] *adj.* incalculable, inestimable.

incapable [in'keipəbl] *adj.* incapable.

incapacity [,inkə'pæsiti] *s.* incapacité, incompétence.

incentive [in'sentiv] *s.* stimulant, encouragement; U. S. prime. *Average incentive performance,* seuil de prime.

inch [inʃ] *s.* pouce. (Voir tableau des mesures.) *Not to give an inch,* ne pas faire la moindre concession.

incidence ['insidəns] *s.* incidence. *Incidence of customs duties upon,* incidence des droits de douane sur.

incident ['insidənt] *adj.* qui tient à, attaché à. *The drawbacks incident to unemployment,* les inconvénients que comporte le chômage.

incidental [,insi'dentl] *adj.* accidentel, fortuit, éventuel. *Incidental expenses,* faux frais.

incidentally [,insi'dentli] *adv.* incidemment, en passant.

incidentals [,insi'dentlz] *s. pl.* faux frais.

incite [in'sait] *vt.* inciter, pousser.

incitement [in'saitmənt] *s.* stimulant, encouragement, mobile.

inclined [in'klaind] *adj.* enclin, porté, disposé (*to,* à).

include [in'klu:d] *vt.* comprendre, renfermer, inclure. *The prices quoted do not include packing charges,* les prix donnés ne comportent pas les frais d'emballage.

included [in'klu:did] *adj.* compris, y compris. *Tip included,* pourboire compris.

includible [-dibl] *adj.* qui peut être inclus, à inclure. *Includible in your annual tax return,* à inclure dans votre déclaration d'impôts.

including [in'klu:diŋ] *adj.* y compris. *Time table available up to and including 31st September,* horaire valable jusqu'au 31 septembre inclus.

inclusive [in'klu:siv] *adj.* qui comprend. POSTE *Inclusive charge,* tarif à forfait. *Inclusive terms,* tout compris. *Till the... inclusive,* jusqu'au... inclusivement.

income ['inkəm] *s.* **1.** revenu(s). *Income account,* compte de revenus. *Income after taxes,* revenus après paiement des impôts. *Income bracket,* tranche de revenus. *Income distribution,* répartition des impôts. *Income tax,* impôt sur le revenu. *Income tax exemption claim,* demande d'exonération d'impôts. *Lower income groups,* groupes à revenus faibles. « *Lowest income group* », les économiquement faibles. *Additional income,* revenus accessoires; *annual income,* revenu annuel; *derived income,* revenu dérivé. *Disposable income,* revenu disponible. *Fixed income,* revenu fixe. *Gross national income,* revenu national brut. *Higher income brackets,* groupes à grands revenus. *Middle income groups,* groupes à revenus moyens. *Minimum income,* revenu minimal. *National income at factor cost,* revenu national au coût des facteurs.

National income at market prices, revenu national au prix du marché. *Net income,* revenu net. *Net national income,* revenu national net. *Real income,* revenu réel. *Real national income,* revenu national réel. *Return of one's income (Income return),* déclaration de revenus. *Source of income,* source de revenus. — 2. rente. *Yearly income,* rente annuelle. *To live on one's income,* vivre de ses rentes.

incoming ['in,kʌmiŋ] *adj.* qui entre, qui arrive. *Incoming mail,* courrier à l'arrivée.

incoming ['in,kʌmiŋ] *s.* 1. entrée, arrivée. — 2. **incomings** *s. pl.* recettes, revenus, rentrées.

incommensurate [,inkə'menʃərit] *adj.* disproportionné (*with,* à).

incompetent [in'kɔmpitənt] *adj.* incompétent. *I am thoroughly incompetent in this matter,* je n'ai pas qualité pour régler cette question. *Our foreman is incompetent to his job,* notre chef d'équipe n'est pas à la hauteur.

incomputable [,inkəm'pju:təbl] *adj.* incalculable.

inconclusive [,inkən'klu:siv] *adj.* non concluant.

inconsequent [in'kɔnsikwənt] *adj.* illogique.

inconsistency [,inkən'sistənsi] *s.* contradiction, incompatibilité.

inconsumable [,inkən'sju:məbl] *adj.* 1. ininflammable. — 2. inconsommable.

incontestable [,inkən'testəbl] *adj.* indéniable, incontestable.

incontrovertible ['inkɔntrə'və:təbl] *adj.* incontestable, irrécusable.

inconvenience [,inkən'vi:njəns] *s.* dérangement, contretemps. *Without the slightest inconvenience,* sans le moindre inconvénient. *We have already been put to considerable inconvenience through your former delays,* vos retards précédents nous ont déjà causé beaucoup d'embarras.

inconvenience [,inkən'vi:njəns] *vt.* déranger, gêner.

inconvenient [,inkən'vi:njənt] *adj.* 1. incommode, gênant. — 2. inopportun.

inconvertibility ['inkən,və:tə'biliti] *s.* inconvertibilité.

inconvertible [,inkən'və:təbl] *adj.* inconvertible (*into,* en).

incorporate [in'kɔ:pəreit] *vt.* 1. incorporer, fusionner. — 2. constituer, réunir en société.

incorporated [in'kɔ:pəreitid] *adj.* incorporé. *Incorporated company,* société constituée, autorisée; U. S. société anonyme. *Incorporated town,* municipalité. *To become incorporated,* acquérir la personnalité civile.

incorporation [in,kɔ:pə'reiʃən] *s.* personnalité civile, constitution en société. *To apply for a charter of incorporation,* demander la personnalité civile, demander à être constitué en société commerciale.

incorporeal [,inkɔ:'pɔ:riəl] *adj.* incorporel. JUR. *Incorporeal property,* biens incorporels.

incorrect [,inkə'rekt] *adj.* inexact, défectueux. *Incorrect address,* fausse adresse. *Incorrect invoice,* facture inexacte.

increase ['inkri:s] *s.* augmentation, accroissement, majoration. *Increase in salary,* augmentation de salaire. *Increase in value,* augmentation de valeur, plus-value. *Increase of capital,* augmentation de capital. *Increase of price,* augmentation de prix. *Rate of increase,* taux d'accroissement. *To be on the increase,* aller croissant, s'accentuer.

increase [in'kri:s] *vt.* majorer, augmenter, grossir. *To increase prices,* majorer les prix.

increase *vi.* augmenter, croître, grandir. *Our firm goes on increasing,* notre firme prend de l'extension. *Our turnover is increasing,* notre chiffre d'affaires augmente.

increment ['inkrimənt] *s.* 1. augmentation. — 2. profit, plus-value.

incriminating [in'krimineitiŋ] *adj.* (document, etc.) qui accuse. *Incriminating documents,* pièces à conviction.

incur [in'kəː*] *vt.* encourir, subir. *To incur responsibilities,* encourir une responsabilité. *We have incurred a lot of incidental expenses,* nous avons subi des faux frais considérables. *If you incur a loss, our insurer will make it good to you,* si vous subissez une perte, notre assureur vous dédommagera. FIN. " *Incur no expenses* ", " *incur no charges* ", « sans frais », « sans protêt », « sans compte de retour ».

indebted [in'detid] *adj.* **1.** endetté. — **2.** redevable. *We are indebted to Mr. Smith for your address,* nous sommes redevables de votre adresse à M. Smith. *We should feel indebted to you for an early reply,* nous vous serions infiniment gré d'une réponse par retour.

indebtedness [in'detidnis] *s.* **1.** dette, créance. *Evidence of indebtedness,* titre de créance. *Proof of indebtedness,* titre de créance. — **2.** dettes et créances. *The Bankers' Clearing-House help bankers to settle their mutual indebtedness,* la Chambre des compensations permet aux banquiers de régler leurs dettes et créances réciproques.

indeed [in'diːd] *adv.* en effet.

indefeasible [,indi'fiːzəbl] *adj.* irrévocable, imprescriptible.

indefensible [,indi'fensəbl] *adj.* insoutenable, indéfendable.

indefinite [in'definit] *adj.* indéfini. *Indefinite leave,* congé illimité.

indemnification [in,demnifi'keiʃən] *s.* indemnisation, dédommagement. *Even if you are expropriated for public purposes, you are entitled to an indemnification,* même en cas d'expropriation pour cause d'utilité publique, vous avez droit à une indemnisation.

indemnificatory [in,demnifi'keitəri] *adj.* indemnitaire.

indemnify [in'demnifai] *vt.* indemniser, dédommager. *A policy is a written contract whereby the insurer undertakes to indemnify the insured for the damage stipulated on the different articles,* une police d'assurance est un contrat écrit par lequel l'assureur s'engage à indemniser l'assuré pour les dégâts spécifiés dans les différents articles.

indemnitee [in,demni'tiː] *s.* indemnitaire.

indemnity [in'demniti] *s.* indemnité, dédommagement. *Indemnities required for...,* cautionnements exigés pour... *Indemnity agreed in case of leakage,* indemnité prévue en cas de coulage. *Indemnity bond,* cautionnement, acte de caution, garantie, lettre de garantie. *Indemnity contract,* contrat de compensation. *Cash indemnity,* indemnité de caisse. *Letter of indemnity,* cautionnement, acte de caution, garantie, lettre de garantie. *War indemnity,* dommages de guerre, indemnité de guerre. *To award an indemnity,* allouer une indemnité. *To be liable to an indemnity,* être tenu à une indemnité.

indent ['indent] *s.* ordre d'achat, bon de commande (commerce extérieur).

indenture [in'dentʃə*] *s.* JUR. contrat synallagmatique. *Before issuing bonds to the public, the company must prepare a detailed statement called a " bond indenture ", which describes the rights and privileges of bondholders and the rights, privileges and responsibilities of the issuing companies,* avant d'émettre des obligations auprès du public, une société doit préparer un rapport détaillé appelé « contrat bilatéral d'émission », où sont stipulés les droits et privilèges des obligataires et les droits, privilèges et responsabilités de la société émettrice.

indenture [in'dentʃə*] *vt.* JUR. lier par contrat.

independent [,indi'pendənt] *adj.* indépendant. *An independent gentleman,* un rentier.

index ['indeks] *s.* **1.** (*pl.* **indexes**) index, répertoire, table alphabétique. U. S. *Index board,* tableau indicateur. *Index-card,* fiche mobile. — **2.** (*pl.* **indices**) indice, signe. *Index-clause,* clause index. *Index-number,* chiffre indice, indice économique, nombre index. *Index-tied wages,* salaires indexés. *Consumer price index,* indice du prix de la vie. *Cost of living index,* indice du coût de la vie. *The* *base date of the Financial Times industrial share index is 1935,* la date de base de l'indice des valeurs industrielles du Financial Times est 1935. *The index stand at 360,* l'index est à 360. *Wages linked to the index, index-linked wages,* salaires indexés.

index ['indek's] *vt.* répertorier. *These folders must be properly indexed,* ces chemises doivent être convenablement répertoriées.

index *vi.* U. S. progresser d'une division.

indexing ['indeksiŋ] *s.* 1. classification. *The chief systems of indexing are the alphabetical, the numeral and the geographical,* les documents sont répertoriés principalement selon un ordre alphabétique, numérique ou géographique. — 2. indexation.

indicate ['indikeit] *vt.* indiquer. *As indicated,* comme indiqué.

indication [,indi'keiʃən] *s.* indication. *The slump in prices is an indication of an economic crisis,* l'effondrement des prix annonce une crise économique.

indicator ['indikeitə*] *s.* 1. indicateur. CH. DE FER *Train indicator,* tableau indicateur. — 2 . BOURSE indice. *All-items indicator,* indice général des cours.

indict [in'dait] *vt.* accuser, poursuivre en justice.

indicter [in'daitə*] *s.* JUR. partie civile.

indictment [in'daitmənt] *s.* JUR. 1. accusation, inculpation. — 2. réquisitoire.

indifferent [in'difrənt] *adj.* médiocre, quelconque.

indirect [,indi'rekt] *adj.* indirect. MAR. *Indirect call,* escale rétrograde. *Indirect charges,* frais généraux. *Indirect tax,* impôt indirect.

indisputable ['indis'pju:təbl] *adj.* indiscutable, incontestable.

indivisibility ['indi,vizi'biliti] *s.* indivisibilité.

indivisible [,indi'vizəbl] *adj.* indivisible.

indoor ['indɔ:*] *adj.* d'intérieur. *Indoor staff,* personnel sédentaire.

indorse [in'dɔ:s]. V. ENDORSE.

indorsement [in'dɔ:smənt]. V. ENDORSEMENT.

indorser [in'dɔ:sə*]. V. ENDORSER.

induce [in'dju:s] *vt.* 1. persuader, induire, amener à. *An effective slogan must induce people to buy,* un slogan efficace doit inciter les gens à acheter. *In order to induce you to buy some of our new articles, we should grant you special terms,* pour vous inciter à acheter certains de nos récents articles, nous vous consentirions des conditions spéciales. — 2. conclure.

inducement [in'dju:smənt] *s.* 1. motif, mobile qui pousse à agir. — 2. MAR. aliment.

induction [in'dʌkʃən] *s.* U. S. accueil (des nouveaux membres du personnel).

indulge [in'dʌldʒ] *vt.* accorder des délais de paiement.

indulgence [-əns] *s.* délai de paiement.

industrial [in'dʌstriəl] *adj.* industriel. *Industrial bank,* banque industrielle. *Industrial bond,* obligation industrielle. *Industrial concentration,* concentration industrielle. *Industrial engineering,* organisation scientifique du travail. *Industrial insurance,* assurance ouvrière. *Industrial shares,* valeurs industrielles. *Industrial training,* formation dans l'entreprise.

industrialization [in,dʌstriəlai'zeiʃən] *s.* industrialisation.

industrialize [in'dʌstriəlaiz] *vt.* industrialiser.

industrials [in'dʌstriəlz] *s. pl.* valeurs industrielles, « les industrielles ».

industry ['indəstri] *s.* industrie. *Industry producing capital goods,* industrie de produits d'investissement. *Basic industry,* industrie de base. *Building industry,* industrie du bâtiment. *Chemical industry,* industrie chimique. *Consumer goods industry,* industrie de consommation. *Electric equipment producing industry,* industrie électrotechnique. *Heavy industry,* industrie lourde. *Metal-using industry,* industrie de transformation des métaux. *Processing industry,* industrie de transformation. *Sector of industry* (U. S. *segment of industry*), branche d'industrie. *Shipbuilding industry,* industrie de constructions navales.

ineffective [,ini'fektiv] *adj.* inefficace, incapable.

ineffectiveness [,ini'fektivnis] *s.* inefficacité.

ineffectual [,ini'fektjuəl] *adj.* inefficace.

inefficiency [,ini'fiʃənsi] *s.* inefficacité, incapacité.

inefficient [,ini'fiʃənt] *adj.* inefficace, incapable, incompétent.

inelastic [,ini'læstik] *adj.* fixe.

ineligible [in'elidʒəbl] *adj.* inacceptable. U. S. *Ineligible papers,* valeurs non bancables.

inept [i'nept] *adj.* JUR. nul.

inequality [,ini'kwɔliti] *s.* inégalité.

inequitable [in'ekwitəbl] *adj.* inéquitable.

inertia [i'nə:ʃjə] *s.* inertie.

inescapable [,inis'keipəbl] *adj.* inévitable.

inexchangeable [,iniks'tʃeindʒəbl] *adj.* impermutable, inéchangeable.

inexecution [in,eksi'kju:ʃən] *s.* inexécution.

inexhaustible [,inig'zɔ:stəbl] *adj.* inépuisable.

inexpedient [,iniks'pi:diənt] *adj.* inopportun, malavisé.

inexpensive [,iniks'pensiv] *adj.* bon marché, peu coûteux.

inexperienced [,iniks'piəriənst] *adj.* inexpérimenté.

inexplicable [in'eksplikəbl] *adj.* inexplicable.

infancy ['infənsi] *s.* JUR. minorité.

infected [in'fektid] *adj.* contaminé, infecté. *Infected ship,* navire en quarantaine. JUR. *Infected with fraud,* entaché de fraude.

infer [in'fə:*] *vt.* inférer, déduire. *I infer from your last letter,* je déduis de votre dernière lettre.

inference ['infərəns] *s.* déduction, conclusion.

inferior [in'fiəriə*] *adj.* inférieur. *Inferior goods,* marchandises de qualité inférieure.

infirm [in'fə:m] *vt.* JUR. invalider, infirmer.

inflammable [in'flæməbl] *adj.* inflammable.

inflammables [in'flæməblz] *s. pl.* produits inflammables.

inflate [in'fleit] *vt.* gonfler, grossir. *To inflate an account,* grossir, gonfler un compte.

inflation [in'fleiʃən] *s.* gonflement, inflation. *Inflation of the volume of credit,* gonflement du volume du crédit. *Cost-induced inflation,* inflation des coûts de revient, par les coûts. *Cost-push inflation,* inflation par les coûts. *Demand-induced inflation,* inflation par la demande. *Demand-pull inflation,* inflation par la demande. *Monetary inflation,* inflation monétaire. *Open inflation,* inflation ouverte. *Dent-up inflation,* inflation contenue. *Price inflation,* inflation des prix. *Wage inflation,* inflation des salaires.

inflationary [in'fleiʃnəri] *adj.* inflationniste. *Inflationary pressure,* poussée inflationniste. *Inflationary tendencies,* tendances inflationnistes.

inflationism [in'fleiʃənism] *s.* inflationnisme, inflation fiduciaire.

inflationist [in'fleiʃənist] *s.* partisan de l'inflation.

inflatory [in'fleitəri] *adj.* inflatoire, inflationniste.

inflow ['inflou] *s.* rentrée, afflux. *Inflow of gold,* afflux d'or.

influence ['influəns] *s.* influence. *To feel the influence of,* subir l'influence de. *The elections will exert an influence on the Stock-Exchange,* les élections influeront sur la Bourse.

influence ['influəns] *vt.* influencer.

influential [,influ'enʃəl] *adj.* influent.

influx ['inflʌks] *s.* rentrée, afflux.

inform [in'fɔ:m] *vt.* informer, avertir, prévenir, renseigner. *We have the pleasure to inform you that Mr. Smith has been admitted a partner in our firm,* nous avons l'honneur de vous faire savoir que M. Smith a été admis en qualité d'associé dans notre maison.

informal [in'fɔ:ml] *adj.* **1.** officieux. — **2.** sans cérémonie. — **3.** JUR. irrégulier, informe.

informality [,infɔ:'mæliti] *s.* **1.** JUR. vice de forme. — **2.** absence de cérémonie.

information [,infɔ:'meiʃən] *s.* renseignement, indication. *By way of information,* à titre de renseignement. *Conflicting information,* renseignements contradictoires. *For further information, apply to,* pour plus amples renseignements, s'adresser à. U. S. *Information bureau,* bureau de renseignements. CH. DE FER *Information for railway purposes,* indications de service. *Information slip,* fiche de renseignements. *Reliable information,* renseignements sûrs. *Request for information,* demande de renseignements. *Strictly confidential information,* renseignement strictement confidentiel. *To communicate information to third parties,* communiquer des renseignements à des tiers. *To give information on (about),* donner des indications sur.

informative [in'fɔ:mətiv] *adj.* instructif. *Informative labelling,* étiquetage fournissant toutes les caractéristiques (d'un produit, etc.).

infraction [in'frækʃən] *s.* infraction, transgression.

infringe [in'frindʒ] *vt.* **1.** enfreindre, violer, transgresser. *To infringe a rule,* transgresser une règle. — **2.** contrefaire. *To infringe a patented article,* contrefaire un objet breveté.

infringement [in'frindʒmənt] *s.* **1.** infraction, violation. — **2.** contrefaçon. *Infringement of copyright,* contrefaçon littéraire. *Infringement of a patent,* contrefaçon d'un objet breveté. *Infringement suit,* action en contrefaçon.

infringer [in'frindʒə*] *s.* contrefacteur.

ingenuity [,indʒi'njuiti] *s.* ingéniosité.

ingot ['iŋgət] *s.* lingot. *Ingot gold,* or en lingots. *Ingot steel,* acier en lingots.

ingress ['ingres] *s.* JUR. entrée. *Free ingress,* servitude de libre passage.

inhabit [in'hæbit] *vt.* habiter. *Inhabited house duty,* taxe d'habitation.

inhabitant [in'hæbitənt] *s.* habitant.

inherent [in'hiərənt] *adj.* inhérent, naturel, propre. JUR. *Inherent defect,* vice propre ; *inherent vice,* vice propre.

inherit [in'herit] *vt.* hériter de. *To inherit from somebody,* hériter de qqn.

inheritage [in'heritidʒ] V. INHERITANCE.

inheritance [in'heritəns] *s.* héritage. U. S. *Inheritance tax,* droits de succession. *To come into an inheritance,* faire un héritage.

inheritor [in'heritə*] *s.* héritier.

inheritress [in'heritris] *s.* héritière.

inhibition [,inhi'biʃən] *s.* JUR. interdiction absolue, prohibition.

inhibitory [in'hibitəri] *adj.* JUR. prohibitif.

initial [i'niʃəl] *adj.* initial. *Initial capital,* capital initial. *Initial campaign,* campagne de lancement. *Initial expenditures, initial expenses, initial investment costs,* frais de premier établissement.

initial *vt.* parapher (parafer), émarger, viser. *To initial a marginal alteration in a book,* parapher un renvoi marginal dans un livre. *To initial a slip,* viser un bordereau.

initialling [i'niʃəliŋ] *s.* émargement.

initials [i'niʃəlz] *s. pl.* paraphe, initiales, visa. *To put one's initials,* apposer son paraphe (visa, etc.).

initiate [i'niʃieit] *vt.* instaurer, lancer, commencer. JUR. *To initiate proceedings against s.o.,* entamer des poursuites contre qqn. *We hope to initiate profitable relations with your firm,* nous espérons entamer des relations profitables avec votre maison. *The advent of jet-planes initiated a new era in air-transport,* l'apparition des avions à réaction a ouvert une ère nouvelle pour les transports aériens.

initiative [i'niʃiətiv] *s.* initiative. *Private initiative,* initiative privée. *On his own initiative,* de sa propre initiative. *To show initiative,* faire preuve d'initiative.

initiatory [i'niʃiətəri] *adj.* préparatoire, préliminaire.

injunction [in'dʒʌŋkʃən] *s.* JUR. mise en demeure.

injure ['indʒə*] *vt.* léser, endommager. *These tea-chests have been injured by sea-water,* ces boîtes de thé ont été endommagées par l'eau de mer. U. S. *An inefficient display might injure the sale,* une présentation peu efficace pourrait nuire à la vente.

injurious [in'dʒuəriəs] *adj.* nuisible, préjudiciable.

injury ['indʒəri] *s.* dommage, avarie, préjudice. *Bodily injury,* dommages corporels. *Injuries to workman,* accidents de travail. *Without injury to,* sans porter atteinte à.

inland ['inlənd] *adj.* intérieur. *Inland bill,* effet, traite sur l'intérieur. *Inland duties,* taxes intérieures. POSTE *Inland money-order,* mandat sur l'intérieur. *Inland navigation,* navigation intérieure, fluviale; batellerie. POSTE *Inland parcel,* colis postal de régime intérieur; *inland rate,* tarif intérieur (des postes). *Inland revenue,* recettes fiscales. *Inland Revenue (I. R.),* le fisc. *Inland Revenue stamp,* timbre fiscal. POSTE *Inland system,* régime intérieur. *Inland telegram,* télégramme intérieur. *Inland trade,* commerce intérieur. *Inland waterway,* voie fluviale. *Inland waterway bill of lading,* connaissement fluvial. *Inland waterway consignment note,* récépissé fluvial.

inland ['inlənd] *s.* intérieur (des terres).

innavigability [i,nævigə'biliti] *s.* innavigabilité.

innavigable [i'nævigəbl] *adj.* innavigable.

inner ['inə*] *adj.* intérieur. *Inner reserve,* réserve occulte.

innominate [i'nɔminit] *adj.* JUR. innomé (contrat).

innovation [,ino'veiʃən] *s.* innovation.

innuendo [,inju'endou] *s.* (*pl.* **innuendoes**) JUR. insinuation malveillante.

innumerable [i'nju:mərəbl] *adj.* innombrable.

inobservance [,inəb'zə:vəns] *s.* inobservation.

inofficious [,inə'fiʃəs] *adj.* JUR. inopérant. *Inofficious clause,* clause inopérante.

inoperative [in'ɔpərətiv] *adj.* inopérant.

inopportune [in'ɔpətju:n] *adj.* inopportun.

inordinate [i'nɔ:dinit] *adj.* démesuré, excessif.

in-plant ['in,plɑ:nt] *adj.* U. S. intérieur à l'usine. *In-plant training,* formation à l'usine.

input ['input] *s.* moyens nécessaires à la production, intrant.

inquest ['inkwest] *s.* enquête.

inquire [in'kwaiə*] *vt.* demander, s'informer; BOURSE discuter. " *Inquire within* ", « Pour tout renseignement s'adresser ici ». BOURSE *Coppers are moderately inquired for this week,* les cuprifères sont modérément discutées cette semaine.

inquire *vi.* se renseigner, s'informer. *We shall be glad if you will kindly inquire into the matter,* nous vous serions reconnaissants de bien vouloir nous renseigner à ce sujet.

inquiry [in'kwaiəri] *s.* enquête, demande de renseignements, d'informations. *Inquiry agency,* agence de renseignements. *Inquiry form,* formulaire, bulletin de renseignements. *Inquiry office,* bureau de renseignements, guichets des renseignements. POSTE *Inquiry operator,* standardiste des renseignements. *To make inquiries about,* se renseigner sur. *To remand a case for further inquiry,* renvoyer une affaire à plus ample informé. *With reference to your inquiry of the 30th ult., we are pleased to send you herewith our illustrated catalogue,* en réponse à votre demande du 30 dernier, nous sommes heureux de vous envoyer ci-joint notre catalogue illustré. JUR. *The judicial inquiry is opened,* l'instruction est ouverte.

inquisition [,inkwi'ziʃən] *s.* **1.** recherche. — **2.** JUR. enquête, perquisition.

inquisitor [in'kwizitə*] *s.* JUR. enquêteur.

inroad ['inroud] *s.* FAM. empiétement. *To make inroads upon,* mordre sur.

inscribe [in'skraib] *vt.* inscrire.

inscribed [in'skraibd] *adj.* inscrit. *Inscribed rent,* rente inscrite (sur le grand livre). *Inscribed Government stock,* inscription sur le grand livre de la Dette publique. *Inscribed stock,* inscriptions nominatives.

inscription [in'skripʃən] *s.* inscription. *Inscription in the Trade Register,* inscription sur le registre du commerce.

insecure [,insi'kjuə*] *adj.* incertain, peu ferme.

insert [in'sə:t] *vt.* insérer. *To insert a clause in a policy,* insérer une clause dans une police. *To insert an advertisement in a newspaper,* insérer une annonce dans un journal.

insertion [in'sə:ʃən] *s.* insertion, apposition. *Insertion of a clause in a contract,* apposition d'une clause dans un contrat. *Free insertion,* insertion gratuite.

inset ['inset] *s.* **1.** encart. — **2.** feuillet intercalaire.

insight ['insait] *s.* perspicacité, aperçu. *Insight into,* aperçu de.

insist [in'sist] *vi.* insister (*upon,* sur).

insistently [in'sistəntli] *adv.* avec insistance, instamment.

insolvable [in'sɔlvəbl] *adj.* U. S. FIN. insolvable.

insolvency [in'sɔlvənsi] *s.* insolvabilité.

insolvent [in'sɔlvənt] *adj.* insolvable. *To declare oneself insolvent,* se déclarer insolvable.

insolvent [in'sɔlvənt] *s.* débiteur, failli.

inspect [in'spekt] *vt.* examiner, inspecter, contrôler. *To inspect the books,* examiner les livres.

inspection [in'spekʃən] *s.* inspection, contrôle, examen, visite. *Inspection committee,* comité de surveillance, de contrôle (banqueroute). *Inspection fee,* droit de visite. DOUANES *Inspection order,* bon d'ouverture. *Inspection register,* registre de visite. *A committee of inspection is appointed by the creditors to check the trustee's work,* un comité de contrôle est nommé par les créanciers pour vérifier les opérations de syndic. *In the wholesaler's showrooms, you can buy goods on inspection,* dans le magasin d'exposition du marchand en gros, vous pouvez acheter sur examen.

inspector [in'spektə*] *s.* inspecteur, contrôleur, visiteur. *Inspector of an insurance company,* inspecteur d'une compagnie d'assurance. *Inspector of taxes,* contrôleur des contributions. *Factory inspector,* inspecteur du travail.

inspectorship [in'spektəʃip] *s.* JUR. *Deed of inspectorship,* convention pour la nomination d'un syndic entre les créanciers et le failli.

instability [,instə'biliti] *s.* instabilité.

instalment [in'stɔ:lmənt] *s.* acompte, versement partiel. *Instalment agreement,* contrat de vente à tempérament. *Instalment buying,* achat à tempérament. *Instalment credit,* crédit à tempérament, remboursable par acomptes. *Instalment on account,* acompte provisionnel. *Instalment plan, instalment sale, instalment system,* vente à tempérament. *Instalment transaction,* marché à tempérament. *Final* *instalment,* versement libératoire, pour solde. *Payable in six monthly instalments,* payable en six mensualités. *To launch a loan in instalments,* émettre un emprunt par tranches. *To spread into instalments,* échelonner en versements.

instance ['instəns] *s.* **1.** instance. *At the instance of,* à la demande de. — **2.** exemple, cas. — **3.** JUR. *Court of first instance,* tribunal de première instance. — **4.** *In the first instance,* en premier lieu ; *in the last instance,* en dernier lieu. JUR. *In the present instance,* en l'espèce.

instant ['instənt] *adj.* (abrév. : **inst.**) courant, en cours. *Instant month,* mois courant ; *the 7th instant,* le 7 courant.

instate ['insteit] *vt.* JUR. établir, installer.

instead [in'sted] *prép. Instead of,* au lieu de, en guise de.

instigate ['instigeit] *vt.* inciter, pousser, provoquer.

institute ['institju:t] *vt.* instituer, établir, constituer. *To institute an action against s.o.,* engager une procédure. JUR. *To institute proceedings against s.o.,* entamer des poursuites contre qqn.

institution [,insti'tju:ʃən] *s.* institution, établissement. *Credit institution,* institution de crédit. *Investment institution,* société de placement.

institutional [-l] *adj.* **1.** concernant une institution. *Institutional investors,* l'épargne institutionnelle. — **2.** U. S. d'attraction, de prestige. *Institutional advertising,* publicité de prestige.

instruct [in'strʌkt] *vt.* **1.** donner des instructions à, charger qqn de. *Our manager instructed me to let you know he could not meet you at the appointed time,* notre directeur m'a chargé de vous faire savoir qu'il ne pourrait vous recevoir à l'heure prévue. — **2.** JUR. *To instruct a solicitor,* constituer avoué, faire connaître ses instructions à un avoué.

instruction [in'strʌkʃən] *s.* instruction, indication, ordre, mandat, charge. *Instruction book,* livret d'entretien (d'une voiture, etc.). *Instructions for use,* mode d'emploi. *According to instructions,* selon les instructions. *Awaiting your instructions,* dans l'attente de vos instructions. *In accordance with your instructions,* conformément à vos directives. POSTE "*Service instructions*", « Mentions de service » (sur les formulaires de télégrammes). *Shipping instructions,* instructions relatives à l'expédition. *To carry out instructions,* exécuter des ordres. *To follow the instructions,* suivre les instructions. *To give instructions :* **a)** donner des ordres ; **b)** JUR. *To give instructions to a counsel,* constituer avocat. *When goods are sold packing extra, the sender must comply with the customer's instructions,* lorsque les marchandises sont vendues emballage en sus, l'expéditeur doit se conformer aux directives du client. *Our agent acted contrary to his instructions,* notre mandataire ne s'est pas conformé à son mandat.

instructional [in'strʌkʃənl] *adj.* d'enseignement. *Instructional film,* documentaire.

instrument ['instrumənt] *s.* **1.** instrument, appareil. *Instrument board,* tableau de bord. — **2.** JUR. acte juridique, instrument. *Instrument of credit,* instrument de crédit (billet à ordre, etc.). *Instrument of payment,* instrument de paiement. *Instrument of transfer,* acte de transmission. *Negotiable instrument,* effet négociable.

instrument ['instrumənt] *vi.* JUR. instrumenter.

instrumental [,instru'mentl] *adj.* contributif. *Our sole agent has been instrumental in widening our connection in this town,* notre concessionnaire exclusif a beaucoup contribué à l'extension de notre clientèle dans cette ville.

insubstantial [,insəb'stænʃəl] *adj.* creux, vide (rapport, étude, etc.).

insufficiency [,insə'fiʃənsi] *s.* insuffisance.

insufficient [,insə'fiʃənt] *adj.* insuffisant. FIN. *Insufficient funds,* provision insuffisante. *Insufficient packing,* emballage insuffisant.

insufficiently [,insə'fiʃəntli] *adv.* insuffisamment. *Insufficiently prepaid,* insuffisamment affranchi.

insulate ['insjuleit] *vt.* calorifuger, isoler.

insuperable [in'sju:pərəbl] *adj.* insurmontable (obstacle, etc.).

insurable [in'ʃuərəbl] *adj.* assurable. *Insurable interest,* intérêt assurable. *Insurable value,* valeur assurable.

insurance [in'ʃuərəns] *s.* **1.** assurance. *Additional insurance,* assurance supplémentaire, complémentaire. *Compulsory insurance,* assurance obligatoire. *Marine insurance,* assurance maritime. *Non-marine insurance,* assurance terrestre. *Participating insurance,* assurance avec participation aux bénéfices. *Profit sharing insurance,* assurance avec participation aux bénéfices.

A. Types d'assurance (v. aussi POLICY). BOURSE *Insurance against risks of redemption at par,* assurance contre les risques de remboursement au pair. *Insurance for account of whom it may concern,* assurance pour le compte de qui il appartiendra, assurance pour compte de tiers. ASS. MAR. *Insurance of premium,* assurance de la prime. *Insurance made lost or not lost,* assurance sur bonnes ou mauvaises nouvelles. *Insurance " steamers to be declared ",* assurance par navire à désigner. *Insurance subject to safe arrival,* assurance sur bonne arrivée. *All risks insurance,* assurance tous risques. *Bad debts insurance,* assurance contre les créances douteuses. *Burglary insurance,* assurance contre le vol. *Burst water-pipes insurance,* assurance dégâts des eaux. *Cargo insurance,* assurance sur facultés, sur marchandises. *Contributory insurance scheme,* caisse des cadres. *Credit insurance,* assurance contre les risques de crédit, assurance de crédit. *Dowry insurance,* assurance dotale. *Employers' liability insurance* (U. S. *workmen's compensation insurance*), assurance contre les accidents du travail. *Endowment insurance,* assurance à capital différé, en cas de vie. *Export credit insurance,* assurance crédit à l'exportation. *Fire insurance,* assurance contre l'incendie. *First loss insurance,* assurance au premier risque. *Flood insurance,* assurance contre les inondations. *Freight insurance,* assurance du fret. *Guarantee insurance,* assurance de cautionnement. *Hail insurance,* assurance contre la grêle. *Hull insurance,* assurance sur corps, sur navire. *Life insurance,* assurance sur la vie. *Livestock insurance,* assurance sur le bétail. *Motor car insurance,* assurance automobile. *Motor car comprehensive insurance policy,* police tous risques (auto). *Old-age insurance,* assurance vieillesse. *Overinsurance,* assurance pour une somme supérieure à la valeur. *Public liability insurance,* assurance responsabilités civiles. *Rent insurance,* assurance contre la perte des loyers. *River insurance,* assurance fluviale. *Sickness and disablement insurance,* assurance contre la maladie et l'invalidité. *Social insurance,* assurances sociales. *Suretyship insurance,* assurance sur la fidélité du personnel. *Theft insurance,* assurance contre le vol. *Unemployment insurance,* assurance contre le chômage. *Weather insurance,* assurance pluie (en vacances). *Whole life insurance,* assurance en cas de décès.

B. Termes d'assurance. *Insurance agent,* agent d'assurances. *Insurance book,* portefeuille d'assurance. *Insurance broker,* courtier d'assurance. *Insurance certificate,* certificat d'assurance. *Insurance charges,* frais d'assurance. *Insurance company,* compagnie d'assurances. *Insurance consultant,* assureur-conseil. *Insurance contract,* contrat d'assurance. *Insurance fund,* fonds d'assurance. *Insurance note,* arrêté provisoire d'assurance. *Insurance policy,* police d'assurance. *Insurance premium,* prime d'assurance. *Insurance shares,* valeurs d'assurance. *Insurance stamp,* timbre d'assurance. *Insurance taker,* preneur d'assurance. — **2.** POSTE chargement. *Insurance fee,* droit d'assurance.

insurant [in'ʃuərənt] *s.* assuré.

insure [in'ʃuə*] *vt.* **1.** faire assurer, assurer. *To insure one's consignment,* faire assurer son chargement. *To insure one's life,* s'assurer sur la vie. — **2.** assurer, garantir (l'exécution d'une commande, etc.). — **3.** POSTE charger (une lettre, etc.).

insure *vi.* s'assurer, se faire assurer. *To insure against third party claim,* s'assurer contre le recours au tiers.

insured [in'ʃuəd] *adj.* **1.** assuré. — **2.** POSTE chargé. *Insured for F 100,* valeur déclarée 100 F.

insured [in'ʃuəd] *s.* assuré.

insuree [,inʃu'ri:] *s.* assuré.

insurer [in'ʃuərə*] *s.* assureur.

insurmountable [,insə'mauntəbl] *adj.* insurmontable.

intact [in'tækt] *adj.* intact, indemne.

intangible [in'tændʒəbl] *adj.* intangible. *Intangible assets,* valeurs immatérielles. JUR. *Intangible property,* biens incorporels.

integral ['intigrəl] *adj.* intégrant. *Integral part of a contract,* partie intégrante d'un contrat.

integrality [,inti'græliti] *s.* intégralité.

integration [,inti'greiʃən] *s.* intégration.

integrity [in'tegriti] *s.* intégrité.

intelligence [in'telidʒəns] *s.* renseignement, nouvelle.

intend [in'tend] *vt.* avoir l'intention de, se proposer de, projeter de. *Our canvasser intends to call upon you within a fortnight,* notre placier se propose de vous rendre visite sous quinzaine.

intendant [in'tendənt] *s.* intendant.

intendment [in'tendmənt] s. JUR. intention véritable (du testateur).

intense [in'tens] *adj.* intense, vif.

intensifier [in'tensifaiə*] *s.* amplificateur.

intensity [in'tensiti] *s.* intensité, puissance.

intensive [in'tensiv] *adj.* intensif.

intent [in'tent] *adj.* absorbé (*in,* dans), adonné à.

intent [in'tent] *s.* intention, dessein. *Joint statement of intent,* déclaration commune d'intentions. *With intent,* de propos délibéré. *To all intents and purposes,* virtuellement, à toutes fins utiles.

intention [in'tenʃən] *s.* intention, dessein.

intentional [in'tenʃnl] *adj.* intentionnel, voulu.

interchange [,intə'tʃeindʒ] *s.* changement, remplacement.

interchange [,intə'tʃeindʒ] *vt.* échanger, changer.

interchangeable [,intə'tʃeindʒəbl] *adj.* interchangeable.

interchange-station [,intə'tʃeindʒ-'steiʃən] *s.* station de correspondance (métro).

intercourse ['intəkɔ:s] *s.* commerce, relations, rapports.

interdependent [,intədi'pendənt] *adj.* interdépendent, qui s'enchaîne.

interdict [,intə'dikt] *vt.* interdire, prohiber.

interdiction [,intə'dikʃən] *s.* interdiction. *Interdiction of commerce,* interdiction de commerce.

interest ['intrist] *s.* **1.** intérêt, profit. *Community of interest,* communauté d'intérêts. *In your own interest,* dans votre propre intérêt. *To act against one's interest,* agir contre ses propres intérêts. *To prejudice the interest of,* nuire aux intérêts de. *To promote the interest of,* favoriser les intérêts de. *To take an interest in,* s'intéresser à. — **2.** FIN. intérêt, tantième, commandite. *His interest is two thousand francs,* sa commandite est de deux mille francs. — **3.** intérêt (de l'argent, d'actions, etc.), arrérages (de rentes, etc.). *Accrued interest,* intérêts accumulés, courus. *Accruing interest,* intérêts à échoir. *Back interest,* arrérages. *Black interest,* intérêts noirs, créditeurs. *Compound interest,* intérêts composés. *Credit interest,* intérêts créditeurs. *Creditor-interest above the official rates,* intérêts-créditeurs supérieurs aux taux officiels. *Debit interest,* intérêts débiteurs. *Default interest,* intérêts moratoires. *Deferred interest,* intérêts différés. *Extra interest,* intérêts de retard. *Fixed interest,* intérêts fixes. *Interim interest,* intérêts intercalaires. *Outstanding interest,* intérêts échus. *Red interest,* intérêts rouges, débiteurs. *Simple interest,* intérêts simples. *Usurious interest,* intérêts usuraires. *Variable interest,* intérêts variables. *Interest account,* compte d'intérêts. *Interest allowed on deposit,* intérêts accordés aux dépôts. *Interest coupon,* coupon d'intérêts, d'arrérages. *Interest fine,* intérêts de retard. *Interest in arrears,* intérêts moratoires. *Interest of default,* intérêts moratoires. *Interest on capital,* intérêts de capital. *Interest on capital during construction,* intérêts intercalaires intérimaires. *Interest on loan,* intérêts sur prêt. *Interest payable,* intérêts exigibles. *Interest rate,* taux d'intérêts. *Interest receivable,* intérêts à recevoir. *Interest spread,* marge d'intérêts. *Interest table,* table d'intérêts. *To add the interest to the principal,* ajouter l'intérêt au principal. *To capitalize the interest,* capitaliser les intérêts. *To charge interest,* prélever un intérêt. *To compute the interest,* calculer les intérêts. *To lend out at interest,* prêter à intérêt. *To put out at interest,* placer à intérêt. *To yield interest,* porter des intérêts. — **4.** Ass. aliment, intérêt, risque. *Each interest to be dealt with in different sections,* chaque aliment sera traité dans des articles distincts.

interest ['intrist] *vt.* intéresser. *To interest oneself in,* s'intéresser à. *To interest s.o. in,* intéresser qqn à.

interest-bearing [-'bɛəriŋ] *adj.* productif d'intérêt. *No interest-bearing,* non productif d'intérêt.

interested ['intristid] *adj.* intéressé. *Those interested are called together on Saturday,* les intéressés sont convoqués samedi.

interested-party ['intristid-'pɑ:ti] *s.* **1.** partie intéressée, les intéressés. — **2.** Jur. ayant droit.

interfere [,intə'fiə*] *vi.* s'ingérer, intervenir, se mêler (*with,* de), entraver. *The state should not have interfered with the management of that concern,* l'Etat n'aurait pas dû s'ingérer dans la marche de cette entreprise.

interference [,intə'fiərəns] *s.* intervention, ingérence (*in,* dans). *Government interference,* ingérence gouvernementale. Jur. *Unwarrantable interference,* immixtion.

interim ['intərim] *adj.* intérimaire. *Interim certificate,* titre provisoire, certificat provisoire. *Interim dividend,* dividende intérimaire, acompte de dividende. *Interim financial statement,* bilan provisoire. *Interim interest* intérêts intercalaires, intérimaires.

interim ['intərim] *adv.* en attendant. *Ad interim,* par interim.

interim *s.* interim, intérimat.

interior [in'tiəriə*] *adj.* intérieur.

interior *s.* intérieur.

interlineation ['intə,lini'eiʃən] *s.* interligne, interlinéation.

interlink [,intə'liŋk] *vt.* et *vi.* enchaîner, relier, s'enchaîner.

interlocutory [,intə'lɔkjutəri] *adj.* Jur. interlocutoire.

intermeddle [,intə'medl] *vi.* s'ingérer, s'immiscer (*in,* dans).

intermediary [,intə'mi:diəri] *adj.* intermédiaire.

intermediary *s.* intermédiaire. Jur. personne interposée. *To act as intermediary,* servir d'intermédiaire.

intermediate [,intə'mi:djət] *adj.* intermédiaire. *Intermediate credit,* crédit à moyen terme. *Intermediate port,* port intermédiaire, port d'échelle, d'escale. *Intermediate station,* gare de passage, intermédiaire. *Intermediate trade,* commerce intermédiaire.

intermission [,intə'miʃən] *s.* interruption, pause.

internal [in'tə:nl] *adj.* interne. *Internal revenue,* recettes fiscales. *Internal trade,* commerce intérieur.

international [,intə'næʃnl] *adj.* international. *International law,* droit international.

interpenetration [,intə,peni'treiʃən] *s.* interpénétration.

interpose [,intə'pouz] *vt.* interposer.

interpret [in'tə:prit] *vt.* interpréter.

interpretation [in,tə:pri'teiʃən] *s.* interprétation. Jur. *Interpretation clause,* clause interprétative. *Open to several interpretations,* susceptible d'interprétations diverses.

interpreter [in'tə:pritə*] *s.* interprète.

interrelation ['intəri'leiʃən] *s.* corrélation.

interrupt [,intə'rʌpt] *vt.* suspendre, interrompre.

interruption [,intə'rʌpʃən] *s.* interruption. *Interruption study,* étude des temps morts. *Without interruption,* sans interruption.

interval ['intəvəl] *s.* intervalle. *Meal-interval,* la pause.

intervene [,intə'vi:n] *vi.* intervenir, s'interposer.

intervening [,intə'vi:niŋ] *adj.* intervenant. *Intervening party,* partie intervenante.

intervening *s.* intervention, interposition.

intervener [,intə'vi:nə*] *s.* Jur. intervenant.

intervention [,intə'venʃən] *s.* intervention. *Intervention on protest,* intervention à protêt. *Intervention point,* point d'intervention. *To pay by intervention,* payer par intervention.

interventionist [,intə'venʃənist] *s.* interventionniste.

interview ['intəvju:] *s.* **1.** entrevue. *To ask for an interview with,* solliciter un entretien avec. — **2.** interview.

interview ['intəvju:] *vt.* interviewer.

intestate [in'testeit] *adj.* intestat.

intimation [,inti'meiʃən] *s.* **1.** avis (de décès, etc.). — **2.** suggestion.

intractable [in'træktəbl] *adj.* **1.** intraitable, insoumis. — **2.** insoluble (problème).

intransigent [in'trænsidʒənt] *adj.* intransigeant.

intra vires ['intræ'vaiəri:z] *loc. lat.* statutaire.

intricacy ['intrikəsi] *s.* complexité.

intricate ['intrikit] *adj.* compliqué, embrouillé.

intrinsic [in'trinsik] *adj.* intrinsèque. *Intrinsic value,* valeur intrinsèque.

intrinsically [in'trinsikəli] *adv.* intrinsèquement.

introduce [,intrə'dju:s] *vt.* introduire (*to,* auprès de), présenter. *To introduce on the Exchange,* introduire en Bourse. *To introduce shares on the market,* introduire des actions sur le marché. Bourse *Introducing syndicate,* syndicat d'introduction.

introduction [,intrə'dʌkʃən] *s.* introduction. *Letter of introduction,* lettre d'introduction.

introductory [,intrə'dʌktəri] *adj.* d'introduction. *Introductory campaign,* campagne de lancement. *Introductory material,* matériel de présentation.

intrude [in'tru:d] *vi.* faire intrusion, être importun. *He intruded into my business,* il s'est ingéré dans mes affaires.

intrust [in'trʌst]. V. entrust.

intuitive [in'tjuitiv] *adj.* intuitif.

inure [i'njuə*] *vi.* Jur. entrer en vigueur.

invalid [in'vælid] *adj.* invalide, nul.

invalidate [in'vælideit] *vt.* invalider, casser (un jugement). *To invalidate a will,* invalider un testament.

invalidity [,invə'liditi] *s.* invalidité (d'un contrat). *Invalidity pension,* pension d'invalidité.

invaluable [in'væljuəbl] *adj.* inestimable.

invent [in'vent] *vt.* inventer.

invention [-ʃən] *s.* invention.

inventor [-ə*] *s.* inventeur.

inventory ['invəntri] *s.* **1.** inventaire. *Inventory of fixtures,* état des lieux. *Inventory with valuation,* inventaire avec prisée. *Under beneficium of inventory,* sous bénéfice d'inventaire. *To draw up an inventory,* dresser un inventaire. — **2.** U.S. stocks. *Inventory management,* gestion des stocks. *Beginning inventory,* stock initial en début d'exercice. *Closing inventory,* stock final en clôture d'exercice. *Continuous inventory,* inventaire tournant. *Perpetual inventory,* inventaire permanent (des entrées et des sorties d'entrepôt). U. S. *Physical inventory,* inventaire des marchandises. *Price stability minimizes inventory accumulation,* la stabilité des prix réduit l'accumulation des stocks.

inventory *vt.* inventorier.

inverse ['in'vəːs] *adj.* inverse. *In inverse ratio to,* en raison inverse de.

invert [in'vəːt] *vt.* intervertir.

invest [in'vest] *vt.* **1.** investir, faire des placements. *Capital invested,* mise de fonds, capital investi. *To invest at short terms,* investir à court terme. *To invest money in life annuities,* investir des capitaux en rentes viagères, en viager. — **2.** investir, confier. *He was invested with power of proxy,* il a reçu pouvoir de procuration. *Shareholders invest the management of the concern in the board of directors,* les actionnaires confient la direction de l'entreprise au conseil d'administration.

investigate [in'vestigeit] *vt.* examiner, étudier. *Investigating committee,* commission d'enquête.

investigation [in,vesti'geiʃən] *s.* investigation, enquête.

investment [in'vestmənt] *s.* placement de fonds, mise de fonds, investissement. *Investment account,* compte d'investissement. *Investment company,* société de portefeuille, de placement, d'investissement. *Investment credit,* crédit d'investissement. *Investment expenditure,* dépenses d'investissement. *Investment financing,* financement d'investissements. *Investment goods,* biens d'investissement. *Investment income,* revenu de placements. *Investment in securities,* placement en valeurs. *Investment policy,* politique d'investissement. *Investment rate,* taux d'investissement. *Investment securities,* valeurs de placement, de portefeuille. *Investment trust,* fonds commun de placement, société d'investissement. *Investment trust certificate,* certificat de fonds de placement. *Capital investment,* placement de capitaux. *Closed end investment trust,* fonds de placement à capital fixe. *Depreciation of investment,* moins-value de portefeuille. *Fixed investment,* immobilisations. *Fixed yield investment,* placement à revenus fixes. *Foreign investments,* investissements étrangers. *Gilt-edged investment,* placement de tout repos. *Gross fixed investment,* montant brut des immobilisations. U. S. *Initial investment cost,* frais de premier établissement. *Open end investment trust,* fonds de placement à capital variable. *Safe investments,* placements sûrs. *Short term investment,* placement à court terme. *Variable yield investment,* investissement à revenus variables. *To effect investments,* faire des investissements. *To make an investment,* faire un placement.

investor [in'vestə*] *s.* rentier, investisseur, capitaliste. *Institutional investors,* investisseurs institutionnels.

invisible [in'vizəbl] *adj.* invisible. *Invisible exports (imports),* exportations (importations) invisibles.

invisibles [in'vizəblz] *s. pl.* importations invisibles.

invitation [,invi'teiʃən] *s.* invitation, appel. JUR. *Invitation for tenders,* adjudication.

invite [in'vait] *vt.* inviter. *We invite tenders for the building of a dam,* nous faisons un appel d'offre pour la construction d'un barrage. *We invite the public to subscribe to our debenture issue,* nous invitons le public à souscrire à notre émission d'obligations.

invoice ['invɔis] *s.* facture, note. *Invoice amount,* montant de la facture. *Invoice-book :* **a)** livre d'achats, facturier d'entrée; **b)** copie des factures (des ventes). *Invoice-clerk,* facturier. *Invoice of goods bought,* compte d'achat. *Invoice-price,* prix de facture. *Invoice value,* valeur de facture. *As per invoice inclosed,* selon facture ci-jointe. *Consignment invoice,* facture de consignation. *Consular invoice,* facture consulaire. *Custom invoice,* facture douanière. *Final invoice,* facture finale. *Itemized invoice,* facture détaillée. *Original invoice,* facture originale. *Outgoing invoices,* factures envoyées. *Pro forma invoice,* facture fictive, facture « pro forma ». *Provisional invoice,* facture provisoire. *Purchase invoice,* facture d'achat. *To hand an invoice,* présenter une facture. *To make out an invoice,* établir une facture. *To receipt an invoice,* acquitter une facture.

invoice ['invɔis] *vt.* facturer. "*Invoiced*", enregistré.

invoicing ['invɔisiŋ] *s.* facturation. *Invoicing back price,* cours de résiliation (sur les marchés). *Invoicing machine,* machine à facturer.

involve [in'vɔlv] *vt.* **1.** mêler à, entraîner dans. *To involve oneself in debts,* s'endetter. — **2.** comporter, impliquer. *We must foresee the expenses this new plant would involve,* nous devons prévoir les dépenses que ce nouvel équipement impliquerait.

involvement [-mənt] *s.* **1.** complication. — **2.** difficultés financières.

inward ['inwəd] *adj.* **1.** intérieur, interne. — **2.** vers l'intérieur. *Inward bill of lading,* connaissement d'entrée. *Inward bound vessel,* navire en retour. *Inward cash transfer,* remise d'espèces de l'étranger. *Inward mail department,* service de dépouillement du courrier. *Inward manifest,* manifeste d'entrée.

I. O. U. (I owe you) ['aiou'ju:] *s.* reconnaissance de dette.

iron ['aiən] *s.* fer. *Corrugated iron,* tôle ondulée.

ironworks ['aiənwə:ks] *s. pl.* usine sidérurgique, forges.

irrational [i'ræʃnl] *adj.* irrationnel. *One must not overlook the importance of irrational appeals in advertising,* il ne faut pas négliger l'importance des éléments d'attirance irrationnels en publicité.

irrebuttable [,iri'bʌtəbl] *adj.* Jur. irréfragable. *Irrebuttable presumption,* présomption absolue.

irrecoverable [,iri'kʌvərəbl] *adj.* irrécouvrable. *Irrecoverable debts,* créances irrécouvrables.

irredeemable [,iri'di:məbl] *adj.* irrachetable, irremboursable. *Irredeemable debentures,* obligations irremboursables. *Irredeemable loan,* emprunt non remboursable.

irreducible [,iri'dju:səbl] *adj.* irréductible.

irrefutable [i'refjutəbl] *adj.* irréfutable, irrécusable.

irregular [i'regjulə*] *adj.* irrégulier; Jur. informe.

irregularity [i,regju'læriti] *s.* irrégularité, vice de forme.

irrelevant [i'relivənt] *adj.* hors de propos, sans rapport (avec le sujet).

irremovable [,iri'mu:vəbl] *adj.* inébranlable, inamovible.

irreparable [i'repərəbl] *adj.* irréparable, irrémédiable.

irreproachable [,iri'proutʃəbl] *adj.* irréprochable.

irrespective [,iris'pektiv] *adj.* indépendamment (*of,* de). *Irrespective of seniority,* sans tenir compte de l'ancienneté.

irresponsibility ['iris,pɔnsə'biliti] *s.* irresponsabilité.

irresponsible [,iris'pɔnsəbl] *adj.* **1.** irresponsable. — **2.** insolvable.

irrevocable [i'revəkəbl] *adj.* irrévocable.

issuance ['isjuəns] *s.* U. S. émission, délivrance (d'un brevet, etc.).

issue ['isju:] *s.* **1.** émission. *Issue above par,* émission au-dessus du pair. *Issue at par,* émission au pair, à la valeur nominale. *Issue below par,* émission au-dessous du pair. *Issue department,* service des émissions (dans une banque). *Issue market,* marché des émissions. *Issue of a draught,* émission d'une traite. *Issue of a loan,* émission d'un emprunt. *Bond* *issue,* émission d'obligations. *Current issue,* émission en cours. *Rate of issue,* cours d'émission. *Restricted issue,* émission limitée. — **2.** parution, publication (d'un livre, etc.). *In course of issue,* en cours de publication. — **3.** édition (d'un livre), numéro (d'un journal). — **4.** question, point de départ. *The point at issue,* la question dont il s'agit, la question contestée.

issue *vt.* **1.** publier, lancer, sortir. *These folders were issued last week,* ces dépliants ont été sortis la semaine dernière. — **2.** émettre, mettre en circulation. *Issued capital,* capital émis. *To issue bank-notes,* émettre des billets de banque. *To issue shares,* émettre des actions.

issue *vi.* provenir (*from,* de). *His income issues from oil-shares,* ses revenus proviennent des valeurs pétrolifères.

issuer ['isjuə*] *s.* émetteur.

issuing ['isjuiŋ] *adj.* émetteur. *Issuing bank,* banque émettrice. *Issuing company,* société émettrice. *Issuing house,* banque de placement. POSTE *Issuing office,* bureau d'émission (de mandats). *Issuing syndicate,* syndicat d'émission.

issuing ['isjuiŋ] *s.* **1.** émission. — **2.** publication. — **3.** distribution, délivrance (de tickets).

italic [i'tælik] *adj.* TYP. italique.

item ['aitem] *s.* **1.** poste, écriture, article. *Balance sheet items,* détails du bilan. *Cash item,* article de caisse. *Credit item,* poste créditeur. *Debit item,* poste débiteur. *To adjust an item,* rectifier une écriture. *To check off items,* pointer des articles. *To give the items,* donner les détails (du bilan). *To strike out an item,* biffer un article. *Please, send us the following items by return of post,* prière de nous envoyer par retour les articles suivants. — **2.** questions. *Items on the agenda,* questions à l'ordre du jour. *News items,* faits divers.

itemized ['aitemaizd] *adj.* U. S. détaillé. *Itemized account,* compte détaillé. *Itemized balance sheet,* bilan détaillé. *Itemized invoice,* facture détaillée.

j

jack up ['dʒækʌp] *vt.* U. S. augmenter.

jacket ['dʒækit] *s.* chemise (de document).

jacket *vt.* U. S. classer un document.

jar [dʒa:*] *vi.* jurer, détonner. *These colours jar,* ces couleurs jurent.

jeopardize ['dʒepədaiz] *vt.* mettre en danger, exposer.

jetsam ['dʒetsəm] *s.* épave. *Flotsam and Jetsam,* choses de flot et de mer.

jettison ['dʒetisn] *s.* jet à la mer. *Jettison and washing overboard,* jet à la mer et enlèvement par les lames. *Jettison of deck cargo,* jet de pontée.

jettison *vt.* jeter à la mer. *Goods jettisoned,* marchandises jetées à la mer. *During a storm the master may order part of the cargo to be jettisoned for the common safety,* dans une tempête, le capitaine peut ordonner de jeter à la mer une partie de la cargaison pour la sécurité de tous.

jittery ['dʒitəri] *adj.* BOURSE, FAM. paniqué.

job [dʒɔb] *s.* emploi, poste, place. *Job specification,* donnée d'exécution.

job *vt.* marchander, négocier.

job *vi.* BOURSE agioter, spéculer.

jobber [-ə*] *s.* BOURSE banquier de placement et de spéculation (n'existe pas en France). *Jobber's turn,* marge du « jobber ».

jobbery [-əri] *s.* BOURSE agiotage, tripotage.

jobbing [-iŋ] *s.* **1.** vente en demi-gros. — **2.** BOURSE courtage. *Jobbing in contangoes,* arbitrage en reports.

job-in-and-out [-inəndaut] *vi.* BOURSE jouer les allées et venues, faire la navette.

job-lot [-lɔt] *s.* soldes, articles disparates, dépareillés.

job-site [-sait] *s.* chantier.

job-wage [-weidʒ] *s.* salaire à forfait.

job-work [-wə:k] *s.* **1.** travail à la pièce. — **2.** travail à forfait.

jockey ['dʒɔki] *s.* meneur de jeu à la radio.

jockey ['dʒəki] *vi.* intriguer (*for sth.,* pour obtenir qqch.).

join [dʒɔin] *vt.* adhérer, se joindre à. *To join a company,* entrer dans une société.

joinder ['dʒɔində*] *s.* réunion, union. JUR. *Joinder of actions,* jonction d'instances.

joint ['dʒɔint] *adj.* **1.** conjoint, indivis. *Joint account :* **a)** compte joint; **b)** compte de participation. *Joint adventure,* participation. *Joint and several,* solidaire. *Joint and several codebtor,* codébiteur solidaire. *Joint and several liability,* responsabilité solidaire, coobligation. *Joint attorney,* commanditaire. *Joint cargo,* groupage. *Joint cargo service,* service des groupages. *Joint committee,* commission mixte (patrons et ouvriers). *Joint contract,* contrat collectif, en commun. *Joint creditor,* cocréancier. *Joint debtor,* codébiteur. *Joint founder,* cofondateur. *Joint guardian,* cotuteur. *Joint heir,* cohéritier. *Joint holder,* codétenteur. *Joint industrial council,* commission mixte. (N.B. A l'échelon national, la commission mixte est composée de représentants du patronat et des syndicats. Ces commissions, au nombre de deux cents environ, sont connues sous le nom de *joint negotiating machinery.*) *Joint management,* codirection. *Joint manager,* codirecteur. *Joint mandatory,* comandataire. *Joint owner,* copropriétaire. *Joint ownership :* **a)** copropriété, indivision ; **b)** MAR. quirat (d'un navire). *Joint partner,* coassocié. *Joint plaintiff,* codemandeur. *Joint policy,* police conjointe. *Joint proxy,* comandataire. *Joint security,* cocaution. *Joint stock,* capital social. *Joint stock company,* société par actions, société anonyme. *Joint surety,* garant solidaire. *Joint tenant,* colocataire. *Joint undertaking,* entreprise à participation. *Transactions on joint account,* opérations en participation. — **2.** contradictoire. JUR. *Joint survey,* expertise contradictoire.

jointly [-li] *adv.* **1.** conjointement. *Jointly and severally,* conjointement et solidairement. — **2.** contradictoirement.

jointure [-tʃə*] *s.* **1.** propriété indivise entre époux. — **2.** douaire.

joker ['dʒoukə*] *s.* U. S. clause ambiguë.

jot down ['dʒɔt'daun] *vt.* noter, prendre en note.

journal ['dʒə:nl] *s.* **1.** journal (livre de comptes, etc.). MAR. journal de bord. *Journal and ledger combined,* journal grand livre. *Journal entry,* article de journal. *Journal item,* article de journal. *Bought journal,* livre des achats. *Subsidiary journal,* journal auxiliaire. — **2.** journal (quotidien). *Financial journal,* journal de la Bourse.

journalism ['dʒə:nəlizm] *s.* journalisme.

journalization [-aizeiʃən] *s.* COMPT. journalisation.

journalize [-aiz] *vt.* COMPT. journaliser (une écriture).

journalizer [-ə*] *s.* COMPT. journaliste.

journey ['dʒəːni] *s.* voyage, trajet. CH. DE FER *Empty journey,* voyage à vide. *Loaded journey,* parcours en charge.

journey *vt.* voyager.

journeyman [-mən] *s.* compagnon (dans l'industrie).

judge ['dʒʌdʒ] *s.* juge. *Judge in commercial court,* juge au tribunal de commerce.

judge *vt.* juger, estimer.

judgment [-mənt] *s.* **1.** jugement, arrêt. *Judgment after trial,* jugement contradictoire. *Judgment creditor,* créancier autorisé. *Judgment debtor,* débiteur condamné. *Enforceable judgment,* jugement exécutoire. *To deliver (to pass) judgment,* prononcer un jugement. — **2.** opinion.

judicial [dʒuː'diʃəl] *adj.* judiciaire. U. S. *Judicial factor,* syndic de faillite.

judicious [-ʃəs] *adj.* sensé, judicieux.

jump [dʒʌmp] *s.* saut, bond. *There was a sudden jump in prices,* il y a eu une brusque hausse des prix.

junction ['dʒʌnkʃən] *s.* CH. DE FER gare d'embranchement. *Junction canal,* canal de raccordement.

juncture ['dʒʌnktʃə*] *s.* conjoncture. *At this juncture,* dans ces conditions.

jungles ['dʒʌŋglz] *s. pl.* BOURSE, FAM. valeurs ouest-africaines.

junior ['dʒuːnjə*] *adj.* moins ancien, subalterne. *Junior clerk,* petit employé. *Junior creditor,* créditeur secondaire. *Junior mortgage,* seconde hypothèque. FIN. *Junior shares,* actions de dividende.

juratory ['dʒuərætəri] *adj.* JUR. sous serment, juratoire.

jurisdiction [,dʒuəris'dikʃən] *s.* juridiction, compétence. *Jurisdiction clause,* clause de compétence. *Within our jurisdiction,* de notre compétence.

juror ['dʒuərə*] *s.* juré, membre du jury.

jury [-ri] *s.* jury, jurés.

just [dʒʌst] *adj.* juste.

just *adv.* juste. "*Just out*", « Vient de paraître ».

justice [-is] *s.* **1.** justice. — **2.** juge. *Justice of the peace,* juge de paix.

justify [-ifai] *vt.* justifier, légitimer. *Your claim does not seem justified,* votre réclamation ne semble pas bien fondée.

k

kaffirs ['kæfəz] *s. pl.* BOURSE, FAM. (valeurs) sud-africaines.

keen [kiːn] *adj.* vif, aigu. *Keen prices,* prix au plus bas. *There is a keen competition in that field,* la concurrence est très vive dans ce domaine.

keep [kiːp] *vt.* **1.** observer, respecter, suivre. *You should strictly keep the regulations,* vous devriez suivre scrupuleusement le règlement. *This firm cannot keep pace with ours,* cette firme ne peut soutenir l'allure de la nôtre. — **2.** entretenir. *To keep in repair,* entretenir en bon état. *These premises are well kept,* ces locaux sont bien entretenus. — **3.** conserver, tenir. "*Keep dry*", « Craint l'humidité ». "*Keep flat*", « Prière de ne pas plier ».

" *Keep upright* ", « Ne pas renverser ». *To keep the cash,* tenir la caisse. *Thanks to this duplicator, you will be able to keep as many copies as you wish,* grâce à ce duplicateur, vous pourrez conserver autant de copies que vous voudrez. — **4.** COMPT. tenir. *To keep a book up to date,* tenir un livre à jour. *To keep a book by double entry,* tenir un livre en partie double. *To keep an account with,* tenir un compte chez. *To keep the cash,* tenir la caisse. — **5.** tenir (un magasin, etc.). — **6.** tenir (en magasin). *We no longer keep this article,* nous ne suivons plus cet article.

keep *vi.* **1.** rester, se tenir. *To keep within the law,* rester dans les marges de la légalité. *To keep within one's income,* vivre selon ses moyens. — **2.** se garder, se conserver. *Our fruit will keep,* nos fruits se conservent.

keep back [ki:p'bæk] *vt.* retenir, détenir. *It would be unfair to keep back this information,* il serait malhonnête de taire ces renseignements.

keep down [ki:pdaun] *vt.* empêcher de monter. *The government tries to keep the prices down,* le gouvernement essaie d'enrayer la hausse des prix.

keep out [ki:paut] *vi.* se tenir à l'écart, s'abstenir.

keep to [ki:ptu] *vi.* s'en tenir à, se conformer à. *We keep to our former decision,* nous nous en tenons à notre décision antérieure.

keep up [ki:pʌp] *vt.* **1.** empêcher de tomber. *Competition does not help to keep prices up,* la concurrence n'aide pas à maintenir les prix à un niveau élevé. — **2.** entretenir, maintenir. *Port dues are levied to keep up the port equipment,* les droits de port sont perçus pour entretenir les installations portuaires. — **3.** entretenir, conserver. *We keep up business relations with this firm,* nous restons en relations d'affaires avec cette entreprise.

keeper ['ki:pə*] *s.* garde, gardien.

keeping ['ki:piŋ] *s.* **1.** COMPT. tenue (des livres). — **2.** entretien. *Keeping in repair,* réparations d'entretien. — **3.** *In keeping with,* en harmonie, en accord, en rapport avec. — **4.** garde. POSTE *Time of keeping,* délai de garde.

kelvin ['kelvin] *s.* kilowatt-heure.

kerb [kə:b] *s.* bordure de trottoir. BOURSE *Kerb-stone broker,* coulissier. *Kerb-stone market,* marché après Bourse.

key [ki:] *s.* **1.** clef (de serrure, d'un problème, etc.). *Key-industry,* industrie clef. *Key-numbers,* numéros de repérage. *Key-staff,* les cadres. *Key-word,* mot clef. *Key-workers,* personnel de base. — **2.** touche (de machine à écrire, etc.).

key [ki:] *vt.* repérer (une annonce publicitaire). *Keyed advertisement,* annonce à clef.

keyboard ['ki:bɔ:d] *s.* clavier (de machine à écrire, etc.).

keyman ['ki:mən] *s.* U. S. télégraphiste.

kilderkin ['kildəkin] *s.* baril (72 à 80 litres).

kind [kaind] *adj.* aimable, bienveillant, obligeant. *Would you be so kind as to send us samples of your goods,* nous vous serions obligés de bien vouloir nous adresser des échantillons de vos marchandises.

kind [kaind] *s.* **1.** genre, espèce. *Of all kind,* en tout genre. — **2.** *In kind,* en nature.

kindly ['kaindli] *adv.* avec bienveillance. *Kindly supply the undermentioned goods,* je vous prie de bien vouloir nous fournir les marchandises ci-dessous.

kindness ['kaindnis] *s.* **1.** obligeance, bienveillance. — **2.** service rendu. *We shall always be glad to reciprocate your kindness,* c'est avec plaisir que nous vous rendrons le même service si l'occasion s'en présente.

kite [kait] *s.* FIN. effet à renouvellement, traite en l'air, cerf-volant, cavalerie. *Kite-flyer,* tireur en l'air, à découvert. *Kite-flying,* tirage en l'air, à découvert.

kite *vi.* FIN. tirer en l'air, à découvert.

knock down ['nɔk'daun] *vt.* **1.** adjuger. *The auctioneer knocked down the article to the highest bidder,* le commissaire-priseur a adjugé l'article au plus offrant. — **2.** abaisser. *To knock down prices,* abaisser les prix.

knock off [nɔkɔ:f] *vt.* rabattre. *We can't knock anything off the price,* nous ne pouvons rien rabattre.

knock off *vi.* cesser le travail, finir sa journée.

knock out [nɔkaut] *adj. Knock out prices,* prix défiant toute concurrence, vil prix.

knock-out [nɔkaut] *s.* la bande noire (des ventes aux enchères).

knot [nɔt] *s.* MAR. nœud. *This liner develops a speed of 30 knots,* ce transatlantique file 30 nœuds.

knotty ['nɔti] *adj.* épineux, embrouillé.

know ['nou] *vt.* savoir. *Please let us know,* prière de nous faire savoir. JUR. *Know all men by these presents,* à tous ceux qui les présentes verront.

know-how [-hau] *s.* capacité, connaissances, savoir-faire technique.

knowledge ['nɔlidʒ] *s.* connaissance. *We bring to your knowledge,* nous portons à votre connaissance.

l

lab [læb] *s.* (abrév. de **laboratory**), laboratoire.

label ['leibl] *s.* étiquette. *Accounting label,* étiquette comptable. *Enclosure label,* vignette pièces jointes, étiquette annexe. *Stick-on label,* étiquette gommée. *Tie-on label,* étiquette à œillets.

label *vt.* étiqueter.

labelling ['leibliŋ] *s.* étiquetage.

labour ['leibə*] *s.* **1.** travail. U.S. *Labour day,* 1er lundi de septembre (jour férié). — **2.** main-d'œuvre. *Labour agreement,* convention collective. *Labour conflicts, labour disputes,* conflits du travail. *Labour contract,* contrat de travail. *Labour-Exchange,* Bourse du travail, office de la main-d'œuvre. *Labour hour,* heure-homme. *Labour legislation,* législation du travail. *Labour market,* marché du travail. *Labour mobility,* mobilité de la main-d'œuvre. *Cost of labour,* prix de main-d'œuvre. *Female labour,* main-d'œuvre féminine. *Protection of labour,* protection du travail. *Shortage of labour,* crise de main-d'œuvre. *Skilled labour,* main-d'œuvre spécialisée.

labour-saving ['leibə,seiviŋ] *adj.* qui économise le travail. *Nowadays, business is conducted on labour-saving lines,* de nos jours, les affaires sont conduites selon des principes d'économie de main-d'œuvre.

lack [læk] *s.* pénurie, manque. *Lack of accommodation,* manque de place. *Lack of capital,* manque de fonds. *Lack of freight,* pénurie de frêt. *Lack of raw materials,* pénurie des matières premières. *For lack of,* faute de, par manque de.

lack ['læk] *vt.* manquer de. *We lack funds,* nous manquons de fonds.

ladder ['lædə*] *s.* échelle. *Ladder system,* méthode à échelles.

lade [leid] *vt.* MAR. charger, embarquer (des marchandises).

laden ['leidn] *adj.* MAR. chargé. *Laden draught,* tirant d'eau en charge. *Laden in bulk,* chargé en grenier. *Ship fully laden,* navire en pleine charge.

lading ['leidiŋ] *s.* **1.** chargement, charge. *Lading port,* port de chargement. — **2.** charge, cargaison. — **3.** V. BILL.

lag ['læg] *vi.* traîner, rester en arrière.

lagan ['lægən] *s.* JUR. épaves (attachées à une bouée).

lamented [lə'mentid] *adj.* regretté. *Our lamented colleague,* notre regretté collègue.

land [lænd] *s.* **1.** terre, terrain (propriété). *Land agent,* courtier en immeubles. *Land bank,* banque agraire, crédit foncier. *Land charge,* dette foncière, impôt foncier. *Land and house property,* biens-fonds. *Land improvement,* amendement (de terres). *Land register,* registre du cadastre. *Land registry office,* bureau du cadastre. *Land-tax,* impôt foncier. — **2.** terre (par opposition à mer). ASS. *Land risk,* risque terrestre. MAR. *Land agent,* agent terrestre. *Land carriage,* transport par terre, terrestre. POSTE *Land charge,* taxe terrestre. — **3.** région.

land *vt.* débarquer, mettre à terre.

land *vi.* **1.** débarquer, descendre à terre. — **2.** atterrir.

landed ['lændid] *adj.* foncier. *Landed estate,* propriété foncière. *Landed property,* propriété foncière ; JUR. propriété prédiale, biens-fonds. *Landed proprietor,* propriétaire foncier.

landing ['lændiŋ] *s.* débarquement, mise à terre, atterrissage. *Landing certificate, account,* certificat de déchargement. *Landing charges,* frais de déchargement. *Landing number,* numéro de débarquement. *Landing order,* permis de débarquement. *Landing permit,* permis de débarquement. *Landing stage,* embarcadère, débarcadère.

landscape-gardener ['lænskeip-'gɑ:dnə*] *s.* architecte paysagiste.

language ['læŋgwidʒ] *s.* langage. *Cipher-language,* langage chiffré. *Code-language,* langage convenu. *Applicants should be proficient in several languages,* les candidats doivent posséder plusieurs langues.

languid ['læŋgwid] *adj.* languissant, mou (marché).

languish ['læŋgwiʃ] *vi.* languir.

languishing ['læŋgwiʃiŋ] *adj.* languissant.

lapse [læps] *s.* erreur, faute, défaillance ; JUR. déchéance.

lapse ['læps] *vi.* JUR. périmer, tomber en désuétude, cesser d'être en vigueur, devenir caduc. *Your insurance has lapsed,* vous n'êtes plus couvert par l'assurance.

lapsed ['læpst] *adj.* périmé, caduc.

large ['lɑ:dʒ] *adj.* gros, grand, considérable. *Large order,* grosse commande. *On a large scale,* sur une grande échelle.

lashing ['læʃiŋ] *s.* MAR. saisissage.

last [lɑ:st] *adj.* dernier. *Last buyer,* dernier acheteur, arrêteur (d'une filière). *Last four,* les quatre derniers (mois de l'année). *In the last resort,* en fin de compte.

last [lɑ:st] *vi.* durer, se maintenir. *This material will last,* ce tissu vous fera un bon usage.

late [leit] *adj.* **1.** en retard, tardif. POSTE *Late delivery,* livraison tardive ; *late fee,* surtaxe (en dehors des heures normales) ; *late fee collection,* levée exceptionnelle. *Latest date,* délai de rigueur, terme fatal. POSTE *Latest time for posting,* heure limite de dépôt. *Not later than,* au plus tard le. — **2.** feu (personne décédée). *Our late partner,* feu notre associé. — **3.** ancien. *Smith and Co., late Johnson and Sons,* Smith et Cie, anciennement Johnson et Fils. — **4.** récent, dernier. *Late news,* dernières nouvelles. *Late novelties,* dernières nouveautés.

lately ['leitli] *adv.* récemment.

latent ['leitənt] *adj.* caché, secret, latent. *Latent defect,* vice caché. *Latent partner,* commanditaire, bailleur de fonds.

launch ['lɔ:ntʃ] *vt.* lancer. *To launch a loan,* lancer un emprunt. *To launch a ship,* lancer un navire.

launching ['lɔ:ntʃiŋ] *s.* lancement, mise à l'eau.

lavish ['læviʃ] *vt.* prodiguer.

law [lɔ:] *s.* **1.** loi, droit, justice. *Law bureau,* bureau du contentieux. *Law costs,* frais de justice. *Law department,* bureau du contentieux. *Law merchant,* droit commercial. *Law of contracts,* droit des obligations. *Law of nations,* droit des gens. *Law of supply and demand,* loi de l'offre et de la demande. *Bank law,* droit bancaire. *Case law,* droit jurisprudentiel. *Commercial law,* droit commercial. *Company law,* droit des sociétés. *Exchange law,* droit cambial, de change. *Skeleton law,* loi-cadre. *Statutory law,* droit légal. *Substantive law,* droit positif. *According to the law,* d'après la loi. *Contrary to the law,* contraire à la loi. *Trangression of a law,* infraction à la loi. *To contravene the law,* contrevenir à la loi. *To evade the law,* éluder la loi. *To go to law,* aller en justice. — **2. laws** *s. pl.* législation.

lawful ['lɔ:ful] *adj.* légal, licite. *Lawful currency,* cours légal. JUR. *Lawful day,* jour utile.

lawfully ['lɔ:fuli] *adv.* légalement.

lawfulness ['lɔ:fulnis] *s.* légalité.

lawsuit ['lɔ:sju:t] *s.* procès. *To bring a lawsuit against s.o.,* intenter un procès à qqn.

lawyer ['lɔ:jə*] *s.* homme de loi, avocat. *Lawyer's office,* étude.

lax [læks] *adj.* **1.** négligent, relâché. — **2.** vague, imprécis.

lay [lei] *adj.* laïque. *To the lay eye,* aux yeux du profane.

lay *s.* configuration, disposition.

lay *vt.* **1.** soumettre, déposer, placer. JUR. *To lay a complaint,* porter plainte. *To lay claim to,* revendiquer, prétendre à. *To lay the embargo on,* mettre l'embargo sur. — **2.** imposer, frapper. *To lay a tax on sth,* frapper qqch. d'un impôt.

lay aside ['lei ə'said] *vt.* mettre de côté (un travail).

lay by [bai] *vt.* réserver. *To lay money by,* faire des économies.

lay down ['lei'daun] *vt.* **1.** poser. *We shall lay down some conditions,* nous poserons certaines conditions. — **2.** MAR. *To lay down a ship,* mettre un navire en chantier.

lay in ['lei in] *vt.* s'approvisionner, emmagasiner.

lay off ['lei'ɔ:f] *vt.* **1.** congédier (des ouvriers), licencier. — **2.** Ass. *To lay off a risk,* effectuer une réassurance.

lay on ['lei ɔn] *vt.* installer (le sanitaire, etc.).

lay out ['lei aut] *vt.* **1.** arranger, disposer, aménager. — **2.** faire des débours.

lay up ['lei ʌp] *vt.* **1.** amasser, mettre en réserve. — **2.** MAR. désarmer (un navire).

layaway ['laiəwei] *s.* U. S. service de l' « épargne », dans un grand magasin.

lay-by [lei bai] *s.* **1.** CH. DE FER voie de garage. — **2.** économies.

lay-day ['leidei] *s.* MAR. jour de planche, starie. *The lay-days are the days allowed for loading and unloading a ship,* les jours de planche sont les jours accordés pour le chargement ou le déchargement d'un navire.

layer ['leiə*] *s.* gisement, strate.

laying-down ['leiiŋ-'daun] *s.* **1.** pose (d'un câble). — **2.** mise en chantier (d'un navire).

laying off ['leiiŋ ɔ:f] *s.* **1.** débauchage. — **2.** Ass. réassurance.

laying out ['leiiŋ aut] *s.* **1.** déboursement. — **2.** tracé (de locaux, etc.).

laying up ['leiiŋ ʌp] *s.* **1.** accumulation. — **2.** MAR. désarmement.

layman ['leimən] *s.* profane, personne qui n'est pas du métier.

lay-off ['lei ɔ:f] *s.* licenciement.

lay-out ['lei aut] *s.* **1.** tracé, dessin, étude. — **2.** mise en pages. — **3.** implantation. *Process equipment lay-out,* production groupée. *Unital lay-out,* implantation à la chaîne.

laytime ['leitaim] *s.* MAR. délai de planche, de starie.

lead ['led] *s.* **1.** plomb. — **2.** interligne.

lead ['li:d] *vt.* interligner. *To lead out a text,* aérer un texte.

lead *s.* **1.** conduite. *To take the lead,* prendre la tête. — **2.** canal de dérivation.

lead *vt.* conduire, mener, guider. *We are led to the conclusion that,* nous sommes amenés à conclure que.

lead *vi.* mener, conduire (*to,* à). *Our policy led to a good result,* notre politique a produit d'heureux effets.

leader ['li:də*] *s.* **1.** chef, directeur. — **2.** éditorial, article de fonds. — **3.** **leaders** *s. pl.* BOURSE les valeurs vedettes.

leadership ['li:dəʃip] *s.* **1.** direction. — **2.** qualités de meneur d'hommes.

leading ['li:diŋ] *adj.* **1.** conducteur. JUR. *Leading case,* cas d'espèce faisant précédent. — **2.** principal, premier. *Leading article :* **a)** article de réclame ; **b)** JOURN. article de fond. BOURSE *Leading counters,* vedettes (valeurs). *Leading line,* article de réclame. BOURSE *Leading shares,* valeurs marquantes. ASS. *Leading underwriter,* apériteur.

leading *s.* direction.

leaf [li:f] *s.* feuille, feuillet. *Counterfoil and leaf,* talon et volant d'un chèque. *Loose-leaf ledger,* registre à feuilles mobiles.

leaflet ['li:flit] *s.* imprimé publicitaire, papillon publicitaire.

league [li:g] *s.* **1.** MAR. lieue. — **2.** ligue. *The league of nations,* la Société des Nations.

leak [li:k] *s.* **1.** fuite, infiltration. — **2.** MAR. voie d'eau. *To spring a leak,* faire voie d'eau ; *to stop a leak,* étancher une voie d'eau.

leakage ['li:kidʒ] *s.* **1.** fuite. — **2.** coulage. *The draft is an allowance granted by the seller to the buyer in order to make good possible losses due to leakage,* le don et surdon est une indemnité consentie par le vendeur à l'acheteur pour compenser des pertes dues à un coulage éventuel.

lean [li:n] *adj.* maigre. *Lean years,* années maigres, déficitaires.

lean [li:n] *vi.* pencher vers, incliner (*to,* à).

leaning ['li:niŋ] *s.* inclination, penchant, tendance.

leap [li:p] *s.* saut, bond. *This firm is advancing by leaps and bound,* cette firme progresse à pas de géant.

leap ['li:p] *vt.* sauter, bondir. *Prices leap,* les prix montent en flèche.

leap-year ['li:p-jə:*] *s.* année bissextile.

learn [lə:n] *vt.* apprendre. *We are sorry to learn you did not find our articles up to the mark,* nous sommes désolés d'apprendre que vous n'avez pas trouvé nos articles à la hauteur.

learner ['lə:nə*] *s.* débutant, commençant.

lease [li:s] *s.* JUR. bail. *Lease of livestock,* bail à cheptel. *Farming-lease,* bail à ferme. *House-letting lease,* bail à loyer. *Long lease, ninety-nine year lease,* bail emphytéotique. *To cancel a lease,* résilier un bail. *To hold on lease,* tenir à bail. *To let on lease,* donner à bail. *To take on lease,* prendre à bail. *We are removing on 1st March to 32 Walter Street Liverpool, owing to the expiration of our lease,* notre bail venant à expiration, nous transférons nos locaux au 32 Walter Street à Liverpool le 1er mars.

lease [li:s] *vt.* **1.** donner à bail, affermer. *To lease a house,* donner une maison à bail. — **2.** prendre à bail, prendre à ferme. *To lease a house,* prendre une maison à bail.

leasehold ['li:should] *s.* **1.** tenure à bail (surtout emphytéotique). — **2.** immeuble loué à bail.

leaseholder ['li:shouldə*] *s.* locataire, emphytéote.

leasing ['li:siŋ] *adj.* fermier.

leasing ['li:siŋ] *s.* location à bail, affermage, crédit-bail, leasing.

least [li:st] *adj.* moindre. *You won't have the least opportunity for complaint,* vous n'aurez aucune occasion de vous plaindre.

least ['li:st] *s.* le moins. *At the least,* au minimum, au bas mot.

leather ['leðə*] *s.* cuir. *Fancy leather goods,* articles en cuir, de maroquinerie.

leatherette [,leðə'ret] *s.* similicuir.

leave [li:v] *s.* **1.** permission, autorisation, permis, faculté. *To beg leave to,* demander l'autorisation de. *To take leave to,* prendre la liberté de. — **2.** congé. *On leave,* en congé. *Sick leave,* congé de maladie. *To overstay one's leave,* dépasser son congé.

leave ['li:v] *vt.* **1.** laisser. *I leave it to you,* je m'en rapporte à vous. *To leave the goods on hand (refused),* laisser la marchandise pour compte. — **2.** partir, quitter. " *To be sold as the owner is leaving* ", « A vendre pour cause de départ ». *To leave port,* quitter le port. *To leave the service,* quitter le service. CH. DE FER *To leave the track,* dérailler.

leave for ['li:vfɔ:] *vi.* partir pour.

leave off ['li:vɔ:f] *vt.* cesser, quitter (le travail, etc.).

leave out ['li:vaut] *vt.* **1.** exclure. — **2.** omettre, oublier. *You left out an item on your invoice,* vous avez omis un article sur votre facture.

leave over ['li:vouvə*] *vt.* **1.** remettre à plus tard. — **2.** *To be left over,* rester en surplus.

leaving-out ['li:viŋaut] *s.* **1.** exclusion. — **2.** omission, oubli.

lecture ['lektʃə*] *s.* conférence. *Lecture-hall,* salle de conférence. *To deliver a lecture on,* faire une conférence sur.

lecture ['lektʃə*] *vi.* faire une conférence.

lecturer ['lektʃərə*] *s.* conférencier.

ledger ['ledʒə*] *s.* grand livre. *Ledger account,* compte du grand livre. *Ledger balances,* soldes du grand livre. *Ledger headings,* en-tête de grand livre. *Ledger postings,* reports du grand livre. *Ledger work,* tenue du grand livre. *General ledger,* grand livre général. *Goods-bought ledger,* grand livre d'achats. *Goods-sold ledger,* grand livre des ventes. *Securities ledger,* grand livre des valeurs.

left [left] *adj.* gauche. *Left hand side and right hand side,* verso et recto.

left (*pp.* de **to leave** [v. ce mot]). CH. DE FER *Left-luggage office,* consigne. *Left over stocks,* surplus. POSTE " *To be left till called for* ", « poste restante ».

legacy ['legəsi] *s.* legs. *Legacy duty,* droits de succession.

legal ['li:gəl] *adj.* légal, licite. *Legal adviser,* conseiller juridique. *Legal department,* service de contentieux. *Legal document,* acte authentique. *Legal entity,* personne civile. *Legal expert,* avocat-conseil. *Legal mortgage,* hypothèque légale. *Legal portion,* réserve légale (d'une succession). *Legal reserve,* réserve légale. *Legal status,* personnalité morale. JUR. *Legal security,* caution judiciaire. *Legal tender :* **a)** cours légal, force libératoire ; **b)** monnaie légale, monnaie libératoire. *Legal year,* année civile. *A private limited company is a separate legal person in law,* une société anonyme a une existence juridique indépendante. *To be legal tender,* avoir cours légal, avoir force libératoire. *The notes issued by the Bank of England have been made legal tender,* les billets émis par la Banque d'Angleterre ont cours légal. *To take legal advice,* consulter un avocat.

legality [li'gæliti] *s.* légalité.

legalization [,li:gəlai'zeiʃən] *s.* légalisation.

legalize ['li:gəlaiz] *vt.* légaliser, authentiquer. *To legalize a document,* légaliser un acte.

legally ['li:gəli] *adv.* légalement.

legatee [,legə'ti:] *s.* légataire. *General legatee, residuary legatee, sole legatee,* légataire universel. *Specific legatee,* légataire particulier.

legation [li'geiʃən] *s.* légation. *Legation fees,* droits de chancellerie.

legator [le'geitə*] *s.* testateur.

legend ['ledʒənd] *s.* **1.** inscription. — **2.** explication.

legibility [,ledʒi'biliti] *s.* lisibilité.

legible ['ledʒəbl] *adj.* lisible.

legislation [,ledʒis'leiʃən] *s.* législation. *Labour legislation,* législation du travail.

leisure ['leʒə*] *s.* loisir. *Do it at your leisure moments,* faites-le à vos moments perdus.

lend [lend] *vt.* prêter. BOURSE placer. *To lend money at the rate of 6 %,* prêter de l'argent à 6 %. *To lend money on contango,* placer des capitaux en report. *To lend money on security,* prêter de l'argent sur nantissement. *To lend on bottomry,* prêter à la grosse. *To lend on mortgage,* prêter sur hypothèque. *To lend stock (on contango),* faire reporter des titres, se faire reporter, placer des titres en report.

lendable ['lendəbl] *adj.* prêtable.

lender ['lendə*] *s.* prêteur. *Lender on bottomry,* prêteur à la grosse. *Lender on security,* prêteur sur nantissement, sur gages. *Money lender,* bailleur de fonds.

lending ['lendiŋ] *adj.* prêteur. *Lending institution,* institution de crédit. *Our lending officers place more reliance upon integrity than on balance sheets,* nos agents prêteurs se fient davantage à l'honnêteté qu'aux bilans.

lending *s.* prêt, placement, prestation. *Lending capital,* prestation de capitaux.

length ['leŋθ] *s.* longueur. *Full-length film,* long-métrage (cinéma). *Length of service,* ancienneté. *At length :* **a)** enfin, à la fin. *At length, the retiring manager obtained his quitus,* l'administrateur sortant finit par obtenir son quitus; **b)** in extenso, plus longuement. *We could not explain everything at length in our telegram,* nous n'avons pu expliquer les choses en détail dans notre télégramme.

lengthen ['leŋθən] *vt.* prolonger, allonger.

lenient ['li:niənt] *adj.* clément, indulgent.

less [les] *adj.* moindre. *In a less degree,* à un degré inférieur.

less *prép.* moins, sous déduction de, à déduire. *Less charges,* moins les frais. *Less taxes,* impôts déduits. *7 less 3 equals 4,* 7 moins 3 égale 4. *Purchase price less discount,* prix d'achat moins escompte. *A factor remits payment less his commission,* le commissionnaire verse le montant de la vente, moins sa commission.

lessee [le'si:] *s.* locataire à bail (d'un immeuble), preneur (d'une terre).

lessen ['lesn] *vt.* diminuer, amoindrir. *In this period of depression you should lessen your overhead expenses,* en cette période de malaise économique vous devriez réduire vos frais généraux.

lessen *vi.* diminuer, se réduire, s'amoindrir. *Distances lessened with the advent of the jet-plane,* avec l'apparition de l'avion à réaction, les distances ont diminué.

lessening ['lesniŋ] *s.* diminution, réduction, amoindrissement.

lessor [le'sɔ:*] *s.* bailleur. *Lessor and lessee,* bailleur et preneur.

let [let] *vt.* **1.** laisser. *Please let us know your lowest prices,* veuillez nous faire connaître vos prix les plus bas. *Could you let us have this order by next week,* pourriez-vous nous faire tenir cette commande pour la semaine prochaine? — **2.** louer (pour le propriétaire). *House to let,* maison à louer. " *To be let with immediate possession* ", « A louer, avec jouissance immédiate ».

let in [let in] *vt.* BOURSE *To let s.o. in on a good bargain,* tuyauter qqn.

let up *vi.* U. S. diminuer, relâcher.

letter ['letə*] *s.* lettre. *Letter-book,* copie de lettre. *Letter-box,* boîte aux lettres. *Letter-card,* carte-lettre. *Letter-head,* en-tête de lettre. *Letter-packet,* paquet-lettre. *Letter of acceptance :* **a)** lettre d'adhésion ; **b)** avis d'attribution d'actions. *Letter of acknowledgment,* accusé de réception. *Letter of advice,* lettre d'avis.

Letter of allotment, avis d'attribution, de répartition (d'actions). *Letter of apology,* lettre d'excuses. *Letter of application,* lettre de demande (d'emploi, etc.). *Letter of complaint,* lettre de réclamation. *Letter of confirmation,* lettre de confirmation. *Letter of delegation,* délégation. *Letter of hypothecation,* acte de nantissement, lettre hypothécaire. *Letter of indemnity,* lettre de garantie, caution, cautionnement. *Letter of indication,* livret d'identité. *Letter of introduction,* lettre d'introduction. *Letter of licence,* lettre d'arrangement. *Letter of marque (of mart),* lettre de marque. *Letter of recommendation,* lettre de recommandation. *Letter of regret,* lettre d'avis de retour de souscription, avis de non-attribution. *Letter of reminder,* lettre de rappel. *Letter of subrogation* (U. S. *letter of subordination*), lettre d'antériorité de créance. *Letter-rate,* tarif d'affranchissement des lettres. *Letter-scale,* pèse-lettres. *Letter to follow,* lettre suit. *Letter-weight,* presse-papier. *Accompanying letter,* lettre d'envoi. *Airmail letter,* lettre par avion. *Business letter,* lettre d'affaires. *Circular letter,* lettre circulaire. *Circular letter of credit,* lettre de crédit circulaire. *Clean letter of credit,* accréditif simple. *Confirmed letter of credit,* lettre de crédit confirmée. *Exhausted letter of credit,* lettre de crédit épuisée. *Special letter of credit,* lettre de crédit simple. *Condolatory letter,* lettre de condoléances. *Congratulatory letter,* lettre de félicitations. *Express letter,* lettre par exprès. *Follow up letter,* lettre de rappel, de relance. *Insured letter,* lettre chargée. *Registered letter,* lettre recommandée. *Returned letter,* lettre retournée. *Undated letter,* lettre non datée. *To address a letter to,* adresser une lettre à. *To stamp a letter,* affranchir une lettre.

letter *vt.* **1.** JUR. coter (des pièces). — **2.** marquer, estampiller (avec des lettres).

letting ['letiŋ] *adj.* locatif. *Letting value,* valeur locative.

letting *s.* location, louage.

let-up [letʌp] *s.* U. S. relâchement.

level ['levl] *s.* niveau. *At the highest level,* au niveau le plus élevé. *Our shares reach a high level,* nos actions atteignent un niveau élevé. *Wage level,* niveau des salaires.

level *vt.* niveler, aplanir.

level off [-ɔf] *vi.* se stabiliser. *Bank lending has been levelling off,* les prêts de banque se stabilisent.

levelling [-iŋ] *s.* nivellement.

lever up ['li:və*ʌp] *vt.* FIN. relever. *To lever up the bank rate,* relever le taux de l'escompte officiel.

leviable ['leviəbl] *adj.* FIN. imposable (person), percevable (tax).

levy ['levi] *s.* prélèvement, levée. *Levy on real estate,* prélèvement sur la fortune immobilière. *Capital levy,* prélèvement sur le capital. *Extraordinary levy,* prélèvement exceptionnel. *Property levy,* prélèvement sur la fortune.

levy *vt.* lever, percevoir. *Excise duties are levied on commodities produced and consumed within the country,* les taxes de régie sont perçues sur les denrées produites et consommées à l'intérieur du pays.

liabilities [,laiə'bilitiz] *s. pl.* passif, engagements. *Liabilities payable at sight (on demand),* passif exigible à vue. *Liabilities toward third parties,* passif envers tiers. *Assets and liabilities,* actif et passif. *Contingent liabilities,* passif éventuel. *Current liabilities,* passif exigible (à court terme). *Long-term liabilities,* passif à long terme. *Non current liabilities,* passif non exigible. *To enter on the liabilities side,* porter au passif. *To meet one's liabilities,* faire face à ses engagements. *The chief items on the liabilities side are the paid-up capital and current liabilities,* les principaux articles portés au côté du passif sont le capital versé et le passif exigible à court terme.

liability [,laiə'biliti] *s.* **1.** responsabilité, obligation, engagement. *Liability of customers for acceptance,* responsabilité de débiteurs par acceptation. *Absolute liability,* obligation inconditionnelle.

Civil liability, responsabilité civile. *Contractual liability,* responsabilité contractuelle. *Employer's liability,* responsabilité patronale de l'employeur. JUR. *Joint liability,* responsabilité conjointe. *Joint and several liability,* responsabilité solidaire. *Limited liability,* responsabilité limitée. JUR. *Several liability,* responsabilité séparée. *To involve the liability of,* engager la responsabilité de. — **2.** encours. *Liability as drawee,* encours tiré. *Liability as maker (as transferor),* encours cédant. *Liability-book (liability-card, liability-ledger),* dossier des risques (pour les traites). *Liabilities on bills of exchange,* encours. — **3.** tendance, disposition (*to,* à). *Liability to burst,* danger d'éclatement.

liable ['laiəbl] *adj.* **1.** assujetti à, passible de, redevable. *Liable for a fine,* passible d'amende. *Liable for damages,* passible de dommages-intérêts, civilement responsable. *Liable for (to a) tax,* assujetti à l'impôt, redevable de l'impôt, soumis à l'impôt. DOUANES *Liable to duties,* passible de droits. *Liable to stamp duty,* assujetti au droit de timbre (lettre de change). *These dividends are liable to income tax,* ces dividendes sont soumis à l'impôt sur le revenu. — **2.** responsable, solidaire. *In a partnership, every partner becomes jointly liable with his co-partners for the whole of the debts and obligations of the firm,* dans une société en nom collectif, chaque associé devient solidairement responsable avec ses coassociés des dettes et obligations de la société. *You are liable for the damage caused by this burst water-pipe,* vous êtes responsable des dégâts causés par l'explosion de cette conduite d'eau. — **3.** sujet à, exposé à. *The damage to which a ship and her cargo are liable at sea are classed into particular average and general average,* les avaries auxquelles peuvent être exposés un bateau et sa cargaison sont classées en deux catégories : avaries particulières et avaries communes.

libel ['laibəl] *s.* JUR. diffamation, article diffamatoire. *To bring an action for libel against s.o.,* intenter un procès en diffamation contre qqn.

libel *vt.* JUR. diffamer, calomnier.

libellant ['laiblənt] *s.* JUR. MAR. requérant.

libellee [laibə'li:] *s.* défendeur (dans un procès en diffamation).

libeller ['laibələ*] *s.* diffamateur.

liberalization [,libərəlai'zeiʃən] *s.* libéralisation. *Liberalization of commerce,* libération des échanges commerciaux.

liberalize ['libərəlaiz] *vt.* libéraliser. *To liberalize international payments,* libérer le trafic des paiements internationaux.

liberate ['libəreit] *vt.* libérer.

liberation [,libə'reiʃən] *s.* libération. *Liberation of capital,* mobilisation de capitaux.

liberty ['libəti] *s.* **1.** liberté. *To take the liberty of,* prendre la liberté de. — **2.** MAR. faculté. *With all liberties as per bills of lading,* avec toutes les facultés spécifiées sur les connaissements.

library ['laibrəri] *s.* bibliothèque.

licence ['laisəns] (U. S. **license**) *s.* **1.** permission, autorisation. — **2.** permis, licence, brevet. *Building licence,* permis de construire. *Export licence,* licence d'exportation, permis de sortie. *Import licence,* licence d'importation, permis d'entrée. *Liquor licence,* licence de débit de boissons. *Manufacturing licence,* licence de fabrication. *Open general licence,* toutes licences accordées. *Selling licence,* licence de vente. *Under a licence,* sous licence.

licence-holder ['laisəns-'houldə*] *s.* patenté.

license ['laisəns] *vt.* accorder un permis, une patente. *To be duly licensed,* payer patente.

licensed ['laisənst] *adj.* autorisé, patenté. *Licensed dealer,* patenté. *Licensed pilot,* pilote patenté.

licensee [,laisən'si:] *s.* patenté, titulaire d'une patente, bénéficiaire d'une licence.

lie [lai] *s.* mensonge. *To give the lie to,* démentir. *The government gave the lie* *to these pretentious rumours,* le gouvernement a démenti ces bruits sans fondement.

lie [lai] *vi.* se trouver, rester. *My money lies at the bank,* mon argent est déposé à la banque. *The ship was lying at anchor,* le bateau était au mouillage.

lien ['li:ən] *s.* JUR. privilège, droit de rétention, droit de gage, recours. *To have a lien on the personal property of a debtor,* avoir un privilège sur les meubles d'un débiteur. *The auctioneer has a lien upon the property he sells,* le commissaire-priseur a un droit de rétention sur les biens qu'il vend. MAR. *The payment of the freight is secured by a lien on the cargo,* le paiement du fret est garanti par un privilège (ou un recours) sur la cargaison.

lienee [,li:ə'ni:] *s.* gageur.

lienor ['li:ənə*] *s.* **1.** créancier, gagiste, gageur. — **2.** U. S. JUR. rétentionnaire (de marchandises).

lieu [lju:] *s. In lieu of,* au lieu de.

life [laif] *s.* **1.** vie. *Life and property,* corps et biens. *Life annuitant,* rentier viager. *Life annuity,* rente viagère, annuité à vie, fonds perdu. *Life assurance,* assurance-vie. *Life estate,* propriété viagère. *Life insurance,* assurance-vie. *Life interest :* **a)** usufruit; **b)** rente viagère. *Life policy,* police d'assurance sur la vie. *Life table,* table de mortalité. *Appointed for life,* nommé à vie. *For life,* à vie, viagèrement. *Whole life policy,* assurance en cas de décès. — **2.** durée. *Life of a loan,* durée d'un emprunt. *Working life,* période d'activité.

lifeless [-lis] *adj.* BOURSE inanimé.

lifo ['laifo] *s.* U. S. *(last in first out),* méthode d'inventaire, « premier entré, dernier sorti ».

lift [lift] *s.* ascenseur. CH. DE FER rame (de wagons).

lift *vt.* **1.** lever, soulever. — **2.** U. S. purger (une hypothèque), honorer (un effet). — **3.** U. S. augmenter (les prix).

lifting [-iŋ] *s.* **1.** levage. — **2.** U. S. levée (de documents). — **3.** V. SHOPLIFTING.

ligan ['ligən] *s.* épave.

light [lait] *adj.* léger, faible. FIN. *Light coin,* pièce faible. BOURSE *Light contangoes,* reports bon marché. MAR. *Light displacement,* déplacement léger. *Light draught,* tirant d'eau léger. *Light freight,* fret léger. FIN. *Light money,* monnaie légère. MAR. *Light vessel,* navire marchant à vide (v. aussi LIGHT *s.*). *Light water-line,* ligne de flottaison légère.

light *s.* lumière. *Light dues,* droits de phare, droits de feux et fanaux. *Light-vessel,* bateau-feu (v. aussi LIGHT *adj.*). *Advertising lights,* enseignes lumineuses, publicité lumineuse. *Traffic lights,* feux de signalisation. JUR. *Right of light,* droit de vue, servitude du jour. *To bring to light,* mettre en lumière. *Light dues are taxes levied for the maintenance of light-houses,* les droits de phare sont des taxes perçues pour l'entretien des phares.

lighten ['laitn] *vt.* alléger, délester. *Lighters lighten the vessels anchoring far off shore,* des gabares allègent les navires à l'ancre loin du rivage. *I heard income taxes will be lightened next year,* j'ai entendu dire que les impôts sur le revenu seront allégés l'année prochaine.

lightening ['laitniŋ] *s.* allègement (d'un bateau, des impôts, etc.).

lighter ['laitə*] *s.* allège, chaland, gabare. *The cargo will be transshipped into lighters,* la cargaison sera transbordée sur des allèges.

lighterage [-ridʒ] *s.* **1.** gabarage, chalandage. — **2.** frais de gabarage. ASS. *Lighterage risks,* risques d'allège. *By lighterage is understood the charge for the carriage of cargoes in barges,* par gabarage, on entend les frais de transbordement des marchandises par péniches.

lighterman ['laitəmən] *s.* batelier, gabarier.

lighting ['laitiŋ] *s.* éclairage. *Lighting expenses,* frais d'éclairage.

lightning ['laitniŋ] *s.* éclair. *Lightning strike,* grève surprise.

lightship ['laitʃip] *s.* bateau-feu.

likelihood ['laiklihud] *s.* vraisemblance, probabilité. *In all likelihood,* selon toute vraisemblance.

likely ['laikli] *adj.* probable, vraisemblable. *Our turnover is not likely to increase this year,* il est peu probable que notre chiffre d'affaires s'élève cette année.

likewise ['laikwaiz] *adv.* **1.** de plus, également. — **2.** pareillement.

lime [laim] *s.* chaux.

limelight ['laimlait] *s.* lumière oxhydrique. *In the limelight,* sous les feux de la rampe, en vedette. *Agricultural problems were in the limelight,* les problèmes agricoles ont été en vedette.

limit ['limit] *s.* **1.** limite. *Age limit,* limite d'âge. *Limit of credit,* limite de crédit, plafond du crédit. *Limit of size,* limite de dimension. *Limit of weight,* limite de poids. *To adhere to a limit,* observer une limite. *To exceed a limit,* dépasser une limite. *To raise the limit,* étendre la limite. — **2.** Ass. plein. *Table of limits,* tableau des pleins. *To fix a limit,* fixer les pleins.

limit ['limit] *vt.* limiter. U. S. *Limited express,* train spécial avec supplément.

limitation [,limi'teiʃən] *s.* **1.** limitation. *Limitation of dividend,* limitation du dividende. *Limitation of liability,* limitation de responsabilité. — **2.** Jur. prescription. *Term of limitation,* délai de prescription. *Barred by limitation,* frappé de prescription.

limited ['limitid] *adj.* limité, étroit, restreint. *Limited company,* société anonyme. *Limited liability company,* société à responsabilité limitée. *Limited market,* marché étroit. *Limited partner,* commanditaire. *Limited partnership,* société en commandite simple. Bourse *Limited price,* cours limité. *Company limited by shares,* société en commandite par actions. (A private exempt limited company is one which is not under the control of another company and does not have to file an annual report and accounts at the Company Registration Office. A non-exempt private company has to file accounts along with its parent company.)

limitedness ['limitidnis] *s.* étroitesse (d'un marché).

line [lain] *s.* **1.** ligne (de téléphone, de chemin de fer, etc.). Poste *Exchange line,* ligne principale. *Extension line,* ligne supplémentaire. Mar. *Load line,* ligne de charge, ligne de flottaison en charge. Ch. de fer *Main line,* grande ligne. *To fall into line,* s'aligner sur. *We must fall into line with our competitors as regards our selling price,* nous devons nous aligner sur nos concurrents en ce qui concerne nos prix de vente. — **2.** modalité, directive. Fin. *Line of credit,* facilité de crédit, ligne de crédit. *They are running this concern on quite new lines,* ils gèrent cette maison selon des principes tout à fait nouveaux. — **3.** ligne (de mots). " *Next line* ", « à la ligne ». Ass. mar. *To write a line,* souscrire une part d'un risque. — **4.** emploi, métier. *He has been working in your line for many years,* il travaille dans la même spécialité que vous depuis de nombreuses années. *It is not in my line,* ce n'est pas de ma compétence. — **5.** série. *Line of goods,* série d'articles. *Line of samples,* collection d'échantillons. U. S. *Line production,* travail à la chaîne. *Production lines,* chaînes de montage. *Leading line,* article de réclame. — **6.** Ass. plein.

line *vt.* doubler, garnir à l'intérieur (*with,* de). *Tea is packed in tin-lined chests,* le thé est emballé dans des boîtes doublées d'étain.

lineal ['liniəl] *adj.* linéal. *Lineal succession,* succession en ligne directe.

linen ['linin] *s.* **1.** toile. *Linen trade,* commerce des toiles. — **2.** linge, lingerie. *Linen department,* rayon de lingerie.

liner ['lainə*] *s.* paquebot, transatlantique, navire de ligne, navire régulier. *Liner company,* compagnie de lignes régulières. *Liner rate,* fret à la cueillette. *Liner terms,* aux conditions des lignes régulières. *Cargo liner,* cargo mixte.

lining ['lainiŋ] *s.* doublage, revêtement, doublure, garniture.

link [liŋk] *s.* chaînon, lien, trait d'union.

link [liŋk] *vt.* lier, joindre, attacher. *The development of European trade is closely linked with the Common Market,* le développement du commerce européen est étroitement lié au Marché commun.

liquid ['likwid] *adj.* liquide. *Liquid assets,* liquidités, actif disponible, disponibilités. *Liquid debt,* dette liquide. *Liquid resources,* moyens flottants, liquides.

liquidate ['likwideit] *vt.* liquider. *Liquidating dividend,* dividende de liquidation.

liquidate *vi.* se liquider.

liquidation [,likwi'deiʃən] *s.* liquidation. JUR. *Liquidation subject to supervision of court,* liquidation judiciaire. *Compulsory liquidation,* liquidation forcée. *Voluntary liquidation,* liquidation volontaire. *To be in liquidation,* être en liquidation. *To go into liquidation,* entrer en liquidation.

liquidator ['likwideitə*] *s.* liquidateur.

liquidity [li'kwiditi] *s.* liquidité. *Liquidity coefficient (ratio),* coefficient de liquidité. *Liquidity difficulties,* difficultés de trésorerie.

liquidness ['likwidnis] *s.* liquidité, disponibilités.

list [list] *s.* **1.** liste, rôle, inventaire, état, catalogue. *List of applicants,* liste de souscripteurs. *List of drawings,* liste des tirages. *List of investments,* inventaire de portefeuille. MAR. *List of marine casualties,* liste des sinistres maritimes. MAR. *List of sailings,* tableau de marche, des départs. *List of subscribers :* **a)** liste des abonnés; **b)** liste des souscripteurs. MAR. *List of the crew,* rôle de l'équipage. *List of those present,* liste de présence. " *Lists on application* ", « Catalogues sur demande ». JUR. *Cause list,* rôle d'audience. *Price-list,* tarif, prix courant. *To enter on a list,* mettre sur la liste. *To make out a list,* dresser une liste. *To strike off the list,* rayer de la liste. — **2.** FIN. bordereau. *List of bills for collection,* bordereau d'effets à l'encaissement. *List of bills for discount,* bordereau d'effets à l'escompte. — **3.** BOURSE *Stock-Exchange list,* bulletin de la cote, cote officielle des valeurs de la Bourse.

list *vt.* cataloguer, inventorier. *To list on the Exchange,* introduire en Bourse.

listed ['listid] *adj.* enregistré, catalogué, coté. *Listed securities,* valeurs admises à la cote officielle.

literal ['litərəl] *adj.* littéral. TYP. *Literal error,* coquille. *In the literal sense,* au pied de la lettre.

litigant ['litigənt] *s.* plaideur.

litigate ['litigeit] *vt.* contester.

litigate *vi.* plaider, être en procès.

litigation [,liti'geiʃən] *s.* litige. *In litigation,* en litige.

litigious [li'tidʒəs] *adj.* litigieux.

live [laiv] *adj.* vivant, en vie. *Live claims,* créances valables. *Live questions,* questions d'actualité. *Live weight :* **a)** poids vif (du bétail); **b)** charge utile.

liveliness ['laivlinis] *s.* animation (du marché). *The stock market to-day showed some liveliness,* le marché des valeurs a fait preuve d'animation aujourd'hui.

lively ['laivli] *adj.* animé.

livery ['livəri] *s.* JUR. **1.** mise en possession. — **2.** émancipation (d'un mineur).

livestock ['laivstɔk] *s.* bétail. JUR. cheptel.

living ['liviŋ] *s.* vie. *Living wage,* minimum vital.

Lloyd's [lɔidz] *s.* MAR. la Lloyd (compagnie d'assurance maritime). *Lloyd's register,* classification des navires marchands.

load [loud] *s.* charge, chargement. MAR. *Load displacement,* charge de rupture; *load draught,* tirant d'eau en charge; *load line,* ligne de flottaison en charge; *load of a ship,* chargement d'un navire. *Breaking load,* charge de rupture. CH. DE FER U. S. *Car-load,* wagon complet. (N.B.

En Angleterre, on dit *full truck load.*) U. S. *Less than car-load,* wagon incomplet. (N.B. En Angleterre, on dit *part truck load.*) *Load truck,* wagon chargé. *Load weight,* poids embarqué. *Pay-load,* (Mar.) charge utile, (Avion) charge marchande.

load *vt.* **1.** charger. — **2.** Ass. charger, surcharger, majorer (une prime). *Unforeseen expenses have compelled us to load the premium,* des dépenses imprévues nous ont contraints à majorer la prime.

load up [loud ʌp] *vi.* MAR. prendre charge.

loaded ['loudid] *adj.* **1.** chargé. *Loaded journey,* parcours à charge. *Loaded net weight,* poids net embarqué. MAR. *Displacement loaded,* déplacement en charge. — **2.** Ass. majoré. *Loaded premium,* prime majorée.

loading ['loudiŋ] *s.* chargement, charge. *Loading berth,* place d'embarquement. *Loading charges,* frais de chargement. *Loading day,* jour de chargement. *Loading gauge,* gabarit de chargement. *Loading port,* port d'embarquement. Ass. MAR. *Loading risk,* risque de chargement. *Loading tackle,* containers, agrès-containers. *Completed loading,* fin du chargement.

loading (*pp.* de **to load**). **1.** MAR. en charge. *Now loading for Antwerp,* en charge pour Anvers. — **2.** BOURSE DE COMMERCE sous charge. *Prices loading so much,* cours sous charge tant.

loan [loun] *s.* emprunt, prêt. *Loan account,* compte d'avances, des prêts. *Loan at call,* prêt remboursable sur demande. *Loan at notice,* prêt à terme. *Loan bank,* caisse de prêts, société de crédit. *Loan ceiling,* plafond du crédit. *Loan certificate,* titre de prêt. *Loan company,* société de crédit. *Loan department,* service du crédit. *Loan interest,* intérêts sur emprunt. *Loan on collateral,* prêt sur gage, sur nantissement. *Loan on mortgage,* prêt hypothécaire. *Loan on overdraft,* prêt à découvert. *Loan on respondentia,* prêt à la grosse sur facultés. *Loan on securities,* prêt sur titres. *Loan on stock,* prêt sur titres. *Loan subscription department,* service des souscriptions. *Bottomry loan,* emprunt à la grosse, prêt à la grosse. *Consolidated loan,* emprunt consolidé. *Conversion loan,* emprunt de conversion. *Debenture loan,* emprunt obligataire. *Forced loan,* emprunt forcé. *Foreign loan,* emprunt extérieur. *Gold loan,* emprunt or. *Government loan,* emprunt d'Etat. *Indexed loan,* emprunt indexé. *Internal loan,* emprunt intérieur. *Long-dated loan,* emprunt à long terme, prêt à long terme. *Lottery loan,* emprunt à lots. *Mortgage loan,* emprunt hypothécaire, prêt hypothécaire. *Participation loan* (U. S. *Syndical loan*), crédit syndical. *Perpetual loan,* emprunt perpétuel. *Premium loan,* emprunt à primes. *Redemption loan,* emprunt d'amortissement. *Revalorized loan,* emprunt revalorisé. *Secured loan,* emprunt gagé, garanti, prêt gagé. *Simple loan,* prêt de consommation. *Stabilization loan,* emprunt de stabilisation, de valorisation. *Unsecured loan,* prêt à découvert. *To allow a loan,* consentir un prêt. *To contract a loan,* contracter un emprunt, un prêt. *To float a loan,* lancer un emprunt. *To issue a loan,* émettre un emprunt. *To negotiate a loan,* négocier un emprunt. *To place a loan,* placer un emprunt. *To receive as a loan,* recevoir à titre de prêt. *To repay a loan,* rembourser un emprunt. *The loan was largely oversubscribed,* l'emprunt a été largement couvert.

loan *vt.* U. S. prêter.

loanable [-əbl] *adj.* prêtable.

loaning [-ŋ] *s.* prêt, prestation.

lobby ['lɔbi] *s.* U. S. trust.

local ['loukəl] *adj.* local. *Local bill,* effet sur place. *Local business,* transactions de la place. POSTE *Local call,* communication locale. *Local charges,* frais de place.

locality [lou'kæliti] *s.* localité.

locate [lou'keit] *vt.* localiser.

location [lou'keiʃən] *s.* **1.** situation, emplacement. — **2.** U. S. concession minière.

lock [lɔk] *s.* **1.** serrure. *Letter-keyed lock,* cadenas à chiffres. — **2.** écluse. — **3.** embarras de voiture, arrêt de circulation. *Dead-lock,* impasse.

lock *vt.* **1.** fermer à clef. — **2.** bloquer. — **3. a)** écluser (un canal); **b)** sasser, écluser. *To lock a barge,* écluser un chaland.

lock out [lɔk'aut] *vt.* fermer les ateliers (volontairement, contre les ouvriers).

lock up *vt.* immobiliser, bloquer. FIN. *To lock up capital,* immobiliser des capitaux.

lockage ['lɔkidʒ] *s.* **1.** éclusage d'un bateau. — **2.** droits d'écluse.

locker [-kə*] *s.* préposé des douanes chargé de la fermeture des entrepôts (en Angleterre). *Locker's orders,* bulletins de marchandises pour l'exportation.

lock-out [lɔk'aut] *s.* lock-out (grève des patrons).

lock-up ['lɔk'ʌp] *s.* FIN. **1.** immobilisation, blocage (de capital). — **2.** capital immobilisé.

loco-price ['loukə'prais] *s.* prix sur place.

lodge [lɔdʒ] *vt.* **1.** déposer. *To lodge securities as collateral,* déposer des titres en nantissement. *To lodge securities with a bank,* confier des titres à une banque. — **2.** JUR. *To lodge appeal,* interjeter appel. *To lodge a claim against s.o. for damages,* réclamer une indemnité à qqn.

lodging ['lɔdʒiŋ] *s.* **1.** dépôt, consignation (de valeurs). — **2.** déposition (d'une plainte). — **3.** logement. *Lodging allowance,* indemnité de logement. *Board and lodging,* pension complète. — **4. lodgings** *s. pl.* garni, meublé. *Furnished lodgings to let,* meublés à louer.

lodgment ['lɔdʒmənt] *s.* JUR. dépôt, remise (de valeurs, etc.).

log-book ['lɔgbuk] *s.* **1.** journal de navigation (en mer). — **2.** journal de bord (au mouillage). — **3.** AVIATION livre de vol. — **4.** IND. journal de travail (d'une machine), registre.

logic ['lɔdʒik] *adj.* logique.

logical ['lɔdʒikəl] *adj.* logique.

Lombard Street ['lɔmbəd'stri:t] *s.* quartier général des banquiers à Londres.

long [lɔŋ] *adj.* long. CH. DE FER *Long article,* objet de longueur exceptionnelle. *Long dozen,* treize à la douzaine. *Long hundred,* cent vingt. *Long lease,* emphytéose (bail de 99 ans). MAR. *Long navigation,* long cours.

long *adv.* longtemps. *Long-keeping,* qui se conserve. *To borrow long,* emprunter à long terme.

long *s.* BOURSE spéculateur à la hausse, haussier.

long-dated ['lɔŋ-'deitid] *adj.* FIN. à longue échéance. *Long-dated bills,* effets à longue échéance, papier long. *Long-dated investment,* placement à long terme.

long-distance ['lɔŋ-'distəns] *adj.* à longue distance. POSTE *Long-distance call,* appel lointain.

long-run [lɔŋ-'rʌn] *s.* longue période. *In the long-run,* à la longue.

longshoreman ['lɔŋʃɔ:mən] *s.* MAR. débardeur.

long-standing [lɔŋ-'stændiŋ] *adj.* ancien, de vieille date. *Long-standing accounts,* notes dues depuis longtemps.

long-term [lɔŋ-'tə:m] *adj.* à long terme. *Long-term credit,* crédit à long terme. *Long-term liabilities,* passif à long terme. *Long-term loan,* emprunt à long terme.

look after [luk'ɑ:ftə*] *vt.* s'occuper de, avoir soin de. *The manager will personally look after the carrying-out of your order,* le directeur veillera personnellement à l'exécution de votre commande.

look down [luk'daun] *vi.* baisser. BOURSE *Prices look down,* les cours baissent.

look forward [luk'fɔ:wəd] *vi.* attendre avec joie. *Looking forward to hearing from you,* dans l'attente de recevoir de vos nouvelles.

look into [luk-intu] *vi.* examiner, étudier, compulser.

look over [luk-ouvə*] *vt.* parcourir, examiner (des documents). *The auditors* *are looking over the bank's books,* les commissaires aux comptes examinent les registres de la banque.

look through [luk-θru:] *vt.* parcourir, examiner (des documents). *We have been unable to trace your letter although we looked through our files,* nous n'avons pu trouver trace de votre lettre bien que nous ayons examiné entièrement nos dossiers.

look up [luk-ʌp] *vt.* chercher (dans un dictionnaire, etc.). *You should look up their number in the directory,* vous devriez chercher leur numéro dans l'annuaire.

look up *vi.* se redresser, se relever, reprendre. *Prices are looking up,* les cours remontent.

loose [lu:s] *adj.* mobile, détaché. *Loose card,* fiche mobile. *Loose goods,* marchandises en vrac. *Loose leaf ledger,* grand livre à feuilles mobiles. *Loose plant,* matériel mobile. *Loose sheet,* feuille volante.

lop off ['lɔpɔf] *vt.* réduire, amputer (un crédit).

loro-account ['lɔrə'kaunt] *s.* FIN. compte loro.

lorry ['lɔri] *s.* camion.

lose [lu:z] *vt.* perdre, égarer. *To lose a lawsuit,* perdre un procès. *Our shares lose ground,* nos actions perdent du terrain.

loser [-ə*] *s.* perdant. FIN. *To be a loser,* subir une perte.

loss [lɔs] *s.* **1.** perte, égarement, adirement (de documents, etc.). CH. DE FER *Loss in transit,* déchet de route, freinte de route ; *loss in weight,* freinte de poids. — **2.** perte, privation, déperdition. FIN. *Loss balance,* solde en perte. U. S. *Loss leader,* article sacrifié. JUR. *Loss of a right,* déchéance d'un droit. FIN. *Loss on exchange,* perte sur le change. *Dead loss,* perte sèche. *To sell at a loss,* vendre à perte. *To suffer heavy losses,* essuyer de grosses pertes. *On the Stock-Exchange investors should know how to cut their losses,* à la Bourse, les épargnants devraient savoir faire la part du feu. — **3.** Ass. perte, dommage, préjudice, sinistre, somme à payer en cas de sinistre, indemnité. *Constructive total loss,* sinistre censé total, perte totale constructive. *Fire losses,* dégâts d'incendie. *Heavy loss,* grosse perte. *Notice of loss,* déclaration de sinistre. *Total loss,* sinistre total, perte totale. *To assess the loss,* évaluer le sinistre. *To cover a loss,* couvrir une perte. *To make good a loss,* réparer une perte, dédommager. *We reserve our right to make a claim for the amount of the loss,* nous nous réservons le droit de demander réparation des dommages subis.

lost [lɔst] *adj.* perdu, égaré, adiré (titre, etc.). Ass. *Lost or not lost,* sur bonnes ou mauvaises nouvelles. *Lost property office,* bureau des objets trouvés.

lot [lɔt] *s.* **1.** lot, paquet. *Lot of shares,* paquet d'actions. *Lot of goods,* lot de marchandises. *Lot-plot method,* échantillonnage statistique. — **2.** sort, tirage au sort. FIN. *Redeemable bonds will be paid off by lot,* les obligations remboursables seront rachetées par tirage au sort. — **3.** U. S. terrain à bâtir.

lot *vt.* lotir.

lot *vi.* U. S. tirer au sort.

lottery [-əri] *s.* loterie. *Lottery bond,* valeur, obligation à lot. *Lottery loan,* emprunt à lot.

loud [laud] *adj.* criard, voyant, tapageur.

loud-speaker [-'spi:kə*] *s.* haut-parleur.

low [lou] *adj.* bas, faible. *Low-cost sources of supply,* sources d'approvisionnement à bon marché. *Low-rate,* à tarif réduit. *Lower income groups,* les économiquement faibles. BOURSE *Lowest price,* cours le plus bas. *At a low price,* à bas prix, à bon marché.

low *s.* U. S. cours le plus bas. *Last month's lows,* les cours les plus bas du mois dernier.

lower [-ə*] *vt.* abaisser, diminuer. *To lower the currency,* avilir la monnaie. *To lower the customs tariffs,* abaisser les droits de douane. *The government wants* *to lower the rate of discount,* le gouvernement veut abaisser le taux d'escompte.

lower *vi.* diminuer, baisser. *Thanks to competition, prices are lowering,* grâce à la concurrence les prix baissent.

lowering [-riŋ] *s.* abaissement, diminution, rabais, réduction.

lowness ['lounis] *s.* modicité, bon marché.

lubricant ['lu:brikənt] *s.* lubrifiant.

luck [lʌk] *s.* chance.

luckily [-ili] *adv.* heureusement.

lucrative ['lu:krətiv] *adj.* lucratif.

luggage ['lʌgidʒ] *s.* bagages. *Luggage in advance,* bagages non accompagnés. *Luggage registration office,* guichet d'enregistrement des bagages. *Excess luggage,* excédent de bagages. *Free luggage,* bagages en franchise. *Free luggage allowance,* franchise de bagages. *Registered luggage,* bagages enregistrés.

lull [lʌl] *s.* moment de calme, accalmie.

lumber ['lʌmbə*] *s.* U. S. bois de construction.

lump [lʌmp] *s.* morceau. *Lump sum :* **a)** prix global, somme globale ; **b)** prix à forfait, somme forfaitaire. *Lump tare,* tare intégrale. *In the lump,* en bloc. *To buy by the lump,* acheter à forfait. *The claimant received a lump sum for damage,* le réclamant reçut une somme forfaitaire pour les dommages subis.

lump *vt.* cumuler, bloquer, réunir. *The damage to which a ship and her cargo are liable at sea may be lumped under two headings (general average and particular average),* les risques que peuvent encourir en mer un bateau et sa cargaison peuvent être réunis sous deux rubriques (avaries communes et avaries particulières).

lumper [-ə*] *s.* MAR. déchargeur, débardeur.

lumping [-iŋ] *s.* cumul, blocage. *Lumping of different matters in a basket clause,* blocage de différentes questions dans une clause fourre-tout.

lunacy ['lu:nəsi] *s.* folie, démence. JUR. *Master in lunacy,* magistrat chargé de s'occuper des cas d'aliénation mentale.

lure [ljuə*] *vt.* attirer, séduire, allécher. *Customers were lured into buying these slipshod articles by deceptive slogans,* les clients, alléchés par des slogans fallacieux, ont acheté ces articles de pacotille.

luxe [luks] *s.* luxe. *De luxe booklet,* fascicule publicitaire luxueux. *The tourist passengers' public rooms may be short of grand luxe, but they are certainly luxe,* les salons de la classe touriste ne sont peut-être pas tout à fait grand luxe, mais ils sont certainement luxueux.

luxury ['lʌkʃəri] *s.* luxe. *Luxury articles,* articles de luxe. *Luxury tax,* taxe de luxe.

machine [mə'ʃi:n] *s.* **1.** machine. *Machine-minder,* surveillant de machines. *Machine posting,* comptabilité mécanographique, mécanographie comptable. *Machine-tool,* machine-outil. *Machine work,* travail à la machine. *Accounting machine,* machine comptable. *Adding machine,* machine à additionner. *Addressing machine,* machine à adresser. *Calculating machine,* machine à calculer. *Dict-*

ating machine, machine à dicter. *Duplicating machine,* machine à polycopier. *Franking machine,* machine à affranchir. *Punching machine,* poinçonneuse. — **2.** FIG. rouages, levier. *The commercial machine,* l'organisation du commerce, les rouages du commerce.

machine *vt.* **1.** façonner. — **2.** usiner.

machine-made [-meid] *adj.* fait à la machine.

machinery [-əri] *s.* **1.** machines, machinerie. — **2.** FIG. rouages, levier, appareil. *Administrative machinery,* appareil administratif. *Financial machinery,* appareil financier. *Production machinery,* organisation de la production.

machine-shop [-ʃɔp] *s.* atelier de construction mécanique.

Madam ['mædəm] *s.* Madame (en début de lettre).

made [meid] (*pp.* de **to make**). **1.** fait, fabriqué. *Hand-made,* fait à la main. — **2.** fait, pratiqué. BOURSE *The prices made...,* les cours faits, pratiqués.

magazine [,mægə'zi:n] *s.* périodique, magazine.

magistracy ['mædʒistrəsi] *s.* magistrature.

magistrate [-trit] *s.* magistrat, juge.

magnate ['mægneit] *s.* magnat.

magnet ['mægnit] *s.* aimant.

magnified ['mægnifaid] *adj.* grossi, agrandi, amplifié.

magnifier ['mægnifaiə*] *s.* loupe.

magnify [-ai] *vt.* **1.** agrandir, grossir, amplifier. — **2.** FIG. exagérer, grossir (un événement).

magnitude [-tju:d] *s.* grandeur, importance.

maiden ['meidn] *s.* jeune fille. *Maiden name,* nom de jeune fille. *Sheila Hepburn, maiden name Smith,* Sheila Hepburn, née Smith. MAR. *Maiden voyage,* premier voyage (d'un bateau).

mail [meil] *s.* POSTE courrier. *Mail-bag,* sac postal. *Mail-credit,* crédit courrier. *Mail-order,* commande par correspondance. *Mail-order business,* magasin de vente par correspondance. *Mail service,* service des postes. *Mail-transfer,* transfert courrier. *Mail-transfer order,* ordre de paiement par lettre. *Early mail,* courrier du matin. *Evening mail,* courrier du soir. *Incoming mail,* courrier à l'arrivée, reçu. *In-the-mail price,* prix franco. *Outgoing mail,* courrier au départ, envoyé. *By air-mail,* par avion. *By different mails,* par courriers différents. *By next mail,* par prochain courrier. *To advise by mail,* notifier par courrier. *To open the mail,* dépouiller le courrier. *To sort out the mail,* dépouiller le courrier.

mail *vt.* envoyer par la poste.

mailing-list [-iŋ'list] *s.* liste d'adresses (pour expéditions régulières).

main [mein] *adj.* principal. *Main establishment,* établissement principal. *Main hall,* salle des guichets. CH. DE FER *Main line,* ligne principale, grande ligne. *Main office,* direction générale.

main *s.* canalisation principale. *Town mains,* réseau de distribution urbain.

mainspring [-spriŋ] *s.* mobile principal, ressort essentiel.

mainstay ['mein-stei] *s.* principe, soutien essentiel.

maintain [men'tein] *vt.* **1.** entretenir, faire vivre, subvenir aux besoins de. — **2.** soutenir, défendre (une théorie, etc.), maintenir. *Our shares maintain their prices,* nos actions se maintiennent. — **3.** alimenter (une caisse). *To maintain a reserve by,* alimenter des fonds de réserve par.

maintainer [-ə*] *s.* soutien de famille.

maintenance ['meintinəns] *s.* **1.** entretien, maintien, maintenance. *Maintenance allowance,* allocation d'entretien. *Maintenance charges,* frais d'entretien. *Maintenance note,* fiche de maintenance. *Maintenance staff,* personnel chargé de la surveillance. *Tolls are levied for the maintenance of motorways,* le droit de péage est prélevé pour l'entretien des autoroutes. — **2.** JUR. pension alimentaire. *Separate maintenance :* **a)** séparation de biens; **b)** pension alimentaire versée en cas de séparation de corps. — **3.** alimentation (de caisses). *Retention on wages for the maintenance of staff provident funds,* retenues sur les salaires pour l'alimentation de la caisse de prévoyance du personnel. — **4.** FIN. gestion. *Maintenance fee,* frais de gestion.

maize [meiz] *s.* maïs.

majesty ['mædʒisti] *s.* majesté. POSTE *On His (Her) Majesty Service (O.H.M.S.),* en franchise.

major ['meidʒə*] *adj.* majeur, principal.

majority [mə'dʒɔriti] *s.* **1.** majorité. *Majority holding,* participation majoritaire. *Majority interest,* participation majoritaire. *Majority stake,* participation majoritaire. *Absolute majority,* majorité absolue. *Narrow majority,* faible majorité. *Relative majority,* majorité relative. *Two third majority,* majorité des deux tiers. *Regulation taken by a majority,* règlement adopté à la majorité. *Resolution by a majority of votes,* décision à la grande majorité des suffrages. *To be in a majority over,* être en majorité sur. *To secure a majority,* emporter la majorité. — **2.** JUR. majorité (âge).

make [meik] *s.* **1.** fabrication, marque. *Cars of all makes,* voitures de toutes marques. *Of first rate make,* d'excellente fabrication. *Of German make,* de marque allemande, de fabrication allemande. — **2.** ELECTR. fermeture (du circuit). *At make,* en circuit.

make *vt.* **1.** faire. *To make bargain,* faire un marché. *To make a call :* **a)** MAR. faire escale ; **b)** faire une visite. FIN. *To make a call of,* faire un appel de fonds de ; *to make a change of stocks,* faire un arbitrage de valeurs. *To make a clean sweep,* faire table rase. *To make a loan :* **a)** faire un prêt ; **b)** faire un emprunt. *To make a remittance,* faire un versement. — **2.** faire, établir, rédiger, libeller, souscrire. *To make an abstract of an account,* faire le relevé d'un compte. *To make a bill,* souscrire un effet. *To make a cheque,* rédiger un chèque. — **3.** COMPT. faire, passer. *To make an entry,* passer une écriture. — **4.** ASS. *To make good,* indemniser, bonifier.

make for [-fɔ*] *vi.* se diriger vers, faire route vers.

make out [-aut] *vt.* **1.** rédiger, établir, dresser. *To make out a balance sheet,* établir un bilan. *To make out a list,* dresser une liste. — **2.** comprendre, débrouiller (un problème, etc.).

make over [-'ouvə*] *vt.* céder, transférer, transmettre. *To make over an estate to s.o.,* faire donation d'une propriété à qqn.

make up [-ʌp] *vt.* **1.** établir, confectionner, arrêter. *To make up a balance sheet,* établir un bilan. *To make up one's accounts monthly,* arrêter ses comptes tous les mois. — **2.** compenser, combler. *To make up a shortage,* combler un découvert. BOURSE *To make up a transaction,* compenser une opération.

make up for [-ʌpfɔ*] *vi.* rattraper, réparer, suppléer à. ASS. *Your insurer will make up for your losses,* votre assureur vous dédommagera de vos pertes.

make-do [-du] *s.* U.S. pis-aller, moyen de fortune.

maker [-ə*] *s.* **1.** souscripteur, tireur (d'un billet à ordre). — **2.** fabricant, constructeur. *Maker's price,* prix de fabrique. — **3.** *Maker-up,* metteur en pages.

makeshift [-ʃift] *s.* moyen de fortune, pis-aller, expédient.

make-weight [-weit] *s.* complément de poids.

making [-iŋ] *s.* **1.** fabrication, construction. *Products that go to the making of,* produits qui entrent dans la composition de. — **2.** COMPT. *Making an entry,* passation d'un article en compte.

making-out [-aut] *s.* **1.** rédaction, relevé (d'une liste, d'un compte). — **2.** tirage, établissement (d'un chèque, d'un bilan).

making-over [-'ouvə*] *s.* **1.** transmission (d'une propriété, etc.). — **2.** revirement (d'une dette).

making up [-ʌp] *s.* **1.** compensation. BOURSE *Making-up day,* jour de compensation. *Making-up for losses,* compensation de pertes. BOURSE *Making-up price,* cours de compensation. — **2.** établissement, confection (d'un bilan). — **3.** alignement, arrêté (des comptes). — **4.** POSTE conditionnement (des envois).

maladjustment ['mæləd'dʒʌstmənt] *s.* déréglage (d'un appareil), inadaptation. *Maladjustment in the balance of payments,* déséquilibre de la balance des paiements.

maladministration[-minis'treiʃən] *s.* gestion défectueuse; JUR. forfaiture.

mala fide ['meilə'faidi] *expr. lat.* de mauvaise foi. *Mala fide holder,* détenteur de mauvaise foi.

malice ['mælis] *s.* malveillance; JUR. intention criminelle.

malicious [mə'liʃəs] *adj.* JUR. criminel. *Malicious destruction,* sabotage.

malpractice ['mæl'præktis] *s.* malversation.

malversation [,mælvə:'seiʃən] *s.* malversation.

man [mæn] *s.* homme. *Man in charge :* **a)** responsable (d'un service, etc.); **b)** convoyeur. *Man of straw,* homme de paille. *Follow-up man,* suiveur de pièces, expéditeur. *Set-up man,* régleur. ADM. *The man Smith and his wife,* les époux Smith.

man *vt.* MAR. armer un navire. *The owner mans and supplies the ship,* l'armateur arme le navire. *The carrier will provide the aircraft properly manned,* le transporteur s'engage à fournir l'appareil avec le personnel navigant approprié.

manage ['mænidʒ] *vt.* diriger, administrer, gérer. *Managed economy,* économie planifiée, dirigée.

management ['mænidʒmənt] *s.* direction, administration, gestion, gérance. *Management account,* compte gestionnaire. *Management consultant* (U. S. *management engineer*), organisateur-conseil. *Management expenses,* frais de gestion, de gérance. *Management of affairs,* conduite des affaires. *Management of securities,* gestion de portefeuille. *Management share,* part de fondateur. *Management trust,* société de placement (avec droit d'administration). *Business management,* gestion d'entreprise. *General management,* direction générale, administration centrale. U. S. *Inventory management,* gestion des stocks. *Under direct management of the State,* en régie.

manager [-ə*] *s.* directeur, gérant, chef. *Manager of department,* chef de service. *Manager's office,* Direction. *Branch manager,* directeur de succursale. *District manager,* directeur régional. *General manager,* gérant, directeur technique. *Production manager,* chef de l'ordonnancement.

manageress [-əris] *s.* directrice, gérante.

managership [-ʃip] *s.* directorat.

managing ['mænidʒiŋ] *adj.* directeur. *Managing clerk :* **a)** chef de bureau; **b)** JUR. maître clerc. *Managing committee,* comité de direction. *Managing director,* directeur gérant, administrateur délégué. MAR. *Managing owner,* armateur gérant.

mandatary ['mændətəri] *s.* JUR. mandataire. *The trustee is the mandatary of the creditors,* le syndic de faillite est le mandataire des créanciers.

mandate ['mændeit] *s.* **1.** mandat. — **2.** FIN. *Mandate form,* lettre de signatures autorisées.

mandator ['mændətə*] *s.* mandant.

mandatory [-əri] *adj.* **1.** qui ordonne, qui prescrit. — **2.** U. S. obligatoire. *Mandatory instructions,* mandat impératif. — **3.** mandatary (v. ce mot).

mangle ['mæŋgl] *vt.* déformer, dénaturer (un texte).

man-handle ['mæn-,hændl] *vt.* manutentionner.

man-hour ['mæn-'auə*] *s.* heure-homme.

manifest ['mænifest] *s.* manifeste, déclaration d'expédition. *Customs manifest,* manifeste de douane. *The manifest is a descriptive list of the goods forming a ship's cargo,* le manifeste est un état détaillé des marchandises constituant la cargaison.

manifest *vt.* 1. déclarer une cargaison en douane, manifester. — 2. inscrire des marchandises sur le manifeste.

manifestation [,mænifes'teiʃən] *s.* manifestation. *Mass manifestation,* manifestation de masse.

manifesto [-'festou] *s.* proclamation, manifeste.

manifold ['mænifould] *adj.* nombreux, divers.

manifold *s.* document polycopié, polycopie.

manifold *vt.* polycopier.

manifolding [-iŋ] *s.* polycopie. *Manifolding machine,* appareil à polycopier.

manipulate [mə'nipjuleit] *vt.* tripoter, arranger (des comptes, etc.).

manipulation [mə,nipju'leiʃən] *s.* tripotage, manipulation. *Stock-Exchange manipulations,* manœuvres boursières, tripotages en Bourse.

manipulator [mə'nipjuleitə*] *s.* BOURSE agioteur.

manning ['mæniŋ] *s.* MAR. armement.

manœuvrable [mə'nu:vərəbl] *adj.* maniable.

man-power ['mæn'pauə*] *s.* U. S. main-d'œuvre, effectif.

manual ['mænjuəl] *adj.* manuel. POSTE *Manual exchange,* bureau central manuel (par opposition au central automatique).

manufactory [,mænju'fæktəri] *s.* fabrique, manufacture.

manufacture [-tʃə*] *s.* 1. fabrication. — 2. industrie. *The woollen manufacture,* l'industrie lainière.

manufacture *vt.* fabriquer, manufacturer.

manufacturer [-ərə*] *s.* fabricant, industriel, manufacturier. *Manufacturer's price,* prix de fabrique.

manufacturing [-əriŋ] *adj.* manufacturier, industriel. *Manufacturing district,* région industrielle.

manufacturing *s.* fabrication. *Manufacturing cost,* prix de fabrique. *Manufacturing engineer,* constructeur mécanicien. *Manufacturing industry,* industrie manufacturière. *Manufacturing licence,* licence de fabrication. *Manufacturing process,* procédé de fabrication. *Manufacturing overhead,* frais de fabrication.

map out ['mæp'aut] *vt.* dresser, établir, tracer. *The board will meet next week to map out the advertising campaign,* le conseil d'administration se réunira la semaine prochaine pour établir les grandes lignes de la campagne publicitaire.

margin ['mɑ:dʒin] *s.* 1. marge (bord d'un papier). *As in the margin hereof, as per margin,* comme en marge. *In the margin,* en marge. — 2. marge (surplus, excédent). *Margin of profit,* marge bénéficiaire. *Rising costs cannot but reduce the margin of profit,* la hausse des prix de revient ne peut que réduire la marge bénéficiaire. — 3. marge, couverture, provision. BOURSE *Margin call,* appel de marge, demande de couverture supplémentaire. *Margin in cash,* marge en espèces. *Credit margin,* marge de crédit. *Safety margin (margin for safety),* marge de sécurité. *Our broker brought the margin up to 30 % in cash,* notre agent de change a porté la marge à 30 % en espèces. *The stiff margin requirements were supposed to prevent the excessive use of credit,* les conditions rigoureuses de couverture étaient supposées empêcher l'usage abusif du crédit. — 4. ASS. MAR. *The average touches the margin,* la franchise est atteinte.

margin *vt.* marginer, écrire en marge.

margin *vi.* BOURSE fournir une couverture pour une commande (donneur d'ordre).

margin up [-ʌp] *vi.* BOURSE compléter la couverture d'une commande (donneur d'ordre).

marginal [-əl] *adj.* marginal. *Marginal alteration,* renvoi en marge. *Marginal enterprise,* entreprise marginale. *Marginal note,* note marginale. *Marginal productivity,* productivité marginale.

marine [mə'ri:n] *adj.* maritime. *Marine insurance,* assurance maritime. *Ma-*

rine insurance broker, courtier maritime. *Marine registry,* inscription maritime. *Marine risk,* risque maritime. *Marine underwriter,* assureur des risques maritimes.

marine *s.* marine. *Mercantile marine, merchant marine,* marine marchande.

maritime ['mæritaim] *adj.* maritime. *Maritime interest,* charge maritime, profit maritime. *Maritime law,* droit maritime. *Maritime lien,* privilège maritime. *Maritime loan,* prêt à la grosse.

mark [mɑ:k] *s.* **1.** marque. *Mark of origin,* marque d'origine. *Leading marks,* marques principales. *Registered trademark,* marque déposée. — **2.** BOURSE cote. *Marks awarded,* cote d'appréciation. *To lodge objections to marks,* mettre des oppositions à la cote.

mark *vt.* **1.** marquer, coter, estampiller. *To mark documents,* coter des pièces. *These cases should be marked and numbered,* ces caisses devraient être marquées et numérotées. — **2.** BOURSE coter. *To mark stocks,* coter des valeurs.

mark down [-daun] *vt.* démarquer, dévaloriser (des marchandises). *Our summer suits are marked down 50 %,* nos costumes d'été sont baissés de moitié. BOURSE *These shares are marked down,* ces actions s'inscrivent en baisse.

mark up [-ʌp] *vt.* hausser le prix (des marchandises). BOURSE *These shares are marked up,* ces actions s'inscrivent en hausse, en reprise.

marked [-t] *adj.* **1.** marqué. *Marked " breakable ",* revêtu de la mention « fragile ». *Marked cheque,* chèque visé. *Marked shares,* actions estampillées. — **2.** marqué, sensible, prononcé. *Marked improvement,* amélioration sensible. *Marked recovery,* reprise marquée.

market ['mɑ:kit] *s.* marché, bourse, place. *Market day,* jour de bourse. *Market discount,* escompte. *Market dues :* **a)** droits du marché ; **b)** droits d'emplacement. *Market jobbery,* agiotage. *Market in unlisted securities,* marché hors cote. *Market position,* position de place. *Market price,* cours de la place, prix courant. *Market rate,* taux hors banque, escompte privé. *Market report,* bulletin du marché, de la Bourse. *Market rigging,* agiotage. *Market value,* valeur marchande, prix coté en Bourse, valeur de vente. *Buyers market,* marché des acheteurs. *Commodity market,* marché des matières premières. *Credit market,* marché du crédit. U. S. *Curb market,* marché en coulisse. *Forward exchange market,* marché des changes à terme. *Free exchange market,* marché libre des devises. *Freight market,* marché des frêts. *Futures market,* marché à terme (grains, etc.). *Outside market,* marché en coulisse. U. S. *Over-the-counter market,* marché hors cote. *Real estate market,* marché immobilier. *Settlement market,* marché à terme (titres). *Spot market,* marché au comptant. *Stock market,* marché des valeurs. *Street market,* après Bourse. *Terminal market,* marché à terme (produits coloniaux). *To overload the market,* encombrer le marché. *To supply the market,* fournir le marché. *To throw on the market,* jeter sur le marché.

marketable [-əbl] *adj.* négociable, vendable. *Marketable value,* valeur marchande. *The goods delivered were not of a marketable quality,* les marchandises livrées n'étaient pas vendables.

marketeria [mɑ:ki'tiəriə] *s.* U. S. libre service.

marketing ['mɑ:kitiŋ] *s.* marketing, recherche de débouchés.

marking ['mɑ:kiŋ] *s.* **1.** marquage. — **2.** estampillage. — **3.** cotation (de valeurs en Bourse).

marking clerk [-klɑ:k] *s.* coteur.

marking-down [-daun] *s.* baisse. *There is a general marking-down of oil-shares,* il y a une baisse générale des cours des pétrolifères.

markup ['mɑ:kʌp] *s.* U. S. bénéfice brut.

marriage ['mæridʒ] *s.* mariage. *Marriage certificate,* acte de mariage. *Marriage settlement,* contrat de mariage.

marry ['mæri] *vt.* BOURSE faire l'application.

marshalling-yard ['mɑ:ʃəliŋ'jɑ:d] *s.* gare de triage.

mass [mæs] *s.* masse. *Mass media,* supports publicitaires de masse, mass media. *Mass observation,* études et enquêtes sociales. *Mass of creditors,* masse des créanciers. *Mass production,* production en masse, fabrication en série. Ass. MAR. *Mass to be made good,* masse active, masse créancière; *contributory mass,* masse passive, masse débitrice.

master ['mɑ:stə*] *s.* **1.** maître, patron. *Master budget,* budget général de tous les services. *Committee of masters and men,* conseil de prud'hommes. — **2.** capitaine (d'un navire marchand).

master-porter [-'pɔ:tə*] *s.* entrepreneur de chargement.

match [mætʃ] *vt.* **1.** apparier, assortir (des couleurs, etc.). — **2.** BOURSE faire l'application.

matching [-iŋ] *s.* **1.** assortiment. — **2.** BOURSE application (pour des ordres couplés d'achat et de vente afin d'activer le marché).

mate [meit] *s.* second (officier). *Mate's receipt* (abrév. : *M. R.*), billet de bord, reçu de bord. *The mate's receipt must be duly exchanged for a bill of lading,* le reçu de bord devra être échangé contre un connaissement en temps voulu.

material [mə'tiəriəl] *adj.* **1.** matériel. — **2.** JUR. pertinent. — **3.** essentiel. *The required information are material to us,* les renseignements demandés sont pour nous essentiels.

material *s.* **1.** matière. *Raw materials,* matières premières. — **2.** tissu. — **3.** **materials** *s. pl.* fournitures, accessoires. *Materials accounting,* comptabilité matières.

materialize [-aiz] *vi.* prendre corps, se réaliser. *If our endeavours materialize,* si nos tentatives aboutissent.

materially [mə'tiəriəli] *adv.* de beaucoup, sensiblement.

maternity benefit [mə'tə:niti'benifit] *s.* prime de maternité.

mathematical [,mæθi'mætikəl] *adj.* mathématique. Ass. *Mathematical premium,* prime nette.

matter ['mætə*] *s.* **1.** matière, affaire, question. *Matter of dispute,* sujet de controverse. *Current matters,* affaires courantes. *To raise a matter,* soulever une question. *To solve a matter,* résoudre une question. — **2.** POSTE *Postal matters,* lettres et paquets postaux. *Printed matter,* imprimés. U. S. *Second class matter,* imprimé périodique. — **3.** *In the matter of,* vu. *In the matter of the companies act 1948,* vu la loi de 1948 sur les sociétés.

mature [mə'tjuə*] *vi.* échoir, venir à échéance. *This draft matures this day week,* ce billet échoit aujourd'hui en huit.

matured [-d] *adj.* échu.

maturity [mə'tjuriti] *s.* échéance. *Maturity at five days' sight,* échéance à cinq jours de vue. *Maturity date,* date d'échéance. *Maturity three months after date,* échéance à trois mois de date. *Maturity tickler,* carnet d'échéance. *At maturity,* à l'échéance. *Before maturity,* avant l'échéance. *End of month maturity,* échéances de fin de mois. *Prior to maturity,* avant l'échéance. *To discount a bill before maturity,* escompter un effet avant l'échéance. *Value day of maturity,* valeur à l'échéance.

maximize ['mæksimaiz] *vt.* porter au maximum, maximiser.

maximum ['mæksiməm] *adj.* maximum, maximal. *Maximum amount,* montant maximal. Ass. *Maximum limit, maximum line,* plein (maximum). *Maximum load,* charge limite. *Maximum price,* cours maximal.

maximum *s.* maximum. *You must cut your losses on the Stock-Exchange before they exceed a maximum,* vous devez arrêter vos pertes en Bourse avant qu'elles ne dépassent un maximum.

mean [mi:n] *adj.* moyen. *Mean due date,* échéance moyenne. *Mean tare,* tare commune.

mean *s.* moyenne. *Mean proportional,* moyenne proportionnelle. *Arithmetic mean,* moyenne arithmétique.

means [mi:nz] *s.* moyen. *Means of communication,* moyens de communication. *Means of subsistence,* moyens d'existence. *Available means,* moyens disponibles. *Private means,* ressources personnelles, fortune personnelle. *By means of :* **a)** au moyen de ; **b)** moyennant.

measure ['meʒə*] *s.* **1.** mesure, démarche, manœuvre. *Precautionary measures,* mesures de sûreté. *Stringent measures,* mesures rigoureuses. *To take legal measures,* avoir recours aux tribunaux. — **2.** mesure (capacité). MAR. *Measure goods,* marchandises de cubage, d'encombrement. *Cubic measure,* mesure de capacité. *Manufactured to measure,* fabriqué sur mesure. *To sell by measure,* vendre à la mesure.

measure *vt.* **1.** mesurer. — **2.** MAR. jauger (un navire).

measure up [-ʌp] *vi.* U. S. se montrer à la hauteur de. *The works manager did not measure up to his task,* le directeur technique ne s'est pas montré à la hauteur de ses responsabilités.

measurement [-mənt] *s.* **1.** jaugeage (capacité cubique des cales). *Certificate of measurement,* certificat de jaugeage. — **2.** cubage, volume, encombrement. *Measurement freight,* fret selon encombrement. *Measurement goods,* marchandises de cubage. *Measurement ton,* tonne d'encombrement, tonneau de mer.

measurer [-ə*] *s.* mesureur. *Sworn weighers and measurers,* peseurs et mesureurs jurés.

measuring [-iŋ] *s.* **1.** mesurage, métrage, mesure. — **2.** dosage. — **3.** MAR. jaugeage.

mechanic [mi'kænik] *s.* **1.** ouvrier. — **2.** mécanicien.

mechanical [-əl] *adj.* mécanique. *Mechanical engineer,* ingénieur mécanicien. *Mechanical engineering,* construction mécanique.

mechanics [-s] *s. pl.* la mécanique.

mechanization [,mekənai'zeiʃən] *s.* mécanisation.

mechanize ['mekənaiz] *vt.* mécaniser.

media ['mi:diə] *s. pl.* (*sing.* **medium**) moyens. *Advertising media,* moyens publicitaires.

median ['mi:diən] *adj.* moyen.

medical ['medikl] *adj.* médical. *Medical attention,* soins médicaux. *Medical certificate,* certificat médical. *Medical inspection,* visite médicale. *Medical officer of health* (abrév. : *M. O. H.*) : **a)** médecin sanitaire maritime ; **b)** médecin d'état civil.

medicare ['medikɛə] *s.* U. S. soins médicaux. *Medicare program,* programme d'assistance médicale gratuite.

medium ['mi:diəm] *adj.* moyen. *Medium sized,* de taille moyenne. *Medium term payment,* paiement à moyen terme.

medium *s.* (*pl.* **media** ou **mediums**) **1.** moyen terme. *Happy medium,* juste milieu. — **2.** milieu (ambiance). — **3.** moyen, intermédiaire, voie, instrument. *Medium of exchange,* moyen d'échange. *Circulating medium,* agent monétaire. *Consumer goods are advertised to the public through mass media,* les biens de consommation sont lancés auprès du public par l'intermédiaire des supports publicitaires de masse, grâce aux mass media.

meet [mi:t] *vt.* **1.** faire face à, faire honneur à. *To meet a need,* répondre à un besoin. *To meet one's commitments,* faire honneur à ses engagements. *To meet one's liabilities,* faire face à ses engagements. *To meet unforeseen expenditure,* faire face à des dépenses imprévues. *Our stocks are inadequate to meet the demand,* nos stocks sont insuffisants pour faire face à la demande. — **2.** honorer, faire honneur à, faire accueil à (une traite). *To meet a draft,* faire face à une échéance. *When a foreign bill is not met at maturity, it must be protested,* lorsqu'un effet sur l'étranger n'est pas honoré à l'échéance, il faut faire dresser un protêt.

meet *vi.* se réunir, s'assembler. *The board meets to-morrow,* le conseil d'administration se réunit demain.

meet with [-wið] *vi.* rencontrer, trouver, éprouver. *Our request met with a refusal,* il a été répondu par un refus à notre demande. *We met with difficulties,* nous avons rencontré des difficultés.

meeting [-iŋ] *s.* **1.** assemblée, réunion. *Meeting of shareholders,* assemblée d'actionnaires. *Annual general meeting,* assemblée générale annuelle. *Board meeting,* réunion du conseil d'administration. *Convening notice for a meeting,* avis de convocation à une assemblée. *Emergency meeting,* réunion urgente. *Statutory meeting,* assemblée statutaire. *To call a meeting,* convoquer une assemblée. *To hold a meeting,* tenir conseil, tenir une réunion. *To put a resolution to the meeting,* mettre une proposition aux voix. *The official receiver presides at the first meeting of creditors,* l'administrateur judiciaire préside la première réunion des créanciers. — **2.** séance. *To close the meeting,* lever la séance. — **3.** bonne fin. *A del credere agent guarantees the meeting of the transactions carried by himself,* le commissaire ducroire garantit la bonne fin des transactions qu'il effectue.

melon ['melən] *s.* U. S. gros profits à distribuer. *Melon cutting,* distribution des bénéfices.

member ['membə*] *s.* membre, adhérent. *Member of the board,* membre du conseil d'administration. *Member of the company,* associé, sociétaire. *Member of the managing committee,* membre du comité directeur. *Member country,* pays membre (d'une communauté).

membership [-ʃip] *s.* **1.** qualité de membre. *Membership card,* carte de membre. — **2.** adhésion. *Conditions of membership,* conditions d'adhésion.

memorandum [,memə'rændəm] *s.* **1.** mémorandum, note, sommaire. *Memorandum books,* registres d'ordre (par opposition aux livres de compte). *Memorandum pad,* bloc-note. *As a memorandum,* pour mémoire. — **2.** Ass. MAR. mémorandum (équivalent du tableau des franchises en France). — **3.** Ass. *Memorandum of insurance,* arrêté provisoire d'assurance. — **4.** *Memorandum of association,* acte constitutif de société. (N.B. Le français « statuts » comprend aussi les *articles of association,* qui constituent le règlement interne de la société.)

memorial [mi'mɔ:iəl] *s.* JUR. extrait pour enregistrement. U. S. *Memorial day,* jour férié, le 30 mai.

mention ['menʃən] *s.* mention, constatation.

mention *vt.* mentionner, constater. *As mentioned opposite,* comme mentionné ci-contre. *The above-mentioned firm,* l'entreprise ci-dessus mentionnée.

mercantile ['mə:kəntail] *adj. Mercantile agency,* agence de renseignements commerciaux. *Mercantile agent,* agent commercial. *Mercantile bills,* papiers de commerce. *Mercantile law,* droit commercial. *Mercantile marine,* marine marchande. *Mercantile port,* port marchand.

mercantilism [-tilizm] *s.* mercantilisme.

merchandise ['mə:tʃəndaiz] *s.* marchandises. *Merchandise train,* train de marchandises, petite vitesse. U. S. *Ride-merchandise,* produit à l'essai.

merchandise *vi.* U. S. commercer.

merchandising [-iŋ] *adj.* U. S. commercial. *Merchandising manager,* directeur commercial. *Nonmerchandising activities,* activités non commerciales.

merchant ['mə:tʃənt] *adj.* marchand, de commerce. *Merchant bank,* banque marchande. (N.B. Ce qui différencie les banques marchandes [au nombre de 17] des autres banques, c'est leur appartenance au Comité des maisons d'acceptation [*Accepting Houses Committee*]. Elles se chargent de l'acceptation des traites et tiennent les comptes de leurs correspondants à l'étranger ou ceux de grosses sociétés industrielles. Leur coefficient de liquidités est beaucoup plus élevé que celui des banques commerciales, puisqu'elles sont spécialisées dans les crédits par acceptation.) *Merchant-man,* navire marchand. *Merchant service,* marine marchande. *Merchant vessel,* navire marchand.

merchant *s.* négociant, marchand, commerçant.

merchantable [-əbl] *adj.* **1.** vendable. — **2.** de bonne vente, d'écoulement facile.

merchanting [-iŋ] *s.* négoce. *The trading and merchanting branch,* la partie vente et négoce.

merge [məːdʒ] *vt.* fusionner, fondre.

merge *vi.* se fusionner, s'amalgamer (sociétés).

merger [-ə*] *s.* fusion, fusionnement, amalgamation, absorption. *Merger company,* sociétés réunies.

merging [-iŋ] *s.* fusion, fusionnement, amalgamation, absorption. *Bank merging,* fusion bancaire.

merit ['merit] *s.* mérite. *Merit-bonus,* prime de rendement. *Merit-rating,* notation du personnel. JUR. *The merits of a case,* le bien-fondé d'une cause, le fonds.

mesne [miːn] *adj.* intermédiaire. JUR. *Mesne process,* cours de l'instance (entre l'action introductive et le jugement).

message ['mesidʒ] *s.* message, dépêche. *A message states that,* on mande que.

messenger ['mesindʒə*] *s.* messager, porteur. *Messenger-boy,* garçon de course(s). *Bank messenger,* encaisseur. *Office messenger,* garçon de bureau. *Telegraph messenger,* facteur télégraphiste. *By messenger,* par porteur.

Messrs ['mesəz] *s. pl.* Messieurs (pour les adresses seulement).

metage ['miːtedʒ] *s.* **1.** pesage. — **2.** taxe de pesage.

metal ['metl] *s.* **1.** métal. *Metal market,* marché des métaux. *The metal industries,* la métallurgie. *Non-ferrous metals,* métaux non ferreux. — **2.** matériau d'empierrement (d'une route).

metal *vt.* empierrer, macadamiser. *Metalled road,* route empierrée.

metallic [-ik] *adj.* métallique. *Metallic currency,* monnaie métallique. *Metallic reserve,* réserve métallique.

metallurgy ['metæləːdʒi] *s.* métallurgie.

meter ['miːtə*] *s.* compteur (appareil).

meterage [-ridʒ] *s.* mesurage.

method ['meθəd] *s.* **1.** méthode, procédé. *Backward method,* méthode indirecte. *Balance method,* méthode à échelles, méthode hambourgeoise. *Product method,* méthode des nombres. *Production method,* procédés de production. *Steps method,* méthode par soldes. — **2.** mode, modalité. *Methods of payment,* modalités de paiement.

metre ['miːtə*] *s.* U. S. *Meter,* mètre. *Square metre,* mètre carré. *Stacked cubic metre,* stère.

metric ['metrik] *adj.* métrique.

metropolis [mi'trɔpəlis] *s.* métropole.

mid [mid] *adj.* du milieu, mi-... BOURSE *mid (month) account, mid (month) settlement,* le 15 du mois, liquidation de quinzaine. (N.B. A la Bourse de Paris seulement, car, à la Bourse de Londres, le jour de liquidation est fixé périodiquement.) *The shop is closed from mid July to mid August,* le magasin est fermé de la mi-juillet à la mi-août.

middle ['midl] *adj.* moyen. *Middle management,* cadres intermédiaires. BOURSE *At middle,* au cours moyen.

middle *s.* milieu.

middle-class [-klɑːs] *s.* classe moyenne. *The lower middle-class,* la petite bourgeoisie.

middleman [-mæn] *s.* intermédiaire.

mileage ['mailidʒ] *s.* kilométrage.

mill [mil] *s.* usine, fabrique. *Flour mill,* minoterie.

milliard ['miljɑːd] *s.* milliard, billion.

millinery ['milinəri] *s.* **1.** articles de mode. — **2.** magasin de nouveautés.

million ['miljən] *s.* million.

mine [main] *s.* **1.** mine. *Coal-mine,* mine de charbon. — **2. mines** *s. pl.* BOURSE les mines, les valeurs minières. *Mines ruled high,* les mines atteignent un cours élevé.

miner [-ə*] *s.* mineur.

mineral ['minərəl] *s.* minerai. *Mineral claim,* concession minière. *Mineral rights duties,* droits miniers.

miniature ['minjətʃə*] *adj.* en miniature, en petit. *Miniature model,* maquette.

minify [-ifai] *vt.* réduire, amoindrir.

minimize ['minimaiz] *vt.* minimiser, atténuer.

minimum ['miniməm] *adj.* minimal. *Minimum amount,* montant minimal. *Minimum rate,* salaire minimal (minimum) garanti (aux Etats-Unis).

minimum *s.* minimum.

mining ['mainiŋ] *s.* exploitation des mines. *Mining concession,* concession minière. *Mining shares,* valeurs minières.

minister ['ministə*] *s.* ministre.

ministry [-tri] *s.* ministère.

minor ['mainə*] *adj.* mineur (par opposition à *majeur*).

minority [mai'nɔriti] *s.* minorité. *Minority holding, minority interest,* participation minoritaire. *Minority report,* rapport de la minorité (d'une commission). *Minority stake,* participation minoritaire.

Mint ['mint] *s.* Hôtel de la Monnaie. FIN. *Mint par,* pair théorique, parité.

mint *vt.* monnayer, frapper, battre.

mintage ['mintidʒ] *s.* **1.** droit de monnayage. — **2.** monnayage, frappe.

minter [-ə*] *s.* monnayeur.

minting [-iŋ] *s.* frappe, monnayage.

minus ['mainəs] *prép.* moins. *Seven minus four equals three,* sept moins quatre égale trois.

minute ['minit] *s.* (*pl.* **minutes**) procès-verbal. *Minute-book,* registre des délibérations, des procès-verbaux. *To draw up the minutes,* dresser le procès-verbal. *To enter on the minutes,* inscrire au procès-verbal. *The minutes of the last meeting were read and confirmed,* le procès-verbal de la dernière assemblée est lu et approuvé.

minute-charge [-tʃɑ:dʒ] *s.* POSTE taxe-minute.

misapplication ['mis,æpli'keiʃən] *s.* détournement. *Misapplication of public funds,* détournement de fonds publics.

misapply ['misə'plai] *vt.* détourner.

misapprehension ['mis,æpri'henʃən] *s.* malentendu, méprise.

misappropriate ['misə'prouprieit] *vt.* détourner.

misappropriation ['misə,proupri'eiʃən] *s.* détournement. *Misappropriation of funds,* détournement de fonds.

miscalculate ['mis'kælkjuleit] *vi.* se mécompter.

miscalculation ['mis,kælkju'leiʃən] *s.* mécompte.

miscarriage [mis'kæridʒ] *s.* **1.** égarement, perte (de marchandises au cours d'un transport). — **2.** échec (d'un projet). — **3.** JUR. *Miscarriage of justice,* erreur judiciaire.

miscarried [mis'kærid] *adj.* égaré, non parvenu.

miscarry [-ri] *vi.* **1.** s'égarer (lettre, colis, etc.). *Your letter must have miscarried,* votre lettre a dû s'égarer. — **2.** échouer (projet, plan, etc.).

miscellaneous [,misi'leinjəs] *adj.* varié, divers. *Miscellaneous items,* divers (sur un catalogue). BOURSE *Miscellaneous shares,* valeurs diverses, « divers ».

miscomputation [-,kɔmpju'teiʃən] *s.* erreur de calcul, mécompte.

misconduct ['miskən'dʌkt] *s.* mauvaise gestion.

misconstruction ['miskəns'trʌkʃən] *s.* mésinterprétation.

miscount [-'kaunt] *s.* erreur de calcul, mécompte.

miscount *vt.* faire une erreur de calcul.

misdating [-'deitiŋ] *s.* erreur de date.

misdeliver [-'delivə*] *vt.* livrer par erreur.

misdelivery [-vəri] *s.* erreur de livraison.

misdemeanour [-di'mi:nə*] *s.* JUR. délit contraventionnel (fraude, etc.).

misdescription [-dis'kripʃən] *s.* JUR. appellation frauduleuse.

misdirect ['misdi'rekt] *vt.* **1.** mal adresser (une lettre, etc.). — **2.** mal renseigner, mal aiguiller. *You must have been misdirected,* vous avez dû être mal renseigné.

misdirection [-ʃən] *s.* **1.** fausse adresse. — **2.** renseignement erroné.

misenter [-'entə*] *vt.* COMPT. contre-poser.

misentry [-'entri] *s.* COMPT. contre-position.

misfeasance [-'fi:zəns] *s.* JUR. infraction à la loi (abus de pouvoir).

mislay [mis'lei] *vt.* **1.** égarer. — **2.** JUR. adirer.

mislead [mis'li:d] *vt.* induire en erreur.

mismanage ['mis'mænidʒ] *vt.* mal gérer, mal administrer.

mismanagement [-mənt] *s.* mauvaise gestion.

misprint ['mis'print] *s.* faute d'impression, coquille.

misrepresentation ['mis,reprizen'teiʃən] *s.* **1.** présentation erronée (d'un bilan, etc.). — **2.** JUR. fausse déclaration.

miss [mis] *vt.* manquer.

missing ['misiŋ] *adj.* **1.** égaré, manquant. *There are six bottles missing,* il manque six bouteilles, six bouteilles de manque. — **2.** MAR. perdu sans nouvelles (navire).

mission ['miʃən] *s.* mission. *Trade mission,* mission commerciale.

missionary [-əri] *adj.* U. S. missionnaire. *Missionary salesman,* prospecteur. *Missionary work,* travail de prospection.

misstatement ['mis'steitmənt] *s.* fausse déclaration, compte rendu erroné.

mistake [mis'teik] *s.* faute, erreur, inadvertance. *By mistake,* par erreur. *Mistake in calculation,* erreur de calcul.

misunderstanding ['misʌndə'stændiŋ] *s.* malentendu. *We wish to apologize for this misunderstanding,* nous vous prions de bien vouloir nous excuser pour ce malentendu.

misuse ['mis'ju:s] *s.* abus. JUR. *Fraudulent misuse of funds,* détournement de fonds.

mitigating ['mitigeitiŋ] *adj.* adoucissant. JUR. *Mitigating circumstances,* circonstances atténuantes.

mitigation [,miti'geiʃən] *s.* réduction, atténuation. JUR. *Plea in mitigation of damages,* demande en réduction de dommages-intérêts.

mixed [mikst] *adj.* mixte, mélangé. *Mixed cargo,* cargaison mixte.

mobility [mou'biliti] *s.* mobilité. *Labour mobility,* mobilité de la main-d'œuvre.

mobilizable ['moubilaizəbl] *adj.* mobilisable (capital).

mobilization [,moubilai'zeiʃən] *s.* mobilisation (de capital).

mobilize ['moubilaiz] *vt.* mobiliser (des capitaux).

mock up ['mɔkʌp] *s.* U. S. maquette.

mode [moud] *s.* mode. *Mode of payment,* mode de paiement.

moderate ['mɔdərit] *adj.* modique.

moderator ['mɔdəreitə*] *s.* directeur des débats, « modérateur ».

modernize ['mɔdənaiz] *vt.* moderniser.

modification [,mɔdifi'keiʃən] *s.* modification. *Modification in the articles of association,* modification des statuts.

modify ['mɔdifai] *vt.* modifier.

monetary ['mʌnitəri] *adj.* monétaire. *Monetary circulation,* circulation monétaire. *Monetary convention,* convention monétaire. *Monetary unit,* unité monétaire.

monetization [,mʌnitai'zeiʃən] *s.* monétisation.

monetize ['mʌnitaiz] *vt.* monétiser.

money ['mʌni] *s.* **1.** argent, monnaie, numéraire. FIN. *Money at bankers,* banquiers (bilan); *money at call,* argent à vue. *Money changer,* changeur. *Money exchange,* change réel. *Money lender,* bailleur de fonds, prêteur. BOURSE *Money lent,* capital rapporteur. *Money market,* marché de l'argent, marché monétaire. *Money of account,* monnaie de compte. *Money of exchange,* monnaie de change. *Money rate,* taux de l'argent. *Money supply,* masse monétaire. *Commodity money,* monnaie marchandise. *Common money,* monnaie fiduciaire. *Deposit money,* monnaie scripturale. *Effective money,* monnaie réelle. *Ready money,* disponibilités. *Standard money,* monnaie intrinsèque. *Token money,* monnaie fictive. BOURSE *For money,* au comptant (marché). — **2. moneys** *s. pl.* JUR. versements. *Moneys paid in,* versements encaissés. *Moneys paid out,* versements effectués.

money-order [-'ɔ:də*] *s.* (abrév. : **M.O.**) POSTE mandat-poste. *Money-order telegram,* mandat télégraphique. *Trade charge money-order,* mandat de remboursement.

monition [mou'niʃən] *s.* JUR. citation à comparaître.

monometa(l)lism [mɔnə'metəlizm] *s.* monométallisme.

monopolist [mə'nɔpəlist] *s.* monopolisateur, monopoleur.

monopolization [mənɔpəlai'zeiʃən] *s.* monopolisation.

monopolize [mə'nɔpəlaiz] *vt.* monopoliser.

monopoly [-pəli] *s.* monopole.

month [mʌnθ] *s.* mois. *Month's wages,* le mois, la paye du mois. *Current month,* mois courant. *Three months' paper,* effet à trois mois.

monthly [-θli] *adj.* mensuel. *Monthly fixtures,* (marché monétaire) argent au mois. *Monthly report,* rapport mensuel. *Monthly statement,* relevé de fin de mois.

monthly *adv.* mensuellement.

monthly *s.* revue mensuelle.

moor [muə*] *vt.* et *vi.* MAR. mouiller.

moorings [-riŋz] *s.* mouillage.

moot [mu:t] *adj.* discutable. JUR. *Moot case,* point de droit.

mop up [mɔpʌp] *vt.* FIN. éponger.

moratorium [,mɔrə'tɔ:riəm] *s.* moratoire. *To announce a moratorium,* décréter un moratoire.

moratory ['mɔrətəri] *adj.* moratoire.

mortality [mɔ:'tæliti] *s.* mortalité. *Mortality tables,* tables de mortalité.

mortgage ['mɔ:gidʒ] *s.* hypothèque. *Mortgage bank,* caisse hypothécaire. *Mortgage bond,* obligation hypothécaire. *Mortgage by order of the court,* hypothèque judiciaire. *Mortgage charge,* affectation hypothécaire. *Mortgage creditor,* créancier hypothécaire. *Mortgage debenture,* obligation hypothécaire. *Mortgage debt,* dette hypothécaire. *Mortgage debtor,* débiteur hypothécaire. *Mortgage deed,* contrat hypothécaire. *Mortgage loan,* prêt hypothécaire. *Mortgage on barges,* hypothèque fluviale. *Mortgage on ships,* hypothèque maritime. *Mortgage registrar,* conservateur des hypothèques. *Mortgage registry,* bureau des hypothèques. *Mortgage resulting from a contract,* hypothèque conventionnelle. *Blanket mortgage,* hypothèque générale. *Burdened with mortgage,* grevé d'hypothèque. *By mortgage,* hypothécairement. *Chattels mortgage,* hypothèque sur biens meubles. *Creation of a mortgage,* constitution d'une hypothèque. *Encumbered with mortgage,* grevé d'hypothèque. *Entry of satisfaction of mortgage,* radiation hypothécaire. *Equitable mortgage,* hypothèque pour sûreté d'un crédit. *First mortgage,* hypothèque de premier rang. *General mortgage,* hypothèque générale. *On mortgage,* hypothécairement. *Prior mortgage,* hypothèque de premier rang. *Recorder of mortgages,* conservateur des hypothèques. *Redemption of mortgages,* purge d'hypothèque. *Registration of mortgage,* inscription hypothécaire. *Release of mortgage,* mainlevée d'hypothèque. *Second mortgage,* seconde hypothèque. *Underlying mortgage,* hypothèque de priorité. *To* *borrow on mortgage,* emprunter sur hypothèque. *To create a mortgage,* constituer une hypothèque. *To lend on mortgage,* prêter sur hypothèque. *To pay off a mortgage,* purger une hypothèque. *To raise a mortgage,* prendre une hypothèque. *To redeem a mortgage,* purger une hypothèque. *To secure a debt by mortgage,* hypothéquer une créance.

mortgage *vt.* hypothéquer, déposer en nantissement (des titres).

mortgageable [-əbl] *adj.* hypothécable.

mortgagee [,mɔ:gə'dʒi:] *s.* créancier hypothécaire.

mortgagor [ɔ:*] *s.* débiteur hypothécaire.

mother-country ['mʌðə,kʌntri] *s.* métropole (par rapport aux colonies).

motivational [mouti'veiʃənl] *adj.* U. S. de motivation. *Motivational research,* psychanalyse des consommateurs.

motor-car ['moutəkɑ:*] *s.* automobile. *Motor-car credit,* crédit auto. *Motor-car industry,* industrie automobile. *Motor-car show,* Salon de l'automobile.

movable ['mu:vəbl] *s.* **1.** meuble, mobilier. *Movable property (estate),* biens meubles, biens mobiliers. — **2.** BOURSE *To quote movable exchange,* coter l'incertain. *New York quotes London movable,* New York donne l'incertain à Londres. — **3. movables** [-z] *s. pl.* biens meubles, biens mobiliers, meubles meublants. *Seizure of movables,* saisie mobilière. *Tax on movables,* impôt mobilier.

move [mu:v] *vt.* proposer, déposer. *The minority moved an amendment,* la minorité a proposé un amendement.

move *vi.* BOURSE osciller, bouger. *These gilt-edged securities move round 1 1/2,* ces valeurs de tout repos oscillent autour de 1 1/2.

move up [-ʌp] *vi.* BOURSE se relever, reprendre (valeurs).

moveable ['mu:vəbl]. V. MOVABLE.

movement [-mənt] *s.* mouvement, déplacement, circulation. *Movement of goods,* circulation des marchandises. *Movement of labour,* circulation de la main-d'œuvre. *Movement of savings,* circulation de l'épargne. *Capital movements,* circulation des capitaux. *Cyclical movements,* mouvements conjoncturels, cycliques. *Downward movement,* mouvement de baisse. *Shipping movement,* mouvement maritime, des navires. *Upward movement,* mouvement de hausse, ascensionnel. *Wage movements,* mouvement des salaires.

mover [-ə*] *s.* **1.** auteur d'une motion. — **2.** *Prime mover,* animateur, instigateur. — **3.** JUR. *The first mover,* la partie la plus diligente.

moving [-iŋ] *adj.* en mouvement, mobile. *Moving band production,* production à la chaîne.

moving *s.* U. S. déménagement. *Moving allowances,* indemnités de déménagement. *Moving man,* déménageur.

Mr. ['mistə*] *s.* **1.** M. (Monsieur). — **2.** maître. — **3.** sieur (associé dans une firme).

mulct [mʌlkt] *vt.* JUR. frapper d'une amende. *Mulcted in a fine of 50 shillings,* frappé d'une amende de 50 shillings.

multiopoly [mʌl'tiɔpəli] *s.* U. S. contraire du monopole.

multiple ['mʌltipl] *adj.* multiple. *Multiple address telegram,* télégramme à adresses multiples. *Multiple firm (store),* maison à succursales multiples. *Multiple rate system,* régime des changes multiples. *Multiple shares,* actions multiples.

multiple *s.* **1.** multiple. *20 francs and multiples,* 20 francs et multiples. — **2.** BOURSE (actions) multiples.

multiplication [,mʌltipli'keiʃən] *s.* multiplication.

multiply ['mʌltiplai] *vt.* multiplier.

municipal [mju:'nisipəl] *adj.* municipal. *Municipal law,* droit interne. *Municipal loans,* emprunts de ville.

municipals [-z] *s. pl.* BOURSE les municipales.

muniment ['mju:nimənt] *s.* JUR. archives, documents. *Muniment of title,* acte de propriété. *Muniment room,* archives.

mush [mʌʃ] *s.* POSTE friture, brouillage (téléphone).

mutual ['mju:tjuəl] *adj.* mutuel. *Mutual indebtedness,* créances et dettes réciproques. *Mutual society,* mutuelle. *Mutual testament,* donation mutuelle. *They acted by mutual consent,* ils ont agi d'un commun accord.

mutually [-i] *adv.* mutuellement. *It is mutually agreed between both parties,* il est convenu d'un commun accord entre les parties.

n

naked ['neikid] *adj.* **1.** nu (par opposition à « en tonneau »). — **2.** sans protection, sans garantie. JUR. *Naked debenture,* obligation chirographaire. *Naked bond,* contrat sans garantie.

name [neim] *s.* **1.** nom. *Name of firm,* raison sociale, nom social, dénomination. *Assumed name,* nom d'emprunt. *Surname,* nom de famille. — **2.** COMPT. intitulé. *Name of an account,* intitulé d'un compte. — **3.** BOURSE nomenclature. *Name of securities,* nomenclature des titres.

name *vt.* désigner, dénommer, mentionner. *Above-named,* ci-dessus mentionné. *By the date named,* pour la date indiquée. *To name a price,* fixer un prix. MAR. *To name a ship,* désigner un navire (pour le transport des marchandises). MAR. *Named port,* port désigné, port d'escale (ou d'échelle).

namely [-li] *adj.* savoir..., soit...

naming [-iŋ] *s.* désignation, dénomination. *Naming of the ship,* désignation du navire.

naphta ['næfθə] *s.* naphte.

narration [næ'reiʃən] *s.* COMPT. libellé. *Narration of a journal entry,* libellé d'un article de journal.

narrow ['nærou] *adj.* étroit, limité (marché).

narrow *vt.* restreindre, limiter. *Owing to credit restrictions, our profit margins are narrowed,* étant donné les restrictions de crédit, nos marges bénéficiaires sont réduites.

narrowness [-nis] *s.* étroitesse.

nation ['neiʃən] *s.* nation. *Most favoured nation clause,* clause de la nation la plus favorisée. *United Nations Organization (U.N.O.),* Organisation des Nations Unies (O.N.U.).

national ['næʃənl] *adj.* national. *National debt,* dette publique. *National income,* revenu national. *National income at factor cost,* revenu national au coût des facteurs. *National income at market prices,* revenu national aux prix du marché. *Gross national income,* revenu national brut. *Money net national product,* produit national net nominal.

nationality [,næʃə'næliti] *s.* nationalité.

nationalization [,næʃnəlai'zeiʃen] *s.* nationalisation.

nationalize ['næʃnəlaiz] *vt.* nationaliser.

nationals [-z] *s. pl.* ressortissants (d'un pays).

natural ['næt∫rəl] *adj.* naturel. *Natural person,* personne physique.

naturalization [,næt∫rəlai'zei∫ən] *s.* naturalisation.

nature ['neit∫ə*] *s.* nature. *Nature of contents,* désignation du contenu.

navigability [,nævigə'biliti] *s.* navigabilité.

navigable ['nævigəbl] *adj.* navigable.

navigate ['nævigeit] *vi.* naviguer.

navigation [,nævi'gei∫ən] *s.* navigation. *Navigation company,* compagnie de navigation, société d'armement. *Navigation dues,* droits de navigation. *Navigation laws,* le code maritime. *Aerial navigation company,* compagnie de navigation aérienne. *Coasting navigation,* navigation de cabotage. *Foreign navigation,* navigation au long cours. *Inland navigation,* navigation fluviale. *Tramp navigation,* navigation au tramping, cueillette.

near [niə*] *adj.* près. BOURSE DE MARCHANDISES *Near position,* rapproché ; *to advance on coverings on near positions,* avancer sur des couvertures sur les rapprochés.

near [niə*] *adv.* **1.** JUR. près, proche. *Near Paris,* près de Paris, proche de Paris. — **2.** U. S. succédané de, imitation de, façon. *Near gold,* similor.

necessary ['nesisəri] *adj.* nécessaire.

necessary *s.* nécessaire.

necessitate [ni'sesiteit] *vt.* nécessiter, rendre nécessaire.

necessity [-iti] *s.* **1.** nécessité. *By necessity,* par la force des choses. *In case of necessity,* en cas de besoin. *Of necessity,* par la force des choses. *Out of necessity,* par la force des choses. — **2.** MAR. relâche. *Port of necessity,* port de relâche.

need [ni:d] *s.* besoin. *If needs be,* en cas de besoin, le cas échéant. *In case of need,* en cas de besoin, le cas échéant. *(A referee in) case of need,* besoin, recommandataire. *To be in need of,* manquer de.

need *vt.* avoir besoin de, manquer de. *"No agents need apply",* « Intermédiaires s'abstenir ». *We need the necessary capital,* nous manquons des capitaux nécessaires.

negative ['negətiv] *adj.* négatif.

negative *s.* négative. *To argue in the negative,* soutenir la négative.

neglect [ni'glekt] *s.* négligence, inattention. *Out of neglect,* par négligence.

neglect *vt.* négliger, oublier de. *Oil-shares are neglected,* les pétrolifères sont délaissées.

negligence ['neglidʒəns] *s.* négligence. ASS. MAR. *Negligence clause,* clause de négligence.

negligent [-t] *adj.* **1.** négligent. — **2.** ASS. MAR. fautif. *Negligent collision,* abordage fautif, par négligence.

negotiability [ni,gou∫iə'biliti] *s.* négociabilité (d'un effet).

negotiable [ni'gou∫iəbl] *adj.* négociable, commerçable. *Negotiable paper,* effet négociable. *Stocks negotiable on the Stock-Exchange,* titres négociables en Bourse.

negotiate [-∫ieit] *vt.* **1.** négocier, traiter. *To negotiate a bargain,* traiter un marché. *The two managers are negotiating the amalgamation of their firms,* les deux directeurs sont en pourparlers pour la fusion de leurs entreprises. *Salary to be negotiated,* salaire à débattre. — **2.** faire escompter. *To negotiate a bill,* faire escompter une traite, négocier une traite. *Bills are generally negotiated before they come to maturity,* les traites sont généralement escomptées avant l'échéance.

negotiation [ni,gou∫i'ei∫ən] *s.* négociation. *Negotiation of a loan,* négociation d'un emprunt. *Negotiations are in progress,* des négociations sont en cours. *Price a matter for (open to) negotiation,* prix à débattre. ASS. *Settlement by negotiation,* règlement de gré à gré. *To break off negotiations,* rompre les négociations. *To enter negotiations,* entamer des négociations. *To take up negotiations,* reprendre des négociations.

negotiator [ni'gouʃieitə*] *s.* négociateur.

net [net] *adj.* net. *Net amount,* montant net. *Net assets,* actif net. *Net borrowing,* montant net des emprunts. *Net charter,* affrètement en coque nue. *Net loss,* perte nette. *Net income after taxes,* revenu net, déduction faite des impôts, impôts déduits. *Net national income,* revenu national net. *Net price,* prix net. *Net proceeds,* produit net. *Net profit,* bénéfice net. *Net register tonnage,* jauge nette. *Net return,* rendement net. *Net weight,* poids net. *Net net weight,* poids net réel. *Net yield,* rendement net. *"Terms strictly net cash",* payable au comptant.

net *vt.* rapporter net, produire net.

network [-wə:k] *s.* réseau. *Distribution network,* réseau de distribution. *Road network,* réseau routier.

neutral ['nju:trəl] *adj.* neutre.

neutral *s.* neutre.

new [nju:] *adj.* neuf. *New business department,* service de la propagande. BOURSE *New issue,* nouvelle émission; *new time,* liquidation suivante. *Brand new,* flambant neuf. ASS. MAR. *Without deduction new for old,* sans déduction du vieux au neuf. *New Jason Clause,* clause restrictive de responsabilité pour le transporteur en cas d'avaries communes, clause New Jason.

news [-z] *s.* nouvelle (s). MAR. *Want of news,* défaut de nouvelles.

newshawk [-hɔ:k] *s.* U. S. journaliste.

newspaper [-z,peipə*] *s.* journal. *Newspaper cutting,* coupure de journal. *Newspaper heading,* rubrique de journal. POSTE *Newspaper rate,* tarif des imprimés, des périodiques; *newspaper wrapper,* bande de journal.

newsprint [-zprint] *s.* papier journal.

next [nekst] *adj.* prochain, suivant. BOURSE *Next account,* liquidation prochaine. BOURSE DE COMMERCE *Next (month),* (mois) prochain. BOURSE *End next,* fin prochain. *By next mail, by next post,* par le prochain courrier.

night [nait] *s.* nuit. POSTE *Night charge,* taxe téléphonique de nuit. *Night depository,* coffre de nuit. *Night gang,* équipe de nuit. *Night safe,* coffre de nuit. *Night service,* service de nuit. *Night shift,* équipe de nuit. *Night watchman,* veilleur de nuit.

nil [nil] *s.* rien, « néant ». *The balance is nil,* le solde est nul. BOURSE *Business is almost nil,* les affaires sont presque nulles.

ninety ['nainti] *adj.* quatre-vingt-dix. *Ninety-nine year lease,* bail emphytéotique.

no [nou] *adj.* pas de, point de. *No admittance,* défense d'entrer, entrée interdite. BANQUE *No advice,* défaut d'avis. " *No agents wanted* ", « Intermédiaires s'abstenir ». BOURSE *No bid,* pas demandé. *No cards,* le présent avis tient lieu de faire-part. *No change,* sans changement, statu quo. *"No change given",* « On est prié de faire l'appoint ». BOURSE *No dealings,* pas traité. *No dealings in coppers,* pas de transaction sur les cuprifères. *No effects,* sans provision. *No funds,* sans provision. *No goods exchanged,* les marchandises achetées ne sont pas échangées. *No noting,* sans frais (traite). *No occupation,* sans profession. FIN. *No-par stock,* action sans valeur nominale; *no-par value,* valeur non-pair. BOURSE *No quotation,* pas coté. POSTE *No reply,* ne répond pas. *No thoroughfare,* passage interdit.

noisy ['nɔizi] *adj.* bruyant. JUR. *Premises for carrying on noisy trades,* établissements incommodes.

nolle prosequi ['nəli'prɔsekwi] *expr. lat.* JUR. abandon de poursuites.

nomenclature [nou'menklətʃə*] *s.* nomenclature.

nominal ['nɔminl] *adj.* **1.** nominal. *Nominal capital,* capital nominal. *Nominal exchange,* change nominal. *Nominal value,* valeur nominale. — **2.** COMPT. *Nominal accounts,* comptes de choses. *Nominal ledger,* grand livre général. *Nominal accounts include the " Profit " and " Loss" account,* les comptes de choses comprennent le compte « Profits » et « Pertes ».

— **3.** de principe, insignifiant. BOURSE *Nominal market,* marché insignifiant. FIN. *Nominal transfer,* transfert gratuit. *For a nominal extra,* moyennant un supplément minime. *The rent of these premises is nominal,* le loyer de ces locaux est insignifiant.

nominate ['nɔmineit] *vt.* MAR. désigner. *Nominated ship,* navire désigné (pour le transport des marchandises).

nomination [,nɔmineiʃən] *s.* **1.** nomination. — **2.** liste de candidats, présentation de candidats.

non-acceptance ['nɔnək'septəns] *s.* **1.** FIN. non-acceptation (d'un effet). *There is non-acceptance when the acceptor does not assent to the drawer's order,* il y a non-acceptation lorsque le tiré refuse l'ordre de payer du tireur. *Bill protested for non-acceptance,* traite protestée faute d'acceptation. — **2.** MAR. *The master and the company waive the non-acceptance referred to in article 435 of the French Code of Commerce,* le capitaine et la Compagnie renoncent à la fin de non-recevoir de l'article 435 du Code de commerce français.

non-age ['nounidʒ] *s.* minorité.

non-appearance ['nɔnə'piərəns] *s.* JUR. non-comparution.

non-apportionable [-ə'pɔ:ʃnbl] *adj.* non distribuable. *Non-apportionable annuity,* annuité non versée en cas de décès.

non-arrival [-ə'raivəl] *s.* non-arrivée.

non-assessable [-ə'sesəbl] *adj.* non imposable.

non-assessment [-ə'sesmənt] *s.* non-imposition.

non-available [-ə'veiləbl] *adj.* non disponible.

non-bank place [-'bænk'pleis] *s.* place non bancable.

non-business day [-'biznisdei] *s.* jour férié, jour chômé.

non-claim [-'kleim] *s.* JUR. défaut de porter plainte dans les délais.

non-committal ['nɔnkə'mitl] *adj.* non compromettant, qui n'engage à rien. *The manager was very non-committal in his statement,* le directeur s'est montré très réservé dans sa déclaration.

non-cumulative [-'kju:mjulətiv] *adj.* non cumulatif. *Non-cumulative 6 % shares,* actions non cumulatives 6 %.

non-delivery [-di'livəri] *s.* non-livraison, souffrance.

non-disclosure [-dis'klouʒə*] *s.* JUR. réticence.

non-durable [-'djuərəbl] *adj.* périssable.

non-forfeiture [-'fɔ:fitʃə] *s.* non-déchéance, non-résiliation. ASS. *Non-forfeiture-clause,* clause de prolongation automatique.

non-interference [-,intə:'fiərəns] *s.* non-intervention.

non-liability [-,laiə'biliti] *s.* non-responsabilité. *Non-liability clause,* clause non-responsabilité.

non-marine [-mə'ri:n] *adj.* terrestre. *Non-marine insurance,* assurance terrestre.

non-official [-ə'fiʃəl] *adj.* officieux.

non-performance [-pə'fɔ:məns] *s.* non-exécution, inexécution.

non-profit [-'prɔfit] *adj.* sans but lucratif.

non-quoted [-'kwoutid] *adj.* BOURSE non coté.

non-recurring [-ri'kə:riŋ] *adj.* exceptionnel. *Non-recurring expenses,* dépenses exceptionnelles.

non-sale [-'seil] *s.* non-vente.

non-shipment [-'ʃipmənt] *s.* non-embarquement.

non-stop [-'stɔp] *adj.* sans arrêt. *Non-stop flight,* vol sans escale.

non-suit [-'sju:t] *s.* JUR. ordonnance de non-lieu.

non-suit *vt.* JUR. débouter.

non-taxable [-'tæksəbl] *adj.* non imposable.

non-transferable [-træns'fə:rəbl] *adj.* nominatif. *Non-transferable debentures,* obligations nominatives.

non-variable [-'vɛəriəbl] U. S. *adj.* fixe. *Non variable expenses,* frais fixes.

non-warranty clause [-'wɔrənti-'klɔ:z] *s.* clause de non-garantie.

non-wasting [-'weistiŋ] *adj.* indéfectible. *Non-wasting assets,* actif indéfectible.

notarial [nou'tɛəriəl] *adj.* **1.** notarial. — **2.** notarié. *Notarial charges,* compte de retour (sur les traites non acceptées). *Notarial charges not to be incurred,* sans compte de retour, sans frais. *Notarial ticket,* compte de retour.

notary ['noutəri] *s.* notaire. (N. B. Une partie des fonctions du notaire français, par exemple la rédaction des actes de cession, est dévolue au *solicitor,* en Angleterre.) *Notary's deed,* acte notarié. *Notary's fees,* frais de notaire. *Notary's office,* étude de notaire. *This deed of donation must be drawn up before a notary,* cet acte de donation doit être dressé pardevant notaire.

note [nout] *s.* **1.** note (pour mémoire). *Marginal note,* note en marge. *We have taken due note of it,* nous en avons pris bonne note. — **2.** lettre circulaire. *Advice note,* lettre d'avis. — **3.** FIN. : **a)** billet de banque. *Note printing press,* planche à billets; **b)** billet, mandat. *Note of hand,* billet à ordre. *Promissory note,* billet à ordre. — **4.** COMPT. : **a)** facture. *Note of expenses,* note de frais; **b)** bordereau. *Credit note,* bordereau de crédit, facture d'avoir. *Debit note,* bordereau de débit. *Discount note,* bordereau d'escompte. *The seller sends a credit note when goods have been overcharged,* le vendeur envoie une note de crédit quand des marchandises ont été comptées en trop. — **5.** TRANSPORTS bulletin, bon, permis. *Consignment note,* bulletin d'expédition, feuille d'expédition. *Dispatch note,* bulletin d'expédition, feuille d'expédition. *Receiving note,* bon à embarquer. *Shipping note,* permis d'embarquement. — **6.** BOURSE bordereau. *Broker's contract note,* bordereau d'agent de change. *Bought note,* bordereau d'achat (d'un courtier). — **7.** ASS. *Cover note,* note de couverture.

note *vt.* **1.** noter, constater. *Please note that,* veuillez noter que... — **2.** constater le défaut de paiement d'une traite. *To note protest,* dresser le protêt (d'une traite). *In France, when a bill is dishonoured, the notary public notes the fact on the face of the bill,* en France, le non-paiement d'une traite doit être constaté au recto de celle-ci par le notaire.

notice ['noutis] *s.* **1.** avis, notification, préavis. *Formal notice,* préavis dans les formes, mise en demeure. *Notice convening the meeting,* lettre de convocation. *Notice deposits,* dépôts exigibles sans préavis. *Notice is hereby given,* on communique... ASS. MAR. *Notice of abandonment,* avis de délaissement. *Notice of assessment,* feuille d'impôt. *Notice of dismissal,* lettre de licenciement. ASS. *Notice of injury,* déclaration d'accident (de personne). ASS. MAR. *Notice of interest declared,* bulletin d'aliment. ASS. *Notice of loss or damage,* déclaration de sinistre. *Notice of receipt,* avis de réception. *Term of notice,* délai de préavis. *At short notice,* à court terme. *At two months' notice,* à deux mois de préavis. *Until further notice,* jusqu'à nouvel avis. *Without (prior) notice,* sans préavis, sans dénonciation préalable. *To give notice of withdrawal of bonds,* appeler au remboursement des obligations. — **2.** mention. *The notices printed on this form,* les mentions imprimées sur ce formulaire. — **3.** congé (expiration du bail). *We gave our tenant notice (to quit),* nous avons signifié son congé à notre locataire. — **4.** délai, congé. — **5.** JUR. mise en demeure, sommation. *Notice to pay,* avertissement. *Peremptory notice,* mise en demeure formelle. *To serve a notice on s.o.,* signifier un arrêt à qqn.

notice *vt.* **1.** remarquer. — **2.** donner congé.

notice-board [-bɔ:d] *s.* tableau d'affichage.

notification [,noutifi'keiʃən] *s.* notification, avertissement, avis. *Notification of crediting,* avis de virement (au bénéficiaire). *Notification of debiting,* avis de débit. *Notification of protest,* notification de protêt.

notify ['noutifai] *vt.* notifier, avertir, aviser. *To notify the beneficiary,* notifier au bénéficiaire. JUR. *To notify s.o. of a decision,* signifier un arrêt à qqn. *The public are hereby notified that,* le public est informé par les présentes que... *All information concerning the crash should be notified to our company,* tous renseignements concernant l'accident doivent être communiqués à notre compagnie.

noting ['noutiŋ] *s.* relevé, constatation.

notions ['nouʃənz] *s. pl.* U. S. petites inventions ingénieuses.

novel ['nɔvəl] *adj.* nouveau. *We have not been faced with this novel task prior to this year,* nous allons avoir à faire face à cette tâche pour la première fois cette année.

novelty [-ti] *s.* nouveauté, fantaisie. *Novelty advertising,* publicité par articles-primes.

nudge [nʌdʒ] *vt.* U. S. relever. *Domestic inflationary pressures prompted the Central Bank to nudge the bank rate up another 1/2 point,* des poussées inflationnistes internes ont conduit la banque centrale à relever à nouveau le taux d'escompte de 1/2 point.

nuisance ['nju:sns] *s.* JUR. dommage, atteinte aux droits du public.

null [nʌl] *adj.* nul. *Null and void,* entaché de nullité. *To consider as null and void,* considérer comme nul et non avenu.

nullify ['nʌlifai] *vt.* annuler.

nullity [-iti] *s.* nullité, invalidité. *Nullity of a contract,* invalidité d'un contrat. *Plea of nullity,* demande en nullité.

number ['nʌmbə*] *s.* **1.** nombre. *Even number,* nombre pair. *Index number,* indice. *Odd number,* nombre impair. *Whole number,* nombre entier. — **2.** numéro. *Call number,* numéro d'appel. *File number,* numéro de référence. *Rotation number, running number,* numéro d'ordre. *Voucher numbers,* numéros des pièces justificatives (d'un dossier). POSTE *Wrong number,* faux numéro; "*number engaged*", « pas libre »; "*number, please?*", « qui demandez-vous ? ».

number *vt.* numéroter.

numbering [-riŋ] *s.* numérotage. *Numbering machine,* timbre numérateur, composteur.

numerator ['nju:məreitə*] *s.* numéroteur.

numerical [nju'merikəl] *adj.* numérique. *Numerical list,* bordereau numérique.

oath [ouθ] *s.* serment. *To administer the oath to s.o.,* faire prêter serment à qqn. *To declare on oath,* déclarer sous serment. *To take an oath* (JUR. *to take the oath*), prêter serment. *An exporter must take an oath to obtain a consular invoice,* pour obtenir une facture consulaire un exportateur doit prêter serment.

obedience [ə'bi:djəns] *s.* obéissance. *In obedience to your order,* conformément à votre commande.

obey [ə'bei] *vt.* obéir à. JUR. *To obey an order,* obtempérer à une sommation.

object ['ɔbdʒikt] *s.* objet, but, objectif. *The objects of a company,* l'objet d'une compagnie. *The object of this meeting is to...,* cette réunion a pour objet de. *With the sole object of,* à seule fin de.

object [əb'dʒekt] *vt.* objecter. *To object sth against s.o.,* objecter qqch. contre qqn. *To object sth to a proposal,* objecter qqch. contre une proposition.

object *vi.* **1.** faire objection à, désapprouver qqch. *We strongly object to postponing this decision,* nous désapprouvons fortement l'ajournement de cette décision. — **2.** JUR. récuser. *To object to a witness,* récuser un témoin.

objection [əb'dʒekʃən] *s.* **1.** objection, opposition. BOURSE *To lodge an objection to marks,* mettre une opposition à la cote. *To raise an objection,* soulever une objection. *To remove an objection,* écarter une objection. — **2.** inconvénient, obstacle. — **3.** JUR. récusation. *Objection to an arbitrator,* récusation d'arbitre.

obligate ['ɔbligeit] *vt.* JUR. imposer l'obligation de, astreindre à. FIN. *To obligate funds,* affecter des fonds.

obligation [,ɔbli'geiʃən] *s.* **1.** obligation, engagement. *To fulfil one's obligations,* tenir ses engagements, faire honneur à ses engagements. *To meet one's obligations,* tenir ses engagements, faire honneur à ses engagements. *To release from an obligation,* libérer d'une obligation, délier d'un engagement. *To undertake obligations,* contracter des obligations. *To withdraw from one's obligations,* se soustraire à ses obligations. *We are under the obligation to refer the matter to arbitration,* nous sommes dans l'obligation de soumettre cette question à arbitrage. — **2.** obligation, reconnaissance. *We are under an obligation to your firm,* nous avons des obligations envers votre société. — **3.** JUR. *Imperfect obligation,* obligation morale. *Joint and several obligation,* solidarité. *Perfect obligation,* obligation légale.

obligatory [ɔ'bligətəri] *adj.* obligatoire. JUR. *Writing obligatory,* obligation par acte notarié.

oblige [ə'blaidʒ] *vt.* **1.** JUR. obliger, astreindre. — **2.** obliger, faire une faveur. *An answer by return of post will oblige,* prière de bien vouloir répondre par retour du courrier. *We cannot oblige you in this matter,* nous ne pouvons vous être agréables en cette circonstance. — **3.** *To be obliged to :* **a)** JUR. être tenu de. *Holders of deposit accounts are obliged to give notice before withdrawing their balance,* les titulaires de comptes de dépôts à terme sont tenus de donner un préavis avant de retirer leur solde ; **b)** savoir gré. *We should be much obliged,* nous vous saurions infiniment gré de.

obligee [,ɔbli'dʒi:] *s.* JUR. obligataire.

obligor [,ɔbli'gɔ:*] *s.* JUR. obligé.

obliterate [ə'blitəreit] *vt.* oblitérer.

obliteration [ə,blitə'reiʃən] *s.* oblitération.

observance [əb'zə:vəns] *s.* observation, respect (d'un règlement). *Non-observance of conditions,* non-respect des conditions.

observation [,ɔbzə'veiʃən] *s.* observation, remarque. *We should like to have your observations on this matter,* nous aimerions que vous nous fassiez part de vos remarques sur ce point.

observe [əb'zə:v] *vt.* observer, respecter.

observer [-ə*] *s.* observateur.

obsolete ['ɔbsəli:t] *vt.* U. S. rendre désuet.

obtain [əb'tein] *vt.* obtenir, se procurer. BOURSE *The prices obtained to-day,* les cours réalisés aujourd'hui.

obtain *vi.* être en vigueur, être applicable. *This method does not obtain on the London Bourse,* ce système n'est pas en vigueur à la Bourse de Londres.

obverse ['ɔbvə:s] *s.* avers, face (d'une monnaie).

occasion [ə'keiʒən] *s.* occasion, circonstance. JUR. *As occasion requires,* à telle fin que de raison.

occasional [ə'keiʒnl] *adj.* occasionnel, intermittent. *Occasional hand,* surnuméraire, main-d'œuvre supplémentaire.

occupant ['ɔkjupənt] *s.* **1.** JUR. preneur occupant. — **2.** titulaire. *Occupant of an office,* titulaire d'une fonction.

occupation [,ɔkju'peiʃən] *s.* **1.** profession. *Occupation accident,* accident du travail. *To be in a reserved occupation,* avoir une affectation spéciale. — **2.** occupation. *House fit for occupation,* maison habitable.

occupational [-ənl] *adj.* professionnel. *Occupational disease,* maladie professionnelle. *Occupational injury,* accident du travail.

ocean ['ouʃən] *s.* océan. *Ocean bill of lading,* connaissement maritime. *Ocean carrying trade,* grande navigation. *Ocean freight,* fret au long cours. *Ocean going ship,* navire au long cours, long-courrier. *Ocean navigation,* navigation au long cours.

odd [ɔd] *adj.* **1.** impair. *Odd money,* appoint. — **2.** dépareillé. *Odd lot,* solde. — **3.** spécial. *Odd size,* dimension spéciale.

oddments ['ɔdmənts] *s. pl.* articles dépareillés, fins de série, articles en solde.

off [ɔ:f] *adj.* **1.** subsidiaire. *Off issue,* question annexe. *Off street,* rue secondaire. — **2.** inactif. *Off day,* jour de congé. *Off season,* morte saison. — **3.** *For off consumption,* « à emporter ».

off *prép.* BOURSE *To be off,* être en baisse. *To grant 3 % off for prompt cash payment,* faire une remise de 3 % pour paiement comptant. *To take sth off the price,* rabattre qqch. sur le prix.

offence [ə'fens] *s.* JUR. délit.

offer ['ɔfə*] *s.* offre. *Excess offer,* offre excédentaire. *Sampled offer,* offre avec échantillon. BOURSE *To be on offer at,* être offert à. *To make a tentative offer,* faire une ouverture. *To take advantage of an offer,* profiter d'une offre. *This offer is firm till,* cette offre est valable jusque.

offer *vt.* offrir, proposer. JUR. *To offer a plea,* exciper d'une excuse. *To offer for sale,* mettre en vente. BOURSE *Prices offered,* cours offerts.

offerer [-rə*] *s.* offreur.

office ['ɔfis] *s.* **1.** bureau. *Office holder,* fonctionnaire, titulaire d'un poste. *Office of issue,* bureau d'émission. *Office premises,* locaux pour bureaux. *Office requisites,* fournitures de bureau. *Office staff,* personnel de bureau. *After office hours,* après les heures de bureau. *Fire office,* compagnie d'assurance contre l'incendie. *Head office,* bureau central, siège principal, siège social. *Registered office,* siège social. *Registration office,* bureau d'enregistrement. *Registry office,* bureau de l'état civil. — **2.** fonctions, charge. *The longest in office,* le plus ancien. — **3.** Ass. *Office limit,* plein. *Office premium,* prime brute.

officer ['ɔfisə*] *s.* **1.** officier. — **2.** U. S. *(Company-)officer,* cadre supérieur, membre de la direction (responsable devant le conseil d'administration, mais n'en faisant généralement pas partie). — **3.** agent. *Customs officer,* agent des douanes, douanier. *Officer of taxes,* agent des contributions directes.

official [ə'fiʃəl] *adj.* officiel. *Official assignee,* syndic de faillite. BOURSE *Official buying in,* rachat officiel; *official buying in against a seller,* exécution d'office d'un vendeur; *official closing,* liquidation d'office; *official list,* cote officielle. *Official rate,* taux officiel. *Official receiver,* syndic de faillite, administrateur séquestre, administrateur judiciaire. *Semi-official,* officieux.

official *s.* fonctionnaire, cadre.

officially [-li] *adv.* officiellement.

offset ['ɔ:fset] *s.* **1.** compensation, dédommagement, par contre (pour une perte), contrepartie. — **2.** COMPT. compensation (d'une écriture).

offset *vt.* compenser, contrebalancer. *Offsetting transactions,* transactions compensatoires. *Loans can be offset against corporation tax,* les prêts peuvent venir en déduction de l'impôt sur les sociétés. *These losses are offset by profits higher* *than we expected,* ces pertes sont compensées par des profits plus élevés que prévus.

offtake [-teik] *s.* écoulement (de marchandises).

oil [ɔil] *s.* **1.** huile. *Lubricating oil,* huile de graissage. — **2.** pétrole. *Oil port,* port pétrolier. BOURSE *Oil shares (= oils),* [valeurs] pétrolifères, les pétroles. *Oil-ship, oil-tanker,* pétrolier. *Oil yard,* chantier pétrolier. *Crude oil, fuel oil,* mazout, pétrole brut.

oiler [-ə*] *s.* pétrolier (navire).

old [ould] *adj.* **1.** vieux. *Old age insurance,* assurance vieillesse. *Old age pension fund,* caisse de retraite vieillesse. — **2.** ancien. *Old balance,* solde ancien. *Old shares,* actions anciennes. ASS. MAR. *Without deduction new for old,* sans déduction (pour différence) du vieux au neuf.

omission [o'miʃən] *s.* omission. *Errors and omissions excepted (E. & O.E.),* sauf erreur et omission.

omnibus ['ɔmnibəs] *s.* omnibus. DOUANES *Omnibus package,* plusieurs envois réunis sous une même enveloppe.

omnium ['ɔmniəm] *s.* omnium.

on [ɔn] *prép.* sur. *On account of,* pour cause de. *On account of death,* pour cause de décès. *On account of removal,* pour cause de déménagement. *On application :* **a)** sur demande ; **b)** par souscription. *On approval,* à condition (achat). *On behalf,* au nom de. *An agent acts on behalf of his principal,* un agent agit au nom de son commettant. *On business,* pour affaires. *On consignment,* en consignation. *On credit,* à crédit. *On delivery,* contre livraison. *Cash on delivery parcel,* envoi contre remboursement. *On examination,* après examen. *On grounds of,* pour raisons de. *On hire,* à louer. *On joint account,* pour compte commun. *On passage,* sous voile. *On receipt of,* au reçu de. *On record,* pour mémoire. *On request,* sur demande. *On sale or return,* à condition (achat). FIN. *On tap,* robinet ouvert. *On the hoof,* sur pied (bétail).

on-carriage [-'kæridʒ] *s.* réexpédition.

on-carrier [-'kæriə*] *s.* transport successif.

on-cost charges [-kɔst'tʃɑːdʒiz] *s. pl.* frais généraux (dans l'établissement des prix de revient, par opposition aux frais spéciaux).

one [wʌn] *adj.* seul, unique. *One-man company,* société à personne unique. *One-man market,* marché fermé. *One-price store,* magasin à prix unique. U. S. *One shop lay-out,* production groupée.

one *s.* BOURSE et FIN. unité. *In ones and in denominations of,* en unités et en coupures de.

onerous ['ɔnərəs] *adj.* onéreux. *By onerous title,* à titre onéreux.

one-sided ['wʌn'saidid] *adj.* unilatéral. *One-sided decision,* décision unilatérale.

onus ['ounəs] *s.* responsabilité. JUR. *Onus of proof,* fardeau de la preuve. *The onus of proof is upon the claimant,* la charge de la preuve incombe au demandeur.

open ['oupən] *adj.* ouvert. *Open account :* **a)** compte ouvert (non réglé) ; **b)** compte courant. *" Open account " terms,* conditions de paiement, valeur en compte. *Open all the year round,* ouvert toute l'année. *Open charge account,* compte ouvert. *Open cheque,* chèque non barré. ASS. *Open cover,* couverture d'abonnement. *Open credit,* crédit à découvert, sur notoriété. *Open general licence,* toutes licences accordées. *Open market,* marché libre. *Open market discount rate,* taux d'escompte hors banque. *Open market rate,* cote du marché libre. ASS. MAR. *Open policy,* police ouverte, non évaluée ; *open policy for a specific amount,* police à forfait. *Open working mine,* mine à ciel ouvert. *An open policy leaves the sum payable to be adjusted when damage occurs,* dans le cas d'une police ouverte, la somme à verser est déterminée lorsque survient l'avarie. — **2.** disposé à. *We are not open to buy this article at present,* nous ne sommes pas disposés à acheter cet article pour le moment. — **3.** JUR. *Open and shut case,* cas très simple. *Open contract,* contrat non entièrement conclu. — **4.** U. S. *Open end investment trust,* société d'investissement dont les certificats en nombre indéterminé sont remboursables. (V. CLOSED.)

open *vt.* ouvrir. " *Open here* ", « côté à ouvrir ». *To open an account with* (ou *at*) *a bank,* ouvrir un compte en banque. *To open bankruptcy proceedings,* ouvrir la faillite. JUR. *To open the case,* exposer les faits.

open *vi.* ouvrir, s'ouvrir. BOURSE *These shares opened below par,* ces actions ont ouvert en-dessous du pair.

open-shop [-ʃɔp] *s.* U. S. usine employant de la main-d'œuvre syndiquée et non syndiquée.

open up [-ʌp] *vt.* ouvrir (une maison de commerce). *We intend opening up a new branch,* nous avons l'intention d'ouvrir une nouvelle succursale.

opening [-iŋ] *s.* **1.** ouverture. *Opening balance sheet,* bilan d'entrée, d'ouverture. *Opening capital,* capital initial. COMPT. *Opening entry,* écriture d'ouverture. BOURSE *Opening of applications,* ouverture de la souscription. BOURSE *Opening price :* **a)** cours d'ouverture, premier cours; **b)** cours d'introduction (d'une nouvelle valeur). — **2.** JUR. exposition des faits. — **3.** débouché.

operate ['ɔpəreit] *vt.* exploiter, gérer, diriger. *Our manager has been operating the firm for over twenty years,* notre directeur gère la société depuis plus de vingt ans.

operate *vi.* opérer. BOURSE *To operate for a fall,* spéculer à la baisse. BOURSE *Broker who operates against his client,* courtier qui fait de la contrepartie.

operating [-iŋ] *s.* exploitation. *Operating capital,* capital d'exploitation. *Operating costs,* frais d'exploitation. *Operating deficit,* déficit d'exploitation. *Operating losses,* pertes d'exploitation. *Operating profit,* bénéfices d'exploitation. *Operating ratio,* coefficient d'exploitation. *Operating statement,* comptes d'exploitation.

operation [,ɔpəreiʃən] *s.* **1.** opération, fonctionnement. *Operations research,* recherche opérationnelle. *Credit operation,* opération à terme. *To come into operation :* **a)** commencer à fonctionner; **b)** entrer en vigueur. — **2.** MAR. exploitation d'un navire. — **3.** U. S. *Operation sheet :* **a)** fiche d'instruction; **b)** données de fabrication.

operative ['ɔpəreitiv] *adj.* actif. *The raising of our tariffs will become operative on the 1st October next,* la hausse de nos tarifs sera effective le 1er octobre prochain.

operative *s.* U. S. ouvrier.

operator ['ɔpəreitə*] *s.* **1.** téléphoniste. — **2.** boursier. — **3.** U. S. conducteur de machine.

opinion [ə'pinjən] *s.* opinion, avis. *Opinion-poll,* sondage d'opinion. *The financial opinion,* les milieux financiers. JUR. *To take counsel's opinion,* consulter un avocat.

opinionaire [-nɛə*] *s.* questionnaire pour sondage d'opinion.

opportunity [,ɔpə'tju:niti] *s.* **1.** occasion. *To neglect the opportunity,* laisser passer l'occasion. *When the opportunity offers,* si l'occasion se présente. — **2.** possibilités. *To reach the height of one's opportunity,* atteindre son développement maximal.

oppose [ə'pouz] *vi.* s'opposer à. JUR. *To oppose an action,* s'opposer à un acte. *To oppose the proposal,* soutenir la contrepartie.

opposite ['ɔpəzit] *adv.* ci-contre.

optimize ['ɔptimaiz] *vt.* porter à la perfection, optimiser. *The computer can be used in optimizing the manufacturing process,* l'ordinateur peut servir à perfectionner au plus haut point le processus de fabrication.

option ['ɔpʃən] *s.* **1.** option, choix. *Option money,* acompte préférentiel. *Sale with option of repurchase,* vente à réméré. *At charterer's option,* à l'option de l'affréteur. *At your option,* à votre choix. *We have no option,* nous n'avons pas le choix. — **2.** BOURSE prime. *Option bargains,* opérations à prime. *Option day,* jour de la réponse des primes. *Option dealings,* opérations à prime. *Option declaration,* réponse des primes. *Option money,* coût d'option. *Option price,* cours de la prime. *Option rate,* taux de la prime. *Option to double,* marché à facultés. *Buyer's option,* marché à prime pour lever. *Buyer's option to double,* faculté de lever double, doublé. *Buyer's option to quadruple,* faculté de lever quadruple, quadruplé. *Call option,* dont, (marché à) prime pour lever. *Giver to an option,* optionnaire. *Put option,* ou, (marché à) prime pour livrer. *Put and call option,* double prime. *Seller's option,* marché à prime pour livrer. *Seller's option to double,* faculté de livrer double. *Taker of an option,* optant. — **3.** **options** *s. pl.* BOURSE DE COMMERCE livrable.

optional [-l] *adj.* facultatif.

oral ['ɔ:rəl] *adj.* oral. JUR. *Oral evidence,* preuve testimoniale.

order ['ɔ:də*] *s.* **1.** mandat, bon. POSTE *Collecting order,* mandat de recouvrement. *Delivery order,* bon de livraison. *Landing order,* bon de débarquement. POSTE *Postal order,* bon de poste (n'existe plus en France). *Trade charge money-order,* mandat de remboursement. — **2.** rang, ordre. *Order of magnitude,* ordre de grandeur. *Accounts kept in order,* comptes en règle. — **3.** commande, ordre. BOURSE *Order at best,* ordre au mieux ; *order at closing price,* ordre au dernier cours ; *order at current price,* ordre au cours ; *order at opening price,* ordre au premier cours. *Order blank,* bulletin de commande. *Order-book,* carnet de commandes. *Order cheque,* chèque à ordre. *Order clause,* clause à ordre. *Order form,* bulletin de commande. BOURSE *Order for the account (for the settlement),* ordre à terme. *Orders in (on) hand,* commandes en cours. *Order paper,* effet à ordre. *Order position,* état des commandes, situation des commandes. *Order to transfer,* ordre de virement. *Additional order,* commande supplémentaire. *Buying order,* ordre d'achat. *Cable order,* ordre télégraphique. *Cash order,* ordre au comptant. *Contingent order,* ordre lié. *Firm order,* commande ferme. *Limited order,* ordre limité. *Selling order,* ordre de vente. *Standing order,* ordre permanent, paiement périodique. *Stock-Exchange order,* ordre de Bourse. *Stock order,* ordre en titre. *Stop loss order,* ordre stop loss. *Trial order,* commande d'essai. *As per your order,* conformément à votre ordre. *By order and for the account of,* d'ordre et pour compte de. *To Mr. Smith or order,* à M. Smith ou à son ordre. *To our own order,* à l'ordre de moi-même. *To book an order,* noter une commande. *To cancel an order,* annuler une commande. *To execute an order,* exécuter une commande. *To place an order with,* passer commande à. *To put on order,* passer commande, commander. — **4.** ordre, instruction. *Orders sent out by our head office,* ordres émanant de notre siège principal. *Until further orders,* jusqu'à nouvel avis. — **5.** JUR. ordonnance, arrêté. *Departmental order,* arrêté ministériel. *To issue an order,* prendre un arrêté. — **6.** *Routing order,* feuille de route.

order *vt.* commander. JUR. *To be ordered to pay the costs,* être condamné aux dépens.

order back [-bæk] *vt.* rappeler qqn.

ordinance ['ɔ:dinəns] *s.* JUR. : **a)** ordonnance ; **b)** décret ministériel.

ordinary ['ɔ:dnri] *adj.* ordinaire. ASS. *Ordinary average,* avaries particulières. *Ordinary creditor,* créancier ordinaire. *Ordinary shares,* actions ordinaires.

ore [ɔ:*] *s.* minerai.

organization [,ɔ:gənai'zeiʃən] *s.* organisation. *Business organization,* organisation des entreprises. *Field organization,* état-major régional, succursale, filiale. *Line organization,* organisation verticale. *Staff organization,* organisation horizontale.

organize ['ɔ:gənaiz] *vt.* organiser. *Organized labour,* les syndicats.

origin ['ɔridʒin] *s.* origine, provenance. *Certificate of origin,* certificat d'origine. *Country of origin,* pays d'origine. *The certificate of origin allows the buyer* *to take advantage of preferential rates when a customs agreement has been passed,* le certificat d'origine permet à l'acheteur de bénéficier de tarifs préférentiels en cas d'accord douanier.

original [ə'ridʒənl] *adj.* d'origine, primitif. *Original capital,* capital d'origine. *Original document :* **a)** JUR. primordial; **b)** pièce comptable, primata. *Original invoice,* facture originale. *Original packing,* emballage d'origine. *Original stamped B/L,* connaissement chef. *Original subscriber,* souscripteur primitif.

original *s.* **1.** original. — **2.** primata d'une traite.

originate [ə'ridʒineit] *vt.* créer, être le promoteur de.

originate *vi.* avoir pour origine.

other side ['ʌðə'said] *s.* BOURSE contrepartie. *A broker being a true middleman, his client (seller or buyer) is usually unaware of the other side,* un courtier étant un véritable intermédiaire, son client (acheteur ou vendeur) ne connaît généralement pas la contrepartie.

ouster ['austə*] *s.* JUR. éviction.

out [aut] *adv.* dehors. *To be out :* **a)** être dans l'erreur. *You are four pounds out,* il y a une erreur de quatre livres dans vos comptes. *We were not far out in our estimates,* nous ne nous sommes pas trompés de beaucoup dans nos prévisions budgétaires; **b)** manquer de. *We are out of this article,* nous sommes à court de cet article.

outbid [-bid] *vt.* surenchérir.

outbound [-baund] *adj.* MAR. en partance.

outbuildings [-bildiŋz] *s. pl.* dépendances.

outclearing book [aut'kliəriŋ'buk] *s.* COMPT. livre du dehors.

outcome ['autkʌm] *s.* résultat.

outdo [aut'du:] *vt.* surpasser, l'emporter sur.

outdoor staff ['autdɔ:'stɑ:f] *s.* personnel extérieur.

outer ['autə*] *adj.* extérieur. *Outer port,* avant-port.

outfit [-fit] *s.* équipement.

outfit *vt.* équiper.

outfitter [-ə*] *s.* marchand de vêtements de confection.

outfitting [-iŋ] *s.* équipement. *Outfitting department,* rayon de confection.

outflow [-flou] *s.* sortie. *An outflow of exchange,* une sortie de devises.

outgoing [-,gouiŋ] *adj.* au départ. *Outgoing mail,* courrier au départ.

outgoing *s.* **1.** sortie. *Outgoing inventory,* inventaire de sortie. — **2. outgoings** *s. pl.* débours, dépenses.

outhouse [-haus] *s.* dépendance.

outlay [-lei] *s.* dépenses, débours. *Capital outlay,* dépenses d'établissement. *A considerable outlay of capital,* une mise de fonds considérable.

outlet ['autlet] *s.* débouché.

outline ['autlain] *s.* tracé, grandes lignes. *Outline law,* loi-cadre.

outline *vt.* tracer, esquisser.

outlook ['autluk] *s.* perspective. *Outlook envelope,* enveloppe à fenêtre. *The outlook is not promising,* la perspective n'est pas encourageante.

output [-put] *s.* rendement, production. *Fall in output,* diminution de la production. *Output bonus,* prime de rendement.

outrun [-'rʌn] *vt.* distancer.

outset [-set] *s.* commencement. *At the outset,* à l'origine.

outside [-'said] *adj.* **1.** extérieur. *Outside broker,* courtier marron, coulissier, courtier libre. *Outside market,* marché en coulisse. *Outside measurements,* dimensions hors d'œuvre. — **2.** FIN. maximum. *Outside prices,* prix maximaux.

outside *s.* extérieur. U. S. *At the outside,* tout au plus.

outsider [-ə*] *s.* BOURSE courtier marron.

outstanding [-'stændiŋ] *adj.* **1.** dominant, marquant. — **2.** FIN. arriéré, échu, à recouvrer. *Outstanding account,* compte en souffrance. *Outstanding capital stock,* capital-actions en circulation. *Outstanding debts (claims),* créances à recouvrer.

outturn report [-tə:nri'pɔ:t] *s.* bordereau de débarquement.

outward ['autwəd] *adj.* de sortie. *Outward B/L,* connaissement de sortie. *Outward cargo,* cargaison d'aller. *Outward entry,* déclaration de sortie. *Outward freight,* fret d'aller. *Outward half,* coupon d'aller. *Outward mail department,* service de l'expédition. *Outward manifest,* manifeste de sortie.

over ['ouvə*] *s.* FIN. boni, excédent.

overage [-ridʒ] *s.* U. S. excédent, surplus.

overall ['ouvərɔ:l] *adj.* **1.** hors tout. *Overall measurements,* mesures hors tout. — **2.** d'ensemble, global. *We are working on an overall plan to improve the output of our branch,* nous travaillons à un plan d'ensemble pour améliorer le rendement de notre succursale.

overassessment [-ə'sesmənt] *s.* COMPT. trop-perçu.

over-capacity [-kə'pæsiti] *s.* surcapacité.

over-capitalize [-kə'pitəlaiz] *vt.* surcapitaliser.

over-charge [-'tʃɑ:dʒ] *s.* survente, majoration excessive (des prix).

overcharge *vt.* surcharger, compter en trop. *When goods are overcharged on an invoice, the seller sends a credit note,* lorsque des marchandises sont comptées en trop sur une facture, le vendeur envoie un bordereau de crédit.

overcharge *vi.* survendre.

overcheck [-tʃek] *vt.* U. S. mettre à découvert.

overdebit [-debit] *vt.* débiter en trop.

overdraft [-drɑ:ft] *s.* découvert. *Overdraft commission,* commission de découvert.

overdraw [-'drɔ:] *vt.* mettre à découvert. *Overdrawn account,* compte à découvert, désapprovisionné.

overdue [-'dju:] *adj.* **1.** arriéré. — **2.** en retard. *The train is 25 minutes overdue,* le train a 25 minutes de retard.

over-employment [-im'plɔimənt] *s.* suremploi.

over-estimate [-'estimit] *s.* surélévation.

over-estimate [-'estimeit] *vt.* surestimer.

overhaul [-'hɔ:l] *vt.* vérifier, réviser.

overhauling [-iŋ] *s.* remise en état.

overhead ['ouvəhed] *adj.* aérien, forfaitaire, général. *Overhead expenses,* frais généraux. *Overhead price,* prix forfaitaire. *Overhead system,* système suspendu.

overhead *s.* U. S. frais généraux. *Factory (manufacturing) overhead,* frais de fabrication.

over-insurance [-'inʃuərəns] *s.* surassurance.

over-insure [-'inʃuə*] *vt.* surassurer.

overlap ['ouvəlæp] *vt.* et *vi.* chevaucher. COMPT. *This entry overlaps the former one,* cette écriture fait double emploi avec la précédente.

overleaf ['ouvə'li:f] *adv.* au verso.

overload [-'loud] *vt.* surcharger.

overloading [-iŋ] *s.* surcharge.

overlook [,ouvə'luk] *vt.* **1.** surveiller. *The foreman overlooks the work,* le chef d'équipe surveille le travail. — **2.** négliger, oublier. *You overlooked a line on your invoice,* vous avez oublié un article sur votre facture.

overlooker [-ə*] *s.* contremaître.

overpay [-'pei] *vt.* surpayer.

overpayment [-'peimənt] *s.* surpaye.

overproduction ['ouvəprə'dʌkʃən] *s.* surproduction.

overrate ['ouvə'reit] *vt.* **1.** surfaire. — **2.** surtaxer.

override [,ouvə'raid] *vt.* **1.** outrepasser. *To override one's commission,* outrepasser ses pouvoirs. — **2.** l'emporter sur. *The new departmental order overrides the former,* le nouvel arrêté ministériel annule le précédent.

overrule [,ouvə'ru:l] *vt.* JUR. annuler.

oversea ['ouvə'si:] *adj.* d'outre-mer.

oversea *adv.* outre-mer.

overseer ['ouvəsiə*] *s.* contremaître.

oversell [-sel] *vt.* BOURSE survendre. *To be in an oversold position,* être en (situation de) survente.

oversight [-sait] *s.* **1.** omission. *Through an oversight,* par négligence. — **2.** surveillance. JUR. *Rights of oversight,* droits de tutelle.

overspending [-'spendiŋ] *s.* financement par des ressources de trésorerie, impasse.

overstate [-'steit] *vt.* exagérer.

over-subscribed [-səb'skraibd] *adj.* sursouscrit.

overt ['ouvə:t] *adj.* JUR. manifeste.

overtax ['ouvə'tæks] *vt.* surimposer.

overtime ['ouvətaim] *s.* heures supplémentaires.

overvaluation ['ouvə,vælju'eiʃən] *s.* surévaluation.

overweight [-'weit] *adj.* **1.** au-dessus du poids réglementaire. *Overweight luggage,* excédent de bagage. — **2.** FIN. *Overweight money,* monnaie forte.

overweight *s.* surpoids.

owe [ou] *vt.* être redevable de. *I.O.U.* (abrév. de *I owe you*), reconnaissance de dette. *We owe your address to Mr. Smith,* nous sommes redevables de votre adresse à M. Smith.

owing [-iŋ] *s. adj.* dû. *Rent owing,* loyer échu. *Sums owing to us,* sommes qui nous sont dues.

owing *prép. Owing to,* à cause de.

own [oun] *vt.* posséder.

owner [-ə*] *s.* **1.** propriétaire. JUR. *Rightful owner,* ayant droit. *Sent at owner's risk,* expédié aux risques et périls du destinataire. — **2.** MAR. : **a)** armateur. (N.B. Le mot anglais *owner* couvre les notions d' « armateur », de « fréteur » et de « propriétaire ».) *Owner and charterer,* fréteur et affréteur. *Owner-charterer,* armateur-affréteur; **b)** quirataire. — **3.** **owners** [-z] *s. pl.* MAR. armement (les professionnels de l'armement).

ownership [-ʃip] *s.* propriété. *Change of ownership,* changement de propriétaire.

p

pack [pæk] *vt.* **1.** emballer. *Packed shipment,* envoi à couvert. — **2.** conserver.

package ['pækidʒ] *s.* **1.** colis. MAR. *Consular packages,* plis consulaires. — **2.** emballage. — **3.** *Package deal,* concession, compromis.

package *vt.* U. S. mettre en boîte, etc.

packer [-ə*] *s.* emballeur.

packet ['pækit] *s.* **1.** paquet. *Insured packet,* paquet de valeur déclarée. *Registered packet,* paquet recommandé. — **2.** paquebot. — **3.** *Pay packet,* masse salariale.

packing [-iŋ] *s.* **1.** emballage. *Packing cardboard,* carton d'emballage. *Packing charges,* frais d'emballage. *Packing cloth,* toile d'emballage. *Packing crate,* caisse à claire-voie. *Packing extra,* emballage en sus. *Packing included,* emballage compris. *Packing list,* note de colisage, spécification d'emballage. *Packing to be* *returned,* emballage à retourner. *Defective packing,* emballage défectueux. *Original packing,* emballage d'origine. *Seaworthy packing,* emballage maritime. — **2.** U. S. mise en conserve.

pack-wool [-'wu:l] *s.* laine en balles.

pad [pæd] *vt.* U. S. FAM. gonfler un budget.

pad-stamp [-'stæmp] *s.* timbre humide.

page [peidʒ] *vt.* **1.** paginer. — **2.** mettre en pages. — **3.** COMPT. paginer à livre fermé.

paginate ['pædʒineit] *vt.* paginer.

pagination [,pædʒi'neiʃən] *s.* **1.** pagination. — **2.** COMPT. pagination à livre fermé.

paging ['peidʒiŋ] *s.* pagination.

paid [peid] *adj.* **1.** salarié. — **2.** payé. *Paid bills,* rentrées. *Paid cash book,* main courante de sortie. CH. DE FER *Paid on charges,* débours, déboursés. *Paid up,* libéré. *Paid up capital,* capital versé. *Capital of which 40 % is paid up,* capital libéré de 40 %. *Fully paid up share,* action intégralement libérée. *Partly paid up share,* action non entièrement libérée. (N. B. En Angleterre, le prix réel de l'action est porté sur le bulletin de la Bourse.)

pallet ['pælit] *s.* palette. *Thanks to pallets many cases can be lifted up at the same time,* grâce aux palettes, de nombreuses caisses peuvent être soulevées en même temps.

palletization [-tai'zeiʃən] *s.* gerbage, palettisation.

panel ['pænl] *s.* **1.** comité. *Panel-discussion,* conférence-discussion. — **2.** liste des médecins affiliés à la Sécurité sociale. *Panel-doctor,* médecin des assurances sociales. *Panel-patient,* malade assuré social.

paper ['peipə*] *s.* **1.** papier. *Paper-clip,* attache de bureau. *Paper-mill,* fabrique de papier. FIN. *Paper profit,* bénéfices fictifs. *Commercial papers,* papiers d'affaires. *Lined paper,* papier réglé. *Tissue paper,* papier pelure. — **2.** papier (traite). *Paper securities,* papiers valeurs. *Bearer paper,* papier au porteur. *Guaranteed paper,* papier fait. *Negotiable paper,* papier commerçable. *Short paper,* papier à courte échéance. *Trade paper,* papier commercial. — **3.** papier, pièce. *White paper,* livre blanc. *The ship's papers include the certificate of registry and the crew-list,* les pièces de bord comprennent le certificat d'immatriculation et le rôle d'équipage.

par [pɑ:*] *s.* pair. *Par of exchange,* pair intrinsèque, pair au change. *Par value,* valeur au pair. *Commercial par,* pair commercial. *To be above par,* être au-dessus du pair. *To be at par,* être au pair. *To be below par,* être au-dessous du pair. *Securities are repayable at par when they are bought back at their nominal value,* des valeurs sont remboursables au pair lorsqu'elles sont reprises à leur valeur nominale.

paragraph ['pærəgrɑ:f] *s.* **1.** paragraphe. " *New paragraph* ", « à la ligne ». — **2.** JOURN. entrefilet.

parcel ['pɑ:sl] *s.* **1.** colis. *Parcels cartage,* factage. *Parcels delivery company,* entreprise de factage, messageries. *Parcel on hand,* colis en souffrance. *Parcels service,* messageries. *Parcels train,* train de messageries. *Cash on delivery parcel,* colis contre remboursement. *Insured parcel,* colis chargé. *Post free parcel,* colis en franchise. — **2.** lot de marchandises, etc. *Parcel of shares,* lot d'actions.

parcel out [-aut] *vt.* lotir.

parcelling [-iŋ] *s.* lotissement.

parent ['pɛərənt] *adj.* de base. *Parent company,* société mère.

parity ['pæriti] *s.* parité. *Parity table,* table des parités. *Parity value,* valeur au pair. *Exchange parities,* parités du change. *Purchasing power parity,* parité du pouvoir d'achat.

part [pɑ:t] *s.* part, portion. MAR. *Part cargo charter,* affrètement partiel ; *part owner,* coarmateur. *Part payment,* paiement partiel. *In part payment,* à valoir. MAR. *Part shipments allowed,* expéditions partielles autorisées. CH. DE FER *Part truck load,* wagon incomplet.

part with [-wið] *vi.* JUR. aliéner.

partial ['pɑ:ʃəl] *adj.* partiel. *The acceptance of a bill may be general or partial,* l'acceptation d'une traite peut être pure et simple ou partielle.

partially [-əli] *adv.* partiellement.

participant [pɑ:'tisipənt] *s.* participant.

participate [-peit] *vi.* participer (*in,* à).

participation [pɑ:,tisi'peiʃən] *s.* participation. *Participation account,* compte en participation. *Participation in profits,* participation aux bénéfices. *Participation loan,* crédit syndical.

particular [pə'tikjulə*] *adj.* **1.** particulier, spécial. *Particular lien,* privilège spécial. JUR. *Particular power,* procuration spéciale. — **2.** circonstancié. — **3.** exigeant. *We are very particular as to punctuality of payment,* nous sommes très exigeants pour la date de paiement. — **4.** ASS. MAR. *Particular average,* avarie particulière. *Unavoidable damage resulting from sea risks is known as "particular average",* les sinistres inévitables résultant de risques de mer sont appelés « avaries particulières ».

particular *s.* **1.** détail, renseignement. *Particulars of sale,* cahier des charges. *For further particulars apply to,* pour plus de détails, s'adresser à... — **2.** COMPT. libellé. *Particular column,* colonne de libellé. *Particulars of an entry,* libellé d'un article.

partition [pɑ:'tiʃən] *s.* cloison.

partly ['pɑ:tli] *adv.* partiellement. *Partly paid up shares,* actions non entièrement libérées.

partner ['pɑ:tnə*] *s.* associé. *Partner in joint account,* coparticipant. *Active (acting) partner,* commandité. *Limited partner,* commanditaire. *Managing partner,* associé gérant. *Silent partner,* commanditaire. *Sleeping partner,* commanditaire.

partnership [-ʃip] *s.* (*firm*) société en nom collectif. *Partnership deed,* contrat de société. *Partnership limited by shares,* société en commandite par actions. *Limited partnership,* société en commandite simple. *Particular partnership,* association en participation. *Special partnership,* association en participation. *The partnership act limits the numbers of partners to ten in the case of a banking business,* la loi sur les sociétés en nom collectif limite le nombre des associés à dix pour une maison de banque.

party ['pɑ:ti] *s.* **1.** JUR. partie. *The parties concerned,* les parties en cause. *Parties entitled,* ayants droit. *Party of the first,* le comparant d'une part. *Party of the second,* le comparant d'autre part. *Intervening party,* partie intervenante. *Opposing party,* partie adverse. *The willing party,* la partie la plus diligente. *Third party,* tiers. — **2.** FIN. *The party named,* l'accrédité. — **3.** groupe. CH. DE FER *Party ticket,* billet collectif. — **4.** IND. *Working party,* commission d'enquête industrielle.

party-wall [-'wɔ:l] *s.* mur mitoyen.

pass [pɑ:s] *vt.* et *vi.* **1.** passer. COMPT. *To pass an entry,* passer un article en compte ; *to pass a transfer,* faire un contrepassement ; *to pass to the credit,* porter au crédit. TRANSPORTS *To pass in transit,* transiter. — **2.** avoir cours. — **3.** omettre. *To pass a dividend,* ne pas déclarer un dividende. — **4.** approuver. *To pass a dividend of 4 %,* approuver un dividende de 4 %. *To pass an item of expenditure,* approuver une dépense. — **5.** JUR. rendre, prononcer.

pass off [-ɔ:f] *vt.* faire passer pour. *To pass off one's goods as those of another trade-mark,* exercer de la concurrence déloyale.

pass on [-ɔn] *vt.* faire circuler, transmettre.

pass up [-ʌp] *vt.* U. S. négliger, laisser passer.

passage ['pæsidʒ] *s.* traversée.

pass-book ['pɑ:sbuk] *s.* **1.** livret de compte. — **2.** carnet de passage en douane.

passenger ['pæsindʒə*] *s.* **1.** voyageur. *Passenger train,* train de voyageurs. *Please forward these goods by passenger train,* prière d'expédier ces marchandises en G. V. — **2.** passager.

passing ['pɑ:siŋ] *s.* **1.** passation. *Passing of a dividend,* passation d'un dividende. — **2.** adoption (d'une motion).

passive ['pæsiv] *adj.* passif.

pass-sheet ['pɑ:s'ʃi:t] *s.* triptyque.

patent ['peitənt] *adj.* breveté. *Patent food,* spécialité alimentaire.

patent *s.* brevet. U. S. *Patent lawyer,* avocat conseil spécialisé en matière de brevets. *Patent office,* bureau des brevets. *Patent rights,* propriété industrielle. *Application for a patent,* demande de brevet. JUR. *Infringement of a patent,* contrefaçon. *To take out a patent,* prendre un brevet.

patent *vt.* breveter.

patentee [,peitən'ti:] *s.* titulaire d'un brevet.

patron ['peitrən] *s.* client habituel.

patronize ['pætrənaiz] *vt.* donner sa clientèle.

pattern ['pætən] *s.* modèle. *Pattern-book,* livre d'échantillons. *Pattern-card,* carte d'échantillons.

pawn [pɔ:n] *s.* gage. *Securities in pawn,* valeurs en pension.

pawn *vt.* mettre en gage.

pawnee [pɔ:'ni:] *s.* JUR. gagiste, prêteur sur gages.

pawner ['pɔ:nə*] *s.* JUR. gageur.

pay [pei] *s.* paye. *Pay-day :* **a)** jour de paiement; **b)** BOURSE jour de la liquidation. *Pay-roll,* feuille de paie. *Pay schedule,* état de paiement. *Pay-sheet,* feuille de paie.

pay *vt.* et *vi.* payer. "*Pay as you earn*" (U. S. *pay as you go*), retenue à la base (pour impôts). *To pay a call on partly paid shares,* faire un versement sur des titres non libérés. *To pay an instalment,* verser un acompte. *To pay in full,* payer intégralement. *To pay spot cash,* payer au comptant compté. *To pay the balance,* régler le solde. DOUANES *To pay the drawback,* rembourser des droits de douane.

pay back [-bæk] *vt.* rembourser.

pay in [-in] *vt.* verser. *Pay-in book,* carnet de versements.

pay off *vt.* **1.** acquitter, solder. *To pay off a loan,* rembourser un emprunt. *To pay off a mortgage,* purger une hypothèque. — **2.** désintéresser. *To pay off creditors,* désintéresser des créanciers.

pay off *vi.* être rentable.

pay out [-aut] *vt.* verser.

pay up [-ʌp] *vt.* libérer. *To pay up shares in advance,* libérer des actions par anticipation.

pay up *vi.* se libérer, s'exécuter.

payability [,peiə'biliti] *s.* exigibilité.

payable ['peiəbl] *adj.* payable. *Payable in advance,* exigible d'avance. *Payable 3 % discount for cash,* payable au comptant avec 3 % d'escompte. COMPT. *Bills payable,* effets à payer.

payables [-z] *s.* U. S. sommes à verser.

payee [pei'i:] *s.* bénéficiaire, preneur.

payer ['peiə*] *s.* payeur. *Tax-payer,* contribuable. *Payer for honour,* payeur par intervention. BOURSE *Payer of contango,* reporté.

paying-in [-iŋin] *s.* versement. BANQUE *Paying-in slip,* bordereau de versement.

paying-off [-ɔ:f] *s.* **1.** liquidation d'une dette. — **2.** purge d'une hypothèque. — **3.** désintéressement d'un créancier.

paying-up [-ʌp] *s.* libération d'actions.

payment [-mənt] *s.* paiement, versement. *Payment for honour,* paiement par intervention. *Payment in anticipation,* paiement anticipé. *Payment in driblets,* paiement fractionné. *Payment in full,* paiement intégral. *Payment in full on allotment,* libération à la répartition. *Payment of calls,* versement d'appels de fonds. *Payment of interest out of capital,* prélèvement d'intérêts sur le capital. *Payment of the claim,* règlement de l'indemnité. *Payment on account,* acompte. *Payment on* *current account,* versement en compte courant. "*Payment received*", « pour acquit ». U. S. *Deferred payment plan,* vente à tempérament. "*Easy payment*", « facilités de paiement ». *In part payment of,* à titre d'acompte sur... *On payment of,* contre paiement de. *Quarterly payment,* paiement trimestriel. *Stoppage of payment,* suspension des paiements. *Terms of payment,* conditions de paiement. *To spread payments over,* échelonner les paiements sur.

pay-off [-ɔ:f] *s.* U. S. rentabilité.

peak [pi:k] *s.* **1.** maximum. *Peak output,* niveau record de production. — **2.** pointe. *Peak hours,* heures de pointe. "*Off peak*", heures creuses.

peculiarity [pi,kju:li'æriti] *s.* signe distinctif. *Special peculiarities,* signes particuliers.

pecuniary [pi'kju:njəri] *adj.* pécuniaire. JUR. *Pecuniary offence,* délit passible d'amende. JUR. *For pecuniary gain,* dans un but lucratif.

peg [peg] *vt.* stabiliser, maintenir. FIN. bloquer. BOURSE *Pegged price,* prix de soutien. *To peg the market,* stabiliser le marché. *Freight rates are pegged at lower levels for goods shipped into the country,* le taux du fret est maintenu à un niveau plus bas pour les marchandises entrant dans le pays.

pegging [-iŋ] *s.* FIN. blocage (des prix, etc.).

penalty ['penlti] *s.* **1.** dédit. *Penalties for non performance of the contract,* dédit en cas d'inexécution du contrat. — **2.** pénalité, peine. *Under penalty of,* sous peine de.

penalty-clause [-klɔ:z] *s.* clause pénale de dommages-intérêts.

pending ['pendiŋ] *adj.* **1.** JUR. en instance. — **2.** *Pending affairs,* affaires en cours.

pension ['penʃən] *s.* pension, retraite. *Pension claim,* demande de pension. *Pension for life,* pension viagère. *Pension fund,* caisse de retraite. *To retire on a pension,* prendre sa retraite.

pension (off) [-ɔ:f] *vt.* mettre à la retraite.

pensionable [-əbl] *adj.* **1.** qui a droit à la retraite. — **2.** qui donne droit à la retraite.

pensioner [-ənə*] *s.* retraité.

pensioning [-iŋ] *s.* mise à la retraite.

per [pə:*] *prép.* par. *As per contra,* comme ci-contre. *As per invoice,* suivant facture. *Per annum,* par an. *Per capita consumption,* consommation par tête d'habitant. *So much per cent,* tant pour cent.

percentage [pə'sentidʒ] *s.* pourcentage, pour cent, tantième. *Director's percentage of profit,* tantième des administrateurs. *To allow a percentage on transactions,* allouer un pourcentage sur les transactions.

perception [pə'sepʃən] *s.* JUR. recouvrement.

peremptory [pə'remtəri] *adj.* péremptoire. JUR. *Peremptory call to do sth,* mise en demeure de faire qqch.

perfect ['pə:fikt] *adj.* **1.** parfait. *Applicants should have a perfect knowledge of our line,* les candidats doivent connaître à fond notre partie. — **2.** DOUANES *Perfect entry,* déclaration définitive.

perforation [,pə:fə'reiʃən] *s.* pointillé.

perform [pə'fɔ:m] *vt.* accomplir, exécuter.

performance [-əns] *s.* **1.** exécution. *Performance bond,* garantie de bonne exécution. — **2.** cadence. *Average incentive performance,* seuil de prime.

peril ['peril] *s.* péril. ASS. MAR. *Perils of the sea,* fortune de mer (seulement en ce qui concerne les accidents fortuits qui ne sont pas occasionnés par l'action ordinaire des vagues).

period ['piəriəd] *s.* **1.** période. *Trial period,* période d'essai. — **2.** COMPT. exercice. *Period under review,* exercice écoulé.

periodical [,piəri'ɔdikəl] *adj.* périodique.

periodical *s.* périodique.

perishable ['periʃəbl] *adj.* périssable.

perishables [-z] *s. pl.* denrées périssables.

perk [pəːk] *s.* V. PERQUISITES.

perky ['pəːki] *adj.* BOURSE animé, dégagé.

permanent ['pəːmənənt] *adj.* permanent. *Permanent assets,* actif immobilisé. *Permanent disablement,* incapacité permanente. CH. DE FER *Permanent way,* superstructure, voie ferrée.

permission [pə'miʃən] *s.* autorisation.

permissive [pə'misiv] *adj.* facultatif. JUR. *Permissive waste,* défaut d'entretien (d'un immeuble).

permit ['pəːmit] *s.* permis, autorisation; DOUANES passe-avant. *Landing permit,* permis de débarquement. *Transhipment permit,* permis de transbordement.

permit [pə'mit] *vt.* permettre.

perquisites ['pəːkwizits] *s. pl.* **1.** JUR. revenu casuel. — **2.** revenant-bon.

person ['pəːsn] *s.* personne. FIN. *Person named,* accrédité. *Natural person,* personne physique. *Person liable,* personne redevable de l'impôt.

personal [-snl] *adj.* **1.** personnel. *Personal accounts,* comptes de personnes. *Personal drawings,* levées personnelles. *Personal security,* garantie personnelle. *Personal selling,* vente directe au consommateur. *Transactions with other traders are recorded in personal accounts,* les opérations avec d'autres commerçants sont reportées dans les comptes de personnes. — **2.** JUR. meuble. *Personal estate,* biens meubles.

personalty [-ti] *s.* biens mobiliers.

personnel [,pəːsə'nel] *s.* U. S. personnel. *Personnel department,* service du personnel. *Personnel manager,* directeur du personnel.

petition [pi'tiʃən] *s.* demande. *Bankruptcy petition,* requête en déclaration de faillite. *They were obliged to file their petition,* ils ont été obligés de déposer leur bilan.

petty ['peti] *adj.* insignifiant. ASS. MAR. *Petty average,* petite avarie. *Petty cash,* petite caisse. *Petty expenses,* menus frais.

phone [foun] *vt.* et *vi.* téléphoner.

photostat ['foutoustæt] *vt.* photocopier.

pick up ['pikʌp] *vi.* se ressaisir, reprendre. *Government annuities picked up,* les rentes de l'Etat reprennent.

piggy-back service ['pigibæk-'səːvis] *s.* U. S. service train-camion. (N. B. Des camions chargés de marchandises sont transportés sur des wagons plates-formes.)

piggy-bank ['pigibæŋk] *s.* U. S. cagnotte.

pig-on-pork ['pigɔn'pɔːk] *s.* FAM. effet creux.

pile [pail] *vt.* amasser.

pilot ['pailət] *s.* pilote. *Pilot plant,* usine pilote. (N. B. L'usine pilote n'est pas une entreprise témoin, mais une usine où l'on éprouve des méthodes, du matériel, etc.) *Pilot run,* pré-série.

pilotage [-idʒ] *s.* droits de pilotage.

pipe-line ['paiplain] *s.* pipe-line. FIG. *To be in the pipe-line,* être inscrit au calendrier. *Wage claims from miners and railwaymen are in the pipe-line,* les revendications de salaires des mineurs et des cheminots sont inscrites au calendrier.

placard ['plækɑːd] *vt.* afficher.

place [pleis] *s.* **1.** place, lieu. *Place of residence,* lieu de résidence. — **2.** place, emploi.

place *vt.* **1.** placer, déposer. *To place securities in safe custody,* déposer des titres en garde. *To place to reserve,* affecter aux réserves. — **2.** placer, écouler. *To place shares with the public,* placer des actions dans le public. — **3.** MAR. *To place on the run,* mettre en service.

placing [-iŋ] *s.* **1.** écoulement. — **2.** placement. *Placing orders,* placement de commandes.

plaintiff ['pleintif] *s.* JUR. demandeur.

plan [plæn] *s.* plan, projet. *Building line plan,* plan d'alignement. *Five-year plan,* plan quinquennal. *Stowage plan,* plan d'arrimage.

plan *vt.* projeter.

plane [plein] *s.* niveau. U. S. *Plane of living,* niveau de vie.

planning ['plæniŋ] *s.* planification, planning. *Job-planning,* planning de chantier.

plant [plɑ:nt] *s.* outillage, équipement industriel. *Excess plant capacity,* capacité de production industrielle excédentaire. *Plant engineer,* plant engineer (ayant la responsabilité de l'ensemble des travaux de conception, d'étude, d'entretien).

plate-glass insurance ['pleit'glɑ:s in'ʃuərəns] *s.* assurance contre le bris de glace.

platform ['plætfɔ:m] *s.* CH. DE FER quai.

plea [pli:] *s.* JUR. exception. *To put in a plea,* soulever une exception contre.

please [pli:z] *vt.* plaire. *Please advise by mail,* veuillez notifier par courrier. *Please don't fold,* prière de ne pas plier. *Please forward,* prière de faire suivre. *In replying please quote,* références à rappeler S. V. P.

pledge [pledʒ] *s.* gage, nantissement. *Pledge of movables,* gage mobilier. *Pledge of real property,* gage immobilier. *Unredeemed pledge,* gage non retiré. *To borrow on pledge,* emprunter sur gage. *To hold in pledge,* détenir en gage, en nantissement. *To supplement the pledge,* suppléer au gage.

pledge *vt.* gager, déposer en nantissement, nantir. *To pledge oneself,* s'engager à. *To pledge securities,* nantir des valeurs. *Shares pledged as securities,* actions déposées en nantissement, gagées.

pledgee [ple'dʒi:] *s.* gagiste, créancier gagiste.

pledger ['pledʒə*] *s.* gageur, emprunteur sur gages.

pledging [-iŋ] *s.* mise en gage, nantissement.

plenary ['pli:nəri] *s.* plénier.

plentiful ['plentiful] *adj.* abondant.

plomb [plɔm] *vt.* DOUANES plomber. *To plomb a goods truck,* plomber un wagon de marchandises.

plough back ['plau'bæk] (U. S. plow) *vt.* FAM. réinvestir.

plough share [-ʃɛə*] *s.* (rare) action gratuite.

plug [plʌg] *s.* réclame.

plug *vt.* U. S. FAM. faire l'article, faire de la réclame.

plunder ['plʌndə*] *vt.* piller.

plunge ['plʌndʒ] *vt.* BOURSE, FAM. risquer de fortes sommes.

plunger [-ə*] *s.* BOURSE, FAM. spéculateur.

plus [plʌs] **1.** *adj.* positif. — **2.** *prép.* plus. — **3.** *s.* : **a)** plus ; **b)** U. S. actif. *This new method of loading turns a bottleneck into a plus,* cette nouvelle méthode de chargement permet de tirer profit de l'espace le plus exigu.

ply [plai] *vt.* faire la navette.

pocket ['pɔkit] *s.* poche. *Out of pocket expenses,* débours.

pocket-agreement [-ə'gri:mənt] *s.* JUR. contre-lettre.

point [pɔint] *s.* **1.** point. *Break-even point,* seuil de rentabilité. *Import gold point,* point d'entrée de l'or. *Specie point,* point de l'or. *To reach the gold point,* atteindre le point de l'or. — **2.** BOURSE point. *To decline one point,* baisser d'un point. *To rise one point,* hausser d'un point. *War Loan, at a net price of 57 1/2, shows a rise of over five points from the beginning of the year,* l'emprunt de la Défense nationale, coté 57 1/2 net, accuse une hausse de plus de cinq points depuis le début de l'année.

police records [pə'li:s'rekɔ:dz] *s. pl.* JUR. casier judiciaire.

policeman's report [pə'li:smənz-ri'pɔ:t] *s.* procès-verbal.

policy ['pɔlisi] *s.* 1. politique, ligne de conduite. *Cyclical policy,* politique de conjoncture. *Discount policy,* politique d'escompte. *Foreign policy,* politique extérieure. *Free-trade policy,* politique de libre-échange. *Full employment policy,* politique du plein emploi. *Open market policy,* politique de l'« open market ». *Wage policy,* politique des salaires. — 2. Ass. police. *Policy to bearer,* police au porteur. *Policy-holder,* assuré. *Policy to order,* police à ordre. *All-risks policy,* police tous risques, omnium. *Dowry insurance policy,* police dotale. *Fire insurance policy,* police d'assurance incendie. *Named policy,* police nominative. *Paid-up policy,* police libérée. *Participating policy,* police avec participation au bénéfice. *Portion policy,* police dotale. *Surrender value of a policy,* valeur de rachat d'une police. *To make out a policy,* établir une police. *To take out a policy,* prendre une police. — 3. Ass. MAR. police. *Floating policy,* police d'abonnement, flottante. *Open policy,* police ouverte, non évaluée. *Round policy,* police à l'aller et au retour. *Valued policy,* police évaluée. *Voyage policy,* police au voyage.

policy-holder [-,houldə*] *s.* assuré, détenteur de police.

pool [pu:l] *s.* 1. pool. — 2. syndicat de placement d'actions.

pool *vt.* 1. mettre en commun. — 2. mettre en syndicat.

pooling [-iŋ] *s.* 1. mise en commun. *Insurance is a pooling of risks,* l'assurance est une mise en commun des risques. — 2. mise en syndicat.

poor [puə*] *adj.* médiocre. *Poor crops,* récoltes médiocres. *Of poor quality,* de qualité inférieure.

popular ['pɔpjulə*] *adj.* populaire. *At popular prices,* à la portée de toutes les bourses. JUR. *Action popular,* action publique.

population [,pɔpju'leiʃən] *s.* population. *Population policy,* politique démographique. *Population statistics,* statistique démographique. *Surplus population,* excédent de population. *Working population,* population active.

port [pɔ:t] *s.* 1. port. *Port bill of lading,* connaissement dit « port B/L ». *Port dues,* droits de port. *Port equipment,* installations portuaires, engins portuaires. *Port first touched at,* port de prime abord. *Port of call :* **a)** port d'escale; **b)** port de relâche. *Port of call for orders,* port d'ordre. *Port of call navigation,* navigation d'escale. *Port of clearance,* port d'expédition. *Port of commission,* port d'attache. *Port of necessity,* port de relâche. *Port of registry,* port d'attache. *Port of shipment,* port de charge. *Port risks,* risques de port. *Port stevedoring apparatus,* engins de manutention. — 2. bâbord.

portable ['pɔ:təbl] *adj.* portatif.

porterage ['pɔ:təridʒ] *s.* 1. factage. — 2. (taxe de) factage. *Porterage is the handling duty charged by dock companies for the handling of goods by quay-porters they hire,* le factage est la taxe prélevée par les compagnies des docks pour la manutention des marchandises par leurs débardeurs.

portfolio [pɔ:t'fouljou] *s.* portefeuille. *Securities in portfolio,* valeurs en portefeuille.

portion ['pɔ:ʃən] *s.* 1. tranche. *Per portion of F. 5 000,* par tranche de 5 000 F. — 2. JUR. part. *Portion of inheritance that must devolve upon the heir,* réserve légale. — 3. CH. DE FER rame.

position [pə'ziʃən] *s.* 1. poste, emploi. — 2. position, situation. *Position of an account,* état d'un compte. BOURSE *Bear position,* position vendeur, à la baisse; *bull position,* position acheteur, à la hausse. BOURSE *Market position,* position de place. PUBLICITÉ *Full position (solus position),* emplacement isolé. COMPT. *Creditor position,* position créditrice; *debitor position,* position débitrice. *Order position,* situation des commandes, état des commandes. *To carry over a position,* reporter une position. *By comparing several successive balance sheets, you can* *obtain a very clear idea of a firm's position,* en comparant plusieurs bilans successifs, vous pouvez vous faire une idée très nette de la situation d'une firme. *Statements of account enable you to know your position at the bank,* des relevés de compte vous permettent de connaître votre situation en banque. — **3.** *To be in a position to,* être à même de. *We are now in a position to supply you with the article you ordered,* nous sommes maintenant en mesure de vous fournir l'article que vous avez commandé. — **4.** POSTE guichet. *Position closed,* guichet fermé.

positioning [-iŋ] *s.* mise en place.

positive ['pɔzətiv] *adj.* **1.** ferme, décisif. — **2.** affirmatif. *We much regret not being able to be more positive on this point, but we should not like to mislead you,* nous sommes au regret de ne pouvoir être plus affirmatif sur ce point, mais nous ne voudrions pas vous induire en erreur.

possess [pə'zes] *vt.* posséder.

possession [pə'zeʃən] *s.* **1.** possession. JUR. *Actual possession,* possession de fait; *prevention of possession,* privation de jouissance. *"Vacant possession",* « clefs en main ». — **2. possessions** [-z] *s. pl.* avoir, biens.

possessor [pə'zesə*] *s.* possesseur.

possessory [-səri] *adj.* JUR. possessoire. *Possessory action,* action possessoire. *Possessory title,* titre de possession.

post [poust] *s.* **1.** poste, courrier, correspondance. *Post free,* franco de port. *Post-office order,* mandat-poste. *Post on application,* envoi gratuit sur demande. *Date as post-mark,* date de la poste. *By return of post,* par retour du courrier. *By the same post,* par le même courrier. — **2.** emploi, place. — **3.** *General post,* chassé-croisé, remaniement.

post *vt.* **1.** POSTE mettre à la poste. — **2.** afficher. U. S. *"Post no bills",* défense d'afficher. *The market rates are posted on the Change,* les cours sont affichés en Bourse. — **3.** ASS. MAR. porter disparu. — **4.** COMPT. porter, passer. *To post an entry into the journal,* porter un article au journal. *To post an item in the ledger,* porter un article au grand livre. *All particulars of goods sold on credit are posted in the sales-book,* le détail des marchandises vendues à crédit est porté au livre des ventes. — **5.** BOURSE *To post gains,* enregistrer des gains, une hausse.

post up [-ʌp] *vt.* **1.** arrêter, tenir à jour. *To post up an account,* mettre un compte à jour. — **2.** annoncer par voie d'affiches.

postage ['poustidʒ] *s.* affranchissement, port. *Postage due stamp,* timbre taxe. *Postage paid,* port payé. *Additional postage,* surtaxe. *Inland postage rate,* tarif postal intérieur.

postal ['poustəl] *adj.* postal. *Postal authorities,* administration des postes. *Postal cheques and clearing service,* service des chèques et virements postaux. *Postal collection order,* quittance postale. *Postal order,* bon de poste (supprimé en France et remplacé par mandat-poste). *Postal packet :* **a)** paquet poste; **b)** objet, envoi (de toutes natures). *Postal parcel,* colis postal. *Postal receipt,* récépissé postal.

postdate ['poust'deit] *vt.* postdater.

poster ['poustə*] *s.* affiche. *Poster hoarding,* panneau d'affichage. *Poster stamp,* timbre vignette.

posting [-iŋ] *s.* **1.** POSTE mise à la poste. — **2.** COMPT. report au grand livre. *Subsidiary books facilitate ledger postings,* les livres auxiliaires facilitent les reports au grand livre.

posting-folio [-iŋ-'fouliou] *s.* COMPT. rencontre.

postmark ['poustmɑ:k] *s.* cachet de la poste.

postmaster ['poust,mɑ:stə*] *s.* percepteur des postes.

postpone [poust'poun] *vt.* remettre, ajourner, différer. *You can postpone accepting shares by paying a contango,* vous pouvez ajourner la prise en charge d'actions en payant le report.

postponement [-mənt] *s.* ajournement, renvoi.

postscript ['pousskript] *s.* post-scriptum, apostille.

postwar ['poust'wɔ:*] *adj.* d'après guerre.

pound [paund] *s.* livre. *Forward pound,* livre à terme.

poundage [-didʒ] *s.* commission, droits.

power ['pauə*] *s.* **1.** pouvoir. *Power of attorney,* procuration. U. S. *Power of eminent domain,* droit d'expropriation. *Blank power,* procuration en blanc. *Excess purchasing power,* pouvoir d'achat excédentaire. *General power,* procuration générale. *Joint power,* procuration collective. *Purchasing power parity,* parité du pouvoir d'achat. *Voting power,* droit de vote, nombre de voix. — **2.** énergie. *Power control,* commande mécanique. *Power cut,* panne de courant.

practice ['præktis] *s.* **1.** pratique. — **2.** JUR. procédure. — **3.** clientèle.

practising [-iŋ] *adj.* en exercice.

preamble [pri:'æmbl] *s.* **1.** préambule. — **2.** JUR. exposé des motifs, attendus.

precarious [pri'kɛəriəs] *adj.* JUR. précaire.

precatory ['prekətəri] *adj.* JUR. précatif. *Precatory trust,* legs précatif.

precaution [pri'kɔ:ʃən] *s.* précaution, prévoyance.

precedent ['presidənt] *s.* **1.** précédent. — **2.** JUR. jurisprudence. *To set precedent,* faire jurisprudence.

precept ['pri:sept] *s.* JUR. mandat. — **2.** feuille de contribution.

pre-emption [pri'empʃən] *s.* préemption.

preemptor [-tə*] *s.* U. S. acquéreur en vertu d'un droit de préemption.

prefab ['pri'fæb] *adj.* et *s.* préfabriqué.

prefer [pri'fə:*] *vt.* **1.** préférer. — **2.** JUR. *To prefer a charge against,* déposer une plainte contre.

preference ['prefərəns] *s.* **1.** préférence, priorité. *Preference bond,* obligation privilégiée. *Preference share, preference stock,* action de priorité. *Preference shares receive a fixed dividend and have a prior claim to repayment in the event of winding-up,* les actions de priorité portent un dividende fixe et sont remboursées par priorité en cas de liquidation. — **2.** régime de faveur. *Preference granted to,* régime de faveur accordé à.

preferential [,prefə'renʃəl] *adj.* **1.** JUR. privilégié. *Preferential claim,* privilège. *Preferential debt,* dette privilégiée. *Preferential dividend,* dividende privilégié. — **2.** DOUANES spécial, de faveur, minimum. *The certificate of origin allows traders to benefit by preferential rates when a customs agreement has been passed between the importing and exporting countries,* le certificat d'origine permet de bénéficier du tarif minimal si un accord douanier a été passé entre le pays importateur et le pays exportateur.

preferment [pri'fə:mənt] *s.* promotion, avancement.

preferred [pri'fə:d] *adj.* privilégié. *Preferred creditor,* créancier privilégié. *Preferred dividend,* dividende de priorité. *Preferred share* (U. S. *stock*), action privilégiée, action à revenu fixe.

prefinancing ['pri:fai'nænsiŋ] *s.* préfinancement.

prejudice ['predʒudis] *s.* **1.** préjugé. — **2.** préjudice. " *Without prejudice* ", « sous toutes réserves ». *Without prejudice to,* sans préjudice de.

prejudicial [,predʒu'diʃəl] *adj.* préjudiciable. *To be prejudicial to,* causer préjudice à.

preliminaries [-z] *s. pl.* préliminaires.

preliminary [pri'liminəri] *adj.* préliminaire, préalable. *Preliminary expenses,* frais de constitution. JUR. *Preliminary investigation,* instruction. *Preliminary scheme,* avant-projet.

premises ['premisiz] *s. pl.* **1.** locaux. *Business premises,* locaux commerciaux. — **2.** domicile. *When goods are sent free of charge, they are delivered free to the customer's premises,* quand des marchandises sont envoyées franco de port, elles sont livrées gratuitement au domicile du client. — **3.** JUR. intitulé d'un acte.

premium ['pri:mjəm] *s.* **1.** FIN. : **a)** prime, bonus. *Premium bonds,* obligations à prime. *Premium loan,* emprunt à prime. *Premium on exchange,* prime du change. *Premium reserve,* réserve prime d'émission. *Redemption premium,* prime de remboursement. *Share premium,* prime d'émission. *To call for the premium,* lever la prime. *Securities stand at a premium when they are purchased above par,* des valeurs font prime lorsqu'elles s'achètent au-dessus du pair ; **b)** marché des changes à terme, déport. — **2.** ASS. prime. *Renewal premium,* prime de renouvellement. *Return of premium,* ristourne de prime. *The insurer undertakes in consideration for a premium to make good up to the limit of the sum specified any loss or damage the insured might suffer,* en échange de la prime, l'assureur prend sur lui de rembourser jusqu'à concurrence de la somme prévue tout dommage et toute perte que pourrait subir l'assuré. — **3.** prime, cadeau. — **4.** reprise. *"Premises to let, small premium",* « Locaux à louer, faible reprise ». — **5.** ADM. *Premium system dwellings,* logements à prime.

premium *vt.* primer.

premium-hunter [-hʌntə*] *s.* BOURSE loup.

preparations [,prepə,reiʃənz] *s. pl.* préparatifs.

prepay ['pri:'pei] *vt.* **1.** payer d'avance. " *Carriage prepaid* ", « port payé ». *Goods purchased on C. W. O. (cash with order) terms must be prepaid,* les marchandises payables à la commande doivent être réglées d'avance. — **2.** POSTE affranchir.

prepayment [-mənt] *s.* **1.** paiement d'avance. — **2.** POSTE affranchissement. *Prepayment instruction,* prescription d'affranchissement.

prescribe [pris'kraib] *vt.* prescrire. *Within the prescribed time,* dans les délais prescrits.

prescription [pris'kripʃən] *s.* **1.** JUR. prescription. *Negative prescription,* prescription extinctive. *Positive prescription,* prescription acquisitive. — **2.** instruction, ordre.

prescriptive [-tiv] *adj.* consacré par l'usage. *Prescriptive right,* droit de prescription.

present ['preznt] *adj.* **1.** présent. FIN. *Present capital,* capital appelé. — **2.** courant, en cours. *Present month,* mois en cours.

present *s.* présente.

present [pri'zent] *vt.* **1.** présenter. *To present a bill for acceptance,* présenter un effet à l'acceptation. *To present a bill for collection,* présenter un effet à l'encaissement. *To present a bill for discount,* présenter un effet à l'escompte. — **2.** JUR. déposer.

presentation [,prezen'teiʃən] *s.* présentation. *Presentation copy,* exemplaire gratuit, « hommage de l'auteur ». *On presentation,* à vue.

presenter [pri'zentə*] *s.* présentateur.

presentment [-mənt] *s.* présentation. *Presentment of a bill for acceptance,* présentation d'un effet à l'acceptation.

preservation [,prezə'veiʃən] *s.* conservation.

preserve [pri'zə:v] *vt.* conserver. *Preserved meat,* viande en conserve.

president ['prezidənt] *s.* **1.** président. — **2.** U. S. directeur général.

preside over [pri'zaidouvə*] *vt.* présider.

press [pres] *s.* **1.** presse. " *Press* ", « Bon à tirer », *Press copy,* copie (d'une lettre) à la presse. — **2.** presse. *Press-copies,* service de presse. U. S. *Press release,* communiqué à la presse.

pressure ['preʃə*] *s.* tension, pression.

presumption [pri'zʌmpʃən] *s.* présomption.

presumptive [pri'zʌmptiv] *adj.* présomptif. Ass. MAR. *The ship is a presumptive loss,* il y a présomption de perte du navire. JUR. *Presumptive evidence,* preuve par présomption.

prevail [pri'veil] *vi.* prédominer. *The depression which now prevails,* la dépression qui règne actuellement.

prevailing [-iŋ] *adj.* 1. prédominant. — 2. en vigueur.

prevention [pri'venʃən] *s.* empêchement. JUR. *Prevention of possession,* trouble de jouissance. *In case of prevention,* en cas d'empêchement.

preview ['pri:'vju:] *s.* avant-première.

previous ['pri:vjəs] *adj.* précédent, antérieur. BOURSE *Previous close,* clôture précédente; *previous quotation,* cours précédent. *Without previous advice,* sans avis préalable.

prewar ['pri:wɔ:*] *adj.* d'avant guerre.

price [prais] *s.* 1. prix. *Price freezing,* blocage des prix. *Price regulation,* réglementation des prix. *Price stop,* blocage des prix. *Actual price,* prix réel. *Advanced price,* prix augmenté. *Average price,* prix moyen. *Competitive price,* prix défiant la concurrence. *Contract price,* prix à forfait, contractuel. *Cost price,* prix coûtant. *Fixed selling price,* prix de vente imposé. *Inclusive price,* prix tout compris. *List price,* prix de catalogue. *Manufacturer's price,* prix de fabrique. *Preferential price,* prix de faveur. *Stock-taking price,* prix d'inventaire. — 2. BOURSE cote, cours. *Price bid,* cours demandé. *Price for cash,* cours au comptant. *Price for the account (settlement),* cours à terme. *Price of call,* cours du dont. *Price offered,* cours offert. *Price of option,* cours de prime. *Price of put,* cours de l'ou. *Prices ease off,* les cours s'effritent. *Prices remain firm,* les cours se maintiennent. *Closing price,* cours de clôture. *Forward price,* cours du livrable. *Marking up price,* cours de compensation. *Opening price :* a) cours d'introduction; b) cours d'ouverture. *Put and call price,* cours de l'option. *Spot price :* a) cours du disponible; b) cours du comptant. *Tape price,* prix télégraphique. *Terminal price,* cours du livrable. *To force down prices,* faire baisser les cours.

price *vt.* tarifer.

price-cutting [-kʌtiŋ] *s.* vente au-dessous du prix imposé.

price-list [-list] *s.* prix-courant.

price-wise [-waiz] *adv.* en matière de prix.

primage ['praimidʒ] *s.* chapeau du capitaine, primage. *Primage, formerly a gratuity granted to the master for the care he took in loading the cargo, is now an additional freight of so much per cent on the freight contract amount,* le primage, gratification autrefois accordée au capitaine pour le soin apporté à l'embarquement de la cargaison, est maintenant un supplément de fret calculé à raison de tant pour cent sur le montant du contrat de fret.

primary ['praiməri] *adj.* principal, essentiel. *Primary production,* production de base.

prime [praim] *adj.* premier, principal. *Prime bills,* papiers de haut commerce. *Prime cost,* prix de revient. U. S. *Prime rate,* taux d'escompte des grandes banques (pour des avances non garanties).

principal ['prinsəpl] *adj.* principal. *Principal debtor,* débiteur principal.

principal *s.* 1. commettant, donneur d'ordre, mandant. *A factor transacts business in his own name on behalf of his principal,* le commissionnaire traite des affaires en son nom propre pour le compte d'un commettant. — 2. patron. — 3. capital, principal. *Investors have no claim to the restitution of their principal when their bonds are irredeemable, but they benefit by a perpetual annuity,* les épargnants n'ont pas droit à la restitution de leur capital si leurs obligations sont non remboursables, mais ils bénéficient d'une rente perpétuelle.

print [print] *s.* 1. imprimé. *Out of print,* épuisé. — 2. tirage, reproduction. *Blue print,* dessin négatif. — 3. caractères.

print *vt.* imprimer. *Printed paper rate,* tarif des imprimés.

printer [-ə*] *s.* imprimeur. *Printer's error,* faute d'impression. *Printer's proof,* épreuve.

printing [-iŋ] *s.* impression. *Printing and stationery,* imprimés et fournitures.

prior ['praiə*] *adj.* prioritaire, antérieur. *Prior carriage charges,* port antérieur. *Since you subscribed for preferred shares, you will have a prior claim to the profits of the company,* puisque vous avez souscrit à des actions privilégiées, vous toucherez les bénéfices de la société par priorité.

prior *adv.* avant, antérieurement.

priority [prai'ɔriti] *s.* priorité, antériorité. *Priority bond,* obligation de priorité.

private ['praivit] *adj.* particulier, privé. *Private account,* compte particulier. JUR. *Private attorney,* fondé de pouvoir. *Private company :* **a)** société privée; **b)** (équivalence de) société à responsabilité limitée. *Private investments,* investissements du secteur privé. JUR. *Deed under private seal,* acte sous seing privé.

privilege ['privilidʒ] *s.* privilège, prérogative. *Parliamentary privilege,* immunité parlementaire.

privity ['priviti] *s.* JUR. rapport contractuel (entre patron et employé).

privy ['privi] *s.* JUR. partie intéressée, ayant droit.

prize [praiz] *s.* **1.** FIN. lot. *Prize bond,* obligation à lots. *Prize drawing,* tirage au sort. *To draw a prize,* gagner un lot. — **2.** MAR. prise. *Prize court,* tribunal des prises.

pro [prou] *prép. lat. The pros and cons,* le pour et le contre. *Pro forma (adj.),* fictif. *Pro forma invoice,* facture fictive. *Pro memoria item,* note pour mémoire. *Pro rata to,* au prorata de.

probability [,prɔbə'biliti] *s.* probabilité.

probate ['proubit] *s.* JUR. validation, homologation. *Probate duty,* droit de succession. *To grant probate of a will,* valider un testament. *To take out probate of a will,* faire valider un testament.

probation [prə'beiʃən] *s.* essai. *Period of probation,* stage.

probationer [-nə*] *s.* stagiaire.

probatory [prə'beitəri] *adj.* probant. *Probatory force,* force probante.

probe ['proub] *s.* enquête, sondage.

procedure [prə'si:dʒə*] *s.* procédure.

proceed [prə'si:d] *vi.* **1.** MAR. poursuivre sa route. — **2.** se dérouler. *Negotiations are now proceeding,* des négociations sont en cours. — **3.** JUR. *To proceed against s.o.,* intenter un procès à qqn.

proceeding [-iŋ] *s.* **1.** marche à suivre. — **2.** procédé. — **3.** débats, délibération. — **4.** JUR. poursuites judiciaires, voies de droit. *Cost of proceedings,* frais de procès. *To take proceedings,* entamer une action en justice.

proceeds ['prousi:dz] *s. pl.* **1.** produit. *The net proceeds,* le produit net. — **2.** FIN. produit net d'un effet.

process ['prouses] *s.* **1.** processus, étapes d'une fabrication. U. S. *Process costing,* comptabilité par fabrication; *process equipment lay-out,* production groupée; *process industries,* industries chimiques. — **2.** procédé, méthode. — **3.** JUR. procès. *Process-server,* huissier.

process *vt.* **1.** faire subir une opération, traiter. *Processing industry,* industrie de transformation. — **2.** JUR. poursuivre. — **3.** U. S. acheminer (un document).

processing [prou'sesiŋ] *s.* **1.** U. S. transformation. *Data processing,* traitement de l'information. *Processing tax,* impôt sur la transformation d'un produit. — **2.** acheminement d'un document.

procuration [,prɔkjuə'reiʃən] *s.* procuration, mandat. *Procuration conferred by,* bon pour pouvoir. *Per pro* (ou *p. p.*), par procuration.

procurator ['prɔkjuəreitə*] *s.* JUR. fondé de pouvoir.

procuratory - letters ['prɔkjurə-təri-letəz] *s. pl.* JUR. pouvoir.

procurement [prə'kjuəmənt] *s.* U. S. service des fournitures, approvisionnement.

produce ['prɔdju:s] *s.* **1.** produits, denrées. *Produce broker,* courtier en marchandises. *Produce exchange,* bourse de marchandises. — **2.** rendement (cultures, mines, etc.).

produce [prə'dju:s] *vt.* **1.** produire, présenter. — **2.** produire, rapporter.

producer [-sə*] *s.* producteur. *Producer's cooperative,* coopérative de production. *Producers'goods,* biens de production, d'équipement.

producing [prə'dju:siŋ] *adj.* producteur. *Producing capacity,* capacité de production.

product ['prɔdəkt] *s.* **1.** produit. *End product,* produit fini. — **2.** produit, nombre. *Product method,* méthode des nombres.

production [prə'dʌkʃən] *s.* **1.** production. *Flow production,* production à la chaîne. *Mass-production,* production en série. *Production index,* indice de la production. *Production lines,* chaînes de montage. *Production unit :* **a)** unité de production; **b)** équipe de production.

productive [prə'dʌktiv] *adj.* productif, profitable. U. S. *Productive labour,* main-d'œuvre directe.

productiveness [-nis] *s.* productivité.

productivity [,prɔdʌktiviti] *s.* productivité. U. S. *Productivity drive,* campagne de productivité.

professional [prə'feʃnl] *adj.* et *s.* professionnel.

profit ['prɔfit] *s.* profit, bénéfice. *Profit and loss account,* compte de profits et pertes. *Profit balance,* solde bénéficiaire. *Profit graph,* courbe de rentabilité. *Profit margin,* marge bénéficiaire. *Profit-sharing,* participation aux bénéfices, intéressement. *Profit-sharing bond,* obligation participante. Bourse *Profit taking,* prise de bénéfice. *Capital profits,* plus-value sur la réalisation de biens capitaux. (N. B. *Generally distribution of capital profits can only be made from realised capital gains made by the company on its fixed assets.*) *Clear profit,* bénéfice net. *Imaginary profit,* profit espéré. *Net operating profit,* bénéfice net d'exploitation. *Pretax profit,* bénéfice brut d'une société avant le paiement des impôts.

profit *vi.* bénéficier, profiter. *To profit by the appreciation of the exchange,* profiter de la plus-value du change.

profitability [-ə'biliti] *s.* rentabilité.

profitless [-lis] *adj.* sans profit. U. S. *Profitless point,* seuil de rentabilité.

prognostication [prəg,nəsti'keiʃən] *s.* pronostic, prévision.

progress ['prougres] *s.* progrès, essor.

progress [prə'gres] *vi.* progresser.

progressive [prə'gresiv] *adj.* progressif; U. S. moderne.

prohibit [prə'hibit] *vt.* prohiber, interdire.

prohibition [,prouhi'biʃən] *s.* interdiction, prohibition.

prohibitive [prə'hibitiv] *adj.* prohibitif.

prohibitory [-təri] *adj.* Jur. prohibitif.

project ['prɔdʒekt] *s.* projet, plan.

prolong [prə'lɔŋ] *vt.* proroger. *To prolong a bill,* proroger l'échéance d'une traite.

promissory ['prɔmisəri] *adj.* promissoire. *Promissory note,* billet à ordre. *Joint promissory note,* billet solidaire.

promote [prə'mout] *vt.* **1.** favoriser, encourager. — **2.** fonder (une société), lancer (une affaire). — **3.** U. S. faire de la publicité.

promoter [-ə*] *s.* promoteur. *Promoter's shares,* parts de fondateur.

promotion [prə'mouʃən] *s.* **1.** promotion. *Promotion cost,* frais de premier établissement. *Promotion list,* tableau d'avancement. *Promotion shares,* actions de primes. — **2.** U. S. publicité, réclame.

promotional [-əl] *adj.* U. S. de publicité, promotionnel. *Promotional inflation,*

inflation du budget publicitaire. *Promotional sale,* vente promotionnelle.

prompt [prɔmpt] *adj.* prompt. *Prompt cash,* comptant d'usage. *Prompt delivery,* livraison immédiate. *Net prompt cash,* comptant net sans escompte.

proof [pru:f] *s.* **1.** preuve, justification. JUR. *Proof by documentary evidence,* notoriété de droit. *Proof of debt,* titre de créance. ASS. *Proof of loss,* pièce justificative de perte. *Proof of ownership,* titre de propriété. — **2.** épreuve.

propaganda [,prɔpə'gændə] *s.* propagande.

properly ['prɔpəli] *adv.* dûment, régulièrement.

property ['prɔpəti] *s.* biens, propriétés, possessions, avoir. FIN. *Property account,* domaine. COMPT. *Property-accounts,* comptes d'exploitation. JUR. *Property acquired,* acquêt; *property dealing company,* société immobilière; *property-levy,* prélèvement sur les biens; *property-tax,* impôt sur les propriétés bâties. *Item of property,* élément de fortune. *Landed property,* biens-fonds. *Personal property,* biens meubles. *Real property,* biens immeubles.

proportion [prə'pɔ:ʃən] *s.* proportion, quotité, quote-part. *In proportion to,* en proportion de.

proportional [-ʃnl] *adj.* proportionnel.

proportionately [-ʃnitli] *adv.* proportionnellement.

proposal [prə'pouzl] *s.* **1.** proposition. — **2.** U. S. soumission.

propose [prə'pouz] *vt.* proposer.

proprietary [prə'praiətəri] *adj.* de propriété. *Proprietary articles,* produits de marque. ASS. *Proprietary insurance,* assurance à prime.

proprietor [prə'praiətə*] *s.* propriétaire.

prorateable [prou'reitəbl] *adj.* proportionnel. *General prorateable expense,* frais généraux proportionnels.

prosecute ['prɔsikju:t] *vt.* JUR. poursuivre en justice.

prosecution [,prɔsi'kju:ʃən] *s.* JUR. poursuites judiciaires.

prospect ['prɔspekt] *s.* **1.** perspective. — **2.** U. S. futur client, prospect.

prospecting [prəs'pektiŋ] *s.* prospection.

prospective [-iv] *adj.* à venir, futur. *Prospective buyer,* client éventuel.

prospectus [prəs'pektəs] *s.* prospectus.

prosper ['prɔspə*] *vi.* prospérer.

prosperity [prɔs'periti] *s.* prospérité.

prosperous ['prɔspərəs] *adj.* prospère.

protect [prə'tekt] *vt.* **1.** protéger. BOURSE *To protect a book,* défendre une position. — **2.** garantir la bonne fin de.

protection [prə'tekʃən] *s.* **1.** protection. — **2.** bonne fin.

protectionism [-izm] *s.* protectionnisme.

protectionist [-ist] *s.* protectionniste.

protective [-tiv] *adj.* protecteur. *Protective duties,* droits protecteurs.

protest ['proutest] *s.* **1.** protêt, protestation. *Protest charges,* frais de protêt. *Protest for non-acceptance,* protêt faute d'acceptation. *Protest for non-payment,* protêt faute de paiement. *Protest waived in case of dishonour,* retour sans frais. *Certified protest,* protêt authentique. *Single protest,* protêt simplifié. *To give notice of a protest,* notifier un protêt. — **2.** JUR. plainte. *"Under protest",* « Sous réserve ». *To lodge a protest,* déposer plainte. — **3.** MAR. *Ship's protest,* rapport de mer, déclaration d'avaries.

protest [prə'test] *vt.* **1.** protester. *Wherefore I now do protest the said bill,* ce que vu j'ai protesté ledit effet. — **2.** *To protest against,* protester contre.

prove [pru:v] *vt.* prouver, justifier. *We hope these transactions will prove beneficial to both of us,* nous espérons que ces transactions se révéleront profitables de part et d'autre.

prove up [-ʌp] *vt.* U. S. faire valoir ses droits à.

proven ['pru:vən] *adj.* confirmé.

provide [prə'vaid] *vt.* 1. fournir. *To provide cover,* fournir une couverture. *To provide (with) funds,* fournir des fonds, une provision. *Provided with funds,* couvert. — 2. prescrire, stipuler. *The agreement provides that,* le contrat stipule que.

provide *vi.* 1. subvenir aux besoins de *(for),* prévoir. *The further time-table laid down provides for five reductions in customs duties,* l'emploi du temps ultérieur tel qu'il est établi prévoit cinq abaissements des droits de douane. — 2. *To be provided for,* être prévu. *Under the penalties provided for by law,* passible des peines prévues par la loi. *The risk of stranding is not provided for in a free of particular average policy,* les risques d'échouage ne sont pas prévus dans une police franco d'avaries particulières.

provided [-id] *conj.* pourvu que. *We are willing to keep these articles provided you can grant us a 5 % allowance,* nous sommes prêts à garder ces articles à condition que vous puissiez nous accorder une remise de 5 %.

provident ['prɔvident] *adj.* prévoyant. *Provident funds,* caisse dé prévoyance.

provider [prə'vaidə*] *s.* pourvoyeur, fournisseur.

province ['prɔvins] *s.* ressort. *Outside our province,* pas de notre ressort. *Within our province,* de notre ressort.

provision [prə'viʒən] *s.* 1. provision, réserve. *Provision for depreciation of investments,* provision pour moins-value de portefeuille. *Provision for redemption of premises,* amortissement sur immeubles. — 2. prestation. *Provision of capital,* prestation de capitaux. — 3. disposition, clause. *The provisions of section 83,* les dispositions prévues au paragraphe 83. *Notwithstanding any provision to the contrary,* nonobstant toute stipulation contraire. *The original provisions of the treaty must be altered,* les dispositions premières du traité doivent être modifiées. JUR. *To fall within the provisions of the law,* tomber sous le coup de la loi. — 4. alimentation. *Provision trade,* commerce de l'alimentation.

provisional [-nl] *adj.* provisionnel, provisoire. Ass. *Provisional policy,* police provisoire.

provisionally [-nəli] *adv.* provisoirement.

provisioning [-niŋ] *s.* approvisionnement.

proviso [prə'vaizou] *s.* JUR. clause conditionnelle. *With the usual proviso,* sous les réserves d'usage.

proximate ['prɔksimit] *adj.* proche, immédiat. Ass. *Proximate cause,* cause immédiate.

proximo ['prɔksimou] (abrév. : **prox.**) *adv.* du mois prochain.

proxy ['prɔksi] *s.* 1. fondé de pouvoir. — 2. procuration, mandat. *We have appointed Mr. Smith with power of proxy,* nous avons donné notre procuration à M. Smith.

prudential [pru'denʃəl] *adj.* de prudence. U. S. *Prudential committee,* comité de gestion.

prune [pru:n] *vt.* éponger, faire des coupures.

public ['pʌblik] *adj.* public. *Public funds,* fonds publics. *Public liability,* responsabilité civile. *Public Nuisance Act,* loi sur les établissements incommodes, insalubres. *Public policy,* ordre public. *Public utility company,* société d'utilité publique, service public.

public *s.* public, clientèle.

publication [,pʌbli'keiʃən] *s.* publication.

publicity [pʌb'lisiti] *s.* publicité.

publicize [,pʌbli'saiz] *vt.* faire connaître au public, divulguer.

publish ['pʌbliʃ] *vt.* publier.

publisher [-ə*] *s.* éditeur.

publishing house [-iŋ'haus] *s.* maison d'édition.

puller ['pulə*] *s.* U. S. FAM. publicité qui paye.

pump-priming ['pʌmp'praimiŋ] *s.* amorçage (économique). *A pump-priming loan has been obtained from the International Bank,* un emprunt d'amorçage a été obtenu de la Banque internationale.

punch [pʌntʃ] *vt.* perforer. *Punched card,* carte perforée. *Punched card accounting,* comptabilité mécanographique.

punctual ['pʌŋktjuəl] *adj.* ponctuel.

punctuality [,pʌnktju'æliti] *s.* ponctualité.

punter ['pʌntə*] *s.* BOURSE boursicotier.

purchase ['pə:tʃəs] *s.* achat. COMPT. *Purchase-book,* facturier d'entrée, livre d'achat. BOURSE *Purchase-contract,* bordereau d'achat. U. S. FIN. *Purchase group,* syndicat de garantie. *Purchase day-book,* journal d'achats. *Purchase-invoice,* facture d'achat. *Purchase-returns,* rendus sur achat. *Hire purchase system,* vente à tempérament. *Purchase tax,* taxe d'achat.

purchase *vt.* acheter. BOURSE DE MARCHANDISES *To purchase against,* racheter. *To purchase forward,* acheter à terme.

purchasing [-iŋ] *adj.* preneur, acquéreur. *Purchasing party,* partie adjudicataire (vente aux enchères). *Purchasing power,* pouvoir d'achat. *Purchasing power parity,* parité du pouvoir d'achat. U. S. *Purchasing agent,* directeur du service des achats.

pure [pjuə*] *adj.* pur. ASS. *Pure premium,* prime nette.

purloin [pə:'lɔin] *vt.* soustraire, voler.

purpose ['pə:pəs] *s.* objet, but, dessein. *Consignor's declaration for customs purposes,* déclaration de l'expéditeur en vue de l'accomplissement des formalités en douane. CH. DE FER *Information for railway purposes,* indication de service. *How consignment is to be entered for customs purposes,* régime douanier sous lequel doit être déclaré l'envoi. JUR. *For the purpose of this convention,* pour l'application de la présente convention.

purpose-made [-'meid] *adj.* spécial.

purposive ['pə:pəsiv] *adj.* intentionnel, motivé. *Purposive sampling,* échantillonnage dirigé.

purser ['pə:sə*] *s.* MAR. commissaire.

pursuance [pə'sjuəns] *s.* action de poursuivre. *In pursuance of,* en vertu de. *In pursuance of your instructions,* conformément à vos instructions.

purveyor [pə:'veiə*] *s.* fournisseur.

purview ['pə:vju:] *s.* dispositif (des statuts).

push [puʃ] *vt.* pousser. *To push shares,* placer des valeurs douteuses.

push-money ['puʃmʌni] *s.* U. S. prime au vendeur dans un magasin.

put (option) [put] *s.* prime pour livrer, prime ou. *Put and call (option),* stellage, double prime. *Put of more,* doublé à la baisse, faculté de livrer double. *Put price,* prix de l'ou.

put *vt.* mettre. BOURSE *To put the shares,* se déclarer vendeur.

put by [-bai] *vt.* mettre de côté.

put in [-in] **1.** *vt.* JUR. présenter. *To put in a claim,* présenter une réclamation. — **2.** *vi.* MAR. faire relâche.

put off [-ɔ:f] *vt.* remettre, ajourner, renvoyer.

put on [-ɔn] *vt.* augmenter.

put out [-aut] *vt. To put out at interest,* placer à intérêt.

put through [-θru:] *vt.* **1.** POSTE mettre en communication avec. — **2.** faire aboutir.

put up [-ʌp] *vt.* **1.** mettre. *To put up for sale,* mettre en vente. — **2.** augmenter. — **3.** emballer, empaqueter.

putting [-iŋ] *s.* **1.** présentation, soumission. — **2.** BOURSE délivrement.

putting up [-ʌp] *s.* **1.** majoration. — **2.** mise en vente. — **3.** emballage.

q-r

qualification [,kwɔlifi'keiʃən] *s.* 1. aptitude, capacité. *Qualification share,* action de qualité, statutaire. — 2. titre justificatif. — 3. réserve, restriction.

qualified ['kwɔlifaid] *adj.* 1. compétent. — 2. mitigé. *Qualified acceptance,* acceptation conditionnelle, sous réserve.

qualify ['kwɔlifai] *vt.* 1. JUR. donner qualité à qqn de. — 2. apporter des réserves.

qualitative ['kwɔlitətiv] *adj.* qualitatif. *All qualitative restrictions between members have to be abolished by the end of the transitional period,* toutes les restrictions qualitatives entre les pays membres doivent être abolies à la fin de la période transitoire.

quality ['kwɔliti] *s.* qualité. *Fair average quality,* qualité courante, loyale et marchande.

quantifiable [kwɔnti'faiəbl] *adj.* évaluable quantitativement.

quantify ['kwɔntifai] *vt.* déterminer la quantité.

quantitative ['kwɔntiteitiv] *adj.* quantitatif.

quantity [-titi] *s.* quantité. *Quantity index weighed by prices,* indice des quantités pondérées par les valeurs.

quantum ['kwɔntəm] *s.* quantum.

quarantine ['kwɔrənti:n] *s.* quarantaine.

quarter ['kwɔ:tə*] *s.* 1. trimestre. *Quarter day,* jour du terme. *Quarter's rent,* terme. — 2. quart. — 3. U. S. quart de dollar (= 25 cents).

quarterly [-li] *adj.* trimestriel.

quarterly *adv.* trimestriellement.

quarterly *s.* publication trimestrielle.

quash [kwɔʃ] *vt.* JUR. invalider, casser.

quay [ki:] *s.* quai. *Ex-quay,* à quai. *Free on quay,* rendu à quai.

quayage [-idʒ] *s.* quayage, droits de quai.

quiet ['kwaiət] *adj.* BOURSE calme.

quick [kwik] *adj.* rapide. U. S. *Quick assets,* actif disponible.

quietus [kwai'i:təs] *s.* quitus.

quit-claim ['kwitkleim] *s.* renonciation à un droit.

quittance ['kwitəns] *s.* quitus.

quitting-time [-iŋ'taim] *s.* U. S. heure de sortie (des employés).

quorum ['kwɔ:rəm] *s.* quorum, quantum. *The quorum is not present,* le quorum n'est pas atteint.

quota ['kwoutə] *s.* 1. quote-part, cotisation. — 2. contingent, quota. *Quota restrictions,* contingentements. *Import quota,* contingent d'importation. *The total value of quotas is to be increased by 20 per cent annually,* le montant global des contingentements doit augmenter de 20 % par an.

quotable ['kwoutəbl] *adj.* BOURSE cotable.

quotation [kwo'teiʃən] *s.* 1. BOURSE cote, cours, cotation. *Quotation in percentages,* cours en pour cent. *Consecutive quotation,* cotation successive. *Forward* *quotation,* cotation à terme. *Sight quotation,* cotation à vue. *Tape quotation,* cotation télégraphique. — **2.** prix. *We have pleasure in giving our quotations below,* nous sommes heureux de vous indiquer nos prix ci-dessous.

quote [kwout] *s.* cotation (share quote).

quote *vt.* **1.** coter. *Quoted securities,* valeurs admises à la cote officielle. *To quote per unit,* coter par titre. *To be quoted in the official list,* être inscrit à la cote officielle. — **2.** citer. *Please quote this reference number in reply,* prière de rappeler ce numéro dans votre réponse. — **3.** indiquer un prix. *Would you kindly quote me for,* pourriez-vous avoir l'amabilité de me donner vos prix pour.

quotient ['kwouʃənt] *s.* quotient.

r

raft-risk ['rɑ:ft'risk] *s.* Ass. mar. risques de drômes.

raid [reid] *s.* Bourse chasse.

raid *vt.* Bourse chasser. *To raid the bears,* chasser le découvert.

rail ['reil] *s.* **1.** chemin de fer. *Free on rail,* franco wagon. — **2. rails** [-z] *s. pl.* Bourse les chemins de fer.

railroad [-roud] *s.* U. S. chemin de fer. *Railroad B/L,* lettre de voiture ferroviaire.

railway ['reilwei] *s.* chemin de fer. *Railway guide,* indicateur des chemins de fer. *Railway parcels service,* service des messageries. *Railway rates,* tarif des chemins de fer. *Railway sidings,* voies de raccordement d'usine. *Railway system,* réseau ferré. Bourse *Railway stocks,* les ferroviaires.

raise [reiz] *s.* U. S. augmentation.

raise *vt.* **1.** élever, augmenter. *Raised cheque,* chèque majoré après falsification. — **2.** Fin. lever, mobiliser. *To raise a loan,* émettre un emprunt. *To raise funds,* mobiliser des fonds. *To raise taxes,* lever des impôts. — **3.** Mar. relever, renflouer. *To raise a ship,* relever un navire. — **4.** élever (du bétail).

raising [-iŋ] *s.* **1.** relèvement, élévation. *Raising of the bank rate,* élévation du taux d'escompte. *Raising of tariffs,* relèvement des tarifs. — **2.** collecte, mobilisation (de fonds).

rake-off ['reik'ɔ:f] *s.* U. S. Fam. commission, ristourne.

rally ['ræli] *s.* reprise (des cours, des affaires).

rally *vi.* Bourse reprendre. *Oil-shares rally briskly,* les pétroles reprennent vigoureusement.

ramp [ræmp] *s.* Fam. majoration excessive.

random ['rændəm] *adj.* fait au hasard. *Random sampling,* échantillonnage au hasard.

randomization [rændəmai'zeiʃən] *s.* U. S. échantillonnage au hasard.

range [reindʒ] *s.* **1.** gamme, éventail. *Salary range,* éventail des salaires. *We can submit to you a comprehensive range of colours,* nous pouvons vous soumettre une gamme de couleurs très complète. — **2.** portée. *Long range forecast,* prévision à long terme.

range *vt.* et *vi.* ranger, disposer, s'étendre.

rank [ræŋk] *s.* rang. *Rank of a mortgage,* rang d'une hypothèque.

rank *vi.* se ranger, être classé. *To rank after,* être primé par. *To rank before,* primer. *To rank pari passu with,* prendre le même rang que. *Preference shares rank (before) first in dividend rights,* les actions privilégiées priment en matière de dividende.

ranking [-iŋ] *s.* rang. Jur. *Rank of a creditor,* collocation utile.

ratable ['reitəbl] *adj.* **1.** imposable, taxable. — **2.** proportionnel.

ratal [-əl] *s.* valeur locative imposable.

rate [reit] *s.* **1.** taux, cours, prix par unité. *Rate of contango,* cours du report. *Rate of discount,* taux d'escompte. *Rate* *of exchange,* cours du change. *Rate of return,* taux de rendement. *Capitalization rate,* taux de capitalisation. *Demand rate,* cours (du change) à vue. *Forward rate,* cours (du change) à terme. *Going rate,* le taux en vigueur. *Lombard rate,* taux des avances sur nantissement. *Market rate :* **a)** taux hors banque ; **b)** cours du marché. *Nominal rate,* cours fictif. U. S. *Prime rate,* taux d'escompte officiel. *Spot rate,* cours du comptant. — **2.** tarif. *Decreasing (graded) rate,* tarif dégressif. *Goods rate,* tarif des marchandises. *Inland rate,* tarif intérieur. *Standard rate,* tarif uniforme. — **3.** contribution, impôts municipaux. *Rates and taxes,* impôts et contributions. — **4.** vitesse, cadence. *Rate of increase,* taux d'augmentation. *Rate of turnover,* vitesse de rotation des stocks. — **5.** pourcentage. *Death rate,* mortalité.

rate-collector [-kə'lektə*] *s.* percepteur.

rate-payer [-,peiə*] *s.* contribuable.

ratification [,rætifi'keiʃən] *s.* ratification. Jur. *Act of ratification and acknowledgement,* acte récognitif et confirmatif.

ratify ['rætifai] *vt.* ratifier.

rating [-iŋ] *s.* estimation, évaluation. *Ratings,* cote.

ratio ['reiʃiou] *s.* rapport, coefficient. *Gold ratio,* rapport de l'encaisse or avec la monnaie en circulation. *Inverse ratio to,* en raison inverse de. *Liquidity ratio,* coefficient de liquidité *(ratio between liquid capital and capital tied up in securities).* U. S. *Operating ratio,* coefficient d'exploitation.

rationalization [ræʃnəlai'zeiʃən] *s.* rationalisation.

rationalize ['ræʃnəlaiz] *vt.* rationaliser.

rationing ['ræʃniŋ] *s.* rationnement.

ratten ['ræten] *vt.* saboter.

raw [rɔ:] *adj.* brut. *Raw materials,* matières premières.

re [ri:] *exp. lat.* Jur. *In re Morgan ve David,* en l'affaire Morgan contre David.

reach [ri:tʃ] *vt.* **1.** parvenir. *Your consignment reached us in damaged condition,* votre envoi nous est parvenu en mauvais état. — **2.** atteindre, toucher.

react [ri'ækt] *vt.* réagir.

read [ri:d] *vt.* lire. " *Read and confirmed* ", « Lu et approuvé ». *Reading as follows,* libellé comme suit.

read over [-ouvə*] *vt.* collationner.

readjustment ['ri:ə'dʒʌstmənt] *s.* **1.** rajustement. — **2.** réadaptation.

ready ['redi] *adj.* prêt. *Ready-made clothes,* confection. *Ready money,* argent comptant. *Ready-reckoner :* **a)** comptes faits ; **b)** barème. U. S. *Ready reserve account,* compte spécial permettant à son titulaire de tirer à découvert sur son compte ordinaire. (N. B. Les titulaires doivent jouir d'une solide réputation de solvabilité.) *Ready sale,* vente rapide.

real [riəl] *adj.* réel. Compt. *Real accounts,* comptes de valeurs, d'exploitation. Jur. *Real estate,* biens immeubles. *Real estate company,* société immobilière. *Real estate tax,* impôt foncier. Jur. *Real property,* biens immeubles; *real right,* droit réel.

realizable ['riəlaizəbl] *adj.* réalisable. *Realizable assets,* actif réalisable.

realization [,riəlai'zeiʃən] *s.* réalisation. *Realization account,* compte de liquidation. *Realization of a pledge,* réalisation d'un gage. *Realization value,* valeur de liquidation, de réalisation.

realize ['riəlaiz] *vt.* réaliser. *To realize one's assets,* réaliser sa fortune.

realty ['riəlti] *s.* biens immeubles.

ream [ri:m] *s.* rame de papier.

reappraisal ['ri:ə'preizəl] *s.* réévaluation.

reason ['ri:zn] *s.* raison. Jur. *Reasons adduced,* les attendus.

reasonable [-əbl] *adj.* raisonnable. *Reasonable offer,* offre acceptable.

reasoned [-d] *adj.* raisonné. *Reasoned refusal,* refus motivé.

reassessment ['ri:ə'sesmənt] *s.* réévaluation.

reassurance [,ri:ə'ʃuərəns] *s.* réassurance.

rebate ['ri:beit] *s.* réduction, rabais, abattement. *Rebate on bills not due,* réescompte du portefeuille.

rebound [ri:'baund] *s.* reprise.

rebut [ri'bʌt] *vt.* JUR. 1. réfuter. — 2. dupliquer.

rebutter [-ə*] *s.* JUR. duplique.

re-calipher ['ri:'kælifə*] *vt.* U. S. réévaluer, réadapter. *Credit values have been re-caliphered to a new set of circumstances,* les valeurs de crédit ont été réadaptées aux circonstances présentes.

recall [ri'kɔ:l] *vt.* 1. JUR. annuler, révoquer. — 2. rappeler.

recapitulate [,ri:kə'pitjuleit] *vt.* récapituler.

recash ['ri:'kæʃ] *vt.* rencaisser.

recede [ri'si:d] *vi.* reculer.

receipt [ri'si:t] *s.* 1. réception. *On receipt of goods,* à réception des marchandises. *We acknowledge receipt of your letter,* nous accusons réception de votre lettre. — 2. reçu, récépissé, acquit. *Receipt-book,* carnet de quittances. *Receipt for payment,* acquit de paiement. *Receipt for rent,* quittance de loyer. *Receipt for the balance,* quittance finale, pour solde de compte. *Receipt in duplicate valid for one,* reçu en double valant pour simple. *Receipt in full discharge,* quittance finale, pour solde de compte. *Receipt on account,* reçu à valoir. *Receipt slip,* quittance, récépissé. *Receipt-stamp,* timbre-quittance. *Application receipt,* récépissé de souscription. *Deposit receipt,* reçu de versement. *Dock receipt,* reçu des docks. MAR. *Mate's receipt,* reçu de bord. — 3. **receipts** *s. pl.* recettes, rentrées. *Receipts and expenditures,* recettes et dépenses. *Cash receipts and payments,* rentrées et sorties de caisse. *Daily receipts,* recettes journalières.

receipt *vt.* 1. acquitter. — 2. émarger.

receipting [-iŋ] *s.* émargement.

receivable [ri'si:vəbl] *adj.* à recevoir. *Bills receivable,* effets à recevoir.

receivables [-z] *s. pl.* U. S. effets à recevoir.

receive [ri'si:v] *vt.* 1. recevoir, toucher, réceptionner (des marchandises). *Received,* arrivage. *To receive one's coupons,* toucher ses coupons. *We have duly received,* nous avons dûment reçu. — 2. recevoir, accepter. *To receive a claim,* accepter une réclamation. — 3. recevoir, contenir.

received [-d] *adj.* reçu, admis. COMPT. *Received cash-book,* main courante de recettes. *Received stamp,* timbre de quittance. *"Received with thanks",* « Pour acquit ».

receiver [-ə*] *s.* 1. destinataire, réceptionnaire. — 2. BOURSE DE MARCHANDISES arrêteur, dernier acheteur. — 3. receveur, consignataire. *Receiver's office for the customs,* recette des douanes. — 4. POSTE (appareil) récepteur. — 5. ASS. MAR. *Receiver of wreck,* syndic des naufrages. — 6. FAILLITE *Official receiver,* administrateur séquestre, syndic de faillite, administrateur judiciaire. *The official receiver summons the creditors,* l'administrateur séquestre convoque les créanciers.

receivership [-ʃip] *s.* syndicat de faillite.

receiving [-iŋ] *s.* réception. FIN. *Receiving-cashier,* encaisseur. MAR. *Receiving-note,* bon à embarquer. *Receiving-order,* bon de réception; JUR. ordonnance de mise sous séquestre. *Receiving-station,* gare réceptrice.

reception [ri'sepʃən] *s.* réception. *Reception stamp,* griffe de réception.

recess [ri'ses] *vi.* U. S. suspendre une séance.

recession [-ʃən] *s.* récession.

recessionary [-ri] *adj.* récessionniste.

recharge ['ri:'tʃɑ:dʒ] *s.* recharge. *Balance or recharge,* reliquat ou reprise. *Recharge note,* bulletin d'affranchissement.

recipient [ri'sipiənt] *s.* 1. destinataire, réceptionnaire. — 2. bénéficaire.

reciprocal [ri'siprəkəl] *adj.* réciproque. *Reciprocal contract,* contrat bilatéral.

reciprocally [-əli] *adv.* à titre de réciprocité.

reciprocate [-keit] *vt.* 1. se rendre des services. *We should be happy under similar circumstances to reciprocate your kindness,* nous serions heureux de pouvoir vous rendre le même service dans des circonstances semblables. — 2. COMPT. *To reciprocate an entry,* passer écriture conforme.

reciprocity [,resi'prɔsiti] *s.* réciprocité.

recital [ri'saitl] *s.* JUR. exposé (d'un contrat, etc.).

recite [ri'sait] *vt.* JUR. exposer.

reckon ['rekən] *vt.* compter, calculer. *Reckoning from to-day,* à compter d'aujourd'hui. *We do not reckon any extra charge for packing,* nous ne facturons pas l'emballage.

reckon in [-in] *vt.* tenir compte de.

reckon off [-ɔ:f] *vt.* décompter.

reckon up [-ʌp] *vt.* compter, évaluer.

reckoner [-ə*] *s.* compteur, calculateur. *Ready reckoner :* **a)** barème ; **b)** comptes faits.

reckoning [-iŋ] *s.* compte, calcul. *You are out in your reckoning,* vous vous êtes trompé dans vos calculs.

reclaim [ri'kleim] *vt.* 1. assécher. *Reclaimed land,* terrain amendé. — 2. récupérer (un sous-produit).

reclassification ['ri:,klæsifi'keiʃən] *s.* MAR. recotation.

recognize ['rekəgnaiz] *vt.* 1. reconnaître. — 2. U. S. donner la parole à.

recognized [-d] *adj.* accrédité, attitré. *Recognized agent,* représentant accrédité.

recoin ['ri:'kɔin] *vt.* refondre.

recommend [,rekə'mend] *vt.* recommander.

recommendable [-əbl] *adj.* recommandable.

recommendation [,rekə'men'deiʃən] *s.* recommandation.

recommender [,rekə'mendə*] *s.* parrain.

recompense ['rekəmpens] *s.* dédommagement.

recompense *vt.* dédommager.

recompute ['ri:kɔm'pju:t] *vt.* réévaluer.

reconcile ['rekənsail] *vt.* COMPT. ajuster, apurer. *To reconcile an account,* apurer un compte.

reconcilement [-mənt] *s.* approuvé de compte, avis de vérification, apurement de compte.

reconciliation [,rekənsili'eiʃən] *s.* apurement, concordance. COMPT. *Reconciliation account,* compte collectif.

recondition ['ri:kən'diʃən] *vt.* remettre en état.

reconditioning [-iŋ] *s.* remise en état.

reconduction [-kən'dʌkʃən] *s.* reconduction. *Tacit reconduction,* reconduction tacite.

reconsider ['ri:kən'sidə*] *vt.* revenir sur (une décision, etc.).

reconstruction ['ri:kəns'trʌkʃən] *s.* reconstitution (de sociétés, de capital).

reconvention ['ri:kən'venʃən] *s.* JUR. contre-accusation.

reconvey ['ri:kən'vei] *vt.* JUR. rétrocéder.

reconveyance [-əns] *s.* rétrocession.

recopy ['ri:'kɔpi] *vt.* recopier.

record ['rekɔ:d] *s.* 1. JUR. enregistrement. *Record of evidence,* procès-verbal. — 2. note. *As a record,* pour mémoire. — 3. état de service, curriculum vitae. *Attendance sheet,* feuille de présence. JUR. *Clean record,* casier judiciaire vierge. — 4. record. *Record figure,* chiffre record. — 5. **records** *s. pl.* archives.

record [ri'kɔ:d] *vt.* enregistrer, comptabiliser.

recording [-iŋ] *s.* enregistrement, consignation.

recount ['ri:'kaunt] *vt.* recompter.

recoup [ri'ku:p] *vt.* 1. récupérer, dédommager. — 2. se dédommager, se rattraper. *To recoup oneself for one's losses,* se rattraper de ses pertes. — 3. JUR. défalquer, faire le décompte de.

recoupment [-mənt] *s.* **1.** dédommagement. — **2.** JUR. défalcation, décompte.

recourse [ri'kɔːs] *s.* **1.** recours. *To have recourse to,* avoir recours à. JUR. *To have recourse to the endorser of a bill,* avoir recours contre l'endosseur d'un effet. — **2.** expédient.

recover [ri'kʌvə*] *vt.* recouvrer, récupérer. *To recover a debt,* recouvrer une créance. JUR. *To recover damages,* obtenir des dommages-intérêts.

recover *vi.* se ranimer. BOURSE *Business recovers,* le marché se ranime, les affaires reprennent; *prices recover,* les cours sont en reprise.

recoverable [-ərəbl] *adj.* recouvrable, récupérable. *Recoverable debts,* créance recouvrable.

recovery [ri'kʌvəri] *s.* **1.** recouvrement. ASS. *Right of recovery,* droit à indemnisation. — **2.** redressement, relèvement, reprise. *Economic recovery,* redressement, reprise économique.

recredit ['riː'kredit] *vt.* COMPT. extourner au crédit.

rectification [,rektifi'keiʃən] *s.* rectification, redressement.

rectify ['rektifai] *vt.* rectifier, redresser. *To rectify an entry,* redresser une écriture.

red [red] *adj.* rouge. *Interest in red,* intérêts débiteurs, intérêts rouges. U. S. *The red book,* l'annuaire par professions. *To be in the red,* avoir une balance déficitaire.

redeem [ri'diːm] *vt.* racheter, rembourser. *To redeem a debenture,* rembourser une obligation. *To redeem a loan,* amortir un emprunt. *To redeem a mortgage,* purger une hypothèque.

redeemability [-ə'biliti] *s.* remboursabilité.

redeemable [ri'diːməbl] *adj.* amortissable, remboursable. *Bonds redeemable at par,* obligations remboursables au pair. *Redeemable debentures are paid off either at a fixed date or by annual drawings,* les obligations remboursables sont rachetées soit à date fixe, soit par tirages au sort annuels.

redelivery ['riːdi'livəri] *s.* POSTE deuxième présentation.

redemise ['riːdi'maiz] *s.* JUR. rétrocession (d'un bien).

redemise *vt.* JUR. rétrocéder.

redemption [ri'dempʃən] *s.* **1.** remboursement, amortissement, rachat. *Redemption bonds,* obligations remboursables, de conversion. *Redemption fund,* caisse d'amortissement. *Redemption loan,* emprunt d'amortissement. *Redemption premium,* prime de remboursement. *Redemption table,* plan d'amortissement. *Redemption value,* valeur de rachat, de remboursement. *Terms of redemption :* **a)** plan d'amortissement; **b)** conditions de remboursement. *Accelerated redemption,* remboursement anticipé. — **2.** (hypothèque) purge. *Redemption of a pledge,* retrait d'un gage. — **3.** JUR. réméré. *Sale with option of redemption,* vente à réméré.

redemptional [-ənl] *adj.* amortissant.

redeployment ['riːdi'plɔimənt] *s.* U. S. redistribution, réorganisation (d'un bureau, etc.). *Redeployment of labour,* reclassement.

redhibition [redhi'biʃən] *s.* JUR. rédhibition.

redhibitory [-'hibitəri] *adj.* JUR. rédhibitoire. *A redhibitory defect makes a sale void,* un vice rédhibitoire annule une vente.

redirect ['riːdai'rekt] *vt.* réexpédier. *Letters may be redirected without charge to the same addressee,* les lettres peuvent être réexpédiées au même destinataire sans surtaxe.

redirection [-ʃən] *s.* réexpédition. *An additional charge is required for the redirection of parcels,* une taxe supplémentaire est exigée pour la réexpédition des colis.

rediscount ['riː'diskaunt] *s.* réescompte.

rediscount *vt.* réescompter.

rediscountable [-'kauntəbl] *adj.* réescomptable.

rediscounter [-ə*] *s.* réescompteur.

redraft ['ri:'drɑ:ft] *s.* **1.** retraite, traite par contre. — **2.** rechange. *Redraft charges,* frais de rechange. — **3.** seconde rédaction.

redraw ['ri:'drɔ:] *vt.* **1.** faire retraite. — **2.** rédiger à nouveau, redessiner.

redress [ri'dres] *s.* JUR. réparation.

redress *vt.* redresser, réparer.

redressing [-iŋ] *s.* redressement, réparation.

red-tape [-'teip] *s.* routine administrative, paperasserie.

reduce [ri'dju:s] *vt.* **1.** réduire, abaisser. *To reduce costs,* réduire les prix de revient. *To reduce the output,* ralentir la production. *To reduce the rate of discount,* réduire le taux de l'escompte. — **2.** convertir.

reduced [-t] *adj.* réduit. *At reduced prices,* en solde, à prix réduits. *On a reduced scale,* sur une échelle réduite.

reduction [ri'dʌkʃən] *s.* réduction, diminution, baisse, rabais. *Reduction in taxation,* allégement des impôts, dégrèvement des impôts.

redundancy [ri'dʌndensi] *s.* surplus. *Redundancy compensation,* allocation de chômage partiel.

reelect ['ri:i'lekt] *vt.* réélire.

reeligible ['ri:'elidʒəbl] *adj.* rééligible.

reenact ['ri:i'nækt] *vt.* remettre en vigueur.

reendorse ['ri:in'dɔ:s] *vt.* réendosser.

reendorsement [-mənt] *s.* contre-passation, contre-passement.

reenforce ['ri:in'fɔ:s] *vt.* remettre en vigueur.

reengage ['ri:in'geidʒ] *vt.* réintégrer (un employé).

reenter ['ri:'entə*] *vt.* réinscrire.

reentry [ri:'entri] *s.* réinscription.

reestablish ['ri:is'tæbliʃ] *vt.* rétablir.

reestablishment [-mənt] *s.* **1.** rétablissement. — **2.** réintégration.

reexamination ['ri:ig,zæmi'neiʃən] *s.* DOUANES contre-visite.

reexamine ['ri:ig'zæmin] *vt.* COMPT. repasser.

reexchange ['ri:iks'tʃeindʒ] *s.* **1.** rechange (opération). — **2.** rechange (montant). — **3.** retraite.

reexport ['ri:'ekspɔ:t] *s.* réexportation. *Reexport trade,* commerce intermédiaire.

reexport ['ri:eks'pɔ:t] *vt.* réexporter.

reexportation ['ri:,ekspɔ:'teiʃən] *s.* réexportation.

reexporter ['ri:eks'pɔ:tə*] *s.* réexportateur.

refer [ri'fə:*] *vt.* rapporter. *Refer to drawer,* retour au tireur. *Referred to in the articles,* visé dans les statuts. JUR. *To refer the matter to arbitration,* soumettre la question à arbitrage. *To refer s.o. to,* renvoyer qqn à.

refer *vi.* s'en rapporter à. *Referring to your letter,* comme suite à votre lettre. *To refer to the articles,* s'en rapporter aux statuts.

referee [,refə'ri:] *s.* arbitre; U. S. administrateur séquestre, liquidateur judiciaire. JUR. *Referee in case of need,* recommandataire, besoin, donneur d'aval.

reference ['refrəns] *s.* **1.** référence, témoignage. *Applications without references will not be considered,* les candidatures présentées sans de sérieuses références ne seront pas retenues; sans sérieuses références, s'abstenir. *You may quote us as a reference,* vous pouvez vous recommander de nous. — **2.** JUR. répondant, référence. — **3.** référence, renvoi. *Reference material,* documentation. *Reference slip,* fiche de rappel. *For reference please quote,* référence à rappeler. — **4.** compétence. *Terms of reference,* attributions. *This problem is outside the reference of our commission,* cette question n'entre pas dans les attributions de notre commission.

referral plan [ri'fərəl'plæn] *s.* U. S. vente de certains articles coûteux à crédit à des personnes qui pourraient se libérer en servant elles-mêmes de placiers pour ces articles (sorte de vente à la boule de neige).

refigure ['ri:'figə*] *vt.* recalculer.

refill ['ri:'fil] *s.* recharge.

refinancing ['ri:fai'nænsiŋ] *s.* refinancement.

refinement [ri'fainmənt] *s.* raffinement. *Our television sets include the latest refinements,* nos téléviseurs comportent les derniers perfectionnements.

refinery [ri'fainəri] *s.* raffinerie.

refining [ri'fainiŋ] *s.* raffinage.

refit ['ri:'fit] *s.* **1.** MAR. radoub, réparation. — **2.** réajustement, rééquipement.

refit *vt.* **1.** MAR. radouber, réparer. — **2.** remonter, rééquiper.

reflation [ri:'fleiʃən] *s.* nouvelle inflation.

reflection [ri'flekʃən] *s.* critique, blâme.

refloat ['ri'flout] *vt.* **1.** MAR. renflouer. — **2.** lancer un nouvel emprunt.

refloating [-iŋ] *s.* **1.** renflouage, remise à flot. — **2.** nouvelle émission.

reform [ri'fɔ:m] *vt.* réformer.

reforward [-'fɔ:wəd] *vt.* réexpédier.

reframe ['ri:'freim] *vt.* remanier.

refresher [ri'freʃə*] *s.* JUR. complément d'honoraires du « barrister » (lorsqu'une affaire traîne en longueur).

refrigerate [ri'fridʒəreit] *vt.* réfrigérer. *Refrigerating plant,* installation frigorifique.

refuel ['ri:'fjuəl] *vt.* MAR. se réapprovisionner en combustible.

refund ['ri:fʌnd] *s.* **1.** remboursement. *No replacement nor refund of money,* ces articles ne sont ni échangés ni repris. — **2.** ristourne.

refund [ri:'fʌnd] *vt.* **1.** rembourser. *When imported goods are to be reexported, duties already levied are refunded,* lorsque les marchandises importées sont destinées à la réexportation, les droits déjà perçus sont remboursés. — **2.** ristourner. — **3.** fonder de nouveau une dette.

refundable [-əbl] *adj.* remboursable.

refundment [ri'fʌndmənt] *s.* remboursement.

refusal [ri'fju:zəl] *s.* **1.** refus. JUR. *Refusal of justice,* déni de justice. *Refusal to accept a bill,* refus d'acceptation d'une traite. *Our proposition met with a refusal,* notre proposition s'est heurtée à un refus.

refuse [ri'fju:z] *vt.* refuser.

refute [ri'fju:t] *vt.* réfuter.

regain [ri'gein] *vt.* recouvrer, récupérer, regagner.

regainable [-əbl] *adj.* recouvrable.

regainment [-mənt] *s.* JUR. rentrée en possession.

regarding [ri'gɑ:diŋ] *prép.* quant à, concernant.

register ['redʒistə*] *s.* **1.** registre, grand livre. MAR. *Register book :* **a)** registre des actes de nationalité, registre des déclarations de construction et soumission de francisation; **b)** registre des inscriptions. *Commercial register,* registre de commerce. *Land register,* registre du cadastre. *Trade register,* registre du commerce. — **2.** MAR. tonnage. *Register ton,* tonneau de jauge. *Register tonnage,* tonnage de jauge.

register *vt.* **1.** enregistrer, immatriculer. *To register a deed,* enregistrer un acte. — **2.** POSTE recommander (une lettre).

register *vi.* U. S. s'inscrire.

registered [-əd] *adj.* **1.** POSTE recommandé. *Under registered cover,* sous pli recommandé. *To have a letter registered,* faire recommander une lettre. — **2.** FIN. nominatif. *Registered certificate with coupons attached,* titre mixte. *Registered debenture,* obligation nominative. *Registered shareholder,* porteur d'actions nominatives. *Registered shares transferable by endorsement,* titres à ordre. *Conversion into registered shares,* mise au nominatif. — **3.** déposé, enregistré. *Registered capital,* capital social. *Registered office,* siège statutaire, siège social. *Registered trademark,* marque déposée.

registering [-əriŋ] *s.* enregistrement, inscription, immatriculation.

registrant ['redʒistrənt] *s.* inscrivant.

registrar [,redʒis'trɑ:*] *s.* 1. JUR. greffier. *Registrar of mortgages,* conservateur des hypothèques. — 2. FIN. *Registrar of transfers,* agent comptable des transferts. — 3. officier d'état civil. *Registrar of companies,* l'enregistrement. *Registrar of deeds,* receveur de l'enregistrement. *The registrar general,* le conservateur des archives de l'état civil.

registration [,redʒis'treiʃən] *s.* 1. enregistrement, inscription, immatriculation. *Registration certificate,* permis de séjour (pour les étrangers). *Registration dues,* droits d'enregistrement. *Registration office,* l'enregistrement. *Registration of mortgage,* inscription hypothécaire. — 2. POSTE recommandation. *Registration fee,* droit de recommandation. — 3. MAR. acte de nationalité ; en France, acte de francisation.

registry ['redʒistri] *s.* 1. enregistrement, inscription. COMPT. *Registry books,* livres d'ordre. *Registry office :* **a)** [bureau de] l'état civil ; **b)** agence de placement. MAR. *Certificate of registry,* acte de nationalité ; en France, acte de francisation. MAR. *Port of registry,* port d'armement, d'attache. — 2. U. S. recommandation (d'une lettre).

regrading [ri:'greidiŋ] *s.* reclassement.

regret [ri'gret] *s.* regret. *Much to our regret,* à notre grand regret. *Our issue was oversubscribed and we had to send some applicants a letter of regret,* notre émission a été sursouscrite et nous avons dû envoyer à certains souscripteurs une lettre d'avis de retour.

regular ['regjulə*] *adj.* 1. régulier. *Regular agent,* agent attitré. — 2. normal. *Regular model,* modèle courant. *You will be liable to an extra charge because this is not our regular way of packing,* vous aurez à payer une taxe supplémentaire, car ce n'est pas notre mode habituel d'emballage.

regularity [,regju'læriti] *s.* régularité. *For regularity's sake, please acknowledge receipt,* pour la bonne règle, veuillez nous accuser réception.

regularization [,regjulərai'zeiʃən] *s.* régularisation.

regulate ['regjuleit] *vt.* 1. régler, calculer. *The rate of flow of a river is regulated by storing the water in reservoirs,* le régime d'une rivière est réglé grâce à des bassins de retenue. — 2. réglementer. *The articles of association regulate the relations of the firm with its members,* les statuts réglementent les rapports des actionnaires avec la société.

regulation [,regju'leiʃən] *s.* 1. règlement, réglementation. *Exchange regulations,* réglementation du change. *To bring under regulation,* réglementer. — 2. règlement, prescription, ordonnance. *Customs regulations,* règlements douaniers. *Service regulations,* règlements de service. *Stock-Exchange regulations,* règlements de Bourse. *To act in accordance with the regulations,* agir conformément aux règlements. *The articles of association set forth the internal regulations of a company,* les règlements internes d'une société sont exposés dans les statuts.

rehabilitation ['ri:ə,bili'teiʃən] *s.* 1. réhabilitation (d'un failli). — 2. assainissement. *Financial rehabilitation,* assainissement monétaire.

rehouse ['ri:'hauz] *vt.* reloger.

reimbursable [,ri:im'bə:səbl] *adj.* remboursable.

reimburse [-bə:s] *vt.* rembourser.

reimbursement [-mənt] *s.* remboursement.

reimport ['ri:im'pɔ:t] *s.* réimportation.

reimport *vt.* réimporter.

reimportation ['ri:,impɔ:'teiʃən] *s.* réimportation.

reinstate ['ri:in'steit] *vt.* réintégrer, rétablir (dans ses fonctions) ; ASS. remettre en l'état.

reinsurance ['ri:in'ʃuərəns] *s.* réassurance.

reinsure [-ʃuə*] *vt.* et *vi.* réassurer, se réassurer.

reinsurer [-rə*] *s.* réassureur.

reinvest ['ri:in'vest] *vt.* réinvestir.

reinvestment [-mənt] *s.* réinvestissement.

reissue ['ri:'isju:] *s.* **1.** réémission d'actions, nouvelle émission. *Reissue of a bill of exchange,* renouvellement d'une lettre de change. — **2.** réédition.

reject ['ri:dʒekt] *s.* pièce de rebut.

reject [ri'dʒekt] *vt.* repousser.

rejuvenation [ri,dʒu:vi'neiʃən] *s.* rajeunissement.

relapse [ri'læps] *vi.* rétrograder, reculer. *Coppers relapsed a point,* les cuprifères ont reculé d'un point.

related [ri'leitid] *adj.* connexe.

relating [-iŋ] *adj.* afférent (*to,* à), ayant trait à.

relation [ri'leiʃən] *s.* **1.** relation, rapport. *Foreign relations,* relations extérieures. *To have extensive relations,* avoir de nombreuses relations. *We would like to enter into business relations with your firm,* nous aimerions entrer en relations d'affaires avec votre maison. — **2.** parent.

relationship [-ʃip] *s.* : **a)** rapport; **b)** degré de parenté.

relaxation [,ri:læk'seiʃən] *s.* détente.

release [ri'li:s] *s.* **1.** quittance, acquit, reçu. — **2.** libération, décharge, remise. — **3.** JUR. relaxe. — **4.** JUR. cession, transfert (de terrains). — **5.** mise en vente, en circulation.

release *vt.* **1.** libérer, décharger, acquitter. *To release a debtor,* libérer un débiteur. *To release s.o. from a debt,* libérer qqn d'une dette, faire la remise d'une dette. — **2.** libérer, mettre en vente, en circulation.

re-lease *vt.* relouer.

releasee [rili:'si:] *s.* JUR. cessionnaire.

releasor [ri'li:sə*] *s.* JUR. renonciateur, cédant.

relevant ['relivənt] *adj.* pertinent, à propos. JUR. *Relevant documents,* pièces justificatives.

reliable [ri'laiəbl] *adj.* digne de confiance, de foi. *We had it from a reliable source,* nous le tenons de source sûre.

reliance [-əns] *s.* confiance.

relict ['relikt] *s.* JUR. veuve.

relief [ri'li:f] *s.* **1.** soulagement, secours, assistance. *Relief fund,* caisse de secours. CH. DE FER *Relief train,* train supplémentaire. — **2.** exonération, dégrèvement. *Claim for relief,* demande en dégrèvement. — **3.** JUR. réparation.

relieve [ri'li:v] *vt.* **1.** soulager, secourir. — **2.** dégager, soustraire à. *To relieve s.o. of his engagements,* relever qqn de ses engagements. — **3.** exonérer, dégrever.

relinquish [ri'liŋkwiʃ] *vt.* **1.** abandonner. *To relinquish a claim,* renoncer à une réclamation. — **2.** JUR. répudier (une succession).

relinquishment [-mənt] *s.* **1.** renonciation, abandon, désistement. — **2.** JUR. répudiation (d'une succession).

reload ['ri:'loud] *vt.* MAR. recharger.

reloading [-iŋ] *s.* MAR. rechargement. *Reloading charges,* frais de transbordement.

rely [ri'lai] *vi.* compter (*on,* sur).

remain [ri'mein] *vi.* rester. *These regulations remain in force,* ces règlements restent en vigueur.

remainder [ri'meində*] *s.* **1.** solde, restant, reliquat. — **2.** JUR. réversion.

remark [ri'mɑ:k] *s.* observation.

remeasure ['ri:'meʒə*] *vt.* MAR. rejauger.

remedy ['remidi] *s.* **1.** tolérance. *Remedy for weight,* tolérance de poids. — **2.** JUR. réparation.

reminder [ri'maində*] *s.* rappel. COMPT. *Reminder entry,* poste de mémoire. *Reminder of order,* rappel de commande. *As a reminder,* pour mémoire.

remint ['ri:'mint] *vt.* refondre, refrapper.

remiss [ri'mis] *adj.* négligent.

remission [-ʃən] *s.* **1.** remise. *Remission of a tax,* exonération d'impôt. *Remission of charges,* détaxe. — **2.** accalmie.

remit [ri'mit] *vt.* **1.** remettre, faire remise de. *To remit a debt,* faire remise d'une dette. — **2.** JUR. différer. — **3.** envoyer. *To remit for collection,* remettre à l'encaissement. *To remit for discount,* remettre à l'escompte. *To remit money,* envoyer de l'argent.

remittance [-əns] *s.* **1.** remise (effet de commerce). *Remittances and drawings,* remises et tirages. *Sight remittance,* remise à vue. *To collect remittances,* encaisser des remises. — **2.** envoi, versement. *Remittance in cash,* remise en espèces. *Remittance of a bill for collection,* remise d'un effet à l'encaissement. *To make a remittance of funds,* faire une remise de fonds.

remitter [-ə*] *s.* remetteur, envoyeur.

remitting [-iŋ] *adj.* remetteur. *Remitting bank,* banque remetteuse.

remnant ['remnənt] *s.* coupon. *Remnants,* soldes, fins de série.

remodel ['ri:'mɔdl] *vt.* transformer.

removable [ri'mu:vəbl] *adj.* amovible, révocable.

removal [-vəl] *s.* **1.** révocation. — **2.** déménagement. *Removal contractor,* entrepreneur de déménagement. *Removal expenses :* **a)** frais de déplacement; **b)** frais de déménagement. — **3.** DOUANES enlèvement. *Removal of goods under bond,* mutation d'entrepôt.

remove [ri'mu:v] *vt.* **1.** enlever, retirer. *To remove controls on,* supprimer les restrictions sur. *Goods in bond cannot be removed for home consumption before payment of duty,* les marchandises en douane destinées à la consommation intérieure ne peuvent être retirées avant paiement des droits. — **2.** déménager, transférer. *We removed our premises to...,* nous avons transféré nos locaux à...

remover [-ə*] *s. Furniture remover,* entreprise de déménagement.

remunerate [ri'mju:nəreit] *vt.* rémunérer.

remuneration [ri,mju:nə'reiʃən] *s.* rémunération.

remunerative [ri'mju:nərətiv] *adj.* rémunérateur.

render ['rendə*] *vt.* rendre. *To render an account :* **a)** rendre compte; **b)** remettre un compte. " *As per account rendered* ", suivant compte remis. *At the annual general meeting, the chairman of the board renders an account of the company's activities,* à l'assemblée générale, le président du conseil d'administration rend compte des activités de la société.

rendering [-riŋ] *s.* reddition d'un compte.

renew [ri'nju:] *vt.* renouveler. *To renew a credit,* renouveler, proroger un crédit. *To renew a lease,* renouveler un bail.

renewable [-əbl] *adj.* renouvelable. *Renewable by tacit agreement,* renouvelable par tacite reconduction.

renewal [ri'njuəl] *s.* renouvellement, reconduction, prorogation. *Renewal of a bill,* prolongation d'une traite. Ass. *Renewal premium,* prime de renouvellement.

renounce [ri'nauns] *vt.* renoncer à.

renouncement [-mənt] *s.* renonciation.

rent [rent] *s.* **1.** loyer, location. Ass. *Rent insurance,* assurance contre la perte des loyers. *Rent restriction,* blocage des loyers. *Rent tax,* impôts sur les loyers. *Allowance for rent,* indemnité de location. — **2.** rente. *Ground rent,* rente, redevance foncière. — **3.** fermage. *Rent-roll,* état des fermages.

rent *vt.* louer.

rental ['rentl] *adj.* locatif. *Rental value,* valeur locative.

rental *s.* prix de location; POSTE redevance d'abonnement.

renter [-ə*] *s.* **1.** locataire. — **2.** U. S. loueur.

renting [-iŋ] *s.* location.

renunciation [ri,nʌnsi'eiʃən] *s.* abandon. JUR. *Renunciation of a succession,* répudiation d'un héritage.

reopen ['ri:'oupən] *vt.* rouvrir. JUR. *To reopen a case of bankruptcy,* rapporter une faillite.

reopen *vi.* rouvrir.

reopening [-iŋ] *s.* réouverture.

reorder ['ri:'ɔ:də*] *vt.* renouveler une commande.

reorganization ['ri:,ɔ:gənai'zeiʃən] *s.* **1.** réorganisation. — **2.** FIN. assainissement.

reorganize ['ri:'ɔ:gənaiz] *vt.* **1.** réorganiser. — **2.** FIN. assainir.

reorganize *vi.* se réorganiser.

repack ['ri:'pæk] *vt.* remballer.

repair [ri'pɛə*] *s.* réparation. *Keeping in repair,* réparation d'entretien. *Tenant's repairs,* réparations locatives. *In (good) repair,* en bon état d'entretien. JUR. *To keep one's tenant's house in habitable repair,* tenir son locataire clos et couvert.

repair *vt.* réparer.

repairing [-riŋ] *s.* réparation, remise en état. *Repairing shop,* atelier de réparation.

reparation [,repə'reiʃən] *s.* réparation.

reparcelling out ['ri:'pɑ:sliŋaut] *s.* remembrement.

repartition [repɑ:'tiʃən] *s.* répartition.

repawn ['ri:'pɔ:n] *vt.* rengager.

repay [ri:'pei] *vt.* rendre, rembourser.

repayability [ri:peiə'biliti] *s.* remboursabilité, exigibilité.

repayable [ri:'peiəbl] *adj.* remboursable. *Repayable at par,* remboursable au pair. *Repayable by annual instalments,* annuitaire.

repayment [ri:'peimənt] *s.* remboursement.

repeat [ri'pi:t] *vt.* répéter, collationner.

repercussion [,ri:pə:'kʌʃən] *s.* répercussion.

repetition [,repi'tiʃən] *s.* répétition, collationnement. *Repetition-paid telegram,* télégramme avec collationnement, collationné.

repetitive [ri'petitiv] *adj.* plein de répétitions. *Repetitive work,* travail en série.

replace [ri:'pleis] *vt.* **1.** remplacer. — **2.** reposer.

replacement [-smənt] *s.* **1.** remplacement. ASS. *Replacement value,* valeur de remplacement. " *No replacement nor refund of money* ", « Nos articles ne sont ni repris ni échangés ». — **2. replacements** [-s] *s. pl.* pièces de rechange.

repledge ['ri:'pledʒ] *vt.* remettre en gage.

replenish [ri'pleniʃ] *vt.* réapprovisionner.

replevin [ri'plevin] *s.* JUR. main-levée de saisie.

replevy [ri'plevi] *vt.* JUR. obtenir la main-levée d'une saisie.

reply [ri'plai] *s.* réponse. POSTE *Reply coupon,* coupon réponse. *Reply paid,* réponse payée. POSTE " *Sorry, there is no reply* ", « Ne répond pas ».

reply *vi.* répondre. *Please reply by return,* veuillez nous répondre par retour.

repone [ri'poun] *vt.* JUR. **1.** rétablir (dans un poste). — **2.** réhabiliter.

report [ri'pɔ:t] *s.* **1.** rapport, compte rendu, procès-verbal. *Annual report,* rapport de gestion. ASS. MAR. *Damage report,* rapport d'avaries. JUR. *Law reports,* recueil de jurisprudence. *Survey report,* rapport d'expertise. — **2.** rumeur. — **3.** réputation. — **4.** DOUANES déclaration de gros.

report *vt.* **1.** rapporter, rendre compte de. — **2.** ASS. MAR. déclarer. *To report as attaching interest,* déclarer en aliment. — **3.** DOUANES faire la déclaration d'entrée. *The master must report his vessel to the customs authorities within 24 hours,* le capitaine doit déclarer son navire aux autorités douanières dans les 24 heures.

report *vi.* faire un rapport sur.

reporter [-ə*] *s.* **1.** rapporteur. — **2.** reporter.

repository [ri'pɔzitəri] *s.* dépôt. *Furniture repository,* garde-meuble.

represent [,repri'zənt] *vt.* représenter. *Before noting a bill, the notary public represents it for settlement,* avant de constater le refus d'acceptation, le notaire représente la traite au paiement.

represent *vt.* représenter. *Shareholders may be represented by proxies,* les actionnaires peuvent se faire représenter par des mandataires. *Represented at law and otherwise,* représenté judiciairement et extrajudiciairement.

representation [,reprizen'teiʃən] *s.* représentation, observation courtoise.

representative [,repri'zentətiv] *adj.* représentatif. FIN. *Representative money,* monnaie scripturale.

representative *s.* représentant, délégué. *District representative,* représentant régional.

reprieve [ri'pri:v] *vt.* JUR. accorder un délai.

reprint ['ri:'print] *s.* réimpression.

reprises [ri'praiziz] *s. pl.* JUR. sommes à déduire d'un revenu foncier.

republish ['ri:'pʌbliʃ] *vt.* JUR. renouveler (un testament précédent).

repurchase ['ri:'pə:tʃəs] *s.* **1.** BOURSE DE MARCHANDISES rachat. — **2.** rachat, réméré. *Sale with option of repurchase,* vente à réméré.

repurchase *vt.* racheter. *Sale with privilege to repurchase,* vente à réméré.

reputation [,repju'teiʃən] *s.* réputation.

reputed [ri'pju:tid] *adj.* réputé. JUR. *Reputed father,* père putatif.

request [ri'kwest] *s.* demande, requête. *Requests-book,* registre des réclamations. *Free samples on request,* échantillons gratuits sur demande. *In compliance with your request,* conformément à votre demande. *Trade-mark in great request,* marque très demandée.

request *vt.* demander, prier.

require [ri'kwaiə*] *vt.* exiger. *In the required time,* en temps voulu.

requirement [-mənt] *s.* besoin, exigence. U. S. **requirements** *s. pl.* cahier des charges.

requisite ['rekwizit] *s.* article, fourniture.

requisition [,rekwi'ziʃən] *s.* **1.** réquisition. — **2.** U. S. bon (de demande de matériel à l'intérieur d'une usine).

resale ['ri:'seil] *s.* revente.

rescind [ri'sind] *vt.* annuler, résilier.

rescission [ri'siʒən] *s.* abrogation, annulation.

research [ri'sə:tʃ] *s.* recherche. *Research department,* bureau d'études. *Research in the field,* recherche opérationnelle.

resell ['ri:'sel] *vt.* revendre.

resellor [-ə*] *s.* revendeur.

reservation [,rezə'veiʃən] *s.* **1.** réservation. — **2.** location.

reserve [ri'zə:v] *s.* réserve. *Reserve account,* compte de réserve. *Reserve capital,* capital de réserve. *Reserve for depreciation,* provision pour dépréciation. *Reserve for doubtful debts,* provision pour créances douteuses. *Reserve for loss on investments,* réserve pour différence de cours. *Reserve for taxation,* réserve fiscale, provision pour impôts. *Reserve fund,* fonds de prévoyance, de réserve. *Reserve price,* mise à prix (vente aux enchères). *Reserve requirements,* réserves obligatoires. *Contingency reserve,* réserve de prévoyance. *Coupons credited under the usual reserves,* coupons crédités sauf bonne fin. *Currency reserve,* réserve de prévoyance. *Excess reserves,* couvertures excédentaires. *Premium reserve,* réserve prime sur émission. *Under usual reserves,* sous les réserves d'usage. *With the reserve of approval,* sous réserve d'approbation.

reserve *vt.* **1.** réserver. *All rights reserved,* tous droits réservés. — **2.** retenir.

reserve *vi.* se réserver.

resettlement ['ri:'setlmənt] *s.* réinstallation.

reship ['ri:'ʃip] *vt.* **1.** rembarquer. — **2.** réexpédier.

reshuffle ['ri:'ʃʌfl] *s.* remaniement (ministériel).

residence ['rezidəns] *s.* résidence. *Residence for tax purposes,* résidence fiscale. *To take up one's residence,* établir son domicile, se fixer.

resident [-t] *s.* résident.

residential [,rezi'denʃəl] *adj.* résidentiel.

residuary [ri'zidjuəri] *adj.* résiduel. *Residuary devisee (legatee),* légataire résiduel.

resign [ri'zain] **1.** *vt.* résigner, abandonner. — **2.** *vi.* démissionner.

resignation [,rezig'neiʃən] *s.* démission. *To tender one's resignation,* offrir sa démission.

resigner [ri'zainə*] *s.* démissionnaire.

resilience [ri'ziliəns] *s.* élasticité (du marché).

res judicata ['ri:zdʒu:'dikətə] *loc. lat.* chose jugée.

resolution [,rezə'lu:ʃən] *s.* résolution.

resolutive ['rezəljutiv] *adj.* résolutoire (clause d'un contrat).

resolutory [-əri] *adj.* résolutoire (condition d'un contrat).

resolve [ri'zɔlv] *vt.* et *vi.* résoudre, se résoudre, se décider.

resort [ri'zɔ:t] *vi.* avoir recours à. *We shall have to resort to legal action,* nous serons dans l'obligation d'avoir recours à la justice.

re-sort ['ri:'sɔ:t] *vt.* reclasser.

resource [ri'sɔ:s] *s.* ressource.

respect [ris'pekt] *s.* rapport, égard. *In other respects,* à d'autres égards. *With respect to,* en ce qui concerne.

respect *vt.* respecter, observer.

respecting [-iŋ] *prép.* quant à, concernant.

respite ['respait] *s.* Jur. sursis, délai. *To grant a respite for payment,* accorder un délai de paiement.

respite *vt.* remettre, différer.

respond [ris'pɔnd] *vi.* U. S. Jur. être responsable. *To respond in damages,* être tenu à des dommages-intérêts.

respondentia [,respɔn'denʃjə] *s.* Mar. grosse sur facultés, emprunt sur le chargement. *Respondentia bond,* contrat à la grosse sur facultés. *Respondentia loan,* prêt à la grosse sur facultés.

response [ris'pɔns] *s.* U. S. réponse. *Forgive my delay in response,* Veuillez excuser le retard apporté à vous répondre.

responsibility [ris,pɔnsə'biliti] *s.* responsabilité.

responsible [ri'spɔnsəbl] *adj.* **1.** responsable, solidaire. *In a partnership, partners are jointly responsible for all the debts and obligations of the firm,* dans une société en nom collectif, les associés sont solidairement responsables des dettes et obligations de la société. — **2.** capable, compétent. *Responsible quarters,* les milieux autorisés.

rest [rest] *s.* **1.** reste. — **2.** Fin. réserve. — **3.** Compt. arrêté de compte. *Quarterly rests,* arrêtés trimestriels.

restitution [,resti'tju:ʃən] *s.* restitution.

restock ['ri:'stɔk] *vt.* regarnir, réapprovisionner.

restocking [-iŋ] *s.* remontage, réapprovisionnement.

restoration [,restə'reiʃən] *s.* **1.** restitution. Jur. *Restoration of goods taken in distraint,* mainlevée de saisie. — **2.** restauration. — **3.** réintégration.

restore [ris'tɔ:*] *vt.* **1.** restituer. — **2.** restaurer. *To restore the public finances,* restaurer les finances publiques. — **3.** réintégrer.

re-store ['ri:'stɔ:*] *vt.* réapprovisionner.

re-stow ['ri:'stou] *vt.* réarrimer.

restrain [ri'strein] *vt.* retenir, empêcher. *To restrain wages and prices to prevent inflation,* contenir les salaires et les prix pour empêcher l'inflation.

restraint [-t] *s.* contrainte, empêchement. *Restraint upon trade,* atteinte à la liberté du commerce.

restrict [ris'trikt] *vt.* restreindre, réduire.

restriction [-kʃən] *s.* restriction. *Credit restriction,* restriction de crédit. *To be subject to restrictions,* être soumis à des restrictions.

restrictive [-iv] *adj.* restrictif. *Restrictive clause,* clause restrictive. *Restrictive endorsement,* endossement restrictif. *Restrictive practice Court,* tribunal chargé d'examiner les entraves à la liberté du commerce.

resubmit ['ri:səb'mit] *vt.* soumettre à nouveau. *We hereby certify that the goods were re-submitted to us with their seals intact,* nous certifions par la présente que les marchandises nous ont été représentées sous scellement intact.

result [ri'zʌlt] *s.* résultat.

result *vi.* **1.** résulter, découler. — **2.** aboutir. *This year heavy expenditures resulted in a narrow margin of profit,* les lourdes dépenses de cette année ont entraîné la réduction de notre marge bénéficiaire.

résumé ['rezjumei] *s.* U. S. curriculum vitae. *Send complete résumé to,* envoyez curriculum détaillé à.

resume [ri'zju:m] *vt.* reprendre. JUR. *To resume possession of,* reprendre la jouissance de. *To resume work,* reprendre le travail.

resumption [ri'zʌmpʃən] *s.* reprise. *Resumption of business,* reprise des affaires. JUR. *Right of resumption,* droit de reprise.

resurvey ['ri:sə:'vei] *s.* contre-expertise.

retail ['ri:teil] *s.* détail. *Retail price,* prix de détail.

retail ['ri:'teil] *vt.* vendre au détail.

retail *vi.* se vendre au détail.

retailer [-ə*] *s.* détaillant.

retain [ri'tein] *vt.* retenir, arrêter. FIN. *Retained earnings,* bénéfices non distribués. *To retain s.o.'s services,* retenir les services de qqn.

retaliate [ri'tælieit] *vt.* rendre la pareille.

retaliation [ri,tæli'eiʃən] *s.* JUR. rétorsion.

retaliatory [ri'tæliətri] *adj.* de représailles. JUR. *Retaliatory measures,* mesures de rétorsion.

retention [ri'tenʃən] *s.* retenue. *Retention on wages,* retenue sur les salaires.

retiral [ri'tairəl] *s.* **1.** retraite. — **2.** démission. — **3.** remboursement. — **4.** levée de documents.

retire [ri'taiə*] *vt.* retirer, rembourser, amortir. *To retire a bill,* retirer une traite. *The sinking fund plan calls for regular deposits sufficient to retire all or part of the bonds before they mature,* le fonds d'amortissement doit être alimenté par des dépôts réguliers suffisants pour amortir, en totalité ou en partie, les obligations émises avant la date d'échéance.

retire *vi.* **1.** se retirer, prendre sa retraite. — **2.** sortir. *Directors have to retire in rotation,* les administrateurs doivent se retirer à tour de rôle.

retiree [ritai'ri:] *s.* U. S. retraité, pensionné.

retirement [ri'taiəmənt] *s.* **1.** ADM. retraite. *Compulsory retirement,* retraite d'office. — **2.** FIN. retrait, remboursement.

retiring [-riŋ] *adj.* sortant. *Retiring director,* administrateur sortant.

retiring *s.* mise à la retraite. *Retiring allowance,* pension de retraite.

retreat [ri'tri:t] *vi.* BOURSE reculer.

retrench [ri'trentʃ] *vt.* compresser, comprimer.

retrenchment [-mənt] *s.* compression.

retrievable [ri'tri:vəbl] *adj.* recouvrable.

retrocession [,retrou'seʃən] *s.* rétrocession.

retrospective [,retrou'spektiv] *adj.* rétroactif. *Retrospective effect,* effet rétroactif.

return [ri'tə:n] *s.* **1.** revenu, rapport, rendement. *Return on a capital,* revenu d'un capital. *These bonds bring in a fair return,* ces obligations ont un rendement intéressant. — **2.** relevé, état. *Return of income,* déclaration de revenu. *Monthly return,* état mensuel. *Weekly bank return,* situation hebdomadaire de la banque. *To draw up a return of account,* faire un relevé de compte. — **3.** ristourne, remboursement, restitution. *Return of capital,* remboursement de capital. *Return of charges, of duties,* détaxe. *Return of premium,* remboursement de prime. FIN. *Return on allotment,* remboursement après attribution. *To make a return of,* faire une ristourne de. — **4.** retour. MAR. *Return cargo,* chargement de retour; *return freight,* fret de retour. *Return premium,* prime de retour. CH. DE FER *Return ticket,* billet d'aller et retour. *Statement of return,* compte de retour. POSTE *By return of post,* par retour du courrier. *On sale or return,* en communication, en dépôt, en retour. — **5. returns** [-z] *s. pl.* rendus, marchandises de retour. *Returns inwards book,* livre des rendus (par les clients). *Returns outwards book,* livre des rendus (par les fournisseurs). — **6.** statistiques officielles. *On the basis of returns provided for the census of,* en se fondant sur les statistiques fournies par le recensement de. — **7.** recettes, rendement. *Daily returns,* recettes journalières. *Law of diminishing returns,* loi des rendements décroissants.

return *vt.* **1.** rendre, restituer. FIN. *Returned cheque,* chèque refusé, retourné. *Returned empty,* vide en retour. POSTE *Returned to sender,* retour à l'envoyeur. — **2.** rembourser, ristourner. *To return a loan,* rembourser un prêt. DOUANES *To return the duties on,* détaxer. — **3.** déclarer. *The amount to return,* le montant à déclarer.

revalorization [ri:væləraì'zeiʃən] *s.* revalorisation.

revaluation *s.* réévaluation.

revalue [-'vælju] *vt.* réévaluer.

revamp ['ri:'væmp] *vt.* **1.** moderniser (un magasin). — **2.** FAM. renflouer.

revenue ['revinju:] *s.* revenus, recettes. *Revenue account,* compte de résultats. *Revenue authorities,* le fisc. FIN. *Revenue assets,* valeurs d'échange, de roulement. *Revenue band,* bague fiscale. *Revenue-earning house,* maison de rapport. *Revenue receipts,* rentrées fiscales. *Revenue stamp,* timbre fiscal. *Inland revenue,* recette des impôts, recettes fiscales. *Tax revenue,* recettes fiscales.

revenuer [-ə*] *s.* U. S. agent du fisc.

reversal [ri'və:səl] *s.* **1.** COMPT. contre-passement, contre-passation, annulation. — **2.** JUR. annulation (d'un jugement).

reverse [ri'və:s] *adj.* inverse. POSTE *Reverse charges,* communication payable à l'arrivée, P C.V. COMPT. *Reverse entry,* écriture inverse.

reverse *s.* **1.** opposé, inverse. — **2.** verso. *On the reverse hereof,* au dos de la présente.

reverse *vt.* **1.** contre-passer, extourner, annuler. *To reverse a suspense entry,* annuler une écriture d'ordre. — **2.** JUR. réformer (un jugement).

reversing [-iŋ] *s.* COMPT. contre-passement, contre-passation.

reversion [ri'və:ʃən] *s.* JUR. réversion. *Annuity in reversion,* rente réversible. *Estate in reversion,* bien grevé d'une réversion.

reversionary [-əri] *adj.* de réversion, réversible. *Reversionary annuity :* **a)** annuité réversible; **b)** rente à paiement différé.

revert [ri'və:t] *vi.* revenir. *Reverting to our last letter,* revenant sur notre dernière lettre.

revertibility [rivə:ti'biliti] *s.* JUR. réversibilité.

review [ri'vju:] *s.* **1.** JUR. révision. — **2.** examen, revue. *Review-copy,* service de presse.

reviewal [-əl] *s.* JUR. révision.

revise [ri'vaiz] *vt.* réviser, revoir.

revival [ri'vaivəl] *s.* reprise.

revive [ri'vaiv] *vt.* et *vi.* reprendre, ranimer, se relever.

revocable ['revəkəbl] *adj.* révocable.

revocation [,revə'keiʃən] *s.* révocation, abrogation.

revoke [ri'vouk] *vt.* révoquer, annuler.

revolutionize [,revə'lu:ʃnaiz] *vt.* révolutionner.

revolving [ri'vɔlviŋ] *adj.* rotatif. BOURSE *Revolving credit,* crédit par acceptation renouvelable, crédit revolving, rotatif. *Revolving fund,* fonds renouvelable.

ride [raid] *s.* tour. U. S. *Ride merchandise,* marchandise à l'essai.

rider ['raidə*] *s.* **1.** ajouté, annexé, clause additionnelle; Ass. avenant. — **2.** FIN. allonge (d'un effet). — **3.** talon de vérification.

rig [rig] *s.* BOURSE coup de bourse.

rig *vt.* BOURSE tripoter. *To rig the market,* travailler le marché.

rigger [-ə*] *s.* agioteur.

rigging [-iŋ] *s.* agiotage.

right [rait] *s.* droit. BOURSE *Rights market,* marché des droits de souscription. *Right of appeal,* droit d'opposition. *Right of notice,* droit de préavis. *Right of recourse,* droit de recours. *Application rights,* droit de souscription. BOURSE *Ex-rights,* droit détaché. *Taking up a rights issue,* souscription. *With rights,* droit attaché.

right *vt.* redresser. *The government is trying to right the imbalance,* le gouvernement s'efforce de rétablir l'équilibre.

ring [riŋ] *s.* U. S. BOURSE DE MARCHANDISES filière tournante.

ring up [-ʌp] *vt.* téléphoner.

rise [raiz] *s.* hausse, augmentation. *Rise in wages,* augmentation de salaire. *To experience a rise,* subir une hausse. *To show a rise,* accuser une hausse.

rise *vi.* s'élever, augmenter, renchérir. *Government annuities are rising,* les rentes sur l'Etat sont en hausse.

risk [risk] *s.* risque. *Risk capital,* capital à risques. Ass. *Risk premium,* prime nette. Ass. MAR. *Craft risk,* risque d'allèges; *sea risks,* fortune de mer. *Tenant's third party risk,* risque locatif. *For account and risks of,* aux risques et périls de. *To be attended with risks,* comporter des risques. *To underwrite a risk,* souscrire un risque.

risk *vt.* risquer, aventurer.

roadstead ['roudsted] *s.* rade.

rock-bottom ['rɔk'bɔtəm] *s.* niveau le plus bas.

rocket ['rɔkit] *vi.* monter en flèche. *Prices rocket,* les prix montent en flèche.

roll [roul] *s.* rouleau. U. S. *Roll-back,* baisse des prix imposée; *roll-forward,* majoration officielle des prix. *Roll-shutter filing cabinet,* classeur à rideau. *Pay-roll,* feuille de paie.

rolling-stock [rouliŋstɔk] *s.* CH. DE FER matériel roulant.

room [rum] *s.* place. *Your plan leaves room for improvement,* votre projet laisse encore à désirer.

roster ['roustə*] *s.* **1.** tableau de roulement. *By roster,* à tour de rôle. — **2.** liste. *Promotion roster,* tableau d'avancement. (N. B. Aux Etats-Unis, *roster* est une contraction fréquente de *register.*)

rotation [rou'teiʃən] *s.* roulement. *Rotation number,* numéro d'ordre. *Rotation roll,* tableau de roulement.

rough [rʌf] *adj.* grossier. COMPT. *Rough book,* brouillard. *Rough draft,* brouillon. *Rough estimate,* estimation approximative.

rough and ready [-ən'redi] *adj.* approximatif.

round [raund] *adj.* rond. Ass. MAR. *Round voyage insurance,* assurance pour l'aller et le retour, à primes liées. *In round figures,* en chiffres ronds.

round off [-ɔ:f] *vt.* arrondir. *To round off downwards,* arrondir en moins.

roustabout ['raustəbaut] *s.* U. S. débardeur.

route [ru:t] *s.* itinéraire. U. S. *Route sheet,* gamme de fabrication. *Route to be followed,* acheminement.

route *vt.* acheminer, router.

routing [-iŋ] *s.* 1. acheminement. — 2. U. S. détermination des gammes.

royalty ['rɔiəlti] *s.* 1. redevance. — 2. **royalties** *s. pl.* droits d'auteur.

rubber ['rʌbə*] *s.* 1. caoutchouc. FIN. *Rubber cheque,* chèque sans provision. — 2. **rubbers** [-z] *s. pl.* BOURSE les caoutchoucs.

ruin [ruin] *s.* ruine.

ruin *vt.* ruiner.

rule [ru:l] *s.* 1. règle, règlement. DOUANES *Rules applicable to the goods,* régime assigné aux marchandises. *Rule of thumb,* méthode empirique. *Internal rules,* règlement intérieur. — 2. JUR. décision, ordonnance.

rule *vt. :* **a)** régir; **b)** JUR. décider.

rule *vi.* se pratiquer. *The ruling price,* le cours pratiqué.

rule off [-ɔ:f] *vt.* COMPT. arrêter (*an account,* un compte).

rule out [-aut] *vt.* biffer, rayer.

rummaging ['rʌmidʒiŋ] *s.* DOUANES visite à bord.

rumour ['ru:mə*] *s.* rumeur, bruit. *The government gave the lie to these pretentious rumours,* le gouvernement a démenti ces bruits sans fondement.

run [rʌn] *s.* 1. parcours. — 2. U. S. lot de fabrication. — 3. ruée (*on,* sur). *There is a run on these shares,* on se jette sur ces valeurs.

run *vt.* 1. exploiter, diriger. *To run a factory,* diriger une usine. *We do not run this line,* nous ne faisons pas cet article. — 2. ASS. encourir (un risque). — 3. BOURSE *To run stock,* faire la contrepartie.

run *vi.* 1. marcher, circuler. *This train does not run on Sundays,* ce train ne circule pas le dimanche. — 2. être libellé. *Running as follows,* libellé comme suit. — 3. courir. *Interest runs from September 1st,* les intérêts courent à partir du 1er septembre. *This bill has still ten days to run,* cette traite a encore dix jours à courir.

runaway ['rʌnəwei] *adj.* incontrôlable.

run down [-daun] *s.* affaiblissement, épuisement.

run down *vt.* 1. dénigrer. — 2. MAR. couler. ASS. MAR. *Running down clause,* clause d'abordage, de collision.

run into [-intə] *vi. To run into debt,* s'endetter.

run on [-ɔn] *vi.* continuer. *Interest is still running on,* les intérêts courent toujours.

run out [-aut] *vi.* 1. être à court de. *To run out of money,* être à court d'argent. — 2. expirer, prendre fin. *Our lease runs out next month,* notre bail expire le mois prochain. *Our stocks are running out,* nos réserves s'épuisent.

run up [-ʌp] *vi.* s'élever, monter.

run up *vt.* laisser grossir, laisser s'accumuler.

runner [-ə*] *s.* 1. BOURSE contrepartiste. — 2. démarcheur.

runner up [-ʌp] *s.* renchérisseur.

running [-iŋ] *adj.* en cours. *Running contract,* contrat en cours. *Running interest,* intérêts en cours. *Running number,* numéro d'ordre. *Running year,* année en cours. " *Running-in* ", « en rodage ». *Running-in period,* période de rodage.

running *s.* marche, exploitation.

rush [rʌʃ] *s.* ruée. *Rush hours,* heures de pointe.

rush *vi.* se ruer, se précipiter.

rustproof ['rʌst'pru:f] *adj.* inoxydable.

S

sack [sæk] *s.* sac.

sack *vt.* FAM. congédier, renvoyer.

sacrifice ['sækrifais] *s.* 1. ASS. MAR. sacrifice. — 2. mévente. *Sacrifice prices,* prix sacrifiés.

sacrifice *vt.* 1. vendre à perte. — 2. ASS. MAR. sacrifier.

sad [sæd] *adj.* fâcheux. *A sad state of affairs,* un état de choses regrettable.

safe [seif] *adj.* 1. sain. *Safe arrival,* heureuse arrivée. *Safe and sound,* sain et sauf. — 2. sûr. *Safe custody,* dépôt en garde, dépôt libre. *Safe custody department,* service de dépôts de titres. *Safe estimate,* estimation de tout repos. *Safe investment,* placement de tout repos.

safe *s.* coffre-fort. *Safe deposit,* dépôt en coffre-fort. *Safe deposit box,* compartiment de coffre-fort. *Safe hiring,* location de coffre-fort.

safeguard [-gɑ:d] *s.* sauvegarde.

safeguard *vt.* protéger, sauvegarder.

safeguarding [-iŋ] *s.* sauvegarde. *Safeguarding duties,* droits de sauvegarde.

safekeeping [-'ki:piŋ] *s.* bonne garde. *Safekeeping department,* service des coffres-forts.

safely ['seifli] *adv.* à bon port.

safety [-ti] *s.* sûreté, sécurité. *Safety bank,* stock de dépannage volant. *Safety margin,* marge de sécurité. *For safety's sake,* pour plus de sûreté.

sag [sæg] *vi.* fléchir. BOURSE *Prices are sagging,* les cours mollissent, fléchissent.

sagging [-iŋ] *s.* fléchissement.

sail [seil] *vi.* naviguer, faire route, partir. *Ship about to sail for Marseilles,* navire en partance pour Marseille.

sailing [-iŋ] *adj.* navigant. *Sailing from Cardiff and bound for Bordeaux,* venant de Cardiff à destination de Bordeaux.

sailing *s.* 1. départ, appareillage. *Sailing date,* date de départ. *List of sailings,* bâtiments en partance. — 2. marche.

salary ['sæləri] *s.* traitement, appointements. *Salary no object,* salaire indifférent. *Stating salary required,* prière d'indiquer le salaire demandé. *To draw one's salary,* toucher ses appointements.

sale [seil] *s.* vente, écoulement, débit. *Sale by auction,* vente à la criée, aux enchères. *Sale by tender,* vente par soumission. U. S. *Sales check,* facture. *Sale contract :* **a)** contrat de vente ; **b)** BOURSE bordereau de vente. *Sales day book,* journal de ventes. *Sale ex bond,* vente à l'acquitté. U. S. *Sales figure,* chiffre d'affaires. BOURSE *Sale for delivery,* vente à livrer. BOURSE *Sale for the account,* vente à terme. *Sales ledger,* grand livre de vente. *Sale of goods afloat,* vente en cargaison flottante. *Sale on approval,* vente sur qualité vue. *Sale on instalments,* vente à tempérament. *Sale on shipment,* vente sur embarquement. *Sale on steaming terms,* vente sous voiles. *Sale on trial,* vente à l'essai. *Sales promotion,* promotion des ventes. (N. B. Selon la définition donnée par l'American Marketing Association, la promotion des ventes, dans un sens restrictif, comprend les activités qui complètent la publicité et la vente individuelle, les coordonnent et les rendent efficaces [par exemple les campagnes d'étalage, les expositions, etc.]. Dans un sens plus général, la promotion des ventes comprend la vente personnelle, la publicité et leurs activités complémentaires.) *Sale or return,* en communication, en dépôt. *Sale subject to safe arrival,* vente à l'heureuse arrivée. *Sale to arrive,* vente à l'heureuse arrivée. *Sales tax,* impôt sur les transactions. *Sale with option to repurchase,* vente à réméré. *Account sales,* compte de ventes. BOURSE *Bear sale,* vente à découvert. *Cash down sale,* vente au comptant compté. *Cash on delivery sale,* vente contre remboursement. *Clearance sale,* liquidation. *Compulsory sale,* vente forcée, adjudication forcée. *Duty-paid sale,* vente à l'acquitté. *Judicial sale,* vente judiciaire. *Missive of sale,* acte de vente. *Private sale,* vente de gré à gré. *Ready sale,* vente facile. *Short sale,* vente à découvert. *Spot sale,* vente en disponible. *Winding-up sale,* vente pour cessation de commerce, vente de liquidation.

saleable [-əbl] *adj.* vendable.

sales force [-z'fɔ:s] *s.* équipe de vendeurs.

sales returns ['seilzri'tə:nz] *s. pl.* rendus sur ventes.

sales-account [-zə'kaunt] *s.* compte de ventes.

salesman ['seilzmən] *s.* **1.** vendeur. — **2.** voyageur de commerce, intermédiaire.

salt [sɔ:lt] *vt.* FAM. truquer des livres de compte.

salvage ['sælvidʒ] *s.* **1.** MAR. sauvetage. *Salvage charges,* frais de sauvetage. — **2.** IND. récupération.

salve [sælv] *vt.* sauver.

salver [-ə*] *s.* sauveteur.

sample ['sɑ:mpl] *s.* échantillon. *Sample fair,* foire d'échantillons. *Sample order,* commande d'essai. *Sample packet,* envoi d'échantillons. POSTE *Sample rate,* tarif des échantillons. *Sample signature,* signature témoin. *Average sample,* échantillon simple. *Bulk sample,* échantillon moyen. *To draw samples,* prélever des échantillons. *To sell on samples,* vendre sur échantillons. *To send by sample post,* envoyer comme échantillon.

sample *vt.* échantillonner.

sampler [-ə*] *s.* échantillonneur.

sampling [-iŋ] *s.* échantillonnage. *Sampling order,* échantillonnage autorisé sur des marchandises entreposées. *Random sampling,* échantillonnage au hasard. *Sequential sampling,* échantillonnage multiple.

sanction ['sæŋkʃən] *vt.* sanctionner.

satiated ['seiʃieitid] *adj.* saturé.

satisfaction [,sætis'fækʃən] *s.* **1.** satisfaction. — **2.** désintéressement, paiement d'une dette. JUR. *To enter satisfaction,* enregistrer la liquidation d'une dette. *The debtor makes a proposal for a composition in satisfaction of his debts,* le débiteur fait une proposition de concordat en vue de désintéresser ses créanciers.

satisfy ['sætisfai] *vt.* **1.** satisfaire. — **2.** désintéresser, liquider une dette. *To satisfy one's creditors,* désintéresser ses créanciers.

save [seiv] *prép.* sauf. *Save as otherwise provided,* sauf dispositions contraires.

save *vt.* **1.** sauver. — **2.** épargner, économiser. *Save-and-prosper plan,* plan d'épargne.

save *vi.* faire des économies.

saver [-ə*] *s.* épargnant.

saving [-iŋ] *adj.* économique. *Labour-saving device,* procédé qui économise la main-d'œuvre.

saving *s.* **1.** sauvetage. — **2.** économie, épargne. *Savings account,* compte d'épargne. *Saving through investment in securities,* épargne mobilière. *With the endowment insurance, the emphasis moves somewhat to saving,* dans une assurance à capital différé, l'accent est plutôt mis sur l'épargne. — **3.** JUR. réservation, clause de sauvegarde, clause provisionnelle.

savings-bank [-zbæŋk] *s.* caisse d'épargne.

scale [skeil] *s.* 1. échelle. *Scales of point value,* grille de notation du personnel. *Sliding wage scale,* échelle mobile des salaires. — 2. barème. *Scale of commissions,* tarif des courtages.

scalp [skælp] *vt.* U. S. 1. vendre au-dessous du prix normal, au-dessous de la cote. — 2. boursicoter.

scalper [-ə*] *s.* U. S. boursicoteur.

scarce [skεəs] *adj.* rare.

scarcity [-iti] *s.* rareté, pénurie.

schedule ['ʃedju:l] *s.* 1. JUR. bilan (d'une faillite). — 2. JUR. annexe (aux statuts). — 3. bordereau (de document). — 4. nomenclature, inventaire, rubrique. *The dutiable list is divided into fifteen schedules; schedule 1, for instance, pertains to chemicals and related products,* la liste des marchandises passibles de droits est divisée en quinze rubriques; la rubrique 1, par exemple, concerne les produits chimiques et leurs dérivés. — 5. barème. — 6. cédule. *Schedule-taxes,* impôts cédulaires. — 7. plan de travail. *Shipping schedule,* planning de transport. *The carrier will charter to the charterer and the charterer will take on charter the aircraft described in the schedule below,* le transporteur mettra à la disposition de l'affréteur et l'affréteur s'engage à affréter l'avion désigné dans le programme ci-après. — 8. horaire, indicateur.

schedule *vt.* 1. JUR. ajouter en annexe. — 2. inscrire sur une liste. *Scheduled territories,* les pays de la zone sterling. — 3. établir un programme. — 4. porter sur l'horaire.

scheduling [-iŋ] *s.* ordonnancement.

scheme [ski:m] *s.* 1. projet, plan. — 2. JUR. *Scheme of composition,* concordat préventif. — 3. résumé.

scienter [sai'entə*] *adv.* JUR. à bon escient.

scrap [skræp] *vt.* U. S. mettre à l'écart. *Our bank cannot scrap the safeguards that must be built into any lending policy,* notre banque ne peut écarter les garanties dont un programme de prêt doit être entouré.

scratch out ['skrætʃ'aut] *vt.* rayer, raturer.

screening ['scri:niŋ] *s.* tri, filtrage.

scrip [skrip] *s.* 1. FIN. titres, certificats. *Registered scrip,* titres nominatifs. — 2. FIN. certificat provisoire. *Scrip issue,* émission gratuite. *To exchange the scrip for the definitive shares,* échanger les certificats provisoires contre les titres définitifs. — 3. FIN. scrip.

scrip-holder [-'houldə*] *s.* porteur de titres.

script [-t] *s.* JUR. document original.

scrutinise ['skru:tinaiz] *vt.* examiner en détail, passer à la loupe. *The accounts will be very keenly scrutinised,* les comptes seront examinés dans le moindre détail.

sea [si:] *s.* mer. *Sea and land carriage,* transport mixte. *Sea-borne,* transporté par mer. *Sea-damage,* fortune de mer. *Sea-damaged,* avarié par l'eau de mer. *Sea-letter,* permis de navigation.

seal [si:l] *s.* 1. cachet, sceau. *To affix a seal,* apposer un cachet. — 2. JUR. scellés, scellement. *Removing of seals,* levée des scellés.

seal *vt.* cacheter, sceller. *Sealed tender,* soumission cachetée.

sealing [-iŋ] *s.* 1. apposition des scellés. — 2. cachetage. — 3. DOUANES plombage d'un envoi.

search [sə:tʃ] *s.* 1. recherche. — 2. JUR. perquisition. — 3. DOUANES visite.

season ['si:zn] *s.* saison. *Close season,* la morte saison, période creuse. *End of season sale,* vente de fin de saison.

seasonal [-l] *adj.* saisonnier. *Seasonal articles,* articles de saison. *Seasonal drop,* baisse saisonnière. *Seasonal revival,* reprise saisonnière. *Stock-taking sales are organized to clear seasonal goods which will become out-of-date,* les ventes après inventaire sont organisées pour écouler les articles de saison qui se démoderont.

season-ticket [-'tikit] *s.* CH. DE FER abonnement.

seaworthiness [-,wəːðinis] *s.* Ass. MAR. état de navigabilité. *The rate of premium varies with the seaworthiness of the ship,* le taux de la prime varie selon l'état de navigabilité du navire.

seaworthy [-,wəːði] *adj.* 1. en bon état de navigabilité. — 2. qui résiste au transport par mer. *Tin-lined chests make up a seaworthy packing,* des coffres doublés d'étain constituent un emballage qui résiste à l'eau de mer.

second ['sekənd] *adj.* deuxième. *Second debentures,* obligations de deuxième rang. *Second endorser,* tiers porteur (d'une traite). *Second mortgage,* deuxième hypothèque. *Second of exchange,* deuxième de change. *Second trial balance,* balance d'inventaire.

second *vt.* appuyer (une motion).

second-hand [-hænd] *adj.* d'occasion.

secrecy ['siːkrisi] *s.* secret. *Bound to secrecy,* tenu au secret.

secret ['siːkrit] *adj.* secret. *Secret partner,* bailleur de fonds. *Secret reserve,* fonds occultes.

secretary ['sekrətri] *s.* secrétaire. *Secretary's office,* secrétariat. *Executive secretary,* secrétaire de direction. *Private secretary,* secrétaire particulier.

secretion [si'kriːʃən] *s.* JUR. recel.

section ['sekʃən] *s.* 1. article paragraphe. — 2. BOURSE compartiment. *The foreign section,* le compartiment des étrangères.

sectional ['sekʃənl] *adj.* de classe. *Sectional ledger,* grand livre fractionnaire.

sector ['sektə*] *s.* secteur.

secure [si'kjuə*] *adj.* sûr, de tout repos. *Secure investments,* placements de père de famille.

secure *vt.* 1. obtenir. *He wishes to secure the appointment of sales manager,* il souhaite obtenir la nomination de directeur des ventes. — 2. garantir, nantir. *Secured bonds,* obligations garanties. *Secured creditor,* créancier nanti. *Secured loan,* emprunt garanti. *To secure a debt by mortgage,* garantir une créance par une hypothèque. *This customer applied for a loan to be secured by his accounts receivable,* ce client demande un emprunt garanti par ses comptes d'effets à recevoir.

securing [-riŋ] *s.* nantissement, cautionnement. *Securing by warrant,* warrantage.

security [-riti] *s.* 1. garantie, caution, gage, nantissement. *Security deposit,* dépôt de garantie. *Security dollar,* dollar titre. *Security in cash,* cautionnement en numéraire. *Advance against security,* avance sur garantie. *Collateral security,* cautionnement réel. *Joint security,* caution solidaire. *Loan on security of goods,* prêt sur nantissement de marchandises. *Value as security,* « valeur garantie ». *To give a security,* fournir une caution. *To lodge stocks as security,* déposer des titres en garantie. — 2. caution, répondant. *To stand security for,* se porter garant de. — 3. **securities** *s. pl.* valeurs, effets, titres. *Securities department,* service des titres. *Securities ledger,* registre des valeurs. *Securities market,* bourse des valeurs. *Securities portfolio,* valeurs en portefeuille. *Securities trust,* trust de placement. *Forward securities,* titres à terme. *Government securities,* effets publics. *Pledging of securities,* nantissement de titres. *These securities are pledged as guarantee for my own account,* ces valeurs sont déposées en cautionnement pour mon compte propre. — 4. JUR. *Security for costs,* caution *judicatum solvi.* — 5. sécurité. U. S. *Job security,* sécurité de l'emploi.

seek [siːk] *vt.* chercher.

seesaw ['siːsɔː] *vi.* BOURSE osciller.

segment ['segmənt] *s.* 1. segment. — 2. section, branche (d'une activité industrielle).

seize [siːz] *vt.* saisir. JUR. *To seize s.o. with,* mettre qqn en possession de.

seize up [-ʌp] *vi.* BOURSE se bloquer, ne pas tourner rond.

seizure ['siːʒə*] *s.* saisie. *Seizure for security,* saisie conservatoire. *Seizure of real property,* saisie immobilière, saisie réelle. *Seizure of movable property,* saisie mobilière. *Seizure under a prior claim,* saisie revendication.

selectee [silek'ti:] *s.* candidat retenu. *Non-selectees,* candidats non retenus.

selectman [si'lektmən] *s.* U. S. conseiller municipal.

self [self] *pr. pers.* moi-même. *Pay self,* payez à moi-même.

self-financing [-fai'nænsiŋ] *s.* autofinancement.

self-service [-'sə:vis] *s.* libre-service, self-service.

sell [sel] *vt.* vendre, écouler. BOURSE *To sell a bear of mine shares,* vendre des valeurs minières à découvert. *To sell afloat,* vendre en cargaison flottante. BOURSE *To sell for delivery,* vendre à couvert. *To sell for the account,* vendre à terme. *To sell forward,* vendre à terme. *To sell on approval,* vendre sur qualité vue. *To sell on steaming terms,* vendre sous voiles. *To sell on trust,* vendre à crédit. *To sell privately,* vendre à l'amiable. BOURSE *To sell short,* vendre à découvert. *To sell to arrive,* vendre à l'heureuse arrivée.

sell *vi.* se vendre. *This article sells readily,* cet article s'écoule facilement.

sell of [-ɔ:f] *vt.* solder, liquider.

sell on [-ɔn] *vt.* U. S. convaincre.

sell out [-aut] *vt.* **1.** FIN. réaliser (un portefeuille). — **2.** BOURSE revendre. *To sell out against a buyer,* exécuter, revendre un acheteur. *New investors who were lured into equities during the market boom may now simply be waiting for an opportunity to sell out,* de nouveaux épargnants qui furent fallacieusement amenés à acheter des actions pendant la période de haute conjoncture sont peut-être en train d'attendre l'occasion de s'en débarrasser.

seller [-ə*] *s.* vendeur. BOURSE *Sellers,* cours vendeurs, offerts. *Seller's market,* marché favorable aux vendeurs ; *seller of a call option,* vendeur d'un dont ; *seller of a put option,* acheteur d'un ou ; *seller's option,* prime vendeur, prime pour livrer ; *seller's option to double,* doublé à la baisse ; *sellers over,* cours vendeurs réduits ; *bear seller,* vendeur à découvert.

selling [-iŋ] *s.* vente. *Selling at a loss,* vente à perte, mévente. *Selling licence,* licence de vente. *Selling off,* liquidation. *Selling out,* revente. BOURSE *Selling out against a buyer,* revente d'un acheteur. *Selling point,* argument de vente. *Selling rate,* cours vendeur (devises).

semi-annual ['semi-'ænjuəl] *adj.* semestriel.

semicolon ['semi'koulən] *s.* point-virgule.

semi-manufactured [-,mænju'fæktʃəd] *adj.* demi-ouvré.

send [send] *vt.* envoyer, expédier, adresser.

send back [-bæk] *vt.* renvoyer.

send in *vt.* remettre. *To send in one's resignation,* remettre sa démission.

send on [-ɔn] *vt.* transmettre, faire suivre.

send out [-aut] *vt.* lancer. *To send out circulars,* lancer des circulaires.

send through [-θru:] *vt.* POSTE transmettre (un télégramme).

sender [-ə*] *s.* envoyeur, expéditeur.

send-in [-in] *s.* recommandation.

sending [-iŋ] *s.* envoi, expédition.

senior ['si:njə*] *adj.* de priorité. *Senior shares,* actions de priorité.

seniority [,si:ni'ɔriti] *s.* ancienneté. *To be promoted according to seniority,* avancer à l'ancienneté.

sensitive ['sensitiv] *adj.* BOURSE prompt à réagir.

sentence ['sentəns] *s.* JUR. jugement.

separate ['seprit] *adj.* séparé, distinct. *A private limited company is a separate legal person in law,* une société anonyme a une existence juridique indépendante. JUR. *Separate maintenance,* régime de séparation de biens ; *separate property,* les biens propres.

separation [,sepə'reiʃən] *s.* séparation.

sequential [si'kwenʃəl] *adj.* continu. *Sequential sampling,* échantillonnage multiple.

sequester [si'kwestə*] *vt.* séquestrer, saisir, confisquer. *Sequestered account,* compte saisi, sous procès judiciaire. *Property sequestered,* biens sous séquestre.

sequestration [,si:kwes'treiʃən] *s.* séquestration, saisie, confiscation.

sequestrator [-tə*] *s.* séquestre.

serial ['siəriəl] *adj.* de série. *Serial number,* numéro de série, numéro d'ordre.

series ['siəri:z] *s.* série.

serious ['siəriəs] *adj.* grave.

servant ['sə:vənt] *s.* **1.** employé. *Administrative Civil Servant,* haut fonctionnaire. *Civil servant,* fonctionnaire. — **2.** domestique. *(The Home Civil Servants are divided into : Clerical Civil Servants, Executive Civil Servants, Administrative Civil Servants, Professional Civil Servants.)*

serve [sə:v] *vt.* **1.** desservir. *Pan American Airways serves the five continents,* la P. A. A. dessert les cinq continents. — **2.** servir. *A bank serves no interest on current accounts,* les banques ne servent pas d'intérêts sur les comptes courants. — **3.** JUR. notifier, signifier. *To serve a notice on s.o.,* signifier un arrêt à qqn. *To serve a writ on s.o.,* notifier une assignation à qqn.

serve *vi.* être favorable. *When occasion serves,* quand l'occasion sera favorable.

service ['sə:vis] *s.* **1.** service. FIN. *Service charge,* frais de gestion de compte. *Service department,* section auxiliaire. *Always at your service,* entièrement dévoué à vos ordres. *Civil Service,* Administration publique. FIN. *Coupon collection service,* service du recouvrement des coupons. *Joint cargo service,* service de groupage. *Parcels cartage service,* service de factage. — **2.** distribution. *Service of the loan,* service de l'intérêt d'un emprunt. — **3.** JUR. délivrance, signification (d'un acte, etc.).

service *vt.* vérifier, entretenir.

servient tenement ['sə:viənt-'tenimənt] *s.* JUR. fonds servant, assujetti.

serving ['sə:viŋ] *s.* JUR. signification, notification (d'un arrêt).

session ['seʃən] *s.* séance.

set [set] *s.* jeu, série. *Full set of bills of lading,* jeu complet de connaissements. *Bills are generally drawn in sets of three copies for safety's sake,* les lettres de change sont généralement tirées en trois exemplaires par souci de sécurité.

set *vt.* apposer, placer.

set apart [-ə'pɑ:t] *vt.* mettre de côté, réserver. *To set apart funds for,* affecter des fonds à.

set aside [-ə'said] *vt.* **1.** voir SET APART. — **2.** JUR. casser, infirmer. *To set a claim aside,* rejeter une réclamation.

set back [-bæk] *s.* BOURSE tassement, recul.

set forth [-fɔ:θ] *vt.* énoncer. *Stipulations set forth in the policy,* conditions énoncées dans la police.

set free [-fri:] *vt.* FIN. mobiliser.

set off [-ɔ:f] *vt.* compenser. BOURSE DE MARCHANDISES *Futures contracts are set off against each other by a clearing-house for each market,* les contrats à terme sont compensés les uns avec les autres pour chaque marché par une caisse de liquidation.

set up *vt.* établir, fonder. *We have set up a new branch at,* nous avons fondé une nouvelle succursale à.

set-off [-ɔ:f] *s.* **1.** JUR. demande reconventionnelle. — **2.** COMPT. écriture inverse. — **3.** *As a set-off against,* en contrepartie de.

setting-out [-iŋaut] *s.* disposition.

settle [setl] *vt.* arranger, régler, liquider. *To settle a debt,* régler une dette. *To settle a matter by mutual agreement,* régler une affaire à l'amiable. *To settle an account,* régler un compte.

settle *vi.* s'établir.

settled [-d] *adj.* **1.** pour acquit, réglé. — **2.** invariable, sûr.

settlement [-mənt] *s.* **1.** règlement, solde, liquidation. *Settlement account,* compte de liquidation. *Settlement of a transaction,* règlement d'une opération. *Settlement of an account,* règlement de compte. Ass. *Settlement of the claims,* règlement de l'indemnité. *In full settlement,* pour solde de tout compte. — **2.** Jur. constitution. *Settlement of an annuity,* constitution d'une rente. *Legal settlement,* concordat (de faillite). — **3.** Bourse terme, liquidation. *Settlement department,* comité de liquidation. *Settlement market,* marché à terme. *Settlement price :* **a)** cours à terme; **b)** Bourse de marchandises cours de résiliation. *Dealings for the settlement,* opérations de liquidation, à terme.

settling [-iŋ] *s.* **1.** règlement, conclusion. — **2.** Bourse liquidation. *Settling day,* jour de la liquidation. *Settling room,* salle de liquidation. — **3.** Jur. constitution. *Settling of an annuity,* constitution d'une rente (*on,* sur).

set-up ['setʌp] *s.* structure.

several ['sevrəl] *adj.* séparé, différent. Jur. *Several liability,* responsabilité individuelle. *Joint and several bond,* obligation solidaire.

severally [-i] *adv.* séparément. *In a partnership, partners are jointly and severally liable for the debts of the firm,* dans une société en nom collectif, les associés sont conjointement et solidairement responsables des créances de la société.

severance ['sevərəns] *s.* rupture de contrat. *Severance pay,* indemnité de rupture de contrat.

shade [ʃeid] *s.* nuance. *Shade-card,* carte de coloris.

shade *vt.* diminuer progressivement. *Prices shaded for bulk buying,* tarif dégressif pour achats en gros.

shade *vi.* Bourse baisser (*from...,* de..., *to...,* à...).

shady [-i] *adj.* véreux.

shake-out ['ʃeik'aut] *s.* Bourse débandade des boursicotiers.

shake-up ['ʌp] *s.* remaniement.

sham [ʃæm] *adj.* fictif. *Sham dividend,* dividende fictif. Jur. *Sham plea,* moyen dilatoire. *Sham sale,* vente fictive.

shape [ʃeip] *s.* **1.** forme. — **2.** Bourse quotité.

share [ʃɛə*] *s.* **1.** part, portion, quote-part, tantième. *Share in profits,* participation aux bénéfices. Ass. *Share reinsurance,* réassurance de partage. Jur. *Legal share,* réserve légale. *Vendor's share,* part d'apport. — **2.** Mar. quirat. — **3.** Fin. action, titre. *Share capital,* capital actions. *Shares issued for cash,* actions émises contre espèces. *Share premium,* prime d'émission. *Share qualification,* cautionnement en actions. *Share-split,* fractionnement d'actions. *Share warrant,* titre au porteur. *Bonus, free, scrip share, plough share* (rare), attribution d'actions gratuites *(a free issue of shares consequent upon transfer of reserves to capital). Common share,* action ordinaire. *Cumulative preference share,* action privilégiée cumulative. *Non-cumulative preference share,* action privilégiée non cumulative. *Gold shares,* valeurs aurifères. *Iron and steel shares,* les métallurgiques. *No par value share,* action sans valeur nominale. *Paper shares,* valeurs fiduciaires. *Partly paid share,* action non entièrement libérée. *Qualification share,* action statutaire. *Shipping share,* valeur de navigation.

share *vt.* partager.

share-cropper [-'krɔpə*] *s.* U. S. métayer.

shareholder [-,houldə*] *s.* actionnaire.

share-pusher [-'puʃə*] *s.* Bourse courtier marron.

sharer [-rə*] *s.* participant. Jur. *Sharer in an estate,* portionnaire.

sharing [-riŋ] *s.* partage, participation.

sharp [ʃɑ:p] *adj.* Bourse vif, net, prononcé. *The sharp rise in prices experienced a month ago has not been repeated,* la hausse prononcée des cours ressentie il y a un mois ne s'est pas reproduite.

shed [ʃed] *vt.* Bourse céder.

sheet [ʃi:t] *s.* feuille. *Sheet-mill,* laminoir à tôle. *Sheet of coupons,* feuille de coupons. *Attendance-sheet,* feuille de présence. BOURSE *Clearing sheet,* feuille de liquidation. *Pay-sheet,* feuille de paye.

shift [ʃift] *s.* équipe.

shift *vt.* déplacer ; MAR. désarrimer.

shift *vi.* **1.** BOURSE fluctuer. — **2.** MAR. se désarrimer.

shifting [-iŋ] *s.* déplacement ; MAR. désarrimage.

ship [ʃip] *s.* navire, vaisseau, bâtiment. ASS. MAR. *Ship policy,* police sur corps. *Ship's articles,* rôle de l'équipage. *Ship's bag,* cartable du navire. *Ship's broker,* consignataire du navire. *Ship's disbursements,* mises dehors. *Ship's papers,* pièces de bord. *Ship's register,* certificat d'immatriculation (acte de francisation). *Ship's sweat,* buée de cale. *Ship under orders,* navire à ordre. ASS. MAR. *Colliding ship,* navire abordeur ; *insurance ship lost or not lost,* assurance sur bonnes ou mauvaises nouvelles. *Sister-ship clause,* clause « navire du même assuré ». *To fit out a ship,* armer un navire.

ship *vt.* charger, expédier, embarquer.

ship-broker [-ˌbroukə*] *s.* courtier maritime.

ship-building [-ˌbildiŋ] *s.* construction maritime.

shipment [ˈʃipmənt] *s.* **1.** chargement, embarquement. *On shipment,* à l'embarquement. *Part shipments authorized,* expéditions partielles autorisées. *Part shipments prohibited,* expéditions partielles interdites. — **2.** chargement, expédition, envoi. — **3.** BOURSE DE MARCHANDISES *For shipment,* livrable.

shipowner [-ˌounə*] *s.* armateur, fréteur. *Shipowner's firm,* maison d'armement.

shipper [-ə*] *s.* chargeur, expéditeur.

shipping [-iŋ] *s.* **1.** chargement, expédition, embarquement. *Shipping agency,* agence maritime, agence d'affrètement. *Shipping agent,* commissionnaire expéditeur. *Shipping bill,* déclaration de réexportation d'entrepôt. *Shipping business,* l'armement. *Shipping charges,* frais d'expédition. *Shipping clerk,* expéditionnaire. *Shipping documents,* pièces d'embarquement. *Shipping-exchange,* bourse des frets. *Shipping note,* permis d'embarquement. *Shipping port,* port de chargement. *Shipping ton,* tonneau d'affrètement. *Shipping weight,* poids embarqué. — **2.** tonnage (ensemble des navires). — **3.** navigation, transport maritime. *Shipping intelligence (News),* mouvement des navires. *Shipping office :* **a)** inscription maritime ; **b)** bureau maritime. *Shipping shares,* valeurs de navigation.

shipwreck [-rek] *s.* naufrage.

ship-yard [ˈʃip-jɑ:d] *s.* chantier de construction navale.

shoddy [ˈʃɔdi] *s.* camelote.

shoot up [ˈʃu:tʌp] *vt.* BOURSE monter en flèche.

shop [ʃɔp] *s.* **1.** boutique, magasin. *Shop-assistant,* employé de magasin. *Shop-check,* façon d'évaluer la consommation en contrôlant les ventes et les stocks dans les magasins. *Shop-lifting,* vol à l'étalage. — **2.** atelier. *Shop-rules,* règlements d'atelier. *Shop-steward,* délégué syndical. — **3.** BOURSE introducteurs. *Shop-buying,* achats professionnels. *Shop-shares,* actions à l'introduction.

shore [ʃɔ:*] *s.* rivage, littoral. *Inshore C. T. (coastal trade),* petit cabotage. *Offshore C. T.,* grand cabotage. ASS. MAR. *Shore rights,* droits d'épave. *Shore risks,* risque de séjour à terre.

short [ʃɔ:t] *adj.* **1.** court. *Deposits at short notice,* dépôts à court terme. *Short dated bill,* effet court. *To put on short-time,* réduire les horaires de travail. *Short-time working,* travail à horaire réduit, réduction d'horaire. *To run short,* être à court. — **2.** BOURSE à découvert. *Short account,* position vendeur. *Short covering,* rachat pour couvrir un découvert. *Short position,* position vendeur, à la baisse. *Short sale,* vente à découvert. *Short seller,* vendeur à découvert. — **3.** insuffisant. *Short crops,* récoltes déficitaires. *Short delivery,* livraison incomplète. *Short order,* commande incomplète. *Short weight,* manque de poids. — **4.** MAR. *Short sea-trade,* cabotage international.

short *adv.* BOURSE à découvert. *To sell short,* vendre à découvert.

short *s.* **1.** BOURSE vente à découvert. — **2.** BOURSE baissier. — **3.** FIN. déficit, mali, manque. *Cash shorts and overs,* déficits et excédents de caisse. — **4.** COMPT. somme partielle.

shortage [-idʒ] *s.* **1.** manque, insuffisance. — **2.** pénurie. *Housing shortage,* crise du logement. *Labour shortage,* pénurie de main-d'œuvre. — **3.** déficit. *Shortage in the cash,* déficit de caisse, tare de caisse.

shortcoming [ʃɔːt'kʌmiŋ] *s.* point faible.

shortfall ['ʃɔːtfɔːl] *s.* FIN. déficit.

shorthanded [-'hændid] *adj.* U. S. à court de main-d'œuvre.

shorthand-typist ['ʃɔːthænd'taipist] *s.* sténodactylo.

shortly [-li] *adv.* sous peu.

short-term [-'təːm] *adj.* à court terme.

show [ʃou] *vt.* **1.** montrer, accuser, faire apparaître, présenter. *The balance sheet of our company shows a profit of,* le bilan de notre société fait ressortir un bénéfice de. — **2.** *To show a balance,* se solder. *To show a debit balance,* présenter un solde débiteur.

show case [-keis] *s.* présentoir.

show-day [-dei] *s.* VENTE AUX ENCHÈRES jour de visite.

show-room [-rum] *s.* salle d'exposition.

shrink [ʃrink] *vi.* BOURSE se retirer.

shrinkage ['ʃriŋkidʒ] *s.* diminution, contraction.

shunt [ʃʌnt] *vi.* BOURSE faire l'arbitrage de place à place.

shunting [-iŋ] *s.* **1.** CH. DE FER aiguillage, évitement. — **2.** BOURSE arbitrage.

shut out [ʃʌtaut] *vt.* exclure.

shut-down ['ʃʌt'daun] *s.* U. S. immobilisation, fermeture. *Line shut-down time,* temps d'immobilisation d'une chaîne de montage.

shyster ['ʃaistə*] *s.* U. S. homme d'affaires véreux.

sickness ['siknis] *s.* maladie. *Sickness benefit,* indemnité de maladie.

side-track ['saidtræk] *vt.* **1.** CH. DE FER mettre sur une voie de garage, aiguiller. — **2.** faire passer au second plan.

siding ['saidiŋ] *s.* CH. DE FER voie de garage, voie de raccordement à une usine.

sift [sift] *vt.* passer au crible.

sight [sait] *s.* vue. *Sight deposits,* dépôts à vue. *Sight quotation,* cotation à vue. *Sight rate,* cours du change à vue. *Sight remittance,* remise à vue. *At sight,* à vue. *Three days after sight,* à trois jours de vue.

sight *vt.* viser (une lettre de change).

sight-entry [-'entri] *s.* DOUANES déclaration provisoire.

sign [sain] *s.* signe, trace.

sign *vt.* signer.

sign on [-ɔn] *vt.* embaucher.

sign on *vi.* **1.** MAR. s'engager, s'embaucher. — **2.** pointer à l'arrivée.

signatory ['signətəri] *s.* signataire. *Signatories to a treaty,* les cosignataires d'un traité.

signature ['signitʃə*] *s.* **1.** signature, visa. *Joint signature,* signature collective. *Stamped signature,* griffe. — **2.** émargement.

signature-match [-mætʃ] *vt.* comparer des signatures.

signing ['sainiŋ] *s.* signature. *Signing-clerk,* fondé de pouvoir.

silent ['sailənt] *adj.* silencieux. *Silent partner,* commanditaire.

silo ['sailou] *s.* silo.

silver ['silvə*] *s.* argent.

simple ['simpl] *adj.* simple. *Simple contract creditor,* créancier chirographaire. *Simple debenture,* obligation chirographaire.

single ['siŋgl] *adj.* simple, unique. BOURSE *Single commission,* franco.

COMPT. *Single entry bookkeeping,* comptabilité en partie simple. *In a single payment,* en un seul versement. *To profit by the single commission,* profiter du franco.

sink [siŋk] *vt.* 1. MAR. couler. — 2. FIN. amortir. *To sink a debt,* amortir une dette. — 3. FIN. placer de l'argent à fonds perdu. *To sink money in an annuity,* placer de l'argent en viager.

sink *vi.* couler, sombrer.

sinking [-iŋ] *s.* amortissement. *Sinking fund,* caisse d'amortissement.

sit [sit] *vi.* siéger.

sit-down strike [-daun'straik] *s.* grève sur le tas.

site [sait] *s.* site. *Building-site,* chantier (de travaux publics).

sitting ['sitiŋ] *s.* séance.

situate ['sitjueit] *adj.* sis(e), situé. *Its registered office will be situate in England,* son siège social sera situé en Angleterre.

situation [,sitju'eiʃən] *s.* 1. emploi, place, poste. *"Situations vacant"*, « Offres d'emploi ». *"Situations wanted"*, « Demandes d'emploi ». — 2. situation.

size [saiz] *s.* dimension, format, mesure, taille. U. S. *Size-up,* évaluation, estimation.

sizeable [-əbl] *adj.* U. S. considérable. *This customer applied for a sizeable loan,* ce client a demandé un prêt considérable.

skeleton-law ['skelitn'lɔ:] *s.* loi-cadre.

sketch [sketʃ] *vt.* esquisser.

skilled [skild] *adj.* expérimenté, spécialisé. *Skilled worker,* ouvrier spécialisé (O.S.).

slabbing-mill ['slæbiŋ'mil] *s.* laminoir.

slack [slæk] *s.* ralentissement, morte-saison. *To take up the slack,* rattraper le retard.

slacken ['slækn] *vt.* et *vi.* ralentir.

slackening [-iŋ] *s.* ralentissement.

slackness [-nis] *s.* marasme, stagnation.

slander ['slɑ:ndə*] *s.* JUR. diffamation. *Slander action,* procès en diffamation.

slash-price ['slæʃ'prais] *s.* prix sacrifié.

slaughter ['slɔ:tə*] *s.* mévente. *Slaughter price,* prix sacrifié.

slaughter *vt.* liquider, solder.

sleeping-partner ['sli:piŋ'pɑ:tnə*] *s.* commanditaire, bailleur de fonds.

slender ['slendə*] *adj.* modique, maigre (revenu).

slide [slaid] *s.* BOURSE débâcle (des cours).

sliding [-iŋ] *s.* coulissement. *Sliding wage scale,* échelle mobile des salaires.

slip [slip] *s.* 1. fiche, bordereau. — 2. papillon de connaissement. — 3. Ass. MAR. police provisoire, slip. — 4. erreur.

slip back [-bæk] *vt.* BOURSE reculer, glisser.

slipshod [-ʃɔd] *adj.* bâclé, négligé.

slogan ['slougən] *s.* slogan.

slow-down ['slou'daun] *s.* ralentissement.

sluggishness ['slʌgiʃnis] *s.* BOURSE mollesse.

slump [slʌmp] *s.* 1. BOURSE effondrement, débâcle. — 2. crise économique, basse conjoncture.

slump *vi.* BOURSE s'effondrer. *X shares slumped down from 5 to 4,* l'action X s'effondre de 5 à 4.

small [smɔ:l] *adj.* petit, de peu d'importance. *Small business,* petit commerce. *Small denominations,* petites coupures.

smart [smɑ:t] *adj.* habile. U. S. *Smart money,* somme tenue en réserve pour investir au moment propice.

smash-up ['smæʃʌp] *s.* faillite, débâcle.

smelting-works ['smeltiŋwə:ks] *s.* fonderie.

smooth out ['smu:ðaut] *vt.* aplanir (des difficultés).

smuggle ['smʌgl] *vt.* passer en contrebande.

smuggle *vi.* faire de la contrebande.

soar [sɔ:*] *vi.* monter (prix).

society [sə'saiəti] *s.* société, association.

soft [sɔft] *adj.* mou. FIN. *Soft currency,* devises molles. *Soft sell,* vente par des moyens discrets. BOURSE *Soft spot in the market,* compartiment en baisse.

soil-bank ['sɔil'bæŋk] *s.* U. S. service gouvernemental pour la régularisation de la production agricole.

sold-ledger ['sould'ledʒə*] *s.* COMPT. grand livre des ventes.

sold-note ['sould'nout] *s.* BOURSE bordereau, avis de vente.

sole [soul] *adj.* unique. *Sole agent,* concessionnaire exclusif. JUR. *Sole legatee,* légataire universel. FIN. *Sole of exchange,* seule de change. *The Bank of England has the sole right in England and Wales of issuing bank-notes,* la Banque d'Angleterre a le privilège exclusif de l'émission des billets de banque en Angleterre et au pays de Galles.

solicit [sə'lisit] *vt.* solliciter, rechercher. *Soliciting agent,* placier.

solicitor [-ə*] *s.* **1.** solicitor. *Solicitors have the monopoly of conveyancing,* les solicitors ont le monopole de la rédaction des actes de cession (des procédures translatives). [N. B. Un *solicitor* est une sorte de conseiller juridique, qui joue aussi le rôle d'un avocat devant certains tribunaux.] — **2.** U. S. Ass. placier. — **3.** *Solicitor's department,* service du contentieux.

solvability [,sɔlvə'biliti] *s.* solvabilité.

solve [sɔlv] *vt.* résoudre. *The matter was solved to the satisfaction of all concerned,* la question fut réglée au mieux des intérêts de chacun.

solvency ['sɔlvənsi] *s.* solvabilité. *Solvency margin,* marge de solvabilité.

solvent [-ənt] *adj.* solvable. *Solvent debt,* dette recouvrable.

sort [sɔ:t] *vt.* trier.

sorting [-iŋ] *s.* triage, tri.

sound [saund] *adj.* sain. *Sound cargo,* chargement sain. *Sound currency,* devises saines. Ass. *Sound value,* valeur saine. *Sound market value,* valeur marchande à l'état sain.

soundness [-nis] *s.* solidité (d'une entreprise, d'un argument).

source [sɔ:s] *s.* source. *To have from a reliable source,* tenir de source sûre.

space [speis] *s.* **1.** emplacement, case. *Spaces N° 34-42 reserved for mechanised accounting,* cases N° 34-42 réservées au procédé mécanographique. *Space for service instructions,* case réservée aux mentions de service. — **2.** MAR. place, encombrement. *Space occupied by a cargo,* encombrement d'un chargement. — **3.** TYP. espacement. — **4.** U. S. *Space-buyer,* agent chargé de choisir les supports publicitaires.

spare [spɛə*] *adj.* mis de côté, de trop. *Spare capital,* fonds disponibles. *Spare parts,* pièces de rechange.

spare *vt.* épargner.

spate [speit] *s.* flot. *The spate of sterling selling,* les ventes massives de sterling. *Spate of troubles,* série d'ennuis.

special ['speʃəl] *adj.* spécial. *Special crossing,* barrement spécial. *Special endorsement,* endossement complet. *Special partnership,* société en participation.

specialty [-ti] *s.* JUR. contrat formel sous seing privé, acte authentique.

specie ['spi:ʃi:] *s.* numéraire. *Specie consignment,* envoi d'espèces. *Specie point,* point de l'or, gold-point.

specific [spi'sifik] *adj.* déterminé, non fongible. Ass. *Specific amount,* forfait. DOUANES *Specific duty,* droit spécifique. *Both ad valorem duties and specific duties are charged on canned mushrooms,* les droits spécifiques et les droits sur la valeur sont perçus en même temps sur les champignons en conserve.

specification [,spesifi'keiʃən] *s.* **1.** spécification, stipulation; devis descriptif. — **2.** DOUANES déclaration d'embarquement. — **3.** BOURSE bordereau des espèces. *Specification of numbers,* bordereau numérique. — **4.** JUR. *Specification of charge,* chef d'accusation. — **5. specifications** *s. pl.* cahier des charges (techniques).

specify ['specifai] *vt.* spécifier, énoncer. *Specified invoice,* facture détaillée. *The insurer undertakes to make good to the insured any loss or damage to the property specified in the policy,* l'assureur s'engage à indemniser l'assuré pour toutes pertes ou dommages subis par les biens énoncés dans la police.

specimen ['spesimin] *s.* spécimen, modèle, exemplaire.

spectacular [spek'tækjulə*] *s.* U. S. publicité lumineuse.

speculate ['spekjuleit] *vi.* spéculer, jouer. *To speculate for (on) a fall,* spéculer à la baisse.

speculation [,spekju'leiʃən] *s.* spéculation. *Speculation for a rise,* spéculation à la hausse.

speculative ['spekjulətiv] *adj.* spéculatif. *Speculative buying,* achats en spéculation. *Speculative shares,* valeurs de spéculation.

speculator ['spekjuleitə*] *s.* spéculateur. *Speculator in rubbers,* spéculateur sur les caoutchoucs.

speed [spi:d] *s.* vitesse. CH. DE FER *Speed goods,* marchandises de grande vitesse.

spend [spend] *vt.* dépenser.

spending [-iŋ] *s.* dépense. *Spending capacity,* pouvoir d'achat. *Spending estimate,* estimation de frais. *Consumption spending,* dépenses de consommation. *Deficit spending,* impasse budgétaire, financement par des ressources de trésorerie. *Government spending,* dépenses publiques. *Investment spending,* dépenses d'investissements.

sphere [sfiə*] *s.* sphère. *In a limited sphere,* dans un cercle limité. *Outside our sphere of activities,* pas de notre ressort.

spinning-mill ['spiniŋmil] *s.* filature.

spin-off ['spinɔf] *s.* U. S. FIN. distribution d'actions d'autres sociétés en fin d'exercice, pour échapper à la loi antitrust.

spit [spit] *vt.* DOUANES sonder.

split [split] *vt.* fractionner (des actions).

splitting [-iŋ] *s.* fractionnement.

spoil [spɔil] *vt.* gâcher, abîmer.

spokesman ['spouksmən] *s.* porte-parole.

sponsion ['spɔnʃən] *s.* JUR. garantie personnelle.

sponsor ['spɔnsə*] *s.* **1.** parrain. — **2.** JUR. caution, répondant.

sponsor *vt.* **1.** prendre en charge. *The firm will be sponsored by the government,* l'entreprise sera prise en charge par l'Etat. — **2.** JUR. être le garant de.

spot [spɔt] *adj.* et *s.* disponible. *Spot balance,* solde disponible. U. S. *Spot check,* sondage, contrôle impromptu. *Spot delivery,* livraison immédiate. BOURSE *Spot exchange rate,* cours des changes au comptant. *Spot goods,* marchandises en disponible. *Spot price :* **a)** cours du comptant (devises); **b)** cours du disponible (marchandises). *Spot sale,* vente en disponible. *Spot transactions,* opérations au comptant. *To sell for spot delivery,* vendre en disponible. *A government auditor made a spot check of our books,* un commissaire aux comptes du gouvernement a effectué des sondages dans nos registres.

spotlight ['spɔtlait] *vt.* attirer l'attention sur. *In supermarkets, you must spotlight the package,* dans les supermarchés, l'emballage doit être mis en valeur.

spread [spred] *s.* **1.** diffusion. — **2.** BOURSE opération à cheval. — **3.** U. S. différence (entre deux prix, etc.).

spread *vt.* répartir, échelonner. *You may spread your payment over several months,* vous pouvez répartir votre paiement sur plusieurs mois. *Instalments spread over...,* les versements s'échelonnent sur... ASS. MAR. *The risks are spread between several underwriters,* les risques sont répartis entre plusieurs assureurs.

spur [spə:*] *vt.* stimuler. *This government devalued in order to spur its exports* *by artificially cheapening them in world markets,* ce gouvernement a dévalué pour stimuler ses exportations en baissant artificiellement leurs cours sur les marchés mondiaux.

squander ['skwɔndə*] *vt.* gaspiller.

square [skwɛə*] *vt.* balancer, régler (un compte).

squeeze [skwi:z] *s.* compression, resserrement.

squeeze *vt.* BOURSE chasser, étrangler; FIN. resserrer, comprimer. *To squeeze the bears,* faire la chasse au découvert.

stability [stə'biliti] *s.* stabilité.

stabilization [,steibilai'zeiʃən] *s.* stabilisation. *Stabilization loan,* emprunt de valorisation.

stable ['steibl] *adj.* stable.

staff [stɑ:f] *adj.* U. S. fonctionnel.

staff *s.* personnel. *Staff and line organization,* organisation mixte. *Staff-cards,* fiches du personnel. *Staff changes,* mouvement du personnel. *Staff manager,* directeur du personnel. *Staff provident fund,* caisse de prévoyance du personnel. *Clerical staff,* personnel administratif. *Field staff, outdoor staff,* personnel extérieur, état-major régional. *To be on the staff of,* faire partie du personnel de.

stag [stæg] *s.* BOURSE loup (chasseur de prime). *A speculator that subscribes to a new issue at the opening price, expecting to sell at a premium shortly afterwards, is a stag,* un loup est un spéculateur qui souscrit à une nouvelle émission au cours d'ouverture dans l'espoir de revendre à prime peu après.

stage [steidʒ] *s.* étape. *Processing stages,* phases de fabrication.

staggering ['stægəriŋ] *s.* décalage; U. S. étalement des vacances.

stagnant ['stægnənt] *adj.* stagnant.

stagnation [stæg'neiʃən] *s.* stagnation, marasme.

stake [steik] *s.* mise.

stale [steil] *adj.* JUR. prescrit. *Stale cheque,* chèque périmé, prescrit.

stall [stɔ:l] *vi.* perdre de la vitesse, s'embourber. *The government seems to be moving towards inflationary measures to stimulate the stalled economy,* le gouvernement semble s'orienter vers des mesures inflationnistes pour stimuler une économie en perte de vitesse.

stamp [stæmp] *s.* timbre. *Stamp-collector,* receveur du timbre. *Stamp duty,* droit de timbre. *Stamp office,* bureau du timbre. *Forwarding station date stamp,* timbre à date de la gare expéditrice. *Inland revenue stamp,* timbre fiscal. *Postage due stamp,* chiffre-taxe. *Poster-stamp,* timbre vignette. *Receipt-stamp,* timbre de quittance. *Weighing-stamp,* timbre de pesage.

stamp *vt.* timbrer, estampiller. *To stamp an instrument at the revenue office,* timbrer un acte à l'extraordinaire.

stamping [-iŋ] *s.* timbrage, estampillage.

stand [stænd] *s.* stand.

stand *vi.* **1.** être inscrit, être porté. *Securities which stand on the balance sheet,* valeurs portées au bilan. — **2.** durer, rester valide. *Our offer stands for immediate transaction only,* notre offre n'est valable que pour affaires immédiates. — **3.** BOURSE *To stand at a discount,* faire perte. *To stand at a premium,* faire prime.

stand by [-bai] *vt.* soutenir.

stand for [-fɔ*] *vi.* **1.** représenter. *We shall stand for you in this legal action,* nous vous représenterons à ce procès. — **2.** *To stand surety for,* se porter garant de.

stand in [-in] *vt.* s'associer, se joindre à.

stand over [-ouvə*] *vi.* rester en suspens. *Standing over accounts,* comptes restés à découvert.

standard ['stændəd] *s.* **1.** étalon. *Gold specie standard,* étalon de numéraire or. *Monetary standard,* étalon monétaire. *The more the purchasing power of money is subject to instability, the less adequate is money as a standard of value,* plus le pouvoir d'achat de l'argent est fluctuant, plus il devient insuffisant en tant qu'étalon de valeur. — **2.** niveau. *Rise in the standard of living,* élévation du niveau de vie. — **3.** standard, type. *Standard charge,* taxe forfaitaire. *Standard coin :* **a)** pièce droite; **b)** pièce type. *Standard gold,* or au titre.

standardization [,stændədai'zeiʃən] *s.* standardisation, normalisation.

standardize ['stændədaiz] *vt.* standardiser, normaliser, unifier.

standby ['stændbai] *s.* ressource. *Standby credit,* crédit de soutien, crédit « stand-by », crédit intérimaire.

standing [-iŋ] *adj.* debout, établi, fixe. *Standing committee,* commission permanente. *Standing crops,* récoltes sur pied. *Standing expenses,* frais généraux. *Standing order,* ordre permanent. *Standing price,* prix fixe. MAR. *All standing,* sans désarmer.

standstill ['stændstil] *s.* arrêt. *Standstill agreement,* accord de standstill, accord moratoire. *Wage standstill,* blocage des salaires.

staple ['steipl] *adj.* principal. *Staple commodity,* principale ressource. *Staple products,* produits de grande consommation, produits normalisés.

staple *vt.* agrafer.

start [stɑ:t] *vt.* commencer, entamer, lancer, créer. *To start an advertising campaign,* lancer une campagne publicitaire. COMPT. *To start an entry,* ouvrir une écriture. BOURSE DE MARCHANDISES *To start a string,* créer une filière.

start *vi.* **1.** partir. — **2.** commencer, débuter. *Negotiations have started well,* les négociations ont pris un bon départ.

starting-price [-iŋ'prais] *s.* BOURSE prix initial.

start-up [-ʌp] *s.* démarrage.

state [steit] *s.* **1.** état. — **2.** l'Etat. *State interference,* ingérence de l'Etat. *Under direct management of the State,* en régie.

state *vt.* **1.** déclarer. — **2.** régler.

state-aided [-'eidid] *adj.* subventionné par l'Etat.

statement [-mənt] *s.* **1.** déclaration, exposé. *According to an official statement,* selon un communiqué officiel. — **2.** affirmation. — **3.** état, relevé, extrait. *Statement analysis,* analyse d'une situation comptable. *Statement of affairs,* bilan de liquidation. *Statement of condition :* **a)** solde journalier; **b)** bilan. *Statement of expenses,* état de frais. *Statement of your account made up to 31st. March,* relevé de votre compte arrêté au 31 mars. *Bank statement,* situation de la banque. *Cash statement,* état de caisse, bordereau de caisse. U. S. *Consolidated statement of condition,* bilan consolidé. *Financial statement,* comptes de résultats. *Operating statement,* comptes d'exploitation. *To draw up a statement of account,* faire un relevé de compte. *To make out a statement of account,* faire un relevé de compte. — **4.** BOURSE bordereau. *Statement of account,* bordereau de compte. — **5.** ASS. MAR. dispache.

stating [-iŋ] *s.* déclaration, énoncé.

station ['steiʃən] *s.* gare.

stationary ['steiʃnəri] *adj.* stationnaire.

stationery *s.* papeterie. FIN. *Stationery clerk,* économe. FIN. *Stationery department,* économat.

statistics [stə'tistiks] *s. pl.* statistique.

status ['steitəs] *s.* statut. *Financial status,* solvabilité.

statute-barred ['stætju:t'bɑ:d] *adj.* JUR. prescrit.

statute-law [-lɔ:] *s.* jurisprudence.

statutory ['stætjutəri] *adj.* statutaire. *Statutory declaration,* acte de notoriété. *Statutory provisions and regulations,* lois et règlements. *Statutory receipt,* reçu légal. *Statutory reserve,* réserve statutaire. *Statutory writing-off,* amortissement. *Statutory companies, constituted under a special act, have the monopoly of some public utility services,* les sociétés concessionnaires, créées par législation spéciale, ont le monopole de certains services publics.

stay [stei] *s.* séjour.

stay *vt.* JUR. ajourner, surseoir.

stay *vi.* séjourner.

stay-in strike [-in'straik] *s.* grève sur le tas.

steadiness ['stedinis] *s.* fermeté, stabilité.

steady ['stedi] *adj.* ferme, stable. *The steadiest section of the London Stock-Exchange over the past few weeks...,* le compartiment qui a fait preuve de la plus grande fermeté ces dernières semaines à la Bourse de Londres.

steadying [-iŋ] *s.* affermissement. *Steadying factor,* volant (de production).

steel [sti:l] *s.* acier. *Steel-pool,* pool de l'acier. *Steel-works,* aciérie.

steep [sti:p] *adj.* raide. *Steep price,* prix exorbitant.

steepen [-ən] *vi.* augmenter.

stem [stem] *vt.* endiguer, contenir.

stencil ['stensl] *vt.* **1.** marquer (une caisse, etc.). — **2.** polycopier, tirer au stencil.

stenographer [ste'nɔgrəfə*] *s.* sténo (graphe).

step [step] *s.* **1.** échelon. *Steps method,* méthode à échelle. — **2.** démarche. *To take the necessary steps,* faire les démarches nécessaires.

step up [-ʌp] *vt.* augmenter.

sterling ['stə:liŋ] *s.* livre sterling. *Sterling area,* zone sterling.

stevedore ['sti:vidɔ:*] *s.* arrimeur, acconier.

stevedore *vt.* arrimer.

stevedoring [-riŋ] *s.* acconage, stevedoring, arrimage.

stick [stik] *vt.* coller. " *Stick no bills* ", « Défense d'afficher ».

stiff [stif] *adj.* **1.** tendu. — **2.** exagéré. *Stiff price,* prix exagéré.

stiffen ['stifn] *vi.* se raffermir, se tendre.

stiffening [-iŋ] *s.* raffermissement.

stiffness [-is] *s.* tension.

stimulate ['stimjuleit] *vt.* stimuler.

stipulate ['stipjuleit] *vt.* stipuler, énoncer.

stipulation [,stipju'leiʃən] *s.* stipulation, énonciation.

stock [stɔk] *s.* **1.** stock, existence, provision. *Stock accounting,* comptabilité matières. *Stock-book,* livre des inventaires. *Stocks in the till,* existences en caisse. *Stock-in-trade,* stock en magasin. *Stock of bullion,* encaisse métallique. *Stock-sheet,* feuille d'inventaire. *Stock transfer note,* bordereau de transfert de titres. *Stock turnover,* rotation des stocks. *To draw on the stock,* entamer les réserves. *To lay in stock,* faire des réserves de... *To take stock,* dresser l'inventaire. — **2.** valeur, titre, action. *Stock-account,* compte titres. *Stocks and shares,* valeurs mobilières. *Stock arbitrage,* arbitrage sur des valeurs. *Stock-dividend,* stock dividend, dividende en actions. *Stock issue,* émission d'actions. *Stock market,* marché des valeurs. *Stock split,* fractionnement d'actions. *Stock warrant,* titre d'actions. *Capital stock,* capital social. *Fully paid up stocks,* valeurs libérées. U. S. *Glamour stocks,* valeurs vedettes. *Good delivery stocks,* titres de bonne livraison. *Registered stocks,* titres nominatifs. *Split-up stocks,* actions fractionnées. *Taking up of stocks,* levée des titres. *To carry stock,* reporter des titres. *To take in stocks,* reporter des titres. *To take up stocks,* lever des titres. *The entire capital stock of the Bank of England was acquired by the Government in 1946,* le capital social de la Banque d'Angleterre fut acquis dans sa totalité par le gouvernement en 1946.

stock *vt.* stocker, approvisionner.

stock-breeder [-,bri:də*] *s.* éleveur.

stock-broker [-,broukə*] *s.* agent de change. (N. B. Approximativement, car, par exemple, le « stock-broker » n'est pas nommé par l'Etat.)

Stock-Exchange [-iks'tʃeindʒ] *s.* Bourse. *Stock-Exchange circles,* les milieux boursiers. *Stock-Exchange committee,* chambre syndicale des agents de change. *Stock-Exchange list,* bulletin de la Bourse. *Stock-Exchange operator,* boursier. *Stock-Exchange session,* séance de Bourse. (N. B. A New York, il y a deux bourses des valeurs : le *New York Stock-Exchange* est la bourse la plus importante, car l'*American Stock-Exchange,* autrefois appelé le *New York Curb-Exchange,* joue un peu le rôle de marché en coulisse.)

stock-holder [-,houldə*] *s.* actionnaire, porteur de titres. *Stock-holder's tax,* impôt sur le revenu des valeurs mobilières.

stock-jobber [,dʒɔbə*] *s.* jobber, banquier de placement et de spéculation. (N.B. A la Bourse de Londres, les *jobbers* achètent et vendent pour leur propre compte et à leurs risques et périls ; ils ne sont autorisés à traiter qu'avec les agents de change et entre eux.)

stockpile ['stɔkpail] *s.* réserve, stockage.

stockpile *vt.* mettre en réserve, emmagasiner, stocker.

stock-taking [-,teikiŋ] *s.* inventaire. *Stock-taking sale,* vente pour cause d'inventaire. *Stock-taking value,* valeur d'inventaire.

stop [stɔp] *s.* arrêt, suspension. BOURSE *Stop order,* ordre stop. *Stop payment order,* ordre de suspendre les paiements. " *Stop press news* ", « dernière heure ».

stop *vt.* **1.** arrêter, suspendre. *Stop-gap loan,* crédit de transition. — **2.** mettre opposition à. " *Payment stopped by the bank* ", « compte bloqué ». *To stop payment of (on) a cheque,* faire opposition à un chèque. *To stop a cheque in case of loss,* faire opposition à un chèque en cas de perte. *Stopped bonds,* titres frappés d'opposition. — **3.** retenir, opérer une retenue. *After the strike the management stopped £ 10 out of our wages,* après la grève, la direction a retenu 10 livres sur nos salaires.

stop *vt.* et *vi.* s'arrêter, cesser.

stoppage [-idʒ] *s.* **1.** blocage. — **2.** cessation.

stopping [-iŋ] *s.* arrêt.

storage ['stɔ:ridʒ] *s.* **1.** emmagasinage, entreposage. *Storage charges,* frais de magasinage. *Cold storage plant,* entrepôt frigorifique. — **2.** entrepôts, magasins.

store [stɔ:*] *s.* **1.** approvisionnement, fourniture. COMPT. *Store accounting,* comptabilité matières. — **2.** magasin, dépôt, entrepôt, réserve. " *Ex-store* ", prix en magasin. *Money fulfills an additional function by serving as a store of purchasing power,* l'argent remplit une fonction supplémentaire sous forme de réserve de pouvoir d'achat.

store *vt.* emmagasiner, entreposer. *Stored terms,* livré sur warrant.

storehouse [-haus] *s.* entrepôt.

storekeeper [-,ki:pə*] *s.* **1.** garde-magasin, magasinier ; IND. chef du matériel. — **2.** U. S. marchand.

stow [stou] *vt.* arrimer. *Stevedores stow the goods to prevent them from capsizing,* les caliers arriment les marchandises de façon qu'elles ne se renversent pas.

stowage [-idʒ] *s.* **1.** arrimage. — **2.** frais d'arrimage. — **3.** espace utile. *To avoid broken stowage,* éviter les pertes d'arrimage.

stower [-ə*] *s.* arrimeur.

straddle ['strædl] *s.* BOURSE spéculation à cheval, mixte.

straight [streit] *adj.* droit. DOUANES *Straight bill of lading,* connaissement à personne dénommée. *Straight commercial,* spot publicitaire.

straighten ['streitn] *vt.* mettre en ordre.

strand [strænd] *vi.* s'échouer. *Stranded goods,* épaves.

streamline ['stri:mlain] *vt.* **1.** IND. profiler. — **2.** rationaliser, moderniser. *Our family of containers can streamline your packing,* notre gamme de containers peut rationaliser votre emballage.

stream-lined [-d] *adj.* aérodynamique.

street [stri:t] *s.* rue. BOURSE *Street market,* marché après Bourse. *Street price,* cours après Bourse.

strenghten ['streŋθən] *vt.* et *vi.* consolider, se consolider.

strike [straik] *s.* grève. *Go-slow strike,* grève perlée. *Lightning strike,* grève surprise.

strike *vt.* frapper. *To strike a balance,* établir la balance, dresser le bilan. *To strike a bargain,* conclure un marché.

strike *vi.* se mettre en grève, faire grève.

strike off [-ɔ:f] *vt.* radier, rayer.

strike out [-aut] *vt.* rayer, radier. " *Strike out the unnecessary items* ", « Rayez les mentions inutiles ».

striker [-ə*] *s.* gréviste.

string [striŋ] *s.* BOURSE DE MARCHANDISES filière. *To end a string,* arrêter une filière. *To endorse a string,* endosser une filière. *To start a string,* émettre une filière.

stringency ['strindʒənsi] *s.* rigueur, raideur.

stringent [-ənt] *adj.* tendu.

strive [straiv] *vi.* s'efforcer.

strong [strɔŋ] *adj.* résistant. *Strong room,* salle des coffres.

structure ['strʌktʃə*] *s.* structure.

stub [stʌb] *s.* U. S. souche, talon. *Stubbook,* carnet à souches.

stumer ['stju:mə*] *s.* FAM. chèque sans provision.

stump [stʌmp] *s.* U. S. souche.

style [stail] *s.* raison sociale.

styling ['stailiŋ] *s.* conception d'un produit.

subcharter ['sʌb'tʃɑ:tə*] *vt.* sous-affréter.

subcontractant ['sʌbkən'træktənt] *s.* sous-traitant.

subdivide ['sʌbdi'vaid] *vt.* subdiviser.

sub-editor [-'editə*] *s.* secrétaire de rédaction.

subject ['sʌbdʒikt] *adj.* **1.** sujet, soumis à. Ass. *Subject to breakage,* sujet à la casse. *Subject to quota,* contingenté. — **2.** sous réserve de. *Subject to alterations,* sous réserve de modifications. *Subject unsold,* sauf vente.

subject *s.* **1.** sujet. — **2.** objet. *Subject of a contract,* objet d'un contrat.

subjoin ['sʌb'dʒɔin] *vt.* ajouter. *Subjoined copy of letter,* ci-joint copie de votre lettre.

sublease ['sʌb'li:s] *vt.* sous-louer.

sub-lessee ['sʌble'si:] *s.* **1.** sous-locataire (à bail). — **2.** sous-traitant.

sub-lessor [-ɔ:*] *s.* sous-bailleur.

sub-let [-'let] *vt.* **1.** sous-louer. — **2.** sous-traiter.

sub-manager [-'mænidʒə*] *s.* sous-directeur.

submission [səb'miʃən] *s.* JUR. plaidoirie.

submit [səb'mit] *vt.* soumettre. *To submit a case to a court,* saisir un tribunal d'une question. *To submit a statement of one's affairs,* déposer son bilan. *To submit quotations,* soumettre des prix.

sub-office ['sʌbɔfis] *s.* succursale, filiale.

subpoena [səb'pi:nə] *s.* JUR. assignation à comparaître.

subrogate ['sʌbrəgeit] *vt.* Ass. subroger. *To be subrogated in the rights of the assured,* être subrogé aux droits de l'assuré.

subrogation [,sʌbrə'geiʃən] *s.* Ass. subrogation. *Subrogation clause,* clause subrogatoire. FIN. *Letter of subrogation,* lettre d'antériorité de créance (U. S. *Subordination agreement*).

subscribe [səb'skraib] *vt.* **1.** souscrire, signer. — **2.** Ass. souscrire. *The underwriters state on the slip the amount they are ready to subscribe,* les assureurs précisent sur la police provisoire la somme qu'ils sont prêts à souscrire. — **3.** FIN. souscrire à. *To subscribe (for, to) a loan,* souscrire un emprunt. — **4.** s'abonner. *To subscribe to a newspaper,* s'abonner à un journal.

subscriber [-ə*] *s.* **1.** souscripteur. — **2.** abonné. POSTE *Subscriber's line,* poste d'abonné. *Calling subscriber,* demandeur. *Distant subscriber,* demandé.

subscription [səb'skripʃən] *s.* **1.** abonnement. POSTE *Subscription rental,* redevance d'abonnement. *Terms of subscription,* conditions d'abonnement. *To take out a subscription,* souscrire un abonnement. — **2.** cotisation. — **3.** souscription. *Subscription price,* prix de souscription. *To invite subscriptions for,* ouvrir une souscription pour.

subsequent ['sʌbsikwənt] *adj.* postérieur. *At a subsequent date,* à une date ultérieure.

subshare [-ʃεə*] *s.* coupure, coupon (d'action) [pour les valeurs étrangères en Angleterre].

subsidiary [səb'sidjəri] *adj.* **1.** subsidiaire, auxiliaire. COMPT. *Subsidiary account,* sous-compte; *subsidiary books,* livres auxiliaires. — **2.** filial. *Subsidiary company,* société filiale.

subsidize ['sʌbsidaiz] *vt.* subventionner.

subsidy [-di] *s.* subvention.

substantial [səb'stænʃəl] *adj.* considérable.

substantiate [səb'stænʃieit] *vt.* JUR. établir, prouver, justifier. *To substantiate a claim,* établir le bien-fondé d'une réclamation.

substitute ['sʌbstitju:t] *s.* **1.** succédané. — **2.** JUR. représentant. — **3.** contrefaçon. *"Beware of substitutes",* « Méfiez-vous des contrefaçons ».

substitute *vt.* JUR. nover (une dette).

substitution [,sʌbsti'tju:ʃən] *s.* *Substitution of debt,* novation de créance.

subtenant ['sʌb'tenənt] *s.* sous-locataire.

subtotal [-'toutl] *s.* COMPT. somme partielle.

succeed [sək'si:d] *vi.* réussir.

succeeding [sək'si:diŋ] *adj.* suivant. BOURSE *Succeeding account,* liquidation suivante.

sue [sju:] *vt.* JUR. poursuivre. *To sue somebody for infringement of patent,* poursuivre qqn en contrefaçon. ASS. MAR. *Suing and labouring clause,* clause de recours et conservation.

suffer ['sʌfə*] *vt.* subir, éprouver.

sufferance [-rəns] *s.* tolérance. DOUANES *Bill of sufferance,* lettre d'exemption des droits de douanes entre entrepôts de ports différents.

sufficient [sə'fiʃənt] *adj.* suffisant.

suit [sju:t] *s.* procès.

suit *vt.* adapter, approprier.

suit *vi.* convenir.

suitable [-əbl] *adj.* approprié, convenable.

sum [sʌm] *s.* somme, montant. *Sum at length,* somme en toutes lettres. *Sums due or to become due to you,* sommes vous revenant ou à vous revenir. *Agreed sum,* somme forfaitaire, montant convenu. *Exempted sum,* montant exonéré.

sum up [-ʌp] *vt.* totaliser.

summarize ['sʌməraiz] *vt.* résumer, récapituler.

summary [-ri] *s.* sommaire, résumé.

summon ['sʌmən] *vt.* JUR. sommer de comparaître.

summons [-z] *s.* (*pl.* **summonses**) sommation, mise en demeure.

sundries ['sʌndriz] *s. pl.* COMPT. divers. *Sundries account,* compte de divers. *Sundries ledger,* grand livre divers.

sundry ['sʌndri] *adj.* divers. *Sundry expenses,* frais divers, faux frais.

superannuable [,sju:pə,rænjuəbl] *adj.* avec possibilité de retraite.

superannuation [,sju:pə,rænju'eiʃən] *s.* retraite par limite d'âge. *Superannuation contribution,* versement pour la retraite. *Superannuation fund,* caisse de retraite.

supercargo ['sju:pə,kɑ:gou] *s.* subrécargue.

superintend [,sju:prin'tend] *vt.* surveiller, contrôler.

superintendent [-ent] *s.* U. S. chef de département. *Plant superintendent,* chef des fabrications. MAR. *Superintendent report,* rapport de surveillance (sur des marchandises en mouvement).

supersede [,sju:pə'si:d] *vt.* remplacer, supplanter.

supertare ['sju:pə'tεə*] *s.* surtare.

supertax [-tæks] *s.* surtaxe.

supervise ['sju:pəvaiz] *vt.* surveiller, contrôler.

supervisor [-ə*] *s.* U. S. responsable (arbitre entre un employeur et ses employés).

supplement ['sʌplimənt] *s.* supplément.

supplement *vt.* ajouter en supplément. *To supplement a pledge,* suppléer au gage.

supplemental [,sʌpli'mentl] *adj.* résiduel.

supplementary [-təri] *adj.* supplémentaire.

supplier [sə'plaiə*] *s.* fournisseur.

supply [sə'plai] *s.* provision, fournitures. *Supply and demand,* l'offre et la demande.

supply *vt.* approvisionner, fournir.

support [sə'pɔ:t] *s.* appui. *Support point,* point d'intervention.

support *vt.* soutenir, appuyer. *Supported price,* prix de soutien. *Supporting purchases,* achats de soutien. BOURSE *Railways were supported,* les ferroviaires étaient soutenues. *All loans granted under the program are secured and supported by loan agreements,* tous les prêts consentis dans le cadre de notre programme sont garantis et appuyés par des contrats.

suppress [sə'pres] *vt.* supprimer.

suppression [-ʃən] *s.* suppression.

supra protest ['sju:prə'proutest] *s.* intervenant.

surcharge ['sə:tʃɑ:dʒ] *s.* surtaxe. (N. B. Ce terme est parfois employé dans le sens de *countervailing duties,* taxe compensatrice perçue à l'importation sur des produits bénéficiant d'une très forte aide à l'exportation.)

surcharge [sə:'tʃɑ:dʒ] *vt.* surtaxer (lettre, etc.); FIN. majorer.

surety ['ʃuəti] *s.* **1.** JUR. caution, garant, répondant. *Good surety,* caution solvable. *To stand surety for somebody,* se porter caution pour qqn. — **2.** (effets) donneur d'aval, besoin. — **3.** cautionnement, garantie. *As surety for a debt,* en garantie d'une dette. *Surety bond,* cautionnement, obligation de garantie.

surfeit ['sə:fit] *s.* surabondance.

surname ['sə:neim] *s.* nom de famille.

surplus ['sə:pləs] *s.* surplus, excédent, plus-value, boni; U. S. réserve générale. *Surplus capacity,* excédent de production. *Surplus dividend,* superdividende. *Surplus of assets over liabilities,* excédent de l'actif sur le passif. *Surplus profit,* superbénéfice. *Surplus reserves,* réserve à des fins spéciales. *Budget surplus,* excédent budgétaire. *An operating surplus is returned periodically to members of retail cooperative societies,* des bénéfices d'exploitation sont versés périodiquement aux sociétaires des coopératives de détail.

surrender [sə'rendə*] *s.* **1.** JUR. abandon. *Compulsory surrender,* expropriation. — **2.** Ass. rachat. *Surrender value of a policy,* valeur de rachat d'une police. — **3.** FIN. *Upon surrender of,* contre remise de.

surrender *vt.* **1.** abandonner, céder. — **2.** Ass. racheter. *To surrender a policy,* racheter une police.

surrogate ['sʌrəgit] *s.* **1.** produit de remplacement. — **2.** U. S. juge chargé d'homologuer les testaments.

surtax ['sə:tæks] *s.* surtaxe, centimes additionnels.

surtax *vt.* surtaxer.

survey ['sə:vei] *s.* **1.** étude, exposé. *Economic survey mission,* mission économique. *Feasibility survey,* étude préalable. *Market research survey,* étude de marché. — **2.** expertise, visite. *Survey certificate,* procès-verbal d'expertise, certificat d'expertise. *Survey fee :* **a)** droit de visite; **b)** honoraires d'expertise. *Survey report,* rapport d'expertise.

surveyor [sə'veiə*] *s.* expert. *Land surveyor,* géomètre expert. *Surveyor of taxes,* contrôleur des contributions. *Surveyor's report,* rapport d'expert, certificat d'expertise.

survival [sə'vaivəl] *s.* JUR., ASS. survie.

survivor [-ə*] *s.* ASS. survivant, rescapé.

survivorship [-əʃip] *s.* JUR. survie. *Survivorship annuity,* rente viagère avec réversion.

suspend [səs'pend] *vt.* suspendre, cesser.

suspense [səs'pens] *s.* suspens. COMPT. *Suspense account,* compte d'ordre; *suspense entry (item),* écriture d'ordre, article d'ordre. *Bills in suspense,* effets en souffrance.

suspension [səs'penʃən] *s.* suspension, arrêt.

sustain [səs'tein] *vt.* **1.** soutenir, supporter. JUR. *To sustain somebody in a claim,* admettre la validité d'une réclamation. — **2.** éprouver, subir. *To sustain heavy losses,* subir de lourdes pertes.

swamp [swɔmp] *vt.* submerger, déborder. *This youth styled model swamped production plans,* ce modèle jeune a fait éclater nos plans de production.

swap [swɔp] *vt.* FAM. échanger.

swaps [-s] *s. pl.* opérations liées, opérations « swap ».

sway [swei] *vt.* influencer, influer.

swear [swεə*] *vt.* assermenter.

swear *vi.* prêter serment, jurer.

swell [swel] *vt.* gonfler. *To swell an account,* gonfler un compte.

swerve [swə:v] *vi.* s'écarter (*away from,* de).

swindle ['swindl] *s.* escroquerie.

swing [swiŋ] *s.* **1.** marge de crédit à découvert, swing (accord bilatéral). — **2.** **swings** *s. pl.* oscillations, fluctuations. *Cyclical swings,* fluctuations cycliques.

switch [switʃ] *s.* **1.** aiguillage. — **2.** permutation. *The authorities tried to make most of these stock sales through switches, to avoid taking money out of the market as a whole,* les autorités ont essayé de réaliser la plupart de ces ventes de titres au moyen d'échanges pour éviter de retirer de l'argent de l'ensemble du marché. — **3.** switch, opérations de courtage international avec arbitrage de devises (à convertibilité limitée), commerce triangulaire.

switch *vt.* aiguiller.

sworn [swɔ:n] *adj.* assermenté.

syndicate ['sindikit] *s.* syndicat, consortium.

syndicate ['sindikeit] *vt.* syndiquer.

syndicate *vi.* se syndiquer.

system ['sistim] *s.* **1.** système, méthode. — **2.** réseau. *Railway system,* réseau ferré.

t

tab [tæb] *s.* **1.** onglet. — **2.** U. S. étiquette pour bagages. *To keep tabs on,* contrôler.

table [teibl] *s.* table, tableau. *Table of contents,* table des matières. *Table of fares,* barème des prix. ASS. *Table of* *limits,* tableau des pleins. *Table of par values,* table de parité. *Redemption table,* tableau d'amortissement.

tabular ['tæbjulə*] *adj.* tabulaire. *Statistics in tabular form,* statistiques sous forme de tableau.

tabulate [-eit] *vt.* **1.** disposer en tableaux. — **2.** cataloguer, classifier. *Tabulating machine,* tabulatrice.

tabulator [-ə*] *s.* tabulatrice.

tacit ['tæsit] *adj.* tacite, implicite.

tackle ['tækl] *s.* palan. Ass. *Under ship's tackle,* sous palan.

tackle *vt.* s'attaquer à.

tag [tæg] *s.* étiquette.

tail [teil] *s.* Jur. clause de substitution.

tailor ['teilə*] *vt.* arranger, concevoir. Ass. *Policies tailored to age brackets and financial positions,* polices adaptées aux classes d'âge et à la situation financière.

take [teik] *vt.* prendre. *To take firm,* prendre ferme (un emprunt), lever ferme (des titres). Bourse *To take for the call,* vendre un dont; *to take for the put,* acheter ou. *To take samples,* prélever des échantillons. *To take stock,* dresser l'inventaire. Bourse *To take the rate,* reporter.

take back [-bæk] *vt.* reprendre.

take in [-in] *vt.* **1.** Bourse reporter. — **2.** comprendre, englober.

take off [-ɔ:f] *vt.* rabattre (d'un prix), ôter, retirer.

take on [-ɔn] *vt.* **1.** se charger de, entreprendre. — **2.** embaucher. — **3.** Fam. prendre, avoir du succès. *This brand new article has taken on,* cet article tout nouveau a pris.

take out [-aut] *vt.* **1.** retirer. — **2.** obtenir, se faire délivrer. *To take out a policy,* contracter une assurance.

take over [-ouvə*] *vt.* **1.** reprendre, absorber. Fin. *To take over an issue,* absorber une émission. *Take over bids,* offre de rachat. — **2.** transborder.

take up [-ʌp] *vt.* **1.** lever. *To take up an option :* **a)** lever une option; **b)** Bourse lever une prime. *To take up stocks,* lever des titres. — **2.** honorer. *To take up a bill,* honorer un effet.

taker [-ə*] *s.* **1.** preneur (d'un bail, etc.). — **2.** acheteur. — **3.** Bourse reporteur. *Taker for a call,* vendeur d'un dont. *Taker for a call of more,* donneur de faculté de lever double. *Taker for a put,* acheteur d'un ou. *Taker for a put and call,* donneur d'option, de stellage. *Taker of a rate,* receveur de la prime. *The contango is a premium paid by the giver to the taker,* le report est la prime payée par le reporté au reporteur.

take-home [-houm] *s.* U. S. salaire net.

taking [-iŋ] *s.* prise, capture. Bourse *Taking for an option,* vente d'une prime.

taking-out [-aut] *s.* relevé.

taking-over [-ouvə*] *s.* **1.** réception, acceptation. — **2.** reprise, rachat. *Taking-over certificate,* certificat de prise en charge.

taking-up [-ʌp] *s.* levée (de titres, d'une prime, de documents, etc.). *Taking-up a rights issue,* souscription.

tally ['tæli] *s.* **1.** pointage. *Tally-clerk,* pointeur. *Tally-sheet,* feuille de pointage. *To keep tally of articles,* pointer des marchandises. — **2.** étiquette. — **3.** jeton de présence. — **4.** contrepartie (d'un document). — **5.** Mar. inventaire (au déchargement).

tally *vt.* **1.** pointer. — **2.** étiqueter.

tally *vi.* s'accorder, concorder.

tamper with ['tæmpəwið] *vi.* falsifier, trafiquer.

tangible ['tændʒəbl] *adj.* tangible, palpable. Jur. *Tangible assets,* valeurs matérielles; *tangible personal property,* biens mobiliers, corporels.

tangled ['tæŋgld] *adj.* embrouillé.

tank [tæŋk] *s.* réservoir. *Tank-car,* wagon-citerne.

tanker [-ə*] *s.* **1.** bateau-citerne. — **2.** camion-citerne. — **3.** wagon-citerne.

tap [tæp] *s.* robinet. Fin. *On tap,* en perce, robinet ouvert; *bills on tap,* effets placés de gré à gré. *The new tranche of £ 300 million of this stock was put into the tap in May,* la nouvelle tranche de 300 millions de livres de ce titre a été mise en exploitation en mai.

tap *vt.* **1.** ouvrir, mettre en perce, exploiter. *To tap a new market,* exploiter un nouveau marché. — **2.** drainer.

tape [teip] *s.* ruban. *Tape price,* cours télégraphique. *Tape quotation,* cotation télégraphique. *Red-tape,* paperasserie.

tapering ['teipəriŋ] *adj.* à section décroissante. *Railway rates of carriage depend on mileage : the charge is tapering, the longer the distance, the cheaper the fare per mile,* le prix des transports ferroviaires dépend du kilométrage : le tarif est dégressif, plus la distance est longue, meilleur marché est le kilomètre.

tare [tɛə*] *s.* tare. *Actual tare,* tare réelle. *Allowance for tare,* tarage. *Average tare,* tare commune, tare proportionnelle. *Customary tare,* tare d'usage.

tare *vt.* tarer.

target-date ['tɑ:git'deit] *s.* U. S. date limite prévue pour la livraison d'un travail.

tariff ['tærif] *s.* tarif. *Tariff currency,* monnaie du tarif. *Tariff in force,* tarif en vigueur. *Tariff walls,* barrière douanière. *Collection tariff,* tarif de recouvrement. *Decreasing tariff,* tarif dégressif. *Fixed tariff transit charges,* frais tarifaires, forfaitaires en cours de route. *Graduated tariff,* tarif à paliers.

tariff *vt.* tarifer.

tariffication [,tærifi'keiʃən] *s.* tarification.

task [tɑ:sk] *s.* tâche. U. S. *Task setting performance,* seuil de prime.

tax [tæks] *s.* contribution, impôt, taxe. *Tax arrears,* arriérés d'impôt. *Tax burden,* charges fiscales. *Tax collector,* receveur des contributions. *Tax consultant,* conseiller fiscal. U. S. *Tax dodging,* fraude fiscale. *Tax exemption,* exonération fiscale. *Tax form,* feuille de déclaration d'impôts. U. S. *Tax load,* montant de l'impôt. *Tax on allocated portions of profits,* impôt sur les tantièmes. *Tax on Exchange dealings,* impôt sur les opérations de Bourse. *Tax on incomes derived from trade and manufacture,* impôt sur les bénéfices industriels et commerciaux. *Tax on increment values,* impôt sur les plus-values. *Tax relief,* dégrèvement d'impôts. *Tax reserves,* provisions pour impôts. *Tax revenue,* recettes fiscales. U. S. *Tax write off,* somme déductible sur la déclaration des revenus. *Tax year,* exercice financier. *After taxes,* impôts déduits. *Corporation tax,* impôt sur les sociétés. *Entertainment tax,* impôt sur les spectacles. *Excess profits tax,* impôt sur les bénéfices exceptionnels, les super-bénéfices. *Income tax,* impôt sur le revenu. *Income tax exemption claim,* demande d'exonération d'impôts. *Inspector of taxes,* inspecteur des contributions. *Land tax,* impôt foncier. *Register of taxes,* rôle des impôts. *Selective Employment Tax (S. E. T.),* taxe sur la main-d'œuvre non productive. *Stock-holder's tax,* impôt sur le revenu des valeurs mobilières. *Surveyor of taxes,* inspecteur des impôts. *Turnover tax,* impôts sur le chiffre d'affaires. *Value added tax,* taxe à la valeur ajoutée (T. V. A.). *Visitor's tax,* taxe de séjour. *To lay a tax on,* frapper d'un impôt. *There is a head-tax which amounts to 7/6d for all flights departing Abbotsinch,* on perçoit une taxe-passager de 7/6 pour tout vol en partance d'Abbotsinch.

tax *vt.* imposer, taxer, frapper d'un impôt. JUR. *To tax the costs of an action,* taxer les dépens d'un procès. *Taxed bill of costs,* mémoire taxé.

taxable [-əbl] *adj.* imposable. *Taxable value,* valeur imposable. *Taxable year,* année fiscale. JUR. *Costs taxable to...,* frais à la charge de...

taxation [tæk'seiʃən] *s.* taxation, taxe.

tax-payer ['tæks,peiə*] *s.* contribuable.

teamster ['ti:mstə*] *s.* routier.

team-work ['ti:mwə:k] *s.* travail d'équipe.

tear-off ['tɛərɔ:f] *adj.* perforé. *Tear-off calendar,* calendrier à effeuiller.

technical ['teknikəl] *adj.* technique. JUR. *Technical point,* question de procédure.

technicality [,tekni'kæliti] *s.* détail technique, technicité.

telegram ['teligræm] *s.* télégramme. (Voir liste des abréviations.)

telegraph [-grɑ:f] *vt.* et *vi.* télégraphier.

telegraphic [,teli'græfik] *adj.* télégraphique. *Telegraphic transfer order,* ordre de paiement télégraphique.

telephone ['telifoun] *s.* téléphone. *Telephone booth,* cabine téléphonique. *Telephone directory,* annuaire. *Telephone exchange,* le central. *Telephone subscriber,* abonné au téléphone.

telephone *vt.* et *vi.* téléphoner.

teleprinter ['teli,printə*] *s.* téléscripteur. *On the teleprinter,* relié au (réseau) télex.

teller ['telə*] *s.* caissier. *Teller's cash-book,* main courante de caisse.

tenancy ['tenənsi] *s.* location.

tenant ['tenənt] *s.* locataire. *Tenant's repair,* réparations locatives. *Tenant's (third party) risks,* risques locatifs.

tendency ['tendənsi] *s.* tendance, orientation. *Bearish tendency,* tendance à la baisse. *Bullish tendency,* tendance à la hausse. *Downward tendency,* tendance à la baisse. *Brighter tendency in stores shares at the close,* meilleure tendance sur les grands magasins en clôture. *To show an upward tendency,* avoir une tendance à la hausse.

tender ['tendə*] *s.* **1.** soumission, offre. *Sale by tender,* vente par soumission. *Sealed tender,* soumission cachetée. *Tenders to be lodged with,* les soumissions doivent être adressées à. *To put out for public tender,* ouvrir la soumission. — **2.** soumissionnaire. *Invitation for tenders,* adjudication (de travaux, etc.). *To invite tenders for,* mettre en adjudication. — **3.** JUR. offre légale. — **4.** FIN. instrument de paiement. *Legal tender,* cours légal. *To be legal tender,* avoir cours légal, avoir pouvoir libératoire. — **5.** IND. ouvrier sur machine.

tender *vt.* offrir. JUR. *To tender money in discharge of debt,* faire une offre réelle.

tender for [-fɔ:] *vi.* soumissionner.

tenderer [-rə*] *s.* soumissionnaire. *Allocation to the lowest tenderer,* adjudication au plus bas soumissionnaire.

tenor ['tenə*] *s.* **1.** teneur, contenu. — **2.** échéance (d'une traite).

tentative ['tentətiv] *adj.* expérimental. U. S. *Tentative draft,* avant-projet. *To make a tentative offer,* faire une ouverture.

tentative *s.* tentative.

tenth [tenθ] *s.* dixième.

tenure ['tenjuə*] *s.* JUR. période d'occupation (d'un emploi, etc.). *Fixity of tenure,* stabilité d'un emploi.

term [tə:m] *s.* **1.** terme, durée, délai. *Term loan,* prêt à terme fixe. JUR. *Term of limitation,* délai de prescription. *Term of notice,* délai de préavis. *Long term transaction,* opération à long terme. *To extend a term,* proroger un délai. *To keep a term,* observer un délai. — **2.** clause, teneur, termes. *Terms of an agreement,* clauses d'un accord. — **3.** conditions. *Easy terms,* facilités de paiement. *On the following terms,* aux conditions suivantes. — **4. terms** *s. pl.* **relations,** rapports.

terminable ['tə:minəbl] *adj.* JUR. résoluble.

terminal ['tə:minl] *adj.* **1.** terminal. *Terminal port,* port de tête de ligne. — **2.** trimestriel. — **3.** BOURSE DE MARCHANDISES *adj.* et *s.* livrable. *Terminal market,* marché à terme. *Terminal price,* cours du livrable. *Terminal markets enable merchants and manufacturers to hedge against loss on their transactions through changes in price,* les marchés à terme permettent aux commerçants et aux industriels de se couvrir contre les pertes qu'ils pourraient subir au cours de leurs opérations par suite de variations des prix.

terminal *s.* terminus, tête de ligne.

terminals [-z] *s. pl.* CH. DE FER frais de manutention.

terminate ['tə:mineit] *vt.* résoudre, résilier.

termination [,tə:mi'neiʃən] *s.* **1.** résiliation. — **2.** Ass. fin (d'un risque).

terminus ['tə:minəs] *s.* terminus, tête de ligne.

test [test] *s.* épreuve. JUR. *Test-case,* cas qui fait jurisprudence. *Test number,* chiffre repère d'un télégramme. *To undergo a test,* subir une épreuve.

test *vt.* **1.** éprouver, mettre à l'essai. *Testing plant,* laboratoire d'essai. — **2.** JUR. viser un document.

testator [tes'teitə*] *s.* JUR. testateur.

testify ['testifai] *vt.* JUR. déclarer, affirmer.

testimonial [,testi'mounjəl] *s.* certificat, recommandation (d'employeur).

testimony ['testiməni] *s.* JUR. déposition.

textile ['tekstail] *adj.* textile. *The textile industry,* l'industrie textile.

Thanksgiving Day ['θæŋks,giviŋ-'dei] *s.* jour de fête aux Etats-Unis, quatrième jeudi de novembre.

theft [θeft] *s.* vol. Ass. *Theft risk,* risque de vol.

third [θə:d] *adj.* **1.** troisième. U. S. POSTE *Third-class matter,* imprimés non périodiques. *Third of exchange,* troisième de change. — **2.** tiers. *Third-party,* tiers. *Third-party insurance,* assurance de responsabilité civile. *Third-party risk,* risque du recours au tiers.

thousand ['θauzənd] *s.* mille.

threaten ['θretn] *vt.* menacer.

three [θri:] *adj.* et *s.* trois. *Three-course rotation,* assolement triennal.

three-cornered [-'kɔ:nəd] *adj.* triangulaire.

thrifty ['θrifti] *adj.* **1.** économe. — **2.** U. S. prospère, florissant.

thrive [θraiv] *vi.* prospérer.

through [θru:] *adj.* direct. *Through B/L,* connaissement chef, direct, à forfait. *Through freight,* fret à forfait. *Through rate,* taux forfaitaire. *Through train,* train direct. *To forward in through freight,* envoyer en transit.

throw out ['θrouaut] *vt.* rejeter, repousser.

throw up [-ʌp] *vt.* renoncer à, abandonner.

throw-out *s.* pièce de rebut.

tick off ['tik-ɔf] *vt.* pointer.

ticker [-ə*] *s.* appareil genre Printer.

ticket ['tikit] *s.* **1.** billet. *Conjunction tickets,* billets complémentaires (billets de passage, émis conjointement et constituant ensemble un seul contrat de transport). — **2.** BOURSE fiche. — **3.** FIN. *Banker's ticket,* compte de retour.

ticket-day [-'dei] *s.* BOURSE jour de la déclaration des noms.

tidal-dock ['taidl'dɔk] *s.* bassin à marée.

tie [tai] *vt.* lier, attacher. *Tied loan,* prêt conditionnel.

tie up *vt.* bloquer, immobiliser.

tie-in ['taiin] *adj.* U. S. conditionnel. *Tie-in sale,* vente à condition.

tie-up ['taiʌp] *s.* **1.** entente, accord. — **2.** U. S. arrêt de travail.

tight [tait] *adj.* **1.** imperméable, étanche, hermétique. — **2.** rare, serré. *Tight money policy,* politique de resserrement monétaire.

tighten [-n] *vi.* se resserrer.

tightening [-niŋ] *s.* resserrement, restriction.

tightness [-nis] *s.* rareté.

till [til] *s.* tiroir-caisse. *Till money,* encaisse.

time [taim] *s.* temps, terme. *Time and Method Engineering,* Etudes des temps et des méthodes. *Time after sight,* délai de vue. BOURSE *Time-bargain,* marché à terme. *Time-bill,* effet à terme. *Time-book* (U. S. *time-card*), registre de présence. MAR. *Time-charter,* affrètement à temps. FIN. *Time deposits,* dépôts à terme ; *time-draft,* effet à terme. MAR. *Time for shipment,* délai d'embarquement ; *time-freight,* fret à temps ; *time-lag,* déphasage. Ass. *Time-policy,* police à terme. U. S. *Time sales,* vente à tempérament. *Time-sheet,* feuille de présence. U. S. *Time-ticket,* bon de travail. *Short-time working,* travail à horaire réduit, réduction d'horaire.

tin [tin] *s.* étain, fer-blanc. BOURSE *Tin-shares,* valeurs d'étain, valeurs stannifères.

tinware [-wɛə*] *s.* ferblanterie.

tip [tip] *s.* tuyau, renseignement.

tip *vt.* tuyauter qqn.

tip-in [-in] *s.* encart.

tissue paper ['tisju:'peipə*] *s.* **1.** papier de soie. — **2.** papier pelure.

title ['taitl] *s.* **1.** titre. — **2.** JUR. intitulé.

title-deed [-di:d] *s.* JUR. titre de propriété.

token ['toukən] *adj.* **1.** symbolique. *Token money,* monnaie fictive, fiduciaire. *Token strike,* grève d'avertissement. — **2.** d'échantillon.

token *s.* jeton.

tolerance ['tɔlərəns] *s.* tolérance.

toll [toul] *s.* péage. POSTE *Toll-call,* communication avec la grande banlieue.

ton [tʌn] *s.* tonne. MAR. *Dead weight ton,* tonneau de portée en lourd (en France = 1,44 m³; en Angleterre = 40 pieds cubiques) ; *displacement ton,* tonneau-poids ; *freight ton,* tonneau d'affrètement, de portée en lourd ; *gross register ton,* tonneau de jauge brute ; *measurement ton,* tonne d'encombrement ; *register ton,* tonneau registre, tonne de jauge (en Angleterre = 100 pieds cubiques ; en France = 2,8317 m³) ; *shipping ton,* tonneau d'affrètement, de portée en lourd.

tone [toun] *s.* BOURSE allure, disposition, tendance générale (du marché).

tonnage ['tʌnidʒ] *s.* **1.** tonnage (poids). — **2.** MAR. tonnage (capacité). *Bill of tonnage,* certificat de tonnage.

tool [tu:l] *s.* **1.** outil. — **2.** outillage.

tool up [-ʌp] *vt.* et *vi.* U. S. équiper (une usine), s'équiper.

top [tɔp] *s.* haut, partie supérieure, sommet. *Top executive,* grand directeur. U. S. *Top heavy price,* cours exagérément gonflé. BOURSE *Top price,* cours le plus haut.

top *vt.* être en tête de.

tort [tɔ:t] *s.* JUR. préjudice.

tot [tɔt] **(up)** *vt.* additionner.

total ['toutl] *adj.* total, global. COMPT. *Total account,* compte collectif. *Total amount,* montant global. Ass. *Total loss,* sinistre total.

total *s.* total.

total **1.** *vt.* totaliser. — **2.** *vi.* *To total up to,* se monter à.

totalization [,toutəlai'zeiʃən] *s.* totalisation.

touch [tʌtʃ] **1.** *vt.* BOURSE toucher. — **2.** *vi.* MAR. toucher (*at a port,* à un port).

touched [-t] *adj.* MAR. suspect. *Touched bill of health,* patente de santé suspecte.

tout [taut] *s.* démarcheur.

tout *vi.* racoler, solliciter la clientèle.

tow [tou] *s.* **1.** remorque. — **2.** remorquage.

tow *vt.* remorquer.

towage [-idʒ] *s.* remorquage. *Towage charges,* frais de remorquage. *Towage contractor,* entrepreneur de remorquage.

town [taun] *s.* ville. *Town-cheque,* chèque sur place. *Town-clerk,* secrétaire principal de mairie (souvent chargé du contentieux). *Town-council,* conseil municipal. *Town-planner,* urbaniste.

trace [treis] *s.* BOURSE filière.

trace *vt.* **1.** calquer. — **2.** retrouver trace de. *We could not trace any previous correspondence,* nous n'avons pu trouver trace de correspondance antérieure.

tracing [-iŋ] *s.* calque. *Tracing cloth reproduction,* contre-calque.

track [træk] *s.* piste, voie.

track *vt.* haler (une péniche).

trackage [-idʒ] *s.* **1.** halage (sur les canaux). — **2.** frais de halage. — **3.** U. S. réseau ferré.

track-boat [-bout] *s.* péniche (de canal).

tractable ['træktəbl] *adj.* maniable.

trade [treid] *s.* commerce, négoce, affaires. *Trade acceptance,* acceptation commerciale. *Trade allowance,* remise. *Trade association,* syndicat professionnel, association professionnelle. *Trade balance,* balance commerciale. *Trade bills,* effets de commerce. *Trade-chamber,* chambre des métiers. *Trade-charge,* remboursement. *Trade-charge money-order,* mandat de remboursement. *Trade company,* corps de métier. *Trade custom,* usage commercial. *Trade directory,* annuaire du commerce. *Trade discount,* escompte d'usage, escompte sur marchandises, rabais pour revendeur. *Trade income tax,* taxe professionnelle. *Trade-mark,* marque de fabrique. *Trade-name,* raison commerciale. *Trade paper,* papier de commerce. *Trade price,* prix marchand, de demi-gros. *Trade register,* registre du commerce. *Trade-representative,* représentant de commerce. *Trade surplus,* balance commerciale favorable. *Trade-union,* syndicat ouvrier. MAR. *Coasting trade,* cabotage. *Foreign trade,* commerce extérieur. *Foreign trade agency,* office de commerce. *Home trade,* commerce intérieur. *Retail trade,* commerce de détail. *Wholesale trade,* commerce en gros.

trade *vi.* commercer, négocier.

trade in [-in] *vt.* U. S. échanger. *Traded-in cars,* « reprises » (autos).

trader [-ə*] *s.* **1.** négociant, commerçant, marchand. CH. DE FER *Trader's sheet,* bâche particulière. — **2.** MAR. navire marchand régulier.

tradesman [-zmən] *s.* marchand, fournisseur.

trading [-iŋ] *s.* **1.** commerce, négoce. *Trading company,* société commerciale. MAR. *Trading vessel,* navire marchand. — **2.** exploitation commerciale, exercice. *Trading account,* compte d'exploitation. *Trading assets,* actif engagé. *Trading capital,* capital engagé, fonds de roulement. *Trading profit,* bénéfice d'exploitation. *Trading results,* résultats de l'exercice. *Trading year,* exercice.

tradition [trə'diʃən] *s.* JUR. transfert (d'un bien).

traffic ['træfik] *s.* **1.** trafic, commerce. — **2.** circulation ; CH. DE FER trafic. *Traffic block,* embouteillage. CH. DE FER *Traffic department,* service de l'exploitation ; U. S. *Traffic department,* service du Mouvement (dans une entreprise) ; *traffic manager,* directeur du service du Mouvement. *Traffic snarl,* embouteillage. *Traffic managers must audit all freight bills,* les directeurs du service du Mouvement doivent vérifier toutes les notes de fret.

traffic *vi.* faire du commerce.

trailer ['treilə*] *s.* remorque. *Trailer on flat-car service,* service train-camion.

train [trein] *s.* train. DOUANES *Train customs officer,* douanier convoyeur. *Down train,* train d'aller, montant. *Fast train,* express. *Slow train,* omnibus. *Through train,* train direct. *Up train,* train de retour, descendant. *By goods train,* en petite vitesse, en P. V. *By passenger train,* en grande vitesse, en G. V.

trainee [trei'ni:] *s.* U. S. stagiaire.

traineeship [-ʃip] *s.* U. S. stage.

training ['treiniŋ] *s.* instruction, formation. *Training department,* service de formation du personnel. U. S. *Training within industry (T. W. I.),* formation accélérée dans l'entreprise ; *cold storage training,* formation de cadres de réserve à l'intérieur d'une entreprise ; *in-plant training,* stage de formation dans une usine ; *on-the-job training,* formation pratique, « sur le tas ». *Vocational training,* formation professionnelle.

tramp [træmp] *s.* MAR. tramp, navire sans ligne régulière, vapeur en cueillette.

tramping [-iŋ] *s.* tramping, navigation au tramping.

transact [træn'zækt] *vt.* traiter. *Banking business of every description transacted,* toutes opérations bancaires.

transact *vi.* faire des affaires, traiter (*with,* avec).

transaction [træn'zækʃən] *s.* **1.** opération, transaction. *Transactions for future delivery during specified periods,* marché (opération) à terme ferme. *Transactions on Change,* opération en Bourse. *Transactions on credit,* marché à terme. BOURSE *Bear transactions,* opérations à la baisse; *bull transactions,* opérations à la hausse. *Cash transactions,* opérations au comptant. *Compensation transactions,* transactions de compensation. *Forward transactions,* marché à terme, opération à livrer. *Forward exchange transactions,* opérations de change à terme. *Reciprocity transactions,* opérations de réciprocité. *Spot exchange transactions,* opérations de change au comptant. BOURSE *Transactions in oils are few,* compartiment des pétroles peu animé. *To give rise to transactions,* être traité, donner lieu à des transactions. — **2.** gestion. — **3.** JUR. transaction. — **4.** délibération (d'une assemblée).

transcribe [træns'kraib] *vt.* transcrire.

transfer ['trænsfə:*] *s.* **1.** transfert, transmission, cession. FIN. *Transfer duty (charge, fee),* droit de transfert (actions). JUR. *Transfer inter vivos,* mutation entre vifs. FIN. *Transfer of stocks and shares,* transfert, cession de valeurs; *transfer register,* registre des transferts (actions). *Currency transfer,* transfert de devises. — **2.** apport (de valeurs matérielles, ou de valeurs matérielles et immatérielles). — **3.** FIN. *Transfer (-deed),* feuille de transfert. (En Angleterre, une seule feuille est rédigée pour le vendeur et l'acheteur d'une action nominative.) — **4.** JUR. *Transfer (-deed),* action de transmission, acte de cession, contrat translatif de propriété. *Transfer-tax,* droits de mutation. — **5.** déplacement, mutation (de fonctionnaires, etc.). *Staff transfer* (U. S. *staff turnover*), mouvement de personnel. U. S. *Transfer of manpower,* mouvement de personnes. — **6.** COMPT. : **a)** contre-passement (d'une écriture); **b)** transfert, virement, transport (d'argent d'un compte à un autre). *Transfer account,* compte de virement. *Transfer by cheque,* virement par chèque. *Bank transfer,* virement bancaire. — **7.** U. S. CH. DE FER correspondance. *Transfer-ticket,* billet de correspondance.

transfer [træns'fə:*] *vt.* **1.** transférer, céder, transmettre. *To transfer by endorsement,* transmettre par endossement. — **2.** apporter. — **3.** COMPT. virer, contre-passer, transférer. — **4.** U. S. changer de train.

transferability [træns,fə:rə'biliti] *s.* cessibilité.

transferable ['trænsfərəbl] *adj.* transférable, cessible, transmissible, négociable. *Transferable securities,* valeurs mobilières négociables.

transferee [,trænsfə:'ri] *s.* cessionnaire.

transference ['trænsfərəns] *s.* transfèrement.

transferor [træns'fə:rə*] *s.* cédant.

tranship [træn'ʃip] *vt.* transborder.

transhipment [-mənt] *s.* transbordement. DOUANES *Transhipment B/L* connaissement de transbordement; *transhipment bond,* acquit-à-caution; *transhipment delivery order,* permis de transbordement; *transhipment entry,* déclaration de transbordement; *transhipment note,* acquit-à-caution; *transhipment shipping bill,* certificat de transbordement. ASS. MAR. *Transhipment risk,* risque de transbordement. *To clear a transhipment permit,* apurer un permis de transbordement.

transient ['trænziənt] *adj.* de passage, temporaire.

transire [trɑ:n'saiəri] *s.* DOUANES passavant, laissez-passer.

transit ['trænsit] *s.* **1.** transit. *Transit bond,* acquit de transit. ASS. MAR.

Transit clause, clause d'assurance « magasin à magasin ». *Transit entry,* déclaration de transit. *Goods in transit,* marchandises en transit. — **2.** route, trajet, expédition. *Transit-agent,* transitaire. *Damaged in transit,* avarié, endommagé en cours de route.

transitad [-'æd] *s.* U. S. publicité sur autobus.

transitory [-əri] *adj.* transitoire. COMPT. *Transitory items,* articles d'ordre.

translate [træns'leit] *vt.* traduire, déchiffrer.

translation [-ʃən] *s.* traduction, déchiffrement.

translative [-tiv] *adj.* JUR. translatif.

transmission [trænz'miʃən] *s.* transmission.

transmit [trænz'mit] *vt.* transmettre.

transmutation [,trænzmju:'teiʃən] *s.* JUR. mutation.

transpire [træns'paiə*] *vi.* U. S. se passer, s'écouler. *The number of months transpired,* le nombre de mois écoulés.

transport ['trænspɔ:t] *s.* transport, voiture. *Transport agent,* commissionnaire-messager. *Transport company,* société de transport. *Transport insurance,* assurance contre les risques de transports. U. S. *Transport loaded,* transport en charge. *Inland water transport,* batellerie. *River transport,* transport fluvial.

transport [træns'pɔ:t] *vt.* transporter.

transportation [,trænspɔ:'teiʃən] *s.* **1.** U. S. transport. — **2.** feuille de route.

transporter [træns'pɔ:tə*] *s.* entrepreneur de transports.

transpose [-'pou:z] *vt.* transposer, intervertir.

transposition [,trænspə'ziʃən] *s.* transposition, interversion.

transship [træns'ʃip] *vt.* V. TRANSHIP.

trash [træʃ] *s.* rebut.

travel ['trævl] *s.* voyage. *Travel requisites,* articles de voyage. *Business travel,* voyage d'affaires.

travel *vi.* **1.** voyager. — **2.** représenter (une maison de commerce). — **3.** U. S. supporter le voyage (denrées périssables).

traveller ['trævlə*] (U. S. **traveler**) *s.* **1.** voyageur. — **2.** pont roulant.

travelling [-iŋ] *adj.* ambulant. *Travelling post-office,* bureau de poste ambulant. U. S. *Travelling salesman,* commis voyageur.

travelling (U. S. **traveling**) *s.* voyage. *Travelling allowance,* indemnités de déplacement. *Travelling expenses,* frais de déplacement.

traversable ['trævə:səbl] *adj.* JUR. contestable.

traverse ['trævə:s] *s.* JUR. dénégation.

traverse *vt.* JUR. dénier.

trawler [trɔ:lə*] *s.* MAR. chalutier.

treasurer ['treʒərə*] *s.* trésorier. U. S. *Treasurer's check,* chèque bancaire.

treasurership [-ʃip] *s.* trésorerie.

treasury ['treʒəri] *s.* trésor, trésorerie. *Treasury Board,* Trésor public. *Treasury bond :* **a)** bon du Trésor ; **b)** certificat de trésorerie. U. S. *Treasury department,* ministère des Finances; *Treasury-man,* fonctionnaire des Finances.

Treasury bill [-'bil] *s.* FIN. bon du Trésor.

treasury-warrant [-'wɔrənt] *s.* mandat du Trésor.

treat [tri:t] *vi.* négocier, traiter.

treatment ['tri:tmənt] *s.* traitement (façon d'agir).

treaty ['tri:ti] *s.* traité (de commerce, etc.). MAR. *Treaty-port,* port ouvert au commerce étranger. *To enter into a treaty with,* conclure un traité avec.

treble ['trebl] *adj.* et *s.* triple. DOUANES *Treble the duty-paid value,* triple de la valeur à l'acquitté.

treble *vt.* et *vi.* tripler.

trench upon ['trentʃʌ'pɔn] *vi.* empiéter sur.

trend [trend] *s.* tendance, orientation. *Trend corrections,* corrections séculaires.

trespass ['trespəs] *s.* **1.** contravention, délit. — **2.** JUR. trouble de jouissance, violation.

trespasser [-ə*] *s.* JUR. contrevenant. "*Trespassers will be prosecuted*", « Défense d'entrer, sous peine d'amende ».

trial ['traiəl] *s.* **1.** essai. COMPT. *Trial balance,* balance de vérification; *trial balance after closing,* balance d'inventaire; *trial balance before closing,* balance préparatoire d'inventaire; *trial balance book,* livre de balance, livre de soldes. *Trial order,* commande d'essai. MAR. *Trial trip,* voyage d'essai. *A month on trial,* un mois à l'essai. COMPT. *First trial balance,* balance préparatoire d'inventaire. *Short trial balance,* balance d'inventaire. — **2.** jugement. *To bring up for trial,* faire passer en jugement. — **3.** procès. U. S. *Trial judge,* juge de première instance. *Trial lawyer,* avocat plaidant.

triangular [trai'æŋgjulə*] *adj.* triangulaire. *Triangular transactions,* échanges triangulaires.

trick [trik] *s.* truc.

tricky ['triki] *adj.* compliqué, délicat (problème, etc.).

trim [trim] *vt.* MAR. arrimer. *Free on board and trimmed,* franco bord et arrimage.

trimmer ['trimə*] *s.* U. S. homme d'affaires véreux.

trimming [-iŋ] *s.* **1.** MAR. arrimage. — **2.** U. S. opportunisme.

trip [trip] *s.* voyage, trajet.

triple ['tripl] *adj.* triple.

triplicate ['triplikit] *adj.* et *s.* triple. *In triplicate,* en triple exemplaire.

triplicate ['triplikeit] *vt.* tripler, reproduire en trois exemplaires.

trolley ['trɔli] *s.* chariot, cady.

trough [trɔf] *s.* creux. *The trough of returns is apparent from this graph,* le creux de la courbe des revenus est visible sur ce graphique.

truck [trʌk] *s.* **1.** wagon. *(Full) truck load,* wagon complet, tombereau. *Flat truck,* wagon plate-forme. — **2.** U. S. camion. — **3.** U. S. produits maraîchers. *Truck gardener,* maraîcher. — **4.** échange, troc.

truck *vt.* camionner.

truckage [-idʒ] *s.* **1.** camionnage. — **2.** CH. DE FER roulage.

trucker [-ə*] *s.* **1.** U. S. maraîcher. — **2.** camionneur, entrepreneur de roulage.

trucking [-iŋ] *s.* U. S. camionnage. *Trucking B/L,* lettre de voiture, de transport routier.

true [tru:] *adj.* exact, conforme (copie, etc.).

trunk [trʌŋk] *s.* **1.** POSTE inter(urbain). *Trunk-call,* communication interurbaine. *Trunk-line,* ligne interurbaine. — **2.** CH. DE FER grande ligne (U. S. *trunk-line*).

trust [trʌst] *s.* **1.** confiance, crédit. — **2.** responsabilité, charge. — **3.** dépôt, garde. — **4.** trust. *Investment trust,* société d'investissement, trust de placement. U. S. *Closed end investment trust,* société d'investissement dont les certificats, négociables en Bourse, correspondent au montant du capital et ne sont pas remboursables; *open end investment trust,* société d'investissement dont les certificats, au nombre indéterminé, sont remboursables. *Open end management companies flexible trust,* société de participation globale à un portefeuille discrétionnaire. *Semi-fixed shares unit trust,* consortium de participation à des portefeuilles de composition fixe. — **5.** JUR. fidéicommis. *Trust indenture,* certificat fiduciaire. *Beneficiary of a trust,* fidéicommissaire. *Constitution of a trust,* substitution fidéicommissaire. *Feoffee in trust,* héritier fidéicommissaire. *Heir on trust,* grevé de fidéicommis, héritier fiduciaire. *In trust,* remis sans dessaisissement juridique. *To hold in trust,* administrer par fidéicommis.

trust-company [-'kʌmpəni] *s.* U. S. société de gestion.

trust-deed [-'di:d] *s.* acte de fidéicommis, contrat fiduciaire.

trust mortgage [-'mɔ:gidʒ] *s.* hypothèque fiduciaire.

trust *vt.* **1.** se fier à. — **2.** faire crédit à.

trust *vi.* compter sur, se fier à.

trustee [trʌs'ti:] *s.* **1.** JUR. fidéicommissaire, fiduciaire, curateur. *Bare trustee,* curateur dont les pouvoirs sont terminés. — **2.** JUR. syndic de faillite. *The trustee is usually a chartered accountant,* le syndic est ordinairement un expert-comptable. — **3.** dépositaire, consignataire. — **4.** administrateur (d'une caisse, etc.); U. S. membre du conseil d'administration (d'une institution). U. S. *Trustee-stock,* action de tout repos. *The business is in the hands of trustees,* l'affaire est en régie.

trusteeship [-ʃip] *s.* **1.** syndicat de faillite. — **2.** administration. — **3.** fidéicommis.

trustee-stocks [-'stɔks] *s. pl.* U. S. valeurs de tout repos (ANGL. *gilt-edged securities*).

trustification [trʌstifi'keiʃən] *s.* U. S. formation d'un trust.

trustify ['trʌstifai] *vt.* réunir en trust, intégrer.

trustworthy ['trʌst,wə:ði] *adj.* digne de confiance, de foi.

trying ['traiiŋ] *s.* essai.

try-out ['traiaut] *s.* U. S. essai complet.

tug [tʌg] *s.* MAR. remorqueur.

tug *vt.* remorquer.

tumble ['tʌmbl] *vi.* U. S. BOURSE dégringoler. *These stocks tumble slightly,* ces titres accusent une légère baisse.

tune [tju:n] *s.* cadence.

turn [tə:n] *s.* **1.** BOURSE revirement. *Turn for the better,* changement en mieux. — **2.** BOURSE *Turn of the market,* écart entre le cours vendeur et le cours acheteur. — **3.** *Jobber's turn,* marge du « Jobber ».

turning [-iŋ] *s.* FIN. *Turning to account,* mise en valeur.

turn-out ['tə:naut] *s.* **1.** grève. — **2.** rendement, production. — **3.** CH. DE FER voie de garage, aiguillage.

turn out *vt.* produire, sortir.

turnover [-,ouvə*] *s.* **1.** chiffre d'affaires. *Turnover commission,* commission de compte. *Turnover tax,* impôt sur le chiffre d'affaires. — **2.** rotation des stocks, roulement, ventes. — **3.** COMPT. mouvement (d'un compte). *Account without turnover,* compte sans mouvement. — **4.** U. S. mouvement du personnel, instabilité de l'emploi.

turnpike [-paik] *s.* **1.** U. S. autoroute. — **2.** barrière de péage.

turn-round ['tə:nraund] *s.* renversement, revirement.

two-dollar broker ['tu:'dɔlə'broukə*] *s.* U. S. BOURSE, FAM. auxiliaire d'un courtier accrédité.

type [taip] *s.* **1.** type, catégorie, genre. — **2.** caractère (typographique).

type *vt.* taper (à la machine).

type-sample [-,sɑ:mpl] *s.* échantillon type.

typewriter [-,raitə*] *s.* machine à écrire. *Typewriter accounting machine,* machine à écrire comptable.

typify ['tipifai] *vt.* symboliser.

typist ['taipist] *s.* dactylo. *Touch typist,* dactylo de premier ordre.

U

U-drive-it car [ju'draivit'kɑ:*] *s.* U. S. (*U* = phonétique de *you*) voiture sans chauffeur.

ultimo ['ʌltimou] *adv.* du mois dernier (*abr.* **ult**).

ultra vires ['ʌltrə'vaiəri:z] *loc. lat.* JUR. antistatutaire.

umpire ['ʌmpaiə*] *s.* JUR. sur-arbitre (entre deux autres arbitres).

unable ['ʌn'eibl] *adj.* incapable. " *Unable to attend* ", « empêché » (d'assister à une réunion).

unacceptable ['ʌnək'septəbl] *adj.* non acceptable.

unaccepted ['ʌnək'septid] *adj.* non accepté.

unaccountable ['ʌnə'kauntəbl] *adj.* inexplicable.

unaccounted [ʌnə'kauntid] *adj.* FIN. non inscrit au bilan.

unaccredited ['ʌnə'kreditid] *adj.* non accrédité.

unadulterated [,ʌnə'dʌltereitid] *adj.* non frelaté.

unadvisable ['ʌnəd'vaizəbl] *adj.* imprudent, inopportun. *We deem it unadvisable to,* nous jugeons inopportun de.

unalienable ['ʌn'eiljənəbl] *adj.* inaliénable.

unalloyed ['ʌnə'lɔid] *adj.* pur.

unaltered ['ʌn'ɔ:ltəd] *adj.* BOURSE inchangé.

unanimous [ju'næniməs] *adj.* unanime.

unanimously [-li] *adv.* à l'unanimité.

unappropriated ['ʌnə'prouprieitid] *adj.* FIN. non distribué, non réparti. *Unappropriated profits,* bénéfices non distribués. *Unappropriated surplus,* excédent disponible.

unapproved ['ʌnə'pru:vd] *adj.* DOUANES non agréé.

unassailable [,ʌnə'seiləbl] *adj.* inattaquable.

unassessed [,ʌnə'sest] *adj.* **1.** non évalué. — **2.** non imposé.

unassignable ['ʌnə'sainəbl] *adj.* JUR. inaliénable.

unattached ['ʌnə'tætʃt] *adj.* libre.

unauthenticated [ʌnɔ:'θentikeitid] *adj.* JUR. non légalisé.

unauthorized ['ʌn'ɔ:θəraizd] *adj.* non autorisé.

unavailability ['ʌnəveilə'biliti] *s.* indisponibilité.

unavailable ['ʌnə'veiləbl] *adj.* indisponible.

unavoidable ['ʌnə'vɔidəbl] *adj.* inévitable.

unbalanced ['ʌn'bælənst] *adj.* **1.** non équilibré — **2.** COMPT. non soldé.

uncalled ['ʌn'kɔ:ld] *adj.* non versé. *Uncalled capital,* capital non appelé.

uncleared [ʌn'kli:əd] *adj.* **1.** FIN. non liquidé. — **2.** DOUANES non dédouané. — **3.** non compensé.

uncollected ['ʌnkə'lektid] *adj.* non encaissé.

uncommissioned ['ʌnkə'miʃənd] *adj.* MAR. désarmé.

unconditional ['ʌnkən'diʃnl] *adj.* sans réserve.

unconfirmed ['ʌnkən'fə:md] *adj.* non confirmé.

unconvertible ['ʌnkən'və:tibl] *adj.* inconvertible.

uncorrected ['ʌnkə'rektid] *adj.* non redressé.

uncovered ['ʌn'kʌvəd] *adj.* à découvert. FIN. *Uncovered balance,* découvert. BOURSE *Uncovered bear,* baissier à découvert.

uncrossed ['ʌn'krɔst] *adj.* non barré.

uncurtailed ['ʌnkə:'teild] *adj.* sans restriction.

uncustomed ['ʌn'kʌstəmd] *adj.* **1.** en contrebande, en fraude. — **2.** DOUANES libre à l'entrée.

undated ['ʌn'deitid] *adj.* sans date.

undecided ['ʌndi'saidid] *adj.* BOURSE indécis, hésitant.

undefiled ['ʌndi'faild] *adj.* pur.

undelivered ['ʌndi'livəd] *adj.* non délivré. *If undelivered, please return to sender,* en cas de non-distribution, prière de retourner à l'expéditeur.

undepressed ['ʌndi'prest] *adj.* BOURSE soutenu.

under ['ʌndə*] *prép.* sous. POSTE *Under registered cover,* sous pli recommandé; *under separate cover,* sous pli séparé. MAR. *Under ship's derrick (tackle),* sous palan. FIN. *Under spot,* déport (cours des devises à terme). *Under the style of,* sous la raison sociale de. *Under usual reserve,* sauf bonne fin, sauf rentrée.

underassessment [-ə'sesmənt] *s.* **1.** insuffisance d'imposition. — **2.** sous-estimation.

underbid [-'bid] *vt.* offrir des conditions plus avantageuses que...

undercharged [-'tʃɑ:dʒd] *adj.* débité en mains.

underconsumption [-kən'sʌmpʃən] *s.* sous-consommation.

undercut [-'kʌt] *vt.* vendre moins cher que...

under-employment [-im'plɔimənt] *s.* sous-emploi.

under-estimate [-'estimeit] *vt.* sous-estimer, sous-évaluer.

undergo [-'gou] *vt.* subir, essuyer, éprouver (une perte).

underhand ['ʌndəhænd] *adj.* clandestin.

under-insurance [-in'ʃuərəns] *s.* sous-assurance.

underlease ['ʌndəli:s] *s.* sous-bail.

underlessee [-le'si:] *s.* sous-locataire.

underlessor [-le'sɔ:*] *s.* sous-bailleur.

underlet [-'let] *vt.* sous-louer.

underline [-'lain] *vt.* souligner.

underlying [-'laiiŋ] *adj.* fondamental. JUR. *Underlying mortgage,* hypothèque de priorité.

undermanned [-mænd] *adj.* à court de personnel.

underpaid [-'peid] *adj.* insuffisamment affranchi.

under-production [-prə'dʌkʃən] *s.* sous-production.

undersell [-'sel] *vi.* **1.** vendre moins cher que... — **2.** vendre un article en-dessous de sa valeur.

undersign [-'sain] *vt.* soussigner.

undersigned [-'saind] *adj.* soussigné.

understaffed [-'stɑ:fd] *adj.* à court de personnel.

understanding [,ʌndə'stændiŋ] *s.* accord, entente.

understate ['ʌndə'steit] *vt.* sous-estimer, sous-évaluer.

undersubscribed [-sʌb'scraibd] *adj.* non couvert. *The issue was undersubscribed,* l'émission n'a pas été couverte.

undertake [,ʌndə'teik] *vt.* entreprendre, se charger de.

undertaking [-'teikiŋ] *s.* **1.** engagement. *On the distinct undertaking that,* à la condition expresse que. — **2.** entreprise.

undertone ['ʌndətoun] *s.* fond.

undervaluation [-,vælju'eiʃən] *s.* sous-estimation, sous-évaluation.

undervalue [-'vælju:] *vt.* sous-estimer, sous-évaluer.

underwrite ['ʌndərait] *vt.* 1. FIN. garantir. *To underwrite a loan,* garantir un emprunt. — 2. ASS. souscrire.

underwriter [-,raitə*] *s.* 1. FIN. syndicataire. — 2. ASS. assureur, souscripteur. *Cargo underwriter,* assureur sur facultés. *Hull underwriter,* assureur sur corps.

underwriting [-raitiŋ] *s.* 1. FIN. garantie. *Underwriting commission,* commission de garantie. *Underwriting contract,* acte syndical, contrat de garantie. *Underwriting letter,* acte syndical, contrat de garantie. *Underwriting syndicate,* syndicat de garantie. — 2. ASS. souscription. *Underwriting account,* note d'assurance.

undischarged ['ʌndis'tʃɑ:dʒd] *adj.* 1. MAR. non déchargé. — 2. JUR. non réhabilité (failli). — 3. FIN. non acquitté, non liquidé.

undiscountable ['ʌn'diskauntəbl] *adj.* inescomptable.

undisposed ['ʌndis'pouzd] *adj.* non écoulé, non vendu.

undistributed ['ʌndis'tribju:təd] *adj.* non réparti. *Undistributed benefits,* profits non distribués. *Undistributed profits,* fonds de dividende.

undivided [-di'vaidid] *adj.* 1. non réparti, non distribué. *Undivided profits,* bénéfices non distribués. — 2. JUR. indivis.

undock [-'dɔk] *vi.* MAR. 1. sortir du bassin. — 2. sortir de cale sèche.

undue ['ʌn'dju:] *adj.* 1. indu. — 2. à échoir. — 3. excessif. JUR. illégitime.

unduly ['ʌn'dju:li] *adv.* indûment.

unemployed ['ʌnim'plɔid] *adj.* 1. sans emploi, sans travail. *The unemployed,* les chômeurs. — 2. FIN. inactif, dormant. *Unemployed funds,* capitaux improductifs.

unemployment ['ʌnim'plɔimənt] *s.* chômage. *Unemployment benefit* (U. S. *Unemployment compensation*), allocation de chômage. *Unemployment funds,* caisse de chômage. *Unemployment insurance,* assurance contre le chômage. *Absorption of unemployment,* résorption du chômage. *Cyclical unemployment,* chômage cyclique.

unencumbered ['ʌnin'kʌmbəd] *adj.* 1. libre d'hypothèque. — 2. sans enfants.

unentered ['ʌn'entəd] *adj.* DOUANES non enregistré, non déclaré.

unequal ['ʌn'i:kwəl] *adj.* inégal.

unequitable ['ʌn'ekwitəbl] *adj.* inéquitable.

uneven ['ʌn'i:vən] *adj.* impair.

unexceptionable ['ʌnik'sepʃənəbl] *adj.* irréprochable.

unexchangeable ['ʌniks'tʃeindʒəbl] *adj.* inéchangeable.

unexecuted ['ʌn'eksikju:təd] *adj.* JUR. non validé.

unexpected ['ʌneks'pektid] *adj.* inattendu.

unexpired ['ʌniks'paiəd] *adj.* non périmé, non expiré, en vigueur.

unfair ['ʌn'fɛə*] *adj.* déloyal.

unfashionable ['ʌn'fæʃnəbl] *adj.* démodé.

unfavourable ['ʌn'feivərəbl] *adj.* défavorable, contraire. *Unfavourable balance of trade,* balance commerciale passive, déficitaire, défavorable. *Unfavourable exchange,* change défavorable.

unfinished ['ʌn'finiʃt] *adj.* brut.

unfit [ʌn'fit] *adj.* inapte, impropre.

unforeseen ['ʌnfɔ:'si:n] *adj.* imprévu. JUR. *Unforeseen circumstances,* force majeure.

unfunded ['ʌn'fʌndid] *adj.* FIN. non consolidé. *Unfunded debt,* dette flottante.

unified ['ju:nifaid] *adj.* unifié, consolidé. FIN. *Unified debt,* dette consolidée. JUR. *Unified mortgage,* hypothèque consolidée.

uniform ['ju:nifɔ:m] *adj.* uniforme. COMPT. *Uniform accounting,* comptabilité normalisée.

unilateral ['ju:ni'lætərəl] *adj.* unilatéral.

unimpeachable ['ʌnim'pi:tʃəbl] *adj.* irréprochable.

uninsured ['ʌnin'suəd] *adj.* Ass. non assuré. POSTE sans valeur déclarée.

union ['ju:njən] *s.* **1.** union. *Customs union,* union douanière. — **2.** syndicat. *Non-union man,* ouvrier non syndiqué.

unionist ['ju:njənist] *s.* ouvrier syndiqué.

unissued ['ʌn'isju:d] *adj.* non émis. *Unissued debentures,* obligations à la souche. *Unissued shares,* actions à la souche.

unit ['ju:nit] *s.* **1.** FIN. unité. *Monetary unit,* unité monétaire. — **2.** POSTE, DOUANES unité. *Unit charge,* taxe unitaire (téléphone). *Freight unit,* unité payante. — **3.** unité de production. *Unit cost,* prix de revient unitaire. *Unit-of-product method of depreciation,* méthode d'amortissement du matériel. — **4.** emballage individualisé. *In supers, special units create their own shelf space,* dans les supermarchés, des emballages individualisés spéciaux trouvent leurs places d'eux-mêmes. — **5.** *Unit teller,* caissier payeur et receveur.

unknown ['ʌn'noun] *adj.* inconnu.

unlawful ['ʌn'lɔ:ful] *adj.* illégal.

unless [ʌn'les] *prép.* sauf. *Unless otherwise agreed,* sauf stipulation contraire.

unlimited [ʌn'limitid] *adj.* illimité.

unlisted [ʌn'listid] *adj.* non coté. *Unlisted securities,* valeurs non admises à la cote officielle. *Unlisted security market* (U. S. *over-the-counter market*), marché hors cote.

unload [ʌn'loud] *vt.* **1.** MAR. décharger, débarquer. *Unloaded net weight,* poids net débarqué. — **2.** FIN. se débarrasser de.

unloading [ʌn'loudiŋ] *s.* déchargement, débarquement. *Unloading platform,* quai de déchargement. *Unloading risk,* risque de déchargement.

unmarked ['ʌn'mɑ:kd] *adj.* FIN. non estampillé.

unmarketable [ʌn'mɑ:kitəbl] *adj.* invendable.

unmortgaged [ʌn'mɔ:gidʒd] *adj.* non grevé d'hypothèque.

unofficial ['ʌnə'fiʃəl] *adj.* BOURSE libre. *Unofficial market,* marché hors cote, marché libre.

unpack ['ʌn'pæk] *vt.* déballer.

unpacked ['ʌn'pækt] *adj.* à découvert, sans emballage.

unpaid ['ʌn'peid] *adj.* impayé.

unproductive ['ʌnprə'dʌktiv] *adj.* improductif.

unprotected ['ʌnprə'tektid] *adj.* nu, sans emballage.

unprotested ['ʌn'proutestid] *adj.* FIN. non protesté.

unquoted ['ʌn'kwoutid] *adj.* BOURSE **1.** non coté. — **2.** non inscrit à la cote officielle.

unrecoverable ['ʌnri'kʌvərəbl] *adj.* FIN. irrécouvrable.

unredeemable ['ʌnri'di:məbl] *adj.* FIN. irremboursable, non amortissable. *Unredeemable bonds,* obligations irremboursables.

unregistered ['ʌn'redʒistəd] *adj.* non enregistré. POSTE non recommandé.

unreservedly [,ʌnri'zə:vidli] *adv.* sans réserve.

unrest ['ʌn'rest] *s.* malaise, agitation.

unrestricted ['ʌnris'triktid] *adj.* sans restriction. U. S. *Unrestricted job,* travail libre.

unsalable ou **unsaleable** ['ʌnseiləbl] *adj.* invendable.

unsatisfactory ['ʌn,sætis'fæktəri] *adj.* laissant à désirer.

unseal ['ʌn'si:l] *vt.* décacheter.

unseasonable ['ʌn'si:znəbl] *adj.* inopportun.

unseaworthiness ['ʌn'si:,wə:ðinis] *s.* MAR. mauvais état de navigabilité, innavigabilité.

unseaworthy ['ʌn'si:,wə:ði] *adj.* en mauvais état de navigabilité.

unsecured ['ʌnsi'kjuəd] *adj.* à découvert, sur notoriété. *Unsecured creditor,* créancier chirographaire, sans garantie. *Unsecured loan,* emprunt à découvert.

unserviceable [-'sə:visəbl] *adj.* inutilisable.

unsettled ['ʌn'setld] *adj.* non acquitté, non réglé.

unsheet ['ʌn'ʃi:t] *vt.* CH. DE FER débâcher.

unship ['ʌn'ʃip] *vt.* débarquer, décharger.

unshipment ['ʌn'ʃipmənt] *s.* débarquement, déchargement.

unskilled ['ʌn'skild] *adj.* non spécialisé (ouvrier).

unsold ['ʌn'sould] *adj.* invendu. *Subject unsold,* sauf vente.

unsound ['ʌn'saund] *adj.* mauvais. Ass. *Unsound risk,* mauvais risque.

unstamped ['ʌn'stæmpt] *adj.* non timbré. *Unstamped debentures,* obligations non estampillées. *Unstamped paper,* papier libre.

unsteady ['ʌn'stedi] *adj.* instable.

unsuitable ['ʌn'sju:təbl] *adj.* impropre.

untax ['ʌntæks] *vt.* détaxer.

untaxable ['ʌn'tæksəbl] *adj.* non imposable. JUR. *Untaxable costs,* faux frais.

untenable ['ʌn'tenəbl] *adj.* intenable. *Untenable profit margin,* marge de bénéfice insuffisante.

untenanted ['ʌn'tenəntid] *adj.* inoccupé.

untransferability ['ʌntræns,fərə'biliti] *s.* incessibilité.

untransferable ['ʌntræns'fə:rəbl] *adj.* incessible, non transférable.

unvalued ['ʌn'vælju:d] *adj.* non évalué.

update ['ʌpdeit] *vt.* U. S. mettre à jour.

upgrade ['ʌpgreid] *s.* hausse, remontée.

upgrade *vt.* U. S. promouvoir.

upgrading ['ʌpgreidiŋ] *s.* U. S. promotion.

uphold [ʌp'hould] *vt.* soutenir.

upkeep ['ʌpki:p] *s.* entretien. *Upkeep expenses,* frais d'entretien.

uplift ['ʌplift] *s.* reprise.

upset [ʌp'set] *s.* désorganisation.

upset *vt.* désorganiser. *Please forgive my delay in response, I hope that it has not upset your time-table,* veuillez excuser le retard apporté à vous répondre, j'espère que cela n'a pas désorganisé votre emploi du temps.

upset-price ['ʌpset'prais] *s.* (enchères) mise à prix.

upsetting [-iŋ] *s.* désorganisation.

upshot ['ʌpʃɔt] *s.* résultat, conclusion.

upstanding [ʌp'stændiŋ] *adj.* fixe (salaire).

upsurge [ʌp'sə:dʒ] *s.* BOURSE hausse marquée.

upswing ['ʌpswiŋ] *s.* U. S. augmentation du chiffre d'affaires.

up-to-date ['ʌptədeit] *adj.* **1.** à la mode. — **2.** à jour. *A comprehensive and up-to-date report,* un rapport complet et à jour.

uptown ['ʌp'taun] *s.* U. S. quartier résidentiel.

upturn [ʌp'tə:n] *s.* U. S. reprise.

up-valuation ['ʌpvælju'eiʃən] *s.* réévaluation.

upward ['ʌpwəd] *adj.* ascendant. *Upward tendency (trend),* tendance à la reprise, à la hausse.

urgency ['ə:dʒənsi] *s.* urgence.

urgent ['ə:dʒənt] *adj.* urgent, pressant.

usage ['ju:zidʒ] *s.* JUR. droit de passage.

usance ['ju:zəns] *s.* usance. *At double usance,* à deux usances. *Bill at usance,* effet à usance. *Usance draft,* traite à échéance.

use [ju:s] *s.* emploi, usage, utilité. *Use value,* valeur d'usage. *Directions for use,* mode d'emploi. *For public use,* pour cause d'utilité publique. *Home use entry,* sortie de l'entrepôt pour consommation intérieure.

use [ju:z] *vt.* utiliser, employer. U. S. *Used car,* voiture d'occasion.

user [-ə*] *s.* **1.** usager. — **2.** JUR. usufruitier. — **3.** droit d'usage, servitude.

usher ['ʌʃə*] *s.* huissier.

usual ['ju:ʒuəl] *adj.* usuel, habituel, ordinaire. *On usual terms,* aux conditions habituelles.

usufruct ['ju:zjufrʌkt] *s.* JUR. usufruit.

usufructuary [-juəri] *adj.* usufruitier.

usufructuary *s.* usufrutier. *Usufructuary's repairs,* réparations usufruitières.

usurious [ju:'zjuəriəs] *adj.* usuraire.

usury ['ju:ʒuri] *s.* usure.

utility [ju:'tiliti] *s.* utilité. *Public utility services,* services publics. U. S. **utilities** *s. pl.* **1.** services publics. — **2.** eau, gaz, électricité.

utilization [,ju:tilai'zeiʃən] *s.* utilisation. *Utilization per cent,* taux du rendement.

utter ['ʌtə*] *adj.* **1.** complet. — **2.** JUR. *Utter barrister,* avocat qui n'appartient pas au King's Counsel.

utter *vt.* mettre en circulation, émettre.

vacancy ['veikənsi] *s.* vacance, emploi vacant. *To fill a vacancy,* pourvoir à une vacance.

vacant ['veikənt] *adj.* vacant. *Vacant possession,* libre possession, jouissance immédiate.

vacate [və'keit] *vt.* **1.** quitter (un emploi, les lieux, etc.). — **2.** JUR. annuler, résilier.

vacating [-iŋ] *s.* **1.** démission. — **2.** JUR. annulation.

vacation [və'keiʃən] *s.* vacances, vacations.

valedictory [,væli'diktəri] *s.* U. S. discours d'adieu.

valid ['vælid] *adj.* valide, régulier. *No longer valid,* périmé.

validate [-eit] *vt.* valider.

validity [væ'liditi] *s.* validité. JUR. *To dispute the validity of,* contester la validité de. *To extend the validity of a passport,* prolonger la validité d'un passeport.

valorization [,vælərai'zeiʃən] *s.* FIN. valorisation ; U. S. maintien des prix.

valorize ['væləraiz] *vt.* FIN. valoriser.

valuable ['væljuəbl] *adj.* **1.** précieux, de valeur. — **2.** évaluable. *For a valuable consideration,* à titre onéreux.

valuables [-z] *s. pl.* objets de valeur. *Banks ensure the custody of valuables,* les banques assurent la garde des objets de valeur.

valuation [,vælju'eiʃən] *s.* **1.** évaluation, estimation ; JUR. expertise, prisée. *To make a valuation,* expertiser. — **2.** inventaire. — **3.** valeur estimée. Ass. *Valuation clause,* clause de valuation, clause de valeur fournie ; *valuation of the risks,* appréciation du risque. *To put 10 % on the valuation,* frapper d'une majoration de 10 %. *To set too high a valuation :* **a)** surestimer ; **b)** surimposer. *To set too low a valuation :* **a)** sous-estimer ; **b)** sous-imposer.

valuator ['væljueitə*] *s.* expert, commissaire-priseur.

value ['vælju:] *s.* **1.** valeur. FIN. *Value as security,* valeur en garantie ; *value for collection,* valeur à l'encaissement ; *value here and there,* valeur compensée ; *value in account,* valeur en compte ; *value in exchange,* contre-valeur ; *value received in cash,* valeur reçue comptant. ASS. MAR. *Values to be made good,* valeurs actives, valeurs créancières. *Appraised value,* valeur estimative. *Book value,* valeur comptable. *Break-up value,* valeur d'inventaire. ASS. *Damaged value,* valeur à l'état avarié. *Exchange value,* valeur d'échange. *Face value,* valeur nominale. *Fall in value,* dévalorisation. *Increase in value,* plus-value. *Invoice value,* valeur de facture. *Nominal value,* valeur nominale. *Par value,* valeur au pair. *Rateable value,* valeur fiscale. *Redemption value,* valeur de remboursement. *Rental value,* valeur locative. ASS. *Sound value,* valeur à l'état sain ; *surrender value,* valeur de rachat. *Taxable value,* valeur imposable. *To be good value,* être avantageux. *To set too low a value,* sous-estimer. — **2.** pouvoir. *Heating value,* puissance calorifique. — **3.** échéance, date d'entrée en valeur (d'un chèque, etc.). *Value date of maturity,* valeur à l'échéance. — **4.** U. S. *Scale of points value,* échelle de notation du personnel.

value *vt.* **1.** estimer, évaluer, priser. — **2.** FIN. valoriser.

valued [-d] *adj.* évalué. ASS. *Valued policy,* police évaluée. *A valued policy specifies the sum to be paid to the insured in case of loss,* une police évaluée stipule la somme à verser à l'assuré en cas de perte.

valuer [-ə*] *s.* expert, priseur, taxateur. *Official valuer,* commissaire-priseur (dans une vente forcée).

van [væn] *s.* **1.** camion, camionnette. *Delivery-van,* voiture de livraison. — **2.** CH. DE FER fourgon. *Refrigerator-van,* wagon frigorifique. *Sheeted-van,* wagon bâché.

van *s.* avant-garde. *To be in the van,* être à l'avant-garde.

van *vt.* livrer par camionnette, etc.

variable ['vɛəriəbl] *adj.* variable. *Variable-yield securities,* titres à revenu variable. BOURSE *To quote variable exchange,* coter l'incertain.

variance ['vɛəriəns] *s.* désaccord, divergence. *At variance,* en désaccord.

variation [,vɛəri'eiʃən] *s.* **1.** variation, changement, modification. — **2.** différence.

variety [və'raiəti] *s.* variété.

vary ['vɛəri] **1.** *vt.* changer, modifier. — **2.** *vi.* différer, se modifier.

vault [vɔ:lt] *s.* chambre forte. U. S. *Vault cash,* réserves en espèces.

vegetable-man ['vedʒitəblmən] *s.* U. S. fruitier, vendeur de primeurs.

vend [vend] **1.** *vt.* vendre. — **2.** *vi.* U. S. se vendre.

vendor [-ə*] *s.* **1.** vendeur ; FIN. apporteur. *Vendor's assets,* valeurs d'apport. *Vendor's lien,* privilège du vendeur. *Vendor's shares,* actions d'apport, de fondation ; FAM. actions à la souche. (N. B. En France, ces actions ne peuvent pas, en principe, être négociées en Bourse avant deux ans, tandis que, en Angleterre, elles sont immédiatement négociables.) — **2.** U. S. distributeur automatique.

vendue ['vendju:] *s.* U. S. vente aux enchères publiques.

venture ['ventʃə*] *s.* entreprise (parfois risquée), spéculation.

venture *vt.* et *vi.* hasarder, risquer, (s')aventurer. *We venture to write to you,* nous nous permettons de vous écrire.

venue ['venju:] *s.* JUR. juridiction.

verbatim [və:'beitim] *adv.* in extenso, mot pour mot.

verification [,verifi'keiʃən] *s.* vérification.

verify ['verifai] *vt.* vérifier.

vertical ['və:tikəl] *adj.* vertical. *Vertical filing,* classement vertical.

vessel ['vesl] *s.* navire.

vest [vest] *vt.* investir. *On the London Stock-Exchange the authority is vested in* *a Council,* à la Bourse de Londres, un conseil est investi de l'autorité.

vested [-id] *adj.* acquis. *Vested interest :* **a)** intérêts acquis; **b)** capitaux engagés.

vet [vet] *vt.* examiner.

veto ['vi:tou] *vt.* interdire, opposer son veto à.

via ['vaiə] *prép.* via.

via *s.* exemplaire de traite.

vicarious [vai'kɛəriəs] *adj.* délégué.

vice-chairman ['vais'tʃɛəmən] *s.* vice-président.

vice-manager ['vais'mænidʒə*] *s.* vice-gérant.

vice-president ['vais'prezidənt] *s.* **1.** vice-président. — **2.** U. S. chef de service occupant un rang élevé dans la hiérarchie.

videotown [vaideioutaun] *s.* U. S. la clientèle des téléspectateurs.

vie [vai] *vi.* rivaliser.

view [vju:] *vt.* envisager.

vindicate ['vindikeit] *vt.* soutenir, justifier.

visa ['vi:zə] *vt.* viser (un passeport).

visé ['vi:zei] *vt.* viser (un passeport).

visible ['vizəbl] *adj.* visible. *Visible index,* indice visible.

visitor ['vizitə*] *s.* **1.** visiteur. *Visitor's tax,* taxe de séjour. — **2.** inspecteur (des douanes, etc.).

vista ['vistə] *s.* perspective.

vital ['vaitl] *adj.* vital. *Vital statistics,* statistiques démographiques.

vocational [vou'keiʃnl] *adj.* professionnel. *Vocational guidance,* orientation professionnelle. *Vocational training,* formation professionnelle.

voice [vɔis] *s.* voix. *Advisory voice,* voix consultative.

voice *vt.* énoncer, formuler.

void [vɔid] *adj.* nul. *To declare nul and void,* déclarer nul et non avenu.

void *vt.* annuler, résilier.

voidable [-əbl] *adj.* résoluble, annulable.

voidance [-əns] *s.* JUR. résiliation.

voidness [-nis] *s.* JUR. nullité.

volume ['vɔljum] *s.* volume. *Diminution in the volume index of imports,* diminution de l'indice du volume des importations.

vote [vout] *s.* scrutin, vote. *Casting vote,* voix prépondérante. *To put to the vote,* mettre aux voix. *Voting power,* droit de vote, nombre de voix.

vote *vt.* et *vi.* voter.

vote down [-daun] *vt.* repousser.

voter [-ə*] *s.* **1.** votant. — **2.** électeur.

vouch [vautʃ] *vt.* attester, garantir.

vouch for [-fɔ:*] *vi.* répondre de.

voucher [-ə*] *s.* **1.** JUR. garant. — **2.** FIN. pièce justificative, à l'appui. *Voucher copy,* numéro justificatif (d'un journal). *Voucher numbers,* numéros des pièces justificatives. — **3.** récépissé, reçu. *Discharge voucher,* avis de décharge. — **4.** bon, bulletin. *Luggage voucher,* bulletin de bagages.

vouching [-iŋ] *s.* vérification.

voyage [vɔidʒ] *s.* voyage (par mer). ASS. MAR. *Voyage charter,* affrètement au voyage; *voyage freight,* fret au voyage; *voyage policy,* police au voyage. *A voyage policy covers the risks of a stipulated voyage,* une police au voyage couvre les risques sur un trajet déterminé.

W-Y-Z

wage [weidʒ] *s.* (*s. pl.* **wages**) salaire, paye. *Wage adjustment,* rajustement des salaires. *Wage-earner,* salarié. U. S. *Wage-escalation,* échelle des salaires. *Wage freeze, wages standstill,* blocage des salaires. U. S. *Wage-hike,* hausse des salaires. *Wage increase,* hausse des salaires. *Wage-price spiral,* spirale des prix et salaires. *Wage scale,* échelle des salaires. *Wage-sheet,* feuille de paye. *Wage stop,* blocage des salaires. *Wages tax,* impôt sur les salaires. *Extra contractual wages increase,* augmentation de salaire extra conventionnelle. U. S. *Incentive wages,* primes de rendement. *Money wages,* salaires nominaux. *Minimum living wage,* salaire minimum vital. *Retention on wages,* retenue sur les salaires.

wag(g)on ['wægən] *s.* wagon. *Open waggon,* wagon découvert. *P.O's waggon (Private owner's waggon),* wagon de particulier. *Tip waggon,* wagon basculant.

wagonage [-idʒ] *s.* U. S. roulage.

wait [weit] *vt.* attendre. *Waiting-list,* liste d'attente.

wait on [-ɔn] *vi.* se présenter chez. *Our traveller will wait on you on the 15th instant,* notre représentant vous rendra visite le 15 de ce mois.

waive [weiv] *vt.* renoncer à.

waiver [-ə*] *s.* renonciation. *Waiver of a claim,* désistement.

waiving [-iŋ] *s.* renonciation.

walk-clerk ['wɔ:k'klɑ:k] *s.* garçon de recette.

walk-out ['wɔ:kaut] *s.* grève improvisée.

walk out *vi.* faire grève.

wall [wɔ:l] *s.* barrière. *Customs-walls,* barrières douanières.

wall-streeter ['wɔ:lstri:tə*] *s.* U. S. boursier.

want [wɔnt] *s.* manque, défaut. *For want of,* faute de.

want *vt.* demander.

want-ad [-æd] *s.* U. S. demande d'emploi (dans un journal).

wanted [-id] *adj.* demandé. BOURSE *Securities wanted,* valeurs demandées. "*Situations wanted*", « Demandes d'emploi ».

war [wɔ:*] *s.* guerre. *War loan,* emprunt de la Défense nationale.

warehouse ['wɛəhaus] *s.* magasin, entrepôt. *Warehouse charges,* frais d'entrepôt, d'emmagasinage. *Warehouse-keeper,* surveillant d'entrepôt. *Warehouse-keeper's order,* permis de sortie d'entrepôt. *Warehouse-receipt,* récépissé d'entrepôt. *Warehouse rent,* frais d'entrepôt. *Warehouse-warrant,* certificat d'entrepôt. DOUANES *Bonded warehouses,* magasins généraux, entrepôt réel.

warehouseman [-mən] *s.* **1.** magasinier. — **2.** DOUANES entreposeur.

warehousing ['wɛəhauziŋ] *s.* emmagasinage, magasinage, entreposage. *Warehousing entry,* déclaration d'entrepôt. *Warehousing port,* port d'entrepôt. *To enter goods for warehousing,* déclarer des marchandises pour l'entreposage.

warning ['wɔ:niŋ] *s.* préavis.

warp [wɔ:p] *vt.* MAR. haler, touer (un navire).

warpage [-idʒ] *s.* touage. *Warpage dues,* droits de touage.

warrant ['wɔrənt] *s.* 1. autorisation. — 2. DOUANES warrant, récépissé-warrant. *Produce warrant,* warrant en marchandises. *Goods covered by a warrant,* marchandises warrantées. *To issue a warehouse warrant for,* warranter. — 3. FIN. titre. *Bearer warrant,* titre au porteur. *Dividend warrant,* coupon de dividende. — 4. JUR. mandat. *Warrant of attorney,* procuration. — 5. brevet.

warrant *vt.* garantir, certifier.

warranted [-id] *adj.* 1. garanti. — 2. JUR. autorisé.

warrantor [-ɔ:*] *s.* JUR. répondant.

warranty [-i] *s.* JUR. garantie. ASS. MAR. *Express warranty,* garantie expresse. *Implied warranty,* garantie implicite.

wash-goods ['wɔʃgudz] *s. pl.* U. S. articles garantis grand teint.

washing ['wɔʃiŋ] *s.* 1. U. S. BOURSE vente fictive. — 2. MAR. *Washing overboard,* enlèvement par la mer.

wash out ['wɔʃaut] *vi.* U. S. échouer.

wash-out *s.* fiasco.

wash-sale ['wɔʃ'seil] *s.* U. S. BOURSE vente fictive.

wastage ['weistidʒ] *s.* coulage, déchet, perte.

waste [weist] *s.* 1. gaspillage, coulage. *Waste-book,* brouillard. — 2. JUR. dégradation.

waste *vt.* 1. gaspiller, gâcher. — 2. JUR. laisser se détériorer.

waste *vi.* 1. s'épuiser, se perdre. — 2. JUR. se dégrader.

wasting [-iŋ] *adj.* FIN. défectible. *Wasting assets,* actif défectible.

wasting *s.* gaspillage.

watchman ['wɔtʃmən] *s.* garde. *Night watchman,* veilleur de nuit.

watchword ['wɔtʃwə:d] *s.* mot d'ordre.

water ['wɔ:tə*] *s.* eau. *Water carriage,* transport par eau. MAR. *Water-line,* ligne de flottaison. *Water-route,* voie navigable.

water *vt.* FIN. diluer. *Watered capital,* capital dilué. *Watered stocks,* actions en baisse par suite d'émission d'actions gratuites.

waterage [-ridʒ] *s.* batelage.

watering [-riŋ] *s.* FIN. dilution.

watermark [-mɑ:k] *s.* FIN. filigrane.

watertight [-tait] *adj.* étanche.

waterway [-wei] *s.* voie navigable.

wave [weiv] *s.* vague. *Wave of depression,* vague de baisse.

way-bill ['weibil] *s.* lettre de voiture, feuille de route.

weaken ['wi:kən] *vi.* faiblir.

wealth [welθ] *s.* richesse.

wear [wɛə*] *s.* 1. usage. — 2. usure. *Wear-and-tear,* détérioration, dégradation.

weather ['weðə*] *s.* temps. *Weather conditions,* conditions atmosphériques. *Weather working day,* jour où le temps permet de travailler.

weekly ['wi:kli] *adj.* hebdomadaire. FIN. *Weekly return,* situation hebdomadaire.

weigh [wei] *s.* pesage.

weighbridge [-bridʒ] *s.* pont-bascule.

weigher [-ə*] *s.* peseur.

weighing [-iŋ] *s.* pesée, pesage. *Weighing stamp,* timbre de pesage.

weight [weit] *s.* poids. *Weight allowed free,* franchise de poids. *Weight ascertained,* poids constaté. *Weight cargo,* marchandises lourdes. *Weight note,* bulletin de pesage. *Weight or measurement,* poids ou cube, poids ou encombrement. *Weight stamp,* griffe de pesée. *Weight when empty,* poids à vide. *Carcass weight,* poids abattu. *Chargeable weight,* poids taxé. *Delivered weight,* poids rendu. *Live weight,* poids vif. *Loaded net weight,* poids net embarqué. JUR. *Public weight master,* peseur juré. *Short weight,* manque de poids. *To sell by weight,* vendre au poids.

weight *vt.* grever.

weighted [-id] *adj.* pondéré. *Weighted average,* moyenne pondérée. *Weighted index,* indice pondéré.

weighting [-iŋ] *s.* pondération.

welfare ['welfɛə*] *s.* bien-être. *Welfare department,* service social (à l'intérieur d'une entreprise). *Welfare worker,* assistante sociale.

wet [wet] *adj.* mouillé. MAR. *Wet dock,* bassin à flot. *Wet goods,* marchandises liquides. BOURSE, FAM. *Wet stocks,* les spiritueux.

wharf [wɔ:f] *s.* quai.

wharf **1.** *vt.* débarquer. — **2.** *vi.* MAR. venir à quai.

wharfage [-idʒ] *s.* droits de quai, quayage.

wharfinger [-indʒə*] *s.* **1.** propriétaire de quai. — **2.** garde-quai.

wheat [wi:t] *s.* blé.

wheeler-dealer ['wi:lə-'di:lə*] *s.* U. S. FAM. brasseur d'affaires.

whence [wens] *adv.* d'où. *Country whence consigned goods listed under N°...,* pays de provenance des marchandises sous les N[os]...

whip-saw ['wipsɔ:] *vi.* U. S. FAM. faire des opérations malheureuses en Bourse.

whole [houl] *adj.* entier, complet. *Whole cargo charter,* affrètement total. *Whole life insurance,* assurance en cas de décès. *Whole time work,* travail à plein temps.

wholesale [-seil] *adv.* en gros.

wholesale *s.* gros. *Wholesale dealer,* marchand en gros. *Wholesale price index,* indice des prix de gros. *Wholesale trade,* commerce de gros. *Small wholesale,* demi-gros.

wholesale *vi.* U. S. se vendre en gros.

wholesaler [-ə*] *s.* grossiste.

wicket ['wikit] *s.* guichet.

wide [waid] *adj.* large, étendu. *Wide connection,* clientèle étendue. BOURSE *Wide quotation,* cours avec un gros écart entre le prix d'achat et le prix de vente.

wildcat ['waildkæt] *adj.* **1.** louche. *Wildcat scheme,* entreprise véreuse. — **2.** U. S. illégal. *Wildcat strike,* grève illégale.

will [wil] *s.* testament.

willing [-iŋ] *adj.* disposé à. *The willing party,* la partie la plus diligente.

win [win] *vt.* gagner.

wind up ['waindʌp] *vt.* **1.** FIN. liquider. — **2.** JUR. clore, clôturer.

wind up *vi.* FIN. se liquider. *A company must be wound up by order of court if it stops trading for more than a year,* une société est liquidée judiciairement si elle cesse son activité plus d'un an.

windfall ['windfɔ:l] *adj.* U. S. inattendu. *Windfall profit,* bénéfice inattendu.

winding-up ['waindiŋ'ʌp] *s.* liquidation. *Winding-up sale,* vente pour cessation de commerce.

windmill ['winmil] *s.* cavalerie, cerf-volant, effet en l'air, effet à renouvellement.

window ['windou] *s.* **1.** vitrine, devanture. *Window-dresser,* étalagiste. *Window-dressing :* **a)** arrangement d'une devanture, art de l'étalage; **b)** truquage. *Window-dressing of the balance sheet,* truquage du bilan. — **2.** guichet.

wipe [waip] *vt.* essuyer.

wipe off [-ɔ:f] *vt.* apurer, liquider. *To wipe off a debit balance,* apurer un solde déficitaire.

wipe out [-aut] *vt.* apurer, liquider.

wiping-off [-iŋɔ:f] *s.* apurement, amortissement (d'une dette, etc.).

wiping-out [-iŋaut] *s.* apurement, amortissement (d'une dette, etc.).

wire ['waiə*] *vt.* télégraphier.

wire-house [-haus] *s.* U. S. FAM. maison de courtage (reliée par téléphone aux différentes bourses).

withdraw [wið'drɔ:] *vt.* retirer. JUR. *To withdraw an action,* retirer sa plainte. *To withdraw securities from a deposit,* retirer des titres d'un dépôt.

withdraw *vi.* se retirer. *To withdraw from a company,* se retirer d'une société.

withdrawal [-əl] *s.* **1.** FIN. retrait. *Withdrawal of money,* retrait d'argent. *Withdrawal warrant,* autorisation de remboursement d'un livret de caisse d'épargne. — **2.** JUR. mainlevée, retrait. *Withdrawal of interdiction,* mainlevée de l'interdiction. *This procuration will remain valid until such time as express notification of its withdrawal is received by...,* cette procuration restera valide jusqu'à ce que notification expresse de son retrait soit faite à...

withhold [wiδ'hould] *vt.* retenir, détenir. *Withholding tax,* impôt retenu à la source.

withholding [-iŋ] *s.* JUR. détention, rétention.

within [wi'δin] *prép.* avant, en moins de. *Within a month,* sous un mois, dans un délai d'un mois.

without [wi'δaut] *prép.* sans. *Without any liability on our part,* sans engagement de notre part. *Without notice,* sans préavis.

withstand [wiδ'stænd] *vt.* résister à.

witness ['witnis] *s.* **1.** témoin. — **2.** témoignage. *In witness whereof,* en témoignage de quoi, en foi de quoi.

witness *vt.* **1.** témoigner, certifier. — **2.** *vi.* témoigner de.

word [wə:d] *vt.* libeller, rédiger.

wording [-iŋ] *s.* libellé, rédaction.

work [wə:k] *s.* travail. *Work at piece-rates,* travail payé à la pièce. *Work at time-rates,* travail payé au temps. *Work in hand, work in process, work in progress,* travail en cours. U. S. *Work order,* ordre de fabrication. *Work sheet :* **a)** feuille d'opérations; **b)** brouillon. *Work-ticket,* bon de travail. *Work to rule strike,* grève du zèle. *Clerical work,* travail de bureau. *Job work,* travail à la pièce. U. S. *Repetitive work,* travail en série.

work *vt.* **1.** opérer. *A canvasser works a town,* un placier opère dans une ville. — **2.** exploiter. *To work a patent,* exploiter un brevet.

work *vi.* travailler, fonctionner.

work out [-aut] *vt.* étudier, calculer, mener à bien.

work up [-ʌp] *vt.* **1.** étendre, augmenter. *To work up a connection,* élargir sa clientèle. — **2.** *vi.* avancer, progresser (dans la hiérarchie).

workday [-dei] *s.* jour ouvrable.

worker [-ə*] *s.* ouvrier, travailleur. *Clerical worker,* employé de bureau. *Semi-skilled worker,* ouvrier spécialisé (O. S.). *Skilled worker,* ouvrier qualifié, professionnel (O.P.).

working [-iŋ] *s.* exploitation. *Short-time working,* travail à horaire réduit, réduction d'horaire. *Working account,* compte d'exploitation. *Working balance,* fonds de roulement. *Working capital,* fonds de roulement. *Working-drawing,* dessin d'exécution, épure. U. S. *Working environment,* ambiance. *Working expenses,* frais d'exploitation. *Working party,* commission d'enquête industrielle. *Working plant,* matériel d'exploitation. *Working ratio,* coefficient d'exploitation. *Working stock,* matériel d'exploitation.

working-out [-iŋaut] *s.* décompte.

workman [-mən] *s.* ouvrier. *Workmen's compensation,* indemnité en cas d'accident du travail. *Workman's record,* livret d'ouvrier.

workmanship [-mənʃip] *s.* fini.

works [-s] *s. pl.* usine. *Works council,* conseil d'entreprise. *Works manager,* directeur de l'exploitation. *Works regulations,* règlements d'entreprise.

workshop [-ʃɔp] *s.* atelier.

world [wə:ld] *s.* monde. *World consumption,* consommation mondiale.

worth [wə:θ] *s.* valeur, prix. FIN. *Net-worth,* valeur nette, situation nette, valeur résiduelle.

worthless [-lis] *adj.* **1.** sans valeur. — **2.** FIN. sans provision.

wrapper ['ræpə*] *s.* **1.** bande (de journal). — **2.** emballage. — **3.** chemise de dossier. — **4.** emballeur.

wreck [rek] *s.* **1.** naufrage, sinistre. — **2.** épave, débris. JUR. *Receiver of wreck* (U. S. *wreck-master*), receveur des épaves.

wreck *vt.* **1.** causer le naufrage de. — **2.** faire échouer, ruiner (un projet, etc.).

wreckage [-idʒ] *s.* **1.** épaves. — **2.** naufrage.

wrecked [-t] *adj.* sinistré.

wrecker [-ə*] *s.* JUR. récupérateur d'épaves.

writ [rit] *s.* JUR. exploit, ordonnance. *Writ of arrest,* exploit de saisie. *Writ of attachment,* ordonnance de saisie-arrêt. *Writ of execution,* exploit de saisie-exécution. *Writ of execution on furniture,* saisie-gagerie. *To serve a writ upon s.o.,* signifier un exploit à qqn.

writ *vt.* JUR. assigner.

write [rait] **1.** *vt. :* **a)** écrire, rédiger; **b)** Ass. souscrire. — **2.** *vi.* écrire. — **3.** FIN. *To write down assets by...,* réduire la valeur de l'actif de...

write back [-bæk] *vt.* COMPT. contre-passer, extourner.

write in [-in] *vt.* **1.** insérer. — **2.** U. S. transmettre une réclamation.

write off [-ɔ:f] *vt.* amortir, annuler. *To write off on premises,* amortir sur immeubles.

write out [-aut] *vt.* tirer (un chèque), rédiger.

write up [-ʌp] *vt.* rédiger.

write-up [-ʌp] *s.* U. S. FIN. fausse déclaration dans un bilan.

writing [-iŋ] *s.* **1.** écriture. *Writing back,* contre-passement. *Writing-off,* amortissement. *Writing-off on premises,* amortissement sur immeubles. *Writing-up,* rédaction. *To confirm in writing,* confirmer par écrit. — **2.** Ass. souscription.

written ['ritn] *adj.* écrit. U. S. *Written off,* considéré comme perdu; *written standard practice,* dossier d'exécution.

y

yard [jɑ:d] *s.* chantier. *Marshalling yard,* gare de triage. *Ship-yard,* chantier de constructions navales.

yardstick [-stik] *s.* étalon.

year [jə:*] *s.* **1.** année. *Calendar year,* année civile. *Company's year,* année sociale. *Financial year,* année budgétaire. — **2.** exercice. *Dividend for the year 1933,* dividende de l'exercice 1933. *Present business year,* l'exercice en cours.

yearly [-li] *adj.* annuel.

yearly *adv.* annuellement.

yield [ji:ld] *s.* rapport, rendement. *Average yield,* rendement moyen. *Yield of shares,* rendement des actions, rapport des actions. *These stocks at the issue price of 98 bring a gross redemption yield of just under 6 1/4 per cent,* ces titres au prix d'émission de 98 rapportent en gros un peu moins de 6 1/4 % à leur remboursement.

yield *vt.* **1.** rapporter, rendre, produire. *This investment yields 4 %,* ce placement rapporte du 4 %. *To yield a bad return,* rapporter peu. — **2.** céder, abandonner. *Oils still yielded a few fractions,* les pétroles ont encore cédé quelques points. *By a yielding up of assets,* par abandon d'actif.

Yours sincerely ['jɔ:zsin'siəli] *exp.* Veuillez agréer, Monsieur, mes sincères salutations, mes sentiments les meilleurs.

Z

zero ['ziərou] *s.* zéro. *Zero date,* époque.

zinc [ziŋk] *s.* zinc. *Zinc-lined case,* caisse doublée de zinc.

zone [zoun] *s.* zone. *Free zones,* zones franches.

zone *vt.* répartir une ville en zones, urbaniser. *Zoning ordinances,* règlements d'urbanisme.

zoom [zu:m] *vi.* U. S. monter en flèche.

IMPRIMERIE HÉRISSEY, ÉVREUX
Mars 1968 — Dépôt légal 1968-1er. — N° 14278
N° de série Éditeur 6562 — IMPRIMÉ EN FRANCE.
(Printed in France). — 20609-A-1-74